DIE KIRCHLICHE DOGMATIK

VON
KARL BARTH

VIERTER BAND
DIE LEHRE VON DER VERSÖHNUNG

DRITTER TEIL
Erste Hälfte

THEOLOGISCHER VERLAG ZÜRICH

DIE LEHRE VON DER VERSÖHNUNG

VON

KARL BARTH
DR. THEOL., D.D., LL.D.
O. PROFESSOR AN DER UNIVERSITÄT BASEL

DRITTER TEIL
Erste Hälfte

THEOLOGISCHER VERLAG ZÜRICH

Barth, Karl:
Die kirchliche Dogmatik / von Karl Barth. –
Zürich: Theologischer Verlag.
Bd. 4. – Barth, Karl: Die Lehre von der Versöhnung

Barth, Karl:
Die Lehre von der Versöhnung / von Karl Barth. –
Zürich: Theologischer Verlag.
Teil 3.
Hälfte 1. Jesus Christus, der wahrhaftige Zeuge. – 3. Aufl. – 1979.
(Die kirchliche Dogmatik / von Karl Barth; Bd. 4)
ISBN 3-290-11016-8

© 1959
Theologischer Verlag Zürich
Alle Rechte vorbehalten
Printed in Switzerland by Meier+Cie AG Schaffhausen

Der Universität Edinburgh

in Dankbarkeit

VORWORT

Die Leser der «Kirchlichen Dogmatik» haben auch diesmal länger als vorgesehen auf die Fortsetzung warten müssen. Der Gang meiner Produktion ist inzwischen langsamer geworden, da ich meine Basler Dogmatik-Vorlesung, mit der die Entstehung des Buches von jeher verbunden war, statt vierstündig nur noch dreistündig halte, und überdies in dem bewegten Sommer 1956 überhaupt ausfallen ließ.

Und nun ist, was hier zunächst vorliegt, nur die erste Hälfte des Bandes IV, 3. Die zweite ist zwar nahezu vollendet, teilweise auch schon gedruckt und soll etwa im Juni dieses Jahres folgen. Ich habe mich an sich nicht gern zu dieser Unterteilung entschlossen, weil mir an der formalen Ganzheit der einzelnen Bände – aus architektonischen Gründen, aber doch nicht nur aus diesen – Einiges gelegen ist. Dies ist nun also eine vorerst unabgeschlossene Darbietung. Wie ihr Fortgang sich gestalten wird, ist aus dem hier bereits vollständig wiedergegebenen Inhaltsverzeichnis ersichtlich. Die drei Register werden am Schluß der zweiten Hälfte erscheinen.

Der zwingende Grund zu diesem Vorgehen besteht darin, daß der Umfang des Ganzen die einst von Vielen ernstlich beklagten Ausmaße des Bandes I, 2 noch überschritten hätte. Wie die Menschen des 17. Jahrhunderts mit den damals hervorgebrachten z.T. noch viel ungeheuerlicheren Wälzern rein manuell fertig geworden sind – irgendwie muß es geschehen sein! – ist auch mir schleierhaft. Die Menschen des 20. Jahrhunderts sind gewiß dankbar, diesmal zwei jede für sich im wörtlichsten Sinn «tragbare» Hälften in die Hand zu bekommen.

Die Frage nach dem Sinn und der Tragweite des «prophetischen Amtes» Jesu Christi hat mich in diesem dritten Teil der Versöhnungslehre in eine Thematik geführt, die heute theoretisch und praktisch in den verschiedensten Zusammenhängen und unter den verschiedensten Titeln weithin im Vordergrund der in der Kirche aller Konfessionen geführten Aussprachen steht. Diesen hat es aber, soweit ich sehe, an einer streng am evangelischen Zentrum orientierten theologischen Grundlage bisher gefehlt. In der reformatorischen und nachreformatorischen Theologie findet man wenig oder nichts und in der des 19. und unseres eigenen Jahrhunderts nicht viel mehr über die entscheidenden Voraussetzungen, von denen her wir heute frei und genötigt zu sein meinen, dem Problem «Christus (bzw. die Kirche) und die Welt» so eifrig nachzugehen, wie es jetzt diesseits und jenseits des Atlantik, in der alten und in der neuen Christenheit auf allerlei Wegen geschieht. Ein eigentliches Eingreifen in jene Diskussionen (etwa über Mission, Evangelisation, Laientätigkeit, Kirche und Kultur, Kirche und Staat, Christentum und Sozialismus usw.) konnte hier nicht meine Absicht sein. Mir ging es um das Aufdecken eben der gar nicht selbstverständlichen grundsätzlichen Voraussetzungen, wobei sich mir schließlich Alles in der Einsicht zusammendrängte, daß das auf der ganzen Linie aufzunehmende und durchzuführende «Bekennen vor den Menschen» nicht nur an den Rand, sondern – weil es in dem Tun des lebendigen Jesus Christus selbst begründet ist – in die Mitte des Lebens des Christen in der christlichen Gemeinde gehört, ja daß es sich am Problem des Zeugnisses entscheidet, ob der Christ ein Christ, die christliche Gemeinde christliche Gemeinde ist oder nicht ist. Die Entfaltung dieser Einsicht als wesentliches Element der Erkenntnis Jesu Christi selbst bildet den Hauptbestandteil der hier vorgelegten ersten Hälfte dieses Bandes. In der zweiten folgt dann ihre besondere Entfaltung im Blick auf den Christen und die christliche Gemeinde. Daß der § 71 über die Sünde als Lüge hier fürs Erste den Abschluß bildet, wo er doch wie die entsprechenden Paragraphen in den beiden vorangehenden Bänden nur einen Übergang darstellen kann, muß nun eben, bis auch die zweite Hälfte vorliegt, als etwas unorganisch wirkendes Phänomen in Kauf genommen werden.

Zur äußeren Geschichte der «Kirchlichen Dogmatik» im Ganzen sei hier darauf hingewiesen, daß zu dem bekannten von Auflage zu Auflage wachsenden Buch von Otto Weber die ebenso schöne wie geschickte Auswahl und Einleitung von Helmut Gollwitzer (in der Fischer-Bücherei 1957 erschienen) hinzugekommen ist. Ferner: daß sich im römisch-katholischen Bereich neuerdings die umfänglichen und eingehenden Darstellungen und Deutungen von Emmanuele Riverso, *La teologia esistenzialistica di Karl Barth* (1955), von Hans Küng, Rechtfertigung. Die Lehre Karl Barths und eine katholische Besinnung (1957) und von Henri Bouillard, Karl Barth (1957, 3 Bände), alle von gründlicher Belesenheit und innerhalb ihrer kirchlichen Vorbedingungen auch von ernstlichem Verstehenwollen und wirklichem Verstehen zeugend, teilweise nicht ohne Widerspruch unter sich, gegenüberstehen.

Wenn ich im Übrigen auf die Jahre seit dem Erscheinen des letzten Bandes zurückblicke, so fällt mir auf, wieviele mir nahe- und nächststehende Zeitgenossen, die fast alle wie meinen Weg überhaupt so auch den der «Kirchlichen Dogmatik» wohlwollend, kritisch und jedenfalls aufmerksam begleitet haben, in dieser Zeit aus diesem Leben abgerufen worden sind: Allen voran Arthur Frey, der als langjähriger Leiter des Evangelischen Verlages Zollikon wie als mein persönlicher Freund in kritischen Zeiten gleich Bewährte, über den man im Vorwort des Bandes III, 4 wenigstens Einiges gesagt findet. Zeitlich noch vor ihm mein freilich in ganz anderen Welten beheimateter Vetter, der Maler Paul Basilius Barth, zwischen dem und mir es bei Anlaß seiner Bemühungen um mein Bild zu einer späten, aber merkwürdig guten persönlichen Berührung gekommen war. Weiter meine so ganz verschiedenen Freunde Pierre

Maury in Paris und Heinrich Scholz in Münster in Westfalen: wie fehlt mir heute die vehemente Treue des Einen und die wahrhaft humanistische, aber nicht minder gewisse und wohltuende des Anderen! Weiter mein mir an Gelehrsamkeit wie an Streitbarkeit weit überlegener, aber immer anregender Bonner und Basler Kollege K. L. Schmidt. Weiter die standfesten Reformierten Hermann Hesse und Harmannus Obendiek, beide Genossen aus der Zeit des deutschen Kirchenkampfes und über sie hinaus, aber auch der in seiner anderen Art nicht minder zuverlässige Basler Lukas Christ. Weiter Heinrich Held, Praeses der Evangelischen Kirche im Rheinland, der mich als solcher zu meinem 60. und wieder zu meinem 70. Geburtstag in unverdient feierlicher persönlicher Anrede begrüßt hat, und der anglikanische Bischof George Bell, ein Ökumeniker ohne Falsch, der mir noch im Sommer 1956 in seiner Residenz in Chichester einen Empfang bereitete, dessen Herzlichkeit ich nie vergessen werde. Weiter Oskar Farner, der Erforscher und Darsteller Zwinglis und lange Jahre anerkanntes Haupt von dessen Zürcher Kirche: liberaler Herkunft, mit dem ich mich doch in wichtigsten Dingen so gut verstand. Endlich Richard Imberg, Leiter des Diakonissenhauses Siloah in Gümligen, ein unakademisch wild, aber um so kräftiger gewachsener Theologe, in dessen warmer Menschlichkeit sich mir die Gemeinschaftsbewegung von einer ganz neuen Seite erschlossen hat. Ihnen leuchtet nun das ewige Licht, in welchem auch wir, *adhuc peregrinantes*, dereinst keiner Dogmatik mehr bedürftig sein werden.

Zum Schluß die dankbare Feststellung, daß auch bei diesem Band Hinrich Stoevesandt bei der Revisions- und Registerarbeit mitgetan hat.

Basel, im Januar 1959.

INHALT

DIE LEHRE VON DER VERSÖHNUNG

SECHZEHNTES KAPITEL:
JESUS CHRISTUS, DER WAHRHAFTIGE ZEUGE

1. Hälfte

§ 69 Die Herrlichkeit des Mittlers
    1. Das dritte Problem der Versöhnungslehre 1
    2. Das Licht des Lebens 40
    3. Jesus ist Sieger! 188
    4. Die Verheißung des Geistes 317

§ 70 Des Menschen Lüge und Verdammnis
    1. Der wahrhaftige Zeuge 425
    2. Des Menschen Lüge 499
    3. Des Menschen Verdammnis 531

2. Hälfte

§ 71 Des Menschen Berufung
    1. Der Mensch im Lichte des Lebens
    2. Das Ereignis der Berufung
    3. Das Ziel der Berufung
    4. Der Christ als Zeuge
    5. Der Christ in der Bedrängnis
    6. Des Christen Befreiung

§ 72 Der Heilige Geist und die Sendung der christlichen Gemeinde
    1. Das Volk Gottes im Weltgeschehen
    2. Die Gemeinde für die Welt
    3. Der Auftrag der Gemeinde
    4. Der Dienst der Gemeinde

§ 73 Der Heilige Geist und die christliche Hoffnung

SECHZEHNTES KAPITEL
JESUS CHRISTUS, DER WAHRHAFTIGE ZEUGE

§ 69

DIE HERRLICHKEIT DES MITTLERS

«Jesus Christus, wie er uns in der heiligen Schrift bezeugt wird, ist das eine Wort Gottes, das wir zu hören, dem wir im Leben und im Sterben zu vertrauen und zu gehorchen haben.»

1. DAS DRITTE PROBLEM DER VERSÖHNUNGSLEHRE

Die doppelte Entfaltung des sachlichen Gehaltes der Lehre von der Versöhnung liegt hinter uns. «Versöhnung» im Sinn des christlichen Bekenntnisses und der Botschaft der christlichen Gemeinde ist Gottes tätiges und überlegenes Ja zum Menschen. Gottes tätiges Ja zum Menschen, indem sie die Vollstreckung der ewigen Wahl ist, in der Gott sich selbst für den Menschen, zu seinem Gott, und den Menschen für sich, zu seinem Menschen bestimmt hat, bestimmt und wieder bestimmen wird. Gottes überlegenes Ja zum Menschen, indem sie die in Gottes allmächtiger Barmherzigkeit vollzogene Überwindung des Nein, des Widerspruches und Widerstandes ist: der Absonderung, in welcher der Mensch, wäre es ihm überlassen, sie durchzuführen, wie sein Verhältnis zu Gott, so auch das zu seinen Mitmenschen, so auch sich selbst zerstören müßte. Gott erlaubt es ihm nicht, sein Nein, diesen seinen Widerspruch und Widerstand durchzuführen. Gott überläßt ihn nicht der Todesgefahr, der er sich damit aussetzt. Er tritt dem Menschen entgegen und tritt eben damit für ihn ein: um seines Heils und um seiner eigenen Ehre willen. Gott steht zu seinem Ja. Er schafft ihm Verwirklichung. Das ist das Werk Gottes des Versöhners. «Versöhnung» im christlichen Sinn dieses Wortes – die Versöhnung, deren Bezeugung wir in der heiligen Schrift des Alten und Neuen Testamentes vor uns haben und in deren Erkenntnis und Verkündigung die christliche Gemeinde ihre Existenz hat – ist die Geschichte, in der Gott seinen Bund mit dem Menschen schließt, bestätigt, behauptet, über seine Bedrohung hinweg zu seinem Ziele führt. Sie ist die Geschichte, in der Gott sich seines ungehorsamen und in seinem Ungehorsam unseligen Geschöpfs, seines ungetreuen und in seiner Untreue verlorenen Bundespartners in eigener Person und Tat annimmt. Er tut das, indem er zugleich sich selbst herabläßt und an die Seite des Menschen stellt, den Menschen aber erhöht und an seine Seite setzt: indem er gerade so zugleich sich selbst dem Menschen und den Menschen selbst sich gegenüber an seinen Platz und in sein Recht setzt. «Versöhnung» meint und bedeutet also: Immanuel! «Gott mit uns!» – nämlich Gott in seinem von ihm geschaffenen Frieden mit uns, aber Gott auch in unserem von ihm geschaffenen Frieden mit ihm. Und nun das Entscheidende, das Eine, das Umfassende und Alles Bestimmende: Jesus Christus ist dieser Friede in seiner doppelten Gestalt. Die Geschichte von dessen Herstellung und also die Geschichte der Versöhnung ist seine Geschichte: die Geschichte seiner Sendung und seines Kommens, seines Lebens, Redens und Tuns, seines Leidens und Sterbens, seiner Auferstehung, seines Dienstes und seiner Herrschaft. In Ihm ist Gott der den Menschen gnädig Erwählende, in Ihm ist der Mensch der von Gott gnädig Erwählte. Er ist die Verwirklichung des Bundes zwischen Gott und Mensch: von der Seite Gottes und von der Seite des Menschen her.

«Gott unser Erretter will, daß alle Menschen gerettet werden ...» (1. Tim. 2, 4). Der konkrete Grund dieser Aussage ist die (v 5 f.) unmittelbar darauf folgende: «Einer ist Gott und Einer der Mittler (μεσίτης) zwischen Gott und den Menschen, der Mensch Christus Jesus, der sich selbst zum Lösegeld für Alle gegeben hat ...» In diesem einen Menschen vollstreckt der eine Gott seinen Willen: die Errettung Aller. Mag die Stelle paulinisch oder deuteropaulinisch sein: sie ist gedeckt durch 2. Kor. 1, 19 f.: «Gottes Sohn, Christus Jesus, der unter euch durch mich und Silvanus und Timotheus Verkündigte, war nicht Ja und Nein, sondern Ja ist in ihm gewesen. Denn wieviel Verheißungen Gottes es gibt – in ihm ist das Ja ...»

Das ist der sachliche Gehalt der Lehre von der Versöhnung *in nuce*. Man kann ihn auch *in nuce*, auch in einem kurzen Umriß wie dem eben versuchten, nicht ins Auge fassen, ohne schon seiner doppelten Entfaltung wenigstens andeutend zu gedenken. Die Geschichte Jesu Christi, mit der die Geschichte der Versöhnung identisch ist, ist der gleichzeitige, aber entgegengesetzte Verlauf zweier großer Bewegungen: die eine von oben nach unten, die andere von unten nach oben zielend, beide begründet in seiner Person in der Einheit ihrer wahren Gottheit und ihrer wahren Menschheit. Es geht um des Menschen Heil und Recht, das begründet ist in der Erniedrigung des wahren Sohnes Gottes zu aller Menschen Bruder, Stellvertreter und Haupt. Und es geht um das Recht und die Ehre Gottes, zur Geltung gebracht in der Erhöhung dieses Bruders, Stellvertreters und Hauptes aller Menschen, des wahren Menschensohnes. Indem der eine Jesus Christus Beides ist: der wahre Gottes- und der wahre Menschensohn, geschieht in seiner einen Geschichte Beides, jene Erniedrigung Gottes und diese Erhöhung des Menschen, der Kampf und Sieg Gottes für den Menschen, und mit ihm, durch ihn: das Ereignis der Bundestreue von beiden Seiten, die Herstellung des Friedens in dieser doppelten Gestalt. Ihr steht dort des Menschen Sünde in ihrer Gestalt als Hochmut, hier in ihrer Gestalt als Trägheit entgegen, dort des Menschen Fall, hier des Menschen Elend. Und so geht es in dem einen in Jesus Christus sich ereignenden Werk der allmächtigen Barmherzigkeit Gottes um des Menschen Rechtfertigung vor ihm und um des Menschen Heiligung für ihn, und in der Gnade des Heiligen Geistes Jesu Christi um die Sammlung und um den Aufbau der christlichen Gemeinde, um den Gegenstand des demütigen christlichen Glaubens und um den Grund der kühnen christlichen Liebe. – Wir haben damit (wieder im Umriß) die beiden großen Entfaltungen skizziert, die wir in den beiden ersten Teilen der Versöhnungslehre (KD IV, 1 u. 2) hinter uns haben: «Jesus Christus, der Herr als Knecht» und «Jesus Christus, der Knecht als Herr».

Das ist, wenn man es so nennen darf und will, die innere Dialektik der christlichen Versöhnungslehre. Es ist selbstverständlich, daß man bei ihrer Entfaltung im Ganzen wie im Einzelnen auch anders vorgehen, d. h. Alles auch noch anders bezeichnen, formulieren, unter sich verbinden könnte, als es hier getan wurde. *Methodus est arbitraria:* die besten Definitionen, Kombinationen und Konklusionen müssen in der Dogmatik jeweils zu jeder Zeit und von jedem einzelnen verantwortlichen theologischen Denker in immer neuem Willen zum Gehorsam neu gesucht und gefunden werden. Aber wie immer man die Dinge hier im Ganzen wie im Einzelnen sehe, bedenke und zur Sprache bringe: die Gesichtspunkte, unter denen das zu geschehen hat, sind nicht Sache «arbiträrer» Erforschung, Entdeckung und Geltendmachung. Sie sind von allem Anderen abgesehen schon in und mit dem Namen «Jesus Christus» vorgegeben: es geht in Gottes Ja zum Menschen, es geht in der Versöhnung der Welt mit Gott um diesen Einen und also zugleich und miteinander um seine Gottheit und um seine Menschheit, um Gottes Erniedrigung und um des Menschen Erhöhung, um des Menschen Rechtfertigung und um seine Heiligung, um den Glauben und um die Liebe. Eine Versöhnungslehre, die nicht Beides in gleichem Ernst zur Sprache brächte, wäre unvollständig, einseitig, irreführend. Das eine große Ja Gottes, in Jesus Christus gesprochen, umschließt eben, ohne daß das Eine dem Anderen gleichzusetzen wäre, Beides: Gottes eigene Zuwendung zum Menschen und die Zuwendung des Menschen zu ihm hin. Das ist es, was unter allen Umständen, zu allen Zeiten, in jeder Theologie zur Geltung kommen muß. Wo nur das Eine oder das Andere oder wo das Eine nur halblaut, unter Verdeckung des Anderen gesagt würde, da würde zu wenig, da würde in letzter Konsequenz sogar Verkehrtes gesagt.

Von einem doppelten «Amt», einem *munus duplex* Jesu Christi und insofern von zwei Problemen der Versöhnungslehre hat denn schon die Theologie der alten und der mittelalterlichen Kirche ziemlich allgemein geredet. Man darf hier an Apok. 5, 5 f. denken, wo Jesus Christus in einem Atemzug der «Löwe aus dem Stamme Juda», der überwunden hat, und das «Lamm, das geschlachtet ist», genannt wird. In den «Testamenten der zwölf Patriarchen» begegnet man der Konstruktion, daß der Kyrios zugleich dem

Stamme Levi und dem Stamme Juda entstammte, das Eine in seinem Amt und Werk als Hohepriester, das Andere in seinem Amt und Werk als König, das Eine (schon hier wird auch diese Linie ausgezogen) als Gott, das Andere als Mensch (*Test. Sim.* 7 u.ö.). Mit den Gestalten des Aaron auf der einen, des David, des Salomon, auch des Josua auf der anderen Seite, als Erfüller von deren weissagender Existenz wurde er dann von Justin, von Athanasius, von Augustin u.a. und im Mittelalter von Petrus Lombardus als Erfüller von deren weissagender Existenz in Beziehung gebracht. Die Frage, ob das erlaubte oder unerlaubte Allegorese war, ist irrelevant gegenüber der Tatsache, daß da der alt- und der neutestamentliche Sachverhalt als solcher richtig gesehen war. Die reformatorische Theologie hat sich dieser Tradition angeschlossen. Es war Calvin, der dann die Lehre vom Amt und Werk Jesu Christi, zurückgreifend auf ein altkirchliches Vorbild, in einer Erweiterung vorgetragen hat, die uns in unserem neuen Zusammenhang aufs Nächste angehen wird. Hier sei zunächst nur dies notiert, daß er eine leise Neigung verraten hat, dem königlichen Amt Jesu Christi einen gewissen Vorzug gegenüber dem hohepriesterlichen einzuräumen (*peculiari regni intuitu et ratione dictum fuisse Messiam, Instit.* II 15,2) und daß sich das in der Anordnung seines dritten Buches insofern auswirkte, als er dort die Rechtfertigung im Rahmen der umfassenden Lehre von der Heiligung oder Wiedergeburt behandelt hat. Daß sie, und also ihre besondere Voraussetzung: das hohepriesterliche Amt Jesu Christi, nicht auch bei ihm zu voller Geltung gekommen sei, wird man aber nicht behaupten können. Komplizierter war (und ist) die Situation auf dem Boden der Reformation Luthers. Übernahm auch sie jenes zweigliedrige (und vom Anfang des 17. Jahrhunderts an auch das von Calvin entdeckte bzw. wiederentdeckte dreigliedrige) Schema, so hat sie sich damit ein ihrem ursprünglichen Ansatz wenn nicht fremdes, so doch widerstrebendes Element angeeignet. War sie doch von Melanchthons *Loci* von 1521 her überhaupt nicht darauf angelegt, neben den *beneficia Christi* der objektiven Voraussetzung des dem Menschen widerfahrenden Heils, der Christologie also, große Aufmerksamkeit zuzuwenden. Und da sie jenes Heil beherrschend, wenn nicht ausschließlich in einem *beneficium*, nämlich in des sündigen Menschen Rechtfertigung durch den Glauben erblickte, das Problem der Heiligung immer nur in einer gewissen Nachträglichkeit ins Auge fassen wollte, konnte es nicht anders sein, als daß sie auch in der Christologie, sofern sie sich nun doch auf diese einlassen mußte und wollte, entscheidend am hohepriesterlichen und nur beiläufig auch am königlichen Amt Jesu Christi interessiert war. Ihre Tendenz ging eigentlich dahin, dieses in jenem aufgehen zu lassen. So liest man noch bei Hollaz (*Ex. theol. acroam.* 1707 III,1,3, *qu.*71): *strictiori sensu* verstanden, dürfte das ganze Werk des Mittlers mit seinem *officium sacerdotale* identisch sein, dieses eine alle anderen in sich schließen. Der genuin lutherische Vorbehalt gegenüber einer zwei- oder dreifachen Sicht der Sache hat sich dann in der Schrift *De officio Christi triplici* (1773) von Joh. Aug. Ernesti zu dem formell erhobenen Einwand verdichtet, es genüge und es sei auch allein möglich, das Werk Jesu Christi unter dem einen Gesichtspunkt der *satisfactio* zu betrachten und zu bezeichnen. Ein konsequentes, von keinen offenen oder heimlichen Über- und Unterordnungen bedrohtes Unterscheiden und Zusammenhalten der beiden Ausgangs- und Gesichtspunkte wird sich wohl auf dem Hintergrund der genuin lutherischen Bevorzugung der Rechtfertigungslehre nicht durchführen lassen. Daß man faktisch – wenn auch unsicher genug – auch in diesem Bereich – trotz der Neuaufnahme und Verschärfung des Protestes von Ernesti durch A. Ritschl (Rechtfertigung und Versöhnung[3] 3. Bd., S.394f.) und von Fr. H. R. Frank (Syst. d. chr. Wahrheit[2] 1894, 2. Bd., S.201f.) – immer wieder auf jenes Unterscheiden und Zusammenhalten zurückgekommen ist, daß übrigens auch Schleiermacher (Der chr. Glaube § 102) von seinen Voraussetzungen her und mit den ihnen entsprechenden Begründungen dafür eingetreten ist, dürfte ein Hinweis darauf sein, daß es sich jedenfalls in der schon in der Theologie der alten Kirche bemerkten Gegensatzeinheit des priesterlichen und des königlichen Amtes Jesu Christi (und von daher dann auch in der von Rechtfertigung und Heiligung,

Glaube und Liebe) nicht um ein willkürlich ersonnenes Theologumenon, sondern um eine in der Sache begründete Notwendigkeit handelt.

Wenn nun die alte Kirche nur von dieser Gegensatzeinheit (und also nur von einem *munus duplex* Jesu Christi, dem priesterlichen und dem königlichen) gesprochen hat, so war sie insofern im Recht, als sich der sachliche Gehalt der Versöhnungslehre in der Tat in dem erschöpft, was unter diesen beiden christologisch-soteriologischen Gesichtspunkten zu bedenken und zu sagen ist. Es ist über das, was in der Geschichte, die der Gegenstand der Versöhnungslehre ist, Ereignis wird (in welchen Erweiterungen oder auch Verkürzungen, in welchen im Ganzen wie im Einzelnen möglichen Variationen immer) dies – dies in seinen beiden Elementen mit gleichem Gewicht! – aber auch nur dies zu sagen, daß da in Erfüllung geht: «Ich will euer Gott sein – und ihr sollt mein Volk sein!» Wir sind bei unserer Entfaltung von der Person und vom Werk Jesu Christi ausgegangen, weil ja, wer «Versöhnung» sagt, auf alle Fälle sofort diesen Namen nennen muß, in welchem sie Ereignis ist. Von ihm, von seiner Fülle aus denkend, muß man sofort in jener Gegensatzeinheit denken und bemerkt man sofort, daß über das, was in ihr zu bedenken und zu sagen ist, hinaus ein Anderes, Höheres, Besseres nicht in Frage kommt. Man mag aber die Probe darauf machen: man würde, auch wenn man statt dieses Namens sachliche Begriffe wie etwa den der «Erlösung» oder des «Reiches Gottes» oder des wahren «Lebens» setzen wollte, zu keinem anderen Ergebnis kommen. Nicht nur weil man zu ihrer konkreten Füllung, sollte sie nicht willkürlich geschehen, ja doch auf jenen Namen zurückgreifen müßte, von dem wir hier lieber gleich ausgegangen sind, sondern auch darum, weil man auch bei ihrer Entfaltung – immer vorausgesetzt, daß man sich dabei an die Schrift des Alten und Neuen Testamentes halten wollte – unweigerlich auf die Notwendigkeit stoßen wird, zuerst von oben nach unten, von Gott her zum Menschen hin, dann aber auch, und das mit gleichem Ernst, von unten nach oben, vom Menschen her zu Gott hin zu blicken und zu denken. Und immer wird man dann auch gewahr werden, daß es sich in der wunderlichen Doppelbewegung, auf die man da zu achten und der man da zu folgen hat, um das Ganze der Geschichte handelt, in der Gott des Menschen Heil, in der er aber auch das verwirklicht, daß der Mensch ihm die Ehre geben darf.

Und dennoch: Es gibt – ganz anders, aber nicht minder ernsthaft als die beiden ersten aufzuwerfen und zu beantworten – noch ein drittes Problem der Versöhnungslehre, ohne dessen Beachtung, Entfaltung und Beantwortung sie ihrem Gegenstand gegenüber ebenso im Rückstand, ein Torso bliebe, wie wenn sie eines der beiden ersten zugunsten des anderen vernachlässigen würde, wie es etwa in der lutherisch bestimmten Theologie beständig zu drohen scheint. Geschieht doch die Versöhnung selbst, um die es sich in der Versöhnungslehre handelt, die Geschichte Jesu Christi als die große Gottestat also, zu der sich die christliche Gemeinde bekennt und von der sie leben darf, noch in einer bis jetzt nicht explizit berücksichtigten **dritten** Dimension und wäre sie gar nicht diese Geschichte, wenn sie nicht auch in dieser Richtung Ereignis würde. Es ist das Zeugnis der Bibel, dem gegenüber sich die Theologie nicht nur hinsichtlich der Genauigkeit, sondern auch hinsichtlich der Vollständigkeit ihrer Überlegungen und Satzbildungen zu verantworten hat, hört man es mit offenen Ohren an, fast in allen seinen Bestandteilen voll von den Spuren eines weiteren, besonderen Elementes des von ihr bezeugten Ereignisses. Hat es die Besonderheit und Verschiedenheit der beiden ersten zur Voraussetzung, so ist es doch mit keinem von ihnen identisch. Stellt es sich zwar in deren Einheit dar, so ist es doch nicht nur ihre Einheit als solche, sondern das eine Ereignis in einer jenen beiden ersten Elementen gegenüber eigenen und darum auch für sich zu betrachtenden Gestalt. Wir hätten es faktisch auch in seinen beiden ersten Gestalten nicht beschreiben können, wenn es nicht auch diese dritte hätte, und auch nicht ohne uns vorgreifend darauf zu beziehen, daß es auch in dieser dritten Gestalt geschieht. Es muß nun aber eben in dieser **dritten** Gestalt, im Blick auf die wir uns jetzt auf seine beiden ersten nur noch zurückbeziehen, auch **selbständig** zur Sprache gebracht werden.

Um was geht es? Eine Erweiterung unserer **sachlichen** Erkenntnis des Versöhnungsgeschehens kommt nicht in Frage. Es bleibt dabei: Was Gott als Versöhner der Welt mit sich selber, was er in Jesus Christus tat und tut und tun wird, das erschöpft sich in dem, was unter jenen beiden ersten Gesichtspunkten zu bedenken und zu sagen ist. Es hat aber eben dieses sein in sich vollkommenes und unüberbietbares Tun einen ganz bestimmten **Charakter**. Indem es nämlich in seiner Vollkommenheit und also keiner Ergänzung bedürftig geschieht, **äußert, erschließt, vermittelt, offenbart** es sich auch. Man bemerke: Es offenbart nicht etwas Anderes, Höheres oder Tieferes, keine von ihm selbst verschiedene Wahrheit. Es äußert, erschließt, vermittelt, offenbart **sich selbst** – nicht als eine, sondern als **die** Wahrheit, in der alle Wahrheiten – die Wahrheit Gottes vor Allem und die Wahrheit des Menschen – eingeschlossen sind: keine von ihnen als Wahrheit an sich, alle als die Strahlen oder Facetten **seiner Wahrheit**. Es gibt sich selbst kund als Wirklichkeit. Es zeigt sich selbst an. Es ruft sich selbst aus. Es beruft damit zu bewußter, verständiger, lebendiger, dankbarer, williger, tätiger Anteilnahme an seinem Geschehen. Aber damit greifen wir schon weit vor auf das, was es kraft dieses dritten Elementes seines Geschehens ausrichtet und bewirkt. Grundlegend und für alles Weitere entscheidend ist dies: daß es, was auch daraus werde, was es auch damit ausrichte und wirke, sich selbst als **Wahrheit**, u. zw.

als die Wahrheit anzeigt und ausruft. Wie es ja – wir reden von Jesus Christus! – das Ereignis ist, in welchem der Bund zwischen Gott und Mensch von beiden Seiten besiegelt, der Friede von oben wie von unten her hergestellt, des Menschen Rechtfertigung und seine Heiligung vollzogen ist: unabhängig davon, ob auch nur eines einzigen Menschen Glaube und Liebe dem entspreche! So geht sein Geben allem Nehmen von unserer Seite auch darin souverän voran, daß es in sich nicht nur wirklich, sondern auch wahr, die Wahrheit und als solche nicht stumm, sondern laut, nicht dunkel, sondern hell ist – damit es vernehmbar sei und vernommen werde, aber unabhängig davon (als der souveräne Grund alles Vernehmens), ob es zu unserem Vernehmen kommt: die Bedingung unseres Vernehmens, aber nicht bedingt durch dieses. Das ist das dritte Element, die dritte Dimension des Versöhnungs-, des Christusgeschehens. Und die Verständigung darüber, daß und inwiefern es auch in diesem Charakter Ereignis ist, ist das dritte Problem der Lehre von der Versöhnung.

Man könnte es (bei allem Vorbehalt gegenüber dem möglichen Mißbrauch solcher Bezeichnung) im Unterschied zu den beiden ersten, den sachlichen Problemen der Versöhnungslehre ihr Formalproblem nennen. Es geht um das dem Was des Versöhnungsgeschehens unveräußerlich eigentümliche Wie. Seine Beziehung zu jenem ist unauflösbar. In und mit der Versöhnung geschieht – sie selbst ist auch Offenbarung. Indem Gott in ihr handelt, spricht er auch. Die Versöhnung ist eben kein stummes, sondern ein lautes, kein dunkles, sondern ein helles und also kein in sich verschlossenes, sondern ein transeuntes, ein kommunikatives Geschehen. Sie wird nicht anders Ereignis, als indem sie sich selbst auch äußert, erschließt, mitteilt: indem sie nicht nur wirklich, sondern auch wahr, ebenso wahr wie wirklich ist. Unauflöslich ist die Beziehung aber auch umgekehrt: Offenbarung geschieht als Offenbarung der Versöhnung, als das Wie dieses Was, als die Selbstkundgebung dieser Geschichte, als die Wahrheit dieser Wirklichkeit – nicht anders. Sie ist das Prädikat, die notwendige Bestimmung dieses Subjektes. Sie hat aber diesem gegenüber kein selbständiges Wesen. Geschweige denn, daß sie an dessen Stelle treten könnte. Versöhnung ist wohl auch Offenbarung. Offenbarung an sich und als solche könnte aber – wenn dieser Begriff überhaupt vollziehbar wäre – nicht Versöhnung sein. Sie geschieht, indem die Versöhnung geschieht, indem sie in ihr ihren Ursprung, Inhalt und Gegenstand hat, indem eben die Versöhnung in ihr offenbar wird, sich selber offenbar macht.

Es heißt Joh. 1,4f. vom Logos (der im Johannesprolog der Offenbarer ist, dessen Geschichte dann im Evangelium erzählt wird, konkret also der vom Vater gesendete Sohn, konkret der Mensch Jesus): «In Ihm war Leben. Und dieses Leben war das Licht der Menschen. Und das Licht scheint in der Finsternis.»

Unter ζωή will R. Bultmann (Das Ev. des Joh. 1950 S. 21 f.) «die Lebendigkeit der ganzen Schöpfung» verstehen, die nach v 3 (wo es heißt, daß Alles durch ihn geworden ist) im Logos ihren Ursprung habe. Und im Folgenden sei dann gesagt, daß in und mit diesem Leben der Schöpfung Licht, d. h. die Möglichkeit der Offenbarung von je gegeben, dem Geschaffenen zugeeignet war. Wobei unter «Licht» und also unter «Offenbarung» (hier als Schöpfungsoffenbarung) zu verstehen wäre: die Erhellung der menschlichen Existenz mit dem Ziel, daß der Mensch sich selbst in seiner Welt verstehen und ohne Angst zurechtfinden könne – eine ihm gegebene Chance, die nun allerdings («das Licht scheint in der Finsternis») dadurch hinfällig gemacht sei, daß der Mensch als andere Möglichkeit seines Selbstverständnisses die σκοτία statt die der φῶς ergriffen habe.

Dazu ist zunächst zu sagen, daß wie die «Finsternis» so auch das «Licht» und also die Offenbarung in diesem Text keineswegs als «Möglichkeiten» – und nun gar noch als Möglichkeiten des menschlichen «Selbstverständnisses» bezeichnet werden. Sondern es heißt jedenfalls vom Licht, daß es eine Bestimmung, ein Charakter des Lebens sei, das im Logos Jesus war und ist. Denn es gibt im ganzen Johannesevangelium keine Stelle, wo das Wort ζωή (mit oder ohne αἰώνιος) als eine der Schöpfung als solcher mitgeteilte Lebendigkeit verstanden werden könnte. Ζωή ist vielmehr das unzerstörbare neue Leben, das nach Joh. 5,26 der Sohn und nur der Sohn in sich selber hat, nachdem es ihm vom Vater gegeben worden ist, damit er, «das Brot Gottes», es dem Kosmos, der Menschenwelt mitteile (6, 33). Ζωή ist (W. Bauer, Ev. d. Joh. 1908, S.35) «die Fülle aller für die messianische Zeit verheißenen Heilsgüter». Wir dürfen ruhig einsetzen: ζωή ist eben (als Inbegriff aller dieser Heilsgüter) die Versöhnung. Eben von dieser ζωή wird, die Aussage 5,26 vorwegnehmend, schon im Prolog gesagt: sie war in ihrer Besonderheit in Ihm, dem Logos Jesus, der nach v 1 im Anfang, bei Gott und selbst Gott war. Im weiteren Verlauf des Evangeliums wird man dann (11,25; 14,6) als Wort dieses Jesus geradezu lesen: «Ich bin das Leben.» Daß ein anderes Leben überhaupt in Frage kommen könnte, wird durch den unterscheidenden Ausdruck ἡ ζωή (= «dieses Leben») gerade nur angedeutet, um dann außer Betracht zu fallen. «Dieses Leben war das Licht der Menschen.» Dieses Leben war und ist nicht in seinem Träger verschlossen, bricht vielmehr (weil und indem es dieses Ihm gegebene, in ihm aber der Welt geschenkte Leben ist) durch, es äußert sich. Es redet, indem es da ist, von und für sich selber. Es ist als solches auch Licht, leuchtend unter den Menschen, denen es zugewendet ist, leuchtend in ihrer Finsternis. Es offenbart sich. Denn wieder gibt es im Johannesevangelium keine Stelle, wo φῶς ein schon von der Schöpfung her leuchtendes Licht bezeichnen könnte. Als «in die Welt kommendes» und also neues, als das «wahre» Licht leuchtet es nach v 9 allen Menschen: eben als das Licht des neuen Lebens (τὸ φῶς τῆς ζωῆς 8,12). Zur Erhellung der menschlichen Existenz in Form eines neuen Selbstverständnisses? Warum nicht? Das gewiß auch. Aber vor allem doch wohl zur realen Veränderung der Welt und des Menschen, zu seiner Erweckung zum Glauben und zur Liebe: dementsprechend, daß es ihn seine in Jesus Christus geschehene Rechtfertigung und Heiligung und so (in Ihm!) sein wahres Leben erkennen, ihn in der schöpferischen Kraft dieser Erkenntnis neu leben läßt. Aber nicht von da her, daß es das Alles tut und ausrichtet, hat es Leuchtkraft, die Dynamik der Offenbarung, sondern von daher, daß es von dem in Jesus verwirklichten Versöhnungsleben ausgeht, das Licht dieses Lebens ist. Was hülfe es dem Menschen auch zur Erhellung seiner Existenz in einem neuen Selbstverständnis, wenn es nicht «dieses Licht dieses Lebens» wäre? Daß dieses Leben in seiner Bestimmung als Licht, daß die Versöhnung in ihrem Charakter als Offenbarung transeunt, kommunikativ ist – daß sie, mitten in der Welt geschehen, hervorbricht, hinausgeht in die ganze Welt, zu allen Menschen (v 9), das ist Joh. 1,4 f. gesagt.

Das dritte Problem der Versöhnungslehre ist uns also schlicht damit vorgegeben und aufgegeben, daß die Versöhnung sich, indem sie geschieht, auch kundgibt. Wir blicken einen Augenblick vorwärts auf das Ganze des nun aufzuschlagenden neuen Kapitels: Des Menschen Rechtfertigung und Heiligung schließt in sich des Menschen Berufung (wie übrigens des Menschen Hochmut und Trägheit auch seine Lüge in sich schließt!). Die Sammlung und der Aufbau der Gemeinde schließen in sich ihre Sendung. Des Christen Glaube und Liebe schließen in sich: die christliche Hoffnung. Wir werden nun auch am Schluß dieses dritten Teils der Versöhnungslehre – eben wenn es auch da um die christliche Gemeinde und um das Leben des einzelnen christlichen Menschen gehen wird – vom Werk des Heiligen Geistes zu reden haben, in welchem das Ereignis der Versöhnung auch in diesem Charakter ihrer Selbstkundgebung (Erkenntnis begründend und zum Bekenntnis aufrufend!) konkret wirksam und sichtbar wird. Sie hat aber diesen Charakter – wir haben bereits darauf hingewiesen – nicht erst, indem sie in ihm wirksam und sichtbar wird – also nicht erst, indem es Menschen gibt, deren Anteil an ihr sich darin bemerkbar macht, daß sie der an sie ergehenden Berufung Folge leisten. Sie ist in sich selber auch da Erkenntnisgrund, wo ihr keines Menschen Erkenntnis entspricht. Sie redet, sie zeigt sich an, sie verherrlicht sich, sie ist transeunt und kommunikativ, bevor sie, und insofern auch, ohne daß sie in der Kreaturwelt, in der sie geschieht, zu ihren Zielen kommt. Die Gewalt, in der sie im Werk des Heiligen Geistes zu ihren Zielen kommt, beruht eben darauf, daß sie zuvor, daß sie in sich selbst transeunt, kommunikativ ist, sich selbst ansagt, anzeigt, verherrlicht. Sie ist nicht nur Licht, sondern Lichtquelle, als Licht des ewigen Lebens ewiges Licht inmitten der sie umgebenden und bedrohenden Finsternis der Menschenwelt: sieghaft, siegeskräftig auch wo sie ihrem Sieg erst entgegengeht. Daß sie faktisch siegt, geschieht im Werk des Heiligen Geistes. Aber eben das Werk des Heiligen Geistes an und in der christlichen Gemeinde und ihren Gliedern, in welchem sie als Selbstkundgebung, in welchem sie wie als Rechtfertigung und Heiligung, so auch als Berufung, wie in der Sammlung und im Aufbau der Gemeinde, so auch in ihrer Sendung in die Welt, wie im Glauben und in der Liebe, so auch in der Hoffnung der Christen erkennbar und sichtbar wird – eben dieses Werk des Heiligen Geistes schafft nur insofern neue Tatsachen, als der Offenbarungscharakter der Versöhnung sich in ihm bestätigt, als es inmitten der übrigen Weltphänomene auch einige solche (die sie erkennende und bekennende Gemeinde und ihre Glieder, die Christen!) auf den Plan führt: Phänomene, die faktisch im Offenbarungscharakter der Versöhnung und insofern im Geschehen der Versöhnung selbst ihren Grund haben. Diese Objektivität auch ihres Offenbarungscharakters muß darum so ausdrücklich hervorgehoben werden, weil sich hier so leicht das Mißverständnis einschleicht, als handle es sich bei dem Problem des Erkennens, Verstehens und Erklärens der Versöhnung –

allgemein gesagt: beim Problem der Versöhnungslehre als solcher, bei der Frage: wie eine Theologie und Verkündigung der Versöhnung auch nur in primitivster Gestalt möglich werden könne? – um ein Problem der Theorie des menschlichen Erkennens, seiner Bereiche und seiner Grenzen, seiner Kapazitäten und Kompetenzen, seiner möglichen oder unmöglichen Annäherung an diesen Gegenstand. Allzu leicht könnte sonst der Hinweis auf das erleuchtende Werk des Heiligen Geistes als letztes und dann – einem *Deus ex machina* vergleichbar! – sicher etwas bedenkliches Wort solcher «Erkenntnistheorie» verstanden werden! Ist dieser Hinweis doch vielmehr das letzte Wort der Versöhnungslehre selber! Nur als solches kann er sinnvoll sein: eben als Hinweis darauf, daß es in der Macht der Versöhnung selbst – ihres Offenbarungscharakters nämlich – kraft der Selbstbezeugung Jesu Christi auch Weltphänomene gibt, die in ihr ihren Grund haben. Eben damit dieser Hinweis nicht in die Luft zu stehen komme, ist es nötig, wie die Objektivität der Versöhnung als solcher, ihres Geschehens in der Welt, so auch die ihres Offenbarungscharakters, die Apriorität ihres Lichtes allem menschlichen Hellwerden und Erkennen gegenüber festzuhalten. Menschliches Erkennen, Theologie der Versöhnung, gibt es daraufhin, daß die Versöhnung selbst und als solche nicht nur wirklich, sondern auch wahr ist – um sich im erleuchtenden Werk des Heiligen Geistes als wahr zu erweisen, aber zuerst in sich selber nicht nur wirklich, sondern auch wahr ist: Eröffnung, Erschließung, Mitteilung. Eben darauf beruht dann, wo es durch das Werk des Heiligen Geistes zur Erkenntnis Jesu Christi und seines Werkes kommt, deren Klarheit und Gewißheit. Wir werden darum zuerst von diesem ihrem Grund – wir werden auch in diesem dritten Teil der Lehre von der Versöhnung zuerst von Jesus Christus selbst zu reden haben, dann von den Menschen, denen er Bruder, Stellvertreter und Haupt ist, dann von ihrer Erkenntnis Jesu Christi.

Wir haben die beiden eingangs angeführten neutestamentlichen Worte nicht vollständig zitiert. – Es heißt nämlich 1.Tim.2,5f. nicht nur, daß der Mensch Christus Jesus als der eine Mittler zwischen dem einen Gott und den Menschen sich selbst zum Lösegeld für alle Menschen hingegeben habe, sondern es wird dieser Aussage eine offenbar in eine andere Dimension weisende an die Seite gestellt: (Er gab sich hin als) τὸ μαρτύριον καιροῖς ἰδίοις, zu dem je zu seinen (den von ihm zu bestimmenden) Zeiten nötigen und je und je sprechenden Zeugnis. Wir haben es also in dem δούς mit einem dreifachen Akkusativ, mit der dreifachen Gleichung zu tun: ἑαυτόν = λύτρον = μαρτύριον. Der eine mittlerische Mensch ist, d.h. wirkt, handelt als Lösegeld und als Zeugnis, als Versöhner und als Offenbarer: als Dieser, weil und indem er Jener ist. Eben darauf, daß Jesus Christus auch Dieser, τὸ μαρτύριον, ist, begründet Paulus v 7 die Aussage über sich selber. Daraufhin nämlich, daß der Vollstrecker der Versöhnung sich auch selber als solcher offenbart, «bin ich – ich sage die Wahrheit, ich lüge nicht – eingesetzt, in Treue und Wahrheit Verkündiger (κῆρυξ) und Apostel, Lehrer der Heiden zu sein» – man wird aus dem Vorangehenden ergänzen müssen: in dem nun eben mir von ihm zugewiesenen καιρός ἴδιος. Also: zuerst gibt Jesus Christus selbst sich in seiner Person und in seinem Tun dazu her, Versöhner und als solcher auch Offenbarer zu sein – dann und auf dieses

Letztere hin gibt es menschliches Kerygma, Apostolat, διδασκαλία in der Heidenwelt.
– Die Sache hat ihre Parallele in 2. Kor. 1,20: «Wieviele Verheißungen Gottes es gibt (d. h. als Summe, Sinn und Inbegriff aller Verheißungen Gottes): in Ihm (in dem Gottessohn Jesus Christus v 19) ist das Ja gesprochen.» Dazu wird aber das im Zusammenhang Entscheidende hinzugefügt: «διὸ καὶ δι' αὐτοῦ (deshalb wiederum durch Ihn) τὸ ἀμήν zur Ehre Gottes, durch uns (den Apostel) auszusprechen.» Daß in Ihm jenes Ja ist, ist Eines. Eben dieses Ja Gottes, in Ihm gesprochen, hat es aber in sich, die Macht zu sein, durch die es zur Ehre Gottes auch zum Amen kommt. Amen ist schon im Alten Testament die Anerkennung eines verbindlich und verpflichtend, weil von Gott oder in seinem Namen ausgesprochenen Wortes, insbesondere das feierliche Einstimmen in ein verkündigtes und vernommenes Lob Gottes, in eine Doxologie. Es scheint in der urchristlichen Gemeinde früher oder später als Formel der liturgischen Akklamation der gläubigen Menge zu der bekennenden Anrufung und Ausrufung des Namens Gottes in seinen großen Taten in Jesus Christus gebräuchlich geworden zu sein. Man vergleiche etwa das «Amen!» und gleich darauf das «Ja, Amen!», mit dem im Eingangsgruß der Johannes-Apokalypse (1,6 u. 7) auf die Erinnerung an die Liebe Jesu Christi, an die durch ihn vollbrachte Erlösung, an die Erschaffung des neuen Gottesvolkes als seines Werkes und dann auf die Ankündigung seiner letzten definitiven Offenbarung geantwortet wird. «Amen» bestätigt die gewisse Wahrheit und also die Zuverlässigkeit des Ja, auf das es antwortet. Es zeigt an, daß es dem, der es ausspricht, in seiner göttlichen Herrlichkeit und Autorität offenbar ist. Nach 2. Kor. 1,20 steht es nun aber so, daß eben diese Beantwortung des in Jesus Christus gesprochenen Ja nicht etwa original von der Welt bzw. von der Gemeinde oder auch vom Apostel ausgeht. Es ist vielmehr zuerst, eigentlich, grundlegend und als Voraussetzung alles Weiteren durch ihn selbst (denselben, in welchem das Ja gesprochen ist) gewirkt. Paulus versteht freilich seine ganze Tätigkeit und Verkündigung auch unter den Korinthern als ein zur Ehre Gottes ausgesprochenes Amen. Er meint es sich aber nicht genommen zu haben, das zu tun. Er folgt dabei nur dem, der es in und mit seinem Ja zuerst, eigentlich, grundlegend ausgesprochen hat. Von Jesus Christus selbst her hat es Kraft, wenn es nun auch von ihm, dem Apostel, ausgesprochen wird. Weil es von Jesus Christus her Kraft hat, darum kann Paulus v 18 sagen: πιστὸς ὁ θεός, Gott sei ihm und den Korinthern Bürge dafür, daß sein unter ihnen ausgerichtetes Wort nicht Ja und Nein, sondern ein eindeutiges, weil in sich gewisses, zuverlässiges, gültiges Ja gewesen sei. Ohne diese Voraussetzung könnte er und könnten die Korinther seines Amens nicht gewiß sein. Von dieser Voraussetzung her darf er es, können, dürfen und sollen sie es auch sein.

Daß man die Stelle so verstehen muß, zeigt das merkwürdige, bei den Synoptikern einfache, im Johannesevangelium durchgängig verdoppelte «Amen, Ich sage euch...», das bestimmten Aussagen Jesu nicht sowohl abschließend folgt, als vielmehr begründend vorangeht. Weil und indem Er, Jesus, diese Aussagen macht, ist über ihr Amen schon entschieden. Er macht sie gültig, und so dürfen und sollen sie von denen, die sie hören, als gültig, sicher und zuverlässig vernommen und angenommen werden. H. Schlier (im Kittel'schen Wörterbuch zu ἀμήν) hat mit Recht bemerkt, daß in dieser Formel «die ganze Christologie *in nuce* enthalten» sei. Jesu Ja ruft zwar nach Anerkennung und Zustimmung derer, zu denen er redet, bedarf aber ihrer nicht, um wahr und gültig zu sein, um also Anerkennung und Zustimmung in schlechthiniger Dringlichkeit in Anspruch zu nehmen. Jesu Ja trägt die ihm zustehende positive Aufnahme, es trägt sein Amen siegreich vor sich her! So kommt es als mächtige, Glauben erweckende Verheißung und als mächtiger, Gehorsam fordernder Anspruch daher. Das ist die seine Lehre von der der Schriftgelehrten unterscheidende ἐξουσία (Matth. 7, 29). Sein διδάσκειν, d. h. aber sein Anzeigen des Reiches Gottes, seine Selbstdarstellung als die unmittelbare Bezeugung von dessen Gegenwart, sein Ja hat – darüber «entsetzen» sich nach jener Stelle die Leute – das Amen bei sich, indem es, und noch bevor es Ereignis wird. Darum und in diesem Sinn: «Dies ist mein lieber Sohn, in welchem mein Wohlgefallen geschieht – Ihn höret!» (Matth. 17,5). Und darum und in diesem Sinn die Antwort Jesu (Joh. 18,37) auf die Frage des Pilatus, ob er König sei: «Du sagst es. Ich bin König.» Dann aber: «Dazu bin ich in die Welt gekommen, daß ich für die Wahrheit zeuge», Joh. 14,6 noch überhöht und verschärft durch die Aussage: «Ich bin (wie der Weg und das Leben) die Wahrheit.» Mit demselben Spitzensatz haben wir es Apok. 3,14 zu tun, wo Jesus Christus als der bezeichnet wird, der das Amen zu dem in ihm Ereignis gewordenen Ja nicht nur selbst spricht, sondern der – nicht τὸ, sondern ὁ ἀμήν, «der Amen» ist und eben in dieser Ganzheit «der treue (= glaubwürdige) und wahrhaftige Zeuge» – dieser Stelle ist der Titel dieses Kapitels entnommen! – und insofern der Apostel (Hebr. 3,1), der Prophet (Joh. 6,14).

Auf diesem Hintergrund muß man es verstehen, daß es vereinzelt schon in der alten Kirche zu einer Vertiefung der klassischen Lehre vom *munus duplex* Jesu Christi und also von der doppelten Gestalt der Versöhnung, zur Geltendmachung einer dritten Richtung des Christus- und also des ganzen Versöhnungsgeschehens gekommen ist. Mußte nicht schon die eben angeführte Trias Joh. 14,6, mußte nicht auch die Aussage 1. Kor. 1,30, laut derer Christus uns gemacht sei zur Weisheit und zur Gerechtigkeit und zur Heiligkeit, zum Nachdenken darüber veranlassen, ob eben Jesus Christus, der Hohepriester und König, der zum Knecht erniedrigte Herr und zum Herrn erhöhte Knecht in voller Würdigung dieses seines Seins und Tuns als wahrer Gott und Mensch auch als «der Amen, der treue und wahrhaftige Zeuge», als der Offenbarer und Bürge seiner eigenen Wirklichkeit und also des Heils der Menschen und der Ehre Gottes verstanden werden müsse? ob nicht ein entscheidender Zug im Bilde des im alt- und neutestamentlichen Zeugnis verkündigten Geschehens übersehen oder doch verdunkelt und zugleich eine entscheidende Frage christlicher Erkenntnis in bedenklicher Weise offen gelassen werde, wenn nicht auch das gesehen und in aller Form gesagt wird: daß eben der Herr und Knecht, in welchem Gottes Versöhnungstat Ereignis ist, auch der ist, der sie und also sich selbst der Gemeinde und der Welt kundgibt, bekannt macht, erschließt? ob nicht alle klare und gewisse Erkenntnis dieses Ereignisses, alles auf dieses Ereignis begründete und von ihm lebende menschliche Weisewerden im Blick auf Gott primär ebenso sein eigenes Werk und seine eigene Gabe sein möchte wie den Menschen in ihm begründete Rechtfertigung vor und seine Heiligung für Gott: das Werk und die Gabe seiner Berufung? Liest man doch Kol. 2,3: «In Ihm sind alle Schätze der Weisheit und Erkenntnis verborgen.» Gehört zu dem in ihm wohnenden πλήρωμα τῆς θεότητος, von dem man in der parallelen Stelle Kol. 2,9 hört, nur das Sachliche, daß er uns zur Rechtfertigung und Heiligung gemacht (oder johanneisch: daß er der Weg und das Leben) ist – nicht auch das Formale, daß er die Wahrheit, daß er uns zur Weisheit gemacht ist? Ist nicht in dem entscheidenden Zusammenhang Joh. 1,1 f. das höchst Besondere von Jesus gesagt: er sei (als der, dessen Geschichte das Evangelium erzählt) der Logos, das Wort, der Offenbarer Gottes – nicht erst nachträglich, in der Zeit dazu geworden, sondern in der Ewigkeit Gottes selber sein Wort, als solches in die Welt gekommen und Fleisch geworden?

Es wird wohl auf das faktisch vorliegende Gewicht solcher Fragen zurückzuführen sein, daß im vierten Jahrhundert (wie es scheint zuerst bei Euseb von Cäsarea, *Ev. dem.* IV, 15 u. ö., im 5. Jahrhundert von Petrus Chrysologus, *Sermo* 54 aufgenommen) die Rede von einem dreifachen Amt vernehmbar wird: er sei nicht nur der Priester und der König, sondern auch, wie man es ja Joh. 6,14 wörtlich las, «der Prophet, der in die Welt kommen sollte». Die Zusammenstellung dieser drei Funktionen und Titel war als solche nicht neu: von ihnen als den τρία κρατιστεύοντα hat im Blick auf den Makkabäer-Helden Johannes Hyrkanus (*Bell. jud.* I 2,8) schon Josephus geredet – vermutlich selber auf Grund älterer jüdischer Tradition, die als *tertium comparationis* schwerlich etwas Anderes vor Augen haben konnte als dies: daß die Würde und Vollmacht jener drei theokratischen Amtsträger im Alten Testament auf eine ihnen zuteil

1. Das dritte Problem der Versöhnungslehre

werdende Salbung zurückgeführt wird. Eben an den Namen Jesu als des Christus, des Gesalbten Gottes, scheint dann auch die christliche Theologie bei der Einführung jenes dreifachen Schemas formell angeknüpft zu haben. Doch ist zu beachten, daß Jesus in den cyrillischen Anathematismen des Konzils von Ephesus (431) offenbar ohne Anknüpfung an den Christusnamen als solchen, wohl aber in Aufnahme von Hebr. 3,1 (can. 10) der ἀρχιερεὺς καὶ ἀπόστολος τῆς ὁμολογίας ἡμῶν genannt wird. Das dreifache Schema hat sich in der alten Kirche und im Mittelalter zunächst doch von ferne nicht allgemein durchgesetzt. Daß es bekannt war, zeigt sich bei Thomas von Aquino (*S. theol.* III *qu.* 22 *art.* 1 *ad* 3), wo es heißt: *alius est legislator et alius sacerdos et alius rex; sed haec omnia concurrunt in Christo tanquam in fonte omnium gratiarum.* Aber zur Entfaltung ist das, was unter der *legislatio* Christi als eine Gestalt der in ihm erschienenen versöhnenden Gnade zu verstehen sei, weder bei Thomas noch sonst gekommen.

Eigentliches Gewicht bekam dieses dritte Moment des Christus- und Versöhnungsgeschehens erst in der Reformationstheologie u. zw. in den späteren Auflagen der Institutio Calvins (II, 15) und seines Katechismus (39 u. 44, vgl. Heid. Kat. Fr. 31–32).

Das war es in Kürze, was Calvin in der theologischen Überlieferung, von der er herkam *(sub papatu)* zwar auch, aber doch nur *frigide nec magno cum fructu* bedacht und vorgetragen fand und was er nun ganz anders als bisher auf den Leuchter gestellt wissen wollte: Wir haben es in Jesus Christus mit der schon im Alten Testament erwarteten *lux intelligentiae* zu tun, gemäß der Konfession der Samariterin Joh. 4,25: «Ich weiß, daß, wenn der Messias kommt, der der Christus heißt – wenn der kommt, wird er uns Alles kundmachen (ἅπαντα ἀναγγελεῖ).» Verschieden von allen anderen Lehrern empfing und hatte Jesus den prophetischen Geist in seiner Fülle – und das nicht nur für seine Person, sondern auch für die Seinigen, für das Leben seines ganzen irdischen Leibes, der Kirche: die Offenbarung der Wahrheit, in der alle Prophetie zu ihrem Ziel und Ende gekommen ist und neben der andere nicht in Frage kommen. *En descendant au monde il a été Messager et Ambassadeur souverain de Dieu son Père, pour exposer pleinement la volonté d'iceluy au monde ... pour être Maître et Docteur des siens* mit dem Ziel, *de nous introduire à la vraie cognoissance du Père et de sa vérité tellement que nous soyons écoliers domestiques de Dieu,* wozu dann im Heidelberger Katechismus hinzugefügt wird: «auf daß auch ich seinen Namen bekenne».

Diese Lehre von einem *munus Christi propheticum* (und also von einem *munus triplex Christi*) ist dann (wie erwähnt: zögernd aufgenommen und in einer gewissen Unangemessenheit) auch in die lutherische Theologie übergegangen. Sie erscheint aber – ihre Einführung entsprach offenbar einer auf einmal allgemein eingesehenen Notwendigkeit – schon im Catech. Romanus (1566 *qu.* 194f.) und in der Neuzeit bei J. M. Scheeben und nachher bei allen Dogmatikern plötzlich als feststehendes Lehrstück auch der römisch-katholischen Theologie, wobei Scheeben (Handb. der kath. Dogm. 1925 3. Bd. S. 385) grämlich, aber offen zugab, die Protestanten seien in dieser Sache vorangegangen: ihr böses Motiv dabei sei freilich dies gewesen, die Offenbarung Jesus Christus allein zuzuschreiben!

Man kann und muß sich im Blick nicht nur auf die lutherische und katholische, sondern auch auf die alte reformierte Theologie (Calvin selbst eingeschlossen) fragen, in welchem Maß der Sinn, die Wichtigkeit und die Tragweite des neu- oder wiederentdeckten dritten Problems der Versöhnungslehre damals und in der Folgezeit erfaßt und zu Ehren gebracht wurden. Es fehlt hier nämlich im einzelnen nicht an allerlei Dunkelheiten.

Man pflegte die Entfaltung dieses Problems, Calvins eigenem Beispiel folgend, der der beiden anderen in der Regel voranzuschicken. Das konnte im Sinn jenes ἀμὴν λέγω ὑμῖν der Evangelien darauf aufmerksam machen, daß Alles, was unter den beiden anderen Gesichtspunkten nachher gesagt werden sollte, von daher apriorische Gewißheit habe, daß es durch Jesus Christus selbst bezeugt und verbürgt sei. Aber damit hat weder Calvin selbst noch einer der Späteren die Voranstellung des *munus propheticum* begründet. Die gewisse Unsicherheit hinsichtlich der Zusammenschau des prophetischen mit den beiden anderen «Ämtern» konnte aber unerfreuliche Folgen haben. Was wollte man als Gegenstand und Inhalt des prophetischen, des offenbarenden Handelns Jesu Christi verstanden wissen? Vom Willen und von der Wahrheit des Vaters hatte Calvin hier geredet und J. Wolleb (*Chr. Theol. comp.* 1624 I 17, 2) ebenso kurz von der *veritas coelestis*. Im Heidelberger Katechismus (Fr. 31) wird expliziert: es geht um «den heimlichen Rat und Willen Gottes zu unserer Erlösung», im Syntagma des Polan (1610, VI, 29) noch ausführlicher: um die wahre Lehre vom ewigen Heil, um die Unterscheidung Gottes von den falschen Göttern, um das Aufzeigen des rechten, von den Gläubigen zu begehenden Weges, vor allem durch Offenbarung des Evangeliums, aber auch durch die wahre Auslegung des Gesetzes und durch die Weissagung der kommenden Dinge. In der Synopsis des Fr. Burmann (1678 V, 12) wird betont: es gehe um die *verba Dei, quae Deum Deique Filium solum proloqui fas erat*, und sachlich: um die Enthüllung des ganzen Geheimnisses der Erlösung. Das sind Formulierungen, die sich hören lassen, die man jedenfalls *in meliorem*, ja *in optimam partem* interpretieren kann und weithin muß. Je stärker man, wie es mehr als Einer getan hat, mit Polan betonte: die Prophetie oder Lehre Jesu Christi ist primär die des Evangeliums, um so näher kam man offenbar der Sache. Aber nun hört man schon in der Leidener Synopse (1642, 26, 39f.) auch einen anderen Ton: es gehe um die *veritas legalis et evangelica* – so dann am Ende des Jahrhunderts auch Fr. Turrettini (*Theol. el.* 1682 XIV 7,5). War man noch bei der Sache, redete man noch von der Selbstoffenbarung Jesu Christi, wenn man es so sagte? Konnte es sich nun nicht nahelegen, Jesus Christus auf der Linie jenes problematischen Ausdrucks des Thomas von Aquino vor allem als *legislator*, d.h. als den authentischen Ausleger des Gottesgesetzes – eines allgemeinen Gottesgesetzes vielleicht – zu verstehen, grundsätzlich gesagt: als den Offenbarer – nicht seiner selbst in seiner Aktualität, nicht der in ihm geschehenen Geschichte der Versöhnung, sondern eines Prinzips und Systems göttlicher und dem Menschen heilsamer Wahrheit, in welchem ja dann auch das, was unter dem Titel des hohepriesterlichen und königlichen Amtes zu sagen war, seinen Ort haben konnte? Die Möglichkeit konnte sich darbieten – und sie ist schon im 16. Jahrhundert von der von Fausto Socini in Polen begründeten unitarischen Theologie und Kirche und dann von der christlichen Aufklärung des 18. Jahrhunderts ergriffen worden – die eine und ganze Funktion Jesu Christi nun eben in seinem prophetischen oder Zeugen- oder Lehramt zusammenzufassen bzw. aufgehen zu lassen, das geschichtliche Sein und Werk des Mittlers aber nur eben als Erscheinung, Kundgabe und Exempel einer zeitlosen Idee der Versöhnung als der eigentlichen *veritas coelestis* zu verstehen, kurz: ein Evangelium Jesu Christi an die Stelle des Evangeliums von Jesus Christus zu setzen. Das war es selbstverständlich nicht, worauf Calvin und seine reformierten und lutherischen Nachfolger hinaus wollten. Man kann und muß aber sagen, daß die Sache in ihrer Darstellung nicht genügend dagegen gesichert war, endlich und zuletzt doch darauf hinauszulaufen.

Eine zweite Unsicherheit, ebenfalls aus dem Mangel an Klarheit über das innere Verhältnis zwischen der Offenbarung Jesu Christi und seinem Werk entstanden, zeigte sich in der überhandnehmenden Neigung, das Verhältnis der drei mittlerischen Funktionen unter sich *e ratione executionis*, d.h. als das der verschiedenen Stadien des Ablaufs der Geschichte Jesu, es also historisierend zu verstehen: *primum* sei er als Verkündiger des Reiches Gottes in Galiläa und Jerusalem als Prophet, *deinde* in seinem Leiden und Sterben als Hohepriester, *denique* in seiner Auferstehung und Himmelfahrt als König tätig gewesen, liest man bei Wendelin (*Chr. Theol.* 1634 I 17,3): eine Konstruktion, in der die Einheit des Versöhnungsgeschehens ebenso verdunkelt wurde wie die besondere aktuelle Bedeutung seiner einzelnen Momente: gerade die des *munus propheticum* konnte, wenn man darunter nur eben jenes erste Stadium der Geschichte Jesu verstehen wollte, dem dann sein Wirken im *munus sacerdotale* und *regium* als weitere Stadien erst folgen sollte, durch deren überlegenes Licht in den Schatten einer gewissen Vorläufigkeit gerückt, nicht wohl zu der ihm gebührenden Geltung kommen. Daß man das Problem empfand, zeigt die von H. Heidegger (*Medulla* 1696, 19,19) gemachte Unterscheidung: *ordine executionis* («historisch»!) gelte allerdings jene Folge, *ordine intentionis* folge das Wirken Christi im *munus propheticum* erst aus dem und auf das im *munus regium* und *sacerdotale*. Man versteht die Absicht, fragt sich aber vergeblich, mit welchem Sinn es hier einen vom *ordo intentionis* so verschiedenen *ordo executionis* geben soll – und schließlich: mit welchem Sinn und Recht hier überhaupt mit der Vorstellung eines *ordo* (mit Vor- und Nachordnungen) gearbeitet werden muß? Als ob es so etwas zwischen der Wirklichkeit Jesu Christi als der Knecht und Herr und deren Charakter als Wahrheit geben müßte und könnte! Aber in derselben historistischen Abstraktion hat noch der Katholik J. Pohle (Lehrb. d. Dogm. 2. Bd. 1903, S. 223 f.) das Lehramt Christi verstanden und dabei nicht einmal den damals von Heidegger angebrachten Vorbehalt anzubringen für nötig gehalten!

Eine dritte Frage war und ist die, wie das zu verstehen sein möchte: Jesus Christus sei «der oberste Prophet und Lehrer» (Heid. Kat. Fr. 31 – wörtlich gleich auch der *Cat. Rom.* I 3,7: der *summus propheta et magister*). Was bedeuten die Superlative, in denen unter den Katholiken z. B. Fr. Diekamp (Kath. Dogm. 2. Bd. 1930, S. 333 f.) hier redet: Jesu Lehramt sei das höchste, weil auf das vollendetste Wissen begründet in höchster Autorität und in vollendetster Weise ausgeübte. Calvin hatte weniger wortreich sofort gesagt: er ist der Träger der einzigen Offenbarung, in und mit der alle anderen sich erübrigen, und Polan hatte präzisiert: in seinem Wort vollziehe sich die Unterscheidung Gottes von den falschen Göttern. So oder ähnlich haben auch die anderen alten Protestanten geredet; so heißt Christus aber auch in der eben angeführten katholischen Dogmatik «unser einziger Lehrer», auf den alle Propheten hinweisen und von dem alle in seinem Auftrag nach ihm Lehrenden herkommen, so auch bei B. Bartmann (Lehrb. d. Dogm. 1. Bd. 1928, S. 374 f.): der «einzige Prophet», der «absolute Lehrer». Aber waren schon die protestantischen Orthodoxen dieser ihrer Sache sicher? und sind erst recht die katholischen Theologen dabei zu behaften, daß *summus* hier gleichbedeutend ist mit *unicus?* Wie kam es dann, daß ein so eifriger Reformierter wie J. Piscator gleich auf der ersten Seite seiner Aphorismen zu Calvins Institutio (1589) die Lehre des Genfer Meisters dahin verstehen zu können meinte: es gebe, wie die Tatsache der heidnischen Religionen und wie des Menschen unmittelbares Erschrecken vor Donner und Blitz bewiesen, eine *cognitio naturalis*, d. h. *hominum mentibus a natura insita*, eine unmittelbare Offenbarung jedenfalls des Schöpfergottes und der Verpflichtung zu seiner Verehrung? Wie kam es, daß es sich dann im Übergang vom 17. zum 18. Jahrhundert auch im Protestantismus als so leicht erwies, der angeblich auf die Offenbarung begründeten eine ausgeführte natürliche Theologie in aller Form an die Seite zu stellen und voranzuschicken? Und was soll man erst recht von den an dieser Stelle so lauten Beteuerungen der katholischen Theologen denken angesichts der Selbstverständlichkeit, mit der man dort von jeher mit einer doppelten Offenbarung und Erkenntnis Gottes gerechnet hat? Eben darum hat Scheeben von seinem Ort aus doch wohl mit Recht daran Anstoß genommen, daß die Protestanten Jesus Christus an dieser Stelle – hätten sie es doch mit noch mehr Kraft und Folgerichtigkeit getan! – als den alleinigen Offenbarer Gottes bezeichnen zu wollen schienen. Die Frage erhebt sich allgemein: Hatte man, als man sich dazu entschloß, das *munus Christi propheticum* auf den Leuchter zu erheben, die Kosten überschlagen, die Konsequenzen bedacht, die zu ziehen waren, wenn man so Großes im Ernst sagen wollte?

Ein vierter Fragenkomplex eröffnet sich damit, daß man Calvin so bestimmt sagen hört, daß Jesus Christus die Würde und den Auftrag des prophetischen Amtes nicht nur für seine Person, sondern für seinen ganzen Leib, die Kirche, empfangen habe. In Auslegung dieses Satzes haben die späteren reformierten Dogmatiker (z. B. die Leidener Synopse 26,39.41) gerne unterschieden zwischen seiner unmittelbaren und seiner mittelbaren Ausübung dieses Amtes: unmittelbar durch ihn selbst *(per seipsum)*, mittelbar durch Andere, *per alios administros verbi sui*, d. h. durch die Propheten und Apostel. Wie ist das zu verstehen? Zu fragen ist zunächst: ob die Unterscheidung: *per seipsum* und *per alios* durchführbar ist? Als ob es (auch im Alten und Neuen Testament) ein Reden Christi *per seipsum* gäbe, das nicht ein Reden *per alios* wäre: im Zeugnis der Schrift und in dessen Verkündigung läßt er sich doch hören und nicht anders! Und umgekehrt: als ob nicht sein ganzes Reden *per alios* dadurch und nur dadurch Wahrheit wäre und Autorität hätte, daß er in dieser Vermittlung *per seipsum* redet: wie könnte und würde das Zeugnis der Schrift und dessen Verkündigung wahr und kräftig sein, wenn nicht er selbst sich in ihm hören ließe? Aber darüber hätte man sich mit den alten Dogmatikern zur Not gewiß verständigen können. Schwieriger ist die Frage, ob sie, speziell die alten Reformierten, im Recht waren, wenn sie Jesu Christi mittelbare Prophetie auf die alt- und neutestamentlichen Zeugen beschränkt wissen wollten. Die Lutheraner (z. B. J. Gerhard, Loci 1610 + I/IV u. 322) sprachen unbefangener von dem mittelbar im Dienst der Apostel und ihrer Nachfolger stattfindenden Weitergehen des prophetischen Werkes Christi. Die konfessionspolemische Absicht jener für die Reformierten des 17. Jahrhunderts charakteristischen Engführung wurde (Leidener Synopse, l. c.) offen ausgesprochen: in Erwägung dessen, daß als *administri* des Propheten Jesus Christus nur die biblischen Propheten und Apostel in Betracht kämen, verwirft *(repudiat)* die *Ecclesia Dei omnes traditiones quae sacro Codice non continentur*. Dazu wird doch zu sagen sein, daß die einzigartige Dignität des «heiligen Buches» allerdings darin besteht, daß wir es in ihm und so nur in ihm mit der ursprünglichen Bezeugung des Seins und Tuns Jesu Christi als der Voraussetzung aller weiteren kirchlichen Verkündigung zu tun haben – daß es sich aber für die Kirche Gottes gewiß nicht darum handeln kann, alle Traditionen als solche zu «verwerfen», sondern sie am Maßstab des prophetisch-apostolischen Zeugnisses zu messen, sie auf ihre Schriftgemäßheit zu prüfen, was dann doch wohl nicht immer und notwendig zu ihrer gänzlichen Bestreitung führen muß. Die alten Holländer, die so redeten, haben selber wahrhaftig nicht alle Traditionen verworfen, sie haben den alten vielmehr ganz unbefangen (Dordrecht!) noch einige neue hinzugefügt. Und durfte man denn behaupten, daß nur die biblischen Propheten und Apostel der Leib seien, der an jenem Amt seines Hauptes Anteil hat? Eine formell ganz ähnliche Frage ist nun aber auch an die katholische Dogmatik zu richten. Hier wußte und weiß man (nur zu gut) um die Anteilnahme der Kirche (und also nicht nur der Propheten und Apostel) am Lehramt Christi. Darunter sei aber nach J. Pohle (a. a. O. 227) Folgendes zu verstehen: Es habe Christus die Kirche an Pfingsten als eine Lehranstalt der Wahrheit gegründet, ihr darum den Heiligen Geist als Geist der Wahrheit mitgeteilt. Auf dem Prophetentum Christi als des unfehlbaren Lehrers der Wahrheit ruhe also die Unfehlbarkeit der Kirche und des Papstes! Es vermittle das kirchliche Lehramt die volle und ganze Wahrheit, über die hinaus keine «Geistkirche» oder künftige «Johanneskirche» denkbar sei – und so sei es in Ausübung göttlicher Autorität in unbegrenzter Anpassungsfähigkeit stets im Besitz zeitgemäßester Gegengifte gegen alle Irrtümer! Dazu ist einmal zu fragen: ob denn eine echte Anteilnahme der Kirche am Lehramt Christi dies in sich schließen könne und müsse, daß ihre Äußerungen durch eine dem Worte Jesu Christi selbst gleiche Autorität und Unfehlbarkeit ausgezeichnet sind? Wie käme sie als sein Leib, seine irdische Existenzform zu dieser Gleichheit ihrer Funktion mit der seinigen? Warum denn, wenn es hier zweifellos auch um die Kirche geht, gleich Alles oder Nichts? Sollte es ihr nicht genug sein, ihm in der ihr zukommenden Zweitrangigkeit ihrer Autorität und in der offen einzugestehenden Fehlbarkeit ihres menschlichen Wortes bescheiden und bußfertig und lernbegierig dienen zu dürfen? Und dann ist eben auch hier zu fragen: Wie kommt man zu der Annahme, daß der Leib, der am prophetischen Amt Jesu Christi selbst Anteil hat, sich auf die Träger des im Papst repräsentierten kirchlichen Lehramtes beschränke – gerade nur auf diese Glieder dieses Leibes? Ist der Dienst der Verkündigung als die konkrete Gestalt jenes Anteils nicht der Auftrag, die Ehre, die verantwortlich zu übernehmende und in Demut auszuführende Aufgabe der ganzen Gemeinde? Herrlich die Durchbrechung jener reformierten und dieser katholischen Engführung in jenem Satz des Heid. Kat. Fr. 32, laut dessen ich – nicht nur die Propheten und Apostel, und nicht nur ein lehrender Klerus, sondern ich! – darin ein Christ bin, daß ich durch den Glauben ein Glied Christi und also seiner Salbung teilhaftig bin: «auf daß auch ich» – niemand ist da ausgeschlossen und niemand darf sich da ausschließen – «seinen Namen bekenne»! Am Ende des Zeitalters der Orthodoxie scheint sich übrigens dieser Satz des Katechismus und die in ihm ausgesprochene Erkenntnis auch bei den Reformierten da und dort durchgesetzt zu haben: *ex participatione unctionis* seien in Aneignung des Wortes Christi, in Erforschung der Schrift, in Prüfung der Geister, aber auch in Belehrung ihres Nächsten und in tapferem Bekenntnis alle Christen auch Propheten (P. van Mastricht, *Theor. pract. Theol.* 1698 V 6,26).

Eine fünfte und letzte Frage, die durch die calvinische Neuerung aufgeworfen, aber nicht eindeutig beantwortet ist: An wen richtet sich eigentlich Jesus Christus der Versöhner, indem er als solcher auch der Offenbarer ist? Er wendet sich als der souveräne Botschafter Gottes an die Welt, hatte Calvin noch Fr. 39 seines Katechismus bedenkenlos geschrieben. Von seiner an die Welt gerichteten Verkündigung hatte (a.a.O.) auch Polan und es hatte im selben Sinn J. Wolleb (a.a.O. 19,6) vom *totus terrarum orbis* geredet. So liest man im *Cat. Romanus* (a.a.O.): *cuius doctrina orbis terrarum Patris coelestis cognitionem accepit*, und in der *Theol. did. pol.* (1685) des Lutheraners Quenstedt (III c. 3,2 sect.1 th.10): sie gehe *omnes et singulos homines* an, *nemine excluso*, und *th.* 13: es gehe um *omnium hominum ad coelestis veritatis agnitionem perductio*. Merkwürdigerweise hat aber Calvin Christus schon Fr. 44 seines Katechismus nun doch nur noch als Meister und Lehrer der Seinigen bezeichnet, findet man auch bei Wolleb (I 17,9) den Kreis der durch Christus Unterrichteten auf die *electi* zusammengeschrumpft und wird als Adressat seines Wortes in der Leidener Synopse (26,39) mit bemerkbarem Nachdruck nur eben «sein Volk» genannt. Die Regel wurde bei den Reformierten, in dieser Sache mit bedeutsamer Undeutlichkeit von «uns» als denen zu reden, mit denen es Jesus Christus in seinem prophetischen Wort zu tun habe. Welche der beiden Angaben soll gelten? Es ist klar, daß sie sich an sich nicht ausschließen müssen. Gerne nähme man an, die Meinung sei die: das Wort Christi gelte «uns», den Erwählten, dem Volke Gottes als der Gemeinde der zu seiner Verkündigung in der Welt berufenen Zeugen. Das war aber leider bestimmt nicht die Meinung unserer Väter, wenn sie hinsichtlich des Verhältnisses des Propheten Jesus Christus zur Welt ziemlich bald so seltsam zurückhaltend wurden. Sie haben (z.B. Polan VI, 29) mit gutem Recht gesagt, daß unter seiner Prophetie nicht nur die äußere *promulgatio veritatis divinae*, sondern auch die *interna illustratio cordium per Spiritum sanctum* zu verstehen sei. Eben damit mußte sich aber ihre Auffassung von der doppelten Prädestination wie ein Schlagbaum zwischen das Gottesvolk der Erwählten als des alleinigen Empfängers des Geisteszeugnisses und die Welt legen: wie Christus nicht für alle Menschen gestorben ist, so geht auch seine Rede im Vollsinn dieses Begriffs nicht alle, sondern eben wirklich nur «uns», die Erwählten, an. Christus ist und wirkt auch als Prophet nur *intra muros*. Wenn es bei dieser Konzeption sein Bewenden haben müßte, so müßte die Lehre von diesem seinem dritten Amt in einer Sackgasse endigen. Will man damit ernst machen, daß das *officium mediatorium* Jesu Christi, die in ihm geschehene Tat der Versöhnung, auch diese dritte Dimension hat, dann wird man auch in diesem Zusammenhang bedenken müssen, daß Gott in seiner Sendung die Welt geliebt, in Ihm die Welt mit sich selber versöhnt hat, daß also die besondere Geschichte derer, die die Stimme des guten Hirten im Unterschied zu Anderen schon hören durften, nicht der Endzweck und die Endstation auch seines prophetischen Werkes sein kann, sondern daß sich in der besonderen Existenz und Geschichte des Volkes Gottes nur das vollziehen kann, was Paulus 2.Kor.5,18 die διακονία τῆς καταλλαγῆς genannt hat: zu diesem Volk redet Christus in der Absicht und mit dem Auftrag, daß gerade es seinerseits zur Welt reden, in deren Mitte sein Botschafter sein soll. Es war wohl so, daß Calvin und die Seinen diese Erkenntnis, gehemmt durch ihr fatales Dogma, nicht mehr oder noch nicht zu vollziehen vermochten. Es ist aber tröstlich und wegweisend, festzustellen, daß sie offenbar wenigstens im Ansatz ihrer Lehre Miene machten, auch in diese Richtung zu blicken.

Man schmälert die Bedeutung der damals so wuchtig versuchten und für die ganze zeitgenössische Theologie so eindrucksvollen dogmatischen Neuerung nicht – man entzieht sich auch nicht der Dankbarkeit, die man hier vor allem Calvin schuldig ist, wenn man sich zu den Fragen, die wir nun aufgeworfen haben, bekennt. Um Repristination der alten Lehre vom *munus Christi propheticum* kann es sich für uns nicht handeln. Die Grenzen jener alten Lehre sind deutlich: wir werden sie in allen jetzt angedeuteten Punkten ehrerbietig und vorsichtig, aber offen und entschlossen überschreiten müssen. Die sachlichen und dann die biblischen Überlegungen, mit denen wir diesen Einleitungsabschnitt begonnen haben, haben uns aber gezeigt, daß mit der Lehre vom *munus propheticum* – was auch von der Gestalt zu denken sei, in der sie zunächst auftrat und zur Geltung kam – auf alle Fälle auf ein Moment im Versöhnungsgeschehen hingewiesen wurde, das nach besonderer Beachtung ruft. Es dürfte geboten sein und es dürfte sich lohnen, den damals unternommenen Versuch in aller Freiheit aufzunehmen.

Wir schließen diese Einleitung mit einer kirchengeschichtlichen Erwägung. Ist es Zufall, daß es gerade an der Schwelle der Neuzeit, die ja auch eine christlich-kirchlich-theologische Neuzeit wurde, zur Wiederherstellung der Lehre vom *munus Christi propheticum* gekommen ist? Es könnte ja sein, daß uns das Eintreten auf das «dritte Problem der Versöhnungslehre» nicht nur aus Gründen zeitloser wissenschaftlicher Richtigkeit, Genauigkeit und Vollständigkeit geboten wäre, sondern daß es sich dabei auch um die Beantwortung einer uns durch die geschichtliche Entwicklung insbesondere der letzten 450 Jahre aufgedrängten Frage handelt, vor der sich eine neuzeitliche Theologie die Augen auch darum nicht verschließen darf, weil sie in den Schicksalen, Ereignissen und Gestalten der neuzeitlichen Kirche unübersehbar auf sie zugekommen ist.

Die Jahrhunderte seit der Renaissance und der ihr gleichzeitigen Reformation waren und sind, was das Christentum, die Kirche, die Theologie betrifft, ein eigentümlich beschatteter Bereich. Sicher allgemein gesagt nicht stärker beschattet, als sie es auch in den Zeiten der ausgehenden Antike, des frühen und des späten Mittelalters der Fall war, aber jetzt in einer anderen, sehr besonderen Weise. Man muß gewiß sehen und sagen, daß das Neue der Neuzeit und also das Besondere des Schattens, in den der ganze christlich-kirchlich-theologische Bereich in dieser Zeit gerückt wurde, nicht mit einem Schlag am Anfang des 16. Jahrhunderts wirksam und sichtbar geworden ist. An allerlei Vorboten hat es ihm schon im späteren, ja schon im frühen Mittelalter keineswegs gefehlt. Die Neuzeit unterscheidet sich aber dadurch von den ihr vorangegangenen Jahrhunderten, daß bestimmte zuvor latente, vereinzelte und im Ganzen unterdrückte Tendenzen jetzt mehr und mehr offenbar, allgemein und herrschend wurden. Um was handelt es sich? Ich deute nur an: Die Kirche hat in der Neuzeit ihre Weltgeltung in der Form, in der sie sich ihrer zuvor erfreuen konnte, in langsamer aber unaufhaltsamer Entwicklung verloren. Vielleicht damit, daß sie sich über die alte Entzweiung zwischen West- und Ostkirche hinaus auch im Westen schon im 16. Jahrhundert gleich vierfach und nachher gleich hundertfach gespalten hat. Vielleicht damit, daß das vermeintlich christliche Europa sich seit dem 16. Jahrhundert mehr und mehr der direkten Begegnung mit der so viel zahlreicheren nicht-christlichen Menschheit des fernen Westens und Ostens ausgesetzt, seinen Glauben in die Koexistenz mit einer Fülle fremder Religionen versetzt fand – eine Situation, die ihm nicht nur die selbstverständliche Absolutheit seines Christentums suspekt machen, die ihm vor allem auch seine eigenen, noch nicht so lange und meist nicht sehr gründlich zurückgestellten heidnischen Möglichkeiten verlockend in

Erinnerung bringen konnte. Vielleicht auch damit – das ist das Motiv, das man hier gewöhnlich in erster Linie anzuführen pflegt – daß sich seit derselben Wende am Anfang des 16. Jahrhunderts – teils von der Wiederentdeckung des Griechentums, teils von den damals anhebenden erstaunlichen Fortschritten der Natur- und Geschichtswissenschaft und vor allem der Technik her ein ganz neues, auf die Autonomie der allgemeinen Vernunft aber auch des einzelnen Individuums ausgerichtetes menschliches Lebensgefühl und Selbstverständnis zu bilden begann. Es stieß die Kirche mehr und mehr auf das mit einem ganz neuen Souveränitätsanspruch sich darstellende Selbstbewußtsein der modernen nationalen und regionalen Staatsmächte, auf eine ihre eigenen Gesetze erkennende und proklamierende, ihren eigenen Strebungen folgende moderne Gesellschaft, auf eine moderne Philosophie, Wissenschaft, Literatur, Kunst und Wirtschaft, die ihr gegenüber nach allen Seiten je ihre besonderen Freiheiten und Rechte behaupteten und vor allem, ohne lange zu fragen, stillschweigend ausübten. Sie fand sich unter dem Einfluß und Druck aller dieser Elemente und Faktoren ihrer Umwelt erst fast unmerklich, dann doch immer merklicher auf die Seite, in den Winkel, in ein Ghetto verdrängt. Sie wurde der mehr oder weniger gebildeten Elite – je nachdem: ein Ärgernis oder eine Torheit – oder jedenfalls zum Gegenstand milde duldender Indifferenz. Und sie wurde den Massen weithin – nicht nur innerlich, sondern auch äußerlich – aus den Augen gerückt. Lebte das Bewußtsein von ihrer unaufhaltsam schwindenden oder schon längst verlorenen religiösen, geistigen, moralischen, politischen Machtposition im öffentlichen Leben überhaupt noch weiter, dann entweder in Form von allerlei fatalen Erinnerungen an deren Mißbräuche: Schreckensbilder, in denen sowohl eine pathetische Kirchenfeindschaft wie eine überhandnehmende Kirchenflucht ihre billigen Rechtfertigungen finden mochte – oder aber in dem klugen Gebrauch, den die nicht ausbleibenden reaktionären Bewegungen in Staat und Gesellschaft – der Sache der Kirche immer zum großen Schaden! – je und je immer noch (oder gelegentlich auch ganz neu) von ihr zu machen wußten. Und es schien nun die Kirche selbst allmählich nur noch folgende Wahl zu haben: Sie konnte um die Erhaltung oder Wiederherstellung der Reste ihres zerfließenden Ansehens und Einflusses mit mehr oder weniger geeigneten Mitteln – oft genug leider in verblendetem Bündnis mit jenen reaktionären Mächten – zu kämpfen versuchen. Oder sie konnte den ihr durch die Entwicklung offenbar nahe gelegten Rückzug in die Reservationen eines sich selbst genügenden Religionstums antreten – in allerlei individuelle Frömmigkeitsübung oder in allerlei erneuerte oder auch neu erfundene Liturgik, oder in allerlei dogmatische Luftschlösser. Oder sie konnte sich die überhand nehmende Säkularisierung in irgend einer optimistischen Umdeutung gefallen lassen, sie in ihr eigenes Selbstverständnis aufnehmen, die Bibel, die Tradition, das Bekenntnis so lange kritisch bearbeiten, bis man der Meinung sein mochte, sich mit dem fortschreitenden Geist der Zeiten in Übereinstimmung zu befinden, es dem modernen Menschen recht zu machen, der «mündig gewordenen» Welt ein in ihrem eigenen Sinn mündig gewordenes, ihr gleichgeschaltetes Christentum offerieren zu können. Alles mit dem Erfolg, daß die Entfernung des Lebens des neuzeitlichen Menschen von der Kirche – die Entfernung ihres Lebens von dem seinigen nur immer greifbarer und offenkundiger wurden. Das Klagelied oder Spottlied ist bekannt genug, in welchem diese Situation seit dem 17. Jahrhundert von Christen und Nichtchristen fast ununterbrochen besungen worden ist: von jeder Generation jeweils so, als wäre sie die erste, die den Sachverhalt, die große Diastase, entdeckt hätte. Wir unterlassen es, ihm hier noch weitere Strophen hinzuzufügen. Man muß aber dem, was da objektiv zu sehen ist, offen und nüchtern ins Gesicht sehen. Die Neuzeit ist tatsächlich die durch diese Diastase beschattete Zeit der Kirchengeschichte.

Nur daß man sich vor einem ganz anderen Zug in ihrem Bilde die Augen auch nicht verschließen darf! An dem war es nun nämlich doch nicht, daß sich die Christenheit in diesen letzten Jahrhunderten nur im Zustand jener Verdrängung und in der Durchführung jener Verteidigungsmaßnahmen, jener Abkapselungen, jener Kompromisse und Scheinfriedensschlüsse befunden hätte. Es gibt nicht nur sanguinische, sondern auch melancholische, nicht nur naive, sondern auch skeptische Geschichtsfälschungen – und eine solche dürfte da im Spiel sein, wo man übersehen wollte, daß wir es (gewiß sehr paradoxer Weise) gerade in der Neuzeit auch mit einem originellen und spontanen **Ausbruch** der christlichen Gemeinde in die **Welt** hinein zu tun haben, wie ihn keine von den vielgerühmten oder getadelten früheren Zeiten so gesehen hat. Es geht um einen Vorgang, der sich durchaus nicht einfach dem verzweifelten Ausfall oder Gegenangriff einer hoffnungslos belagerten Besatzung vergleichen, also als eines der Phänomene jener Bedrängnis erklären läßt. Es war vielmehr dieselbe Neuzeit, in der der Christenheit jene Bedrängnis widerfahren ist, in der ihre Situation der einer schwer belagerten Festung tatsächlich oft genug sehr ähnlich gesehen hat, auch der Schauplatz eines durchaus nicht vom Gegner diktierten, sondern höchst ursprünglichen **Erwachens**, in welchem sie sich wie seit den ersten Jahrhunderten zu kaum einer Zeit ihres **Auftrags** gerade der Welt gegenüber, ihrer **Sendung** gerade in der Welt und an die Welt **neu** bewußt geworden, in welchem sie sich in den verschiedensten Formen aufgemacht hat, um ihr besser gerecht zu werden. Wie merkwürdig, daß ein so gelehrter und scharfsinniger Mann wie E. **Hirsch** es fertig gebracht hat, die Geschichte der neueren evangelischen Theologie unter völligem Übersehen dieser andern Seite des Bildes als die Geschichte eines einzigen konsequenten Rückzugs in eine Indianerreservation darzustellen!

Gerade daß die Christenheit ihrer Umwelt ihrerseits etwas ihr Fremdes, Unbekanntes und Nötigstes zu **sagen**, ihr eine **Botschaft** auszurichten habe, gerade daß sie nicht nur für sich selbst da sei, sondern denen draußen gegenüber die Verantwortung für ihre Begegnung mit dem **Evangelium** für ihren Anteil an dem **Heil** trage, an dem sie selbst Anteil zu haben meinte oder gewiß war, gerade daß sie es dem Herrn, an den sie so oder so glaubte, zu dem sie sich schlecht oder recht bekannte, schuldig war, ihn angesichts der diesen Äon beherrschenden Gewalten zu **bezeugen** – gerade das war ein Gedanke, von dem das christliche Mittelalter zwar nicht unberührt, aber im Ganzen doch nur am Rande bewegt war. Wie sollte er in seiner Kirche praktisch Raum haben, da sie, auf das westliche und mittlere Europa beschränkt, mit ihrer Umwelt in der schönen Illusion eines *corpus christianum*, einer christlichen Welt, lebte, der Existenz einer nicht-christlichen Umwelt, eines echten Gegenübers von Evangelium und Mensch höchstens von ferne gewahr sein konnte. Indem wenigstens in der bekannten Nähe vermeintlich Alle **drinnen** waren, konnte es für sie grundsätzlich Keine geben, die draußen waren. Daß man sich an jenem Rande des eigenen geographisch-politisch-geistlichen Bereiches mit dem vom Süden und Osten her allerdings bedenklich *ante portas* stehenden Islam laufend auseinanderzusetzen hatte, damit hatte man sich – mit der Führung dieser Grenzgefechte beschäftigten sich, sofern sie nicht mit dem Schwert zu führen war, *ex officio* die Bettelorden – abgefunden. Und so auch mit all den unter der Decke und Garantie der sakramentalen Institution weiterlebenden Heidentümern des angeblich christlichen europäischen Menschen, mit der kaum oder gar nicht vom Evangelium berührten Wirklichkeit seines privaten und öffentlichen Lebens, seiner Auffassung von Recht und Unrecht, mit dem praktischen Atheismus der Großen und der Kleinen, der Machthaber und der von ihnen beherrschten Massen. Billige Kompensationen, die man in dieser Hinsicht darin fand, die Albigenser und gelegentlich auch die Juden zu verfolgen! Und lebte nicht die Kirche selbst auch in ihrem eigenen Bereich: in ihrem Kultus, ihrer Organisation, ihrer Finanz- und Bodenwirtschaft, auch in ihrer Lehre und Predigt und bis hinein in ihre edelste Mystik von unzähligen Kompromissen, in welchen die Gesetze und Gewohnheiten des alten Äon dem neuen des im Altarsakrament verehrten Jesus Christus in größter Selbstverständlichkeit die Waage halten durften? War nicht die ganze Idee und die ganze praktische Gestalt des *Corpus christianum* eben die dieses statischen Gleichgewichtes? Daß auch die mittelalterliche Christenheit in ihrer Art an die Versöhnung der Welt mit Gott und also an Jesus Christus als an ihren Herrn glaubte, das wird man ihr nicht absprechen dürfen. Aber in welchem Sinn nun eigentlich, indem sie es bei diesem Gleichgewicht sein Bewenden haben, an dem Bestand und an der Durchführung der einmal aufgerichteten heilig-unheiligen Ordnungen und Grenzziehungen sich genügen lassen konnte?

Diesem Schwebezustand wurde in der mit dem Anbruch der Neuzeit anhebenden oder offen an den Tag tretenden Diastase zwischen Kirche und Welt ein Ende gemacht. Der äußere Aspekt des Vorgangs war schon der, daß die Welt sich der Kirche gegenüber jetzt in einer ganzen Reihe von sanften oder auch heftigen, aber jedenfalls in zunehmendem Maß durchgeführten Absetzbewegungen emanzipierte, daß das Säkulum seine Säkularität entdeckte bzw. wiederentdeckte, von ihr Gebrauch machen wollte und tatsächlich machte und darum der Kirche, mit der es im Mittelalter jene problematische Verbindung eingegangen war, den Rücken kehrte. Die Sonne brachte es an den Tag, daß es das konnte, daß es der Kirche in keinem tieferen Sinn verpflichtet war: daß es sich nämlich die von ihr vertretene Sache, das von ihr verkündigte Evangelium keineswegs zu eigen gemacht hatte. Was menschliche Hände hier gebaut hatten, konnten sie jetzt auch wieder stürzen. Aber eben: das ist nicht Alles, was hier zu sehen ist. So war es ja nun doch nicht, daß die Kirche in der im 16. Jahrhundert anhebenden und dann immer weiter greifenden Diastase nur Objekt gewesen, nur eben aus jener Verbindung entlassen und aus der von ihr bisher innegehaltenen Machtposition verdrängt worden wäre. Sondern indem ihr das allerdings widerfuhr, vollzog sie selbst – oder vollzog sich aus ihr heraus eine Gegenbewegung ganz anderer, positiver Art: nicht etwa eine Erwiderung des Gleichen, nämlich der ihr widerfahrenen Abstoßung, Indifferenz oder Gegnerschaft, mit Gleichem von ihrer Seite, sondern von Anfang an eine ganz neue Zuwendung zur Welt – jetzt nicht mehr im Sinn jener Illusion auf Grund der Voraussetzung, als ob sie mit ihr ein Ganzes, eine Einheit bilde, jetzt vielmehr auf Grund der Voraussetzung, daß sie ihr gerade im Gegensatz zu ihr zugehöre, daß sie ihr gerade in ihrer Verschiedenheit von ihr nicht gleichgültig, nicht feindselig, sondern nur in tiefster Solidarität und Verpflichtung gegenüberstehen könne. Merkwürdige Koinzidenz: im selben Augenblick und in derselben Situation, in der sich das Säkulum von der Kirche frei zu machen begann, begann die Kirche – nicht sich frei zu machen, aber unverkennbar frei zu werden für das Säkulum, nämlich für den im Ganzen so lange träumerisch vernachlässigten Dienst an ihrer eigenen Sache inmitten des Säkulums. Was war hier Prius, was Posterius? Mußte und durfte der Staat, die Gesellschaft, die Kultur, der moderne Mensch sich jener Bindung an die Kirche vielleicht eben darum entwinden, damit die Kirche dem Säkulum gegenüber endlich wieder in die Distanz gerückt werde, die sie eben zur Ausrichtung des Dienstes an ihrer eigenen Sache inmitten des Säkulums nötig und im Mittelalter so bedenklich entbehrt hatte? Mußte die Welt vielleicht darum mündig werden, damit in ihrer eigenen Weise, im positiven Sinn auch die Kirche mündig, ihres eigenen Auftrags in jenem Gegenüber bewußt, zu dessen verantwortlicher Ausführung fähig werde? Aber zu entwirren, was da *hominum confusione* und was da *Dei providentia* geschah und noch geschieht, braucht unsere Sache nicht zu sein: genug, daß es eben in diesen Jahrhunderten der Auflösung einer unfruchtbaren Vereinerleiung zu einer von der Sache her gesehen fruchtbaren Begegnung der Kirche mit der Welt gekommen ist: in und mit ihrer Verdrängung und trotz all der Fehler, deren sie sich selbst in dem, das ihr widerfuhr, schuldig machte, zur Verwandlung ihres bisher im Ganzen so statischen in ein dynamisches Sein und Verhalten nach außen – Alles gewiß in den sehr bestimmten Schranken ihrer Einsicht, ihres Wollens und Vollbringens, aber Alles doch so, daß es und seine innere Notwendigkeit so wenig übersehen werden kann, wie das mehr in die Augen Fallende, das ihr in dieser Zeit an peinlichen Zurückweisungen, Abstoßungen und Demütigungen von außen zugestoßen ist.

Es geschah ja (1) schon mitten in und mit dem Anheben jener großen Renaissance des Heidentums, daß die Kirche – nicht überall, aber da und dort doch sehr bestimmt – die Gestalt einer Kirche des Wortes annahm. Will sagen: die Gestalt einer durch und zugleich für das Wort Gottes reformierten, einer bekennenden – nämlich Jesus

Christus und ihre Erkenntnis Jesu Christi bekennenden u. zw. direkt oder indirekt «vor Kaiser und Reich», angesichts der hohen und höchsten säkularen Autoritäten bekennenden, den Namen, das Reich und den Willen ihres Herrn rücksichtslos in die europäische Öffentlichkeit hineinrufenden Kirche. *Et loquebar de testimoniis tuis in conspectu regum et non confundebar*, zitierte man auf dem Titelblatt der Augsburger Konfession in einem ganzen neuen christlichen Pflichtbewußtsein und darum auch Selbstbewußtsein aus Ps. 119,46. Es war die dünne Stimme Melanchthons, die in diesem Dokument zu Gehör kam. Sie wurde aber laut. Und nicht als Äußerung menschlicher Willkür meinte sie sich zu Gehör bringen zu müssen, sondern auf Grund jenes neuen «Ausgehens» des Evangeliums selbst, das Luther so oft als Sinn, Recht und Ehre seines Werkes bezeichnet hatte. Das war es, was der ganzen Reformation des 16. Jahrhunderts in ihren Ursprüngen, aber doch noch weit über diese hinaus ihren eigentümlichen Impetus gab: daß jedenfalls die verantwortlichen Vertreter der an ihr beteiligten Christenheit die Zeitgenossen auf Grund einer zuerst ihnen selbst von der Sache, vom Sein, von dem in seiner Souveränität neu erkannten Herrn der Kirche und der Welt her widerfahrenden Anrede anreden zu dürfen, zu können, zu sollen, zu müssen meinten, frei ihnen gegenüber und frei für sie – als solche, die sich selber befreit u. zw. eben schlicht dazu: zur Predigt und Lehre befreit fanden. Sie hatten ihnen etwas zu sagen, indem die Bibel wie wie selber vor ihnen aufgegangen war, von des sündigen Menschen Rechtfertigung und Heiligung, von der in Jesus Christus geschehenen Versöhnung der Welt mit Gott zu ihnen gesprochen hatte und nun durch den Dienst ihres Mundes mächtig, erleuchtend und erneuernd, eingreifend und umgestaltend, alle selbstverständliche Christlichkeit, das ganze vermeintlich «christliche Abendland» in Frage stellend, ein neues Sein mit und in Christus fordernd und schaffend. So hat die Reformation zu dem eben jetzt im Erwachen zum Bewußtsein seiner Weltlichkeit begriffenen europäischen Menschen gesprochen! Wo war das im Mittelalter, aber auch in der alten Kirche so gesehen, gesagt, empfunden, erfahren, betätigt worden: daß das Wort – das von dem in Jesus Christus gnädig am Menschen handelnden Gott ausgehende und als solches vernommene, aufgenommene, verkündigte und gehörte Wort (es allein!) es tut: Trost, Weisung, Hilfe, Kraft und Hoffnung ist im Leben und im Sterben, für die einzelnen Menschen und für ihr Zusammenleben? Der moderne Mensch war freilich schon geboren, schlummerte aber doch noch in der Wiege, als das in der Reformation Ereignis wurde. Und bei aller Verkümmerung, in der die Reformation weitergegangen – weithin leider eben nicht weitergegangen! – ist: der moderne Mensch war, als er dann aufstand, zum vornherein nicht sich selbst überlassen, sondern ihm stand von dorther ein Zeugnis gegenüber, in welchem – ob er das bemerken konnte und wollte oder nicht – sein ganzer Aufstand schon überholt, das mit den Ressentiments und Einwänden, mit denen er gegen die Kirche vorgehen oder an ihr vorübergehen wollte, nicht erledigt war, weil es von ihnen nicht betroffen war, umgekehrt aber die Frage aufwarf und beantwortete, die ihm, dem großen Helden jener Emanzipation und Säkularisation – ob er es gern oder ungern hatte – nun eben doch gestellt war, sich immer wieder stellen mußte. Der merkwürdige, in der Reformation geschehene Ausbruch ist nicht wieder rückgängig zu machen. Die Existenz einer Gemeinde des Wortes ist auch in der Geschichte der modernen Welt nicht auszuradieren: durch deren Gegenrede und durch deren Schweigen nicht – und so auch nicht durch die Ohnmacht, das Ungeschick, die Uneinigkeit, die Verkehrtheit, ja Schlechtigkeit ihrer Vertreter.

Nicht minder merkwürdig ist nun aber (2) die andere Tatsache, daß ausgerechnet die in christlicher Hinsicht scheinbar so rückläufige Neuzeit in zunächst vereinzelten und langsamen, dann in immer allgemeineren und rascheren Anläufen, zu einer Zeit der christlichen Heidenmission wurde, wie es seit den Tagen der Apostel und später den Jahrhunderten der Christianisierung Europas (die sich im Norden und im Osten noch tief ins Mittelalter hinein fortzusetzen hatte) keine Zeit gewesen war.

1. Das dritte Problem der Versöhnungslehre

Die Anfänge der neuen missionarischen Aktivität der Christenheit liegen nicht in der Reformation, sondern z.T. schon lange vor ihr in der Kirche des Mittelalters. Sie fallen zusammen mit jenen schon erwähnten Grenzgefechten gegen den Islam, geführt von den dazu institutionell beauftragten und ausgerüsteten Franziskanern und Dominikanern – in den Auseinandersetzungen, die ihren literarischen Niederschlag etwa in der *Summa contra gentiles* des Thomas von Aquino gefunden haben. Praktisch ist diese Bewegung wenigstens durch Einzelne ihrer Vertreter auch weit über diese nächste Front der «Ungläubigen» hinausgetragen worden: konnte doch zur Zeit der Mongolenherrschaft in China 1307 in Peking ein 30000 Seelen umfassendes katholisches Erzbistum (unter Johannes von Monte Corvino) errichtet werden, das freilich (wie einst die dort schon im 8. Jahrhundert blühende nestorianische Gründung) im Zusammenhang mit der Vertreibung der Mongolen verhältnismäßig bald wieder verschwunden ist. Es haben dann aber die Entdeckungen und Eroberungen in der zweiten Hälfte des 15. und am Anfang des 16. Jahrhunderts zunächst eben die Bettelorden aufs neue auf den Plan gerufen. Sie folgten den Portugiesen nach Westafrika und nach Ostindien, den Spaniern nach Westindien, Mexiko und Südamerika. Über die Problematik des Geistes und der Methoden dieser Unternehmungen wäre viel zu sagen. Die Spontaneität und Selbstverständlichkeit, in der sie einsetzten, bleibt doch bemerkenswert. Neuaufnahme der Mohammedanermission war dann der ursprüngliche, wenn auch praktisch nicht verfolgte Zweck der Gründung des Ignatius von Loyola. Eben aus dessen erstem und engstem Kreis ist aber Franz von Xavier (1509–1552) hervorgegangen, den ein in seiner Weise zweifellos echter missionarischer Impuls und Enthusiasmus über Indien, Ceylon, Celebes hinaus 1549 in das noch fernere Japan führte, wo es seinen Nachfolgern gelang, nicht nur 600000 Menschen für die Kirche zu gewinnen, sondern diese auch nach abendländischem Vorbild an die politische Macht zu bringen, in deren Ausübung es sogar zur Einführung der Inquisition und zu regelrechten Buddhistenverfolgungen gekommen ist – bis sich das Blatt in der Mitte des 17. Jahrhunderts auch hier wieder gründlich wendete. Daß diese japanische Kirche in der folgenden Reaktion tapfere Märtyrer hervorgebracht hat und daß ihre Reste sich erhalten haben und um 1860 wieder entdeckt werden konnten, zeigt immerhin, daß es jenem ersten Versuch an christlicher Substanz nicht ganz gefehlt haben kann. Mission – nachher auch von anderen Orden in Angriff genommen und seit 1622 zentralisiert in einem besonderen Kardinalskollegium *De propaganda fide* – war und ist in der Neuzeit ein integrierendes Element der Einrichtungen und Tätigkeiten der römischen Kirche geworden. Die Einwände gegen ihre Absichten (ihre leidige Vermischung der Sache, der Ehre und Macht Gottes mit ihrer eigenen!) und gegen ihre Methoden (die eigentümlich zugriffige und oberflächliche Art ihrer Werbung!) liegen auf der Hand. Interessanter ist doch das Faktum, daß in der Neuzeit (schlecht oder recht) auch die römische Kirche, gerade sie, sie sogar zuerst und bis heute auch grundsätzlicher als die protestantischen Kirchen Missionskirche geworden ist. Das Faktum beleuchtet die innere Notwendigkeit, in der das Christentum in der Neuzeit, von außen angegriffen und bedrängt, seinerseits in einer originellen und spontanen Wendung nach außen begriffen ist.

Der Rückstand, in welchem die Kirchen der Reformation in dieser Sache angetreten sind, ist oft konstatiert und beklagt worden. Die mit den neuen Entdeckungen und Eroberungen gebotene Missionsgelegenheit ist ihnen – den Kirchen des Wortes! – erstaunlicherweise zunächst und auf lange Zeit gänzlich verborgen geblieben. Luther wie Melanchthon, Zwingli wie Calvin scheinen das Aufgehen dieser Türen – sie scheinen auch die von Rom sofort gemachten Anstrengungen, sie zu durchschreiten, kaum oder jedenfalls ohne jeden tieferen Eindruck bemerkt zu haben. Man kann zur Erklärung geltend machen, daß die sich zur Reformation bekennenden Staaten damals noch nicht über die Seemacht verfügten, die die unentbehrliche technische Voraussetzung der römischen Missionen war. Man mag auch argumentieren, es seien die Reformationskirchen noch so sehr um den neuen, den ursprünglichen Inhalt des Wortes Gottes und um die Erneuerung der vermeintlich schon vorhandenen abendländischen Christenheit bemüht gewesen, daß sie den mit ihrem Paternoster und Ave Maria, mit ihrer handfesten Identifizierung von Kirche und Gottesreich und mit ihrer optimistischen Zuversicht auf die gewiß nicht versagende Korrelation zwischen Natur und Gnade, zwischen dem alten und dem neuen Menschen und Äon – unbeschwert in den Ozean stechenden Römischen gegenüber zunächst im Hintertreffen bleiben mußten. Hätte man sich nur, wenn die Zeit zur Missionstat aus solchen Gründen zunächst noch nicht reif war, wenigstens zur Missionspflicht bekannt! Das tat man aber durchaus nicht. Man machte aus der Not vielmehr eine Tugend und erklärte: Der Missionsbefehl sei nur an die Apostel ergangen und von diesen längst ausgeführt worden. Es sei also das Heidentum der Heiden eine wegen ihrer Verstockung gegenüber dem auch ihnen einst angebotenen Evangelium über sie verhängte Strafe Gottes, an der nichts mehr zu ändern sei. Überdies sei es auch darum zu spät, etwas für sie zu tun, weil der jüngste Tag nahe, ja schon angebrochen sei. Christianisierung ungläubiger Völker könne heute nur noch eine Ordnungspflicht allfällig vorhandener christlicher Obrigkeiten sein, während eine der Kirche aufgetragene Sendung zu ihnen heute nicht mehr aktuell sei. Wolle Gott sein Reich weiter ausbreiten, so sei das ausschließlich seine und nicht der Menschen Sache! Ein einziger wenig bekannter Mann, der 1531 geborene, 1613 als Dechant von Westminster gestorbene Holländer Adrian Suravia hat 1590 in einer Schrift über das geistliche Amt anders geredet: Wie die Verheißung: «Siehe, Ich bin bei euch...!», so gelte auch der Befehl: «Gehet hin in alle Welt...!» nicht nur den Aposteln, sondern allen Jüngern Jesu. Es sei die apostolische Verkündigung des Evangeliums unter allen Völkern doch nur, den Möglichkeiten einer Generation entsprechend, ein Anfang gewesen, dem ja dann Fortsetzungen tatsächlich gefolgt seien und heute – nicht in individueller Willkür, sondern in kirchlicher Vollmacht – wieder folgen müßten. Suravia wurde von den größten theologischen Autoritäten seiner Zeit: von dem Calvinisten Theodor von Beza und von dem Lutheraner Joh. Gerhard sofort energisch zugedeckt und bei ihrer ausdrücklichen Ablehnung jeder für die Gegenwart bestehenden Missionspflicht blieb es in der ganzen altprotestantischen Orthodoxie. Ihr machte die Vorhaltung des Jesuiten Kardinal Bellarmin: die protestantische Kirche könne nicht die rechte sein, weil sie keine Mission treibe, nicht den geringsten Eindruck. Man antwortete darauf kühnlich: die Ausbreitung des Christentums unter allen Völkern sei durchaus kein wesentliches Merkmal der Kirche, die nach Apok. 12, 6 vielmehr dem in die Wüste fliehenden Weib gleiche. Bekehrung römischer Katholiken zum Evangelium sei im Grunde auch Heidenbekehrung! Im übrigen habe jeder Lehrer bei der ihm anvertrauten Gemeinde zu bleiben nach dem Wort: «Weidet die Herde, die euch befohlen ist!» «Vor Zeiten hieß es wohl: Geht hin in alle Welt! jetzt aber: bleibt, wohin euch Gott gestellt!» Einzelne gemäßigt missionsfreundliche Stimmen wie die von Georg Calixt, Joh. Duraeus, Philipp Spener, Christian Scriver u. A. drangen dieser Hartnäckigkeit gegenüber noch bis zum Ende des 17. Jahrhunderts nicht durch. Ein Rufer in der Wüste blieb auch der Frhr. Justinian von Weltz, der in drei 1664–66 herausgegebenen Flugschriften zur Bildung «einer sonderbaren Gesellschaft, durch welche nächst göttlicher Hilfe unsere evangelische Religion möchte ausgebreitet werden», aufrief, blieb zunächst auch Leibniz, der sich über die jesuitische Chinamission Gedanken machte und auf dessen Veranlassung 1700 «die Fortpflanzung des wahren Glaubens» als eine ihrer Aufgaben – ohne praktische Folgen – in die Statuten der Berliner Akademie der Wissenschaften aufgenommen wurde. Im selben Zeitraum hatte freilich jene Theorie von der Missionspflicht christlicher Kolonialobrigkeit zu einigen praktischen Unternehmungen geführt. Eine solche Kolonialobrigkeit war z. B. die Niederländisch-Ostindische Kompagnie, in deren Unterhalt, Dienst und Auftrag eine Zeitlang holländische (z. T. in Leiden besonders ausgebildete) Theologen in den fernen Osten fuhren: leider nach römischem Vorbild meist auf Massenbekehrungen bedacht! Das war es natürlich nicht, was es brauchte und es war vielleicht nicht nur aufrichtiger, sondern auch objektiv besser, wenn die Englisch-Ostindische

1. Das dritte Problem der Versöhnungslehre

Kompagnie Unternehmungen dieser Art in kühler Indifferenz gar nicht erst in ihr Programm aufnahm. Im Rahmen der entsprechenden Versuche der Pilgerväter, sich der nordamerikanischen Indianer missionarisch anzunehmen, hat die tiefer dringende (in den Wirren der Indianerkriege freilich fast ganz zerstörte) Arbeit von John Eliot in Boston Anspruch darauf, ehrenvoll erwähnt zu werden. Sie hat im englischen Mutterland Aufsehen erregt und um die Jahrhundertwende Anstoß zur Bildung verschiedener Gesellschaften (*Soc. for the propagation of the gospel in New England* und *Soc. for promoting of Christian knowledge*) gegeben, über deren Erfolge freilich Bedeutendes kaum zu sagen ist. «Königliche Missionarien» – es waren zwei deutsche Pietisten – sind endlich von Dänemark aus in dessen westindische Kolonien gesendet worden. Und in Verbindung mit einer königlich-dänisch privilegierten Handelsgesellschaft ist seit 1721 Pastor Hans Egede 15 Jahre lang geduldig und mit wenig Erfolg in Grönland tätig gewesen.

Der Pietismus – noch nicht eigentlich der von Philipp Spener, wohl aber der von August Hermann Francke in Halle bildete die Stufe des Weges der evangelischen Kirche, auf der es zu einem etwas allgemeineren Erwachen für ihre Missionspflicht und zu der ihr lebensnotwendigen Missionstat gekommen ist. Uns brauchen die Schranken auch der pietistischen Missionsauffassung und Missionspraxis hier nicht zu beschäftigen. Sicher ist, daß das Ganze dessen, was dann als evangelische Weltmission auf den Plan getreten ist und Gestalt angenommen hat, auf die Anregungen des Pietismus zurückgeht. Francke zuerst hat es, immer noch inmitten einer ganzen Welt von Widerspruch, verstanden und ausgesprochen, daß die evangelische Christenheit als solche Trägerin der Mission sei bzw. werden müsse, hat durch eine periodische Schrift Kenntnis der Sache und Verständnis dafür verbreitet, hat innerhalb der Kirche eine interessierte, betende und gebende heimatliche Missionsgemeinde versammelt, hat endlich in seinem Waisenhaus geeignete Arbeiter für den Missionsdienst ausgebildet. Der eigentliche Genius jenes evangelischen Erwachens war aber doch nicht der Franckes und des Pietismus im engeren Sinn des Begriffs, sondern der des Grafen Zinzendorf und seiner Brüdergemeinde. Ihre Missionsleistung übertraf zur Zeit seines Todes alles, was der Protestantismus bis dahin für die Verkündigung des Evangeliums unter den Heiden getan hatte und sie ist proportionell zu ihrer Mitgliederzahl bis in die Gegenwart hinein von der keiner anderen evangelischen Kirchengemeinschaft übertroffen worden. Das hing aber damit zusammen, daß Zinzendorfs persönliches Christentum (bei ihm identisch mit seiner Liebe zu Jesus Christus) von Haus aus, als solches, mit seinem unwiderstehlichen Trieb zusammenfiel, allen und jedem Menschen, der ganzen Welt ein Zeuge des Heilandes zu sein. Das Grundsätzliche, was schon Suravia, schon der Frhr. von Weltz und dann Francke gesagt hatten, hat Zinzendorf gelebt. In und mit seiner «einen Passion» war ihm seine Aktion, der Weg des Evangeliums zu den Fernen wie zu den Nahen unmittelbar vorgeschrieben. Weil und indem er dem angehören wollte, der für ihn und für Alle gestorben, konnte und wollte er sich als sein Bote niemandem schuldig bleiben. Das war nicht nur sein zentrales, sondern sein eines und einziges Missionsmotiv. Und indem er wußte, es auch Anderen einzupflanzen, wurde auch seine Gemeinde, die er ja nie als eine Sondergemeinde, sondern als eine Ökumene *in nuce* gewollt und aufgebaut hat, gewissermaßen in ihrer Wurzel und in ihrem Wesen Missionskirche: auch in dieser grundsätzlichen Einstellung bis jetzt von keinem anderen evangelischen Kirchengebilde erreicht oder gar überholt. Es geschah dann im Zusammenhang der Erregungen infolge der Aufdeckung der Mißregierung und Mißwirtschaft der Ostindischen Kompagnie, daß es im letzten Jahrzehnt des 18. Jahrhunderts in England zur Bildung von gleich drei Missionsgesellschaften im heutigen eigentlichen Sinn des Begriffs kam. Wieder war es ein Nicht-Theologe, der Schuster und spätere Baptistenprediger William Carey (1761–1834), der dazu den ersten und entscheidenden Anstoß gab. An diese englischen Gesellschaften haben sich, als es im Zug der Erweckung am Anfang des 19. Jahrhunderts auch auf dem Kontinent zu einer Eisschmelze kam, die hier entstehenden entsprechenden Bildungen (unter ihnen die 1815 gegründete Basler Missionsschule) zunächst angeschlossen, um sich früher oder später als selbständige Sendungsorgane zu konstituieren. Und von da an kam es in einer nun plötzlich unaufhaltsamen Entwicklung dazu, daß sich im Schoß fast aller evangelischen Denominationen in Großbritannien, in Nordamerika, in Holland, Deutschland, Frankreich und Skandinavien, aber auch im Schoß der kolonialen Kirchen – in einer der Vielzahl der Länder und der kirchlichen Gruppierungen entsprechenden Fülle – derartige freie Assoziationen bildeten, deren Unternehmungen sich im Lauf der letzten 150 Jahre in edlem (manchmal auch in weniger edlem) Wetteifer in größerer oder geringerer Dichtigkeit über alle Erdteile ausgebreitet haben.

Über ihre Methoden und Erfolge, über die Stärken und Schwächen ihrer bisherigen Arbeit, über das viele Lehrgeld, das sie alle haben bezahlen müssen und über die besonders schwierigen Probleme, vor die sie gerade heute gestellt sind, ist hier nicht zu reden. Und auch die Frage soll hier nur aufgeworfen sein, ob es auch in Zukunft dabei bleiben darf, daß die Mission Sache solcher innerhalb der Kirchen frei gebildeter Gesellschaften und Vereine sein und bleiben soll oder ob sie als Sache der organisierten Kirchen (wie es z.B. in Schottland geschehen ist) in deren regelmäßigem Dienst eingebaut werden müßte? Man ist mit guten Gründen für Beides eingetreten – wird man es auch in Zukunft tun können? Oder wird hier einmal eine Entscheidung fallen müssen? Wir heben auch hier nur das Faktum hervor: Nicht in der relativ «guten, alten Zeit» des klassischen Protestantismus, sondern in der Zeit von dessen bedauerlichem (oder auch nicht bedauerlichem) Zusammenbruch – und nun eben: im 19. Jahrhundert, d.h. in der Zeit der höchsten, bewußtesten Mannbarkeit des modernen Säkularismus konnte und wollte die evangelische Christenheit aller Richtungen in dieser Sache nun doch nicht bei der Position ihrer Reformatoren stehen bleiben, hat sie ihre Aufgabe als Kirche des lebendigen, auch geographisch nach außen drängenden Wortes in merkwürdiger Einmütigkeit begriffen und aufgegriffen, ist sie, wenn auch nicht als Ganzes so doch im Wort, in der Tat und im Gebet der freien Verbindungen unzähliger einzelner Christen zum Ernstnehmen und zur Erfüllung ihrer Sendung gerade den Heiden gegenüber erwacht und aufgebrochen. Daß die Neuzeit geradezu ein «Missionszeitalter» geworden sei, dürfte wohl etwas zu viel gesagt sein. Die Feststellung ist überraschend und wichtig genug, daß sie ein Zeitalter ist, in welchem sich die Kirche wenigstens teilweise auch zu dem Wagnis durchgerungen und entschlossen hat, der Macht des Heidentums draußen, statt sich von ihr beeindrucken und einschüchtern zu lassen, mit der Verkündigung des Evangeliums die Spitze zu bieten. Sie tat es angesichts all der Schwierigkeiten, in die sie sich in ihrer bisherigen Heimat verwickelt fand. Sie tat es, indem der Heidenwelt in dem, was sich in dieser ihrer bisherigen Heimat, im angeblich «christlichen Abendland» z.B. an Kriegen und Weltkriegen abspielte, wahrhaftig kein überzeugendes Vorbild vor Augen stehen konnte. Sie tat es, obwohl sie gerade im Verhalten der dem Namen nach christlichen Europäer und Amerikaner in Afrika und Asien in der Regel nicht nur keine Hilfe, sondern nur ärgerliche Störung zu erwarten hatte und zu erleben bekam. Sie tat es schwer gehemmt und kompromittiert und auch schwer versucht durch die Nachbarschaft und Verbindung mit dem politischen und wirtschaftlichen Kolonialismus, in der sie ihre Arbeit wohl oder übel aufzunehmen hatte – kompromittiert auch durch ihre konfessionelle Aufspaltung und Uneinigkeit. Sie tat es im Kampf gegen die noch und noch virulenten Vorurteile auch in ihren eigenen Reihen. Sie tat es, wie alle einsichtigen Missionsfreunde wohl wußten, mit sehr wenig Glanz und menschlicher Eindrücklichkeit. Sie tat es eigentlich gegen alle Wahrscheinlichkeit. Aber sie tat es. Daß und wie es dazu kam, daß sie es dennoch tat, kann wohl erzählt und beschrieben werden, aber, soweit ich sehe, geschichtlich nur sehr unzureichend erklärt werden. Man wird nur sagen müssen, daß ein Bild der neuzeitlichen Christenheit unvollständig wäre, in welchem nicht auch das sichtbar würde, daß sie es endlich und zuletzt («Spät kommt ihr, doch ihr kommt!») in aller Schwachheit gewagt hat, eben das zu tun.

1. Das dritte Problem der Versöhnungslehre

Wieder in der Neuzeit kam es nun aber (3) auch zu einem neuen christlichen Erwachen und Aufbrechen gegenüber dem, was man das «innere Heidentum» nennen mag: gegenüber dem theoretischen und praktischen Polytheismus, Pantheismus, Atheismus oder auch einfach Indifferentismus innerhalb der vermeintlich und angeblich christlichen Gesellschaft. Wir notierten bereits: solch inneres Heidentum hat es in vielen groben, feinen und ganz feinen, in offen erkennbaren und versteckten, in von Staat und Kirche bekämpften oder auch geduldeten oder sogar geschützten Formen schon im Rahmen des damals noch wirksamen Kompromisses im alten «christlichen Abendland» gegeben. Und auch in dieser Hinsicht waren im späteren Mittelalter die Bettelorden fleißig genug dabei, jedenfalls den unteren Volksschichten ihre Sünden aufzudecken und vorzuhalten, sie zu Buße und Besserung aufzurufen. Sie waren darin wenigstens teilweise Vorläufer dessen, was dann im Zusammenhang mit der Reformation Ereignis werden sollte. Ihre Nachfolger im römischen Bereich waren unter dem Volk die Kapuziner, unter den Gebildeten als Erzieher und Belehrer, Ratgeber und Seelsorger der höheren und höchsten Stände die Jesuiten. Hier könnte man aber nicht, jedenfalls nicht allgemein, sagen, daß der Protestantismus auch nur vorläufig einfach im Rückstand geblieben wäre. Eben der Kampf gegen den Paganismus in Form persönlich praktischer Lebenserneuerung – jetzt aber von Hoch und Niedrig und jetzt in Erkenntnis des in seinem Zusammenhang mit dem Evangelium zu verstehenden Willens und Gesetzes Gottes zu erwarten und zu verlangen – war von Anfang an, war schon in ihrem Ansatz das beherrschende Motiv jedenfalls der zwinglischen, bucerischen und calvinischen Predigt, Unterweisung, Kirchenzucht, Seelsorge und Kirchenpolitik. Und von da liefen dann die Fäden weiter: direkt zu den englischen, nachher amerikanischen Puritanern, indirekt zu Ph. Spener, zum norddeutschen Pietismus überhaupt, in welchem es auch auf dem Boden des bis dahin mehr an der reinen Lehre als an einem reinen Leben interessierten Luthertum zu einer Wendung zur *praxis pietatis* gekommen ist, und im 18. Jahrhundert zu John Wesley, dessen stürmischer Anruf an die zwar getaufte, aber damit keineswegs bekehrte, sondern der Bekehrung hoch bedürftige Christenheit die Moral seines Volkes und Landes so tief beeinflußt hat, daß man wohl nicht mit Unrecht von einem je ganz anderen «England vor und nach Wesley» sprechen konnte. Immer auf dieser Linie wird man aber, wenn man gerecht sein will, auch den nachher so viel bedauerten und belachten und in der Tat weithin dürftigen, aber in vielen ernsthaften Vertretern jedenfalls aufrichtig gemeinten und auch wirksam aufbauenden Moralismus der Aufklärung verstehen müssen, die ja in ihrer ursprünglichen Gestalt nicht umsonst ein Kind des Pietismus war. Als es dann im 19. Jahrhundert einerseits zu der durch ganz Europa gehenden Erweckung kam, die sich nach außen zunächst mehr in jenem Durchbruch des Interesses für die Mission in fernen Ländern bemerkbar machte – und als anderseits in den darauf folgenden Jahrzehnten die Entfremdung der Massen und der Gebildeten der Kirche, aber auch ihrer Botschaft und ihrem Glauben gegenüber immer greifbarere und sichtbarere Formen annahm, da konnte es nicht anders sein, als daß sich das Motiv der praktischen Erneuerung des christlichen Lebens mit dem seiner inneren, von der Bibel, vom Gebet, von der Gemeinschaft sich nährenden Begründung aufs Neue vereinigen mußte.

Beide in ihrer Einheit wurden das Problem und Programm der in ihren Anfängen in Deutschland mit dem Namen von J. H. Wichern verknüpften sog. «Inneren Mission» und der ihr entsprechenden Bewegungen, Unternehmungen und Organisationen in den anderen Ländern und auch außerhalb der großen Kirchengemeinschaften: mit allen ihren diakonischen, pädagogischen, evangelistischen Abzweigungen. Unter ihnen wären etwa die Diakonissenmutterhäuser, der internationale CVJM (YMCA), die christliche Studentenbewegung besonders zu nennen – dazu das «Blaue Kreuz», schon weil es in seinem doppeldeutigen Stichwort «Trinkerrettung» die für die neuere Gestalt des ganzen Aufbruchs bezeichnende Einheit jener beiden Motive sehr anschaulich macht: Errettung vom Elend unter der Herrschaft des Alkohols – nämlich durch die Gnade

Gottes und für seinen Dienst. Und wenn das Organ der «Heilsarmee» gerade «Der Kriegsruf» heißt, so kann man diesen Titel wohl für den militanten Charakter der ganzen Bewegung von Zwingli über John Wesley bis hin zu John Mott bezeichnend finden. Wobei uns übrigens der zuletzt genannte Name an die vielen sachlichen und personalen Unionen zwischen dieser «inneren» und der «äußeren» Mission erinnern mag. Die organisierten Kirchen waren freilich – wenn man von den Anfängen im reformierten Bereich absieht – auch hinsichtlich dieses inneren Aufbruchs mehr dessen Schauplatz und Rahmen als dessen handelndes Subjekt, das man in der Regel auch hier in gewissen freiwillig hervortretenden Individuen und Gruppen zu erkennen hat. Man kann sich wohl auch hier fragen, ob das auf die Dauer ein gesunder Zustand sein kann. Das Faktum ist doch auch hier wichtiger: daß diese ganze Offensive schon im Anfang der Neuzeit ergriffen und in einer Fülle von Gestalten bis heute im Gange ist.

Eine bestimmte Grenze ist freilich allen den hier berührten Bewegungen gemeinsam: es war und ist das von ihnen visierte innere Heidentum durchwegs die mehr oder weniger ausgeprägte Gottentfremdung des persönlichen Lebens der vielen im christlichen Bereich lebenden einzelnen Menschen. Es war und ist also ihr Ziel durchwegs die innere und äußere Bekehrung eben dieser Einzelnen, ihre Erweckung zum Glauben und zu einem Leben im Glauben, ihre religiös-sittliche Erhebung und Reform, ihre Einladung und Einführung in eine neue aktive Beteiligung an der kirchlichen oder doch an dieser und jener freikirchlichen Gemeinschaft, ihrem Bekenntnis, ihrem Dienst, ihrem Werk. Es fand sich aber das evangelische Christentum in allen diesen Jahrhunderten (bis auf bescheidene Ansätze am Ende des 19. und dann in unserem Jahrhundert) – soweit ging das Erwachen und der Aufbruch im Ganzen nicht – zur Auseinandersetzung mit dem Heidentum der alten und neuen Institutionen nicht berufen, in deren Rahmen, unter deren Druck und Zwang sich das Dasein der bekehrten und der unbekehrten Christen, der Menschen insgemein, in alter und neuer Zeit abspielte. Was das für Mächte und Gewalten sein möchten, deren Herrschaft dieser Rahmen seine Existenz, sein Wesen, seine Art verdankt? von welchem Geist die bestehenden Verhältnisse nun eigentlich bestimmt sind, in denen die einzelnen Menschen in so großer Gottlosigkeit leben und innerhalb derer sie zum Glauben an Gott und zum Gehorsam gegen ihn aufgerufen werden sollen? was das Bestehen dieser Verhältnisse für sie bedeuten kann und vielleicht muß? ob sie – die mit Ernst Christen sein wollen und die Andern! – nicht vielleicht auch darin sündigen und schuldig werden, daß sie sich in diese Verhältnisse, als wären sie Verhängnisse, fügen, sie eben damit bestätigen? – danach wurde in allen jenen Bewegungen nicht gefragt – oder eben erst gefragt, nachdem die Dinge von ganz anderer Seite her in Fluß gekommen waren. Die Regel war (und ist es weithin noch heute) daß man die Institutionen und Verhältnisse, die Ordnungen und Unordnungen, innerhalb derer die einzelnen Menschen zu existieren hatten, als gegeben voraussetzte, um dann auf dem Boden dieser Gegebenheiten das Beste für sie zu wollen und zu tun. Mehr noch: es konnten alle die erwähnten Bewegungen auch in beiläufiger (manchmal auch gar nicht beiläufiger) Anerkennung und Bejahung der vorhandenen oder auch neu aufkommenden allgemeinen Ordnungen und Unordnungen vollzogen werden, konnten ihnen direkt oder indirekt geradezu ihre Unterstützung leihen. So haben die Reformatoren und ihre Nachfolger etwa den herkömmlichen Patriarchalismus des Familienlebens zunächst mit keinem Finger angerührt, sondern ihn mit allen seinen Wunderlichkeiten und Härten stillschweigend und ausdrücklich gut geheißen. So hat – um von den Lutheranern nicht zu reden – auch das Reformiertentum des 16. und 17. Jahrhunderts den alten Obrigkeitsstaat, der nun einmal auch in seinen republikanischen Gestalten von ferne keine Demokratie war, samt allen seinen seltsamen Privilegien und Untertänigkeiten, so lange nicht nur als gegeben, sondern als gottgegeben hingenommen und gestützt, bis er unter dem Druck ganz anderer Gewalten zu seinem verdienten Ende kam. Während es sich, als es so weit war, in seinen Söhnen ebenso selbstverständlich mit dem neuzeitlichen Liberalismus abzufinden wußte! So konnten wieder die Calvinisten dem Aufkommen des

Kapitalismus und des durch ihn gelenkten und charakterisierten modernen Industrialismus nicht nur, ohne mit der Wimper zu zucken, zusehen, sondern weithin – die Frage nach der Theokratie auf diesem Feld schien nicht zu existieren oder wurde munter zugunsten dieser neuen Möglichkeiten beantwortet – seine entschlossensten und tüchtigsten (im damaligen Sinn: fortschrittlichsten) Förderer werden. So konnten die Hexenprozesse, so konnten der Sklavenhandel und die Sklaverei aufkommen und Institution werden, so konnte die ganze Strafjustiz im 17. Jahrhundert notorisch noch barbarischer werden als sie es im Mittelalter gewesen war – und es ging lange, lange bis die Christenheit nun auch gegen diese Gestalten des Heidentums in ihrem eigenen Bereich etwas zu bemerken fand, an praktische Lebenserneuerung auch im Blick auf solche allgemeinen Verhältnisse denken wollte: und dann eben immer erst, nachdem ihr Andere – man denke hier auch und nicht zuletzt an die, christlicher Überlegung, wie man zuerst meint, wahrhaftig naheliegende Frage nach der Stellung, den Rechten und Pflichten der Frau! – darin vorangegangen waren. Weit entfernt davon, daß später etwa die Frage nach dem Sinn oder Unsinn der Ideologie und Praxis des modernen National- und Machtstaates – noch weiter (bis auf diesen Tag) entfernt davon, daß gar die Frage nach Recht und Unrecht des Krieges von christlicher Seite aufgeworfen worden wäre oder daß die Christenheit (trotz ihrer Erfahrungen auf den Missionsfeldern) gegen den Kolonialismus etwas Grundsätzliches einzuwenden gefunden hätte. Es ist wohl wahr, daß es im Zusammenhang mit jenem ganzen Aufbruch auch zu einem sehr beachtlichen Aufschwung der christlichen Liebestätigkeit auf breiter Front gekommen ist: im Einzelnen und unter Voraussetzung des Bestandes der allgemeinen politischen, gesellschaftlichen, wirtschaftlichen Verhältnisse sind in diesen Jahrhunderten gewiß unzählige Tränen getrocknet, Wunden verbunden, nötigste Hilfen gespendet und geleistet worden. Nur wo es darum gegangen wäre, die jeweils herrschenden Ordnungen und Unordnungen als solche anzurühren, haben mit Ausnahme einiger Sonderlinge auch der Pietismus und der Methodismus, hat doch auch die Brüdergemeinde, hat die «Innere Mission» ebenso wie vorher die christliche Aufklärung, wie wenn ihre Salz- und Leuchtkraft an dieser Stelle zu Ende gewesen wäre, Halt gemacht, haben sie die Frage nach der Lebenserneuerung auf dieser Ebene regelmäßig den Kindern dieser Welt überlassen, um ihnen nach einiger Zeit mehr oder weniger mutig ein Stück oder auch mehr als ein Stück weit Folge zu leisten. Statt ihnen, wie es doch hätte sein können und eigentlich sein müssen, und wie es ein Heinrich Pestalozzi auch getan hat, anregend und führend voranzugehen! Es hatte ganz am Anfang der Neuzeit einen Augenblick ausgesehen, als ob die Dinge anders hätten laufen können. Man wird ja einfach zugestehen müssen, daß die Täufer und Spiritualisten, die sogen. «Schwärmer» der Reformationszeit hier bei allen Kurzatmigkeiten, Schwächen und Übereilungen ihrer Lehre und ihrer Lebensversuche darin vielfach weiter gesehen haben als die Reformatoren, daß sie eben die Geltung der damaligen allgemeinen Verhältnisse nicht einfach akzeptieren, sondern im Lichte des Evangeliums prüfen wollten. Hatten sie so Unrecht, wenn sie meinten, daß ihnen Luther in seinen Schriften von 1520 in dieser Richtung vorangegangen sei? Ihn haben dann seine gewaltige Besorgnis vor der möglichen Verunreinigung der evangelischen Predigt durch ihre Vermischung mit weltlichen Hoffnungen und Bestrebungen, seine tiefe Abneigung gegen Alles, was mit Revolution auch nur entfernt etwas zu tun haben könnte – und auch nach dieser Seite: seine Überzeugung von der Nähe des Jüngsten Tages – in den folgenden Jahren und 1525 endgültig bewegt, in dieser Sache Halt und Kehrt zu machen. Und als das Täufertum dann auch in den anderen Bereichen der Reformation von den politischen Gewalten äußerlich und von den evangelischen Gemeinden innerlich ausgeschieden und unterdrückt wurde, da war darüber entschieden, daß das evangelische Christentum den klügeren und beweglicheren unter den Kindern dieser Welt gegenüber für längste Zeit in ähnlicher Weise in Rückstand geraten mußte, wie in Sachen der Heidenmission den Römischen gegenüber. Soll man sich damit trösten, daß es ja letztlich doch unverstandene christliche Impulse, indirekte Auswirkungen des Evangeliums gewesen seien, die nun eben in den säkularen, rein humanistisch inspirierten und geformten Fortschritten auf all den angedeuteten Feldern wirksam und sichtbar wurden? Warum sollte es nicht so gewesen sein? Es bleibt dann nur umso rätselhafter, daß es notorische Nichtchristen, am christlichen Glauben und seinem Bekenntnis uninteressierte oder irregewordene, ihm sogar feindselige Menschen waren, die diese Impulse empfingen, bei denen sie fruchtbar wurden, während gerade die Christen sie so lange gar nicht empfunden zu haben scheinen und ihnen dann nur so spät und zögernd Raum gegeben haben. Die Echtheit und Kraft, in der jener Aufbruch und Ausbruch innerhalb dieser Grenze stattgefunden hat, ist durch das Alles nicht in Frage gestellt. Er hat aber tatsächlich nur innerhalb dieser Grenze stattgefunden.

Und daß es zu ihrer eigentlichen Überschreitung, d. h. zu einer über jene ernsten Versuche der inneren und äußeren Christianisierung der einzelnen christlichen Heiden hinausgehende spontan und originell christliche, vom Evangelium her in Gang gebrachte Veränderung der allgemeinen Verhältnisse gekommen sei, ist doch auch im Blick auf die Vorgänge am Ende des 19. und in der ersten Hälfte unseres Jahrhunderts, an die man hier denken könnte, nur unter Vorbehalt zu sagen. Die Leistung eines Wichern und die der aus der «Inneren Mission» hervorgegangenen «kirchlich-sozialen», später «christlich-sozialen» Bewegung eines Adolf Stoecker und Friedrich Naumann soll damit nicht übersehen und verkleinert sein. Erst recht nicht der noch weitergehende Vorstoß der durch die Reichgottespredigt des jüngeren Chr. Blumhardt angeregten (in peinlicher Anlehnung an die Sprache der damals modernen Theologie so genannten) «Religiös-Sozialen», deren bedeutendste Führer und Lehrer Hermann Kutter und Leonhard Ragaz gewesen sind. So auch nicht die verschiedenen christlichen Friedensfreunde und Friedensbewegungen unserer Zeit und so auch nicht der in den deutschen Kirchen in den Dreißigerjahren geführte Abwehrkampf gegen das in ihrer Mitte proklamierte und sich breit machende national-sozialistische Heidentum. Es ist im Zusammenhang mit allen diesen Bewegungen und Richtungen zu viel neuer Besinnung auf die Tragweite der alt- und neutestamentlichen Prophetie gekommen, zu viel scharfer, oft bitterer, in ihrer Übersteigerung oft auch ungerechter Kritik einer sich selbst genügenden Kirche, des ganzen bisherigen christlichen Denkens und Verhaltens, zu viel gewaltiger politischer und sozialer Bußpredigt, im Einzelnen auch zu allerlei kühnen praktischen Versuchen. Die Existenz des in all den bisherigen christlichen Bemühungen noch kaum gesehenen, geschweige denn ernstlich berührten, geschweige denn angegriffenen, nicht nur individuellen, sondern institutionellen, nicht nur privaten, sondern öffentlichen Heidentums, die Gottlosigkeit und das Unheil der allgemeinen Ordnungen und Unordnungen wurde unter immer neuen Gesichtspunkten aufgedeckt. Das Problem einer christlichen Lebenserneuerung und Auseinandersetzung mit den das Leben der Christen wie der Nichtchristen beherrschenden gesellschaftlichen Prinzipien, Mächte und Gewalten wurde in aller Form aufgeworfen. Die der Christenheit in dieser Richtung gestellten Aufgaben wurden zuerst in mächtigen Predigtworten bezeichnet, später mehr und mehr auch studiert, präzisiert und formuliert. Und man wird bestimmt nicht sagen können, daß alle diese neuere Arbeit umsonst gewesen sei. Anstöße und Anregungen sind in Fülle von ihr ausgegangen. Die Erschütterungen der beiden Weltkriege haben das Ihrige dazu getan, daß die damals gesuchten und gefundenen, zunächst nur von verhältnismäßig wenigen gehörten und aufgenommenen Parolen inzwischen weithin Gemeingut christlichen Denkens und Redens geworden sind. Die ökumenischen Konferenzen von Stockholm bis Evanston haben sie sich zu eigen gemacht. Und wo hört und liest man heute nicht von der Souveränität Gottes und seines Gebotes über alle Bereiche des menschlichen Lebens, von der sozialen Botschaft des Evangeliums, von der Verantwortlichkeit des Christen und vom Wächteramt der Kirche in Staat und Gesellschaft, vom Vollzug des Bekenntnisses in einem bekennenden politischen Handeln usw.? Was man sich noch vor 50 Jahren nur ins Ohr sagte (manchmal auch schrie), das wird heute von den Dächern gepredigt und es ist sicher recht so. Es wird aber doch gut sein, nur vorsichtig zu behaupten, daß die Christenheit heute tatsächlich in der Überschreitung jener Grenze begriffen sei, sie wohl gar schon hinter sich habe. Es gehört sich zunächst, sich in aller Bescheidenheit einzugestehen, daß die neue Wendung, zu der es da allerdings gekommen ist, damit anhob, daß man auf christlicher Seite die positive Bedeutung (die «christlichen Impulse») gewisser mehr oder weniger rein humanistischer, achristlicher oder gar antichristlicher Schilderhebungen (insbes. des Sozialismus!) nachträglich entdeckt, kenntlich gemacht, der Christenheit zum Bewußtsein gebracht und ihr als Vorbild vor Augen gestellt hat. Durch jene fremden Schilderhebungen geweckt, beunruhigt und belehrt, hat man dann festgestellt, daß von der in der Bibel bezeugten Tatoffenbarung Gottes her zu der Frage des in der Weihnachtsbotschaft verheißenen «Friedens auf Erden», der dem Menschen schon jetzt und hier zugesagten nicht nur innerlichen, sondern auch äußerlichen Freiheit und Gerechtigkeit Umgreifenderes zu sagen sein möchte, als man es auf jener ganzen älteren Linie und zuletzt auch noch in der «Inneren Mission» und den ihr verwandten Bestrebungen hatte wahrhaben wollen – Radikaleres und Besseres dann wohl auch als das, was von jenen nicht-christlichen Trägern christlicher Impulse vertreten und ins Werk gesetzt wurde. Originell und spontan christlich ist die neue Wendung doch erst geworden, gerade in ihren Anfängen aber nicht gewesen. Ferner: wie weit hat sie sich nun eigentlich in ihren Fortsetzungen und bis heute in der Christenheit herumgesprochen und durchgesetzt? Gibt es nicht noch heute trotz Amsterdam und Evanston, trotz aller lauten Ausrufung jener Parolen und Schlagworte eine große, kompakte, in dieser Hinsicht immer noch schlafende oder bestenfalls auf den alten, individualistischen Linien wache und bewegte Christenheit und Christlichkeit? Wiederum: Sind wir uns, soweit uns die Notwendigkeit der neuen Wendung einsichtig geworden sein sollte, darüber klar, daß es sich bei deren Vollzug nicht etwa darum handeln kann, die auf der älteren Linie und zuletzt von der «Inneren Mission» vertretenen Anliegen, das Problem und die Probleme des einzelnen Menschen fallen zu lassen, sondern sie in größerem Zusammenhang neu und erst recht aufzunehmen, daß man also das Eine tun und das Andere nicht lassen soll? Es würde ja eine neue Täuschung bedeuten, wenn die christliche Aufgabe gegenüber dem weltlichen Unglauben und Unheil nicht in ihrer Einheit und Ganzheit, d.h. wenn sie nun etwa nur im Blick auf die Verhältnisse und nicht immer wieder zugleich im Blick auf den einzelnen Menschen und sein persönliches, die Verhältnisse schaffendes und bestätigendes Verhalten gesehen und in Angriff genommen würde. Weiter: Wir befinden uns hinsichtlich der Abgrenzung dessen, was vom Evangelium und vom Gebot Gottes her in Staat und Gesellschaft zu vertreten ist, gegenüber den ursprünglich ja eben ganz andersartigen Tendenzen, auf die wir da aufmerksam wurden – anders gesagt: hinsichtlich der echten theologischen Begründung dessen, was als christliches Wort in die allgemeinen Beziehungen und Ereignisse hinein zu sagen ist, noch ganz in den Anfängen. Starke Töne werden da auf die Länge nicht genügen, wenn sie nicht Töne sind und dann auch in einer einigermaßen deutlichen, wenn auch freien Gemeinsamkeit laut werden. Weiter: es muß auch darüber Klarheit entstehen, daß es sich bei dem ganzen Vorstoß um eine Wiederaufrichtung der mittelalterlichen Herrschaft der Kirche bzw. ihres Klerus über Gesellschaft und Staat nicht handeln kann, sondern streng nur darum, daß die Gemeinde nicht nur den einzelnen Menschen, sondern auch der Gesellschaft und dem Staat gegenüber zu ihrem Zeugnis zu stehen, ihre Botschaft zu explizieren hat. Gerade klerikalen Gelüsten und Bestrebungen wird sich die evangelische Kirche besonders da mit peinlicher Strenge zu entziehen haben, wo sie sich bei solchem Vorstoß etwa in einer gewissen Nachbarschaft und Interessengemeinschaft mit der römischen Kirche befinden sollte. Endlich: Man verhehle sich nicht, daß es sich bei dem ganzen in dieser neuen Richtung in Gang gekommenen Aufbruch vorläufig in der Hauptsache um eine Bewegung innerhalb der Kirche und der christlichen Kreise handelt, die übrigens auch da über das Stadium tiefen Bedenkens und lebhafter Gespräche noch kaum hinausgekommen ist. Was die, die mit Ernst Christen sein wollen, in dieser Hinsicht unter sich bedachten und besprachen, hat wohl gelegentlich auch zu positiven und fruchtbaren Kontaktnahmen zwischen drinnen und draußen geführt. Nur daß es in dieser Richtung über viele richtige und wichtige Gedanken und Worte hinaus zu eigentlich so zu nennenden christlichen Taten und Handlungen, zu einer Überschreitung jener Grenze in diesem Sinn schon gekommen sei – so wie es bei den alten Reformierten, im Pietismus, im Methodismus, in der «Inneren Mission» diesseits dieser Grenze immerhin zu Taten gekommen ist! – nur das wird man aufs Ganze gesehen nicht wohl behaupten können. Aus allen diesen Gründen möchte ich von dieser letzten geschichtlichen Phase hier zwar mit Nachdruck und nun doch nur mit Vorbehalt geredet haben.

Das Faktum, dessen hier zu gedenken ist, besteht schlicht darin, daß die Christenheit in den letzten 100 Jahren in steigender Deutlichkeit einen Ruf gehört hat und offenkundig nicht einfach überhören konnte, laut dessen sie auf jener älteren Linie weiter zu gehen und also jene Grenze zu überschreiten sich eingeladen und aufgefordert fand. In seinen nicht zu übersehenden Schranken ist doch auch das Faktum hier als solches zu registrieren.

Ein neues Blatt ist in den letzten Jahrhunderten (4) auch damit aufgeschlagen worden, daß in dieser Zeit – in unserem Zusammenhang verdient auch das Aufmerksamkeit – zu einem durch größere Aufrichtigkeit qualifizierten Beobachten, Forschen und Denken im Hinblick auf den Grund und Gegenstand des christlichen Glaubens und der christlichen Verkündigung, zu einem Ernstnehmen der Frage nach der Erkenntnis Gottes und damit der Frage nach dem rechten Wort menschlicher Rede von ihm gekommen ist, wie es die alte Kirche und das Mittelalter so nicht gekannt haben.

Sie haben die Autorität, in der Gott sich selbst in seiner Offenbarung zur Voraussetzung des Lebens der Kirche und ihrer Botschaft gemacht hat, wohl gekannt: sie stand ihnen im Schriftwort und in den das Schriftwort auslegenden Dogmen und sonstigen kirchlichen Überlieferungen, ihrerseits authentisch interpretiert durch das authentische Lehramt der Kirche, mächtig genug vor Augen. Sie haben die in göttlicher Autorität gefallenen und noch fallenden Entscheidungen von Jahrhundert zu Jahrhundert respektiert, ausgelegt, gedeutet (manchmal auch umgedeutet), den Bedürfnissen und der Sprache der verschiedenen Zeiten entsprechend eifrig und treulich geltend gemacht. Und an analytischem und synthetischem Scharfsinn haben es ihre Versuche, die Entscheidungen jener Autorität – immer im Blick auf die konkrete Gestalt, in der sie sie für ihnen vorgegeben hielten – auszulegen, auch nicht fehlen lassen. Nur eben die Nachfrage haben sie nicht unternommen: inwiefern diese konkreten Vorgegebenheiten – Bibel, Dogma, Überlieferung, amtliches kirchliches Urteil – die Gestalt der Entscheidungen Gottes selbst sein, der Christenheit wirklich in seiner Autorität vorgegeben sein möchten. Zu einem im Blick auf diese ihre Gestalt kritisch kontrollierenden Erforschen und Verstehen dieser Entscheidungen, dem dann auch ihr Auslegen und Anwenden zu folgen gehabt hätte, konnten und wollten sie sich nicht entschließen. Das war die Grenze alles früheren Ernstnehmens der Frage nach der Erkenntnis und dann auch nach der rechten christlichen Vermittlung der göttlichen Offenbarung. Man meinte mit ihr umgehen zu können und zu sollen wie mit den Vorgegebenheiten irgendwelcher anderer Bereiche menschlichen Wissens und Redens.

Hier mußte es – gleichzeitig mit einem auch auf anderen Gebieten anhebenden neuen Fragen nach den Quellen – in der Reformation zu einem Vorstoß kommen. Eine Kirche des lebendigen Wortes, des sich selbst in seinen großen Taten verkündigenden lebendigen Gottes sollte und wollte ja in der Reformation auf den Plan treten. Welches war dieses lebendige Wort? Man war sich mit der alten und mit der mittelalterlichen Kirche darin einig, es erstlich und letztlich im Schriftwort bezeugt zu finden. Aber inwiefern war dieses im Dogma und in der sonstigen Überlieferung, inwiefern wurde es von der gegenwärtigen Kirche, ihren Lehrern und denen, die über ihre Lehre zu wachen hatten, recht ausgelegt und angewendet? Und inwiefern war das Schriftwort selbst seine Bezeugung?

Wie war gerade das Schriftwort – nicht nur als Gestalt der Autorität Gottes zu zitieren und geltend zu machen, sondern als Rede Gottes in menschlicher Sprache und so als Norm alles christlichen Redens von Gott zu verstehen? Zu der neuzeitlichen Zuwendung der Gemeinde zur Welt gehört auch diese neue Frage und der Versuch ihrer Beantwortung. Bedurfte sie doch zu diesem Unternehmen der Vergewisserung darüber, daß der Gegenstand und Inhalt ihres Zeugnisses wirklich das Wort Gottes, daß ihr Zeugnis also dem Zeugnis des Schriftwortes konform sei. Eben um dieser Vergewisserung willen mußte aber die kirchliche Auslegung des Schriftwortes – nicht als solche verworfen, wohl aber grundsätzlich relativiert und problematisiert, es mußte die Frage nach dem Wort Gottes im Zeugnis des Schriftwortes zu einer unabhängig von aller Überlieferung neu u.zw. in weitergehender Forschung immer wieder neu zu beantwortenden Frage, es mußte dann aber im Zusammenhang damit auch die Prüfung der Sachgemäßheit des eigenen Zeugnisses der Kirche selbst zum Inhalt einer immer wieder gestellten Aufgabe werden. Die Theologie als Wissenschaft hat unter diesen beiden Gesichtspunkten einen neuen Sinn und eine neue Absicht bekommen. Dieses Ziel konnte nun freilich – und das ist in der Folgezeit in mannigfacher Weise geschehen – dahin verstanden werden: es sei die Frage nach dem Wort Gottes im Schriftwort und im Wort der dieses verkündigenden Kirche an Hand des Maßstabes eines vernünftigen, moralischen, religiösen menschlichen Selbstverständnisses zu beantworten, Wort Gottes sei in der Schrift und in der der Kirche aufgetragenen Botschaft das den Bedürfnissen, Möglichkeiten und Grenzen dieses Selbstverständnisses Angemessene oder jedenfalls nicht Widerstrebende: die passende und darum einleuchtende und annehmbare Antwort an der Stelle, wo der Mensch sich selber zum Problem, über sich selbst hinauszublicken gezwungen wird. Für die, die die Frage so verstanden und stellten, mußte die Theologie nach der exegetischen wie nach der dogmatischen Seite zu einer Applikation des jeweiligen «Zeitgeistes», zu einer historisch-psychologisch-praktischen Spezialgestalt der jeweils herrschenden Philosophie werden. Die Frage konnte aber auch anders verstanden werden: exegetisch als Frage nach dem, was das Schriftwort selber unter dem in ihm bezeugten Wort Gottes versteht und wie es sich selber darüber erklärt, und von da aus dann dogmatisch als Frage nach dem christlichen Wort, das sich dann als das rechte erweist, daß auch es sich offen und beweglich hält in seinem Verhältnis zu dem Wort Gottes, das eben da zu vernehmen ist, wo man dem Schriftwort seine Souveränität allem menschlichen Selbstverständnis gegenüber läßt, statt sie zu beschneiden und letztlich zu unterdrücken. Theologie bekommt dann wie ihr eigenes Thema, so auch ihre eigene Methode: sie wird Folgeleistung gegenüber dem ihr im Schriftwort vorangehenden lebendigen Gotteswort. Es hat durch die ganze Neuzeit hindurch Theologie dieser und jener Art gegeben. Wir brauchen zu ihrem beunruhigenden, aber auch heilsamen inneren Widerstreit hier nicht Stellung zu nehmen. Uns interessiert hier nur das Faktum, daß diese Jahrhunderte schlecht und recht Jahrhunderte angestrengter theologischer Arbeit nach der exegetischen wie nach der dogmatischen Seite gewesen sind: einer Arbeit, der sich die früheren Zeiten der Kirche so nicht unterzogen hatten. Offenbar nicht, weil sie von der Frage nach dem rechten Erkennen des Wortes Gottes und von der nach seiner rechten Wiedergabe in menschlichen Gedanken und Worten so nicht bewegt waren, jener kritischen Vergewisserung an der Quelle und von der Quelle her so nicht zu bedürfen meinten. Und das wiederum offenbar darum nicht, weil ihr in ihrer Zeit die Aufgabe, nicht nur einen Kult zu organisieren und zu begehen, sondern laut und bestimmt zu sprechen, und wenn sie sprach, nicht nur beteuernd zu rezitieren, sondern in der Freiheit unmittelbarer Verantwortlichkeit zu explizieren und zu applizieren, so brennend nicht am Herzen lag. Die Arbeit der evangelischen Theologie – ob sie sich nun auf guten oder auf weniger guten Wegen befand, ob sie sich ihre Auslegung und dann auch ihre Lehre durch eine vorausgesetzte Hermeneutik oder ob sie sich ihre Hermeneutik laufend durch ihre Auslegung diktieren ließ und eben nach dieser sich auch in ihrer Lehre richten wollte – charakterisiert die Neuzeit so oder so als eine Zeit, in der auf alle Fälle die Frage nach der verantwortlichen Explikation und Applikation des in der Schrift bezeugten Wortes Gottes der Kirche keine Ruhe mehr ließ – als die Zeit eines neuen Suchens nach der rechten Sachlichkeit des christlichen Denkens und Redens, zu dem sich in der alten Zeit auch so große und in ihrer Art kühne Denker wie Augustin, Anselm, Thomas von Aquino so nicht veranlaßt sahen.

Ich weiß keine Erklärung dieses Phänomens als die, die sich im Blick auf die anderen Phänomene dieser Zeit nahe legt: sie war, indem sie die Zeit war, in der die Kirche in jene große Isolierung und Bedrängnis geriet, auch die Zeit ihres neuen Aufbruchs, ihrer neuen Zuwendung zu eben der Welt, zwischen der und ihr jetzt die Diastase entstand und immer größer wurde. In dieser Zuwendung begriffen mußte sie sprechen können, und um sprechen zu können, mußte sie erkennen. Und ihr Erkennen mußte, sollte es tragfähig sein, ein gewisses Erkennen sein. Die Arbeit der evangelischen Theologie in diesen Jahrhunderten (in einzelnen Ansätzen übrigens auch die der römischen) spiegelt das Ringen um diese der Kirche in ihrem Ausgang zu den Menschen nötige Gewißheit. Eben darum gehört auch die neuere theologische Arbeit – sagen wir für diesmal: ebenso in ihren schwachen wie in ihren starken Elementen – auf die Lichtseite des ganzen Bildes.

Wir nennen weiter (5) das Phänomen einer Zuwendung der Kirche zur Welt, die sich seit dem 16. Jahrhundert in zunehmender Deutlichkeit innerhalb der verschiedenen christlichen Körperschaften abgezeichnet hat: die Problematisierung der klassischen, im Mittelalter selbstverständlichen Unterscheidung zwischen einem «geistlichen» und einem «weltlichen» Christenstand, zwischen «Klerus» und «Laien», zwischen Theologen und Nicht-Theologen.

Sie hatte sich in der Existenz der franziskanischen Tertiarier und später der «Brüder vom gemeinsamen Leben» doch schon im Mittelalter bedeutsam angekündigt: bezeichnender Weise auch in einer besonderen Aufmerksamkeit auf Christus, den Lehrer. Im Zusammenhang der Reformation mit einem populären Humanismus wurde es unübersehbar, daß eben der bisher nur belehrte und geführte «weltliche» Christenstand jedenfalls in bestimmten Schichten zum Bewußtsein seiner Mitverantwortlichkeit für die Lehre wie für das Leben der Kirche erwachte und sich mit den Trägern der kirchlichen Ämter zusammen, aber gegebenen Falles auch im Gegensatz zu ihnen, auf Grund eigener Urteilsbildung aktiv an deren Gestaltung und Tätigkeit zu beteiligen anschickte. Luthers 1520 zum ersten Mal unzweideutig vorgetragene Lehre vom Priestertum aller Gläubigen war keine spekulative Erfindung, war aber auch nicht nur der heiligen Schrift entnommen, sondern blickte jedenfalls auch auf das Faktum des Aufstehens eines gebildeten und halbgebildeten christlichen Bürgertums und Adels, z. T. wohl auch Bauerntums, mit deren fast stürmischem Interesse an den neuen theologischen und kirchlichen Fragen und Antworten die damalige Druckerpresse kaum Schritt zu halten vermochte. Die politische und kirchenpolitische Konsolidierung der evangelischen Christenheit im Gefolge der Gegenreformation führte dann freilich zunächst auch in ihrem Raum zu einem neuen Übergewicht des Klerus und der Theologen. Noch Calvins am Anfang des vierten Buches seiner Institutio vorgetragene Lehre von der Kirche ist faktisch sehr aristokratisch eine Lehre vom kirchlichen Amt bzw. Ministerium, von der doch wieder von einem exklusiv gebildeten besonderen Stand zu besorgenden Verwaltung von «Wort und Sakrament», an der die Gemeinde nur beiläufig, repräsentiert in den Gestalten des dem Prediger und Doktor beigeordneten Presbyters und Diakons, aktiven Anteil haben sollte. Bei diesen und ähnlichen Trennungen ist es wie im lutherischen und anglikanischen, so auch im reformierten Bereich noch bis tief ins 19. Jahrhundert, z. T. auch noch bis in die Gegenwart hinein offiziell geblieben. Unterirdisch, in den baptistischen und kongregationalistischen Sonderbewegungen bald genug auch überirdisch, ist aber die Aktivierung der christlichen Laien auch im 17. Jahrhundert ohne Unterbruch weitergegangen. Vor den Theologen Spener und Francke waren die im Bürger- wie im Bauernhaus wie im gräflichen Schloß auf eigene Faust zum Bibelstudium und zur Andacht sich vereinigenden Konventikel die Träger der in sich mannigfach differenzierten Bewegung, die dann unter dem Namen des «Pietismus» in die Kirchengeschichte übergegangen ist. Neuen Antrieb empfing die Emanzipation der Laien durch die sich im Zeitalter der Aufklärung allmählich, aber unaufhaltsam durchsetzende allgemeine Glaubens- und Gewissensfreiheit. Sie haben aber – man denke an den Augenarzt H. Jung-Stilling und nachher an die Weltdame Juliane von Krüdener – auch in der das kirchliche 19. Jahrhundert inaugurierenden Erweckungsbewegung entscheidende Rollen gespielt. Und es wäre auch aus dem Bild der gleichzeitigen Erneuerung im römisch-katholischen Bereich das Eingreifen weltlicher Literaten wie F. R. Châteaubriand und J. de Maître nicht wegzudenken, von denen eine gerade Linie zu der «Katholischen Aktion» des neueren Frankreich und dann zu Dichtern wie Bernanos, Péguy, Claudel und ihren Kreisen hinüberführt. Dem auf der evangelischen Seite mit den früher erwähnten evangelistischen und sozialen Bewegungen einsetzenden Massenzustrom nicht theologisch gebildeter und nicht beamteter Elemente an die kirchliche Front entsprach übrigens auf der katholischen die Fülle der marianischen Kongregationen, deren Mitgliederzahl etwa im Fall der amerikanischen «Columbusritter» heute in die Millionen gehen soll. Auf welchem Feld hätten die Kirchen heute nicht Seite an Seite, oft auch konkurrierend mit ihren besonders berufenen Vertretern, ihre mehr oder weniger spontan beteiligten, mehr oder weniger sachkundigen Mitarbeiter aus der früher nur rezeptiv beteiligten Gemeinde? Wo lebte sie nicht ein wichtigstes Stück ihres Lebens in ihren frei gebildeten, regelmäßig oder je *ad hoc* zusammentretenden Männer-, Frauen- und Jugendkreisen? Arbeitsgemeinschaften wie die «Evangelischen Akademien» in Deutschland (im Guten wie im weniger Guten unverkennbare Frucht der Tätigkeit der DCSV in den vorangegangenen Jahrzehnten), oder wie die von Holland ausgehende Bewegung «Kirche und Welt» sind hier in den letzten Jahren beachtlich geworden. Und einzelne kirchlich bewegte und theologisch wohl unterrichtete Mediziner, Juristen, Lehrer, Schriftsteller, Politiker (vielen geschulten Theologen auf deren eigenem Feld teilweise bedeutend überlegen!) sind heute in allen Konfessionen längst keine Seltenheit mehr. Es darf aber, um das Ganze zu verstehen, nicht übersehen werden, daß es wenigstens gelegentlich (theologisch vertreten durch Persönlichkeiten wie R. Rothe und L. Ragaz) auch zu der umgekehrten Bewegung – aus dem im engeren hinaus in einen im weiteren Sinn profan-christlich gestalteten kirchlichen Dienst – gekommen ist: von dem Mann, der um die Wende des Jahrhunderts unter allgemeinem Aufsehen für «Drei Monate Fabrikarbeiter» wurde, bis hin zu dem wesentlich entschlosseneren Unternehmen der vorläufig unterdrückten, aber in irgend einer Form sicher wiederkehrenden französischen Arbeiterpriester, bis hin zu dem Weg, den Albert Schweitzer in so eindrucksvoller Weise gegangen ist. Der Zaun, der einst den «Chor» und das «Schiff» der Kirche trennte, war wohl nie allzu solid begründet. In der Neuzeit, um die es hier geht, ist er, wenn nicht verschwunden, so doch da und dort offenkundig durchlöchert und ins Wanken gekommen.

Kritische Vorsicht ist auch diesem Phänomen gegenüber geboten. Einmal im Blick darauf, daß die Relativierung jener Trennung auch in der Neuzeit immerhin nur sehr partiell Wirklichkeit geworden ist. Es nie war und nirgends die Mehrheit oder gar die Gesamtheit der Christen, die sich an jenem Aufbruch beteiligte. Allzu leicht konnte es übrigens, wo er stattfand, geschehen, daß das Ergebnis (wie einst im offiziellen Protestantismus des 16. Jahrhunderts) nur in der Bildung eines neuen, etwas erweiterten, für die Existenz der übrigen Gemeinde auch wieder wenig bedeutungsvollen Klerus bestand. Und auch an solchen kirchlichen Bereichen fehlt es bekanntlich bis auf diesen Tag nicht, in denen jener Aufbruch überhaupt nicht oder nur schüchtern gewagt wurde, mehr noch: in denen der alte Zaun durch irgendwelche neue Bemalungen nur umso sichtbarer und wirksamer gemacht worden ist. Aber viel bedenklicher ist hier etwas Anderes: es war ja zu allen Zeiten ein mehr oder weniger schuldhaftes und folgenschweres Versagen der besonders geschulten und beauftragten Glieder der Kirche, das der Emanzipation der

«Laien» Anlaß, Sinn und relatives Recht gab. Die «Laien» waren aber nie als solche die besseren Christen, und so konnte denn auch ihr Hervortreten nie ein reines Erwachen zu ihrer Mitverantwortung und Mitverpflichtung der Sache des Evangeliums gegenüber sein und nur eben in diesem Geiste Ereignis werden und Gestalt annehmen, als notwendige Reaktion und heilsames Korrektiv sich darstellen und auswirken. Es ist dieses ihr Hervortreten vielmehr bewußt oder unbewußt, direkt oder indirekt immer auch ein kräftiges Element der die Kirche – in Korrespondenz zu jener Verselbständigung des Säkulums ihr gegenüber – als Kirche gefährdenden inneren Säkularisation ihrer Botschaft, Lehre, Ordnung und Sendung gewesen oder rasch genug geworden. Die Kritik und die Ablehnung, die ihrem Aufbruch von Seiten der kirchlich besonders Geschulten und Beauftragten widerfuhr, die Zurückhaltung, die sie ihm gegenüber auch da übten, wo sie selbst ihn aus guten Gründen wünschten, anregten und förderten, war also wohl bei Allem, was sie sich selbst vorzuwerfen hatten, nie einfach und gänzlich unbegründet. Es konnte durchaus so sein, daß das erwachende und aufstehende «Volk», indem es unter der unzweifelhaften Verheißung von Jer. 31,33 f. gegen einen unfruchtbaren, einen statischen Unterschied zwischen *ecclesia docens* und *ecclesia audiens* anging, den fruchtbaren, den dynamischen Sinn dieser Unterscheidung in Frage stellte, daß es mit der unheiligen Priorität irgendeines Menschenwortes die heilige Priorität des Wortes Gottes angriff und mit mehr oder weniger Erfolg aus dem Wege räumte. Es konnte «allgemeines Priestertum» sagen und die Souveränität des Menschen in seiner Gestalt als Individuum und als Masse meinen. Es konnte sich angeblich dem Priester, dem Theologen, dem Prediger, in Wahrheit aber dem von diesem – sei es denn: ohnmächtig und wohl auch verkehrt genug – verkündigten und vertretenen Herrn der ganzen Kirche an die Seite stellen, sein Regiment in seine eigenen Hände nehmen wollen. Es konnte bei seiner Beteiligung an der Auslegung und Anwendung (oder auch Kritik!) der Bibel und des Dogmas, bei seinem Appell an den Heiligen Geist (der wehe, wo er wolle) und an das Gewissen, dem ein Jeder unmittelbar verantwortlich sei, theoretisch die Bruderschaft aller Glaubenden in Christus, praktisch aber die Genossenschaft der nach einem nicht konkret gebundenen Denken, Reden und Leben begehrenden *homunculi* als solcher zur Geltung und nun eben in der Kirche selbst zur Herrschaft bringen wollen. Und wenn die «Geistlichen» und Theologen dem «Volk» gegenüber oft genug durch anmaßliche Verschlossenheit gefehlt haben, so haben sie sich ihm gegenüber doch wohl ebenso oft als nur allzu weich und nachgiebig erwiesen, vor seinen «Anliegen» allzu rasch kapituliert, wo sie ihm um der Sache des Ganzen willen Wachsamkeit, Standfestigkeit und überlegene Führung schuldig waren. Eben das in das «Kirchenregiment» einströmende Laientum mit seinem stärkeren Kontakt mit dem Geist, der Praxis und den Tendenzen der Umwelt, mit seinem beschränkteren kirchengeschichtlichen Einblick und Überblick, mit seinen formal geringeren Verpflichtungen, mit seiner der Tradition gegenüber freier schweifenden Verständigkeit und Phantasie, mit seiner munter vereinfachenden Unternehmungslust hat sich so als eine wichtige Einfallspforte für die verschiedensten, wirklich nicht nur eine alte oder neue «Orthodoxie», sondern das Verständnis und den Lauf des Evangeliums bedrohenden Irrungen und Wirrungen erwiesen, in deren Entfaltung die Theologie und das Amt – man soll hier auf katholischer Seite ehrlich an das bekannte Überwuchern des Mariendogmas und auf evangelischer Seite ebenso ehrlich an gewisse liberale Greuel bis hin zu denen des Jahres 1933 denken! – sich oft genug nur als Mundstück einer bloß vermeintlich frommen *vox populi* erwiesen hat.

Den Blick für die grundsätzliche Tragweite und positive Bedeutung des ganzen Phänomens im großen geschichtlichen Zusammenhang wird man sich doch auch durch diesen ihm unverkennbar eigentümlichen problematischen Aspekt nicht verstellen lassen dürfen. Die seit dem 16. Jahrhundert akut gewordene Relativierung der für das Leben der Christenheit von der nachapostolischen Zeit bis ins späte Mittelalter so bezeichnenden Standesunterschiede ist (mit den übrigen hier zu nennenden Phänomenen zusammen) das Indizium ihrer originalen Wendung von innen nach außen, von sich selbst zur Welt hin. Sie vollzieht sich hier im Leben der Kirche selbst und als solcher: Was waren und sind denn die auf einmal in Scharen auftretenden christlichen Nicht-Kleriker und Nicht-Theologen – was auch von ihren Tugenden und Untugenden zu bedenken und zu sagen sei – Anderes als die innerkirchlichen Repräsentanten der außerkirchlichen Welt, der sich die Kirche als Ganzes in dieser unserer Zeit in neubegriffener Verantwortlichkeit gegenübergestellt fand und findet? Was geschah und geschieht denn in ihrer hier allmählich, dort plötzlich um sich greifenden Erhebung und Aktivierung Anderes als eine Antizipierung des Schrittes über sich selbst hinaus, zu dem sich die Kirche als Ganzes gerade jetzt – koinzidierend mit dem Anheben des großen Prozesses ihrer Zurückdrängung in ihre eigensten Grenzen – aufgerufen sah und sieht? Und was Anderes als die offenbar auch den offiziellen Vertretern, Führern und Lehrern der Christenheit sich aufdrängende Erkenntnis eines an sie ergehenden neuen Aufrufs war der Grund, weshalb sie dem Aufbruch der christlichen «Laien» bei aller gebotenen (und oft vernachlässigten!) Vorsicht grundsätzlich nicht widerstehen durften, ihn vielmehr grundsätzlich gut zu heißen und ihrerseits anzuregen und zu fördern hatten. Das von Natur an der Grenze zwischen Kirche und Welt, zwischen dem sakralen und dem profanen Raum wohnende christliche «Volk» hat – das war und ist nicht zu verkennen – wenn nicht in seiner Gesamtheit, so doch in unzweideutig wirksamen einzelnen Gestalten und allgemeineren Bewegungen, jetzt in glücklich, jetzt in weniger glücklich ergriffenen Initiative, zunächst so etwas wie eine kirchliche Weltlichkeit oder weltliche Kirchlichkeit auf den Plan geführt. Es hat wohl öfters nicht gewußt, was es damit gewollt und getan hat. Wer aber in diesem oder jenem der beiden zuvor scharf unterschiedenen Stände den Ruf in die Weite als Ruf zum Gehorsam gegen die Sendung der Kirche an die Welt gehört hat und hört, der mußte und muß wissen, was da geschah: in der Aufhebung der inneren Grenze zwischen beiden die Ankündigung und Vorbereitung des Überschreitens ihrer Grenze nach außen: die Anzeige der Inangriffnahme ihres prophetischen Berufes.

Ein Letztes, das hier (6) zu nennen ist, ist dies, daß der ökumenische Gedanke – der Gedanke der Einheit der Kirchen in der einen Kirche Jesu Christi – aber auch das Streben nach dieser Einheit und der Wille dazu in der Neuzeit nicht nur latent von Anfang an vorhanden war, sondern an Kraft greifbar und sichtbar zugenommen hat.

Man darf auch in dieser Hinsicht nicht zuviel sagen: nicht umsonst war ja der Anfang dieser Zeit die große, unvermeidliche, aber wahrhaftig schmerzliche Spaltung der abendländischen Kirche, der dann so viele kleinere in erschreckender Fülle gefolgt sind. Der Riß zwischen der römischen Kirche und allen anderen klafft trotz aller verheißungsvollen Verständigungen im Einzelnen bis auf diesen Tag unheimlich genug. Und so fehlt es ja bis in unsere Tage hinein auch sonst nicht an allerlei alten, manchmal auch ganz neuen Betonungen und Überbetonungen der Differenzen und Separationen zwischen den übrigen Kirchengemeinschaften.

Diesen zentrifugalen Tendenzen standen nun aber doch wieder von Anfang an und dann in immer neuen Fortsetzungen die gerade entgegengesetzten Hoffnungen und Anstrengungen gegenüber. An Martin Bucer und überhaupt an die Straßburger Kirche und Theologie des 16. Jahrhunderts ist hier zu denken und in den nächsten Jahrhunderten an Männer wie Georg Calixt, Joh. Duraeus, Jean Frédéric Osterwald, Leibniz, an die nicht seltenen, auf Einigung bedachten, «Religionsgespräche» zwischen Lutheranern und Reformierten, an die besonders im Luthertum gemachten theologischen Bemühungen um die sogen. «Fundamentalartikel» als Inbegriff des christlich Wesentlichen, Unentbehrlichen und darum Einigenden, schließlich an die in Deutschland am Anfang des 19. Jahrhunderts zustande gekommenen «Unionen», unter denen vor allem die preußische besondere Bedeutung haben mußte. Es war freilich kein sehr gutes Omen, daß der allerälteste in dieser Reihe zu nennende Name der des Erasmus von Rotterdam war! Die allen diesen Versuchen gemeinsame Schwäche (die sich darin zeigte, daß sie entweder immer wieder scheiterten oder wie besonders jene deutschen Unionen zu innerlich unklaren und darum unbefriedigenden und darum nicht eigentlich haltbaren Ergebnissen führten) bestand nämlich darin, daß das *ut omnes unum sint* (Joh. 17,21), immer wieder zu formal, die Einheit der Kirche immer wieder gewissermaßen als Selbstzweck verstanden wurde. Das bedeutete, daß man über das Dilemma nicht hinauskann: Entweder beharrende Glaubenstreue gegenüber dem, was man bisher hier wie dort in wohlbegründeter Überzeugung als rechte christliche Lehre, Verfassung und Lebensgestalt erkannt und bekannt hatte – um den Preis der Bestätigung und Aufrechterhaltung der bisherigen Zwiespalte. Oder Triumph der Liebe, freundliche Toleranz zugunsten der erstrebten Vereinigung, – um den Preis einer gewissen- und charakterlosen Relativierung oder sogar Preisgabe eben der bisher als notwendig empfundenen und erklärten beiderseitigen Glaubenserkenntnisse und Glaubensbekenntnisse. Es litt dieser ältere Ökumenismus darunter, daß er sich von dem nivellierenden Indifferentismus der aufkommenden und dann siegreichen Aufklärung und später der Romantik nicht deutlich genug abzuheben wußte. Konnte nicht allenfalls sogar Zinzendorf und seine Brüdergemeinde in diesem neutralistischen Sinn mißverstanden werden? Über diesen toten Punkt ist man erst im 19. und dann in unserem Jahrhundert – natürlich auch in dieser Sache erst tastend, aber immerhin in bestimmter Richtung tastend – hinausgekommen. Es geschah das überall da, wo man die Einigung der Kirchen teleologisch-dynamisch: in der Einheit von Jesus Christus her als Einigung für ihn, nämlich für die Bezeugung seines Werkes in der Welt und für die Welt zu verstehen begann. Eine gute Einzelanschauung bietet hier die im Kampf gegen die «Deutschen Christen» von Lutheranern, Reformierten und Unierten gemeinsam gesprochene «Theologische Erklärung» der Barmer Synode (1934), deren echt ökumenischer Charakter später von einem ängstlichen Konfessionalismus nur mutwillig in Frage gestellt werden konnte.

Im Blick auf diese neue Gestalt des Ökumenismus haben wir seiner in unserem Zusammenhang zu gedenken. Es begannen sich in unserem Jahrhundert die verschiedenen Denominationen zunächst innerhalb der einzelnen Länder in der ganzen Welt – ohne Antastung ihrer theologischen und kirchenrechtlichen Besonderheiten, aber im Blick auf ihre gemeinsamen Aufgaben in «Kirchenbünden» und dergleichen zusammen zu finden. Es begannen sich die Denominationen selbst über ihre nationalen Verschiedenheiten hinweg in (z.B. lutherischen, anglikanischen, presbyterianischen, methodistischen, baptistischen) Weltallianzen zu vereinigen: in der schlichten Meinung, daß ihnen das wie von der gemeinsamen Sache her, so auch und vor allem im Blick auf ein gemeinsames Handeln geboten sei. Es kam aber schon viel früher – in der 1848 vollzogenen Gründung der «Evangelischen Allianz» – zu der ersten interdenominationellen und internationalen Vereinigung, zu gemeinsamer Aktion im Sinn evangelischen Bekennens. Ihr folgte die schon in früherem Zusammenhang erwähnte interdenominationelle christliche Jugend- und Studentenarbeit und dann die in dieser Hinsicht besonders wichtige Weltmissionskonferenz in Edinburgh (1910) und – sehr bezeichnend: angesichts der großen politischen Entzweiung der Christenheit im ersten Weltkrieg begründet – der «Weltbund für Freundschaftsarbeit der Kirchen». «Kongreß für praktisches Christentum», *(for Life and Work)* nannte sich dann auch die 1925 («1600 Jahre nach Nicaea») auf Anregung und unter Leitung von Erzbischof Nathan Söderblom in Stockholm zusammengetretene erste ausgesprochen «ökumenische», von den verschiedenen Kirchen offiziell beschickte Weltkonferenz, an der zwar nicht Rom, wohl aber zum ersten Mal auch die Ostkirche in aller Form teilgenommen hat. Eben daß die Einheit nicht Selbstzweck sei, wurde hier ausdrücklich ausgesprochen. Man wollte «im Sündenbekenntnis und im Gefühl des Unheils der sozialethischen Unklarheit und der Zersplitterung die Pflichten der Christen und der Kirche in den Nöten der Zeit erkennen, um mit der Jüngerschaft und der Nachfolge des Heilands Ernst zu machen» (Söderblom, RGG² II, 85). Auf den Versuch einer organisatorischen Kirchenvereinigung wurde zunächst ausdrücklich verzichtet: anders als in ungebrochener theologischer Grundsätzlichkeit sollte eine solche auf keinen Fall auch nur ins Auge gefaßt, geschweige denn angestrebt werden. Eben im

Blick auf dieses, wenn überhaupt, dann nur auf diesem Weg zu erreichende Fernziel ist dann der Bewegung und Konferenz *For Life and Work* eine zweite (mit der ersten durch viele Personalunionen verbundene) *For Faith and Order* (Lausanne 1927) an die Seite getreten, wobei doch die Frage nach der kirchlichen Einheit (als innere, theologisch-kirchenrechtliche verstanden) auch hier mit der Frage nach der christlichen Botschaft an die Welt unmittelbar verknüpft wurde. Es führte die Weltkonferenz von Oxford (1937) zu neuen Vertiefungen wieder nach dieser Seite. Und dann brachte die Versammlung von Amsterdam (1948), in der jene beiden Arbeitseinrichtungen zusammenwirkten, nicht nur die Begründung des «Ökumenischen Rates» – nicht als einer Universalkirche, wohl aber als Dachorganisation und Zweckverband von rund 250 nationalen und konfessionellen Sonderkirchen – sondern (man beachte wieder die Zusammengehörigkeit der beiden Motive) eine umfassende Aussprache über «Die Unordnung der Welt und Gottes Heilsplan» und zum ersten Mal eine formelle «Botschaft» an die Christenheit nicht nur, (so in Stockholm 1925), sondern an die Welt, der dann im Blick auf das besondere Thema: «Christus, die Hoffnung der Welt» ein ähnliches Wort der Weltkonferenz von Evanston (1954) gefolgt ist.

Ob die Zeit – vielmehr, ob die innere Situation und geistliche Verfassung der christlichen Gemeinschaften für solche direkte Apostrophierung der nichtchristlichen oder christlich indifferenten Welt schon reif ist, mag gefragt werden. Daß ihr das in Amsterdam und Evanston Gesagte großen Eindruck gemacht hätte, wird man nicht behaupten können. Und das lag vielleicht nicht nur an dem notwendigen Kompromißcharakter solcher gemeinsamer Äußerungen (ein Nebel von Unentschiedenheit und Unergiebigkeit liegt von daher vorläufig über all den in Bossey und anderwärts so fleißig ausgearbeiteten ökumenischen *papers*), sondern auch an der früher erwähnten Verlegenheit, daß das Konkrete (es ist in zahlreichen ökumenischen Studienkonferenzen ernstlich genug danach gefragt worden) doch wohl noch nicht heraus ist, das die Kirche als Botschaft des Heils in das Unheil der weltlichen Politik und Wirtschaft hinein zu rufen hätte.

Aber wir konstatieren auch in dieser Hinsicht einfach das Faktum: gerade als Sinn der kirchlichen Einigungsbestrebungen hat sich – noch nicht in der früheren, wohl aber in der späteren Neuzeit – sehr deutlich eben die der Abwendung der Welt von der Kirche so merkwürdig zuwiderlaufende Zuwendung der Kirche zur Welt herausgestellt, die uns auch unter den vorher geltend gemachten Gesichtspunkten in die Augen gefallen ist. Die kirchlichen Einigungsversuche an sich und als solche wären gewiß kein allzu interessantes Phänomen. Die praktische, allgemein gesprochen: missionarische Teleologie und Dynamik, in der sie seit 100 Jahren und in den letzten Jahrzehnten mit besonderer Energie vorwärts getrieben wurde, erzwingen Beachtung. Kein Zufall, daß der Begriff und die Sache, die die Angelsachsen mit dem kuriosen Wort «Evangelism» bezeichnen, in der letzten Zeit in den Mittelpunkt des ökumenischen Interesses zu rücken scheinen. Es besteht auch im Blick auf sie kein Anlaß zu unrealistischem Optimismus. Noch ist auch hier Alles in den Anfängen, die vielfach, mühsam genug gemacht, noch sehr fließende Anfänge sind. Es besteht aber auch in dieser Hinsicht kein Anlaß zu einer Skepsis, die etwa auch diese Anfänge als solche verkennen wollte. Und gerade in dieser Hinsicht – was ein unter Respektierung des Eigenen, aber auch unter Zurückstellung alles Trennenden gemeinsam zu unternehmendes Reden und Tun betrifft – wird man nun doch nicht sagen können, daß die Kirche wieder einmal hinter den von der Welt längst gemachten Fortschritten herhinke. Hier ist es vielmehr offenkundig, daß sie eine Initiative ergriffen hat, in der sie der Welt um einige gute Schritte voraus ist und vorbildlich werden könnte. Es sähe heute Einiges anders aus, wenn man sich in gewissen weltpolitischen Verhandlungen und Konferenzen mindestens eben so ehrlich und offen und mindestens eben so bestimmt auf die Praxis ausgerichtet, um die Einigung unter den Völkern bemühen würde, wie man sich in Edinburgh, Stockholm, Amsterdam, Evanston usw. um die Einigung unter den Kirchen bemüht hat und in Genf – nicht im *Palais des Nations*, wohl aber an der *Route de Malagnou 17* ununterbrochen weiter bemüht.

Wir haben an das Alles in kürzesten Andeutungen erinnert, um aufzuweisen, daß die Dogmatik nicht nur von der Sache selbst und von der Schrift, sondern heute auch vom Fortgang der Kirchengeschichte her aufgefordert ist, dem Charakter der Versöhnung als Offenbarung besondere Aufmerksamkeit zuzuwenden. Mochte man das früher unterlassen können, so kann man das heute nicht mehr tun. Denn eben der Aspekt, unter dem wir die neuere Kirchengeschichte jetzt betrachtet haben – er ist gewiß nicht der einzige, aber auch er ist nicht zu übersehen – eben der merkwürdige Ausbruch der Gemeinde in die Welt, dessen wir da – soviel auch dazu zu fragen und zu bedenken war – in so viel Gestalten gewahr wurden, kann seine letzte Erklärung nur darin haben, daß die in Jesus Christus geschehene Versöhnung der Welt faktisch auch den Charakter der Offenbarung, des zur Aussprache drängenden Wortes Gottes hat. Ihr Geschehen ist als solches auch Rede, lauter, bestimmter Anruf an den Menschen. Die Christenheit der Neuzeit scheint das in ganz neuer Weise bemerkt zu haben. Warum erst und warum gerade die Christenheit der in anderer Hinsicht so betrübten Neuzeit? Das ist und bleibt wohl unerklärlich: wir stehen nur vor dem Faktum, daß sie das irgendwie bemerkt zu haben scheint, daß sie sich offenbar danach richten muß und daß sie sich schlecht und recht (wenn auch sicher mehr schlecht als recht) danach zu richten begonnen hat.

Und eben: da dem so ist, wird es doch wohl kein Zufall sein, daß Calvin gerade an der Schwelle dieser christlichen Neuzeit die Lehre vom *munus Christi propheticum* wieder entdecken konnte und mußte.

2. DAS LICHT DES LEBENS

Wir beginnen mit Jesus Christus. «Die Herrlichkeit des Mittlers» haben wir diesen ersten Paragraphen überschrieben. Und durch die alte Lehre vom *munus propheticum Jesu Christi* haben wir uns ja auf das dritte Problem der Versöhnungslehre aufmerksam machen lassen. So müssen wir diesen ihren dritten Teil, in dem es um die Versöhnung als Offenbarung gehen soll, mit ihm beginnen. Nicht um nachher anders als wieder mit ihm auch fortzufahren. Aber alles Fortfahren mit ihm kann nur von einem besonderen Beginnen mit ihm herkommen: von einer im engeren Sinne des Begriffs christologischen Grundlegung. So haben wir es in den beiden ersten Teilen der Versöhnungslehre gehalten, so muß es auch hier geschehen: nicht um der systematischen Folgerichtigkeit willen, sondern weil es auch hier nicht anders geht. Daß die Versöhnung auch Offenbarung ist, ist zuerst und alles Weitere beherrschend in Ihm Ereignis und Wirklichkeit, der ihr Mittler, in seiner Person ihr Vollstrecker ist. Wir könnten ja nicht zuerst allgemein und abstrakt davon reden, daß Offenbarung – als Offenbarung der Versöhnung der Welt mit Gott – stattfindet (wie sie stattfand und stattfinden wird), um dann irgendeinmal auf ihn als den (vielleicht doch nur hervorgehobenen) Offenbarer zurückzukommen. Wie die Versöhnung selbst sein Werk ist, so auch ihre Offenbarung: ihr gegenwärtiges, ihr heutiges, ihr künftiges Stattfinden. Indem in ihm die Versöhnung geschieht, geschieht durch ihn auch ihre Offenbarung. An ihm vorbei, in irgend einem Ansich geschieht sie nicht, ist sie auch nicht zu sehen und zu verstehen. Eben darum haben wir mit ihm zu beginnen.

Und wir beginnen mit dem Satz: Er, Jesus Christus, lebt. Das ist der einfachste christologische Satz und zugleich der schwierigste. Jedes Kind kann ihn nachvollziehen und die tiefste Meditation kann mit ihm nicht fertig werden. Er sagt etwas ganz Formales und sagt eben damit auch das Materiellste, was von ihm zu sagen ist. Er sagt etwas höchst Besonderes und eben so das Umfassendste – ein Einmaliges, ja das Einmalige und eben so das universal Wirkliche und Gültige.

Wir reden von dem in der heiligen Schrift bezeugten Jesus Christus: von dem, dem die im Alten Testament bezeugte Geschichte Israels entgegengeht, um in seiner eigenen, im Neuen Testament bezeugten Geschichte zu ihrem Ziel und Ende zu kommen, die dann wieder nach dem Zeugnis des Neuen Testamentes ihrerseits der Urspruch und Anfang der Geschichte seiner Gemeinde wird. Wir reden von dem Subjekt der Geschichte in der Mitte zwischen jener ersten und dieser zweiten Geschichte, die also dort ihr Vorher und hier ihr Nachher hat, die, indem sie ganz seine Geschichte, die dieses einen Subjektes ist, von jener ersten und dieser zweiten Geschichte, indem sie beide integriert, nicht zu lösen ist, wie umgekehrt jene erste und diese zweite Geschichte nur eben das Vorher und Nachher der seinigen, in ihr integriert, von ihr nicht zu lösen sind. Das Subjekt jener mittleren, das Ganze beherrschenden und bestimmenden Geschichte ist Jesus Christus. Und eben er lebt. Damit haben wir zu beginnen.

Daß Jesus Christus lebt, das heißt zunächst schlicht: daß er in der Weise Gottes da ist: in der Weise Gottes und also allem Anderen, was auch da ist, vorangesetzt, in keinem Anderen begründet, auf keines Anderen Dasein und Beistand angewiesen, in schlechthiniger Freiheit und Macht! Es heißt aber auch und ebenso schlicht: daß er in der Weise eines Menschen da ist und also so wie alle geschaffenen Wesen, also nur in der durch Gott bedingten und begrenzten Freiheit und Macht eines solchen Wesens, also in der relativen Abhängigkeit eines einzelnen Gliedes im natürlichen und geschichtlichen Zusammenhang der geschaffenen Welt. Und so heißt, daß Jesus Christus lebt, konkret: daß er in der Weise des Gottes da ist, dessen göttlicher Überlegenheit es nicht nur nicht unangemessen, sondern aufs höchste entsprechend ist, auch in der beschränkten Weise des menschlichen Geschöpfs da zu sein. Und umgekehrt: daß er in der Weise des Menschen da ist, dem, was er sich nicht nehmen kann, von Gott gegeben ist: auch in der souveränen Weise Gottes da zu sein. So lebt Jesus Christus, so ist er da. So ist er das Subjekt seiner in der Schrift bezeugten Geschichte. Dieses Zeugnis bedeutet aber, daß wer und was immer sonst da ist, mit ihm, mit Diesem zusammen da ist: Der Schöpfer, Gott selbst nicht anders als zusammen mit Diesem, der auch als Mensch da ist – und wiederum Alles und Alle, die in der geschaffenen Welt da sind, nicht anders als zusammen mit Diesem, der auch als Gott da ist. Indem aber Gott nur mit Diesem, wiederum auch die Welt nur mit Diesem zusammen da ist, ist sein Dasein als solches das Faktum, in welchem Gott und Gottes Welt – was dem auch widerstehen und widersprechen mag – nicht eins und dasselbe, wohl aber zusammen da sind: in unangreifbarer und unauflöslicher Koexistenz und Verbindung.

Daß Jesus Christus lebt, besagt aber: sein Dasein ist Akt, Sein in spontaner Verwirklichung. Wiederum ist zunächst und vor Allem zu sagen: *actus purus*, Seinsverwirklichung in schlechthin souveräner Spontaneität – in der Weise, in der der Schöpfer, Gott, sich selbst verwirklicht, so daß sein Lebensakt mit dem Gottes, seine Geschichte mit der Gottes selbst identisch ist. Wieder ist aber fortzufahren: auch in der Weise, in der es dem Geschöpf gegeben ist, sich selbst zu verwirklichen, in seiner bedingten und begrenzten Spontaneität geschichtlich da zu sein. Das ist ja sein Dasein als Leben im besonderen: aktuelles Dasein, Dasein in einem Vollzug. So ist der lebendige Gott in dem in ihm selbst entspringenden und durch ihn selbst in Freiheit ausgeführten Vollzug, in der schlechthin souveränen Aktualisierung seines Seins. So ist aber auch jede lebendige Kreatur im Gebrauch des ihr im Zusammenhang mit allem anderen geschöpflichen Leben von Gott verliehenen Vermögens, im Vollzug ihres besonderen Seins. Indem Jesus Christus lebt, geschieht Beides zugleich und in Einem: schöpferische Seinsverwirklichung und in und mit ihr auch geschöpfliche, schöpferisches und geschöpfliches Leben miteinander, ohne Verwandlung des einen in das andere, ohne Vermischung des einen mit dem anderen, aber auch ohne Trennung und Scheidung zwischen beiden. So ist Jesus Christus in der Schrift gesehen und bezeugt. Und wieder bedeutet das: nicht anders als mit Diesem zusammen lebt Gott – nicht anders als mit Diesem zusammen aber auch jedes lebende Geschöpf. So daß, indem er lebt, der lebendige Gott und Alles, was durch ihn und außer ihm lebt, auch unter sich – wiederum nicht in Identität, wohl aber (aller möglichen und wirklichen Problematik ihrer Beziehung ungeachtet) zusammen leben, in unzerstörbarer Verbindung des doch unter sich so verschiedenen Aktes, in welchem Beide, der Schöpfer und sein Geschöpf, da sind.

Daß Jesus Christus lebt und also ist im Akt seiner Seinsverwirklichung, ist aber die Tat einer Person. Nicht Etwas lebt da, sondern Jemand, Einer. Seine Seinsverwirklichung ist kein anonymer Prozeß. Sie geschieht als Werk eines ganz bestimmten Subjektes, das als Träger eines ganz bestimmten Namens, von allen anderen Subjekten verschieden, nur eben dieses Subjekt ist. Sie geschieht als dessen Entscheidung, Entschließung und Handlung. «Ich lebe». Sein Leben ereignet sich in der Freiheit dieses Ich. Es geht um die Person, um das Ich Gottes. Gott selbst ist es, der hier lebt, in der Verwirklichung seines Seins begriffen, freies Subjekt dieses Geschehens ist: nun aber Gott selbst als dieser eine Mensch, als Träger seines bestimmten menschlichen Namens, als freies Subjekt seiner menschlichen Entscheidungen, Entschließungen und Handlungen – Gott selbst auch in den Schranken, denen sie in ihrer Menschlichkeit unterworfen sind – Gott selbst auch in der Geringfügigkeit, in der Anfechtung, im Leiden, in der Verwerfung, im Tod, Gott selbst als dieser zum Knecht gewordene Herr, Gott selbst dann auch in der Erhöhung und Hoheit dieses einen Menschen, Gott selbst als dieser zum Herrn gewordene Knecht. Kurzum: Gott tut, was dieser Mensch tut – oder: dieser Mensch tut, was Gott tut, so oder so als die persönliche Tat, in der sich dieses Leben vollzieht. Man muß an die Einheit dieser persönlichen Tat denken, wenn das Neue Testament diesen Lebenden – unter allen sonst Lebenden ihn ganz allein – den Herrn, aber auch den Knecht nennt. «Herr» ist er als der, der sein Leben souverän in der Macht lebt, die ihm als dem freien Subjekt dieses Geschehens eigen ist. Und «Knecht» ist er als der, der sich dieser göttlichen Lebensmacht gänzlich und vorbehaltlos, gehorsam bis zum Tode, unterwirft und zur Verfügung stellt. So lebt Jesus Christus. Wir fügen dem auch hier zunächst nur dieses hinzu: Mit seiner – und jetzt müssen wir unmittelbar sagen: mit Gottes eigener, aber als Mensch vollbrachter Lebenstat zusammen geschehen alle Lebenstaten derer, die als freie (in ihrer Bedingtheit und in ihren Grenzen freie) Subjekte Gottes Geschöpfe sind – das Leben aller Menschen also. Als Mensch leben, heißt in der Nachbarschaft, im Bereich dieses Einen und also dieses Herrn und Knechtes leben. Indem irgend Einer von uns Ich sagt und in seinem Lebensversuch von der Freiheit Gebrauch macht, die ihm damit gegeben ist, daß er ein Ich und kein Es ist, meldet er sich gewissermaßen als Angehöriger des Gebietes, in welchem ein Anderer, jener Eine, dieser Herr und dieser Knecht ist – des Bereiches, in welchem Gott selbst in diesem Anderen Ich sagt und als Mensch von seiner göttlichen Freiheit nicht versuchsweise, sondern effektiv Gebrauch macht. Indem irgend Einer als Mensch lebt, ist er Angehöriger dieses Gebietes: des Tätigkeitsgebietes, des Lebensgebietes dieses Anderen – ist, ob er es weiß oder nicht, schon darüber entschieden, daß Gott seine persönliche Lebenstat nicht anders als auch mit ihm zusammen tun will, und daß auch er die seinige nicht anders als mit Gott zusammen tun kann. Mag sich dieses Zusammenleben zwischen Gott und Mensch gestalten wie es will – darüber ist damit, daß Jesus Christus lebt (so lebt, wie es das biblische Zeugnis von jener Geschichte erkennen läßt) entschieden: daß die Verbindung zwischen Gott und uns Menschen (jedem Menschen!) besteht und daß sie unzerreißbar ist.

Eben daß Jesus Christus als jener Herr und Knecht lebt, impliziert und bedeutet nun aber mehr als das schlechthin solide Zusammensein des Schöpfers und seines Geschöpfs, Gottes und des Menschen, auf das hinzuweisen wir uns bis jetzt begnügt haben. Jesus Christus lebt ja nicht für sich. Sein göttlich-menschliches Dasein als göttlich-menschlicher Akt und dieser als göttlich-menschliche Tat – sein Leben also, wie wir es bis jetzt umschrieben haben – ist ja nicht Selbstzweck. Was wäre das für ein Herr und was wäre das für ein Knecht, der als solcher bei aller Gemeinsamkeit seines Lebens mit Anderen letztlich doch einsam in ihrer Mitte lebte? dessen Herrschaft und Knechtschaft in der Geschöpfwelt und Menschheit nur eben das bedeutete, daß in ihrer Mitte faktisch unübersehbar auch er auf dem Plan, daß durch sein Leben jenes Zusammensein des Schöpfers mit seinem Geschöpf, Gottes mit dem Menschen als solches unangreifbar gesichert ist? In dieser Abstraktion ist das Leben Jesu Christi im Neuen Testament natürlich nicht gesehen. «Gute Botschaft» wäre sein Zeugnis von ihm dann auch nicht zu nennen – allenfalls interessante Eröffnung eines ontologischen Sachverhaltes, aber keine Neuigkeit, geschweige denn eine «gute, neue Mär» angesichts der bitteren Wirklichkeit der Störung, ja Zerstörung und Verkehrung jenes Zusammenseins durch des Menschen Hochmut und Trägheit, angesichts der ganzen daraus folgenden Destruktion, des ganzen Elends der menschlichen Situation. Er ist aber der Herr und Knecht, der als solcher nicht nur für sich, sondern zugunsten, zur Errettung der Geschöpfwelt und Menschheit lebt, der also das Zusammensein von Gott und Mensch nicht nur bestätigt, sondern an Stelle der in ihm herrschenden Unordnung Ordnung schafft. Es ist dieser Herr und Knecht, dieser Erniedrigte und Erhöhte der von der Schrift Bezeugte. Und als Evangelium, d. h. aber als gute Botschaft fällt ihr Zeugnis von ihm herein in jene bittere Wirklichkeit der durch des Menschen Sünde entstandenen Entfremdung zwischen Gott und Mensch, in jene Destruktion der menschlichen Lage: gut darum, weil sie die in der Person jenes Erniedrigten und Erhöhten geschehene Versöhnung der Welt mit Gott, die in seiner Person geschehene Erschaffung einer neuen menschlichen Existenz und Lebenslage bezeugt. Daß Jesus Christus lebt – als wahrer Gott und wahrer Mensch, als Herr und Knecht in jener ganzen Einzigartigkeit des Aktes und der Tat seines Daseins – das ist doch nur das Formale dessen, was hier zu sehen und zu hören ist. Was aber lebt er? Die Beantwortung dieser Frage ist in und mit jener ersten gegeben. Wir müssen sie aber doch wohl besonders zur Kenntnis nehmen: Er lebt nicht irgendein, vielleicht höchst wunderbares, aber gegenüber dem faktischen Stand der Dinge zwischen Gott und Mensch neutrales Leben. Die Geschichte, als deren Subjekt er lebt, geschieht nicht bloß – in vielleicht größter Auszeichnung – in irgend einer Partikularität abseits vom übrigen Weltgeschehen, nicht in Abgeschlossenheit auch nur einer einzigen der unzähligen menschlichen Lebensgeschichten gegenüber. Sie geschieht vielmehr als Heilsgeschichte: als das die ganze Geschichte bestimmende, alle andern Geschichten umfassende Geschehen des Kommens und Ereigniswerdens des Heils der ganzen Welt, aller Menschen. Es ist nämlich sein Leben das Leben der Gnade, in der Gott nicht nur sein Zusammensein mit dem Menschen als solches, sondern seinen Bund mit ihm, den der Mensch gebrochen hat, bestätigt, wiederherstellt, erfüllt, in der er über des Menschen Nein zu ihm hinweggeht, es ausstreicht, um seinerseits erst recht Ja zu ihm zu sagen, in der er den sündigen Menschen rechtfertigt und heiligt, in der er ihn als sein Kind anspricht und für seinen Dienst in Anspruch nimmt. Als Leben der Gnade ist es zugleich Herrenleben und Knechtsleben: das Leben des sich selbst erniedrigenden Gottes und das Leben des zu Gott erhöhten Menschen. Als Leben der Gnade ist es sein eigenes, von allem anderen Leben verschiedenes und ist es gerade so sein für Gott und für die Menschen gelebtes, sein ganz an die Sache Gottes und des Menschen dahingegebenes Leben. Als Leben der Gnade ist es sein Leben und als solches das Leben Gottes und das Leben der Welt und aller Menschen: unser, d. h. das uns durch ihn beschaffte, von ihm geschenkte Leben in der Gemeinschaft mit Gott, im Frieden miteinander und im Frieden mit uns selbst. Als Leben der Gnade, als versöhnendes Leben, ist es das Leben dessen, der inmitten der Geschöpfwelt und Menschheit wirklich Herr und Knecht ist: beides als ihr Erretter. Dieses versöhnende, dieses Gnadenleben lebt Jesus Christus. Es als solches ist der Akt und die Tat seines Daseins. Das Zeugnis der Schrift von der Geschichte dieses Subjektes ist konkret, im Besonderen, inhaltlich das Zeugnis von seinem die Welt und in der Welt jeden Menschen mit Gott versöhnenden Leben. Und eben indem sein Leben diesen Sinn, diese Richtung und diese Kraft hat, ist das Zeugnis von ihm gute Botschaft.

Und nun mögen wir auf das zuvor Gesagte zurückgreifen: Es ist und bleibt ja auch jenes Allgemeine und Formale zu bedenken, daß Gott und Mensch auf alle Fälle zusammen, unter sich verbunden da sind und leben. Indem Jesus Christus lebt, leben Gott und Mensch in dieser Verbindung: kein Gott für sich hier und kein Mensch für sich dort, sondern Gott als der Gott des Menschen und der Mensch als der Mensch Gottes. Das ist der Inbegriff aller Schöpfungsordnung. Auch sie, schon sie als solche hat ihre Würde, ihre Geltung, ihre Kraft, ihren Bestand darin, daß Jesus Christus lebt. Sie hat aber ihren Inhalt, ihre konkrete Fülle darin, daß das von Jesus Christus gelebte Leben das Leben der Gnade, daß es Heilandsleben ist. Auf diesen ihren Inhalt, diese ihre konkrete Fülle gesehen, ist die eine Ordnung Gottes Versöhnungsordnung. Sie ist als solche mehr als Schöpfungsordnung, weil sie die Ordnung der freien Barmherzigkeit ist, in der Gott sich nicht daran begnügen läßt, mit dem Menschen zusammen, gewissermaßen sein großer Nachbar zu sein, in der er vielmehr, obwohl und indem dieser ein böser und armer Nachbar ist, der solches nicht verdient, vielmehr verwirkt hat, zu ihm geht und kommt, um sich seiner in eigener Person anzunehmen: als mit ihm Verbundener nicht nur, sondern als sein ihm treu Verbündeter. Sie ist aber als Versöhnungsordnung doch auch die **Bestätigung und Wiederherstellung der Schöpfungsordnung**. Es ist der ewige Sinn und Gehalt der Schöpfungsordnung, der sich in der einen Ordnung Gottes darin auswirkt, daß diese auch Versöhnungsordnung ist. Die Einheit beider – die Überbietung **und** die Wiederherstellung der Schöpfung in der Versöhnung – wir können auch sagen: die Einheit der Form **und** des Inhalts der einen Ordnung Gottes – ist darin Ereignis und Wirklichkeit, daß **Jesus Christus lebt**. Uns interessiert jetzt das Leben Jesu Christi als Aufrichtung der **neuen**, der Versöhnungsordnung, als Handeln des sich selbst dem Menschen in freier Barmherzigkeit verbündenden Gottes, als Leben der Gnade, als Heilandsleben. Wir werden aber gerade im Blick auf die besondere Absicht, in der wir jetzt von ihm ausgehen, gut tun, das zuvor von seiner allgemeinen und formalen Bedeutung Gesagte nicht aus den Augen zu lassen. Im Leben Jesu Christi geschieht mit der Aufrichtung der neuen Ordnung **auch** die Wiederherstellung der alten. Es ist als Werk des barmherzigen Gottes **auch** der Triumph seiner Gerechtigkeit. Es ist als Leben der Gnade **auch** das Leben der Natur. Es ist als Heilandsleben **auch** das Leben des treuen Schöpfers des Himmels und der Erde, der (Act. 17, 27f.) schon als solcher «nicht ferne ist einem Jeglichen unter uns», in welchem wir schon als seine Geschöpfe «leben, weben und sind». Begründet – festbegründet und so, daß wir uns nach einem anderen Grund nicht umzusehen brauchen – ist gerade auch dieses Allgemeine in dem Besonderen, gerade auch dieses Formale in dem Inhaltlichen des Gnadenlebens, des Heilandslebens Jesu Christi. Es schließt also dies, daß er lebt, das Eine, Ganze der Ordnung, des Willens, der Tat Gottes in sich.

Drei erklärende Zusätze zu dem jetzt zur Entfaltung unseres Themas gemachten Einsatz sind, bevor wir weitergehen, unentbehrlich.

(1) Ein nachdrücklicher Rückverweis auf den Anfang unserer bisherigen Überlegung: wir reden von dem in der **heiligen Schrift** bezeugten Jesus Christus. Es ist also der, von dem wir in dem nun umschriebenen Sinn sagen, daß er lebt, nicht das Geschöpf einer auf eine unmittelbare Erfahrung begründeten freien Spekulation, sondern wir sagen das von dem, dem die Geschichte **Israels** als dem ihr von Anfang an gesetzten Ziel entgegengeht und von dem dann die Geschichte seiner **Gemeinde** herkommt, dessen eigene Geschichte dort Ende, hier Anfang ist: von dem, der in den Dokumenten dieses ganzen geschichtlichen Zusammenhangs sichtbar ist, sich selber sichtbar macht. Er, Dieser lebt: in eben der Figur und Rolle, in eben dem Sein, Reden, Tun, Leiden und Sterben, in eben dem Werk, das ihm in diesen Dokumenten zugeschrieben wird, in eben den Zügen, die das in diesen Dokumenten sich abzeichnende und dar-

stellende Bild seiner Existenz ausmachen. Und eben daß Dieser lebt und was das heißt, daß Dieser lebt, erfinden wir nicht, behaupten wir nicht von uns aus, sagen wir wohl verantwortlich, aber nur sekundär in eigener Verantwortlichkeit, entnehmen wir vielmehr jener biblischen Bezeugung seiner Existenz. Denn eben in dieser Bezeugung lebt er selbst – gewiß als ihr Ursprung und Gegenstand, aber gerade als ihr Ursprung und Gegenstand nur im Spiegel seines von ihr gebotenen Bildes. Nicht dieses Bild lebt, sondern er selbst, aber gerade er selbst in der und nur in der Gestalt, die er in diesem Bilde hat: indem es nämlich kein von Anderen willkürlich ersonnenes und konstruiertes, sondern sein von ihm selbst geschaffenes und seinen Zeugen eingeprägtes Bild ist. Sagen wir, daß Jesus Christus lebt, so wiederholen wir die grundlegende, die entscheidende, die Alles beherrschende und bestimmende Aussage des biblischen Zeugnisses: daß er von den Toten auferstanden ist – er, der wahre Gottessohn und Menschensohn, er, der Mittler zwischen Gott und den Menschen, er, der das Leben der Gnade lebt, er als Herr und Knecht, er als Vollstrecker von Gottes Versöhnungstat – und eben darin als solcher erwiesen, daß er auferstanden ist. Er lebt, weil und indem er – und dadurch als der erwiesen, der dieses Leben lebt! – auferstanden ist. Wenn es ein christlich-theologisches Axiom gibt, so ist es dieses: **Jesus Christus ist auferstanden, er ist wahrhaftig auferstanden!** Eben dieses Axiom kann sich aber niemand aus den Fingern saugen. Man kann es nur nachsprechen daraufhin, daß es uns als Zentralaussage des biblischen Zeugnisses in der erleuchtenden Kraft des Heiligen Geistes vorgesprochen ist.

(2) «Er lebt» – das ist entgegengesetzt einem abstrakten «er hat gelebt» oder auch einem abstrakten «er wird leben». Es ist mit ihm nicht so, daß er einmal gelebt hätte, jetzt aber nicht mehr lebte und also tot wäre oder jetzt nur noch in der Erinnerung eines Vergangenen, Dahingegangenen lebte. Und es ist mit ihm nicht so, daß er einmal leben würde, jetzt aber noch nicht lebte, nach mystischer Denkweise erst geboren werden müßte oder jetzt nur erst im Ausblick auf sein erst künftiges, jetzt also noch ausstehendes Leben lebte. Ja, er hat auch gelebt. Aber eben das Leben, das er nach Aussage jenes Zeugnisses gelebt hat, lebt er nach derselben Aussage auch jetzt und wird er auch leben. Ja, er wird auch leben. Aber auch dann eben das Leben, das er nach jener Aussage gelebt hat und als damals gelebtes auch jetzt lebt. Sein Leben ist durch kein «Nicht mehr» begrenzt und so auch durch kein «Noch nicht». Seine Geschichte geschah nicht nur, um dann nicht mehr zu geschehen. Sie wird auch nicht erst geschehen, als sei sie noch nicht geschehen. Sie geschieht – aber wieder nicht in der Punktualität einer bloß jetzigen, sondern gerade in der Kraft schon geschehener und künftig wieder geschehender Geschichte. Das heißt aber: Das Leben Jesu Christi ist ewiges, die Differenzen zwischen

dem, was wir Vergangenheit, was wir Gegenwart, was wir Zukunft nennen, zwar nicht auslöschendes, aber integrierendes und insofern überwindendes Leben: weil es das Leben des göttlichen Subjektes ist, an dessen Souveränität jenen Differenzen gegenüber es auch als menschliches Leben teilnimmt. Und wir sagen dasselbe, wenn wir sagen: weil es das Leben der Gnade ist, die als Gnade dem Menschen zugewendet war und sein wird und eben als die, die ihm zugewendet war und sein wird, auch zugewendet ist.

(3) Daß Jesus Christus lebt, ist das Bekenntnis des ihn erkennenden Glaubens. Wer nicht an ihn glaubt, indem er ihn nicht erkennt, wird dieses Bekenntnis entweder gar nicht oder eben nur ohne zu verstehen, was er sagt, mit- und nachsagen können. Das will aber nicht sagen, daß dieses Bekenntnis eine Äußerung, ein Ausdruck und insofern eine Hervorbringung, ein Werk des Glaubens, «des Glaubens, liebstes Kind» womöglich, daß das, was da bekannt wird, also nur unter Voraussetzung des Glaubens wirklich und wahr sei. Der Glaube bekennt. Er tut das aber nicht aus eigener Initiative und Macht. Er vollzieht das Bekenntnis, er bringt es aber nicht hervor und erst recht nicht die Wirklichkeit und Wahrheit dessen, was er bekennt. Er lebt – und es lebt der glaubende Mensch davon, daß Jesus Christus lebt, nicht umgekehrt. Er erkennt, daß er lebt und in dieser Erkenntnis bekennt er das. Aber erst in dieser Erkenntnis wird er als Glaube daran geboren und kommt der Mensch in die Lage, das zu bekennen, daß Jesus Christus lebt. Es kann aber auch die Erkenntnis, in der der Glaube geboren wird, um als solcher bekennen zu dürfen und zu müssen, das, was er glaubt und bekennt: daß Jesus Christus lebt, nicht hervorbringen. Es fügt diese Erkenntnis dem, daß er wirklich und wahrhaft lebt, nicht das Geringste hinzu. Sie hat vielmehr darin, daß er lebt, nicht nur ihren Gegenstand und Inhalt, sondern auch ihren Ursprung. Das wäre nicht die den Glauben begründende Erkenntnis, in der der Mensch der Meinung sein könnte, die Wirklichkeit und Wahrheit dessen, was er erkennt, zu verstärken, geschweige denn zu bedingen, geschweige denn hervorzubringen. In dieser Erkenntnis findet er sich vielmehr seinerseits schlechterdings bedingt, ja hervorgebracht. In dieser Erkenntnis ist der Mensch ein von dem her, den er erkennen darf, zuerst Erkannter, der nur als solcher seinerseits erkennt und also glaubt und in die Lage versetzt ist, zu bekennen. In sich wirklich und wahr geht dies, daß Jesus Christus lebt, allem Erkennen und also auch allem Glauben und Bekennen, daß dem so ist, souverän und majestätisch voran. Es kann dem gegenüber, daß Jesus Christus lebt, von Seiten keines Menschen etwas Anderes als Gehör, Gehorsam, Nachfolge in Frage kommen: Teilnahme in einem solchen Nachvollzug, in welchem er gerade kein Eigenes zu äußern, auszudrücken, hervorzubringen, in welchem er sich nur eben angesichts dessen, was ihm in diesem Gegenüber

widerfährt, verantworten kann und schuldigerweise zu verantworten hat. In dieser Verantwortung vollzieht sich die Erkenntnis, in der der Glaube und sein Bekenntnis Ereignis werden. Der Mensch kann, indem er sie vollzieht, nur bestätigen, daß das Leben Jesu Christi für sich selber spricht.

Mit diesem dritten Zusatz und besonders in dieser letzten Wendung haben wir das Gebiet unseres besonderen Themas bereits deutlich erreicht und betreten. Man könnte ja Alles, was von der «Herrlichkeit des Mittlers» und zunächst von dem «Licht des Lebens» zu sagen sein wird, sehr wohl in diesen letzten Satz zusammenfassen: daß Jesus Christus, indem er lebt, für sich selber spricht, sein eigener authentischer Zeuge ist und damit Erkenntnis seiner selbst, Erkenntnis seines Lebens von sich aus begründet, hervorruft, schafft, wirklich und damit möglich macht.

Versuchen wir zunächst einige Umschreibungen dieses Sachverhaltes.

Die eine ist gleich im Titel dieses zweiten Abschnitts angegeben: Wir haben jetzt vom «Licht des Lebens» zu reden, von dem Licht, das das Leben selbst und als solches ausstrahlt und verbreitet, indem es selbst Licht ist. Indem Jesus Christus lebt, leuchtet er auch: nicht in einem fremden, von außen auf ihn fallenden und ihn erhellenden, sondern in seinem eigenen, von ihm ausgehenden Licht. Er lebt als Lichtquelle, durch deren Schein es draußen hell wird. Er hat es also nicht nötig, Licht von außen, von den Menschen, von der Welt oder vom Glauben seiner Gemeinde her zu empfangen. Indem er lebt, ist er umgekehrt selbst das Licht, das den Menschen, das in seiner Gemeinde, das über der Welt aufgeht, das ihn den Menschen, das aber eben damit auch die Menschen sich selbst, das ihnen auch die Welt erst sichtbar macht. Indem er lebt, ist er das Licht, das, um sie sehend zu machen, in alle die Augen fällt, die als solche eben dazu geschaffen und bestimmt sind, ihn und Alles, was er sichtbar macht, zu sehen.

Wir verstehen sein Leben als sein Dasein und fahren in einer zweiten Umschreibung fort: Es geht um sein Dasein unter einem ganz bestimmten Namen, der ihn kennzeichnet und von allem Anderen, was da ist, unterscheidet, mit dem er zu beschreiben und unter dem er anzureden ist. Er ist ihm weder zufällig noch willkürlich – er ist ihm überhaupt nicht beigelegt und angehängt. Er selbst spricht ihn – und spricht sich in ihm aus, äußert mit seiner Nennung sein Inneres: nicht mehr und nicht weniger als sein Wesen, gibt in und mit ihm kund, zu wissen und zu verstehen, wer und was er ist – seine Person, seinen Willen, sein Werk. Alle wirkliche Bekanntschaft mit ihm beruht darauf, daß er sich selbst bekannt macht, alle adäquate Vorstellung darauf, daß er sich selbst vorstellt. Kein Anderer kann ihn darin ersetzen. Er bedarf dessen auch nicht. Er ist da und durchbricht, indem er da ist, von sich aus die Verschlossenheit seines Daseins, um es, um sich selbst kund zu tun.

Wir verstehen sein Leben als seine Geschichte, und fahren in dritter Umschreibung fort: Es geht darum, daß seine Geschichte (wir erinnern uns: seine in der Schrift bezeugte Geschichte, die Heilsgeschichte) als solche auch Offenbarungsgeschichte ist. Indem sie geschieht, macht sie nämlich einmal eben das sichtbar und gewiß: daß sie geschieht, enthüllt sie aber auch den Sinn, manifestiert sie die Absicht, beweist sie die Autorität und Macht, in der sie geschieht, bezeichnet sie selbst das Ziel, zu dem sie kommt, zeigt sie mit der Wurzel, aus der sie stammt, die reife Frucht, die sie trägt – Alles von sich aus und in eigener Kraft, so daß alle Verifizierung ihres Geschehens nur ihrer Selbstverifizierung und alle Interpretation ihrer Gestalt und ihres Gehaltes nur ihrer Selbstinterpretation folgen kann. Seine Geschichte ist Frage, in und mit der auch ihre Beantwortung vernehmbar wird, Rätsel, das in der Auflösung, Geheimnis, das in der Erschließung begriffen ist. Und immer ist es er selbst, der in ihr handelt und der, indem er das tut, sich selbst – daß und woher und wozu er das tut – auch offenbar macht.

Wir verstehen sein Leben als das Werk seiner Selbstverwirklichung als Versöhner, Heiland, Mittler und fahren in vierter Umschreibung fort: Es geht darum, daß sein Werk, das sein Leben konstituierende persönliche Wollen und Vollbringen, Anheben und Vollenden in seiner hohen Einheit von Aktion und Passion, Herrschaft und Knechtschaft (im biblischen Sinn dieses Begriffs:) in Wahrheit, d. h. fest, gewiß, zuverlässig, tragfähig, gültig geschieht, eben in dieser seiner Wesenseigenschaft aber nicht verborgen, nicht in irgendeiner Heimlichkeit, sondern um sich in ihr sofort u. zw. siegreich bemerkbar zu machen. Es ist das Werk, dem gegenüber es keinen begründeten Widerspruch gibt und das einen ganzen Ozean von unbegründetem Widerspruch erst recht nicht zu fürchten hat, weil es die Wahrheit ist und ausspricht. Es trägt die Notwendigkeit seiner Erkenntnis und Anerkennung nicht nur in sich, sondern, indem sie aus ihm hervorbricht, gewissermaßen vor sich her, in die Menschen, die es angeht, für die es geschieht, hinein, so daß ihnen seine Ignorierung oder gar Leugnung nur in Form von Lüge vollziehbar sein kann, so daß ihnen als einzige normale Möglichkeit die übrig bleibt, es in seiner Richtigkeit und Wichtigkeit zu erkennen und zu anerkennen.

Wir verstehen sein Leben als seine Tat, und sagen in einer letzten Umschreibung: Es geht darum, daß die göttliche und menschliche Tat, in der er lebt, als solche auch sein Wort ist. Indem er sie tut, macht und erhebt er sie auch zum Zeichen, in welchem er sie getreulich, ihrer Wirklichkeit, ihrem Sinn und ihrer Absicht genau entsprechend, wiedergibt und weitergibt, stellt er sie korrekt dar, teilt er sie authentisch mit, bringt er sie Gehorsam fordernd zu Gehör, gibt er ihr Öffentlichkeit und Verbindlichkeit, ruft er seine ganze Umgebung (die ganze Welt und Menschheit also) in die Verantwortung ihm gegenüber – nicht «in die Entscheidung», die dann auch Entscheidung gegen ihn werden könnte, sondern zur rechten Entscheidung für ihn, ruft er sie auf, dem in seiner Tat gesprochenen Ja mit ihrem Ja zu entsprechen. Es hat also in seinem Leben der bekannte Dualismus von Wort und Tat, die kränkliche Spannung zwischen Theorie und Praxis gerade keinen Raum. Es gibt da keine undynamische, unaktuelle, reine Vernunft, Logik und Sprache. Es gibt da aber auch keine vernunftlose, alogische, stumme oder bloß brummelnde Dynamik und Aktualität. Sondern ganz und gar im Vollzug seiner Lebenstat ist Dieser Logos. Er ist es als «Wort des Lebens» (1. Joh. 1,1) und so als «Licht des Lebens». Aber eben im Vollzug seiner Lebenstat ist er ganz und gar Logos – nach unseren vorangehenden Umschreibungen: Licht, Name, Offenbarung, Wahrheit.

Im Titel dieses Paragraphen ist das Alles zusammengefaßt: es geht um die «Herrlichkeit des Mittlers».

Herrlichkeit *(kabod, δόξα, gloria)* ist in der Sprache der Bibel eine, die höchste Eigentümlichkeit des göttlichen Seins, der göttlichen Lebenstat, deren Widerschein und Beantwortung im kreatürlichen Bereich in der dem Menschen zukommenden Verherrlichung Gottes (seinem δοξάζειν oder δοξολογεῖν, *glorificare*) besteht.

Gottes Herrlichkeit (vergl. KD II, 1, S. 722f.) ist aber eben die Gott eigene, in seinem Wesen als freie Liebe begründete Macht, sich selbst als der, der er ist, zu bezeichnen, kundzutun, zu beweisen – seine Kompetenz und Kraft, sich Anerkennung, Glanz, Ehre, Geltung zu verschaffen, in und unter seinem Namen nicht nur real, sondern sich äußernde, sich manifestierende, sich offenbarende Realität zu sein. Es ist aber Gott loben, rühmen, preisen, ehren, verherrlichen als menschliches Tun schlicht: die Bestätigung der in und mit der göttlichen Lebenstat stattfindenden göttlichen Selbstkundgebung, das ihr, die allen Zweifel, alle Rückfragen unmöglich und unnötig macht, entsprechende und gebührende Amen. Die Herrlichkeit Jesu Christi umfaßt Beides: Gottes *gloria* und die seiner würdige und ihm geschuldete menschliche *glorificatio*. Er ist als der wahre Sohn Gottes, mit dem Vater Gott von Ewigkeit, das ursprüngliche und authentische Abbild von dessen Herrlichkeit, sofern sich eben in seiner Lebenstat nicht mehr und nicht weniger als der göttliche Selbstbeweis in der Zeit und im Raum der geschaffenen Welt vollzieht – sofern sie als Gottes den Menschen suchende und findende Liebe menschliche Geschichte – sofern seine Doxa, seine Offenbarungsmacht, konkretes Ereignis wird. Er ist aber als der wahre Menschensohn auch das maßgebende Urbild des Gott von Seiten des Menschen zukommenden Lobes, der Prototyp aller Doxologie als der selbstverständlichen Beantwortung und schuldigen Anerkennung des ihm von Gott zugewendeten Selbstbeweises. Seine Herrlichkeit ist ja eben die des Mittlers zwischen Gott und den

Menschen: die Herrlichkeit des sich zum Menschen erniedrigenden Gottes und die des zu Gott erhöhten Menschen, die Herrlichkeit des Herrn, der ein Knecht – und die des Knechtes, der der Herr ist. Sie ist also die Herrlichkeit des von der Seite Gottes und von der des Menschen in Treue gehaltenen, des erfüllten Bundes. In dieser Einheit und Ganzheit ist sie das Licht, der Name, die Offenbarung, die Wahrheit, das Wort seines Lebens. In dieser Einheit und Ganzheit wurde sie von denen gesehen, von denen es Joh. 1, 14 heißt: «wir sahen seine Herrlichkeit».

Und nun dürfen wir doch wohl alles bisher Festgestellte noch anders – jetzt im Rückblick auf unseren ersten, einleitenden Abschnitt – zusammenfassen, indem wir sagen: eben sofern das Leben Jesu Christi als solches auch Licht, Name, Offenbarung, Wahrheit, Logos ist, eben sofern ihm als solchem Herrlichkeit eignet – eben insofern ist es auch sein Leben, sein Dasein, sein Akt, sein Werk, seine Tat in jenem dritten, in seinem prophetischen Amt.

Propheten sind in der Sprache des Alten Testamentes diejenigen Menschen, in deren Geist und Mund und Verhalten, durch deren Dienst der Wille und das Handeln Gottes unter und mit seinem Volk zur Sprache kommt, dem Volk zur Kenntnisnahme und Beherzigung proklamiert, eröffnet, ins Bewußtsein gerückt wird. Propheten sind im Alten Testament die erwählten, ausgerüsteten und berufenen besonderen Zeugen der schon geschehenen, eben sich ereignenden und noch zu erwartenden Gnadentaten, Gerichtstaten, Errettungstaten Jahves, die das Geheimnis der Geschichte Israels sind. Eine solche Aussprache und Bezeugung des Handelns und Tuns Gottes mit den Menschen ist auch das Leben Jesu Christi. Auch es ist, gerade in diesem alttestamentlichen Sinn des Begriffs, aber auch in Überbietung dieses Begriffs, Prophetie.

Es gehören zu dem in der neutestamentlichen Überlieferung gebotenen Bild Jesu Christi die Nachrichten, laut derer er von seiner Umgebung als Einer von der Art der alttestamentlichen Propheten angesehen wurde. «Ein großer Prophet ist unter uns aufgestanden und Gott hat sich seines Volkes angenommen», sagen (Luk. 7, 16) «Alle», von Furcht ergriffen und Gott preisend angesichts der Auferweckung des Jünglings von Nain, und es sagt die Volksmenge beim Einzug in Jerusalem (Matth. 21, 11): «Das ist der Prophet Jesus aus Nazareth in Galiläa.» Denn sie hielten ihn dafür (Matth. 21, 46). Einen Propheten nennen ihn (Luk. 24, 19) auch die Jünger von Emmaus, nennt ihn (Joh. 4, 19) die Samariterin und (Joh. 9, 17) der am Sabbat geheilte Blindgeborene. Die Vermutung Mancher wird erwähnt: «einer der alten Propheten sei auferstanden» (Luk. 9, 19), er sei, als solcher wiedergekommen, identisch mit deren Letztem, seinem Vorläufer Johannes, oder mit Elia, oder mit Jeremia (Matth. 16, 14) – aber auch die Gegenmeinung: «Wäre dieser ein Prophet», so wüßte er, daß diese Frau eine Sünderin ist» (Luk. 7, 39) oder das grundsätzliche Bedenken, «daß aus Galiläa kein Prophet aufsteht» (Joh. 7, 52). Die Möglichkeit und auch das Recht, Jesus in der Reihe jener Gestalten zu sehen, wird von den Evangelisten nirgends in Abrede gestellt. Man spürt aber die Reserve, in der sie solche Meinungen und Reden über ihn wiedergeben. Ein Prophet? Einer nach und neben jenen Anderen? Nicht, daß er kein Prophet, wohl aber, daß er als Prophet mehr als alle unter

2. Das Licht des Lebens

diesem Begriff Bekannten, im Verhältnis zu ihnen in einem qualifizierten Sinn Prophet sei, wird mit dem jenen Meinungen über ihn entgegengestellten Messiasbekenntnis des Petrus (Matth. 16,16) behauptet. Und hier setzen wohl gewisse Wendungen des Johannesevangeliums in deutlicher Überbietung bzw. Korrektur ein, in welchen die Aussage lautet: er sei ἀληθῶς – nicht ein, sondern «der Prophet», nicht einer von den schon gekommenen oder ein ihnen gleicher, sondern der neu in die Welt zu kommen im Begriff steht (ὁ ἐρχόμενος εἰς τὸν κόσμον Joh. 6,14) oder noch kategorischer: er sei ἀληθῶς «der Prophet»: derselbe, den wieder nach dem Johannesevangelium (1,21.25) Manche schon in Johannes dem Täufer vermuten zu sollen meinten. Ein Prophet wie die anderen, aber als Einer von ihnen zugleich der, der ihren Auftrag erst in seiner Eigentlichkeit und Fülle ausübt – darauf scheint das ἀληθῶς und der rätselhafte bestimmte Artikel in diesen Stellen hinzudeuten.

Es sind vier Punkte, in denen die Prophetie des Lebens Jesu Christi den alttestamentlichen Begriff von einem prophetischen Menschen deutlich durchbricht und transzendiert, in denen sie sich als Prophetie *sui generis* kennzeichnet.

Er ist (1) nicht ein erst nachträglich – und wäre es wie Jeremia (1, 5) schon vor seiner Geburt, ja vor seiner Zeugung – kein unter Voraussetzung seiner anderweitigen menschlichen Existenz zur Ausübung der Prophetie Erwählter und Berufener. Er bekommt den prophetischen Auftrag zur Proklamation des Wortes Gottes nicht gewissermaßen hinzu zu seinem Dasein und Lebensakt. Und so bedarf er zu seiner Ausführung auch keiner Ekstasen und Inspirationen. Sondern indem er ihn vollzieht, in seiner Person als solcher, ist er der dazu Beauftragte und Befähigte, johanneisch: der vom Vater «gesendete» Sohn. Er spricht den göttlichen Logos, indem er selbst dieser Logos, die Wahrheit, die Offenbarung, der Name, das Licht Gottes ist. Seine Ausübung des Apostolates fällt mit seiner Berufung dazu und es fallen beide mit seinem Leben als solchem als dem Leben des Offenbarers zusammen.

Er redet (2), indem auch er ein israelitischer und das Volk Israel anredender Prophet ist, im israelitischen Menschen den Menschen überhaupt und als solchen an, alle Menschen. Er steht nach jenem johanneischen Wort dort, in dem verdächtigen Grenzgebiet von Galiläa auf, von woher kein Prophet zu erwarten ist. Und er ist schließlich, von seinem Volk wie alle seine Vorgänger verworfen, der – das ist sein Novum – von seinem Volk selbst an die Heiden, an die Völker, an die Welt ausgelieferte und nun als solcher redende Prophet.

Sein Leben ist das Licht für die Menschen (Joh.1,4), das in die Welt gekommene Licht (Joh.3,19; 12,46), das Licht der Welt, d. h. das in ihr leuchtende, sie als solche erleuchtende Licht (Joh.8,12; 9,5), dem Licht der am Tage leuchtenden Sonne gleich, in deren Schein (11,9) niemand stolpern kann. Er ist das wahre Licht, das jeden Menschen erleuchtet (1,9). Seine Prophetie ist in ihrer ganzen israelitischen Partikularität (Matth. 10,5; Mr.7,25!) universale Prophetie. Das könnte so von keinem der alten Propheten gesagt werden. Es wäre denn, man dächte an die exzeptionelle Figur des so sehr gegen sein eigenes Gutfinden zu den Niniviten gesendeten und ihnen die Buße predigenden Jona – aber: «hier (nämlich in Jesus Christus) ist mehr als Jona» heißt es (Matth.12,41) doch auch von diesem. Die vom 9. Jahrhundert bis hinunter in die Exilszeit so zahlreich vernehmbaren prophetischen Worte über bzw. gegen die die Geschichte Israels mitbestimmenden fremden Völker sollen nicht überhört sein. Als Worte an diese Völker sind sie doch wohl nicht gemeint und zu verstehen. Was in der Berufungsgeschichte des Jeremia (1, 5. 10) gesagt ist, gibt gewiß zu denken: «Zum Propheten über die Völker habe ich dich bestimmt» und: «Ich setze dich heute über die Völker und über die Königreiche . . .» Bedeutet das eine Ausnahme von jener Regel? Aber wann und wo hätte auch Jeremia nun wirklich zu den Völkern außerhalb des Bereiches des Volkes Jahves geredet? Gerade den Begriff einer universalen Prophetie wird man faktisch in keinem Einzelnen der alttestamentlichen Propheten erfüllt finden. Ihre Sendung und Botschaft geht Juda-Israel an, nicht die Welt.

Das hängt nun aber wieder (3) damit zusammen, daß keiner von den alttestamentlichen Propheten von der geschehenen Versöhnung her, keiner aus der gegenwärtigen Wirklichkeit des Reiches Gottes heraus zu reden in der Lage ist. Sie reden vom Bund her – das haben sie mit Jesus Christus gemein. Es ist aber der von ihnen gesehene und bezeugte Bund der unerfüllte, d. h. der zwar von Gott begründete und aufrecht erhaltene, von Israel aber immer wieder verleugnete und gebrochene, der ihm, weil Jahve als Bundesherr seiner nicht spotten läßt, geradezu lebensgefährlich gewordene Bund. Sie reden als Zeugen des Zusammenseins – aber auch des immer neu und immer bedrohlicher aufklaffenden Gegensatzes in dem Zusammensein Jahves mit Israel. Sie reden als Zeugen, Beauftragte, Parteigänger Jahves in seinem Streit gegen sein Volk. Sie reden gewiß auch so für sein Volk: sein Gott ist und bleibt Jahve ja auch in diesem Streit, und eben darin erweist er sich als sein Gott, daß er nicht müde wird, es durch ihren Mund immer wieder an seinen, dem menschlichen Widerstand souverän widerstehenden Willen zu erinnern – sie können aber gerade nur in dieser Form, indem sie für Jahve, auch für sein Volk eintreten. Sie reden als Zeugen der Gerichte, von denen das Volk gerade als Jahves Bundespartner bedroht ist, betroffen werden wird und schon betroffen wurde. Sie tun das nicht, ohne auch Zeugen der Verheißungen zu sein, zu deren Erfüllung von Seiten Gottes nicht das Geringste fehlt. Sie aber, die Menschen Israels, verfehlen sich ja gerade an Gottes Verheißungen, sind allen Ernstes im Begriff, ihre Erfüllung zu verscherzen, und eben darauf müssen sie von den Propheten angeredet werden. Es kann also ihr Wort immer wieder nur Hinweis auf die Ehre Gottes und auf das Heil der Menschen als den Sinn und das Ziel des Bundes sein. Wie könnten sie dessen Seher und Zeugen sein, wenn sie nicht in ihrem Gerichtswort ebenso wie in ihrem Verheißungswort eben auf dieses sein doppeltes Ziel hinweisen würden? Ihr Hinweis darauf geschieht aber diesseits des Abgrunds des großen Zwiespaltes, durch den wie die Ehre Gottes so auch das Heil der Menschen aufs Schwerste in Frage gestellt ist. Dieser Abgrund ist und bleibt die Voraussetzung ihres Auftrags und seiner Ausführung. Und mehr als Hinweis auf jenes doppelte Ziel kann die Prophetie Keines von ihnen werden. Sie war tatsächlich in keinem Stadium der Geschichte Gottes mit Israel mehr als das. Und nun ist auch Jesus Christus Zeuge des Bundes – das hat er mit den alttestamentlichen Propheten gemein. Er ist es aber, und das unterscheidet ihn von jenen, von der Erfüllung des Bundes her. Der Abgrund des Zwiespaltes liegt nicht vor, sondern hinter ihm. Die «Sonne der Gerechtigkeit» (Mal. 3, 20), das Licht der Ehre Gottes und des Heils der Menschen ist aufgegangen und leuchtet. Das Reich Gottes auf Erden als das Ziel des Bundes ist nicht mehr nur die Zukunft, auf die hin, sondern es ist die Gegenwart, in der und aus der heraus er redet. Er bezeugt den im Zusammensein Gottes mit seinem Volk geschaffenen Frieden. Gerichts- und Verheißungswort ist auch die Prophetie seines Lebens: aber von daher, daß das Gericht vollzogen, die Verheißung wahr gemacht ist: vollzogen und wahrgemacht darin, daß Gott sich zum Menschen erniedrigt, den Menschen zu sich erhoben hat. Jesu Christi Prophetie ist nicht nur Hinweis – sie ist direkte, unmittelbare Anzeige.

Wir kommen von da aus (4) zum Letzten und Entscheidenden: Keiner der alttestamentlichen Propheten ist ein Mittler zwischen Gott und den Menschen. Sie sind von Gott aus der Mitte der Anderen heraus an seine Seite gerufene Menschen, ihnen gegenüber zu seinen Boten und Streitern berufen und als solche geheiligt und ausgerüstet, im übrigen Menschen wie sie. Ihre Prophetie – sie ist eine ihnen auferlegte fremde «Last» – kann nur eben darin bestehen, dem Widerspruch Israels den überlegenen Widerspruch seines Gottes entgegenzustellen und damit den Gegensatz als solchen (nicht nur in ihrem Gerichtswort, sondern auch mit ihrem Verheißungswort) aufzudecken, unübersehbar zu machen. Beseitigen kann ihn keiner von ihnen. Keiner von ihnen hat jenen Abgrund überbrückt, geschweige denn ausgefüllt. Der Zwiespalt ist auch in ihnen selber. Sie können ihn gerade nur erleiden, nicht heilen: keiner von ihnen, auch Jeremia nicht, auch nicht der zweite Jesaja, um von einem Elia oder Amos nicht zu reden! Um auf die Ehre Gottes und das Heil der Menschen auch nur von ferne hinzuweisen, müssen sie Alle auch und zuerst über sich selbst hinausweisen. Die Prophetie Jesu Christi aber ist die Prophetie des Mittlers – nicht die eines Parteigängers also, aber auch nicht die eines zwischen den Parteien hin und her laufenden Vermittlers, Parlamentärs und Fürsprechers jetzt der einen, jetzt der anderen – sondern Prophetie dessen, in welchem Beide, Jahve und der israelitische Mensch, der Herr und sein Knecht, der Knecht und sein Herr, eine und dieselbe Person sind. Er braucht nicht über sich selbst hinauszublicken und hinauszuweisen, um die Erfüllung des Bundes, das vollzogene Gericht, die wahr gemachte Verheißung, die gegenwärtige Ehre Gottes und das gegenwärtige Heil des Menschen, das auf Erden gekommene Reich Gottes zu bezeugen. Er kann im Blick auf das Alles gar nicht von sich selbst abstrahieren. Eben das Alles ist ja die Verwirklichung seines eigenen Lebens. Sein Zeugnis kann in seiner Gestalt und in seinem Gehalt gerade nur Selbstzeugnis sein: «Kommt her zu mir!» «Ich bin» – der Weg, die Wahrheit, das Leben, die Türe, der Hirte, das Brot, das Licht, das keiner fremden Beleuchtung, Entzündung, Speisung bedarf, das in und aus sich selbst leuchtende Licht. Seine Prophetie ist die unmittelbare Selbstkundgebung seines Gnadenlebens, seines Heilandslebens, des Lebens des sich zum Menschen erniedrigenden Gottes und des zu Gott erhöhten Menschen. Sie ist die Offenbarung seines Lebens im Vollzug der Versöhnungstat. Das unterscheidet ihn von allen ihm vorangegangenen Propheten. Darum ist er (1) Offenbarer, indem er da ist und nicht erst auf Grund besonderer Erwählung und Berufung, darum ist er (2) universaler und nicht bloß zu Israel redender Prophet, darum (3) Verkündiger des gegenwärtigen und nicht bloß eines zu erwartenden Reiches Gottes.

Wir fassen zusammen: ein eigentlicher Typus, eine adäquate Präfiguration der Prophetie Jesu Christi ist das Leben keines Einzelnen unter den alttestamentlichen Propheten. Da ist Keiner, der mehr als das mit ihm gemein hätte, daß auch er ein Zeuge des wahren und wirklichen Bundes Gottes mit dem Menschen, ein Verkündiger dieser Voraussetzung, dieses Umrisses der göttlichen Versöhnungstat war. Das waren sie, jeder zu seiner Zeit, jeder in seiner Weise. Und das ist kein Geringes: daß sie das waren, das zeichnet sie aus vor allen anderen Propheten, Verkündigern, Lehrern, Predigern, Instruktoren, an denen es ja damals (auch vorher und später und bis auf unsere Tage) auch außerhalb Israels nicht gefehlt hat. Sie sind, weil sie das waren, auch heute, auch von uns als die voraneilenden Boten der göttlichen Versöhnungstat als der Erfüllung des Bundes ebenso zu hören wie die Apostel als die von ihr herkommenden und ihr folgenden. Eben weil und indem sie alle, jeder in seiner Weise, Verkündiger des Bundes als der Voraussetzung und des Umrisses der göttlichen Versöhnungstat selber waren! Sie waren es aber alle in jenen Grenzen: als beiläufig aufgerufene und eingesetzte Zeugen im Bereich des einen, besonderen Volkes des Bundes, als Zeugen angesichts seines Bruchs und des Zwiespalts zwischen seinen Partnern, als Zeugen, die nicht in eigener Sache reden konnten. Ihre Prophetie ist in der Jesu Christi zu ihrem Ziel und so auch zu ihrem Ende gekommen. Ihre Prophetie konnte *post Christum* keine Nachfolge finden. Es konnten und durften Propheten ihrer Art legitimer Weise nicht neu aufkommen.

Die im Neuen Testament erwähnten christlichen Propheten sind nach Röm. 12,6 gebunden an die ἀναλογία τῆς πίστεως, d. h. aber sie sind sekundäre Zeugen des primären, des einen treuen Zeugen: sie sind Christuszeugen. Wer immer von seinem Kommen und Werk abstrahierend reden wollte, wie Elias, wie Amos, auch wie Jesaja und Jeremia geredet haben, wäre *post Christum* ein falscher Prophet. Die Feststellung kann nicht unterdrückt werden, daß sehr viel gut gemeinte, vielleicht höchst bewegte und tief bewegende, vielleicht nicht ohne Inspiration entstandene und nicht ohne Ekstase vorgetragene, aber im alttestamentlichen Sinn prophetische Predigt tatsächlich falsche

2. Das Licht des Lebens

Prophetie ist. Alle noch so gewaltige abstrakte Gesetzespredigt (individuellen oder sozialen oder politischen Inhalts!) wird sich diesem Verdikt schwerlich entziehen können.

Aber mit dieser Abgrenzung kann das letzte Wort über das Verhältnis der alttestamentlichen Prophetie zu der Jesu Christi nun doch nicht gesagt sein. In der Tat: sie erhebt sich im Leben und in der Botschaft keines einzelnen Propheten zum eigentlichen Typus, zu einer adäquaten Präfiguration und also zu einer realen Vorwegnahme der Prophetie Jesu Christi. Dabei muß man es sein Bewenden haben lassen. Es wäre aber verfehlt zu leugnen – man würde den Wald vor Bäumen nicht sehen, wenn man das leugnen wollte: daß mit einem solchen Typus, einer solchen Präfiguration und also mit einer realen Vorwegnahme der Prophetie Jesu Christi nach dem Zeugnis des Alten Testamentes allen Ernstes zu rechnen ist. Jesus Christus und Mose, Jesus Christus und Elia, Jesus Christus und Jesaja oder Jeremia sind unvergleichbar oder eben nur unter jenen vier sehr ernsthaften Vorbehalten vergleichbar. Es sind aber vorbehaltlos vergleichbar – und wie wir sehen werden: nicht nur vergleichbar – Jesus Christus, die Wahrheit seiner Geschichte, das Licht seines Lebens, der Logos seiner Tat und – brauchen wir hier gleich jenes höchste Wort – die Herrlichkeit der nach dem Zeugnis der Propheten von Jahve gewollten, begründeten, beherrschten und bestimmten Geschichte Israels in ihrer Ganzheit und in ihrem Zusammenhang. In ihrer Ganzheit, d. h. in ihrem Charakter als göttliche Tat und in ihrem Charakter als Erfahrnis und Handlung der Menschen des Volkes Israel. In ihrem Zusammenhang, d. h. in ihrem Charakter als ununterbrochene Folge der immer neuen Ereignisse göttlicher Treue in ihrer Höhe und Tiefe gegenüber der großen menschlichen Untreue. Von der so verstandenen Geschichte Israels ist nun Punkt für Punkt positiv zu sagen, was von der Prophetie keines Einzelnen unter den alttestamentlichen Propheten zu sagen ist. Wir gehen die Reihe von vorhin nochmals durch:

(1) Die Geschichte Israels geschieht, und indem sie geschieht, redet sie auch – nicht nur zusätzlich und nachträglich, sondern darin und damit, daß sie in jener Ganzheit und in jenem ihrem Zusammenhang geschieht, und so geschieht, wie sie geschieht. Denn daß sie geschieht und so geschieht, wie sie geschieht, das hat ja nach der Darstellung des Alten Testamentes von Anfang an und immer wieder in einem Reden, Verheißen, Befehlen, Anordnen, Aufrufen Jahves seinen Grund. «Denn er, er sprach, und es geschah; er gebot und es stand da» (Ps. 33, 9). Eben dieser ihr Grund bewährt sich – wie sollte das ausbleiben können? – darin, daß sie ihrerseits, indem sie geschieht, redende, rufende, prophetische Geschichte: Geschichte des Wortes Gottes im Fleische ist. Gewiß geschieht in ihr dann auch das, daß sie authentisch gedeutet, erklärt, ausgelegt wird durch besonders dazu erwählte und berufene einzelne menschliche Zeugen: und das sind eben

§ 69. *Die Herrlichkeit des Mittlers*

(im engeren und weiteren Sinn des Begriffs:) Israels Propheten. Aber nicht ihre Existenz und Tätigkeit bringt Israels Geschichte zum Reden. Sie bestätigen und dokumentieren nur, daß sie das tut. Sondern weil und indem Israels Geschichte, im Worte Gottes begründet, ihrerseits redet, Ausspruch ist – aus ihrer Abundanz als Geschichte des Wortes Gottes im Fleisch – kommt es zu der Existenz und Tätigkeit der Propheten. Sie folgen nur der Bewegung, in der die Geschichte Israels nicht nur geschieht, sondern sich, indem sie geschieht, vernehmbar, hörbar, verstehbar macht.

Das ist das Erste, was die Prophetie der Geschichte Israels in ihrer Ganzheit, in ihrem Zusammenhang mit der Prophetie, mit dem Licht des Lebens, der Geschichte Jesu Christi gemeinsam hat: auch sie findet unmittelbar damit statt, daß sie geschieht.

Darum ist das Alte Testament ein Geschichtsbuch – in allen seinen Teilen, nicht nur in denen, die sich explizit als Erzählungen geben – will sagen: es ist das Buch der Zeugnisse von dem, was zwischen Jahve und Israel geschehen ist, noch im Geschehen begriffen ist und weiterhin geschehen wird. Kein Buch von der Geschichte der früheren, mittleren und späteren Frömmigkeit und Religion dieses Volkes also – und erst recht kein Buch von der Geschichte der in diesem Volk früher oder später erkannten Wahrheiten, der in seinem Schoß früher oder später vertretenen Lehren, der in seinem Leben aufkommenden und wieder zurücktretenden Kultformen! Das Alles würde man dem Alten Testament immer nur gegen seine eigene Intention und darum nur mit zweifelhafter Sicherheit und mit geringem Gewinn entnehmen können. Was die alttestamentlichen Zeugen beschäftigt und womit sie ihre Hörer und Leser beschäftigen wollen, sind die Tatsachen, in denen das Ganze, der Zusammenhang des Zusammenlebens im Bunde Jahves mit Israel, Israels mit Jahve, seine Struktur und seine Konturen hat. Sie hören, vernehmen, verstehen, wie diese Tatsachen für sich selbst sprechen. Und die Absicht ihrer Konstatierung und Registrierung dieser Tatsachen, ihrer mehr oder weniger ausführlichen Berichterstattung, erschöpft sich darin, sie auch zu ihren Hörern und Lesern für sich selbst sprechen zu lassen.

Aus dieser ihrer Intention ergibt sich besonders für die explizit erzählenden Teile des Alten Testamentes – ich erwähne einige Punkte, auf die neuerdings besonders G. von Rad in eindrucksvoller Weise aufmerksam gemacht hat – z. B. dies, daß es da so erschreckend viele in den Texten selbst nicht gedeutete und auch den Leser und Hörer zu keiner Deutung ermächtigende Berichte gibt: Tatsachenberichte (wie etwa die der Patriarchengeschichten), die schlicht als für sich selbst sprechend gegeben werden und vernommen werden wollen, die eben darum keiner Deutung bedürfen, ja solchen vielmehr geradezu zu widerstehen scheinen. Der versteht und erklärt sie am Besten, der sie am Besten sieht als die stummen – in Wirklichkeit keineswegs stummen! – Tatsachen, als die sie in den Texten angeführt werden, und der sie dann im Ganzen und im Zusammenhang des Geschehens zwischen Jahve und Israel am Besten d. h. in der größten Annäherung an die Schlichtheit der Texte selbst als solche herauszustellen weiß. Weil es in jeder einzelnen dieser Tatsachen explizit oder implizit um das Ganze jener Geschichte geht, darf man aber auch nicht erwarten, in ihrer zwischen den verschiedenen Texten stattfindenden Verknüpfung so etwas wie einen eigentlich so zu nennenden Geschichtspragmatismus ausfindig machen zu können. Anfängliches geschieht in diesen Erzählungen im Charakter des Endlichen und umgekehrt. Aus Verheißung wird wohl Erfüllung, aus Erfüllung aber auch immer wieder neue Verheißung. Eine schlechthin aufsteigende Linie ist in der Folge dieser Tatsachenberichte ebensowenig wahrzunehmen

2. Das Licht des Lebens

wie eine durchwegs und kontinuierlich absteigende. Die durchgehende Linie besteht nur eben darin, daß unter denselben Voraussetzungen immer derselbe Gott in und an demselben Volk Israel in Gestalt immer neuer Tatsachen am Werk ist. Und so darf man sich nicht wundern, die Unterschiede zwischen dem einstigen und dem gegenwärtigen Geschehen, aber auch die zwischen dem einstigen und gegenwärtigen auf der einen, und dem zukünftigen auf der anderen Seite – sehr zum Schaden einer «historischen» Erhellung der Tatbestände, aber sehr im Geist und in der Absicht dieser Erzähler – aufs mannigfachste verwischt zu sehen: Was zu ihnen für sich selbst gesprochen hat und was nun in ihrem Zeugnis davon für sich selbst sprechen soll, ist eben – man kann nicht genug Nachdruck darauf legen – das Ganze, der Zusammenhang, die Einheit von Vorher und Nachher, Einst und Jetzt und Dann der Geschichte. Ihre Struktur und Konturen sollen und wollen die einzelnen Tatsachenberichte erkennbar machen.

Man darf aber in dieser Sache eben nicht nur an die im engeren Sinn erzählenden Teile des Alten Testamentes denken. Geschichtsbücher sind auch die früher oft sehr mißverständlich als «Lehrbücher» bezeichneten «hinteren» Prophetenschriften und die des dritten Teils des Kanons. Was ist die Erkenntnisquelle der von Jesaja bis zu Maleachi sich erstreckenden Schriftenreihe? Doch wohl keine andere als die der vorangehenden, ebenfalls (als die «vorderen») unter die *nebiim* gerechneten Geschichtsbücher! Also, was meint das nun spezifisch prophetische: «So spricht der Herr» – Jahve, der Gott Israels? Nicht die noch so gewichtige, noch so intime, noch so ekstatisch aufgenommene Eingebung irgend eines, nun eben unter dem Namen «Jahve» präsenten Numens, sondern den Spruch der vergangenen, gegenwärtigen und künftigen Geschichte Jahves mit Israel, Israels mit Jahve. Daß sie ihre Sprüche zu vernehmen bekommen und wohl oder übel hören und weitergeben müssen, das ist es, was die Propheten – einen Jeden in seiner Zeit und Situation – zu Propheten macht, primär aber und offenbar unabhängig von ihrem besonderen Auftrag und dessen Ausführung, ihrer Existenz und Tätigkeit als Propheten vorausgehend, dies: daß diese Geschichte solche Sprüche tut. Sie tut sie – und eben davon leben die «hinteren» wie die «vorderen» Propheten.

Und indem sie das tut, ist wieder sie auch die Erkenntnisquelle des Psalters. Woher eigentlich haben die in ihm redenden Menschen all das, was sie als Bekenntnis ihres Gotteslobes, ihrer Dankbarkeit, ihres Getröstetseins, ihrer Zuversicht, auch ihrer Buße, auch ihres Jammers in tiefer Not, ihrer Hoffnung und ihres Trotzes in diesen Dichtungen niedergelegt haben? Woher wissen sie, was sie über Gott und sich selbst, Gott und die himmlische und irdische Schöpfung, über Gottes Verhältnis zu ihnen und das ihrige zu ihm offenbar zu wissen meinen? Es gibt Psalmen, in denen das Woher dieses ihres Wissens geradezu thematisch zur Sprache gebracht wird: man lese etwa den 68., den 77., den 78., den 105., 106. und 107., den 136. Psalm, die alle ganz oder fast ganz in mehr oder weniger ausgedehnten Rekapitulationen der alten Geschichte Israels bestehen, an die sich dann die längere oder kürzere oder ganz kurze Betrachtung der Gegenwart des Psalmisten oder auch ein Blick in die Zukunft, der er entgegenlebt, geradlinig anschließt. Es gibt andere Psalmen, in denen die Beziehung auf die Geschichte nur eben beiläufig – und es gibt andere (nur wenige), in denen sie gar nicht explizit sichtbar gemacht wird. Will man die Psalmen in dem Sinn verstehen, in welchem sie in Israel vor, in und nach dem Exil gedichtet, gelesen und gesungen worden sind, so muß man bedenken, daß sie durchweg (es gilt das von den sog. individuellen ebenso wie von den sog. Gemeindepsalmen) in dieser Beziehung entstanden sind. Ergibt sich das nicht – gewiß beiläufig, aber doch sehr eindrucksvoll – auch daraus, daß der ganze Psalter, viele einzelne Psalmen sogar direkt, mit dem Namen in Verbindung gebracht wurden, dessen Träger so etwas wie die Zentralfigur – *terminus ad quem* zuerst, und dann *terminus a quo* – der israelitischen Geschichte erscheint: den Namen des Königs David? Nicht irgendwelche fromme und weise Dichter soll man da reden hören, sondern Diesen, in welchem so viel Verheißung erfüllt, so viel Erfüllung neue Verheißung wurde – Diesen, dessen Geschichte so etwas wie die Geschichte Israels *in nuce* ist. Sein Wissen ist der Grund des im Psalter ausgebreiteten

Wissens. Das Echo seiner Stimme soll da wiedergegeben sein. Indem die Psalmen von seiner Stimme – allgemein gesagt: von der Stimme der auf ihn zulaufenden und von ihm herkommenden Geschichte leben, sind sie nicht (auch nicht, wenn sie den Charakter von sog. Naturpsalmen haben!) zeitlose Lyrik, sondern den Taten Jahves und den Erfahrungen Israels in ihrer Gesamtheit folgende, sie reflektierende Epik. *Mutatis mutandis* das Gleiche dürfte auch vom Hiobbuch, auch von dem der Sprüche, vom Kohelet und endlich und zuletzt sogar vom Hohen Lied zu sagen sein.

Und nun frage man sich: ob es mit dem Verhältnis der neutestamentlichen Überlieferung zur Geschichte Jesu Christi so ganz anders stehen möchte als mit diesem Verhältnis der alttestamentlichen Literatur zu der Geschichte Israels? Gilt nicht auch ihr Zeugnis der für sich selbst sprechenden Wirklichkeit nun nicht einer Volksgeschichte, sondern des als eine einzelne bestimmte Lebensgeschichte sich abspielenden Geschehens der Existenz Jesu Christi: den Tatsachen, in denen diese Wirklichkeit ihre Struktur und ihre Konturen bemerkbar macht, in denen sie für sich selbst sprechende Wirklichkeit ist? Wird nicht auch das Neue Testament am Besten, nämlich am Genuinsten, seiner eigenen Intention am meisten entsprechend, verstanden, wenn man es als den Versuch ansieht und versteht, in menschlichen Worten nachzusprechen, was zuerst diese Wirklichkeit selbst für sich selbst, was sie zuerst und unmittelbar zu den neutestamentlichen Zeugen gesagt hat? Entsprechend dem, was die Prophetie der Geschichte Israels mit der Prophetie des Lebens Jesu Christi gemeinsam hat, wäre dann der eigentümlich responsive, nachzeichnende Charakter der alttestamentlichen und der neutestamentlichen Schriften das jedenfalls formal Gemeinsame, das die beiden Teile unseres Kanons unter sich verbindet.

(2) Kein Einzelner unter den alttestamentlichen Propheten ist als solcher ein universaler Prophet, haben wir festgestellt. Die Geschichte Israels in ihrer Ganzheit und in ihrem Zusammenhang aber ist universale Prophetie. Das Alte Testament macht es nämlich immer wieder unübersehbar deutlich, daß gerade der Bund Jahves mit dem einzigen Israel, Israels mit dem einzigen Jahve – daß das ganze Geschehen in diesem Bund mit Einschluß von dessen Selbstoffenbarung und dann doch auch mit Einschluß von deren Bezeugung durch die Propheten – fern davon, Selbstzweck zu sein, fern davon, sich in diesem partikularen Verhältnis zu erschöpfen – Bedeutung, Relevanz, reale und dynamische Tragweite hat für das Verhältnis zwischen Gott und allen Völkern, den Menschen aller Völker. Lebt wirklich der eine einzige Gott im Bund mit einem einzigen Volk – ein einziges Volk – immerhin auf derselben Erde und inmitten aller andern – im Bund mit diesem einzigen Gott, dann ist mit diesem Ereignis ein «Exemplar», ein lebendiges Urbild inmitten aller anderen Menschenvölker geschaffen, das als solches gerade nach außen, zu diesen anderen Völkern hin nicht schweigsam sein kann, sondern aktiv wirksam als solches redet. Zuerst gewiß zu diesem einzigen Volk selbst: von der unverdientermaßen gerade ihm zugewendeten Gnade seines Gottes, von der unbegreiflicherweise gerade ihm zugefallenen Auszeichnung und Würde, von der gerade ihm damit überbundenen Dankbarkeit und Verpflichtung, von der gerade ihm von da aus gewissen herrlichen Zukunft. Aber was will denn der einzige Gott, wenn er dieses einzigen

Volkes Dankbarkeit und Gehorsam in Anspruch nimmt? Zu was verpflichtet er es, wenn er es sich selber verpflichtet? Nicht doch wohl eben dazu, in seinem Sein im Bunde mit ihm sichtbar, und, weil sichtbar, wirksam zu werden unter den anderen Völkern, in seiner Existenz als dieses besondere Menschenvolk allen anderen ein reales Zeichen zu sein? Was heißt «herrliche» Zukunft, wie sie ihm im besonderen bestimmt und beschieden ist, wenn nicht: in der Finsternis der Welt leuchtende, strahlende, glänzende und also die Welt erhellende Zukunft? Kann dieses Verhältnis zwischen Gott und Mensch in seiner ganzen Besonderheit ein geschlossenes, kann seine Offenbarung eine geheime, kann diese partikulare Geschichte und ihr partikulares Wort partikular bleiben? Israels Geschichte hat nach der oft und oft wiederkehrenden Aussage des Alten Testamentes als Bundesgeschichte tatsächlich den Charakter eines exemplarischen Geschehens, das als solches eine universale Funktion hat. Und in Ausübung dieser universalen Funktion spricht sie zur ganzen Welt, zu allen Menschen: von dem nämlich, was eben des einzigen Gottes Meinung, Absicht und Plan auch mit ihnen ist, mehr noch: von dem Bund, in den auch sie, wie verborgen es ihnen sein mag, schon eingeschlossen sind – von der Ehre, die Gott sich auch unter ihnen verschaffen will, von dem Heil, das auch ihnen widerfahren soll – von dem dankbaren Gehorsam, für dessen Darbringung auch sie in Anspruch genommen sind. In dieser universalen Funktion ist Israels Geschichte Aufruf an alle Völker: Einladung und Aufforderung, das, was in und mit dem Ratschluß über Israel auch über sie beschlossen und schon ins Werk gesetzt ist, zu erkennen, gelten zu lassen, in Kraft sich auswirken zu lassen – sich also als Glieder der Partnerschaft des mit Israel geschlossenen Bundes, als in die Gemeinschaft mit diesem einzigen Volk des einzigen Gottes aufgenommen, zu dieser ihrer Zugehörigkeit und nun ebenso sich zu sich selbst, zu ihrer eigenen Bestimmung zu bekennen.

Das ist das Zweite, was die Prophetie der Geschichte Israels mit der Jesu Christi, mit der Offenbarung seiner Geschichte, mit dem Licht seines Lebens gemeinsam hat: auch sie, schon sie gleicht der auf dem Berg gelegenen Stadt, die als solche nicht verborgen bleiben kann. Auch sie geschieht in dem Sinn, mit der Kraft, der Blindheit aller Augen ein Ende, alle Augen zu sehenden Augen zu machen.

Versuchen wir es, uns den sehr weiten Bestand der in diese Richtung weisenden Aussagen des Alten Testamentes einigermaßen zu vergegenwärtigen: Es gibt im Alten Testament keine allgemeine Lehre, deren Inhalt die Wahrheit wäre, daß ein Gott, der Gott Israels der Herr der ganzen Welt ist. Es gibt da aber ein Zeugnis von der in und mit dem besonderen Geschehen zwischen Jahve und Israel gefallenen und in ihr offenbaren Entscheidung, deren Inhalt nun allerdings dieser ist: «Des Herrn ist das Reich und er ist Herrscher über alle Völker» (Ps. 22, 29). «Des Herrn ist die Erde und was sie erfüllt, der Erdkreis und die darauf wohnen» (Ps. 24, 1). «Gott ist König der ganzen Erde ... ist König geworden über die Völker ... hat sich gesetzt auf seinen heiligen Thron. Die

Fürsten der Völker sind versammelt als Volk des Gottes Abrahams; denn Gottes sind die Schilde der Erde, hoch erhaben ist er» (Ps. 47, 8 f.). Im gleichen Sinn immer wieder: «Der Herr ward König» (Ps. 93, 1; 97, 1; 99, 1). «Seine Königsmacht herrscht über das All» (Ps. 103, 19). «Vom Aufgang der Sonne bis zu ihrem Niedergang ist mein Name groß unter den Völkern» (Mal. 1, 11). Und: «Wie dein Name, o Gott, so geht dein Ruhm bis ans Ende der Erde» (Ps. 48, 11). «Dein Eigentum sind die Völker alle» (Ps. 82, 8). «Der Herr zählt im Buche der Völker: Der und Der ist daselbst (auf dem Zion!) geboren. Und sie singen im Reigen: All meine Quellen sind in dir» (Ps. 87, 6 f.). Denn: «alle Völker schauen seine Herrlichkeit» (Ps. 97, 6). «Da wird der Eine sprechen: Ich bin des Herrn!, ein Anderer wird sich mit dem Namen Jakobs nennen, wieder Einer schreibt auf seine Hand: ‚dem Herrn eigen', empfängt den Ehrennamen Israel» (Jes. 44, 5). Wer sagt das Alles – und das mit solcher Bestimmtheit? Indem sie geschieht, die Geschichte Israels!

Weiter: Es hat die besondere Geschichte Israels die dienstliche Funktion, indem sie geschieht, eben diese Entscheidung inmitten der übrigen, von ihr betroffenen Weltgeschichte zu bezeugen. Wird nicht (Gen. 20, 7) gleich der einsam da und dort zeltende Stammvater Abraham (als Erster von Allen) ein «Prophet» genannt? Kein Wort von seiner Tätigkeit als solcher – was wir von ihm hören, ist, daß er dem Herrn da und dort einen Altar baut, da und dort seinen Namen – nicht predigt (das steht bei Luther, ist aber nicht der Sinn des Textes), sondern nur eben anruft (12, 8; 13, 4). Er ist «Prophet» und als solcher eine öffentliche Person, indem er inmitten der Völker Kanaans in seinem besonderen, man möchte sagen: in seinem bloß privaten Verhältnis zu Jahve nur eben schlicht da ist. Er ist nicht umsonst da: sein Name soll «ein Segenswort werden für alle Geschlechter der Erde» (Gen. 12, 3). So wird Jerusalem Jer. 33, 9 verheißen, sie werde «ein Gegenstand der Freude, des Lobpreises und des Rühmens werden für alle Völker der Erde, die von all dem Guten hören, das ich schaffe, und sie werden beben und zittern über all das Gute und das Heil, das ich in ihr schaffe». So wird Hes. 47, 1–12 jene unter der Schwelle des Tempels entspringende Quelle beschrieben, die dem ihre Tiefe messenden Mann zuerst bis an die Knöchel, dann bis an die Knie, dann bis an die Hüften geht, schließlich nur in ihr zu schwimmen erlaubt, um sich dann nach Osten, in der Richtung auf die Steppe und das Salzmeer zu ergießen, das Salzwasser trinkbar zu machen und an ihren beiden Ufern die wunderbarsten Bäume zu nähren. So die große Ordinationsrede Jes. 42, 1–9: «Siehe da, mein Knecht, an dem ich festhalte, mein Erwählter, an dem meine Seele Wohlgefallen hat. Ich habe meinen Geist auf ihn gelegt, daß er die Wahrheit unter die Völker hinaustrage. Er wird nicht schreien noch rufen, noch seine Stimme hören lassen auf der Gasse. Geknicktes Rohr wird er nicht zerbrechen und glimmenden Docht nicht auslöschen; in Treue trägt er die Wahrheit hinaus. Er selbst erlischt nicht und bricht nicht zusammen, bis daß er auf Erden die Wahrheit begründet und seiner Weisung die fernsten Gestade harren. So spricht Gott der Herr, der die Himmel geschaffen und ausgespannt, der die Erde befestigt samt ihrem Gesproß, der Odem gibt dem Menschengeschlecht auf ihr und Lebenshauch denen, die über sie wandeln: Ich, der Herr, habe dich in Treue berufen und bei der Hand gefaßt, ich habe dich gebildet und zum Bundesmittler über das Menschengeschlecht, zum Lichte der Völker gemacht, blinde Augen aufzutun, Gebundene herauszuführen aus dem Gefängnis und die in der Finsternis sitzen, aus dem Kerker. Ich bin der Herr, das ist mein Name, und ich will meine Ehre keinem Anderen geben, noch meinen Ruhm den Götzen. Das Frühere, siehe, es ist eingetroffen, und Neues tue ich kund; noch ehe es sproßt, lasse ich es euch hören.» So Jes. 43, 8 f. die folgende Gerichtsszene: «Man führe es vor, das blinde Volk, das doch Augen hat und die Tauben, die doch Ohren haben! Alle Völker mögen sich versammeln, und zusammenkommen die Nationen!» Wozu? Um Israels Zeugnis von dem zu hören, was sein Gott ihm war und ist. «Ihr seid meine Zeugen, spricht der Herr, und der Knecht, den ich erwählt habe, damit sie zur Einsicht kommen und sie werden glauben und erkennen, daß Ich es bin. Ich, Ich bin der Herr und außer mir ist kein Helfer. Ich habe Heil verkündet und es geschaffen, habe es hören lassen – kein fremder (Gott) war unter euch. Und ihr seid meine Zeugen, spricht der Herr, und ich bin Gott.» Israels Sendung und Verheißung: «Du wirst Völker rufen, die du nicht kennst und Heiden, die dich nicht kennen, werden zu dir hinzueilen um des Herrn deines Gottes, um des Heiligen Israels willen, weil er dich verherrlicht» (Jes. 55,5). Denn: «Zu wenig ist es, daß du mein Knecht sein solltest, um nur die Stämme Jakobs aufzurichten und die Geretteten Israels zurückzuführen; so will ich dich denn zum Lichte der Völker machen, daß mein Heil reiche bis an das Ende der Erde» (Jes. 49,6). Und man bemerke den großen Passus Jes. 53,1–12 vom leidenden Gottesknecht, von dem verworfenen, erniedrigten, geschlagenen, dem völlig unansehnlich gewordenen Israel! Denn gerade von ihm gilt: «Er wird emporsteigen, wird hochragend und erhaben sein ... wird viele Völker in Erstaunen setzen und Könige werden vor ihm ihren Mund verschließen. Denn was ihnen nie erzählt worden, schauen sie, und was sie nie gehört, des werden sie gewahr» (Jes. 52,13 f.). Die Geschichte Israels als solche ist in diesem prophetischen Amt am Werke! «Ihr Klingen geht aus durch alle Lande, ihr Reden bis zum Ende der Welt (Ps. 19,5).

Weiter: in ihrem Geschehen als solchem ist sie ein einziger Anruf und Aufruf an die Welt. «Ich will dich preisen unter den Völkern, Herr, und deinem Namen lobsingen» (Ps. 18,50 vgl. 57,10; 108,4). Und das bedeutet eben den Appell: «Preiset, ihr Heiden, sein Volk!» (Deut. 32,43). Gemeint ist: als dieses, als Jahves Volk! Gemeint ist also streng genommen: «Preiset unseren Gott, ihr Völker, lasset laut sein Lob erschallen!» (Ps. 66,8). «Lobet den Herrn alle Völker! Preiset ihn, ihr Nationen alle! Denn mächtig waltet über uns seine Gnade» (Ps. 117,1 f.). «Jauchzet dem Herrn alle Lande! Dienet dem Herrn mit Freuden, kommt vor sein Angesicht mit Frohlocken! Erkennet, daß der Herr allein Gott ist: er hat uns gemacht, und sein sind wir, sein Volk und die Schafe seiner Weide» (Ps. 100,1 f.). In diesem Sinn also: «Alle Welt fürchte den Herrn, es bebe vor ihm, wer den Erdkreis bewohnt!» (Ps. 33,8). «Ihr Königreiche der Erde, singet Gott, spielet dem Herrn!» (Ps. 68,33). Und schließlich: «Alles, was Odem hat, lobe den Herrn!» (Ps. 150,6).

Aber steht jene Entscheidung in Kraft? Richtet jener Dienst aus, was er ausrichten soll? Findet jener Appell Nachachtung? Besteht die Dynamik der Geschichte Israels nur darin, daß sie irgendwie «bedeutsam» – nicht auch darin, daß sie Macht und also wirksam ist? Kein Zweifel: es vollzieht sich in und mit ihr, indem sie solches an die Welt gerichtetes Wort ist, eine reale Bewegung hinein in die ganze Weltgeschichte: Es werden «alle Völker der Erde sehen, daß du nach dem Namen des Herrn genannt bist und werden sich vor dir fürchten» (Deut. 28,10). Sie werden, wenn sie von den Israel gegebenen Lebensordnungen hören werden, sagen: «Ein weises und einsichtiges Volk ist doch diese große Nation!» (Deut. 4,6). Entsprechend dem Ausgehen jenes Stromes vom Tempel her kommt es zu einem großen Eilen und Laufen der Völker eben dorthin. «Viele Nationen werden sich aufmachen und sprechen: Kommt, laßt uns hinaufziehen zum Berge des Herrn, zu dem Hause des Gottes Jakobs, daß er uns seine Wege lehre und wir wandeln auf seinen Pfaden; denn von Zion wird die Weisung ausgehen und das Wort des Herrn von Jerusalem. Und er wird Recht sprechen zwischen den Völkern und Weisung geben vielen Nationen» (Jes. 2,3 f. vgl. Micha 4,1 f.). «Alsdann wird man Jerusalem nennen ‚Thron des Herrn' und es werden dorthin alle Völker zusammenströmen zu dem Namen des Herrn und sie werden nicht mehr dem Starrsinn ihres bösen Herzens folgen» (Jer. 3,17). «In jenen Tagen werden zehn Männer aus Völkern aller Zungen einen Juden beim Rocksaum fassen und sagen: Wir wollen mit euch gehen, denn wir haben gehört, daß Gott mit euch ist» (Sach. 8,23). Noch stärker: «Die Sabäer, die hochgewachsenen, werden zu dir herüberkommen und dein eigen sein, werden hinter dir in Ketten einherziehen, vor dir niederfallen und zu dir flehen: Nur bei dir ist Gott und nirgends sonst, keine Gottheit außerdem» (Jes. 45,14). Dieselbe Bewegung noch großartiger Jes. 60,2 f.: «Siehe, Finsternis bedeckt die Erde und Dunkel die Völker; doch über dir strahlt auf der Herr, und seine Herrlichkeit erscheint über dir, und Völker strömen zu deinem Licht und

Könige zu dem Glanz, der in dir aufstrahlt. Hebe deine Augen auf und siehe umher: Alle sind sie versammelt und kommen zu dir...» – in der Fortsetzung dann jene förmliche Prozession all der Fernen und Fremden, die «daherfliegen wie eine Wolke und wie Tauben nach ihren Schlägen, um alle mit ihren besonderen Schätzen beladen, durch die Tag und Nacht offen stehenden Tore Jerusalems ihren Einzug zu halten. Anschauungsmäßig für sich stehend, weist auch die merkwürdige Stelle Jes. 19, 18–25 in dieselbe Richtung: von fünf Städten in Ägypten ist da die Rede, die die Sprache Kanaans reden und sich durch Eidschwur Jahve zu eigen geben werden, und von einem mitten in Ägypten als «Zeichen und Zeuge» aufgerichteten Altar Jahves. «Und der Herr wird sich den Ägyptern zu erkennen geben und die Ägypter werden an jenem Tage den Herrn erkennen ... sich zum Herrn bekehren.» Und endlich, noch weiter ausgreifend: «An jenem Tage wird eine gebahnte Straße von Ägypten nach Assyrien führen; die Assyrer werden nach Ägypten kommen und die Ägypter nach Assyrien, und die Ägypter werden mit den Assyrern (Jahve) anbeten. An jenem Tage wird Israel der Dritte im Bunde sein neben Ägypten und Assyrien, ein Segen inmitten der Erde, die Jahve der Heerscharen segnet, indem er spricht: Gesegnet ist Ägypten, mein Volk, und Assyrien, das Werk meiner Hände, und Israel, mein Erbbesitz.» Kurz: «Ich will den Völkern andere, reine Lippen geben» (Zeph. 3, 9). «Die Erde wird voll werden der Erkenntnis der Herrlichkeit des Herrn, wie das Meer von Wassern bedeckt ist» (Hab. 2, 14). «Das Reich wird des Herrn sein» (Ob. 21). Kein Zweifel angesichts dieser und ähnlicher Texte, daß das in der Geschichte Israels ergehende Kerygma nach dem Zeugnis des Alten Testamentes Macht hat, wirksam wird.

Einige Bemerkungen dazu sind unerläßlich. Es liegt auf der Hand, daß dieses ganze Zeugnis von der universalen Bedeutung, Tragweite und Kraft der Prophetie der Geschichte Israels eschatologischen Charakter hat. Es war ihr künftiger u. zw. ihr endzeitlich künftiger Verlauf, der sich den alttestamentlichen Zeugen in diesem universalprophetischen Charakter dargestellt hat. Man verliere aber nicht aus den Augen: eben die ihnen in ihrer Vergangenheit und ihrer Gegenwart wohlbekannte Geschichte in diesem endzeitlich künftigen Verlauf und also in diesem Charakter! So also, in dieser Teleologie, hat sie zu bestimmter Zeit zu bestimmten prophetischen Männern gesprochen: als dieses Zusammenkommen und Zusammensein – nicht nur Jahves mit Israel, sondern Jahves und Israels mit den Völkern, mit den Fernen und Fremden, mit der ganzen Welt! Als die jetzt schon, jetzt eben unaufhaltsam dahin eilende, als die eben diese Zukunft in ihrem Schoß tragende Geschichte hat sich ihnen die ganze Folge der von Gott geschaffenen und von Israel erfahrenen Tatsachen – von der Berufung Abrahams über des Volkes Fremdlingschaft in Ägypten und seine Errettung am Schilfmeer, zur Landnahme, zu der Glorie des Davidreiches und dessen Zerfall, zur Katastrophe von Samaria und Jerusalem, zur neuen Fremdlingschaft im Stromland und zur Rückkehr von dort – dargestellt! Das hat sie ihnen als ihren Sinn und ihre Absicht eröffnet! Das war ihre Apokalypse, ihre Offenbarung! Ist es nicht doch etwas kümmerlich, sich über angeblich nationalistisch-religiöse Töne aufzuhalten und zu beschweren, die in der alttestamentlichen Bezeugung dieser Offenbarung da und dort (auch in einigen der angeführten Texte) vernehmbar seien? Und wäre es nicht noch kümmerlicher, diese ganze Seite des alttestamentlichen Zeugnisses darum nicht ganz ernst zu nehmen, weil es hier «nur» eschatologischen Charakter habe? Was heißt «nur»? Als ob es nicht gerade darin gewichtig wäre, daß es auch diese Seite hat, auch Zeugnis gerade von der Zukunft – von dieser Zukunft der Geschichte Israels und ihrer Prophetie ist! Ja, es sind im Ganzen notorisch die zeitlich späteren Bestandteile des Kanons, in denen das alttestamentliche Zeugnis nach dieser Seite laut wird. Es ist im Ganzen die Stimme der Propheten vor, in und wohl auch nach der Exilszeit, die da spricht. Aber das ist es ja: gerade die von der Erwählung der Väter über so viele Höhepunkte und Tiefpunkte zuletzt in die große Katastrophe, und dann in die Enttäuschungen, in das Elend, in das große Rätsel der Exilszeit hineinführende Geschichte – gerade sie hat vor den Augen und Ohren jener späteren

2. Das Licht des Lebens

Propheten den Schein des Partikularismus, in den sie zuvor weithin verhüllt sein mochte, abgestreift, hat sich ihnen als die Geschichte dargestellt, in der der einzige Jahve des einzigen Israel nicht nur mit Israel, sondern mit dem ganzen Menschenvolk auf Erden unterwegs und am Werk war, ist und sein wird. Sie tat es in diesem Stadium ihres Verlaufes: nicht etwa zur Zeit Davids oder Salomos, sondern zu der Zeit, da Israel-Juda sich selbst gerade noch in der Gestalt jenes gestraften, geschlagenen und geplagten Gottesknechtes wiedererkennen konnte! Konnte sie ihre prophetische Kraft eigentlich deutlicher unter Beweis stellen als damit, daß sie sich gerade jetzt – angesichts der sie scheinbar so völlig widerlegenden Adversitäten dieser Jetztzeit! – in diesem endzeitlichen Charakter, eben als universale Prophetie darstellte?

Es liegt auf der Hand, daß und wie das alttestamentliche Zeugnis von der Prophetie der Geschichte Israels auch hier mit dem neutestamentlichen von Jesus Christus als dem «Licht der Welt», dem «Licht, das alle Menschen erleuchtet» zusammentrifft. Man respektiere ruhig seine historische Eigenart und Begrenzung jenem gegenüber: Es bezeugt im Unterschied zu jenem wirklich «nur» die Prophetie, die Offenbarung, das Selbstzeugnis der Geschichte Israels. Aber was heißt «nur»? wäre auch hier zu fragen. Läßt man es in seiner historischen Eigenart und Begrenzung sagen, was es sagt – also ohne Unterschlagung und Geringschätzung dessen, was es gerade in seiner letzten Phase von der Teleologie jener Geschichte zu sagen hat – dann steht man gerade in diesem zweiten Punkt staunend vor der Übereinstimmung, in der diese späteren Propheten – nicht mit Jesus Christus, wohl aber mit seinen Aposteln, mit der neutestamentlichen Gemeinde überhaupt, geredet haben.

Kann man sich übrigens beim Vergleich zwischen dem alt- und dem neutestamentlichen Zeugnis des Eindrucks erwehren, daß jenes, das alttestamentliche, was das Problem des Universalismus des Bundes, der Ehre Gottes und des Heils der Menschen, auf die es im Grunde abgesehen ist, und was die aus ihm sich ergebende Missionsaufgabe betrifft, sogar ergiebiger, expliziter, anschaulicher, volltönender ist als das des Neuen Testamentes? Gerade der neutestamentliche Zusammenhang, in welchem der Universalismus des christlichen Kerygmas am deutlichsten und ausführlichsten zur Sprache kommt, Röm. 9-11, hat ja seine Pointe nicht in dem Hinweis darauf, daß es auch die Heiden angeht, sondern umgekehrt in der Erinnerung, daß auch das widerspenstige Israel der Synagoge immer und für alle Zeit zu seinen Adressaten gehört. Paradoxes Verhältnis! Es kann wohl nur damit erklärt werden, daß der universale Charakter der Prophetie Jesu Christi der neutestamentlichen Gemeinde so klar und selbstverständlich war, daß es sich erübrigen konnte, ihn noch stärker zu unterstreichen, als es ja im Missionsbefehl, bei Paulus, im Johannesevangelium und besonders im lukanischen Schrifttum deutlich genug geschehen ist. Das Alte Testament sagt im Blick auf die Prophetie der partikularen Geschichte Israels das nicht Selbstverständliche – darum wohl so unüberhörbar kräftig, so unübersehbar farbiger. Man wird es gerade in dieser Sache auch zum rechten Verständnis des von Haus und Grund aus und eben darum nicht so grell universalistischen Neuen Testamentes nicht aufgeschlossen genug hören können. Wäre das rechtzeitig geschehen, so hätte es zu jener fatalen Stockung des Missionsgedankens im alten Protestantismus nicht kommen können.

(3) Wir nannten als weitere Begrenzung des Wortes aller einzelnen Propheten des Alten Testamentes, als weiteres Merkmal ihrer Ungleichheit der Prophetie Jesu Christi gegenüber dies: daß Keiner von ihnen von der geschehenen Versöhnung, keiner aus der gegenwärtigen Wirklichkeit des Reiches Gottes heraus zu reden in der Lage ist. Die Prophetie der Geschichte Israels in ihrer Ganzheit und in ihrem Zusammenhang aber leidet nicht unter dieser Begrenzung. Sie redet wohl von dem Gegen-

satz und Streit zwischen Jahve und seinem Volk. Sie redet aber nicht aus diesem Gegensatz und Streit heraus und nicht er ist ihr Thema, der Ursprung, Inhalt und Gegenstand ihres Zeugnisses, wie man das von den Worten aller einzelnen alttestamentlichen Propheten, diesen großen Parteigängern und Kämpfern Jahves gegen sein Volk sagen muß. Sie redet synthetisch, nicht analytisch, und darum eindeutig von der Gnade des Bundes. Sie ist darum auch nicht bloß Hinweis auf eine ferne Zukunft, sondern Anzeige der Gegenwart der Ehre Gottes und des Heils der Menschen, von vollzogenen Gerichten, von wahr gemachten Verheißungen. Sie bezeugt sich selbst als eine in ihren Höhen und Tiefen, auch in ihrer durch die menschliche Sünde und Schuld immer wieder aufbrechenden Abgründigkeit durch die Gnade des Bundes überwölbte, befriedete, in Ordnung gebrachte und verlaufende Geschichte, in welcher ungeachtet aller Verwirrungen und Zerstörungen, die sie in sich schließt, das Sein Gottes letztlich und entscheidend eine Bejahung des israelitischen Menschenvolkes, das Sein dieses Volkes letztlich und entscheidend eine Bejahung seiner göttlichen Erwählung und Berufung ist. Sie bezeugt sich selbst als eine Geschichte, in welcher es ein sehr verborgenes, aber auch sehr reales positives Kontinuum gibt, in der es darum auch an sichtbaren Erfüllungen nie ganz fehlen kann, in der es wie alte, vergangene, und neue, kommende immer auch gegenwärtige, von Gott vorbehaltlos gespendete und vom Volk und von den Menschen dieses Volkes vorbehaltlos als solche erfahrene und erkennte Gnade gibt. Die in und mit dem Geschehen der Geschichte Israels stattfindende Offenbarung ist die Offenbarung dieses ihres positiven Kontinuums und jener Erfüllungen als dessen Exponenten. Sie ist (alles in ihrem Inneren sich abspielende Hin und Her einschließend, den ganzen von den Propheten aufgedeckten Gegensatz eingerechnet) in ihrer Ganzheit und in ihrem Zusammenhang Evangelium, gute Botschaft. Man darf den *cantus firmus* dieses ihres positiven Kontinuums über der Dialektik der Prophetenreden nicht überhören. Er kommt ja faktisch auch in ihnen nicht einfach zum Schweigen. Daß die Geschichte Israels ihn vernehmen läßt, das ist das Wunder ihrer Rede, ihres Zeugnisses, ihrer Offenbarung. In diesem *cantus firmus* tönt sie hinaus in alle Lande, in die Welt, zu den Heidenvölkern, wird sie aber auch in Israel selbst immer wieder vernommen.

Und das ist nun das Dritte, was sie mit der Prophetie Jesu Christi gemeinsam hat: sie verkündet in ihrer Weise in der gleichen Gewalt und Fülle, aus der gleichen Nähe heraus, daß Gott – und was daraus folgt, daß Gott auf der Erde wie im Himmel der Herr ist – nicht erst werden wird, sondern ist und als solcher am Werk ist.

Man darf also Töne wie die etwa in den sieben letzten Stücken des Psalters angeschlagenen ja nicht für Nebentöne halten, die dann alsbald wieder zum Schweigen kommen, von anderen übertönt werden könnten. «Wohl dem Volke, dessen Gott der Herr ist!»

(Ps. 144, 15). «Der Herr ist gerecht in allen seinen Wegen und gnädig in all seinem Tun. Der Herr ist nahe Allen, die ihn anrufen, Allen, die ihn mit Ernst anrufen. Er erfüllt der Gottesfürchtigen Begehren, er hört ihr Schreien und hilft ihnen» (Ps. 145, 17 f.). «Wohl dem, dessen Hilfe der Gott Jakobs, dessen Hoffnung der Herr, sein Gott, ist!» (Ps. 146, 5). «Der Herr hilft den Gebeugten auf, die Gottlosen erniedrigt er in den Staub. Hebt an und singt dem Herrn ein Danklied, spielt unserem Gott auf der Harfe!» (Ps. 147, 6 f.). Und dann Ps. 148 die große, an die ganze Schöpfung des Himmels und der Erde gerichtete Aufforderung, Gott zu loben, dann Ps. 149 dieselbe Aufforderung an die Gemeinde gerichtet, und Ps. 150 endlich nur noch der Aufruf an ein ganzes Orchester von Posaunen, Schalmeien, Cymbeln u. a. Instrumenten, dasselbe zu tun! Man würde das Alte Testament mißverstehen, wenn man nicht eben dieses Gotteslob, diese Doxologie als seinen Grundton hören würde. Aber er ist ja nicht zuerst sein Grundton, sondern der der Geschichte, die sich den alttestamentlichen Zeugen vernehmbar gemacht hat. Es ist doch Jahves nach einer neueren Vermutung jährlich gefeierte Thronbesteigung – von Ewigkeit her geschehen, wieder geschehen in immer neuen Erweisen seiner Macht und Güte und zugleich das Ereignis der endzeitlichen Zukunft – das Zeichen, unter dem, oder die Klammer, in der sich diese ganze Geschichte abspielt. Und so verläuft sie auf alle Fälle unter seinem – vom Sinai, vom Zion, vom Himmel her ausgeübten – Regiment, auf alle Fälle zur Erhöhung seiner Ehre und, wie verborgen immer, auch zum Heil der Menschen. Das offenbart diese Geschichte und auf diese ihre Offenbarung antwortet das Alte Testament in allen seinen Teilen.

Eben darum darf man nun auch weder besser wissend noch skeptisch an all dem vorübergehen, was im Alten Testament neben so viel in akuten oder chronischen Nöten sich vollziehenden Gerichten an Verheißungen nicht nur, sondern an realen Erfüllungen sichtbar gemacht wird. Isaaks Reichtum, Jakobs merkwürdige Erfolge im Dienste Labans, Josephs gloriose Erhebung in Ägypten, des Volkes Bewahrung daselbst und nachher seine Errettung am Schilfmeer und wieder und wieder seine Bewahrung vor so und so viel Feinden, seine Ernährung in der Wüste und die Besitznahme des Landes, Davids Siege und das in fast apokalyptischen Farben beschriebene Königtum des weisen, des mächtigen, des prunkvollen Salomo, die Herrlichkeit seines Tempels und der daselbst gefeierten Feste, aber auch die Ps. 119 so ausführlich und nachdrücklich gepriesene Herrlichkeit der den israelitischen Menschen gegebenen göttlichen Gebote, Weisungen, Anleitungen und Lebensordnungen, aber auch die für uns fast unheimliche Getrostheit, in der sich so mancher Psalmist bei aller Bußfertigkeit und in aller Widerwärtigkeit seines Geborgenseins an der Seite Gottes und so seiner Gerechtigkeit rühmt – wie es scheint rühmen darf – um sie in seiner Errettung aus Krankheit in Todesgefahr oder aus der Hand seiner Widersacher bestätigt zu finden, der ganze Wohlstand, in deren Schilderung nach soviel Rede und Gegenrede auch das Hiobbuch endlich und zuletzt zum Ziel und zur Ruhe kommt, Esthers wunderliche Erhöhung und des Judenvolkes später Triumph über seine Feinde, aber auch der Jubel am Tage der Schafschur und der Ernte, der ruhige Genuß eines einfachen Lebens, das Einem unter seinem Weinstock und Feigenbaum beschieden sein mag, das hohe und würdige Alter, in welchem Einer ein langes Leben beschließen darf – das alles sind solche Erfüllungen – gewiß meist sehr irdische, materielle, leibliche, teilweise auch höchst problematische, aber gerade so sehr greifbare Erfüllungen. «So bedenket denn von ganzem Herzen und von ganzer Seele, daß nichts hinfällig geworden ist von all dem Guten, das der Herr, euer Gott, euch verheißen hat. Alles ist eingetroffen; nichts ist ausgeblieben» (Jos. 23, 14 vgl. 21, 45). Und welche Erfüllungen, wenn nicht die solcher Art sollen denn in einer Volksgeschichte – eine solche ist ja die im Alten Testament bezeugte – in Frage kommen? Als Exponenten nämlich der Gnadengegenwart und Gnadengabe des Bundes, in dem da Gott und ein Menschenvolk zusammen leben! Gewiß nur als Exponenten – aber eben als Exponenten des positiven Kontinuums, des letzten unzerstörlichen Sinnes dieser Geschichte. Eben in ihnen spricht, offenbart und bezeugt sich, was Calvin die nach seinem Verständnis des Alten wie des Neuen Testamentes identische *substantia foederis* nannte: die dem Menschen zugewendete und vom Menschen erfahrene Macht, Barmherzigkeit und Treue, die unendliche Freigebigkeit Gottes, die auch, die schon in der Geschichte Israels, auf deren Ganzheit, auf deren Zusammenhang gesehen, nicht nur spärlich, nicht nur teilweise, sondern in ihrer ganzen Fülle am Werk war.

Die neutestamentlichen Zeugen haben sie nicht lauter preisen können als dies schon im Alten Testament geschehen ist. Es wird im Gegenteil kein Zufall sein und auf keinem Irrtum, keiner Verwechslung der Kategorien beruhen, daß sie sich bei ihrem Lobpreis der Gnade Jesu Christi so oft der Sprache und der Töne des alttestamentlichen Gotteslobes bedient haben.

(4) Und von da aus kann man der Geschichte Israels und ihrer Prophetie nun auch das nicht absprechen, daß sie mittlerischen Charakter hat. Der eine Aspekt, unter dem sie sich im Alten Testament in diesem Charakter darstellt, ist dieser: Sie ist eine Folge von solchen Ereignissen, in denen Gott und die Menschen zusammen sind und zusammenwirken – gewiß Gott schlechthin vorangehend, die Menschen schlechthin nachfolgend – aber zusammen sind und zusammenwirken. Sie sind als souveräne Taten und Worte Gottes – als seine freien Regierungstaten, Gerichtstaten, Heilstaten und dann auch Offenbarungstaten – zugleich menschliche Aktionen und Passionen, Handlungen und Widerfahrnisse, und umgekehrt: eben als solche zugleich Taten und Worte Gottes. Tritt in ihrer alttestamentlichen Bezeugung und Darstellung hier mehr das Eine, dort mehr das Andere beherrschend in den Vordergrund, so bleibt es doch überall – ohne daß es zu einer Verwechslung oder Vermischung der beiden Momente oder einer Verwandlung des einen in das andere käme – bei ihrem Miteinander und Ineinander, bei ihrer Einheit. Und wenn nun diese Geschichte in ihrer Ganzheit und in ihrem Zusammenhang als prophetische Geschichte spricht, so tut sie es in Bezeugung dieser lebendigen, göttlich-menschlichen Einheit. Ihr Wort ist nicht distanzierende, sondern kombinierende, nicht trennende, sondern verbindende Prophetie, weil es aus der Mitte kommt und die Mitte verkündigt, wo das Oben und das Unten, der hohe Gott und der niedrige Mensch beieinander sind. So antworten denn auch die alttestamentlichen Schriften auf die aus dieser Mitte vernehmbare und diese Mitte offenbarende Stimme der Geschichte Israels.

Als Beispiel sei herausgegriffen der Bericht Ex. 17,8f. von der Amalekiterschlacht. Er endigt (v 15) mit der Nachricht, daß Mose einen Altar gebaut und ihm den Namen «Jahve ist mein Panier!» gegeben habe, und, darauf anspielend, mit der Anführung einer sehr archaisch klingenden Liedstrophe: «Die Hand an das Panier Jahves! Krieg hat Jahve mit Amalek von Geschlecht zu Geschlecht!» Das heißt offenbar: er selbst ist der gegen Amalek Streitende und Siegende, er der Held jener Schlacht. Eben das ergibt sich auch aus der Beschreibung des Vorgangs selber: Entscheidend für den Sieg Israels ist ja nicht, was auf dem Kampffeld geschieht, sondern dies, daß Mose «mit dem Gottesstab in der Hand» auf dem Hügel oberhalb des Getümmels, von Aaron und Hur gestützt, noch und noch seine Arme hochhält und ja nicht sinken läßt: sobald er sie sinken läßt,

2. Das Licht des Lebens

gewinnt nämlich da drunten Amalek die Obhand. Jahves Gegenwart, Jahves Tat, mit der diese hochgehaltenen Arme des Mose das Geschehen da drunten verklammern – sie allein schafft Sieg, und ihr allein gebührt die Ehre des Tages. Darum: «Jahve ist mein Panier!» Aber nun eben die anfeuernde Parole: «Die Hand an das Panier Jahves!» Es geht eben nicht ohne das, was da der Mensch Mose und mit ihm die Menschen Aaron und Hur tun: nicht ohne den allmächtigen Arm Jahves, aber auch nicht ohne diese ohnmächtig, aber beharrlich erhobenen Menschenarme, nicht ohne dieses nicht angestrengte Verklammern von Oben und Unten, Jahve und Israel. Und so geht es schließlich auch nicht ohne Josua und die Seinen da drunten: «Josua tat, wie Mose ihm befohlen hatte; er zog aus, wider die Amalekiter zu streiten» (v 10). Und: «Josua warf die Amalekiter nieder mit der Schärfe des Schwertes» (v 13). Ist der Vorgang nun nicht doch schlicht eine von Israel siegreich durchgeführte Feldschlacht wie so viele andere? Die Erzählung will offenbar, ohne das Eine durch das Andere zu verwischen, Beides zugleich sagen: wie Jahve ganz allein Israels Panier ist, und wie Israel gerade darum seine Hand an dieses Panier legen darf und soll. In dieser Einheit – man könnte sie mehr oder weniger deutlich an mehr als einer alttestamentlichen Erzählung belegen – ist Israels Geschichte beredte, prophetische u.zw. mittlerisch-prophetische, aus jener Mitte heraus und von ihr zeugende Geschichte.

Der andere Aspekt, unter dem sie sich in diesem Charakter darstellt, ist so etwas wie eine Spiegelung jenes ersten. Indem sie in ihrer Partikularität in der Einheit des Tuns Jahves und des Tuns seines Volkes geschieht, geschieht sie ja auch in der Mitte zwischen dem Willen und Plan Jahves und dem Geschehen der übrigen Menschengeschichte. Was hier zu sagen ist, berührt sich mit dem, was wir bereits ihre «funktionelle» Bedeutung genannt haben. Sie ist unentbehrliches Zwischenglied zwischen Gott und der irdischen Geschichte überhaupt. Sie hat nämlich in ihrer ganzen Partikularität mikrokosmischen Charakter, will sagen: was der eine Gott mit der Menschenwelt im Großen will und plant, getan hat, tut und noch tun wird, das läßt er im Kleinen, aber das Ganze rekapitulierend und präformierend in seiner Geschichte mit diesem einzigen Menschenvolk Israel Ereignis werden. Seine Erwählung und seine Verwerfung, die Aufdeckung seiner Übertretungen und die Vergebung seiner Sünden, die Fülle von Wohltaten, mit denen er gerade es bedenkt und die Härte der Gerichte, in denen gerade es von seiner Strafe ereilt wird, die Auszeichnung sondergleichen und die Geringfügigkeit, ja Verächtlichkeit, in der er gerade es inmitten der anderen Völker existieren läßt, die ganze Doxa des Bundes, die er gerade ihm verleiht – das Alles ist *in nuce*, im Kompendium sein Handeln mit der ganzen Menschheit. In dem Allem ist die Geschichte Israels Paradigma und Modell für die Geschichte aller Menschenvölker und, sofern sie Prophetie und als solche erkannt ist, der Schlüssel zum Verständnis der Weltgeschichte. Sie ist also mittlerische Geschichte nun auch in dem Sinn von: exemplarische und insofern stellvertretende Geschichte. Sie spielt sich inmitten aller anderen Geschichten ab – so aber, daß sie deren Ursprung, Inhalt, Ziel und Konsequenz impliziert, in sich zusammenfaßt, nachholt und vorwegnimmt.

Sie ist die Geschichte des Sohnes (Hos. 11,1) u. zw. des erstgeborenen Sohnes Gottes (Ex. 4,22), der als solcher das Haupt aller anderen ist, von dem es Ps. 89,28 (im besonderen Blick auf David als die Zentralfigur ihres Geschehens) heißt: «Ich will ihn zum höchsten unter den Königen der Erde machen.» Es kann also einerseits nicht anders sein, als daß die allgemeine Geschichte die Konturen dieser besonderen sichtbar machen muß. Das wird besonders in den Anfangskapiteln der Genesis deutlich: Es reflektiert sich ja in der Kunde von dem großen Weltsabbat, von Gottes eigener, das ganze Schöpfungswerk abschließenden und krönenden Ruhe am siebenten Tag (Gen. 2, 1–3) die sabbatliche Feier, Freiheit und Freude des Gottesdienstes, in dem die Geschichte Israels ihren Sinn und ihr Ziel hat. Es reflektiert sich in der Kunde von der Bestellung des ersten Menschen zum Bewohner, Bebauer und Hüter des Gartens Eden (Gen. 2, 8–15) Israels Einführung in den Besitz des verheißenen guten Landes, und in der von seiner Austreibung aus dem Garten (Gen. 3, 23–24) die bittere Erfahrung des Exils. Es reflektiert die Kunde von der Begründung des Verhältnisses von Mann und Frau (Gen. 2, 18–25) die von den Propheten öfters berührte Partnerschaft zwischen Jahve, dem Eheherrn und Israel als der ihm angetrauten Jungfrau, – die Flutgeschichte (Gen. 6–7) das scheinbar endgültige Gericht, das mit der Zerstörung Samarias und Jerusalems über Israel-Juda hereinbricht – die Geschichte von Noahs Errettung und von dem mit ihm geschlossenen Friedensbunde (Gen. 8–9) die Bewahrung jenes heiligen Restes als des Zeugen, der alle Untreue des Volkes und alle ihre Folgen überdauernden Barmherzigkeit des göttlichen Bundespartners. Es reflektiert sich also in der allgemeinen Geschichte die besondere. Wieder kann es aber auch nicht anders sein, als daß die besondere Geschichte Israels die Konturen der allgemeinen sichtbar macht. Was das heißt, daß Israels Geschichte sich wirklich als Konzentrat aller Geschichte und insofern an ihrer Stelle, für sie, als ihre Rekapitulation und Präformation so abspielt, wie sie es tut, das wird Jes. 53, 4f. (jener «Gottesknecht» ist gewiß nicht nur, aber auch Israel als solches) erschütternd deutlich. Es sind die Völker und Könige, die dort so reden: «Unsere Sünde hat er getragen und unsere Schmerzen auf sich geladen. Wir aber wähnten, er sei gestraft, von Gott geschlagen und geplagt. Und er war doch durchbohrt um unserer Sünde, zerschlagen um unserer Verschuldungen willen; die Strafe lag auf ihm zu unserem Heil, durch seine Wunden sind wir genesen. Wir alle irrten umher wie Schafe, wir gingen jeder seinen eigenen Weg; ihn aber ließ der Herr treffen unser aller Schuld...» Und zum Schluß v 12: «Darum soll er erben unter den Großen und mit Starken soll er Beute teilen, dafür, daß er sein Leben in den Tod dahingab und unter die Übeltäter gezählt wurde, da er doch die Sünden der Vielen trug und für die Schuldigen eintrat.»

Das also ist die Mitte – zwischen Gott und der Welt jetzt – in der sich die göttlich-menschliche Geschichte Israels abspielt: nicht ohne in der Weltgeschichte ihr Abbild zu haben, nicht ohne ihrerseits das Urbild der Weltgeschichte zu sein. Und nun ist sie in dieser Mitte sich abspielend, als Geschichte in dieser Mitte Offenbarung, sprechende, prophetische Geschichte.

Und eben das ist das Vierte, was ihre Prophetie mit der Jesu Christi gemeinsam hat: daß sie sich selbst als göttlich-menschliche und so zwischen Gott und Welt sich abspielende Geschichte bezeugt. Und wieder wird es wohl so sein, daß in diesem Vierten und Letzten Alles das gründet, was sie nach unseren vorangehenden Feststellungen mit der Prophetie Jesu Christi gemeinsam hat: daß auch sie (1) die Geschichte des Wortes Gottes im Fleisch, ein seinen Willen und sein Tun an und mit den Menschen kundgebendes Geschehen, Offenbarungsgeschichte ist, daß auch sie (2) Licht der Welt, alle Menschen erleuchtendes Licht ist, daß (3) auch sie aus der gegenwärtigen Wirklichkeit der Herrschaft Gottes heraus redet.

Mit dieser vierfachen Feststellung sind wir nun aber zu einer höchst merkwürdigen und belangreichen Erkenntnis vorgestoßen. Die Prophetie der Geschichte Israels in ihrer Einheit ist der Prophetie Jesu Christi vergleichbar u. zw. im Unterschied zu allen Zeugnissen einzelner Propheten (auch der größten unter ihnen) vorbehaltlos vergleichbar. Wir sagen nicht: sie ist mit ihr identisch – wie sollten wir das sagen? Wir sagen aber allerdings: in und mit der Prophetie der Geschichte Israels geschieht in ihrer ganzen geschichtlichen Selbständigkeit und Eigenart in der Weise eines genauen Vorbildes die Prophetie Jesu Christi. Sie ist in ihrer ganzen Selbständigkeit und Eigenart und also in ihrer ganzen Verschiedenheit von dieser ihre adäquate Präfiguration. Sie ist ihr eigentlicher Typus. Sie ist – wir können und müssen nun einen sehr belasteten, aber, recht verstanden, durchaus brauchbaren Ausdruck aufnehmen: Messiasweissagung u. zw. vollkommene Messiasweissagung. Wobei wir «Weissagung» dahin verstehen: sie ist als Aussage der in ihr waltenden göttlichen Weisheit Vorhersage.

> Man halte fest: sie, d.h. die Prophetie der Geschichte Israels in ihrer Einheit. Um ein in diesen und jenen Einzelheiten der alttestamentlichen Texte stattfindendes Voraussagen dieser und jener Einzelheiten der im Neuen Testament bezeugten Prophetie Jesu Christi handelt es sich nicht, und also nicht darum, den alttestamentlichen Zeugen die mantische Fähigkeit solchen Voraussagens und den neutestamentlichen die entsprechende Findigkeit zu deren Entdeckung und Auslegung zuzuschreiben. Die alttestamentlichen Zeugen sagen nichts voraus und sie sagen nur insofern vorher, als sie die vorhersagende Prophetie der Geschichte Israels bezeugen. Und wenn die neutestamentlichen Texte sich bekanntlich sehr oft bei den Einzelheiten ihrer Aussagen über die Geschichte Jesu Christi auf bestimmte Einzelheiten alttestamentlicher Texte beziehen, die sie in jenen «erfüllt» sehen, so sind das Illustrationen der Einheit der Geschichte Jesu Christi mit der in jenen Texten bezeugten Geschichte Israels, in deren altem, vorhersagendem Wort die neutestamentlichen Menschen fortwährend die neue Aussage Jesu Christi vernehmen, wie sie denn auch das neue Wort Jesu Christi fortwährend durch jenes alte vorhersagende bestätigt finden: beides in einer Selbstverständlichkeit und Vollständigkeit, von der uns sogar die Texte etwa des Matthäusevangeliums oder des Hebräerbriefes wahrscheinlich nur eine schwache Vorstellung geben.

Dies ist der Sachverhalt: Die Geschichte Israels sagt vorher, was die Geschichte Jesu Christi nachher sagt. Sie ist messianische Geschichte d. h. ihr vorher gesagtes Wort ist das vom Messias selbst über sich selbst gesprochene Wort, sein Selbstzeugnis. Der Messias ist der nicht von Menschen, aber zum Dienen und Herrschen unter den Menschen Gesalbte. Und das heißt: er ist der von Gott selbst eingesetzte und in der Mitte der Weltgeschichte in seinem Namen, in seiner Autorität, in Vollstreckung seines Willens existierende, als Hohepriester leidende, als König regierende und nun eben als Prophet sich offenbarende Gottesmensch. Um ihn geht es in der Geschichte Israels, und ihre Offenbarung ist die seinige, ihr Wort und Licht das seinige, ihre Herrlichkeit seine Herrlichkeit. Eben Er – kein Anderer, kein Geringerer als Er! – existiert und figuriert, handelt und redet nachher – als Person offenbar geworden jetzt! – in der Geschichte Jesu, den das Neue Testament darum Jesus den Christus, den Gesalbten, den Messias nennt. Eben Er – schon dort kein Anderer, kein Geringerer als Er! – existiert und figuriert, handelt und redet aber schon vorher in der Geschichte, der Volksgeschichte Israels. Eben Er ist das sich in ihr ankündigende Geheimnis. In aller Geschichte kündigt sich irgend ein Geheimnis an. Es ist aber nur die Geschichte Israels, in der sich dieses Geheimnis ankündigt. Und weil dem so ist, weil das sich in ihr ankündigende Geheimnis das des Messias, des Gottesmenschen ist, darum ist schon ihre Prophetie im Unterschied zu der aller anderen Geschichten wahre, rechte Prophetie. Das kann sie aber nur darum sein, weil schon in ihr nicht etwa nur eine Messiasidee oder -vorstellung ihr Wesen treibt, weil und indem vielmehr der Messias selbst in ihr existiert, sich selbst in ihr figuriert, weil und indem ihr Zeugnis sein Selbstzeugnis ist: die Ankündigung ihres Geheimnisses also seine Selbstankündigung: die Ankündigung seines Kommens, seine Erscheinung. Als diese seine eigene Voraussage – und so nicht nur figürlich, sondern *realiter* als sein Advent – ist die Geschichte Israels Typus u. zw., wie wir auf der ganzen Linie gesehen haben, eigentlicher Typus, d. h. genau abbildendes Vorbild, ist sie adäquate Präfiguration der Prophetie seiner Geschichte.

Wenn man zwei in ihrem gewöhnlichen Gebrauch etwas schwächeren Begriffen einen etwas stärkeren Sinn geben dürfte, so wäre zu sagen: die Geschichte Israels ist die Vorgeschichte Jesu Christi und ihr Wort ist das Vorwort des seinigen: die Vorgeschichte, in der doch schon er selbst handelt, und das Vorwort, in welchem doch schon er selbst redet. Als solches von Jesus Christus selbst gesprochenes Vorwort ist die Prophetie der Geschichte Israels von den Aposteln, von der neutestamentlichen Gemeinde überhaupt, gehört worden. Und als Bezeugung dieses seines Vorworts haben sie das Alte Testament verstanden und ernst genommen. In dem, was ihnen das ferne Geschehen um Abraham, Mose, David, Jeremia, das ferne Geschehen des Lebens, Leidens, Betens und Hoffens der Psalmsänger, wie sie es im Alten Testament bezeugt fanden, zu sagen hatte, hörten sie nicht die Stimme eines Fremden, sondern in unmittelbarster Nähe die Stimme des guten Hirten: eben dessen, der als der erniedrigte Gottessohn und als der erhöhte Menschensohn gekreuzigt, gestorben und von den Toten auferstanden unter Pontius Pilatus zu ihren eigenen Lebzeiten zu ihnen geredet hatte und noch und noch mit ihnen redete. Als Hörer seines Wortes in jenem Vorher traten sie also schlicht in die Nachfolge und Gemeinschaft aller derer, die ihn in alter Zeit dort gehört hatten. War denn nicht schon jenes alte, ferne Israel wie sie selbst, wie die Gemeinde des erschienenen, des gekommenen Messias und mit ihr zusammen dessen Leib, d. h. dessen irdisch-geschichtliche Existenzform: nur eben vor seiner Erscheinung in jener Gestalt, wie ihre eigene Gestalt nachher nun eben diese sein durfte und mußte? Gehörten Jene und sie selbst nicht zueinander, indem sie beide – Jene vorher, in der Zeit seiner Erwartung, sie selbst nachher, in der Zeit seiner Erinnerung – zu Ihm, demselben einen Herrn und Haupt gehörten, sein eines Wort vernahmen und mit ihren eigenen Worten nur eben dieses sein eines Wort zu bezeugen hatten? Konnte es zwischen den Worten der alttestamentlichen Zeugen und denen der neutestamentlichen bei aller Verschiedenheit der Zeit, des Raumes und der Geschichte einen sachlichen Widerspruch geben? Waren jene vorher und diese nachher nicht vielmehr notwendig (von ihrem gemeinsamen Ursprung und Gegenstand her notwendig) in solcher Übereinstimmung gesagt, daß sie sich nur eben (wie es in den neutestamentlichen Exegesen der alttestamentlichen Texte geschieht) gegenseitig bestätigen und erklären konnten?

Nun, das Vorher war noch nicht das Nachher. Sondern was sinnvoll gesagt werden muß, ist nur dies, daß doch schon das Vorher in und von diesem Nachher lebte, daß es das vollkommen angemessene Vorher dieses Nachher war und eben als solches auch Anteil an dessen Offenbarungslicht, an dessen Prophetie hatte. Also: die Geschichte Israels war noch nicht als solche die Geschichte Jesu Christi. Sondern was sinnvoll von ihr zu sagen ist, ist nur dies, daß doch schon ihr Geheimnis die in ihr verborgene Geschichte Jesu Christi und daß deren Enthüllung als solche, d. h. aber das ihnen künftige Ereignis der Geburt und geschichtlichen Existenz des Gottessohnes und Davidssohnes doch schon das Ziel war, das rückwärts leuchtend auch sie erhellte. Und also weiter: auch dieses Licht, auch die Prophetie der Geschichte Israels war noch nicht als solche die Prophetie Jesu Christi. Was wahr ist, ist nur dies, daß doch schon sie die Prophetie Jesu Christi in voller Treue ankündigte, als Vorhersage alles dessen, was er sagen würde, Ihm, dem kommenden einen Propheten den Weg – seinen Weg hinein in die Weltgeschichte – bereitet hat. Also: Noch nicht – doch schon! (in dem jetzt limitierten Sinn des «doch schon») – das ist das Charakteristische des Vorher, der Geschichte Israels, ihrer Prophetie und dementsprechend des sie bezeugenden Alten Testamentes.

Inwiefern «noch nicht»? Was limitiert das «doch schon»? Was fehlt diesem ganzen Vorher und Vorhersagen samt seiner alttestamentlichen Vorherbezeugung (Röm. 1, 2, 1. Petr. 1, 11)? Was ist die Grenze, die man in den alttestamentlichen Texten nirgends überschritten findet? Nicht die Wirklichkeit des Bundes in ihrer ganzen Fülle, am allerwenigsten dessen Substanz in der Gegenwart und Aktion des Messias und so auch nicht dessen Selbstbezeugung, die die Prophetie der Geschichte Israels zur wahren und rechten Prophetie macht. Es fehlt diesem Vorher nur eben dies: daß die Wirklichkeit des Bundes, die Gegenwart und Aktion des Messias und auch seine Selbstkundgebung in ihm ganz und gar verhüllt und verborgen war. Verhüllt und verborgen, weil und sofern dieses Vorher an sich und als solches nur eben in der Geschichte des Volkes Israel und in dem, was diese als solche zu sagen hat und sagt, bestand. Der Messias war, wirkte und redete in ihr – aber eben mittelbar und indirekt in ihr als solcher, nicht unmittelbar und direkt in eigener Person. Sie wurde als diese Volksgeschichte durch ihn Ereignis. Es war aber keines ihrer vielen Ereignisse das Ereignis seiner Existenz, seines Hervortretens, seines persönlichen Handelns und Redens. Er war ihr Ursprung und ihr Ziel, aber er selbst trat in keiner ihrer Entfaltungen auf den Plan. Daß da Gnadengegenwart und Gnadengabe Gottes zu seiner Ehre und zum Heil der Menschen in Fülle stattfand, ist mit Händen zu greifen, aber der Messias als der Mittler und damit das Subjekt dieses Geschehens war keiner von den Vielen – keiner von den Großen und auch keiner von den Kleinen – unter denen und an denen sich dieses Geschehen vollzog, die die geschichtlichen Träger des Bundes und die Zeugen seiner Wirklichkeit waren. Wohl redete diese Geschichte – vielmehr in ihrem Geschehen Er, der Eine, der schon ihr Herr war – aber wer der war, mit wem es der, der sie reden hörte, zu tun bekam, das sagte sie nicht aus: um das auszusagen hätte sie ja unmittelbar und direkt auch seine Geschichte sein müssen. Sie war es aber eben erst mittelbar und indirekt. Sie war ja eben eine Volksgeschichte, in der zwar immer wieder neue Figuren – einzelne von ihnen so grundlegend wie Mose oder so zentral wie David hervortraten, aber ohne doch mehr als hier oder dort repräsentativ für das Ganze, für ihren Zusammenhang einzustehen, ohne daß sie doch auch nur in einer von ihnen greifbar zur Geschichte eines bestimmten Menschen geworden wäre. Und nun eben nur als Volksgeschichte sprach sie dann auch ihr Wort, nicht als Wort einer bestimmten Lebensgeschichte, Lebenstat, Lebenserfahrung und darum nun doch nicht als ein klingendes Wort, sondern – wenn man es so sagen darf – als das zwar mit Zunge und Lippen richtig gebildete und gesprochene, aber lautlos gesprochene und darum nun doch nicht ausgesprochene Wort eines Stummen. Man könnte auch sagen: wie ein zwar klingend, nur eben in einer dem Hörer unbekannten Sprache ausgesprochenes Wort! Der Eine, der es nicht nur artikulierte, sondern klingend und verständlich ausspräche, fehlte noch, war noch nicht da – oder eben erst in der Gestalt der Volksgeschichte, die ihn freilich als den Verheißenen und Erwarteten, mehr noch: als ihren heimlichen Herrn und Regenten in sich schloß, aber bis zu seiner Ankunft und Erscheinung auch verbarg, die sich wohl um ihn bewegte, aber gewissermaßen exzentrisch – um ihn als um ihre ihr selbst als dieser Volksgeschichte transzendente

Mitte. Die Kirchenväter haben gelegentlich das Gleichnis gewagt: Sein Leib – sein Volk, seine Gemeinde in jener ersten Gestalt (schon sie fraglos sein Leib!) war zwar geboren, Er aber, das Haupt seines Leibes noch nicht; seine Geschichte war in der Geschichte Israels zwar angekündigt aber noch nicht geschehen, und so war auch sein Wort zwar artikuliert, aber noch nicht hörbar und verständlich ausgesprochen. Er war, mit Röm. 10, 4 zu reden, das Ziel des Gesetzes, das Gesetz als solches aber war noch ohne dieses Ziel. Es war die Prophetie der Geschichte Israels, weil sie die seinige war, d. h. weil die seinige sich in ihr schon ankündigte, wahre und rechte Prophetie. Es war aber ihre Herrlichkeit – die nach 2. Kor. 3, 12 f. schon vom Angesicht des Mose ausstrahlende Herrlichkeit – und darum auch die der sie bezeugenden Texte des Alten Testamentes – verhüllt durch jene Decke. Das war die Decke: daß er selbst, der sie zur Herrlichkeit machte, noch nicht gekommen, noch nicht erschienen, daß der dem Abraham und dann wieder dem David verheißene Sohn – Er, um deswillen ganz Israel Gottes erstgeborener Sohn heißen durfte – noch ausstand. Das war die Decke: daß die Wahrheit und das Recht der Prophetie der Geschichte Israels noch nicht durch den bestätigt und erwiesen war, der in ihr im Advent war, in welchem sie von Anfang an ihren Grund, ihren Inhalt und ihr Ziel hatte. Das fehlte jenem ganzen Vorher, jener Vorgeschichte, jenem Vorwort: Er fehlte. Daß er fehlte, das ist die große Klammer des «Noch nicht», von der Alles umschlossen war, was als die große Auszeichnung jenes Vorher, nämlich als seine substantielle Gleichheit mit seinem Nachher ohne Abstrich zu sehen und zu verstehen ist. Das limitiert alles «Doch schon», das man ihm nicht absprechen darf. Es war erfüllt und hell, weil und indem es das Vorher des großen Nachher des Ereignisses der Fleischwerdung des Wortes Gottes war und als solches an diesem Ereignis Anteil hatte, in Gestalt jener Volksgeschichte der Fleischwerdung des Wortes entgegeneilte. Es war aber unerfüllt und dunkel, weil und indem es, indem es doch nur das Vorher dieses großen Nachher war, jenes Ereignis zwar ankündigte und insofern schon an ihm Anteil hatte, aber doch erst ankündigte, weil es doch nur in Gestalt der Geschichte des Volkes des fleischgewordenen Wortes, in Gestalt der Geschichte Adams, Abrahams, Davids, als das Vorwort des Wortes Jesu Christi an ihm Anteil hatte. Die Geschichte Jesu Christi als solche, die das Nachher und also das Ziel und Ende dieses Vorher ist, hatte in ihm noch nicht angefangen.

Es kann nun aber das, was negativ bzw. kritisch, einschränkend, über dieses Vorher zu sagen ist, auch hier das letzte Wort nicht sein. Es ist ja doch kein neuer, kein anderer Bund, der in der Geschichte Jesu Christi aufgerichtet und proklamiert wird, sondern der eine Bund in einer neuen, in seiner allerdings erst in dieser Gestalt (nach Calvin: erst in dieser *oeconomia* oder *administratio*) vollendeten, weil seinem Grund, Inhalt und

Ziel unmittelbar und direkt konformen Wirklichkeit: als die in jenem Vorher, in der Geschichte Israels und ihrer Prophetie latente Wirklichkeit des Messias Jesus. Als der erwählende Gott und als der erwählte Mensch in einer Person ist Er ja der Grund, der Inhalt und das Ziel des Bundes Gottes mit dem Menschen, ist Er der eine Prophet dieses Bundes. Sein Kommen, seine Erscheinung, seine Geburt, seine geschichtliche Existenz als dieser Eine ist das Nachher jenes Vorher, mit dessen Anheben jenes Vorher abgeschlossen ist, als dieses Vorher nicht weiter geht.

Die Geschichte Israels und ihre Prophetie kann also nach dem Anheben dieses ihres Nachher, in welchem sie ihre Erfüllung gefunden hat, keine Fortsetzungen mehr haben. Was sich seither als solche darstellen möchte, sind ja nur noch die abstrakten Erinnerungen an ihr einstiges, ihr mit dem Anheben ihres Nachher abgeschlossenen Geschehens: als solche höchst eindrucksvoll, eine Art Gottesbeweis, wie man die Geschichte des sog. Judentums schon genannt hat, d. h. eine rein weltgeschichtliche Bestätigung des Ursprungs und Gegenstandes des alttestamentlichen Zeugnisses – aber eben als abstrakte Erinnerungen auch merkwürdig gespenstisch und unfruchtbar, ohne rechte und wahre Prophetie, eben weil sie bestenfalls die alte Prophetie ohne die neue ist, ohne die Erfüllung, auf die sie doch schon als alte gezielt hatte und die sie nun in der neuen längst gefunden hat.

Daß die Geschichte Israels keine Fortsetzungen mehr haben kann, heißt aber nicht, daß sie veraltet, erledigt, gleichsam ausgelöscht ist. Wie sollte sie veralten können, da ja der eine in der ewigen Erwählung Jesu Christi gestiftete Bund zwischen Gott und Mensch schon ihr Grund, Inhalt und Ziel, in jener ersten Gestalt als Volksgeschichte schon in ihr verwirklicht, weil Jesus Christus schon in ihr als in seinem Typus, seiner Vorgeschichte, seinem Vorwort handelte und redete. Das Neue: sein Kommen, seine Erscheinung, seine Geburt, seine Existenz folgt nicht nur als ein Neues und Anderes auf jenes Alte, sondern als dessen Vollendung und Erfüllung und also in Einheit mit ihm aus ihm. Ist also jenes Vorher nur auf jenes Nachher hin, so ist es umgekehrt auch so, daß dieses Nachher aus jenem Vorher folgt, nur von ihm her ist, daß es das große Nachher nicht sein könnte, nicht wäre ohne jenes Vorher und daß es als dieses Nachher ohne jenes Vorher nicht zu erkennen und nicht zu verstehen wäre. Denn das macht das Neue Testament mit seinen fast unzähligen direkten und indirekten Bezugnahmen auf das Alte unzweideutig klar, daß die Apostel und die neutestamentliche Gemeinde überhaupt das neue Wort des gekommenen, erschienenen, geborenen, geschichtlich existierenden Jesus als des einen Christus und Gottesmenschen, als Wort seines Lebens, seiner Lebenstat und Lebenserfahrung nur im Zusammenklang mit seinem schon in der Volksgeschichte Israels gesprochenen und vernehmbaren Worte, nur eben als dessen Bestätigung und Erfüllung hören und verkündigen konnten. Gab es für sie als Zeugen des großen Nachher kein abstraktes Vorher, keine nur ferne, nur fremde, nur vergangene, nur stumme oder fremdsprachige Geschichte Israels, sondern im Gegenteil: nur in ihrem zum Ziel Kommen, nur in ihrer Erfüllung und also nur in ihrer nicht nur unverminderten, sondern geradezu potenzierten Gegenwart und Wirklichkeit in der Geschichte Jesu Christi – so gab es für sie umgekehrt auch kein abstraktes Nachher, keine Geschichte Jesu Christi also, in der ihnen nicht in derselben Unmittelbarkeit und Direktheit wie einst den alttestamentlichen Zeugen die Geschichte Israels, ihr heute und hier lebendig gesprochenes Wort begegnet wäre. Weit entfernt davon, daß es ihnen durch das Kommen Jesu Christi, durch sein Werk und Wort, durch sein Sterben und Auferstehen geboten oder auch nur erlaubt worden wäre, das Buch des Alten Testamentes zu schließen und *ad acta* zu legen, sein Zeugnis und die von ihr bezeugte Geschichte als vergangen und abgetan hinter sich zu lassen, wurde ihnen gerade durch die Offenbarung und in der Erkenntnis Jesu Christi das Alte Testament aufgetan; gerade zu ihnen als den Zeugen der Geschichte Jesu Christi als solcher redeten nun auch die Zeugen des Bundes in jener seiner ersten Gestalt. Jetzt erst sogar, und nur zu ihnen! Gerade nicht zu denen, die sie ohne die Offenbarung und Erkenntnis Jesu Christi, die sie immer noch so hören wollten, als hätte das Vorher, von dem sie zeugte, kein Nachher, als hätte dieses Nachher nicht schon angefangen, als wäre der verheißene und erwartete Messias noch nicht gekommen und erschienen. Es bedeutete die Offenbarung und Erkenntnis Jesu Christi für die, die ihrer teilhaftig wurden – erst und nur für sie! – dies, daß jene Decke vom Angesicht des Mose weggenommen wurde, daß sie des Lebens und des Lichtes des Messias schon in jenem Vorher gewahr wurden – von dem Neuen her das Alte, das doch damals dasselbe gewesen war und bezeugt hatte wie das Neue: von dem her es sich ihnen freilich als das Alte, aber auch als Dasselbe und in derselben Fülle wie das Neue eröffnete. Der Bund zwischen Gott und den Menschen ist eben einer und sein Mittler ist «gestern und heute derselbe» auch einer. In ihm sind die Geschichte des Vorher und die Geschichte des Nachher eine Geschichte – sind das vorher und das nachher gesprochene Wort ein Wort – sind auch dessen Bezeugungen im Alten und Neuen Testament ein einziges Zeugnis. Alles ohne Identifizierungen des Einen mit dem Anderen! Alles indem das Eine wie das Andere ihre zeitliche und geschichtliche Eigenart und Besonderheit haben und behalten! Und vor allem: Alles auch in seiner Teleologie, d. h. Alles auch als die unumkehrbare Folge, als Weg von der Vorgeschichte zur Geschichte, vom Vorwort zum Wort, von der als Ziel in der Geschichte Israels erwarteten zu der in Jesu Christi erschiener Person aufgerichteten zweiten Gestalt des Bundes und so vom Alten zum Neuen Testament! Aber das Alles ohne Trennung des Einen vom Anderen, also ohne daß die zeitlichen und geschichtlichen Besonderheiten hier und dort den Charakter von eigenen Hypostasen hätten oder bekommen dürften! Alles ohne Verhärtung des Gegensatzes der beiden Gestalten – nicht zu reden von seiner Verdichtung zum Gegensatz zweier «Religionen» – Alles ohne Konkurrenz zwischen einer sog. alttestamentlichen und einer sog. neutestamentlichen Theologie! Es gibt hier wie nur **einen** Propheten, mit dem es die alttestamentlichen Zeugen in ihrer Weise vorher, die neutestamentlichen in ihrer anderen Weise nachher zu tun hatten, so auch nur **eine** Prophetie und Offenbarung, **ein** Licht und **ein** Wort und so auch nur eine biblisch-christlich-kirchliche Theologie, die mit gleichem Ernst Beides zu erforschen und darzustellen hat: wie das Neue Testament im Alten verborgen ist *(Novum Testamentum in Vetere latet)* und wie das Alte Testament im Neuen offenbar ist *(Vetus Testamentum in Novo patet)*. Sie würde sofort gegenstandslos, wenn sie etwa das Eine tun, das Andere aber lassen wollte. Sie würde dann bestimmt weder das Eine noch das Andere tun, sondern, sich selber aufhebend, Beides lassen.

Den in seiner zweifachen, erst verborgenen, dann offenbaren Gestalt **einen** Propheten des **einen** Bundes meinen wir, wenn wir «Jesus Christus» sagen. Und wir meinen das Licht seines **einen** Lebens, den Namen seines **einen** Daseins, die Offenbarung seiner **einen** Geschichte, das Wort, den Logos seiner **einen** Tat, die Herrlichkeit seiner **einen** und einzigen Mittlerschaft, wir meinen seine in ihrer zweifachen Gestalt **eine** Prophetie, wenn wir ihn nun im besonderen in seinem Leben, Dasein, Akt, Wort und Tun **in seinem prophetischen Amt** ins Auge fassen.

Aber es ist an der Zeit, daß wir eine sehr grundsätzliche **Rückfrage** stellen und zu beantworten suchen, an der wir bis jetzt stillschweigend vorbeigegangen sind. Wir haben nämlich bis jetzt ohne Weiteres **vorausgesetzt und behauptet**, daß das Leben Jesu Christi als solches **Licht**, sein Dasein als solches auch **Name**, seine Wirklichkeit auch **Wahrheit**, seine Geschichte auch **Offenbarung**, seine Tat auch **Wort, Logos** sei. Wir haben ihm das, was die Bibel **Herrlichkeit** nennt und also sein prophetisches Amt bis jetzt einfach zugeschrieben. Mit welchem Recht und Grund?

Wurde ihm – haben wir ihm das Alles bloß «zugeschrieben»: so wie ihm ja nach der Ansicht mancher Historiker auch andere Funktionen und Titel nachträglich zugeschrieben worden sein sollen? Ist das, was wir das Licht seines Lebens nennen, vielleicht doch bloß das Licht eines «Werturteils», das wir an ihn herantragen, indem wir ihn beleuchten, d. h. einschätzen nach der Bedeutung, die wir ihm zumessen, so daß der eigentliche Lichtquell eben doch in uns selbst, nämlich in dem Maßstab zu suchen und zu finden wäre, mit Hilfe dessen wir das für **uns** (und damit objektiv und real) Bedeutende, und nun eben auch **seine** «Bedeutsamkeit» feststellen zu können meinen? Sollte seine Wahrheit vielleicht doch nur die einer Kategorie sein, unter der wir uns die Wichtigkeit seines Werkes begreiflich machen wollen, seine Offenbarung vielleicht doch nur ein anderes Wort für die schöpferische Erkenntnis, in der wir uns im Blick auf seine Figur, seiner Figur uns bedienend, des Geheimnisses unserer eigenen Existenz, aber auch seiner Auflösung bewußt werden, sein Logos doch nur das, was wir für die *ratio* unserer

2. Das Licht des Lebens

eigenen Lebenstat halten? Und also seine Prophetie im Grunde doch nur die Macht und Autorität unserer Selbstaussage, der wir damit eine anschauliche Bestätigung verschaffen, der wir damit Würde und Gewicht verleihen, daß wir sie als die Aussage dieser uns in der Bibel dokumentierten Person verstehen und beschreiben, diese gewissermaßen mit der Herrlichkeit bekleiden, in der wir unsere eigene Selbstaussage machen möchten? Ist dieser angebliche Prophet, der da angeblich zu uns redet, auf den wir da angeblich hören, mehr als ein von uns selbst konstruierter und eingesetzter Sprecher, durch dessen imaginäre Existenz wir uns selbst bejahen und bestärken möchten und tatsächlich bejaht und bestärkt finden, ohne daß er doch etwas Anderes zu uns spräche und ohne daß wir etwas Anderes zu hören bekämen, als was wir selbst ihm auf die Lippen legen, ihn zu uns sprechen lassen? – Es wird gut sein, wenn wir uns dieser Frage – es ist in besonderer Modifikation die alte Frage Ludwig Feuerbachs – bevor wir weitergehen, in aller Form stellen.

Sehen wir aber wohl zu, in welchem Sinn wir uns hier fragen lassen und zu antworten versuchen! Es könnte nämlich wohl sein, daß wir uns da zum Versuch eines Beweises veranlassen bzw. verführen ließen, in dessen Durchführung wir gerade das leugnen würden, was wir beweisen möchten, daß wir Feuerbach verfallen, indem wir uns seiner zu erwehren versuchen!

Wer stellt eigentlich die Frage nach Recht und Grund unserer Voraussetzung und Behauptung, daß das Leben Jesu Christi selbst solches Licht habe und sei: das Licht, in welchem wir unserseits leben dürfen und sollen? daß sein Werk Wahrheit, seine Geschichte Offenbarung, seine Tat Wort Gottes sei – Wahrheit, die uns als solche aufgeht – Offenbarung, durch die zu uns, in unser Dasein kommt, in uns hell wird, was nicht aus uns kommen und hell werden kann – Wort, das überlegen zu uns gesprochen wird, das wir uns also nicht selbst sagen, sondern nur eben vernehmen und nachsprechen können? Wer fragt da: ob Jesus Christus wirklich der Prophet sei, den wir als solchen nicht hervorgerufen haben, der vielmehr uns anruft, aus unserem Hochmut und unserer Trägheit, aus unserer Lüge uns heraus und in die Gemeinschaft mit ihm hereinruft? – ob es wirklich so sei, daß wir es im Zeugnis des Alten und Neuen Testamentes nicht etwa mit einem Vorspiel und einer Analogie des Zeugnisses zu tun haben, das wir uns selbst ausstellen möchten, sondern mit der Wiedergabe und Weitergabe eines Selbstzeugnisses, das allen unseren Selbstzeugnissen vorangeht, sie alle überholt, nach dem sich alle unsere Selbstzeugnisse zu richten haben? Wer fragt da? Sollten etwa wir selbst die Frager sein, dann ist es schon mehr als wahrscheinlich, dann ist schon darüber entschieden, daß unsere Antwort, ob wir das Alles wahrhaben, es unserseits so sagen werden oder nicht, auf der Linie verlaufen wird, auf der Feuerbach, nachdem er selbst diese Frage gestellt, sich selbst Antwort gegeben hat. Wir sind dann offenkundig schon im Begriff, es Jesus Christus bloß (dem uns gegebenen oder von uns geschaffenen Licht entsprechend) «zuzuschreiben», daß er das Licht habe und sei. Nur daß wir uns vorerst noch fragen, ob wir uns dazu entschließen wollen und sollen und eben zu solchem Fragen uns selbst für kompetent, vom Besitz unseres eigenen Lichtes her für aufgefordert und zuständig halten! Als ob wir uns an einem Ort befänden, von dem aus wir danach, ob Jesus Christus das Licht, die Offenbarung, das Wort, der Prophet sei und ob wir ihn als solchen zu anerkennen hätten, fragen könnten, um der Aufrichtigkeit und Wahrhaftigkeit willen, die wir uns selbst schuldig sind, wohl gar fragen müßten! Daß er es ist, daß sein Leben Licht, sein Werk Wahrheit, seine Geschichte Offenbarung, seine Tat Wort Gottes ist, das haben wir dann schon damit geleugnet, daß wir uns selbst die Kompetenz zuschreiben, danach zu fragen. Uns bleibt dann im besten Fall übrig, es ihm «zuzuschreiben», d. h. zuzubilligen, daß er das sei! Es hilft aber nichts – und aller Ernst und Eifer, mit dem wir das tun mögen, wird nichts daran ändern, daß wir ihm nicht mehr als eben die Hoheit zubilligen werden, die wir zuerst uns selbst damit zugebilligt haben, daß wir uns die Kompetenz, so zu fragen, zuschreiben zu können und zu sollen meinten. Wüßten wir, wonach wir da fragen – nach seiner Prophetie, nach dem Licht seines Lebens, nach der Wahrheit seines Werkes, nach der Offenbarung seiner Geschichte, nach dem Gotteswort seiner Tat, kurz: nach seiner Herrlichkeit, dann würde unsere Frage danach verstummen, bevor wir sie uns erlaubt, bevor sie auch nur innerlich laut geworden wäre. Wir würden uns dann eben die Kompetenz zu solchen Fragen nicht zu-, sondern aberkannt haben. Die Immunität gegenüber der Antwort, die Feuerbach sich selbst auf seine eigene Frage gegeben hat, beginnt mit der Erkenntnis, daß schon diese Frage unsere eigene Frage nicht sein kann, mit der Erkenntnis unserer Unzuständigkeit, uns hier als Fragende aufzuspielen.

Und wonach sind wir da eigentlich gefragt? Nach einem uns eigenen oder von uns anzueignenden Grund und Recht, vorauszusetzen und zu behaupten, daß das Leben Jesu Christi Licht sei: das Licht, in dem wir selbst leben dürfen und sollen? Also nach einem Argument zur Rechtfertigung unseres Unternehmens: in unseren eigenen Augen und in den Augen Anderer unseresgleichen? nach einem Aufweis einer in uns begründeten Notwendigkeit oder doch Möglichkeit, solches zu unternehmen? Etwa nach einem Aufweis, der auf das Ergebnis eines von uns gewagten Vergleichs der Auswirkungen und Ausstrahlungen des Lebens Jesu Christi mit denen des Lebens anderer bedeutsamer Personen begründet wäre? Oder nach einem Aufweis einer Lücke in unserem Welt- und Geschichtsbild, die nur eben durch seine Existenz und ihre Bedeutsamkeit gefüllt sein könne? Oder nach dem Aufweis eines anthropologischen Problems, auf das wir nur eben in ihm eine Antwort zu finden vermöchten? Oder auch ganz individuell: nach dem bekenntnismäßigen Aufweis derjenigen unmittelbaren Erfahrung, die gerade uns dazu nötige, gerade sein Wort als das Wort Gottes zu anerkennen und zu proklamieren? Solcher Aufweis könnte herzlich gut gemeint sein und mit großer Kunst versucht und durchgeführt werden. Aber wieder würden wir dann schon einer Antwort im Geiste Feuerbachs entgegeneilen, würden wir schon im Begriff sein, zu verleugnen, was wir beweisen wollen. Nehmen wir an, es gebe einen Menschen, der das voraussetzt und behauptet, daß die Existenz Jesu Christi Licht, Wahrheit, Offenbarung, Wort, Herrlichkeit ist, der es offenbar für begründet und geboten zu halten scheint, Solches zu bekennen. Würde es einem solchen Menschen einfallen können, sich selbst in dieser Sache zu rechtfertigen, Aufweise vorzubringen, um sich selbst oder Andere davon zu überzeugen oder sich nachträglich dessen zu vergewissern, daß es bei seinem Tun mit rechten Dingen zugehe, daß, was er tut, notwendig oder mindestens möglich sei? Als ob er vergessen hätte, daß er das in einer Freiheit tut, die ihm weder gehört, noch von ihm zu erwerben, sondern die ihm geschenkt ist, in deren Gebrauch, in deren Tun und Lassen er sich also vor keiner anderen Instanz als vor dem, dem er sie verdankt, zu verantworten hat: nicht einmal, ja zu allerletzt sich selbst gegenüber! Würde er die Freiheit dazu, die er offenbar hat, nicht verraten, wollte er sie anders als damit rechtfertigen, ihren Grund und ihr Recht anders als damit ausweisen, daß er von ihr Gebrauch macht, d. h. jene Voraussetzung, jene Behauptung wagt: daraufhin, daß ihm in der ihm geschenkten Freiheit etwas Anderes gar nicht übrig bleibt? Würde er mit allem Argumentieren zugunsten seines Unternehmens nicht verzichten auf die ihm geschenkte Freiheit dazu? Indem er nämlich täte, als ob er sie nicht hätte! Und würde er jene Voraussetzung und Behauptung nicht zum vornherein unglaubwürdig machen, ja Lügen strafen, wenn er sie mit seinem Argumentieren für ihre Möglichkeit oder Notwendigkeit als ein Unternehmen hinstellen würde, für dessen Güte er erst – als wäre er, oder als hätte er sich selbst dazu ermächtigt – Rechenschaft ablegen und also dies und das zugunsten seines Gegenstandes und Inhaltes vorbringen müsse? Und würde – das fällt ungleich schwerer ins Gewicht – wo nach solchen Begründungen gefragt sein sollte, nicht eben das verleugnet und verraten, um was es bei jener Voraussetzung und Behauptung doch gehen soll: eben sein Gegenstand und Inhalt als solcher? Nehmen wir an, es sei so: Jesus Christus sei das allen Menschen leuchtende Licht, die ihnen Allen aufgehende und sie überführende Wahrheit, die ihnen Allen widerfahrende Offenbarung, das zu ihnen Allen gesprochene Wort. Nehmen wir an, er sei einem Menschen in dieser seiner Herrlichkeit begegnet und das also sei der Inhalt seiner Voraussetzung und Behauptung. Was würde es nun bedeuten, wenn er zu einer historischen, weltanschaulichen, anthropologischen, psychologischen Nachforschung und Darlegung schreiten wollte in der Absicht, sich selbst oder Anderen vor Augen zu führen, daß es mit dem Inhalt seiner Voraussetzung und Behauptung seine Richtigkeit habe, daß also Jesus Christus ein Prophet, der Prophet Gottes an und für alle Menschen tatsächlich sei, aus diesen und diesen Gründen sein müsse oder doch sein könne? Als ob dem vielleicht doch nicht – oder doch nicht selbstverständlich, nicht mit axiomatischer Gewißheit so sei! Welch ein «Als ob»! Würde er damit nicht – und je ernstlicher seine Nachforschung, je künstlicher seine Darlegung wäre, nur umso gründlicher – gerade das Gegenteil bekunden: daß er den, dem er in dieser Weise zu Hilfe kommen zu müssen meint, im Grunde für k e i n e n Propheten und zu allerletzt für d e n Propheten Gottes hält? Hielte er ihn dafür, so würde er sich doch daran erinnern, daß er selbst sich ihm als solcher erwiesen und bewiesen, daß er selbst zu ihm für sich selbst gesprochen hat, ohne ihm erst seine Legitimation und Autorität als Offenbarer und Prophet vorzuführen, ohne ihn erst mit diesen und jenen Gründen davon zu überzeugen, daß er es wirklich sei. Und eben diese Souveränität des Offenbarers und Propheten und nur sie, eben das freie Leuchten seines Lichtes, eben die freie Klarheit der Wahrheit selbst, eben diese freie Gewalt der Offenbarung, eben diese Freiheit des zu ihm gesprochenen Wortes gab doch ihm seinerseits die Freiheit, jene Voraussetzung und Behauptung zu wagen. Wie sollte er da auf ihren Inhalt, auf das Ereignis der Prophetie auf einmal zurückkommen, es um einer angeblichen Aufrichtigkeit und Wahrhaftigkeit willen nachträglich doch wieder in Frage stellen, seine Wirklichkeit als dieses Ereignis doch wieder – zu seiner eigenen Beruhigung und angeblich: um Anderen damit zu helfen – mit diesen und jenen Argumenten zu stützen, es mit dieser und jener Überlegung, die er dazu anstellen mag, als gewiß oder doch als wahrscheinlich zu erweisen versuchen? Merkt er denn gar nicht, daß er noch immer oder längst schon wieder von einer ganz anderen Sache redet, vom *thema probandum* gänzlich fern oder abgekommen ist, seit er von dem Licht des Lebens Jesu Christi nun doch wieder – als wäre nichts geschehen! – so zu reden begonnen hat? Merkt er denn gar nicht, daß er die Richtigkeit dieser Sache nur damit erfahren, erweisen, beweisen kann, daß er ihr entsprechend mit ihr umgeht? Schreckliche Vergeßlichkeit oder schreckliche Verwechslung gerade hinsichtlich des Inhalts jener Voraussetzung und Behauptung, wenn es uns einfallen, wenn es uns möglich oder gar notwendig erscheinen kann, mit dem majestätischen Gottesspruch, von dem wir doch mit unserem Voraussetzen und Behaupten zu reden scheinen, umzugehen wie mit irgend einem Lehrsätzlein, das wir gegen unsere eigenen Zweifel, Bedenken, Einwände und die Anderer zu verteidigen hätten, wie es unsere menschlichen Lehrsätze, und wären es die besten, die selbstverständlichsten oder tiefsinnigsten, allerdings nötig haben! Können wir übersehen, daß das eine Preisgabe, eine Lästerung, ja eine Negation dieses Gottesspruchs in sich schließt, die, wenn wir sie uns einmal geleistet haben, allen Ernst unseres Fragens nach seinem Grund und Recht gerade nur der Lächerlichkeit überantworten kann? Was heißt Aufrichtigkeit? Was heißt Wahrhaftigkeit? Sicher nicht ein Verfahren, das darauf hinausläuft, mit der Wahrheit, um sie als Wahrheit

2. Das Licht des Lebens

zu erweisen, zunächst so umzugehen, als ob sie nicht die Wahrheit wäre, sie dann erst als solche anerkennen zu wollen, nachdem man außer dem, daß sie die Wahrheit ist, auch noch einige andere Motive gefunden hat, sich auf sie einzulassen! Das geht eben nicht. Es gibt keine psychologische, keine apologetische, keine pädagogische, keine seelsorgerliche Absicht – und es gibt auch keine Verpflichtung zu wissenschaftlicher Gewissenhaftigkeit, mit der solcher Frevel zu entschuldigen und zu rechtfertigen wäre. Nein, solange man sich zu solchem Verfahren noch angeregt oder gar verpflichtet und genötigt findet, würde man sich besser eingestehen, daß man die Stimme der Wahrheit noch gar nicht gehört hat oder schon wieder nicht mehr hört, und daß es darum für den Augenblick ratsamer wäre, sich mit Anderem als gerade mit ihr beschäftigen zu wollen.

Gewiß sind wir in dieser Sache gefragt! Und das nicht nur beiläufig, sondern sehr zentral und dringlich, und nicht so, daß wir uns der Verantwortung allenfalls auch entziehen könnten, sondern unausweichlich so, daß wir, ohne uns zu verantworten, mit gutem Gewissen keinen Schritt weitergehen könnten.

Aber eben: wir sind gefragt. Nicht wir sind es also, die hier zu fragen die Kompetenz haben, die sich Jesus Christus gegenüber an einem Ort befinden, von dem aus sie das Licht seines Lebens, das Wort seiner Tat in Frage stellen könnten oder gar müßten. Sondern indem sein Leben Licht, seine Tat Wort, indem er die Wahrheit ist, sind wir von ihm danach gefragt, ob wir uns dessen bewußt sind, ob wir uns darüber Rechenschaft geben, was wir tun, wenn wir voraussetzen und behaupten, daß er das ist? Ob wir den Grund und das Recht kennen, die zu unserer Legitimation zu solchem Tun, soll es nicht eitel sein, nötig ist? Wir könnten ja zu schnell und zu leicht, weil ohne die nötige Legitimation, bereit sein, solches zu tun. Es könnte sein, daß wir uns dazu durch irgend Jemanden, der uns mit solchem Voraussetzen und Behaupten vorangegangen ist, beeindruckt von der Sicherheit, in der er das tut oder zu tun scheint, verblüffen, überrumpeln ließen und daß wir uns dann gewissermaßen selbst verblüfften, überrumpelten mit der Zumutung, es ihm gleich zu tun. Solches mag uns wohl geschehen. Mit dem Licht der Offenbarung der Wahrheit, dem Wort, der Prophetie Jesu Christi hat aber solche Verblüffung und Überrumpelung nichts zu tun, sehr viel dagegen mit der Finsternis des Herzens und Gewissens, in der ein Mensch sich endlich und zuletzt auch Jesus Christus gegenüber vormachen kann, daß er sich zu ihm bekenne, wo er doch den Grund und das Recht dazu gar nicht hat, vielleicht eben noch gar nicht kennt und also nicht weiß, was er mit seinem Voraussetzen wagt und tut. Nehmen wir an, der Andere, der mir mit seinem Bekenntnis vorangeht und so imponiert, daß ich mich eingeladen und aufgefordert fühle, es ihm gleich zu tun – nehmen wir an, dieser Andere sei dazu legitimiert, so sind doch wir selbst es damit, durch ihn also auf keinen Fall. Halten wir dafür, daß uns unsere Verantwortung, die Frage nach unserem Grund und Recht durch ihn abgenommen sei, dann hätten wir ihn doch sehr schlecht verstanden, von seinem Vorgang und Beispiel einen sehr üblen Gebrauch gemacht. Es wäre denn, daß vielleicht doch schon er selbst ein übler, weil selbst nicht legitimierter, trotz und mit seinem Bekenntnis zu Jesus Christus in der Finsternis und nicht in seinem Licht lebender Vorgänger gewesen sein möchte, der uns als solcher nur eben verblüffen und überrumpeln, uns nur eben hinter, statt in das Licht führen konnte. Hat er uns ins Licht geführt, dann kann es nicht anders sein, als daß wir durch das Licht unsererseits gefragt sind: was es mit unserem Recht und Grund, uns seiner zu rühmen als solche, die in ihm leben dürfen, auf sich hat? Wohlverstanden: wir sind nicht danach gefragt: ob und inwiefern wir uns selbst in unserem Unternehmen, uns zu ihm zu bekennen, rechtfertigen, inwiefern wir uns dazu tüchtig finden können? Wohl aber danach: ob und inwiefern sein Leben selbst sich – nicht in irgend einem Anderen, sondern in uns selbst! – als Licht, Offenbarung, Wahrheit, Wort, Prophetie rechtfertigt, bestätigt, bewährt? Ob und inwiefern unserem Voraussetzen und Behaupten, daß es das sei, durch seine eigene Gegenwart und Aktion Substanz gegeben sei? Wer anders als der lebendige Jesus Christus selbst könnte ihm diese Substanz, die es als unser Unternehmen und Tun wahrhaftig nötig hat, ohne die es eitel sein und bleiben müßte, geben? Und danach zu fragen: ob er selbst unser Motiv und also unsere Legitimation zu unserem Bekennen, Voraussetzen, Behaupten als unser Unternehmen und Tun ist, sind wir selbst sicher nicht die Leute, weil wir die Kompetenz, danach zu fragen, bestimmt nicht haben, den Ort, von dem aus wir das beurteilen könnten, bestimmt nicht einnehmen. Eben danach sind wir aber, wenn wir uns zu ihm bekennen, durch ihn gefragt. Und darauf haben wir – nicht uns selbst und nicht anderen Menschen, sondern Ihm zu antworten. Darüber haben wir nicht uns selbst und auch keinem Anderen, wohl aber Ihm Rechenschaft abzulegen. Indem wir, von seinem Licht erreicht, seiner Offenbarung teilhaftig, seiner Wahrheit gewahr geworden, als Hörer seines Wortes, umstrahlt von der Herrlichkeit seiner Prophetie, ihm darüber Rechenschaft ablegen – gar nicht als Fragende, wohl aber als Gefragte – wissen wir, was wir mit unserem Voraussetzen und Behaupten tun, bekommt und hat unser Bekenntnis die Substanz, das Metall, das spezifische Gewicht von Erkenntnis, die ihm, soll es nicht eitel und Haschen nach Wind sein, nicht abgehen darf.

Und nun haben wir schon berührt, wonach wir wirklich gefragt sind. Wir sind bestimmt nicht danach gefragt, woher Jesus Christus das haben, durch was das also zu beweisen sein möchte, daß sein Leben Licht ist? wie er dazu komme, wie das also verständlich und einleuchtend zu machen sei, daß er Gottes Offenbarer, der von ihm zu uns gesendete und zu uns

2. Das Licht des Lebens

redende Prophet und so auch in dieser Hinsicht der Mittler zwischen Gott und dem Menschen sein könne und wirklich sei. Wäre er dieser Frage unterworfen und müßte und könnte die Antwort darauf erst gesucht und gefunden werden, dann wäre er nicht Offenbarer, Prophet, Mittler. Mit der Notwendigkeit und Möglichkeit, ihn als solchen zu beweisen, würde uns das zu Beweisende unter den Händen zerrinnen. Wir sind aber allerdings u. zw. durch ihn selbst danach gefragt, ob wir Menschen sind, in deren Leben er selbst sich als Offenbarer, Prophet und Mittler betätigt und erwiesen hat. Und das heißt konkret: ob wir uns dementsprechend verhalten, ob unser Dasein, Denken, Wollen und Reden von daher sein Gefälle und seine Richtung hat, daß er das getan hat und noch tut – daß er uns also nicht nur voraussetzungs- und behauptungsmäßig, nicht nur theoretisch, sondern praktisch Licht und also Regel, Kanon, Maßstab ist? ob wir ihn Erkennende zu sein nicht nur vorgeben und mehr oder weniger ernstlich meinen, sondern als solche existieren? Dann und daraufhin, daß wir das tun, werden wir ja auch voraussetzen und behaupten müssen und dürfen: sein Leben ist Licht, er ist der Offenbarer, der Prophet, der Mittler. Existieren wir als ihn Erkennende, dann müssen und dürfen wir auch seine Bekenner sein. Unserem Bekenntnis zu ihm wird dann die Substanz, das Metall, das spezifische Gewicht nicht fehlen und dann auch nicht die Glaubwürdigkeit. Der gesuchte Aufweis des Inhalts unserer Voraussetzung und Behauptung und damit auch die Begründung und Berechtigung unseres Voraussetzens und Behauptens wird dann stattfinden. Aber eben danach sind wir – und das durch ihn selbst – gefragt: ob wir uns dementsprechend verhalten, daß wir nach jenem Wort an Pilatus (Joh. 18,37) «aus der Wahrheit» sind. «Wer aus der Wahrheit ist, der hört meine Stimme.» Er muß, darf, kann und wird also die Pilatus-Frage: «Was ist Wahrheit?» nicht mehr stellen. Er hat nicht mehr die falsche Freiheit nach besonderen, die Wahrheit von außen stützenden und bestätigenden Bewährungen fragen zu wollen. Und er steht nicht mehr unter dem falschen Zwang, nach derartigen Bewährungen der Wahrheit fragen zu müssen. Ihm hat sie sich ja durch sich selbst bewährt. Wie könnte er danach – als wäre nichts, als wäre gerade das nicht geschehen! – doch wieder erfragen und erforschen wollen und müssen: ob das ihm scheinende Licht des Lebens Jesu Christi Licht – ob er selbst ein Kind dieses Lichtes sein könne? Er hört seine Stimme und nur das kann seine Frage (die ihm eben durch diese Stimme gestellte Frage) sein: ob und wie – nicht diese Stimme als Stimme der Wahrheit, sondern er selbst als ihr Hörer sich bewähren werde. Daß er das tun wird, das versteht sich nicht von selbst. Denn auch ein Mensch, dem sich die Wahrheit selbst als Wahrheit bewährt hat, der also «aus der Wahrheit» ist und also seine Stimme, die Stimme Jesu Christi, hört, könnte das praktisch damit verleugnen, daß er doch wieder in die Pilatusfrage: «Was ist Wahrheit?», die er doch nicht mehr stellen muß, darf und kann, nach anderweitigen Bewährungen verlangt und Ausschau hält, der Stimme, die er doch hört, ungehorsam ist. Aber muß das sein: muß er denn, daß er «aus der Wahrheit» ist, praktisch verleugnen? Muß denn durchaus dieses Unmögliche Wirklichkeit werden? Er könnte sich ja als Hörer der Stimme Jesu Christi auch bewähren. Und eben danach ist er gefragt: ob er das tun, ob er ihr gehorsam sein wird? Es versteht sich aber auch das nicht von selbst, daß er das recht tun wird. Es möchte da einen halben oder einen ganzen Gehorsam, eine bessere oder schlechtere Bewährung geben. Es könnte sein, daß der durch die Wahrheit für die Wahrheit Befreite von seiner Freiheit doch nur teilweisen, nur kümmerlichen Gebrauch macht, daß die Art, in der er das tut, an Klarheit und Folgerichtigkeit allzuviel zu wünschen übrig läßt. Er ist also nicht nur danach gefragt, ob, sondern auch danach, wie er sich bewähren wird. Aber wie dem auch sei – das ist die Rückfrage, die uns hinsichtlich unserer Voraussetzung und Behauptung, daß das Leben Jesu Christi als solches Licht, Wahrheit, Offenbarung, Wort, Herrlichkeit sei, gestellt ist: sie ist die Frage nach unserer Bewährung demgegenüber, daß er das ist – nach unserem rechten Verhalten angesichts des Inhalts dieser Voraussetzung und Behauptung, nach unserem Gehorsam gegenüber der Stimme Jesu Christi. Von der so gestellten Frage aus gibt es keinen Weg zu einer Antwort im Geist und auf der Linie Feuerbachs.

Wie aber wird die gute Antwort auf diese Rückfrage, wenn die uns da drohende Versuchung für einmal als ausgeräumt gelten soll, lauten müssen? Was heißt hier Bewährung, rechtes Verhalten, Gehorsam? Es ist klar: es ist das ganze Leben eines Menschen, in welchem es sich erweisen muß, daß unsere Voraussetzung und Behauptung in Ordnung geht. Man bewährt das, indem man das Leben Jesu Christi seines ganzen Lebens Licht wirklich sein läßt, sein ganzes Leben im Licht des Lebens Jesu Christi wirklich führen will. Wir können aber in unserem Zusammenhang nur den verhältnismäßig schmalen, aber in seiner Weise wahrhaftig entscheidend wichtigen Sektor der Frage ins Auge fassen: wie ein bewährendes. ein richtiges, ein gehorsames Denken und Reden beschaffen sein möchte, in welchem der Inhalt jener Voraussetzung und Behauptung: daß das Leben Jesu Christi als solches Licht ist, zu Ehren kommt u. zw. ganz, klar und folgerichtig zu Ehren kommt, in welchem wir uns als solche erweisen, die seine Stimme hören und dem entsprechend und nicht widersprechend uns verhalten möchten. Wir versuchen eine Beantwortung jener Rückfrage in dem bescheidenen Rahmen einer dogmatisch-theologischen und insofern: einer theoretischen Überlegung. Aber gibt es eine christliche Praxis, die nicht auch die Gestalt christlicher Theorie haben müßte? Und wiederum: eine christliche Theorie, die nicht selber und als solche auch ein Element christlicher Praxis sein müßte? In der gerade hier anzustellenden Überlegung jedenfalls geht es um eine Theorie, die gerade nur im Blick auf ihren Ursprung und ihr Ziel in der Praxis zu verstehen sein wird.

Gehen wir zunächst davon aus, daß wir es im Leben Jesu Christi nicht mit irgendeinem Geschehen, sondern mit dem Geschehen der Gegenwart und Aktion Gottes zu tun haben. Darum sagen wir, daß dieses Leben Licht, Wahrheit, Offenbarung, Wort, Herrlichkeit ist – nicht nur sein kann, sondern ist, nicht nur vielleicht, nicht nur vermutlich, sondern zweifelsfrei ist, nicht nur sekundär, nicht von anderswoher, sondern primär, in sich selber ist. Wir sagen das im Blick darauf, daß in diesem Leben Gott – Gott selbst als Subjekt handelnd – auf dem Plan ist. Unsere Voraussetzung und Behauptung hinsichtlich dieses Lebens schließt – und darin hat sie ihren Grund und ihr Recht – diese Aussage über Gott in sich: Er ist in Jesus Christus. Er war es und wird es sein. Eben darum wäre es so verräterisch, so lebensgefährlich, uns so zu stellen, als ob wir hier etwas zu fragen, und als ob wir danach zu fragen hätten, wie wir wohl ihren Inhalt, das Geschehen der Prophetie des Lebens Jesu Christi, uns selbst und Anderen gegenüber bewähren könnten. Eben darum können wir uns hier nur als die Gefragten erkennen. Ginge es nicht um Gott, dann könnte und möchte Alles anders sein. Es geht aber um Gott. Und weil es um Gott geht, können wir uns nur als die nach unserer Anerkennung und Respektierung, nach unserem Lob Gottes Gefragten erkennen. Darum ist es nichts mit der falschen Freiheit und nichts mit der falschen Notwendigkeit, in der wir uns angesichts des Lebens Jesu Christi getrieben fühlen könnten, an dessen Prophetie vorbei nach ihrer Autorität zu fragen, d.h. an der Wahrheit vorbei die Pilatusfrage nach der Wahrheit zu stellen. Wo Gott selbst als Subjekt handelnd auf dem Plan ist, wo Er lebt – und das geschieht im Leben Jesu Christi – da ist Leben nicht nur möglicherweise, sondern wirklich, nicht nur vielleicht, sondern bestimmt, nicht nur sekundär, sondern primär auch Kundgabe und also eben Licht, Wahrheit, Wort, Herrlichkeit. Ein stummer und dunkler Gott könnte nur ein Abgott sein. Der wahre, der lebendige Gott spricht und ist hell. Daß er uns weithin stumm und dunkel ist, ist eine Sache für sich. Er ist aber in sich selber, ob von uns vernommen und wahrgenommen oder nicht, der sprechende, der leuchtende Gott. Er wird es nicht erst dadurch, daß wir ihn als Sprecher vernehmen und als Licht wahrnehmen. Er wird es überhaupt nicht erst in seinem Tun und Handeln in der Schöpfung, in der Zeit, in der Geschichte. Er spricht und leuchtet in der Schöpfung und in der Geschichte daraufhin und in genauer Entsprechung zu dem, daß er von Ewigkeit her in sich selber der Vater nicht nur, sondern als der Sohn auch des Vaters ewiges Wort ist, im Sohn den Abglanz seiner eigenen Herrlichkeit hat. Es ist ihm von daher nicht bloß zufällig, äußerlich, akzidentiell, sondern wesenhaft eigentümlich, sich kund zu tun. Er tut sich kund, indem er Gott ist, als Gott lebt. Eben in dieser Herrlichkeit Gottes lebt Jesus Christus. Und nun gibt es ja keinen Anfang vor Gott, keine Höhe über ihm, keine Tiefe unter ihm, keinen Grund Gottes außer ihm selber. Nun gibt es also wie kein Warum und Woher des Lebens Gottes, so auch keinen Grund und kein Recht seines Lichtes und seiner Sprache außer dem, daß es sein Leben ist, das als solches nicht verborgen bleiben kann, sondern zur Offenbarung drängt und schreitet, das als solches erkannt und gewußt sein will und doch nur durch sich selbst erkennbar und wißbar werden kann und also das sich selbst erschließende Leben ist. Wie könnte es von irgendeinem überlegenen Prinzip her abgeleitet werden, daß es dieses sich erschließende und also sprechende und leuchtende Leben ist? Auch der Hinweis auf Gottes trinitarisches Wesen, den wir eben gewagt haben, kann ja keine Ableitung aus einem anderen Prinzip sein wollen, sondern nur eben dies umschreiben und erläutern, daß Gott selbst und er ganz allein das Prinzip, der Brunnquell ist, aus dem sich Alles, was er ist – und so auch dies, daß er das sich selbst erschließende Leben ist – nicht «ergibt», wie sich etwa in einer logischen Ableitung dies und das «ergeben» mag, sondern in der Tat seiner Existenz als der lebendige Gott von Ewigkeit zu Ewigkeit wiederholt und bestätigt. Eben dieses in der Tat seiner Existenz sich selbst erschließende Leben Gottes lebt als Gottes Sohn Jesus Christus. Das ist gemeint, wenn wir sein Leben Licht nennen. Das ist der Inhalt unserer Voraussetzung und Behauptung. Darum ist sie sturmfrei gegenüber allen immer denkbaren Bezweiflungen und Leugnungen, darum aber auch allen ihr zugewandten besonderen, sie von außen stützen und bestätigen wollenden Beweisführungen und Bewährungen so unzugänglich. Und wenn es um die Frage geht, ob und wie wir uns hier allenfalls bewähren möchten, so wird sie zunächst einfach dahin zu beantworten sein: daß wir eben durch das, was wir da voraussetzen und behaupten (sollten wir uns darüber klar sein, was wir damit wagen) eingeladen und aufgefordert sind, zu bedenken und ernst zu nehmen, daß es im Leben Jesu Christi nicht um irgendein Geschehen, sondern eben: um das Geschehen der Gegenwart und Aktion Gottes geht – nicht um irgendein Wort, das gesprochen oder auch nicht gesprochen sein könnte, sondern um das ewige Wort – nicht um irgendein Licht, das scheinen oder auch nicht scheinen möchte, sondern: «das ewig Licht geht da herein». Wer das bedenkt und ernst nimmt, dessen Verhalten ist das in dieser Sache rechte, weil durch diese Sache geforderte, der bewährt sich eben damit als ein Solcher, an dem sich die Wahrheit als Wahrheit bewährt hat, der «aus der Wahrheit», ein Kind des Lichtes ist. Indem er das bedenkt und ernst nimmt, darf und soll er unsere Voraussetzung und Behauptung getrost wagen. Er tut es dann legitimer Weise. Ihm steht dann eben unser *thema probandum* unmittelbar und in einer Kristallklarheit vor Augen, an die kein Gefrage im Sinne Feuerbachs auch nur von ferne herankommt. Indem er das, daß Gott gegenwärtig und am Werk ist, bedenkt und ernst nimmt, hat er ja solchem Gefrage von vornherein abgesagt. Er hat es ja dann dem Leben Jesu Christi wirklich nicht zugeschrieben, nicht als Würdetitel auf Grund seines Wertens angehängt, sondern hat es seiner ihm als Wirklichkeit vorgegebenen Vorschrift nachgeschrieben: daß es an sich und als solches Prophetie ist. Er sagt das also nicht in Aufstellung einer eigenen These und darum nicht unter der Notwendigkeit und mit dem Bedürfnis, sie als solche verantworten zu müssen, sondern er sagt das in der Verantwortung gegenüber der These, die ihm im Leben Jesu Christi als dem Leben Gottes selbst unüberhörbar und unwidersprechlich vorgetragen ist: «Ich bin das Licht der Welt.»

Wir wählen jetzt einen etwas anderen Aspekt und gehen davon aus, daß das Leben Jesu Christi das Leben der von Gott gewollten und beschlossenen und dem Menschen durch ihn selbst zugewendeten und geschenkten, für ihn und an ihm wirksamen Bundesgnade ist. Darum nennen wir dieses Leben Licht, Offenbarung, Wort, Herrlichkeit – darum ohne Vorfrage und Nachfrage, ob es das sein könne – darum ohne Zaudern und Schwanken – darum nicht im Sinn eines ihm zuzusprechenden Attributes, sondern im Sinn einer Aussage über sein Wesen als dieses Leben. Gnade, von Gott als sein Tun am Menschen gewollt und gewirkt, ist als solche Gottes ihm gegenüber sich ereignendes, aber in seinem eigenen göttlichen Wesen begründetes Sichaufschließen und Sichmitteilen. Sie ist die Wahl und die Tat seiner unbegreiflichen Freiheit, nicht nur in und für sich, nicht nur in der Höhe Gott und also aus sich selbst quellendes Leben, der Mächtige, der Heilige zu sein, sondern in Transzendierung seines bloßen Insich- und Fürsichseins auch in der Tiefe. In dieser Freiheit ist er Gott. Er wird sich selber nicht untreu, er ist sich selbst gerade darin aufs höchste treu, er ist gerade darin der aus sich selbst Lebendige, der wahrhaft Mächtige und Heilige, daß er gnädig ist. Er ist es dem Menschen – in seiner ewigen Wahl, sich gerade ihm zu erschließen und mitzuteilen und in dem geschichtlichen Ereignis, in welchem er das tut – daraufhin, daß gnädig zu sein, sich selbst aufzuschließen und mitzuteilen schon zuvor seine Freiheit ist: die Freiheit des Vaters, in sich und für sich und nun doch nicht nur in sich und für sich zu sein, sondern sich im Sohn und mit dem Sohn im Heiligen Geist von Ewigkeit zu Ewigkeit auch aufzuschließen und mitzuteilen. Keine Idee Gottes, kein vom Menschen ersonnener und gemachter und zur Gottheit erhobener Gott ist in sich selber gnädig, eben darum auch nicht dem Menschen. Der wahre, der lebendige Gott ist gnädig, transzendiert sich selbst, schließt sich auf und teilt sich mit – zuerst in sich selber, dann und von daher auch dem Menschen in dessen ewiger Erwählung und in deren zeitlich-geschichtlicher Vollstreckung. Und nun haben wir es im Leben Jesu Christi nicht nur allgemein und abstrakt mit Gott, seiner Gegenwart und Aktion zu tun, sondern im Besonderen und konkret mit Gottes Gnadenwahl und Gnadentat: mit der Wahl und Tat seiner, der charakteristisch und ausschließlich göttlichen Freiheit, sich selbst aufzuschließen und mitzuteilen. Weil es Gnadenleben ist, darum ist dieses Leben sprechendes, leuchtendes Leben. Gnade wäre doch nicht Gnade, die stumm und dunkel in sich selbst verharren, nur in und für sich selbst wesen könnte und wollte. Gnade ohne Aufschließung und Mitteilung, Gnade, die nicht spräche, nicht leuchtete, wäre ein hölzernes Eisen. Gnade als solche spricht und leuchtet. Gnade als solche ist Prophetie. Das ist gemeint, wenn wir von Prophetie des Lebens Jesu Christi reden. Gnade ist die vom Menschen nicht zu erwartende, nicht zu fordernde, nicht zu provozierende, geschweige denn von ihm selbst zu projektierende und zu produzierende und nun doch gerade ihn angehende, betreffende und bestimmende – die von ihm ganz und gar nicht verdiente und nun doch (gerade ohne und gegen sein Verdienst) ihm zugewendete Wahl und Tat Gottes. Sie ist das Unzugängliche, «das kein Auge gesehen, kein Ohr gehört, das in keines Menschen Herz gekommen ist», das sich ihm frei und ganz von Gott her dennoch und trotzdem vor Augen stellt, zu Gehör bringt, ins Herz senkt. Gnade heißt, daß Gott sich den Menschen gegenüber ausspricht, sich selbst als Wahrheit in sein Dasein hineinspricht. Gnade heißt, daß Gott sich von ihm, der doch nicht seinesgleichen, sondern nur seine Kreatur ist und der sich seine Augen, sein Ohr, sein Herz ihm gegenüber mutwillig verschlossen hat, dennoch vernehmen läßt. Gnade Gottes heißt freie Offenbarung Gottes. Im Leben Jesu Christi geschieht sie. Um Gottes unverdientes Wohlwollen, um seine freie Gnade geht es ja in diesem Leben, eben darum um Gottes freies Wort an den Menschen. Was Jesus Christus lebt, das ist Gottes in seiner göttlichen Souveränität und also im übrigen für uns unerfindlich begründete Selbstaufschließung und Selbstmitteilung – das Ereignis und die Botschaft zugleich: Er selbst mitten unter uns, Er selbst mit uns, Er selbst für uns. Diese Tat und diese Kunde ist der Inhalt unserer Voraussetzung und Behauptung, daß das Leben Jesu Christi Licht, Prophetie ist. Wir wagen sie nicht mutwillig und aufs Geratewohl, sondern daraufhin, daß dieses Leben Gnade ist, und weil Gnade als solche leuchtet. Eben damit erübrigt sich alle Notwendigkeit und alles Bedürfnis, ihr Leuchten von einem dritten Ort her zu begründen und zu rechtfertigen, verbieten sich alle Versuche in dieser Richtung. Ist doch die Gnade und ihr Licht die Wahl und das Werk der göttlichen Freiheit, deren Tun allein in ihr selbst, in ihr selbst aber unerschütterlich fest begründet und gerechtfertigt ist. Indem die Gnade und ihr Licht auf dem Plan und am Werk ist – und darum geht es im Leben Jesu Christi – sind alle Bedenken und Einwände gegen unsere Voraussetzung und Behauptung beantwortet, noch bevor sie entstanden und laut geworden sind: sie könnten ja nur da entstehen, Sinn und Kraft haben, wo Gottes Gnade und ihr Licht nicht auf dem Plan und am Werk wären. Und wenn es in Sachen dieser Voraussetzung und Behauptung eine einzige ernsthafte Frage gibt, die nämlich, die durch ihren Inhalt an uns, die wir sie wagen, gerichtet ist: die Frage nach unserer Bewährung im Gehorsam ihr gegenüber – so kann deren Beantwortung und also unsere Bewährung nur darin bestehen, daß wir uns dem im Leben Jesu Christi an uns ergehenden Gnadenwort gegenüber so verhalten, wie es ihm als dem Gnadenwort des göttlichen Gnadenwerkes gegenüber allein möglich ist. Das heißt aber: wir können sie nur in Dankbarkeit und mit einem Denken und Reden, das allein Danksagung sein will, beantworten. Unsere Befreiung dazu und unser Freisein darin, daß wir Dank sagen, ist die Entsprechung und Folge des uns im Leben Jesu Christi zugewendeten göttlichen Gnadenwerkes, Gnadenlichtes, Gnadenwortes. Wie sollten wir aber anders danken als mit der Unbefangenheit, der Zuversicht, der Freudigkeit des Bekenntnisses, daß dieses Licht Licht, dieses Wort Wort, daß die Herrlichkeit dieses Lebens Herrlichkeit ist? Wir haben da gar nichts erfunden und entdeckt. Wir sind da selbst erfunden und entdeckt worden als solche, die zum Dank dieses Bekenntnisses befreit sind – die von dieser Freiheit Gebrauch machen dürfen und von ihr – wie wäre sie sonst Freiheit? – nur gerne Gebrauch machen können. Wie traurig, daß der gute Feuerbach - mit so vielen Ungläubigen und Gläubigen seinesgleichen – von dieser Befreiung und Freiheit nichts gewußt zu haben scheint und darum die Herrlichkeit Gottes nur als eine Selbstverherrlichung des Menschen, darum auch das Licht des Lebens Jesu Christi nur als die Ausstrahlung eines dem Menschen selbst angeblich immanenten Lichtes zu interpretieren – und folglich sich der Begegnung mit ihm, statt ihm standzuhalten, nur zu entziehen wußte. Man sehe zu, daß man unsere Voraussetzung und Behauptung gerade nur in jener Freiheit und also nur in einem danksagenden Denken und Reden wage. In dieser Freiheit kann und darf sie nicht nur, sondern wird sie gewagt werden. Und in dieser Freiheit gewagt, ist sie aller (wirklich aller!) Problematisierung enthoben.

Wir wählen jetzt noch einen dritten Ausgangspunkt: das Leben Jesu Christi ist (als das Leben Gottes! als das Leben seiner Gnade!) das Leben eines Menschen, der als solcher, als einer unseresgleichen, unser Mitmensch, Angrenzer, Nachbar ist; unter den Unzähligen, die als Menschen gelebt haben, leben und noch leben werden, Dieser – der Mann, der (auch er in unserer, der menschlichen Situation, mitten im Raum unserer, der menschlichen Geschichte) dieses, das ewige Leben gelebt hat, noch lebt, immer leben wird – dieser Fremdling, den wir nun doch nicht als solchen übersehen und abtun können, weil er als dieser Fremdling ein unter uns und wie wir selbst und mit uns zusammen Einheimischer, ein unserer menschlichen Situation und Geschichte Angehöriger ist. Darum, weil es das Leben dieses unter uns einheimischen, dieses ganz zu uns gehörigen Fremden, dieses uns in seiner ganzen Andersheit Nahen, ja Nächsten ist, darum nennen wir dieses Leben Licht, Offenbarung, Wort. Es spielt sich als das Leben Gottes und seiner Gnade nicht in irgendeiner fernen Höhe und also stumm und dunkel ab, sondern es ist konkretes Ereignis in eben dem Bereich, in welchem auch unser eigenes Leben Ereignis ist. Es ist uns daselbst gesetzt, in seiner ganzen Eigenart und Fremdheit entgegengesetzt, aber auch zur Seite gesetzt: die große Neuigkeit gegenüber dem ganzen Altgewohnten, das uns da sonst begegnet, in strengem Kontrast zu unserem Leben oder zu dem, was wir dafür halten, die radikale Infragestellung aller unserer Positionen – das Alles aber darum unübersehbar und unüberhörbar real, weil es in seiner ganzen Verschiedenheit von dem unsrigen wie das unsrige das Leben eines Menschen ist: der inmitten unserer Situation, Zeit und Geschichte geheiligte Name, das nahe herbeigekommene, das uns gewissermaßen auf den Leib gerückte Reich, der nicht nur im Himmel, sondern auch auf Erden geschehende Wille Gottes. Dieses Geschehen hat als solches Stimme, ist als solches ein Ausspruch und indem es uns angeht, ein Zuspruch und ein Anspruch, eine Verheißung und eine Forderung, eine Frage und eine Antwort. Das ist gemeint mit unserer Voraussetzung und Behauptung, daß wir es im Leben Jesu Christi mit einem Wort, mit Prophetie zu tun haben. Es ist als das Leben Gottes und seiner Gnade für uns vernehmbar und verständlich, indem es als solches zu uns gekommen ist, kommt und kommen wird, indem es nämlich unverkennbar unsere eigene menschliche Gestalt hat. Es leuchtet in deren bestimmten Konturen, eben in ihnen ist es uns nahe, ist es aber auch mit keinem anderen Leben zu verwechseln, begegnet es uns also, spricht es mit uns, sagt es Ich und sagt es Du – und das so, daß weder darüber, daß es spricht, noch darüber, was es spricht, zu diskutieren ist – so, daß auch darüber kein Zweifel bestehen kann: hier reden nicht wir mit uns selber, hier kommt als Träger, Bringer und Verkündiger des Lebens Gottes und seiner Gnade, des ewigen Lebens, ein Anderer auf uns zu, um von sich aus, unerwartet, ungebeten, unaufgefordert mit uns zu reden – dieser andere Mensch, dessen Wirklichkeit dadurch, daß er mit uns redet, allem Streit über ihre Möglichkeit, aber auch allen Versuchen, sie erst zu begründen und zu rechtfertigen entrückt, die als Wirklichkeit nur eben Wahrheit ist. Doch hier muß mehr gesagt werden: Indem dieser Mensch als Träger, Bringer und Botschafter dieses Lebens uns begegnet, geschieht uns etwas. Wie stehen wir ihm denn gegenüber? Indem auch wir Menschen sind als seinesgleichen – und eben indem wir seinesgleichen sind, kann er uns in seiner Wirklichkeit als Wahrheit begegnen, kann er mit uns reden. Wir sind aber darin gar nicht seinesgleichen, daß das Leben, das er lebt, durchaus nicht das unsrige, das Leben keines einzigen anderen Menschen ist. Wer von uns lebte denn ewiges Leben, das Leben Gottes, das Leben der Gnade? Was wir leben, was wir unser Leben nennen, das ist, konfrontiert und verglichen mit dem seinigen gerade nur Vakuum, Finsternis. Ist dem so? Das ist es ja: es braucht die Konfrontation und den Vergleich des unsrigen mit seinem Leben, es braucht also seine Begegnung mit uns, um uns auch nur das offenbar zu machen, daß unser Leben Vakuum, Finsternis ist. An dem ist es eben nicht, daß es ein menschliches Selbstverständnis gäbe, in welchem wir endlich und zuletzt auch nur dieser Erkenntnis fähig wären, uns selbst auch nur darüber Klarheit und Gewißheit verschaffen könnten: daß dem so ist. Wie sollten wir auch? Um auch nur diese abgrenzende Erkenntnis zu vollziehen, müßten wir ja das, was uns fehlt, jenes andere, das ewige Leben, das Leben Gottes und seiner Gnade kennen. Wie sollen wir es aber kennen, da es ja Keiner von uns lebt, Keiner von uns es den Andern vorzuleben in der Lage ist? Wie sollten wir da nach ihm auch nur fragen, es auch nur vermissen können? Das ist das doppelt Kritische der menschlichen Situation: wir leben im Vakuum, in der Finsternis und wissen nicht einmal, daß dem so ist. Unser Leben ist nur eben faktisch nicht jenes andere Leben: kein Leben keines Menschen! So können wir dieses auch nicht kennen und also auch nicht nach ihm fragen, es also auch nicht vermissen. Was aber daran nicht das Geringste ändert, daß wir faktisch in seiner Abwesenheit und also im Vakuum, in der Finsternis leben! Eben daselbst, eben in dieser doppelt kritischen Situation sind wir aber nicht uns selbst überlassen. Nun begegnet uns ja eben daselbst jener Mitmensch, Angrenzer und Nachbar, ein Mensch wie wir, dessen Menschenleben im Unterschied zum unsrigen ewiges Leben, Leben Gottes und seiner Gnade, der geheiligte Name, das nahe herbeigekommene Reich, der auf Erden geschehene Wille Gottes ist. Das heißt aber: uns begegnet in seiner menschlichen Person die in unser – uns nicht einmal als solches bekannte! – Vakuum hineinbrechende Fülle, das in unsere – uns nicht einmal als solche bewußte! – Finsternis hineinfallende Licht. In seiner Person, die nicht die unsere ist: das muß und wird nun allerdings auch das bedeuten, daß uns, was keinem menschlichen Selbstverständnis als solchem zugänglich ist, offenbar und bekannt gemacht wird, unser Sein im Vakuum, unser Wandel in der Finsternis. Wie sollte es anders sein, da es uns ja – seine Fülle kontrastierend mit unserer Leere, sein Licht kontrastierend mit unserer Dunkelheit als das Leben jenes Fremden entgegengesetzt wird. Jetzt müssen wir sehen, erfahren, erkennen, was uns fehlt, wer und was wir sind als solche, die des uns in ihm begegnenden anderen Lebens nicht teilhaftig sind. Jetzt werden wir des Abgrundes gewahr, über dem wir uns ahnungslos bewegten. Jetzt, d.h. indem wir wieder in dem menschlichen Leben dieser menschlichen Person dessen gewahr werden, daß wir vor dem Sturz in den Abgrund bewahrt, gerettet sind. Denn als der Fremde, der jenes andere Leben lebt, ist er ja einheimisch mitten unter uns, ist er uns ja nicht nur entgegengesetzt, sondern als der unsrige zur Seite gesetzt. Er macht ja das Leben Gottes, das er lebt, offenbar als das Leben unseres Gottes und das Leben der Gnade offenbar als das Leben der uns, der allen Menschen zugewendeten Gnade, das ewige Leben als das wirkliche Leben, das uns bestimmt und verheißen ist. Als für uns gelebtes, unser armes Leben mit der Verheißung jenes anderen Lebens bekleidendes und krönendes Leben ist es ja Menschenleben wie das unsere, gelebt in der Mitte alles anderen Menschenlebens. Und nicht, daß dieses andere Leben uns fehlt, sondern daß es uns in ihm geschenkt ist, ist der Skopus, der eigentliche, der positive Sinn seiner Begegnung mit uns, ist die Helligkeit des Lichtes, das von ihm her auf uns fällt. Wie könnten wir unser Sein im Vakuum, in der Finsternis vergessen? sie ist in ihm, erst in ihm, in ihm aber gründlich und unvergeßlich offenbar gemacht. Die Erinnerung daran wird uns Warnung sein vor allen Unternehmungen, uns seiner von uns aus vergewissern zu wollen. Aus Nichts wird Nichts. Aus unserem Vakuum, aus unserer Finsternis heraus könnten wir auch mit dem größten Scharfsinn nur wieder Vakuum und Finsternis hervorbringen. Wir können aber noch weniger vergessen – wir können auch jenes nur darum nicht vergessen, weil uns zuerst und entscheidend das vor Augen steht – daß das Leben Jesu Christi die Fülle unseres Vakuums, das Licht unserer Finsternis ist. Es ist Lebensfülle. Als solche leuchtet es. Und eben dieses Leuchten der Lebensfülle Jesu Christi ist der Inhalt unserer Voraussetzung und Behauptung. Als solche, die sich in diesem seinem Leuchten bewähren, müssen, dürfen, können wir sie wagen. Und darin wird auch unter diesem Gesichtspunkt die Bewährung, der Gehorsam bestehen, daß wir unentwegt als solche denken und reden, die das Vakuum, die Finsternis ihres eigenen Lebens zwar unmittelbar und unvergeßlich hinter sich, die Fülle und das Licht seines Lebens aber unmittelbar, überwältigend, überführend, überzeugend vor sich haben. Im Übergang aus dieser unmittelbaren Vergangenheit in diese unmittelbare Zukunft, in diesem Jetzt, in dieser Gegenwart – sagen wir hier schon: in dieser Geistesgegenwart – sind wir «aus der Wahrheit», hören wir die Stimme des lebendigen Jesus Christus, können und werden wir auf die Pilatusfrage in keiner Form und unter keinem Vorwand zurückkommen, ist uns das gute Bekenntnis zur Prophetie Jesu Christi erlaubt und geboten und werden wir uns, indem wir es unbekümmert wagen, vor keinem Feuerbach zu schämen haben. Wir müssen uns nur dessen nicht geschämt haben, zu werden wie die Kinder! Sehen wir zu, daß wir in dieser Gegenwart und in keiner anderen denken und reden!

Soviel zur Beantwortung unserer Rückfrage, nach der wir unseren Weg, auf dem wir jetzt eine Weile innehielten, nun fortsetzen und zu Ende gehen können.

Es mag zum nachträglichen Verständnis unserer Beantwortung dieser Rückfrage dienen, wenn wir uns das Methodische nur eben in aller Form ins Bewußtsein rufen: es war der Sinn und Geist des recht verstandenen «ontologischen Gottesbeweises» des

Anselm von Canterbury, in welchem wir jetzt argumentiert haben: die Pointe all des nun Ausgeführten war positiv: *Credo ut intelligam!*, und polemisch: «Die Toren sprechen in ihrem Herzen: Es ist kein Gott!» Wir haben so argumentiert: Die Aussage von der Prophetie des Lebens Jesu Christi gilt, weil und indem sie die Aussage über das Leben Jesu Christi ist! Also eine *petitio principii?* Also ein Zirkelschluß? Genau das: wir haben uns am Inhalt – nur eben am Inhalt! – unserer Voraussetzung und Behauptung klar gemacht, daß und in welchem Sinn sie, weil wahr, notwendig, erlaubt und geboten ist. *Honny soit qui mal y pense!* Auch das werden nur die Toren in ihrem Herzen sprechen: daß dies ein *circulus vitiosus* sei! Als ob es nicht auch einen *circulus virtuosus* geben könnte und in dieser Sache geben müßte!

Wir haben den christologischen Hauptsatz umschrieben: das Leben Jesu Christi ist als solches auch Licht, sein versöhnendes Werk auch prophetisches Wort. Wir haben diese seine Prophetie der der alttestamentlichen Propheten gegenübergestellt und haben sie mit der Prophetie der im Alten Testament bezeugten Geschichte Israels in Beziehung gebracht. Und dann haben wir innegehalten, um uns über die notwendige und allein mögliche Bewährung jenes Hauptsatzes zu verständigen.

Wir gehen jetzt über zu einer für den Sinn des Ganzen entscheidenden Unterstreichung. Es handelt sich um die bewußte weil notwendige Anwendung des bestimmten Artikels: Jesus Christus ist das Licht des Lebens. Heben wir dieses «das» hervor, so sagen wir: er ist das eine, das einzige Licht des Lebens. Wir sagen damit positiv: er ist das Licht des Lebens in seiner Fülle, in vollkommener Genügsamkeit – und kritisch: es gibt kein Licht des Lebens außer und neben dem seinigen, außer und neben dem Licht, das Er ist. Alles, was über das prophetische Amt Jesu Christi zu sagen ist, ruht auf dieser Unterstreichung, unterscheidet sich dadurch von dem, was auch von anderen Propheten, Lehrern, Wahrheitszeugen, was auch von der der christlichen Gemeinde und jedem einzelnen Christen anvertrauten Prophetie zu sagen ist, durch diese Hervorhebung und Abgrenzung: Er «wie er uns in der heiligen Schrift bezeugt ist», ist «das eine Wort Gottes, das wir zu hören ... haben».

Eben darum haben wir als Leitsatz dieses christologischen Paragraphen, statt eine neue Formulierung vorzunehmen, schlicht die erste These jener «Theologischen Erklärung» der Bekenntnissynode von Barmen von 1934 übernommen. Ein Kommentar zu dieser These im Blick auf ihren geschichtlichen Sinn und Zusammenhang ist K.D. II,1 S.194f. und ist neuerdings in dem wichtigen Buch von Ernst Wolf: Barmen (1958) gegeben worden. Es ging 1934 um ein in sehr konkret bedrohlicher Situation, aber auch im Rückblick auf eine ganze lange Periode tief problematischen protestantischen Denkens und Redens reif und notwendig gewordenes Bekenntnis. Von dieser These als solcher soll nun nicht noch einmal die Rede sein. Sie sei hier zitiert in Erinnerung an die Aktualität des ganzen uns jetzt beschäftigenden Problems und insbesondere jener Unterstreichung, Hervorhebung, Abgrenzung: Jesus Christus das eine Wort Gottes. Dieser These war damals die Antithese erklärend und präzisierend zur Seite gestellt: «Wir verwerfen die falsche Lehre, als könne und müsse die Kirche als Quelle ihrer Verkündigung außer und neben diesem einen Worte Gottes auch noch andere Ereignisse und Mächte, Gestalten und Wahrheiten als Gottes Offenbarung anerkennen.»

Die Begründung, der erste und letzte Sinn des Satzes, daß das Leben Jesu Christi d a s, das e i n e, das e i n z i g e Licht ist, mag gleich im voraus angezeigt sein: dem ist so, weil sein Leben d a s, das e i n e, das e i n z i g e Leben ist. Wir werden darauf selbstverständlich zurückkommen. Versuchen wir es zunächst, diesen Satz als solchen zu entfalten, zu verstehen, zu würdigen.

Wir müssen dabei beginnen mit der Feststellung: Er ist – und das nicht nur für irgendwelche Draußenstehende, sondern sogar zuerst und immer wieder auch für die schon zum Glauben an Jesus Christus Gekommenen – ein ärgerlicher, ein Zweifel erregender und zum Widerspruch reizender, ein «h a r t e r» Satz: gewissermaßen eine Hürde, die genommen u. zw. immer wieder genommen werden will. Es gibt Pferde, die vor dieser Hürde immer wieder scheuen und bocken zu müssen meinen! Und niemand denke, daß er nicht auch zu diesen störrischen Pferden gehöre! Wer möchte sich denn nur an e i n e n Propheten halten? Wer möchte ihm nicht mindestens seine eigene Prophetie in einiger Ebenbürtigkeit zur Seite und gegenüberstellen?

Hart ist ja nach Joh. 6, 60 f. schon die Begründung dieses Satzes in dem Vordersatz: daß ohne das Essen des Fleisches und ohne das Trinken des Blutes des Menschensohnes (v 53) niemand das Leben in sich haben könne und werde. Das war zu den «J u d e n» gesagt. Das wird nun aber gerade von Vielen unter Jesu J ü n g e r n als ein σκληρὸς λόγος als eine schwierige, ja unerträgliche Aussage empfunden und bezeichnet. Das erregt Murren, Brummen, Maulen (γογγυσμός) und σκάνδαλον nicht nur unter den Juden, sondern auch unter ihnen: «Wer kann das anhören?» Von da aus muß erst recht der Folgesatz anstößig werden: «Die Worte, die Ich zu euch geredet habe, sind Geist und Leben» (v 63). «Nach diesem zogen sich viele seiner Jünger zurück und wandelten nicht mehr mit ihm» (v 66). Daraufhin die offenbar auch ihnen gegenüber mögliche Frage Jesu: «Wollt ihr auch weggehen?» Und die Antwort des Petrus (es handelt sich um die johanneische Version des Messias-Bekenntnisses Matth. 16, 16) ist alles Andere als selbstverständlich – sie redet von einer auch dem Jünger nicht ersparten Überwindung des Ärgernisses: «Herr, zu wem sollten wir gehen? D u hast Worte des ewigen Lebens!»

Alle Schwierigkeiten wären behoben, wenn man sich begnügen könnte, zu sagen: Jesus Christus ist e i n Licht des Lebens, e i n Wort Gottes – eines der deutlichsten, ein besonders wichtiges, das jedenfalls für uns dringlichste vielleicht, aber eines unter vielen anderen im Munde anderer Wahrheitszeugen, deren Votum mit dem seinen zusammen zur Kenntnis zu nehmen und zu berücksichtigen wäre – kurz: er ist ein großer Prophet. Das ließe sich anhören. Darüber ließe sich, vielleicht sogar sehr willig und aufgeschlossen, reden. Das würde sich mit Ernst und Wärme vertreten lassen. Dafür wären ja auch viele triftige Gründe geltend zu machen. Das wird ja heute auch von der Synagoge zugegeben. Das steht ja sogar im Koran. Das wird auch der abendländische Idealismus anerkennen. Mit dieser Botschaft im Mund wird man sich

2. Das Licht des Lebens

nicht exponieren, nicht kompromittieren, nicht verdächtig und unangenehm machen, wird man ja niemandem – und vor allem auch nicht sich selbst! – zu nahe treten. Ein edler Wettstreit oder mindestens eine friedsame Koexistenz mit solchen, die nun eben anderen Lebenslichtern, anderen Worten Gottes den Vorzug geben möchten, wäre dann möglich. Ganz abgesehen davon, daß man dann auch selber die Freiheit sich vorbehalten könnte, gegebenenfalls auch solche anderen Worte Gottes zu hören, möglicherweise ihnen den Vorzug zu geben.

Aber wie ist es, wenn man sich daran nicht begnügen lassen kann? – wenn nämlich die Meinung des Bekenntnisses zu Jesus Christus, ob ausgesprochen oder unausgesprochen, die sein sollte: Du hast Worte des ewigen Lebens – du allein, du und kein Anderer (es gibt keinen Anderen, zu dem wir, um sie zu hören, auch gehen könnten), du nicht nur für mich, sondern wie für mich, so auch für jeden Anderen, so für alle Menschen – aber allerdings: du gerade auch für mich, so daß gerade ich keine andere Wahl habe, als die, sie von dir zu hören? So also, daß jenes freundlich offene Nebeneinanderhalten vieler Lebenslichter, vieler Worte Gottes – unter denen dann das in dir ausgesprochene doch nur Eines wäre – dahinfällt, als illegitim verboten und zu unterlassen ist? Wie ist es, wenn die Freiheit des Bekenntnisses zu Jesus Christus darin besteht, es gerade so zu meinen und zu sagen? Was wird geschehen, wenn ein Christ, wenn die Gemeinde, wenn nun auch die Theologie eben von dieser Freiheit Gebrauch machen sollte?

Der Einwand dagegen und also gegen den Satz von Jesus Christus als dem einen Wort Gottes springt einem ja, selbst wenn und indem man sich selbst zu ihm bekennt, förmlich ins Gesicht. Er hat durch alle Jahrhunderte hindurch so etwas wie eine ewige Jugendfrische bewahrt. Und eben weil er dem Christen ja nicht nur von außen, sondern zuerst und vor allem in sich selber begegnet, gilt dasselbe auch von den christlicher- und kirchlicherseits unternommenen großen und kleinen Versuchen, diesen Satz zu verschweigen oder geradezu zu umgehen, ihn fallen zu lassen: es sind Versuche, die auch innerhalb der Christenheit immer wieder als notwendig und berechtigt empfunden und die darum auch immer wieder eine Zukunft haben werden.

Wann und wo hätte die mit der Kirche konfrontierte Umwelt nicht letztlich und im Grunde eben an diesem Satz Anstoß genommen, der Kirche nicht – bald ängstlich, bald höhnisch, bald trotzig – diese Frage gestellt: ob denn das Bekenntnis zu Jesus Christus so eng, ob denn dessen Prophetie wirklich so exklusiv zu verstehen sei? Wann hätte also die politische, die gesellschaftliche, die apologetische, auch die evangelistische und missionarische Situation nicht förmlich danach geschrieen, diesen Anstoß zu beseitigen und also diesen Satz zu verhüllen, durch andere Sätze abzuschwächen oder auch ganz zurückzustellen? Es hat auch im römischen Katholizismus nie ganz an der Erkenntnis gefehlt, daß das nicht geschehen dürfte, daß eine genuine Bezeugung und Verkündigung Jesu Christi in der Welt mit dem impliziten oder gegebenenfalls auch expliziten Bekenntnis dieses bedrohlichen Satzes stehe und falle. Das römisch-katholische System aber, wie es sich im Lauf der Jahrhunderte in wunderbarer Konsequenz herausgebildet und bis jetzt gegen alle Reformversuche behauptet hat, ist nicht auf jene Erkenntnis und nicht auf dieses Bekenntnis begründet. Es stellt sich bisher im Gegenteil dar als das System des Ausweichens vor diesem Bekenntnis: als der große Versuch, die Existenz der Kirche in der Welt durch eine umfassende Kombination der Wahrheit Jesu Christi mit anderen, relativ selbständigen Wahrheiten, mit einer Marienwahrheit, Traditionswahrheit und Lehramtswahrheit auf der einen, mit einer Natur- und Vernunftwahrheit auf einer anderen und mit dieser und jener politischen Wahrheit auf einer dritten und vierten Seite zu sichern, d. h. aber jenen Satz unter den Scheffel, statt auf den Leuchter zu stellen. Um diesen Preis kann sich die Kirche, können sich die Christen der Ärgerlichkeit ihrer Existenz und also der Anfechtung von außen (und nicht zuletzt, sondern zuerst der Anfechtung von innen!) mindestens teilweise und vorübergehend entziehen: insofern und so lange nämlich, als sich die revolutionäre Gewalt jenes Satzes nicht doch wieder geltend machen sollte. Es kann hier aber der Blick auf das römisch-katholische System nur beiläufiges Gewicht haben. Mehr als exemplarische Bedeutung kommt ihm hier nicht zu. Denn wann und wo wäre die Kirche, wären die Christen etwa nicht in Versuchung gewesen und der Versuchung mehr oder weniger erlegen, diesen Preis zu bezahlen? Wie angreifbar stehen sie nämlich da, wenn sie ihn nicht bezahlen, wenn sie dazu zu stehen wagen – oder wenn das allen Vertuschungsversuchen zum Trotz in ihren Lebensäußerungen dennoch durchschimmert: daß der Sinn und Gehalt ihres Bekenntnisses zu Jesus Christus der ist, er sei nicht nur ein, nicht nur ein großer und allenfalls der größte, sondern der Prophet Gottes! Indem sie das meint und implizit und explizit auch das sagt, redet und handelt die Kirche als seine Gemeinde in der Welt, indem sie das meinen und sagen, erweisen sich die Christen als das, was ihr Name besagt, bekennen sie sich aber auch zu der Schmach Christi und bekommen sie die ganze Last seiner und ihrer Fremdlingschaft in der Welt und in ihrem eigenen Herzen zu tragen. Nichts ist natürlicher als der Wunsch, sich dem zu entziehen. Daß er unerfüllbar ist, ist eine Sache für sich. Man wird aber gut tun, vor allem zu realisieren, daß er ein höchst naheliegender, ein zunächst gar nicht zu unterdrückender Wunsch ist.

Der Einwand gegen jenen Satz kann in sehr verschiedener Gestalt auftreten. Er wird in seiner Grundform immer in dem Vorwurf bestehen, daß es sich da um einen durch nichts zu rechtfertigenden Willkürakt handle. Wie soll sich der entschuldigen, was nimmt sich der heraus, der Jesus Christus nicht nur (warum sollte das nicht angehen?) in einer Reihe mit vielen anderen Wahrheitszeugen, der ihn nicht nur (auch das möchte noch angehen) in einer bevorzugten, vielleicht an der ersten Stelle dieser Reihe, der ihn auch nicht nur (auch das möchte noch erträglich sein) als den für ihn persönlich maßgebenden – der ihn vielmehr als den (den einzigen!) jedem Menschen verbindlich gegenübergestellten Wahrheitszeugen zu sehen und geltend machen zu dürfen und zu müssen erklärt? Wer autorisiert ihn, mit solchem Anspruch (auch wenn er ihn nur schweigend, nur eben indirekt geltend machte) seinen Mitmenschen gegenüberzutreten? Wer ermächtigt ihn, sich mit solcher Selbsterhöhung über all die Anderen, die es irgendwie anders zu wissen meinen, zu stellen? Was ist das für eine Höhe, von der aus er ihnen mit solcher Zumutung offenkundig zu nahe zu treten sich erlaubt? Es muß uns, wenn wir jenen Satz vertreten, sehr klar sein, daß wir uns damit diesem Vorwurf aussetzen. Und könnte es nicht sein, daß wir uns selbst dabei unheimlich werden, uns selbst heimlich jenen Vorwurf machen, uns selbst durch ihn betroffen und angegriffen fühlen, uns selbst der Notwendigkeit, jenen Satz zu vertreten, noch so gerne entziehen möchten? Der Vorwurf wird sich dann aber auch explizieren. Er wird ja nach der intellektuell-ästhetischen Seite dahin lauten: er sei ein obskurantistischer Satz, er bezeuge und erfordere eine betrübliche Verengerung des Gesichtsfeldes menschlicher Erkenntnis, eine Auspoverung des Denkens angesichts der Fülle der dem Menschen offenkundig begegnenden, mächtig genug zu ihm redenden Erscheinungen, Gestalten und Ideen durch die Forderung, sich einer einzigen unter ihnen als der göttlich und menschlich maßgebenden zu verschreiben, alle anderen von dieser Maßgeblichkeit auszuschließen. Er wird nach der moralischen Seite dahin lauten: es bedeute dieser Satz in seiner Anmaßlichkeit die Verunmöglichung jedes Gesprächs und Austauschs zwischen denen, die ihn vertreten und denen, die sich dazu nicht entschließen können oder wollen, den Abbruch aller Kommunikation und letztlich aller Gemeinschaft zwischen Christen und Nichtchristen, für seine Vertreter selbst übrigens eine ganz ungehörige Bindung und Festlegung. Er sei ein unfriedliches, ein zänkisches, ein böses Prinzip, von dessen Verkündigern man sich nur im tiefsten verärgert und trauernd über ihre Hartherzigkeit, in ernstlichster Beklagung ihrer Verschlossenheit abwenden könne. Und er wird nach der politischen Seite dahin lauten: er sei als die Proklamation der unverhüllten Intoleranz die große, die ihrerseits nicht zu tolerierende Störung des Zusammenlebens verschieden denkender und bekennender Menschen in Gesellschaft und Staat, die heimlich oder offen grundstürzende Attacke auf die Wahlfreiheit des Gewissens und damit das potentielle und in seiner Tiefe immer schon aktuelle Prinzip von Unterdrückungen und Verfolgungen Andersgläubiger und Andersdenkender, von Scheiterhaufen, Religionskriegen, Kreuzzügen und ähnlichen Greueln. Im Hintergrund donnergrollend die Anfrage: ob man als Vertreter dieses Satzes nicht als Schrittmacher des Totalitarismus anzusprechen sein möchte? – Das ist ziemlich viel auf einmal. Man wird aber, wenn man jenen Satz nicht unterschlagen, auch nicht erweichen, sondern vertreten will, gut tun, damit zu rechnen, daß man das Alles zu hören bekommen wird – mehr noch, daß irgendeine innere Stimme auch in uns selbst so redet, argumentiert und aufbegehrt: schon um sich deutlich zu machen, wie groß die Versuchung zu allen Zeiten gewesen ist und noch heute ist, jenen Satz zu unterschlagen oder so zu verharmlosen, daß er faktisch nicht mehr sagt, was er sagt.

Wir haben aber in dieser Sache keine Wahl: die christliche Freiheit ist tatsächlich die Freiheit des Bekenntnisses zu Jesus Christus als dem einen, dem einzigen Propheten, Lebenslicht und Gotteswort. Sie steht und fällt damit, daß sie die Freiheit zu diesem Bekenntnis ist. Es kann, darf und soll jener Satz im Gebrauch der Freiheit, in der er seinen Ursprung hat, erklärt und begründet, er kann aber im Gebrauch dieser Freiheit nicht unterschlagen und auch nicht verharmlost werden.

Gewiß braucht er nicht in jeder christlichen Aussage *verbotenus* wiederholt und in den Vordergrund gerückt zu werden.

Er wird ja auch im ältesten größeren Symbol nur eben in der Formel vom *Filius Dei unicus* explizit ausgesprochen, in der griechischen Version in Verstärkung des εἰς κύριος durch die dann auch in die Symbole von 325 und 381 übergegangene, der Stelle Joh. 1,18 entnommene Bezeichnung Jesu Christi als des υἱὸς τοῦ θεοῦ μονογενής – in allen übrigen Artikeln nur eben impliziert.

Er ist aber der Nenner, auf dem jeder christliche Satz steht, der ihn als verbindlich und dringlich kennzeichnet, von allen Sätzen anderer Art und Herkunft unterscheidet, mit dessen Beseitigung oder Verdunkelung jeder von ihnen sein spezifisches Gewicht als solcher verlieren würde. Willkürlich gebildet und proklamiert – und also jenem Vorwurf wirklich ausgesetzt – wäre er freilich dann, wenn er sich auf die Haltung, Gesinnung, Intention des ihn vertretenden christlichen Menschen oder auf das Wollen und Unternehmen, auf die Lehren und Institutionen der christlichen Kirche als einer Gemeinschaft solcher Menschen beziehen, wenn er also die «Absolutheit» des sog. Christentums bzw. der Kirche dieser oder jener Gestalt aussagen würde. Es ist kaum vermeidlich, daß die Umwelt ihn zunächst immer wieder so hören und verstehen wird. Was soll sie ihm Anderes entnehmen als dies, daß es da befremdlicher Weise Leute gebe, die ihre Meinung, ihre Überzeugung, ihren Glauben, das Bekenntnis zu ihrer Religionsgesellschaft und Tradition für die allein mögliche und erlaubte Entscheidung halten? Wie sollte sie sich da nicht gegen ihn auflehnen? Sie wäre ja nicht Umwelt, sondern selbst schon Gemeinde, wenn sie in der Lage wäre, ihn anders als so zu vernehmen und zu interpretieren. Wer ihn aufnehmen und vertreten will, der sehe zu, daß er es mit reinem Gewissen tun könne, daß er ihn also nicht etwa selbst im Sinn einer Verabsolutierung seiner eigenen christlichen Subjektivität oder auch der der Kirche und ihrer Tradition meine, vertrete und laut werden lasse und also dem ihm begegnenden Vorurteil faktisch recht gebe! Er sehe aber noch mehr zu, daß er das ihm notwendig begegnende Vorurteil nun doch in aller Ruhe als solches durchschaue, sich also durch den ihm begegnenden Vorwurf nicht aus der Fassung bringen lasse! Er beruht eben doch auf einem kapitalen Mißverständnis. Mit einer willkürlichen Überhebung, mit einem Selbstruhm der Christen anderen Menschen, oder der Kirche anderen Anstalten und Einrichtungen, oder des Christentums anderen Weltkonzeptionen gegenüber, hat der Satz von Jesus Christus als dem einen Wort Gottes in Wirklichkeit nichts zu tun.

Er ist ja ein christologischer Satz. Er blickt nicht nur von dem nichtchristlichen, sondern auch von dem christlichen Menschen weg auf den, der diesem wie jenem als der Prophet souverän gegenübersteht und vorangeht. Indem Jesus Christus sein Inhalt ist, trennt sich also der, der ihn bekennt, in keiner Weise von denen, die ihn nicht bekennen. Angesichts dessen, was dieser Satz – nicht über die Christen, nicht über die Kirche, nicht über das Christentum, sondern über Christus sagt, stellt sich, wer ihn vertritt, mit allen anderen Menschen in eine Reihe. Im Unterschied zu den Anderen darf und muß er wissen und auch aussprechen, daß er sich, wenn es um Jesus Christus geht, mit ihnen zusammen der ihm und ihnen überlegenen einzigen Wahrheit konfrontiert findet. Es trifft, begrenzt und relativiert also die in der Exklusive jenes Satzes laut werdende Kritik die Prophetie der Christen und auch die der Kirche als solcher nicht weniger als die durch ihn gleichfalls beiseitegeschobenen und relativierten sonstigen Prophetien, Lebenslichter, Gottesworte anderer, nichtchristlicher Art. Er besagt vielmehr zuerst und vor allem, daß Jesus Christus gerade im Verhältnis zu seiner Gemeinde und zu allen ihren Gliedern der Eine ist, dem gerade sie zu allerletzt eine eigene, ihre christliche Prophetie, Lehre, Wahrheitsbezeugung in irgend einer Souveränität entgegenzustellen haben. Gilt doch, was er allerdings auch über die Ohnmacht aller sonstigen mit der seinigen konkurrieren wollenden Prophetie sagt, nur eben in Analogie zu dem und in Konsequenz dessen, daß es zuerst und vor allem für den christlichen Bereich selbst gilt. Er kann also gar nicht anders legitim vertreten und ausgesprochen werden, als indem sich die in diesem Bereich lebenden Menschen mit ihren sämtlichen christlichen Anschauungen und Begriffen, Dogmen und Institutionen, Gewohnheiten, Überlieferungen und Neuerungen als Erste der ihnen durch Jesus Christus als das eine Licht des Lebens widerfahrenden Relativierung und Kritik unterziehen. Es beginnt das in diesem Satz allerdings angezeigte Gericht über die ganze Welt (1. Petr. 4, 17) im «Hause Gottes», um erst von da aus dann auch auf dessen Umwelt überzugreifen.

Eben indem die Gemeinde sich ihm unterzieht, kann sie es aber auch nicht unterlassen, es Allen zu bezeugen. Nicht sie hat den Satz, der dieses ihr Zeugnis ausspricht, erfunden und gebildet, und nicht sich selbst erhebt und rühmt sie mit diesem Satz. Indem sie sich selbst beugt vor dem, der allein Recht hat, allein Licht, Wahrheit, Gottes Wort ist, spricht sie ihn aus: indem sie sich selbst mit allen Menschen – und nur so dann auch alle anderen Menschen mit sich selbst zusammenfaßt, die Verheißung und die Kritik dieses Satzes also auch ihnen gegenüber geltend macht. So ist er, wie willkürlich er sich auch zunächst anhöre, in Wirklichkeit gerade kein Willkürsatz. So ist der sich gegen ihn erhebende Einwurf in Wirklichkeit gegenstandslos. So kann die Gemeinde – so können die Christen, indem sie ihn aussprechen – in Wirklichkeit nur die eine Sorge haben, daß sie ihn doch ja nicht anders als von da aus, in der durch das, was er besagt, zuerst ihr selbst auferlegten Beugung und Demut ausspreche. Tut sie es von daher und so, dann muß, kann und darf sie sich durch niemand und nichts einschüchtern und hindern lassen, ihn (direkt oder indirekt) auszusprechen, sondern ihn zu verschweigen oder gar zu verleugnen wäre dann die ihr verbotene Willkür. Die Sache, um die es geht, und ihre eigene Existenz im Dienst dieser Sache gebietet es ihr, ihn zu anerkennen, aber auch zu bekennen und also auszusprechen.

Daß das von der Christenheit gefordert ist – besser gesagt: daß sie dazu die Freiheit hat, lassen wir uns zunächst einfach durch das biblische Zeugnis sagen. In eigener Vollmacht und Verantwortlichkeit könnte man den Satz, daß Jesus Christus das eine Wort Gottes ist, gewiß nicht wagen, ohne dem Vorwurf einer überheblichen Vorentscheidung nicht zu Unrecht ausgesetzt zu sein. Er würde dann gewiß nur in einer nicht unbegründeten letzten Ängstlichkeit zu wagen und dann gewiß nicht glaubwürdig auszusprechen sein. Es würde sich aber viel christliche Ängstlichkeit jenem Vorwurf gegenüber von selbst damit erledigen, daß man sich – da man ja zu einem Denken und Reden in eigener Vollmacht und Verantwortlichkeit als Christ nicht aufgefordert und verpflichtet ist – bescheiden, aber entschlossen an die Weisung der heiligen Schrift hielte. Es geht nicht um die Übernahme einzelner biblischer Gedanken oder Lehren. Es geht aber darum, den alt- und neutestamentlichen Zeugen darin – selbständig, aber treulich! – zu folgen, daß man sich in ihre Denkform als in die für die christliche Gemeinde kanonische Denkform einzuleben versucht, daß man sich bereit macht, sich darin zu üben, das zu lernen, selber in dieser Denkform zu denken. Unter «Denkform» ist aber schlicht der durch den Gegenstand ihres Zeugnisses bestimmte Charakter und Stil, sind die ihren Berichten und Reden, ihren Gebeten und sonstigen Äußerungen zugrunde liegenden Strukturen zu verstehen. Eine von ihnen ist z. B. jener heilsame Zirkel, in welchem sie sich, wenn es um die Wahrheitsfrage geht, durchgehend bewegt haben. Und eine andere ist nun eben die Selbstverständlichkeit, in der sie – man kann das vom Alten und vom Neuen Testament mit der gleichen Bestimmtheit sagen – mit der Einzigkeit, d. h. mit der alleinigen Maßgeblichkeit der ihnen zuteil gewordenen und von ihnen bezeugten Offenbarung gerechnet und ernst gemacht haben. Die Propheten und Apostel schielen nicht, sondern sie blicken mit beiden Augen geradeaus auf das Eine, auf das zu blicken sich ein für allemal lohnt. Sie leben auch nicht in jenen unruhigen Kopfbewegungen, in denen man mit einem Ohr das, mit dem anderen jenes hört und hören will, und, hätte man tausend Ohren, bestimmt tausend Dinge zugleich hören möchte. Sie hören ruhig, offenbar darum, weil ihnen das Eine, was sie hören, gerade genug zu hören gibt. Und eben in dieser Sammlung auf das Eine denken sie und reden sie dann auch. Diese prophetisch-apostolische Denkform ist das Kanonische des Kanons heiliger Schrift – und ist nun im Besonderen die hohe Schule für das rechte

Verständnis und für das legitime Aussprechen des Satzes, daß Jesus Christus das eine Wort Gottes ist. Indem man sich in diese Schule begibt, lernt man es, ihn vor Gott und Menschen demütig, aber dann auch mutig zu denken und auszusprechen, verlernt man nämlich mit dem Schielen und mit dem lüsternen Lauschen dahin und dorthin auch die Ängstlichkeit im Denken und Aussprechen jenes Satzes.

Die Tatsache, daß es um Israel herum andere Völker mit anderer Geschichte, Religion, Frömmigkeit, Lebensordnung und auch anderen Göttern gab, war den Propheten des Alten Testamentes so wohl bekannt wie uns die Tatsache, daß es in der Welt, in der wir leben, auch ganz andere Weltkonzeptionen als die christliche, auch ganz andere (ausgesprochene und unausgesprochene) Bekenntnisse gibt als das zu Jesus Christus. Es gibt aber m.W. kein einziges Wort irgendeines dieser Propheten, aus dem hervorginge, daß diese Tatsache ihnen Eindruck gemacht hätte, keine Spur von der Vorstellung einer Pluralität göttlicher Offenbarungen, unter denen sich ihnen dann das Handeln und Reden Jahves in der Geschichte Israels nur als eine unter anderen, möglicherweise auch gültigen, dargestellt hätte. Und so haben die Evangelisten und Apostel des Neuen Testamentes, wie schon ihre Sprache und Begrifflichkeit verrät, wohl gewußt um die für die Welt, die sie mit ihrer Botschaft von Jesus von Nazareth betraten, so charakteristische Mannigfaltigkeit der religiösen, kultischen, doktrinalen Angebote. Es gibt aber in den neutestamentlichen Texten m.W. wieder keine einzige Andeutung, daß ihre Urheber diese Angebote einzeln oder in ihrer Gesamtheit als Alternativen zu dem von ihnen verkündigten Evangelium verstanden, ernst genommen und respektiert, daß sie sich – wie es dann die Apologeten des zweiten Jahrhunderts freilich alsbald getan haben – mit den Verkündigern jener Angebote in Konkurrenz und Auseinandersetzung verwickelt gesehen hätten. Was man so nennen könnte, das liegt, indem sie den Mund auftun oder die Feder ansetzen, schon weit **hinter** ihnen: nie als Problem und Aufgabe **vor** ihnen. Ein Ringen mit irgendwelchen fremden, vielleicht doch auch ernsthaft beachtlichen und irgendwie maßgeblichen Gottesbegriffen oder Weltanschauungen kann von dem Ort aus, von dem sie herkommen, nicht vorgesehen sein. Es gibt da wie keine anderen Söhne Gottes, so auch keine anderen Herren, so auch keine anderen Wahrheitszeugen außer und neben Jesus Christus. Tauchen solche Instanzen – etwa in Gestalt der Engelmächte und Dämonen – in ihrem Gesichtsfelde auf, dann immer nur im Zusammenhang des Bildes des gekreuzigten und auferstandenen Jesus Christus, der ihr Herr und Besieger ist, dem sie aber so zugeordnet und untergeordnet sind: als Nullen, die besten Falles hinter ihm als der Eins stehen, sonst aber nichts als eben – Nullen sein können. Indem nach dem Alten Testament die Geschichte Israels, nach dem Neuen die Geschichte Jesu Christi spricht, fällt die Entscheidung darüber, daß anderweitige

Gottessprüche, woher sie auch kommen und wie sie auch begründet und gemeint sein mögen, als selbständige Gottessprüche nicht zu hören und ernst zu nehmen sind, auf des Menschen Vertrauen und Gehorsam keinen Anspruch haben können. Und eben mit dieser Entscheidung fällt dann auch die andere, daß die neutestamentlichen Menschen zu diesem Sachverhalt für ihre Person zu stehen – aber auch die: daß sie eben diesen Sachverhalt und also die alleinige Autorität des in der Geschichte Jesu Christi gesprochenen, die Geschichte Israels zu ihrem Ziel führenden Gotteswortes allen Menschen aller Völker gegenüber zu vertreten und zu bezeugen haben.

Daß die biblischen Zeugen unter dieser Bestimmung stehen, ist – abgesehen von allen Inhalten ihres Zeugnisses – ein Element schon ihrer Denkform. In deren Rahmen ist unser Satz so selbstverständlich, daß er nur verhältnismäßig selten auch formuliert und explizit ausgesprochen zu werden braucht.

Ich wähle zur Veranschaulichung zunächst eine Stelle, in der das nicht geschieht, und in der das, um was es in dieser Sache geht, dennoch zum Greifen deutlich sichtbar ist: die berühmten Eingangsworte des Hebräerbriefes (1,1–2) – gerade diese Stelle, weil sie zwar ausdrücklich von Jesus Christus redet, so jedoch, daß die in ihm geschehene mit der schon in Israel geschehenen Offenbarung bei aller Verschiedenheit auch als Einheit zusammen gesehen wird: «Eben der Gott (ὁ θεός) der damals (πάλαι) bei vielen Gelegenheiten und in vielen Gestalten (πολυμερῶς καὶ πολυτρόπως) durch die Propheten zu den Vätern sprach, sprach am letzten dieser Tage zu uns durch den Sohn.» Von da aus, im Rahmen dieser Voraussetzung denkt und redet der *Autor ad Hebraeos*. Er hält es nicht für nötig, zu betonen, daß er von da aus denkt und redet. Die ganze Epistel, die mit diesen Worten anfängt, wird des Zeuge sein. Aber ist es nicht doch schon auch mit diesen Worten gesagt? Gottes Sprechen, die Väter und wir als seine Adressaten – das ist offenbar ein geschlossener Kreis. Gott sprach, er tat es damals wie heute – das ist die eine Mitte, neben der eine andere nicht in Frage kommen kann. Er sprach damals (das ist der Inhalt des untergeordneten, des Partizipialsatzes: λαλήσας), er sprach aber wieder (das ist der Inhalt des übergeordneten, des Hauptsatzes: ἐλάλησεν) am Ausgang und Ende jenes «Damals», am letzten der Tage, an deren erstem sein damaliges Sprechen anhob: Er sprach in dieser ganzen, der einen, durch sein Sprechen bestimmten und erfüllten und darum schlechthin einzigartigen Zeit. Er tat es zuerst vielmals und vielfältig, und er tat es dann einmal und einfach; indem er es in dieser – nicht etwa in der umgekehrten – Folge tat, ist entschieden: er tat es in einer nicht zu verkennenden Zuspitzung, in der damit sichtbar werdenden Ausrichtung und Endgültigkeit; er tat es, indem kraft der Einheit und Einzigkeit dieses Abschlusses auch das Vielmalige und Vielfältige seines zuvor anhebenden Sprechens als ein Einziges bestimmt und sichtbar ist. Er tat es zu den Vätern durch die Propheten, jetzt aber zu uns durch den Sohn, durch den von Jenen Verheißenen, den ihre Verheißung Erfüllenden – noch einmal der Kreis von alttestamentlicher Erwartung und neutestamentlicher Erinnerung, der für den *Autor ad Hebraeos* offenbar ein geschlossener Kreis ist, außerhalb dessen ein sonstiges, ein anderweitiges Sprechen Gottes nicht in Betracht kommt, nicht zu erwarten ist.

Es fehlt aber immerhin auch nicht an solchen Stellen, in denen sich diese biblische Denkform auch zu expliziten Sätzen über die Einzigkeit und Ausschließlichkeit des im Alten Testament angekündigten, im Neuen Testament verkündigten einen Wortes Gottes verdichtet.

2. Das Licht des Lebens

Im Alten Testament ist hier vor allem des merkwürdigen Textzusammenhanges Deut. 18, 13–22 zu gedenken. Sein gewichtigstes Wort hat (in einer etwas zu kurzschlüssigen Auslegung) im Schriftbeweis der alten Dogmatik für die Lehre vom prophetischen Amt Jesu Christi eine wichtigste Rolle gespielt. Es handelt sich – der als redend Eingeführte ist Mose – um Israels Entgegenstellung zu den auf «Zeichendeuter und Wahrsager» hörenden kanaanitischen Völkern. Weil sie das tun, darum werden sie von Israel ausgetrieben. «Du aber sollst ganz und gar treu im Verkehr mit dem Herrn deinem Gott sein» (v 13). «Dir gestattet er Derartiges nicht» (v 14). Und dann: «Einen Propheten wie mich (die Meinung dürfte sein: einen solchen Propheten nach dem anderen) wird dir der Herr dein Gott (gemeint dürfte sein: je und je, immer aufs Neue) erstehen lassen aus der Mitte deiner Brüder – den sollt ihr hören!» (v 15) Denn, der Satz wird v 18f. als Wort Jahves selbst wiederholt: «Ich will (jeweils) ihm mein Wort in den Mund legen und (jeweils) er soll ihnen Alles kund tun, was ich ihm gebieten werde. Wer aber auf meine Worte, die er (jeweils) in meinem Namen reden wird, nicht hört, den werde ich dafür zu Rechenschaft ziehen.» Die Stelle ist gerade dann wirklich (in einem freilich etwas anderen Sinn als dem der alten Exegese) messianisch, wenn man sie auf die ganze Reihe der – ein Jeder zu seiner Zeit und Gelegenheit – von Jahve autorisierten und so in das Amt des Mose eintretenden Propheten, wenn man sie also auf die immer wieder neu artikulierte Stimme der prophetischen Geschichte Israels in ihrer Gesamtheit bezieht. Diesen echten Propheten werden dann (18,20f. u. 13,1–5) die jenen kanaanitischen Mantikern offenbar nur zu verwandten unechten gegenübergestellt. Sie können im Namen Jahwes reden, dabei aber verkündigen, was gewiß nicht er ihnen aufgetragen hat. Sie können aber auch geradezu im Namen anderer Götter reden, zu ihrer Anerkennung und Verehrung auffordern: «Laßt uns anderen Göttern folgen, die ihr nicht kennt und laßt uns ihnen dienen!» (13,2). Und dann mag es sein, daß ihr Wort im Eintreffen bestimmter Zeichen und Wunder sich erfüllt (13,1f.) – in anderem ernsthafterem Sinne sich wohl auch gar nicht erfüllt, sondern heilsgeschichtlich leer bleibt, so daß eben daran erkennbar wird, daß es nicht das Wort Jahves ist (18,21f.). Sicher ist, daß zwischen jenen echten und diesen unechten Propheten ein Abgrund klafft, irgend eine Gemeinschaft oder auch nur Vergleichsmöglichkeit nicht besteht. «Du sollst nicht auf die Stimme jenes Propheten oder Träumers hören» (13,3). «In Vermessenheit hat er geredet, fürchte dich nicht vor ihm!» (18,22). Und noch schärfer 13,5 (vgl. 18, 20): «Jener Prophet oder Träumer soll getötet werden, denn er hat gegen den Herrn deinen Gott, der dich aus dem Lande Ägypten herausgeführt und dich aus dem Sklavenhause befreit hat, Abfall gepredigt, um dich abzubringen von dem Wege, den zu wandeln der Herr, dein Gott, dir geboten hat. So sollst du das Böse aus deiner Mitte ausrotten.»

Eben jenes Gebot «Den (den und keinen Anderen) sollt ihr hören!» von Deut. 18, 15 wird nun aber im Neuen Testament (Mr. 9, 7 Par.) ausdrücklich aufgenommen in den Bericht von der bei der Verklärung Jesu auf dem Berg aus der Wolke ertönenden Stimme. Daß Jesus, wie es ja schon in der Taufgeschichte hieß, als Gottes geliebter Sohn der Gegenstand seiner εὐδοκία ist, erscheint hier als gleichbedeutend mit dem Geheiß: ἀκούετε αὐτοῦ. Es ist der ganze Ernst und das ganze Gewicht der Deut. 18 vollzogenen Unterscheidung von Echt und Unecht, an die mit dieser Formel erinnert wird. Eben sie steht auch hinter der schon angeführten Frage: «Wohin sollen wir gehen?» von Joh. 6, 68. Eben dahin gehört aber auch – man bemerke, wie das in die Gemeinde hineingerufen wird! – die Warnung Matth. 23, 8f.: es möchte sich gerade in ihr niemand Rabbi, Vater, Lehrer nennen lassen: Einer ist euer Meister! Einer ist euer Vater, der himmlische! Einer ist euer Lehrer, Christus! Eben dahin die Vorhersage Mr. 13, 6 Par., es würden auch unter dem Namen Jesu Christi selbst Andere auftreten mit der Botschaft und dem Anspruch: ἐγώ εἰμι. Er, der Eine, ist nach Joh. 10, 3f. der Hirte, auf dessen Stimme seine Schafe hören, der sie beim Namen ruft und herausführt, dem sie, indem sie seine Stimme hören, nachfolgen. «Einem Fremden aber werden sie nicht nachfolgen, sondern vor ihm fliehen; denn sie kennen die Stimme der Fremden nicht.» Und dann weiter v 16: «Ich habe noch andere Schafe, die nicht aus dieser Hürde sind (nicht zu dem anfangs angeredeten Israel gehören) – auch sie muß ich führen, und sie werden auf meine Stimme hören, und es wird eine Herde, ein Hirt sein.» Die Anstößigkeit dieser Bildrede (παροιμία), das Befremdliche der Gegenüberstellung des einen Hirten mit den als «Diebe und Räuber», nachher als «Mietlinge» bezeichneten «Fremden», wird gerade Joh. 10 nicht verschwiegen: «Sie verstanden nicht, wer das sei, von dem er dies sagte» (v 6). Und sie wird auch damit offenbar nicht beseitigt, sondern erhöht, daß den Hörern (v 11) dann gesagt wird: «Ich bin der gute Hirte.» Sondern eben dies und Alles, was dann zur Begründung dieses ἐγώ gesagt wird, scheint (v 19 f.) jenes σχίσμα unter den Juden zu erwecken. Kann, darf Jesus das sagen? «Er hat einen Dämon, ist von Sinnen.» Oder darf, muß Jesus das sagen? «Das sind nicht Worte eines Besessenen.» Die Heilung des Blindgeborenen war ja vorausgegangen. Hat sie Jesus nicht legitimiert als den Hirten, dessen Stimme im Unterschied zu allen anderen Stimmen zu hören ist? «Kann auch ein Dämon Blinden die Augen auftun?» Der Sinn der Perikope ist klar: Jesus ist der zu dem Anspruch, gehört und zwar allein gehört zu werden, Ermächtigte, der in und mit seiner Existenz diesen Anspruch mit Recht erhebt, mit Nachdruck betätigt, mit Erfolg durchsetzt. Darum Act. 4, 12: «Es ist kein anderer Name unter dem Himmel den Menschen gegeben, durch den wir gerettet werden sollen.» Und darum Paulus 1. Kor. 2, 2: «Ich habe mich entschieden (ἔκρινα), nichts unter euch zu wissen außer Jesus Christus und diesen als den Gekreuzigten.»

Und nun würde es also schlicht darauf ankommen -- nicht diese oder ähnliche biblische Sätze zu wiederholen, sondern sich in die ihnen zugrunde liegende und in ihnen zur Aussprache kommende biblische Denkweise so einzuleben, daß sich uns die These von der Einzigkeit der Prophetie Jesu Christi mit der gleichen Selbstverständlichkeit aufdrängte, in der sie in der heiligen Schrift vorausgesetzt und gelegentlich auch ausgesprochen wird. Das hieße dann: sich von der Weisung der heiligen Schrift leiten lassen und also bei der Vertretung jener These nicht auf eigene Vollmacht und Verantwortlichkeit angewiesen und also in der Lage sein, sie ohne alle Ängstlichkeit (weil dem Vorwurf der Willkür nun wirklich nicht ausgesetzt) vertreten zu dürfen. Aber um das Erlernen eines gedanklichen Kunststückes kann es sich dabei natürlich nicht handeln. Die eigentümliche Denkform der biblischen Zeugen ist ja auch nicht deren Erfindung, sondern gefordert, geprägt, ja geschaffen durch die von ihnen bezeugte Sache, d. h. aber durch die Herrschaft Jesu Christi selber. So kann es nur darum gehen, daß man sich durch die biblischen Zeugen zuerst und vor allem mit ihm selber konfrontieren lasse, um ihnen dann – ihnen gewissermaßen als den älteren und erfahreneren Mitschülern – abzulauschen, wie man als mit ihm konfrontierter Mensch zu denken und zu reden hat. Dies und dies allein ist der Weg zur Befreiung für das legitime und dann auch fruchtbare Wagnis des Satzes, daß er das eine Wort Gottes ist.

Wir gehen jetzt (1) dazu über, uns seinem präzisen Sinn damit zu nähern, daß wir das, was er **sagt**, **unterscheiden** von dem, was er **nicht sagt**.

Halten wir fest: er ist ein **christologischer Satz**, eine Aussage über Jesus Christus. Er kann also nicht auf ein anderes Subjekt übertragen werden. Er sagt von Jesus Christus, dem im Alten Testament Angekündigten, im Neuen Testament Verkündigten, daß er das eine Wort Gottes ist. Er sagt das aber nur eben von ihm selbst. Es gibt eine **direkte Bezeugung** Jesu Christi in den Worten der Propheten und Apostel: es gibt also die Bibel, in der sich Jesus Christus als das eine Wort Gottes kundtut. Aber die Bibel als solche ist nicht das eine Wort Gottes. Es gibt eine **indirekte Bezeugung** Jesu Christi in der Botschaft, im Handeln und Leben der christlichen Kirche, die eben darin ihren Existenzzweck hat, ihn der Welt als das eine Wort Gottes bekanntzumachen. Aber auch die Kirche, ihre Lehre, ihr Unterricht, ihr Gottesdienst, ihre ganze Existenz ist nicht das eine Wort Gottes. Es gibt weiter eine Geschichte der Gaben und Wirkungen Jesu Christi: viele durch ihn bestimmte Geschichten einzelner Menschengruppen, auch vieler einzelner Menschen. Aber weder diese Geschichte im Ganzen, noch eine einzelne von ihnen ist das eine Wort Gottes. Jesus Christus nimmt teil an der **Einzigkeit** Gottes als des **Schöpfers** seiner Geschöpfe, als des **Herrn** aller seiner Knechte, als des **Wirkers** aller seiner Werke, als des **Gebers** aller seiner Gaben: er tut das auch in dem von ihm schon erhellten Bereich, in welchem seine Bezeugung Ereignis ist, in welchem seine Anregungen so oder so sichtbar werden – auch gegenüber allen daselbst leuchtenden Lichtern er allein. Und so nun gewiß auch in dem Bereich **außerhalb**, wo solche Bezeugung nicht stattfindet, solche Anregungen nicht sichtbar werden! Man bemerke schon hier das Positive, das damit auch über diesen anderen Bereich gesagt ist: sollte es etwa – was gewiß nicht zum vornherein zu bestreiten ist – auch da draußen wirklich leuchtende Lichter des Lebens, wahres Wort Gottes geben, so ist er **allein** auch da draußen dieses Wort, so leuchten jene Lichter auch da draußen, weil und indem auch da **sein** – kein anderes als **sein** Licht leuchtet.

Klären wir nun gleich auch das Folgende: Daß Jesus Christus das eine Wort Gottes ist, heißt nicht, daß es nicht – in der Bibel, in der Kirche und in der Welt – auch andere, in ihrer Weise auch bemerkenswerte Worte – andere, in ihrer Weise auch helle Lichter – andere, in ihrer Weise auch reale Offenbarungen gebe. Da sind ja eben die Propheten des Alten und die Apostel des Neuen Testamentes. Da gibt es ja gewiß auch eine Prophetie und einen Apostolat der Kirche. Aber warum sollte es nicht auch weltliche Propheten und Apostel aller Art und aller Größenordnungen geben können? Indem die Bibel das eine Wort Gottes bezeugt, und wenn und sofern die Kirche dieses Zeugnis der Bibel aufnimmt und weitergibt, werden wahrhaftig gewichtige menschliche Worte gesprochen, werden im menschlichen Raum ganz bestimmt leuchtende Lichter aufgesteckt, kommt es zu allerhand großen und kleinen Offenbarungen. Und auch das folgt nicht aus unserem Satz, daß alle außerhalb des biblisch-kirchlichen Kreises gesprochenen Worte als solche wertlos oder gar als Worte unechter Prophetie nichtig und verkehrt, alle dort aufgehenden und scheinenden Lichter als solche Irrlichter, alle dort sich vollziehenden Offenbarungen als solche falsch sein müßten. Nur daß Jesus Christus das eine, einzige Wort Gottes, daß er allein Gottes Licht, Gottes Offenbarung ist, meint unser Satz. Nur in diesem Sinn grenzt er alle anderen Worte, Lichter, Offenbarungen, Prophetien und Apostolate – die der Bibel und der Kirche und die der Welt – ab gegenüber dem, was in und mit der Existenz Jesu Christi gesagt ist. Die biblischen Propheten und Apostel sind ja seine Knechte, Sendlinge und Zeugen – wie sollten da ihre Worte in ihrer ganzen Menschlichkeit nicht Worte größten Ernstes, tiefsten Trostes, höchster Weisheit sein? Und wenn die Kirche in der Nachfolge der biblischen Propheten und Apostel redet – wie sollten da solche Worte nicht auch von ihr zu erwarten sein? Und wie sollte das Lautwerden solcher Worte auch außerhalb dieses Kreises ausgeschlossen sein, da doch die ganze Welt der Schöpfung und der Geschichte der Herrschaftsbereich des Gottes ist, zu dessen Rechten eben Jesus Christus sitzt: mächtig nicht nur in jenem inneren, sondern auch über diesem äußeren Bereich, frei, sich auch dort zu bezeugen und bezeugen zu lassen? Daß es in jenem inneren Bereich solche Worte gibt, das wäre ja nur zu bestreiten, wenn man die Gegenwart und Aktion Jesu Christi im Werk seiner Zeugen und im Werk der diesen Zeugen nachfolgenden Kirche bestreiten wollte. Und daß es solche Worte auch in jenem äußeren Bereich geben kann, das könnte doch nur zusammen mit der Welterhaltung und Weltregierung des Gottes, der dem Sohn Alles übergeben hat, in Abrede gestellt werden. Es gibt dort und hier solche guten, weil in Gottes Auftrag und Dienst gesprochenen menschlichen Worte: erhellend und hilfreich in dem Maß, als es ihnen als menschlichen Worten von Gott gegeben ist, erhellend und hilfreich zu sein. Wir leben davon, daß wir in der Bibel, in der Kirche und in der Welt solche guten menschlichen Worte immer wieder hören dürfen.

Zu bestreiten und in Abrede zu stellen ist nur eben dies, daß irgendeines dieser guten menschlichen Worte an sich und als solches das Wort Gottes selbst ist, neben das von Gott selbst gesprochene Wort, neben Jesus Christus treten, ihn ergänzen oder gar verdrängen und ersetzen kann. Das Wort Gottes ist sein ewiges Wort, das darum und darin unvergleichlich, unbedingt gut, ernst, tröstlich, weise ist, daß es unmittelbar von ihm selbst zu uns gesprochen wird. Es sagt als solches nicht nur etwas Gültiges, sondern das schlechthin Gültige, nicht nur ein sekundär Brauchbares, sondern das primär Gute, nicht nur ein vorläufig Richtiges, sondern das endgültig Wahre. Es ist nicht nur Angebot und Anleitung, es schafft und es erneuert, indem es laut und vernommen wird. Es unterrichtet den Menschen nicht nur, es verwickelt ihn nicht nur in eine Diskussion: es verändert ihn. Es entscheidet über ihn. Es begnadigt ihn ganz, indem es ihn ganz richtet. Es befreit vorbehaltlos und eben so verpflichtet es auch. Es ist das Wort, dem wir im Leben und im Sterben zu vertrauen und zu gehorchen haben. Es ist das Licht des Lebens. Wo dieses Wort laut und vernommen wird, da ist das Wort Gottes auf dem Plan: nur da! Kein Menschenwort, auch kein in Gottes Auftrag und Dienst gesprochenes Menschenwort, kann an sich und als solches so reden, das sagen, das ausrichten. Es braucht unmittelbar Gott selbst dazu. Es bedarf dazu dessen, daß Gott selbst in eigener Person auf den Plan tritt und redet. Indem er das tut, indem er sein Wort unmittelbar redet, ist dieses inkoordinabel, mit keinem Menschenwort vergleichbar: auch nicht mit dem höchsten oder tiefsten, auch nicht mit dem erhellendsten und hilfreichsten, auch nicht mit dem in seinem Auftrag und Dienst gesprochenen Menschenwort. Und eben das tut Gott. Eben darum geht es in der Existenz Jesu Christi als des wahren Sohnes Gottes, der auch der wahre Menschensohn ist: daß Gott selbst in eigener Person auf den menschlichen Plan tritt und dieses sein inkoordinables, mit keinem Menschenwort vergleichbares Wort spricht. Darum und in diesem Sinn ist Jesus Christus das eine, das einzige Wort Gottes: nicht das einzige Wort, auch nicht das einzige gute Wort, aber das eine, einzige Wort, das, weil unmittelbar von Gott selbst gesprochen, so gut ist wie Gott selber und also Gottes eigene Autorität und Macht hat, zu hören ist, wie Gott selber: das Wort, das alle menschlichen Worte, auch die besten, nur eben direkt oder indirekt bezeugen, nicht aber wiederholen, nicht ersetzen, mit dem sie nicht konkurrieren können, sodaß ihre eigene Güte und Autorität sich schlechterdings daran ermißt, ob und in welcher Treue sie die Zeugen dieses einen Wortes sind.

Wer Jesus für einen διδάσκαλος ἀγαθός hält und als solchen anredet, der muß sich nach Mr. 10,17f. Par. fragen lassen, ob er weiß, was er tut: «Was nennst du mich gut? Keiner ist gut als der eine Gott!», der muß sich also von ihm unmittelbar mit der Majestät und mit dem totalen Anspruch des einen Gottes und seines Gebotes konfrontieren lassen. War der Mann, der Jesus so anredete, gefaßt und gerüstet darauf, daß er es in ihm mit dem einen «guten Lehrer» zu tun hatte? Der Text berichtet, daß er es nicht war. Jesus «liebte» diesen Mann (v21). Aber «traurig über dieses Wort ging er betrübt hinweg; denn er hatte viele Güter.» So wie Gott und also wie das eine, einzige, das ewige Gut, konnte und wollte er Jesus angesichts dessen, was das für ihn bedeutet hätte, doch nicht lieben. Und so haben die Schriftgelehrten, die Jesus (Mr. 2,5f. Par.) das zu dem Gelähmten von Kapernaum gesprochene Wort der Sündenvergebung als Blasphemie anrechnen, sachlich ganz recht: «Wer kann Sünde vergeben, es wäre denn der eine Gott?» Was Jesus zu dem Kranken gesagt hatte, konnte ihm, wenn es keine Blasphemie war, tatsächlich nur der eine Gott gesagt haben! Und der eine Jesus hatte gesagt, was nur der eine Gott gesagt haben konnte! Daß er, der Menschensohn, das Recht und die Vollmacht zu solchem Gotteswort hatte, veranschaulicht und bestätigt er, indem er dem Mann gleichsam im Annex jenes Wortes befiehlt, aufzustehen, sein Krankenlager zusammenzupacken und zu gehen! So hat Paulus 1. Kor. 8,6, den einen Gott, den Vater, von dem alle Dinge und von dem auch wir her sind, mit dem einen Herrn Jesus Christus, durch den alle Dinge, durch den auch wir sind, zusammen gesehen, und in dieser Zusammenschau der nicht zu bestreitenden Existenz der vielen so genannten Götter und Herren im Himmel und auf Erden den für die Frage des Götzenopferfleisches entscheidenden Trotzsatz entgegengestellt: daß es kein (wahres) εἴδωλον in der Welt gibt, daß nämlich οὐδεὶς θεὸς εἰ μὴ εἷς (v 4). Dieselbe Zusammenschau begegnet uns 1.Tim. 2,5: «Einer ist Gott und Einer der Mittler zwischen Gott und den Menschen, der Mensch Christus Jesus», hier in dem positiven Kontext: weil dem so ist, darum «ist es der Wille Gottes, daß alle Menschen gerettet werden und zur Erkenntnis der Wahrheit kommen» (v 4) – und daß dem so ist, ist der Grund des Zeugnisses, in dessen Dienst Paulus sich selbst als «Lehrer der Völker» und also als «Herold und Apostel» auch der Heiden eingesetzt weiß (v 7). Und wenn Röm. 3, 29 f. das εἷς ὁ θεός zur Begründung des Satzes, daß Gott der Gott der Juden und der Völker ist, angeführt wird, so ergibt sich aus dem Zusammenhang auch dort daß das theologische εἷς im christologischen wie seine Konsequenz und Blüte, so auch seine Voraussetzung und Wurzel hat.

Ich fasse zusammen: als Wort Gottes unterscheidet unser Satz das in der Existenz Jesu Christi gesprochene Wort von allen anderen. Man tut gut, bei diesen anderen auch an die in der Existenz und im Zeugnis der biblischen Menschen, auch an die in der Existenz und im Zeugnis der Kirche gesprochenen menschlichen Worte zu denken. Im Unterschied zu ihnen allen ist Jesus Christus das eine Wort Gottes. Es gibt auch andere, in ihrer Art und in ihren Ausmaßen ebenfalls wahre und gute Worte – und in diesem Sinn auch andere Propheten. Wir werden auf diese Feststellung noch zurückkommen. Es gibt aber nur einen Propheten, der das Wort Gottes sagt, indem er selber das Wort Gottes ist, und dieser eine heißt und ist Jesus Christus. Das sagt unser Satz: nicht mehr, aber auch nicht weniger als das.

Wir versuchen es jetzt (2) seinen Sinn durch einige Umschreibungen zu präzisieren. – Daß Jesus das eine Wort Gottes ist, heißt zunächst: Er ist die ganze, die vollkommene Aussprache Gottes über sich selbst und über den Menschen, an den sich Gott mit seinem Wort wendet. Gott tut sich selbst, er tut aber auch uns genug in dem, was er uns in und mit der Existenz Jesu Christi sagt. Was er für uns ist und mit uns will – aber auch, was wir für ihn sind, was wir im Verhältnis zu ihm zu sein, zu wollen und zu tun bestimmt sind, das wird uns in Jesus Christus als dem einen Wort Gottes erschöpfend, ohne Vorbehalt und Rest offenbar. Er ist als das eine Wort Gottes keiner Ergänzung durch andere Worte Gottes bedürftig. Wollte man schon von «Ergänzung» reden, so müßte man sagen: er ist (gerade weil und indem er der lebendige Herr Jesus Christus ist) als das eine Wort Gottes in einer fortlaufenden Selbstergänzung begriffen – nicht im Blick darauf, daß das in ihm gesprochene Wort nicht vollständig und genügend wäre, wohl aber im Blick auf die tiefe Ergänzungsbedürftigkeit alles unseres Hörens. Aber eben dazu: unserer Armut in immer neuer Fülle sich darzustellen und darzubieten, ist er in sich selbst reich und durch sich selber kräftig genug. An ihm liegt es nicht, wenn wir von Gott und von uns selbst so wenig erkennen und wissen. Nach anderen Worten

2. Das Licht des Lebens

Gottes uns umzuhören, besteht also kein Anlaß, müssen wir uns aber auch darum verboten sein lassen, weil jedes andere «Wort Gottes» nur das Wort eines anderen, eines in seinem Verhältnis zu dem einen *per se* falschen Gottes sein, uns von der Wahrheit des einen Gottes und damit auch von der Wahrheit des Menschen als seines erwählten und geliebten Geschöpfes nur ab- und in die Irre führen könnte. Wer und was der wahre Gott und wer und was durch ihn der wahre Mensch ist, welches die Freiheit Gottes und welches die dem Menschen von Gott geschenkte Freiheit ist, das ist uns in und mit der Existenz Jesu Christi als des wahren Gottes- und Menschensohnes so gesagt, daß jede Hinzufügung in Wirklichkeit nur eine Minderung und Verkehrung unserer Wahrheitserkenntnis bedeuten könnte.

Daß er das eine Wort Gottes ist, heißt weiter, daß er keiner ernstlichen Konkurrenz, keiner Problematisierung seiner Wahrheit, keiner Gefährdung seiner Autorität von irgend einer dritten Seite her ausgesetzt ist. Nur ein anderes, dem in ihm gesprochenen irgendwie fremdes und überlegenes oder doch gleichwertiges und gleichmächtiges Gotteswort könnte ja diese dritte Seite sein: das Wort eines mit dem *Deus revelatus* nicht identischen oder nur in unauflöslichem Widerspruch identischen *Deus absconditus* vielleicht. Nun haben wir aber keinen Anlaß mit einem solchen Fremdwort, mit einem solchen Selbstwiderspruch Gottes zu rechnen, wohl aber allen Anlaß, uns daran zu halten, daß er treu ist, daß wir es in Jesus Christus mit Gottes ganzer und also mit seiner einen und also zuverlässigen Offenbarung zu tun haben: eben mit dem Wort, in welchem er sich selbst und uns völlig Genüge tut. Gewiß stößt dieses eine Wort in der Welt – aber nicht zu vergessen: auch und zuerst in der Kirche – auf Widerspruch. Gewiß gibt es eine seinem Licht widerstehende Finsternis in vielen Gestalten vieler finsterer Mächte – alle irgendwie im Zusammenhang mit des Menschen Sünde, alle durch die Lüge ermächtigt und entfesselt, alle als Gegenspieler des einen Wortes Gottes sehr ernst zu nehmen. Gewiß kann Jesus Christus in der Welt und unter den Seinen verkannt, verachtet, verworfen – als das eine Wort Gottes gänzlich oder teilweise überhört werden. Gewiß geschah und geschieht ihm das auch. Eines aber kommt, da Gott sich selbst nicht widerspricht, da er treu ist, nicht in Frage: das nämlich, daß irgend eine solche finstere Macht und ihre lügnerischen Worte, Offenbarungen und Prophetien der Geltung und Macht des einen Wortes Gottes wirklich bedrohlich werden, es seinerseits Lügen strafen und zunichte machen könnte. Der von den Toten auferstandene, der lebendige Herr Jesus Christus hat als der eine Prophet, der das Wort Gottes nicht nur bezeugt, sondern selber ist, keinen ernsthaften Nebenbuhler: keinen solchen, über dessen Inferiorität und schließliche Beseitigung durch seine Existenz, Gegenwart und Aktion nicht schon entschieden wäre. Wer oder was könnte denn gegen

Gott – wer oder was also gegen ihn als Gottes eines Wort aufkommen? Das bedeutet aber praktisch: man nimmt kein Risiko auf sich, wenn man inmitten der Angebote der vielen angeblichen und als solche sich aufspielenden Herren und Propheten gerade ihm als dem Herrn und Propheten vertraut und gehorcht. Gerade er und nur er ist vielmehr eines völligen Vertrauens, eines gänzlichen Gehorsams würdig. Gerade auf seine Hingabe und das in ihr gesprochene Wort mit der entsprechenden, mit einer entschlossenen und ausschließlichen Hingabe zu antworten, kann Keinen gereuen. «Wer an ihn glaubt, der wird nicht zuschanden werden» (Röm. 10,11) – darum nicht, weil er selbst wohl Feinde hat, aber keine solchen, an denen er zu Schanden werden könnte, keine, die nicht umgekehrt durch ihn zu Schanden gemacht werden.

Daß er das eine Wort Gottes ist, heißt weiter: Es kann seine Wahrheit mit keiner anderen, seine Prophetie mit keiner anderen kombiniert, er kann nicht mit anderen Worten in ein ihm und ihnen übergeordnetes System gebracht werden. Er kann wohl sich selbst als das eine Wort Gottes mit solchen anderen Worten in nächste Verbindung bringen: er kann sich ja gewisser Menschen bedienen, sie zu seinen Zeugen machen und sich zu ihrem Zeugnis in der Weise bekennen, daß (Luk. 10,16) wer sie hört, ihn zu hören bekommt. In solche nächste Verbindung ist er mit den biblischen Propheten und Aposteln tatsächlich getreten und daß er es seiner Gemeinde nicht verweigern, sondern schenken möchte, auch mit ihr in solche Verbindung zu treten, das ist die Verheißung, von der und das Gebet, in dem sie existiert. In solche Verbindung kann er – wer will ihm das verwehren? – auch mit Menschen außerhalb des biblisch-kirchlichen Bereiches und mit ihren Worten treten. Solche Verbindung kann aber – ob sie in der Kirche oder in der Welt Ereignis werde – gerade nur durch seine Tat, als sein Werk, als eine Gestalt seiner freien Gnadenoffenbarung legitim und fruchtbar sein. Wogegen alle eigenmächtig vom christlichen oder nicht-christlichen Menschen erdachten und vollzogenen Synthesen zwischen Jesus Christus als dem einen Wort Gottes und irgendwelchen anderen Worten (und wären sie die einleuchtendsten, notwendigsten und besten!), alles noch so wohlgemeinte aber willkürliche «Jesus Christus und... (Maria, die Kirche, das in der individuellen und allgemeinen Geschichte zu erlebende Schicksal, ein vorauszusetzendes menschliches Selbstverständnis u. dgl.)» ein Verfügen über ihn bedeutet, das niemandem zusteht, das nur das Werk religiösen Übermutes sein kann, mit dem man ihn seiner Würde als der Herr und der Prophet entkleidet, in dessen Vollzug er also – nicht objektiv, aber für die Menschen, die solches wagen, aufhört zu sein, der er ist, in und mit dem sie den Glauben an ihn, die Liebe zu ihm, die Hoffnung auf ihn schon preisgegeben haben, wie laut und subjektiv aufrichtig sie sich auch nach wie vor zu ihm bekennen mögen. Es gibt keinen legitimen Ort zu Entwürfen,

2. Das Licht des Lebens

in deren Planung und System Jesus Christus bloß ein mit den Räumen anderer Ereignisse und Mächte, Gestalten und Wahrheiten koordinierter besonderer Raum zukäme. Und es sind solche Entwürfe darum gegenstandslose und unfruchtbare Unternehmungen, weil er als das eine Wort Gottes sich jeder denkbaren, in solchen Entwürfen vorgesehenen Synthese und Kombination ganz bestimmt entzieht – weil sich die Menschen, die sie wagen, ganz bestimmt mit den Offenbarungen jener anderen Elemente allein gelassen finden werden.

Es ist das «Du sollst keine anderen Götter neben mir haben» von Ex. 20, 3, das sich hier unaufhaltsam und unerbittlich auswirkt. Es bestand ja auch die Sünde Israels gegen den Gott des mit seinen Vätern geschlossenen und immer wieder erneuerten Bundes zunächst durchaus nicht in einem direkten Abfall von Jahve, wohl aber eben in der Kombination und Vermischung seines Dienstes, seiner Anrufung, seiner in praktischem Gehorsam zu vollziehenden Anerkennung mit der Verehrung der Numina Kanaans und der umliegenden Völker. Sie bestand darin, daß Israel in immer neuen Experimenten das Eine tun und das Andere nicht lassen, Jahve nicht verlieren und die Baalim nicht missen und also (1. Kön. 18, 21) auf beiden Seiten hinken wollte: immer mit dem Ergebnis, daß es, indem es nicht (seiner eigenen Erwählung entsprechend) wählen wollte, schon gewählt, Jahve schon weggewählt, sich schon entschieden, nämlich faktisch praktisch gegen ihn und für die Baalim entschieden hatte, ein den Geboten Gottes entfremdetes Volk wie alle anderen zu werden in vollem Zuge war. Das merkwürdige, aber den Sachverhalt sehr genau wiedergebende Wort von Jahves «Eifersucht» – die nach Ex. 20, 5 schon angesichts des Versuches, ihn außer in seiner unsichtbaren Majestät doch auch in selbstdachten Bildern zu verehren, entbrennt – besagt eben dies, daß er sich jeder Zusammenschau seiner Gottheit mit anderen Gottheiten, jedem Zusammenhören seines Wortes mit den ihrigen grundsätzlich, automatisch entzieht. Israel kann nur allein auf ihn oder dann gar nicht auf ihn blicken und hören. In dieser Front redet die ganze vom Alten Testament bezeugte Prophetie der Geschichte Israels, reden darum explizit und implizit alle seine Propheten.

Eben solches Kombinieren des Wortes Jesu Christi mit der Autorität und den Inhalten angeblicher anderer Gottesoffenbarungen und Gotteswahrheiten war und ist nun aber (bereits in der schon im Neuen Testament visierten Gnosis sichtbar) die schwache Stelle so ziemlich aller Gestalten der christlichen Kirchengeschichte. Wann und wo wäre da die Prophetie Jesu Christi geradezu geleugnet – aber wann und wo wäre da nicht in immer neuen Anläufen versucht worden, sie mit anderen, ebenfalls als göttlich anerkannten und gerühmten Prinzipien, Ideen, Geschichtsmächten und mit deren Prophetien zu verrechnen, ihre Autorität auf das zu beschränken, was sie in der Zusammenordnung mit diesen (und also abzüglich der diesen anderen Prinzipien einzuräumenden Autorität) bedeuten konnte? Nicht nur der alte und mittelalterliche Katholizismus, sondern auch der Protestantismus ist – in gewissen Keimen schon von Anfang an, schon bei den Reformatoren selber, dann in immer größerer Rüstigkeit, in immer wachsender Bedenklichkeit – in dieser Richtung nur allzu tätig gewesen. Bis das fatale Wörtchen «und» auch in diesem Bereich, wo man es von der scheinbar kräftig genug vertretenen Rechtfertigungslehre her besser hätte wissen müssen, zu einem, weithin zu dem Hauptwort der theologischen Sprache zu werden drohte! Es brauchte das Auftreten der sonderbaren, aber eine Weile überaus mächtigen Sekte der «Deutschen Christen» von 1933, um hier zur Besinnung und wenigstens zum Anlauf zu einer Umkehr zu führen, nachdem die Eifrigsten unter ihnen (von anderen Untaten abgesehen) dem Bild des «Führers» von damals sogar die «Ehre der Altäre» zuerkannt hatten. Der Niederschlag jener Besinnung und vorläufigen Umkehr war die erste These von Barmen, die wir hier kommentieren.

Es soll immerhin auch andere christliche Völker geben, in denen es üblich ist, die Kirchenräume außer mit Kanzel und Abendmahlstisch an sehr sichtbarer Stelle auch mit der betreffenden Nationalfahne, ev. auch an Stelle des Abendmahlstisches mit einer sinnvoll dekorierten Apparatur zum Vollzug von Immersionstaufen auszustatten! Es geht aber natürlich nicht um solche Äußerlichkeiten, die ja als solche nur die Symptome des in sehr vielen Formen möglichen Versuchs sein können, dem Eigenen der Prophetie Jesu Christi das Fremde irgend einer anderen Prophetie zuzuordnen. Wenn diese anderen Prophetien sich solche Zuordnung gefallen lassen sollten – sie pflegen, früher oder später sichtbar, ihrerseits nach Alleinherrschaft zu streben – die Prophetie Jesu Christi jedenfalls verbittet sich und entzieht sich solcher Zuordnung. Was von ihr, wo sie solchen Kombinationen unterworfen wird, übrig bleibt, pflegt rasch genug nur noch (in Abwesenheit des lebendigen Herrn Jesus Christus und seines Wortes) der mit verdächtig lautem Schall bekannte Name dieses Propheten zu sein. «Niemand kann zweien Herren dienen» (Matth. 6,24) – dem einen Wort Gottes, das Jesus Christus heißt und anderen Gottesworten zugleich auf keinen Fall!

Daß er das eine Wort Gottes ist, heißt endlich: es kann seine Prophetie durch keine andere überboten werden. Nicht im Inhalt ihrer Aussagen – denn sie sagt alles, was von Gott, vom Menschen und von der Welt zu wissen notwendig und heilsam ist und sie umfaßt, begründet und krönt mit dem, was sie sagt, recht verstanden alles wirklich Wissenswerte. Nicht in der Tiefe, in der sie die Wahrheit sagt – denn sie ist selbst die Quelle und das Maß aller Wahrheit. Nicht in der Dringlichkeit, in der sie sich dem Menschen nahelegt, in der sie von ihm anerkannt, erkannt und bekannt sein will – denn ihr Gehör zu schenken, hat noch Jeder, der das getan hat, als das Eine Notwendige begriffen, verglichen mit dem alles andere Hören, wie wichtig es auch sein möge, warten, dem es sich nur unterordnen kann. Und vor allem nicht in der Güte, im Ernst, in der Tröstlichkeit, in der Weisheit der Mitteilung – denn alle anderen uns Menschen zugehenden Mitteilungen, denen solches auch zuzuschreiben sein mag, sind dem unterworfen, hinsichtlich ihrer Güte durch diese eine Mitteilung erniedrigt oder erhöht, entweder disqualifiziert oder aber qualifiziert zu werden. Nur eine Überbietung kommt hier in Betracht: sie bezieht sich aber weder auf den Inhalt, noch auf die Tiefe, noch auf die Dringlichkeit, noch auf die Güte des einen in Jesus Christus gesprochenen Gotteswortes. Sie ist auch nicht dessen Überbietung durch irgendein anderes Wort, sie ist die Selbstüberbietung Jesu Christi als des einen Wortes Gottes hinsichtlich der Allgemeinheit und hinsichtlich der unmittelbaren, der definitiven Klarheit seiner Erkenntnis, deren die Christenheit und die Welt jetzt, in der Zeit zwischen seiner Auferstehung und seiner Wiederkunft, noch nicht teilhaftig ist, der sie aber eben in seiner Wiederkunft, d. h. in seiner die Zeit und die Geschichte – alle Zeiten und alle Geschichten – abschließenden und erfüllenden totalen Gegenwart, Aktion und Offenbarung entgegensieht und entgegengeht. Es wird sich also auch in diesem Eschaton der Schöpfung und der Versöhnung nicht um ein anderes, sondern um Jesus Christus als das eine Wort Gottes, um die

2. Das Licht des Lebens

endgültige und eindeutige, die Zielgestalt seiner eigenen, von seiner Auferstehung her jetzt schon in die Zeit und in die Geschichte – in alle Zeiten und Geschichten – hineinstrahlende Herrlichkeit handeln. Gerade nur das ist der Gegenstand der christlichen Hoffnung, sofern sie jetzt noch nicht erfüllt und, solange die Zeit währt, noch nicht erfüllbar ist: die bestätigende Offenbarung der formellen und substanziellen, der theoretischen und praktischen Unüberbietbarkeit des uns schon jetzt gesagten einen Wortes Gottes, vollzogen in seiner Selbstüberbietung, in deren Kraft alle Ohren Alles hören, alle Augen Alles sehen werden, was uns doch in ihm faktisch jetzt schon zu hören und zu sehen gegeben ist. Es bedeutet also auch die Einbeziehung des eschatologischen Aspektes nicht nur keine Einschränkung sondern vielmehr die letzte Erweiterung und Vertiefung unseres Satzes von Jesus Christus als dem **einen** Wort Gottes.

Wir wenden uns jetzt in einer weiteren Überlegung (3) zur Frage nach seinem **Grunde**. Wie kommen wir, was nötigt, was befreit uns zu diesem Satze? Die Frage berührt sich mit der, die in früherem Zusammenhang allgemein gestellt wurde. Inwiefern ist denn das Leben Jesu Christi Licht, Offenbarung, Wort, Prophetie? haben wir damals gefragt. Die Frage lautet jetzt spezieller: inwiefern ist Jesus Christus das **eine** Licht, das **eine** Wort Gottes? Die allgemeine Antwort wäre nun gewiß auch hier richtig und erschöpfend: er ist es insofern, als er – wie Gott der Eine – des einen Gottes **eines** Wort **ist** und sich faktisch als dieses eine **erweist**. Diese Antwort würde bedeuten: dafür, daß Jesus Christus das eine Wort Gottes ist, steht er selbst ein, indem er der Eine und Einzige, den wir zu hören, dem wir im Leben und im Sterben zu vertrauen und zu gehorchen haben, **ist** und als solcher sich bewährt, indem er als solcher an uns handelt. Die Frage wäre also an den nach dem Grund unseres Satzes Fragenden zurückzugeben: ob er denn nicht bemerken und einsehen sollte, daß Jesus Christus sich selbst als der eine Prophet Gottes faktisch bewähre? Eben das wird man sich selbst und Anderen in der Tat zu antworten haben. Wie für Gottes Offenbarung als solche, so bürgt auch für ihre Einzigkeit sie selber. Ist Jesus Christus das eine Wort Gottes, so kann nur er selbst – indem er selbst sich von allen Anderen, den vermeintlichen und angeblichen Gottesworten abhebt, aus ihrer Reihe gewissermaßen hervorspringt – als dieses eine Wort sich zu erkennen geben.

«Wem wollt ihr Gott vergleichen und was als Ebenbild ihm an die Seite stellen?» wird Jesaja 40,18 gefragt, und dann v 25 noch einmal: «Wem wollt ihr mich vergleichen, daß ich wäre wie er? spricht der Heilige.» Die Frage ist als solche schon eine Antwort u. zw. auf die Klage und Anklage des in den Stürmen der großen Weltgeschichte scheinbar verlassenen und verlorenen Israel: «Mein Geschick ist dem Herrn verborgen und mein Recht entgeht meinem Gott» (v 27). Die Meinung scheint nach dem Zusammenhang zu sein: Jahve möchte ein Gott neben vielen anderen u. zw. ein kleiner Gott unter vielen großen, viel größeren Göttern sein: kein Wunder, daß sein Volk inmitten der anderen, der großen Weltvölker, so dran ist! Was hat der Prophet des Exils dazu zu sagen? Schlicht dies, daß er die so Seufzenden vor die Gegenfrage stellt: ob denn ein Vergleich Jahves mit den Göttern der Völker – und nun gar noch dieser für Israel und damit für ihn selbst so fatale Vergleich – überhaupt auch nur von ferne in Betracht kommen könne – angesichts dessen nämlich, wer und was Jahve ist, was er getan hat und noch tut? angesichts seiner für sich selbst sprechenden Majestät, der gegenüber alle Majestäten der Weltgeschichte in ihrer ganzen scheinbaren Übermacht keine, nichts, sind? «Wißt ihr es nicht, hört ihr es nicht?» (v 21), und dann wieder: «Weißt du es nicht, oder hast du es nicht gehört?» (v 28). Was wäre da, als für sich selbst längst sprechend, zu wissen? Wieder wird zunächst mit lauter Fragen geantwortet: «Wer hat die Wasser mit der hohlen Hand gemessen und die Himmel mit der Spanne abgegrenzt? Wer hat ins Hohlmaß gefaßt den Staub der Erde, wer die Berge gewogen mit der Schnellwaage und die Hügel mit Waagschalen? Wer hat den Geist des Herrn gelenkt und wer ist sein Ratgeber, der ihn unterwiese? Mit wem hat er sich beraten, daß der ihn belehrte und ihm den Pfad des Rechten zeigte, den Weg der Einsicht ihm wiese?» (v 12–14). «Ist es euch nicht von Anfang her verkündet? Habt ihr es nicht begriffen von der Gründung der Erde her?» (v 21). Und weiter: «Erhebt eure Augen zur Höhe und schaut: Wer hat jene geschaffen? Er, der ihr Heer herausführt nach der Zahl, sie alle mit Namen ruft. Ihm, der groß ist an Kraft und stark an Macht, bleibt nicht eines aus» (v 26). So Jahve, der Schöpfer aller Dinge! Ihm werden dann (v 19–20) die von Menschen in Auftrag gegebenen und wieder von Menschen ausgeführten Bilder der Götter der Völker gegenübergestellt: je nach Vermögen gegossen und vergoldet oder eben nur aus Holz geschnitzt! Was folgt daraus? Nun kommt das Positive: Jahve ist der, «der da thront über dem Kreis der Erde, daß ihre Bewohner wie Heuschrecken sind, der den Himmel ausbreitet wie einen Flor und ihn ausspannt wie ein Zelt zum Wohnen, der da Fürsten zunichte macht und Richter der Erde wandelt zu Nichts; kaum sind sie gepflanzt, kaum sind sie gesät, kaum wurzelt ihr Stamm in der Erde, so bläst er sie an und sie verdorren, und wie Stoppeln trägt sie der Sturm davon» (v 22–24). «Siehe, die Völker sind wie ein Tropfen am Eimer, sind wie ein Stäublein auf der Waage geachtet. Siehe, Inseln wiegen nicht mehr als ein Sandkorn. Und der Libanon reicht nicht hin zum Brennholz und sein Wild reicht nicht zum Opfer. Alle Völker sind vor ihm wie nichts, für nichtig und wesenlos von ihm geachtet» (v 15–17). Was folgt daraus für das kleine, das geringe, das menschlich geredet in der Tat völlig ohnmächtige Israel? Daß seine Klage und Anklage gänzlich gegenstandslos ist! «Ein ewiger Gott ist der Herr, der die Enden der Erde geschaffen! Er wird nicht müde noch matt, unerforschlich ist seine Einsicht; er gibt dem Müden Kraft und dem Ohnmächtigen mehrt er die Stärke. Jünglinge werden müde und matt, Krieger straucheln und fallen; aber die auf den Herrn harren, empfangen immer neue Kraft, daß ihnen Schwingen wachsen wie Adlern, daß sie laufen und nicht ermatten, daß sie wandeln und nicht müde werden» (v 28–31). Merkwürdiger Gedankengang: Eben das in Frage Gestellte – die Unvergleichbarkeit, die Einzigkeit und darum die schlechthinige Souveränität Jahves und mit ihr die schlechthinige Geborgenheit Israels wird, in aller Ruhe nicht nur, sondern mit der größten, freudigsten Sicherheit als das Vorausgegebene und als solches eben für sich selbst Sprechende hingestellt! So will es die biblische Denkform auch hier. Es ist klar: die umfassende Antwort auch auf die Frage nach der Einzigkeit der Offenbarung Gottes in Jesus Christus kann grundsätzlich nur die sein, die Jes. 40 so gewaltig vorweggenommen ist.

Es ist nun aber doch nicht an dem, daß wir diese allgemeine Form der hier zu gebenden Antwort nicht füllen, daß wir uns darüber nicht besinnen und aussprechen könnten und auch müßten: welches denn das spezifische Gewicht des einen entscheidenden Grundes dafür ist, daß Jesus Christus tatsächlich der eine Prophet, das eine Wort Gottes ist.

2. Das Licht des Lebens

Wir beachten, daß Jes. 40 auch die Einzigkeit Jahves als des den Weltvölkern und ihren Göttern schlechthin überlegenen Souveräns nicht einfach dekretiert, sondern argumentierend erklärt wird. Seine Souveränität ist – wir haben es Jes. 40 wenn nicht mit einer der ersten, so doch jedenfalls mit einer der wuchtigsten Gestalten dieser merkwürdigerweise gerade in der Exilszeit durchbrechenden Erkenntnis zu tun – die Souveränität des Schöpfers des Himmels und der Erde. Als solcher erhebt er sich so unverkennbar über alle seine Rivalen, offenbart er sich als der Eine, der Unvergleichliche. Als solcher läßt er denn auch dem auf ihn Harrenden, seinem kleinen zerschlagenen Volk in der Fremde jene Adlerschwingen wachsen, gibt er ihm jene Kraft zu einem Lauf, der kein Ermüden kennt. Es ist klar: hier wird argumentiert. Es ist ebenso klar: diese Argumentation ändert nichts daran, daß, was von Gott verkündigt wird, nur eben durch den Hinweis auf Gott selbst zu beweisen ist. Dennoch bleibt es dabei, daß hier nicht nur behauptet, sondern eben in Form des verkündigenden Hinweises auf Gott den Schöpfer tatsächlich «bewiesen», d.h. erklärt, erläutert, veranschaulicht und begriffen wird. Auch wir werden uns einer Erklärung darüber, warum und inwiefern Jesus Christus das eine Wort Gottes ist, nicht entziehen dürfen.

Wir erinnern uns dazu schlicht des konkreten Inhaltes dieses Wortes. Das Licht Jesu Christi ist das Licht seines Lebens – damit haben wir ja eingesetzt. Sein Leben aber ist seine Existenz als der wahre Sohn Gottes, der als solcher auch der wahre Menschensohn ist. Das heißt aber: es ist das als ein besonderes einzelnes Dasein und Geschehen inmitten der Menschheitsgeschichte, inmitten der vielen Geschichten aller anderen Menschen gelebte Leben in Gottes von ihm nicht nur gestifteten, sondern in seiner allmächtigen Gnade selbst vollzogenen und vollendeten Bunde mit dem Menschen. Es ist das Leben, in welchem Gott nicht nur in ferner, himmelhoher, ja überhimmlischer Erhabenheit über dem Menschen thront, nicht nur als der unbegreifliche Ursprung, von dem dieser herkommt, das unbegreifliche Ziel, auf das er ausgerichtet ist, nicht nur als der Gesetzgeber, an dessen Geboten sein Tun und Lassen gemessen ist, das ewige Gut, das ihm bewußt oder unbewußt abgeht und nach dem er sich bewußt oder unbewußt ausstreckt, nicht nur als das Geheimnis, von dem er von allen Seiten umgeben ist. Nein, es ist das von Gott, das in seiner Gottheit, und ohne daß diese der geringsten Minderung unterworfen wird, menschlich wie das unserige gelebte Leben. Und es ist umgekehrt das Leben, in welchem der Mensch aus der Tiefe seiner Geschöpflichkeit, als das Stäublein oder Wassertröpflein, das er vor ihm ist – und aus dem Abgrund seiner Sünde, Schuld und Verlorenheit in der Sehnsucht der Scham und Reue dessen, der sich auch solcher Sehnsucht nicht würdig weiß, zu seinem Schöpfer als seinem heiligen und gerechten Herrn emporblickt, sich bewußt oder unbewußt an ihn klammern und halten, die Gemeinschaft mit ihm nicht preisgeben, die verlorene Gemeinschaft mit ihm wieder finden und herstellen möchte. Es ist aber auch das Leben, das eben in dieser Tiefe, diesem Abgrund, eben in diesem sehnsüchtigen Schreien des Menschen nach Gott, vor dem er sich für verworfen und verlassen halten muß, in vollem Frieden mit ihm, nämlich in der gänzlichen Übereinstimmung mit seinem

Willen, in der vorbehaltlosen Hingabe an sein Gebot und so – ein in sich verlorenes Leben – in der realsten Geborgenheit bei Gott, mehr noch: selber als ein göttliches, als d a s göttliche Leben, als das Leben des vom Vater geliebten S o h n e s gelebt wird. Das ist das Leben Jesu Christi. Es ist das Leben des sich ganz erniedrigenden Gottes und des eben durch solche Erniedrigung ganz zu Gott erhöhten Menschen. Es ist das Leben, in welchem Gott den Menschen vor sich selbst rechtfertigt und in welchem der Mensch eben von daher für Gott geheiligt wird. Es ist das Leben, in welchem G o t t – eben um der allein durch ihn zu vollziehenden Rechtfertigung des Menschen willen – dessen Übertretung und die ihr folgende Strafe und Not zu seiner eigenen Sache macht und damit aufhebt. Und es ist das Leben, in welchem der M e n s c h – damit er ein Heiliger Gottes werde und sei – von Gott an seine eigene Seite gerufen, erhöht und zu seiner Rechten eingesetzt wird, um mit ihm, ja an seiner Stelle über Alle und Alles zu herrschen. Es ist das Leben, in welchem Gott selbst sich dem Tode p r e i s g i b t und in welchem der Mensch selbst zum Ü b e r w i n d e r des Todes gemacht wird. Es ist das Leben des Herrn, der ein K n e c h t, das Leben des Knechtes, der selber der H e r r wird und ist. Es ist das Leben der Versöhnung. Das ist das Leben Jesu Christi.

Und nun ist Jesus Christus selbst auch das L i c h t dieses seines Lebens. Nun ist ja dieses Leben selbst und als solches Wort, Offenbarung, Kerygma. Nun ist ja das Leben dieses Hohepriesters und Königs als solches auch sein Leben als Prophet. Nun redet ja dieses Leben, nun redet in Gestalt dieses Lebens Gott selbst: mit der in ihm versöhnten Welt nämlich, inmitten der Menschheitsgeschichte, inmitten all der anderen, von jener so ganz verschiedenen Lebensgeschichten. Nun redet es mit all denen, die wie jener Eine auch unter Gott und vor ihm stehen, für die und mit denen er in jenem seinem Leben gehandelt hat. Nun redet es mit allen Menschen. Nun redet es auch mit uns. Nun sagt, nun ruft, nun schreit dieses Leben: es gehe um uns. Es werde und sei für uns *(pro nobis)*, für dich und mich *(pro te et me)* gelebt, es sei in diesem Leben Gott mit uns (Immanuel, *Dominus nobiscum*), mit Jedem von uns. Nun lautet dieses Wort dahin: w i r seien die in diesem Leben Gerechtfertigten und Geheiligten, an u n s e r e Stelle sei Gott getreten, w i r seien an seine Stelle versetzt, zu u n s sei in diesem Leben das Reich Gottes gekommen, u n s e r eigenes altes Leben sei da beseitigt, erledigt, getötet – eben radikal veraltet und u n s e r neues, unser ewiges Leben habe da angefangen, u n s e r e Errettung und u n s e r e Bekehrung, mehr noch: u n s e r e Verherrlichung sei da schon vollzogen, wir selbst seien da schon gestorben und schon auferstanden, schon Bürger der künftigen, d.h. der künftig als der Herrschaftsbereich Gottes und seines Christus zu offenbarenden neuen, der wahren Welt geworden. Wir seien ja die von Gott in Jesus Christus von Ewigkeit her Geliebten und Erwählten – und nun eben zur dankbaren Realisierung ihrer Erwäh-

2. Das Licht des Lebens

lung in der Zeit (ein jeder zu seiner Zeit) Berufenen. Das sagt die in Jesus Christus geschehene Versöhnung. Das ist das Licht seines Lebens. Es ist ja das Licht seines Lebens. Er selbst als dieses Licht und Wort ist also das «ewige Evangelium», das jener im Zenith fliegende Engel von Apok. 14, 6 den Bewohnern der Erde, allen Nationen, Stämmen, Sprachen und Völkern zu verkündigen hatte. Er selbst sagt aus, wer und was er ist, nämlich wer uns, was er für uns, für jeden Menschen, für die Welt ist. Indem er sein Leben, sich selbst für die Welt aussagt, ist er der Prophet Jesus Christus.

Daß diese Aussage stattfindet, daß er als Hohepriester und König auch Prophet, daß sein Leben als solches Licht, Offenbarung, Rede ist, setzen wir jetzt voraus. Es geht uns jetzt um den Satz, daß er das eine Licht, das eine Wort Gottes ist. Der Beweis dafür besteht darin, daß er dieses Wort, das Wort dieses Inhalts ist. Es gibt auch andere Worte. Sie sind aber allesamt Worte anderen Inhaltes. Oder an welches sonst gesprochene Wort wäre zu denken, welches andere Wort wäre auch nur hypothetisch als von irgend Jemandem ausgesprochen auszudenken, das nun eben dies, daß das sagte, was das Leben Jesu Christi sagt? Sie mögen in irgend welchen religiösen oder auch profanen Zungen von der Majestät, der Güte und Strenge, dem Geheimnis Gottes reden, oder wieder in religiösen oder profanen Zungen vom Elend und von der Größe des Menschen, von seiner Bestimmung, von seinem Widerspruch zu ihr, von ihrer Verwirklichung, oder – wieder so oder so von der Glorie und von den Schrecken des Kosmos. Sie mögen auf allerlei Beziehungen zwischen Unten und Oben, Diesseits und Jenseits – in der Regel wohl im Schema des Gegensatzes von Vernunft und Natur, Seele und Leib, Geist und Materie – hinweisen. Sie mögen diese und jene individuell oder kollektiv zu unternehmenden Brückenbauten von hier nach dort in Vorschlag bringen: ästhetische Verklärungen, intellektuelle Vertiefungen, moralische Aufrüstungen, politisch-wirtschaftliche Vervollkommnungen oder Erneuerungen. Je nachdem mögen sie dann auch in ihrer Weise gute, für Viele einleuchtende und hilfreiche Worte sein. Sie sagen aber alle nicht das, was das Leben Jesu Christi sagt. Sie sagen vielleicht Dieses oder Jenes, was nach irgendeiner Seite hin daran erinnert. Indem sie aber doch nur Dieses oder Jenes sagen, sagen sie etwas Anderes. Und indem sie steif und abstrakt nur eben Dieses oder Jenes sagen, kann es nicht anders kommen: es wird dieses Andere geradezu etwas Verkehrtes sein. Sie enthalten vielleicht allerhand wissentlich oder unwissentlich dem in Jesus Christus gesprochenen Wort entnommene Lehnsätze, die dann aber dem Sinn, den sie in dessen Zusammenhang haben, entfremdet und in einen anderen Zusammenhang versetzt sind, so daß sie nichts daran ändern, daß da etwas mehr oder weniger Schiefes, jedenfalls aber etwas Anderes gesagt wird, als was uns in Jesus Christus gesagt ist. Welches andere Wort redet vom Bund zwischen Gott und uns Menschen? Welches andere von seinem Charakter als Werk G o t t e s u. zw. der auf Grund ewiger Liebe und Erwählung wirksamen allmächtigen G n a d e Gottes? Welches von der Vollendung dieses Bundes in der Erniedrigung Gottes zur Erhöhung des Menschen? Welches umfassend von einer Rechtfertigung des Menschen durch Gott in voller Einheit mit dessen Heiligung für ihn? Welches andere davon, daß solche Versöhnung Gottes mit dem Menschen, des Menschen mit Gott, keine bloße Idee, sondern ein ein für allemal geschehenes E r e i g n i s ist? Welches andere spricht jenes unbedingte *Dominus pro et cum nobis* aus, um damit eine für die ganze Menschheit neue Situation als schon geschaffen anzuzeigen, um jeden Menschen an einen neuen Anfang und von daher in Bewegung zu setzen? Welches andere Wort weiß weder von Optimismus noch von Pessimismus noch von Fatalismus, läßt sich auch auf keinen jener leidigen Gegensätze von Seele und Leib, Geist und Materie usw. festlegen, auch nicht auf den von Individuum und Gemeinschaft, auch nicht auf den von Mensch und Mitmensch, und nicht einmal auf den von Diesseits und Jenseits, weil es den g a n z e n Menschen, und des Menschen ganzen, innerlich und äußerlich, je für sich und je mit den Anderen zusammen begangenen Weg aus der Vergangenheit durch die Gegenwart in die Zukunft umfaßt und angeht? Welches ist in seiner Einfalt und zugleich in seiner Universalität so dringlich, richtet sich so konkret an alle und an jeden Menschen? Man höre sich ruhig um! Man lasse die ganze Geschichte der Religionen, der Dichtungen und Mythen, der Philosophien und Weltanschauungen zu sich reden! Sicher, daß man da auf nicht wenige Aussagen stoßen wird, die man als Elemente des in Jesus Christus gesprochenen Wortes ansprechen möchte. Aber eben: welches Meer von Rudimenten und Fragmenten, die dann in ihrer Vereinzelung und Verabsolutierung doch etwas ganz Anderes sagen als dieses Wort! Welcher Hader und Widerstreit zwischen allen diesen Ergebnissen einseitig vollzogener Analysen und kurzschlüssig vollzogener Synthesen! Ist es nun nicht doch eine allzu flüchtige und oberflächliche Betrachtung, die das Wort Jesu Christi und seinen Geltungsanspruch mit all den anderen Worten und ihren Ansprüchen auf Geltung in eine Linie stellen zu können meint, um angesichts von deren Fülle irgendein anderes unter ihnen für maßgeblich zu halten, oder auch halb betrübt und halb erfreut festzustellen, maßgeblich möchte keines von allen, es möchte der echte Ring vermutlich verloren gegangen sein? Ginge es um das Wort des Christentums unter den Weltreligionen oder um das Wort der christlichen Kirche in dieser oder jener Gestalt oder auch um die Worte der Bibel an sich und als solche, dann möchte solche Betrachtung allenfalls möglich sein. Sie als solche stehen ja in der Tat in der Reihe mit vielen anderen Worten. Wir reden aber von dem Licht, dem Wort des Lebens Jesu Christi. Ist es nicht so, daß dieses sich nun doch schon vermöge seines besonderen I n h a l t s von allen anderen Worten unterscheidet und abhebt? Sagt es nun nicht doch etwas, was man alle jene anderen Worte auch bei angestrengtestem Hinhören und gerade dann nicht sagen hört? Und ist dieses Besondere nun wirklich nur eine Partikel unter tausend anderen? oder ist es nicht das Eine, das die Frage aufwirft und die Antwort gibt, die beide dort anheben, wo die Sprecher aller anderen Worte zu fragen und zu antworten noch gar nicht begonnen haben – und dort fortfahren und zum Ziel kommen, wo die anderen Fragen und Antworten samt und sonders abzubrechen pflegen? Hat es nun nicht doch ein spezifisches Gewicht, das alle anderen Worte notorisch n i c h t haben? Ist es nun nicht doch an dem, daß sich das Wort des Lebens Jesu Christi auch durch das, w a s e s s a g t, als Wort G o t t e s u. zw. als das e i n e, e i n z i g e Wort Gottes auszeichnet und verrät? Ist es nicht auch von daher erlaubt, berechtigt, geboten, es als das keiner Ergänzung bedürftige, keiner Konkurrenz ausgesetzte, keiner Kombination mit anderen zugängliche, keiner Überbietung durch andere fähige Wort zu verstehen und zu bezeichnen? Nochmals mit Jes. 40, 21 zu fragen: «Wißt ihr nicht, habt ihr es nicht gehört?»

Nein, wir haben mit dieser ganzen Erwägung k e i n e «A p o l o g e t i k» getrieben! Es wäre denn die, die insofern eine notwendige Funktion der Dogmatik ist, als diese eine genaue Rechenschaftsablage über die Voraussetzung, über die Grenze, über den Sinn und über den Grund der Sätze des christlichen Bekenntnisses zu vollziehen und so gegenüber jedermann, der danach verlangt, vor diesem Rechenschaft abzulegen hat. Wir haben die Voraussetzung des Satzes von Jesus Christus als dem einen Propheten Gottes geltend gemacht und seither und so auch jetzt nicht verlassen: sie besteht darin, daß er dieser Eine i s t und sich selbst als dieser Eine e r - w e i s t. Im Rahmen dieser Voraussetzung haben wir (1) festgestellt, was dieser Satz sagt und nicht sagt und haben wir uns dann (2) mittels einiger Umschreibungen über seinen Sinn verständigt. Und wieder im Rahmen jener Voraussetzung, daß er das eine Wort Gottes i s t, sich selber als solches e r w e i s t, haben wir uns nun (3) auch den Grund dieser Aussage deutlich zu machen versucht. Wir haben seinem Grund, den er (wie seine Grenze, wie seinen Sinn) in jener Voraussetzung hat, keinen anderen Grund hinzugefügt. Wir haben uns nur nicht damit begnügen wollen und dürfen, ihn noch einmal zu bezeichnen, noch einmal darauf hinzuweisen, daß er der sich selbst begründende Grund ist. Wir durften und wollten, der gebotenen Strenge einer dogmatischen Untersuchung entsprechend, nur nicht stehenbleiben bei dieser bloßen Behauptung. Wir haben versucht – und nun eben im Blick auf den I n h a l t des in Jesus Christus gesprochenen Wortes versucht, jenen Grund zu beschreiben und zu e r - k l ä r e n. Es bleibt aber dabei, daß er nur für sich selbst sprechen und sich als Grund unseres Satzes erweisen kann. Ohne mit dem Zeugnis des Heiligen Geistes als dem allein durchschlagenden Argument zu rechnen, dürfte ja auch jener Prophet des Exils seine – nicht ohne Argumentation, nicht ohne Beweis vollzogene – Verkündigung der Einzigkeit Jahves unter den Göttern der Weltvölker nicht unternommen haben.

Wir haben uns (unter 1) einige der Stellen vergegenwärtigt, in denen die neutestamentlichen Autoren die Einzigkeit des Wortes Jesu Christi schlicht damit begründet haben, daß sie den εἷς θεός und den εἷς κύριος (ein εἷς das andere erklärend) unmittelbar aneinander gerückt, offenbar identifiziert haben. Sie haben damit eben das gesagt: daß die Einzigkeit des Propheten **Jesus Christus** ihren **Grund** in der Einzigkeit **Gottes** und also wie diese in sich selber hat.

Wir erinnern uns nun noch an einige andere Stellen, in denen sie sich im Rahmen dieser Voraussetzung über die **Art** und das **Wesen** dieses Grundes erklärt haben. In Betracht kommen hier vor allem einige Angaben aus dem Abschnitt Röm. 5, 12 f., in welchem ja das gewichtige Wort εἷς eine so große Rolle spielt. Es ist nach v 15 die Gnade und die freie Gabe (δωρεά) Gottes, welche in dem **einen** Menschen Jesus Christus überströmte auf die Vielen. Es werden nach v 17 die das überströmende Maß der Gnade und in der Gabe der Gerechtigkeit Empfangenden kraft des damit in ihnen geschaffenen Lebens Könige sein: durch den **einen** Jesus Christus. Und es ist nach v 18 wieder die Rechttat (δικαίωμα) dieses **Einzigen**, durch die es für alle Menschen zu solcher Lebensgerechtigkeit kommt. So redet der Hebräerbrief (10, 12. 14) von der einen einzigen θυσία oder προσφορά, die Christus für die Sünden dargebracht habe, um sich daraufhin zur Rechten Gottes zu setzen, durch die er aber auch die durch ihn Geheiligten für immer zur Vollendung geführt habe. «**Einer** starb für Alle» – so wird dieser Sachverhalt 2. Kor. 5, 14 kurz zusammengefaßt, mit der Konklusion: «sodaß die (durch seinen Tod) Lebenden nicht mehr sich selbst, nur noch dem für sie Gestorbenen und Erweckten leben können.» Sie sind nach 2. Kor. 11, 2 die diesem **einen** Mann Verlobten, als eine «reine Jungfrau» ihm zuzuführen – dementsprechend, daß er nach Gal. 3, 16 der **eine** Same Abrahams ist. Eben von da aus bekommen dann auch die Worte 1. Kor. 12, 9. 11. 13, Phil. 1, 27 von dem **einen einzigen Geist**, die Worte 1. Kor. 12, 13. 20, Kol. 3, 15 von der Gemeinde als dem **einen einzigen Leib**, bekommt jene ganze Reihe von Einheiten und Einzigkeiten Eph. 4, 4 f. ihren Sinn. Es ist die Einzigkeit seiner **Werke** und **Gaben**, die Einzigkeit seines Seins **für** und **an** uns, in der sich die Einzigkeit Jesu Christi als des **Herrn** und mit ihm die Einzigkeit seiner **Autorität**, seines **Wortes, manifestiert** – Alles davon getragen und dadurch garantiert, daß er der einzige Herr, seine Autorität die einzig legitime und zu beachtende ist und sich selber als solche **offenbart**. Der allein das **Leben** ist und hat, zu vergeben hat und tatsächlich vergibt, der und nur der hat auch die **Worte des ewigen Lebens»** (Joh. 6, 68).

Wir müssen uns, bevor wir zum Schluß kommen, (4) darüber erklären, was es im Verhältnis zu dem einen Wort Gottes, das Jesus Christus heißt, mit all den **anderen** Worten auf sich hat, die nach unseren Überlegungen zu Punkt 1, ohne mit jenem einen identisch zu sein, in ihrer ganzen Kreatürlichkeit und menschlichen Problematik dennoch **wahre** Worte sind oder doch sein können und als solche nicht zu überhören, geschweige denn zu verwerfen sind. Wir haben dort vor allem an die Worte der Bibel, d. h. der alt- und neutestamentlichen Zeugen Jesu Christi, wir haben aber auch an die Worte der Jesus Christus in der Welt verkündigenden Gemeinde und Christenheit erinnert. Wir haben dann aber weiter festgestellt, daß es keine ernstlichen Gründe geben könne, nicht auch damit zu rechnen, daß solche anderen wahren Worte auch *extra muros ecclesiae* und also entweder durch solche Menschen gesprochen sein möchten und noch gesprochen werden könnten, denen Jesus Christus noch nicht oder nicht wirksam bezeugt worden ist und die darum noch nicht als an ihn glaubende und ihn als solche auch ihrerseits bezeugende Menschen anzusprechen sind, oder aber durch mehr oder weniger bewußte Christen, aber nun doch nicht direkt in ihrem Bekenntnis als solche, nicht direkt in ihrer Betätigung als Glieder der christlichen Gemeinde, sondern indirekt in Ausübung irgendeiner Funktion der weltlichen Gesellschaft, ihrer Ordnungen und Aufgaben. Es ist klar, daß wir besonders im Blick auf diese dritte Möglichkeit solcher wahren Worte vor ein ziemlich aufregendes Problem gestellt sind. Es wird aber, bevor wir ihm näher treten, gut sein, uns zunächst die alle Formen solcher «wahren» Worte gemeinsam betreffenden Fragen zu stellen und zu beantworten.

Was soll (a) damit gemeint sein, wenn wir ein solches, vom Wort Jesu Christi selbst verschiedenes Wort nun dennoch als «wahr» bezeichnen? Wir fragen nach dem Verhältnis der Wahrheit eines solchen Wortes zu der des Wortes Jesu Christi als des einen Wortes Gottes. Wir fragen danach, ob und inwiefern die Wahrheit solcher Worte an der Wahrheit dieses einen Wortes Anteil hat oder nicht hat? In welcher Ordnung solche Worte nun doch mit dem einen Wort Gottes zusammen zu hören sein möchten? was dann gewiß auch bedeuten muß: in welcher Ordnung das eine Wort Gottes mit diesen anderen zusammen zu hören ist?

Nehmen wir an, es gebe solche Worte – in was bestünde dann, zunächst allgemein gefragt, ihre Wahrheit, nach unserer früheren Erklärung dieses Begriffs: die Treue, die Echtheit, die Verläßlichkeit ihrer Mitteilung?

Darauf wäre, zunächst wieder allgemein, zu antworten: es müßten diese Worte, um ihrerseits wahr, Worte echter Prophetie zu sein, mit dem einen Worte Gottes selbst und also mit dem seines einen Propheten Jesus Christus sachlich, inhaltlich aufs genaueste zusammentreffen und übereinstimmen. Es müßte ihnen somit eben die dem einen Worte Gottes eigene Wahrheit ihrerseits innewohnen. «Wahr» müßte also, angewendet auf solche anderen Worte, bedeuten, daß sie dasselbe sagen, was das eine Wort Gottes selbst sagt und daß sie daraufhin ebenso wahr wären wie dieses.

Welches würde aber (b), wieder im Verhältnis zu dem einen Wort Gottes, der formale Charakter solcher anderen Worte sein müssen? Als menschlich-geschöpfliche Worte könnten sie ja ihren Inhalt, sollte dieser mit dem des Wortes Gottes wirklich völlig übereinstimmen und also identisch sein – und sie könnten ja die ihnen damit innewohnende, der Wahrheit des Wortes Gottes gleiche Wahrheit (als von diesem verschiedene Worte anderer Propheten) unmöglich von Haus aus in sich tragen oder eigenmächtig für sich in Anspruch nehmen. Sie müßten sich auch als wahre Worte von dem einen Wort Gottes unterscheiden, sie müßten ihm gegenüber Distanz halten, sie müßten es ihm und ihm allein überlassen und zuschreiben, die Wahrheit zu sein. Sie könnten ihm nur unter dieser Voraussetzung dienen. Und sie könnten seinen Inhalt und dessen Wahrheit gerade nur insofern aussagen und damit dann allerdings an seinem Inhalt und dessen Wahrheit Anteil haben, als sie nichts Eigenes aussagen, sondern in ihrer Sprache und mit ihrem Ton gerade nur es, jenes eine Wort, so wie es lautet, ohne Abstrich noch Zusatz noch Veränderung bezeugen wollten. Sie müßten ihm in diesem Charakter an die Seite treten. Sie dürften objektiv und subjektiv keine andere Intention haben, als ihm zu entsprechen, um es zu bestätigen. Dann und nur dann wären auch sie im Verhältnis zu ihm wahre Worte zu nennen.

Wie könnten aber solche anderen Worte (c) dazu kommen, solche Entsprechungen und Bezeugungen des einen Wortes Gottes zu sein oder auch nur sein zu wollen? Sie müßten doch offenbar erst dazu kommen. Es müßte denen, die sie sprechen, irgendwie verliehen, sie müßten irgendwie dazu bewegt und befähigt worden sein, es zu bezeugen. Von welcher anderen Instanz her könnte ihnen aber das widerfahren sein als von dem einen Wort Gottes, von Jesus Christus selbst her? Er müßte den Menschen, die solche Worte sprechen, so oder so begegnet sein, sich ihnen zu sehen, zu hören, zu vernehmen und zu erkennen gegeben haben. Denn woher als durch ihn selbst sollten sie zu dieser Erkenntnis gekommen sein? Er müßte sie dazu bestimmt, erweckt und berufen haben, sein Wort in Form des Zeugnisses von ihm auf ihre Lippen zu nehmen. Und wieder er müßte sich, um ihr Zeugnis zu einem echten, authentischen und als solches glaubwürdigen und dienlichen Zeugnis zu machen, zu ihrem Wort bekennen, es müßte also dem Worte Gottes gefallen haben, sich selbst in dem Wort dieser Menschen gewissermaßen zu spiegeln und so reproduzieren zu lassen. Es müßte also diesen Menschen und ihren Worten die Gnade seiner Realpräsenz erwiesen sein, in deren Macht sie als Menschen mit ihren menschlichen Worten es auszusagen – schlechthin über ihr eigenes Vermögen hinaus – befähigt und damit auch autorisiert, als Sprecher wahrer Worte faktisch ausgewiesen wären.

Das ist es, was auf die Frage nach der allfällig nötigen Beschaffenheit solcher anderen wahren Worte allgemein zu antworten ist. Wir sehen, wenn diese unsere Überlegung richtig ist, schon jetzt: sie würden als andere, als menschliche Worte nichts Anderes als ihrerseits das eine Wort Gottes aussagen dürfen, wollen und können, und es müßte dieses eine Wort Gottes selbst sein, durch das sie zu dieser Funktion, zu seiner Bezeugung veranlaßt, bestimmt und geprägt wären.

Man kann sich den Sinn dieser allgemeinen Antwort in allen ihren Elementen klar machen an Hand einer kleinen Erwägung zum Problem der in den Evangelien tradierten Gleichnisse Jesu. παραβολαί heißen da gewisse, scheinbar in jedem anderen mensch-

2. Das Licht des Lebens

lichen Mund mögliche kleine Erzählungen von gewissen menschlich kreatürlichen Vorgängen. Sie heißen aber παραβολαί der βασιλεία, wobei dann öfters ausdrücklich gesagt wird, daß die βασιλεία diesen und diesen Vorgängen «gleichgemacht» wurde (ὁμοιώθη) oder (offenbar auf dieses «Gleichmachen» hin): daß diese und diese Vorgänge bzw. deren Hauptpersonen, der βασιλεία «gleich» seien. Und dann soll und kann das Reich in seiner Gleichsetzung mit diesen Vorgängen oder diese Vorgänge in der Gleichsetzung mit dem Reich nach Mr. 4, 9 f. von denen, die Ohren haben, denen es nämlich gegeben ist, zu hören, gehört, d. h. es sollen und können diese Gleichsetzungen bzw. Gleichheiten von ihnen als solche aufgenommen und verstanden, von denen «draußen» aber nicht als solche durchschaut und also – es geht eben um das «Geheimnis» des Reiches – nicht aufgenommen und verstanden werden. Das Wort Jesu Christi als das Licht des Lebens, als die Offenbarung des Reiches, als das Wort des seine Herrschaft in der Welt aufrichtenden Gottes selbst soll auch in diesen sekundären Gestalten der Gleichnisse – und offenbar gerade in ihnen – seine begnadigende Gewalt, die als solche auch eine richterliche, über und zwischen den Menschen entscheidende ist, ausüben. Aber uns interessieren jetzt diese seine sekundäre Gestalt und also jene Gleichsetzungen und die aus ihnen sich ergebenden Gleichheiten als solche. Das eine wahre Wort Gottes selbst macht diese anderen zu wahren Worten. Jesus Christus spricht, schafft ja diese Gleichnisse, redet vom Reich und also vom Leben und also von sich selbst und tut das in Erzählungen von Vorgängen, die scheinbar auch jeder Andere so erzählen könnte – und nun doch nicht könnte, weil allein sein Wort das Reich mit diesen Vorgängen, diese Vorgänge mit dem Reich gleichsetzen kann, sodaß das Reich ihnen und sie dem Reich, indem er sie erzählt, tatsächlich, real, gleich werden und sind, sodaß die Erzählung von ihnen gerade nicht nur «Bildrede», sondern enthüllende und verhüllende Offenbarung, Selbstdarstellung, Selbstdarbietung des Reiches, des Lebens und also seine eigene Selbstoffenbarung ist. Aus dem «alltäglichen Leben» gegriffene und erzählte Vorgänge, und also Erzählungen aus dem Allen anschaulichen, begreiflichen und insofern bekannten Bereich menschlichen Tuns und Lassens sind diese Gleichnisse genau genommen höchstens im Blick auf ihre Materialien zu nennen. Etwa: der Bauer auf dem Acker, der Weinbergbesitzer mit seinen Arbeitern, der Vater mit seinen Söhnen, der Kapitalist mit seinen Verwaltern, der Hirte und seine Schafe, der König und sein Festmahl, die Kinder auf der Straße, die Brautjungfern bei der Hochzeit: es handelt sich um einen verhältnismäßig beschränkten Anschauungskreis. Viel Anderes bleibt unberührt: es handelt sich offenbar nicht darum, diesen Bereich als solchen und in seiner Totalität zum Sprechen zu bringen. Und die Materialien der Gleichnisse vom reichen Mann und vom armen Lazarus (Luk. 16, 19 f.) und vom Endgericht (Matth. 25, 31 f.) sind ja an den entscheidenden Stellen überhaupt nicht dem Bereich der täglichen Anschauung, sondern der den Hörern Jesu sonst geläufigen Bilderwelt der spätjüdischen Apokalyptik entnommen. Es gibt aber auch unter den übrigen nur wenige Gleichnisse (etwa die von der selbstwachsenden Saat (Mr. 4, 26 f.), vom Senfkorn und vom Sauerteig (Matth. 13, 31 f.), vom Fischnetz (Matth. 13, 47 f.), die eindeutig alltäglichen Charakter haben, und man beachte, wie es sich auch bei diesen um Vorgänge handelt, die sich mehr oder weniger im Verborgenen abspielen. In den meisten Fällen sind die erzählten Ereignisse, obwohl ihr Material dem Alltagsleben entnommen ist, doch sehr außergewöhnliche, kuriose, teilweise ziemlich unwahrscheinlich sich abspielende, jedenfalls nur als höchst einmalig verständlich zu machende Ereignisse. So sind, so reden, so benehmen sich wirkliche Menschen, Bauern, reiche und arme Leute, Väter und Söhne, Könige usw. jedenfalls nicht alle Tage. Es geschehen in den Gleichnis-Geschichten zwar keine Wunder, es geht in ihnen aber doch sehr wunderlich zu. Zu einem einigermaßen einleuchtenden Zeitungsbericht würde sich kaum eine dieser Erzählungen eignen, weil es zu offenkundig ist, daß ihre Figuren von einer unsichtbaren Hand sehr absonderlich geformt und in ihrem Tun sehr absonderlich geleitet sind – einer Hand, die sie, indem sie sie im Alltagsbereich agieren läßt, diesem nun doch auch deutlich entfremdet. Auf rein menschliches Interesse können die da erzählten Vorgänge eben deshalb schwerlich Anspruch erheben. Aber eben das, daß die Hörer und Leser sich in ihnen rein menschlich wiedererkennen und daß also ihre Anschauung und ihr Verständnis des rein menschlichen Bereiches sich erweitern sollten, ist ja in der Erzählung dieser Vorgänge auch nicht gewollt. Ihnen sei das Himmelreich gleich und sie ihm – das ist ja die Voraussetzung und die Aussage dieser Erzählungen. Sie sollen doch als andere wahre Worte neben das eine Wort Gottes treten, als dessen Zeugen funktionieren. Nicht als Zeugen eines Altbekannten in irgend einer besonderen neuen Gestalt, sondern als Zeugen eines allen Menschen Neuen, von ihnen allen neu zu Erkennenden. Wie könnten sie das sein, wenn die erzählten Vorgänge nicht einerseits, auf ihr Material gesehen, dem Bereich des Lebens aller Menschen entnommen wären, wenn ihre Erzählung also nicht mit solchen Materialien arbeiten würde? Aber andererseits: wie könnte mit ihrer Erzählung das allen Menschen Neue angezeigt werden, wenn sie irgendwelche Vorgänge aus dem täglichen Leben einfach photographieren würde, wenn in ihrer Erzählung nicht jene formende und leitende Hand sichtbar würde, die die Vorgänge (innerhalb jenes Bereiches, in welchem man prinzipiell photographieren könnte und in diesen Fällen praktisch nun doch nicht kann) als fremdartig kennzeichnet, von anderen Vorgängen abhebt, sie eben als die Vorgänge charakterisiert, denen das Himmelreich gleich ist und die ihrerseits dem Himmelreich gleich sind. Die alltäglichen Vorgänge werden unter dieser Hand, sie werden, indem Jesus sie erzählt, was sie zuvor nicht waren, was sie in sich selbst nicht sein und aus sich selbst auch nicht werden können. Man bemerke, wie auch jene Vorgänge aus der Bilderwelt der Apokalyptik Luk. 17 und Matth. 25 ihre Gleichsetzung mit dem Reich erst dadurch empfangen, daß Jesus sie erzählt, gestaltet und umgestaltet. (Grund genug, ihr Material nicht etwa als solches – in seinem in jenen Texten übernommenen und verarbeiteten Rohzustand – in eine christliche Lehre von den letzten Dingen zu übernehmen!) Es widerfährt dem Material der Ereignisse, indem Jesus diese erzählt, auf der ganzen Linie eine Transformation und eben in ihr die Gleichsetzung mit dem Himmelreich, des Himmelreichs mit ihnen, in der, was jene Bauern, Haushalter, Könige, Väter, Söhne usw. sind, sagen und tun, zur realen Bezeugung der Realpräsenz Gottes auf Erden und so selber zu Ereignissen von dessen Realpräsenz werden.

Ich fasse zusammen: die neutestamentlichen Gleichnisse sind so etwas wie das Urbild der Ordnung, in welcher es neben dem einen Wort Gottes, durch dieses geschaffen und bestimmt, ihm genau entsprechend, ihm vollkommen dienend und darum in seiner Macht und Autorität auch andere, wahre Worte Gottes geben kann.

Die zweite Hauptfrage, die wir nun beantworten müssen, ist die: ob es solche andere, in dem nun bestimmten Sinn wahre Worte im Verhältnis zu dem einen Wort Gottes wirklich gibt? Die positive Antwort, die hier zu geben ist, muß zunächst – wir heben uns ihren schwierigsten Teil für zuletzt auf – lauten: daß (I) eben das Sprechen solcher wahren Worte das Ereignis ist, das die christliche Gemeinde in der Verkündigung des Alten und des Neuen Testamentes von jeher wahrgenommen, von dem sie von Anfang an und immer wieder ausgegangen ist, auf dessen Geschehen sie sich selbst auferbaut und ihre Botschaft an die Welt begründet, an dem sie sich, ihr ganzes Sein, Leben und Tun, immer wieder zu erfrischen und zu orientieren hat. Und dann weiter: daß (II) die christliche Gemeinde selbst von Anfang an und bis auf diesen Tag die Verheißung und den Auftrag hatte, indem sie sich von der Verkündigung der Propheten des Alten und der Apostel des Neuen Testamentes belehren und leiten ließ, ihrerseits Sprecher solcher wahren Worte zu werden und zu sein. Das sind

2. Das Licht des Lebens

die beiden sekundären, die von jener ersten, jener primären Gestalt in der angegebenen Folge herkommenden, ihr in dieser Folge untergeordneten Gestalten des Wortes Gottes. Beide der ersten untergeordnet, weil sie zwar deren echte Gleichnisse – aber eben doch nur ihre Gleichnisse, ganz durch sie geschaffen und bestimmt, sind bzw. sein können und sollen. Beide in dieser Folge: da das Wort der Propheten und Apostel seine Wahrheit von daher hat, daß es, indem sie an der Geschichte Israels und an der Geschichte Jesu Christi selbst teilgenommen haben, unmittelbar durch das eine Wort Gottes selbst geformt und geleitet ist, während es eine Wahrheit des kirchlichen Wortes nur eben in dem Maß geben kann, als dieses seine Bildung in der Schule der Propheten und Apostel empfängt, an ihrem Wort sich messen, durch ihr Wort sich immer wieder wecken, weisen und zurechtweisen läßt. Es ist das Thema der Prolegomena zur Kirchlichen Dogmatik, auf das wir an diesem Punkt auf einem großen Umweg zurückgekommen sind: die Lehre von der dreifachen Gestalt des Wortes Gottes als offenbartes, geschriebenes und verkündigtes Wort. Sie kann hier – nachdem das KD I, 1 und 2 ausführlich geschehen ist – nicht noch einmal begründet, entfaltet und dargestellt werden. Zur Klärung der uns jetzt beschäftigenden Frage genügt es, in Erinnerung an das dort Erarbeitete festzustellen: es gibt neben dem einen, ersten, primären, in Jesus Christus gesprochenen Worte Gottes und im Verhältnis zu ihm mindestens zwei andere wahre Worte, von ihm und unter sich verschieden, aber in der angegebenen Folge mit ihm unter sich zusammenhängend. Ihrer beider Wahrheit – sagen wir kurz: die biblische und die kirchliche Wahrheit – steht und fällt damit, sie lebt davon, sie ist darin Wahrheit, daß das Wort der Bibel und, an diesem sich schulend und messend, das Wort der Gemeinde (*a*) mit dem in Jesus Christus gesprochenen Wort sachlich zusammentrifft und übereinstimmt, indem es nämlich (*b*) nur eben dessen Bezeugung sein will, als echte Bezeugung dadurch ermöglicht, daß (*c*) hier wie dort das Licht des Lebens leuchtet, daß Jesus Christus selbst der Schöpfer und Herr der Schrift und als solcher auch der Schöpfer und Herr der ihn verkündigenden Gemeinde ist. Die Schrift spricht die Wahrheit, indem sie, selbst von Christus als dem Propheten Gottes getrieben, ihrerseits nur eben «Christum treibet», seine Prophetie bestätigt und bezeugt. Und die christliche Gemeinde spricht die Wahrheit, sofern sie die durch die Schrift bezeugte Prophetie Christi vernimmt und aufnimmt, um dann mit ihrem Wort ihrerseits nur eben «Christum zu treiben». Ist auch das Wort der Schrift und wird auch das der christlichen Gemeinde im strengen Sinn wahres Wort, so kann doch hier wie dort von einer Ergänzung, Konkurrenzierung, Systematisierung oder Überbietung jenes einen Wortes durch diese anderen keine Rede sein. Sie treten ihm nicht eigenmächtig zur Seite; es selber stellt sie neben sich. Und so stehen sie auch nicht selbständig an seiner Seite, so ist ihr Verhältnis zu ihm ein Dienstverhältnis, so können sie ihre Geltung und Würde und eben – ihre Wahrheit nur darin haben, daß sie in diesem Dienstverhältnis gesprochen werden. Die biblischen Zeugnisse sind – und es ist allen Zeugnissen der christlichen Gemeinde verheißen und aufgegeben, zu sein: Gleichnisse des Himmelreichs.

Indem wir dies für einmal als bekannt und anerkannt voraussetzen, wenden wir uns zu der komplizierteren Frage nach den wahren Worten, die zwar keine biblischen und keine kirchlichen Worte sind, und mit denen nun doch als mit wahren Worten – wahr im Verhältnis zu dem einen Wort Gottes – zu rechnen, die also wie dieses und mit diesem zusammen zu hören sein möchten.

Gibt es wahre Worte, Gleichnisse des Himmelreiches von dieser ganz anderen Art? Will sagen: Gibt es ein Reden Jesu Christi auch durch das Medium solcher andern Worte? Antwort: Gerade die von dem einen Wort des einen Propheten Jesus Christus lebende und von ihm mit der Verkündigung dieses seines Wortes in der Welt beauftragte und dazu ermächtigte Gemeinde darf nicht nur, sondern muß damit rechnen, daß es solche Worte gibt und daß auch sie sie zu hören hat. Unbeschadet ihres Lebens von jenem einen Wort und unbeschadet ihres Auftrages, dieses eine Wort zu verkündigen! Auch da kann es ja nicht um Worte gehen, die etwas Anderes sagen als dieses eine Wort, sondern nur um solche, die von anderswoher und in anderer menschlicher Sprache als ihrer eigenen sachlich eben das sagen, was dieses eine Wort sagt. Kann sie dieses genug hören? Kann sie sich damit begnügen, es aus der heiligen Schrift und dann noch aus ihrem eigenen Munde und in ihrer eigenen menschlichen Sprache zu hören? Wird sie nicht dankbar sein dürfen und müssen, es nun eben auch von da draußen her, in menschlichen Worten ganz anderer Art, im Gleichnis profaner Worte zu vernehmen? Unbeschadet auch ihrer Begründung und Regierung durch die biblische, die prophetisch-apostolische Bezeugung jenes einen Wortes! Worte, die sie an der heiligen Schrift vorbei oder gar von ihr wegführen würden, können sie ja auch nicht sein, sondern nur solche, die, sachlich mit ihr übereinstimmend, die biblische Bezeugung jenes einen Wortes in bestimmter Zeit und Situation beleuchten, akzentuieren, erklären und so – im tiefsten Sinn dieses Begriffes – bestätigen, fest, konkret klar und gewiß machen helfen – solche Worte also, die die Gemeinde erst recht und tiefer als zuvor in die Schrift hineinführen würden. Wird sie je Anlaß haben, sich solcher Anregung und Anleitung, woher sie auch komme und in welcher fremden Zunge sie ihr auch zuteil werde, zu verschließen? Wäre sie, wenn sie sich ihr verschlösse, gerade der Schrift gehorsam, in der ja im Alten wie im Neuen Testament so oft von Wahrheitszeugen die Rede ist, die rätselhaft aus dem Dunkel der Völkerwelt und also gar sehr von außen an die Gemeinde der Erwählten und Berufenen herantreten und ihr nun doch allen Ernstes etwas zu sagen, ihr das wohlbekannte Alte in neuer Gestalt vor Augen zu führen hatten? Könnte es nicht zur Verstockung führen, wenn die Gemeinde sich die Existenz und das Wort solcher ihr zunächst fremden Wahrheitszeugen zum vornherein verbitten wollte? Sie soll sie am Zeugnis der Schrift messen, sie soll aber auch sie hören! Unbeschadet schließlich auch ihrer eigenen Aufgabe in der Welt, die darin besteht ihr, begründet und geführt durch das biblische Zeugnis, das eine Wort Gottes nun eben in ihrer Weise und Sprache auszurichten! Solche anderen Worte kommen ja nicht in Frage, die sie an dieser Aufgabe irre, zu ihrer Ausführung unlustig und unfähig machen würden, sondern nur solche, die ihr bemerkbar machen, daß der Kampf, in dem sie steht, von ihrem Herrn schon durchgefochten, daß die Welt, in der sie zu wirken hat, auch ohne ihr Wirken und Zutun von dem nicht verlassen, des Wortes dessen nicht einfach bar ist, der sie, die Gemeinde, zu dessen Verkündigung in ihrer Mitte bestellt hat – solche Worte also, in deren Anhörung die Gemeinde sich in treuer Ausführung ihrer Aufgabe erleichtert, erfreut, getröstet finden darf. Die Gemeinde ist nun einmal nicht der Atlas, der die Last der Welt auf seinen Schultern tragen müßte; es ist ihre S a c h e in der Welt bei aller Hingabe, in der sie sich ihr widmen darf und soll, wahrlich nicht i h r e Sache, hinsichtlich ihres Sieges nicht auf s i e angewiesen. Sondern eben der, der seine Sache im Besonderen seiner Gemeinde aufgetragen hat, sorgt dafür, daß diese in Vertretung seiner Sache nicht auf sich selbst angewiesen ist, indem er es auch inmitten der ihr gegenüberstehenden Welt wie an Taten seines Regimentes überhaupt, so an der Erweckung von Zeugen für ihre Sache (die in Wahrheit die seine ist) nicht fehlen läßt. Das ist es, was sich die Gemeinde durch solche wahren Worte von jener ganz anderen Herkunft und Art sagen lassen darf. Sie wäre auch in dieser Hinsicht töricht und undankbar, wenn sie sich ihnen gegenüber die Ohren verschließen würde.

Aber eben: G i b t es auch s o l c h e, in der profanen Welt gesprochenen und aus ihr heraus der Gemeinde zugerufenen wahren Worte? Wie kommen wir dazu, damit zu r e c h n e n? Darauf gibt es entscheidend nur eine Antwort: Wir kommen dazu, weil und indem wir von der A u f e r s t e h u n g J e s u C h r i s t i herkommen – von der O f f e n b a r u n g der von Gott dem Vater mit Triumph gekrönten Erniedrigung seines einen Sohnes in des Menschen Sünden- und Todesverlassenheit hinein – und der in der Person dieses seines Sohnes vollzogenen Erhöhung des Menschen in die Lebensgemeinschaft mit Gott selber – kurz: von der Offenbarung der in Jesus Christus geschehenen V e r s ö h n u n g d e r W e l t m i t G o t t. Dem, der laut seiner in seiner Auferstehung geschehenen Offenbarung dieser Versöhner war, ist und sein wird, ging die Geschichte Israels entgegen, ihn haben Israels Propheten vorher bezeugt und nachher die Apostel. An ihn als diesen Versöhner der Welt glaubt, ihn als diesen Versöhner der Welt verkündigt die christliche Gemeinde. Sie kommt von seiner Auferstehung her, in der er als dieser Versöhner der Welt offenbar wurde. Als solchen erkennt und bekennt sie ihn. Aber eben weil als Diesen, darum nicht nur als den Ihrigen, nicht nur als den Mann ihres Glaubens, Liebens und Hoffens, nicht nur als ihr Haupt, ihren Lebensquell, ihren Regenten. An Stelle jedes Menschen hat ja Dieser in seiner Erniedrigung gelitten und an Stelle jedes Menschen hat er ja in seiner Erhöhung gehandelt. Eben die die Sünde des Menschen aufdeckende, richtende, aber auch vergebende Zusammenordnung der Welt mit Gott ist ja in Ihm geschehen. Die Herrschaft über sie hat er ja angetreten, alle Dinge sind ihm ja übergeben, alle Mächte und Gewalten des ganzen Kosmos sind ja ihm unterworfen: indem er Dieser, dieser Vollbringer der Versöhnung, dieser Bringer des Friedens zwischen Gott und Mensch war, ist und sein wird. In der tiefsten Tiefe hat er ja triumphiert und in der höchsten Höhe zur Rechten Gottes des Vaters regiert er ja als der zum Heil, zur Rechtfertigung und Heiligung aller Menschen Gekreuzigte, Gestorbene und Begrabene. Und beides nicht umsonst, sondern was immer zwischen jener tiefsten Tiefe und jener höchsten Höhe existiert und lebt, sich regt und bewegt, das liegt in seinem Machtbereich und also, darauf kommt es uns jetzt an, auch im Bereich seines Wortes, seines prophetischen Werkes. So ist der Bereich seiner Macht und seines Wortes gerade laut des in seiner Auferstehung begründeten Zeugnisses seiner Propheten und Apostel auf alle Fälle größer als der Bereich ihrer Prophetie, ihres Apostolates und größer als der Bereich des Kerygmas, des Dogmas, des Kultus und der Mission, des ganzen Lebens seiner in ihrer Schule sich sammelnden und auferbauenden, redenden und handelnden Gemeinde. So umfaßt der größere Bereich seiner Herrschaft und also auch seines Wortes den kleineren Bereich ihres ihm dienenden Wortes. Wer mit den Propheten und Aposteln von seiner Auferstehung und also von seiner Offenbarung als der, der er war, ist und sein wird, herkommen, wer ihn als den, der er war, ist und sein wird, erkennen und bekennen darf, der erkennt und bekennt eben damit, daß nicht nur er, nicht nur die in der Nachfolge der Propheten und Apostel an ihn glaubende, ihn liebende, auf ihn hoffende Gemeinde, sondern *de iure* jeder Mensch, ja die ganze Kreatur von seinem Kreuz, von der in ihm geschehenen Versöhnung herkommt, von ihr her zum Schauplatz seiner Herrschaft und so auch zum Empfänger und Träger seines Wortes bestimmt ist. Gerade von diesem engeren, dem kleineren, dem biblisch-kirchlichen Bereich her, erledigt sich also die Vorstellung von der Unmöglichkeit seines Redens und einer Bezeugung seines Redens außerhalb dieses Bereiches. Gerade die, die im Unterschied zu anderen hier ihren Ort und ihre Aufgabe haben dürfen, indem ihnen zu wissen gegeben ist, was die Anderen noch nicht wissen – gerade sie können, dürfen, müssen erwarten und damit rechnen, seine Stimme auch von dorther zu hören. Gerade sie können, dürfen und müssen darauf gefaßt sein, «Gleichnissen des Himmelreichs» in jenem

2. Das Licht des Lebens

Vollsinn des biblischen Begriffs auch dort zu begegnen: nicht nur im biblischen Zeugnis also und nicht nur in den Veranstaltungen, Werken und Worten der christlichen Kirche, sondern auch in der Profanität, d.h. dann aber in wunderbarer Unterbrechung der Profanität des Weltlebens. Gerade in der Enge, in der sie ihren Ort und ihre Aufgabe haben, können sie gar nicht anders als auch in die Weite lauschen. Gerade sie haben Ohren, die Stimme des guten Hirten auch dort zu hören, sie von dort allerdings auch zu vernehmenden anderen Stimmen zu unterscheiden, sich also, indem sie auch dort hören, nicht aus dem Umkreis und aus dem Dienst seines Wortes zu entfernen, sondern sich nur um so bestimmter und tiefer in ihn hineinzustellen, nur noch bessere, aufmerksamere, glaubwürdigere Diener seines Wortes zu werden.

Man sieht: um uns darüber klar zu werden, daß mit solchen anderweitigen wahren Worten zu rechnen ist, haben wir die nach ihrer Begründung wie nach ihrem Inhalt gleich dürftige Hypothese von einer sog. «natürlichen Theologie» (von einer in und mit der natürlichen Vernunftkraft gegebenen oder in ihrer Betätigung zu gewinnenden Gotteserkenntnis) durchaus nicht nötig. Sie könnte, selbst wenn sie (was sie nicht ist) theologisch sinnvoll und durchführbar wäre, das nicht leisten, was hier zu leisten ist. Nach jenen formalen und abstrakten Mitteilungen über Gottes Existenz als höchstes Wesen und Schöpfer und Regierer aller Dinge und des Menschen Verantwortlichkeit ihm gegenüber, wie man sie auf den Wegen «natürlicher Theologie» abseits von Schrift und Kirche gewinnen zu können meint, ist ja hier nicht gefragt, sondern nach solchen Bezeugungen der Selbstmitteilung des als Vater im Sohn durch den Heiligen Geist handelnden Gottes, die sich als solche durch ihre volle Übereinstimmung mit dem in der Schrift vorliegenden und von der Kirche aufgenommenen und weiterzugebenden Zeugnis erweisen, die sich also sachlich an diesem messen, mit ihm vergleichen lassen. Es geht um Worte, die wie die der Schrift und der Kirche als «Gleichnisse des Himmelreichs» anzusprechen sind. An wahren Worten dieses Inhalts hat die «natürliche Theologie» (sie müßte sonst ihren Begriff verleugnen!) kein Interesse, während wir unsererseits kein Interesse an dem haben, was sie als wahre Worte über Gott und Mensch im Allgemeinen vorbringen zu können meint. Wir verlassen den sicheren Boden der Christologie nicht, sondern wir blicken mit den Propheten und Aposteln und mit der durch das Evangelium Gottes begründeten und von ihm lebenden, mit der christlich glaubenden, liebenden und hoffenden Gemeinde auf die in seiner Auferstehung offenbarte Souveränität Jesu Christi, die wir durch die Schrift und durch die Kirche bezeugt, aber gerade laut dieses Zeugnisses nicht begrenzt finden. Unsere These ist also ferne davon, der menschlichen Kreatur als solcher ein Vermögen zur Erkenntnis Gottes oder gar des einen Wortes Gottes und dann zur Hervorbringung der ihm entsprechenden wahren Menschenworte zuzusprechen. Von einem solchen menschlichen Vermögen kann ja auch im biblisch-kirchlichen Bereich keine Rede sein, wunderbar geht es ja auch hier zu, wenn es zu solchen wahren Menschenworten kommt – um wie viel mehr in jenem weiteren Felde? Es geht hier wie dort um das Vermögen Jesu Christi, dem Abraham aus diesen Steinen Kinder zu erwecken, d. h. aber Menschen in seinen Dienst zu nehmen, zu diesem Dienst zu befähigen und in diesem Dienst reden zu lassen, denen das eigene Vermögen dazu ganz und gar abgeht. Unsere These kann und will nur eben das sagen, daß das Vermögen Jesu Christi, sich selbst solche menschliche Zeugen zu erschaffen, sich nicht in dem erschöpft, was er an und in seinen Propheten und Aposteln wirkte und von daher auch in seiner Gemeinde möglich und wirklich macht. Sein Vermögen überschreitet die Grenzen dieses Bereiches. Und es steht zu erwarten, es ist damit zu rechnen, daß er sich auch in der Menschheit außerhalb dieses Kreises und seiner besonderen Ordnungen und Bedingungen seines Vermögens bediene, Menschen ohne, ja gegen ihr eigenes Wissen und Wollen zu dem zu machen, was sie aus sich selbst auf keinen Fall werden könnten: zu seinen Zeugen, zu Sprechern ernsthaft so zu nennender wahrer Worte. Von Jesu Heilungen von Blinden, Tauben und Stummen ist ja in den Evangelien bedeutsam, verheißungsvoll genug die Rede. Kein Mensch auch im biblisch-kirchlichen Bereich (von den Propheten und Aposteln angefangen bis hinunter zu uns selbst), der nicht auch einmal zu diesen Blinden, Tauben und Stummen gehört, der wunderbaren Heilung durch Jesus selbst nicht bedürftig gewesen, genau genommen: ihrer immer wieder bedürftig wäre. Es geht darum, daß, was ihm dort, im engeren Bereich möglich war und ist, auch hier, im weiteren, in seiner Macht liegt.

Was ist es aber mit diesem weiteren Bereich? An wen und was denken wir, wenn wir von der dem biblisch-kirchlichen Bereich gegenüberstehenden profanen Welt reden? Man wird hier, um genau zu sein, einen ferneren und einen näheren Umkreis jenes engeren Bereiches unterscheiden müssen: eine der Reinheit, der Absolutheit sich nähernde und eine gemischte und relative Profanität. Aus dieser wie aus jener kann sich Jesus Christus seine außerordentlichen Zeugen und also Sprecher wahrer Worte von jener ganz anderen Art erwecken.

Von einer der Reinheit, der Absolutheit sich nähernden Profanität wäre (im ferneren Umkreis des biblisch-kirchlichen Bereiches) da zu reden, wo ein Mensch oder viele Menschen dem Evangelium Gottes in seiner biblisch-kirchlichen Gestalt schlechterdings unwissend, in völliger Fremdheit gegenüberstehen, weil es sie in dieser Gestalt nie oder vielleicht nur in völlig ungenügender Weise erreicht hat – und die sich vielleicht darüber hinaus in einer Verfassung befinden, im Blick auf die nach menschlichem Ermessen zu erwarten steht, daß sie, wenn es sie erreichen

2. Das Licht des Lebens

sollte, feindselig dagegen reagieren würden. Solche Menschen gibt es: nicht nur in den noch von keiner Mission erschlossenen Gebieten des sog. Heidentums und nicht nur – mit Vorbehalt zu erwähnen – im Nachwuchs der heute mit einer ausgesprochen atheistischen Kultur, Pädagogik, Psychologie und Ethik überzogenen Ostvölker, sondern auch in größter äußerer Nähe zu den christlichen Kirchen (sie kann größte innere Ferne in sich schließen!). Es gibt ja mitten im Bereich der Christenheit zwar soziologisch, dem Namen und der Taufe nach ihr zugehörige, praktisch aber ihr ganz und gar nicht zugehörige, praktisch blind und taub heidnische Menschen genug. Und so gibt es eine ganze, schwerlich aller Religion, wohl aber dem Worte Gottes gegenüber aus diesem oder jenem Grunde noch immer oder schon wieder «mündige», bzw. sich selbst obstinat für «mündig», was wohl heißen soll: ihrerseits für souverän haltende Menschenwelt. Man sage nicht zu schnell, daß die Souveränität Jesu Christi, die Macht seiner Prophetie hier an ihrer Grenze stehen möchte, daß wahre Worte, von ihm auf menschliche Lippen gelegt, hier nicht zu erwarten seien. Man sage nicht einmal: sie seien hier schwerlich – und nicht einmal: sie seien hier mit geringerer Wahrscheinlichkeit zu erwarten. Denn man vergesse nicht: es gibt zwar eine Gottlosigkeit des Menschen, es gibt aber laut des Wortes von der Versöhnung keine Menschenlosigkeit Gottes; es gibt zwar eine Fremdheit und Feindseligkeit des Menschen seinem Evangelium, es gibt aber keine Fremdheit und Feindseligkeit seines Evangeliums dem Menschen gegenüber. Daß er ihm verschlossen ist, ändert nichts daran, daß es für ihn offen ist und bleibt. Und daß er die Souveränität Jesu Christi nicht kennt, und, kennte er sie, seiner «Mündigkeit» gewiß, vermutlich gegen sie rebellieren würde, kann das nicht zur Folge haben, daß sie von ihrer vollen Gültigkeit auch ihm gegenüber auch nur das Geringste einbüßte. Wie sollte es da weniger wahrscheinlich oder gar unmöglich sein, daß sie sich auch ihm gegenüber faktisch durchsetzen und bewähren möchte? Es gibt Jesus Christus gegenüber keinen effektiv sich durchsetzenden Prometheismus. Eben mit ihm hat er als der am Kreuz Unterliegende und Siegende ein für allemal aufgeräumt: mit ihm in allen seinen Gestalten. Das heißt aber: Es gibt in der von Gott in Jesus Christus versöhnten Welt keine von ihm sich selbst überlassene, keine seiner Verfügung entzogene Profanität, auch da nicht, wo sie sich, menschlich gesehen und geredet, der Reinheit, der Absolutheit, der schlechthinigen Gottlosigkeit in der gefährlichsten Weise zu nähern scheint. Man kommt, man denkt und redet nicht von Jesu Christi Auferstehung her, wenn man das Gegenteil behauptet! Unterläßt man es aber, sich hier zu versteifen, dann wird man darauf gefaßt sein und bleiben, auf einmal auch aus solch scheinbar äußerster Finsternis heraus wahre Worte, aus richtigem Bileamsmund die wohlbekannte, ihrer düsteren Herkunft zum Trotz ja nicht zu überhörende Stimme des guten Hirten zu hören.

Und nun (im näheren Umkreis des biblisch-kirchlichen Bereiches) die Profanität in ihrer gemischten, ihrer relativen Gestalt. Von ihr ist in dem merkwürdigen Fall zu reden, der doch heute in weiten Gebieten die Regel bildet: daß der Mensch, die Menschen, vom Evangelium Gottes in seiner biblisch-kirchlichen Gestalt zwar so oder so erreicht, in diesem oder jenem Grad von Stärke oder Schwäche berührt, in irgend einem Maß von ihm beeinflußt und bestimmt sind, ihm in irgend einer Tiefe oder Untiefe als Wissende, und das in irgend einer ernsten oder unernsten Form bejahend oder jedenfalls nicht geradezu verneinend, gegenüberstehen. Nur daß ihr Leben nun dennoch – im Erwerb ihres Unterhaltes, in Handel und Wandel ihres Berufes, im Vollzug ihres starken oder schwachen Denkens, im Genuß ihrer großen oder kleinen Freuden, in ihrer Betätigung von Wissenschaft oder Kunst, Technik und Politik, in der ihren Umgang miteinander bestimmenden Sitte, Gewohnheit und Mode – in seiner ganzen Gestalt auf solchen Linien verläuft, deren Zusammenhang mit dem vom Evangelium verkündigten Reich an sich, milde gesagt, undurchsichtig ist: auf Linien, die sich ihm gegenüber vielmehr als eine ganze, eigene und nach ihren eigenen Gesetzen und Tendenzen ruhende und bewegte Welt darzustellen scheinen. Sie ist hier eine dem Evangelium Gottes in seiner biblisch-kirchlichen Gestalt in irgend einer Form konkret konfrontierte, eine von ihm wenigstens in vielen Punkten irgendwie angerührte, beleuchtete, beunruhigte, modifizierte Lebenswelt. Sie ist eine Welt, die sich der Auseinandersetzung mit ihm nicht einfach und gänzlich entziehen kann. Das ist die Welt der gemischten, der relativen Profanität, die besondere Gestalt des weiteren Bereiches, in welchem sich, wohlverstanden, mit den sämtlichen Schein- und Namen- und Kirchensteuerchristen, auch die mit Ernst Christen sein wollen, fortwährend auch bewegen. Daß es in diesem näheren Umkreis des biblisch-kirchlichen Bereiches zu wahren, das eine Wort Gottes bezeugenden menschlichen Worten, zu «Gleichnissen des Himmelreiches» kommen möchte, scheint wahrscheinlicher, leichter möglich, eher zu erwarten, weil das erklärlich scheinen möchte als Echo oder als positive Antwort auf die hier durch den Dienst der christlichen Gemeinde bezeugte Rede Jesu Christi. Wie sollte diese, sofern und soweit sie in der Botschaft der christlichen Gemeinde zum Klingen kommt, solcher Antwort nicht je und je rufen? Wie sollten also solche wahren Worte mitten aus jener doch nur begrenzt in sich ruhenden und bewegten Welt heraus erklingend, nicht zu erwarten – und eben eher zu erwarten sein als da, wo eine der sichtbaren Konfrontation mit dem Evangelium entbehrende Profanität mit Gottlosigkeit, ja Gottesfeindschaft identisch zu sein oder doch zu werden droht? Man sehe immerhin wohl zu: Könnte es nicht sein, daß gerade dieser gemischten, dieser relativen Profanität dem Evangelium gegenüber eine vielleicht doch noch größere Verschlossenheit eigentümlich sein könnte? Darum nämlich, weil sie sich, gewöhnt daran, mit ihm konfrontiert zu sein und sich mit ihm abfinden zu müssen, nur um so fester konsolidieren möchte. Und weil sie sich, indem sie ihm gewisse Konzessionen macht, sich ihm ein Stück weit akkommodiert, sich wohl gar weithin selber als «christliche» Kulturwelt ausgibt, die Ohren ihm gegenüber nur um so solider verschließen, unter allen Zeichen der Ablehnung, ja Verabscheuung eines prinzipiellen Atheismus einem praktischen nur um so gründlicher und ungescheuter huldigen möchte! Wie soll es gerade da zu wahren Worten kommen, wo man aufrichtiger oder unaufrichtiger Weise der Meinung sein kann, ihm längst die ihm gebührende Ehre oder doch Reverenz erwiesen zu haben, wo man aber vielleicht die Kunst längst gelernt hat, es zu bejahen, ohne ihm doch zu erlauben, dem im Grunde nach wie vor profanen Meinen und Wollen des Menschen, wenn es nun wirklich zur Sprache kommen sollte, so zu nahe zu treten, wie das von ihm zu erwarten sein dürfte? Wird man nicht in sinnvoller Anwendung des Röm. 9–11 über die Verstockung gerade Israels Gesagten von einer besonderen Versuchlichkeit und Gefährdung der Situation in einer «christlichen» bzw. «christianisierten» Kultur und Gesellschaft reden und im Blick darauf sagen müssen, daß das Geschehen eines Wunders, sollten wahre Worte aus dieser Welt einer gemischten und relativen Profanität heraus laut und vernehmbar werden, jedenfalls nicht weniger als dort nötig sein möchte, wo es sich um eine ausgesprochen und eindeutig gottlose, ja gottesfeindliche Profanität zu handeln scheint? Aber das Alles kann sich nun doch nur auf den einen Aspekt der besonderen Situation in dieser zweiten Gestalt der Profanität beziehen. Und betrachtet und bedenkt man den anderen, dann wird man der angedeuteten Besorgnis, wie begründet sie auch sein mag, nun doch nicht das letzte Wort lassen wollen und können. Mag es mit der Macht und List gerade einer christlich angerührten, gefärbten und verbrämten Weltlichkeit so schlimm stehen, als es allerdings zu befürchten steht – so schlimm wie etwa Kierkegaard es als sicher meinte voraussetzen zu sollen – mag die Rückfrage an die Kirche noch so wohlangebracht sein: ob sie das gerade in solcher Situation Nötige für die rechte Ausrichtung der Botschaft wirklich leiste und nicht etwa heimlich oder offen selbst der schleichenden Säkularisierung verfallen sei und also selbst mit den Wölfen heulen möchte? – in ein grundsätzliches Mißtrauen in die Kraft der gut oder schlecht ausgerichteten Botschaft wird keine von den hier allerdings naheliegenden Befürchtungen umschlagen dürfen. Es entsteht und besteht nun einmal doch eine nicht nur äußerlich und technisch, sondern innerlich und geistlich besondere Situation, wo mitten in der Profanität, in welcher Armut, Kümmerlichkeit und Wunderlichkeit immer, auch Gemeinde auch Christenheit existiert, wo also die Welt, wie mächtig und listig sie sich auch gebärde und bis in das Leben, Denken und Reden der Christen selbst hineinwirke, durch das Medium des Wortes, der Predigt, des Unterrichtes, des Gottesdienstes, des ganzen Lebens der Gemeinde mit Jesus Christus als dem einen wahren Wort konkret konfrontiert ist. Ist seine Gemeinde sein Leib, seine eigene irdisch-geschichtliche Existenzform – oder ist sie es nicht? «Siehe Ich bin bei euch alle Tage», und «Wo Zwei oder Drei unter euch versammelt sind in meinem Namen, da bin ich mitten unter ihnen» und «Wer euch hört, hört mich». Gelten diese Verheißungen oder gelten sie nicht? Und gelten sie, ist es dann erlaubt, nicht an sie zu glauben? Gelten sie aber und dürfen wir an ihre Geltung glauben, warum dann nicht auch an das Wunder – ein Wunder wird das allerdings immer sein – daß, wenn nicht die christliche Verkündigung, so doch das durch sie recht oder schlecht bezeugte Wort Jesu Christi stärker sein möchte auch als die Gewalt und Tücke der gemischten und relativen Profanität einer der Gemeinde gegenüberstehenden und auch die Gemeinde selbst immer wieder durchdringenden und bestimmenden «christlichen» Kultur und Gesellschaft? Warum sollte dann nicht auch das bei Gott möglich werden, daß er sich mitten aus dieser Welt der getarnten Unwahrheit heraus Zeugen erweckt, daß auch von dorther, von wo zunächst bestenfalls allerlei grober oder feiner Betrug zu erwarten schien, wahre Worte laut und vernehmbar werden könnten. Kraft der missionarischen und evangelistischen Tätigkeit der Christenheit? Nein, aber kraft des von ihr nur eben ausgestreuten lebendigen und selbst wachsenden Samens des Wortes ihres Herrn, der frei ist, sich zu ihrer Tätigkeit – wahrscheinlich in jedem Fall zu ihrer eigenen höchsten Überraschung! – damit zu bekennen, daß er sie da draußen Frucht bringen läßt, daß er ihr da draußen Echo und Antwort verschafft. Für ihn sind nun einmal wie die Gottlosigkeit und Gottesfeindschaft jenes äußeren, ferneren Umkreises der Gemeinde, so auch die intrikaten Heidentümer dieses inneren keine unüberwindlichen Mauern.

Es geht weder dort noch hier darum, sich über den Gegensatz zwischen dem Himmelreich und den Reichen dieser Erde Illusionen zu machen. Es darf aber wiederum weder dort noch hier geschehen, daß man dem, dessen Herrschaft sich auch über die Reiche dieser Erde erstreckt, zu wenig zutraut, an Zeichen seiner Herrschaft über sie zu wenig von ihm erwartet. Wieviel solcher Zeichen mag er dort wie hier, in jener äußeren und in dieser inneren Finsternis faktisch schon aufgerichtet haben, die dann von der Christenheit in einer ihm gegenüber nun wirklich nicht angebrachten Skepsis zum Schaden seiner und ihrer eigenen Sache übersehen wurden! Wir sind nun einmal aufgerufen, an Ihn, an seine Siegesmacht zu glauben und nicht an die Standfestigkeit irgendeiner unchristlichen, widerchristlichen oder pseudochristlichen Weltlichkeit ihm gegenüber. Je ernsthafter und fröhlicher Einer an ihn glaubt, desto mehr solcher Zeichen wird er gewiß auch in ihrem Bereich wahrnehmen, desto mehr wahre Worte wird er auch von dorther zu vernehmen in der Lage sein.

2. Das Licht des Lebens

Das ist freilich klar: um mehr als Zeichen seiner Herrschaft, um mehr als Bezeugungen seiner Prophetie wird es sich diesseits seiner Wiederkunft, d.h. vor der unmittelbaren allgemeinen und endgültigen Offenbarung seiner Herrlichkeit, wie in der Schrift, wie im Bekenntnis und in der Botschaft der Gemeinde so auch in solchen die Profanität des sie in der Ferne und in der Nähe umgebenden Weltlebens durchbrechenden wahren Worten nicht handeln können. Darf man die Wahrheit des einen Wortes Gottes, das Jesus Christus heißt und ist, mit der Mitte und zugleich mit der ganzen von ihr aus konstituierten Peripherie eines Kreises vergleichen, so wird zu sagen sein, daß eben die Offenbarung dieser Mitte als solcher und damit dann auch dieser ganzen Peripherie – jetzt für den Glauben der Christen und einst für das Schauen aller Augen – ganz allein sein eigenes direktes Wort sein kann, während alle menschlichen Worte gerade nur als ihre echten Zeichen und Bezeugungen wahre Worte sein können. Die Mitte als solche und die Peripherie in ihrer Ganzheit – und so die Wahrheit des einen Wortes Gottes, so Jesus Christus selbst – wird vor dem auf einer neuen Erde unter einem neuen Himmel erklingenden Lobgesang keines Engels und erst recht keines Menschen Wort und Stimme artikulieren und aussprechen: kein Prophet und kein Apostel, kein noch so profund gelehrter und lehrender Kirchenvater, kein noch so erleuchteter christlicher Mystiker, keine in ihrer Einfalt oder in ihrer Dialektik noch so bewundernswerte *theologia viatorum!* Und so selbstverständlich auch nicht das Wort und die Stimme, die kraft der Souveränität des einen Herrn, Propheten und Offenbarers auch außerhalb des biblischen und des kirchlichen Bereiches jetzt und hier je und je laut und vernehmbar werden mögen. Geht es auch in ihnen um die eine Wahrheit, dann um deren echte Zeichen und Bezeugungen. Im Vergleich von vorhin weiterzureden: nur um Segmente der Peripherie, nicht um deren Totalität und erst recht nicht um die sie konstituierende Mitte jenes Kreises als solche. Sie werden wahre Worte, echte Zeichen und Bezeugungen des einen wahren Wortes, sie werden reale Gleichnisse des Himmelreichs sein, wenn und sofern sie (von den Segmenten anderer Kreise mit andern Mittelpunkten verschieden) als genaue Segmente der Peripherie dieses Kreises auf dessen Totalität und damit auf seine Mitte hinweisen, vielmehr: indem sich seine Mitte und die Totalität seiner Peripherie und also Jesus Christus selbst in ihnen kundgibt. Sie werden also keine bloßen Teilwahrheiten aussprechen – die eine Wahrheit Jesu Christi ist unteilbar! Sie werden aber die eine und ganze Wahrheit unter je einem besonderen Aspekt und insofern nur implizit, nicht explizit in ihrer Einheit und Ganzheit zur Aussprache bringen. Sie werden das eine Licht der einen Wahrheit (wie das ja auch in den verschiedenen Elementen des biblischen Zeugnisses geschieht und in jedem einzelnen Akt christlicher Verkündigung und Unterweisung geschehen darf) nach irgendeiner bestimmten Seite in irgendeiner besonderen Brechung sichtbar machen, die es als das eine Licht nun eben so wahrhaftig wiedergibt. Sie werden aber in ihrer Bestimmtheit, in ihrer Besonderung und insofern Vereinzelung, um das eine Licht der einen Wahrheit wahrhaftig sichtbar zu machen, dessen eigener Leuchtkraft und der Ergänzung aus seiner Fülle bedürftig sein. Abstrakt für sich gesprochen und vernommen könnte keines von ihnen ein wahres Wort sein: sie werden und sind es, indem sie auf ihren Ursprung in dem einen wahren Wort zurückweisen, indem nämlich das eine wahre Wort, Jesus Christus selbst sich in ihnen kundgibt. Sie werden und sind es in ihrem – wenn auch zeitweilig nicht direkt sichtbaren, wohl aber vorausgesetzten und implizierten – Zusammenhang mit der Ganzheit Jesu Christi, seiner Prophetie, indem sie also indirekt auch auf diese hinweisen, indem indirekt auch diese sich in ihnen kundgibt.

Ein solches wahres Wort mag also z.B. nur eben von der Güte der ursprünglichen Schöpfung, ein anderes nur eben von ihrer Bedrohung, ein drittes nur eben von ihrer Befreiung, ein viertes nur eben von ihrer künftig zu offenbarenden Herrlichkeit reden. Ein jedes von ihnen tut es dann wahrhaftig, wenn und indem und sofern das, was es für sich und im Besonderen sagt, nur scheinbar, nur aufs erste Anhören eine Abstraktion ist, in Wirklichkeit die Güte, auch die Gefährdung, auch die Sieghaftigkeit und endlich die künftige Herrlichkeit des in Jesus Christus beschlossenen, in ihm durchgeführten und auf ihn zielenden göttlichen Schöpfungswerkes, und damit auch – mag immer das eine nur dieses, das andere nur jenes aussprechen – das Ganze dieses Werkes und also auch den Zusammenhang seiner besonderen Aussage mit allen andern anzeigt. Oder es mag ein solches wahres Wort nur eben von der Majestät oder nur eben von der zürnenden Heiligkeit oder nur eben von der Barmherzigkeit oder nur eben von der alle Dinge erhaltenden und ordnenden Weisheit und Geduld Gottes reden. Ein Jedes von ihnen tut es, seiner scheinbaren Abstraktheit ungeachtet, dann und insofern wahrhaftig, als das eine unter allen diesen verschiedenen Aspekten visierte der Reichtum des Einen, die Gottheit des Lebendigen ist, der als Vater im Sohn durch den Heiligen Geist in der Welt am Werk ist und in seinem Wort offenbar wird – dann und insofern also, als es der Reichtum und die Lebendigkeit seiner Gottheit ist, die sich in seiner nun eben in eine ganz bestimmte Richtung weisenden Aussage kundgibt. Oder es mag ein solches wahres Wort nur eben von der geist-leiblichen oder von der mitmenschlichen Bestimmung, oder nur eben von der Verfehlung oder nur eben vom Recht und von der Würde des Menschen, nur eben von der Vergebung seiner Sünden, nur eben von dem Marschbefehl, unter den er damit gestellt ist, nur eben vom Schatten des Todes, unter dem er lebt, oder nur eben von der Freudigkeit, unter der er eben unter diesem Schatten leben darf, reden – so geschieht das in jedem dieser Worte dann wahrhaftig, wenn und sofern die Abstraktion, die Verschlossenheit, in der dieses Wort vom Menschen nur eben dies, das andere nur eben jenes sagt, nur scheinbar ist, indem jedes von ihnen in seiner besonderen Weise auch über sich selbst hinaus auf jene Mitte und auf jenes Ganze und so auf Jesus Christus den wahren Menschensohn und damit auf die Menschlichkeit Gottes selbst verweist – auf das also oder vielmehr: auf den, den kein einzelnes menschliches Wort aussprechen wird, auf den ein solches aber sehr wohl hinweisen kann und der sich seinerseits sehr wohl in solchen einzelnen Worten kundgeben, d.h. solche einzelnen menschlichen Worte zu Mitteln, zu Zeichen und Bezeugungen seiner Selbstoffenbarung und so seiner Wahrheit machen kann.

Um in diesem Sinn qualifizierte und also wahre menschliche Worte handelt es sich in der Bibel; um solche darf es sich auch in der Verkündigung der Kirche, kann es sich aber auch in den Stimmen und Worten des die Kirche in näherem oder fernerem Umkreis umgebenden Weltgeschehens handeln. Der klare Auftrag, zum Sprechen solcher wahren Worte sich herzugeben, und die klare Verheißung der Freiheit und Macht, die dazu nötig sind, das zu tun, sind der Kirche, sie sind uns gegeben. Wir wissen nichts vom Bestehen entsprechender Aufträge und Verheißungen, die den Trägern des profanen Weltgeschehens als solchen gegeben sein möchten. Wir können es uns also weder anschaulich noch begreiflich machen, wie ein Mensch in der Lage sein oder in die Lage kommen sollte, aus jener äußeren oder inneren Weltfinsternis heraus wahre, in dem nun umschriebenen Sinn qualifizierte Worte zu reden. Aber eben: wenn der Umkreis des uns Anschaulichen und Begreiflichen nicht auch die Grenze der Souveränität Jesu Christi bedeutet (wenn das Sprechen wahrer Worte übrigens auch in diesem Umkreis immer ein Wunder voraussetzt), wenn wir ihn gerade auf Grund des uns gewordenen Auftrags und der uns zugewendeten Verheißung nicht für an diese unsere Gabe und Aufgabe gebunden halten können, dann werden wir uns dafür offen- und bereithalten müssen, seine Souveränität faktisch auch in jenen anderen Bereichen, wie unanschaulich und unbegreiflich uns das auch sein möge, wirksam zu sehen. Wir haben uns dann darauf gefaßt zu machen, tatsächlich – nicht irgendwelche fremde und fremdartige Laute, sondern (als Segmente jener Peripherie in konkreter Ausrichtung von ihrer Mitte her und auf ihre Totalität hin) als Zeichen und Bezeugungen der Herrschaft der einen Prophetie Jesu Christi auch im profanen Weltgeschehen wahre Worte zu vernehmen, die wir als solche, auch wenn sie von dorther kommen, zu hören haben. Die Vermutung, jene Ausrichtung möchte ihnen fehlen, sie möchten in ihrer Abstraktion und Bruchstückhaftigkeit mit der einen Wahrheit nichts zu tun haben, ihr vielleicht geradezu widerstreiten, die Besorgnis vor allen möglichen «Gefahren», die in ihnen lauern und die uns, wenn wir auf sie hören, bedrohen könnten, mag im Blick darauf, daß sie von da draußen kommen, naheliegend und verständlich sein. Sie mag sich auch oft genug als nur zu berechtigt erweisen. Sie darf aber auf keinen Fall stärker sein als unser Vertrauen – nicht auf irgendwelche Potentialitäten der Weltgeschichte, nicht auf irgendwelche Menschen, wohl aber auf die Souveränität Jesu Christi, der auch die Menschen da draußen unterstehen. Sie darf nicht stärker sein als der Wille, jedenfalls zu hören, und, was sie hören daraufhin jedenfalls zu prüfen: ob es nicht doch gegebenenfalls ein wahres Wort sein möchte, an dem als einem solchen die Christenheit nicht – als hätte sich Jesus Christus an ihren Auftrag und ihre Verheißung gebunden, als wäre ihr Auftrag und ihre Verheißung ein Besitz, hinter dem sie sich verstecken und im übrigen die Ohren zuhalten müßte und dürfte! – vorüberstürmen kann. War es nun nicht doch zu allen Zeiten so, daß die Gemeinde immer wieder

Gelegenheit und Anlaß hatte, in ihrer näheren und in ihrer ferneren Umgebung gewisse Worte zu vernehmen, die mindestens der Prüfung, ob sie nicht wahre Worte sein möchten, sehr wohl wert waren? Worte, in denen sie früher oder später etwas von ihrem Eigensten freudig wiedererkennen durfte, vielleicht auch tief beschämt wiedererkennen mußte, weil ihr durch sie ganz bestimmte Vernachlässigungen oder Verkürzungen ihres Eigensten vorgehalten und zum Bewußtsein gebracht wurden? Kam es nicht oft genug vor, daß sie vor die Tatsache einer Weltlichkeit gestellt wurde, die gelegentlich sogar eine ausgesprochen heidnische Weltlichkeit sein mochte, die gewisse Aspekte der ihrer Verkündigung anvertrauten Wahrheit mindestens ebenso deutlich und bestimmt wie sie selbst und manchmal wohl auch besser, auch früher, auch folgerichtiger als sie zu bezeugen schien?

Etwa das Geheimnis Gottes, das von uns Christen im besten Eifer um seine Sache so leicht zerredet wird. Etwa der Friede der Schöpfung oder umgekehrt ihre tiefe Rätselhaftigkeit und der Aufruf zu einer von dorther auch hier durchhaltenden Dankbarkeit? Etwa die Radikalität der menschlichen Erlösungsbedürftigkeit oder die Vollkommenheit dessen, was Erlösung, sollte sie jener entsprechen, bedeuten müßte? Etwa die Nüchternheit eines wissenschaftlichen oder auch praktisch alltäglichen Fragens nach dem eigentlichen Stand der Dinge oder auch der Enthusiasmus des Einsatzes für das einmal als richtig Erkannte? Etwa die ja auch in der christlichen Gemeinde zu keiner Zeit und an keinem Ort selbstverständliche Einheit von Glauben und Leben, Gottesliebe und Menschenliebe? Oder die gerade von einem strengen Christentum immer wieder spiritualistisch oder individualistisch aufgespaltene Ganzheit der menschlichen Existenz? Oder die durch keinen Kompromiß zu stillende Unruhe angesichts der kleinen persönlichen nicht nur, sondern angesichts der großen Unordnungen in Staat und Gesellschaft, angesichts der Menschen, die unter ihre Räder kommen mußten und müssen, und dazu vielleicht die eiserne Entschlossenheit eines Willens, gerade diesen großen Unordnungen zu Leibe zu gehen. Oder die Furchtlosigkeit vor dem Tode: eine Sache, in der Christen oft in beschämender Weise hinter allerlei nahen und fernen Nichtchristen zurückgeblieben sind? Oder die heitere Bereitschaft zum Verstehen und Vergeben, die auch in evangelisch-christlichen Kreisen vor lauter allzu genauem Wissen um Gut und Böse und trotz aller Bekenntnisse zur Rechtfertigung des Sünders allein durch den Glauben nicht eben häufig anzutreffen ist? Überhaupt: eine Menschlichkeit, die nicht lange fragt und erwägt, mit wem man es im Anderen zu tun hat, in der man sich vielmehr schlicht mit ihm solidarisch findet und anspruchslos für ihn da ist... Sind das nicht lauter Phänomene, die nun doch auffallend oft gerade *extra muros ecclesiae*, wo man von Bibel und kirchlicher Verkündigung kaum (vielleicht nur auf größten Umwegen und in stärksten Verdünnungen) oder auch notorisch gar nichts weiß, sichtbar werden? Haben diese Phänomene etwa keine Sprache? Und sollte ihre Sprache nun nicht doch, wie befremdlich das uns erscheinen mag, die Sprache wahrer Worte sein – die Sprache von «Gleichnissen des Himmelreichs»?

Gewiß, daß, was da sichtbar und hörbar werden mag, der Prüfung bedürftig ist, ihr nicht entzogen werden darf! Gewiß, daß auch da draußen mit dem Hochmut, mit der Trägheit, mit der Lüge des Menschen, mit allerlei der Wahrheit schrecklich fremdem Optimismus und Pessimismus, mit allerlei unbewußter Verblendung und nur zu bewußter Heuchelei zu rechnen ist! Sei es denn: mit dem Allem ist ja leider auch *intra muros* beständig zu rechnen. Man mache aber wie hier, so auch dort nicht zu raschen und nicht zu kurzen Prozeß! Es wäre keine redliche Prüfung jener Phänomene, wenn man sie zum vornherein mit der Aufstellung erledigen wollte, daß es sich da doch nur um im Grunde und letztlich lichtlose Erkenntnisse und Tugenden des natürlichen Menschen und so um *splendida vitia* handeln könne – oder mit der Notierung der Kurzschlüssigkeiten und Illusionen, die sich in ihnen bemerkbar machten – oder mit der Kritik der offenen oder heimlichen Schwärmerei, der die Weltkinder auch in ihrem Besten zu huldigen pflegten. Nochmals: Sei es denn! Mögen wir in dem Allem zehnmal im Recht sein! Aber könnte das Alles nicht tief uninteressant sein, wenn es gewissen Weltkindern nun faktisch dem Allen zum Trotz dennoch gegeben sein möchte, wahre Worte zu reden: solche Worte, die objektiv (wie immer es dabei mit ihren subjektiven Voraussetzungen stehen möge) mit dem einen wahren Wort in höchst direkter Beziehung stehen, die sie durchaus nicht aus sich selbst geschöpft haben, die gewiß auch gegen sie selbst sprechen mögen, die ihnen aber nun doch durch das eine wahre Wort, durch Jesus Christus, der auch ihr Souverän ist, auf die Lippen gelegt sein könnten? Ist es nicht auch in der Christenheit Gnade und Wunder, in jedem einzelnen Fall Trockenlegung eines ganzen Ozeans subjektiver Unzulänglichkeit und Verkehrtheit, wenn es zum Sprechen und Vernehmen wahrer Worte kommt? Sollte die Frage nicht höchster Aufmerksamkeit und der aufgeschlossensten Prüfung von Fall zu Fall wert sein: ob solche wahren Worte nicht auf Grund eines ähnlichen Wunders auch da draußen Ereignis werden möchten und also allen Ernstes zur Kenntnis zu nehmen seien?

Gewiß gibt es Kriterien zu ihrer Unterscheidung von anderen, von solchen Worten, die nicht aus dem auch in der Finsternis leuchtenden Licht, sondern nur eben aus der Finsternis stammen, die darum als unwahre Worte nicht zu hören sind – und auch zur Unterscheidung der Wahrheit der wahren Worte von der gewiß auch ihnen anhaftenden Unwahrheit. Wir haben diese Kriterien beiläufig bereits berührt; sie sollen nun aber auch noch ausdrücklich als solche genannt und gekennzeichnet werden.

Es gibt hier zunächst ein formales Kriterium, das freilich, recht verstanden, seine kritische Kraft gerade darin hat, daß es zugleich den entscheidenden sachlichen Maßstab sichtbar macht, der hier anzuwenden ist: Wir werden, wo es in einem Phänomen des näheren oder ferneren Weltgeschehens um ein solches wahres Wort zu gehen scheint, nach seiner Übereinstimmung mit dem Zeugnis der Schrift zu fragen haben. Daß es in seiner konkreten Gestalt in irgendeinem biblischen Text oder Textzusammenhang vorgesehen und so biblisch bestätigt sein möchte, wird man natürlich nicht erwarten dürfen, wohl aber, daß es sich, ist es ein wahres Wort, in seiner besonderen Aussage an irgendeiner Stelle in den durch seine Mitte in Jesus Christus bestimmten und charakterisierten Zusammenhang der biblischen Botschaft einfüge, daß es also, mit dieser verglichen, ihre große Linie nicht störe, nicht unterbreche, sondern sie an irgendeiner bestimmten Stelle in neuer Weise zum Leuchten bringe. Kein wahres Wort kann das biblische Zeugnis in irgendeinem Punkt ersetzen. Es kann es nicht verdrängen oder überbieten wollen. Es kann im Verhältnis zu ihm nichts Anderes, nichts Neues sagen wollen. Es würde in dem Maß, als es eine Tendenz in dieser Richtung hätte, kein wahres Wort sein. Es wird, ist es ein wahres Wort, das Wort der Bibel als guter, als authentischer Kommentar zum Klingen, zum Sprechen bringen. Es wird also den, der es hört, nicht von der Schrift weg, sondern tiefer in sie hineinführen. Wobei sich die Ordentlichkeit, die Legitimität des ganzen Vorgangs im Besonderen daran ermessen lassen wird, daß es nach der einen wie nach der anderen Seite keiner künstlichen Harmonisierungen bedürfen wird: daß also das aus dem Weltgeschehen vernommene Wort keiner Umbiegung bedarf, sondern so, wie es lautet, mit dem der Schrift zusammenklingt – und vor allem: daß man das Wort der Schrift nicht etwa zu pressen, zu verkürzen oder zu erweitern braucht, um es mit dem von draußen vernommenen Wort in Einklang zu bringen. In dem Maß, als die Übereinstimmung zwischen dem von seiner Mitte her vernommenen und verstandenen biblischen und einem solchen anderen Wort in sich klar und darum auch einfach sichtbar zu machen ist – in dem Maß darf das Vertrauen Platz greifen, daß man es auch in diesem anderen Wort mit einem wahren Wort zu tun habe – in dem Maß wird man sich dann auch zum Gehorsam in der durch dieses andere Wort angezeigten Richtung bereithalten müssen: nicht zum Gehorsam gegen dieses andere Wort als solches, wohl aber zum Gehorsam gegen das durch dieses andere Wort erleuchtete und dringlich gemachte Schriftwort.

Mit gewissen Vorbehalten wird dann auch das Verhältnis eines solchen anderen Wortes zum kirchlichen Dogma und Bekenntnis als Kriterium seiner Wahrheit geltend zu machen sein. Gewiß wird es sich auch an diesem Maßstab messen lassen müssen. Aber nun haben wir es hier im Unterschied zur heiligen Schrift mit ihrer auf ihr unmittelbares Verhältnis zur Geschichte Israels und Jesu Christi selbst begründeten Autorität doch nur mit der sekundären Autorität der kirchlichen Väter und Brüder zu tun: doch nur mit einer höchst respektablen, aber immerhin durch die Zeiten und besonderen Umstände der Entstehung jener Dokumente bedingten Anleitung zum Verständnis der in der Schrift bezeugten Offenbarung Gottes. Diese Anleitung durch Dogma und Bekenntnis wird man sich (im Sinn der Geltung des Elterngebotes im Dekalog) auch bei der Prüfung des Wahrheitsgehaltes jener anderen Worte gefallen lassen dürfen und müssen. Sie werden uns, sind sie wahre Worte, auch aus der in jenen Dokumenten bezeugten *communio sanctorum* aller Zeiten nicht heraus – sie werden uns auch in sie nur um so tiefer hineinführen dürfen. Führten sie zu einem Bruch mit ihr, dann würden sie sich schon damit als unwahre Worte erweisen. Es kann nun aber sehr wohl sein, daß die christliche Gemeinde – gesetzt, sie bekomme ein solches anderes als ein wahres Wort heute und hier zu hören – über Dogma und Bekenntnis hinaus nun doch etwas Neues zu hören und hinzuzulernen hat: etwas, worüber die Väter und Brüder in den Zeiten der Entstehung jener Dokumente sie noch nicht belehren konnten. Was zu erwarten steht, wenn es mit diesem Neuen und also mit der Wahrheit jenes Wortes seine Richtigkeit hat, kann gewiß dies sein, daß es irgendwo in der Verlängerung der im Dogma und Bekenntnis sichtbaren Linien aufleuchten, daß es jenen Dokumenten also nicht widersprechen, ihre Aussagen vielmehr sinngemäß ergänzen werde. Es ist aber, geht es um ein wahres Wort, schwerlich zu erwarten, daß es der Kirche erspart bleiben wird, jene Linien wirklich auszuziehen und also über Dogma und Bekenntnis hinaus zu lernen, was ihr nun eben nicht direkt aus ihnen und auch nicht nur aus den Bewegungen in ihrem eigenen Inneren, sondern auch von außen her neu zu lernen von ihrem Herrn aufgegeben sein mag. Es wird nicht angehen, sich einem solchen Wort darum zu verschließen, seine Wahrheit deshalb in Abrede zu stellen, weil es mehr und Anderes zu besagen scheint als das, was man aus Dogma und Bekenntnis schon zu wissen meint – weil es möglicherweise die Notwendigkeit einer Revision dieser überkommenen kirchlichen Normen nahelegen, weil es die Kirche vielleicht vor die Aufgabe neuer Formulierungen dieser ihrer Normen stellen könnte. Ist es ein wahres Wort, dann wird sich das darin erweisen, daß es, indem es als mehr oder weniger kräftiges Element kirchlichen Fortschrittes wirksam ist, die Kirche anleitet, die Kontinuität mit den Erkenntnissen der vorangegangenen Väter und Brüder nicht nur nicht zu zerstören, sondern in lebendigem Gehorsam gegen den einen Herrn der Kirche in der Nachfolge seiner Propheten und Apostel auf Grund besserer Belehrung in neuer Verantwortlichkeit aufzunehmen und fortzusetzen.

Als weiteres Kriterium in der Frage nach seiner Wahrheit dürften die Früchte zu nennen sein, die ein solches Wort da draußen, wo es seinen mehr oder weniger wunderbaren und also rätselhaften Ursprung hat, in der die Gemeinde umgebenden profanen Welt also, bisher getragen zu haben und noch zu tragen scheint. Dort wird es ja zunächst gehört werden und seine Wirkungen haben. Und nun sind auch dort, auch im Weltgeschehen als solchem durchaus nicht alle Katzen grau, sondern gerade die Gemeinde wird dort, wenn nicht einfach das Gute vom Bösen, so doch das Bessere vom Schlechteren zu unterscheiden wissen. Was bedeutet – die Christenheit kann dafür nicht blind und kann dagegen nicht gleichgültig sein – im Weltgeschehen als solchem das Lautwerden und Vernommenwerden eines solchen Wortes, das nun auch ihr zu denken gibt? Wie scheint es dort zu wirken? Welchen Geistern scheint es dort zu rufen? In welche Richtung treibt es dort die Menschen? In welchem Sinn formt es dort ihre Gedanken, Bestrebungen, Verhaltensweisen? Zu welcher Art von Unternehmungen und Taten hat es dort die Menschen bisher aufgerufen? Hat es sie dort mehr befreit oder doch mehr gefangengenommen? Hat es sie dort ein Stück weit erhoben oder noch mehr in die Tiefe gedrückt? Hat es sie dort einander näher oder noch weiter auseinandergebracht? Hat es dort gebaut oder zerstört, gesammelt oder zerstreut, belebt oder getötet? Das sind, auf das allgemeine Weltgeschehen angewendet, gewiß nur relative Unterscheidungen, weil sie ja alle nur im Rahmen der großen Verlorenheit stattfinden und Bestand haben, in der sich das Tun der Menschen an sich und als solches abspielt. Immerhin: sie finden statt. Und nun könnten sie in ihrer ganzen Relativität dadurch akzentuiert und bedeutsam werden, daß sich ja auch in ihnen die regierende Hand Gottes und seines Christus geltend macht und ankündigt. Eben in Erwartung dessen, daß sich seine Gnade und sein Gericht in ihnen wenn nicht offenbaren, so doch in Umrissen abzeichnen möchte, wird man sich als Christ der Aufgabe nicht entziehen können, sie in ihrer ganzen Relativität ernst zu nehmen – und nun eben: sich in aller Vorsicht aber auch Entschlossenheit nach der Verschiedenheit der Früchte der im Weltgeschehen lautwerdenden Worte umzusehen und deren Art und Tendenz nun doch auch nach ihnen zu beurteilen. Kann man diese vorwiegend nur als weniger gute Früchte sehen und verstehen, dann liegt die Vermutung nahe, es möchte mit der Wahrheit der sie hervorbringenden Worte nicht eben weit her sein. Kann man dort, mit allem Vorbehalt urteilend, bessere Früchte wahrnehmen, dann möchte das dafür sprechen, daß zwischen den Worten, die sie hervorgebracht haben und dem einen Wort der Wahrheit ein positiver Zusammenhang bestehen möchte, daß man es in ihnen also mit wahren Worten zu tun haben dürfte. Man sieht: es handelt sich, da wir Menschen, auch wir Christen, nicht zu Weltrichtern eingesetzt und begabt sind, um ein auch unter Voraussetzung der größten Umsicht nicht mit an sich durchschlagender Kraft zu handhabendes Kriterium. Daß es in seiner ganzen Relativität im Zusammenhang mit den anderen mindestens aushilfsweise und ergänzend seine guten Dienste tun und daß es in jenem Zusammenhang gegebenenfalls zu einem absoluten, zu einem durchschlagenden Kriterium werden kann, sollte man darum doch nicht in Abrede stellen. Man wird sich die Augen also auch nach dieser Richtung offenzuhalten haben.

Wir treten auf sicheren Boden zurück, wenn wir feststellen, daß solche anderen Worte als wahre Worte an dem zu erkennen sind, was sie für das Leben der Gemeinde selbst, für ihre Tätigkeit unter dem besonderen Gebot und unter der besonderen Verheißung ihres Herrn bedeuten. Geht es in diesen Worten im Unterschied zu den vielen anderen, die im Weltgeschehen ja auch laut werden und zu vernehmen sind, mit rechten Dingen zu, dann werden sie, entsprechend dem, was das wahre Wort der Schrift für die Gemeinde bedeutet, ihr gegenüber in unzerreißbarer Einheit den Charakter von Bejahung und Kritik, von Zuspruch und Anspruch, von Aufruf zum Vertrauen und Aufruf zur Buße, und also von Evangelium und Gesetz haben. Sie werden sich in dieser Einheit als echte Gleichnisse des Himmelreichs darstellen. Sie werden sich in ihr als solche menschlichen Worte verraten, die ihren letzten Ursprung und Sinn in der erweckenden Macht der universalen Prophetie Jesu Christi selbst haben. Die Gemeinde wird sich also durch sie getröstet finden: indem sie nämlich durch sie zu hören bekommt, daß sie mit ihrer Botschaft trotz und in deren Fremdheit nicht einfach allein und auf sich selbst angewiesen ist, indem ihr ja von da draußen Stimmen begegnen – vielleicht antwortend auf ihre eigene, vielleicht ganz selbständig erweckt und originell geartet – die in irgendeiner besonderen Richtung und Bestimmung nun doch gerade ihr eigenes Wort aufzunehmen und in ihrer Weise und Sprache auszusprechen scheinen: schwächer und weniger glaubwürdig vielleicht, aber vielleicht doch auch stärker und in ihrer Eigenart überzeugender als sie selbst es jedenfalls in dieser Besonderheit bis jetzt sagen konnte und gesagt hatte. So auf alle Fälle, daß sie sich angeregt und ermutigt sieht, das ihr aufgetragene Wort ihrerseits in verstärkter Freudigkeit und mit erhöhtem Nachdruck in die Welt hineinzurufen. Erfährt sie durch eines jener anderen Worte hinein in ihre Ohnmacht und Verwirrung solche Tröstung und Ermunterung, dann mag sie daraus entnehmen, daß sie es mit einem wahren Wort zu tun hat. Es wird sich aber, daß diese Tröstung echt und nicht die falsche irgendeiner Versuchung und Verführung ist, darin erweisen, daß die Gemeinde sich durch dasselbe Wort nun doch nicht einfach bestätigt und gutgeheißen, sondern auch beschämt, aufgeschreckt, beunruhigt, zurechtgewiesen findet. Ihre Verkündigung und Aktion, ihr ganzes Leben war vielleicht der Konzentration, vielleicht auch der Ausbreitung bedürftig: irgendeiner bestimmten Befestigung oder Auflockerung ihrer bisherigen Gestalt. Eben dazu scheint sie nun von außen her einen überraschenden, zunächst gewiß nicht eben wohltuenden, aber heilsamen Anstoß zu empfangen. Warum kam sie zu spät, wo sie hätte vorangehen müssen? Warum hat sie sich nicht selbst gesagt, was sie sich nun durch irgendwelche Weltkinder sagen lassen muß? Wo sich die Christenheit zur Buße gerufen findet, da dürfte das das Kriterium dafür sein: sie hat es, woher das Bußwort auch komme und in welcher (vielleicht bösen oder doch anstößigen) Sprache es auch formuliert sei, mit einem ihr im Auftrag ihres Herrn zugerufenen wahren Wort zu tun. Aber blicken wir der Vorsicht halber noch einmal zurück: Es wird umgekehrt als Bußruf nur dann echt und also ein wahres Wort sein, wenn es zugleich ein die Gemeinde bejahendes, bestärkendes, aufbauendes Wort ist. Es gibt einen Respekt, eine ängstliche Fügsamkeit gegenüber der der Kirche von der Welt her zugewendeten Kritik, die darum sehr unangebracht ist, weil sie es in ihr durchaus nicht mit einem wahren Wort, auf das sie hören müßte, zu tun hat. Daß sie kein wahres Wort ist, das wird sich darin zeigen, daß sie des positiven Gehaltes entbehrt, nur eben verneint und abreißt, nur eben entmutigt und verwirrt, nur eben auf irgendwelche der Umwelt erwünschte kirchliche Anpassungen und Gleichschaltungen hinzielt. Wogegen der echte Bußruf, ob er von innen oder von außen kommt, daran erkennbar sein wird, daß das der Kirche kritisch entgegengehaltene Gesetz und Gebot das des Evangeliums ist, durch das die Gemeinde nicht nur niedergeschlagen, sondern auch aufgerichtet, nicht in eine sterile Betrübnis, Reue und Demut geworfen, sondern in neuer Unentwegtheit und Klarheit zur Vertretung ihrer guten Sache in Bewegung gesetzt wird. Wahr ist das und nur das kirchenkritische Wort, durch das die Gemeinde eben im besten, im neutestamentlichen Sinn des Wortes: getröstet wird. Man wird also die Wahrheit eines solchen Wortes daran erkennen, daß es den Christen als Christen und die Gemeinde als Gemeinde in dieser doppelten Weise betrifft und in Bewegung setzt. Ein sie nur eben beruhigendes und bestätigendes oder ein sie nur eben beunruhigendes und erschütterndes Wort würde sich eben damit als ein solches erweisen, das mit der einen Wahrheit Jesu Christi nichts zu tun hat, das also kein wahres Wort, das also nicht zu hören ist.

Und nun zu unserer letzten, in diesem engeren Zusammenhang zu stellenden und zu beantwortenden Frage: Sie betrifft den rechten Umgang mit solchen Worten, den rechten Gebrauch, der, sollten sie sich als wahre Worte aufdrängen und erweisen, von ihnen zu machen ist. Die allgemeine Antwort darauf wird lauten müssen: Die Christenheit versage sich ihnen gegenüber allen Hochmut und alle Trägheit! Sie sei bereit dafür, solche Worte zu hören und dann höre sie sie auch! Also: Man lasse sie das ihnen in ihren Grenzen aufgetragene Werk an der Verkündigung, am Unterricht, am ganzen Leben der christlichen Gemeinde tun! Sie sind, wenn und sofern sie wahre Worte sind, freie Kundgebungen u. zw. Willenskundgebungen ihres Herrn, denen sie sich nicht verschließen, denen gegenüber sie sich nicht steif machen darf, in die sie sich zu fügen hat. Etwas konkreter gesagt: man lasse sie sich, wie vorhin geschrieben, als Kommentar zur heiligen Schrift als der primären und eigentlichen Erkenntnisquelle alles christlichen Lebens und als Korrektiv der kirchlichen Überlieferung und damit dann auch als Motiv zu neuer kirchlicher Gestaltung gefallen!

Aber hier ist nun etwas Besonderes zu bedenken: Es gehört ja das Lautwerden und das Vernehmen solcher wahren Worte zu den Elementen der Geschichte der christlichen Gemeinde, besser: der Geschichte ihrer Regierung, Erhaltung und fortgehenden Re-Formation durch den, dem sie gehört, dessen Leib, dessen irdisch-geschichtliche Existenzform sie ist. In dieser Geschichte widerfahren ihr einerseits – und das wird man die normale, die ordentliche Form der Regierung ihres Hauptes nennen müssen – seine Selbsterschließung durch sein in der Macht seines Heiligen Geistes immer neues Reden im Zeugnis seiner Propheten und Apostel und also durch das Mittel des biblischen Wortes. Eben in dieser Geschichte widerfahren ihr aber anderseits – und das sind die außerordentlichen Akte seiner Regierung – seine freien Kundgebungen in dem sie umgebenden Weltgeschehen in den ihr von dorther begegnenden Gleichnissen des Himmelreiches. Es liegt nun in der Natur der Sache, daß der rechte, der gebotene Umgang mit diesen nicht etwa der gleiche sein kann wie der mit der Bibel, d.h. mit seiner durch das prophetisch-apostolische Wort vermittelten Selbstbezeugung.

Es hat ja diese insofern den Charakter einer konstanten und universalen Autorität, als die Bibel zwar auch eine in der Macht des Heiligen Geistes immer neu und zu allen ihren Lesern und Hörern besonders sprechende Quelle und Norm, aber immerhin ein sich selbst gleichbleibendes Ganzes ist, das der Gemeinde hindurch durch alle Zeiten ihrer Geschichte vorgegeben ist und bleibt, d.h. in der Jesus Christus seine Gemeinde hindurch durch alle Zeiten seiner Geschichte mit ihr begleitet. Die heilige Schrift ist so etwas wie die Wolken- und Feuersäule, die zu jeder besonderen Zeit der ganzen Gemeinde und allen ihren Gliedern als unter allen Umständen gültige Wegweisung zur Erkenntnis ihres Herrn und der ihr in ihm geschenkten Gabe samt der ihr durch ihn gestellten Aufgabe vorangeht. Sie kann und soll immer und überall und Allen bekannt sein. Sie erhebt und hat den Anspruch, immer, überall und von Allen gehört u. zw. gehorsam gehört, als Autorität anerkannt zu werden. Das biblische Wort ist so das konkrete *vinculum pacis* der Kirche aller Zeiten und Räume. Zur Beachtung seines Anspruchs, zur Sammlung um seine Aussage, zu seiner Erforschung, Anwendung und Auslegung war und ist die Gemeinde jederzeit und überall aufgerufen. Man tritt der Gemeinde, man tritt einem Christen nie und nirgends zu nahe, man wird auch nie in Gefahr stehen, sie oder einen Christen irrezuführen, es wird nie ein Willkürakt, es wird vielmehr immer und überall heilsam und gut sein, wenn man sich selbst und die Gemeinde auf den Weg stellt, der zurück, der vielmehr vorwärts hinein in die Schrift führt. Es ist dieser Weg, weil in der Schrift unter allen Umständen wahre Worte zu hören sind, unter allen Umständen der Weg zurück, vielmehr vorwärts zu Jesus Christus, zu dem einen wahren Wort, zu der in ihm geschehenen Versöhnung, zu dem einen Bund zwischen ihm und den Menschen, zu dem in diesem Bund geschaffenen und zu findenden Heil. Wie schlecht oder recht dieser Weg dann auch begangen werde: er ist unter allen Umständen der gute Weg, den zu gehen für die Gemeinde und für jeden Christen zu jeder Zeit und an jedem Ort bestimmt geboten und verheißungsvoll ist. Er ist m. e.W. der uns gewiesene ordentliche Weg.

Eben das ist es, was man von den freien Kundgebungen Jesu Christi im Weltgeschehen, von den der Gemeinde von dorther begegnenden wahren Worten so nicht sagen kann und gerade um ihrer rechten Würdigung willen auch nicht sagen darf. Es muß der Umgang mit ihnen, das Hören auf sie, es muß ihre Anerkennung und Geltendmachung im Leben der Gemeinde, ihre Bedeutung und Tragweite für ihre Verkündigung und ihren Unterricht dadurch bestimmt und begrenzt sein, daß es sich in ihnen nur um die Sprache bestimmter einzelner Ereignisse und Momente des in der langen und wechselreichen Folge der Jahrhunderte stattfindenden Weltgeschehens und der in dessen Mitte sich ereignenden Geschichte der Gemeinde handeln kann. Ihnen mangelt, auch wenn sie als Hervorbringungen der allmächtigen Prophetie Jesu Christi laut werden und also als wahre Worte anzusprechen und zu respektieren sind, die Einheit und Geschlossenheit und damit eben die Konstanz und Universalität seiner in der heiligen Schrift stattfindenden und aufzusuchenden Selbsterschließung. Sie werden hier und dort laut, in dieser und jener Situation der mitten im Weltgeschehen existierenden Gemeinde und ihrer Glieder, zu dieser oder jener Zeit ihrer Geschichte in der zu Ende gehenden, aber noch dauernden Weltzeit. Wird ihr, was ihr dort und damals als wahres Wort gesagt wurde, hier und heute wieder, nochmals und ebenso gesagt werden? Es könnte ja auch sein, daß ihr dort und damals etwas gesagt wurde, damit sie es dort und damals höre, sich dort und damals danach richte. Es könnte sein, daß es dort und damals von ihr gehört wurde und dann auch seine bestimmte und heilsame Wirkung hatte und mit Recht in ihre Erfahrung überging, indem sie sich durch das ihr Gesagte auch für die Folgezeit belehren ließ. Es könnte aber weiter sein, daß die Gemeinde unterdessen aus dem von ihrem Herrn auch weiterhin regierten Weltgeschehen noch ganz andere wahre Worte zu hören bekommen hätte, vielleicht gerade hier und heute zu hören bekommen möchte, daß sie also hier und heute ihre Aufmerksamkeit ganz auf diese zu konzentrieren hätte. Was dann unter Umständen wohl bedeuten müßte, daß sie ihr Verständnis des dort und damals Vernommenen und also die Erfahrung, in deren Besitz sie aus ihrer Vergangenheit in ihre Gegenwart gekommen ist und nun ihrer Zukunft entgegengeht, dementsprechend, was ihr hier und heute gesagt wird, zu korrigieren hätte. Und so wird sie auch, indem sie vernimmt, was ihr hier und heute gesagt wird, zwar nach bestem Wissen und Gewissen aufmerksam und gehorsam sein, zwar für die nächste Zukunft sich dadurch leiten lassen – sie wird sich aber auch dafür offenhalten müssen, daß Jesus Christus mit dem, was er ihr jetzt und heute sagt, bestimmt nicht sein letztes Wort dieser Art gesprochen haben, daß er ihr ein anderes Mal – gewiß nicht im Widerspruch zu sich selbst, wohl aber in einer anderen neuen Situation auch ein anderes neues Wort dieser Art zu sagen haben möchte. Ganz abgesehen davon, daß sie sich ja auch der Unvollkommenheit, ja Untreue bewußt sein wird, die ihr, die den Vätern beim Hören seiner wahren Worte dort und damals unterlaufen sein möchten und von der sie gewiß auch hier und heute nicht so frei sein dürfte, daß sie sich und damit ihren Herrn auf das, was sie hier und heute von ihm zu vernehmen meint, festzulegen die Freiheit hätte.

Es kommt dann noch Folgendes hinzu: Es werden zwar solche Kundgebungen Jesu Christi im Weltgeschehen jeweils gewiß virtuell und potenziell die ganze Gemeinde und also alle ihre Glieder angehen. Es ist nun aber in dieser wie in anderer Hinsicht (auch in ihrem Verhältnis zur Schrift!) nicht so, daß die Gemeinde zu irgendeiner Zeit und in irgendeiner Situation fähig und bereit wäre, gewissermaßen mit einem Ohr zu hören und mit einem Herzen und Verstand und Willen aufzunehmen, was ihr von ihrem Herrn gesagt wird. Sondern es wird praktisch immer so sein, daß es im allerbesten Fall Viele, zunächst aber jeweils gewiß nur einige Wenige sein werden, die für solche wahren Worte die Aufgeschlossenheit aufbringen, in der ihnen eigentlich die ganze Gemeinde begegnen müßte. Es gibt solche wahren Worte, die nicht nur Jahrzehnte, sondern Jahrhunderte brauchten, bis sie sich endlich und zuletzt wenigstens annähernd in der ganzen Christenheit durchgesprochen und Anerkennung verschafft haben. Und nun hängt das doch nicht nur mit der natürlichen Dumpfheit des Menschen überhaupt und mit der leider oft so auffallenden besonderen Borniertheit gerade des christlichen Menschen zusammen, sondern doch auch damit, daß sich die Wahrheit dessen, was ja zunächst nur das Weltgeschehen als solches zu sagen scheint, der Charakter seiner Worte als Hervorbringungen der allmächtigen Prophetie Jesu Christi niemals und nirgends von selbst versteht, daß jedes dieser Worte zwar gehört, aber auch nach den angegebenen Kriterien auf seinen Wahrheitsgehalt geprüft sein will. Es kann auch die Gewissenhaftigkeit dieser Prüfung sein: die Besorgnis, einer subjektiven Intuition oder Audition und so einer Täuschung zu verfallen, die es jeweils zunächst nicht Allen, sondern verhältnismäßig nur Wenigen in der Gemeinde erlaubt, was sie da draußen hören, für wahr zu halten und sich danach zu richten. Aber wie es auch zu erklären sei: das Bild der Gemeinde in ihrer Begegnung mit solchen wahren Worten ihres auch im Weltgeschehen regierenden, je und dann auch die Weltkinder in den Dienst seines Wortes nehmenden Herrn wird schwerlich jemals ein einheitliches sein. Sie wird sich vielmehr in der Regel immer als eine mehr oder weniger schwache Vorhut von Hörenden, gefolgt von einer gewaltigen Hauptmacht von noch nicht Hörenden und einem wahrscheinlich ebenfalls nicht unbeträchtlichen Nachtrab von Solchen darstellen, die in dieser Hinsicht möglicherweise nie richtig hören werden. Und müßte schließlich nicht auch der Fall in Erwägung gezogen werden, daß solche wahren Worte zwar gesprochen, aber in der Gemeinde überhaupt nicht, von keinem ihrer Glieder vernommen werden möchten?

Die Besonderheit solcher freier Kundgebungen Jesu Christi besteht also (1) darin, daß sie jeweils die Kirche in einer bestimmten Situation und Zeit angehen, als wahre Worte jeweils von ihr zu hören sind, während ihre Bedeutung und Tragweite für die Kirche in anderer Situation und Zeit eine offene, so oder so nur im Fortgang ihrer Geschichte und nicht ohne das Lautwerden und Vernehmen weiterer derartiger Worte zu beantwortende Frage ist. Und sie besteht (2) darin, daß ihre Wahrnehmung – angenommen, sie werden überhaupt wahrgenommen – praktisch wohl nie die Sache der ganzen Gemeinde, aller ihrer Glieder sein wird, daß sie folglich nur für gewisse kleinere oder größere Teile der Gemeinde, gelegentlich wohl nur für wenige Einzelne unter ihren Gliedern verbindlich sein können. Beides zusammengenommen macht deutlich, daß man gerade den rechten Gebrauch solcher freien Kundgebungen des Herrn auf alle Fälle nur als einen außerordentlichen Weg verstehen kann. Das heißt nun aber, daß man mit ihnen gerade nicht so umgehen kann, wie man mit der heiligen Schrift umzugehen hat. Wo sie doch die heilige Schrift gerade als wahre Worte nur bestätigen und illustrieren können! Man kann also keines von diesen Worten, auch wenn zu gegebener Zeit und an gegebenem Ort Einzelne oder Viele in der Gemeinde oder wohl auch einmal deren Mehrheit seiner Wahrheit noch so gewiß wären, als Wort des Herrn fixieren und dann kanonisieren, d.h. es als eine immer, überall und für Alle gültige Erkenntnisquelle und Norm ansehen und ausgeben. Geschweige denn, daß man sie etwa als Worte von solcher allgemeingültigen Autorität sammeln, zusammenstellen und dann in irgendeiner Form als zweite Bibel neben die erste legen könnte. Sie können eben wohl da und dort, gestern, heute, morgen eingehen und dann auch vernommen, sie können aber weder einzeln noch in irgendeiner Mehrzahl als eine andere, besondere Offenbarungsquelle zur Autorität und allgemeinen Norm erhoben werden. Sie selbst sträuben sich dagegen, entziehen sich solchem Mißbrauch. Ihre beschriebene Besonderheit verbietet es, so mit ihnen umzugehen. Und die Folgen solchen Mißbrauchs könnten nur katastrophal sein. Die Kirche von heute, die eine solche ihr zuteil gewordene Kundgebung ihres Herrn kanonisieren würde, würde ja dann eine andere Kirche als die von gestern, die ihrer noch entbehrte, diesen neuen Kanon also noch nicht kennen konnte. Es könnte ja aber auch gleichzeitig hier eine jene Kundgebung vernehmende, dort eine sie noch nicht vernehmende Kirche geben: auch zwischen ihnen würde das *vinculum pacis* zerrissen, wenn jene für die ihr gewordene Erkenntnis und ihr Bekenntnis dazu Allgemeingültigkeit, Verbindlichkeit für Alle und Jede in Anspruch nehmen würde. Und da eine freie Anerkennung einer solchen Kundgebung durch alle Glieder der Gemeinde praktisch wohl selten oder nie in Frage kommt, müßte es auch in dieser Hinsicht verheerend wirken, wenn die Einen sie den Anderen als bindendes Gesetz vorhalten, sie mit der Zumutung bedrängen würden, mit ihnen die Stimme Jesu Christi zu hören, wo sie, aus welchem Grunde immer, nur irgendein profan-weltgeschichtliches Geräusch zu vernehmen vermögen. Es kann ja aber endlich auch die Möglichkeit nicht als ausgeschlossen gelten, daß man sich da, wo man eine solche außerordentliche Kundgebung Jesu Christi wahrgenommen zu haben meint, tatsächlich getäuscht, die Stimme eines Fremden mit der seinen verwechselt, irgendein Stücklein Finsternis für das wahre Licht gehalten – oder daß man zwar seine Stimme gehört, ihn aber ganz oder doch teilweise falsch verstanden hat. Wie nun, wenn es erlaubt oder gar geboten wäre, das, was man da vernommen zu haben meint, als Offenbarungswort auszugeben und als solches neben die heilige Schrift zu stellen? Eben die vermeintliche Freiheit zu solchem Übergriff war und ist bis auf diesen Tag die formale Möglichkeit aller Häresien und Schismen, Sekten- und Parteibildungen, aller innerkirchlichen Versuchungen und Verführungen, aller Verfälschungen des Evangeliums und damit des christlichen Lebens. Es kann also keine noch so freudige und tiefe Überzeugung von der Authentizität einer solchen freien Kundgebung Jesu Christi die Gemeinde oder Diese und Jene in der Gemeinde autorisieren, ihre Entdeckung zum Dogma zu erheben und den Anderen gegenüber, als wäre sie ein solches, geltend zu machen. Eben dazu wurden und werden sie der Gemeinde auf gar keinen Fall gegeben.

Entsprechend der außerordentlichen Art, die ihnen auf alle Fälle eigentümlich ist, können, dürfen und sollen sie für die Gemeinde und in ihr fruchtbar gemacht werden. Sind sie wahre Worte – und daß es wahre Worte dieser Art gibt, damit ist zu rechnen – warum sollen sie dann nicht auch ohne Kanonisierung und Dogmatisierung ihr Werk tun? Es wird, sind sie wahre Worte, darin bestehen, daß sie die Gemeinde tiefer in das ihr zu allen Zeiten und in allen Räumen, in das allen ihren Gliedern unter allen Umständen vorgegebene biblische Wort als die authentische Bezeugung des Wortes Jesu Christi selbst hineinführen. Sie werden dazu beitragen, die aus jener einen Quelle sich nährende und an jener einen Norm sich messende christliche Erkenntnis zu festigen, zu erweitern, zu präzisieren, dem christlichen Leben neuen Ernst und neue Heiterkeit, der Ausrichtung der christlichen Botschaft neue Freiheit und neue Konzentration zu verleihen. Man lasse sie dieses Werk tun: gerade ohne die Prätention, durch sie in den Besitz neuer Tafeln gekommen zu sein, gerade ohne sich zur Proklamation solcher neuen Tafeln für ermächtigt und verpflichtet zu halten. Sie bedürfen dessen nicht, um auszurichten, was sie ausrichten können und sollen. Warum sollte, wem es gegeben ist, solche wahren Worte zu vernehmen, sich nicht dankbar, offen und entschieden, aber auch in der hier gebotenen Demut zu ihnen bekennen? Warum muß er sie als Offenbarungen ausgeben, sie sich selbst und Anderen zum Gesetz machen? Ist es nicht genug, wenn sie faktisch gehört und befolgt werden? Gewiß, es soll, wer sie wahrnimmt, in dem Maß, als er seiner Wahrnehmung sicher sein darf, zu seiner Erkenntnis stehen, sie auch nicht für sich behalten, sie anzeigen als Einladung und Aufforderung an Andere, an die ganze Gemeinde, sie mit ihm zu teilen. Er tue das aber in der Weise, daß er das Faktum der von ihm empfangenen Belehrung für sich selbst sprechen lasse. Er erzeige sich als ein solcher, der ein wahres Wort gehört und in dem es Wurzel geschlagen hat! Er bringe die entsprechenden Früchte! Und dann überlasse er es – bereit, sich zurechtweisen zu lassen – der Macht dieses wahren Wortes selbst, sich durch den Dienst (nicht durch den Herrschaftsanspruch!) seines Bekenntnisses dazu, seine Wahrheit auch Anderen gegenüber leuchten zu lassen, seine Erkenntnis und das Bekenntnis zu ihm auch in Anderen zu erwecken. Ist es ein wahres Wort, so kann es nicht fehlen, daß die Zeit, in der es sich durchsetzen, in der es sein Werk an und in der ganzen Gemeinde tun wird, früher oder später kommen wird. Es wird dann, wie es im Weltgeschehen faktisch gesprochen, und in dem Maß, als es in der Gemeinde faktisch vernommen wird, jenes Werk in und an ihr bestimmt ausrichten. Je sicherer die Gemeinde oder Jemand in der Gemeinde seiner Erkenntnis eines solchen Wortes sein darf, um so größer darf und soll sein Vertrauen in dessen Eigenmacht sein und um so mutiger, aber auch um so bescheidener wird seine Erkenntnis sichtbar gemacht werden. Eben dann wird es bestimmt nicht umsonst gesprochen und vernommen worden sein.

Eine Schlußbemerkung: Es dürfte aufgefallen sein, daß nun bei der ganzen Entfaltung des Problems dieser «anderen Worte» kein einziges Beispiel angeführt, kein Name dieser oder jener Person genannt, kein Ereignis, keine Wendung oder Bewegung, keine alte oder neue, einmalige oder häufige oder allgemeine Erscheinung im politischen, sozialen, denkerischen, wissenschaftlichen, künstlerischen, literarischen, moralischen auch religiösen Menschheitsleben ausdrücklich bezeichnet wurde, denen der Charakter eines solchen wahren Wortes allenfalls zuzuschreiben sein möchte. Es ist das (im Unterschied zu Zwingli, der hier Herkules, Theseus, Sokrates, Cicero u. A. anzuführen pflegte) mit Absicht nicht geschehen. Nicht weil es der Dogmatik (geschweige denn dem Dogmatiker!) verboten wäre, in irgend einem besonderen Zusammenhang auf dieses oder jenes Menschendasein oder Geschehnis oder Unternehmen oder Buch notorisch nicht-biblischer, bzw. nicht-kirchlicher Art – auf das, was da im höchsten Sinn wahrhaftig gesagt sein möchte, ausdrücklich hinzuweisen. Wie das denn selbstverständlich auch dem christlichen Prediger, Lehrer, Schriftsteller, wie das dem Christen überhaupt unmöglich verboten sein kann! Was wir hier versuchten, war aber eine grundsätzliche Untersuchung der Frage, ob und inwiefern mit wahren Worten dieser Art theoretisch und praktisch zu rechnen sein möchte. Eben zur Grundsätzlichkeit dieser Untersuchung gehörte nun aber dies, daß Alles, was die Aufmerksamkeit von der Sache selbst ablenken konnte, zu vermeiden war. Keine hier in Frage kommende konkrete Erscheinung ist als solche die Sache, die hier

2. Das Licht des Lebens

zu erwägen war. Problematisch und diskutabel ist jede hier in Frage kommende Erscheinung. Unproblematisch und undiskutierbar ist aber die Prophetie des Herrn Jesus Christus: ihre Allmacht, auch *extra muros ecclesiae* solche wahren Worte hervorzubringen, sich auch durch sie zu bezeugen. Sie und sie allein war die Sache, die hier zu verhandeln war. Eben darum war es hier angebracht, auch den Schein zu vermeiden, als könne und dürfe die Dogmatik nun doch Angaben darüber machen, wo Er das schon getan haben oder noch tun möchte. Eben darum sind hier keine Beispiele genannt worden.

Wir wenden uns zum Schluß dieses Abschnittes zu einer Überlegung, in der es um eine zum richtigen, scharfen, aber auch ruhigen Verständnis des bisher Gesagten unentbehrliche Abgrenzung gehen soll. Es ging in dem bisher Gesagten um die christologische Grundgestalt des Geschehens der Versöhnung zwischen Gott und Mensch unter dem dritten Aspekt dieses Geschehens: um das prophetische Werk Jesu Christi. Eben darum wird es auch in der nun noch zu vollziehenden Abgrenzung gehen. Auf die kürzeste Formel reduziert wurde bisher schlicht dies gesagt: Jesus Christus war, ist und wird sein das Licht des Lebens – weil Licht des Lebens (seines! des versöhnenden Lebens!) darum und insofern das, das eine, in seiner Herrlichkeit und Maßgeblichkeit unvergleichliche Licht. Die Entfaltungen dieses doppelten Satzes liegen hinter uns und sollen nun nicht mehr rekapituliert, sondern als erkannt und verstanden vorausgesetzt sein. Eben dieser doppelte Satz will nun aber, soll er fruchtbare christliche Erkenntnis und verantwortliches christliches Bekenntnis aussprechen und begründen, scharf und ruhig verstanden sein. Beides bezieht sich auf seine Kontur in seinem Verhältnis zu einem anderen, von ihm verschiedenen, aber ihm benachbarten und neben ihm möglichen und notwendigen Satz. Mit «scharf» ist gemeint: es muß einsichtig gemacht werden, daß und wie er sich von diesem anderen Satz abhebt. Mit «ruhig» ist gemeint: es ist zu zeigen, daß und inwiefern er diesen anderen Satz mit dessen besonderer Aussage neben sich hat, ihn nicht nur nicht ausschließt, sondern richtig verstanden sogar einschließt und notwendig macht.

Um das Licht des Lebens (und also um das Gnadenlicht der Versöhnung) geht es in diesem anderen Satz nicht, und also auch nicht um das, das eine Licht. Ist, wie wir sehen werden, auch sein erster Grund und auch sein letzter Sinn in Jesus Christus gelegt und nur von ihm her verständlich zu machen, so ist doch seine besondere Aussage nicht direkt, sondern nur in dieser indirekten Weise eine christologische. Ist erstlich und letztlich auch seine Aussage nur im Blick auf Jesus Christus möglich, haltbar, tragbar, fruchtbar, heilsam, ist sie erstlich und letztlich eingeschlossen in das, was von ihm zu sagen ist, so ist sie doch in ihrem nächsten, vordergründigen Gehalt, in dem seine Besonderheit besteht, keine weitere Aussage über ihn, keine weitere Umschreibung und Entfaltung des Satzes, daß er das eine wahre Licht und Wort des Lebens ist. Eben als besondere Aussage tritt sie diesem Satz über ihn vielmehr an die Seite und insofern auch gegenüber: nur in diesem Gegenüber und also nur im Zusammenhang mit ihm verständlich, aber ihm gegenüber auf ein von ihm verschiedenes Subjekt bezogen. Um Lichter wird es auch da gehen – und in einem modifizierten Sinn dieses Begriffs um Worte, Wahrheiten, ja «Offenbarungen» – aber, sagen wir es gleich: nicht um Selbstoffenbarungen Gottes. An das eine Licht der Auferstehung Jesu Christi, an seine in der Kraft des Heiligen Geistes zu erkennende Wahrheit wird hier also zunächst nicht zu denken sein, und auch nicht an das Licht seiner Selbstbezeugung im Wort seiner Propheten und Apostel und auch nicht – diese Unterscheidung wird man sich in unserem Zusammenhang im Rückblick auf das unmittelbar zuvor Gesagte einprägen müssen! – an jene außerordentlichen Selbstbezeugungen Jesu Christi im Weltgeschehen.

Es wird hier überhaupt nicht um das Licht, die Wahrheit, das Wort von irgendwelchen besonderen Ereignissen gehen. Vom Sein, Handeln und Reden Jesu Christi kann man nur im Blick auf besondere Ereignisse reden: nur in Form von Erzählung einer Geschichte und je und je sich zutragender Geschichten. Christologie als Darstellung dieses seines Seins, Handelns und Tuns kann, soll es sich dabei um etwas Besseres als um eine dunkle Metaphysik handeln, in allen ihren Teilen und unter jedem denkbaren Aspekt nur die Entfaltung eines Dramas sein. Und anders als in Entfaltung von Dramen kann auch das, was es mit der heiligen Schrift auf sich hat, können auch jene außerordentlichen Selbstbezeugungen Jesu Christi nicht bezeichnet und beschrieben werden. Es gibt nun aber auch einen Schauplatz und Rahmen seines Seins, Handelns und Redens und also jener Geschichte, jenes Dramas: einen Schauplatz und Rahmen, der als solcher keine Geschichte ist, sondern, ohne darum unbeweglich, starr, leblos zu sein, in allen Stadien und Akten jener Geschichte wesentlich derselbe und also nicht in Form von Erzählung einer Geschichte, von je und je sich zutragenden Geschichten zu beschreiben ist. Hat auch er Leben, so ist doch sein Leben als solches nicht das versöhnende Leben Jesu Christi, sondern nur der Bereich, in welchem sich dieses – zugleich der Gegenstand, in Beziehung zu dem, zugleich das Medium mittelst dessen – abspielt. Und existiert auch er in Ereignissen, so handelt es sich in ihm doch nur um eine Folge und Wiederholung von gleichen oder doch so ähnlichen Ereignissen, daß von einer entscheidenden Verschiedenheit des einen vom anderen nicht die Rede sein kann, geschweige denn, daß eines von ihnen als solches mit dem Ereignis der Versöhnung oder auch mit einem der Ereignisse vergleichbar oder gar identisch wäre, in denen die Kirche lebt und in denen es zum Glauben und zum Gehorsam eines Christen kommt. Sondern gerade nur in Gestalt der Ereignisse, in welchen auch jener Schauplatz und Rahmen existiert (in Gestalt irgendwelcher bestimmter unter diesen Ereignissen) geschieht, von diesem ihrem

Ort und Hintergrund durchaus verschieden, die Versöhnung, das Leben der Kirche, das Erwachen von Menschen zum Glauben und zum Gehorsam. Wichtig an der Existenz dieses Schauplatzes und Rahmens, dieses Ortes und Hintergrundes der Versöhnung ist zu seiner theologischen Würdigung nicht dies, daß auch in ihm Geschichten stattfinden, sondern dies, daß er, auch als Geschichte gesehen und verstanden, eine Folge und Wiederholung von **gleichen** oder doch höchst **ähnlichen** Ereignissen ist. Wichtig ist, daß es hier dominierende und das Ganze als Kreislauf charakterisierende **Linien, Kontinuitäten, Konstanten** gibt. Mit dem Sein, Handeln und Reden Jesu Christi ist dieser sein **Schauplatz** offenbar **nicht** zu verwechseln und so auch nicht mit seinen ordentlichen Vermittlungen in der Schrift und in der Existenz seiner Gemeinde, so auch nicht mit den außerordentlichen Gestalten seiner Gegenwart und Aktion. Denn wenn es an Linien, Kontinuitäten und Konstanten auch im Leben und Werk Jesu Christi nicht fehlt, so ist das theologisch Wichtige hier doch umgekehrt dies: daß es auf diesen Linien um Geschichte, um konkret bestimmte Ereignisse geht – nicht um das Allgemeine, an dem auch sie teilnehmen mögen, sondern um die Besonderheit, in der sie jetzt und hier so und so geschehen. Das Problem des **Schauplatzes** des versöhnenden Lebens Jesu Christi und so auch seines Lichtes, seines prophetischen Wortes kann zwar nur im Blick auf dieses besondere Geschehen und von diesem her aufgeworfen, begründet und sinnvoll beantwortet werden. Es ist aber ein im Zusammenhang mit jenem **eigenes** und selbständig aufzuwerfendes und zu beantwortendes Problem.

Wir reden von der **Schöpfung**, von der von Gott verschiedenen, aber durch ihn verwirklichten *creatura*, der **Geschöpfwelt**. Sie ist der in der ewigen Erwählung Jesu Christi vorgesehene, im Anfang und selber als der Anfang aller Zeit in bestimmter Gestalt ins Dasein gerufene Schauplatz und Rahmen, Ort und Hintergrund der Geschichte und der vielen Geschichten, der ordentlichen und der außerordentlichen Vermittlungen seines Lebens und Werkes. Sie ist, mit **Calvin** zu reden, das *theatrum gloriae Dei*, der äußere Grund des Bundes, wie dieser umgekehrt ihr innerer Grund ist (KD III, 1 § 41). Man kann sie, unter Vorbehalt dieser theologischen Füllung der Begriffe auch den **Kosmos** oder die **Natur** nennen. Gemeint ist: das Eine und Ganze der himmlischen und der irdischen – und innerhalb der irdischen: der außermenschlichen und der menschlichen – und innerhalb der menschlichen: der physischen und der psychischen Kreatur. Gemeint ist das Eine und Ganze der von Gott verschiedenen, aber von Gott gewollten und gesetzten Wirklichkeit, das geschöpfliche *esse* und das geschöpfliche *nosse* in ihrer gegenseitigen Beziehung und Bedingtheit. Auf dem Schauplatz und im Rahmen dieses Einen und Ganzen ereignet sich das Leben Jesu Christi und also die Versöhnung, das Heilsgeschehen. Es dient diesem zur Voraussetzung. Es umgibt dieses von allen Seiten. Es ist der Boden, auf dem, und die Atmosphäre, in der dieses sich abspielt. Mehr noch: Es ist der Gegenstand, auf den sich dieses bezieht. Es ist aber auch dessen unentbehrliches Material und Werkzeug. Es ist und bleibt aber in dem allem von ihm verschieden. Und die Eigentümlichkeit, in der die Schöpfung, der Kosmos, die Natur bis hin zur Natur des Menschen selbst von der Versöhnung verschieden ist und bleibt, ist eben ihre Stetigkeit. In Modifikationen und Variationen existiert freilich auch die Geschöpfwelt. Auch sie hat ihre bestimmte Dynamik und Bewegung. Sie ist aber dominiert und charakterisiert durch den Kreislauf und also durch die Wiederkehr von lauter Gleichheiten oder doch höchsten Ähnlichkeiten. Die Versöhnung geschieht nicht in diesem Kreislauf; sie betritt und bestimmt ihn von außen her; sie ist dem ganzen bewegenden und bewegten Dasein des Kosmos gegenüber ein Neues, nicht umsonst sogar eine «neue Schöpfung» genannt. Im Dasein des Kosmos selbst und als solchen aber geschieht nichts grundsätzlich Neues. Sein Ursprung, Sinn und Ziel in Gott ist nun eben gerade dadurch bezeichnet, daß er sich selbst gleich bleibt. Seinem Bestand kann auch des Menschen Sünde nichts anhaben, weder mindernd, noch mehrend, noch verändernd. Sondern so, wie er war und sein wird, wird er durch des Menschen Sünde eine verkehrte Welt, kommt er unter Gottes Fluch zu stehen, wird er in Finsternis gehüllt. Und an seinem Bestand und Wesen wird auch durch die Versöhnung, wird auch in der Aufrichtung, Erfüllung und Vollendung des Gnadenbundes zwischen Gott und dem Menschen, wird auch durch das Leben und Werk Jesu Christi nichts geändert. Sondern so, wie er war und sein wird, kommt er in Jesus Christus unter eine neue positive Bestimmung zu stehen. Die *creatura*, die Geschöpfwelt als solche hält als der Ort und Raum der Sünde und der in Jesus Christus geschehenen und geschehenden Versöhnung durch. Er ist und bleibt die eine, von Gott ein für allemal gewählte, gewollte, gesetzte Wirklichkeit des Himmels und der Erde, des Raumes und der Zeit, des Seins und des Erkennens in ihrer bewegten, aber stetigen und unauflöslichen Bezogenheit. Der Treue des Schöpfers – sie ist seine freie Gnade, aber eben als freie Gnade bewährt sie sich hier als Treue – entspricht der Bestand und das Beharren des Geschöpfes. Der Mensch, an dem Gott und der Bereich, in dem er als Versöhner mit ihm handelt, ist eben der, den er ein für allemal gewählt, gewollt und geschaffen hat. Eben als sein Schöpfer und in seiner Treue als solcher, und also indem er ihm und seinem Bereich Bestand und Beharren gewährt, ist er auch sein Versöhner. Mit dem in seiner inneren und äußeren Natur sich selbst gleichbleibenden Menschen schließt, hält und vollendet er den Gnadenbund. Ist, was er als Begründer und Herr dieses Bundes und was er als Schöpfer tut, gewiß nicht dasselbe, so tut er doch Jenes nicht ohne Dieses, sondern Beides gleichzeitig und koordiniert: das Werk seiner schöpferischen Gnade gezielt auf sein versöhnendes, aber auch umgekehrt und also jedenfalls so, daß er immer auch der Garant, Erhalter und Beschützer seiner Geschöpfwelt, des Kosmos, der Natur ist: so also, daß er immer auch ihr eben den Bestand in dem Wesen gewährt, in welchem er sie geschaffen hat.

Eben hier stehen wir nun vor dem Grund, der Möglichkeit und Notwendigkeit des anderen Satzes, der neben unserem Satz von Jesus Christus als dem einen Licht des Lebens seinen Raum und sein Recht hat, von dem sich dieser unser Satz abhebt, mit dem er also nicht zu verwechseln und nicht zu vermischen ist, der aber durch jenen auch nicht ausgestrichen, nicht ungültig und auch nicht bedeutungslos gemacht wird, sondern den in seiner besonderen Aussage in ihrem Verhältnis zu jenem zu würdigen eine theologische Aufgabe ist: die Aufgabe, der wir uns jetzt noch in Kürze zuzuwenden haben.

Es geht schlicht darum, daß auch die Geschöpfwelt, der Kosmos, die dem Menschen in seinem Bereich verliehene Natur und die Natur dieses Bereichs als solche ihre eigenen Lichter und Wahrheiten und insofern ihre Sprache, ihre Worte hat. Daß und was und wie die Geschöpfwelt dank der Treue ihres Schöpfers war, ist und sein wird, das gibt sie ja auch kund und zu vernehmen, das bezeugt sie ja auch, das gibt sie ja auch zu sehen, zu hören, zu bedenken. Sie kann, indem sie das tut, übersehen, überhört, mehr oder weniger schrecklich mißverstanden werden. Aber sie tut es: ebenso kontinuierlich wie sie dank der Treue ihres Schöpfers Bestand hat. Sie tut es also unabhängig davon, ob der Mensch, zu dem sie in diesem ihrem Selbstzeugnis redet, weiß oder nicht weiß, bekennt oder leugnet, daß es die Treue ihres Schöpfers ist, der sie wie ihren Bestand, so auch diese ihre Sprache verdankt. Es ist wie ihr Bestand so auch ihr Selbstzeugnis, es sind ihre Lichter durch die Verkehrung des Verhältnisses zwischen Gott und dem Menschen durch dessen Sünde, Hochmut, Trägheit und Lüge nicht ausgelöscht. Wie verkehrt der Mensch sie auch sehe und verstehe: sie leuchten ihm, er sieht und versteht sie auch, er hört auch in der tiefsten Tiefe seiner Verkehrtheit nicht auf, sie zu sehen und zu verstehen. Und so sind sie auch durch das Leuchten des einen wahren Lichtes des Lebens, durch die Selbstoffenbarung Gottes in Jesus Christus zwar entdeckt und gekennzeichnet als Lichter, Worte und Wahrheiten des geschaffenen Kosmos und also im Unterschied zu jenem als geschaffene Lichter. Eben als solche sind sie nun aber auch durch das eine wahre Licht des Lebens nicht ausgelöscht und nicht um ihre Kraft und Bedeutung gebracht. Sondern indem der Kosmos vor und während und nach der Epiphanie Jesu Christi in allen ihren Gestalten und Vermittlungen besteht, leuchtet, redet, bezeugt er sich auch vor, während und nach ihr, perenniert auch die ihm in und mit seiner Wirklichkeit von Gott gegebene Wahrheit. Er tut das gewiß nicht unabhängig von der Epiphanie Jesu Christi, wohl aber unabhängig von des Menschen Verhältnis und Stellungnahme zu dieser. Wie das Gotteswerk der Versöhnung das Gotteswerk der Schöpfung weder vernichtet noch seines Sinnes beraubt, so nimmt es ihm auch seine Lichter, seine Sprache nicht, so zerreißt es auch nicht die ursprüngliche Beziehung zwischen geschöpflichem *esse* und geschöpflichem *nosse*.

Es könnte sich, um allen Verwechslungen aus dem Weg zu gehen, nahelegen, zur Unterscheidung dieser Lichter von Gottes einer, seiner Selbstoffenbarung und zugleich zur Bezeichnung ihres Perennierens, statt von «Lichtern», nur von einer «Helligkeit» der Geschöpfwelt zu reden und jedenfalls das Wort «Offenbarung» ganz zu vermeiden. Es geht in der Tat um eine sowohl gegenüber der mit der Sünde eingetretenen Verfinsterung des menschlichen Sehens als auch in der Erleuchtung des Menschen durch das Licht Gottes selbst durchhaltende Helligkeit der geschaffenen Welt als solcher. Aber warum sollen wir nicht, wie es in der biblischen Schöpfungsgeschichte in der Erzählung vom Werk des vierten Tages (Gen. 1, 14f.) in interessantem Kontrast zu dem des ersten (Gen. 1, 3f.) ja auch geschieht, von «Lichtern» reden? Die Geschöpfwelt, die nur das *theatrum gloriae Dei*, nur der Raum ist, in welchem Gottes eigene Herrlichkeit im Werk der Versöhnung, in dem er selbst Mensch wird, aufleuchtet, hat, von der seinigen verschieden, auch ihre eigenen Herrlichkeiten, ihre eigenen Lichter, die als solche auch ihre eigenen Worte und Wahrheiten sind. Und wir werden sehen, daß ihrer mehrere sind. Sie hat sie nicht aus sich selber, sondern von ihrem Schöpfer. Aber eben indem sie sie von ihm hat, hat sie sie, sind sie ihre eigenen Lichter, Worte, Wahrheiten. Die fatalen modernen Ausdrücke «Schöpfungsoffenbarung» oder «Uroffenbarung» könnten hier einen eindeutigen und guten Sinn, den sie in ihrem bisherigen Gebrauch nicht haben, bekommen: sie sind ihre, der *creatura*, der κτίσις eigene Offenbarungen. Wird man besonders von diesem letzteren Ausdruck nur sparsamsten Gebrauch machen, so ist doch auch er in diesem Sinn und Zusammenhang nicht ganz zu verwerfen. Es gibt eine Helligkeit der Geschöpfwelt, weil und indem sie nicht ohne bestimmte, dauernd in ihr leuchtende Lichter, dauernd in ihr vernehmbare Worte und Wahrheiten ist, weil und indem sie ihren Bestand und das ihr eigentümliche Wesen nicht nur hat, sondern auch nicht verbirgt, sich in ihm auch fort und fort erschließt, sichtbar und hörbar, verständlich – erkennbar und insofern offenbar macht. Das uns damit gestellte Problem ist vielleicht nur um so schärfer und ruhiger zu erkennen und zu beantworten, wenn wir es unterlassen, an dieser Stelle eine neue Terminologie einzuführen. Es geht um das Licht, das Wort, die Wahrheit Gottes einerseits – und es geht andererseits um die Lichter, die Worte, die Wahrheiten der von demselben Gott geschaffenen, von ihm verschiedenen Welt. Zwei Strophen aus dem Morgenlied von Joh. Zwick mögen hier in Erinnerung gerufen sein:

Drum steht der Himmel Lichter voll,	So hat der Leib der Augen Licht,
Daß man zum Leben sehen soll,	Daß er dadurch viel Guts ausricht
Und es mög schön geordnet sein,	Und seh auf Gott zu aller Frist
Zu ehren Gott, den Schöpfer dein.	Und merk, wie er so gnädig ist.

Was ist (a) das Wesen und die Funktion dieser Lichter und welches ist (b) ihr Verhältnis zu jenem einen Licht?

Unter der Voraussetzung und Bedingung und in den Grenzen ihrer Erschaffung und Regierung durch Gott hat die Welt ihr eigentümliches Sein. Es gehört aber zu ihrer Eigentümlichkeit, daß sie nicht nur *in re*, sondern auch *in intellectu* ist. Sie ist unter derselben Voraussetzung und Bedingung, von Gott als solches gewollt, gewählt und gesetzt, auch erkanntes und erkennendes, angeschautes und anschauendes, begriffenes und

2. Das Licht des Lebens

begreifendes Sein. Eine von den mit jener Voraussetzung und Bedingung gegebenen Grenzen wird hier sofort darin sichtbar, daß wir sie streng und genau nur als vom Menschen erkanntes und wieder nur als ein im Menschen erkennendes Sein verstehen können, im Blick auf jedes andere Geschöpf aber wohl ahnen und vermuten mögen, aber nicht wissen können, ob das Sein der Welt auch ihm erkennbares, auch von ihm erkanntes und ob es als dieses besondere weltliche Sein seinerseits ein erkennendes sein möchte. Wir müssen, wir können uns aber auch damit begnügen, vom Menschen zu wissen, daß das Sein der Welt ein von ihm erkanntes und also sein eigenes weltliches Sein ein erkennendes ist. Im Blick auf den Menschen als *pars pro toto* sagen wir, daß die von Gott geschaffene Welt auch *in intellectu* ist, nicht nur Wirklichkeit, sondern auch Wahrheit hat. Es wäre ein Übergriff über eine andere jener ihrem Sein gesetzten Grenzen, wenn wir behaupten wollten, daß sie nur *in intellectu* und wohl gar – da wir um einen anderen weltlichen *intellectus* als den des Menschen nicht wissen – nur im *intellectus* des Menschen sei. Wir gehen aber sicher, wenn wir sagen, daß sie jedenfalls auch *in intellectu* ist: vom Menschen erkanntes, angeschautes und begriffenes, im Menschen auch erkennendes, anschauendes, begreifendes Sein. Wobei wir die Frage, ob dasselbe nicht auch im Blick auf andere Geschöpfe zu sagen sein möchte, selbstverständlich nicht verneinen, sondern, da wir sie nicht bejahen können, offen lassen.

Diesen limitierten, aber in sich klaren Sachverhalt vor Augen, fahren wir nun fort: die von Gott geschaffene Welt ist nicht nur, sondern sie spricht auch: jedenfalls zu einem seiner Geschöpfe, jedenfalls zum Menschen; sie gibt sich jedenfalls ihm auch zu vernehmen. Und jedenfalls in diesem Geschöpf, dem Menschen, ist sie nicht nur, sondern hört sie sich auch sprechen, vernimmt sie auch, was sie zu vernehmen gibt. Im Blick auf den Menschen darf und muß gesagt werden: die von Gott geschaffene Welt ist auch (nicht nur, aber auch!) ein lesbarer und verständlicher Text und zugleich ihr eigener Leser und Ausleger. Diese – jedenfalls im Blick auf den Menschen nicht in Abrede zu stellende – Qualität des von Gott geschaffenen weltlichen Seins als *esse etiam in intellectu* ist gemeint, wenn wir von geschaffenen, aber als solche leuchtenden und auch wahrnehmbaren Lichtern, von jenen in und mit dem Sein der Geschöpfwelt gesprochenen und vernommenen Worten, von ihren in jeder Reziprozität des Gesprächs zwischen Geschöpf und Geschöpf gültigen Wahrheiten reden. Sie machen die Welt nicht einfach hell, so wie Gott in seinem Wort oder so wie die Welt in seiner Sicht und Erkenntnis einfach und schlechterdings hell ist. Sie bewirken aber Lichtungen und Erleuchtungen. Sie verhindern, daß die Welt nur dunkel ist oder durch des Menschen Sünde einfach und schlechterdings finster werden könnte. Ihnen ist es vielmehr zu danken, daß es in dem der Welt (verglichen mit dem Lichte Gottes) eigentümlichen Dunkel und auch in ihrer durch die Sünde allerdings herbeigeführten Verfinsterung auch allerlei bestimmte Helligkeiten gibt. Sie sind als Worte des weltlichen Seins selber nur weltliche Worte und als Wahrheiten des weltlichen Seins nur weltliche Wahrheiten und also keine Erschließungen Gottes, **keine ewigen Wahrheiten**. Es ist aber, da diese Worte geredet und vernommen werden, nicht an dem, daß die Welt einfach stumm und taub wäre oder werden könnte. Darauf, daß diese Worte nicht aufhören, geredet und vernommen zu werden, beruht es vielmehr, daß die Welt nicht schlechthin sprachlos und vernunftlos werden kann, daß auch die schlechteste in der Welt stattfindende Kommunikation nicht aufhört, Kommunikation zu sein und möglicherweise auch bessere Kommunikation werden kann. Und es ist ihre weltliche Wahrheit bei allem denkbaren und wirklichen Irrtum des Menschen über Gott, seinen Mitmenschen und sich selbst, in der ganzen Relativität ihrer Gültigkeit mindestens eine Verhinderung des Einbruchs des Chaos in das durch diesen Irrtum schwer genug bedrohte Weltleben. Eben darum wäre es sinnlos, sie verachten zu wollen. Übersehen und leugnen kann man sie ohnehin nicht. Wir leben faktisch mit ihnen. Wir könnten faktisch nicht ohne sie leben. Es lohnt sich schon, auch für sie dankbar zu sein.

Und nun ist das Gemeinsame aller dieser Lichter, Worte und Wahrheiten, dieser **Intelligibilität** und **Intelligenz** des von Gott geschaffenen Seins, zunächst formal bezeichnet, eben die Aussage eines **Dauernden**, eines **Beständigen**, eines **Beharrenden**. Es sind ja schon die, die da miteinander reden, ein in allem Wandel Beharrendes: auf der **einen Seite** die **geschaffene Welt**, die sich in irgendeiner besonderen Gestalt als die, die sie immer war, ist und sein wird, zu erkennen gibt und erkannt wird und auf der **anderen Seite**, diese Welt und in ihr sich selbst erkennend (vielleicht allein, vielleicht auch nicht allein oder doch nur stellvertretend für das Ganze), das **menschliche Geschöpf** in irgendeiner Individualität, aber auch es mit seinen Augen und Ohren, mit seiner Vernunft, seinem Gefühl und seinem Gewissen, wie es **immer war, ist und sein wird**. Und ein Beharrendes wird auch das sein, wovon da geredet wird. Es wird das, was zwischen diesem Objekt, das auch Subjekt, und diesem Subjekt, das auch Objekt ist, anschaulich und angeschaut, begreiflich und begriffen, erkennbar und erkannt und insofern hell, laut, wahr wird, immer und überall das Eine im Vielen, das Allgemeine im Einzelnen, das Stetige im Wechsel, die Wiederkehr in der Veränderung, das Identische im Verschiedenen sein. Es sind eben seine **Linien**, seine **Kontinuitäten**, seine **Konstanten** – oder sagen wir vorsichtiger: einige, gewisse von ihnen, die der jedenfalls dem Menschen intelligible Kosmos zu vernehmen gibt und die der jedenfalls im Menschen intelligente Kosmos, in Betätigung seiner ebenfalls auf das Erfassen von Linien, Kontinuitäten und Konstanten ausgerichteten Vernunft zu vernehmen bekommt und tatsächlich vernimmt. Es geht um das Sichtbarmachen und um das Sehen bestimmter **Sche-**

mata des geschöpflichen Seins. «Schemata» soll hier nur heißen: wiederkehrende und insofern beständig geordnete Beschaffenheiten und Verhältnisse. In ihrer **Kundgabe bewährt** das geschöpfliche Sein seine Festigkeit, in ihrem **Vernehmen** befestigt es sich. Sie können, sie müssen aber nicht mathematische oder sonstwie rationale Schemata und also «Gesetze» sein. Es erschöpft sich weder die objektive noch die subjektive kosmische Vernunft in der Kundgabe und im Vernehmen von solchen. Die eine Ordnung, um die es geht, ist nicht nur einförmig, sondern vielförmig. Sie schließt auch das Viele, das Einzelne, den Wechsel, die Veränderung, die Verschiedenheit als solche nicht aus, sondern – und das in mehr als einer Weise auch anders als gerade «gesetzlich» – ein. Was sie ausschließt, ist nur eben das Chaos. Was in ihr kundgegeben und erfaßt wird, sind Konturen, Gestaltungen, Orientierungen, die als solche nicht nur einmalige, sondern **regelmäßige** Kraft haben und insofern **zuverlässig** sind – nicht göttlich, aber weltlich, nicht absolut, aber relativ zuverlässig: genau in der Zuverlässigkeit, die der erkannte und der erkennende Kosmos eben dazu braucht, Kosmos und nicht Chaos zu sein. Darum geht es in jenem Gespräch des Kosmos mit sich selbst, d. h. des intelligiblen mit dem intelligenten Kosmos. Das leisten die in diesem Gespräch aufleuchtenden Lichter, die in ihm gesprochenen Worte, die in ihm greifbar werdenden Wahrheiten. Indem sie Ordnung anzeigen und damit Orientierung geben, verbreiten sie eine gewisse Helligkeit im Dunkel, verhindern sie das Überhandnehmen der Finsternis. Sie machen Einiges sichtbar, was zählt und worauf unter allen Umständen gezählt werden kann.

Man sieht schon jetzt, daß sie mit dem Worte Gottes als dem Wort der Versöhnung, mit der Prophetie Jesu Christi direkt nichts zu tun haben. Daß es in der Welt auch Einiges gibt, was zählt und worauf man zählen kann, diese Garantie macht ja dem lebensgefährlichen Streit des Menschen gegen Gott kein Ende, sie tilgt seine Sünde nicht und sie rettet ihn nicht vom Tode. Mit dem Wort «Offenbarung» hinsichtlich jener garantierenden Lichter zurückzuhalten, wird sich nur schon darum empfehlen, weil es ja zu deren Erkenntnis auch keines Glaubens, sondern nur eines höchst naheliegenden, eigentlich unvermeidlichen Wahrnehmens, nur der Anwendung der guten, aber beschränkten Gottesgabe des *common sense* bedarf. Kein Bund Gottes mit dem Menschen, sondern nur so etwas wie ein von Gott angeordnetes Konkordat der Welt mit sich selber ist es ja, was in jenem Gespräch, das ja eben auch nur das Gespräch der Welt mit sich selber ist – laut und vernommen wird. Es geht in seinen Ergebnissen um den der Welt als solcher trotz und in allen ihren Widersprüchen und Konflikten **immanenten Frieden**. Sicher ist er nicht Alles, sicher ist er auch nicht einmal sehr viel. Keine Rede davon, daß er mit dem Frieden des Reiches Gottes identisch oder auch nur sein Gleichnis wäre! Die Welt als solche produziert keine Gleichnisse des Himmelreichs! Aber ebenso sicher ist er auch nicht nichts. Was wäre die Welt und was wären wir in der Welt ohne ihn? Seien wir ihr – und seien wir, wenn wir Christen sind – ihrem Schöpfer! – dafür dankbar, daß sie neben vielem Anderen immerhin auch diesen ihr immanenten Frieden hat und gewährt und nun eben: als geschaffenes Licht ihres geschaffenen Bestandes auch sichtbar macht.

Ein Grundbegriff aller in jener Kenntnisgabe, jenem Erkanntwerden, jenem Erkennen aufleuchtenden Lichter, gesprochenen Worte, greifbar werdenden Wahrheiten ist (1) schlicht der des Daseins. Gemeint ist ein bestimmtes Füreinander-Dasein: das Dasein des sich zu erkennen gebenden und erkannten für den erkennenden Kosmos, und umgekehrt: das Dasein dieses erkennenden für den sich zu erkennen gebenden und erkannten – jenes Subjektes, das auch Objekt, für dieses Objekt, das auch Subjekt ist und dieses Objektes für jenes Subjekt. Dieses reziproke Füreinander-Dasein ist die Grundform des Dauernden, des Beständigen, des Beharrenden in der Geschöpfwelt. In ihm, in dieser Relation und also Relativität ist die Geschöpfwelt in ihrer besonderen, von der Gottes verschiedenen, aber in ihren Grenzen echten Weise, wirklich. Eben in diesem Füreinander-Dasein als intelligible und intelligente Welt ist sie ja nicht nur einmal, sondern fortgesetzt, immer wieder da. In ihm wiederholt sie sich. Zu diesem Füreinander-Dasein hat sie und in diesem Füreinander-Dasein erfüllt sie die ihr mit ihrer Erschaffung gegebene Zeit. Keine Zeit, in der das nicht zählen würde und in der darauf nicht zu zählen wäre, daß sie in diesem Sinn, in dieser Begegnung, in diesem Sichtbarwerden und Sehen, Hörbarwerden und Hören da ist – daß sie in diesem beschränkten, aber für ihr Sein als geschöpfliche Welt grundlegenden Sinn fest ist und sich selbst festigt. In diesem Sinn hat sie Grund, ist sie sich selber Grund – Grund, der ihr freilich nur durch ihre Erschaffung, der ihr also von Gott gegeben ist, den sie sich also nicht selber genommen hat, der nun aber doch ihr eigener Grund ist, der ihr gerade nur dadurch genommen werden könnte, daß Gott auf seinen Willen und seine Wahl, sie zu erschaffen, ihr dieses Dasein zu verleihen, zurückkäme. Solange die Zeit währt, hat er das offenbar nicht getan, ist also an der Kraft dieses ihres Grundes, ist an ihrer Wirklichkeit nicht zu zweifeln. Es wird übrigens auch das Ende der Zeit nicht bedeuten, daß er das tun wird. Sicher ist, daß zum Inhalt der Zeit, jeder Zeit, auch das Dasein gehört, daß wir es also, indem wir selbst als menschliche Geschöpfe in der Zeit sind, auch mit ihrem und unserem Dasein in Gestalt jenes Füreinander-Daseins des Intelligiblen und des Intelligenten als mit einer in ihren Grenzen unberührbaren, unveränderlichen, unzerstörbaren Wirklichkeit zu tun haben. Das ist nicht Alles. Das ist nicht einmal sehr viel. Es wäre aber lächerlich, zu sagen, daß das nichts sei. Es ist schließlich die Voraussetzung, von der wir bei jedem Atemzug, den wir tun, bei jedem Wort, das wir hören und sprechen, bei jedem Schritt den wir machen oder unterlassen, herkommen. Es ist nur geschaffenes Licht, in welchem sich das kundgibt und vernommen wird. Aber es ist doch wohl Licht.

Und nun ist (2) auch das Licht, auch das ein Wort, eine Wahrheit: daß das Dasein – jenes reziproke Füreinander-Dasein des Intelligiblen und des Intelligenten – kein statisches, sondern ein dynamisches, daß es aber auch nicht wild, sondern geordnet dynamisch ist. Es geschieht im Vollzug eines ganz bestimmten Rhythmus von freilich sehr mannigfacher, aber stetiger Form. Es geschieht ja eben, indem es sich beständig wiederholt, indem jene Begegnung wieder und wieder stattfindet, indem jenes Gespräch neu und nochmals neu aufgenommen und durchgeführt wird. Daß es sich um Wiederholung und also wieder um die Dauer, die Beständigkeit, das Beharren der geschöpflichen Welt handelt, zeigt sich aber darin, daß die Bewegung, in der sich das geschöpfliche Dasein vollzieht, wenn auch in vielen, so doch immer in denselben Formen geschieht: in Formen, in welchen eine Grundform nicht unerkennbar ist. Da wird immer geredet und gehört, gefragt und geantwortet. Da wird immer angefangen und aufgehört und neu angefangen. Da wird dauernd entdeckt, verborgen und wiederentdeckt. Da herrscht ein ständiges Kommen und Gehen. Da gibt es kein Werden ohne Vergehen und auch kein Vergehen ohne neues Werden. Da unterscheidet sich Zusammengehöriges und da wird Unterschiedenes zusammengefaßt. Da geht das Allgemeine auseinander in Besonderheiten und da unterordnen sich die Besonderheiten dem Allgemeinen. Da ist ja das Ganze nur im Einzelnen, das Einzelne aber auch nur im Ganzen. Da ist Essenz nur in der Gestalt von Existenz, aber auch Existenz nur als Gestalt von Essenz. Kein Pendelausschlag, der da nicht sofort dem entgegengesetzten riefe und tatsächlich von ihm gefolgt wäre. Keine Ruhe, die nicht die Unruhe schon in sich hätte und alsbald aus sich entließe. Aber auch keine Unruhe, die nicht von der Ruhe herkäme und ihr aufs neue entgegeneilte. Keine Einseitigkeit, die sich da nicht sofort überholt und zurechtgestellt fände. Da war, ist und wird immer sein: «Saat und Ernte, Frost und Hitze, Sommer und Winter, Tag und Nacht» (Gen. 8, 22) – Alles in der Folge eines ununterbrochenen, nie stillstehenden Kreislaufes. Dieser Rhythmus des Daseins ist so beständig und gewiß wie dieses selber. Konkret zum Vollzug seiner Schwingungen braucht und hat das weltliche Sein in seiner reziproken Wirklichkeit seine Zeit, konkret mit seinen Schwingungen füllt es sie – und das völlig, bis an den Rand, so daß es keine Zeit gibt, die nicht durch diesen Rhythmus beherrscht und bestimmt wäre. Er ist nur der Rhythmus des weltlichen Seins. Es ist aber sein Vollzug, in welchem nun eben es da ist: in seinen Grenzen, aber da ist, wirklich ist. Er soll und darf also mit dem Leben Gottes als des Schöpfers und Herrn des weltlichen Seins und auch mit seinem Tun in und an der Welt unter keinen Umständen verwechselt und gleichgesetzt werden: das sei ferne, daß Gott, wie es der Mythus aller Zeiten und Räume meint, an diesen Rhythmus gebunden wäre, daß sein Leben und Tun ihm gleich und an ihm zu messen wäre. Es ist nicht Gott, es ist die intelligible und intelligente Welt, die sich in diesem Rhythmus bewegt. Er ist aber allerdings der Rhythmus, zu dessen Vollzug Gott das weltliche Sein als sein Schöpfer bestimmt, der Charakter, den er dem Dasein der Welt gegeben hat. Auch dieser Rhythmus zählt und auch auf ihn ist zu zählen. Auch das Hin und Her der durch ihn bestimmten geschöpflichen Bewegung findet unter allen Umständen statt und eben es ist (immer in den ihm in seiner Geschöpflichkeit gesetzten Grenzen) unter allen Umständen zu erwarten. Wir werden, was das auch für uns bedeuten mag, immer und überall mit ihm zu rechnen haben, rechnen dürfen, auch rechnen müssen. Wieder mag zu sagen sein, daß das nicht Alles und nicht viel ist: keine letzte Beantwortung letzter Fragen. Es ist aber auch das nicht nichts. Es ist auch das ein Licht – ein geschaffenes Licht, aber ein Licht, dessen Leuchten die Voraussetzung alles weltlichen Seins und so auch unseres eigenen, des menschlichen Seins, ist, für die dankbar zu sein, am Platze sein dürfte.

Wir nennen als weiteres Kontinuum geschöpflicher Wahrheit (3) dies, daß der Kosmos sich – wir wissen nicht, ob auch anderen seiner Elemente, aber jedenfalls dem Menschen – beharrlich unter dem Aspekt einer bestimmten inneren Gegensätzlichkeit darstellt. Man kann ja schon jenen Rhythmus des Daseins als solchen kaum in neutralen Ausdrücken beschreiben. Er hat, wie es schon in der ersten der beiden biblischen Schöpfungssagen in der bedeutungsvollen Kontrastierung von Tag und Nacht, von irdischem und überhimmlischem Ozean, von Land und Wasser sichtbar wird, seine ganz bestimmten Akzente. Da begegnen sich, da wechseln Ja und Nein, Aufgang und Niedergang, Freude und Leid, Konstruktion und Destruktion, Leben und Sterben. Da ist also das Licht der Schöpfung als solches ein gebrochenes Licht. Da erschließt sich nämlich das Dasein in jener konstanten Bewegung ebenso konstant doppelt: nach einer Licht- und nach einer Schattenseite hin. Die diese seine innere Gegensätzlichkeit anzeigenden Akzente können hier milde, dort scharf gesetzt sein, hier erträgliche, dort fast unerträgliche Gestalt annehmen. Es wird aber, indem er sich dauernd entfaltet und wiedervereinigt, auch diese differenzierende Akzentuierung nie abbrechen und aufhören: das Jauchzen der Schöpfung nicht, aber auch nicht ihr Seufzen und Klagen. Es geht um eine innerweltliche und also um eine relative Gegensätzlichkeit. Mit dem Gegensatz von Schöpfer und Geschöpf hat sie an sich nichts zu tun und so erst recht nichts mit dem von Gnade und Sünde, von ewigem Heil und ewigem Unheil. Und so hat natürlich auch der über und in dieser Gegensätzlichkeit immer wieder wirksame und sichtbare Friede der Schöpfung an sich nichts zu tun mit dem Geschehen der Versöhnung. Es geht auch hier um den Raum dieses Geschehens, nicht um dieses selbst. Indem dieses Geschehen stattfindet und offenbar wird, verändert sich dann freilich auch das Bild seines Raumes, bekommen jene positiven und negativen Akzente den spezifischen Charakter von Anzeigen letzter Entscheidungen, absoluter Gegensätzlichkeit. Eben dieser Charakter ist ihnen aber an sich nicht eigen, sondern was sie zunächst, ob milde oder scharf, anzeigen, ist nur eben die Unvollkommenheit der Welt, die nun doch gerade als solche zu ihrer Vollkommenheit als Gottes Geschöpfwelt gehört. Der Geringschätzung des Daseins, seiner Auflösung in lauter Sorge widersteht konkret seine ganze Herrlichkeit. Seiner Überschätzung, seiner Verfestigung in letzten Sicherheiten widersteht aber ebenso die ganze Bedrohung all seiner Herrlichkeit. In diesem Doppelcharakter erschließt es sich. Auch er als solcher gehört zu dem Ganzen, von dem es Gen. 1,31 heißt, daß Gott es geschaffen und daß er sah, daß es gut u. zw. sehr gut war. Beides zählt und wieder ist auf Beides bestimmt zu zählen: nicht als auf ein ewiges Ja und nicht als auf ein ewiges Nein, aber als auf ein Ja und Nein, mit dessen Gültigkeit, indem sie sich immer aufs neue bestätigt, zunächst zu rechnen ist.

Und nun muß hier gewiß (4) auch von dem geredet werden, was man die Gesetze der Natur- und Geisteswelt zu nennen pflegt. Man muß wohl besonders betonen, daß es sich auch hier nur um einen Aspekt des Daseins neben andern handelt. Die Wahrheit des Kosmos erschöpft sich lange nicht in dem, was dieser Begriff bezeichnen mag. Sie muß aber zweifellos auch unter dem Gesichtspunkt verstanden werden, daß es in jenem Zusammentreffen und Gespräch zwischen dem objektiv Intelligiblen und dem subjektiv intelligenten Sein zu einem Sichtbarwerden und Sehen, zu einer Kundgabe und zu einem Erkennen von Gesetzen kommt. Nicht sie begründen das Dasein, sie sind aber die sich mit mehr oder weniger Kraft, Klarheit und Gewißheit als dauernd erweisenden Gestalten seines Soseins. Sie sind es auch nicht, denen das Dasein den ihm eigentümlichen Rhythmus, seine Gegensätzlichkeit, verdankt: sie können die Konstanz beider nur bestätigen u. zw. nur hinsichtlich der Konstanz ihrer Formen bestätigen. Sie zeigen nicht, daß und nicht was, sondern nur wie die geschaffene Welt da ist, sich zu erkennen gibt und erkannt wird. Nicht Alles, nicht das Ganze, sondern nur einiges kosmische Dasein übrigens: Dasein geschöpflichen Seins in irgendwelchen bestimmten Ausschnitten und Umkreisen. Wir reden im Blick auf das Wie einigen Daseins da von Gesetzen, wo es in der Begegnung und im Gespräch zwischen dem intelligiblen und dem intelligenten Kosmos in einem bestimmten Ausschnitt und Umkreis zur Aufdeckung und Entdeckung, zur Erschließung und Feststellung solcher Abläufe, Reihen, Folgen, Zusammenhänge und Verknüpfungen des erkannten Seins und seines Erkennens kommt, in denen, indem sie sich stetig in derselben Form wiederholen, Regeln einsichtig und tatsächlich eingesehen werden. Es geht um Regeln, die die Annahme von Zufall und Willkür in solchen Abläufen, in der Entstehung und im Bestand solcher Reihen auszuschließen scheinen, in deren Gültigkeit sie sich vielmehr als Ordnungen und Gestalten darstellen. Es geht um Regeln des in einem bestimmten Umfang erkennbaren und erkannten Seins, die sich auch als Regeln für dessen Erkennen aufdrängen. Und umgekehrt: um Regeln des Erkennens, die sich als solche auch als Regeln des in dem und dem Umfang erkennbaren und erkannten Seins kundzugeben scheinen. Gesetze sind die Formeln für die relative Notwendigkeit bestimmter zugleich objektiver und subjektiver Abläufe und Reihen. Solche schon aufgedeckte und entdeckte oder noch aufzudeckende und zu entdeckende relative Notwendigkeiten gibt es, und so auch solche Formeln dafür. Mehr als relative Notwendigkeiten können diese darum nicht bezeugen, weil sie sich ja nur auf bestimmte Bereiche des Daseins beziehen, weil sie auch in diesen bestimmten Bereichen das Daß und das Was des Daseins zur Voraussetzung haben, nur eben sein bestimmtes Wie beschreiben können – und schließlich und vor allem darum, weil sie nur in jener Begegnung zwischen dem intelligiblen und dem intelligenten Kosmos gültig werden und sein können: in einer Gültigkeit, die begrenzt und bedingt ist durch die größere oder geringere Vollkommenheit des in dieser Begegnung jeweils stattfindenden Aufdeckens und Entdeckens, Erschließens und Feststellens. Sie sind nur partiell, nur formal – und vor allem: nur innerweltlich, und in der Problematik aller innerweltlichen Beziehungen gültige Formeln. Und nur als solche sind auch sie als konstante und kontinuierliche Worte und Wahrheiten anzusprechen. Über Gott, den Schöpfer und Herrn, geben sie keine Auskunft und so auch nicht über den Menschen in seinem Verhältnis zu Gott. Denn Gottes Wort, die Offenbarung seiner Wahrheit und der des Menschen, wird durch sie nicht ausgesprochen. Erste und letzte Fragen werden durch sie weder aufgeworfen noch beantwortet. Das kann nun aber wieder wahrhaftig nicht bedeuten, daß sie in ihrer relativen Gültigkeit übersehbar und verächtlich wären. Kraft der Erkennbarkeit und im Erkennen von Gesetzen konstituiert sich – nicht alle, aber eine wichtige, die sogenannte exakte, in empirischer Beobachtung und Forschung einerseits, in mathematischer Logik anderseits sich aufbauende menschliche «Wissenschaft». Und in der praktischen Anwendung von Gesetzen besteht alle menschliche Technik in dem heute üblich gewordenen engeren Sinn dieses Begriffs. Wir leben nicht nur, aber auch damit und davon, daß es solche Wissenschaft und Technik, daß es nämlich – als offenkundig relativ haltbare und brauchbare Arbeitshypothesen – solche partiell, formal, innerweltlich gültigen Formeln als Bezeichnungen relativer Notwendigkeiten gibt: alte und neue Gültigkeiten, die, so definiert, zählen und auf die man, so definierend, zählen kann. Nicht nach «ewigen», aber immerhin nach «ehernen» und in ihrer

Art «großen» Gesetzen «müssen wir Alle unseres Daseins Kreise vollenden». Müssen wir? Warum nicht: dürfen wir? Da es sich doch auch in ihnen, wenn nicht um das Licht Gottes selbst, so doch unverkennbar um gewisse Lichter der von ihm geschaffenen Welt handelt!

Wir würden nun aber Wichtigstes vernachlässigen, wenn wir nicht gerade an dieser Stelle fortfahren würden mit dem Hinweis darauf, daß das Dasein der geschaffenen Welt nicht nur ein in jenem Rhythmus und in jener Gegensätzlichkeit – und das in weithin sichtbarer und eingesehener Gesetzlichkeit – verlaufendes Geschehen offenbart, sondern auf einer ganzen weiteren Linie (5) auch Aufforderung und Einladung zur ordnenden und gestaltenden Tat und insofern zum Schritt in die Freiheit ist. Der Mensch jedenfalls existiert, indem dieser Ruf an ihn ergeht und indem er ihn vernimmt. Er vernimmt gewiß nicht nur diesen Ruf. Ihn erreicht und er vernimmt ja auch die Stimme des Daseins als solchen, über dessen Daß und Was er keine Macht und Verfügung hat – auch die Stimme jenes Rhythmus des Seienden, dem er sich nicht entziehen kann, den er, ob himmelhoch jauchzend oder zu Tode betrübt, *nolens volens* mitmachen wird – auch die Stimme jener kosmischen Gegensätzlichkeit, an der er sich erfreuen oder die er beklagen mag, die seiner Existenz aber auf alle Fälle vorgegeben ist, in deren Rahmen sie sich auf alle Fälle abspielt – auch die Stimme der natürlichen und geistigen Gesetze, über die er sich, bei aller Einsicht in ihre Relativität nicht hinwegsetzen, die er nur eben als gültig erkennen kann, um sich so oder so nach ihnen zu richten. Aber ist er nicht, schon indem die Welt sich ihm in dieser ganzen Objektivität zu erkennen gibt, als Erkennender und also aktiv, als Subjekt in Anspruch genommen? verantwortlich gemacht für den Kosmos, der ja, indem er ihn erkennt, statt ihm fern und fremd zu bleiben, sein Kosmos wird: aus seinem Schicksal zur Aufgabe seines eigenen Lebens und also nicht nur seines Beschauens und Begreifens, sondern auch seines Wählens und Wollens, seiner Entscheidungen und Handlungen? Es erschöpft sich ja die Begegnung des intelligiblen mit dem intelligenten Kosmos nicht darin, daß jener diesem sein Sein, seine Bewegung, seine eigenen Ordnungen und Gestalten kundgibt und erkennbar macht – sie schließt vielmehr auch das in sich, daß jener diesen erweckt und anregt zu einem der Besonderheit, in der auch er Kosmos ist, entsprechenden spontanen Ordnen und Gestalten. Indem der intelligible Kosmos ganz für den intelligenten da ist, begehrt und verlangt er, daß dieser auch – in der ihm eigenen Art und in dem ihm eigenen Werk – für ihn da sei. Dramatisierend gesagt: ihn gelüstet, er schreit nach Humanisierung. Indem er das tut und indem er Gehör und Gehorsam findet – auch das gehört zu dem konstanten Sinn jener Begegnung – wird und ist auch des Menschen Tat als sein Schritt in die Freiheit eine kosmische Konstante. Wie immer sie als solche mit den übrigen, den zuvor genannten Konstanten zu verrechnen (oder nicht zu verrechnen!) sei, was immer aus des Menschen Wollen und Tun werde oder nicht werde – durch das Sein des Kosmos quer hindurch zieht sich schmal, aber unverwischbar und mit ihrer eigenen Dynamik geladen auch die Linie, auf der er als Sein des **intelligenten** Kosmos und also als **menschliches** Sein als bewußter teleologisch sinngebender, planender und schaffender Wille, ohne sich zu trennen und aufzulösen, sich selbst auch gegenübertritt. Sie ist die Linie, auf der die Kreatur in Bejahung und Verneinung, in Auswahl, Trennung und Kombination, in Verteidigung und Angriff – und Alles in Allem: eben in Begründung und Durchführung humaner Ordnung und Gestalt auch an sich selbst **handelt**. Auf dieser Linie ist die Kreatur im Unterscheiden, Ergreifen und Realisieren ihrer eigenen verborgenen Möglichkeiten auch **freie** Kreatur. Das ist **auch** eine ihrer Wahrheiten. Sie tut sich **auch** so kund. Sie leuchtet auch nach **dieser** Seite. Keine Illusion, keine Überschätzung auch hier. Wir reden von der Freiheit des Geschöpfs, die wir nur als die Freiheit des **Menschen** kennen und als solche nur eben in ihrer schweren **Problematisierung** durch alle jene anderen Momente, nur in des Menschen laufender Auseinandersetzung mit ihnen: mit dem Dasein als solchen, mit seinem unveränderlichen Rhythmus, mit seiner unaufhebbaren Gegensätzlichkeit, mit dem Netz der erkennbaren und erkannten Gesetze der Natur- und der Geisteswelt. Sie ist Freiheit in dieser Grenze und Gebundenheit: mit der Freiheit Gottes des Schöpfers und Herrn und mit der dem Menschen von ihm zu schenkenden Freiheit von ferne nicht zu vergleichen, unmöglich zu verwechseln. Es wäre aber die von Gott gewählte, gewollte und geschaffene Welt nicht, was sie ist, ohne dieses zweite Werk des sechsten Schöpfungstages, ohne den in der **Tat** seines Lebens existierenden Menschen. Es ändert des Menschen Winzigkeit und Ohnmacht, es ändert das Maß seines Gelingens und Versagens, es ändert auch alle Torheit und Bosheit, die in seinem Gelingen noch mehr als in seinem Versagen an den Tag zu treten pflegt, es ändert also alle Schlechtigkeit, in der er seine Verantwortlichkeit für das Dasein faktisch wahrnimmt, nichts daran, daß als **ein** kosmisches Element auch seine **Freiheit** zählt, daß auch auf ihr immer wieder ergehendes Angebot und Gebot zu zählen ist, wie wir denn auch faktisch fortwährend darauf zählen. Wir leben, indem wir das tun. Der Mensch müßte sich selbst leugnen, wenn er das Leuchten dieses sehr besonderen Lichtes leugnen wollte. Er sollte das unterlassen. Er hat besonderen Anlaß, gerade für das Leuchten dieses Lichtes, obwohl auch es das ewige Licht gewiß nicht ist, dankbar zu sein.

Könnte man die Gesetzlichkeit und die Freiheit im Kosmos als seine Höhe bezeichnen, so wäre das Letzte, was (6) in dieser Reihe zu nennen ist, seine **Tiefe** zu nennen: das unergründliche **Geheimnis**, in welchem er als intelligibler wie als intelligenter, als geordneter wie als ordnender Kosmos so wie er ist, als gesetzlich gebundene und als frei handelnde und wirkende Kreatur da ist. Er erschließt sich nicht, ohne sich eben damit auch aufs neue und erst recht zu verbergen. Will sagen: es ist jede Gestalt, in der er sich bekannt macht und erkannt wird, ihrerseits eine Rätselgestalt. Es kommt in seinem Selbstgespräch zu keiner Einigung, zu keinem Resultat, das nicht selbst wieder Frage wäre, nach neuer Einigung riefe. Was konnten und können wir denn von seinem Dasein, auch von seinem Rhythmus und seiner Gegensätzlichkeit, auch von der in ihm waltenden Gesetzlichkeit und Freiheit mit letzter und eigentlicher Gewißheit sehen und sagen: was anders als in dunklen Umrissen und Andeutungen? Und ist es sicher nicht nichts, ist es schon Licht, relatives, aber lebensnotwendiges, heilsames, dankbar zu begrüßendes Licht, was in allen diesen Punkten aufgeht und sich mitteilt, so ist doch nicht zu verkennen, daß in und mit allen diesen Lichtern noch ein ganz anderes sichtbar wird und ist, das man nur eben das Licht der überall aufgeworfenen, nirgends beantworteten Frage nach dem Warum des Einzelnen und des Ganzen nennen kann: das Licht eines Darum, das der geschaffenen Welt zwar innezuwohnen scheint, das sie aber nicht ausspricht – vielmehr: das sie nur eben damit ausspricht, daß sie es für sich behält und also nicht ausspricht, das sie nur eben als ihr Geheimnis ständig kundgibt. Wir reden von dem der geschaffenen Welt als solcher immanenten Geheimnis, nicht von dem Gottes. Es wurde immer viel zu viel gesagt, wenn man es auch nur als die Maske Gottes bezeichnen wollte, geschweige denn, wenn man diese dann auch noch als Gottes Offenbarung ausgeben wollte. Es hat mit Gottes Schweigen in seinem Reden, mit Gottes Reden in seinem Schweigen, mit den «Tiefen Gottes» (1. Kor. 2, 10) also an sich nichts zu tun. Die Kreatur hat wie ihr eigenes Dasein und ihren eigenen Rhythmus, wie ihre eigene Gegensätzlichkeit, Gesetzlichkeit und Freiheit, so auch ihr eigenes Geheimnis. Und in und mit allen ihren anderen Kundgebungen gibt sie immer und überall auch das Geheimnis kund, in welchem sie sich selbst verborgen ist. Es geht, im Grunde einfach, darum, daß sie Kreatur – zwar Kreatur, mehr als das aber nicht ist: begründet, aber nicht in und durch sich selbst begründet. Aber eben das sagen wir, indem wir auf Gottes Wort, nicht indem wir auf ein von der Kreatur selbst gesprochenes Wort hören. Eben das läßt uns nämlich die Kreatur nie und nirgends hören: daß sie Kreatur und nur Kreatur ist – das so wenig, wie daß sie mehr, daß sie etwas Anderes als eben Kreatur wäre. Eben allem nach ihrem Grund fragenden Warum? stellt sie nur das stumme Darum! ihres Daseins entgegen: in ihrem Schweigen an dieser Stelle die Kundgabe ihres Geheimnisses. Aber gerade so bekennt sie sich zu ihrer Wahrheit. Sie müßte ja mehr als Kreatur sein, wenn sie sich als solche (oder auch als etwas Anderes denn als Kreatur) sehen, behaupten, aussprechen könnte. Sie kann sich gerade zu der Wahrheit, daß sie Kreatur ist, nur damit bekennen, daß sie sie für sich selbst sprechen läßt, indem sie als solche da ist.

Anders als mit ihrem Dasein und also anders, als indem sie ihr Geheimnis wahrt und nur eben als ihr gewahrtes Geheimnis kundgibt, könnte sie sich nicht zu ihrer Wahrheit bekennen, könnte sie diese vielmehr nur verleugnen. Eben so bekennt sie sich aber zu ihr, und das auf allen ihren Linien in und mit allen ihren anderen Kundgebungen. Indem es ihr, der Kreatur eigenes, ja eigenstes Geheimnis – nur eben ihr Geheimnis! – ist, ist es klar, daß es kein unbegrenztes, kein absolutes, kein schlechthin unaufhebbares, kein ewiges Geheimnis ist. In dem in Eröffnung des ewigen Geheimnisses Gottes gesprochenen Wort wird ja auch das eröffnet, was die Kreatur selbst als ihre Wahrheit nicht eröffnen kann: daß sie Kreatur, Gottes Kreatur und nur das, und also wohl begründet, aber nicht in und durch sich selbst, sondern eben in und durch Gott begründet ist. Nur eben sich selbst ist sie an dieser Stelle verborgen. Nur eben sie als Kreatur kann hier nur reden, indem sie schweigt, kann sich hier nur im Geheimnis kundgeben. Es ist das Geheimnis, das sie hier als solches kundgibt, nur eben ihre Grenze. Und auch sie selbst redet ja nicht nur, indem sie schweigt: es erschöpft sich auch ihre Kundgebung nicht in dieser: in der Kundgebung ihres Geheimnisses, ihrer Grenze. Sie redet ja, wie wir sahen, anderweitig auch anders als so. Es ist also nicht etwa an dem, daß wir hier nun doch plötzlich vor einem in ihrer Mitte sich eröffnenden Abgrund stünden, daß uns hier nun doch eine alles verschlingende Finsternis begegnete. Keines der anderen Lichter der Geschöpfwelt wird ja dadurch ausgelöscht, daß sie in und mit ihnen allerdings immer und überall auch ihr Geheimnis kundgibt. Ganz im Gegenteil: Licht – und wir werden wohl geradezu sagen müssen: das große Licht der Geschöpfwelt – ist auch die Kundgabe ihres Geheimnisses, die Unverkennbarkeit des Faktums, daß sie nur eben da ist, ohne über ihren Grund, ihr Warum und Woher irgendeine Auskunft zu geben. Wichtigste Kundgabe ihrer Wahrheit ist auch, ist gerade die Kundgabe dieser ihrer Grenze. Denn eben indem sie immer und überall ihre Grenze: die Verborgenheit ihres Grundes erkennen läßt, läßt sie auch immer und überall den Raum erkennen, innerhalb dessen sie ihr Dasein hat und sich an ihrem Dasein genügen lassen darf: den Raum, innerhalb dessen sie geborgen ist. Zu wissen, daß wir von uns aus nichts (nämlich gerade hinsichtlich der Kreatürlichkeit der Kreatur nichts) wissen können, das braucht uns darum nicht das Herz zu verbrennen, weil eben dieses Nicht-Wissen das Signal ist, das die Kreatur selbst sich geben darf und ständig gibt, laut dessen es ihr verwehrt, aber auch erspart ist, über sich selbst hinaus zu schauen, sich mit der Verantwortlichkeit für ihren Grund zu belasten, die Sorge für ihr Dasein ihre Sorge sein zu lassen. Überschätzungen der anderen kreatürlichen Lichter, Illusionen über ihre Tragweite werden durch die Wahrheit, die in diesem Signal der Grenze alles geschöpflichen Seins und Leuchtens erkennbar ist, unmöglich gemacht. Hilfreich und nicht etwa schrecklich ist schon diese ihre kritische Funktion. Und ihre positive Funktion ist noch wichtiger: durch ihre Grenze, durch ihr eigenes Geheimnis vor allen Illusionen und den entsprechenden Unternehmungen gewarnt und abgehalten, darf das Geschaffene seine Geschöpflichkeit und damit seinen Schöpfer (ob er es über sich selbst und damit über seine Geschöpflichkeit schon belehrt hat oder nicht!) einfach damit loben, daß es sein Dasein innerhalb des ihr gewiesenen Raumes **hat** und **ernst nimmt**. Heilsame Ruhe geht von dem Geheimnis der Schöpfung aus – sofern es nämlich Anweisung ist, uns an das zu halten, was wir **innerhalb** der uns damit gesetzten Grenze **wissen** und **tun können**, aber auch heilsame Unruhe – indem es offenbar ebenso die Anweisung ist, **innerhalb** dieser Grenze nach dem zu fragen, was daselbst Tag für Tag **mehr** zu wissen sein und **besser** getan werden möchte. Sollte diese Tiefe des geschöpflichen Daseins nicht wirklich fruchtbare Tiefe, sollte sie – immer unter den geschöpflichen Lichtern, von denen keines mit dem Lichte Gottes zu verwechseln ist – nicht wirklich großes, größtes Licht bedeuten: Wahrheit, die ständig zählt und mit der auch ständig zu zählen ist, für deren Leuchten dankbar zu sein wir allen Anlaß haben?

Wir haben damit den «anderen» Satz, dem gegenüber unser Hauptsatz von Jesus Christus als dem Licht des Lebens abzugrenzen ist, in seinem Grundsinn und in einigen seiner wichtigsten Einzelaussagen entfaltet. Er handelt vom *theatrum gloriae Dei* und also von der Geschöpfwelt als dem Schauplatz und Hintergrund, dem Raum und Ort des Geschehens und des Offenbarwerdens der Versöhnung als des Triumphes seiner Herrlichkeit. Er hat die auch, die schon in Gottes Geschöpfwelt als solcher aufleuchtenden Lichter, Worte, Wahrheiten aufzuzeigen: die Kundgebungen der Konstanten des von Gott gewählten, gewollten, begründeten und regierten kosmischen Seins und Geschehens.

In der **Abgrenzung** unseres Hauptsatzes gegenüber diesem anderen Satz wird es sich um den Aufweis seiner **Beziehung** zu diesem handeln müssen. Daß wir uns mit einer bloßen Feststellung der Verschiedenheit beider (die dann wohl zu der unseligen Lehre von den «zwei Reichen» führen könnte!) nicht begnügen dürfen, ergibt sich schon daraus, daß es sich dort zwar um das eine Licht und Wort der einen Wahrheit **Gottes**, hier aber, in dem nun erklärten anderen Satz, zwar um die vielen Lichter, Worte und Wahrheiten der **Welt**, aber immerhin: **der von demselben Gott geschaffenen Welt** handelt. Wie wären wir eigentlich praktisch dran, wenn eine bloße Gegenüberstellung beider hier das einzige und letzte Wort sein sollte? Um so schlimmer, um so verwirrter und ratloser offenbar, je klarer sie uns in dieser Gegenüberstellung vor Augen stünden! Aber denken wir lieber von der Sache her: Wie wäre das Wahrheit, was als Wahrheit **Gottes** nur eben **anders** wäre als die Wahrheit seiner Werke, wenn sie dieser womöglich widersprechen würde und dann doch wohl auch ihren Widerspruch sich gefallen lassen müßte? Wie wäre es mit der Einheit Gottes und seines Tuns bestellt, wenn das Verhältnis zwischen der *gloria Dei* und ihrem *theatrum*, zwischen Versöhnung und Schöpfung nur eben das gegenseitiger Fremdheit wäre, die dann wohl auch Feindseligkeit sein oder werden könnte? Sicher ist hier klar und scharf zu unterscheiden, da ja nicht nur der Ursprung, sondern auch der Inhalt und die Funktion der dort und der hier aufleuchtenden Wahrheit, jede für sich genommen, so ganz andere sind. Das Dasein des Kosmos als jenes Füreinander-Dasein des Intelligiblen und des Intelligenten hat mit dem Dasein Gottes als dem Begründer und Herrn seines Bundes mit dem Menschen an sich nichts zu tun, so auch sein Rhythmus an sich nichts mit dem Leben und Handeln Gottes, so auch seine innere Gegensätzlichkeit an sich nichts mit dem Gegensatz zwischen der Heiligkeit Gottes und des Menschen Sünde, zwischen seiner Güte und des Menschen Fall, Elend und Verlorenheit, so auch sein ewiger Wille und Beschluß an sich nichts mit den im Kosmos erkennbaren und erkannten Gesetzen, so auch seine Freiheit an sich nichts mit der Freiheit der intelligenten Kreatur, so endlich auch sein Geheimnis an sich gar nichts mit dem der Kreatur eigenen Geheimnis. Aber alle solche Unterscheidungen werden doch erst dann auch scharf und klar, wenn sie in der Ruhe der Zusammenschau vollzogen werden, die uns dadurch geboten und erlaubt ist, daß die Selbstkundgebung Gottes in Jesus Christus sich nun einmal nicht in einem leeren, gestaltlosen und finsteren Raum, sondern in einem solchen abspielt, der sein Dasein, seine Fülle, Gestalt und Helligkeit hat und dem Willen und Tun desselben Gottes zu verdanken hat. So wird, was über das Verhältnis zwischen der Selbstkundgebung Gottes in der Prophetie Jesu Christi und den Selbstbezeugungen der Kreatur kritisch sondernd zu sagen ist, auf alle Fälle, da es ja derselbe Gott ist, der sie dazu ermächtigt hat, nicht auf deren Ausklammerung hinauslaufen dürfen. So wird vielmehr auch dieses kritische Sondern nicht ohne Ausschau und Frage nach einem positiven Verständnis auch der Selbstzeugnisse der Kreatur zu vollziehen sein. Gerade in einer besonnenen Einklammerung des der Selbstkundgebung Gottes gegenüber Ausgesonderten, aber damit nicht von ihr Ausgeschlossenen wird es sich zu bewähren haben. Das Erfassen der Beziehung zwischen dem einen Licht Gottes und den vielen Lichtern seiner Schöpfung wird also ein komprehensives sein müssen.

Die eben gebrauchten Begriffe «Zusammenschau», «Einklammerung», «komprehensives Erfassen» des Verschiedenen bedürfen aber der Klärung. Wie soll das mit rechten Dingen zugehen? Gott selbst und die von ihm geschaffene Welt sind und existieren nicht in gleicher Art, sind also nicht zwei Elemente, die auf einer und derselben Ebene miteinander in Beziehung stünden. Sie sind und existieren vielmehr so zusammen, daß Gott der Welt in freier Gnade schenkt, was und wie und allererst, daß sie als Welt ist – daß also die Welt gerade nur durch dieses freie göttliche Schenken eigenes Sein und eigene Existenz hat. Eben so steht es nun aber auch mit dem Verhältnis zwischen dem einen Licht der Selbstkundgebung Gottes und den vielen Lichtern, in denen sich das Sein, das Dasein und Sosein der von ihm geschaffenen Welt kundgibt. Sie dürfen nicht etwa in der Weise verglichen und zusammengeschaut werden, als wären sie in ihrer Verschiedenheit nur so etwas wie zwei verschiedene Brechungen eines und desselben Lichtes, zwei verschiedene Seiten, Aspekte, Teilwahrheiten einer und derselben Wahrheit. Das würde ja bedeuten, daß wir mit einer beiden: der Wahrheit der Welt, aber auch der Wahrheit Gottes, überlegenen ursprünglichen Wahrheit zu rechnen hätten. Die Wahrheit Gottes wäre dann in gleicher Weise, wie die Wahrheit der Welt eine Erscheinung – und es wäre dann die Wahrheit der Welt in gleicher Weise wie die Gottes Erscheinung dieser überlegenen, ursprünglichen, eigentlichen Wahrheit. Wir hätten es dann wirklich mit zwei Worten und in deren Ursprung mit zwei Gestalten eines unbekannten, eigentlichen Reiches zu tun, das sich zur Rechten als Gott, zur Linken als Welt darstellte und offenbarte, und wenn es beides in Wahrheit tun sollte, in sich selbst doch wohl beides zugleich sein müßte. Verzichten wir auf solche Gnosis, gehen wir davon aus und halten wir daran fest, daß Gott der Schöpfer und die Welt sein Geschöpf ist, dann nötigt uns diese ganz andere Zusammenordnung des Seins und der Existenz beider zu einer ganz anderen Zusammenschau auch des Lichtes Gottes und der in der Welt leuchtenden Lichter. Nicht mit einer Brechung eines höheren, ursprünglichen, eigentlichen Lichtes und also nicht mit einer bloßen Erscheinung der Wahrheit haben wir es dann in Gottes Selbstkundgebung in Jesus Christus zu tun, sondern eben in ihr mit dem einen wahren Licht der einen Wahrheit, über der es keine höhere und neben der es keine zweite, mit ihr konkurrierende gibt. Wahrheiten außer dieser einen? Ja, so gewiß außer Gott ja auch sein Geschöpf sein Wesen und seine Existenz hat. Eben als dessen Lichter sind sie (hier hat der Begriff seinen Ort und sein Recht) Brechungen des einen Lichtes, sind sie (hier mag auch dieser Begriff seinen Ort und sein Recht haben) Erscheinungen der einen Wahrheit. Sie haben wohl Macht, Würde, Geltung, sie haben aber keine selbständige, keine ihnen erstlich und letztlich eigene, sie haben – sie haben aber nur – die ihnen durch das Leuchten des einen Lichtes der einen Wahrheit verliehene Macht, Würde und Geltung. Sie sind die Lichter und Wahrheiten des *theatrum* der *gloria Dei*. Das – und das allein – ist ja der Sinn des Seins und der Existenz der von Gott geschaffenen Welt: der Schauplatz, der geeignete Raum der großen Taten zu sein, in denen Gott sich selbst d. h. seine freie überströmende Liebe zum Menschen betätigt und kundtut, seinen Bund mit ihm begründet, erhält, durchführt und vollendet. Das Offenbarwerden dieses Geschehens und also die Prophetie Jesu Christi ist die eine Wahrheit, das eine Licht. Aber indem es aufgeht und leuchtet, spiegelt es sich im Sein und in der Existenz des nicht von ungefähr, sondern auf dieses Geschehen und so auch auf diese Offenbarung hin geschaffenen Kosmos. Indem es im Kosmos aufgeht, zündet es die diesem verliehenen Lichter an, aktualisiert es ihre Leuchtkraft, so daß sie ihm dienen dürfen und müssen. Mehr als dieses Hellwerden in seinem Licht können und werden sie nicht leisten. Sie können das eine Licht, die eine Wahrheit der Selbstkundgebung Gottes nicht ersetzen. Sie reden als Selbstzeugnisse der Kreatur nicht von den großen Taten der Liebe Gottes, nicht von seinem Gnadenbund. Ihr Leuchten, ihre Wahrheitskundgebung, ist streng beschränkt auf den Dienst, den sie, indem Gott sich selbst kundgibt, leisten dürfen. Dies ist aber der Dienst, den sie, indem sie eben dazu bestimmt sind und von der einen Wahrheit eben dazu in Anspruch genommen und befähigt werden, leisten dürfen: das Selbstzeugnis der geschaffenen Welt, daß sie eine in ihrem Dasein und Sosein wirkliche, erhaltene, gehaltene Welt ist: eine Welt, die in ihrer Konstanz als Raum des Geschehens und der Offenbarung der Gnade Gottes in Jesus Christus begründet ist und als solcher noch und noch Wesen und Existenz haben darf. Was sich, indem sie ihm dienen, in ihnen spiegelt, ist dies, daß der Schöpfer seinem Geschöpf treu ist: in der ewigen Treue, die in seiner Gnadentat und Gnadenoffenbarung in Jesus Christus kräftig, wirksam und manifest wird, die er ihm aber schon mit seiner Erschaffung geschworen hat. Das Maß ihrer Macht, Würde und Geltung ist genau das Maß, in welchem sie als Selbstzeugnisse der Kreatur in diesen Dienst der Selbstbezeugung Gottes genommen, zu deren Dienst brauchbar sind und in diesem Dienst sich bewähren: nicht größer, aber auch nicht kleiner. Es wird also die der Sache entsprechende Zusammenschau der *gloria Dei* mit seinem *theatrum* und dessen eigenen Lichtern in der Anschauung der Geschichte bestehen müssen, in der die eine Wahrheit Gottes, indem sie im Raum der Geschöpfwelt aufleuchtet, ihre vielen Wahrheiten, indem sie sich ihrer bedient, ihrer kritischen aber auch positiven, positiven aber auch kritischen Entscheidung unterwirft.

Beides ist – in Vermeidung des dualistischen und in Vermeidung des monistischen Irrtums – in dieser Geschichte zu sehen und zu verstehen: daß und wie die Wahrheit Gottes die Wahrheit seiner Kreatur problematisiert und relativiert, aber auch daß und wie sie sie integriert und instauriert. Das handelnde, also das problematisierende und relativierende, aber auch instaurierende und integrierende Subjekt ist Gott in seiner Selbstbezeugung: das ewige Licht, das da hereingeht und der Welt einen neuen Schein gibt. In und aus der Anschauung seines Leuchtens muß sich ergeben, wonach wir hier fragen: die Anschauung seiner kritischen und positiven Beziehung zu den Lichtern der Kreatur und damit die Anschauung von der Natur und Funktion, die diesen als solchen zukommt und nicht zukommt. Wir versuchen die Anschauung dieser Geschichte und also der Aktion der Wahrheit Gottes in ihrem Verhältnis zu den Wahrheiten der von ihm geschaffenen Welt in drei Gängen zu gewinnen, indem wir, im Rückblick auf alles am Anfang und in der Mitte dieses Abschnitts über die Prophetie Jesu Christi Ausgeführte, davon ausgehen, daß diese und also die Wahrheit Gottes sich auszeichnet (1) durch ihre schlechthinige Verbindlichkeit, (2) durch ihre völlige Einheit und Ganzheit und (3) durch ihre unwiderrufliche Endgültigkeit. In diesem Charakter leuchtet sie der Kreatur und inmitten der auch der Kreatur eigentümlichen Lichter. Unsere jetzt noch zu beantwortende Frage lautet: Was richtet sie unter diesen aus, indem sie in diesem Charakter leuchtet? Was kann, muß und wird dabei aus ihnen werden?

1. Das Wort Gottes verbindet sich mit dem Menschen, der es hört, indem es sich ihm zu hören gibt – und das nicht nur beiläufig, sondern wesentlich, nicht nur äußerlich, sondern innerlich, nicht nur teilweise, sondern schlechthin. Und ebenso wesentlich, innerlich, schlechthin bindet es den Menschen an sich – wenn man nicht lieber und besser sagt: solch wesentliche, innere, schlechthinige Freiheit schenkt es dem, der es hört, indem es sich ihm zu hören gibt. Das ist es, was es, wenn es als das Wort Jesu Christi, das Wort vom Reich und vom Gnadenbund durch das Wort seiner Propheten und Apostel, durch das dienende Wort seiner Gemeinde oder auch durch das eines seiner außerordentlichen Zeugen gesprochen wird, ausrichtet. Als Wort Gottes selbst geht es gerade den Menschen selbst an, ist von Ewigkeit her gerade er der in ihm Gemeinte, von ihm Betroffene, versetzt es, indem es von ihm Besitz ergreift, gerade ihn selbst auf einen neuen Boden, in eine neue Atmosphäre und Situation, ist gerade er selbst laut und vermöge seiner Anrede ein anderer, ein neuer, ein gerechtfertigter und geheiligter und nun auch als solcher berufener Mensch: ein Mensch Gottes. Es erleuchtet ihn nicht nur in dieser oder jener Beziehung über sich selbst – es wird auch das tun, aber doch nur, indem es zuerst und entscheidend sein Herz, und das heißt eben: ihn selbst erleuchtet. Es gibt also keinen Ort, den er fürchten müßte als einen solchen, an dem es ihm nicht leuchten, nicht gute Botschaft sein möchte. Es gibt aber auch keinen, an den er fliehen könnte, um dort von seinem Gesetz und Gebot unbehelligt zu sein. Daß er als ein schlechter Hörer des Wortes Gottes solcher Furcht und solcher Flucht sich hingeben und also sündigen mag, ändert nichts daran, daß es ihn als seinen Hörer hat u. zw. eben: schlechthin hat, von allen Seiten umgibt. Dieses verbindliche Wort Gottes ist und spricht Jesus Christus. Ihm gilt und dient das Zeugnis der Schrift. Es sammelt und ordnet und erbaut die Gemeinde. Es sendet sie als seinen Boten unter die Völker, in die Welt. Darum in die Welt, weil es ja

als dieses verbindliche Wort nicht nur zu diesem und jenem Menschen, nicht nur zur Gemeinde, sondern eben zur Welt gesprochen ist, weil es sich in seiner Inkarnation mit ihr verbunden, sie an sich gebunden, d. h. ihr Freiheit verschafft und geschenkt – sie selbst eben damit, ob sie es weiß oder nicht, zu einer anderen neuen Welt gemacht hat. Es ist also Alles, was von seiner Verbindlichkeit zu sagen ist, virtuell und potentiell von jedem Menschen zu sagen. Denn virtuell und potentiell ist kraft der Geburt, des Lebens und Sterbens Jesu Christi und seiner Offenbarung in seiner Auferweckung von den Toten, kraft der in ihm geschehenen Rechtfertigung und Heiligung, kraft des in ihm ergangenen und ergehenden Rufes, ist in seiner erniedrigten und erhöhten, seiner lebendigen Person jeder Mensch ein virtueller und potentieller Hörer des Wortes Gottes und eben darauf – ja nicht fragend, tastend, experimentierend bloß, sondern schlechthin verbindlich anzusprechen. Er hat es noch nicht gehört? Er will es wohl nicht hören? oder er meint, er könne es nicht hören? Er ist aber im Bereich seiner Stimme und ihres Schalles. Jesus Christus wäre nicht auferstanden, wenn nicht auch er es wäre. Eben darum, weil er es wohl noch nicht gehört, nicht hören will, angeblich nicht hören kann, ist er darauf anzusprechen: darauf nämlich, daß auch er ein virtueller und potentieller Hörer des Wortes ist, sein aktueller Hörer werden kann, darf und soll. Die Welt ist die Welt, zu deren Dasein und Sosein faktisch auch das gehört, daß die Prophetie Jesu Christi in ihrer Mitte und an sie gerichtet Ereignis ist. Darauf ist sie anzureden u. zw. in strengster Verbindlichkeit anzureden.

Die Problematisierung und Relativierung alles dessen, was die Kreatur als ihre eigene Wahrheit auszusagen vermag, liegt, indem es diesem verbindlichen Wort Gottes konfrontiert ist, auf der Hand. In ihrer Weise vermögen gewiß auch ihre Worte und Wahrheiten den Menschen zu binden. Sie binden ihn aber nicht wesentlich, nicht innerlich, nicht schlechthin. Und mit Freiheit beschenken sie ihn nicht, indem sie ihn binden. Aus der Ewigkeit Gottes heraus treffen sie ihn ja nicht, sondern eben nur als Selbstzeugnisse seiner Kreatur, als Bruchstücke des Gesprächs, in welchem sie mit sich selber redet. So treffen sie ihn denn auch nicht persönlich, als gerade an ihn gerichtet, sondern ihn nur in ihrer großen Allgemeingültigkeit, ihn nur in den Eigenschaften, die er mit allen gestern wie heute, dort wie hier lebenden anderen Menschen gemeinsam hat. Sie erleuchten ihn wohl über ihn selbst, das heißt über seine Möglichkeiten, seine Lage, seine Umwelt, sie erleuchten aber nicht sein Herz und also gerade nicht ihn selbst. So kann und wird er selbst auch indem er sie vernimmt, immer noch anderswo sein als in dem von ihnen erhellten Raum. Er hat sie, sie aber haben ihn nicht; sie umgeben ihn nicht von allen Seiten. Sie sagen ihm ja auch nichts von seiner Rechtfertigung und Heiligung. Sie reden weder von seinem eigentlichen Dürfen noch von seinem eigentlichen Sollen. Sie bringen ihm keine unerschütterlich gute Botschaft und stellen ihn auch nicht unter ein unerschütterlich gebietendes Gesetz. Sie überlassen ihn, indem sie ja auch nicht wirklich ihn selbst angehen, sich selber. Sie sagen ihm nichts eigentlich Neues, sondern bringen ihm im Grunde nur in Erinnerung, was er ohnehin weiß und was er sich eigentlich auch selbst sagen könnte. So lassen sie ihn letztlich (bei aller Dankbarkeit, die er auch ihnen nicht verweigern kann) kalt. Mit ihnen lebt man zwar und könnte ohne sie gewiß nicht leben, aber von ihnen lebt man nicht: vom Rhythmus der Geschöpfwelt nicht, wie gewaltig er sich uns auch darstellte und so auch nicht von den Offenbarungen ihrer Gesetzlichkeit und ihrer Freiheit, so gewiß auch nicht von der Kundgebung des ihr immanenten Geheimnisses. Was hilft es dem Menschen, um all dieses zu wissen? Er muß es sicher zur Kenntnis nehmen. Aber was dann? Inwiefern bindet ihn das Alles in der Weise, daß es ihn selbst erreichte, bestimmte, veränderte? Das Alles sind doch an sich nur Formen, aber keine Inhalte – Bedingungen, aber keine Erfüllungen – Voraussetzungen, von denen her und Grenzen, innerhalb derer Gutes und Böses, Heil und Unheil, Leben und Tod gleich möglich, von denen her Entscheidungen in diesen Gegensätzen nicht zu erwarten sind. Das Wort Gottes reißt sie auf als radikale, als ausschließende Gegensätze. Es vollzieht hier Entscheidungen und ruft eben damit zu solchen auf. Eben indem es das tut, ist es verbindliches Wort. Auch die am hellsten leuchtenden kreatürlichen Wahrheiten tun gerade das nicht. Sie sind im Verhältnis zu jenen Gegensätzen neutrale Wahrheiten. Sie reden ja eben nur von den Konstanten des so oder so gelebten und erfahrenen Daseins. Sie sind – anfangslos, endlos, zeitlos dieselben – nur eben die Mauern am Rande des Weges, auf dem es für den Menschen um Gut oder Böse, Heil oder Unheil, Leben oder Tod geht. Sie verstummen eben dort, wo sie erst interessant werden könnten. Wirkliche Drohung bedeutet keine von ihnen und wirkliche Verheißung auch nicht. Denn von wirklichem Gericht und Verderben redet keine von ihnen und so auch keine von wirklicher Gnade und Errettung. Nur eben in Beziehung, nur relativ zu den ernsthaft ernst zu nennenden Fragen und Antworten, Möglichkeiten und Wirklichkeiten könnten sie als Wahrheiten leuchten. Eben diese Beziehung ist ihnen aber nicht immanent. An sich und als solche, also ohne in diese Beziehung gerückt zu sein, sind sie genau genommen doch nur Leuchtkörper und Leuchtkräfte, noch nicht angezündete, oder wieder verlöschte und also nicht brennende, nicht scheinende Lichter. An sich und als solche zeigen sie wohl – aber ins Leere, ins Unbekannte. Eben darauf beruht ihre letzte Unverbindlichkeit, die sie vom Worte Gottes unterscheidet. Und sie ist jedenfalls ein Aspekt der Problematik, von der sie, konfrontiert und verglichen mit diesem, umgeben sind.

Sie können aber – und nun ist von ihrer Integration und Instauration zu reden – genau das, was ihnen schon unter diesem Aspekt offenkundig fehlt, dadurch bekommen, daß in ihrer Mitte das schlechthin verbindliche Wort Gottes, das Wort Jesu Christi, das Wort vom Gnadenbund gesprochen wird, daß sie also diesem, dem einen wahren Licht konfrontiert, eben damit aber auch beigesellt werden. Man bedenke: nicht einer weiteren Kunde aus der Geschöpfwelt, sondern der Kundgabe ihres Schöpfers und Herrn, der sich als solcher in eigener Person zu ihrer Errettung und Bewahrung, zur Aufrichtung ihres Friedens im Frieden mit ihm aufgemacht hat, selber ein Geschöpf, Mensch geworden ist und nun in dieser Solidarität mit ihr für sie und an ihr handelt. Nicht ein Fremder ergreift und führt da also das Wort, spricht da in ihrer Mitte seine schlechthin verbindliche Sprache, so daß er und sie mit ihren Selbstzeugnissen gewissermaßen aneinander vorbeireden müßten. Und erst recht kein Feind, dessen Wort dem ihrigen nur widersprechen würde, dem ihrerseits zu widersprechen sie dann wohl ein gewisses Recht hätten. Ergreift und führt er aber – und das tut er als ihr Schöpfer, der auch ihr Versöhner ist – als ihr wahrhaft Nächster das Wort, dem als solchem auch ihre eigenen Worte und Lichter weder gleichgültig noch verhaßt sein können, der nun aber will, daß sein eigenes, jenes schlechthin verbindliche Wort in ihr laut und vernommen werde – was bleibt dann übrig, als daß ihre Worte, so wie sie als ihre Selbstzeugnisse lauten, zum Dienst an seinem Wort, zur Teilnahme an dessen Werk herangezogen und in Gebrauch genommen werden. Das ist das Positive, was sich in der Konfrontierung der kleinen Lichter der Schöpfung mit dem großen ihres Schöpfers ereignet: sie werden nicht übergangen, nicht ignoriert, geschweige denn zerstört und ausgelöscht. Sie werden dem großen Licht integriert. Sie sind solcher Integrierung nicht unfähig. Wie sollten sie? Sind sie doch von ihm geschaffene Lichter und gewiß nicht zufällig und sinnlos ein jedes gerade so beschaffen. Eine gewisse beschränkte, aber unverkennbare Verbindlichkeit haben ja auch sie. Von Ordnungen, in denen sich mit dem Leben aller Geschöpfe auch das des Menschen abspielt, von ihm gesetzten Grenzen, von ihm gegebenen Weisungen reden doch auch sie. Wir sahen: nicht von absoluten Ordnungen, Grenzen, Weisungen, sondern von solchen von bloß innerweltlicher Macht, Würde und Geltung – von solchen, deren Gegenstand nur eben die Voraussetzungen, Bedingungen, Formen des menschlichen Denkens und Tuns, nicht dieses selbst, nicht seine Richtung und Inhalte sind, nicht vom Menschen selbst also – aber immerhin: von Ordnungen, Grenzen, Weisungen und, sofern sie diese dem Menschen kundgeben, nicht ohne Verbindlichkeit. Er wird sich an den ihm durch sie angezeigten Raum wohl oder übel halten müssen. Das aber ist ihre Indienststellung, die Integrierung, die dem Selbstzeugnis der Kreatur in seiner Begegnung mit dem Selbstzeugnis Gottes widerfährt: daß es von diesem aufgenommen, aufgehoben, daß seine beschränkte Verbindlichkeit mit der schlechthinigen Verbindlichkeit des Wortes Gottes bekleidet werden kann – oder umgekehrt gesagt: daß die schlechthinige Verbindlichkeit des Wortes Gottes sich in die beschränkte des kreatürlichen Selbstzeugnisses verkleiden kann. Gottes ewiges, den Menschen selbst angehendes und treffendes, die Welt von ihrem Grund aus veränderndes und erneuerndes, Gottes entscheidendes und Entscheidung forderndes Wort, das neue Wort vom Reich und vom Gnadenbund kann seine Gestalt wandeln, kann laut werden in der scheinbar ganz anspruchslosen Gestalt dieses oder jenes Selbstzeugnisses der Kreatur, das an sich nur von diesen und jenen Ordnungen, Grenzen und Anweisungen, von dieser oder jener Voraussetzung, Bedingung und Gestalt menschlichen Denkens und Tuns redet. Es kann seine göttliche Macht, Würde und Geltung verbergen in der relativen eines solchen kreatürlichen Selbstzeugnisses, um nun dort gerade in dieser Verborgenheit Gottes Selbstkundgebung und als solche schlechthin verbindlich zu sein. Es kann im Zuge solcher Aktion des Wortes Gottes in den Lichtern, Worten und Wahrheiten der Kreatur das ewige Licht leuchten, das Wort vom Gnadenbund gesprochen, die eine errettende Wahrheit Gottes laut werden. Sie können also vom Worte Gottes integriert werden und leisten, was sie aus sich selbst nicht sein und leisten könnten, was sie aber, indem der Herr der Schöpfung es will, sein und leisten dürfen: sie können zu seinem direkten Dienst instauriert, in die Beziehung gesetzt werden, in der sie an sich nicht stehen, können also leuchtende – als Erscheinungen der einen Wahrheit leuchtende – Wahrheiten werden. Alle Kundgebungen des Kosmos – von der seines Daseins als solchen bis hin zu der seines Geheimnisses – können in dem im Geschehen der Selbstkundgebung Gottes stattfindenden Gestaltwandel in diesem Sinn strengste Verbindlichkeit bekommen. Das ist das Positive, das am Ende dieses ersten Ganges zu sagen ist.

2. Wir treten zu einem zweiten Gang an mit der Feststellung der völligen, der ungeteilten und unzerteilbaren E i n h e i t und der keines Zusatzes, keiner Überbietung bedürftigen noch fähigen G a n z h e i t des Wortes Gottes. Wer es hört, indem es sich ihm zu hören gibt, wer sein Licht sieht, indem es sich ihm zu sehen gibt, der braucht sich nicht mehr den Kopf zu verdrehen, um nach dieser oder jener oder gar nach allen Seiten zu lauschen und zu spähen. Er darf, er soll, er kann das auch nicht mehr tun. Die Stimme Jesu Christi zerstreut nicht, sondern sie sammelt den Menschen und die Menschen. Der ganze Reichtum der Allmacht des göttlichen Erbarmens ist in seinem Wort Eines, das Eine Notwendige, über das hinaus und zu dem hinzu der Mensch nichts nötig hat, mit Fug nichts begehren kann. Alles so wie Gott in der unendlichen Fülle seines göttlichen Lebens Einer, und doch auch Alles so, wie der Mensch in der ziemlich endlichen Fülle seiner Möglichkeiten je Einer – Alles so, wie eben Jesus Christus selbst als

Mittler zwischen Gott und den Menschen Einer ist. So, in dieser Einheit und Ganzheit wird Gottes Wort gesprochen und, wo es als solches gehört wird, vernommen. Die heilige Schrift sagt nicht vielerlei, sondern in aller Vielgestaltigkeit ihres Zeugnisses endlich und letztlich nur eben Eines: das Eine, das als solches das Ganze ist. Es kann auch die auf das Zeugnis der Propheten und Apostel sich erbauende und ihrem Wort dienende Gemeinde in aller legitimen und erst recht in aller illegitimen Vielfältigkeit auch ihrer Gestalt nur von dem Einen leben, der Welt nur das Eine verkündigen wollen, das als solches auch das Ganze ist. Sie ist an jedem Ort und zu jeder Zeit *sancta* nur indem sie *una* und *catholica* ist. Es müßten aber auch jene außerordentlichen Zeugen der Offenbarung ihre Echtheit darin bewähren, daß sie nicht Vieles, sondern Eines sagen. Alles dementsprechend, daß der Heilige Geist in der ganzen Vielfältigkeit seiner Gaben und Kräfte Einer, das Ganze ist, außer und neben dem es keine weiteren heiligen Gaben und Kräfte gibt. Sein Inhalt ist es, der dem Worte Gottes seine hohe Exklusivität gibt: der eine Herr über Alle, sein Reich, das Alles umfaßt, des Menschen eine, dafür ganze Rechtfertigung und eine, dafür ganze Heiligung. Es kann nicht anders sein, als daß das Wort, das d a s aussagt, ein mit letzter Schärfe scheidendes, unterscheidendes, entscheidendes Wort ist. Es kann nicht anders sein, als daß Jesus Christus als dieses Wort Gottes zugleich der ist, der kommen wird, zu richten die Lebendigen und die Toten.

Die Problematisierung und Relativierung, die Allem, was die Kreatur von sich selbst aussagen kann, von diesem Worte Gottes her widerfahren muß, ist auch hier offenkundig. Nicht umsonst kann man hier nur im Pluralis reden: von Lichtern, Worten, Wahrheiten. Die Stimmen, die sich da hören lassen und zu vernehmen sind, sind eben viele und keine von ihnen sagt das Ihrige so, daß das, was die andere sagt, darin wiederzuerkennen wäre. Hier bleibt schon nichts Anderes übrig, als abwechselnd nach allen Seiten zu spähen und zu lauschen, um dann wohl hier und dort die Stimme von Konstanten, aber eben von sehr verschiedenen kosmischen Konstanten zu vernehmen, die sich (wie etwa die der Gesetzlichkeit des Kosmos und die der in ihm waltenden Freiheit) wohl auch gegenseitig zu widersprechen scheinen. Immer wieder scheint zunächst jetzt dies, jetzt jenes von den hier leuchtenden Lichtern d i e, d i e e i n e, die das G a n z e bestimmende und beherrschende Konstante anzuzeigen. Aber welche von ihnen könnte sich als solche durchsetzen und behaupten? Sind doch nicht einmal die Fragen, die sie stellen, auf eine einzige zu reduzieren, nicht einmal die Rätsel, die sie aufgeben, in einer einzigen Rätselgestalt anzuschauen, geschweige denn, daß die Antworten und Lösungen, die sich da anbieten, sich je in eine einzige zusammengefaßt darstellen würden. Gewiß ist der Versuch immer wieder gewagt worden, sie auf einen Nenner zu bringen, um dann diesen – etwa die Materie, etwa den Geist, etwa die

Energie, etwa die Tat, etwa die Existenz als den Welt-Logos auszugeben. Könnte man diesen doch wenigstens in einer sinnvollen Reihe dieser Versuche, ihn festzustellen, einigermaßen erkennen! Er hat sich aber bis jetzt nicht einmal in ihrer Reihe, geschweige denn in den in jenen einzelnen Versuchen als das Eine und Ganze ausgegebenen Elementen und Faktoren so zu erkennen gegeben, daß diese Angaben sich nicht immer wieder – eine gegen die andere reagierend – ablösen und gegenseitig verdrängen könnten, dürften und offenbar müßten. Weltlogoi gibt es gewiß, aber offenbar keinen Weltlogos, kein solches Wort, in welchem sich die Kreatur in ihrer Einheit und Ganzheit aussagen würde. Das ist, von dieser Seite gesehen, das Problem aller kreatürlichen Wahrheiten: ihrer sind viele, sie geben sich alle nur als Teilwahrheiten zu erkennen, keine unter ihnen als die eine, die ganze Wahrheit. Wer diese, wer das Licht des Lebens nicht kennt, der wird das freilich nicht zugeben, wird sich vielmehr darauf versteifen, sie in irgendeinem dieser Lichter schon entdeckt zu haben oder aber auf den Tag warten, wo sie als das eine große Licht in ihnen allen doch noch erkennbar werden möchte. Unterdessen bewährt sich das Leuchten eben der einen ganzen Wahrheit, des Lichtes des Lebens, das das Wort Gottes, das Jesus Christus ist, dem, der es wahrnimmt, als das Maß, an dem gemessen die Relativität aller kreatürlichen Lichter eben in ihrer Vielheit sichtbar, und zwar unzweideutig sichtbar wird.

Relativierung heißt aber – wo nicht irgendein relativierendes Prinzip, sondern Gott in seiner Selbstkundgebung das relativierende Subjekt ist – auch in dieser Hinsicht Integration und Instauration. Was den Selbstzeugnissen der Kreatur als solchen fehlt, das können sie, wenn und indem Gott selbst das Wort ergreift und führt, von ihnen Gebrauch macht und sie in seinen Dienst nimmt, auch in dieser Hinsicht bekommen. Sie sind an sich keine Zeugen seines in der Auferweckung Jesu Christi von den Toten gesprochenen, sein versöhnendes Handeln offenbarenden einen und ganzen Wortes. Seine Zeugen können sie aber, indem Gott sie in Gebrauch und Dienst nimmt, werden. Sie können sich seinem Wort nämlich, von ihm aufgenommen und mitgenommen, anschließen, können in ihrer ganzen Vielfältigkeit und Vieldeutigkeit – ein jedes für sich und in größerer oder geringerer Vollständigkeit auch miteinander – die ihm eigentümliche Richtung und insofern dann doch auch seinen Einheits- und Ganzheitscharakter bekommen und annehmen. Sie können – keines von ihnen für sich und auch nicht in irgendeiner sie unter sich verbindenden Synthese, wohl aber im Zusammenhang der Aktion des einen ganzen Wortes Gottes – über ihre eigenen disparaten Aussagen hinaus ihrerseits auf ein Einiges, Ganzes der Schöpfung hinweisen und insofern von dem reden, das dann doch wohl kein von dem Einen Ganzen im Worte Gottes Ausgesprochenen Verschiedenes sein wird. Sie können in die Stimme Gottes einstimmen. Wie wäre es derselbe Gott, der ihnen ihre Stimme verliehen hat, wenn sie das, von ihm dazu befohlen und ermächtigt, nicht könnten? Es kann dann, was sie sagen, mit dem, was Gott selbst sagt, so zusammenklingen, daß, wer ihn hört, auch sie hört, und wer sie hört, auch ihn hört und so die Polyphonie der Schöpfung als des äußeren Grundes des Bundes – ihre Fragen und Antworten, ihre Rätsel und Auflösungen als die Symphonie, zu der sie von Ewigkeit her erwählt und bestimmt ist, die erklingen zu lassen ihr Schöpfer allein die Macht, aber laut seines Wortes auch den Willen hat. Und nicht nur den Willen! Spricht er sein eines ganzes Wort vom Bunde, der der innere Grund der Schöpfung ist, dann erklingt ihre Symphonie, dann kann, darf und wird ihm auch das Selbstzeugnis der Kreatur in der ganzen Verschiedenheit seiner Stimmen einmütigen Beifall geben.

3. Wir setzen zum Antritt eines dritten, Alles zusammenfassenden Ganges nochmals mit einer Besinnung auf den Charakter ein, in welchem sich das Wort Gottes im Ereignis der Prophetie Jesu Christi inmitten des kreatürlichen Daseins und der diesem eigenen Lichter, Worte und Wahrheiten vernehmen läßt. Von seiner Verbindlichkeit haben wir an erster, von seiner Einheit und Ganzheit an zweiter Stelle geredet. Sein Charakter sei nun an dritter Stelle bezeichnet mit dem Begriff der Endgültigkeit. «Endgültigkeit» heißt: eine solche Gültigkeit, die durch kein Ende, keine Schranke begrenzt und also bedingt, die keiner Bestreitung, Anzweiflung oder Überbietung ausgesetzt, die vielmehr ihrerseits das Ende, die Schranke, die Grenze, die Bedingung aller anderen Gültigkeiten ist. Gottes Wort ist in diesem strengen Sinn endgültig. Es ist das ewige Licht: es leuchtet je jetzt, indem es nie und nirgends nicht Licht war und indem es nie und nirgends nicht Licht sein wird. Es leuchtet als das Licht, von dem her alle Lichter Lichter sind, ohne die sie weder Leuchtkraft hätten, noch faktisch leuchten würden. In ihm ist keine Finsternis und es ist auch außer ihm keine Finsternis, der es nicht in seinem Leuchten überlegen wäre, die es mit seinem Schein nicht zu durchdringen und also zu erhellen vermöchte. Es ist unwiderrufliches Wort. Es enthält keinen Fehler, es widerspricht sich selbst nicht. Es kann und wird also durch kein anderes Wort Gottes zurückgenommen und ersetzt werden. Und so ist ihm gegenüber auch jeder andere Widerspruch grundlos, undurchführbar, ohnmächtig, zum Verstummen verurteilt, indem er erhoben wird. Es ist nämlich urbildliches Wort: das Wort, das alle anderen Worte als solche möglich macht, von dem alle anderen Worte herkommen, zu dem sie denn auch zurückkehren, dem sie sich annähern, dem sie es gleich tun möchten, aber von sich aus bestimmt nicht gleich tun können, dem sie sich also weder an die Seite noch entgegenstellen können. Es ist der Ausspruch der ersten, der ursprünglichen und der letzten, der finalen Wahrheit; es ist die Wahrheit selbst und als solche: ihr Ausspruch und so selber die Wahrheit, so

keinem von ihm selbst verschiedenen Wahrheitskriterium unterworfen, sondern seinerseits das Kriterium aller von ihm verschiedenen Wahrheiten. Indem es von Gott ausgesprochen wird, bewährt es sich auch. Und wo und wann immer eine andere Wahrheit sich als solche bewährt, geschieht es in der Kraft seiner sich selbst bewährenden Wahrheit. Um das in diesem Sinn endgültige Wort geht es in der Prophetie Jesu Christi. In diesem Charakter ist er das Licht des Lebens. Er ist es, weil und indem sein Leben, dessen Licht er auch ist, ewig, unzerstörbar, erstlich und letztlich, in sich selbst Leben ist. Hinter und über seinem Leben, d. h. hinter und über der in ihm von Ewigkeit her vollzogenen und von ihm in der Zeit vollstreckten und offenbarten Erwählung – hinter und über dem von ihm begründeten und besiegelten Gnadenbund Gottes mit dem Menschen – hinter und über der in seinem Leben und Sterben vollstreckten Rechtfertigung und Heiligung des Sünders ist niemand und nichts als der freie Gott selber. Und eben der freie Gott in Person ist ja im Sein und Tun Jesu Christi gegenwärtig und selber am Werk. Eben des freien Gottes eigenes Leben spielt sich ja faktisch nicht irgendwo hinter und über dem versöhnenden Leben Jesu Christi ab, ist vielmehr kraft des Beschlusses und in der Tat seines allmächtigen Erbarmens selbst dieses Versöhnungsleben. Und so ist auch dessen Aussage, Offenbarung und Prophetie des freien Gottes eigenes Licht, sein Wort, seine Wahrheit. Weit entfernt davon, daß sie durch die Existenz und dann vielleicht durch eine anderweitige Aussage, Offenbarung und Prophetie eines irgendwo hinter und über ihr wesenden freien Gottes endlich und letztlich doch in Frage gestellt wäre, ist es vielmehr dieser freie Gott selbst, der der Aussage, Offenbarung, Prophetie Jesu Christi jenen Charakter der Endgültigkeit gibt – vielmehr: der in ihr in der Endgültigkeit seines Lichtes, seines Wortes, seiner Wahrheit auf dem Plan ist. Eben in dieser Endgültigkeit ergeht in Jesus Christus sein Wort und wird es, indem es sich hören läßt und gehört wird, vernommen. «Endgültig» heißt für den, der ein endgültiges – dieses eine endgültige – Wort zu vernehmen bekommt: schlechthin wahr und also schlechthin zuverlässig – so also, daß er sich unter allen Umständen daran halten darf und auch halten soll als an das ihm ein für allemal gültig gesagte Wort, ohne Furcht, daß es sich vielleicht irgendeinmal und irgendwo oder in irgendeiner Hinsicht nicht bewähren könnte, aber auch ohne alle Aussicht, daß er sich dem, was ihm darin gesagt ist, entziehen könnte. Es nötigt ihn nicht, es erlaubt es ihm aber auch nicht, sich über die Begründung seiner Aussage durch Einholung anderweitiger Auskünfte erst zu vergewissern. Es ist das Wort, das den, der es vernimmt, in keine Diskussion verwickelt, sondern ihn allem Diskutieren enthebt, das ihm die Ängstlichkeiten und die Eitelkeiten einer Nachprüfung dessen, was es ihm sagt, in gleicher Weise erspart. Es kann Alles, was an ernsten und weniger ernsten intellektuellen, moralischen, ästhetischen, gefühlsmäßigen Sorgen,

Zweifeln, Bedenken, Einwänden ihm gegenüber in Frage kommen könnte, nicht in ihm, sondern bestimmt nur in dem es vernehmenden Menschen begründet sein. Seine Verheißungen und seine Drohungen und seine Mahnungen, seine Angebote und seine Gebote, seine Eröffnungen samt und sonders sind als die seinigen in sich vollkommen, d. h. eben vollkommen zuverlässig. Das Wort Gottes kann gar nicht der Gegenstand von echten Fragen werden. Es ist vielmehr das Subjekt, das die eine einzige echte Frage stellt, die hier in Betracht kommt: die Frage, ob und inwiefern das Vernehmen dessen, an den es ergeht, ein rechtes, d. h. ein seiner Aussage entsprechendes und insofern das allein ernstlich so zu nennende vernünftige Vernehmen sein möchte? Im rechten und also im vernünftigen Vernehmen des Wortes Gottes realisiert der, der es vernimmt, seine schlechthinige Zuverlässigkeit, die ihrerseits in seiner Endgültigkeit begründet ist: im Charakter seiner Ewigkeit als Licht, seiner Unwiderruflichkeit als Wort, seiner Ursprünglichkeit und Finalität als Wahrheit. Fügen wir, ohne nochmals ins Einzelne zu gehen, noch hinzu, daß eben von seiner Endgültigkeit her auch das zu verstehen ist, was wir in unseren vorangehenden Überlegungen als seine Verbindlichkeit und als seine Einheit und Ganzheit bezeichnet haben. In seiner Ewigkeit, Unwiderruflichkeit, Ursprünglichkeit und Finalität hat es die Macht, den Menschen zu binden und zu befreien, kommt es auf ihn zu, um ihm das Eine zu sagen, das das Ganze ist. Zuerst und zuletzt in seiner Endgültigkeit ist es eben, was ja alle Bezeichnungen seines Charakters nur umschreiben können: Gottes Wort.

Macht es sich in diesem seinem Charakter und nun also insbesondere in dem seiner Endgültigkeit klar, dann bedeutet und bewirkt das die Problematisierung und Relativierung aller anderen, der geschöpflichen Lichter, Worte und Wahrheiten. Daß, warum und inwiefern deren Gültigkeit problematisch und relativ ist, das mag gewiß als diskutabel erscheinen, solange man sich in Unwissenheit darüber befindet, daß sie samt und sonders dem endgültigen Wort Gottes konfrontiert, dem Werk seiner Offenbarung ausgesetzt sind. Der Weg von einem grundsätzlichen Skeptizismus zu irgendeinem grundsätzlichen Dogmatismus und der Rückweg von hier nach dort – beiden ist das gemeinsam, daß ihnen die Problematik und Relativität aller geschöpflichen Eröffnungen und Erkenntnisse verborgen ist – mögen und müssen dann immer wieder angetreten werden, wenn man jene Lichter abstrahierend für sich und nicht in ihrem Gegenüber zu Gottes Wort wahrnehmen zu können meint. Wird das Wort Gottes als ihr Gegenüber, werden sie also in ihrer Konfrontierung mit ihm erkennbar und erkannt, dann eben damit eindeutig in ihrer Nicht-Endgültigkeit. Was können sie sichtbar machen? Gewiß nicht nichts: hier würde einer grundsätzlichen Skepsis (im Blick auf dieses ihr Gegenüber!) zu erwidern sein, daß sie das von Gott gewollte und gesetzte Dasein seiner Kreatur in ihrer Weise sehr wohl sichtbar machen. Aber allerdings, und das würde allem grundsätzlichen Dogmatismus (wieder im Blick auf dieses ihr Gegenüber!) ebenso bestimmt entgegenzuhalten sein: nichts in endgültiger Weise, nichts in ewigem Licht, nichts in unwiderruflichem Wort, nichts in erster und letzter Wahrheit. So wie Gott sich selbst aussagt, kann sich seine Kreatur – sie müßte ja sonst mehr als Kreatur sein – niemals und nirgends aussagen. Sie sagt sich wohl auch aus – aber, ihrem bedingten, begrenzten, endlichen Sein, Dasein und Sosein entsprechend, nur in bedingter, begrenzter, endlicher Aussage: wie wir sahen, sogar ihr Geheimnis nur so! Sie kennt sich ja auch nicht, wie Gott sich selbst und wie er auch sie kennt, sondern nur in den Schranken – auch in den Schranken der ihr beständig drohenden Fehlerquellen – in denen sie sich selbst in ihrem laufenden Gespräch mit sich selbst zu erkennen vermag. Gerade Endgültigkeit würde sie dem, was sie auf Grund dieser ihrer Selbsterkenntnis hinsichtlich der Konstanten ihres Seins, Daseins und Soseins tatsächlich aussagt, nur in gründlichster Selbsttäuschung zuschreiben können. Dem entspricht nun auch die Notwendigkeit und die Freiheit, sich an ihre Mitteilungen zu halten: sie kann nur eine bedingte Notwendigkeit und auch nur eine bedingte Freiheit sein. Wir können und sollen auf ihre Eröffnungen zählen, aber nun eben nur in bedingter, nur in begrenzter Bestimmtheit. Von schlechthiniger Zuverlässigkeit der Eröffnungen der Kreatur auch nur über sich selbst kann gar keine Rede sein; erste und letzte Kunde auch nur von ihr selbst haben wir von ihr auch dann, wenn solche in höchster Allgemeingültigkeit leuchten und uns einleuchten sollte, nicht zu erwarten. Kein noch so Allgemeingültiges läßt sich darum auch als Endgültiges ansprechen. Denn man vergesse nicht: es ist der, dem die Eröffnungen der Kreatur erkennbar werden und der sie seinerseits erkennt, der Mensch. Um Übereinstimmungen und Übereinkünfte des Erkennens vieler oder virtuell aller Menschen handelt es sich da, wo wir von «allgemeingültigen» Erkenntnissen des kreatürlichen Seins reden. Es steht und fällt also die Gewißheit seiner Eröffnungen mit des Menschen Selbstgewißheit – das Vertrauen auf ihre Gültigkeit mit der Gültigkeit seines Selbstvertrauens. Es ist aber zentral gerade das Selbstvertrauen des Menschen u. zw. aller Menschen, das durch das zu ihm gesprochene Wort Gottes – nicht vernichtet, nicht zerstört, man sage auch besser nicht: erschüttert, wohl aber eben: problematisiert und relativiert, in seine Schranken gewiesen, gewissermaßen eingeklammert wird, um in dieser Klammer, aber eben nur in ihr, seinen Ort und seinen Spielraum zu haben: im Rahmen jenes laufenden Selbstgesprächs der Kreatur, in welchem zugleich rezeptiv und produktiv zu sein offenbar zu des Menschen kreatürlicher Natur und Bestimmung gehört. Das bedeutet aber: Kommt es in diesem Gespräch zu Ergebnissen und also zu jenen Lichtern, Worten und Wahrheiten als dem Erkennbar- und Erkanntwerden gewisser Konstanten des intelligiblen und intelligenten kosmischen Seins, so können und sollen diese zwar als Unterlagen und Materialien – als «Hypothesen» – zur Fortsetzung dieses Gesprächs dienlich sein, sie können aber – in schroffem Gegensatz zu Gottes endgültigem Wort – irgendeine Endgültigkeit nur schon darum nicht in Anspruch nehmen, weil das Ende jenes Gesprächs nun doch wohl nicht abzusehen ist, weil es vielmehr von jedem erreichten Punkt aus weiterlaufen muß, weil es sein Ziel, wenn überhaupt, dann nur zugleich mit dem Ende der ganzen gegenwärtigen Gestalt des Kosmos und seiner Selbstzeugnisse erreichen könnte. Sie sind offenbar vorläufige Annahmen, die sich dem Menschen als solche für einmal empfohlen und aufgedrängt haben, um doch sofort nach Überbietungen, Vertiefungen, Ergänzungen und Korrekturen in Form weiterer Annahmen dieser Art zu rufen. Als endgültige und also als authentische Auskunft über das Dasein wird sich keine der in jenem Gespräch vorläufig erreichten Übereinstimmungen und Übereinkünfte – mögen sie nun spekulativer oder logisch-empirischer oder moralischer oder ästhetischer, mögen sie nun mehr wissenschaftlicher oder mehr mythologischer Art sein – ausgeben und erfassen lassen. Man unterschätze sie nur ja nicht! Als Lichter, Worte und Wahrheiten von problematischer, von relativer Gültigkeit haben sie je zu der Zeit und in der Situation, in der sie in größerer oder geringerer Klarheit erkennbar und erkannt werden, höchste praktische Würde, Macht und Bedeutung. In der ihrem Zeugnis und dem von ihm Bezeugten eigentümlichen Begrenztheit und Bedingtheit zähle man auf sie! Schlechthinige Gültigkeit aber fehlt ihnen allen. Man kann, darf und muß auch in diesem Sinn wohl mit ihnen, aber nicht von ihnen leben. Ist dem so oder ist dem nicht so? Nochmals deutlich gesagt: wo man abstrahierend bloß auf sie, nicht auf ihren Kontext im Gegenüber mit Gottes Wort blickt, mag diese ihre Problematik wohl immer wieder selbst problematisiert werden, ihre Relativität selber als bloß relativ erscheinen. Es mag und muß dann also die Diskussion zwischen ihren skeptischen und ihren dogmatistischen Betrachtern weitergehen. Diese Diskussion ist zu Ende, die Problematik und Relativität der geschöpflichen Lichter, Worte und Wahrheiten wird eindeutig sichtbar, wenn man sie in dem Kontext sieht und versteht, in welchem sie nun einmal stehen – wenn man sieht und versteht, daß es die endgültige Selbstkundgebung Gottes ist, durch die die Selbstzeugnisse der Kreatur problematisiert und relativiert werden.

Man kann aber doch schon diese kritische Erwägung als solche nicht durchführen, ohne wenigstens von weitem auch dessen gewahr zu werden, was auch hier als die ihnen eben durch Gottes endgültige Selbstkundgebung widerfahrende **Integrierung** und **Instaurierung** zu sehen und zu verstehen ist. Relativieren heißt ja wohl kritisch: etwas an seinen bestimmt begrenzten Ort stellen. Es heißt aber auch **positiv**: es eben damit in eine gerade durch die Grenze dieses Ortes angezeigte **Beziehung** setzen. Wenn und wo inmitten des Kosmos und seiner Lichter, Worte und Wahrheiten Gott selbst sein endgültiges Wort laut werden läßt, da werden jene freilich an ihren Ort gestellt, aber auch in die ihnen zukommende Beziehung versetzt: in das, was wir eben ihren Kontext nannten. Ihr Kontext ist aber die Schöpfung, deren innerer Grund der Bund ist, wie sie umgekehrt dessen äußerer Grund, der Schauplatz der Ehre, d. h. aber der allmächtigen Liebe Gottes ist. Von Gottes Schöpfung reden, berichten, erzählen, Gottes Schöpfung rühmen und preisen jene Lichter an ihrem Ort in der ihnen gegebenen Weise, in der der Natur dieses ihres Gegenstandes angemessenen Vorläufigkeit, Problematik und Relativität. Wie aber, wenn nun das geschieht, auf das hin die Schöpfung ihr von ihren eigenen Lichtern, Worten und Wahrheiten bezeugtes Sein und Dasein hat: wenn nun in ihrer Mitte Jesus Christus geboren wird, lebt, stirbt, von den Toten aufersteht und so die «Sonne der Gerechtigkeit» aufgeht: das ewige Licht, das unwiderrufliche Wort, die ursprüngliche und finale Wahrheit der Erwählung, des Bundes und also der Ehre, der Liebe Gottes? Sicher: nun wird ihre Vorläufigkeit aufgedeckt, nun werden sie also jedes Absolutheitsanspruchs entkleidet. Nun werden sie aber eben damit auch überkleidet mit der herrlichen Endgültigkeit Gottes und seines Handelns am Menschen, die da an den Tag kommt. Nun leuchten, reden, zeugen sie – gewiß immer noch von Gottes Schöpfung als solcher, aber nun nicht abstrakt, sondern konkret, nun im Zusammenhang und Einklang mit dem, was Gott von sich selbst über sein Tun am Menschen sagt: von dem, was er für ihn ist und wirkt und damit dann auch von dem, was der Mensch für ihn sein und wirken darf. Und so gewiß das Sein und Dasein der Schöpfung als solches durch das Geschehen, zu dessen Schauplatz sie bestimmt ist, nicht vernichtet wird, vielmehr jetzt zu der ihr eigenen Ehre kommt, so gewiß werden auch ihre Lichter durch die Offenbarung dieses Geschehens nicht zerstört, ihre Worte nicht widerlegt, ihre Wahrheiten nicht Lügen gestraft – so gewiß bekommen sie vielmehr jetzt erst – im Zusammenhang und Einklang mit Gottes endgültigem Wort – ebenfalls endgültige Macht, Würde und Bedeutung. Denn jetzt darf und kann ja auch das Selbstzeugnis der Kreatur von dem, was Gott sagt und also von Gott selbst reden, berichten, erzählen, ja ihn preisen und rühmen: «Die Himmel erzählen die Ehre Gottes und die Feste verkündigt das Werk seiner Hände – ohne Sprache, ohne Worte, mit unhörbarer Stimme» (Ps. 19, 2f.), haben sie doch an sich und als solche die Macht dazu nicht – aber eben diese bekommen sie nun. Eben das Endgültige und Zuverlässige, was sie von ihrem Sein und Dasein an sich nicht aussagen können, sagen sie nun aus – indem sie nämlich das ewige Licht Gottes reflektieren, seinem Wort antworten, seiner Wahrheit entsprechen: den Sinn und die Bestimmung der Geschöpfwelt für das, was Gott für den Menschen ist und tut, der Mensch für Gott sein und tun darf – und eben im Spiegel dieser ihrer endgültigen Selbstaussage nun auch das Endgültige der Selbstaussage ihres Schöpfers in seiner großen Friedenstat. Auch in diesem Sinn werden und sind sie nun erhoben und aufgehoben, angenommen und hineingenommen, integriert in die Aktion seiner Selbsthingabe und Selbstkundgebung an den Menschen und so an die von ihm geschaffene Welt, sind sie in Kraft dieser Integration eingesetzt, instauriert, ordiniert zum *ministerium Verbi Divini*, dieses Dienstes nicht unwürdig, weil durch das *Verbum divinum* dazu würdig gemacht, zu seiner Verrichtung nicht unfähig, weil von ihm selbst dazu befähigt, zu seiner Leistung nicht unwillig, weil von ihm selbst zu einem neuen Willen: dem Willen eben dazu erweckt. In der Verrichtung und Leistung dieses Dienstes «geht ihr Klingen aus durch alle Lande, ihre Rede bis zum Ende der Welt» (Ps. 19, 5): ein endgültiges Klingen und Reden!

Das also, was wir in den nun hinter uns liegenden drei Gängen aufzuzeigen versuchten, ist das kritische, aber eben indem es echt kritisch ist, auch positive Verhältnis des Lichtes des Lebens zu den Lichtern, die derselbe Gott, dessen Heilstat jenes eine Licht offenbar macht, seinen Geschöpfen als solchen nicht verweigert, sondern in seiner Güte, die nicht von gestern her ist, gegeben hat.

3. JESUS IST SIEGER!

Der Satz, der uns bisher beschäftigt hat, war die einfache Gleichung: das Leben ist als solches auch Licht. Will sagen: der in Jesus Christus erfüllte Bund Gottes mit dem Menschen, des Menschen mit Gott, ist keine stumme, sondern eine für sich selbst sprechende Tatsache. Die in ihm geschehene und bestehende Versöhnung der Welt mit Gott ist in ihrer Wirklichkeit auch Offenbarung. In der Sprache der alten Dogmatik: er ist als der Hohepriester und König, als der erniedrigte, leidende Gott und als der erhöhte, triumphierende Mensch auch der Prophet, Herold, Verkündiger des in ihm geheiligten Namens, des in ihm nahe herbeigekommenen Reiches, des in ihm auf Erden wie im Himmel geschehenen Willens Gottes. Diese Gleichung bedarf nun einer ganz bestimmten Entfaltung und Erklärung. Eine für ihren Sinn entscheidende Voraussetzung muß nun nämlich hervorgehoben werden: es muß nun ausdrücklich gesagt und genau bedacht werden, daß es sich in dieser Gleichung um die Beschreibung einer Geschichte handelt. In dem «ist», mit dem wir das Leben dem Licht, den Bund dem Wort Gottes, die Versöhnung der Offenbarung, Jesus Christus den Hohepriester und König Jesus Christus dem Propheten gleichgesetzt haben, verbirgt sich ein Drama. Es ist also dieses «ist» nicht statisch, sondern dynamisch zu verstehen. Dies ist nun hervorzuheben.

Von Geschichte reden ja, jeder für sich, schon die hier einander gleichgesetzten Begriffe «Leben» oder «Bund» oder «Versöhnung» auf der einen – und «Licht» oder «Wort» oder «Offenbarung» auf der anderen Seite. Leben, Bund, Versöhnung «sind», indem sie sich ereignen. Und so «sind» auch Licht, Wort, Offenbarung, indem das mit diesen Begriffen Bezeichnete geschieht. Nur in ihrem Geschehen «sind» sie auch in ihrer Gleichsetzung. Daß das Leben auch Licht ist, heißt: daß es als das wahre Leben aus Gott und für Gott leuchtet, strahlt, scheint. Daß der Bund auch Wort ist, heißt: daß er sich in seiner Begründung, Durchführung und Vollendung, indem sie geschieht, auch bekanntmacht. Daß die Versöhnung auch Offenbarung ist, heißt: in ihrem, den Frieden zwischen Gott und Mensch stiftenden, ordnenden und garantierenden Vollzug ereignet sich auch dies, daß sie als göttlich-menschliche Wahrheit sich enthüllt, sich selber proklamiert. Und nun sind ja Leben, Bund, Versöhnung nur die sachlichen Umschreibungen des Seins, des Werks, der Handlung und Tat Jesu Christi. Nun müssen wir also fortfahren: Daß Jesus Christus als wahrer Gott und wahrer Mensch, daß er als der Vollbringer des mit allen jenen Begriffen Umschriebenen, in und mit seinem hohepriesterlichen und königlichen Amt auch der Prophet, Herold, Verkündiger dieses Vollbringens ist, das heißt: er wirkt und handelt als solcher, er existiert in der faktischen Ausübung auch dieses besonderen Amtes, in der entsprechenden Dienstleistung und Herrschaftsbetätigung. Das bedeutet aber: er existiert auch in dieser besonderen Gestalt seiner Geschichte. Und so muß Christologie auch in dieser dritten Gestalt: als Lehre von Jesus Christus, dem wahren Licht, Wort und Offenbarer, als Lehre von seinem prophetischen Amt, Erzählung seiner Geschichte sein, hier im Besonderen: Erzählung vom Leuchten des Lebens, vom wirklichen Sprechen des Bundes, vom Offenbarwerden der Versöhnung, m.a.W. vom Tun des Propheten Jesus Christus.

Die besondere Notwendigkeit, jene Gleichung in diesem bestimmten Sinn zu entfalten und zu erklären, ergibt sich unter zwei verschiedenen Gesichtspunkten aus der Sache selber. Der erste – auch er ist wichtig und wohl zu bedenken – ist formaler, der zweite, noch wichtigere und für unsere folgende Entfaltung entscheidende, ist materialer Art.

Die mit den Begriffen Leben, Bund, Versöhnung zu bezeichnende Beziehung zwischen Gott und Mensch beruht nicht auf einer Notwendigkeit, die der Existenz und dem Wesen Gottes oder der Existenz und dem Wesen des Menschen immanent wäre. Gott ist sie dem Menschen nicht schuldig. Und der Mensch hat auf sie keinen Anspruch. Sie scheint vielmehr, von Gott wie vom Menschen her gesehen, ausgeschlossen, unmöglich zu sein. Sie ist und besteht, indem sie in Jesus Christus geschaffen wird, geschieht. Wirklich ist sie ja, von oben gesehen, in der freien Gnadentat, zu der Gott sich selbst in Jesus Christus bestimmt und entschließt, von unten gesehen in der freien Gehorsamstat, in welcher sich der Mensch in Jesus Christus zum Geschehen des Willens bekennt, der in Gottes Gnadentat wirksam ist. In dieser ihrer Wirklichkeit als freie Gnaden- und als freie Gehorsamstat ist sie ein **Neues** zwischen Gott und Mensch. Eben im Rahmen und im Charakter dieses **Neuen**, dieser doppelten **Freiheitstat** ist nun das Leben auch **Licht**, der Bund auch **Wort**, die Versöhnung auch **Offenbarung**. Es geht ja auch da um Jesus Christus, um sein Handeln: jetzt in seinem prophetischen Amt und Werk. Es ist also auch da nichts selbstverständlich, nichts vorgegeben, nichts notwendig. Wie die Wirklichkeit jener Beziehung nur eben geschieht, so kann auch ihre **Wahrheit**, d. h. ihre Selbstkundgebung und also die Begründung ihrer Erkenntnis nur eben geschehen. Eben ihr **Geschehnis** ist die Prophetie Jesu Christi. Daß er und in ihm das Leben, der Bund, die Versöhnung leuchtet, sich enthüllt und bekanntmacht, das ist ein **Ereignis** und kann nur als solches verstanden – es kann nur als Drama verfolgt, vielmehr: miterlebt und daraufhin erzählt werden.

Die Notwendigkeit eines **geschichtlichen** Verständnisses jener Gleichung ergibt sich aber vor allem daraus, daß wie das Leben so auch sein Licht, wie der Bund so auch sein Wort, wie die Versöhnung so auch ihre Offenbarung durch eine ihnen begegnende **Opposition in Frage** gestellt sind, – daß wie das hohepriesterliche und königliche, so auch das prophetische Dienen und Herrschen Jesu Christi faktisch in der **Überwindung** dieser Opposition, in der **Beantwortung** dieser Frage besteht. Vollzieht es sich doch in einer Umgebung, der es zwar an Recht und Macht überlegen, die ihm aber entweder feindselig oder doch fremd, die jedenfalls von ihm verschieden ist. Die «Welt» ist diese Umgebung: die Menschheit, der Mensch im Kosmos und mit dem Kosmos, der Mensch in seinem geschöpflichen und geschichtlichen Sosein. Wir werden aber gut tun, dabei sofort auch an die Kirche und an die einzelnen Christen zu denken. Von dieser seiner Umgebung her ist der Gottes- und Menschensohn Jesus Christus, indem er sie durch seine Existenz und mit seinem Wort in Frage stellt, seinerseits in Frage gestellt, indem er sie anficht, seinerseits angefochten. Dem Leben steht da immer und überall auch noch Tod gegenüber, dem Bund immer und überall auch noch Untreue und Abfall, der Versöhnung immer und überall auch noch **Widerstreit**. Eben dies ist nun aber auch die Situation des prophetischen Amtes und Werkes, des prophetischen Dienstes und Handelns Jesu Christi. Sein Spruch stößt auf den **Widerspruch**, seine Wahrheit auf die Lüge seiner Umgebung und besteht in deren Aufdeckung, Widerlegung und Überwindung. Ihm sind von daher – keine absoluten und endgültigen, aber relativ und vorläufig doch ernsthafte **Grenzen** gesetzt. Ihm widerfährt von daher eine nicht unüberwindliche, aber sehr bemerkliche **Hemmung**. Und indem sein Wort seinerseits Widerspruch gegen diesen Widerspruch ist, scheint es sich sogar selbst einer gewissen Bindung und Bedingtheit zu unterwerfen, scheint es selbst in relativer und vorläufiger, aber nicht zu verkennender Zurückhaltung gesprochen zu sein und zu werden. Der Ausdruck Joh. 1, 5 ist hier aufzunehmen: «Das Licht (des Lebens) leuchtet, es leuchtet aber (wie das auch im Einzelnen auszulegen sein mag) in der Finsternis.» Die Fortsetzung soll sofort mit in Erinnerung gerufen sein: «und die Finsternis hat es nicht überwältigt». Ist es doch das nicht zu überwältigende, nicht auszulöschende, das ewige Licht, das da in die Welt hineingeht. Das ändert aber nichts an dem Vordersatz: daß dieses Licht an einem Ort, in einer Umgebung leuchtet, die von ihm wohl beleuchtet, aber nicht nur sehr teilweise erleuchtet, die nicht seinem Leuchten entsprechend selber hell, die von ihm vielmehr als Finsternis unterschieden ist und ihm als solche in ihrer gewiß ihrerseits begrenzten Macht negativ entgegenwirkt – der gegenüber es freilich nicht versagt, sondern sich durchsetzt, der gegenüber es sich aber, um sie endlich und zuletzt auszuschließen und zunichte zu machen, von Schritt zu Schritt und also in einer Geschichte durchsetzen muß. Und so wäre weiter zu umschreiben: das Wort des Bundes ist und wird zwar laut – mit einer Stimme, deren Klingen nach Ps. 19, 5 «ausgeht in alle Lande, ihre Rede bis ans Ende der Welt» – daß es aber durchaus nicht selbstverständlich, vorgegeben und notwendig, sondern im Ganzen wie im Einzelnen etwas Neues, Besonderes, Wunderbares ist, wenn das nicht umsonst geschieht, wenn das Wort dort ankommt, wohin es gerichtet ist, wenn es hörende oder auch nur halbwegs hörende Ohren findet. Und weiter: die Versöhnung ist zwar in aller nötigen Klarheit offenbar, es kann aber – wie sie selbst Ereignis ist! – auch das nur eben Ereignis sein, wenn sich ihre Offenbarung dort, wo sie stattfindet, nämlich in der versöhnten Menschenwelt, darin bestätigt, daß sie in ihrer Wahrheit und Klarheit wahrgenommen, daß sie also als die Versöhnung der Menschenwelt in dieser auch erkannt wird. Und zusammengefaßt: der große Prophet Jesus Christus ist zwar auf dem Plan und am Werk, sagt von Gottes Namen, Reich und Willen in Vollmacht die ganze, die erste und letzte Wahrheit – und ist doch, wie die Propheten, die ihm vorangingen (mit den Seinen, aber auch im Kreise der Seinen) ein Einsamer, ein Neuling, ein Fremder: ein Bote, der der Welt etwas zu sagen hat, was sie noch nicht weiß und aus sich selbst niemals wissen könnte – mehr noch: dem sie verschlossen ist, sich selbst immer wieder mutwillig oder faul verschließt, zu dessen Aufnahme sie weder willig noch bereit ist, so daß es immer erst geschehen muß und nur eben geschehen kann, daß er nicht einsam bleibt, daß seine Botschaft nicht umsonst ergeht, sondern Gehör und Gehorsam findet, daß der von ihm ausgestreute Same nicht verschwendet ist, sondern aufgeht und Frucht trägt.

So darf man das Verhältnis zwischen ihm als dem Licht der Welt und der ihn umgebenden Weltfinsternis in keinem Sinn statisch verstehen.

Gewiß nicht dualistisch als das eines Gleichgewichts zweier ebenbürtiger Mächte: als ob die Finsternis den Anspruch und die Gewalt hätte, sich dem Licht gegenüber endgültig zu behaupten, als ob ihre Gegensätzlichkeit zum Licht, ihre Opposition dagegen, ihre Infragestellung und Begrenzung des Lichtes auf einer ewigen und also dauernden Ordnung beruhte! Aber nun doch auch nicht monistisch als das Verhältnis eines solchen Übergewichtes der Macht des Lichtes gegenüber dem der Finsternis, kraft dessen diese ihre Macht schon einfach verloren hätte, als ob ihre Gegensätzlichkeit zum Licht schon beseitigt, mit ihrer Opposition dagegen, mit ihrer Infragestellung des Lichtes und mit dessen Begrenzung durch sie gar nicht mehr zu rechnen wäre. Es bleibt vielmehr nur übrig, das Verhältnis dynamisch-teleologisch, nämlich von der in höchster Überlegenheit wirksamen, aber nun doch noch nicht zu ihrem Ziel gekommenen, sondern ihm erst entgegenstrebenden Macht des Lichtes, des Wortes, der Offenbarung her zu verstehen, der gegenüber die Macht der Finsternis in tiefster Unterlegenheit im Zurückweichen, aber immerhin noch auf dem Plan und in ihrer negativen, aufhaltenden Art auch noch wirksam ist. Eine Geschichte geschieht da, ein Drama spielt sich da ab; ein Kampf wird da durch- und ausgefochten. Kann über den Ausgang der Aktion von ihrem Eingang her kein Zweifel sein, so doch auch darüber nicht, daß sie Aktion und als solche im Gange ist und als solche nur erzählend beschrieben werden kann.

Im Anschluß an das, was jetzt über die Notwendigkeit geschichtlichen Verständnisses des prophetischen Werkes Jesu Christi (insbesondere unter dem zuletzt geltend gemachten materialen Gesichtspunkt) gesagt wurde – und bevor wir zu seiner Darstellung und also zur Erzählung seines Geschehens in dessen verschiedenen Dimensionen übergehen, haben wir zwei grundsätzliche Überlegungen anzustellen, deren Ergebnisse uns nachher durch das Ganze hindurch zu begleiten haben werden.

Ich habe diesem Abschnitt den Satz, vielmehr den Ausruf: «Jesus ist Sieger!» als Titel vorangesetzt: schlicht sachlich darum, weil dieser (wirklich als ein Ausruf zu hörende und zu lesende) Satz das Vorzeichen ist, unter dem eine Darstellung des prophetischen Werkes Jesu Christi – und nun also: eine Erzählung davon – unter allen Umständen stehen muß. Er redet vom Ausgang, eben damit aber auch vom Eingang der Aktion, um die es da geht: eben damit aber auch von der konkreten Dynamik und Teleologie ihres Ganges von ihrem Anheben her zu ihrem Ziele hin. «Jesus ist Sieger!» ist das erste und das letzte, eben damit aber auch das entscheidende Wort, das dazu zu sagen ist.

Es ist bekannt aus der Blumhardt-Geschichte, zuerst und vor allem aus der Lebensgeschichte Joh. Chr. Blumhardts d. Ä. Nicht zu verkennen, daß es inhaltlich – fern davon den Charakter einer neuen besonderen Offenbarung zu tragen! – nur eine Zu-

3. Jesus ist Sieger!

sammenfassung und knappste Formulierung vieler neutestamentlicher Worte ist: Worte, hinter denen direkt oder indirekt das zentrale Zeugnis des ganzen Neuen Testamentes bemerkbar ist. Man kann an Joh. 16,33 denken: «In der Welt habt ihr Angst; aber seid getrost: Ich habe die Welt besiegt», oder an Kol. 2,15: Indem Gott im Kreuze Jesu Christi «die Mächte und Gewalten entwaffnete, hat er sie öffentlich zur Schau gestellt – indem er sie in ihm (in seiner Auferweckung von den Toten als von ihm Unterworfene und so als seine Gefangenen) im Triumphzug aufführte», oder an 2. Tim. 1,10, wo Jesus Christus ein schon vollbrachtes «Aufheben» ($\varkappa\alpha\tau\alpha\rho\gamma\varepsilon\tilde{\iota}\nu$) des Todes, oder an Hebr. 2,14, wo ihm wieder ein solches vollbrachtes «Aufheben» – diesmal dessen, der die Macht über den Tod hat, nämlich des Teufels, zugeschrieben wird. Man kann aber auch an die Visionen und Auditionen der Johannes-Apokalypse denken. Der Reiter auf dem weißen Pferd von Apok. 6,2, von dem es heißt, daß er auszog «als ein Sieger und um zu siegen» dürfte zwar nicht hieher gehören, sondern wie jene anderen drei Reiter eine der losgelassenen Mächte des Verderbens darstellen – wohl aber der andere von Apok. 19,11 f., ebenfalls auf einem weißen Pferd, der «Treu und Wahrhaftig», der auch «Das Wort Gottes», der auch «König aller Könige und Herr aller Herren» heißt und mit Gerechtigkeit richtet und Krieg führt, seine Augen wie eine Feuerflamme, auf seinem Haupte nicht nur eine, sondern viele Kronen, sein Kleid in Blut getaucht «und aus seinem Munde geht ein scharfes Schwert hervor, daß er die Heiden damit schlage und er wird sie mit eisernem Stabe weiden und er tritt die Kelter des Zornweines des Grimmes des allmächtigen Gottes». Und so Apok. 5,5: «Siehe, gesiegt hat der Löwe aus dem Stamme Juda, der Wurzelsproß Davids.» Und so die Antwort aus dem Himmel auf den Schall der siebenten Posaune Apok. 11,15 (vgl. 12,10): «Die Herrschaft über die Welt ist unserem Herrn und seinem Christus zugefallen und er wird herrschen in alle Ewigkeit.» Natürlich wäre aber auch 1. Kor. 15,54: das Wort von dem Verschlungenwerden des Todes in den Sieg hier zu nennen, das für Paulus das Ziel aller Geschichte ist, indem es in der Auferstehung Jesu Christi jetzt und hier schon Wirklichkeit geworden ist, so auch das Wort Röm. 8,37 von unserem, der Christen, Siegen in dem, der uns geliebt hat, so das Wort 1. Kor. 15,57 von Gott, der durch unseren Herrn Jesus Christus auch uns, den Seinen, den Sieg gibt, so das Wort 1. Joh. 5,4: «Alles, was aus Gott geboren ist, besiegt die Welt. Und dies ist der Sieg, der die Welt besiegt hat: unser Glaube», so das Wort des Paulus 2. Kor. 2,14: «Gott sei Dank der uns in Christus allezeit triumphieren läßt ($\vartheta\rho\iota\alpha\mu\beta\varepsilon\acute{\upsilon}o\nu\tau\iota$)! «Aber eben: wo blickte das Neue Testament nicht letztlich in diese Richtung? wo redete es nicht letztlich von daher? Es müßte nicht das Zeugnis vom auferstandenen Jesus Christus sein, wenn es anders wäre.

In der Zusammenfassung und Formulierung: «Jesus ist Sieger!» haben wir es immerhin nicht mit dem Zeugnis des Neuen Testamentes, sondern mit dem von J. Chr. Blumhardt zu tun. Er hat es aber auch nicht als ein von ihm gebildetes Wort ausgegeben und geltend gemacht. Es ist bei ihm ein Zitat überaus seltsamen Ursprungs. Er berichtet nämlich in einem seiner vorgesetzten Kirchenbehörde erstatteten förmlichen Rapport, daß er – und nicht er allein, sondern viele Andere mit ihm – dieses Wort am 28. Dezember 1843 in Möttlingen gehört u. zw. auf dem Höhepunkt der zweijährigen Leidensgeschichte und in ihrem Übergang zur Heilungsgeschichte einer seiner Seelsorge anvertrauten Person namens Gottliebin Dittus gehört hätten: nicht aus dem Munde der Gottliebin selbst übrigens, sondern aus dem ihrer für eine Weile von deren Zuständen miterfaßten Schwester Katharina. Er erklärt dort – ich referiere – in beachtlicher Nüchternheit, aber auch in großer Bestimmtheit und in erstaunlicher Konkretheit, (1) daß jene Leidensgeschichte für ihn und seine ganze Umgebung unverkennbar die Gestalt einer jener im Neuen Testament öfters erwähnten dämonischen Überwältigungen gehabt habe, (2) daß sein eigenes seelsorgerliches Eingreifen gerade nur eine Teilnahme an einem eigentlich und entscheidend nicht von ihm, sondern von Jesus selbst geführten Kampf gewesen sei und (3) daß die zuletzt einsetzende Heilungsgeschichte ebenso unverkennbar die Gestalt eines siegreichen Zusammenstoßes eben des lebendigen Jesus mit der jene Person versuchenden, beherrschenden, quälenden dämonischen Fremdmacht gehabt habe. So hörte und zitierte er denn auch das Wort «Jesus ist Sieger!» nicht als Wort der Schwester jener Person, sondern als den aus ihrem Munde gehenden Verzweiflungsschrei – Blumhardt redet geradezu von dem «mit einer Stimme, die man kaum bei einer menschlichen Stimme für möglich halten sollte» ausgestoßenen «Brüllen» – eines ihr fremden Gewalthabers im Augenblick, da dieser seine Macht über die Gottliebin angesichts eines überlegenen Gegners verloren geben mußte – eines Fremden, der (Blumhardt schreibt vorsichtig: «angeblich», nach seiner eigenen letzten Selbstkennzeichnung) ein «Satansengel» gewesen wäre. Die Erinnerung etwa an Mr. 1,23f. drängt sich auf – an jenen Menschen ἐν πνεύματι ἀκαθάρτῳ, der aufschrie und sprach: «Was haben wir mit dir zu schaffen, Jesus von Nazareth? Bist du gekommen, uns zu verderben? Wir wissen, wer du bist: der Heilige Gottes.»

Der Vorgang, in welchem Blumhardt dieses «Jesus ist Sieger!» hörte und aufnahm, hat wie die entsprechenden neutestamentlichen Vorgänge drei Aspekte: einen ersten, im Blick auf den er realistisch im Sinn alter und neuer Mythologie – einen zweiten, im Blick auf den er von moderner Psychopathologie bzw. Tiefenpsychologie her – und einen dritten, im Blick auf den er überhaupt nicht erklärt, sondern nur eben gewürdigt, nämlich (unter der Voraussetzung, daß auch jene Erklärungen möglich sind und als solche in ihrer Weise ihr Recht haben) geistlich gewürdigt werden kann.

Seine geistliche Würdigung ist möglich und ergibt sich aus dem, was aus jener Leidens- und Heilungsgeschichte und im Besonderen aus jenem von Blumhardt und seiner Umgebung an jenem entscheidenden Tag vernommenen Wort in seinem Leben und Wirken (und nachher auch in dem seines Sohnes Christoph) geworden ist. Wie immer der «Kampf» jener zwei Jahre und dessen Abschluß zu erklären sei: die Früchte jenes Geschehens und insbesondere die Konsequenzen jenes Wortes liegen in der damals anhebenden eigentlichen «Blumhardtgeschichte» zutage und sind eindeutig: ein neues unverzagtes Ausgehen von dem überlegenen Leben des auferstandenen Jesus Christus – eine neue damit natürlich gewordene Kraft und Freudigkeit zur Verkündigung der in ihm geschehenen und zu findenden Vergebung der Sünden – ein neues selbstverständliches Ernstnehmen der Realität des in Ihm nahe herbeigekommenen Reiches, der in Ihm aufgerichteten Herrschaft Gottes – ein neues Bitten in der nicht zu stillenden Erwartung und in der nicht zu zerbrechenden Hoffnung auf weitere Selbstkundgebungen dieser Herrschaft, ja auf eine neue Ausgießung des Heiligen Geistes auf alles Fleisch (die Blumhardt in jenem Ereignis und auch in der Kundgabe jenes Wortes nur eben anheben sah) – ein gewaltiger Appell: «Sterbet, auf daß Christus lebe!» – ein Dasein in der mutigen Zuversicht auf das Kommen, die Offenbarung eines neuen Himmels und einer neuen Erde und von daher ein tief beunruhigtes, aber noch tiefer getröstetes Denken im Blick auf die Weltgeschichte, auf die Menschen, wie sie in ihrer Sünde und Not sind, und auf das, wozu sie alle, ob sie es wissen oder nicht, gerufen sind.

Das Alles folgte aus des älteren Blumhardts Erfahrung mit Gottliebin Dittus, um dann für die ganze von Möttlingen und später von Bad Boll ausgehende Bewegung bezeichnend zu werden. In dem Allem entfaltete sich die Blumhardt in jener Stunde widerfahrene Eröffnung und Erkenntnis: «Jesus ist Sieger!» Er hat gewiß nicht erst von da an geglaubt und gewußt, daß dem so ist. Weist doch Alles, was er von jenem zwei Jahre dauernden «Kampf» erzählt, darauf hin, daß er im Glauben an das und im Wissen um das, was dieser Satz sagt, in jenen Kampf schon hineingegangen ist: in der ganzen Erschrockenheit, aber auch wagenden Entschlossenheit, in der er das getan hat. «Herr Jesu, hilf mir! Wir haben lange genug gesehen, was der Teufel tut; nun wollen wir sehen, was Jesus vermag!» so hat er von Anfang an mit der Leidenden und für sie gebetet. Und war es doch nichts Neues – als eben das Neue des Neuen Testamentes! – was ihm auf dem Höhepunkt jenes Kampfes begegnete. Aber eben dieses ihm Wohlbekannte ist ihm dann doch gar nicht als eine Bestätigung seiner schon mitgebrachten Überzeugung und also gar nicht als Erfolg seines in dieser Überzeugung unternommenen seelsorgerlichen Wagnisses, sondern als ein **Neues** begegnet, in höchst unerwarteter Weise **widerfahren**, als ihn gleichzeitig mit der einsetzenden Heilung der Kranken als Erweis dessen, «was Jesus vermag», jener simple Satz traf: «Jesus ist Sieger!» Man bemerke: er traf ihn nicht in Form einer göttlichen Inspiration; er wurde ihm nicht durch eine Stimme von oben vermittelt, sondern im Mund jenes Mädchens gar sehr von unten: als verzweifelt grollendes Eingeständnis, als Bankerotterklärung der Gegenseite, als der letzte Aufschrei eines in die Flucht geschlagenen «Satansengels» und also mitten aus der finstersten Finsternis der Welt heraus. Daß das, wie er es später in einem Lied ausgedrückt hat, «**ewig ausgemacht**», daß eben in der finstersten Finsternis der Welt eben darüber objektiv **entschieden**, eben dies auch **offenbar**, erkannt und ausgesprochen ist: «daß Jesus siegt», das war das auch und zuerst für ihn selbst Überraschende und Neue des Ausgangs seines Kampfes, das sich dann sofort in jene neuen Einsichten, Impulse und Direktiven umsetzen mußte.

Und nun hätte es nicht so sein müssen, nun war es aber so, daß das auch in seiner Zeit ein **neues** Wort war und als solches damals und auch noch lange nachher ein **einsames** Wort geblieben ist. «Daß Jesus siegt» – das war in Blumhardts Zeitgenossenschaft so nicht ausgesprochen, in ihr offenbar auch so nicht erkannt, geschweige denn «ausgemacht»: weder *extra* noch *intra muros ecclesiae*, in der Welt Goethes und Hegels nicht, in der offiziellen Kirche nicht, in den verschiedenen Kreisen der Frommen nicht und in der Theologie erst recht nicht, weder von den Rationalisten, Supranaturalisten und Pietisten des 18., noch von den Romantikern, Spekulativen, Erweckungstheologen und Biblizisten des 19. Jahrhunderts. Das war zunächst nur eben der Inhalt seiner besonderen Erkenntnis, seines besonderen Bekenntnisses. Obwohl und indem man doch von Jesus dem Gottmenschen des alten Dogmas, von Jesus als dem höchsten Vehikel der ewigen Vernunft, von Jesus dem Menschenfreund und Sittenlehrer, von Jesus dem Seelenheiland, von Jesus als der Bezugsperson der christlichen Frömmigkeit und – nach der damals fabelhaft neuen Entdeckung von D. Fr. Strauß – vom mythischen Jesus auch in jenen Tagen Vieles und nicht Ungewichtiges zu wissen und sagen zu sollen meinte! Man lese als irgend beliebiges weltliches oder christliches – und unter den christlichen ein beliebiges wissenschaftliches oder erbauliches Buch jener Jahrzehnte und überzeuge sich: die zwei Worte jener Aussage über Jesus: er «**ist Sieger**» würden in jedem von ihnen höchstens irgendwo am Rande möglich, in dem entscheidenden und umfassenden Sinn, mit dem Akzent aber, den sie für Blumhardt hatten, ein Fremdkörper gewesen sein. Auch die christliche Mission, die damals einen neuen Aufschwung genommen hatte und an der auch Blumhardt größten Anteil nahm, stand im ganzen doch nicht unter diesem Zeichen. Man hatte sich durch das Neue Testament nicht veranlaßt gesehen, jenen oder einen entsprechenden Satz zu bilden und so auch nicht zum Ziehen der Konsequenzen, die für Blumhardt in ihm enthalten waren. Es ging dann noch lange und es mußte noch Vieles geschehen, gelernt und vergessen werden, bis der zunächst fast ganz unterirdische Strom der Blumhardt zugewachsenen Erkenntnis wenigstens auf gewissen Strecken des allgemeinen christlichen Denkens und Lebens auch an die Oberfläche trat und in größerem Maßstab wirksam wurde. Und man kann es noch heute lange nicht von Allen erwarten, daß sie der damals in Fluß gekommenen Bewegung auch nur wirklich gewahr geworden, geschweige denn, daß sie selbst ernstlich von ihr erfaßt sein möchten.

Aber wie dem auch sei: mit dem Quellort dieser für Blumhardt selbst, für seine Zeit und weithin auch bis in die Gegenwart hinein **neuen** Sache haben wir es in dem seltsamen Vorgang des Möttlinger «Kampfes» zu tun, in dessen entscheidender Stunde das «Jesus ist Sieger» laut und vernommen wurde. Das wirklich Seltsame jenes Kampfes liegt nicht dort, wo das befremdete, verwirrte und neugierige Auge es zunächst zu sehen meint, also nicht in den Elementen von Blumhardts Bericht, in denen er nach Erklärung schreit und (mythologische oder medizinische) Erklärung dann auch finden mag. Das wirklich Seltsame jenes Kampfes liegt – unabhängig von der Art und Weise, in der er erfolgte und unabhängig von dessen Deutungen – in der in seinem Abschluß erfolgenden Aussprache jener neuen, d.h. neu sich selbst kundgebenden Sache und also konkret in jenem dort ausgerufenen und damit Blumhardt, seiner Zeit und uns als deren Nachfahren zugerufenen Wort. Ob wir dieses Wort hören oder nicht hören? diese, die geistliche Frage ist das einzig, dafür aber ein für allemal «Interessante» an jenem Vorgang.

Was bedeutet dieses Wort im Zusammenhang der Überlegung, in der wir hier begriffen sind? Es bedeutet für das Verständnis des prophetischen Werkes Jesu Christi (für das Verständnis der Begriffe Licht, Wort, Offenbarung, um die wir uns hier bemühen), daß das Geschehen, die Aktion, an die wir dabei zu denken haben, ein ganz bestimmtes Gefälle hat, dem wir, auch wenn wir dieses Geschehen darstellen und also erzählen, von Anfang an werden Rechnung tragen und Geltung verschaffen müssen. Wir haben uns schon im Vorangehenden klar gemacht, daß dieses Geschehen tatsächlich den Charakter eines Kampfes hat: sofern nämlich das Licht in der ihm widerstrebenden Finsternis leuchtet, sofern es im Begriff der Prophetie Jesu Christi liegt, daß sie im Verhältnis zu einer ihr von der Welt her widerfahrenden Opposition und Infragestellung geschieht. Schon haben wir dabei zuletzt wenigstens angedeutet, daß von einer Äquivalenz der beiden in diesem Geschehen konfrontierten und zusammenstoßenden Faktoren keine Rede sein kann, daß ihre Begegnung vielmehr nur als die eines höchst überlegenen mit einem tief unterlegenen Faktor verstanden und beschrieben werden kann: als ein Kampf, über dessen Ausgang von seinem Eingang her kein Zweifel bestehen kann. Eben das ist jetzt zur rechten Würdigung des Themas dieses Abschnittes ausdrücklich hervorzuheben. Und eben daran erinnert uns die Geschichte und Sache Joh. Chr. Blumhardts, zusammengefaßt in dem Wort: «Jesus ist Sieger!». Das Wort redet von dem Subjekt der Aktion, von der beherrschenden Figur des Dramas, von dem Helden des Kampfes, der uns hier beschäftigt. Es sagt, daß der, der da als Prophet, als Licht, Wort und Offenbarer am Werk ist, nicht irgendeiner ist, dem sein ihn aufhaltender, ihn bestreitender Gegenspieler vielleicht doch auch gewachsen sein, dem die ihm widerfahrende Opposition und Infragestellung vielleicht doch auch gefährlich werden, der durch sie mindestens in Schach gehalten werden könnte. Es kennzeichnet ihn – und das ist das Unvergeßliche der Blumhardt-Geschichte – im Blick auf den Ausgang seines Kampfes und stellt fest, daß er schon in dessen Eingang eben der war, als der er sich in seinem Ausgang herausstellt: der höchst Überlegene nämlich im Verhältnis zu seinem tief unterlegenen Widerpart. Es analysiert gewissermaßen den Namen Jesus und faßt diese Analyse zusammen in der simplen Gleichung: Jesus = Sieger. Sie besagt: Die Dynamik und Teleologie des prophetischen Dienens und Herrschens Jesu Christi ist damit, daß er Dieser, Jesus Christus, ist, zum vornherein und in einem, komme, was da wolle, unerschütterlichen Sinn charakterisiert; es ist nämlich zum vornherein klar und gewiß, was das Ergebnis des Dienens und Herrschens Jesu Christi sein, daß sein Recht und seine Macht in ihrer Entgegenstellung zu dem Recht und der Macht der ihm widerfahrenden Opposition und Infragestellung triumphieren, diese Infragestellung aufheben, diese Opposition beseitigen wird. Die in diesem Wort vollzogene Gleichung verbietet uns also, das Licht und die Finsternis, Jesus und den ihm begegnenden Widerspruch und Widerstand gleich ernst – oder womöglich: diesen Widerspruch und Widerstand noch ernster zu nehmen als Jesus. Sie gebietet uns, einfältig, aber entschlossen damit zu rechnen, daß dieser Widerspruch und Widerstand zwar ernst zu nehmen ist, unendlich viel ernster aber der, dem er begegnet, vielmehr: der ihm begegnet, der ihm widerspricht und widersteht – eben Jesus, die Würde und Kraft, in der Er das tut, der die Gegenseite eine entsprechende, eine gleiche oder auch nur ähnliche nicht entgegenzustellen hat. Kyrios ist Er und nur Er. In dem damit gegebenen Gefälle vollzieht sich die Geschichte, die Aktion, das Drama, der Kampf des prophetischen Werkes Jesu Christi, das Leuchten des Lichtes in der Finsternis. Weil und indem Er, Jesus Christus, das hier handelnde Subjekt, die hier beherrschende Figur, der hier streitende Held ist – darum hat diese Geschichte dieses Gefälle. Und weil sie dieses Gefälle hat, darum ist jene Aussage über ihn das erste und das letzte Wort, das über sie zu sagen ist. Gehört zu ihrer rechten Darstellung gewiß auch dies, daß der der Prophetie Jesu Christi widersprechende und widerstehende Widerpart als solcher sichtbar gemacht und in der ihm zukommenden Weise ernst genommen wird – wie wäre sie sonst Geschichte? wie könnte sie sonst als solche erzählt werden? – so ist doch das erste und entscheidende Erfordernis ihrer Erzählung dies: daß der in ihr Handelnde erkennbar gemacht wird und auf der ganzen Linie erkennbar bleibt als der Herr, der den Sturm auf dem Meer nicht zu fürchten hat, der ihn vielmehr durch sein gebietendes Wort jeden Augenblick zu stillen vermag und der eben von diesem Vermögen auch tatsächlich Gebrauch macht. Der Titel dieses Abschnitts soll dieses entscheidende Erfordernis zum Verständnis dessen, was hier zu sagen ist, hervorheben.

Eine kritische Abgrenzung wird hier unvermeidlich: Ob wohl der Titel und also das Stichwort auch lauten könnte: «Der Triumph der Gnade?» Das könnte in der Tat dasselbe anzeigen, was hier anzuzeigen ist. Ist doch der Begriff «Gnade» zweifellos eine zutreffende, tiefe und an ihrem Ort notwendige Umschreibung des Namens Jesu. Indem Jesus siegt, triumphiert die in ihm erschienene Gnade Gottes (Tit. 2,11). Aber die Aussage, um die es hier geht, ist so zentral und so gewaltig, daß es besser ist, den Namen Jesu nicht nur zu umschreiben, sondern zu nennen. «Triumph der Gnade» könnte mindestens den Eindruck erwecken, als ob hier die Überlegenheit und der Sieg eines Prinzips, eben der «Gnade» über ein anderes, das dann wohl als das Böse, die Sünde, der Teufel, der

Tod zu charakterisieren wäre, angezeigt sein solle. Es geht aber nicht um den Vorrang, Sieg und Triumph eines Prinzips – und wenn dieses das Prinzip der Gnade wäre! – sondern um den der lebendigen Person Jesu Christi! Genau genommen nicht die Gnade, sondern genau genommen Er als ihr Träger, Bringer und Offenbarer ist der Sieger, ist das Licht, das von der Finsternis nicht überwältigt wird, vor dem die Finsternis vielmehr zurückweichen muß, um endlich und zuletzt ihrerseits von ihm überwältigt zu werden. Er ist der, der hier zum vornherein als Sieger auf dem Plan ist. Er ist ja auch das Leben, in Ihm ist der erfüllte Bund, in Ihm die geschehene Versöhnung, in Ihm Alles, was, wieder in Ihm, in seine Umgebung hinaus und hinein leuchtet. Er macht sich selbst bekannt, indem er den Namen, das Reich, den Willen Gottes auf Erden bekannt macht. In dieser seiner Selbstkundgebung ist er der Überlegene gegenüber dem ihm widerfahrenden Widerspruch und Widerstand. Alles würde verdunkelt, wenn das verdunkelt würde. Darum ist: «Jesus ist Sieger!» in unserem Zusammenhang besser als: «Der Triumph der Gnade.»

Es ist nicht ganz zufällig, wenn ich hier gerade auf diese Alternative hinweise und betone, daß ich diese andere Möglichkeit lieber nicht wählen möchte. «Der Triumph der Gnade» ist der Titel eines 1954 holländisch (1956 englisch, 1957 auch deutsch) erschienenen Buches von G. C. Berkouwer, das sich unter diesem Vorzeichen mit meiner bisherigen theologischen Arbeit, insbesondere mit der «Kirchlichen Dogmatik», soweit sie in jenem Jahr gedruckt vorlag, beschäftigt. Ich habe schon im Vorwort zu KD IV,2 mit der ihm geziemenden Hochachtung auf das Buch hingewiesen. Der Anerkennung, die es wegen seiner ausgebreiteten Sach- und Literaturkunde, wegen seiner aufgeschlossenen und umsichtigen Darstellungsweise und auch wegen des Scharfsinns und der Abgewogenheit seiner Kritik von den verschiedensten Seiten gefunden hat, kann ich mich nur anschließen. Und Berkouwer hat seinen Finger zweifellos auf einen wichtigen Punkt gelegt. Ich darf aber gestehen, daß ich schon beim Anblick des Titels seines Buches sofort gestutzt habe. Wenn ich mich von dem sehr klugen und loyalen Verfasser zwar verstanden, bei aller von ihm angewandten Sorgfalt und Gerechtigkeit aber letztlich doch nicht ganz verstanden finden kann, so hängt das auch damit zusammen, daß er mich gerade unter diesem Titel verstehen wollte. Wenn ich recht vermute, so war es eine gelegentliche Bemerkung von H. U. von Balthasar: das Christentum sei bei mir eine schlechthin «triumphale Angelegenheit», die Berkouwer zur Wahl dieses Titels angeregt hat. Das kann ja einmal so gesagt werden (obwohl ich es vom «Christentum» nun doch nicht so ohne weiteres sagen würde) und im Blick auf das paulinische θριαμ-βεύειν wird man den Ausdruck auch nicht als unbiblisch bezeichnen können. Thematisch verstanden und mit dem Begriff «Gnade» verbunden, trifft er nun doch nicht mit genügender Schärfe das, was hier herauszustellen ist. Indem Berkouwer mich unter diesem Titel verstehen wollte, mußte er vielleicht zu dem Bedenken kommen, auf dessen Äußerung sich sein Buch zuletzt zuspitzt.

Er hat sehr wohl gesehen, woran mir von Anfang an gelegen war und immer mehr gelegen ist: an der Herausstellung der Überlegenheit Gottes, seines heiligen und heilsamen Willens, Wortes und Werkes gegenüber dem, was ihm als feindselige und verderbliche Verschlossenheit und Auflehnung, als die Gewalt des Chaos von Seiten der Kreatur her begegnet. Er fragt aber: ob es dabei bei mir mit rechten Dingen zugehe? Ob nämlich bei mir das Problem der Überwindung dieser Opposition nicht verharmlost werde? ob diese und also der «Triumph der Gnade» in meiner Darstellung nicht der Gefahr ausgesetzt sei, sich im Widerspruch zu dem, was uns in der heiligen Schrift von ihm bezeugt ist, als ein bloßes Scheingefecht darzustellen? Darum nämlich, weil ich vom Ausgang jenes Dramas her schon seinen Eingang bestimme, um von da aus dann das Ganze in seinem Lauf zu jenem Ausgang allzu geradlinig zu sehen und zu verstehen! Es erweise sich ja bei mir die Gnade und ihr Triumph als eine schon in Gott selbst, in seinem ewigen Willen nicht nur schon beschlossene, sondern – aller Geschichte, ja schon der Schöpfung vorangehende, auch jene Auseinandersetzung zwischen Gott und dem Bösen prädeterminierende – bereits gefallene Entscheidung, von der her sich dann mit allem Geschehen in der Geschöpfwelt und also in der Zeit auch jene Auseinandersetzung nur eben unaufhaltsam, gefahrlos, im letzten tief unproblematisch abwickeln, vielleicht nur wie ein aufgezogenes Uhrwerk abspielen könne. Die Möglichkeit dazu hätte ich mir nach Berkouwer auf eine sehr eigentümliche Weise verschafft – indem ich nämlich das Böse in meiner Darlegung (KD III,3 § 50) über «Gott und das Nichtige» sehr abweichend von der Sprache der Bibel als «unmögliche Möglichkeit» bzw. als «ontologische Unmöglichkeit» bezeichnet und beschrieben, indem ich also nicht nur seine Bedeutung und Macht minimalisiert, sondern seine Realität im Grunde in Abrede gestellt habe. Als das «Nichtige» könne es der Gnade gegenüber darum nichts ausrichten, sei es darum nicht zu fürchten, sei der «Triumph der Gnade» ihm gegenüber darum zum vornherein – etwas billig freilich! – gesichert, weil es ihr gegenüber gar nicht wirklich sei. Eben diese seine völlige, weil apriorisch-ontologische, in und mit seinem (nun doch nicht theologisch, sondern spekulativ gebildeten!) Begriff gegebene Nichtigkeit werde bei mir vorausgesetzt, nämlich in Gott, in seinen ewigen Willen hineinversetzt – im Blick auf den dann die Geschichte, die Sünde, der Unglaube und das ihn treffende göttliche Gericht und so dann auch die Tat der Gnade Gottes und der Glaube als des Menschen Gehorsamstat bei mir keinen ernsten Sinn mehr haben könne. Und so komme es bei mir zu der unheimlichen, in ihrer Systematik biblisch nicht zu begründenden *«triomfantelijkheid»*, mit der ich mir von der ganzen Beziehung zwischen Gott und dem Bösen und so dann auch zwischen Gott und Mensch zu reden erlaube.

Das ist nun gewiß ein des Nachdenkens und der Beantwortung würdiger Einwand und weil ich ihn auch sonst, wenn auch in weniger umfassender Begründung – besonders vom europäischen Norden her! – nicht selten zu hören bekomme, weil er in der Sache insbesondere auch mit dem Einwand zusammentrifft, den Heinrich Vogel seit langem gegen mich auf dem Herzen trägt – und, wenn ich recht sehe, auch mit der Frage, die Eduard Bueß, im Besondern meiner Darstellung der Prädestination gegenüber, angemeldet hat – möchte ich mich – indem ich mich nun doch an die Kritik von Berkouwer halte – hier kurz dazu erklären. Ich unterscheide und verbinde dabei vier offenbar der Erklärung bedürftige Punkte.

1. Berkouwer hat wohl gemerkt und hat auch immer wieder nachdrücklich darauf hingewiesen, daß ich, was ich vom Willen, Wort und Werk Gottes auf der einen, von dem ihm widerstrebenden Bösen auf der anderen Seite und schließlich von ihrem Verhältnis zueinander sage, christologisch begründe oder begründen wolle. Die Frage ist aber, ob es und ich unter «christologischem» Denken, Fragen, Definieren, Schließen und schließlich Begründen dasselbe verstehen? Ich kann nur für mich reden und stelle fest: «Christologisch» nenne ich ein Denken im Wahrnehmen und Begreifen, im Verständnis und in der Würdigung der in der heiligen Schrift bezeugten Wirklichkeit der lebendigen Person Jesu Christi selber, in der Aufmerksamkeit auf die Tragweite und Bedeutung seiner Existenz, in der Aufgeschlossenheit gegenüber seiner Selbsterschließung, in der Folgerichtigkeit der ihm zustehenden Folgsamkeit. In dieser formalen Bestimmung darf ich mich mit Berkouwer gewiß einig wissen und auch darüber dürfte Verständigung zu erreichen sein, daß christologisches Denken, so verstanden, ein vom Deduzieren aus einem vorgegebenen Prinzip verschiedener Erkenntnisvorgang ist. Ich unterstreiche nur: es handelt sich nicht um ein Christus-Prinzip, es handelt sich um den in der heiligen Schrift bezeugten Jesus Christus selber! Übereinstimmung besteht aber zwischen Berkouwer und mir gewiß auch darin, daß es sich im christolo-

gischen Denken auf alle Fälle um das Wahrnehmen und Begreifen, das Verständnis und die Würdigung der Person handeln muß, die sich im Zeugnis der heiligen Schrift als der gekreuzigte und auferstandene Gottes- und Menschensohn, als der eine allmächtige Mittler zwischen Gott und den Menschen, ja zwischen Gott und der ganzen Kreatur erschließt und also als der, dem (Matth. 28,18) als solchem alle Gewalt im Himmel und auf Erden gegeben ist. Man redet an Jesus Christus, an seiner Selbsterschließung, am Zeugnis der heiligen Schrift vorbei, wenn man nicht sofort davon ausgeht, daß man es in ihm mit dieser Person zu tun hat. Darin dürfte zwischen Berkouwer und mir kein Dissensus bestehen. Sind wir aber auch darin einig, daß dem so bestimmten Denken in der Aufmerksamkeit auf die Existenz der lebendigen Person Jesu Christi (eben weil sie diese ist!) innerhalb des theologischen Denkens überhaupt die unbedingte Priorität zukommen muß? daß also das christologische Denken *per definitionem* das begründende, nämlich alles theologische Denken (auch das über das Verhältnis zwischen Gott und dem Bösen!) unbedingt begründende Denken ist? So daß es z.B. nicht anginge, zuerst gewisse prinzipielle Vorentscheidungen (z.B. über Gott, den Menschen, die Sünde, die Gnade usw.) zu vollziehen, um diese dann nachträglich auch noch christologisch zu stützen – auch nicht solche prinzipielle Vorentscheidungen, für die man irgendwelche «Schriftgründe» meint anführen zu können: als gäbe es in der Schrift solche Gründe, die dem einen in Jesus Christus gelegten Grund vorgeordnet wären! So daß vielmehr alle prinzipiellen Entscheidungen nur Nachentscheidungen sein, nur in der Folgerichtigkeit des Jesus Christus gegenüber folgsamen Denkens vollzogen werden können: nur im Verlauf des christologischen, als des allein echten theologischen Denkens, Fragens, Definierens und Schließens! Die Nötigung, dem christologischen Denken diesen unbedingten Vorrang, diese Funktion des im strengen Sinn begründenden Denkens zu geben, scheint mir schlicht eben mit dem Charakter der lebendigen Person Jesu Christi als des allmächtigen Mittlers, dem es folgsam sein möchte, gegeben zu sein. Und nun bin ich doch im Zweifel, ob Berkouwer eben hinsichtlich dieser Nötigung – und von daher eben hinsichtlich des unbedingten Vorrangs des christologischen innerhalb des theologischen Denkens mit mir einig ist? Er kann es vielleicht darum nicht sein, weil er noch tiefer als ich in der altreformierten Tradition verwurzelt ist, derzufolge – auch sie hat der angeblichen «Schriftgründe» genug dafür anzuführen gewußt – schon in der Erwählungslehre mit einem der Person und dem Werk Jesu Christi vorgeordneten Prinzip zu rechnen, Jesus Christus doch nur als das mächtige ausführende Organ des göttlichen Gnadenwillens zu verstehen, dem christologischen Denken also doch erst nachträglich Raum zu geben wäre. Er kann es vielleicht auch darum nicht sein, weil sich die Blumhardt-Geschichte und ihr Ergebnis in der sehr eigentümlich calvinistischen Umgebung, der er seine Formation verdankt, soweit ich sehe, bis jetzt noch nicht wirksam durchgesprochen hat. Berkouwer kann sich jedenfalls meine Auffassung des Verhältnisses zwischen Gott und dem Bösen nur erklären, indem er auch mich von einer solchen Vorentscheidung herkommen sieht und also in der Handhabung – und nun eben leider in einer allzu geradlinigen und einseitigen Handhabung und Entfaltung eines Prinzips begriffen sieht. Eben so kann ich meine Absicht nicht verstanden finden. Eben an dem ist es doch nicht, daß ich einfach das Prinzip «Gnade» geradlinig zu Ende denken möchte, um so auch in der Frage nach jenem Verhältnis zum Begriff eines uneingeschränkten «Triumphs der Gnade» vorzustoßen. Ein solches Unternehmen würde auch ich für illegitim halten. Wohl aber möchte ich, daß Jesus Sieger ist, vom ersten Schritt an und dann auf der ganzen Linie und so auch bei der Beantwortung jener Frage unbedingt ernst genommen wissen. Dagegen sollte doch eigentlich auch Berkouwer nichts einzuwenden haben. Dagegen ist – jedenfalls von der heiligen Schrift her – etwas Ernsthaftes schwerlich einzuwenden.

2. Wie gestaltet sich von diesem Ausgangspunkt her das Bild von der Begegnung Gottes mit dem ihm von der Welt her widerstrebenden Bösen? Berkouwer ist besorgt, sie möchte sich mir (allzu triumphal) als die Begegnung mit einem von vornherein

schlechthin unterlegenen Partner darstellen: als eine Aktion, über deren Ausgang in der Überwindung des zweiten durch den ersten schon in ihrem Eingang entschieden sei und also kein Zweifel bestehen könne. Nun, ich meine: das könnte doch nur dann ein Bedenken erregendes Bild sein, wenn es deduktiv und konstruktiv, durch Folgerungen aus einem vermeintlich vorgegebenen Prinzip, von einer schon vollzogenen Vorentscheidung über die Natur Gottes und des Bösen oder über das vollkommene Wesen der Gnade her gewonnen, wenn jene Begegnung dabei in eine begriffliche Synthese eingefangen wäre, mit deren Entdeckung und Formulierung man meinen könnte, den Gegensatz «in Griff» bekommen zu haben. Man müßte aber doch ein arger Tor sein, wenn man Solches unternehmen zu sollen meinte. Eben darum kann und darf es sich hier gewiß nicht handeln. Es sind ja die Partner in jener Begegnung laut des biblischen Zeugnisses nicht ein «Gott» *in abstracto* und wieder *in abstracto* ein «Böses» und so ist auch ihre Beziehung zueinander nicht durch so etwas wie eine «Gnade» *in abstracto* bestimmt. Sondern Jesus Christus, seine lebendige Person, in seinem Charakter als der allmächtige Mittler zwischen Gott und den Menschen ist der eine – und das, was Ihm, dieser seiner Person widerspricht und widersteht, ist der andere Partner. Indem aber diese Person als solche im Bilde ist, ist zunächst darüber entschieden, daß der Hinweis auf die schlechthinige Überlegenheit dieses Partners dieses nicht bedeuten kann, daß man ihn und damit die ganze Situation «in Griff» bekommen und meistern könnte. Auf eine Person kann man, auf diese Person muß man sogar – und das unbedingt, mit letzter Gewißheit – vertrauen, wie Blumhardt es, als er sich auf jenen Kampf einließ, getan hat. Eine Person – und nun gar diese! – kann man aber (eine Sorge in dieser Hinsicht ist wirklich überflüssig!) nicht «in Griff» bekommen, d. h. eben: nicht begrifflich meistern, über sie kann man nicht verfügen und so erst recht nicht über die durch sie bestimmte Situation. In der freien, in keiner Synthese zu erfassenden, keiner Verfügung zugänglichen Tat dieser Person wirkt sich ja die göttliche und also schlechthinige Überlegenheit dieses Partners aus, vollzieht sich ja die Bestimmung der Situation zwischen ihm und seinem Gegenpartner – nicht anders! Blumhardt hat im Traum nicht daran gedacht, über Jesus verfügen zu wollen und zu können, sondern er hat ihn – und das ist etwas ganz Anderes, das ist das dieser Person gegenüber allein Mögliche – zwei Jahre lang angerufen: in unbedingtem Vertrauen, aber angerufen! Doch nun geht es eben um das Vertrauen zu dieser Person, um ihre freie Tat, um ihre Anrufung. Nun ist also dem in dieser Sache Besorgten die Gegenfrage zu stellen: ob das Vertrauen auf Jesus etwa doch nur ein bedingtes, die Zuversicht in seiner Anrufung doch nur eine beschränkte sein könnte? Müßte man nicht vergessen oder leugnen, daß man es mit dieser Person in ihrem Charakter zu tun hat, wenn man da irgend eine Zurückhaltung, ein bloß bedingtes Vertrauen für das bessere Teil halten wollte? Vergißt oder leugnet man das aber nicht, dann muß es doch wirklich als zum vornherein – Blumhardt sagte: ewig – «ausgemacht» gelten, daß dieser Partner seinem Gegenpartner, was auch von diesem zu denken sei, auf alle Fälle in schlechthiniger Überlegenheit gegenübersteht, daß die Aktion zwischen ihm und jenem nur in dessen Überwindung bestehen kann – muß also gesagt werden, daß über den Ausgang dieser Aktion tatsächlich schon in und mit ihrem Eingang entschieden ist: im Blick auf den nämlich, der da der Erste ist und als derselbe auch der Letzte sein wird. Ihm gegenüber gibt es allerdings kein Recht zum Zweifel. Ist das nun schlimm? Ist denn der Zweifel etwas so Schönes, daß uns das Recht darauf durchaus gesichert bleiben müßte? Und der zu vertretende Satz lautet ja auch nur dahin, daß Jesus Sieger ist. Allen anderen wirklichen und angeblichen Siegern – vor allem und zuerst uns selbst gegenüber – bleibt also zum Zweifeln immer noch Raum genug. Und so auch in der Beschreibung solcher anderer Sieger Raum genug für das von H. Vogel so geschätzte «Paradox» und für allerlei «Kontrapunktik». Der Satz aber, daß Jesus Sieger ist, kann von nirgendswoher eingeklammert, problematisiert, kann in keiner Weise «kontrapunktiert» werden. Er enthält kein Paradox. Er ist undiskutabel. Was kann an dieser Feststellung bedenklich sein?

Wo in der Bibel ist das anders gesehen? Im Blick auf ein zu Ende gedachtes Prinzip der Gnade und ihren Triumph wollte ich wohl auch zugeben, daß man zweifeln kann und daß für die Wahrung des «Paradoxes» usw. Einiges zu sagen ist. Ich verstehe aber nicht, wie man das Alles im Blick auf den Namen Jesus anders sehen kann.

3. Wir müssen nun aber auch des in jenem Verhältnis in Frage kommenden Gegenpartners Gottes gedenken. Berkouwer hat ganz recht, wenn er feststellt, daß die von mir zur Bezeichnung und Beschreibung dieses zusammenfassend als das Böse zu benennenden Gegenpartners verwendeten Formeln (das «Nichtige», die «unmögliche Möglichkeit», die «ontologische Unmöglichkeit» – insbesondere diese dritte) von etwas mehr als von dessen Dunkelheit, Unzugänglichkeit und Rätselhaftigkeit für das menschliche Erkennen reden, daß damit vielmehr – als sei es uns erkenntnismäßig kein Rätsel! – etwas sehr Bestimmtes über sein Wesen und über sein Sein in diesem Wesen gesagt werde. Und eben dies meint er beanstanden, eben um deswillen meint er die von mir verwendeten Formeln ablehnen und in ihrer Verwendung ein Indiz für die Bedenklichkeit meiner ganzen Darstellung finden zu sollen: schon wegen des intellektuellen (spekulativen) Übergriffs, den ich mir da erlaube, aber auch wegen der Verharmlosung, die dem Bösen damit widerfahre, daß es bei mir erklärt und sogar auf solche Formeln gebracht werde, und endlich und vor allem wegen der besonderen Bedeutung der von mir gewählten Formeln, durch die so etwas wie die Leugnung der Realität des Bösen mindestens nahegelegt werde. Es gibt Stellen in Berkouwers Buch, denen man entnehmen kann: er ist der Meinung, daß man es in der durch diese Formeln gekennzeichneten Konzeption vom Nichtigen mit dem Fundamentalartikel oder doch mit dem entscheidenden Hebel zu tun habe, mit dem meine ganze Lehre von dem, was er den «Triumph der Gnade» nennt – ja womöglich die ganze Kirchliche Dogmatik! – in Bewegung gesetzt sei. Was soll ich dazu sagen?

Zunächst dies, daß ich um Einverständnis darin werben möchte, daß auch die rechte Bestimmung des Bösen allein in der Folgerichtigkeit eines der lebendigen Person Jesu Christi in ihrer Selbsterschließung folgsamen und also eines folgerichtig «christologischen» Denkens zum rechten und zu einem relativ klaren Ergebnis führen kann, und daß es weder übermütig sein, noch gefährlich werden wird, auf dieser Linie auch in dieser Sache – statt an dieser Stelle auf das Verstehen zu verzichten – nach dem *intellectus fidei* zu fragen und ein rechtes und klares gedankliches Ergebnis jedenfalls anzustreben. Dürfte ich dieses Einverständnis voraussetzen, so sollte es nicht unmöglich sein, zu zeigen, daß die Bildung jener von mir gewählten Formeln – an deren Stelle gewiß auch andere, vielleicht bessere (nur eben sachlich gleichbedeutende) treten könnten – sachlich unvermeidlich, und was mit ihnen gemeint ist und nicht gemeint sein kann. Es ist doch keine Spekulation, sondern die für jedes Kind zunächstliegende und unschwer zu begleitende Beschreibung, wenn man das Böse zunächst schlicht definiert als das, was Gott nicht will. Womit dann aber schon gesagt ist: was er als Gott nie wollte noch wollen wird, als Gott nie wollen konnte noch wollen können wird. So wird es doch in der Selbsterschließung der lebendigen Person Jesu Christi charakterisiert, beurteilt und verurteilt. Es ist als Widersetzlichkeit gegen Gott das seinem Willen nur eben Entgegengesetzte, durch seinen Willen von Ewigkeit her in der Zeit und wieder in alle Ewigkeit nur eben Verneinte, Verworfene, Verurteilte, Ausgeschlossene. Gewiß kann man nicht zuerst – wie käme man dazu? – diese oder eine ihr sachlich entsprechende andere Definition des Bösen aufstellen, um dann von da aus und mit ihrer Hilfe zum Lobpreis des «Triumphes der Gnade» überzugehen. Wohl aber kann und muß man von der Erkenntnis her, daß Jesus Sieger ist, zu dieser Definition des Bösen kommen. Hat man seine Realität damit geleugnet? Nein, man hat seine Realität vielmehr gerade von daher, konkret in ihrer Gegensätzlichkeit zu dem in Jesus Christus wirksamen und offenbaren Willen Gottes, aber auch in der Gegensätzlichkeit, der sie dadurch ihrerseits unterworfen ist, anerkannt und erkannt. Nun aber wirklich in ihrer besonderen Art erkannt! Also in der Tat nicht bloß in ihrer Rätselhaftigkeit für unser menschliches

Erkennen, sondern in der Tat das Wesen, in welchem das Böse sein Sein hat. Daß und wie ein dem Willen Gottes nur eben Entgegengesetztes, dem sich Gott seinerseits nur entgegensetzen kann, Realität haben und sein kann, das ist und bleibt ja unserem Erkennen gewiß rätselhaft, dunkel und unzugänglich. Es hängt aber auch das mit dem Wesen des Bösen zusammen: wäre uns, daß und wie es Realität sein kann, erklärlich, so wäre es nicht das Böse. Und der hätte es nicht als das Böse vor Augen, der, daß und wie es Realität ist, erklären zu können und zu sollen meinte. Gerade das Wesen dieser Realität als das von Gott nur eben Verneinte liegt aber im Lichte dessen, der ihm als Sieger gegenübersteht, zutage, kann und muß von dem, der seine Realität als solche erkennt, bezeichnet und beschrieben, in und mit seiner Realität erkannt und definiert werden. Irgendwie wird ja auch Berkouwer das Böse definieren müssen und können. Hat er von einem besseren Ausgangspunkt her einen besseren Vorschlag dazu zu machen? Und ist es denn wirklich an dem, daß der Charakter des Bösen damit verharmlost wird, daß man es definiert und nun eben – von Gott und Jesus Christus her denkend – so: als das dem Willen Gottes Entgegengesetzte und als solches durch den Willen Gottes nicht erst nachträglich, sondern zum vornherein Verneinte, Verworfene und Ausgeschlossene definiert – sein Wesen also als reines Unwesen, seine Größe nur eben als die Größe des Unfugs, seine Macht nur eben als die Macht der Ohnmacht? Gibt es eine schärfere Diskriminierung des Bösen, eine ernstere Warnung vor ihm, eine nachdrücklichere Kennzeichnung seiner Unheimlichkeit als die mit dieser Definition ausgesprochene, der Verurteilung nachgesprochene, die uns in Gottes Verhalten ihm gegenüber, in der Existenz Jesu, des Siegers, doch offenbar vorgesprochen ist?

Ich komme im Besonderen zu den von mir in diesem Zusammenhang verwendeten Formeln. Es ist klar, daß sie meine Geschöpfe und also in der Bibel so nirgends anzutreffen sind: das «Nichtige» nicht, die «unmögliche Möglichkeit» auch nicht und die «ontologische Unmöglichkeit» erst recht nicht. Es gibt aber bekanntlich in der alten, neueren und neuesten theologischen Sprache (auch in der der Reformatoren, nicht auch in der Berkouwers?) auch andere Begriffe und Formeln, die in der Bibel keine direkten Äquivalente haben, ohne daß man sie nur schon deshalb verwerfen oder auch nur zum vornherein verdächtigen dürfte. Man bildet solche Formeln, wenn es darum geht, gewisse aus der Bibel gewonnene und von dorther zu entfaltende Erkenntnisse abgrenzend gegen Mißverständnisse und Irrtümer und zum weiteren Gebrauch auch noch kurz, bündig und etwas handfest zusammenzufassen. Man muß sie von jenen Erkenntnissen her – und nicht etwa jene Erkenntnisse von ihnen her interpretieren. Man muß sie also im besten Sinn des Wortes: *cum grano salis* verstehen. So das *homousios* des Athanasius – so (unzusammengezählt!) auch meine Formeln zur Bezeichnung des Bösen. Sie wollen alle nur zusammenfassen, was jetzt eben entfaltet wurde.

Mit dem «Nichtigen» kann also nicht gemeint sein, daß das Böse Nichts und also gar nicht sei, keine Realität habe – ist aber gemeint: es ist nur in dem ihm in seinem Verhältnis zu Gott und (darum und entscheidend) in Gottes schlechthin abweisendem Verhältnis zu ihm allein zukommenden Negativität. Es ist, anders als Gott, aber auch anders als Gottes Geschöpfe (zu denen es nicht gehört!) ohne einen Grund, von dem her es wäre, ohne ein Recht auf sein (ihm leider nicht abzusprechendes) Dasein, ohne jede sein Dasein, seine nur zu reale Bedeutung und Wirksamkeit auszeichnende Würde, ohne positiv zu charakterisierende Macht. Das Wesen, in dem es sein Dasein hat und in dem es sich betätigt, ist nur eben Unwesen. Seine Befugnis, da zu sein und sich auszuwirken, ist nur eben die des Unfugs. In diesem Sinn ist das Böse das «Nichtige».

«Unmögliche Möglichkeit» beschreibt denselben Sachverhalt. Hier ist das «Paradox» nun wirklich an seinem eigentlichen Orte! «Unmögliche Möglichkeit» meint eben: die absurde Möglichkeit des Absurden. Indem das Böse in seiner fatalen Weise Wirklichkeit hat und ist, muß auch mit Möglichkeit gerechnet werden: mit seiner Macht, wirklich zu sein. Was ist das für eine Macht? sollte sie anders denn als die Macht der Ohnmacht und also als die Möglichkeit des Unmöglichen zu bezeichnen sein? Existiert doch das Böse nur eben *per nefas*, nur eben im Faktum eines Aufruhrs, der in keinem positiven Grund, der nur in einem Abgrund seinen Sinn hat, der als solcher nur das Produkt des Unsinns sein kann. Ihm fehlt doch jede *ratio*, die es rechtfertigte. Eben darum kann, d a ß und w i e es wirklich ist, nicht erklärt werden. Von daher die erkenntnismäßige Rätselhaftigkeit seiner Realität! Aber eben als in diesem Sinn erkenntnismäßig rätselhafte Realität w i r d es doch erkannt, ist es also auch einer Bezeichnung und Umschreibung bedürftig und fähig. Wem die Formel «unmögliche Möglichkeit» nicht gefällt, der mache einen besseren Vorschlag!

Und nun die Berkouwer besonders anstößige «ontologische Unmöglichkeit» des Bösen. Mein Herz hängt auch nicht an dieser Formel, wiederum kann ich sie auch nicht für ohne Weiteres untauglich halten. Auch sie will sagen: das Wesen des Bösen als jene von Gott nur eben verneinte Verneinung disqualifiziert sein S e i n – sein Wesen und damit auch seine nicht zu leugnende Existenz – als unmöglich, sinnlos, rechtlos, würdelos, grundlos. Wollte man von einer ontologischen Klasse oder Stufe des Seins reden, dem das Böse – im Unterschied zum Sein Gottes und seiner Geschöpfe – in allen seinen Gestalten und Erscheinungen angehört, so könnte man diese nur als die Klasse oder Stufe des von Gott verneinten, verworfenen, ausgeschlossenen – und deshalb auch vom Sein der Kreatur radikal verschiedenen – Seins bezeichnen. Ist diese Formel, wenn man alles Vorangehende bedacht und verstanden hat, so spekulativ und, weil spekulativ, so gefährlich? Es wäre denn, man entdeckte in ihr Geheimnisse, die sie in dem Gebrauch, den ich von ihr mache, wirklich nicht enthält, z. B. wie Berkouwer (vermutlich auf Grund eines sprachlichen Mißverständnisses) meint: eine der ontologischen Unmöglichkeit des Bösen zugrunde liegende Selbstunterscheidung im Sein Gottes – wo ich doch nur von einer allerdings ursprünglichen Selbstunterscheidung Gottes eben vom Bösen, das in ihm keinen Raum hat, von seiner ursprünglichen Distanzierung gegenüber der Gen.1,2 erwähnten Möglichkeit des Chaos geredet habe – von ihr aber in dieser oder einer anderen Form unter allen Umständen reden mußte, um die Energie der in Jesus Christus geschehenen V e r u r t e i l u n g, von der her wir über das Böse zu denken haben und also dessen schlechthinige Inferiorität unzweideutig ans Licht zu rücken. Das Böse ist, was es laut dieses U r t e i l s ist: nichts Anderes, nicht mehr, aber auch nicht weniger, nicht weniger, aber auch nicht mehr. Also: es i s t – es ist aber im Charakter «ontologischer Unmöglichkeit»!

4. Ergibt sich von diesen Voraussetzungen her wirklich eine Bedrohung oder gar Aufhebung des g e s c h i c h t l i c h e n Charakters der Begegnung zwischen Gott und dem Bösen? Wird sie aus einer wirklichen Geschichte zu einem bloßen Ablauf, der sich dann wohl letztlich auf den einer begrifflichen Analyse reduzieren könnte, wenn nämlich die Überwindung des Bösen im ewigen Willen Gottes beschlossen, ja schon vollzogen ist, wenn das Böse, um dessen Überwindung es in dieser Begegnung gehen soll, doch nur das Nichtige ist – wenn also über ihren Ausgang von ihrem Eingang her nach beiden Seiten zum vornherein entschieden ist? An der von mir in diesem Zusammenhang gern gebrauchten Wendung: «zum vornherein» hat Berkouwer hier besonders Anstand genommen. Der Einwand erscheint zwingend. Aber ich kann mir doch nicht helfen: sieht man nicht vor lauter Bäumen den Wald nicht, wenn man hier diesen Einwand erhebt und für zwingend hält? Von was reden wir denn, wenn wir von der Begegnung Gottes mit dem Bösen reden – wenn wir im Blick auf diese Begegnung in der Tat «zum vornherein» damit rechnen, daß Gott unendlich viel größer und mächtiger ist als das Böse und daß das Böse im Verhältnis zu dem, der ihm da begegnet, nur eben verächtlich ist? Reden wir denn von zwei Prinzipien, von denen wir das eine, das positive willkürlich mit maximalen, das andere, das negative, ebenso willkürlich mit minimalen Prädikaten ausgestattet hätten? Wäre es an dem, dann möchte der Einwurf allerdings berechtigt sein: zwischen zwei so ausgestatteten Prinzipien könnte eine Geschichte allerdings nicht möglich, nicht einmal denkbar sein, sondern schon mit ihrer Gegenüberstellung wäre (in etwas billigem begrifflichem Triumph!) entschieden und ausgesprochen, daß das erste *per se* in der Auslöschung des zweiten besteht, das zweite *per se* durch das erste ausgelöscht ist.

3. Jesus ist Sieger!

Aber an dem ist es doch nicht. Wir reden doch von Jesus als dem Sieger: von dem in Ihm handelnden und offenbaren Gott und von dem Bösen, wie es in seiner Konfrontierung mit dem in Ihm handelnden und offenbaren Gott erkennbar wird. Woher wissen wir denn, daß die Überwindung des Bösen im ewigen Willen Gottes beschlossen, ja schon vollzogen ist, und daß das sich ihm widersetzende Böse das Nichtige ist? Doch schlicht von daher, daß wir den Konflikt zwischen Beiden vor Augen haben, der in Jesus Christus, in seiner Begegnung mit der Welt, Ereignis ist – von daher, daß wir die Art, wie dieser Konflikt da ausgetragen wird, als Quelle aller gewissen Erkenntnis von dieser Sache ganz ernst nehmen – m.e.W. daß wir eben in der Folgsamkeit christologischen Denkens folgerichtig sein und bleiben möchten. Jesus! Und nun haben wir zur Bezeichnung dessen, was wir in ihm vor Augen haben, wieder und ganz unvermeidlich die Worte «Konflikt» und «Ereignis» gebraucht. Wer «Jesus» sagt, der sagt doch eben sofort und unvermeidlich: Geschichte – seine Geschichte – die Geschichte, in der er ist, der er ist und tut, was er tut. In seiner Geschichte erkennen wir Gott, erkennen wir auch das Böse, erkennen wir ihr Verhältnis – nicht anderswo als da und nicht anders als so, wie es sich da zu erkennen gibt. Und eben da wird doch ein Weg gegangen. Eine Frage ist da gestellt und wird da beantwortet. Ein Urteil wird da gesprochen und ein Gericht wird da vollzogen und erduldet. Ein Glaube und ein Gehorsam wird da verlangt, ist da zu bewähren und wird da bewährt. Da wird gebetet. Ein Kreuz wird da getragen und an diesem Kreuz wird da gelitten. Aus der tiefsten Tiefe wird da um Erhörung geschrieen. Nichts ist da selbstverständlich, nichts liegt da auf der Hand, nichts ergibt sich da ohne weiteres. Alles muß da in größter Anfechtung gewonnen werden. Ein Kampf gegen Sünde, Tod und Teufel wird da gekämpft. In diesem Kampf ist Jesus Sieger, obwohl und indem er doch der allmächtige Mittler zwischen Gott und den Menschen – obwohl und indem doch der von ihm im Glauben und im Gehorsam vollstreckte ewige Wille Gottes jenem Widerspruch und Widerstand schlechthin überlegen, der sich gegen ihn aufbäumende Widerpart tatsächlich nur eben verächtlich, nur eben das Nichtige – obwohl und indem doch der Ausgang von seinem Eingang her und also «zum vornherein» gewiß ist. Der diesen Weg geht, der sich solche Kampfsituation allen Ernstes gefallen läßt, der diesen Konflikt auf sich nimmt und durchsteht, der in ihm handelt und so, in seiner freien Tat, den Widerpart überwindet, Sieger ist – dieser ist der lebendige Jesus Christus. So, indem er diese Tat seines Lebens und Sterbens tut, erweist und offenbart er eben das, was in Gottes ewigem Willen schon beschlossen und vollendet ist – erweist und offenbart er auch die Unmöglichkeit, die Absurdität, die Würdelosigkeit und Ohnmacht des Bösen. Der gekreuzigte und getötete Jesus ist doch der Triumphator, erweist und offenbart doch, was da zur Rechten und zur Linken zu sehen ist. Er tut es und wir haben uns daran zu halten, daß er es tut. Aber wie könnte da von einem billigen «Triumph der Gnade» auch nur geträumt werden? wie könnte da übersehen und geleugnet werden, daß es da um Begegnung, um Auseinandersetzung und also um Geschichte geht? Und bemerken wir schon hier: die Jünger werden nicht über ihren Meister sein; sie werden in diese seine Geschichte und also in diesen seinen Kampf einzutreten haben: sie haben klare Gewißheit über seinen Ausgang, der von diesem seinem Eingang, von Jesus als dem, der hier der Vorkämpfer ist, nur als Sieg zu erwarten ist – sie haben sie aber in dem letzten bitteren Ernst, der ihnen wieder von diesem Eingang, wieder von Jesus her auferlegt und geboten ist. Verzagte Vorbehalte und übermütige oder träge Sicherheit sind von daher gleich unmöglich – möglich ist von daher allein die volle Zuversicht in der vollen, sehnsüchtigen, zum letzten Einsatz entschlossenen Erwartung dessen, auf den sie sich gründet. Wer könnte und würde denn beten: Dein Reich komme!, der nicht davon ausginge und dessen gewiß wäre, daß es in Jesus schon in seiner ganzen Herrlichkeit nahe herbeigekommen ist? Wiederum: wer könnte und würde denn davon ausgehen und dessen gewiß sein, der nicht eben von daher beten, rufen, schreien würde: Dein Reich komme!? Was bleibt uns denn schon übrig, als gerade in der Geschichte, in der Jesus existiert, zu erkennen, was zur Rechten und zur Linken zum vornherein wirklich und wahr ist –

und wo wäre, was zur Rechten und zur Linken zum vornherein wirklich und wahr ist, anders als in jener Geschichte zu erkennen? Darf man dann aber nicht sagen, daß die Sorge, die Berkouwer und Andere an diesem Punkt zu bewegen scheint, letztlich doch gegenstandslos ist?

Die zweite grundsätzliche Überlegung, zu der wir nun übergehen, betrifft den Zusammenhang, in welchem jetzt nachdrücklich eben auf den geschichtlichen, den dramatischen, den Kampfcharakter der Versöhnung der Welt mit Gott hinzuweisen ist. Uns beschäftigt ja jetzt das Versöhnungsgeschehen, sofern es auch Offenbarungsgeschehen ist: das Leben, das als solches auch leuchtet, der Bund, der auch für sich selber spricht, die Wirklichkeit der in Jesus Christus hergestellten Gemeinschaft von Gott und Mensch, die sich auch als Wahrheit kundgibt – Jesus Christus selbst in seinem prophetischen Amt und Werk, der sich selbst bekannt macht und zu erkennen gibt als der erniedrigte Gottessohn und als der erhöhte Menschensohn und also als der Mittler zwischen Gott und den Menschen und also als der in ihm zwischen ihnen hergestellten Gemeinschaft, der in ihm vollzogenen Rechtfertigung und Heiligung des Menschen. Es geht also in unserem Zusammenhang eben um die Beantwortung des Erkenntnisproblems der Versöhnung: Wie geschieht es, daß ihr Geschehen nicht verborgen bleibt, sondern sich vernehmbar macht und tatsächlich vernommen wird, und also nicht punktuell bleibt, sondern sich in der Welt, unter den Menschen Bedeutung, Nachachtung, Anerkennung verschafft? daß der in Jesus Christus versöhnte Kosmos dessen gewahr wird, wie es mit ihm steht? daß die Menschen Jesus Christus als ihren Mitmenschen und Bruder zu sehen bekommen? daß sie entdeckt werden, sich selber entdecken als die Leute, die in ihm ihr eigenes Leben haben, in ihm gerechtfertigt und geheiligt sind? Eben hier greift als integrierendes Moment des Versöhnungsgeschehens das prophetische Amt und Werk Jesu Christi ein. «Prophet» im biblischen Sinn des Begriffs ist Einer, dem es gegeben ist, das Geschehen des Willens Gottes auf Erden zu sehen und zu verstehen – und aufgetragen, dessen Verkündiger, Ausleger und Erklärer und also der Vermittler seiner Erkenntnis zu sein und als solcher die Anderen an diesem Geschehen zu beteiligen. Jesus Christus ist der Prophet, der den in seiner eigenen Existenz geschehenden Willen Gottes kennt und verkündigt. Das synoptische «Das Reich Gottes ist nahe herbeigekommen» – sachlich identisch mit dem johanneischen «Ich bin es» ($\dot{\varepsilon}\gamma\acute{\omega}\ \varepsilon\dot{\iota}\mu\iota$) ist die Summe und der Inbegriff seiner prophetischen Botschaft und so der von ihm vermittelten Erkenntnis. – Das ist der Zusammenhang, in welchem nun im besonderen die Geschichtlichkeit der Versöhnung hervorzuheben ist.

Es kann nur darum gehen, sie gerade hier besonders hervorzuheben. Versöhnung ist ja in ihrer Gesamtheit Geschichte, die als solche nur erzählt werden kann. Geschichte ist das in Jesus Christus verwirklichte

Leben aller Menschen, Geschichte der in ihm erfüllte Bund. Daß Gottes Sohn zur Aufdeckung des menschlichen Hochmuts – und positiv: zu des Menschen Rechtfertigung, zur Sammlung seiner Gemeinde in der Welt, zur Erweckung des Glaubens an ihn sich selbst erniedrigte, um mit uns und für uns Mensch zu sein, wiederum: daß der Menschensohn in ihm zur Aufdeckung der menschlichen Trägheit – und positiv: zu des Menschen Heiligung, zur Auferbauung einer Gemeinde Gottes auf Erden, zur Erweckung der Liebe erhöht wurde in die Gemeinschaft mit Gott, das Alles ist – dramatisch und kampfreich genug, so gewiß das Alles auf dem Weg von Bethlehem nach Golgatha wirklich wurde und ist – Geschichte. Das Heil geschieht in dieser Heilsgeschichte. Es kann also nicht exklusiv, sondern nur im Sinn einer besonderen, *in parte pro toto* vorzunehmenden Hervorhebung gemeint sein, wenn wir die Geschichtlichkeit der Versöhnung nun gerade im Blick darauf unterstreichen, daß diese in ihrem Vollzug auch das Problem ihrer Kundgebung und Erkenntnis beantwortet, wenn wir darauf hinweisen, daß sie gerade in ihrem prophetischen Moment konkret geschichtlichen Charakter hat. Gemeint sein kann damit nur: daß ihr geschichtlicher Charakter eben in diesem unserem jetzigen Zusammenhang, gerade in ihrem prophetischen Moment, sich besonders, in unmittelbarer Dringlichkeit, die er so erst hier bekommt, bemerkbar macht: daß er gerade hier gewissermaßen mit Händen zu greifen ist. Inwiefern ist dem so? inwiefern macht sich die Geschichtlichkeit der Versöhnung im Besonderen gerade hier, im prophetischen Amt und Werk Jesu Christi geltend, sodaß es sinnvoll ist, ihrer gerade in unserem jetzigen Zusammenhang besonders zu gedenken?

Die allgemeine Antwort auf diese Frage muß lauten: indem das Versöhnungsgeschehen auch Offenbarungsgeschehen, auch Prophetie, indem das Leben als solches auch Licht ist, tritt es aus der scheinbaren Ferne, in der es sich für uns Menschen abspielt, heraus, geht es uns an, rückt es uns gewissermaßen auf den Leib, sind wir nicht nur, sondern finden wir uns so oder so gerade in sein Ereignis als solches verwickelt. Indem es als Wort laut und vernehmbar wird, engagiert es uns, vernehmen wir Menschen, daß das Geschehen der Versöhnung, von dem es redet, ein Geschehen für uns und an uns ist: ein Geschehen, an dem wir so beteiligt sind, daß wir anders als in der Beteiligung an ihm gar nicht existieren können. «Wir Menschen» – will sagen: alle die Menschen, die das zunächst noch nicht recht vernommen oder wieder vergessen oder verleugnet haben. Alle die Menschen, die zunächst dafür halten möchten, daß sie ja weder an der Geschichte Israels noch an der in ihr sich ankündigenden und dann Ereignis gewordenen Geschichte Jesu Christi beteiligt, – nämlich selber unmittelbar, eigentlich und ernstlich beteiligt seien. Alle die Menschen, die der Meinung sein können und tatsächlich sind, sie befänden sich in einem ganz anderen Raum als in dem, in welchem das wirklich wurde, daß das Himmelreich nahe herbeigekommen ist, daß Gott die Welt mit sich selber versöhnt, den Bund zwischen sich und den Menschen aufrichtet, erhält und zum Ziele führt, das wahre Leben in der Gemeinschaft mit ihm Wirklichkeit werden läßt. Was auch dort laut des Zeugnisses der Bibel Ereignis sein möchte: sie – so meinen sie – in ihrem Raum seien davon nicht berührt, sie in ihrem Raum existierten in befestigtem Abstand davon, im besten Fall als Zuschauer eines etwas ungewöhnlichen Schauspiels, als Hörer einer ziemlich fremdartigen Botschaft von weither, und als solche frei, die Sache für eine Historie unter anderen Historien oder auch für einen Mythus zu halten, oder endlich frei, sich uninteressiert oder rasch desinteressiert davon abzuwenden, um ihren anderen, dringlicheren Gedanken und Geschäften nachzugehen. Sind wir nicht Alle Menschen, die mit dem Versöhnungsgeschehen, mit der Heilsgeschichte zunächst so dran zu sein meinen? Scheint uns die Erzählung darum nicht zunächst – und doch auch immer wieder! – so zu berühren, d.h. aber faktisch nicht zu berühren, weil in ihr von uns nun einmal nicht die Rede zu sein scheint? Nun, indem das Versöhnungsgeschehen auch Offenbarungsgeschehen, indem des Menschen in ihr verwirklichte Rechtfertigung und Heiligung (wie wir später im besonderen hören werden) auch des Menschen Berufung, indem Jesus Christus wie Hohepriester und König, so auch Prophet ist, zerreißt dieser Schein, wird diese Meinung unhaltbar. Denn eben, indem die Versöhnung auch Offenbarung, der Bund auch Wort, das Leben auch Licht, Jesus Christus auch Prophet ist, wird der Raum gesprengt und geöffnet, in welchem wir uns für ihm gegenüber verschlossen halten, wird die Distanz überwunden, die wir ihm gegenüber meinen wahren zu können und zu sollen, überflutet das Meer den Damm, hinter dem wir an Jesu Christi Sein und Tun unbeteiligt, sicheren Boden unter den Füßen zu haben glauben, macht er unserem bloßen Zuschauen und Zuhören und damit unseren Erwägungen über Historie und Mythus, macht er aber auch unserer Indifferenz, unserem Vorbeieilen an ihm zu anderweitigen Gedanken und Geschäften ein Ende, versetzt er uns wirklich «ins Bild», nämlich mitten in sein Bild, in das bewegte Bild seines Handelns. Hier hilft keine Verwahrung, kein Protest, kein Achselzucken. Was das auch subjektiv für uns bedeuten oder nicht bedeuten, wie sich das auch in unserem Bewußtsein spiegeln mag: indem die Versöhnung auch Offenbarung ist, indem Jesus Christus auch als Prophet lebt und wirkt, ist es objektiv aus mit unserer Ferne von ihm, haben wir ihm gegenüber keinen privaten Raum, sind wir in seinen Raum einbezogen: einbezogen in das, was in ihm geschieht, wird uns ihr Geschehen objektiv zur eigenen Erfahrung, widerfährt uns hier, was dort geschieht: in jenem nur vermeintlichen, nur scheinbaren bloßen Dort, das in Wahrheit unser Hier in sich schließt, in welchem auch unser Hier dort ist. Eben daß des Menschen

Hier (und er selbst in seinem Hier) in Wahrheit dort, daß das Dort jener Geschichte in Wahrheit hier seine eigene Geschichte ist – das eröffnet sich, indem die Versöhnung auch Offenbarung ist, indem Jesus Christus auch als Prophet handelt. In seiner Prophetie zieht er die Konsequenz aus seinem wohlerworbenen Herrschaftsanspruch über die ganze Welt, über alle Menschen. In seiner Prophetie kommt er in sein Eigentum (Joh. 1, 11).

Das ist die allgemeine Antwort, die auf unsere Frage zu geben ist. Inwiefern zeichnet sich die Geschichtlichkeit der Versöhnung im Besonderen in ihrem Charakter als Offenbarung ab? Wir sagen: insofern als sie sich gerade in diesem Charakter als übergreifende, uns Menschen, wer wir auch seien und wie wir uns auch dazu stellen, einbegreifende Geschichte erweist – nicht nur als eine Geschichte (historischer oder mythischer Art), sondern als Geschichte im eminenten Sinn: Geschichte, an der wir selbst, ob wir es wissen und wollen oder nicht, beteiligt werden und sind: Geschichte, in der unsere eigene Geschichte geschieht. – Aber wir müssen dieser Sache näher treten.

Im Geschehen der Prophetie Jesu Christi, in seinem Sein als Wort Gottes an uns Menschen geschieht (1) Vermittlung und Begründung einer bestimmten Erkenntnis: der Erkenntnis nämlich, deren Gegenstand und Inhalt weder direkt noch indirekt der erkennende Mensch, sondern Er selber ist: Er, der auch ihr Vermittler und Begründer ist. Er selbst ist die Versöhnung der Welt mit Gott, die er aussagt. Indem er sie und also sich selbst aussagt ($\dot{\varepsilon}\gamma\dot{\omega}\ \varepsilon i\mu\iota$), indem er, tätig in seinem prophetischen Amt, Erkenntnis seiner selbst vermittelt und begründet, begegnet er dem Menschen, geht er ihn an, konfrontiert er ihn mit sich selbst, stellt er ihn sich selbst gegenüber – sich selbst als dem, der er für ihn ist, als der er aber von ihm nicht gewußt, nicht beachtet, nicht gewürdigt ist – sich selbst in der von ihm übersehenen Heilsfülle seiner Existenz, sich selbst als des Menschen eigenes, aber ihm unbekanntes, von ihm verkanntes Leben – sich selbst als der, der zu ihm kommt als in sein ihm entfremdetes Eigentum – sich selbst als sein ihm insofern ganz fremdes, ganz neues Gegenüber. Daß dem Menschen diese Konfrontierung mit Jesus Christus widerfährt, daß er es mit diesem ihm ganz fremden, ganz neuen Gegenüber zu tun bekommt, daß ihm die Auseinandersetzung mit ihm unvermeidlich gemacht wird – das ist die Grundform der Offenbarung: die Grundform des Geschehens, in welchem die Versöhnung die Ferne des Menschen ihr gegenüber durchbricht und aufhebt, in welcher die Versöhnung auf den Menschen zukommt, ihn übergreift und einbegreift, in welchem sie sich dem Menschen eröffnet, Gegenstand und Inhalt seines Erkennens wird. Indem sie selbst als Gegenstand und Inhalt seiner Erkenntnis Geschichte ist, ist es – eben als des Menschen Konfrontierung mit dem ihm fremden, neuen Jesus Christus – auch ihre **Offenbarung**, auch die durch sie vermittelte und begründete **Erkenntnis**. In deren Vollzug, der selber Geschichte ist, **erweist** sich die in ihr erkannte Geschichte Israels und die sie erfüllende Geschichte Jesu Christi als des Menschen eigene Geschichte, seine Heilsgeschichte. In der Besonderheit, die eben in diesem Erweis besteht, hat die **Offenbarung** der Versöhnung ihren **spezifisch geschichtlichen** Charakter.

Man wird sich nicht scharf genug einprägen können, daß **Erkennen** (*jada*, γιγνώσκειν) in der biblischen Sprache nicht bedeutet: die Erwerbung einer neutralen, in Sätzen, Prinzipien, Systemen zu dokumentierenden Kunde und Wissenschaft von einem dem Menschen begegnenden Seienden – auch nicht bedeutet: den Eintritt in die passive Schau eines jenseits der phänomenalen Welt wesenden Seins, sondern bedeutet: den Vorgang, eben die **Geschichte**, in der der Mensch – gewiß beobachtend und denkend, unter Inanspruchnahme seiner Sinne, seines Verstandes und seiner Phantasie, aber auch seines Willens und seiner Tat, seines «Herzens» und also als ganzer Mensch – einer **anderen**, einer ihm zunächst von außen und fremd begegnenden **Geschichte** in verbindlicher, d.h. in solcher Weise gewahr wird, daß seine Neutralität ihr gegenüber aufgehoben wird, daß er sich aufgerufen findet, sich ihr seinerseits zu erschließen und hinzugeben, sich nach dem ihm in ihr begegnenden Gesetz zu richten, sich ihrem Gang anzuschließen, kurz: die ihm widerfahrende Bekanntschaft mit dieser **anderen** Geschichte in einer ihr entsprechenden Veränderung seines **eigenen** Seins, Tuns und Verhaltens zu bewähren. Man kann und muß es auch stärker sagen: Erkenntnis im Sinn der biblischen Sprache ist der Vorgang, in welchem das distante «**Objekt**» gewissermaßen aufbricht, sowohl seine Distanz wie seine bloße Objektivität aufhebt, um als handelndes «**Subjekt**» auf den Menschen zuzukommen, ja in den erkennenden Menschen hineinzugehen und ihn eben damit jener Veränderung zu unterwerfen.

Israel soll in seinem Herzen erkennen, «daß dich der Herr, dein Gott, in Zucht nimmt wie Einer seinen Sohn in Zucht nimmt» – und soll darum seine Gebote halten, darum in seinen Wegen wandeln, darum ihn fürchten (Deut. 8, 5–6). Es soll Jahves Größe, «seine starke Hand, seinen ausgestreckten Arm» erkennen: seine Zeichen und Taten in Ägypten, am Schilfmeer, in der Wüste – und also sein Gesetz befolgen (Deut. 11, 2–8). Solches Gewahrwerden des Handelns Gottes an und in Israel und inmitten der Völker ist gemeint, wenn von der Erkenntnis die Rede ist, «daß der Herr unter uns ist» (Jos. 22, 31), daß seine Hand stark ist (Jos. 4, 24), daß er allein der Höchste ist (Ps. 83, 19), daß er als dieser Höchste «Gewalt hat über das Königtum der Menschen, daß er es gibt, wem er will, und auch den Niedrigsten der Menschen darüber setzen kann» (Dan. 4, 14) – oder noch einfacher von der Erkenntnis, «daß Ich es bin, der dich bei deinem Namen gerufen, der Gott Israels» (Jes. 45, 3) oder ganz einfach: «daß Ich Gott bin» (Ps. 46, 11; vgl. Ps. 100, 3) – oder von der Erkenntnis des Namens des Herrn (1. Kön. 8, 43). Immer heißt das, fern von allem bloß anschaulich und begrifflich objektivierenden Erfassen eines göttlichen Wesens und Seins: «auf Erden seinen **Weg** erkennen» (Ps. 67, 3) – erkennen, daß der Herr das und das **getan** hat (Jes. 41, 20). Und immer impliziert solches Erkennen Gottes in seinem (vergangenen, gegenwärtigen oder auch künftigen) Handeln nach den unmittelbaren oder mittelbaren Zusammenhängen solcher Wendungen ein dem erkannten Tun Gottes entsprechendes neues, im Achten auf dieses verändertes menschliches **Tun**. Man beachte dazu Jes. 11, 9, wo es (in der Schilderung des kommenden messianischen Friedensreiches) heißt: «Nichts Böses und nichts Verderbliches wird man tun auf meinem ganzen heiligen Berge, denn voll ist das Land von Erkenntnis des Herrn wie von Wassern, die das Meer bedecken.» Das ist die Veränderung, die die Erkenntnis Gottes nicht nur nach sich zieht, sondern notwendig in sich schließt. «Wie Knechte ihre Augen erheben zu der Hand ihres Herrn – ja, wie die Augen der Magd auf die Hand ihrer Gebieterin, so blicken unsere Augen auf den Herrn, unseren Gott, bis er uns gnädig ist» (Ps. 123,2). So geht es eben zu in Erkenntnis Gottes! «Erkenntnis des Heiligen» ist nach Spr. 9,10 als solche Verstand, praktischer Lebensverstand nämlich: der Wille und das Tun dieses Heiligen verschafft sich und bekommt, indem er erkannt wird, in der eigenen Geschichte des Erkennenden sein Gegenbild. Erkennt der Mensch Gott, so schließt das eben in sich, so bedeutet das geradezu primär, daß Gott als Erkennender am Menschen handelt. Eben von daher kann es nicht anders sein, als daß auch das menschliche Erkennen als solches aufs Ganze gehen, den ganzen Menschen in Anspruch nehmen und verändern muß. Der drastische Ausdruck für diesen Sachverhalt besteht darin, daß *jada* bekanntlich auch zur Bezeichnung des Geschlechtsaktes verwendet wird.

So gibt es denn auch im Neuen Testament, obwohl und indem γιγνώσκειν, γνῶσις auch die Art verständigen und kontemplativen Wissens hat, kein Erkennen nur verständiger oder nur kontemplativer Art: kein solches, das in irgendwelchen abstrakt objektiven Dingen oder Wesenheiten seinen Gegenstand und Inhalt hätte. Es geht vielmehr auch hier – indem Alles, was als Erkenntnisobjekt bezeichnet und beschrieben wird, als Umschreibung des göttlichen Tuns und also geschichtlich zu verstehen ist – um die Erkenntnis des auf den Menschen zukommenden Heils (Luk. 1, 77), der sich ihm erschließenden Wahrheit (1. Tim. 2, 4), der ihm zugewendeten Gnade Gottes (Kol. 1, 6), der Liebe, die er zu uns hat (1. Joh. 4, 16), seiner unsre ganze Situation verändernden Rechtsentscheidung (δικαιοσύνη Röm. 10, 3), dessen, was uns in ihm geschenkt worden ist (1. Kor. 2, 12). Die Zusammenhänge zeigen – und in der Regel wird das auch ausgesprochen: es geht um die Erkenntnis des Sohnes Gottes (Eph. 4, 13), es geht darum, «Ihn zu erkennen, die Kraft seiner Auferstehung» (Phil. 3, 10), zu erkennen, daß er in bzw. unter uns ist (2. Kor. 13, 5). Er, Jesus Christus, ist das Geheimnis Gottes (Kol. 2, 2). Erkenntnis des einen wahren Gottes ist (Joh. 17, 3.23) identisch mit der Erkenntnis, daß er Diesen, Jesus Christus gesendet hat, daß (Joh. 10, 38) der Vater in Ihm, Er im Vater ist, aber auch (Joh. 14, 20) daß wir in Ihm sind oder eben nach jener kürzesten Formel Joh. 8, 28: «daß Ich es bin». Die ἐπίγνωσις αὐτοῦ ist darum das Werk des «Geistes der Weisheit und der Offenbarung», um dessen Gabe (Eph. 1, 17) gebetet wird. Und wieder und erst recht prägt sich die mit diesem Namen bezeichnete Geschichte aus in der eigenen Geschichte des Erkennenden. Die Begriffe «Glaube» oder «Liebe» oder «Gehorsam» sind darum immer in der Nähe, wo von dieser Erkenntnis die Rede ist. Erkenntnis im biblischen Sinn des Begriffs schließt unmittelbar in sich, ja ist schon in ihrer Wurzel μετάνοια: Umkehrung, Umstellung des νοῦς und damit des ganzen Menschen in die dem von ihm Erkannten entsprechende Richtung. Man beachte, was die Erkenntnis Jesu Christi nach Eph. 1, 18f. in sich schließt: «daß die Augen eures Herzens erleuchtet werden zum Wissen um die Hoffnung (die euch mit) seiner Berufung (gegeben ist) – welches der Reichtum der Herrlichkeit seines Erbes inmitten der Heiligen und welches die überschwängliche Größe seiner Macht in uns ist, die wir glauben». Ihn erkennen heißt: in den Bereich dieser seiner unvergleichlichen Macht kommen. Gott (in ihm) erkennen, heißt darum (das «Objekt» wird «Subjekt»!) nach dem von Paulus (Gal. 4, 9; 1. Kor. 8, 3; 13, 12) gebrauchten kühnen Ausdruck: von Ihm erkannt sein – heißt nach dem noch kühneren Ausdruck 1. Kor. 2, 16: den νοῦς Jesu Christi selber empfangen und haben und also erkennen in der Gemeinschaft mit dem, der der Erkannte ist, mit dem also, in welchem (Kol. 2, 3) alle Schätze der Weisheit und Erkenntnis verborgen sind. So radikal ist die dem Menschen in der Erkenntnis widerfahrende Veränderung, so gehaltvoll wird in ihr seine eigene Geschichte. Und so weit weg ist dieses *intelligere* von einer bloß räsonnierenden, argumentierenden oder auch kontemplierenden Vernunftoperation, die man dann als solche als «intellektualistisch» und deren Ergebnis man dann wohl als leere Gnosis disqualifizieren und denunzieren könnte! Paulus wußte, was er sagte, wenn er unter dem, wofür er im Blick auf seine Gemeinden dankbar ist oder was er für sie erbittet, eben die Gnosis (πᾶσα γνῶσις, die in der einen inbegriffen ist) fast regelmäßig an die erste Stelle setzt, und wenn er für seine eigene Person erklärt (Phil. 3, 8), daß er Alles für Schaden ansehe, verglichen mit dem ὑπερέχον der einen, alle anderen in sich schließenden Erkenntnis: der Erkenntnis Jesu Christi, seines Herrn.

Eben indem das prophetische Werk Jesu Christi geschieht, die Versöhnung also offenbar und erkannt wird, tritt nun aber (2) auch die Opposition in Erscheinung, in der sich die Welt, der Mensch ihr gegenüber befindet. Es handelt sich um die in Jesus Christus mit Gott versöhnte Welt, um den in ihm gerechtfertigten und geheiligten Menschen, aber um die Welt, die sich ihrerseits in das, was in Jesus Christus an ihr und für sie geschehen ist, noch nicht gefunden hat, um den Menschen, welcher seiner in Jesus Christus vollbrachten Rechtfertigung und Heiligung gegenüber, was ihn betrifft, noch im Rückstand ist – und also um die Welt und den Menschen, die die über sie gefallene gnädige Entscheidung Gottes noch nicht in eigener Entscheidung nachvollzogen haben. In diesem «noch nicht» hat der Widerstand gegen den in Jesus Christus schon geheiligten Namen Gottes, gegen sein in ihm schon gekommenes Reich, gegen seinen in ihm wie im Himmel so auch auf Erden schon geschehenen Willen in seiner ganzen Nichtigkeit Raum. Und in dem ihm gelassenen Raum dieses «noch nicht» ist er immer und überall auf dem Plan: so gewiß das geschöpfliche Sein immer und überall außer durch das, was der gnädige Gott in seiner Sache schon getan hat, auch durch dieses «noch nicht» bestimmt ist. Wo und wann wäre der in seinem Raum zugelassene Widerstand – wo und wann wäre er auch nur innerhalb der Gemeinde Jesu Christi – gar nicht auf dem Plan? Seine Gegenwart und Wirksamkeit charakterisiert die im Tode Jesu Christi laut seiner Auferstehung von den Toten schon mit Gott versöhnte, aber eben noch nicht durch sein Kommen in seiner Herrlichkeit, d.h. in seiner letzten, endgültigen und universalen Offenbarung erlöste und vollendete Schöpfung. Noch ist das Leben, der Bund, die Versöhnung Eines – demgegenüber und dem entgegen ein Anderes, eben das Nichtige, das Böse, das in der Welt und in den Menschen in seiner unmöglichen absurden Weise und Existenz auch noch Gestalt und Bewegungsfreiheit hat, als realer, ernst zu nehmender Faktor sich auch noch geltend macht.

Eben dieses latent immer und überall gegenwärtige und wirksame Andere wird aber, indem die Prophetie Jesu Christi geschieht, indem die Versöhnung als Wort von der Versöhnung laut wird und Erkenntnis begründet, zum ebenso lauten Widerspruch. Als solcher tritt er gerade der Prophetie Jesu Christi gegenüber, tritt er auf ihrer eigenen Ebene, d.h. aber dort, wo sie als Kundgebung der errettenden Gnade Gottes die Welt und den Menschen trifft, in Erscheinung, stellt er die Kundgebung und Erkenntnis dessen, was Gott in Jesus Christus für sein Geschöpf getan und vollbracht hat, in Frage. Indem das Licht des Lebens in die es umgebende Finsternis hineinfällt, erhebt sich die Frage, ob sie ihm weichen oder widerstehen wird. Sie wäre aber nicht die noch nicht ausgetilgte

Finsternis, die das Licht als solche nur hassen kann, wenn sie ihm nicht **widerstehen würde**. Und eben indem es in ihr leuchtet, beweist sie, da sie es nicht beseitigen noch überwältigen kann, wenigstens das ihr noch gelassene **Vermögen**, ihr zu widerstehen, ihr gegenüber Finsternis zu sein und zu bleiben. Indem der Welt gesagt wird, was nicht nur über sie beschlossen, sondern für sie, zu ihrer totalen Erneuerung und Veränderung schon geschehen ist, indem ihr also über sie selbst in aller Form Bescheid gesagt ist, muß es sich entscheiden: ob sie sich das gesagt oder nicht gesagt sein lassen will? Wie wäre sie aber die noch unerlöste Welt diesseits des letzten Kommens Jesu Christi, wenn sie sich gegen diesen ihrem Selbstverständnis so entgegengesetzten Bescheid nicht ernstlich **verwahren** würde? Und indem jener Vorgang der Erkenntnis des in seinen Taten wahren und lebendigen Gottes anhebt – indem dem Menschen also das, vielmehr der, den er gemächlich für ein fernes und nur aus der Ferne allenfalls zu beachtendes, zu studierendes und zu betrachtendes Objekt halten möchte, auf ihn zuzukommen, ja in ihn hinein zu kommen droht, sich seiner bemächtigen, ihn jener totalen Veränderung und Erneuerung unterwerfen will, muß es sich zeigen: Wird ihm die damit dargereichte Freiheit der Kinder Gottes gefallen? Wird er dem in solcher Begründung anhebenden Erkenntnisvorgang und also jener Veränderung und Erneuerung seiner selbst ihren Lauf lassen? Oder wird er sich diesem neuen, fremden **Subjekt** und seinem Herrschaftsanspruch und also dem Fortgang und Vollzug der in seiner Macht begründeten **Erkenntnis**, wird er sich nicht schon dieser ihrer **Begründung** lieber verweigern und entziehen? Wird er dem, was da mit ihm geschehen, was da aus ihm werden soll, nicht im Namen und im Gebrauch dessen, was er für seine eigene Freiheit hält, eine in letzter Kraft versuchte Obstruktion entgegen setzen? Wie wäre er das Wesen, das sich ja noch und noch, indem es Ich sagt, auf den Felsengrund aller Wirklichkeit zu stellen meint, wenn er sich in dieser Lage nicht in dieser oder jener Form eben zum **Widerspruch** gereizt und aufgerufen fände? Was soll ihm das «**Ich bin es**» dieses Anderen? Wie sollte er es annehmen, nur eben daraufhin und nach Maßgabe dessen zu erkennen, daß er selbst ein von diesem Anderen Erkannter sei? *Hic Rhodus, hic salta!* Wer wird schon zu dem hier verlangten *saltare* Lust haben? Und wer wird seine Unlust dazu nicht damit begründen, daß er dazu nicht fähig sei? Wer würde sich hier nicht für in eine Art Notwehrzustand versetzt und also zur Obstruktion gegenüber der ihm gemachten Zumutung für heilig berechtigt halten?

Eben in der durch das **Wort von der Versöhnung**, d. h. durch die Versöhnung in ihrer Gestalt als **Offenbarung** – eben in der durch das **prophetische Werk Jesu Christi** gestellten **Erkenntnisfrage** kommt des Menschen Widerstand gegen Gottes gnädiges Wollen und Tun in Gestalt seines **Widerspruchs** zum Ausdruck. Wir hörten: Offenbarung und Erkenntnis Jesu Christi ist die Geschichte, in der er den Menschen mit sich selbst konfrontiert, in der also der Mensch und seine Geschichte in die Geschichte Jesu Christi einbezogen, in sie hineingenommen wird: eben mit ihm und seiner Geschichte nun aber auch der Widerstand, den er ihm entgegensetzt, und konkret: der Widerspruch, in welchem er sich seiner Offenbarung und Erkenntnis verweigern, die Obstruktion, in der er sie schon in ihrem Anheben und damit auch in ihrem Fortgang und Vollzug verhindern und unterdrücken will. Einbezogen in die Geschichte Jesu Christi wird mit dem Menschen und seiner Geschichte also auch das Nichtige, das Böse, das in der noch nicht erlösten Welt noch und noch gegenwärtig und wirksam ist. Indem Jesus Christus sich dem Menschen konfrontiert, konfrontiert er sich gerade in seinem prophetischen Wort noch einmal auch diesem, in seiner finsteren Schäbigkeit und Schändlichkeit dessen wahrhaftig nicht würdigen Fremdelement, integriert er auch es seiner eigenen Geschichte, läßt er es zu zum Spielen der Rolle seines Gegenpartners, erlaubt er ihm, ihm gegenüber zu zeigen, was es ist, will und kann, gibt er sich selbst dazu her, sich seiner Opposition auszusetzen und seinerseits als Opponent dieser Opposition der zu sein, der er ist, sich von diesem Gegner die Frage und das Problem stellen zu lassen, auf das er Antwort zu geben hat. Sie wird eine höchst überlegene Antwort sein; sie wird den Gegner Lügen strafen; sie wird seine Frage als solche aufheben, sein Problem als lächerlich erweisen. Sie wird aber immerhin seine Antwort auf die ihm durch die Existenz dieses Gegners gestellte Frage sein. Indem er sich offenbart und zu erkennen gibt, bekommt seine Geschichte – auch als die unsere eigene Geschichte übergreifende und einbegreifende Geschichte – den spezifischen Charakter eines Dramas, das in einem Kampf besteht. Indem er sich offenbart und zu erkennen gibt als der, in welchem Gottes gnädige Entscheidung über die Welt und den Menschen gefallen ist – ist eben auf Seiten der Welt und des Menschen der Teufel los!

Sehr nachdrücklich redet darum auffallenderweise gerade das Neue Testament wie von einer Erkenntnis, so auch von einer Nicht-Erkenntnis Gottes. Hart steht schon jenem Jesaja-Wort (11,9) von der alles böse und verderbliche Tun ausschließenden Erkenntnis Jahves, deren das Land einst voll sein werde, das Wort seines Zeitgenossen Hosea (4,1) mit seiner Klage darüber entgegen: «daß so gar keine Treue und keine Liebe und keine Gotteserkenntnis im Lande ist». Von da aus wird man auch die scharfe Feststellung des Paulus 1. Kor. 15,34 zu verstehen haben: ἀγνωσίαν θεοῦ τινες ἔχουσιν. Gemeint ist nicht entscheidend (obwohl das auch gemeint ist) eine bloße Unkenntnis Gottes, eine Unwissenheit hinsichtlich seines Wesens und seiner Existenz – gemeint ist auch nicht entscheidend so etwas wie ein bloßes Verkennen oder Mißverstehen Gottes, kurz: kein solcher Mangel an Erkenntnis, der als solcher entschuldbar und durch Aufklärung und passende Belehrung zu beseitigen wäre. Zur Beschämung (ἐπιτροπή) der korinthischen Gemeinde, in der solche ἀγνωσία möglich ist, will Paulus das ja gesagt haben. Und zur Beseitigung solcher ἀγνωσία in ihrer Umgebung, zu der es nach dem Willen Gottes kommen muß, wird den Christen 1. Petr. 2,15 nicht eine Veranstaltung von akademischem Unterricht, sondern nur eben geboten, «Gutes zu tun». Gemeint ist mit ἀγνωσία vielmehr:

eine in ihrer unerklärlichen Faktizität nur eben bestürzende, weil gänzlich unentschuldbare Unterdrückung der dem Menschen schon eröffneten und insofern schon im Anheben begriffenen Erkenntnis – das «Darniederhalten» (κατέχειν) der Wahrheit in ἀδικία (Röm. 1, 18). Als γνόντες τὸν θεόν werden ja (Röm. 1, 20 f.) merkwürdig genug schon die Heiden bezeichnet, sofern ihnen Gott in seinen Werken von der Schöpfung her zweifellos gegenwärtig, anschaulich und begreiflich und insofern erkennbar ist. Aber was hilft ihnen das? Eben als in diesem Sinn «Erkennende» sind sie praktisch doch Nicht-Erkennende, indem sie Gott weder Ehre noch Dank erwiesen, indem ihre Erwägungen (λογισμοί) ins Leere gingen, indem ihre unverständigen Herzen sich verfinsterten, indem sie gerade in ihrer Meinung, weise zu sein, zu Narren wurden. Es gibt nach 2. Kor. 10, 4 f. ganze Bollwerke (ὀχυρώματα) solcher finsterer «Erwägungen», ganze Hochhäuser (ὑψώματα), die sich gegen die Erkenntnis Gottes erheben und die, wenn die Sache gut endigen soll, der Zerstörung bedürfen. Solcher Erhebung machen sich nach Röm. 10, 2 auch die Juden schuldig, indem sie die gefallene und offenbare göttliche Rechtsentscheidung nicht erkennen. Sie ist ihnen nämlich kraft der ihnen wahrhaftig präsenten Selbstkundgebung der Geschichte Israels und kraft des an sie ergehenden apostolischen Zeugnisses von der Geschichte Jesu Christi sehr wohl offenbar und bekannt. Aber was hilft ihnen das, da sie sich ihr nicht unterwerfen, sondern ihre eigene, statt der ihnen von Gott offenbarten und zugesprochenen Gerechtigkeit suchen wollen? Rätselhaftes Erkennen und doch Nicht-Erkennen! Und so kann derselbe «Geruch» der Erkenntnis Christi, den Gott durch den Zeugendienst des Apostels in der Welt verbreitet, den Einen «ein Geruch des Lebens zum Leben», den Anderen «ein Geruch des Todes zum Tode» werden (2. Kor. 2, 14 ff.): gewiß nicht ordentlicher, wohl aber unordentlicher Weise, *per nefas:* vermöge des perversen Verhaltens derer, die dieser Erkenntnis teilhaftig werden. Eben dessen werden Luk. 11, 52 die Gesetzeslehrer Israels angeklagt: «Ihr nehmt den Schlüssel der Erkenntnis (der offenbar in ihrer Hand ist!) weg, geht selbst nicht hinein und verwehrt es denen, die hineingehen wollen.» Eben deshalb weinte Jesus nach Luk. 19, 41 f. über Jerusalem: weil es, als er an jenem Tage dort einzog, τὰ πρὸς εἰρήνην nicht erkannte, weil es gerade an jenem Tag vor ihren Augen verborgen blieb, daß das Reich Gottes nahe herbeigekommen war. In der Macht ihrer Weisheit hat eben die Welt die Weisheit Gottes noch nie erkannt (1. Kor. 1, 21). Hätte sie, hätten ihre Machthaber ihn erkannt, «so hätten sie den Herrn der Herrlichkeit nicht gekreuzigt» (1. Kor. 2, 8). Und so hat es wahrscheinlich doch nicht nur rhetorischen Charakter, wenn Paulus so oft und so dringlich in Wendungen wie «Wisset ihr nicht...?» oder: «Ich will nicht, daß ihr nicht wißt...» darauf aufmerksam macht, daß auch seine Gemeinden im Ganzen wie im Einzelnen immer wieder von der Möglichkeit solcher «Nicht-Erkenntnis» bedroht sein möchten.

Es liegt nahe und es dient der Veranschaulichung – freilich auch der Einschärfung des Rätsels, vor dem wir hier stehen, – an dieser Stelle des Gleichnisses vom Säemann (Matth. 13, 3–8) und seiner Deutung (v 18–23) zu gedenken. Das Verhältnis dieser beiden Texte zueinander ist problematisch. Es mag sein, daß die Deutung (wie nachher v 37–43 auch die des Gleichnisses vom Unkraut unter dem Weizen) einer jüngeren Überlieferungsschicht angehört. Für diese Vermutung spricht u. a. dies, daß die Deutung die Aufmerksamkeit doch wohl einseitig auf eines der Elemente des reichen Gehaltes des Gleichnisses, nämlich auf die Verschiedenheit des Bodens richtet, auf den der gute Same fällt, die dann allegorisierend auf die Verschiedenheit der Aufnahme bezogen wird, die dem Wort bei seinen verschiedenen Hörern widerfährt. Aber die Reflexion über diese Seite der Sache dürfte durch das Gleichnis selbst nicht nur verboten, sondern durch seine Anlage und durch seinen Wortlaut ernstlich veranlaßt sein. Und was die Deutung in dieser Hinsicht bietet, muß mindestens als sehr alter (als immerhin der erste) Kommentar zum Gleichnis beachtet werden. Sie sagt jedenfalls nichts, was nicht in dieser Hinsicht im Gleichnis selbst gemeint sein könnte – und sie sagt abgesehen davon Einiges, was im Gleichnis bestimmt gemeint ist. – Das Gleichnis redet (1) von der Verkündigung des

Wortes, (2) von den Hörern des Wortes und (3) von der unter diesen stattfindenden Scheidung.

Das Wort ergeht (1) als die eine Botschaft, als der eine Anruf, an alle Menschen. Es ist, wie v 19 sicher richtig kommentiert wird, der λόγος βασιλείας, d.h. (die wörtlichste Übersetzung dürfte hier auch die sinnvollste sein) das Wort, in welchem das nahe herbeigekommene Himmelreich sich selbst ausspricht und dem Menschen ankündigt. Keiner von denen, die es angeht, bekommt mehr, keiner weniger, keiner etwas Anderes zu hören als die Übrigen. Auch die erleuchtende und erneuernde Kraft dieses Wortes, die diesem Samen inhärente Fruchtbarkeit, ist, ob diese oder jene es hören, dieselbe: *quia hominum vitio et pravitate non eripitur verbo sua natura, quin seminis vim retineat* (Calvin, C.R. 45, 364). Es ist aber auch nicht an dem, daß es nicht alle – oder nicht alle ernstlich – erreichte. Wieder Calvin macht sicher mit Recht darauf aufmerksam, daß weder im Gleichnis noch in der Deutung von solchen die Rede sei, die das Wort Gottes zum vornherein verwerfen, sondern nur von solchen, *in quibus aliqua videtur esse docilitas*, und daß es v 19 «das in die Herzen Gesäte» genannt wird. *Dei enim respectu seminatur in cordibus verbum* – nicht als den Menschen bloß äußerlich berührendes, sondern als ihn innerlich treffendes Wort also! Was den Text interessiert, ist die Aufnahme, die gerade das ganze und echte, das lebendige und wirksame Wort Gottes bei seinen Hörern findet.

Er denkt aber (2) auch im Blick auf diese Hörer von dem ihnen verkündigten Wort und von dessen Verkündiger, von dem zum Säen ausgehenden Säemann her. Für diesen Säemann gibt es nicht viererlei, sondern nur einen Ackerboden: den ganzen, der für seine Aussaat in Frage kommt. Der Satz aus der Deutung des Unkrautgleichnisses (v 38) darf hier wohl unbedenklich zur Erläuterung herangezogen werden: «Der Acker ist die Welt.» Dem Kosmos als solchem und allen seinen Repräsentanten ist das in seiner Mitte sich selbst aussprechende und verkündigende Reich ein Neues und Fremdes. Aber eben ihm und allen seinen Repräsentanten ist das Wort des Reiches zugewendet – im Blick auf alle seine Hörer in der gleichen Absicht und Hoffnung. Zu dem einen Acker, den der Säemann begehrt, gehört der Weg und der steinige und der dornige und der gute Boden. Die Menschen bilden dem ihnen gesagten Wort des Reiches gegenüber eine einzige homogene Nachbarschaft. Als ἀκούοντες und also als solche, die vorgesehen und bestimmt, aber auch fähig sind, das Wort zu vernehmen, aufzunehmen, nach Jak. 1,18 durch das Wort der Wahrheit gezeugt, nach Jak. 1,22 «Täter des Wortes» zu werden, werden in der Deutung, sicher im Sinn des Gleichnisses sie alle bezeichnet. «Gott, unser Erretter, will, daß alle Menschen gerettet werden und (also) zur Erkenntnis der Wahrheit kommen» (1.Tim.2,4).

Wir kommen (3) zur Pointe des Gleichnisses. So neu und fremd der Welt, ihnen Allen die Wahrheit, das Wort des Reiches und dieses selber ist, so neu und fremd ist von diesem Wort, von dem, der es spricht her gesehen, das, was sich nachher herausstellt: die innere Verschiedenheit des einen Ackerbodens, die es mit sich bringt, daß der Same hier am Wachstum verhindert ist und also umsonst gesät wurde, dort aber Frucht trägt und also seine Aussaat und damit das Tun des Säemanns rechtfertigt – die Scheidung innerhalb derselben Welt, zu der das Wort des Reiches gesprochen ist, unter den Menschen, denen es doch unterschiedslos allen, und für alle dasselbe, gesagt ist. Denkt man im Duktus des Textes, dann muß man sich auch durch die Nachricht von dieser Scheidung als von einer – nun freilich üblen – Neuigkeit überraschen lassen. Sie versteht sich in keiner Weise von selbst. Im Gegenteil, sie ist das, was in keiner Weise zu dieser Sache gehört, das, was nicht kommen durfte – was, objektiv und subjektiv gesehen, auch nicht kommen konnte, die, vom Säemann und seinem Samen her gesehen, ausgeschlossene, unmögliche Möglichkeit. Nur daß leider gerade diese Wirklichkeit wird! Dem allgemeinen ἀκούειν folgt nämlich wohl an gewisser, aber nicht an jeder Stelle des einen Ackers das scheinbar notwendig zu erwartende συνιέναι. Man wird dieses Verbum möglichst stark, etwa in der Richtung von *intelligere*, übersetzen müssen. «Verstehen» genügt nicht. Zu einem Verstehen des Gehörten kommt es im Sinn des Textes auf der ganzen Linie:

auch da, wo das Wort den Menschen alsbald – als wäre nichts geschehen – wieder entgeht – als auf den im Verhältnis zu seiner Umgebung härteren Weg gefallener Same kurzweg von den Vögeln aufgepickt wird, erst recht da, wo es, auf den steinigen oder auf den dornigen, aber immerhin an sich aufnahmefähigen Boden gefallen, aufgeht und wächst. Das bloße Verstehen des Wortes gehört noch zu dem Allen, die es angeht, gemeinsamen Hören. Es geht aber bei dem συνιέναι, das (v 23) da stattfindet, wo der Same auf «guten Boden» fällt, der Reife ungehindert entgegenwächst und schließlich Frucht trägt, um mehr als ein bloßes Verstehen, nämlich um ein Vernehmen und Aufnehmen, um ein Ergreifen und Begreifen, um die reale innere Apperzeption des gehörten und verstandenen Wortes, um die dem Wort entsprechende Erkenntnis, in der sein Hörer zu einem durch das Wort Gezeugten, zu seinem Täter wird. Diese Erkenntnis ist der seiner Verkündigung, aber auch der Bestimmung seiner Hörer korrelate Normalfall, auf den der Schluß des Gleichnisses (v 8) hinweist: Das Gesäte «brachte Frucht, Etliches hundertfältig, Etliches sechzigfältig, Etliches dreißigfältig». Man bemerke: auch die Deutung hat diese spezifizierende Beschreibung des Normalfalls (v 23) nur eben wiederholt, nicht aber ausgelegt, und es wäre schwerlich im Sinn des Gleichnisses, nach dem besonderen Sinn dieser Differenzierung zu fragen. Der Nachdruck liegt auf der Feststellung, daß es da über das bloße Hören und Verstehen hinaus zu wirklicher, nämlich zu aneignender, tätiger und so zur eigentlichen Erkenntnis kommt. Es kommt da – wie im Gleichnis von den anvertrauten Pfunden in verschiedenem Ausmaß, aber prinzipiell gleichartig – zu der ebensowohl der Natur des Wortes als auch der durch seine Verkündigung geschaffenen Weltsituation entsprechenden Veränderung. Daß der Same solche Frucht trägt, daß es im Hören und Verstehen des Wortes und darüber hinaus zu dieser eigentlichen Erkenntnis kommt, das ist der Normalfall. Aber die Pointe des Gleichnisses liegt nicht in der Darstellung dieses Normalfalles, die ja auch erst den Schluß bildet und in der zur Kennzeichnung seiner Voraussetzung nur eben von der «guten Erde» die Rede ist. Seine Pointe liegt in der Gegenüberstellung des Normalfalls mit der erschreckenden Fülle der unvorhergesehenen, der abnormalen Ereignisse, in denen es aller Ordnung, Absicht und Hoffnung zuwider zu solcher Erkenntnis nicht kommt, in den das ganze und echte, das lebendige und wirksame Wort des Reiches in der Welt das gerade nicht wirkt, was es entsprechend seiner Natur und was es entsprechend der durch seine Verkündigung geschaffenen Weltsituation wirken müßte. Die Unterscheidung zwischen dem Weg, dem steinigen, dem dornigen Boden ladet gewiß dazu ein, in der Art, wie es dann in der Deutung v 18–23 geschieht, über die Mannigfaltigkeit nachzudenken, in der dieser abnormale Fall Ereignis zu werden pflegt: hier des Menschen hartgesottene Eigenwilligkeit, in der er sich dem ihn treffenden Wort, kaum hat er es gehört und verstanden, entzieht – hier der billige Enthusiasmus, in welchem er meint, begriffen zu haben, was er doch (die erste schwere Anfechtung, die ihm widerfährt, wird das an den Tag bringen) ganz und gar nicht begriffen hat – hier seine ihn faktisch entscheidend bestimmenden anderweitigen Inanspruchnahmen, unter denen in der Deutung (v 22) nicht etwa die sinnlichen Leidenschaften, aber auch nicht etwa ideologische Bindungen, sondern sehr realistisch «die Sorgen der Welt und der Trug des Reichtums» hervorgehoben werden. Sehe jeder zu, in welcher besonderen Art der abnormale Fall gerade bei ihm Ereignis werden könnte! An sich soll die Unterscheidung einiger solcher einzelner Möglichkeiten doch wohl nur andeuten, in welcher erschreckenden Fülle sie sich aufdrängen: so, daß das Ereignis des Normalfalls ihnen gegenüber zuletzt wohl gar als die glückliche Ausnahme von der Regel erscheinen möchte.

Sicher ist, daß wir es in allen diesen Unterscheidungen mit der Darstellung der einen großen Bedrohung zu tun haben, der das Werk des Säemanns ausgesetzt ist. Man möchte dessen Ergebnis für selbstverständlich halten. Ist die Welt, indem dieses Werk in ihrer Mitte geschieht, nicht die von Gott erkannte Welt? Bleibt ihr etwas Anderes übrig, als ihn zu erkennen, wie sie von ihm erkannt ist? Aber siehe da, ihr scheint faktisch – und nur als Faktum kann das zur Kenntnis genommen werden – auf breiter Front etwas ganz

Anderes übrigzubleiben: die finstere Möglichkeit der ἀγνωσία τοῦ θεοῦ, in deren Verwirklichung die Ausnahme sogar zur Regel und also die Regel zur Ausnahme zu werden droht. Daß der Säemann nicht umsonst ausgeht zu säen, «daß Jesus siegt», ist, obwohl es doch «ewig ausgemacht» bleibt, angesichts dieser Bedrohung seines Werkes wahrlich nicht selbstverständlich. Es kann nur eben geschehen, daß er siegt. Der Feind, der es anders haben, der seinerseits siegen möchte, ist in der ganzen Absurdität seines Wesens und seiner Existenz auch auf dem Plan. Es muß erst dazu kommen, daß er aus dem Feld geschlagen wird. Gerade von dieser Seite beleuchtet das Gleichnis die Geschichtlichkeit der Prophetie Jesu Christi.

Wir haben nun zwei Vordersätze gewonnen. Der erste: Die Prophetie Jesu Christi ist die Geschichte, in der er in der durch ihn mit Gott versöhnten Welt Erkenntnis seiner selbst und also Erkenntnis dieser von ihm an ihr vollzogenen Heilstat, Erkenntnis des in und mit seiner Existenz und Tat nahe herbeigekommenen Reiches Gottes, Erkenntnis ihrer eigenen damit eingetretenen Veränderung begründet. Der zweite: Die Prophetie Jesu Christi ist die Geschichte, in der er, indem er solche Erkenntnis begründet, auf den sinn- und grundlosen Widerstand dieser Welt, auf das absurde Faktum der Nichterkenntnis seiner selbst, seiner Tat, des Reiches Gottes, der schon eingetretenen Veränderung der ganzen Weltsituation stößt. Ein Geschehen ist beides: das Werk Jesu Christi als des lebendigen Wortes des lebendigen Gottes und das Werk seiner absurden Behinderung und Problematisierung. Man sieht also schon im Blick auf diese beiden Vordersätze, daß wir es gerade in der Prophetie Jesu Christi in hervorgehobener Weise mit der Geschichtlichkeit der Versöhnung überhaupt und als solcher zu tun haben.

Eben diese Geschichtlichkeit der Versöhnung und der Prophetie Jesu Christi im Besonderen erweist sich nun aber (3) erst recht darin, daß sie alle Geschichte, die Geschichte jedes Menschen, übergreift, in sich begreift – und nun konkret darin, daß sie die ganze Weltgeschichte, jeden Menschen an jenem Gegensatz (von Erkennen und Nichterkennen) beteiligt. Indem die Versöhnung die Versöhnung der Welt, aller Menschen ist, geht sie auch die ganze Welt, alle Menschen an: ihre Selbstkundgebung in Jesus Christus, aber auch ihre Behinderung und Infragestellung durch die ihm als dem Worte Gottes widerfahrende Opposition und Obstruktion. Daß sie in diesem doppelten Sinn alle «angeht», will sagen: Indem das Licht des Lebens in der Finsternis leuchtet, befindet sich die Welt, befinden sich alle Menschen in seiner Reichweite – indem es aber in der Finsternis leuchtet, ist die Welt, sind alle Menschen auch in deren Bereich. Mit der Verkündigung Jesu Christi ist faktisch und objektiv – als Geschöpf des da redenden Gottes und als Mitmensch des da redenden Menschen – ein Jeder, ob er das weiß oder nicht, konfrontiert – aber eben damit auch mit der Begrenzung dieses Gottes- und Menschenwortes durch den ihm aus dem Abgrund des Nichtigen begegnenden Widerspruch. Aber «konfrontiert» ist hier ein zu schwaches Wort. Beides miteinander: die Verkündigung Jesu Christi und deren schreckliche Begrenzung sind ja eben die die Geschichte der Welt und die Geschichte jedes Menschen umgreifende, sie in sich begreifende und so beherrschende und bestimmende Geschichte. Daß der Mensch sich im Bereich des Lichtes und der Finsternis befindet, läßt ihn nicht unberührt. Sondern von diesem doppelten Gegenüber her wird und ist die ganze Welt, jeder Mensch bestimmt und geprägt. Der Mensch ist das und kann nur das sein, was er mit Jesus Christus zusammen, aber nun eben auch zusammen mit dessen Widerpart ist. Er ist, ihm bewußt oder unbewußt, hineingestellt in jenen Gegensatz. Er ist nicht, ohne Jesus Christus anzugehören, aber eben darum auch nicht, ohne es mit dessen Widerpart zu tun zu bekommen – nicht ohne der durch sein Wort begründeten Erkenntnis teilhaftig, aber auch nicht ohne der in jener Begrenzung seines Wortes begründeten Nicht-Erkenntnis verhaftet zu sein.

Gewiß gibt es da wichtige Unterschiede. Innerhalb der durch diesen Gegensatz bestimmten (weil durch das ein für allemal ergangene Wort Gottes in diesen Gegensatz hineingestellten) Welt gibt es ja Gemeinde und Nicht-Gemeinde und also Christen und Nicht-Christen, Glaubende und Nicht-Glaubende, Bekenner und Leugner der Wahrheit. Gewiß gibt es da eine noch schlummernde, ja noch ungeborene, zurückgehaltene, scheinbar nur eben virtuelle Erkenntnis – und ihr gegenüber eine nur zu wache und lebendige, scheinbar ungebändigte, scheinbar totalitär herrschende Nicht-Erkenntnis. Und gewiß gibt es da umgekehrt eine aktuelle, unverkennbar wache und lebendige, scheinbar nur eben fröhlich triumphierende Erkenntnis und ihr gegenüber eine scheinbar nur noch zurückweichende, nur noch als schwindender Rest wirksame Nicht-Erkenntnis. Aber wie es zwischen der Gemeinde, den Christen einerseits und der übrigen Welt anderseits zwar eine bestimmte, aber nun doch keine absolut bestimmte, sondern – bedrohlich für die Christen und verheißungsvoll für die Nicht-Christen – nur eine fließende, veränderliche Grenze gibt, so sind die Erkennenden und die Nicht-Erkennenden bei allen wichtigen Unterschieden, die sie tatsächlich trennen, letztlich oder vielmehr erstlich, nämlich von der ihnen allen zugewendeten, ihnen allen gegenüber aber auch souveränen Offenbarung des Wortes her im selben Boot, unter einer ihnen allen gemeinsamen Bestimmung, will sagen: in zwar sehr verschiedenem Verhältnis des Einen zum Anderen sind sie Alle Erkennende und Nicht-Erkennende, Alle durch den großen Gegensatz bestimmt, daß das Licht leuchtet, aber eben in der Finsternis leuchtet. Würde das in Jesus Christus gesprochene Wort Gottes den ihm entgegenstehenden Widerwillen und Widerspruch schon aus der Welt geschafft haben, wäre es also gar nicht mehr in jenem Gegensatz gesprochen, dann müßte das für uns doch wohl bedeuten, daß wir alle Erkennende und nur eben Erkennende wären. Und umgekehrt: Wäre dieser Widerwille und Widerspruch dem in Jesus Christus gesprochenen Worte gewachsen oder gar überlegen, dann könnte das für uns mit sich bringen, daß wir alle Nicht-Erkennende und nur eben das wären. Aber diese beiden Voraussetzungen sind ungültig: Es gibt keinen Widerwillen und Widerspruch gegen Gottes Wort, der diesem überlegen oder auch nur gewachsen wäre. Das Wort Gottes hat aber diese seine Behinderung und Infragestellung noch nicht beseitigt, sondern noch ist es in diesem Gegensatz gesprochen. Daraus folgt aber, da es das Wort Gottes (aber dieses in seiner Behinderung und Infragestellung) ist, das die Situation aller Menschen beherrscht und bedingt, daß wir Alle, wenn auch gewiß in sehr ungleichem Verhältnis des Einen zum Anderen, wie Erkennende, so auch Nicht-Erkennende, wie Nicht-Erkennende, so auch Erkennende sind. Darin – und nur darin – besteht der ernste Unterschied zwischen uns Menschen: daß hier (und das möchte der Fall der zur Gemeinde versammelten glaubenden Christen sein) das Erkennen schon vorherrscht, das Nicht-Erkennen aber schon nur noch im Zurückweichen stattfindet – dort aber (und das wäre der Fall der theoretisch und praktisch Abgöttischen und Gottlosen aller Art) das Nicht-Erkennen noch vorherrscht, das Erkennen immer noch hintangehalten ist. Wobei doch hier wie dort das jeweils mit Recht oder Unrecht Zurückgewiesene, Verleugnete, Verdrängte, Verdeckte (bei den Christen ein auch ihnen nicht fremdes Nicht-Erkennen, bei den Anderen ein wohl unterdrücktes, aber schon anhebendes, weil objektiv in Gottes Offenbarung begründetes Erkennen) nicht einfach ausfällt, sondern ebenfalls mitspricht und mitwirkt und sich geltend macht, für ihre Existenz ebenfalls bedeutsam und bezeichnend ist. Es gibt unter und in uns Menschen kein engelhaftes und also exklusives Erkennen und kein teuflisches und also exklusives Nicht-Erkennen. Wir existieren vielmehr als Erkennende angesichts der abnormalen, der finsteren Möglichkeit des Nicht-Erkennens – und als Nicht-Erkennende angesichts der normalen, der hellen, uns auch als solchen nicht einfach fehlenden, sondern präsenten Möglichkeit des Erkennens. Wir existieren unter der Drohung der einen und unter der Verheißung der anderen Möglichkeit: gewarnt vor dem Ergreifen der einen, bestimmt und aufgerufen zum Ergreifen der anderen. Wir existieren in diesem Gegensatz. Und wir existieren darum in diesem Gegensatz, weil die Prophetie Jesu Christi die Geschichte ist, in der unsere Geschichte eingeschlossen, durch die sie bestimmt und geprägt ist. Ihr Vollzug als das Leuchten des Lichtes in der Finsternis, aber auch ihre Begrenzung als das in der Finsternis leuchtende Licht ist das Gesetz, unter dem unsere Geschichte, die Geschichte der Welt und eines jeden Menschen steht und dem sie nur folgen kann. Indem die Prophetie Jesu Christi in diesem konkreten Sinn geschichtlich ist, wird und ist es im selben konkreten Sinn auch die menschliche Existenz. Die Prophetie Jesu Christi beteiligt uns an dem Gegensatz, in welchem sie selbst geschieht, und eben darin bewährt sie handgreiflich ihre eigene konkrete Geschichtlichkeit.

Wir blicken bei dem hier Ausgeführten auf zwei Linien, die der Struktur des biblischen Zeugnisses in seiner alt- wie in seiner neutestamentlichen Gestalt eigentümlich sind.
Es handelt sich einmal um die Voraussetzungen, die in der prophetischen wie in der apostolischen Verkündigung hinsichtlich ihrer Hörer und Leser gemacht werden. Was sind das für Leute, die die biblischen Autoren anreden, von denen sie Sinn und Verständnis für das, was sie zu sagen haben, erwarten? Im Alten Testament offenbar die Menschen der israelitischen Volksgemeinde, denen durch Erzählung, durch praktische reflektierende, auch durch poetische Umschreibung und Interpretation ihrer eigenen durch Jahves Erwählung und Berufung begründeten und durch seine Gnaden- und Gerichtstaten konstituierten Geschichte gesagt werden soll, was (Micha 6,8) gut ist und was Jahve von ihnen fordert. Und so im Neuen Testament die Menschen der Gemeinde Jesu Christi, denen er als ihr laut seiner Auferstehung lebendiger, zur Rechten des Vaters vom Himmel her, aber in der Kraft seines Geistes auch mitten unter ihnen waltender und regierender Herr präsent und offenbar ist und denen er nun durch sie, die Zeugen, «vor Augen gemalt» (Gal. 3,1), durch Bericht von seinen Reden und Taten, von seinem Leiden und Sterben und durch die entsprechende Paraenese hinsichtlich der Bedeutung seiner Existenz für die ihrige in Erinnerung gerufen werden soll. Hinter den Israeliten und den Christen stehen im weiteren, ferneren Umkreis die Menschen der sie umgebenden Völkerwelt, denen ihrerseits Zeugen des zunächst ihnen Gesagten zu sein hier wie dort der Sinn und die Bestimmung des engeren Kreises der im biblischen Zeugnis zunächst Angeredeten ist. Die Voraussetzung der prophetischen und der apostolischen Anrede an alle diese Menschen ist nun offenkundig eine doppelte. Vorausgesetzt ist nämlich hier wie dort (1), daß sie, was ihnen gesagt wird, hören, verstehen und annehmen können, ja normaler Weise müssen – nicht weil sie von Natur dazu fähig und disponiert wären, wohl aber, weil es sich ja in der ihnen bezeugten Wahrheit der Israelsgeschichte und Christusgeschichte um die Wahrheit ihrer eigensten Wirklichkeit handelt, weil sie ja eben von dort, wohin sie von den Propheten und Aposteln gewiesen werden, schon herkommen. Sie sind ja nicht die Ersten Besten, sondern sie kommen eben von der Erwählung und Berufung Gottes, sie kommen eben von den Gnaden- und Gerichtstaten her, die er gerade für sie, unter und an ihnen getan hat. Was ihnen da mündlich und dann auch schriftlich gesagt wird, ist ja nur ein Appell an ein in und mit dem Faktum ihrer besonderen Existenz schon begründetes Wissen – nur eben eine Erinnerung an ein in und mit ihrer Erwählung und Berufung und der ihr folgenden göttlichen Heilstaten schon von ihnen Erkanntes. Der geschlossene Bund, das unter ihnen erschienene Leben, die vollbrachte Versöhnung hat ja ihr Wort zu ihnen gesprochen und spricht es fort und fort, bevor es ihnen von den Propheten und Aposteln bezeugt wird. Röm. 15,14: «Ich bin, meine Brüder, was euch betrifft, meinerseits überzeugt, daß ihr selbst voll ἀγαθοσύνη seid, erfüllt mit aller Erkenntnis, fähig, euch untereinander zu unterrichten.» Dazu 1. Joh. 2,27: «Ihr habt es nicht nötig, daß euch Jemand belehre, sondern ... entsprechend Seiner Belehrung bleibt ihr in Ihm.» Fern davon, daß solche Worte ironisch zu verstehen wären! Was die Zeugen Jahves und die Zeugen Jesu Christi zu sagen haben, kann wirklich nur Aufruf an ihre Hörer und Leser sein, dessen zu gedenken, was sie direkt durch den, von dem jene Zeugen reden, schon wissen. Vorausgesetzt ist nun aber (2) auch dies, daß die von den Zeugen Angeredeten solche Erinnerung und also ihr Zeugnis nötig u. zw. nicht nur beiläufig, sondern bitter, entscheidend nötig haben. Die israelitische Volksgemeinde bedarf – obwohl und indem doch das Wort Jahves in seinem Tun in ihrer Mitte laut

genug ist – zu dessen Auslegung und Einschärfung ihrer Propheten, Geschichtsschreiber, Psalmsänger, Weisheitslehrer. Und die Christengemeinde bedarf – obwohl und indem sie doch durch das Wort Jesu Christi selbst begründet und fort und fort erhalten ist – im gleichen Sinn ihrer Apostel und Evangelisten. Die Jer. 31,34 angezeigte Heilszeit, da «Keiner mehr den Anderen, Keiner seinen Bruder belehren und sprechen wird: Erkenne den Herrn!, sondern sie werden ihn Alle erkennen, Klein und Groß!» ist in der Geschichte Israels und in der Geschichte Jesu Christi wohl heimlich, aber noch nicht öffentlich angebrochen: noch nicht so, daß alles «Erkenne den Herrn!» tatsächlich überflüssig gemacht wäre. Der kraft der Offenbarung der großen Taten Gottes, kraft der Prophetie Jesu Christi in allen jenen Menschen begründeten Erkenntnis steht eben, wie nicht nur im Alten, sondern auch im Neuen Testament (auch im Römer- und auch im 1. Johannesbrief!) klar zutage liegt, inmitten der Gemeinde der Erwählten und Berufenen und also durch Gottes Handeln in ihrer Geschichte gründlich genug Belehrten auch eine kräftige Nicht-Erkenntnis rätselhaft, aber faktisch gegenüber. Weder die Propheten noch die Apostel fürchten oder respektieren dieses Faktum. Sie übersehen es aber auch nicht. Sie wissen um seine chronische und akute Gefährlichkeit. Sie wissen, daß es destruiert werden muß. Sie decken es darum auf. Sie greifen es also an. Sie nehmen es mithin als Gegenspieler ernst. Keine alt- oder neutestamentliche Schrift wäre geschrieben worden, wenn ihre Verfasser nicht mit diesem Gegenspieler ernstlich gerechnet hätten – nicht so ernstlich wie mit der Wirklichkeit, in deren Wahrheit sie zu verkündigen hatten, aber in der ihm zukommenden Weise sehr ernstlich. Eben seinetwegen, eben um ihm zu begegnen, finden sie sich doch von Gott ausgerüstet und beauftragt, ihr Wort zu sagen. So gewiß es im Blick auf Jesus Christus selbst, im Lauschen auf seine Prophetie und also in der Voraussetzung der unter und in ihren Hörern und Lesern schon begründeten Erkenntnis reines, konsequentes Wort der Gnade sein durfte und mußte, so gewiß mußte es im Blick auf den auch unter ihren Hörern und Lesern wirksamen Widerwillen und Widerspruch, im Blick auf ihre Nichterkenntnis ebenso rein und konsequent die Gestalt der Ermahnung, der Warnung, der Anklage, des Scheltwortes, der Gerichtsdrohung annehmen: die Gestalt des Gesetzes als der Form des Evangeliums. – Das sind die beiden Voraussetzungen, die im biblischen Zeugnis hinsichtlich seiner Hörer und Leser gemacht werden. Und es braucht kaum gesagt zu werden, daß dieselbe doppelte Voraussetzung sofort auch da in Kraft treten mußte, wo das biblische Zeugnis in Erfüllung der Bestimmung jenes inneren Kreises auch in den äußeren hinausgetragen wurde: unter die Menschen der im alt- und neutestamentlichen Schrifttum zunächst nur indirekt visierten Völkerwelt. Mit der Prophetie Jesu Christi, aber auch mit der ihr begegnenden Opposition und Obstruktion war und ist ja auch da zu rechnen. Sofort als (vermöge der Macht des Wortes Jesu Christi!) schon Erkennende – und sofort als (vermöge jener fatalen Gegenwirkung) noch nicht Erkennende waren und sind die Menschen vom biblischen Zeugnis her also auch da angeredet.

Und nun handelt es sich auf der anderen uns hier interessierenden Linie der Struktur des biblischen Zeugnisses um den Grund dieser doppelten Anrede. Sie beruht nicht auf irgendeiner merkwürdigerweise durchgehend geübten Willkür der biblischen Zeugen. Sie haben es sich ja überhaupt nicht erwählt, die Anderen anzureden und so auch das nicht: sie in diesem doppelten Sinn anzureden. Ihr Grund besteht aber wirklich auch nicht in den besseren oder schlechteren Erfahrungen, die sie mit denen, an die sie sich wendeten, gemacht hätten. Gewiß haben sie solche Erfahrungen gemacht. Aber wie hätten ihnen solche immerhin nur relativ maßgebenden Erfahrungen die Freiheit und das Recht geben können, die Anderen so ernstlich zugleich entschieden als schon Erkennende und ebenso entschieden als noch nicht Erkennende anzureden? Es geschah aber im Blick auf den Gegenstand und Inhalt ihres Zeugnisses, unter dessen zwingender Anleitung, daß sie sie so sehen und so anreden mußten. Um Gottes Licht, Wahrheit, Offenbarung, um Dienst am Wort Gottes ging es doch ihnen allen – und also um die Verkündigung des Bundes und der zu dessen Aufrichtung, Durchführung und Vollendung geschehenen großen Taten Gottes. Eben im Dienst des Gotteswortes von diesem Gotteswerk konnten sie die, an die sie sich wendeten, gar nicht bestimmt, ernstlich und freudig genug als solche sehen und in Anspruch nehmen, für die und an denen dieses Werk schon geschehen, für die und zu denen dieses Wort also schon gesprochen war. Wiederum konnten sie aber als treue Diener eben dieses Gotteswortes auch dessen konkrete Gestalt nicht übersehen und vernachlässigen: dies nämlich, daß es wohl in göttlicher Herrlichkeit, Majestät, Autorität und Wirksamkeit, aber nun doch nicht in einen leeren Raum hinein, sondern zur Welt, zu den Menschen gesprochen war und ist – und also nicht in irgendeiner hohen Unangefochtenheit, sondern als ein vermöge der menschlichen Blindheit und Taubheit noch immer bestrittenes und seinerseits gegen diese streitendes Wort. Sie vernahmen es auch in diesem Charakter und sie hatten es, wollten sie ihm aufrichtig dienen, auch in diesem Charakter ernst zu nehmen. Und eben von daher war dann auch die andere Voraussetzung gegeben, mit der sie als Zeugen des Wortes Gottes an die Menschen herantraten. Sie vernahmen es als «das machtvolle Wort, durch das Gott alle Dinge trägt» (Hebr. 1, 3): Wie konnten sie die Menschen von da aus anders sehen und anreden denn als von seiner Allmacht schon Erreichte und Getragene und also als schon Erkennende? Sie vernahmen es aber auch als das Wort dessen, «der solchen Widerspruch von den Sündern gegen sich erduldet hat» (Hebr. 12,3): Wie konnten sie sie von daher anders sehen denn als die ihnen gegenüber immer noch Befangenen und Verschlossenen und also als die noch und noch Nicht-Erkennenden? Darin bestand und besteht doch der Realismus, in dem Gott sich und sein Werk zur Sprache bringt: daß sein Wort herrlich über alle Maßen und daß es als solches an die seiner Herrlichkeit widerstrebenden sündigen Menschen gerichtet ist. Und darin hatten die biblischen Zeugen dem göttlichen Realismus gerecht zu werden: daß sie die Adressaten dieses Wortes – die Menschen, denen sie es zu bezeugen hatten – unter jenem doppelten Aspekt und also als die schon und als die noch nicht Erkennenden, ihre Existenz als Existenz in diesem Gegensatz zu verstehen, sie dementsprechend anzureden hatten. Waren sie «Dialektiker»? Sie waren es bestimmt nicht, sofern man unter «Dialektik» ein Denken im Widerspruch und in der Versöhnung zweier Prinzipien verstehen wollte. Der Begriff könnte passen, sofern man dabei an den Wechsel von göttlicher Rede und menschlicher Antwort denken wollte, den die alt- und die neutestamentlichen Zeugen ja zweifellos in den Ohren und im Sinn hatten. Aber noch würde man dann die Nötigung nicht verstehen, in der sie standen, wenn sie die menschliche Existenz unter jenem doppelten Aspekt gesehen und beschrieben haben. So wird es besser sein, den Begriff «Dialektik» an dieser Stelle ganz fallenzulassen und schlicht durch den der Geschichte zu ersetzen. Das Wort Gottes selbst und als solches ist geschichtlich, geschieht in Herrlichkeit, aber auch in der Auseinandersetzung mit dem Widerwillen und Widerspruch der Welt: bevor dieser ihr gegenüber laut wird, bevor es zwischen Gott und den Menschen zu jenem Gespräch kommt. Weil und indem die biblischen Zeugen es in dieser ihm eigenen geschichtlichen Konkretheit vernahmen und zu bezeugen hatten, darum mußten sie die Existenz der Menschen, an die sie sich wendeten – nicht «dialektisch», sondern in der dem Worte Gottes selbst entsprechenden geschichtlichen Konkretheit und also als schon und als noch nicht Erkennende, ihre Existenz als Existenz in diesem Gegensatz, als Existenz auf dem durch diesen Gegensatz charakterisierten Weg verstehen und anregen.

Dieser Sachverhalt in der Struktur des biblischen Zeugnisses ist der Hintergrund, von dem her das vorher Ausgeführte verstanden sein möchte.

Es ist klar, daß das Aufbrechen dieses Gegensatzes nicht das Letzte ist, was im Geschehen der Prophetie Jesu Christi und ihr zufolge und entsprechend in der menschlichen Erkenntnis seines Wortes Ereignis wird. Dieser Gegensatz kann gerade nur dazu aufbrechen, um zu beweisen, daß er keinen Bestand haben kann, um also (4) seiner Überwindung entgegenzugehen. Wie es im Geschehen der Versöhnung als der Herstellung des Friedens zwischen Gott und Mensch kein statisches Gegenüber, keine Schwebe, keine Balance gibt, in des Menschen Rechtfertigung kein unbewegtes *simul* des *homo iustus* und des *homo peccator*, in des Menschen Heiligung keinen Stillstand zwischen dem Sein des neuen und des alten Menschen – so auch nicht im Geschehen der Offenbarung dieser geschichtlichen Wirklichkeit, so auch nicht in ihrer durch das Wort Gottes begründeten Erkenntnis. Sie ist, ihrem Inhalt und Gegenstand entsprechend, Übergang, Wendung, Entscheidung in einer ganz bestimmten Richtung, nämlich in der auf die Vollendung, die von Anfang an der Sinn ihres Vollzuges ist. Sie ist wohl Kampfgeschichte, sie ist aber als solche Siegesgeschichte. Gott ist nicht umsonst Gott. Und so ist der, der in dieser Geschichte handelt und also diesen Kampf führt, nicht umsonst der ewige Sohn Gottes und als Menschensohn nicht umsonst der in die Gemeinschaft mit Gott erhobene Mensch. Er ist nicht umsonst der große Prophet, das lebendige Wort des lebendigen Gottes. Daß er es annimmt und sich gefallen läßt, bestritten zu werden, heißt nicht, daß er es dabei sein Bewenden haben läßt, bestritten zu sein. Daß er selbst in Angriff und Verteidigung streitet, heißt nicht, daß sein Werk sich in diesem Streit erschöpft, daß es immer und immer in diesem Streit bestehen wird. Es kommt aber auch nicht in Frage, daß sein Streit sich auch nur vorübergehend, geschweige denn endgültig in einem Waffenstillstand oder womöglich in einem Friedensschluß mit seinem Widerpart totlaufen wird. Er wäre nicht der, der er ist, wenn das Alles auch nur möglich bzw. als möglich denkbar wäre. Der kennte ihn überhaupt nicht, der im Blick auf ihn mit solchen Möglichkeiten rechnen würde. Und auch der Widerpart, auch der Widerwille und Widerspruch, der dem lebendigen und allmächtigen Wort Gottes von der Welt her widerfährt, wäre ja nicht, was er ist, wenn er sich in diesem Streit durchsetzen oder auch nur halten könnte. Es ist doch der Inbegriff des Grund- und Sinnlosen, wenn die schon mit Gott versöhnte Welt sich noch und noch gegen das Wort auflehnt, in welchem ihr eben darüber Bescheid, die Wahrheit gesagt wird, wie es mit ihr selbst bestellt ist. Wie real und schrecklich dieses Grund- und Sinnlose auf dem Plan sein mag: echte Würde und echte Macht kann es nicht haben, mehr als die Realität und den Schrecken einer reaktionären Usurpation hat es nicht ins Feld zu führen. Dem Wort Gottes gegenüber zu triumphieren oder es zu einem Ausgleich mit ihm zu zwingen, ihm auch nur das Gesetz eines beständigen Gegensatzes zu ihm aufzuerlegen, kann diesem seinem Widerpart nicht zukommen. «Ein Wörtlein kann ihn fällen.» Er kann tatsächlich nur gefällt, nur destruiert werden: auch unter dem Gesichtspunkt übrigens, daß er ja auch seinerseits dem Worte Gottes gegenüber keine Ruhe geben, mit ihm weder endgültig noch auch nur vorübergehend Frieden schließen, es nur eben stets verneinen kann. In Betracht kommt offenbar, von beiden Seiten gesehen, nur seine endliche, aber vom Ausgang her schon im Anfang des Streites notwendige und darum auch in dessen Verlauf sich ankündigende Überwindung: der eindeutige und völlige Sieg des Wortes Gottes und die eindeutige und völlige Ausschaltung der ihm widerfahrenden Verkennung und Verleugnung – und auf den Verlauf des Streites gesehen: das schrittweise, aber unaufhaltsame Überhandnehmen und Erkennbarwerden der Überlegenheit des einen, der Unterlegenheit des anderen Streiters.

Wir reden von Jesus, von seinem Streit und Sieg. Eben von ihm her kann aber auch die Situation im Bereich der Erkenntnis auf Seiten derer die seine Prophetie angeht, nicht anders gesehen und verstanden werden: der Gegensatz zwischen dem in der Welt, in der menschlichen Existenz sich abspielenden Erkennen und Nicht-Erkennen. Daß das Geschehen der Prophetie Jesu Christi die Geschichte der Welt und die Geschichte eines jeden Menschen in sich schließt, sie also beherrscht, bestimmt und prägt, das will nun auch nach dieser Seite beachtet und bedacht sein. Wir sind nicht nur an dem Problem des Christusgeschehens, wir sind auch an dessen in ihm selbst stattfindender Lösung beteiligt. Wir können uns also weder seufzend noch lächelnd mit der Vorstellung einer Balance unseres Erkennens und Nicht-Erkennens, oder mit der eines ewigen Streites, oder mit der eines Waffenstillstands oder Friedensschlusses zwischen beiden abfinden. Was in diesem Gegensatz und Kampf geschieht, ist nicht irgendeine Geschichte, auch nicht irgendeine Kampfgeschichte unbestimmten Sinnes und Ausganges, sondern die Geschichte des (im Sinn von 1. Tim. 6, 12; 2. Tim. 4, 7) «guten» Kampfes: «gut», weil er uns durch das Ur- und Vorbild Jesu Christi selbst auferlegt und in seiner Nachfolge anzutreten und durchzufechten ist, und «gut», weil er von daher zum vornherein nur unter der Verheißung und mit der Gewähr des Sieges aufgenommen und Schritt für Schritt durchgekämpft werden kann. Denn eben von daher hat er ein bestimmtes Telos und Gefälle, in welchem er weder einer Niederlage, noch einem Ausgleich, sondern nur dem Sieg der Erkenntnis über die Nicht-Erkenntnis entgegenführen kann. Es kann also dieser die Existenz des Menschen bestimmende Gegensatz nur dynamisch und nur teleologisch verstanden werden: noch ist der Mensch, indem er erkennt, auch ein Nicht-Erkennender. Aber schon ist er, indem er noch nicht erkennt, auch ein Erkennender. Noch ist er nämlich in seinem Erkennen beschwert und gehemmt durch sein Nicht-Erkennen. Aber schon ist er in seinem Nicht-Erkennen aufgesucht, aufgescheucht, in der entgegengesetzten Richtung in Bewegung gesetzt durch sein schon anhebendes Erkennen. Noch bedroht die Finsternis sein Licht. Aber schon bedroht – und das in viel ernsthafterer Bedrohung – das Licht auch seine Finsternis. Das ist – von der Geschichte Jesu Christi her – unsre Geschichte. Es geht

§ 69. Die Herrlichkeit des Mittlers

um ein «Noch» und ein «Schon» in jenem Gegensatz – nicht etwa um eine zweideutige Zuständlichkeit eines «teils-teils», eines «sowohl-als-auch»! Es geht um die eindeutig so und nur so verlaufende Bewegung: heraus aus der Nicht-Erkenntnis – hinein in die Erkenntnis. Es geht um die noch in vollem Gang befindliche Auseinandersetzung zwischen beiden, deren Ergebnis sich doch schon in ihrem Gang so abzeichnet, daß ihr Ende außer Zweifel steht. Es ist nicht die Nicht-Erkenntnis, sondern die Erkenntnis, die in dieser Auseinandersetzung im Überhandnehmen begriffen ist und der die Zukunft gehört. Dies ist die menschliche Situation in ihrer Bestimmtheit durch die Prophetie Jesu Christi unter dem Zeichen *Christus victor*.

Wir machen uns den biblischen Hintergrund dieses vierten und letzten Momentes unserer Überlegung deutlich an der Wendung, in der der Pharisäer und Christenverfolger Saul von Tarsus zum Apostel Paulus wurde. Die Apostelgeschichte gibt nicht weniger als drei ausführliche, in der Hauptsache übereinstimmende, in einigen Einzelheiten etwas differierende Berichte von diesem Ereignis. Es wird aber vor Allem auch in den Briefen des Paulus selbst öfters und immer sehr bedeutsam erwähnt und kurz charakterisiert. «Bekehrung» ist die dafür üblich gewordene Bezeichnung. Sie trifft zu, wenn man dabei an das denkt, was das Neue Testament μετάνοια nennt, und wenn man sich darüber klar ist, daß damit eines Menschen totale, aber eben in und mit dem Vollzug einer bestimmten Erkenntnis stattfindende Lebensveränderung gemeint ist. Es widerfuhr diesem Menschen, daß er vernehmen mußte und durfte, was er zuvor nicht vernehmen wollte und konnte, um in diesem Übergang vom Nicht-Vernehmen zum Vernehmen ein anderer Mensch zu werden, von einem alten auf einen neuen Weg hinüberzutreten. Dieser Texte zu gedenken ist in unserem Zusammenhang darum nötig, weil hier miteinander (1.) eben der radikale Sinn dessen, was in der Bibel Erkenntnis heißt, (2.) der geschichtliche Charakter solcher Erkenntnis und (3.) im Besonderen die teleologische Ausrichtung dieser Geschichte, von der nun zuletzt die Rede war, so unverkennbar in Erscheinung treten.

Alle drei Momente ergeben sich – und es ergibt sich ihre unauflösliche Einheit – in allen in Frage kommenden Stellen daraus, daß das primäre und eigentliche Subjekt des in ihm beschriebenen Geschehens nicht etwa der Mann von Tarsus, sondern der Mann von Nazareth, der ihm begegnende lebendige Jesus ist. Es gefiel (Gott) ... durch seine Gnade (nicht irgendeine Wahrheit, sondern) seinen Sohn in mir zu offenbaren (Gal. 1, 15 f.). «Auf dem Angesicht des Christus» erkennt Paulus die ihn erleuchtende Herrlichkeit Gottes (2. Kor. 4, 6). Er erschien, später als allen Anderen, als dem Letzten unter ihnen auch ihm (1. Kor. 15, 8). Ihn, Jesus, den Herrn hat er gesehen (1. Kor. 9, 1) Er hat sich seiner, des Verfolgers, erbarmt (1. Tim. 1, 13). Er, «Jesus der Nazoräer» (Act. 22, 8) trat ihm vor Damaskus in den Weg. Zu seinem Zeugen wird er dort (Act. 22, 15; 26, 16) durch ihn eingesetzt, um fortan sein «Sklave» zu sein (Röm. 1, 1). Man würde die Aussage und den Sinn aller dieser Texte sofort verfehlen, wenn man sie, statt eigentlich und primär von diesem, von dem Mann Paulus verschiedenen Subjekt, von seiner Erscheinung, Rede und Tat, von dem, was dem Paulus von ihm her widerfährt – primär und eigentlich von dessen Erlebnis und innerer Evolution und also von Jesus nur als von deren Motiv oder gar nur als von deren Exponenten oder Chiffre reden ließe. Es geht gar sehr um des Paulus eigenste Geschichte. Aber eben als seine eigenste Geschichte hat sie nach der Darstellung aller dieser Texte exzentrischen Charakter: es geht um seine Entscheidung, die doch der von Jesus über ihn vollzogenen Entscheidung nur eben folgen kann. Als von Ihm Erkannter wird und ist dieser Mann ein Erkennender. Und eben von daher hat sein Erkennen die Macht, ihm nicht nur irgendeine

3. Jesus ist Sieger! 227

Kunde oder Wissenschaft zu verschaffen, sondern sein Leben, ihn selbst, radikal zu verändern. Eben von daher wird, ist und bleibt sein Erkennen selbst echte Geschichte – und vor allem: ist es teleologisch ausgerichtete Geschichte, die Geschichte eines Kampfes, der von Anfang an siegreich ist. Das große Ereignis dieser Wendung wird von dem – und nur von dem – her durchsichtig, dem gegenüber, kraft dessen Übergreifen und Eingreifen in die Existenz des Paulus es nach Aussagen und Sinn der Texte Ereignis wird. – Wir versuchen es, das Ereignis dieser Wendung – in steter Beachtung dieser es in seiner Ganzheit motivierenden und organisierenden Mitte und in möglichst engem Anschluß an die Angaben der Texte – kurz zu analysieren.

Sein *terminus a quo* ist der Mann Saul von Tarsus diesseits, vor der ihm vor und in Damaskus widerfahrenden Veränderung, also im Eingang der seine Erkenntnis Jesu Christi konstituierenden Geschichte. Das Bild ist zwar nicht schlechthin eindeutig – kann es nicht sein! – es ist aber zunächst deutlich genug: seine Erkenntnis hebt an in der gewaltig, ja gänzlich vorherrschenden Finsternis seiner Nicht-Erkenntnis. Paulus selbst hat später (2. Kor. 4, 6) jenes Aufstrahlen des Lichtes in seinem Herzen durch eine unverkennbare Anspielung auf Gen. 1, 3 charakterisiert: Es sei der Gott, der als Schöpfer durch sein Wort das Licht aus der Finsternis heraus (ἐκ σκότους) aufstrahlen ließ, der dasselbe Schöpferwort mit derselben Wirkung nun auch zu ihm gesprochen habe. Wie er seine Rechtfertigung nach Röm. 7, 7–25 mitten in der Finsternis der Sünde anheben sieht (vgl. KD IV, 1, S. 648 ff.), so nach dieser Stelle seine Erkenntnis Jesu Christi mitten in der Finsternis seiner Nicht-Erkenntnis. Seine Geschichte ist aber in dieser Hinsicht darum so instruktiv, weil es sich bei ihm nicht um irgendeine gemeine, sondern um eine gewissermaßen sehr vornehme, auf den ersten Blick gar nicht als das anzusprechende Finsternis handelt. «Bekehrt» wird hier ja nicht ein seinen Lüsten und Leidenschaften hingegebenes ungläubiges oder nur oberflächlich gläubiges Weltkind, geschweige denn ein Gottloser, geschweige denn ein Übeltäter. Alles scheint nicht nur, sondern ist hier, menschlich gesehen, in guter, ja bester Ordnung. Der berechtigte Stolz des Mannes von damals klingt noch deutlich nach, wenn er Phil. 3, 5 aufzählt: er war «beschnitten am achten Tage, aus dem Volk Israel, dem Stamme Benjamin, ein Hebräer von hebräischen Eltern», und jüdischer Art wirklich entsprechend (ἐν Ἰουδαϊσμῷ) sei denn auch sein ganzes Sein und Verhalten (seine ἀναστροφή Gal. 1, 13) gewesen. Er schien nicht nur, sondern er war «untadelig» in der vom Gesetz verlangten Gerechtigkeit (Phil. 3, 6). Er übertraf darin die meisten seiner gleichaltrigen Volksgenossen (Gal. 1, 14). Er war Pharisäer strengster Observanz (Phil. 3, 5; Act. 26, 5), ein Schüler Gamaliels, «unterrichtet nach der Genauigkeit (κατὰ ἀκρίβειαν) des Gesetzes», ein «Eiferer für Gott» (Act. 22, 3) – also desselben Lobes teilhaftig, das er später (Röm. 10, 2) seinem Jesus Christus gegenüber immer noch renitenten Volk nicht vorenthalten wollte. Was war da finster und nicht – gemessen am Heidentum und wohl auch an viel säkularisiertem Weltjudentum – sehr hell zu nennen? Inwiefern war hier Nicht-Erkenntnis am Werk? Inwiefern tappt hier ein Blinder auf einem höchst verderblichen Weg? Es ist auffallend, daß die Texte hier nicht etwa zu einer Kritik des Pharisäismus, seiner Gesetzlichkeit, seiner Selbstgerechtigkeit, seines Hochmuts, seiner Heuchelei, seiner menschlichen Härte (etwa im Sinn von Matth. 23) ausholen, obwohl das besonders in dem Zusammenhang Gal. 1 nicht unangebracht gewesen sein könnte. Sie eilen aber faktisch scheinbar achtlos an dem Allen vorbei zu der einen Feststellung: Der Mann, der jenen Weg ging, wurde und war der Verfolger der Gemeinde. Die Briefe nennen (Gal. 1, 13; 1. Kor. 15, 9; Phil. 3, 6) nur das Faktum, 1. Kor. 15, 9 mit dem Hinzufügen, daß Paulus um deswillen, daß er das war, der Geringste unter den Aposteln sei, nicht würdig, ein solcher zu heißen. Aber auch die ausführlicheren Berichte der Apostelgeschichte beschäftigen sich nur mit dieser Sache: Saulus habe (8, 1) mit Wohlgefallen der Steinigung des Stephanus beigewohnt. Er habe es, «Drohung und Mord schnaubend gegen die Jünger des Herrn» (9, 1), fertiggebracht, manche von ihnen in den (judäischen) Synagogen zur Verleugnung zu zwingen, habe sie aber in seiner Wut auch bis in die auswärtigen Städte verfolgt (26, 11). Er habe sich schließlich (9,1; 22,5; 26,12) von den Hohepriestern beauftragen lassen, die Anhänger dieses «Weges», Männer und Frauen, sogar im fernen Damaskus aufzuspüren, sicherzustellen und gefangen nach Jerusalem zu bringen. Dieses Tun ist gemeint, wenn Paulus sich selbst nach 1. Tim. 1,13 im Rückblick auf damals geradezu einen «Lästerer» und «Frevler» genannt hat. Das besondere Motiv seines damaligen Tuns wird in den Texten nirgends ausdrücklich genannt: sie scheinen das nach dem Vorhergesagten nicht für nötig zu halten. Man sehe also zu, daß man ihnen nicht mit Ergänzungen zu Hilfe kommen wolle – sadistische Verfolgungslust um ihrer selbst willen vielleicht, oder: die Intoleranz eines Menschen, der nur seinen eigenen Weg für den richtigen, alle anderen für verdammungswürdig hält, oder gar: die aufgeregte Abwehr eines Menschen, der seiner Sache im Grunde nicht ganz sicher ist und eben deshalb um so heftiger um sich schlagen muß – Ergänzungen, die hier (von allem Anderen abgesehen) schon als solche unangebracht wären! Nach dem vorher Gesagten ist doch Alles klar: Gegner und Verfolger der Gemeinde ist dieser Mann, weil und indem er (vgl. Röm. 9,4f.) für Israel, für Israels Erwählung und Berufung, für Israels Sendung in der Welt, für den Verlauf und Fortgang seiner Geschichte als der Heilsgeschichte, und also für die Treue, die Gott in Form der Treue zu Israel, des Gehorsams gegen die ihm gegebenen Gebote, des Vertrauens auf die ihm mitgeteilten Verheißungen zu erweisen ist, kurz: für den Glauben an das in und mit seiner Existenz gesprochene und zu vernehmende Wort Gottes einsteht. Er verfolgt die Christen, weil er durch sie diese ganze Versöhnungs- und Offenbarungsökonomie in Frage gestellt, überholt, relativiert, antiquiert sieht – durch sie, nämlich durch ihre Verkündigung der Person, des Werks, der Herrschaft und Autorität des von Israel ausgestoßenen, den Heiden zur Kreuzigung ausgelieferten Jesus von Nazareth, seiner Messianität, seiner Erwählung, Berufung und Sendung, seiner Geschichte als der Heilsgeschichte, der Forderung ihm zu gehorchen, auf die in ihm ergangene Verheißung zu trauen, an ihn, an das in seiner Existenz gesprochene Wort Gottes zu glauben. Er haßt diese Menschen, er will sie und ihr Zeugnis darum auslöschen, weil dieses besagt, daß der Weg Israels, den er in letzter Konsequenz mitzugehen, weiterzugehen, entschlossen und bereit ist, schon zu seinem Ende gekommen und also fernerhin nicht mehr zu begehen ist. Er verteidigt das Allerheiligste, er eifert wirklich für Gott, indem er diese Menschen verfolgt. Und eben indem er so für Gott eifert, eifert er, wie er es später (Röm. 10,2) den seinen Weg von damals fortsetzenden Juden vorhält, οὐ κατ' ἐπίγνωσιν, «mit Unverstand», in Nicht-Erkenntnis. Was erkannte er damals nicht? Nach derselben Stelle: die alle «eigene» Gerechtigkeit Israels und mit ihr auch die seinige in der Tat überholende, relativierende, antiquierende δικαιοσύνη τοῦ θεοῦ, d. h. Gottes, des Gottes Israels, des Gottes der Väter – souverän vollzogene Rechtsentscheidung, in der er eben seinen Bund mit Israel damit erfüllte, eben Israels Geschichte damit zu ihrem Ziele führte, daß er selbst sich in der Person eines israelitischen Menschen, eines Abrahams- und Davidsohnes, als Erretter seines Volkes erhob, sich mächtig auf seine Seite schlug, seine vermöge seiner Untreue verlorene Sache ihm gegenüber in seine eigene Hand nahm. Er erkannte nicht, was eben damit für Israel geschehen war. Er erkannte nicht die damit gerade Israel auferlegte Notwendigkeit radikaler Umkehr – seine Verpflichtung, sich nun gerade nur noch an diese, alles Streben nach eigener Gerechtigkeit in der Tat ausschließende, göttliche Rechtsentscheidung zu halten. Er erkannte nicht die Dringlichkeit des Gebotes im besten, in dem jetzt allein möglichen Verständnis der israelitischen Versöhnungs- und Offenbarungsökonomie, eben in dieser Rechtsentscheidung Gottes seine helfende Tat und sein verbindliches Wort zu erkennen, den ganzen Israel gebotenen Glauben und Gehorsam ihr zuzuwenden. Das war es, was Saulus nicht erkannte. Er erkannte – darauf läuft Alles hinaus – Jesus nicht. Er hat in einem anderen späteren Rückblick (2. Kor. 5,16) gesagt, daß er Christus damals κατὰ σάρκα, «in fleischlicher Weise» erkannt habe: als den Urheber einer das Allerheiligste schändenden, die israelitische Versöhnungs- und Offenbarungsökonomie zerstörenden und so des schwersten Abfalls von Gott schuldigen Sekte. So sah und verstand er ihn vom Standort eines unbußfertigen, seinen eigenen Frieden nicht erkennenden Israel her. Und eben so, in diesem Sehen und Verstehen, in welchem er zum Verfolger der Gemeinde werden mußte, erkannte er ihn nicht. Christus so oder ähnlich «in fleischlicher Weise» erkennen, heißt: ihn gar nicht erkennen, heißt dann wohl auch notwendig: das Zeugnis von ihm und seine Zeugen hassen müssen. Saul von Tarsus erkannte nicht: die in der Existenz dieses israelitischen und von Israel verstoßenen Menschen zu Israels Errettung beschlossene göttliche Wahl. Er konnte seine Existenz nur zu Ungunsten Israels und damit als widergöttlich auslegen. Das war die Unwissenheit seines Unglaubens (1. Tim. 1,13), die Finsternis der Nicht-Erkenntnis, in der er, eifernd für Gott, zuletzt nach Damaskus eilte.

Wir hätten aber doch auch den *terminus a quo* des Ereignisses, das dort auf ihn wartete, noch nicht richtig gesehen, wenn wir ihn bloß unter dem Gesichtspunkt der ihn bis dorthin beherrschenden und bestimmenden Nicht-Erkenntnis sehen und verstehen wollten. In dem nachher von Jesus an diesen Saul gerichteten Wort ist ja nach Act. 26,14 immerhin von einem κέντρον, einem Stachel oder Sporn die Rede, gegen den wie ein wildes Pferd auszuschlagen, ihm «schwer» gemacht sei. Daß er noch, wenn es ihm auch schwer gemacht ist, in dieser Auflehnung begriffen ist, zeigt, daß das Wort den noch unbekehrten Pharisäer und Christenverfolger angeht: Eben diese Auflehnung wird er ja nachher, im Ausgang des Ereignisses, nicht fortsetzen. Sie wird ihm dann nicht nur schwer, sondern unmöglich gemacht sein. Sie ist ihm aber schon **vorher schwer** gemacht. Daß er vorher unter kaum zu unterdrückenden Gewissensbissen gelitten habe, wäre eine Vermutung, die hier gewiß nicht weiter hülfe. Warum nicht noch einmal von 2. Kor. 5, 16 ausgehen, wo Paulus von seinem früheren, fleischlichen und also nichtigen Erkennen des Christus, aber von diesem immerhin als von einem **Erkennen** (γινώσκειν) spricht? Er kann das tun, indem er es doch schon damals, in jenem bloß eben **verkennenden Erkennen**, objektiv und faktisch mit dem lebendigen Herrn Jesus Christus, mit der δικαιοσύνη τοῦ θεοῦ in ihrer ganzen Fülle und Tragweite zu tun hatte. Etwa so, wie die Menschen insgemein nach Röm. 1, 19 f. objektiv und faktisch mit den Werken der Schöpfung konfrontiert waren, in deren Anschauung sie es objektiv und faktisch mit dem einen wirklichen und wahren Gott zu tun hatten, und insofern γνόντες θεόν genannt werden können, obwohl sie fern davon sind, die ihnen damit dargebotene Erkenntnis Gottes ihrerseits zu vollziehen. Die Herrlichkeit des Schöpfers fängt nun einmal nicht erst damit an, herrlich zu sein, daß sie vom Menschen seinerseits wahrgenommen wird – und die Herrlichkeit des Mittlers auch nicht! So änderte dies, daß Paulus damals die ihm nahegelegte Erkenntnis seinerseits nicht vollzog, daß er Jesus für einen mit Recht ausgestoßenen Verführer und seine Zeugen als solche für ebenso verdammungswürdig hielt und als solche behandelte, nichts an dem, was Jesus objektiv und faktisch auch für ihn **war**: der tatsächlich gekommene Messias, der wahre Gottes- und der wahre Menschensohn, der Aufrichter und Offenbarer der Gottesherrschaft, der Versöhnung zwischen Gott und den Menschen. Es änderte auch nichts an dem, was die Christen **waren**: die durch diesen Heiligen Geheiligten, die Glieder des Leibes, dessen Haupt er war und so seine gehorsamen Knechte, ihr dem Paulus damals so widriges Tun das einzige ganz echte und unzweideutige Wohltun, ihr Wort das auch ihn angehende und verpflichtende Wort der Wahrheit. Es änderte auch daran nichts, daß in dieser Gemeinde seiner Heiligen eben Jesus als der, der er war, ist und sein wird, ihm dem mit Unverstand für Gott eifernden Saulus **schon gegenwärtig, schon erkennbar**, objektiv und faktisch **schon** von ihm erkannt war. Insofern war seine Nicht-Erkenntnis schon damals keine absolute, sondern, indem sie noch total vorherrschte, **schon** begrenzt durch die ihm **schon** nahegelegte, **schon** darauf, daß er sie selbst vollziehe, wartende Erkenntnis. Man kommt zu demselben Ergebnis, wenn man an des Paulus damaliges Verhältnis zu dem denkt, was die israelitische Versöhnungs- und Offenbarungsökonomie genannt wurde. Er verkannte auch sie, indem er sich der Erkenntnis verschloß, daß gerade die Geschichte Israels die Vorgeschichte Jesu Christi ist: nach seiner späteren Einsicht (Röm. 1, 1 f.) «das Evangelium Gottes, zuvor verkündigt durch seine Propheten in den heiligen Schriften».

Er verkannte, daß Christus (Röm. 10,4) das Telos gerade des Gesetzes, der Erfüller gerade des Abrahams-, des Sinai-, des Davidsbundes war. Er verkannte gerade die ihm so wohl bekannten und so hoch geschätzten Prärogative der Juden, die er auch später (Röm. 9,4–5) feierlich genug als solche anerkannt und gepriesen hat: Israels Annahme an Sohnesstatt, die Herrlichkeit Gottes in seiner Mitte, die Bundesschließungen, die Gesetzgebung, den Gottesdienst, die Verheißung, die Väter – den Messias selbst, der ja als Mensch einer der ihrigen sein sollte – kurz, er verkannte gerade die Tradition, in der er so konsequent und leidenschaftlich leben wollte. Er erkannte sie nur, indem er sie verkannte. Aber was änderte sein Verkennen, sein falsches Sehen und Verstehen schon damals daran, daß es sich auch mit dem alten Bund objektiv und faktisch auch für ihn ganz anders verhielt als er meinte, daß er es gerade in dem Allerheiligsten, das er gegen die Christen und ihren angeblichen Christus verteidigen zu müssen meinte, mit Jesus von Nazareth als dem wirklichen Christus und in ihm gerade mit dem Gott des mit den Vätern geschlossenen Bundes zu tun hatte? Mit dem Act. 22,14 jenem Ananias in Damaskus in den Mund gelegten Wort zu reden: «Der Gott unserer Väter hat dich dazu bestimmt, seinen Willen zu erkennen.» Was bedeutet schon sein ganzes Nicht-Erkennen und dessen gänzliches Vorherrschen gegenüber dieser seiner Bestimmung zum Erkennen durch den Gott seiner Väter: durch eben den Gott, für den er mit soviel Unverstand eiferte? Die Wirklichkeit war auch in dieser Hinsicht: Begrenzung seiner noch so überschäumenden Nicht-Erkenntnis durch die ihm objektiv und faktisch schon verschaffte, wenn auch von ihm noch nicht vollzogene Erkenntnis. Und nun zeigt ja schon das Wort Act. 22,14 hinüber in die Dimension, von der Paulus selbst Gal. 1,15 redet, wenn er sich als einen nicht erst vor Damaskus, sondern von seiner Mutter Leib an von Gott und für Gott Ausgesonderten und als daraufhin vor Damaskus durch seine Gnade Berufenen bezeichnet. Ein σκεῦος ἐκλογῆς wird er aber auch Act. 9,15 genannt. Als von Gott schon so lange vor jenem achten Tag seiner Beschneidung und also seines Eintritts in Israels Tradition – und erst recht so lange vor seiner ersten Begegnung mit Jesus in den Gliedern seiner Gemeinde Erwählter war er offenbar ein von Gott Erkannter lange bevor er zum Vollzug eigenen Erkennens auch nur Gelegenheit hatte, war ihm Erkenntnis (seiner ganzen Nicht-Erkenntnis zuwider) schon in und mit seiner geschöpflichen Existenz als solcher angeboten, gewissermaßen in die Wiege gelegt. Von seiner Erwählung her konnte er nur erkennen! – An das Alles wird man wohl bei dem κέντρον zu denken haben, gegen das das wilde Roß zwar heftig ausschlägt, gegen das es aber doch nicht hemmungslos und letztlich nicht erfolgreich ausschlagen kann. Es hat seinen Reiter und wird ihn nicht abwerfen. Und im Blick auf das Alles wird man sich von dem *terminus a quo* der großen Wendung im Leben des Paulus kein einfarbiges Bild machen dürfen. Dem Druck der noch ungestürzten Herrschaft seines Nicht-Erkennens widerstand doch – wie konnte es anders sein, da es nicht irgendetwas, sondern Jesus Christus war, den er nicht erkannte! – schon der Gegendruck des von ihm nicht vollzogenen, ja abgewiesenen, aber von ihrem Gegenstand, von Jesus Christus her sich mächtig meldenden Erkennens. Das Licht war der Finsternis seines Weges und seiner Taten nahe, bereit, mitten aus dieser Finsternis heraus aufzuleuchten.

Das Ereignis von Damaskus ist klar das Ereignis eben der Erkenntnis, der Paulus auf seinem ganzen dorthin führenden Weg sich verschlossen – die er, obwohl sie ihm von allen Seiten objektiv und faktisch nahegelegt war, nicht vollzogen hatte. Es wurde durch eben den herbeigeführt, den er auf jenem seinem Weg nicht erkannte und – das dürfte die Meinung aller Texte, der lukanischen ebensowohl wie der paulinischen, sein – von sich aus auch nie erkannt haben würde. Er wäre, seiner Erwählung, der deutlich genug auch zu ihm redenden Geschichte Israels und dem Zeugnis der christlichen Gemeinde zuwider, auf jenem seinem Weg weiter und weiter gestürmt, wenn ihm nicht eben auf diesem seinem Weg eben der in eigener Person entgegengetreten wäre, zu dessen Zeugen er von Gott von Geburt an erwählt war, der in der von ihm so hoch geschätzten Tradition des Israelbundes immer zu ihm geredet hatte: eben der ihm von den Christen vergeblich bezeugte Christus Jesus. In der Kraft von dessen Selbstzeugnis wurde er aus einem Nicht-Erkennenden zu einem Erkennenden. Jesus selbst trat ihm ja vor Damaskus entgegen: Das ist das im Verhältnis zu allem Vorangehenden Neue, das Entscheidende dieses Ereignisses. Ganz allein kraft dessen, daß Jesus selbst ihm entgegentrat, wurde dieses Ereignis zum Ereignis seiner «Bekehrung».

Wir vergegenwärtigen uns zunächst die Quintessenz dieses Geschehens. Sie besteht darin, daß Jesus selbst den Saulus mit sich, Jesus selbst, bekannt macht, ihn über sich selbst erleuchtet: schlicht darüber, daß er selbst der ist, für den er, Saulus, von Geburt an erwählt ist – er selbst das Telos des von ihm, Saulus, so gewaltig bejahten Gesetzes, des Israels-Bundes – daß er es in dem Zeugnis der von ihm verfolgten Christen mit ihm selbst zu tun hat. Das bedeutet schon formal: Er, der von ihm bisher (und wie schlecht, wie verkehrt immer κατὰ σάρκα!) als Objekt gesehene, verstandene und behandelte Eigner und Träger des Namens Jesus von Nazareth – Er gibt sich ihm, indem er ihn mit sich bekannt macht, als handelndes Subjekt zu erkennen. Zu sehen, zu verstehen, zu betrachten? Ja, und insofern «objektiv» zu erkennen: als einen ihm gegenüber von ihm selbst klar verschiedenen Anderen! Aber als bloßes Objekt (vielleicht nun eben von der Art eines dort drüben, in sicherem Abstand von ihm selbst handelnden Subjektes!) ihn zu sehen, zu verstehen, zu betrachten, wird ihm damit sofort unmöglich gemacht, daß er ihm ja als gerade an ihm handelndes Subjekt begegnet – also in jenem vollen biblischen Sinn des Begriffs: sich ihm zu erkennen gibt. Eben ihn, den Saulus erleuchtet ja der, der da als Subjekt handelt. Ein Übergriff und Eingriff von ihm her in seine, des Saulus menschliche Existenz findet da statt! So daß er, Saulus, in seiner eigenen Subjektivität sich gegenüber der Existenz dieses Anderen, dieses handelnden Subjektes, gar nicht mehr distanzieren und vorbehalten kann. Aber das ist noch nicht Alles: Das ist ja das Handeln dieses anderen Subjektes an ihm, daß er ihn mit sich selbst bekannt macht, ihn über sich selbst erleuchtet, daß er selbst sich ihm erschließt: sein Sein, seine Kompetenz und Autorität, seinen Willen und sein Werk. Als der Herr gibt sich ja Jesus zu erkennen – und indem er sich gerade ihm zu erkennen gibt, als sein Herr: eben als der, für den er von Geburt an erwählt ist – eben als den, der in dem von ihm so peinlich beobachteten Gesetz nach Gehorsam ruft – eben als den, den die von ihm verfolgten Christen mit Recht und nicht mit Unrecht als Israels und so auch als seinen Messias bezeugen. Ist es aber dieses Subjekt, das den Saulus über sich selbst eben als dieses, als seinen Herrn erleuchtet, was kann dann diese seine Erleuchtung durch ihn, der Übergriff und Eingriff, den er damit in seine Existenz hinein vollzieht, bedeuten, als daß er seinerseits diesem Anderen als seinem Herrn Raum zu geben, in seine Herrschaft sich zu fügen, d.h. aber, daß er seinen stürmischen Lauf als Verfolger dieses Subjektes abzubrechen, und positiv: daß er sich seiner Anordnung zu beugen, sich seinem Willen und Werk zur Verfügung zu stellen und also – in einer Wendung von 180 Graden! – aus einem Feind zu einem Jünger, Zeugen und Apostel dieses Jesus zu werden hat? Der Ruf, der ihn ereilt – indem dieser Jesus selbst sich ihm bekannt macht, indem er durch ihn aus einem ihn Nicht-Erkennenden umgeschaffen wird zu einem ihn Erkennenden – ist als Abruf von seinem bisherigen Weg sofort auch seine Berufung zum Antreten und Begehen des neuen, entgegengesetzten Weges, der ihm als dem Jesus nun Erkennenden vorgezeichnet ist und den zu betreten er als ihn nun Erkennender keinen Augenblick zögern kann. Saul von Tarsus lebt nicht mehr. Christus lebt in ihm. Sofern er als Saul von Tarsus noch lebt, lebt er im Glauben an den Sohn Gottes (Gal. 2, 20) – frei zum Gehorsam gegen diesen Anderen, Überlegenen: Paulus der Gefangene, der Sklave, der Apostel Jesu Christi. – Der Vorgang ist in höchstem Maß exemplarisch für das Geschehen, das das Neue Testament mit den Worten γνῶσις = μετάνοια bezeichnet – und so exemplarisch eben für das prophetische Werk Jesu Christi. – Wir wenden uns zu den in den Texten erkennbaren Einzelheiten.

Die direkt von Paulus selbst stammenden Beschreibungen des Vorgangs sind durch die Knappheit ausgezeichnet, in der sie seinen entscheidenden Gehalt zusammenfassen: in unmittelbarer Verbindung der ihm widerfahrenen Selbstoffenbarung Jesu mit seiner wieder durch ihn selbst vollzogenen Einsetzung ins Apostelamt. Es gefiel Gott, «seinen Sohn in mir zu offenbaren, damit ich ihn unter den Heiden verkündige» (Gal. 1, 16). Als dem Letzten unter allen Aposteln (nach dem Zusammenhang ist deutlich: damit er, wenn auch als Letzter, selber ein solcher werde) «erschien» der Auferstandene auch ihm (1. Kor. 15, 8). «Bin ich nicht Apostel? Habe ich nicht Jesus, unseren Herrn, gesehen?» (1. Kor. 9, 1). Christus hat sich seiner, des Verfolgers, erbarmt, ihn als einen schon Glaubenden behandelt und in seinen Dienst genommen (1. Tim. 1, 12 f.). Die lukanischen Berichte lesen sich wie Analysen dieser komprimierten paulinischen Angaben. Immerhin: Auch in der Rede vor Agrippa und Festus erscheint (26, 16 f.) die Berufung zum Apostel (der Rolle des Ananias in dieser Sache wird hier überhaupt nicht gedacht) als ein Bestandteil der bei jener Begegnung vor Damaskus von Jesus selbst an den Saulus gerichteten Worte: «Denn dazu bin ich dir erschienen: dich zu bestimmen zum Diener und Zeugen dessen, wie du mich gesehen hast und dessen, wie ich dir künftig erscheinen werde. Und ich werde dich retten vor dem Volk und vor den Heiden, unter die ich dich sende, um ihnen die Augen zu öffnen, damit sie sich von der Finsternis zum Licht und von der Gewalt des Satans zu Gott bekehren.» Und in unmittelbarem Anschluß an die Wiedergabe dieser Worte des Herrn fährt Paulus selbst dort (v 19 f.) fort: «Deshalb, König Agrippa, zeigte ich mich der himmlischen Stimme nicht ungehorsam, sondern ich habe denen in Damaskus und in Jerusalem zuerst, und dann in der ganzen Landschaft Judäa und den Heiden verkündigt, daß sie Buße tun und sich zu Gott bekehren sollen...». Erscheinung Jesu, Berufung des Saulus zum Apostel und sofort auch der Anfang seines Wirkens als solcher sind auch in diesem dritten Bericht der Apostelgeschichte ein geschlossenes, nur eben viel ausführlicher als in jenen paulinischen Worten dargestelltes Ganzes.

In den beiden ersten lukanischen Berichten dagegen wird das Geschehen deutlich in zwei Akte zerlegt. Der erste: die unmittelbare Begegnung des Saulus mit Jesus selbst vor Damaskus. Der zweite: die er nachher in Damaskus wieder mit ihm, aber jetzt durch die Vermittlung des Jüngers Ananias hat – zwei Akte, von denen beide, indem sie zusammenhängen, je auch ihr eigenes Gewicht und ihren eigenen Charakter haben.

Was in diesen beiden Relationen (Act. 9 und 22) zuerst berichtet wird, ist offenbar eine Entfaltung und Umschreibung dessen, was Paulus selbst 1. Kor. 15, 8 mit der Wendung ὤφθη κἀμοί bezeichnet: Er «erschien (wie zuvor dem Kephas, den 500 Brüdern, dem Jakobus, allen Aposteln) auch mir». Eben mit der Anwendung des Begriffs «Erscheinung» wird der Vorgang deutlich, wenn auch gewissermaßen als eine Art Nachspiel, in die Reihe der für die Existenz der Gemeinde konstitutiven Ereignisse der 40 Tage nach Ostern gestellt. (Der Begriff kommt, nachträglich zusammenfassend auch 26, 16. 19 vor.) Die Struktur des Vorgangs war aber nach den hier gegebenen Darstellungen doch nicht ganz dieselbe wie die der in den Evangelien geschilderten Erscheinungen des Auferstandenen. Denn gerade daß Saul von Tarsus Jesus so gesehen habe, wie er etwa von den Jüngern von Emmaus gesehen wurde, ist diesen Berichten nicht zu entnehmen. Was Saulus (nach 22, 9 auch seine Umgebung) zu sehen bekommt, ist nach den entscheidenden Stellen aller drei Berichte das ihn plötzlich vom Himmel her «umstrahlende» (die Helligkeit der Sonne mitten am Tag übertreffende) Licht. Und gerade dieses sieht er nur, um, zu Boden gestürzt, zunächst zu erblinden, also überhaupt nicht mehr zu sehen. Hieher gehört auch die Notiz 9, 9, daß er nachher drei Tage lang nicht gegessen noch getrunken habe. Mit ihm scheint, indem er sah, was er dort gesehen hat, ein Ende gemacht zu sein. So also hat er nach dieser Darstellung «den Gerechten» (22, 14) gesehen: gewiß Ihn in seiner persönlichen Selbstoffenbarung, aber zunächst, in diesem ersten Abschnitt des Geschehens, nur eben in seiner δόξα, in der fremdartigen, ja schrecklichen Unwidersprechlichkeit seiner Majestät, nur eben zur Auslöschung seines ganzen bisherigen Sehens, als gänzliche Infragestellung seiner ganzen bisherigen Existenz – nur eben so, daß er durch ihn, indem er sich ihm zu sehen gab, zunächst in Ohnmacht gestürzt, gänzlich außer Gefecht gesetzt wurde. Darüber führt aber auch das, was er (jedenfalls nach den zwei ersten Berichten) sachlich zu hören bekommt, nicht hinaus. Er hört nämlich, von einer anonymen «Stimme» an ihn gerichtet, die Frage: «Saul, Saul, was verfolgst du mich?» Sie deckt das Nichtvorhandensein einer Substanz, die Sinn- und Grundlosigkeit seines ganzen bisherigen Tuns auf. Sie besagt als vom Himmel her an ihn gerichtete Frage, daß er seinen Weg als Verfolger, von einem Unbekannten aufgehalten, den er verfolgte, nicht fortsetzen kann. Aber wer fragt ihn so? Wer hält ihn da auf? «Wer bist du, Herr?» Daß er auf einen mit höchster Autorität bekleideten, in höchster Macht an ihm handelnden Herrn gestoßen ist, ist ihm deutlich. Aber wer ist dieser «Herr», der Träger dieser Autorität und Macht? Das weiß er nicht, das kann er auch nicht erraten. Er könnte ein Unbekannter Dritter sein, der da zwischen ihn und die Christen von Damaskus, auf die er sich eben stürzen wollte, hineingetreten ist. Es könnte sein, daß er nur eben rätselhaft, vor die übergewaltige Tatsache gestellt wäre, daß er nicht weiter ihr Verfolger sein kann. «Was verfolgst du mich?» Aber wer ist der von ihm Verfolgte? Das weiß er nicht. Eben das wird ihm nun freilich gesagt. «Ich bin Jesus, den du verfolgst!» Er hatte die Gemeinde verfolgt. Nun wird ihm von dem, der ihn unzweideutig verhinderte, das fernerhin zu tun, gesagt, daß er ihn, Jesus, verfolgt hatte. Aber auch diese Identifizierung des ihm unbekannten «Herrn» führt ihn aus der entstandenen Situation noch nicht heraus. Die Frage bleibt offen: was nun aus ihm werden soll? Es könnte ja immer noch sein, daß er erblindet dort liegen bleiben müßte, wohin er gefallen ist, daß er nur eben wie eine geschlagene Schachfigur vom Brett genommen, von dem Kyrios Jesus, dem er widerstehen wollte, als lästiges Hindernis beiseite geschoben wäre. Darum (22,10) die andere Frage: «Was soll ich tun, Herr?» Indem er weiß, mit wem er es zu tun hat, weiß er erst recht nicht, was er, dessen Tun bisher nur eben in dessen Verfolgung bestanden hatte – verhindert, das fernerhin zu tun – künftig tun soll. So ist seine ratlose Bestürzung dadurch, daß er weiß, wer ihn aufhält, nicht kleiner, sondern größer geworden. Daß er aufstehen und nach Damaskus hineingehen soll, um dort zu vernehmen, was zu tun ihm verordnet sei, wäre nach 9,6 und 22,10 das Letzte gewesen, was Jesus ihm im Zusammenhang mit jener ihn niederschmetternden und blendenden Lichterscheinung gesagt hätte. Die völlige Konsternation, in die ihn, was er gesehen und gehört, hat, ist nicht behoben. «Obgleich seine Augen geöffnet waren, sah er nichts.» In diesem Zustand wird er von seinen bisherigen Gefährten an die Hand genommen und nach Damaskus hineingeführt. «Und er konnte drei Tage lang nicht sehen und aß nicht und trank nicht» (9,8f.).

Man darf sich durch den negativen Aspekt dieses ersten Bildes nicht verwirren lassen. Er zeigt doch nur die unvermeidliche Kehrseite des an sich höchst positiven Geschehens, in welchem sich Jesus im Leben dieses Menschen als Sieger betätigt und erweist. «Als Sieger» muß ja unter allen Umständen auch heißen: als der, der der Nicht-Erkenntnis, von der dieser Mensch beherrscht ist, schlechterdings überlegen ist, der ihre Herrschaft durch ein Wörtlein fällen kann und nun tatsächlich fällt. Der hier nur eben bestürzt und gestürzt, nur eben erblindet am Boden liegt, nur eben als Invalide einer ihm unbekannten, ihm erst zu eröffnenden Bestimmung entgegengeführt wird, bis einmal mehr essen und trinken kann, mit dem es – abgesehen davon, daß er immerhin noch lebt, nur eben aus ist, das ist ja der nicht-erkennende Saulus, der unverständig für Gott eifernde Pharisäer, der Mann, der sich dem Zeugnis seiner eigenen Erwählung und dem des Israelbundes und dem der Gemeinde verweigerte, der Verfolger der Gemeinde und damit ihres Herrn und Hauptes – dem doch auch er schon gehörte! Zu diesem Mann wird hier restlos und wirksam Nein gesagt. Ihm wird hier alle Zukunft genommen. Mit ihm wird hier nur eben Schluß gemacht. Er wird hier einfach aus dem Feld geschlagen. Jesus hat das getan: Er, dem er schon gehörte! Er hat sich diesem ihn nicht Erkennenden gegenüber als der unendlich viel Stärkere, und Er hat ihn selbst als den

Ihm gegenüber unendlich viel Schwächeren herausgestellt. Sein Licht ist überwältigend und verheerend in die Finsternis des ihn beherrschenden Widerwillens und Widerspruchs hereingebrochen. Mit Ihm konfrontiert, hat sich umgekehrt das falsche, das vermeintliche Licht seines ganzen Sehens und Verstehens, Denkens und Wollens in Finsternis verwandelt. Er hat ihm alle Zukunft genommen. Und Er, Jesus, hat sich ihm als der, der ihm das antat, als der überlegene Gegner, der ihm da entgegentrat, bekanntgemacht. Er hat ihm ja gesagt, daß es in der ihm widerfahrenen Niederlage und Ausschaltung mit Ihm zu tun hat, daß Er sein Besieger ist. Er erfährt also nicht nur die κυριότης, die Überlegenheit dieses Anderen als solche, sondern, indem er seinen Triumph erleidet, seinen Namen: er ist eben der, dem sein ganzer Widerwille und Widerspruch gegolten, den er verfolgt hatte. Er erkennt, indem Jesus sich ihm bekanntmacht, eben Jesus als den, den er nicht erkannte, der nun aber seinerseits mit seinem Nicht-Erkennen, mit ihm selbst als dem ihn Nicht-Erkennenden, radikal aufgeräumt hat. Er erkennt ihn: nun nicht nur objektiv wie vorher, nun auch subjektiv. Das ist das Positive, das man über dem negativen Aspekt dieses ersten Bildes nicht übersehen darf. Sein Aspekt ist darum negativ, weil er tatsächlich nur die Beseitigung des alten, des nichterkennenden Saulus sichtbar macht – Jesus nur als den, der diesen beseitigt – und des Saulus Erkennen Jesu nur so: nur als sein Erkennen des ihn, den alten, den nicht-erkennenden Saulus überwindenden und beseitigenden Jesus. Sei es denn: Entscheidend ist nicht, daß er ihn so, sondern daß er eben so, in dem hier zu ihm gesagten Nein, Ihn erkennt – Ihn und damit das in seiner eigenen Erwählung, in der Verkündigung des Israelbundes, im Zeugnis der Gemeinde schon an ihn ergangene, von ihm, dem Nicht-Erkennenden aber verworfene Gotteswort. Entscheidend ist, daß die Wendung vom Nicht-Erkennen zum Erkennen, durch Jesus herbeigeführt, Ereignis wird. Als Abwendung vom Nicht-Erkennen muß sie die hier gezeigte Gestalt haben. Sie muß und wird sich auch in ihrer Gestalt als Zuwendung zum Erkennen sichtbar machen. Sie muß und wird sich positiv fortsetzen, in ihrer Konsequenz betätigen und klären. Es wird aber Alles, was kommen mag, im Vollzug der sich hier schon ereignenden Wendung Ereignis werden: Alles unter der Direktive und Macht dessen, der sie hier als des Saulus Abwendung vom Nicht-Erkennen, als die Negation seiner Negation Ereignis werden läßt. Eben Er, der ihm hier als dem ihn Nicht-Erkennenden in den Weg tritt, ihm als solchem alle Zukunft nimmt – eben Er wird, was das auch bedeuten mag, seine, des mit jener Abwendung vom Nicht-Erkennen schon in der Zuwendung zum Erkennen Begriffenen, Zukunft bestimmen, vielmehr: eben Er hat seine Zukunft als nun Erkennender schon bestimmt und geordnet.

Von des Saulus Eintritt in seine, in und mit dem Vergehen seiner Vergangenheit durch den, der sie erledigte, schon bestimmte und geordnete Zukunft redet der zweite Abschnitt der Darstellungen Act. 9 und 22. – Der Inhalt der kürzeren (22, 12–21): Saulus ist jetzt in Damaskus. Ein dort lebender jüdischer Christ Ananias sucht ihn auf. Auf sein Wort hin wird er wieder sehend. Er bezeugt ihm, daß er durch den Gott Israels zu dem vorherbestimmt war, was ihm widerfahren ist: seinen (dieses Gottes) Willen – offenbar im Gegensatz zu seinem eigenen – zu erkennen, «den Gerechten» (Jesus) zu sehen, seine Stimme zu hören – dazu nämlich, daß er allen Menschen zum Zeugen eben dieses Gesehenen und Gehörten werde. Er soll sich also unter Anrufung des Namens Jesu taufen und seine Sünden vergeben lassen. Daß Saulus dies getan habe, wird als selbstverständlich vorausgesetzt, nicht ausdrücklich gesagt. Er kehrt nach Jerusalem zurück, um dort alsbald von dem ihm noch einmal – ἐν ἐκστάσει heißt es diesmal – erscheinenden Jesus von dort weggeschickt zu werden: mit der Begründung, daß mit einer Annahme seines Zeugnisses dort nicht zu rechnen sei. «Und er sprach zu mir: Geh, denn ich will dich unter die Heiden hinaus in die Ferne senden!» – Der Bericht 9, 10–30 sagt in der Sache dasselbe, geht aber sehr viel mehr ins Einzelne. Wichtig ist zunächst die Klarstellung: Ananias ist nicht etwa aus eigenem Antrieb zu Saulus gegangen, sondern nachdem der «Herr» auch ihm in einem Gesicht (ὅραμα) begegnet war und ihn dazu aufgefordert – und nachdem er mit dem Hinweis auf das, was Saulus getan und in Damaskus noch tun wollte, seinen

Widerwillen gegen diesen Befehl geäußert hatte. Der Bescheid, der ihn dann trotzdem in Bewegung setzt, lautet: «Dies ist mein auserwähltes Werkzeug, um meinen Namen vor Heiden und Könige und die Söhne Israels zu tragen.» Und er, Jesus, werde ihn dabei einen Weg führen, auf dem er seinerseits, nun aber um seines Namens willen, genug zu leiden bekommen werde. So beauftragt geht Ananias zu Saulus, redet ihn ohne weiteres als «Bruder» an, und legt ihm die Hände auf: Saulus soll wieder sehend und mit dem Heiligen Geist erfüllt werden. Indem dies geschieht, läßt sich Saulus taufen, nimmt Speise zu sich und kommt wieder zu Kräften, um zum allgemeinen Erstaunen nach wenigen Tagen mit der Verkündigung Jesu als des Sohnes Gottes und mit dem Beweis, daß er Israels Messias sei, in den dortigen Synagogen aufzutreten. Von den Juden bedroht, verläßt er Damaskus (auf dem auch 2. Kor. 11,33 erwähnten außergewöhnlichen Wege), geht nach Jerusalem, wird dort durch Barnabas bei den Aposteln eingeführt, nimmt auch hier die Auseinandersetzung mit den hellenistischen Juden auf, um schließlich, auch hier tödlich gefährdet, zunächst wieder in seine Vaterstadt Tarsus zurückzukehren.

Theologisch wichtig ist in diesen beiden Berichten über den zweiten Akt dieser Bekehrungsgeschichte zunächst dies, daß in ihm – während Saulus es im ersten direkt und scheinbar allein mit Jesus zu tun hatte – in der Person jenes Ananias die Gemeinde ins Spiel tritt. Jesus selbst hat ihr in seinem letzten Wort an Saulus (9,6) in der Ordnung seiner Zukunft eine bestimmte Funktion zugesprochen: ohne sie ausdrücklich zu nennen – aber sie ist doch gemeint, wenn es heißt: «Geh hinein in die Stadt und es wird dir gesagt werden, was du tun sollst.» Indem er (nun so ganz anders als zuvor und indem die Initiative von ihr ausgeht!) ihr begegnet, tut sich, nachdem seine Vergangenheit erledigt ist, seine Zukunft auf, wird ihm bekannt gemacht, was ihm dort noch verborgen blieb: was nun aus ihm werden, was er nun tun sollte – wird ihm der Weg sichtbar, der, nachdem ihm sein bisheriger Weg verrannt wurde, als der allein mögliche von ihm liegt. Durch das Wort des Ananias wird ihm gesagt, daß das Ziel und der Sinn seiner Erwählung seine Berufung zum Zeugen des von ihm als sein übermächtiger Gegner gesehenen und gehörten Jesus ist – wird ihm (man bemerke, daß dies hier nicht etwa als die Voraussetzung, sondern als die Folge dieser seiner Indienststellung erscheint!) geboten, sich taufen zu lassen, wird ihm Vergebung seiner Sünden und die Fülle des Heiligen Geistes verheißen und nach der Meinung der Texte auch unmittelbar zuteil – wird ihm übrigens auch rein physisch die Möglichkeit zum Weiterleben, das Gesicht und die Freiheit, zu essen und zu trinken, wiedergegeben. Er hat ihm aber nach 9,16 wohl auch das anzukündigen, daß sein Weg ein Leidensweg sein wird. In dem dritten lukanischen Bericht (Act. 26) ist von einer solchen Intervention der Gemeinde in der Geschichte seiner Wendung nicht die Rede, und von den einschlägigen paulinischen Stellen her meint man darauf erst recht nicht gefaßt sein zu können. Die Nachricht von dieser Intervention scheint vielmehr in direktem Widerspruch zu stehen zu der Versicherung des Paulus (Gal. 1,1): er sei «Apostel nicht von Menschen her und durch Menschen, sondern durch Jesus Christus» und Gal. 1,12: er habe das von ihm verkündigte Evangelium «nicht von einem Menschen empfangen noch gelernt, sondern durch die Offenbarung Jesu Christi». «Frühkatholizismus» der Apostelgeschichte? Es dürfte doch übereilt sein, die Schrift in dieser Sache schnell und sicher durch die Schrift kritisieren und korrigieren zu wollen. Von einer dem Saulus durch Ananias oder nachher durch die jerusalemischen Apostel erteilten Unterricht ist ja auch Act. 9 und 22 in keinem Wort die Rede. Er weiß aus erster Quelle Alles, was er wissen muß. Als von Jesus Erkannter, aus der Finsternis seines Nichterkennens Herausgerissener ist er auch schon ein ihn Erkennender. Einmal durch Jesus selbst über ihn als seinen Herrn und damit über seine Erwählung, über den Sinn und das Telos des Israelbundes und so über die Wahrheit des von ihm verschmähten christlichen Zeugnisses unterrichtet, ist er gerade nach diesen Texten vielmehr in der Lage, sofort zur Verkündigung des Gottessohnes und Messias überzugehen und also seiner Berufung, kaum hat er sie empfangen, sofort praktisch nachzuleben. Er empfängt diese auch nach diesen Texten von Jesus selbst – aber allerdings, und das ist das in dieser Hinsicht Denkwürdige der in ihnen vorliegenden Analysen des ganzen von ihm selbst später so komprimiert beschriebenen Ereignisses: von Jesus selbst durch den vermittelnden Dienst seiner Gemeinde. Irgendetwas, was an ein kirchliches Amt erinnerte, tritt dabei nicht in Erscheinung. Daß die jerusalemischen Apostel bei der Bekehrung und Berufung des Paulus eine Rolle gespielt hätten, sagt die Apostelgeschichte so wenig wie der Galaterbrief: er hat sich nach 9,27 erst nachträglich bei ihnen einführen lassen. Und was Ananias betrifft – es gab nach Act. 5,1 f. einmal einen sehr fatalen Christen desselben Namens – so wird er zwar 22,12 als ein nach dem Zeugnis der Juden von Damaskus fromm nach dem Gesetz lebender Mann, im übrigen aber 9,10 schlicht als ein μαθητής, als Glied der Gemeinde bezeichnet, das in dieser Sache nicht kraft einer kirchenamtlichen Würde, sondern kraft eines ihm unmittelbar zuteil gewordenen Befehls Jesu in Aktion tritt. Zu dem Problem: wie hier in der Person des Ananias die Gemeinde in Aktion treten kann und offenbar muß? ist zunächst allgemein zu bedenken, daß es einen **ausschließenden** Unterschied, einen **Gegensatz** zwischen Jesus Christus und seiner Gemeinde, ein starres **Entweder-Oder** zwischen seinem und ihrem Sein und Tun im neutestamentlichen Denken nun einmal **nicht** gibt. Jesus Christus und die ἐκκλησία bilden in ihm (bei aller Verschiedenheit ihres Seins und Tuns) vielmehr ein zusammenhängendes Ganzes, so daß Jesus Christus sehr wohl für seine Gemeinde, und seine Gemeinde sehr wohl für ihn eintreten kann. Das nächstliegende Beispiel in unseren drei Texten selbst ist ja die Frage Jesu: «Saul, Saul, was verfolgst du mich?» Indem er die Gemeinde verfolgt hat, hat er in Wirklichkeit ihn verfolgt: ihn als das durch sein Verfolgen nicht nur mitbetroffene, sondern primär, eigentlich betroffene Haupt seiner Gemeinde. Und eben als dieses Haupt seiner Gemeinde, einstehend für die Seinigen, ist er ihm dort direkt entgegengetreten, hat er ihn dort persönlich mit dem Licht seiner Herrlichkeit umstrahlt, hat er dort von Mann zu Mann mit ihm geredet. Noch unsichtbar war es also doch schon dort auch die Gemeinde, die ihm dort begegnete, ihm widerstand und Halt gebot. Im gleichen Verhältnis ist es nun aber hier, wo es um seinen Apostolat, um seine Legitimation und Autorisierung zu dem neuen, von jenem Ursprung her sofort aufzunehmenden **Tun** geht, der **Leib** dieses **Hauptes** und seiner Glieder, mit dem er es direkt zu tun bekommt. Im **gleichen** Verhältnis: es ist nicht umkehrbar; es ist also nicht an dem, daß die Gemeinde jetzt an die erste, Jesus an die zweite Stelle träte oder daß die Tat und das Wort Jesu jetzt (wie später im – fälschlich so genannten – Katholizismus) durch das Wort und die Tat der Kirche gewissermaßen absorbiert, in ihrem Wort und ihrer Tat verschwunden wäre. Er bleibt das regierende Haupt, sie bleibt der ihm dienende Leib. Es geht um ihre **Einheit** in dieser ihrer **Verschiedenheit**. Aber in voller Wahrung dieser Verschiedenheit ist es jetzt, hier, in der Tat an dem, daß Saulus durch Ananias, durch die Gemeinde, in seinen Dienst eingewiesen und eingeführt wird. Daß er seinen Apostolat deshalb nicht durch Jesus Christus, sondern «von Menschen her und durch Menschen» empfangen hätte, konnte keinem der ersten Leser der Apostelgeschichte in den Sinn kommen. Schon darum nicht, weil es sich bei den Menschen, denen er als Verfolger begegnet war und die ihm nun ihrerseits in dieser Funktion begegneten, um Jesu «Heilige» (9,13) und also unmittelbar zu ihm Gehörige handelte. Vor allem aber darum nicht, weil ja die Initiative, die die Gemeinde hier ihm gegenüber ergreift, nur sekundär die ihrige, primär und eigentlich aber wieder die Jesu selber ist. Eben das ist ja die Erläuterung, die Act. 9,10 f. zu der wegen ihrer Kürze allenfalls mißverständlichen Darstellung von Act. 22,12 f. gegeben wird: Ananias ist nicht in eigener Willkür und Vollmacht, sondern auf die ihm von Jesus selbst erteilte, von ihm selbst nur widerstrebend entgegengenommene Weisung hin zu Saulus gegangen. Er hat alles, was er zu ihm gesagt hat, nur eben als Mandatar Jesu selbst, auf Grund und unter Respektierung seines Primates gesagt. Er tritt denn auch, nachdem er seinen so bedeutsamen Auftrag ausgeführt, wieder völlig in den Hintergrund, ohne in der Apostelgeschichte oder im übrigen Neuen Testament je wieder erwähnt zu werden. Anders als in dieser dienenden Funktion kann der Leib, können seine Glieder selbstverständlich nicht für ihr Haupt, kann die Gemeinde nicht für ihren Herrn eintreten. In dieser dienenden Funktion aber kann, darf, muß sie es tun. Jesus bleibt, auch indem die Gemeinde ins Spiel tritt, das handelnde Subjekt des Geschehens, als das er in dessen erstem Akt allein auf dem Plan und sichtbar war. Nicht Ananias, sondern er bekehrt den Saulus nun auch im positiven Sinn seiner Wendung: auch indem er seine Zukunft ordnet, auch indem er ihn zum Apostel und damit zum Christen, zur Taufe, zum Empfang der Sündenvergebung, zur Erfüllung mit dem Heiligen Geist beruft. Ananias, die Gemeinde, bestellt ihm nur, zeigt ihm nur an, was Jesus mit ihm und von ihm will, daß und inwiefern Er seine Zukunft ist. Aber eben sie hat hier in diese Funktion zu treten, hat ihm das Alles zu bestellen und anzuzeigen. Indem sie es war, die an Christi Statt unter seiner, nun abgeschlossenen, Verfolgung zu leiden hatte, durfte sie es nun auch sein, die ihn, wieder an Christi Statt, in dessen Dienst einwies und einführte. Und da Saulus, indem er in seinen Dienst eintrat, um Christi willen auch in die volle Verantwortlichkeit der schon in diesem Dienst stehenden Gemeinde eintrat, mußte die Gemeinde, auch sie um Christi willen, die volle Verantwortlichkeit auch für seinen Dienst übernehmen. Das ist es, was sie in der Person des Ananias getan hat. Der Herr, der sich dem Saulus als solcher erwiesen und den Saulus als solchen, als seinen Herrn, erkannte, war nun einmal ihr Herr. So mußte er auf dem Weg, auf den er durch ihn gestellt war, zuerst auf sie stoßen, sich als einen der Ihrigen, als ihren Bruder erkennen. Und indem sie ihn von dem Selbstweis eben dessen herkommen sah, der ja eben ihr Herr war, war es an ihr, seine Gabe und seine Aufgabe als die ihres Bruders zu anerkennen, ihn also zur Taufe und unter die Verheißung der Sündenvergebung und des Heiligen Geistes zu rufen. Das ist es, was Ananias – nicht von sich aus, sondern auf direkten Befehl Jesu – getan hat. Der als Nicht-Erkennender gegen die Gemeinde und so gegen Jesus gewesen war, der er war, konnte nur in und mit der Gemeinde, für sie und so für Jesus sein, der er werden sollte: ein Erkennender. Das ist Act. 9 und Act. 22 gesagt. Paulus selbst wäre auch nach dieser Seite der Letzte gewesen, der sich gegen diese Explikation der kurzen Formeln, in denen er selbst seine Bekehrung beschrieben hat, verwahrt hätte.

Es ist aber klar, daß wir es in dieser Belehrung über den Modus dieser Ordnung seines künftigen Weges, so wichtig sie ist, doch nur mit einer Nebenabsicht auch der Texte Act. 9 und 22, denen wir sie entnahmen, zu tun haben. Das sachlich Entscheidende, das sie (darin in Übereinstimmung mit Act. 26 und mit den eigenen Angaben des Paulus) aussagen, betrifft den Inhalt dieser Ordnung. Er besteht darin, daß der Mann (Kol. 1, 13) von Gott «herausgerissen aus der Macht der Finsternis, versetzt in das Reich seines geliebten Sohnes», sofort (1. Tim. 1, 12) für die διακονία dieses Reiches in Anspruch genommen und in Bewegung gesetzt wird. Wir hören 9, 19 f., wie prompt er diesen Dienst alsbald aufgenommen hat. So erstaunlich rasch – wirklich sofort – wird das große Vakuum, das sich am Ende des ersten Aktes dieses Dramas geöffnet hatte, ausgefüllt. Er war in seinem bisherigen Tun als Verfolger Jesu deshalb so energisch aufgehalten worden, um sofort und ebenso energisch zu dem neuen Tun seines Zeugen und Verkündigers erleuchtet, ermächtigt und in Freiheit gesetzt zu werden. Was hieße Verdrängung herrschenden Nicht-Erkennens, wenn nicht herrschendes Erkennen alsbald dessen Stelle einnähme? Ἀγνωσία kann doch nur durch γνῶσις, Lästerung kann doch nur durch Lobpreis wirklich und effektiv verdrängt werden und sein. Wer (das Wort Mr. 9, 40 könnte auch in diese Richtung zeigen), von Jesus selbst daran verhindert, nicht mehr gegen ihn sein kann, der kann nur für ihn – und wie er ganz gegen ihn war, so nun auch ganz für ihn – sein. Dem als Verfolger Erledigten bleibt nur übrig, Apostel zu werden. Das ist es, was Act. 9 und 22 als zweiter Akt des Dramas dargestellt wird. Schwerlich bloß um der literarischen Lust oder um des katechetischen Bedürfnisses willen, das von Paulus selbst so komprimiert Gesagte erzählerisch auseinanderzulegen! Indem hier der Übergang zum herrschenden Erkennen, das Entstehen des neuen Seins des Saulus für Jesus, seine Einsetzung zum Apostel als ein besonderer Akt beschrieben wird, in welchem Jesus als dominierendes Subjekt des Ganzen ein zweites, im ersten Akt noch nicht ausgesprochenes Wort spricht, wird deutlich: Es handelt sich allerdings um die Konsequenz des zuvor Geschehenen, um die Rückseite desselben Blattes, auf dessen Vorderseite jenes zuvor Geschehene schon geschrieben stand. Es handelt sich aber bei dieser Konsequenz, bei diesem Umschlagen des Blattes nicht um den Ablauf des Räderwerks eines Mechanismus, in welchem eine Funktion die andere automatisch, weil zwangsläufig nach sich zöge. Es war die positive Konsequenz in der negativen Voraussetzung keineswegs so enthalten, daß sie nun selbstverständlich, notwendig aus ihr hervorgehen mußte. Sie mußte nicht die Voraussetzung dieser Konsequenz sein. Saulus konnte auch geblendet liegen bleiben, wo er lag, oder als das Wrack abgeschleppt werden, als das er am Ende des ersten Aktes sichtbar ist. Ein zweiter – und nun dieser zweite Akt brauchte jenen ersten nicht durchaus zu folgen. Es handelt sich vielmehr um Geschichte, in der die Voraussetzung wie die Konsequenz, das Vergehen des Nicht-Erkennens wie das Werden des Erkennens des Saulus-Paulus, das Werk freier Tat des das Ganze dominierenden Subjektes, des Kyrios Jesus ist. In diesem Kyrios, in seinem Willen, in seiner Herrlichkeit, in seiner Prophetie, nicht in einer von ihm unabhängigen inneren Folgerichtigkeit hat diese Geschichte ihre Kontinuität. Sie ist in ihren zwei Akten eine Geschichte, weil und indem sie menschliche Geschichte in der Teilnahme an seiner Geschichte ist, in der Folge seiner Entscheidungen, seiner Worte geschieht. Durch Gottes Gnade sei er, der er jetzt sei, schreibt Paulus selbst (1. Kor. 15,9 f.) und hält sich im Blick auf den Ort, von dem herkommt, und an dem er sich nicht mehr halten konnte, nach wie vor nicht für wert, ein Apostel zu heißen. Diesen freien Gnadencharakter seines Überganges in diesen Stand unterstreicht mit ihrer Aufteilung der Geschichte in jene zwei Akte gerade die Darstellung der Apostelgeschichte. «Gnade und Apostelamt» werden für Paulus selbst später (Röm. 1,5) geradezu synonyme Bezeichnungen für das sein, was er von Jesus Christus empfangen hat.

Das ist aber das Apostelamt, in das er jetzt durch Jesus – nicht selbstverständlich, nicht automatisch, sondern in neuer, freier Gnadentat, aber sofort und das in unangreifbarer Faktizität und in unaufhaltsamer Wirksamkeit – eingesetzt und eingewiesen ist: er ist, indem er ihn gesehen und gehört, sein Zeuge geworden (22,15; 26,16). Er ist als solcher zu allen Menschen gesendet (22,15), mit der Bestimmung, seinen Namen zu ihnen allen zu tragen. Er ist also in die Lage versetzt und beauftragt, den Juden (in Auslegung ihres eigenen Buches, des Alten Testamentes) zu sagen und zu beweisen, daß er Gottes Sohn, Israels Messias ist (9,20.22), um (von den Juden zurückgewiesen und bedroht: sein Weg wird vor Allem durch sie zu einem Leidensweg gemacht werden) in die Ferne, zu den Heiden zu gehen (22,21): zur Eröffnung ihrer Augen, zu ihrer Umkehr aus der Finsternis zum Licht, von der Gewalt des Satans zu Gott, zum Glauben an Jesus und so zur Vergebung ihrer Sünden zu ihrer Anteilnahme an dem den Geheiligten Gottes zustehenden Erbe (26,18). Wird der Weg des dazu berufenen und gesendeten Zeugen ein Leidensweg sein (9,16), so ist ihm doch zugesagt, daß eben der, der ihn dazu beruft und sendet, inmitten der Juden und Heiden sein Erretter sein wird (26,17). Die so umschriebene, dem Paulus in unbegreiflicher Wirklichkeit geschenkte ἀποστολή und also χάρις impliziert dann zweierlei: (1) daß er sich taufen lassen, den Heiligen Geist- und auch für sich persönlich Vergebung seiner Sünden empfangen und also ein μαθητής (9,26), ein Christ werden soll und darf, und (2) – nicht zu vergessen und nicht zu verachten! – daß er wieder sehen, essen und trinken, zu Kräften kommen und also (was an jenem Ende des ersten Aktes gar sehr bedroht erschien) als Geschöpf Gottes fernerhin Zeit und Raum haben, da sein darf (22,13; 9,18 f.).

Das Alles in seiner Einheit ist – nun positiv – des Saulus Bekehrung und Übergang zum Paulus, vom Nicht-Erkennen zum Erkennen. Als theologisch bedeutsam sind nebenbei sicher auch die Proportionen zu beachten, in denen in diesen Texten das Alles dargestellt ist: die klare Vorordnung der dem Mann widerfahrenen Berufung zum

Zeugen, seiner Aussendung zur Verkündigung – die unvermeidliche Zuordnung, aber auch klare Nachordnung nicht nur der ihm geschenkten Wiederherstellung seines geschöpflichen Daseins, sondern auch seiner persönlichen Aufnahme in den Christenstand. Das ist eine im Verhältnis zu vielen späteren und auch zu unseren herrschenden Denkgewohnheiten sehr befremdliche Pragmatik. Wir werden uns ihrer in der Lehre von des Menschen Berufung zu erinnern haben: es könnte dort Verschiedenes zu rektifizieren sein, wenn es sich so, wie die Sache hier dargestellt wird, wirklich verhalten sollte. Paulus selbst dürfte in dieser Sache bestimmt nicht in anderer als in der hier sichtbaren Ordnung gedacht haben. Aber wir stellen das zurück. Es kann hier genügen, an diesem Nebenergebnis vorbei auf das hinzuweisen, was nach diesen Texten die Hauptsache ist: so also ist Jesus Sieger in der Geschichte seines Verfolgers und Apostels. Er ist es als sein Besieger und er ist es als der, der ihn selbst zum Siegen bestimmt, ausrüstet und in Bewegung setzt, ihn als künftigen Sieger in die Gemeinschaft seines eigenen siegreichen Seins, Tuns, Leidens und Überwindens, in die Gemeinschaft seiner eigenen kämpfenden und triumphierenden Prophetie aufnimmt. «Ist Einer in Christus, so ist er ein neues Geschöpf. Das Alte ist vergangen, siehe, Neues ist geworden» (2. Kor. 5,17).

Es bleibt uns zum Abschluß noch zu fragen, ob und inwiefern es nun doch auch am *terminus ad quem* der Saulus-Paulus-Geschichte, d.h. auf dem in jener Wendung betretenen neuen Weg – dem Weg des Apostels Paulus – neben, vielmehr zurückbleibend hinter dem herrschenden Erkennen auch noch ein überwundenes, unterdrücktes und also nicht mehr herrschendes, aber immerhin noch wirksames Nicht-Erkennen gegeben haben – ob und inwiefern also auch von ihm zu sagen sein möchte, daß er in diesem Gegensatz existierte. Oder bedeutet das *post tenebras lux*, dem wir als Leser jener Texte beigewohnt haben, daß es in seinem Leben von da an nur noch *lux* und gar keine *tenebrae* mehr gegeben habe? Das Bild des *terminus a quo* war, wie wir sahen, nicht einfarbig: nicht das eines reinen ungebrochenen, ungestörten Nichterkennens. Sollten wir es nun mit einem im umgekehrten Sinn einfarbigen Bilde zu tun haben? Das ist, wie wir früher feststellten, sicher, daß Paulus wie alle anderen biblischen Zeugen im Blick auf die, zu denen er redete, auf die Gemeinden, an die er sich in seinen Briefen wendete, auch nach der positiven Seite nicht ein solches Bild vor Augen hatte. Wir werden schon von da aus bestimmt annehmen müssen, daß er auch sich selbst nicht als eine eindeutig strahlende Lichtgestalt gesehen und verstanden hat. Es bedarf aber nicht einmal dieses Rückschlusses zu der Feststellung: er hat tatsächlich auch als Apostel bewußt in jenem in seiner Weise und in seinen Grenzen noch wirksamen Gegensatz existiert. Er hat ja von dem Tag von Damaskus wahrhaftig nie als von einer schlimmen und auch herrlichen, aber so und so fernen Vergangenheit geredet, sondern als von dem νῦν jenes Übergangs aus der Finsternis ins Licht, das von dort aus seinen ganzen Lauf begleitete und charakterisierte: im Wissen um die Gegenwart der an jenem Tag gewordenen καινά, aber eben deshalb auch um die an jenem Tag vergangenen ἀρχαῖα – in der Dankbarkeit für jene, im Entsetzen über diese: beides in einem nicht mehr umkehrbaren, sondern in seiner Folge unerschütterlich bestimmten Verhältnis, aber wirklich beides! Wohl in der Gewißheit des Siegens Jesu Christi, der Übermacht seines Geistes und so auch der Sieghaftigkeit seines eigenen Weges und Kampfes, aber als Einer, der diesen Weg zu gehen und diesen Kampf zu kämpfen hatte und nicht in einer geruhsamen, weil entspannten Vollkommenheit seines Erkennens, hat Paulus des Menschen Rechtfertigung allein durch den Glauben verkündigt, die Liebe als des Gesetzes Erfüllung (Röm. 13,10) und die Hoffnung, die (Röm. 5,5) nicht zu Schanden werden läßt. Warum konnte er gerade die Hoffnung nur als echte Antizipation der «Offenbarung der Kinder Gottes» (Röm. 8,19) verstehen und verkündigen, der diese, indem der Geist doch auch in ihnen erst eine ἀπαρχή ist, mit der ganzen Menschheit, ja mit der ganzen Kreatur doch erst – und das seufzend – entgegensehen (Röm. 8,23f.)? Noch gibt es da eben – offenbar auch ihm aus der Nähe bekannt – ein gottfeindliches φρόνημα τῆς σαρκός, eine von daher drohende, in ihre Nichtigkeit zu relegierende, aber immer wieder sich meldende Möglichkeit eines «Seins» oder «Wandelns» ἐν σαρκί (Röm. 8, 4f.), eine ἐπιθυμία τῆς σαρκός, die dem Geist widersteht und der der Geist seinerseits Widerstand zu leisten hat (Gal. 5, 16). Noch versteht es sich nicht von selbst, daß der Mensch auf den Geist sät und ewiges Leben erntet und also nicht etwa auf das Fleisch, um die φθορά zu ernten! Noch kann und muß Paulus auf der Höhe seines apostolischen Lebens und Wirkens einen Text wie Röm. 7, 7–25 in lauter präsentischen und in der Ich-Form gemachten Aussagen zu Papier bringen, in welchem man den Widerstreit auch in seiner Existenz in seiner ganzen Gefährlichkeit zum Greifen deutlich zu sehen bekommt: schließend mit jenem ταλαίπωρος ἐγὼ ἄνθρωπος, gewiß überhöht und überholt durch das χάρις τῷ θεῷ διὰ Ἰησοῦ Χριστοῦ, und dann doch noch einmal in Zusammenfassung des die ganze Stelle beherrschenden Gegensatzes: «So diene nun ich, derselbe Mensch (αὐτὸς ἐγώ), in meiner Absicht dem Gesetze Gottes, im Fleisch aber dem Gesetz der Sünde» (v. 25). Man sollte ja diese berühmte Stelle nie für sich, immer in ihrem Zusammenhang mit dem entscheidenden Anfang des Kapitels (7, 1–6) und in dem größeren Zusammenhang Kap. 5–8 lesen. Man übersieht sonst, wohin der Weg auch hier geht. Aber daß Paulus sich wie seine Gemeinden mit ihnen auf dem Weg befindet, den er vor und in Damaskus geführt wurde: dem Weg aus der Nicht-Erkenntnis heraus hinein in die Erkenntnis, das wird man sich gerade angesichts der an jener Stelle in jenen Zusammenhängen so überraschend auftauchenden negativen Komponente auch seines apostolischen Selbstbewußtseins nicht verhehlen können. Wenn Paulus 1. Kor. 13, 12 sein gegenwärtiges Sehen (im Unterschied zu einem solchen «von Angesicht zu Angesicht») ein Sehen im Spiegel, ein rätselvolles Sehen – sein gegenwärtiges Erkennen (im Unterschied zu einem seinem Erkanntsein durch Gott adäquaten) ein Erkennen «im Stückwerk» genannt hat, so dürfte auch das in seinem Wissen um den auch in seiner Existenz nicht ausgelöschten Gegensatz seinen Grund haben. Das ist und bleibt in dem Allem klar, daß dieser Gegensatz teleologisch – in der unumkehrbaren Folge von Nicht-Erkenntnis und Erkenntnis – geordnet ist. Kein Stillstand, keine Schwebe: so gewiß er der Gegensatz der durch Jesus Christus inaugurierten und bestimmten Geschichte des Apostels ist. Er geht seiner Auflösung – der Aufhebung aller Nicht-Erkenntnis durch Erkenntnis entgegen. Und ein Rückschritt kommt in dieser Geschichte erst recht nicht in Frage. Sie geschieht aber in diesem Gegensatz. Wie sie sich dem Paulus unter Berücksichtigung des noch nicht aufgehobenen Gegensatzes doch schon als Siegesgeschichte dargestellt hat, hat er Phil. 3, 12f. beschrieben: «Nicht daß ich es schon ergriffen hätte oder schon am Ziele wäre. Ich jage ihm aber nach, ob ich es ergreifen möchte: daraufhin, daß ich von Christus Jesus ergriffen bin. Brüder, ich halte nicht dafür, daß ich es ergriffen habe. Eines aber tue ich: ich vergesse, was hinter mir ist, strecke mich aus nach dem, was vor mir ist; ich jage, den Richtpunkt (σκοπός) im Auge, nach dem Kampfpreis der mir durch Gott in Christus Jesus von oben zuteil gewordenen Berufung.» – So also hat man sich, sofern man das kann, die Situation des «bekehrten», des heiligen Apostels Paulus und also den *terminus ad quem* der Saulus-Paulus-Geschichte vorzustellen. Es ist deutlich, daß wir es da mit Siegesgeschichte – aber eben so auch hier mit echter Geschichte zu tun haben.

Die Beantwortung der Frage nach der Geschichtlichkeit der Prophetie Jesu Christi, d. h. seiner Offenbarung und der durch sie begründeten, erweckten und gestalteten Erkenntnis der in ihm verwirklichten Versöhnung liegt hinter uns. Wir fassen zusammen: Die Versöhnung der Welt mit Gott ist in ihrer Ganzheit Geschichte. Es besteht aber Anlaß, ihre Geschichtlichkeit gerade hier, im Blick auf diese ihre dritte Gestalt hervorzuheben. Sie ist in ihr, in ihrem Charakter als Licht, Wort, Wahrheit in besonderer, in eminenter Weise geschichtlich. Allgemein gesagt darum, weil sie, indem sie **Erkenntnis begründende Offenbarung** ist, ihre scheinbare Beschränktheit und Isoliertheit als diese damals, dort, geschehene Geschichte von innen heraus in eigener Kraft durchbricht, sich selbst transzendiert, hinaus und hineintritt in das Weltgeschehen, das Geschehen jedes einzelnen Menschenlebens, um sich selbst, ihr eigenes Geschehen, als den Ursprung, den Sinn und das Ziel alles Geschehens zu erweisen, um also alles Geschehen zu übergreifen, es umzugestalten zur Teilnahme an ihrem eigenen Geschehen, um allem Geschehen ihr eigenes Gesetz aufzuprägen, ihm ihre eigene Richtung zu geben. Sie ist ja die Versöhnung der ganzen Welt, aller Menschen. Aber eben als das muß und will sie nun auch von der ganzen Welt, von allen Menschen begriffen und ergriffen werden. Daß das geschehe, dafür sorgt sie selber in dieser ihrer dritten Gestalt, in der ihre Wirklichkeit auch **Wahrheit**, Gottes Tat in Jesus Christus auch Gottes **Wort**, in der das Leben auch das **Licht** ist. Indem die Versöhnung auch in dieser Dimension Ereignis, indem sie auch Erkenntnis begründende Offenbarung ist, spricht und setzt sich das durch, was in ihr für die ganze Welt, für jeden Menschen geschehen ist. Es schlägt da draußen Wurzel, es gewinnt da eigenes Dasein, eigene Gestalt. Es wird da zum Anfang einer ihr entsprechenden weiteren, neuen Geschichte: einer **weiteren Geschichte**, sofern sie da draußen in der Welt, unter und in den Menschen geschieht – einer **neuen Geschichte**, sofern ihr Geschehen sich im Verhältnis zu dem, was da draußen sonst geschieht, als ein Anderes, Fremdes, Neues darstellt.

Diese dem Geschehen der Versöhnung folgende und entsprechende weitere, neue Geschichte ist die durch die Offenbarung, die Erscheinung, die Prophetie Jesu Christi begründete, erweckte und gestaltete **christliche Erkenntnis**. Auch sie ist – dem Geschehen der Versöhnung in Jesus Christus als ihrem Ursprung, Gegenstand und Inhalt entsprechend – Geschichte, Heilsgeschichte. In ihr darf und soll, muß und wird es ja geschehen, daß sich das in Jesus Christus für Alle Geschehene durchspricht und durchsetzt, daß nämlich die Kraft und Tragweite des Wortes Gottes als des dritten integrierenden Momentes seiner Tat und seines Werkes in der es vernehmenden Welt und Menschheit wirksam und sichtbar wird, daß der Same der Botschaft von der Versöhnung, vom Bund, vom Reich auf dem Acker da draußen aufgeht und Frucht bringt. Christliche Erkenntnis ist aber auch darin Geschichte, daß ihr Vollzug in der Welt und in jedem Menschen – auch das in Entsprechung zu ihrem Ursprung, Gegenstand und Inhalt – auf **Verkennung, Widerwillen und Widerspruch** stößt. Sie ist es (wieder in dieser Entsprechung) auch darin, daß sie sich immer und überall in Gestalt ihres **Gegensatzes** zu diesem Widerspruch, im Konflikt mit ihm vollzieht. Sie ist es schließlich und vor allem auch darin, daß der **siegreiche Ausgang** dieses Konfliktes und also ihres Vollzugs von dem her, der ihr Gegenstand und Grund ist – von Jesus, dem Sieger, her – zum vornherein entschieden ist. Indem die in Jesus Christus geschehene Heilsgeschichte sich als solche mitteilt und also auch Offenbarungsgeschichte ist, schafft sie, sich selbst reproduzierend, hinübergreifend in die Geschichte der Welt und der Menschen, in Gestalt der christlichen Erkenntnis wiederum Heilsgeschichte: eben die Geschichte, deren Verlauf und Gehalt wir in den vier Punkten unserer vorangehenden Überlegung schematisch angedeutet haben. Man könnte danach das Besondere, das Eminente der Geschichtlichkeit der Versöhnung in ihrem Charakter als Offenbarung, nach dem wir gefragt haben, sehr wohl dahin definieren: Sie ist in diesem Charakter, sie ist unter diesem Aspekt des prophetischen Amtes und Werkes Jesu Christi sich selbst potenzierende Geschichte. Darin potenziert sie sich ja selbst, daß sie nicht nur in ihrer grundlegenden ersten und zweiten Dimension: als des Menschen Rechtfertigung vor Gott und Heiligung für Gott geschieht, sondern, indem sie so geschieht, sich selbst – in dritter, von der ersten und zweiten her begründeter Dimension – transzendiert, in der Welt und unter den Menschen in Gestalt der christlichen Erkenntnis des in Jesus Christus Geschehenen ihr eigenes Gegenbild hervorruft, in welchem es sichtbar und greifbar wird: Es geschah nicht umsonst, daß das Verhältnis der Welt und der Menschen zu Gott und damit ihre ganze Verfassung und Situation in ihm und durch ihn eine andere geworden ist. Nicht weniger und nichts Anderes als die Versöhnung selbst vergegenwärtigt sich ja, geschieht ja immer und überall, wo und wann immer sie Erkenntnis ihrer selbst und also christliche Erkenntnis begründet, erweckt und gestaltet. Eben das tut sie in dieser ihrer dritten Dimension. Sie selbst, das Gotteswerk der Rechtfertigung und Heiligung, macht sich darin, daß es sich in der Ganzheit seines Geschehens auch offenbart und christliche Erkenntnis begründet, in der Welt, unter den Menschen realpräsent. Oder umgekehrt gesagt: Es ist die Realpräsenz der Versöhnung, d.h. aber des lebendigen Herrn Jesus Christus, der Gegenstand, der Grund und Inhalt der christlichen Erkenntnis. Das also ist die besondere, die eminente Weise, in der die Versöhnung gerade als Offenbarung, in der Jesus Christus gerade in seinem prophetischen Amt und Werk geschichtlich ist. In seiner Prophetie schafft er Geschichte: eben die Geschichte, die in der christlichen Erkenntnis Ereignis wird. Und daß er in seiner Prophetie das tut, das gibt uns Anlaß, seine Geschichtlichkeit (die Geschichtlichkeit der Versöhnung) in ihrer Ganzheit und gerade auf dieses sein drittes mittlerisches Amt und Werk hervorzuheben: daß er Kämpfer und als solcher Sieger ist, gerade in diesem Zusammenhang auf den Leuchter zu stellen.

Geht diese Hervorhebung in Ordnung, dann hat das für das ganze christliche Denken und also für alle Bereiche der kirchlich-dogmatischen

Untersuchung und Darstellung, aber auch für den Sinn, die Aufgabe und Gestaltung der kirchlichen Verkündigung in allen ihren Gestalten grundsätzliche Konsequenzen von nicht geringer Tragweite. Auf sie ist jetzt noch in Kürze hinzuweisen.

1. Es bestätigt und bewährt sich von da aus zunächst die Unterscheidung zwischen der alle christliche Erkenntnis begründenden, weil auch im Charakter der Offenbarung wirksamen Versöhnungs- und Heilsgeschichte, wie sie in Jesus Christus *illic et tunc*, ein für allemal geschehen und Ereignis ist – und der durch sie begründeten, auf sie bezogenen, *hic et nunc* an ihr teilnehmenden und in ihrer Teilnahme an ihr sich ereignenden Geschichte der christlichen Erkenntnis. Man könnte auch sagen: die Unterscheidung zwischen der einen einzigen Wirklichkeit der Versöhnung und ihrer vermöge ihrer Wahrheit vollzogenen Bewahrheitung in der Welt unter und in uns Menschen, wie sie eben im christlichen Erkennen Ereignis wird. Man könnte im Gebrauch der bekannten Begriffe auch sagen: die Unterscheidung zwischen dem ontischen und dem noetischen oder: zwischen dem objektiven und dem subjektiven Moment des in Jesus Christus inaugurierten und geordneten Verkehrs zwischen Gott und dem Menschen. Man könnte ganz einfach, aber höchst zutreffend auch sagen: die Unterscheidung zwischen Jesus Christus als dem Wort Gottes und uns, den ihn als das Wort Gottes vernehmenden Christenmenschen. Diese (so oder so zu umschreibende) Unterscheidung hat sich uns in unserer Beantwortung der Frage nach der besonderen Geschichtlichkeit gerade der Prophetie Jesu Christi bestätigt und bewährt. Es besteht dringender Grund, sie nicht preiszugeben, sondern immer wieder geltend zu machen. Es besteht also Grund, alles Identifizieren des hier zu Unterscheidenden weislich zu unterlassen. Das Offenbarwerden der Versöhnung als Tat Gottes in Jesus Christus verschwindet nicht, geht nicht auf in irgendeiner Gestalt ihrer Erkenntnis, sondern sie begründet die christliche Erkenntnis in allen ihren Gestalten. Ihre Erkenntnis verschwindet aber auch nicht, geht nicht auf in ihrer Offenbarung, sondern in ihr ist sie als ein besonderes Geschehen begründet, durch sie wird sie erweckt und gestaltet. Der Sämann geht aus zu säen: auf den Acker, der die Welt ist und also, auch da, wo er als guter Boden reichste Frucht trägt, mit ihm und seiner Aussaat nicht identisch wird. Und es ist umgekehrt dieser Acker, wie er auch beschaffen sei, soll er als Frucht tragender Boden überhaupt in Frage kommen, auf die eigene, ihm fremde Macht und Wirkung des Sämanns und seiner Saat angewiesen. Jesus identifiziert sich wirklich nicht mit Saul von Tarsus, indem er ihn beruft, sondern er beruft ihn, indem er ihm als ein sehr Anderer, nämlich als der Kyrios gegenübertritt. Wiederum verschwindet doch auch Paulus nicht in diesem ihm begegnenden Kyrios Jesus, sondern eben durch dessen Berufung wird er doch ihm gegenüber auf seine eigenen Füße gestellt und als sein Apostel in eigene Freiheit und

Bewegung versetzt. Es absorbiert, es verschluckt also in der Geschichte, in welcher Offenbarung Erkenntnis begründet – und Erkenntnis, christliche Erkenntnis durch Offenbarung begründet wird, weder das ontische das noetische, noch das noetische das ontische, weder das objektive das subjektive, noch das subjektive das objektive Moment. Sie sind Momente einer Relation, die eben den Charakter einer Begegnung hat, behält und immer wieder bekommt, in der also keinem von beiden seine Selbständigkeit und also seine Unterscheidung vom anderen genommen wird. Keinem von beiden wird aber auch seine besondere Stellung und Funktion in dieser Begegnung genommen. Ihr Verhältnis zueinander ist und bleibt in allem zwischen ihnen stattfindenden realen Verkehr und Austausch unumkehrbar, ihre Beziehung eine ungleiche. Immer geht das *esse*, das objektive Geschehen der Versöhnung in ihrer ersten und zweiten Dimension, als des Menschen Rechtfertigung und Heiligung, und in ihrer Offenbarung als ihrer dritten – immer geht Jesus Christus in seinem hohepriesterlichen und in seinem königlichen Werk und nun auch in dem seiner Prophetie voran. Immer bleibt er das primär handelnde Subjekt. Und immer kann ihm das *nosse* als das Werk seiner Prophetie, das subjektive Geschehen der Erkenntnis, können ihm die Christen nur folgen. Immer können sie nur als sekundär handelnde Subjekte dabei sein und mittun. Begründen und Begründetwerden, Anteil geben und Anteil nehmen, die Wahrheit und ihre Bewahrheitung, Führen und Gehorchen, Erleuchten und Hellwerden, Rede und Antwort sind und bleiben nun einmal bei aller Intimität ihrer Beziehung und Reziprozität in der Geschichte zwischen Gott und Mensch nicht nur verschiedene, sondern auch unvertauschbare Momente. Die Geschichte Jesu Christi umgreift die Geschichte der Welt und aller Menschen. Es kann aber nicht an dem sein, daß die Weltgeschichte oder die Geschichte irgendeines Menschen ihrerseits die Geschichte Jesu Christi umgriffe, regierte, bestimmte. Sie kann nur als die von der seinigen umgriffene, regierte und bestimmte geschehen, nicht umgekehrt. Ihm verdanken die, die ihn erkennen, diese ihre Erkenntnis und ihren Namen als «Christen». So kann denn auch sein Name nicht wohl als Exponent ihrer Erkenntnis, als traditionelle Chiffre für ihre, die christliche Existenz verstanden und ausgegeben werden. Er bleibt das Haupt, sie bleiben die Glieder seines Leibes. – Das ist es, was wir nun auch bei allen weiter aufzuweisenden Konsequenzen der Ergebnisse unserer vorangehenden Überlegung streng im Auge zu behalten haben werden.

2. Ebenso bestimmt wie diese erste ist nun freilich eine zweite, dieser ersten nur scheinbar entgegengesetzte, in Wahrheit ihr durchaus korrelate Konsequenz zu ziehen und zu beachten: Es folgt aus unserer vorangehenden Überlegung auch die Beziehung und Reziprozität zwischen der im Charakter der Offenbarung wirksamen und so christliche Erkennt-

nis begründenden Versöhnung einerseits und der durch sie begründeten, an ihrem Geschehen teilnehmenden christlichen Erkenntnis anderseits. Die Versöhnung geschieht nicht umsonst auch in diesem Charakter, hat nicht umsonst auch diese Dimension. Wir sahen: darum nicht umsonst, weil Jesus in ihrem ganzen Geschehen und so nun auch in ihrem Geschehen in diesem Charakter, weil er auch im Werk seiner Prophetie im Verhältnis zu dem ihm von der Welt, von den Menschen her begegnenden Widerwillen und Widerspruch Sieger ist. Dieses «nicht umsonst» bedeutet nun aber: Die Offenbarung der Versöhnung – und weil ihre Offenbarung integrierendes Moment ihres ganzen Geschehens ist, die Versöhnung überhaupt und als solche – geschieht nicht für sich, nicht in einem (etwa durch den ihr begegnenden Widerwillen und Widerspruch) verschlossenen Sonderraum. Sie geschieht vielmehr, indem sie in der Welt, unter und in uns Menschen, um deren Versöhnung es in ihrem Geschehen ja geht, Erkenntnis, christliche Erkenntnis, begründet. Wiederum gibt es keine Erkenntnis der Versöhnung, die nicht in deren Geschehen selbst, indem es auch Offenbarungsgeschehen ist, begründet wäre. Alles abstrakte Betrachten, Bedenken, Bereden je nur des ersten oder je nur des zweiten dieser Momente des in Jesus Christus inaugurierten und geordneten Verkehrs zwischen Gott und Mensch – und im Zusammenhang damit: jeder abstrahierende Gebrauch der Begriffe des Ontischen und des Noetischen, des Objektiven und des Subjektiven – und also: jede Trennung an dieser Stelle, wo wohl Unterscheidung, aber auch Unterscheidung nur um der Klärung der da stattfindenden Beziehung willen geboten ist, könnte nur vom Übel sein, nur neuen Konfusionen und falschen Identifizierungen rufen. Keine der beiden Geschichten – die der Versöhnung in ihrer Selbstkundgebung nicht und so auch nicht die ihrer Erkenntnis – geschieht für sich, außerhalb ihrer Beziehung zur anderen. Eben indem die Versöhnung in ihrer dritten Dimension, in ihrem Charakter als Offenbarung, christliche Erkenntnis begründet, schafft, garantiert und ordnet, geschieht sie vielmehr in Beziehung zu dieser und setzt sie diese umgekehrt in Beziehung zu sich selber. Beziehung ist also herüber und hinüber, obwohl sie herüber und hinüber sehr verschieden gestaltet ist, gleich wesentlich notwendig und will bei aller Aufmerksamkeit auf die Verschiedenheit ihrer Gestalt in ihrem Herüber wie in ihrem Hinüber als Beziehung gleich streng beachtet sein. Dieses Ontische oder Objektive impliziert als seine Folge das von ihm begründete Noetische oder Subjektive. Genau so wie umgekehrt dieses Noetische oder Subjektive das es begründende Ontische oder Objektive als seine Voraussetzung impliziert. Ist das Implizieren von hüben und von drüben her ein verschiedenes, so ist es doch von beiden Seiten ein Implizieren, ohne dessen Beachtung man weder hüben noch drüben sehen und begreifen kann, was da zu sehen und zu begreifen ist. Das wäre nicht die sich selbst auch offenbarende Versöhnung, die sich nicht auf christliche Erkenntnis als auf ihre Folge – und das wäre nicht christliche Erkenntnis, die sich nicht auf die sich selbst auch offenbarende Versöhnung als auf ihre Voraussetzung bezöge. Indem Jesus Christus in seiner ganzen Hoheit als Priester und König nicht ohne das ganze Volk der in ihm gerechtfertigten und geheiligten Menschen ist, ist er als Prophet auch nicht ohne die durch ihn zur Erkenntnis seines hohepriesterlichen und königlichen Tuns und so ihrer Rechtfertigung und Heiligung berufenen Christenmenschen samt denen, die es durch ihren Dienst auch werden sollen. Und noch weniger könnte natürlich von Christen abgesehen von dem sie zur Erkenntnis der in ihm geschehenen Versöhnung der Welt und so in ihrem Christenstand berufenden Propheten Jesus Christus die Rede sein: noch weniger von einer in sich selbst ruhenden oder zwischen ihrer eigenen Tiefe und Höhe hin und her bewegten und in dieser Ruhe und Bewegung sich selbst verstehenden, interpretierenden und verkündigenden christlichen Existenz, die in Jesus Christus dann eben nur so etwas wie ihr Symbol oder ihre Chiffre hätte. Gerade weil und indem sich ein ordentliches theologisches Denken und Reden hier weder in einem Monismus von oben, noch in einem Monismus von unten ausleben wollen darf, sondern unterscheiden muß, darf es hier auch nicht trennen, nicht abstrahieren, kein ausschließendes «von oben» und kein ausschließendes «von unten» behaupten und definieren wollen. Es hat wie von oben nach unten, so auch von unten nach oben die Beziehung und Reziprozität zu respektieren und immer wieder klar zu machen, die dem in Jesus Christus inaugurierten und geordneten Verkehr Gottes mit dem Menschen durchgehend eigentümlich ist. Gewiß ist dort und hier Alles sehr ungleich. Wie sollte es anders sein, da es doch dort um das in seiner Prophetie primär handelnde Subjekt Jesus Christus, hier um das sekundär handelnde Subjekt des sein Wort vernehmenden Menschen geht: dort um das Gotteswerk der sich selbst offenbarenden Versöhnung, hier um das Menschenwerk ihrer christlichen Erkenntnis? Aber eben in dieser ihrer Ungleichheit sind und bleiben das Eine und das Andere aufeinander bezogen. Heilsgeschichte ist also nicht etwa entweder das Eine oder das Andere, sondern das Eine, die Versöhnung (kraft dessen, daß sie auch in dieser Dimension nicht umsonst geschieht) für das Andere, auf das Andere hin, sich selbst dem Anderen mitteilend, einprägend, ja in ihm Wohnung nehmend – und umgekehrt: das Andere, das menschliche Vernehmen, Ergreifen und Begreifen (kraft dessen, daß es von dem Einen in dessen dritter Dimension erreicht, bestimmt, geordnet und gestaltet wird) durch das Eine, von dem Einen her teilnehmend an der Fülle des Einen – das Andere als die Wohnung des Einen. Heilsgeschichte ist das Ausgehen des Säemanns zusammen mit dem Aufgehen und Fruchtbringen des von ihm ausgeworfenen Samens – ist aber auch dieses Aufgehen und Fruchtbringen zusammen mit dem Sein und Tun des Säemanns. Heilsgeschichte ist die Geschichte des dem Saul von Tarsus begegnenden Jesus von Nazareth, zusammen mit der Geschichte des diesen Jesus als den Christus erkennenden und als solchen verkündigenden Apostels Paulus. Heilsgeschichte ist dieses Begründen zusammen mit diesem Begründetwerden, die Wahrheit zusammen mit dieser Bewahrheitung, dieses Erleuchten zusammen mit diesem Hellwerden, diese Rede zusammen mit dieser Antwort: jedes in seiner besonderen Beziehung zu dem ihm Untergeordneten oder Übergeordneten, aber keines ohne das Andere, immer das Eine zusammen mit dem Anderen – zu ihm hin oder von ihm her. Heilsgeschichte ist dieses Ganze in seiner bewegenden und bewegten Differenzierung, aber auch in seiner Einheit. Heilsgeschichte ist die Geschichte des *totus Christus*, des Hauptes mit seinem Leib und mit allen seinen Gliedern. Dieser *totus Christus* ist der *Christus victor*. – Das ist das Andere, das wir uns von unserer vorangehenden Überlegung her nicht wieder entgehen lassen dürfen.

3. Die Versöhnung geschieht also auch – das ist die dritte Konsequenz, die hier zu ziehen ist – in der durch ihre Offenbarung begründeten christlichen Erkenntnis. Sie verwandelt sich also auf dem Weg ihres Ausbruchs aus ihrem *illic et tunc* und ihres Einbruchs in das *hic et nunc* des sie erkennenden Christenmenschen nicht etwa in eine neutrale, aus irgendeinem schwer erfindlichen Grund für wahr zu haltende Wahrheit, nicht etwa in ein mühsam nachzudenkendes Gedankengebilde, nicht etwa in ein in seiner Stabilität zu betrachtendes Prinzip oder System, nicht etwa in eine noch so rechtmäßig aufgebaute und mit noch so viel kirchlicher Autorität ausgestattete Doktrin. Die Versöhnung geschieht gerade in dieser ihrer dritten Gestalt und Dimension, gerade indem sie christliche Erkenntnis begründet, erweckt und gestaltet, als Gottes Heilstat am und im Menschen. Der lebendige Jesus Christus ist ja die Versöhnung. Nicht irgendetwas, sondern er selbst wird ja offenbar, indem sie offenbar wird: Alles, was sie in sich schließt, indem er selbst, in welchem Alles wirklich ist, offenbar wird. Er selbst ist aber der sich selbst erniedrigende und in seiner Erniedrigung alle seine Menschenbrüder rechtfertigende Gottessohn in seiner Identität mit dem in die Gemeinschaft mit Gott erhobenen und in dieser seiner Erhebung alle seine Menschenbrüder heiligenden und nach sich ziehenden Menschensohn. Dieses Heilsgeschehen ist Jesus Christus – und Jesus Christus ist dieses Heilsgeschehen. Und wenn nun Jesus Christus, der selbst dieses Heilsgeschehen ist, sich selbst und also dieses Heilsgeschehen offenbart, wenn er sich und also dieses Heilsgeschehen zum Gegenstand, Grund und Inhalt menschlicher, der christlichen Erkenntnis macht, dann heißt das: Er gibt dem seiner Offenbarung teilhaftigen und in ihrer Macht ihn erkennenden Menschen eben damit gnädigen Anteil an dem Sein und Tun, das zunächst nur eben sein eigenes ist und also an dem Heilsgeschehen, das zunächst nur Gottes in

ihm geschehene Heilstat, nur eben in seiner Person für die ganze Welt, für alle Menschen Ereignis ist. Und das ist das prophetische Werk, in welchem er diesem Menschen gnädigen Anteil an sich selbst und an der in ihm geschehenen göttlichen Heilstat gibt: Er kommt zu ihm. Er begegnet ihm. Er meistert also die zeitliche und räumliche Distanz, die ihn zunächst von diesem trennen zu müssen scheint. Er ist nun nicht nur primär in seinem *illic et tunc*, sondern sekundär auch bei und mit ihm in seinem *hic et nunc*. Er ist es, indem er sich ihm zum Gegenstand, als Gegenstand (er ist ja ein lebendig handelnder «Gegenstand»!), zum Grund, als Grund (er begründet ja sein eigenes Erkanntwerden!) zum Inhalt seines menschlichen Anschauens und Begreifens – indem er sich sein menschliches Anschauen und Begreifen zu diesem Zweck dienstbar macht. So vergegenwärtigt er sich diesem Menschen, so erscheint er ihm – in sekundärer Gestalt, aber auch in ihr durchaus – nicht etwa *nominaliter*, sondern *realiter* – er selber. Er existiert nun also sekundär, aber real auch in seiner Erkenntnis, auch in ihm, diesem Menschen. Und nun ist ja eben er selber die Versöhnung, als Sohn Gottes aller Menschen Rechtfertigung, als der Menschensohn aller Menschen Heiligung. Nun ist ja er selbst dieses Heilsgeschehen. Nun gilt also alles, was von ihm selbst gilt, auch von diesem. Indem er nicht nur Hohepriester und König, sondern als solcher auch Prophet, der Offenbarer seines Werkes ist, kann auch das Heilsgeschehen nicht nur in ihm geschehenes Ereignis bleiben, sondern wird es in seinem Geschehen auch offenbar, wird es in und kraft seiner Offenbarung Gegenstand, Grund und Inhalt menschlicher Erkenntnis, vergegenwärtigt es sich in ihr, geschieht es also als Heilsgeschehen nicht nur primär dort, damals, in Ihm, sondern sekundär, aber ebenso real in der durch ihn geschaffenen Heilserkenntnis. Es geschieht also so, daß der, der seiner Erkenntnis teilhaftig wird, eben in ihr auch seiner, des Heilsgeschehens teilhaftig wird: dessen Geschehen zum lebendigen Samen und so zum fruchtbaren Element seines menschlichen Lebensgeschehens – und umgekehrt: sein menschliches Lebensgeschehen zum Frucht tragenden Acker und so zur Bestätigung und Bewährung des ihm widerfahrenden Heilsgeschehens. Gottes Wort als Gegenstand, Grund und Inhalt seiner Erkenntnis erweist und bekräftigt sich in und an ihm als die Tat Gottes, von der es ihm Kunde bringt, an der es ihm gnädigen Anteil gibt. Gottes Tat geschieht also – nicht primär, sondern sekundär, aber in ihrer ganzen Realität, indem sie primär geschieht, auch in dem den Gottessohn und Menschensohn in seiner Prophetie, in seinem Wort Erkennenden. Das Werk Jesu Christi, des Hohepriesters und Königs, geschah nicht nur für ihn, wie es für alle Menschen geschehen ist, sondern geschieht in der Macht seiner Prophetie, sofort nach seiner Dankbarkeit, nach seinem Gehorsam, nach seinem Dienst rufend, auch an und in ihm. «In Christus» wird er, indem dieser ihm in seinem prophetischen Wort an sich selbst und so an der ganzen Fülle seines hohepriesterlichen und königlichen Werkes Anteil gibt, auch in dem Sinn neue Kreatur, ein gerechtgertigtes und geheiligtes Kind Gottes, daß er sich als solches erfinden und erfahren darf, als solches nun auch zu verantworten hat, sich dementsprechend einzurichten und zu verhalten aufgerufen und angewiesen wird. So geschieht eben die Versöhnung: Sie geschieht in der Macht ihrer Offenbarung auch in der durch sie begründeten christlichen Erkenntnis und also an und in den Menschen, die sie – die Er, der große Mittler zwischen Gott und den Menschen ihrer Offenbarung teilhaftig werden läßt.

4. Die vierte Konsequenz ist die Umkehrung der dritten. Wir ziehen sie aber nicht im Bedürfnis nach Vollständigkeit, sondern weil sie eine sachlich wichtige, weitere Einsicht in sich schließt: In der durch das Offenbarwerden der Versöhnung begründeten christlichen Erkenntnis geschieht die Versöhnung. Es ist eine mit einer gewissen Zähigkeit immer wieder und weit verbreitete Devaluierung des Begriffs der Erkenntnis, dem wir in dieser Einsicht entgegenzutreten haben. An dem ist es eben nicht, daß man christliche Erkenntnis als ein bloßes Fürwahrhalten und Reflektieren, als ein reines Denken, nur als eine vielleicht tiefe und mit gewissen Affekten verbundene Überzeugung verstehen und bezeichnen dürfte. Sie wäre dann (1) eine bloß subjektive Verhaltungsweise, der gegenüber die Frage nach der Wahrheit und Wirklichkeit ihres Gegenstandes und damit auch ihres Grundes und Inhaltes offen bliebe, als Frage nach ihrem «Objektgehalt» besonders zu beantworten wäre. Und sie wäre dann (2) nur eine subjektive Verhaltungsweise unter anderen, der gegenüber nachträglich die Frage nach ihrer Bedeutung und Tragweite für die übrigen Möglichkeiten und Probleme des menschlichen Daseins zu stellen und zu beantworten wäre. Wer unter christlicher Erkenntnis eine derartige bloß subjektive und in ihrer Subjektivität auch noch bloß partielle menschliche Verhaltungsweise versteht, der wird von dieser Sache begreiflicherweise keine allzu hohe Meinung haben können. Kommt er auf sie zu reden, so wird sein wichtigstes Anliegen sein, auf die Problematik einer so beschränkten menschlichen Verhaltungsweise aufmerksam zu machen. Er wird den Finger entweder auf die erst zu beantwortende Frage nach dem solchem Fürwahrhalten, Reflektieren, Denken, solcher Überzeugung entsprechenden – vielleicht auch gar nicht entsprechenden – objektiven Sein legen. Oder darauf, daß Erkennen eben doch nicht mehr und nichts Besseres sei als Erkennen: auf die offene Frage nach des Menschen sonstigem, vielleicht viel wesentlicherem inneren und äußeren Leben, nach seinem Wollen und Tun, nach der dem christlichen Erkennen entsprechenden – vielleicht auch nicht entsprechenden – seelischen und moralischen *praxis pietatis*. Mag sein, daß er es dann vorzieht, nach beiden Seiten bei

einer kritischen Betrachtung und Beleuchtung der Situation, bei einem gewissen genießerisch plänkelnden Fragen und immer wieder Fragen nach dem der christlichen Erkenntnis als solcher Fehlenden zu verweilen. Mag aber auch sein, daß er nach beiden Seiten – «Realismus» wird dann sein großes Wort sein – Ergänzungen anzubieten in der Lage zu sein meint: einen metaphysischen Realismus im Blick auf den problematischen Gegenstand, Grund und Inhalt der christlichen Erkenntnis – einen vielleicht moralischen oder sentimentalen oder ästhetischen, vielleicht sakramentalen oder auch existentialen Realismus im Blick auf ihre Beschränktheit im Verhältnis zu anderen, möglicherweise viel echteren und ernsthafteren Möglichkeiten menschlichen Erfahrens und Daseins. Das Alles beruht auf einer Devaluierung des Begriffs der christlichen Erkenntnis, d.h. darauf, daß, wer so denkt und redet, die wirkliche, nämlich die im Offenbarwerden der in Jesus Christus geschehenen Versöhnung, die durch die Prophetie Jesu Christi begründete christliche Erkenntnis noch gar nicht in Blick bekommen oder wieder aus dem Blick verloren hat. Von ihr könnte er, wenn er sie im Blick hätte, nicht so denken und reden. Wir erinnern uns, was «Erkenntnis» im Sprachgebrauch und in der Sinngebung des Alten und des Neuen Testamentes bedeutet. Und nun erinnern wir uns auch von unseren systematischen Überlegungen her, daß wir hier nicht von irgendeiner – auch nicht von irgendeiner «religiösen» – Erkenntnis reden, im Blick auf die jene Vorbehalte und Ergänzungsvorschläge allenfalls am Platz sein möchten, sondern von der durch die Prophetie Jesu Christi begründeten und auf sie bezogenen christlichen Erkenntnis. Wir stellen also fest: Sie ist weder der einen noch der anderen jener Infragestellungen ausgesetzt – weder der Frage nach einem ihr als einer subjektiven Verhaltensweise entsprechenden, sie rechtfertigenden objektiven Sein, der Frage nach ihrem «Objektgehalt» also – noch der Frage nach anderen subjektiven Möglichkeiten, durch die sie wegen deren größerer Echtheit und Ernsthaftigkeit überboten und in den Schatten gestellt sein möchte. Wirkliche christliche Erkenntnis ist weder nach dieser noch nach jener Seite einer sinnvollen Kritik zu unterwerfen. Und sie bedarf keiner «realistischen» Ergänzungen: weder nach dieser noch nach jener Seite. Beides darum nicht, weil ihr Gegenstand, der als solcher ihr Grund und als ihr Grund auch ihr Inhalt ist, das reale Geschehen der Versöhnung in ihrem Charakter als Offenbarung ist. Wer einmal eingesehen, bedacht und gewürdigt hat, daß in der wirklichen christlichen Erkenntnis ein Geschehen – und welches Geschehen da stattfindet, der wird es lassen, diesen Begriff in dem angedeuteten Sinn kritisch abwerten – und wird es dann auch lassen, ihn in dem angedeuteten Sinn realistisch aufwerten zu wollen. Die wirkliche christliche Erkenntnis trotzt diesen beiden Versuchen. Sie geschieht ja, indem sie durch ihren lebendigen, dem Menschen gegenüber die Initiative ergreifenden und nicht wieder aus der Hand gebenden Gegenstand in Bewegung gesetzt wird, in ihm also zum vornherein und dann auch dauernd (weil er ein lebendiger, wirkender «Gegenstand» ist!) ihren Grund und in ihm (weil er selber sich in ihr bekannt macht!) auch ihren Inhalt hat. Indem sie so geschieht, ist die Frage nach dem ihr entsprechenden «Objektiven», ist die ihr von daher zu stellende Wahrheitsfrage schon im Ansatz beantwortet. Die an sie zu richtende ernstliche Wahrheitsfrage kann nicht die sein: ob und inwiefern ein Objektives ihr entsprechen möchte, ob sie also von dem Verdacht, eine subjektive Illusion zu sein, sich zu reinigen vermöge? Sondern die – nun allerdings sehr ernstlich – an sie zu richtende Wahrheitsfrage ist die: ob und inwiefern sie selbst dem Gegenstand, durch dessen Initiative sie ja in Bewegung gesetzt und allein in Bewegung erhalten, ihm, der ihr Grund und ihr Inhalt ist, entsprechen, genügen, gerecht werden möchte. Durch diesen ihren Gegenstand, Grund und Inhalt erübrigt sich dann auch das Angebot eines metaphysischen Realismus. In Annahme eines solchen Angebotes würde sie sich ja nur verwirren, verdunkeln, entleeren können. Sie müßte sich ihrem, sie ganz in Anspruch nehmenden Gegenstand entziehen, wenn sie für solche Angebote eines angeblich realeren «Objektes» auch nur beiläufige Verwendung hätte. Sie würde in dem Maß, als sie von solchen Angeboten Gebrauch machte, aufhören, christliche Erkenntnis zu sein. Indem sie aber kraft der von ihrem Gegenstand dem Menschen gegenüber ergriffenen Initiative geschieht, ist auch dafür gesorgt, daß die in ihr stattfindende Inanspruchnahme des Menschen nicht bloß eine partielle, sondern eine totale ist. Ihr Gegenstand selbst sorgt nämlich dafür, daß ihn anzuschauen und zu begreifen, ihn «für wahr zu halten», über ihn nachzudenken unmöglich ein «bloß intellektuelles Tun» sein und werden kann. Was in wirklicher christlicher Erkenntnis geschieht, ist vielmehr dies, daß durch den in ihr die Initiative ergreifenden und führenden Gegenstand – wir denken noch einmal an den neutestamentlichen Begriff der Metanoia – der ganze Mensch mit allen seinen Möglichkeiten, mit all seinen Erfahrungs- und Verhaltungsweisen in einem Winkel von 180 Graden herumgerissen, zu ihm, ihrem Gegenstand hingerissen, ganz auf ihn ausgerichtet wird. Im Geschehen christlicher Erkenntnis ist also auch die Frage nach jenen anderen, ein bloßes Erkennen übertreffenden, vielleicht echteren und ernsthafteren menschlichen Erfahrungs- und Verhaltungsweisen schon im Ansatz beantwortet, erübrigen sich auch die von dieser Seite angemeldeten Angebote. Christliche Erkenntnis ist die echte und ernsthafte menschliche Erfahrungs- und Verhaltungsweise. Sie bedarf keiner moralischen, keiner sentimentalen, keiner ästhetischen, keiner sakramentalen, keiner existentialen Ergänzungen und Überbietungen. Indem sie geschieht, geschieht – und das gründlicher und besser – auch das, was mit solchen Ergänzungsvorschlägen allenfalls richtig gemeint sein könnte. Sie selbst als solche könnte zur Not als das moralische oder sentimentale oder ästhetische, auch als das sakramentale, auch als das existentielle Geschehen *par excellence* bezeichnet und verstanden werden. Sie geschieht in der Kraft ihres Gegenstandes, Grundes und Inhalts (und in diesem Sinn: ihres «Objektes») nicht in irgendeiner Vereinzelung und Armut, sondern in der Totalität und Fülle auch ihres «Subjektes», des erkennenden Menschen. Das Alles, weil und indem ihr Gegenstand, Grund und Inhalt die in Jesus Christus geschehene Versöhnung zwischen Gott und Mensch in ihrer wieder in Jesus Christus sich ereignenden Offenbarung ist. Sie geschieht als ein menschliches Tun in der Teilnahme an seinem Tun. Sie hat sich diese Teilnahme nicht genommen; sie kann sie nur empfangen. Sie kann auch nicht über sie verfügen; sie kann sie sich nur immer aufs neue schenken lassen. Indem sie aber in dieser Teilnahme geschieht, geschieht in ihr als einem menschlichen Tun das seinige, das Tun Jesu Christi selbst, geschieht also – nicht primär, sondern sekundär, aber nicht minder real – nicht mehr und nicht weniger als das Werk der Versöhnung selbst. Christliche Erkenntnis ist vermöge dessen, daß das Heilsgeschehen als solches auch Heilsoffenbarung ist, in deren Macht es zum Gegenstand, Grund und Inhalt menschlicher Erkenntnis wird – sie ist, indem sie diesen Gegenstand, Grund und Inhalt empfängt und hat, indem sie von ihm her und auf ihn hin geschieht, Heilserkenntnis. Eben als solche ist sie aber offenbar selber auch Heilsgeschehen – sekundäres, auf das primär in dem einen Jesus Christus stattfindende Heilsgeschehen bezogenes, auf Grund freier gnädiger Zuwendung an ihm partizipierendes Geschehen – aber in nicht geringerer Realität auch selber Heilsgeschehen. In christlicher Erkenntnis wird und ist Jesus Christus dem Menschen real präsent, tut er, was er für ihn tut, auch an und in ihm, gibt er ihm die Freiheit, die Erlaubnis und das Gebot, der zu sein, der er in ihm ist: die in ihm neu gewordene Kreatur, der in ihm gerechtfertigte und geheiligte Sünder, sein Bruder und also Gottes Kind und so verantwortlicher Zeuge der in ihm geschehenen Versöhnung. Geringeres als das darf man von dem Ereignis wirklicher christlicher Erkenntnis nicht denken und sagen. Was in ihr geschieht, ist dies, daß der Mensch durch Christus – durch die Macht seines prophetischen Wortes – (man verstehe das Wort jetzt nicht konventionell, sondern in seinem vollen Gehalt!) zum Christen wird.

Wir wenden uns von den jetzt geklärten Voraussetzungen her zu dem angekündigten Versuch, die Geschichte in ihren Umrissen zu erzählen, in der das Licht scheint in der Finsternis, in der die Erschließung der vollbrachten Versöhnung und die Erschließung des Menschen für sie, in der das Werk der Prophetie Jesu Christi Ereignis wird. Wie und wo hebt sie an? Wie geschieht sie in ihrem Verlauf? Wie kommt sie zu ihrem Ziel? Das sind die Fragen, auf die nun zu antworten ist.

3. Jesus ist Sieger!

Sie hebt damit an, daß Gott inmitten der geschaffenen Welt allen Menschen gegenüber ein für sich selbst sprechendes Faktum setzt. Es ist das Faktum der Existenz Jesu Christi, der als der Mittler zwischen Gott und uns Menschen auch sein Wort an uns ist – das Faktum des als solches auch leuchtenden Lebens, der Versöhnung, die sich, indem sie geschieht, auch als solche kundtut. Wir kommen hier nicht zurück auf die göttliche Setzung dieses Faktums als solche, und auch nicht auf sein Wesen und seine Bedeutung. Von dem allem war in den zwei ersten Teilen der Versöhnungslehre und früher in der Erwählungslehre eingehend die Rede. Die Geschichte, auf die wir jetzt blicken, hebt mit dem Besonderen an, daß das von Gott gesetzte Faktum des Bundes kein stummes, sondern ein beredtes, ein für sich selbst sprechendes, sich selbst anzeigendes und erklärendes Faktum ist, daß es die Macht hat und ausübt, sich selbst adäquat in seiner Wahrheit zu verkündigen und damit zu kommunizieren, sich in seiner Wirklichkeit mitzuteilen. Wir reden von jener dritten Dimension, in der Jesus Christus auch sein eigener Prophet, das Leben auch sein eigenes Licht, die Versöhnung auch ihre eigene Offenbarung ist. Nicht jedes Faktum hat diesen Charakter. Das von Gott in die in ihm geschaffene Welt, allen Menschen gegenüber gesetzte Faktum des Bundes hat ihn. Es hat ihn sogar in eminenter und exemplarischer Weise. Es gibt auch viele andere sprechende Fakten. Man kann aber, genau besehen, nur von diesem sagen, daß es unmittelbar, indem es Faktum ist, auch Spruch, auch Wort, auch Kerygma, auch Licht ist.

Stellen wir vor allem fest: es ist auch in diesem ihm wesentlichen Charakter ein Faktum für sich, d. h. ein einzelnes, abgesondertes, von tausenden, ja von allen anderen Fakten verschiedenes Faktum. Gott setzt es zwar in vielerlei Gestalt, aber, wenn und indem er es setzt, immer und überall begrenzt durch seinen Ort, durch seine Zeit, durch seine Art. Es ist also nicht identisch mit dem Faktum des Ganzen der von Gott geschaffenen Welt. Es gibt ihm gegenüber eine ganze große übrige Welt ganz anderer Fakten. Es ist und es spricht also nicht immer und überall. Es bildet vielmehr, indem Gott es setzt und indem es, von Gott gesetzt, sprechendes, leuchtendes Faktum ist, dem, was immer und überall sonst geschieht und wohl auch spricht, gegenüber jedesmal, überall und in jeder Gestalt ein Novum, das als solches «gute, neue Mär», aber dann wohl auch unerwartetes schwarzes Ärgernis verkündigt. Es begegnet der Welt und allen Menschen als Eröffnung dessen, was ihnen ohne diese Begegnung Geheimnis wäre und bliebe. Es redet und leuchtet zu ihnen hinüber und von außen in sie hinein, indem es bekundet, was weder der Welt im Ganzen noch irgendeinem Menschen von sich aus bekannt ist. Es ist ja als Faktum des Bundes auch sachlich das Faktum des von Gott frei gewollten und aufgenommenen Verkehrs zwischen ihm und den Menschen, die wohl als solche von Gott bestimmt sind, auf solchen Verkehr mit Gott aber keinen Anspruch und zu seiner Aufnahme und Pflege keine Fähigkeit haben. Eben die unerwartete, die unbegreifliche Wirklichkeit dieses Verkehrs gibt das von Gott gesetzte Faktum nun auch kund, eben diesen Verkehr stellt es dar: die wunderbare Überwindung der Distanz zwischen Gott und Mensch, aber in und mit ihrer Überwindung auch diese Distanz zwischen beiden. Eben darum ist es ja als ein einzelnes Faktum zu seiner Zeit an seinem Ort in seiner Art allen anderen Fakten gegenüber und entgegengesetzt – nicht um dort drüben für sich zu bleiben, wohl aber, um von dort drüben da herüber zu sprechen, zu leuchten, sich selbst mitzuteilen. Es bezeugt gerade als einzelnes, für sich existierendes, sich selbst von sich aus erschließendes Faktum die Besonderheit, die Einzigkeit, die Souveränität, in der Gott gegenüber aller von ihm verschiedenen Wirklichkeit und auch gegenüber der lügnerischen Wirklichkeit des Nichtigen seine göttliche Existenz und sein göttliches Wesen hat, nicht um in dieser seiner Höhe für sich zu sein, wohl aber, um von dieser seiner Höhe aus seine Sache in der Tiefe der Welt zu führen, von dieser Höhe aus sich der Welt in ihrer Tiefe anzunehmen, die Sache der Welt in dieser ihrer Tiefe zu seiner eigenen Sache zu machen und sie als solche zu führen. Die Distanz, aus der er sich kundgibt und mitteilt, um sie eben damit zu überwinden, daß er das tut, bleibt also zu beachten. Nicht der Kosmos ist Gottes Sohn und Wort, sondern der Eine, Einzige, den er als seinen Sohn, der auch sein Wort ist, in die Welt sendet. Nicht jeder Mensch ist ein Christus; Jesus von Nazareth allein ist es. Wohl zum Heil aller Menschen, aber nicht mit allen Menschen ist der Bund geschlossen, der als solcher auch Gottes gute neue Botschaft ist; er ist der in der christlichen Gemeinde als dem Leib Jesu Christi erfüllte Bund Jahves mit Israel. Nicht alle Völker sind Israel. Nicht alle Gemeinschaften sind Gemeinde des Herrn. Nicht jede Schrift ist heilige Schrift als Dokument dieses Bundes: Es müßte jedesmal eine neue besondere göttliche Setzung sein, wenn es auch andere Dokumente dieses Bundes geben sollte, die dann als solche auch heilig zu nennen wären. Nicht jede Offenbarung ist eben Offenbarung der Versöhnung. Nicht jede Bezeugung von Offenbarung ist also Zeugnis von dieser Offenbarung. Und so ist denn auch nicht alle Erkenntnis christliche Erkenntnis, ist nicht alles Bekennen, auch wenn es Richtiges und Wichtiges klar und tapfer bekennt, als solches auch christliches Bekenntnis. Nicht alle Menschen sind Christen. Es gibt mancherlei Propheten und Apostel: rechte, aber auch falsche, d. h. solche, die im Namen des Herrn und solche, die in ihrem eigenen Namen reden; man wird aber damit rechnen müssen, daß es auch unter den falschen eindrucksvolle und in ihrer Weise edle Gestalten gibt, die doch durchaus nicht als rechte anzusprechen und anzuhören sind. Mit all dem hängt dann wohl auch das zusammen, daß die Theologie nicht die Universalwissenschaft, sondern ganz anspruchslos nur eben eine besondere Fakultätswissenschaft sein kann. Das von Gott gesetzte, für sich selbst sprechende Faktum des Bundes ist von allen in ihrer Weise wohl auch sprechenden und in bemerkenswerter Weise sprechenden Fakten durch eine nicht immer, vielleicht sehr lange nicht sichtbare, aber in sich scharf gezogene, Grenze geschieden. Fügen wir hinzu: Es ist in seiner Besonderheit und Vereinzelung im Verhältnis zu den vielen anderen in ihrer Weise auch sprechenden (oder auch stummen) Fakten eine, wenn nicht Alles täuscht, zwar innerlich überaus herrliche, äußerlich aber sehr schmale, dünne, bescheidene Sache. Ob seine Minoritätsstimme sich gegenüber der Majorität all der unzähligen anderen Sprüche, Offenbarungen, Verkündigungen, Zeugnisse, Bekenntnisse und inmitten von so viel nur zu beredtem Schweigen auch nur vernehmlich zu machen, oder gar durchzusetzen vermag, das wird wohl zu allen Zeiten und in allen Zonen mit gutem Grund gefragt werden können. Fügen wir auch das hinzu, daß seine Stimme, indem sie nicht nur direkt und unmittelbar die Stimme des Sohnes Gottes und seines Heiligen Geistes, sondern indirekt und mittelbar auch die Stimme der Diener seines Wortes und also die Stimme von allerlei fehlbaren, verwirrten und verwirrenden, ihrer Aufgabe nur wenig oder gar nicht gewachsenen Menschen ist, auch wenn diese nicht geradezu falsche, sondern in ihrer Weise rechte Zeugen sind, weithin einen gebrochenen, getrübten und betrübten Klang und Ausdruck hat und auch von daher wenig Verheißung auf Gehör und Erfolg zu haben scheint. Aber das soll jetzt nur erwähnt sein, um zu illustrieren, daß das von Gott gesetzte Faktum des leuchtenden Lebens, des für sich selbst sprechenden Bundes im Ganzen der Welt und des Menschenlebens ein Faktum neben und unter vielen anderen ganz anderer Art und Bedeutung ist: ein von diesen anderen Fakten her problematisiertes und ihnen gegenüber weithin auch sich selber problematisierendes, weil kompromittierendes Sonder-Faktum. Genau als solches ist es ihnen von Gott an die Seite und gegenüber gesetzt. Eben im Bereich aller dieser anderen Fakten, zu all den Menschen, die sich in ihrem Bereich befinden, soll es als Licht des Lebens leuchten, als Wort vom Bunde reden. Wie könnte es leuchten, wie könnte es reden, wie könnte es den Verkehr Gottes mit den Menschen darstellen, wenn es nicht in seiner ganzen Beschränktheit, Bescheidenheit und auch Anfechtbarkeit inmitten vieler anderer Fakten ein Sonderfaktum wäre? Man soll sich das nicht leid sein lassen. Zuerst Gott selbst läßt sich das ja, indem er es setzt, nicht leid sein, ein Sonderfall, der große Sonderfall, und nun eben als solcher unser Gott, der Herr und Heiland der Welt und aller Menschen zu sein. Indem er als solcher zu und mit uns redet, setzt er das Sonderfaktum, in welchem er in der Welt und uns gegenüber gerade nicht Alles, sondern Eines unter Anderen ist, in der Minorität und umgeben und belastet auch von der Problematik dieser Minorität. Immer wieder in der

Entgegenstellung dieses Sonderfaktums zu allen anderen Fakten beginnt die Geschichte der Prophetie Jesu Christi, die Geschichte des Leuchtens des Lichtes in der Finsternis.

Aber das Wort «Faktum», das wir nun vorläufig zur Bezeichnung des Anhebens dieser Geschichte verwendet haben, könnte in seiner etwas kruden Abgeschlossenheit auf die Länge irreführend wirken. «Faktum» heißt ja: *quod factum est*, «was geschehen ist». Und nun ist das, was, von Gott eingesetzt, als Beginn dieser Geschichte leuchtet, redet, sich kund tut, allerdings etwas, «was geschehen ist». Es ist sogar ἐφ'ἅπαξ, ein für allemal geschehen. Was mit dem Wort «Faktum» in unserem Zusammenhang gemeint ist, ist ja in allen seinen Gestalten erstlich und letztlich, eigentlich und wesentlich, die Geschichte Jesu Christi. Sie ist der Bund Gottes mit dem Menschen, des Menschen mit Gott, und sie ist zugleich dessen Leuchten, sein Wort an die Welt, zu deren Heil der Bund geschlossen und erfüllt ist. Sie ist in der Tat ein für allemal geschehen. Aber was heißt gerade «ein für allemal», angewendet auf seine Geschichte? Gewiß auch im linear-chronologischen Sinn: als diese eine einzige Geschichte einmal – gewiß also auch dies: daß sie als die damals, zur Zeit der Kaiser Augustus und Tiberius geschehene Geschichte des Weges Jesu von Nazareth nach Jerusalem als Heilsgeschichte offenbar ist, leuchtet und redet. Es kann aber das «ein für allemal», angewendet auf diese Geschichte, auf keinen Fall restriktiv gemeint sein, auf keinen Fall bedeuten: als einmal nur damals geschehen, dann Vergangenheit geworden und also nicht, oder nur noch in der Erinnerung an ihr Damals gegenwärtiges Geschehen, sodaß sich ihr Leuchten und Reden auf das *historia docet* reduzieren würde, das grundsätzlich aller erinnerten Geschichte eigentümlich ist. Jesus Christus hat eben nicht nur gelebt, sondern (eben als der, der einmal gelebt hat) lebt er und wird er leben. Fügen wir, um jedes Mißverständnis auszuschließen, ausdrücklich hinzu: nicht nur geistig, sondern auch leiblich, genau in der raumzeitlichen Gestalt seiner damaligen Geschichte. Als der, der späterer Erinnerung nicht bedarf, um (eben als der, der einmal gelebt hat) noch und wieder zu leben, ist er doch den Seinen, von den Toten auferstanden, erschienen, offenbar geworden. Gewesen ist seine Geschichte, aber gerade nicht vergangen: als die auch unseren Lebensgeschichten gegebene Verheißung, daß sie zwar einmal gewesen, aber darum nicht vergangen sein werden. Als die alle anderen Geschichten übergreifende geschieht die Geschichte Jesu Christi primär – und in der besonderen Geschichte der christlichen Erkenntnis geschieht sie darüber hinaus auch sekundär wieder und wieder: als die damals, *illic et tunc*, geschehene auch *hic et nunc*, auch in der Gegenwart anderer Zeiten, auch unserer Zeit. Und ebenfalls unmittelbar gegenwärtig leuchtet und redet sie denn auch: nicht nur im fernen Nachklang einer alten, sondern, ob von den Menschen vernommen oder nicht vernommen, in der ganzen Helligkeit und Dringlichkeit eines durch seine einzigartige Aussage ausgezeichneten, heute und hier gesprochenen Wortes. Es geht also in allen Gestalten des Anhebens der Geschichte des in der Finsternis leuchtenden Lichtes primär um dieses nicht abgeschlossene, sondern offene, weil sich selbst immer wieder aufschließende Faktum. Sie fängt als Geschichte selbst schon mit Geschichte an: mit der einmal geschehenen, aber in ihrer Einmaligkeit wirklich für alle Male und in vielen anderen Malen wieder und wieder geschehende und damit auch leuchtende und sprechende Geschichte Jesu Christi.

Als solche bildet sie denn auch das «Sonderfaktum» der ganzen Welt den sonstigen Fakten gegenüber. Ihr Geschehen ist das Besondere, das Unterscheidende, das Geheimnis der Existenz, des Inhalts und der Aussage des Alten und des Neuen Testamentes inmitten aller anderen Bücher, das Geheimnis der Existenz der christlichen Gemeinde unter allen anderen Gesellschaften, ihrer Erkenntnis, ihres Bekenntnisses, ihres Zeugnisses, ihrer Botschaft, auch der Theologie unter den vielen anderen, formell ganz ähnlichen Phänomenen, auch das Geheimnis der Existenz der Juden und der Christen neben und unter den übrigen Menschen, von denen sie sich sonst kaum und selten sehr zu ihrem Vorteil abzuheben scheinen. Ihr Besonderes ist schlicht eben das Geschehen, das Leuchten und Sprechen der Geschichte Jesu Christi in ihrer ganzen äußeren Unscheinbarkeit und in ihrer ganzen inneren, aber vehement nach außen drängenden Herrlichkeit, in ihrer vermeintlichen Geringfügigkeit und in ihrer wirklichen Überlegenheit gegenüber Allem, was im Weltraum und Menschenraum sonst geschieht, in ihrer Belastung und Verdunkelung durch die Kümmerlichkeit, Willkür und Verkehrtheit der sie erkennenden und bezeugenden und so repräsentierenden Menschen, aber auch in der Souveränität, in der sie sich gerade in der ihr von daher (und von daher vielleicht am Schlimmsten!) widerfahrenden Behinderung immer wieder Luft macht, in der sie gerade die so schwache und verworrene Stimme der Christen, unseres sehr zweideutigen Zeugnisses, auch unserer sehr problematischen Theologie immer wieder zu übertönen, mehr noch: zu durchtönen, sie in ihrer Schwachheit stark zu machen weiß. Was wäre aus der Geschichte Jesu Christi in der Welt geworden, wenn sie nicht in dem Allem immer wieder in eigener Kraft leuchtete und redete? Das ist es ja, daß sie sich menschlicher Stimmen zwar bedient, daß solche ihr dienen dürfen und müssen, daß sie aber ihrerseits nicht an sie gebunden, ihnen nicht ausgeliefert, nicht bedingt ist durch ihre Treue und Untreue, Vollkommenheit und Unvollkommenheit, Klugheit und Torheit, sondern in allen und trotz allen ihren guten und schlechten menschlichen Darstellungen und Repräsentationen in ihrem eigenen Licht leuchtet, in ihrem eigenen Klang laut wird, ihr eigenes Wort redet. Das ist es ja, daß sie gerade uns Christen, indem sie unter und in uns immer neu geschieht, auch immer neu und souverän begegnet, uns zu neuem gehorsamerem Aufmerken nötigt, nein: in Freiheit setzt, unserem Erkennen und Bekennen, unserem Zeugnis und auch der christlichen Theologie immer wieder neue, zunächst nicht erwartete Gestalt gibt, in der sie dann auch der übrigen Welt immer wieder in neuer Wendung als Inhalt neuer Botschaft begegnet. Wie Israel, so konnte und kann wahrhaftig auch die Kirche verweltlichen, d. h. ihre Besonderheit der sie umgebenden Welt gegenüber verlieren, ihr Licht unter den Scheffel stellen, ein dummes Salz werden. Die die Geschichte der Kirche begründende und regierende Geschichte Jesu Christi selbst aber wird nicht Weltgeschichte, sondern bleibt Licht und Salz: der Kirche zur Beschämung, aber auch zur Erweckung, zum Gericht, und so dann auch zum Heil und zur Verwunderung der Anderen, in deren Mitte sie durch die Kirche repräsentiert wird. Sie hört nicht auf, sich selbst zu repräsentieren und also dafür zu sorgen, daß es bei ihrer Besonderheit den Fakten des übrigen Geschehens gegenüber nicht nur sein Bewenden hat, daß sie ihnen gegenüber vielmehr in immer schärferen, genaueren Konturen hervortritt und darum, werde daraus, was da wolle, immer heller leuchtet, immer deutlicher redet, daß also die Geschichte des Leuchtens des Lichtes in der Finsternis immer wieder anheben kann.

Wir treten einen Schritt weiter zurück, wenn wir nun feststellen, daß es sich in der Wirklichkeit, in der diese Geschichte anhebt, um eine Setzung Gottes handelt. Jesus Christus ist ja Gottes Sohn, selber wahrer Gott von Ewigkeit und als solcher auch der Menschensohn, als solcher der Mittler zwischen Gott und uns Menschen. Gott ist es, der die Welt in Jesus Christus versöhnte mit sich selber. Gott ist der Gründer und Herr des Bundes. Und es ist das, was der Welt durch das Faktum des Bundes, durch die Geschichte Jesu Christi gesagt wird, Gottes Wort. Diese Feststellung bedeutet, daß der Anfang, von dem wir reden, zwar mitten in der Welt stattfindet und selber auch den Charakter eines Weltgeschehens hat und nun doch nicht in dem Sinn einer von den vielen innerweltlichen Anfängen ist, daß er in einer der Weltkräfte und Weltbewegungen seinen Grund hätte und also aus deren Zusammenhang heraus sich ergeben würde und erklärbar wäre. Er beruht vielmehr auf einer allen Weltkräften und Weltbewegungen und ihrem ganzen Zusammenhang gegenüber eigenen, neuen Setzung. Wollte man von Gott abstrahieren und also nur auf die geschaffene Welt und die in ihr wirksamen Möglichkeiten und Wirklichkeiten blicken, so müßte man wohl sagen, daß die Geschichte Jesu Christi von nirgendwoher komme, keinen Grund habe. Sie wäre dann ein (im strengen Sinn des Wortes) kontingentes, gänzlich voraussetzungsloses, im Zusammenhang der von Gott geschaffenen Welt nur eben rätselhaftes, nur eben paradoxes Faktum – ihr Leuchten dem eines Meteors vergleichbar, für dessen Niedergang und Erscheinung es jedenfalls im irdischen Raum keinen Grund und keine Erklärung gibt. Es wäre dann Schicksal oder auch Zufall zu nennen, daß es faktisch auch so etwas wie das Christusgeschehen und seine Selbstkundgebungen gibt. Aber es ist hier wie sonst nicht ratsam, von Gott abstrahieren zu wollen. Der Aufgang des Lichtes in der Finsternis hat nicht diesen wilden Charakter. Wäre dem so, wie eben beschrieben, dann müßte das doch wohl bedeuten, daß die Selbstkundgebungen dieses Christusgeschehens zwar ein begrenztes Erstaunen erregen, auch eine gewisse Beachtung erzwingen, ernstliche Autorität aber weder haben noch beanspruchen könnten. Es wäre dann nicht anders mit ihm bestellt, als wenn es nun doch ein innerweltlich begründetes und erklärbares Geschehen wäre; denn auch ein Paradox, ein bloßes Schicksal, ein reiner Zufall kann wohl nur rein zufällig so etwas wie Respekt erregen. Es könnte so oder so nur je nach Gutfinden und Willkür mehr oder weniger oder auch gar nicht beachtet werden. Es handelt sich aber weder um einen in der geschaffenen Welt und ihren Möglichkeiten, noch um einen gar nicht begründeten, sondern um einen von Gott gesetzten und also in ihm begründeten Anfang. Wohl findet er mitten im Kosmos statt. Aber nicht irgendwo im Kosmos, im Himmel nicht und auch nicht auf der Erde, in der Natur nicht und auch nicht in der Geschichte, sondern allein in Gott ihrem Schöpfer hat er seine Begründung und seine Erklärung. Er ist insofern das Werk einer im Verhältnis zu allen geschaffenen Weltgründen und allen ihren Folgen neuen Setzung, als er als «neue Schöpfung» in derselben Höhe stattfindet, in der auch die «alte», die erste Schöpfung anfängt: in der Höhe des von aller andern Wirklichkeit verschiedenen Gottes, dem allein sie es verdankt, daß sie ist und nicht nicht ist. Und nun geschieht sie in deren Mitte, nun ist sie aber nicht ihr Werk, nicht eine von den Hervorbringungen und Setzungen, derer sie fähig ist. Was in ihr gesetzt wird, die Geschichte Jesu Christi, ist ja eben nicht nur eine weitere kreatürliche und also von Gott verschiedene, sondern in ihrer Kreatürlichkeit, in ihrer Menschlichkeit und also in Verschiedenheit von Gott auch ganz mit ihm geeinte, nicht nur menschliche, sondern gottmenschliche, nicht nur kreatürliche, sondern gottkreatürliche Wirklichkeit. Wie sollte sie als solche aus jener, der von Gott nur verschiedenen Wirklichkeit hervorgehen können? Eben als gottmenschliche, gottkreatürliche ist sie im Verhältnis zu jener neue Wirklichkeit, ist also ihre Setzung im Verhältnis zur Erschaffung jener neue Setzung. Von daher, daß sie der Geschöpfwelt und nun doch nicht nur ihr, sondern zuerst und vor allem der Wirklichkeit Gottes selbst angehört, eben als das neue Werk solcher neuen göttlichen Setzung hat und übt sie, indem sie sich kundgibt, die ihr der Geschöpfwelt gegenüber eigentümliche Autorität. Nicht irgendein, sondern das ewige Licht geht da herein, um der Welt tatsächlich einen neuen Schein zu geben, den auszustrahlen und dem sich ernstlich zu entziehen nicht in ihrer Macht liegt, dem sie sich und dem sie ihre eigenen Lichter nur unterordnen kann. Nicht irgendein Wort wird da von einem Menschen zu andern und also von Fleisch zu Fleisch gesprochen, sondern im Fleisch das Wort dessen, vor dem jeder Mensch, alles Fleisch, die ganze Kreatur nur still werden kann. Nicht irgendeine Herrschaft wird da aufgerichtet, ausgeübt und proklamiert, sondern die Herrschaft eben des Herrn, ohne dessen Schöpferwort es auch keine weltlichen Mächte und Gewalten gäbe, demgegenüber also keine von ihnen einen Anspruch auf selbständige Bedeutung und Autorität anzumelden hat. Was Gott als ihr Schöpfer in und mit der Welt will, von Ewigkeit her wollte – das also, wozu sie als von ihm geschaffene Welt nur eben dienen kann – das große Prius, dem der Himmel und die Erde, dem der Mensch auf der Erde unter dem Himmel nur eben als Posterius folgen kann – eben das ist in der Geschichte Jesu Christi Ereignis und Offenbarung. Das, ihr unmittelbarer Ursprung in Gottes ewiger Wahl, Entscheidung und Tat gibt ihrer Stimme Autorität. Das macht auch ihr Besonderes aus, umreißt die Konturen, in denen sie sich von den anderen Weltfakten abhebt. Eben das ist das Geheimnis der Auferweckung Jesu Christi von den Toten und also das Geheimnis seines unüberwindlichen, keinem Vergehen unterworfenen Lebens und also das Geheimnis der Neuheit, der Originalität, in der er der Welt und zuerst und vor allem den Christen immer wieder begegnet – und also das Geheimnis des Anfangs der Geschichte des in der Finsternis leuchtenden Lichtes. Gott selbst ist der Anfänger in diesem Anfang. Die da anfangende Geschichte kann in der Zeit darum nicht veralten, nicht vergangene Geschichte werden, sie hebt darum zu jeder Zeit in derselben, ja in zunehmender Leuchtkraft wieder an, weil in ihrem Anfang der ewige Gott selbst, sein Wählen, Beschließen und Tun am Werk ist.

Wir werden zur weiteren Klärung hinsichtlich dieses Anfangs unterstreichen müssen, daß seine Setzung ein Werk der göttlichen Freiheit ist. Was er da tut, das tut er in keinem andern Müssen als dem seines eigenen guten und heiligen, aber souveränen Wählens und Wollens. Er tut es, weil und indem er Gott ist. Kein anderes Darum kommt hier in Frage. Er ist der Welt, er ist dem Menschen den Bund mit ihm und seine Offenbarung nicht schuldig. Er ist dem Geschöpf ja schon seine Erschaffung nicht schuldig – erst recht nicht den Beginn einer ihm mit seinem Schöpfer gemeinsamen Geschichte, einer Lebensgemeinschaft zwischen sich und ihm – erst recht nicht dies, daß er sich ihm gleich macht, um in eigener Person die Führung seiner Sache zu übernehmen – und noch einmal erst recht nicht dies, daß es ihm, statt über des Menschen Kopf weg zu handeln, statt ihn einfach vor vollendete Tatsachen zu stellen, nicht zu gering ist, mit ihm über das Alles zu reden, ihm sein Tun gewissermaßen in Form eines ihm gemachten Angebotes zur Kenntnis zu bringen, sein Gehör und seinen Gehorsam in Anspruch zu nehmen, auf seine Antwort und Reaktion zu warten, wo er – so möchte man meinen – durch einseitige und stumme Tat viel direkter und sicherer zu seinem Ziel kommen konnte. Der Mensch hat offenbar auf das Alles, vom Ersten bis zum Letzten, kein Recht und keinen Anspruch. Es beruht diese ganze Ordnung – nicht zum wenigsten auch insofern, als sie im Rahmen seiner Vorherbestimmung auch des Menschen Selbstbestimmung und also auch des Menschen Freiheit impliziert und respektiert, auf Gottes souveränem Verfügen und nicht auf einer ihm auferlegten Verpflichtung, es mit dem Menschen gerade so zu halten, wie er es in der Geschichte Jesu Christi und in ihrer Offenbarung tut und sichtbar macht. Der Mensch hat kein Verdienst daran, daß Gottes Ordnung gerade diese ist. Indem er sich ihr von Anfang an widersetzt, den Bund bricht, gegen Gott sündigt, sich vor ihm versteckt, vor seiner Stimme sich die Ohren verstopft, kennzeichnet er sich vielmehr als ein Wesen, das dessen nicht würdig ist, daß Gott es so mit ihm hält, wie er es tut, das gerade das Gegenteil verdienen müßte. Daß Gott sich durch dieses Verhalten seines Partners nicht irre machen läßt, daß er ihm vielmehr gerade angesichts und unter Voraussetzung seines Abfalls neue Treue schwört und hält, darin erscheint seine Freiheit ihm gegenüber doppelt unbegreiflich und groß. Er ist von ihm nicht abhängig, auf ihn nicht angewiesen, er handelt aus eigener Initiative, wenn er mit ihm gerade in dieser Ordnung handelt. Er will von sich aus der Gott des Menschen sein und will es von sich aus so haben, daß der Mensch sein, Gottes, Mensch sei. Er entschließt sich von sich aus, jene ihm und seinem Geschöpf gemeinsame Geschichte anheben zu lassen, gerade den Menschen mit der Bestimmung zu erschaffen, sein Partner in dieser Geschichte zu sein, ihn seiner Sünde zum Trotz in dieser Bestimmung zu erhalten, sich ihm gerade als dem Sünder, der er ist, erst recht zuzuwenden, ja hinzugeben, die Zwiesprache gerade mit ihm nicht abzubrechen, sondern erst recht aufzunehmen, auf seine Erkenntnis, seinen Glauben, sein Lob und seinen Dank, auf sein Gebet Wert zu legen, ihn zu rufen und seinen Dienst unverdrossen, als ob er dessen würdig und dazu fähig wäre, in Anspruch zu nehmen. Warum das Alles? «Was ist der Mensch, daß du seiner gedenkst?» Hier darf es nur eine Antwort geben: Weil es Gottes freies Wohlgefallen war und ist, gerade des Menschen gerade so zu gedenken, es gerade mit ihm gerade so zu halten. Anders formuliert: Er ist nun einmal nicht zufällig, nicht willkürlich, aber ohne irgendeine Nötigung und Bedingtheit durch irgendeine von ihm verschiedene Wirklichkeit in seiner eigensten Freiheit gerade dieser Gott, gerade so und nicht anders Gott. Nur eben kraft der freien Grundgüte seines Wesens ist er der Gott, der sich zum Bundespartner und Gesprächspartner des Menschen und den Menschen zu dem seinigen macht – den Menschen, dem er sich selbst nicht schuldig ist, der auf ihn kein Recht und keinen Anspruch, der seine Zuwendung und Hingabe nicht, der vielmehr das Gegenteil verdient hat. Er gedenkt des Menschen, weil ihm als dem, der er ist, seine eigene Ehre und das Heil der Menschen, das Heil der Menschen und seine eigene Ehre nicht zweierlei, sondern Eines sind. Mit der Freiheit, in der er dieser Gott, von niemand und nichts als durch sich selbst dazu bestimmt, so und nicht anders Gott war, ist und sein wird, mit der Ausführung und Offenbarung seines göttlichen Wählens haben wir es in der Geschichte Jesu Christi und also in dem Faktum zu tun, mit dessen Setzung die Geschichte des in der Finsternis leuchtenden Lichtes anhebt. Auch das schwerfällige Wort «Setzung» bedarf nun gerade in dieser Richtung der Klärung: Sie erfolgt nicht etwa in Konsequenz einer Systematik entweder des Wesens Gottes oder der Existenz des Menschen oder des Verhältnisses zwischen beiden. Sie ist in keinem Sinn die notwendige Erfüllung eines notwendigen Postulates. Sie entspringt keinem Müssen: es wäre denn dem der Freiheit, in der Gott dieser und kein anderer Gott, so und nicht anders Gott sein will und ist. Sie ist freies Geschenk dieses freien Gottes, eben darum keinem Verfügen des Menschen und erst recht keinen Reflexionen darüber unterworfen, ob er sie etwa auch unterlassen und also ein ganz anderer Gott sein könnte. Sie ist das Geschenk, dem gerade nur des Menschen Dankbarkeit in der Ehrfurcht vor der Göttlichkeit und also vor der Weisheit und Gerechtigkeit und also vor der inneren Begründung seiner Wahl entsprechen kann. Also – und das war hier besonders zu klären: Mit dem reinen Geschenk der Existenz, der Geschichte Jesu Christi und seines Wortes hebt die hier zu erzählende Geschichte an.

Eben das Wort «Geschenk», durch das Wort «Setzung» nun also richtig gestellt und interpretiert, erinnert uns aber daran, daß wir es in der Geschichte Jesu Christi, mit der die Geschichte des in der Finsternis leuchtenden Lichtes anhebt, mit dem Werk der freien Gnade, Güte und Wohltat Gottes mit seiner Menschenliebe, mit seinem Tun zum Besten der Welt und des Menschen, mit seinem uns widerfahrenden Heilands-, Errettungs- und Verherrlichungswerk zu tun haben. Als Geschenk Gottes ist der Anfang dieser Geschichte *per definitionem* eine gute und zwar eine sehr, eine eindeutig gute Sache. Der Bund zielt auf das Leben des Volkes, mit dem er von Gott geschlossen wird, die Versöhnung der Welt mit ihm auf die Gerechtigkeit, den Frieden und die Freude, die durch ihn ihr Teil geworden ist. Die Tat des freien Gottes begründet unsere Freiheit. Die Geschichte Jesu Christi ist das unverdiente, aber unbedingte und unmißverständliche Ja Gottes zum Menschen. Als der Verkündiger dieses göttlichen Ja und so als das Licht des Lebens tritt Jesus auf den Plan: so zum vornherein als Sieger! Evangelium, gute, frohe Botschaft ist der Inhalt seines prophetischen Wortes. Im Kerygma der Weihnacht gibt es kein Wenn und Aber! Gerade indem ganz und gar Gottes Ja sein Inhalt ist, erweckt es dann freilich unguten Widerwillen, unfrohen Widerspruch, tritt es ein in den Gegensatz zur Finsternis, zu Herodes und Pilatus, zu Pharisäern und Sadduzäern, auch zu schläfrigen und kleingläubigen Jüngern, bekommt es in diesem Gegensatz unvermeidlich auch die Art des Kampf- und Streitwortes, des warnenden, anklagenden, drohenden, verdammenden Gesetzes, der Verkündigung von Gottes Zorn und Gericht. Davon muß und wird nachher die Rede sein. Das gehört aber schon zum Fortgang der hier zu erzählenden Geschichte, nicht zu der Eigentümlichkeit des Lichtes in seinem Aufleuchten Im voraus gesagt: Evangelium, Botschaft von Gottes Ja zum Menschen und also Wort des Lebens, positive Verkündigung von Gerechtigkeit, Friede, Freude und Freiheit wird es in seiner eigentlichen und entscheidenden Aussage auch in diesem Gegensatz sein. Es müßte ja dem ihm begegnenden Widerwillen und Widerspruch weichen, selber ungut und unfroh werden, seinen Feinden also Raum und Recht geben, wenn es im Verhältnis zu ihnen ein Wort anderen, negativen oder doch teilweise negativen und also nur bedingt positiven Inhaltes werden sollte. Es wird vielmehr auch in diesem Gegensatz nur formal, bei unverändertem Kern nur in der Schale Gesetz werden und also auch das notwendige göttliche Nein verkündigen. Und es wird auch das nur tun, indem es auch in der Schale des Gesetzes Gottes Gnade, Güte und Wohltat, auch unter und mit dem göttlichen Nein das göttliche Ja als dessen Sinn und Absicht und auch den Zorn Gottes als das Brennen seiner Liebe zur Sprache und zum Leuchten bringt. Um so wichtiger ist es, sich klar zu machen, daß es im Anheben seines Werkes von aller Beziehung auf jenen Gegensatz frei, ohne Sorge und Mißtrauen ganz und gar nur gute, frohe Botschaft ist. Hat Jesus (nach Matth. 10, 16) nicht sogar seine Jünger wie Schafe mitten unter die Wölfe gesendet? Es muß so sein: so gewiß eben das, wovon sein Wort redet – Gottes auf Erden geschehender Wille, sein nahe herbeigekommenes Reich, seine Herablassung und des Menschen Erhebung zu ihm, des Menschen Rechtfertigung und Heiligung als Gottes Tat an ihm – in sich und als solche nur eben gutes, in seiner Bedeutung für die Menschen, für die und an denen es geschieht, nur eben positives, nur eben heilsames, hilfreiches, tröstliches, erquickendes, Kranke gesund machendes, Tote erweckendes, Sünden vergebendes, nur eben Gerechtigkeit, Friede und Freude schaffendes, Freiheit begründendes Werk ist. Wie könnte das Wort, die Offenbarung, die Selbstkundgebung dieses Werkes in sich und als solche ein aus Ja und Nein gemischtes und also sich selbst widersprechendes Wort sein? Wie könnte es nach der Art einer schlechten Predigt halb von Gnade, halb von Gericht, halb vom Leben und halb vom Tode, halb von der Liebe Gottes und halb von der Macht des Teufels reden und in diesem Sinn: halb Evangelium, halb Gesetz sein? In solcher Halbierung wird es notorisch, auch indem es in jenen Gegensatz eintritt, nicht laut werden. In seinem Anheben aber, in seinem Ursprung, von dem her es in jenen Gegensatz hineinschreitet, ist es reines Evangelium, hat es auch noch nicht einmal die Form und Gestalt des Gesetzes, redet es nur von der

Gnade und gar nicht vom Gericht, nur vom Leben und gar nicht vom Tode, preist es nur die Liebe Gottes und rechnet es gar nicht mit der Macht des Teufels. Es ist das in der Finsternis leuchtende Licht in seinem Aufleuchten – und von ihm reden wir ja jetzt als von dem Anheben seiner Geschichte – es ist als bedingungslose und rückhaltlose Anzeige des der Welt und dem Menschen in der Geschichte Jesu Christi in die Hände gelegten Geschenkes ungemischt reines Licht. Aus der Höhe dieser seiner Reinheit stürzt es hinunter in die Dunkelheit des ihm begegnenden Widerwillens und Widerspruchs. Es wird dafür gesorgt sein, daß es in dieser Tiefe den Charakter des mit der Finsternis streitenden und insofern gebrochenen Lichtes annehmen muß. Es wird sich dem nicht entziehen, in dieser Tiefe auch als gebrochenes Licht zu leuchten. Es ist aber in seinem Ursprung (es bleibt übrigens auch in der Fortsetzung seiner Geschichte) in sich reines Licht. Sonst könnte es ja auch als gebrochenes Licht, auch im Gewand des Gesetzes nicht leuchten u.zw. siegreich, die Finsternis vertreibend, leuchten. Wie soll es denn anders sein? Von Gott, «dem Vater der Lichter, in welchem weder Veränderung noch wechselnde Beschattung ist», ist es ja angezündet und auf den Leuchter gestellt; seine «gute Gabe und vollkommenes Geschenk» ist es ja: «das Wort der Wahrheit, durch das er uns zeugt nach seinem Willen» (Jak.1,17). Es hieße nicht nur die Erkenntnis dieses seines Wortes, den Glauben, die Liebe und die Hoffnung auf schwankenden Grund stellen – es hieße Zweideutigkeit und Widerspruch in diesen zeugenden Willen Gottes selbst hineintragen, wenn man die Klarheit, in der sein Wort als solches zu uns kommt, in der das Werk seines Wortes in der Welt und in uns anhebt, in Frage stellen wollte. Man sollte das lassen! Wir haben es in dem in der Geschichte Jesu Christi gesprochenen Wort mit dem «Morgenglanz der Ewigkeit» zu tun. Der «vertreibt durch seine Macht unsere Nacht». Der ist nur eben Tagesanbruch, nur eben Enthüllung des uns von Gott in seiner Gnade in die Hände gelegten vollkommenen Geschenkes, nur eben Heilsbotschaft.

Ich fasse zunächst zusammen. So hebt die Geschichte der Prophetie Jesu Christi an: (1) in und mit seiner eigenen – (2) seiner für sich selbst sprechenden Geschichte – die (3) allem sonstigen Geschehen gegenüber eine besondere – die (4) in ihrer ganzen Einmaligkeit wohl gewesene aber nicht vergangene, sondern gegenwärtige – die (5) mitten in der Welt von Gott – und (6) von ihm in seiner souveränen Freiheit inaugurierte – und die (7) eindeutig die seine Gnade offenbarende Geschichte ist. Man wird wohl keine von diesen sieben Bestimmungen übersehen dürfen, wenn man die Ausgangssituation des prophetischen Werkes Jesu Christi, das Aufgehen seines Lichtes, das Lautwerden seines Wortes als des Wortes vom Bund und von da aus dann auch den Fortgang seiner Geschichte richtig verstehen will. Wobei die Meinung natürlich nur die sein kann,

3. Jesus ist Sieger! 265

daß keine einzelne von diesen Bestimmungen für sich, wohl aber alle miteinander in ihrer Einheit, in der sie sich gegenseitig bedingen und ergänzen, den Weg zum Verständnis dieser Ausgangssituation angeben. Es dürfte außer dem Namen Jesus Christus kein Wort, keinen Namen, kein Wort, keinen Begriff zur Bezeichnung dieser ihrer Einheit geben. Keine von ihnen kann denn auch auf eine andere Wirklichkeit als auf die Jesu Christi selbst hinweisen wollen. Soll aber der Hinweis auf ihn über die letztlich allein erschöpfende und adäquate Nennung seines Namens hinausgehen, dann ist nicht einzusehen, daß – in dem Zusammenhang, in welchem hier auf ihn selbst hinzuweisen ist – auch nur eine von den hier angeführten Bestimmungen, ob man sie nun so oder anders aufzähle und definiere, sachlich fehlen dürfte.

Ich habe sie, so wie sie hier angegeben und andeutend beschrieben wurden, stillschweigend dem Gesamtzeugnis der heiligen Schrift entnommen – immer im Blick auch auf dessen alttestamentliche Gestalt und immer im Blick auch darauf, wie das Werk der Prophetie Jesu Christi in seiner sekundären Gestalt in der nach Anleitung des Neuen Testamentes zu verstehenden christlichen Erkenntnis anhebt. Ob die hier versuchten Angaben und Beschreibungen die Sache treffen, ob sie also genau und genügend sind, wird wieder nur im Blick auf das in der gleichen Ausdehnung anzuhörende Zeugnis der Schrift auszumachen und zu beurteilen sein. Ich denke aber nicht, daß man von dorther so schnell zu wesentlich und entscheidend abweichenden und also anderen Aufstellungen über den uns jetzt beschäftigenden Punkt kommen wird.

Eine spezielle Kontrolle wenigstens im Blick auf ein hier besonders zu beachtendes einzelnes Element des biblischen Zeugnisses mag aber im Blick auf die Wichtigkeit der Sache nicht überflüssig sein. Es dürfte nämlich möglich sein, an Hand des Johannesevangeliums wenigstens umrißartig zu zeigen, daß die sieben hier angeführten Bestimmungen nicht willkürlich, sondern von der Quelle her ausgewählt und umschrieben wurden, an der christliche Theologie sich hinsichtlich dessen, was sie zu sagen und nicht zu sagen wagen muß, immer wieder und so auch hier zu orientieren, von der her sie sich maßgeblich unterrichten zu lassen hat. Das Votum gerade des Johannesevangeliums kurz anzuhören legt sich in unserem Zusammenhang darum nahe, weil gerade die Begriffe Wort, Licht, Offenbarung, Rede, Zeugnis den besonderen Aspekt bezeichnen, unter dem die Geschichte Jesu Christi in diesem Evangelium gesehen und erzählt ist. Man könnte, etwas spitz formulierend, gerade das Johannesevangelium sehr wohl als das besondere Evangelium vom Evangelium als solchem, nämlich von dem prophetischen Werk Jesu Christi bezeichnen. Wir fragen aber an dieser Stelle nur eben nach dem, was ihm hinsichtlich des Anhebens, des Anfangs und Einsatzes dieses Werkes zu entnehmen ist.

1. Eindeutig klar ist zunächst dies, daß hier Alles damit anfängt, daß Jesus selbst unter den Menschen auf den Plan tritt, handelt und redet. «Ich bin» ist ja hier wie die Voraussetzung, so auch der Inbegriff des Inhalts dessen, was er mitzuteilen – und was dementsprechend der Evangelist der Gemeinde und der Welt von ihm zu sagen hat. Ich bin: der Weg, die Auferstehung, das Leben, die Türe, das Brot, der Weinstock, der Hirte – und so auch die Wahrheit, das Licht, das Wort. Dementsprechend hat der Täufer des vierten Evangeliums, mit dem sich der auch unter dem Namen Johannes schreibende Verfasser irgendwie zu identifizieren scheint, nichts zu bezeugen als, exemplarisch für alle echten Zeugen von sich selbst wegweisend: Dieser (οὗτος) ist es. Und es dürfte schwer zu bestreiten sein, daß dasselbe οὗτος sich nicht schon im Anfang des Prologs ankündigt: «Dieser war es, der im Anfang bei Gott war» (1,2) – das nach 1,14 Fleisch

gewordene Wort nämlich, auf dessen Gegenwart der Täufer nachher (1,15.30.34) hinweisen wird. Von dem Augenblick an, wo dieser ihn «auf sich zukommen» sieht (1,29) absorbiert seine Geschichte die des Täufers, wird er, «der Sohn Josephs aus Nazareth» (1,45), durch gelegentliche Erwähnung konkreter Züge auch immer wieder als wirklicher Mensch kenntlich gemacht, zur schlechthin beherrschenden, fast überlebensgroß wirkenden Figur, neben der die Jünger, die feindseligen «Juden», das Volk, ein Nikodemus, auch die samaritische Frau, zuletzt auch Pilatus mit ihren Reden, Fragen, Antworten und Verhaltensweisen nur eben die Funktion zu haben scheinen, ihm Anlaß zu geben sich selbst zu äußern und darzustellen. Es geht in Allem, was da geschieht, gesagt und getan wird, um seine Person, um das Werk, das in seiner Existenz im Tun ist. Und es geht für alle Anderen, für die Welt, für seine Jünger um das, was er für sie und in ihrer Mitte ist, um seine Sendung, sein Kommen, Gehen, Bleiben und Wiederkommen – und ihrerseits: um ihre ihm gegenüber positive oder negative Stellungnahme, um ihr Sein als seine Freunde oder als seine Feinde. Glauben (und im Glauben ewiges Leben haben) heißt eindeutig: an Ihn glauben, und Nicht-Glauben (und damit gerichtet sein) ebenso eindeutig: nicht an Ihn glauben. Ewiges Leben heißt (17,3): zusammen und in Einheit mit dem allein wahren Gott Ihn, den er gesandt hat, Jesus Christus, erkennen.

2. Sein Werk, der Inbegriff aller ihm aufgetragenen, von dem Vater, der ihn gesendet, durch ihn, von ihm als dem von ihm Gesendeten vollbrachten und noch zu vollbringenden Werke besteht aber darin, Licht, Zeuge, Offenbarer zu sein: der Herrlichkeit nämlich, die er sich nicht genommen hat, die insofern nicht seine eigene, die ihm aber von dem, der ihn gesendet hat, in ihrer ganzen Fülle gegeben und insofern nun doch «seine Herrlichkeit» (1,14) ist. Er ist im Johannesevangelium sofort, indem er da ist, dieser Offenbarer. Daß er «das Lamm Gottes ist, das die Sünde der Welt hinwegnimmt» (1,29), das sieht und sagt der Täufer – nicht auf Grund spontanen Erkennens (1,31.33), wohl aber auf Grund der ihm von dem, der auch ihn gesendet, sofort gemachten Eröffnung – auf den ersten Blick. Und in der Erkenntnis, daß er der Messias ist (1,41), der, «von welchem Mose im Gesetz geschrieben und die Propheten» (1,45), «der Sohn Gottes, der König Israels» (1,49), sofort mit dem unter ihnen schon feststehenden Petrusbekenntnis von Caesarea Philippi kommen die, die dann seine Jünger werden, schon zu ihm, um daraufhin in seine Nachfolge gerufen zu werden. Gerade sein prophetisches Werk ist hier also – noch bevor er es in Lehre und Wundertat in Angriff genommen hat – vom ersten Anfang an im Gang. Wirklich (1,1f.) schon im allerersten Anfang – wirklich schon bei Gott nämlich, in Gottes aller Geschichte vorangehender Disposition und indem er selbst gerade darin selbst Gott war, sprach er nicht nur, sondern war er das Wort: dasselbe Wort, durch welches Alles geworden, ohne das nichts geworden ist, war in ihm das Leben, war er das den Menschen leuchtende Licht des Lebens, die Macht des Heilswerkes Gottes, in seinem Geschehen auch für sich selbst zu sprechen. Indem er dieses Licht schon war, ist er es dann auch, scheint er als Licht in der Finsternis, das die Finsternis nicht überwältigen kann, kann der Täufer, der zwar (5,35) «ein brennendes und scheinendes Licht» (λύχνος) ist, nicht aber das Licht (φῶς) war, nur dessen Zeuge – der Zeuge dieses Zeugen sondergleichen – sein. Also indem er dieses Wort und Licht, indem er Zeuge und Offenbarer nicht erst wurde, sondern von Haus aus war, indem er mit seinem gegenwärtigen «Ich bin» so weit, sogar hinter die Zeit Abrahams zurückgreift (8,58), indem er Herrlichkeit bei seinem Vater hatte, ehe die Welt war (17,5), als der vor Grundlegung der Welt von ihm Geliebte (17,24), erhebt Jesus seine Stimme: die Stimme, die (5,25) die Toten hören und als deren Hörer sie leben werden. Er wird sie dann wirklich erheben. Es macht also dieser Anfang die Fortsetzung nicht überflüssig, seine Geschichte als solche nicht leer und unbedeutend. Eben Geschichte von den Werken, den offenbarenden Reden und Taten Jesu, Geschichte in lauter echten Begegnungen und Entscheidungen erzählt ja auch das Johannesevangelium. Es erzählt sie aber in dem Gefälle und in der Dynamik, das dieser Geschichte von jenem ihrem Anfang her eigen-

tümlich ist: von ihrer Begründung her, die sie in Gott selbst und dann sofort auch von ihrem ersten Anheben in der Zeit her hat, von der Einheit her, in der Jesu Dasein und Tun als solches auch sein Wort, vielmehr das Wort dessen, der ihn gesandt hat, ist. Fern davon, daß die Geschichte der Prophetie Jesu Christi von dorther verblaßte, ist es vielmehr so, daß sie hier gerade als von dorther eindeutig erleuchtete und erleuchtende Geschichte erzählt werden kann.

3. Es kann nicht anders sein, als daß im Johannesevangelium auch die Absonderung und Abgrenzung des prophetischen Werkes Jesu gegenüber allen wirklichen und denkbaren sonstigen Prophetien, Offenbarungen, Zeugnissen, Stimmen, Worten und Lichtern äußerst unmißverständlich vollzogen wird. Die Anerkennung des Täufers ist zwar deutlich: er «hat für die Wahrheit Zeugnis abgelegt» (5,33). «Das Zeugnis jedoch, das ich habe, ist größer als das des Johannes» (5,36). Und am Zeugnis des Johannes selbst fehlt es ja gerade in dieser Hinsicht keinen Augenblick: «Nach mir kommt der Mann, der vor mir gewesen ist, denn er war als Erster vor mir» (1,30). «Der von oben kommt, ist über Allen. Der von der Erde her ist, ist von der Erde her und redet von der Erde her» (3,31). Hier hat der Täufer seinen Ort und in dessen Grenzen seinen Auftrag und seine Legitimation. «Nicht ich bin der Christus, sondern ich bin vor ihm hergesandt. Wer die Braut hat, der ist der Bräutigam. Der Freund des Bräutigams aber, der dasteht und ihn hört, freut sich hoch über die Stimme des Bräutigams. Diese meine Freude ist nun erfüllt. Jener muß wachsen, ich aber abnehmen» (3,28f.). Deutlich ist auch die Anerkennung des Alten Testamentes, auch sie freilich sofort im Blick auf dessen Charakter als Vorgeschichte und Voranzeige des prophetischen Werkes Jesu. «Ihr erforscht die Schriften, indem ihr der Meinung seid, in ihnen ewiges Leben zu haben – und gerade sie sind es, die von mir zeugen» (5,39). «Abraham, euer Vater, jubelte ja, daß er meinen Tag sehen sollte und sah ihn und freute sich» (8,56). «Meinet nicht, daß ich euch beim Vater anklagen werde. Der euch anklagt, ist Mose, auf den ihr hofft. Glaubtet ihr Mose, so würdet ihr mir glauben, denn von mir hat er geschrieben. Wenn ihr aber seinen Schriften nicht glaubt, wie könnt ihr meinen Worten glauben?» (5,45f.). Gerade in dieser positiven Darstellung des Standes und der Funktion anderer echter Zeugen wird die grundsätzliche Besonderheit des Zeugnisses Jesu selbst ganz klar. «Niemand hat Gott jemals gesehen; der einzige Sohn, der im Schoße des Vaters ist, der hat Kunde von ihm gebracht» (1,18 vgl. 6,46). Und darum ist er der Weg, die Wahrheit, das Leben und kommt niemand anders zum Vater als durch ihn (14,6). Darum können die Jünger, nachdem sie ihn einmal geglaubt und erkannt haben, zu keinem Anderen gehen: Er und nur er hat Worte des ewigen Lebens (6,68). Darum können sie auch seine Stimme mit der keines Anderen verwechseln: sie hören sie, indem er sie bei Namen ruft und hinausführt, sie «folgen ihm nach, denn sie kennen seine Stimme; einem Fremden aber werden sie nicht nachfolgen, sondern vor ihm fliehen, denn sie kennen die Stimme der Fremden nicht» (10,3f.).

4. Das Johannesevangelium erzählt, indem es die Geschichte dieses einzigen Offenbarers erzählt, keine vergangene, sondern in ihrem einmaligen Gehalt gegenwärtige Geschichte. Wohl redet es nicht nur von seinem Kommen und Dasein, sondern nachdrücklich auch von seinem Gehen, von seiner Erhöhung von der Erde, von seinem Hingang zum Vater. Wohl scheint seine Gegenwart unter den Seinen und damit auch in der Welt durch das Hereinbrechen seines von dem großen Tumult des siebenten Kapitels an immer deutlicher sich ankündigenden Leidens und Sterbens auf eine sein ganzes Werk schmerzlich bedrohende Grenze zu stoßen. Dennoch dürfte das Wort «Abschiedsreden» nun doch keine adäquate Bezeichnung auch nur für den Inhalt der in dieser Hinsicht besonders beschatteten Kapitel 14–16 sein. «Wer mein Fleisch ißt und mein Blut trinkt, bleibt in mir und ich in ihm. Wie mich der lebendige Vater gesandt hat und ich lebe, weil der Vater lebt, so wird auch der, welcher mich ißt, leben, weil ich lebe», hieß es doch 6,56f., und eben dieses beiderseitige, offenbar durch keinen «Abschied» wirklich zu unter-

brechende Ineinanderbleiben und Miteinanderleben ist doch der Tenor auch jener späteren Kapitel. Wer heute «die Auferstehung und das Leben» (11,25) ist, wird es morgen unter allen Umständen wieder sein. Wer dem an ihn Glaubenden zusagen kann, daß er leben werde, auch wenn er stirbt, der wird vor allem selber leben, auch wenn er stirbt. Und nicht nur trotz, sondern wegen seines Hingangs – weil dieser die Vollendung seines Lebens ist – wird er den Seinen und der Welt, werden sie ihm auch, nein gerade jenseits seines Hingangs definitiv gegenwärtig sein. «Jetzt ist der Sohn des Menschen verherrlicht und Gott verherrlicht in Ihm» heißt es 13,31 in kühnster Antizipation unmittelbar nach der Aufdeckung der Absicht des Judas und also im Eingang der Leidensgeschichte. Das ist jetzt schon das seinem Wesen nach unvergängliche Geschehen. Von da aus wird man sich doch wohl nicht stark genug an den positiven Gehalt der sogen. «Abschiedsreden» halten können. «Euer Herz erschrecke nicht! Glaubet an Gott und (d.h.) glaubet an mich!» (14,1). «Alles, was ich von meinem Vater gehört habe, das habe ich euch kundgetan» (15,15). «Ihr seid schon rein um des Wortes willen, das ich zu euch geredet habe» (15,3). «Ich werde euch nicht verwaist zurücklassen; ich komme zu euch» (14,18). «Eine kurze Zeit, so seht ihr mich nicht mehr, und wieder eine kurze Zeit, so werdet ihr mich sehen» (16,16). Ich werde nämlich «euch wiedersehen und euer Herz wird sich freuen und eure Freude nimmt niemand von euch» (16,22). «Wer mich liebt, der wird von meinem Vater geliebt werden und ich werde ihn lieben und mich ihm offenbaren» (14,21). «Wenn ihr in meinem Namen etwas erbitten werdet, werde ich es tun» (14,13f.; 15,7; 16,23. 26). Der Heilige Geist vom Vater und von ihm gesendet, wird nämlich der «Beistand» sein, der das Alles zwischen sich und ihnen wahr machen, der ihn dauernd, immer aufs Neue verherrlichen, der sie, indem er es aus dem Seinigen nimmt und ihnen verkündigt, «Alles lehren», sie «in die ganze Wahrheit leiten», der aber auch die Welt überführen wird: der Sünde ihres Unglaubens, des Sinnes seines Todes, des (vgl. 12,31) über ihren Fürsten schon vollzogenen Gerichtes (14,26; 15,26f.; 16,7–14). Also: «In der Welt habt ihr Angst, aber seid getrost, ich habe die Welt überwunden» (16,33). So also wird er, nachdem er gelebt – sein Leben, vollendet gerade in dessen Dahingabe gelebt! – hat, wieder, nicht weniger, sondern erst recht leben, den Seinen, aber auch der Welt erst recht gegenwärtig sein – so wird seine Geschichte unter den Seinen und in der Welt immer neu Wirklichkeit werden.

5. Das kann und muß aber Alles so sein, weil und indem sie die da drunten von oben, auf der Erde vom Himmel her, mitten unter den Menschen von Gott inaugurierte Geschichte ist. Der Mensch, der da redet, ist nicht allein (8,16; 16,32). Er redet nicht von sich aus (5,30; 12,49; 14,10), nicht um seinen eigenen Willen zu tun (6,38), nicht zu seiner eigenen Ehre (8,50), wie es ein Jeder tut, der von sich aus redet (7,18). Dieser Mensch zeugt auch nicht von und für sich selbst: sonst würde er nämlich gerade kein wahrhaftiger Zeuge sein (5,30; 8,14). Er bedarf aber auch nicht des Zeugnisses und der Ehrung von menschlicher Seite (5,31). Er redet als Sohn des Vaters, was er von diesem gehört hat (8,26.40), was ihm von diesem zu reden aufgetragen ist (12,49), wie er von diesem zu reden gelehrt ist (8,28). Er gibt den Seinen die Worte, die der Vater ihm gegeben hat (17,8). Seine Speise ist es, eben darin seinen Willen zu tun, sein Werk zu vollenden (4,34). So wirkt er nicht seine, sondern die Werke des ihn sendenden Vaters (9,4). Der tut ja, indem er bleibend in ihm ist, seine eigenen Werke (14,10). Er selbst tut sie nur in dessen Namen (10,25). Nur indem er sie so tut, zeugen sie (5,36), zeugt der Vater (5,37; 8,18) faktisch auch von ihm und für ihn. Und nur als solcher Täter der Werke des Vaters zeugt er dann (8,14.18) faktisch auch von und für sich selbst. Als der, der ihn, den Vater, verherrlicht, wird er selbst von ihm verherrlicht (12,23; 13,31; 17,1f.). Dieses Doppelte geschieht aber, indem er im Vater und der Vater in ihm ist (10,38; 14,10; 17,21), indem er und der Vater eins sind (10,30), so daß, wer ihn sieht, den Vater sieht (14,9), wer ihn ehrt, auch den Vater ehrt (5,23). In dieser Aktions- und Seinsgemeinschaft mit Gott ist der Mensch Jesus Offenbarer, Licht, Zeuge der Wahrheit. An ihn

glauben, heißt also erkennen, daß, was er sagt und tut, in dieser Gemeinschaft gesagt und getan ist.

6. Eben hier ist nun aber auch das Geheimnis der göttlichen Freiheit zu bedenken. Die Aktions- und Seinsgemeinschaft mit Gott, in der der Mensch Jesus der Offenbarer ist, beruht freilich, auf ihren Grund und ihre Möglichkeit gesehen, auf jener aller Geschichte, ja der Weltschöpfung vorangehenden göttlichen Disposition, von der im Prolog und in den nachher auf ihn Bezug nehmenden oder faktisch mit seiner Aussage übereinstimmenden Stellen die Rede ist. Aber wie schon diese innergöttliche Disposition als solche in Gottes Freiheit und nicht in einem Zwang begründet ist, dem er unterworfen wäre, so erst recht ihre geschichtliche Verwirklichung: das zeitliche Ereignis der Fleischwerdung des Wortes. Sie ist die schlechthin souveräne Gottestat, die im Johannesevangelium immer wieder als des Vaters «Senden» des Sohnes, als des Sohnes «Gesendetsein» durch den Vater bezeichnet wird. Es versteht sich nicht von selbst, daß sich solches sich selbst offenbarendes Gotteswerk unter den Menschen nicht nur (auf Grund jener göttlichen Disposition) ereignen kann, sondern sich tatsächlich ereignet, daß die dort (in der Höhe des göttlichen Ratschlusses) beschlossene und besiegelte konkrete Gemeinschaft von Gott und Mensch in jener einen Person hier (in der Mitte der kosmischen Geschichte) in Kraft und in Erscheinung tritt. Daß das Wort einmal (und dieses eine für alle Male!) da war, wie wir selbst da sind, daß es «unter uns zeltete», daß seine Herrlichkeit auch uns schaubar und von unsereins geschaut wurde (1,14), das ist die unerwartete und gerade so schlechthin majestätische, gerade so die unsere ganze Situation verändernde Ankunft eines Botschafters aus einem andern Bereich, der mitteilt und bringt, was niemand von uns hat, niemand sich nehmen kann: «ewiges Leben». Gott gab seinen Sohn, heißt es in lapidarem Ausdruck 3,16: «damit, wer an ihn glaubt, nicht verloren gehe, sondern ewiges Leben habe». Die Offenbarung mitten in der Welt, die solchen Glauben möglich macht, ist, wie das ewige Leben selbst, freie Gabe Gottes: gerade nur darin begründet, daß er die Welt liebte, die dessen so ganz unwürdig war und ist. Wieder freie Gabe Gottes ist dann aber nach der betonten Aussage des Johannesevangeliums in jedem Fall auch das, daß sein Botschafter Gehör und Gehorsam findet. «Niemand kann zu mir kommen, es ziehe ihn denn der Vater, der mich gesandt hat... Wer vom Vater her gehört und gelernt hat, der kommt zu mir» (6,44f.). Und so werden denn die Jünger, die er findet und die ihn finden, immer wieder solche genannt, die ihm – «aus der Welt heraus» – gegeben seien. «Sie waren dein und du hast sie mir gegeben und sie haben dein Wort gehalten» (17,6). Sie sind «nicht aus Blut noch aus Fleischeswillen, noch aus Manneswillen, sondern von Gott Gezeugte» (1,13). Niemand, der nicht glaubt, ist damit entschuldigt – es gibt nirgends im Neuen Testament so scharfe und strenge Urteile über den die Gabe des Glaubens verachtenden und verwerfenden Unglauben wie gerade im Johannesevangelium. Es kann aber wieder nach diesem Evangelium niemand, der glauben darf, auch nur einen Augenblick darüber im Zweifel sein, daß er für die objektive Voraussetzung wie für den subjektiven Vollzug dieses seines Tuns, für seine Existenz in diesem Cirkel der göttlichen Freiheit nur dankbar sein, daß er wie den Sohn Gottes selbst, so auch den Glauben an ihn nur als ein der Welt und nun gerade ihm unverdient übermachtes freies Geschenk entgegennehmen und in Ehren halten kann.

7. Was offenbart Jesus nach dem vierten Evangelium? Was ist das Positive, das er damit bekannt macht, damit als das Licht der Welt leuchten läßt, daß er sich selbst, seine eigene Herrlichkeit (1,14; 2,11) offenbart? Wir werden hier auf unseren fünften Punkt zurückgreifen und zunächst antworten müssen: Er offenbart sich selbst als den, der als der Sohn Gottes in jener Aktions- und Seinsgemeinschaft mit dem Vater existiert, durch den des Vaters Werk geschieht, der seinerseits nur eben dieses Vaters Werk tun will und tut. Seine Herrlichkeit besteht darin, daß er den Vater verherrlicht und eben damit, daß

er das tut (darin erweist er sich ja als der von ihm Gesendete) von ihm verherrlicht wird, daß er im Vater, der Vater in ihm ist, daß er und der Vater eins sind. Nun ist aber der Ausdruck «Aktions- und Seinsgemeinschaft» zur Bezeichnung dessen, was Jesus als diese seine Herrlichkeit offenbart, zu schwach. Das Evangelium charakterisiert das, was in dieser Gemeinschaft geschieht, stärker, inhaltlicher, indem er von der Liebe des Sohnes zum Vater, des Vaters zum Sohne redet. Ihre Gemeinschaft, ihre Einigkeit, ihr Ineinandersein wird damit als ihr Tun und Sein in gegenseitiger williger Bejahung und Hingabe beschrieben: der Sohn als der den Vater Liebende und von ihm Geliebte, der Vater als der vom Sohn Geliebte und ihn Wiederliebende. Diese Liebe ist der Inhalt des Wortes, der Aussage Jesu, das Positive, das er der Welt bekannt macht. Sie in der Vollkommenheit ihres Kreislaufs ist das in seiner Person in der Finsternis aufleuchtende Licht. So ist dieses die Offenbarung des innergöttlichen Geheimnisses? Sie ist das auch – und eben von daher, daß es die Offenbarung der vollkommenen Liebe in Gott selber ist, hat und behält es auch in seinem Konflikt mit der Finsternis seinen eindeutig positiven Charakter, seine Überlegenheit und Sieghaftigkeit. Aber nun ist ja die Offenbarung dieses Geheimnisses dadurch – und dadurch allein – ermöglicht und verwirklicht, daß es nicht innergöttliches Geheimnis bleibt, sondern sich als solches inmitten der von Gott verschiedenen Wirklichkeit erschließt, daß nämlich das Wort Fleisch wird, der vom Vater geliebte und den Vater liebende Sohn mit dem Menschen Jesus identisch ist: Er Dieser, also der, der im Vater und in dem der Vater ist – Er der, der ihn verherrlicht und von ihm verherrlicht wird – Er der, durch den des Vaters Werk geschieht, indem Er es tut. Er kann die Liebe in Gott offenbaren, weil Er – und Er offenbart sie, indem er selber in ihrem vollkommenen Kreislauf existiert: Er, der Mensch Jesus, der Sohn Josephs aus Nazareth! In seiner menschlichen Person ist also – und dieser Ausbruch des innergöttlichen Geheimnisses ist die Pointe, der eigentliche Inhalt seiner Offenbarung – die Welt in jenen Kreislauf einbezogen, ist die Welt als Gott liebende die von Gott geliebte Welt. Das geschah ja (3,16) in der Sendung und Dahingabe seines einzigen, seines geliebten und ihn wieder liebenden Sohnes, daß Gott nicht nur ihn, sondern die Welt liebte und nicht nur von ihm, sondern in seiner Person auch von der Welt geliebt wurde. Indem er dieser geliebte und liebende Mensch, indem er als dieser vom Vater in die Welt gesandt (10,36; 17,18), von ihm ausgegangen, in die Welt gekommen ist (16,28), redet er in ihr und zu ihr (8,26; 17,13), ist er das Licht der Welt. Daß die Welt ihn, das in ihm scheinende Licht und also seine Sendung und also sein Einstehen für sie und also, was sie selbst in ihm ist, nicht erkennt (1,10; 17,25) ändert nichts an dem, was er für sie ist und auch nichts daran, daß sie in seiner Person in den Kreislauf der Liebe Gottes hineingezogen, in seiner Person die von Gott geliebte und ihn wiederliebende Welt ist. Er steht ihrer Nicht-Erkenntnis zum Trotz dafür ein, daß sie diese Welt ist. Und mit ihm, in seiner Nachfolge, steht nun auch ein Jeder dafür ein, der an ihn glauben darf: mit ihm also die Gemeinde seiner Jünger. Indem sie dem «Ziehen» des Vaters zum Sohne (6,44) folgen, ist ja die Liebe, in der dieser den Sohn liebt, ist also auch dessen Liebe zu ihm, ist also die ganze Gemeinschaft und Einigkeit, die ganze gegenseitige Bejahung und Hingabe des Vaters und des Sohnes auch in ihnen. So realisiert sich in ihnen, indem sie an Jesus glauben, das, wofür er als der von Gott Gesendete in der Welt einsteht. So haben sie im Glauben an ihn das ewige Leben. So sind sie im Glauben an das Licht «Kinder des Lichtes» (12,36). Für sich? Gewiß auch für sich, vor allem und entscheidend aber, um mit dem, was sich im Glauben an Jesus in ihnen realisiert, in der Welt zu leuchten: um sich allererst auch untereinander zu lieben (13,34; 15,12.17), und damit dann durch ihr Wort auch Andere an ihn glauben (17,20), damit die Welt glaube, «daß du mich gesendet hast» (17,21). Aus dem Leibe dessen, der an ihn glaubt, sollen ja (7,38) Ströme lebendigen Wassers fließen. Diese Liebe also, die in Gott selber ist, die in der Existenz des Menschen Jesus in die Welt hinaus und in sie hineinbricht, um sich zunächst (und um sie zu ihren Zeugen zu machen) in denen zu realisieren, die an ihn glauben – diese Liebe offenbart der Jesus des vierten Evangeliums, indem er «seine Herrlichkeit» offenbart. Er offenbart Gottes Selbstbejahung als seine Bejahung der Welt. Er offenbart sich selbst als den, in welchem diese Bejahung der Welt Ereignis ist, als der Welt Retter (4,42), als das Brot Gottes, das der Welt Leben gibt (6,33.51) – die Fülle des Lebens, so daß, was er gibt und was von ihm zu empfangen ist, schlechterdings eindeutig und ausschließlich Gnade ist: «Gnade und Treue» (1,14.17), «Gnade um Gnade» (1,16), unerschöpfliche, siegreiche Gnade – Gnade, der nur wieder Gnade folgen kann. «Wer von dem Wasser trinkt, das ich ihm geben werde, den wird in Ewigkeit nicht dürsten, sondern das Wasser, das ich ihm geben werde, wird in ihm zu einer Wasserquelle werden, die sprudelt, um ewiges Leben zu spenden» (4, 14). Τετέλεσται: «Es ist vollendet», es ist zu seinem Ziel gekommen, ist das letzte Wort des johanneischen Jesus (19, 30). Da ist also keine in ihm begründete, keine von dem ihn sendenden Vater oder von ihm dem vom Vater Gesendeten vorgesehene negative Alternative. Sie kann nur plan- und sinnwidrig dadurch entstehen, daß zu dem in seiner Sendung ausgesprochenen unbedingten göttlichen Ja nein gesagt, daß der Zeiger der Uhr, der schon auf «Vollendung» steht, mutwillig zurückgedreht wird, daß die durch ihn schon gerettete Welt sich gebärdet, als ob sie es noch nicht – als ob sie noch nicht durch ihn gespeist und getränkt wäre! Diesem unmöglichen Nein muß und wird freilich gerade das göttliche, gerade Jesu Ja zur Verneinung werden. Sie fällt auf den zurück, der sich dieses unmöglichen Nein schuldig macht. «Wer nicht glaubt, ist schon gerichtet» (3,18). «Wer mich verwirft und meine Worte nicht annimmt, hat seinen Richter: das Wort, das ich geredet habe, wird ihn richten am jüngsten Tage» (12,48). «Er wird das Leben nicht sehen, sondern der Zorn Gottes bleibt über ihm» (3,36). «Darin besteht das Gericht, daß das Licht in die Welt gekommen ist und die Menschen liebten die Finsternis mehr als das Licht» (3,19). Insofern wird die Sendung Jesu faktisch auch Sendung zum vollmächtigen Vollzug gerechten, wahren Gerichtes (5,22.27.30; 8,16), vollzieht sie eine Scheidung, in der sich Blinde als Sehende und Sehende als Blinde erweisen (9,39). Man bemerke aber: sie wird es dann – in ihrem Konflikt mit der Finsternis nämlich und nicht von ihm, sondern von dieser her: indem sie verkannt und verworfen wird, in ihrem Verhältnis zu den sie Verkennenden und Verwerfenden – sie ist es dann, indem sie unvermeidlich ihre Negation negieren muß. Sie ist es dann in ihrem *opus alienum*. Sie ist es aber auch dann nicht in sich selbst, nicht in ihrem durch keine Finsternis, durch keine menschliche Bestreitung und auch nicht durch ihre eigene Bestreitung dieser Bestreitung zu verändernden *opus proprium*. «Ich richte niemand» (8,15). «Gott hat seinen Sohn nicht in die Welt gesandt, damit er die Welt richte, sondern damit die Welt durch ihn gerettet werde» (3,17; 12,47). Und darum eben: «Wer mein Wort hört und dem glaubt, der mich gesandt hat, der hat ewiges Leben und ins Gericht kommt er nicht, sondern er ist aus dem Tode ins Leben hinübergegangen» (5,24; 3,18). Er hat das Gericht, das Verlorengehen, den Tod hinter – und nicht als Alternative vor sich! Darum nicht, weil in der Offenbarung der Herrlichkeit Jesu, weil in der Liebe des Vaters zum Sohne, des Sohnes zum Vater, weil in dem in der Finsternis leuchtenden Licht dieser Liebe keine Alternative, weil dieses Licht schlechthin, eindeutig und ausschließlich positiv das Licht des Lebens ist.

Und nun zum Versuch eines summarischen Berichtes über die Geschichte der Prophetie Jesu Christi in ihrem Verlauf! Nicht in ihrem Anheben, wohl aber in ihrem Verlauf ist sie eine Kampfgeschichte: unter den vielen Kampfgeschichten, an denen das menschliche Dasein im Großen und im Kleinen nur zu reich ist, genau besehen, die einzige ganz notwendige, ganz wichtige, ganz interessante – diejenige, neben der sich alle anderen Kampfgeschichten nur wie lauter mehr oder weniger karikaturenhafte Schattenspiele ausnehmen: in all ihrem Ernst und in all der Leid bringenden Härte, in der sie ausgefochten werden, doch nur Symptome dafür, daß die eine große, die eigentliche, die in Wahrheit allein ernsthafte Kampfgeschichte, die der Prophetie Jesu Christi, noch nicht ausgefochten, noch und noch im Gange ist. Wäre sie schon zu ihrem Ziel gekommen, dann wäre das das Ende aller anderen, letztlich samt und sonders auf Mißverständnissen beruhenden und in Mißgriffen durchgeführten menschlichen Kampfgeschichten. Da sie, die große, die eigentliche Kampfgeschichte noch und noch im Gange ist, können auch jene noch nicht zu Ende sein, müssen auch sie in tausend Formen in all ihrer Bitterkeit immer wieder aufleben. «Es kann nicht Friede werden, bis deine Liebe siegt.»

An ihr und ihrem Licht fehlt es nicht. In ihr ist nur Friede und ihr Licht ist in seinem Aufgang reines Gnadenlicht. Es scheint aber, indem es als solches aufgeht, in der Finsternis und so wird seine Geschichte zur Geschichte seines Kampfes gegen diese. Mit ihr als dem Inbegriff alles Unfriedens kann gerade die Liebe des Vaters und des Sohnes keinen Augenblick Frieden halten. Mit ihr kann ihr Licht nur streiten: sie kann es nur vertreiben und zunichte machen. Im Verhältnis zu ihr bringt Jesus, bringt sein Wort das Schwert auf die Erde (Matth. 10,34). Wir konnten schon vorhin vom Anheben seiner Prophetie nicht reden, ohne wenigstens beiläufig auch diesen ihren Fortgang im Gegensatz und Widerstreit ins Auge zu fassen. Und wir konnten ja schon vorher das grundsätzliche Problem ihrer Geschichtlichkeit nicht anders entfalten als im Blick auf den Streit, in welchem sie Ereignis wird. Eben über dieses ihr Geschehen im Streit ist nun besonders zu berichten.

Man wird sich, um es zu verstehen, vor allem von einem Irrtum losmachen müssen, dem zu verfallen man aus einer etwas kümmerlichen Sicht des Verhältnisses von Christentum und Kirche zu der sie umgebenden Welt heraus immer wieder in Gefahr steht. Es geht in diesem Streit zuerst und entscheidend um den Angriff des Lichtes auf die Finsternis, nicht umgekehrt. Es geht erst nachher, daraufhin und bestimmt durch das ihr durch diesen Angreifer auferlegte Gesetz, um die Verteidigung der Finsternis gegen das Licht. Es ist Jesus, der zur Eröffnung dieses Streites das Schwert erhebt – jenes nach Hebr. 4,12 keinem anderen vergleichbare lebendige, wirksame, durchdringende Schwert – gegen das sich dann (aber wirklich erst dann, daraufhin und also nachher) die Sünde, der Tod und der Teufel zur Wehr setzen: in ihrer Weise, so gut sie es diesem Angreifer gegenüber können, mit den ihnen zur Verfügung stehenden Waffen, von denen doch zum vornherein zu vermuten steht, daß sie sich der seinigen gegenüber als hölzerne Kinderschwerter erweisen werden.

Es ist also nicht so, daß da so etwas wie eine Wahrheit in einer ihr fremden, irgendwie in sich selbst begründeten und gefestigten Welt aufgetaucht und auf dem Plan wäre: eine rechte, schöne und gute Wahrheit, sogar mit dem Anspruch erstliche und letztliche Wahrheit, Wahrheit

Gottes zu sein, die aber doch nur gelegentlich ihre Stimme ein bißchen lauter erheben, im Ganzen aber nur eben da sein und vor sich hinreden, die sich selbst beständig ein wenig schüchtern fragen würde, ob sie wohl Anklang und Beifall finden möchte, die tatsächlich darauf angewiesen wäre, solchen zu finden. Ihr gegenüber aber stünden und bewegten sich, zunächst unbeteiligt, im Grunde auch immer indifferent, weil ihrer eigenen Sache ganz sicher, dann freilich mit wachsendem Mißtrauen, gelegentlich wohl auch in offen ausbrechender Feindschaft, die großen und kleinen Gültigkeiten, Selbstverständlichkeiten, Mächte und Gewalten der sie umgebenden Welt. Ihr würde von deren Seite leider nicht oder nur spärlich Anklang und Beifall, im Ganzen aber Ablehnung, Haß und noch schlimmer: Verachtung zuteil. Sie wäre also angegriffen. Sie hätte sich also, wollte sie sich nicht selbst aufgeben, zu rechtfertigen, zu verantworten, zu verteidigen. Und was unter diesen Umständen in solcher nicht durch sie, sondern durch allerlei Gegenspieler herbeigeführten und bestimmten Auseinandersetzung möglich oder auch unmöglich, und wirklich oder auch nicht wirklich, geschehen und nicht geschehen würde – das also wäre das Scheinen, der Kampf des Lichtes in der Finsternis.

Wir haben allererst einzusehen, daß dieses Bild – ich wiederhole: einer etwas kümmerlichen Sicht zwar der Geschichte des Christentums und der Kirche in der Welt allenfalls entsprechen dürfte, auf keinen Fall aber der Kampfgeschichte der Prophetie Jesu Christi entspricht. In ihr geht es nicht bloß um eine in sich selbst rechte, schöne und gute Wahrheit, die schüchtern einer ihr fremden, autarken Wirklichkeit gegenüberstünde. In ihr wird nicht nur ein Anspruch erhoben, wird nicht nur ein Angebot gemacht. In ihr gibt es kein Fragen: was aus der Sache wohl werden möchte? In ihr gibt es eben keine Anerkennung einer mündigen, einer zur Bejahung oder Ablehnung ihrer Aussage befugten Welt. In ihr gibt es also kein Warten auf deren Zustimmung und darum auch keine schmerzlichen Überraschungen durch deren Ausbleiben. In ihr gibt es keine ihr selbst zuvorkommende Initiative und Offensive irgendeines Gegenspielers. In ihr wird jeder Gegenspieler zuerst angegriffen – ist er schon angegriffen, noch bevor er dessen gewahr geworden, noch bevor er sich aufgerafft und entschlossen hat, als Gegenspieler in Tätigkeit zu treten. In ihr wird er als solcher erkannt, entdeckt, herausgefordert und behandelt, um damit erst seinen Charakter als Gegenspieler zu bekommen. In ihr kann von Rechtfertigungen, Verantwortungen, Verteidigungen darum keine Rede sein, weil es in ihr keine Instanzen gibt, denen gegenüber solche nötig wären. In ihr besteht die Auseinandersetzung mit den Gegenspielern, mit ihrer Indifferenz, ihrem Mißtrauen, ihrem Haß, ihrer Verachtung vielmehr darin, daß sie ihrerseits – und das ohne ihnen irgendeinen Respekt zu bezeugen, irgendeine Erfolgschance zu geben – zur Rechtfertigung aufgefordert, zur Verantwortung gezogen, in die Verteidigung gedrängt werden. In ihr ist das Licht schlechterdings das Licht, die Finsternis aber nur eben Finsternis, die ihm gegenüber keine eigene Leuchtkraft und Dynamik, Autorität und Dignität hat, die in keiner anderen Definition als in der ihres Gegensatzes zu ihm existiert, deren Existenz auch nur von ihm her erkennbar ist, die nur die Bedeutung und Konsistenz hat, die ihr von ihm gelassen – noch gelassen! – ist. Was auch über die in dieser Kampfgeschichte sichtbare Natur und Macht der Finsternis und so über die in ihr vorkommenden Zwischenfälle, Hemmungen und Rückschläge weiter zu berichten sein mag – wird sie authentisch erzählt, dann muß als Erstes und nachher nicht wieder zu Vergessendes das festgestellt werden, daß sie von Jesus Christus in seinem Wort eröffnet wird, daß Er in dem da zu erzählenden Kampf der Angreifer, daß dem Gegner das Gesetz seines Handelns auferlegt ist – und nicht umgekehrt!

Woher die kümmerliche Sicht der Geschichte des Christentums und der Kirche in der Welt, von der her sich die umgekehrte (die verkehrte!) Sicht der Prophetie Jesu Christi nur allzu nahelegt? Von daher offenbar, daß die Christenheit es nicht wagt, sich selbst in der Welt und der Welt gegenüber als das Volk, den Leib Jesu Christi und also auf der Linie seiner Sendung und Prophetie zu verstehen, und also in dem ihr auferlegten Kampf, statt sich selbst und ihre Widersacher tragisch zu nehmen, schlechthin guten Mutes zu sein. Es kann seine Gründe haben, daß ihr das nicht so leicht fällt, daß ihr das vielleicht schrecklich fern liegt. Damit aber könnte sie – ohne allen Grund dazu! – das Schlimme nur noch schlimmer machen, daß sie auch im Blick auf die Prophetie Jesu Christi selbst mit den geschichtsphilosophischen Wölfen heulen, sich von ihr das ihrem eigenen betrübten Selbstverständnis entsprechende relativistische Bild machen wollte. Das ist es, was die Christenheit unter allen Umständen unterlassen sollte: auch wenn ihr die Diagnosen und Urteile der geschichtsphilosophischen Zuschauer über ihren eigenen Stand noch so imponieren sollten, auch wenn sie ihnen, was sie selbst angeht, aus ihrem schlechten Gewissen heraus zehnmal recht geben müßte. Gebe sie ihnen denn recht! – auch das freilich nicht, ohne sich zu fragen: woher es kommt, daß sie ihnen aus einem schlechten Gewissen heraus auch nur darin recht geben, daß sie auch nur sich selbst so kümmerlich sehen und verstehen muß? Sie unterlasse es aber unter allen Umständen, ihr betrübtes Selbstverständnis auch auf das Verständnis ihres Herrn zu übertragen! Für sie hängt, welches auch ihre guten oder bösen Umstände und welches auch ihre optimistischen oder pessimistischen Meinungen von sich selbst sein mögen, Alles daran, daß ihr Herr der Mann ist, der in seinem Kampf – den sie ja nur eben mitzukämpfen hat, und den sie eigentlich wirklich guten Mutes mitkämpfen dürfte – der überlegene Angreifer, und dem gegenüber die Finsternis, sei sie so dicht, wie sie wolle, nur eben die Finsternis ist. Ihr Blick auf ihn als auf diesen Mann muß unter allen Umständen offen bleiben.

Mit dem von Ihm eröffneten und geführten Angriff muß unser Bericht also anfangen. Er führt ihn, allgemein gesagt, schlicht aber gewaltig damit, daß er die Welt – die Menschheit als solche und jeden einzelnen Menschen für sich, aber auch die an des Menschen Dasein, Tun und Geschick teilnehmende Kreaturwelt in ihrer Totalität – unter einem an kritischer Kraft mit keinem andern vergleichbaren Gesichtspunkt, nämlich als die von ihm mit Gott versöhnte, durch ihn vom Verderben errettete, in seiner Person von Gott geliebte und ihn wieder liebende ansieht, anredet und behandelt. In kühner Illusion? Nein, in größter

Nüchternheit! Er nimmt die Welt, wie sie ist, d. h. aber wie sie für ihn und also in Wahrheit ist: von daher, daß er als der vom Vater in ihre Mitte gesendete Sohn für sie ist, für sie einsteht, ihre Versöhnung mit Gott vollendet hat. Er offenbart, verkündigt und bezeugt ihr, daß Gott in ihrer Mitte seine Herrschaft über sie aufgerichtet und angetreten hat und daß sie sich unter seiner Herrschaft befindet. Sie weiß das nicht, kann es auch nicht anderswoher wissen als von ihm. Er aber weiß es, sagt und zeigt es ihr. Daß ihr das neue und fremde Kunde ist, ist selbstverständlich – noch selbstverständlicher aber, daß sie eben das und daß sie es von ihm, der allein dafür einstehen kann, hören muß. Und so sagt er es ihr. Was sollte er ihr Anderes sagen? Alles Andere würde weder dem, was er für sie, noch dem, was sie für ihn ist, würde also der Wirklichkeit nicht entsprechen, würde nicht die Wahrheit sein. Er sagt es ihr natürlich, damit sie es höre, sich gehorsam danach richte, daß sie es bei dem, was er für sie, sie für ihn ist, sein Bewenden haben lasse. Er sagt es ihr aber, und er sagt es ihr als Wahrheit, unabhängig von ihrem Hören oder Nicht-Hören, von ihrem Gehorsam oder Ungehorsam. Die Scheidung zwischen Glaube und Unglaube, zwischen hörender und nicht hörender, gehorsamer und ungehorsamer Welt mag, muß und wird kommen. Sie liegt aber nicht in dem, was er ihr sagt, nicht in irgendeiner Vieldeutigkeit und Bedingtheit seines Wortes. Das lautet eindeutig und unbedingt dahin, daß Gott die Welt in ihm geliebt, mit sich selber versöhnt, daß er sein Reich in ihrer Mitte aufgerichtet und angetreten hat. Er diskutiert also nicht mit ihr über diese seine Aussage. Von woher sollte sie schon dazu votieren? Er zeigt ihr an, daß Alles so ist, wie es ist, und wie er es sagt. Er stellt sie in das Licht der Liebe des Vaters und des Sohnes. Er erhellt sie als die in seiner Person in diesen Kreislauf schon einbezogene Welt. Was ihm aus ihrem Umkreis an vornehmer oder trivialer Gleichgültigkeit, an tiefem oder oberflächlichem Mißtrauen, an törichtem oder bösartigem Haß, an mehr oder weniger ernst zu nehmender Verachtung entgegenkommen wird, mag bedrohlich – nämlich für die, die sich ihrer schuldig machen, sehr bedrohlich! – sein. Es wird aber auf alle Fälle zu spät kommen, es wird die von ihm über die ganze Welt gemachte Aussage nicht überholen, nicht einklammern, ihren Inhalt nicht problematisieren, noch weniger verändern können. Es wird sich an dem Felsen seiner Aussage wohl brechen, es wird ihn aber nicht überfluten, geschweige denn erschüttern, geschweige denn stürzen können. Das ist der von Jesus geführte Angriff, mit dem der Kampf des Lichtes in der Finsternis und gegen sie eröffnet wird. Das ist seine Kriegserklärung nicht nur, sondern sein zugleich mit ihr geführter entscheidender Schlag in diesem Krieg. Ein merkwürdiger Schlag in einem merkwürdigen, einem «wunderlichen» Krieg! Es ist ja der Angriff der Liebe des Vaters und des Sohnes, der da geführt wird – der Angriff der Gnade Gottes – der Angriff seiner Bejahung der Welt, seiner gütigen Hingabe an sie, seines Einsatzes für ihr Heil, seiner Garantie und Verbürgung ihres Lebens. Davon redet der Prophet Jesus: davon zur ganzen Welt, zu allen Menschen! Damit begegnet er jeder möglichen und wirklichen Opposition. Damit ist er ihr schon begegnet, hat er sie schon angegriffen, lange bevor sie aufgestanden ist und sich zur Verteidigung – nur um Verteidigung wird es sich für sie ihm gegenüber handeln können – eingerichtet hat.

Aber inwiefern handelt es sich da um einen Angriff? Inwiefern wird da eine Opposition offenbar schon von weither visiert und herausgefordert? – Wir bleiben noch im Allgemeinen, wenn wir darauf zunächst antworten: Ein Angriff findet in dem Wort der Gnade Gottes insofern statt, als in ihm eine entscheidende, radikale und universale Veränderung der ganzen Lage und Verfassung der Welt und des Menschen und von dieser Veränderung her eine neue von ihrer Vergangenheit und noch von der Gegenwart, in der dieses Wort ausgesprochen wird, ganz verschiedene Zukunft verkündigt und angezeigt wird: als eine schon geschehene Veränderung nämlich, so daß es sich – und dazu wird sie verkündigt und angezeigt – nur noch darum handeln kann, von ihr Kenntnis zu nehmen, sich darauf einzurichten, daß sie unwiderruflich eingetreten ist. Es kann, darf und wird in der Welt und im Menschenleben, in dessen Verhältnissen und Ordnungen, in den Beziehungen der Menschen untereinander und in eines jeden Menschen innerem und äußerem Dasein, nachdem die Gnade Gottes in der Welt erschienen, das große göttliche Ja in ihr ausgesprochen, nachdem ihr Heil und ihr Leben in ihrer Mitte Ereignis und offenbar geworden, nachdem diese Veränderung eingetreten ist, auf keinen Fall mehr so weitergehen wie bisher. Es kann und wird in ihr von dieser Veränderung her nur eben auf den ihr entsprechenden neuen Wegen weitergehen. In und mit dem von Jesus gesprochenen Wort schlägt vergleichbar dem Zwölfuhrschlag in der Sylvester-Neujahrsnacht die letzte Stunde für den Bestand der Gestalt, in der die Geschichte der Welt in ihrer ganzen Vergangenheit verlaufen ist und noch in der Gegenwart, in der dieses Wort laut wird, weiterzulaufen im Begriff steht – und schlägt zugleich die erste Stunde einer in derselben Gegenwart anhebenden neuen Zeit: einer neuen Geschichte in einer neuen Gestalt. Mit der Aufrichtung des Reiches Gottes, mit der Errettung und Versöhnung der Welt, die ihr in Jesu Wort verkündigt wird, ist nicht zu spaßen. Dem Weiterlaufen ihrer Geschichte in jener ersten Gestalt ist damit Halt! geboten, hinter dem es nur noch das entsprechende, ebenso gebieterische Vorwärts! gibt. Dieser Äon ist zu Ende. Zukunft hat die Welt, haben alle ihre Verhältnisse und Ordnungen, hat auch jeder Mensch für sich und in seinen Beziehungen zu allen anderen ausschließlich nur noch in dem durch die in ihm geschehene und offenbarte Errettung und Versöhnung, durch die in ihm aufgerichtete und proklamierte Gottesherrschaft bestimmten neuen Äon. Wohlverstanden: es handelt sich nach wie vor um die von Gott gut geschaffene Welt, um den von Gott gut geschaffenen Menschen. Die Treue des Schöpfers ist nicht zu Ende! Nichts, gar nichts von seiner Schöpfung soll und wird in diesem Übergang vom alten zum neuen Äon zerstört, kaputtgemacht, vernichtet – es soll und wird aber – und eben darin triumphiert seine Treue! – was ihre Gestalt betrifft, nicht nur Einiges, sondern Alles, und Alles nicht nur ein wenig, sondern ganz anders, es soll und wird ihre Gestalt radikal und universal verwandelt werden. Alles Weiterdenken, Weiterreden, Weitergehen auf den alten Linien ist durch seine erschienene Gnade, durch die Erfüllung seines Bundes mit dem Menschen jetzt eben, indem Jesus sein Wort spricht, schlechterdings sinnlos, unnütz, gefährlich, weil schlechterdings zukunftslos geworden. Sinnvolles, fruchtbares, heilsames Denken, Reden und Gehen gibt es nun nur noch auf dem durch Gottes Gnade jetzt eben, indem Jesus sein Wort spricht, eröffneten und angezeigten neuen Weg. Dieser totale Umbruch ist der Inhalt seines prophetischen Wortes. «Jetzt eben» sagt dieses Wort und scheidet mitten in der Gegenwart, und das ohne die geringste Reserve, zwischen Vergangenem und Künftigem, erklärt das Vergangene für unbedingt und unwiederbringbar erledigt und gewesen, das Künftige für unbedingt und unaufhaltsam bevorstehend, nein, hereinbrechend. «Jetzt eben!» sagt dieses Wort und greift der Entscheidung derer, denen es gesagt wird, eben damit schlechterdings vor, daß es sie vor den schon vollzogenen Umbruch, vor die für ihre ganze Existenz folgenschwerste Entscheidung als vor eine solche stellt, die ohne ihr Zustimmen und Zutun schon Ereignis ist, der ihre eigene Entscheidung in Freiheit wird folgen müssen, der sie aber gerade als wirklich freie Entscheidung nur wird folgen können. Von ihr redet das in Jesus Christus ausgesprochene Wort der Gnade Gottes. Wir können die Frage noch offen lassen: wer oder was mit diesem Wort angegriffen wird. Daß es ein angreifendes – ein als solches alles andere Angreifen in den Schatten größter Harmlosigkeit stellendes Wort ist, ist unverkennbar. Irgend Jemand ist da visiert, ist da herausgefordert. Offenbar jemand, der um diesen schon vollzogenen und «jetzt eben» zu realisierenden, weil «jetzt eben» ungefragt, aber unbedingt Richtung gebenden Wandel, der um das mit dem hier verkündigten Ereignis gebotene Halt! und Vorwärts! nicht weiß und – voraussichtlich und nur zu verständlich – auch nicht wissen will! Jemand, der sich vor jenem Stundenschlag lieber die Ohren verschließen, der das, was er anzeigt, lieber nicht wahrhaben möchte! Dieser Jemand wird durch das Wort Jesu aus seiner Ruhe aufgeschreckt und in seiner Unruhe still gelegt. Auf ihn ist da gezielt. Ihm wird da zu nahe getreten, er wird da herausgefordert. Er ist da gemeint und betroffen und kann sich dem nicht entziehen, daß gerade er da gemeint und betroffen ist. Er wird da bekämpft und wird sich zu dem ihm da auferlegten Kampf – einem richtigen Notwehr-Kampf – stellen müssen. Was sind alle intellektuellen, moralischen, künstlerischen, sozialen, politischen Revolutionen, alle Kriege und Weltkriege für begrenzte, partikulare, kommende und gehende Hausstreitigkeiten verglichen mit dem hier schlicht, leise und freundlich, aber gerade in seiner Freundlichkeit in letzter Radikalität und Universalität vollzogenen und verkündigten Revolutions- und Kriegsgeschehen?

Aber versuchen wir es, uns den Charakter und die Tragweite dieses Angriffs aus etwas größerer Nähe deutlich zu machen!

Es geht einerseits, negativ, darum, daß durch das von Jesus Christus ausgesprochene Wort der Gnade mitten in der Gegenwart ein ganzer großer, bei aller inneren Differenzierung zusammengehöriger und einheitlicher Typus menschlichen Denkens und Redens, Tuns und Lassens als der Vergangenheit angehörig und damit als zukunftslos und also als unmöglich angesprochen und behandelt wird. Man bemerke: es wird da nicht etwa kritisiert, getadelt, angeklagt, verurteilt. Das Wort der Gnade ist ja nicht das Wort göttlicher Moral im Streit gegen irgendwelche menschliche Unmoral. Es sagt von dem Sein und Verhalten, in welchem es die Menschen begriffen findet, nicht – oder nur indirekt, nachträglich und beiläufig, daß es böse, schlecht oder mindestens unvollkommen, korrekturbedürftig sei. Es sagt: dieses Sein und Verhalten beruht auf einer nicht mehr vorhandenen Voraussetzung; es ignoriert deren Beseitigung, es ist also ein zum vornherein veraltetes, schon in seinem Ansatz überholtes Tun, aus dem nichts werden kann. Es kann wie die Fahrbahn einer zusammengebrochenen Brücke nur ins Leere, nirgendwohin führen. Es sagt, daß es Wahnsinn ist, auf dieser Fahrbahn weitergehen oder weiterrollen zu wollen, als wäre nichts geschehen. Es ist eben etwas geschehen: in der Aufrichtung der Herrschaft Gottes auf Erden, in der Versöhnung der Welt mit ihm, in des Menschen Rechtfertigung und Heiligung, m. a. W. damit, daß Gott sich seiner in Gnaden angenommen und damit die Voraussetzung jenes Tuns beseitigt, den Menschen, der auf jener Fahrbahn weitergehen oder weiterrollen wollen könnte, abgeschafft hat. Das in Jesus Christus ausgesprochene Wort sagt, daß das geschehen ist und daß aus jenem Sein und Verhalten eben von daher nichts mehr werden kann. Was ist das für ein Sein und Verhalten? Es hat verschiedene Aspekte, in denen allen ihm doch Eines gemeinsam ist: Es ist ein Tun, in welchem sich der Mensch immer noch, und immer gleich ohnmächtig und vergeblich, für frei, befähigt und ermächtigt hält, wo er es doch auf Grund dessen, was in Jesus Christus für ihn geschehen ist, nicht mehr ist. – Beschreiben wir es in ein paar Punkten!

Er hält sich für frei, sein Verhältnis zu Gott, zum Mitmenschen und zu sich selbst in seine eigene Hand zu nehmen und selbst zu ordnen, sich selbst zu rechtfertigen und zu heiligen und also unter Verzicht auf eine andere Vergebung der Sünden als die, die er sich selbst spendet, und unter Verzicht auf eine andere Umkehr als die der verschiedenen Wendungen, die ihm je und dann selbst nützlich und lustig zu sein scheinen, sein eigener Versöhner zu sein. Das Wort der Gnade hält ihm nicht vor, daß das falsch, verkehrt, gottlos, unmenschlich, die Wurzel alles Übels sei – oder es hält ihm das nur eben indirekt, in der viel gründlicheren Form vor, daß es ihm anzeigt: daß eben das, was er da ausrichten möchte, schon ausgerichtet, daß es ohne ihn, gegen ihn und eben so für ihn schon getan und also von ihm nicht wieder zu tun ist, daß er eben dazu nicht mehr frei, nicht mehr befähigt, nicht mehr ermächtigt ist. Es sagt ihm, daß er sich darum nicht selbst wird helfen können, weil ihm ja schon geholfen ist. Es sagt ihm von daher, daß sein ganzes Tun auf dieser Linie dem alten Äon angehört, daß er also, indem dieser verging, keinen Raum mehr dazu hat, daß Alles, was er auf dieser Linie noch weiter tun wollen könnte, eitel ist und Haschen nach Wind. Es fragt ihn, indem es ihm ganz schlicht aber eindringlich Gottes der Welt zugewendete Gnade verkündigt: Was soll das, daß du jetzt noch ohne die Gnade Gottes, ja gegen sie meinst leben, denken und reden, dein Tun und Lassen meinst einrichten zu können und zu sollen? Die Voraussetzung dazu ist beseitigt: du wirst auf diesem Weg keinen weiteren Schritt tun, geschweige denn zu einem nahen oder fernen Ziel kommen können.

Ein Anderes: der Mensch hält sich – natürlich im Zusammenhang mit jenem ersten Wahn – für frei, in einer oft unterdrückten, öfters aber so oder so ausbrechenden, in einer ständigen Angst vor Gott, vor seinen Mitmenschen, vor sich selbst leben zu sollen. Er hält sich für frei, sich aus dieser Lebensangst heraus ein dauerndes Fragen, Sorgen, Klagen, Anklagen, Protestieren gegen Gott und Welt leisten zu dürfen, dauernd etwas auf dem Herzen zu haben dauernd Anliegen und Beschwerden anzumelden und laut oder leise dauernd den entsprechenden Krakehl zu machen und mehr oder weniger bemerkbar um sich her zu verbreiten. Das Wort der Gnade kommt ihm auch in dieser Hinsicht nicht moralisch. Es belehrt ihn also nicht etwa dahin, es sei doch alles nicht so gefährlich, er solle doch keine Angst haben, sich und Andere also nicht so aufregen und bemühen. Es sagt ihm aber das viel Gründlichere: daß er das ja gar nicht tun kann, daß er zu seiner Lebensangst und zu allen ihren Explosionen gar nicht frei, fähig und ermächtigt ist – darum nicht, weil der allein triftige Grund zu solchem Tun in und mit dem, was als Versöhnung der Welt auch für ihn geschehen ist, beseitigt, abgetan, überwunden wurde. Ein Anderer hat seine Lebensangst längst getragen und hinweggetragen: Er kommt zu spät, wenn er meint, sie als die seinige nochmals durchmachen und tragen zu müssen: zu spät mit all dem, was er zu seinem Leid und zu dem Anderer und vor allem zur Beleidigung Gottes aus ihr heraus meint unternehmen und ins Werk setzen zu sollen. Das Wort der Gnade sagt ihm, daß sein ganzes Tun auf dieser Linie antiquiert ist, dem alten Äon angehört, in dessen Vergehen und Ende ihm der Raum dazu genommen ist, daß das auch eitel ist und Haschen nach Wind. Es fragt ihn, indem es ihm die der Welt, seinen Mitmenschen und ihm selbst zugewendete Gnade Gottes verkündigt, sehr einfach, aber sehr nachdrücklich: Was soll das, daß du dich jetzt noch gebärdest, als sei sie der Welt, dem Mitmenschen und dir selbst n i c h t zugewendet, als hättest du zu deinem Geseufze und Geschrei irgendein Recht, irgendeine Vollmacht? Die Voraussetzung ist weg. Der Weg, auf dem du dich befindest, führt nirgendwohin.

Noch ein Anderes: der Mensch, der jetzt seinen eigenen Versöhner spielen, jetzt (und als solcher nicht ohne Grund) sich von seiner Lebensangst überfallen und sich der entsprechenden Unruhe hingeben will – derselbe Mensch hält sich dann wohl auch für die Alternative frei, sich in heiterer oder grimmiger Resignation in die Rolle des gemächlichen Z u s c h a u e r s des lieben Gottes, des Welttheaters, der Freuden und Leiden seiner Mitmenschen und nicht zuletzt seines eigenen Lebenslaufes zu begeben – für frei dazu, sich ein paar unverbindliche Gedanken zu dem Allem zu machen – vielleicht nicht einmal das! – sich auf das Naheliegendste und Nötigste zu beschränken und im übrigen abzuwarten, ob und wie Gott wohl mit der Welt, mit den Leuten und schließlich auch mit ihm selbst zurechtkommen, oder ob und wie sich die Dinge schließlich von selbst ordnen oder auch nicht ordnen möchten. Das Wort der Gnade redet ihn auch im Blick auf diese Möglichkeit nicht moralisch an. Es faucht ihn also nicht an: ob er denn gar nicht merke, wie billig, wie faul, wie liederlich und lieblos, wie menschenunwürdig solches Verhalten sei? Es stellt nur wieder ganz leise und ganz bestimmt in Abrede, daß er zu diesem Verhalten die Freiheit habe. Es zeigt ihm nur eben an, daß es auch zu diesem Verhalten zu spät sei. Denn schon ist durch die in Jesus Christus geschehene Aufrichtung der Herrschaft Gottes auf Erden auch darüber entschieden, daß es mit der Existenz eines an seinem Werk unbeteiligten, eines ihm und seinem Mitmenschen und sich selbst gegenüber neutralen, unverantwortlichen, eines gewissermaßen dienstfreien oder auch nur teilweise beurlaubten, eines nur noch eben gaffenden Menschen ein für allemal vorbei ist. Schon hat er außerhalb der Gemeinschaft mit dem lebendigen Gott, und also anders als m i t i h m, beteiligt an seinem Werk, selbst ein lebendig Wirkender, zu denken, zu reden, zu handeln, gar keinen Raum mehr: keinen Ort, von dem aus er ihm, dem Weltlauf, seinen Mitmenschen, sich selbst bloß zusehen könnte. Es ist, indem Gott sich ihm in seiner Gnade zugewendet hat, auch damit vorbei. Es gehört auch diese Alternative dem alten Äon an, der nicht wiederkommt. Das wird dem auf diesem Fluchtweg sich bewegenden Menschen gesagt, daß es auch für die Indifferenz, die er sich in letzter Alternative zum besten Teil erwählen möchte, keine Voraussetzung mehr gibt, daß wirklich auch sie – und sie vielleicht am meisten – eitel ist und Haschen nach Wind. Was soll das? ist er durch das Wort der Gnade auch von dieser Seite sanft aber sehr eindringlich gefragt, siehst du nicht ein, daß auch auf diesem Fluchtweg schon der erste Schritt unmöglich ist, geschweige denn, daß er dich irgendwohin führen könnte?

Und nun ist wohl zu bemerken: Wir sagen das nicht von dem Wort der Gnade als dem Ausdruck irgendeiner kräftigen religiösen Erregung oder der tiefen religiösen Reflexion irgendeines christlichen Individuums oder als einem vielleicht sehr ernsten kirchlichen Predigtwort oder als einer möglicherweise biblisch und sonst sehr gut begründeten theologischen Lehre. Wir reden von dem von Jesus Christus gesprochenen Wort, von seiner mitten in die Gegenwart hinein vollzogenen Aussage über jene und ähnliche in und mit seiner Existenz vergangene, dahingefallene Voraussetzungen, über die in seiner Person und seinem Werk für alle, die von solchen Voraussetzungen her weiter existieren möchten, blockierte Zukunft. Wir sagen das von Gottes Wort als der Offenbarung der Tat Gottes, von der her der Mensch gerade zu allen jenen wohlbekannten Grundverhaltungsweisen, gerade zu allen Gedanken, Worten und Werken seiner Selbstsicherheit, seiner Angst und schließlich seiner Zuschauerweisheit nicht mehr fähig ist – weil er, der Mensch, der sich für dazu frei und fähig hält, in jener Tat Gottes längst gestorben, eingesargt und begraben, kein handlungsfähiges Subjekt mehr ist. Rechnet man auch nur einen Augenblick scharf damit, daß es sich um dieses, von allen alten und modernen, orthodoxen, liberalen oder neo-orthodoxen Erbaulichkeiten, Konstruktionen, Ideen und Theorien verschiedene Wort – um das Wort von dem, was am Kreuz Jesu Christi geschehen ist – handelt, dann kann man den Angriff nicht übersehen, der da in tiefster Staffelung und auf breitester Front geführt wird. Gegen wen oder was? Man müßte wohl besser fragen: gegen wen und was eigentlich nicht? Aber wir können diese Frage noch offen lassen. Man ahnt ja, daß dieses Wort als Angriff erlebt und empfunden werden und also Verwunderung, auch Haß, auch Verachtung, daß es Kopfschütteln, Murren, Gelächter und Protest, Widerspruch und Widerstand, kurz, Reaktion provozieren wird. Aber bevor diese Reaktion aus ihren Höhlen herauskommen und sich als solche entfalten wird, ist sie durch dieses Wort schon angegriffen. Und nur gerade seinem Angriff gegenüber wird sie sich als solche entfalten können: nicht aus einer ihr eigenen Substanz, nicht von einer anderen Tat Gottes her und also nicht mit göttlicher Würde und Leuchtkraft, sondern nur eben in Opposition zu dem einen Wort und Licht des einen Gottes. Sie wird, indem sie gegen dieses Wort reagiert, nur eben davon leben, daß es gesprochen ist, daß sie es lieber nicht hören möchte, daß sie vorzöge, wenn es nicht gesprochen wäre. Sie wird sich also zum vornherein nur an ihm orientieren können. Das Wort der Gnade als das schneidende Wort von dem, was war und nun nicht mehr sein kann, hat allen seinen möglichen und wirklichen Bestreitern und allen ihren Unternehmungen gegenüber nicht nur die ganze Ehre, sondern auch den ganzen Vorteil des Angreifers.

Und nun geht es in dem prophetischen Wort Jesu Christi anderseits, positiv, darum, daß wieder mitten in der Gegenwart die Zukunft – wörtlich zu nehmen: die Ankunft, der Advent, das Erscheinen und Eingreifen einer ihrerseits komplexen, aber in sich einheitlichen neuen Wirklichkeit menschlichen Denkens und Redens, Lassens und Tuns, die Präsenz eines neuen Menschen angezeigt – als der jenseits des Endes aller vorigen Wege allein offene Ausgang nach vorne proklamiert wird. Man bemerke: nicht eine neue Möglichkeit, die man wählen oder auch nicht wählen könnte, sondern eine neue, der antiquierten und erledigten alten diametral entgegengesetzte Wirklichkeit! Der neue Äon, von dessen Anbrechen das Wort der Gnade Kenntnis gibt, ist ja nicht eine der Wirklichkeit des alten gegenüber – wie eine Fata Morgana einer durch die nur allzu wirkliche Wüste stapfenden Karawane – aufleuchtende Idee. Sie ist vielmehr diejenige in der großen Weltveränderung und Weltverwandlung heraufkommende, schon heraufgekommene Gestalt der menschlichen Existenz und Geschichte, die ihrer vorigen, in dieser Veränderung vergehenden, ja schon vergangenen Gestalt gegenüber als Wirklichkeit allein in Frage kommt, auf die Bezeichnung «Wirklichkeit» also allein Anspruch hat. Hier wird also weder ein wunderbarer utopischer Traum erzählt, noch ein wohldurchdachtes und auch praktisch einleuchtendes und brauchbares Programm zur allgemeinen und besonderen Welt- und Menschenverbesserung vorgelegt. Hier wird weder eine enthusiastische Bewegung gestartet, noch eine neue Organisation der verschiedenen Kräfte des Guten zur Herbeiführung einer der individuellen und kollektiven Humanität endlich würdigen Zukunft ins Leben gesetzt und in Gang gebracht. Das Wort der Gnade sagt das unvergleichlich Gründlichere, Hilfreichere, weil ganz schlicht – Wahrere, daß «die Zukunft schon begonnen» hat: nicht eine leere, erst so oder so zu gestaltende, sondern eine ganz bestimmt gefüllte und schon gestaltete Zukunft – die Zukunft des jetzt und hier lebenden Menschen, wie ja auch die Vergangenheit seine Vergangenheit war – in die als in seine eigenste Zukunft hineinzugehen er jetzt und hier tatsächlich frei, fähig, ermächtigt ist. Diese Zukunft hat damit schon begonnen, daß Gott seinen Bund mit dem Menschen erfüllt, die Welt geliebt und mit sich selber versöhnt, den gerechtfertigten und geheiligten Menschen als den zweiten Adam (der vor dem ersten war!) auf den Plan geführt hat. «Siehe, ich habe meine Mahlzeit zubereitet; meine Ochsen und das Mastvieh sind geschlachtet und Alles ist bereit» (Matth. 22,4): nicht nur Einiges, sondern Alles – und Alles nicht erst in Vorbereitung, sondern schon bereit! Der freie Mensch ist geboren.

Merkwürdig: unsere Weihnachtslieder sagen das eigentlich in allen Tonarten. Wenn doch unsere Weihnachtspredigt sich aufraffen und in aller Bestimmtheit dasselbe sagen wollte! Es braucht, da er der unfreie Mensch, der er war, nicht mehr sein kann, nur dies, daß er sei, der er in Wahrheit ist. Vergleichbar einem fix und fertig geschneiderten und geschmückten Kleid, in das man, ohne das Geringste hinzu oder davon zu tun, nur eben hineinzuschlüpfen braucht und, da ein anderes, das alte, schon beim Lumpensammler und also nicht mehr erreichbar ist, hineinzuschlüpfen doch wohl nicht zögern kann! – Auch dieses neue, schon gekommene und nach Erledigung des alten allein noch in Betracht kommende menschliche Wesen hat verschiedene Aspekte, in denen allen es doch dasselbe ist. Versuchen wir es, auch dieses neue Wesen in einigen Punkten zu beschreiben:

Der Mensch ist jetzt frei, davon auszugehen, damit immer wieder anzufangen, daß sein Verhältnis zu Gott, zum Mitmenschen und zu sich selbst geordnet, u. zw. aufs beste geordnet ist: darin nämlich, daß er in allen diesen Beziehungen nur von Gottes rechtfertigender und heiligender Gnade leben kann, von ihr aber wirklich und unverzagt leben darf: nur von der Vergebung seiner Sünden, von ihr aber unbedingt – nur in täglicher Umkehr, in ihr aber unerschrocken. Er ist frei, sich selbst aus der Hand zu geben und nicht wieder in die Hand nehmen zu wollen, um gerade so der Knecht nicht mehr zu sein, der er zuvor war; um zu sein, was er zuvor nicht war, noch sein konnte: ein Kind, das das Leben vor sich hat. Er ist jetzt frei, in der Hand Gottes, in Jesus Christus, er selbst zu sein. Er ist es schon, indem er ja schon in Gottes Hand, schon in Jesus Christus ist. Das Wort der Gnade belehrt ihn also, indem es von dieser Ordnung redet, nicht darüber, daß die in dieser Ordnung allein mögliche Demut fromm, gut und schön und auch für seinen inneren Frieden und für den mit den anderen Menschen und mit der Welt das Beste sei und daß er sich darum mit Hilfe Gottes zu solcher Demut entschließen, m. a. W. sich bekehren und als ein von seiner Bekehrung her anderer Mensch weiterleben solle: als ob er nicht schon aufs Heilsamste gedemütigt und also in Ordnung gebracht und also befriedet wäre! Die Bekehrung, die es ihm zumutet, besteht vielmehr in der Betätigung der Freiheit, die er sich nicht zu nehmen und zu geben braucht, weil das nicht nötig ist, weil sie ihm in dem, was Gott für die Welt und auch für ihn zu seiner heilsamen Demütigung und also zu seiner, zu der ganzen Welt Befriedung längst getan hat, schon gegeben ist. Das Wort der Gnade teilt ihm nur eben mit, daß der Tisch für ihn und für Alle gedeckt ist, daß aber einige Stühle – darunter der seinige – noch leer sind und daß er endlich die Güte haben möchte, statt herumzustehen und klug oder töricht zu schwatzen, sich niederzusetzen und zuzugreifen. Alles Weitere werde sich dann finden, sei dann eigentlich schon gefunden. Mit dieser positiven Eröffnung redet das Wort der Gnade – nun gewissermaßen von vorne – hinein in des Menschen Gegenwart.

Ein Anderes: Er ist jetzt – im Zusammenhang jener Ordnung, in der er als der heilsam Gedemütigte frei sein darf – auch dazu frei, sich vor allem zu freuen. Gewiß auch dazu, endlich ernsthaft zu werden und also dankbar zu sein, zu gehorchen, verantwortlich zu denken, zu reden, zu handeln, zu glauben, zu lieben, zu hoffen, Gott und den Menschen zu dienen. Aber vor allem, entscheidend, grund-, richtung- und sinngebend für das Alles: sich zu freuen. Die in die Gegenwart hineinbrechende Zukunft des Neuen Menschen ist in klarem, scharfem Unterschied zu der in derselben Gegenwart versinkenden Vergangenheit eine Freudenzeit. Als solche, im Neuen Testament nicht umsonst so oft unter dem Bild eines Hochzeitsfestes beschrieben, wird sie durch das Wort der Gnade angezeigt. Natürlich auch das nicht in Form der bekanntlich unmöglichen oder nur rhetorisch möglichen Aufforderung, daß Jemand, der sich aus irgendeinem Grund nicht freuen kann und mag, sich nun eben dennoch freuen solle – und natürlich erst recht nicht, indem es ein allgemeines «Lied an die Freude» anstimmt. Wohl aber, indem es von dem Grund redet, von dem her der Mensch unter allen Umständen nicht traurig und auch nicht nur gleichmütig, sondern gerade nur fröhlich vorwärts gehen kann – indem es als Anzeige dieses Grundes, der «Sonne, die mir lachet», selbst frohe Botschaft ist. Zwischen Angst und Freude gibt es kein Drittes und also kein Verweilen. Wenn die Angst – von demselben Grund, von der Verkündigung der Versöhnung und der Gottesherrschaft her – ausgetrieben ist, bleibt positiv nur die Freude übrig: gewiß nicht als eine leere, gewissermaßen abstrakte Heiterkeit, sondern eben: als ein der Konkretheit jenes Freudengrundes entsprechendes Danken und Gehorchen und also Denken, Reden und Handeln, als Glauben, Lieben und Hoffen, als Verantwortung und Dienstleistung von jenem Grunde her – aber eben weil von jenem Grunde her: als ein fröhlich zu unternehmendes und durchzuführendes Werk. Gerade sein tiefster Ernst wird darin bestehen und wird sich darin erweisen, daß es fröhlich getan wird. Wobei die Probe aufs Exempel, das Kriterium in der Frage, ob des Menschen Freude als die des neuen Menschen wirklich von jenem Grunde herkommt, darin bestehen wird, daß sie sich in der gleichen Notwendigkeit und Selbstverständlichkeit, in der sie seine Freude ist, auch um ihn her verbreitet, daß er sie, wie sie ihm selbst gemacht ist, auch den Anderen machen und daß sie sich auch in diesen Anderen nicht als leer, sondern alsbald auch in ihnen in fröhlichen Gedanken, Worten und Werken erweisen wird. Man kann es ja auch so sagen: Indem das Wort der Gnade Evangelium ist, eröffnet es (nachdem es die Lebensangst antiquiert, die Türe zu ihr solid verriegelt hat) den anderen, den einzig übriggebliebenen Ausgang in die Zukunft eines evangelischen Lebens. Worunter zu verstehen ist: ein von der frohen

Botschaft, vielmehr: von deren Gegenstand und Inhalt sich nährendes und diese frohe Botschaft, ihren Gegenstand und Inhalt zugleich seinerseits bezeugendes, ein in diesem doppelten Sinn fröhliches Menschenleben. Es ist das Leben des neuen Menschen, der jetzt eben, mitten in der Gegenwart schon da ist, vor der Tür steht und anklopft, daß ihm aufgetan – nur eben aufgetan! – werde.

Noch ein Anderes. Der Mensch ist jetzt frei, sich selbst in Reih und Glied zu stellen, frei zu einem Leben im Kontakt, in der Solidarität, in der Gemeinschaft – mit Gott, aber eben damit auch mit der von Gott geliebten Welt und also mit den Menschen als seinen Mitmenschen nicht nur, sondern als seinen Genossen in der Partnerschaft der Versöhnung, als seinen Brüdern und Schwestern im erfüllten Gottesbund. Er ist jetzt frei, sich an der Sache Gottes, eben damit aber sofort auch an der Sache der Welt, der Sache der Menschen vorbehaltlos zu beteiligen. Frei! Es geht also auch hier nicht um eine ihm gestellte Aufgabe, um die Erfüllung eines ihm auferlegten Gesetzes, dem er sich fügen müßte, um sich dabei doch mindestens mental vorzubehalten, sich selbst der Nächste und also in irgendeinem Untergrund seiner Existenz dennoch der alte Schlachtenbummler: des lieben Gottes, der anderen Menschen und schließlich auch seiner selbst Zuschauer zu sein und zu bleiben. Niemand will von ihm, daß er sich beteilige, niemand verpflichtet ihn dazu! Er ist eben beteiligt. Gott hat die Welt – und in der Welt auch ihn, aber nur in und mit der ganzen Welt auch ihn, mit sich selbst versöhnt, ja verbündet. Das bedeutet aber, daß ihn wie die Existenz, der Wille und das Tun Gottes, so auch die Existenz der Welt und der Menschen – alles von dort her, alles in der Bestimmung, die der Welt dort gegeben ist, unmittelbar angeht. Unmittelbar! Es gibt da also keine Glasglocke, unter der er, und keine Asbestwand, hinter der er nur eben bei sich sein könnte. Nein, Gott hat ihn – und indem Gott ihn hat, hat ihn auch die Welt, haben ihn auch die Menschen! Gerade bei sich wird er darum nur noch sein können, indem er seinerseits Gott, die Welt, die Menschen hat und also eben: nur im Kontakt, in Solidarität, in Gemeinschaft in der vertikalen wie in der horizontalen Dimension. Herr sein kann er gerade nur noch, indem er an seinem Ort und in seiner Art Diener ist. Das ist seine Zukunft als neuer Mensch, die ihm durch das Wort der Gnade eröffnet wird – nicht vorgeschlagen, nicht geweissagt, sondern – jetzt eben wird sie ihm ja eröffnet – als die ihm jetzt eben gegebene (und diese als seine einzige!) angezeigt wird. Denn daß ihm diese Zukunft, und diese als seine einzige gegeben ist, das ist das ihm zugewendete Werk der Gnade selber, das ist seine Rechtfertigung und Heiligung, die ihm durch das prophetische Wort Jesu Christi bezeugt wird.

Es liegt angesichts dieser positiven Seite seiner Aussage natürlich erst recht nahe, sich an den Kopf zu greifen mit der Frage: ob das Alles nicht doch eine illusionäre Idee, Theorie, Programmatik sein möchte – darum, weil das, was dem Menschen da gesagt wird, offenbar radikaler ist als Alles, was ihm an Entwürfen künftiger Gestaltung allenfalls zu vergleichen sein möchte. Womöglich noch fremdartiger als die Kunde vom Vergehen des alten Äons und Menschen erscheint ja diese Kunde vom Kommen des neuen. In welcher vorstellbaren Form seines Selbstverständnisses soll sich denn der Mensch begreifen als Einer, der jener alte Mensch wirklich nicht mehr und mit dem Kind in der Krippe von Bethlehem wirklich schon dieser neue Mensch ist? Soll er insbesondere angesichts dieser Aussage seiner freien Zukunft nicht einfach lachen, wie einst Sarah, die Alte, der die Geburt eines Sohnes angezeigt wurde, nur eben lachen konnte und gelacht hat? Oder bleibt ihm, soll er solche Anzeige ernst nehmen, etwas Anderes übrig, als sie nur «eschatologisch», d. h. als eine Beschreibung seiner reinen, überzeitlichen, transzendenten Zukunft zu verstehen, um sie dann mit dem doch etwas wehmütigen «Eia, wären wir da!» entgegenzunehmen und praktisch darauf zurückzufallen, daß wir noch nicht da, daß also gerade die positive Aussage des Wortes der Gnade (und mit ihr dann doch wohl auch seine negative!) jetzt und hier noch keine Gültigkeit für uns habe. Aber so leicht werden wir mit dieser Aussage nicht fertig werden. Ob wir darüber lachen oder seufzen: das Wort der Gnade sagt nicht, daß der Mensch dieser neue Mensch sein werde, sondern daß er es ist. Es redet wohl von seiner ewigen Zukunft, es redet aber (biblisch-eschatologisch und also ohne ein einschränkendes «nur»!) eben von deren Hereinbrechen, vom Advent des neuen Menschen jetzt und hier, von seinem befriedeten, von seinem fröhlichen, von seinem gemeinschaftlichen Leben mitten in der Gegenwart, wie es auch vom Abgang des alten jetzt und hier mitten in der Gegenwart redet. Mag uns mehr das Eine oder mehr das Andere oder mag uns Beides gleich fremdartig in den Ohren klingen – wir haben es mit einem Königswort zu tun, an dem als an einem solchen nicht zu rütteln und nicht zu deuten ist. Es ist kein religiöses, kein kirchliches oder theologisches Lehrwort. Es ist überhaupt kein Menschenwort. Das sei zugestanden, daß es als solches nur eben eine Idee, u. zw., was jedes Kind bemerken kann, eine höchst illusionäre Idee aussprechen und formulieren würde. Es ist aber – und darum und darin hat es Gültigkeit, gerade in der ganzen Fremdartigkeit seiner Aussage, Gottes, sein in Jesus Christus ausgesprochenes Wort: als Wort vom Abgang des alten Menschen in der Kraft seines Kreuzes, als Wort vom Kommen des neuen in der Kraft seiner Auferstehung ausgesprochen: «Ich lebe und ihr sollt leben!» (Joh. 14, 19). Von daher ist es von allen Illusionen geschieden. Als Illusionen erweisen sich von daher vielmehr alle ihm gegenüber vermeintlich geltend zu machenden Realismen. Und nun vergegenwärtige man sich, nun rechne man auch nur einen Augenblick damit, daß es von daher laut wird – um dann den Angriff bemerken zu müssen, der da geführt wird. Es gibt keinen schärferen, keinen schneidenderen Angriff als diesen.

Man denke sich das Gespräch ein wenig aus, das da anheben muß und in irgendwelchen Formen bestimmt anheben wird!

«Ich bin das nicht», meint, denkt und behauptet der Mensch, dem dieses Wort gesagt wird: «nicht dieser neue, nicht dieser friedliche, nicht dieser freudige, nicht dieser gemeinschaftlich lebende Mensch! Laßt mich doch ehrlich sein und bekennen: Ich kenne diesen Menschen nicht – jedenfalls mich nicht als diesen Menschen!» Darauf das Wort der Gnade: «Deine Ehrlichkeit in Ehren, aber meine Wahrheit geht über deine Ehrlichkeit. Laß dir jetzt also als Wahrheit und aus bestem Grunde gesagt sein, was du offenbar nicht weißt, daß du dem, was du von dir zu wissen meinst, zum Trotz eben dieser Mensch bist!»

Darauf der Mensch: «Du meinst wohl, daß ich ein solcher Mensch im Lauf der Zeit werden könne und solle? Eben das traue ich mir aber durchaus nicht zu: ich werde, so wie ich mich kenne, auch nie ein solcher Mensch werden.» Darauf das Wort der Gnade: «Du tust wohl daran, dir das nicht zuzutrauen. Davon ist aber auch nicht die Rede, daß du ein solcher Mensch werden könntest und sollest. Daß du es, so wie ich dich kenne, schon bist, das ist es, was ich dir anzuzeigen habe.»

Darauf der Mensch: «Ich verstehe, du meinst das eschatologisch, du redest von dem Menschen, der ich, ich weiß nicht bestimmt, in welcher Transfiguration in einer fernen Ewigkeit, vielleicht einmal sein werde. Wäre es doch nur schon so weit mit mir! Und wenn ich dessen doch nur ganz gewiß sein dürfte, daß ich wenigstens dann, dann, dieser neue Mensch einmal sein werde!» Darauf das Wort der Gnade: «Versteh mich und dich selbst besser! Zum Spekulieren auf dein Sein in der Ewigkeit bist du durchaus nicht eingeladen, wohl aber zur Entgegennahme und Beherzigung der Nachricht, daß du eben jetzt und hier der neue Mensch zu sein beginnst und also schon bist, der du ewig sein wirst.»

Darauf der Mensch: «Wie soll ich mich an diese Nachricht halten? mit welcher Gewähr und mit welchem Mut es wagen, sie ernst zu nehmen?» Darauf das Wort der Gnade: «Ich, Jesus Christus, bin es, der mit dir redet. Du bist, der du in mir bist, indem ich in dir sein will. Halte dich an mich! Ich bin dir schon Gewähr. Mein Mut ist schon der deinige. Wage es gerade nur mit meinem Mut, aber wage es, zu sein, der du bist.»

Darauf der Mensch: «Die Botschaft hör ich wohl, allein...!» – In diesem verlegenen, erschrockenen «allein...» wird der Angriff sichtbar, der da geführt wird – und nun doch auch schon, wer da angegriffen wird.

Angegriffen – und das in allen seinen Gestalten und in allen seinen Schlupfwinkeln – ist da offenbar Etwas im Menschen, worin er über sich selbst, d.h. über die Möglichkeiten seiner Zukunft Bescheid zu wissen meint und worin er sich darum dagegen sträubt, gerade über sich selbst mit der Anzeige und Eröffnung seiner wirklichen Zukunft ganz anderen Bescheid zu bekommen. Man ahnt, daß dieses Etwas im Menschen sich dagegen – von allen Bestimmungen dieser seiner wirklichen Zukunft noch ganz abgesehen – grundsätzlich zur Wehr setzen müssen wird. Grundsätzlich eben darum, weil der Mensch unter seiner Herrschaft in und von der Realisierung dessen meint leben zu können und zu sollen, was er für seine Möglichkeiten hält, weil der neue Mensch, als der er durch das Wort der Gnade angeredet wird, nicht zu seinen ihm bekannten Möglichkeiten gehört, von ihm nicht zu realisieren ist, und weil ihm nun eben dieser neue Mensch – abseits von allen seinen Möglichkeiten und sehr im Widerspruch zu seinem Selbstverständnis – als seine eigenste Wirklichkeit angezeigt wird. Eben dieses Etwas im Menschen, das ihn nötigt, sich dagegen grundsätzlich aufzulehnen, ist durch das Werk der Gnade angegriffen, noch bevor es dessen gewahr ist. Es wird sich um seiner Selbsterhaltung willen dagegen verteidigen müssen. Es wird sich aber nur dagegen verteidigen können. Es wird ihm – das steht im voraus fest – nichts Originelles, es wird ihm gerade keine andere Wirklichkeit entgegenzustellen haben. Das Gesetz seines Handelns wird ihm durch seinen Angreifer vorgeschrieben sein, nicht umgekehrt. Es wird gerade nur das Nein zu dem durch das Wort der Gnade ausgesprochenen Ja sein und verlautbaren können. So wird, wie wild es sich auch gebärde, die Ehre und der Vorteil des Kampfes auch in dieser Hinsicht nicht auf seiner Seite sein.

Eben von dem in diesem Kampf Angegriffenen und von seiner Selbstverteidigung werden wir nun wohl oder übel auch reden müssen. «Wohl oder übel»: es ist ja peinlich, von dieser Sache zu reden. Aber sie ist nun an der Reihe.

Man wird wohl, Alles wohlüberlegt, nur eben von «Etwas im Menschen» reden dürfen, das da angegriffen wird, um sich daraufhin zur Wehr zu setzen. Obwohl es doch zweifellos der Mensch ist, dem die Gnade Gottes zugewendet ist und dem das Wort der Gnade gesagt wird: der Mensch, der sich durch dessen Angriff betroffen fühlt, der Mensch, der sich zu seiner Abwehr die entsprechenden Gedanken macht, die entsprechenden Worte ausstößt, die entsprechenden Bewegungen ausführt, der Mensch, die Höhle, in welcher das Nein zu Gottes in Jesus Christus gesprochenem Ja nistet, in welcher es, indem das Licht des göttlichen Ja da hineinfällt, erwacht, als das Nein, das es ist, zum Bewußtsein kommt, um dann als solches, aber durchaus im Gewande und mit den Waffen menschlichen Gefühls, menschlicher Verstandesargumentation, menschlicher Willensbildung, menschlicher Tatkraft ins Offene zu kommen und seinen Abwehrkampf aufzunehmen. Es ist schon der Mensch, der in dieser Sache verantwortlich ist, sich schuldig macht und sich damit in tödliche Gefahr begibt. Wie er sich wehrt und was das für ihn bedeutet, das wird uns noch ausführlich beschäftigen. Wir reden aber jetzt noch immer von dem prophetischen Amt und Werk Jesu Christi als solchem – und nun also von seinem geschichtlichen Verhältnis zu dem ihm begegnenden Widerspruch und Widerstand. Kein Zweifel, daß der Mensch, indem er diesem Raum gibt, zu seinem Träger und Exponenten wird. Es wäre aber unbesonnen, ihn mit diesem zu identifizieren und also etwa zu sagen, was die heilige Schrift so nirgends sagt: der Mensch ist dieser Widerspruch und Widerstand, ist die Sünde, ist die Lüge. Er widerspricht, er widersteht, er sündigt, er lügt. Er macht sich also gewissermaßen – und das ist folgenschwer genug – zum Kriegsschauplatz, auf dem die Finsternis, vom Licht angegriffen, des Lichtes sich aus allen Kräften erwehren will. Er ist finster, ist in der Finsternis und die Finsternis ist in ihm. Er liebt die Finsternis mehr als das Licht (Joh. 3, 19). Das ist schlimm genug. Er ist immerhin nicht die Finsternis. Von der ihm zugewendeten Gnade redet ja Gottes Wort: für die Finsternis hat aber Gott nicht die geringste Gnade übrig, die Finsternis hat er nicht mit sich selbst versöhnt, mit der Finsternis hat er keinen Bund geschlossen. Sie greift er in seinem Wort an, und das nicht, um sie schließlich doch zu schonen und zu erhalten, sondern um sie zu vernichten. Er greift aber nicht den Menschen an, sondern um des Menschen willen, zu des Menschen Bestem, zu seiner Errettung die ihn umgebende und in ihm hausende Finsternis. Ist doch der Mensch sein Geschöpf, dem er Treue geschworen und gerade mit dem in seinem Wort geführten Angriff gegen die Finsternis Treue hält. Ist doch die Welt die von ihm geliebte, in der Dahingabe seines Sohnes wirklich und wirksam geliebte Welt.

Also: es ist da Etwas im Menschen, das durch das Wort der Gnade, das durch Jesus Christus in seinem Amt und Werk als Prophet unverkennbar und eindeutig angegriffen wird und sich dagegen zur Wehr setzt: zur Wehr setzen muß. Es muß, denn es kann das, was da vom Vergehen des alten, vom Kommen des neuen Menschen gesagt wird, nicht ertragen. Es kann insbesondere den dringenden Ton des «Jetzt eben!» nicht hören, ohne sich dagegen zu verwahren. Es wäre nämlich sofort aus mit ihm, wenn der Mensch, um den und in dem es sein Wesen hat, das hören, annehmen, beherzigen würde. Es kann sich selbst und es kann dem Menschen diesem Wort und Ton gegenüber nur die Ohren verstopfen und, da es ihn damit nicht zum Schweigen bringen kann, ihn nur zu übertönen versuchen. Eben das tut es. Und eben damit tritt dem Angreifer gegenüber der Verteidiger auf den Plan, wird also die Geschichte der Prophetie Jesu Christi zur eigentlichen Kampfgeschichte.

Wie aber soll man dieses angegriffene «Etwas im Menschen» und also die sich gegen das Licht verteidigende Finsternis umschreiben und beschreiben? Ohne ihm, da sein Wesen ja nur das größte Unwesen sein kann, durch eine ernstlich positive Definition seines Wesens eine Ehre anzutun, die es nicht verdient – und nun doch so, daß sein Wesen als Unwesen durch das, was darüber zu sagen ist, deutlich gemacht, gerade als Finsternis ans Licht gezogen wird?

Das ist sicher, daß wir die Art und dann auch die Macht und Aktion dieses widersetzlichen Etwas im Menschen gerade nur in seinem diametralen Gegensatz zu dem dem Menschen gesagten Wort Gottes und also nur als dessen negatives Spiegelbild werden verstehen können. Ihm gegenüber hat es seinen Ort, in seiner Negation seinen Grund, im Verhältnis zu ihm, von ihm beleuchtet, aufgestört, angegriffen, tritt es in Erscheinung, im Streit mit ihm ist es, was und wie es ist. Und nun haben wir das in Jesus Christus gesprochene Wort Gottes als das Wort der Gnade bezeichnet und beschrieben: als das Wort, in welchem die Gnade sich ausspricht, bezeugt und verkündigt, in welcher Gott die Welt geliebt, der Welt sich angenommen, ihre Situation dadurch radikal verändert hat, daß er in Jesus Christus einen alten Äon und Menschen vergehen, einen neuen kommen ließ. War das sachgemäß, dann wird es jetzt auch sachgemäß sein, das Widersetzliche im Menschen, das sich, durch dieses Wort Gottes herausgefordert, zum Streit gegen dieses erhebt, allgemein als das eben dieser von ihm bezeugten Gnade Widerstrebende zu bestimmen. Es will die freie Güte des freien Gottes – es will insofern Gott selbst und als solchen nicht haben und so auch nicht den von seiner freien Güte lebenden Menschen. Es mag keine Befreiung des Menschen, die einfach und gänzlich Gottes Werk wäre, und so auch keine Freiheit, die der Mensch einfach und gänzlich Gott zu verdanken, in der er also in der Gemeinschaft mit seiner Freiheit zu leben hätte, in der er nur eben in ihm und also gerade nur im Gehorsam gegen ihn frei sein könnte. Es mag diesen Kreislauf nicht, in welchem es nur eben um das schenkende Sein Gottes auf der einen, das geschenkte Sein des Menschen auf der anderen Seite gehen soll, das dann doch wohl nur als ein dankbares Sein sich gestalten kann. Es haßt diesen Schenker, dieses Schenken, dieses Beschenktwerden, dieses Beschenktsein. Es haßt also wirklich die Gnade und darum die Dankbarkeit. Oder, sofern das möglich ist, annähernd positiv ausgedrückt: Es will eine andere Wirklichkeit der Welt und des Menschen als die in diesem Kreislauf von schenkendem und beschenktem Sein. Es will einen Gott oder ein Schicksal oder ein höchstes absolutes Wesen, das sich, statt sich mit dem Sein des Menschen abzugeben, mit seinem eigenen Sein begnügte, und es will diesen Gott als das höchste Symbol der in sich selbst ruhenden und bewegten Souveränität, der Autarkie, der Selbstgenügsamkeit des menschlichen Seins. Es hat sein Wohlgefallen an dessen Independenz und an einer Aseität Gottes, die diese bestätigt, in der diese gewissermaßen ins Unendliche projiziert erscheint. Es meint eine ungeliebte, vielmehr nur sich selbst liebende und so nur von sich selbst geliebte, eine der Liebe eines Anderen weder teilhaftige noch bedürftige Welt. Eben dazu braucht es einen lieblosen, zur Liebe eines Andern nicht willigen und auch nicht fähigen Gott. Es ist der Todfeind der Gnade, indem es – das ist wohl das Positivste, was sich von ihm sagen läßt – stolz ist: der Stolz einer nicht geschenkten, sondern usurpierten Freiheit. Es hat den Glanz und die Macht dieses Stolzes. Es empfiehlt, entfaltet und betätigt sich als dieser Stolz. Er ist die Finsternis, die durch das Licht als solches entdeckt und gekennzeichnet – das Widersetzliche im Menschen, das durch das Wort der Gnade angegriffen, herausgefordert wird, das sich ihr gegenüber geltend macht und zur Wehr setzt. Daraufhin, von diesem **Widersetzlichen** in ihm beherrscht, bestimmt, besessen, in seinem Dienst und Sold, als sein Träger und Exponent tut es dann auch der **Mensch**, in welchem es sich Raum verschafft und der ihm Raum gibt. Es soll uns nun aber um dieses Widersetzliche im Menschen als solches gehen. So unangenehm das Thema ist: wir müssen uns die Verhaltungsweisen, in denen es sich dem Wort der Gnade zu widersetzen versucht, in einigen ihrer Grundformen deutlich zu machen versuchen. Es liegt im Wesen der Sache, daß wir das nur in fast oder ganz mythologischer Redeweise versuchen können. Eben in diesem Widersetzlichen im Menschen haben wir es ja, von allem Andern abgesehen, auch mit der ontischen Voraussetzung alles mythologischen Denkens und Redens zu tun.

Seine primitivste, plumpste, aber in ihrer Art immerhin sehr beachtliche Verhaltungsweise in dieser Abwehr besteht in dem Versuch, das Wort der Gnade durch eine Art von **Tatbeweis** zu widerlegen und zum Schweigen zu bringen: durch sein stummes, aber zähes Fortexistieren nämlich, durch sein rein **faktisches Ignorieren** jenes Wortes und dessen, wovon es redet. Das Widersetzliche im Menschen ist angegriffen. Das Licht der Gnade hat in seine Höhle hineingeleuchtet. Es ist in seinem Stolz, der sein Wesen ist, bloßgestellt und betroffen. Seine Herrschaft im Menschen und in der Welt ist in Frage gestellt. Auch es muß vernehmen, daß sich die Situation verändert, u. zw. ganz und gar zu seinen Ungunsten verändert hat. Es muß dazu Stellung nehmen, dagegen reagieren und einschreiten. Es muß also, will es sich nicht selbst aufgeben – und das will es von sich aus gewiß nicht – aus seiner Höhle herauskommen und irgend etwas tun. Das Einfachste und Naheliegendste, was es tun kann, besteht aber gewiß darin, so zu tun, als hätte es das Wort nicht vernommen, als wäre es gar nicht ausgesprochen, als wäre, was laut des Wortes geschehen ist, nicht geschehen. Tatsache gegen Tatsache! Also gegen die Tatsache der geschehenen Versöhnung, des erfüllten Bundes, die Tatsache der **Indifferenz** gegen das, was das Wort verkündigt: gegen den göttlichen Schenker, gegen sein göttliches Schenken, gegen sein göttliches Geschenk. Gegen die Gnade ganz einfach – affektlos, aber um so wirkungsvoller – die Kontinuität des Stolzes! Gegen des Menschen Befreiung von seinem alten und für sein neues Wesen nur eben dies, daß er offensichtlich auch in seiner alten, der usurpierten Freiheit weiterexistieren kann, von der ihm gegebenen neuen Freiheit durchaus keinen Gebrauch machen muß! Gegen die Ersäufung des alten Adam nur eben dies, daß das Luder sich leider nur zu gut aufs Schwimmen versteht! Gegen den im Geheimnis der Weihnacht neu geborenen Menschen nur eben dies, daß das alte Spiel mit der Selbstversöhnung, mit der Lebensangst, mit der Zuschauerei weitergeht und die Kunde vom Anbruch des neuen Äon mit seinem Frieden, seiner Freude, seiner Gemeinschaftlichkeit ohne viel Aufhebens und Umstände, nur eben durch sein Weitergehen Lügen straft! Man könnte auch sagen: gegen die Bibel nur eben die liberale Tageszeitung! Gegen das «Jetzt eben!» nur ganz schlicht ein ruhiges «Noch lange nicht!» Was gilt's, die störende Wahrheit von der ganz anderen, der einzigen Wirklichkeit wird sich schlicht dadurch unschädlich machen lassen, daß die wohlbekannte, die gewöhnliche, die angebliche Wirklichkeit sich ihr gegenüber nach wie vor als solche behauptet und erweist! Was gilt's, sie wird der Wahrheit gegenüber den längeren Atem haben und alsbald, als wäre diese nicht erschienen, das Feld beherrschen: einfach damit, daß sie sich ihr gegenüber vor aller Augen breit wie ein Rhinozeros an der Sonne hinlagert und nach wie vor da ist. Das also ist es – gerade nichts Besonderes, aber dieses nur um so Einleuchtendere, was das Widersetzliche im Menschen dem ihm widerfahrenen Angriff gegenüber als Erstes ins Werk setzen wird: die gelassene Führung des Tatbeweises dafür, daß Alles nicht so gefährlich ist, daß das wilde Tier nicht einmal eine Schwanzbewegung nötig hat, um sich der drohenden Gefahr zu entledigen: Nur so tun, als ob nichts wäre! Nur weiter im Irrtum, nur weiter in der Dummheit, weiter in der Bosheit, weiter ohne Liebe, weiter im Lauf der Welt, wie er immer lief und laufen wird! – So primitiv die Sache ist – vielleicht gerade darum, weil sie so primitiv ist – fragt man sich nicht doch ein wenig besorgt, ob der Angriff der Prophetie Jesu Christi als der Angriff des Lichtes gegen die Finsternis nicht schon an dieser ersten Form des ihr widerfahrenden Widerstandes zum Stehen kommen, im besten Fall in einem endlosen Stellungskrieg sich festlaufen werde?

Es ist nun aber merkwürdig, daß das Widersetzliche im Menschen es dabei doch nicht bewenden läßt. Weiß es, daß es mit bloßem Beharren nun doch nicht durchkommt, daß sein vermeintlich so evident geführter Tatbeweis auf Schein und Trug hinausläuft, mit dem es sich dem Wort der Gnade als dem Wort Gottes gegenüber nicht halten kann? Sicher ist, daß es außer jener stummen Reaktion auch eine ganz andere, nun schon aggressivere Verhaltungsweise in Anwendung bringt. Es kann nämlich in seiner Weise auch denken und reden und tut es auch. Es kann seinerseits eine kleine Prophetie ins Werk setzen und es kann diese der Prophetie Jesu Christi entgegenstellen. In der Weise nämlich, daß es diese zu unterbieten versucht. Es hört sehr wohl, was da von einer geschehenen Versöhnung, von einem geschlossenen und erfüllten Bund, von einem Gott und von einem gerechtfertigten und geheiligten Menschen, vom Vergehen eines alten und vom Kommen eines neuen Wesens gesagt wird. Es denkt nicht daran, davor zu kapitulieren, sich in das da Gesagte zu fügen. Es wäre nicht das Widersetzliche im Menschen, wenn es das könnte. Es ist unbekehrbar. Es kann durch das da Gesagte nur beseitigt, ausgelöscht, vernichtet werden. Es bemerkt aber eben die Größe und die Gefahr des da Gesagten zu gut, um sich an einer bloß passiven Resistenz dagegen begnügen lassen zu können. Und so macht es sich auf, der Wahrheit eine ihm nicht wehtuende, sondern seinen Interessen entsprechende Gegenwahrheit auf den Plan zu führen: eine näherliegende und bequemer zu überblickende und zu erfassende Wahrheit als die im Wort der Gnade bezeugte, ohne deren scharfe Ecken und Ränder, vereinbar mit seinem Stolz, weil vereinbar mit der Gewißheit, daß ein Umbruch sich erübrigt, daß nichts Altes vergehen, nichts Neues kommen muß, vereinbar mit dem *status quo*, mit einem Dasein in reibungslosem Übergang von irgendeiner Vergangenheit in irgendeine ihr ähnliche Zukunft. Das Widersetzliche im Menschen greift zur Möglichkeit der Weltanschauung. Wir können hier nicht ins Einzelne gehen. Es gibt viele und vielerlei Weltanschauungen: magische, naturalistische, idealistische und skeptische, historisch-politische, ästhetische, moralische. Es gibt bekanntlich auch religiöse Weltanschauungen, und ohne offen oder verkappt religiöse Elemente wird wohl an entscheidender Stelle auch keine von den anderen auskommen. Gemeinsam sind ihnen allen im Verhältnis zur Prophetie Jesu Christi folgende Grundzüge:

In ihnen ergreift der Mensch (1) die Möglichkeit, wie das Wort sagt, zunächst einmal zu schauen, anzuschauen, aus gewisser Distanz sich Bilder von den Dingen und schließlich ein Bild vom Ganzen zu machen. Das Wort der Gnade wird gesprochen und läßt sich hören, hebt damit die Distanz zwischen sich und dem Menschen sofort auf, läßt also zum Machen und Betrachten von Bildern keinen Raum. Es tritt da tatsächlich in Gestalt des Bilderverbots gewaltig dazwischen. Weltanschauung ist die herrliche Möglichkeit, sich dieses Verbots und solcher Zudringlichkeit zu erwehren. Im Rahmen einer Weltanschauung wird wie so viel Anderes auch das Wort der Gnade zu einem betrachtbaren Bild – zu einem Einzelbild (etwa unter dem Titel «Christentum» oder «Kirche» oder «Theologie»), das, soweit ein Bild das kann, nur noch als solches, aus gemessenem Abstand und nur unter und neben vielen anderen Bildern allenfalls auch reden darf – und vor Allem: nur im Zusammenhang eines Gesamtbildes, dessen Urheber, indem er es schuf, dafür gesorgt haben dürfte, daß es ihm nichts sagen wird, was ihm zu nahe treten könnte.

In den Weltanschauungen wird (2), wie wieder das Wort sagt, die Welt angeschaut: das große Ganze eines im Einzelnen mehr oder weniger genau und in seinem Zusammenhang mehr oder weniger geschlossenen *intelligere* und *intelligi*, der Natur und der Geschichte, der Mannigfaltigkeit und Einheit ihrer Erscheinungen, der in ihr erkennbaren Gesetze, der Richtung und des Sinnes der in ihr sichtbaren Prozesse. Auch in den Weltanschauungen wird selbstverständlich der Mensch eine zentrale – kann übrigens unter diesem oder jenem Namen auch Gott eine wichtige Stelle einnehmen. Das Wort der Gnade redet von einem Handeln Gottes in der Welt und, sofern es auch von der Welt redet, vom Menschen in seinem

Verhältnis zu diesem Handeln, in welchem dann sofort auch über sein Verhältnis zum Mitmenschen und zu sich selbst so oder so entschieden wird. Weltanschauung ist die herrliche Möglichkeit, sich der geladenen Atmosphäre dieses Dreiecks – Gott, der Mitmensch, der Mensch selbst – der ultimativen Entscheidung, die sich da in schier unerträglicher Spannung als schon gefallene und als noch zu vollstreckende ankündigt, zu entziehen. In der Weltanschauung herrscht, je mehr in ihr wirklich die Welt angeschaut wird, das gemäßigte Klima eines Panoramas, in welchem es Vieles zu sehen, zu studieren, zu bedenken, ernst zu nehmen, miteinander zu vergleichen, zusammenzuordnen gibt: Vieles und nicht nur – welche Verarmung, welche Beschränktheit, welche Einseitigkeit! – Eines, bestimmt nicht in besonderer Weise gerade das so anspruchsvolle Geschehen in jenem Dreieck!

In den Weltanschauungen geht es (3) um die angebliche Wirklichkeit allgemeiner Zuständlichkeiten, Beziehungen, Abfolgen, um die Wahrheit bestimmter, irgendwo im Endlichen wahrnehmbarer Reihen und um deren unendliche Verlängerungen nach rückwärts und vorwärts, um die Wahrheit des immer und überall Gleichen und also Wiederkehrenden. Das Wort der Gnade redet von einem einzigen, höchst besonderen Ereignis, von seiner Tragweite für Alle und Alles, von dem negativen und positiven Vorzeichen, das mit seinem Geschehen, mit seiner Offenbarung und Erkenntnis vor alle Reihen, vor alle allgemeinen Wahrheiten und zugleich als Schlußzeichen hinter sie alle gesetzt ist. Weltanschauung ist die herrliche Möglichkeit, wie alle besonderen Ereignisse, so auch dieses, wie alle besonderen Offenbarungen und Erkenntnisse, so auch diese, damit zu relativieren, ihrem «Absolutheitsanspruch» damit die Spitze abzubrechen, daß sie in die Reihe zurückgestellt werden, in die auch sie gehören. Wird nicht jede ordentliche Weltanschauung auch den Begriff des Kontingenten, des Individuellen, des Konkreten, des in seiner Art Einzigartigen und Einmaligen kennen und in ihrem Sehen und Verstehen zur Geltung bringen? In diesem Sinn mag in ihr denn auch dieses Besondere zu Ehren kommen. Aber welche Weltanschauung würde es sich nehmen lassen, bei diesem «in seiner Art» zu verharren und also auch das besonderste Besondere und so auch dieses in ein entsprechendes Allgemeines und letztlich in ein großes umfassendes Allgemeines einzuordnen, es von daher zu deuten, statt umgekehrt – wie unbescheiden, wie unvornehm! keine ordentliche Weltanschauung tut das! – das Allgemeine von diesem einen, einzigen Besonderen her. In der Weltanschauung gilt das Prinzip und nicht dies und das, nicht Eines, und wenn es das Bedeutsamste wäre!

Weltanschauungen sind (4) Lehren, die der die Welt anschauende Mensch von irgendeinem Ort her aus dem Vielen, was er gesehen hat oder gesehen zu haben meint, zieht. Gewiß in der Regel immer auch eine praktische, irgendeine Ethik, vielleicht auch Politik in sich schließende Lehre –

aber eine Lehre, die man anderen Lehren gegenüberstellen, die man mit anderen und mit denen man andere vergleichen, über die man mit deren Vertretern akademisch diskutieren, über die man freilich auch leidenschaftlich verteidigend und angreifend mit diesen streiten kann. Das Wort der Gnade ist keine Lehre, sondern ein Ausruf und ein Anruf: der Ausruf einer schon gefallenen Entscheidung, der Anruf, sich nach dieser zu richten, dem gegenüber also nur Gehorsam oder Ungehorsam in Frage kommt. Es ist eine Botschaft, laut derer etwas geschehen ist, was bei dem, der es hört, sofort ein entsprechendes Geschehen nach sich zu ziehen in Anspruch nimmt. Weltanschauung ist die herrliche Möglichkeit, auch aus dieser Botschaft – wie aus so vielen anderen, wie aus den Weltphänomenen überhaupt – von irgendeinem Ort aus zu «lernen», d. h. gemächlich kritisierend, modifizierend und schließlich formulierend eine Lehre zu ziehen, die man zu anderen Lehren in Beziehung setzen und schließlich mit mehr oder weniger Vorbehalt sich aneignen, vortragen und an den Mann bringen kann – unter Aufschub dessen, was, würde man sie als Botschaft hören und gelten lassen – jetzt eben, sofort geschehen müßte. Weltanschauung ist die Kunst dieses Aufschubs. Weltanschauung ist die beruhigende, die fröhliche Möglichkeit, es beim Gespräch, grundsätzlich bei einem endlosen Gespräch sein Bewenden haben zu lassen.

Die Weltanschauungen sind (5) der Versuch des Menschen, **sich selber mit sich selber über sich selber zu verständigen**. Er hält sich für dazu genötigt. Er hält sich auch für dazu befähigt. Wie könnte er sich aber mit sich selbst verständigen, ohne sich in der Welt, ohne also die Welt – seine Welt und die Welt von seinem Ort aus – anzuschauen? Und so geht er denn ans Werk: in der dreifachen Eigenschaft als Betrachter, als Konstrukteur und als Betriebschef – er mit seinen Augen, er mit seinem Apperzeptionsvermögen, er mit seiner Wahl- und Willensfreiheit, er mit seinen Bedürfnissen und Bestrebungen, er in seiner Zeit mit ihren besonderen Bedingungen und Tendenzen, in Übereinstimmung, vielleicht auch im Streit mit ihrem besonderen Zeitgeist, mit primitiven Mitteln oder unter Anwendung irgendeiner mehr oder weniger entwickelten und bewährten Wissenschaft, er in irgendeiner Originalität und Einsamkeit oder er im Strome irgendeiner Bewegung und Richtung oder gar als bloßes Instrument irgendeines Kollektivs, aber meisterhaft und souverän immer er, der Mensch. Das Wort der Gnade hat das gefährliche Gefälle eines den so beschäftigten Menschen von außen, und das aus überlegener Höhe treffenden Anstoßes, kraft dessen er sich gerade nur noch so verstehen wollen soll, gerade so aber wirklich verstehen soll, wie er verstanden ist. Es stellt ihn, indem es ihm dieses Verständnis eröffnet, auf die Paßhöhe zwischen dem, was er war, und dem, was er sein wird, auf der es für ihn also kein Zurück, sondern nur ein ganz bestimmtes Vorwärts gibt. Es sagt gerade damit nicht Nein, sondern Ja zu ihm: das denkbar gründlichste, herzlichste, unbedingteste Ja sogar. Es verbietet ihm auch nicht, je an seinem Ort, in seiner Zeit und in seiner Weise Ja zu sich selbst zu sagen. Es erlaubt ihm aber gerade nur dasjenige Ja zu sich selbst, das die Antwort auf das ihm gesagte Ja ist. Das ist sein gefährliches Gefälle, damit trifft es ihn als Anstoß. Weltanschauung ist die herrliche Möglichkeit des Ausweichens, der Flucht vor diesem Anstoß. Solange und sofern der Mensch, die Welt anschauend, Betrachter, Konstrukteur und Betriebschef ist, ist er vor diesem Anstoß in Sicherheit, meint er jedenfalls vor ihm in Sicherheit zu sein.

Das also ist das zweite Stratagem, dessen sich das Widersetzliche im Menschen bedient, als ob das erste, der Tatbeweis der passiven Resistenz, nun doch nicht ganz genügte: die Gegenwahrheit, die kleine Prophetie der Weltanschauungen. Es ist klar, daß sie dem Stolz, der das Wesen dieses Widersetzlichen ist, nicht zu nahe tritt, sondern neues Recht gibt. Und es ist klar, daß mit ihr, eben indem sie eine Unterbietung der Prophetie Jesu Christi darstellt, etwas auszurichten ist. Wann wäre man nicht in mächtigster Versuchung, aus dem evangelischen in ein weltanschauliches Denken, Reden und Sich-Verhalten abzurutschen? Das Wesen dieser Möglichkeit, in welchem alle ihre erwähnten Bestimmungen zusammentreffen und die dann auch mit ihren äußeren Kennzeichen identisch ist, besteht darin, daß die Weltanschauungen samt und sonders für Jesus Christus keine Verwendung haben. Mag sein: für einen abstrakten Gott. Mag sein: für einen abstrakten Menschen. Nicht aber für ihn, den Gottmenschen. Mag sein: für einen aus dem Zeugnis des Neuen Testamentes herausgelösten angeblich historischen Jesus. Mag sein: für eine mittelst eines ähnlichen Abstraktionsverfahrens gewonnene Christusidee. Nicht aber für den lebendigen Herrn, nicht für den Hohenpriester, nicht für den König und erst recht nicht für den Propheten Jesus Christus. Er läßt sich eben auch nicht verwenden für das, was in den Weltanschauungen beabsichtigt ist. Er wäre nicht der, der er ist, wenn er sich dem nicht entzöge. Und so ist er abwesend unter den Einzelbildern und im Gesamtbild jeder Weltanschauung. Eben das ist dann aber auch nicht der letzte und geringste Grund, warum es immer wieder so nahe liegt, auf die kleine Prophetie dieser oder jener Weltanschauung zu hören. Bilder, Panoramen, Allgemeinheiten, Lehren, menschliche Selbstverständnisse bieten sie genug. Seine Stimme aber – und das ist die entscheidende Erleichterung des Zutritts zu ihnen, ist in keiner von ihnen zu hören. Schon darum ist es dem Menschen durch das Widersetzliche in ihm selber so dringend, fast zwingend empfohlen, nach dieser Möglichkeit zu greifen. Und wieder möchte man sich etwas bekümmert fragen, was wohl aus dem Wort der Gnade angesichts der wirklich großen Versuchlichkeit dieses Angebotes werden, ob es sich wohl dieser Abwehrmaßnahme seines Widersachers gegenüber durchsetzen werde?

Ob es eine **noch** schlimmere gibt? Es gibt jedenfalls eine, die noch **viel** schlimmer ist. Das Widersetzliche im Menschen könnte ja das Ungenügen, die letzte Ohnmacht auch eines solchen Konkurrenz- und Unterbietungsunternehmens empfinden, sich seines Widerspruchs und Widerstands scheinbar ganz begeben, um sich statt dessen das Wort der Gnade – natürlich in seiner Weise und nur um es so auf das gründlichste zu entkräften – in aller Form zu eigen zu machen. Es könnte – eben davon wird in einem besonderen Paragraphen besonders zu reden sein – **fromm**, u. zw. jetzt nicht heidnisch oder humanistisch, sondern **christlich, kirchlich** fromm werden. Es könnte sich gerade in den Christen als solchen regen und bewegen. Es könnte sie zum Aufbau und Betrieb der Kirche des **Antichrists** verführen und anleiten. Es könnte christliche Gemeinde begründen und auferbauen, christlichen Gottesdienst, christliche Verkündigung, christliche Theologie ins Werk setzen – ein Werk, in welchem alles danach aussähe, als ob es da aufs Höchste um die Gnade und ihr Wort gehe. Der Eifer könnte da sehr mächtig, die Treue im Großen und im Kleinen sehr groß, auch die subjektive Aufrichtigkeit der in den Dienst des Widersetzlichen genommenen Christen könnte da ganz echt sein. Wirklich ernst und packend würde da auf die Bibel verwiesen, würde da das kommende und schon gekommene Reich Gottes, die Vergebung der Sünden, die Bekehrung, das neue Leben, der Ausblick in die Ewigkeit und der Blick von der Ewigkeit in die Zeit, das Evangelium wohl auch als Botschaft an die Welt aufgezeigt, dargestellt, in Predigt, Unterricht und Seelsorge, in Dogmatik und Ethik und anderen lobenswerten Gestalten eingeschärft und angepriesen. Und der Name Jesu Christi fiele da wahrhaftig nicht unter den Tisch, wäre vielmehr das dritte oder vierte Wort, das da immer wieder zu hören wäre. Was fehlte eigentlich? Es schiene eigentlich gar nichts zu fehlen! Auch über die leisen Varianten der kirchlich-theologischen Richtungen könnte man sich ja mit einem kleinen Seufzer leicht damit trösten, daß wir mit etwas verschiedenen Worten schließlich alle dasselbe meinten und im Grunde Brüder seien. Es fehlte – wohlverstanden! – auch daran nicht, daß dem Widersetzlichen im Menschen ernstlich zu Leibe gegangen, der Teufel und seine Rotte mindestens von Einigen ganz unentmythologisiert beim Namen genannt und gekennzeichnet, ihr Wirken da und dort in der Nähe und besonders in der Ferne festgestellt und gebührend gebrandmarkt und daß dann doch wieder der Bogen der Versöhnung, des Sieges Christi, der Hoffnung im Letzten friedlich über das Ganze gespannt würde. Nein, es schiene wirklich nichts zu fehlen. Es wäre nur so, daß in dem allem für feinere Ohren, aber auf die Länge und im Grunde bewußt oder unbewußt für alle Ohren alle die da im Schwung gehenden Richtigkeiten und Ordentlichkeiten, alle die da zu vernehmenden guten Worte, Lieder, Gebete und Beteuerungen ihrem ganzen Ernst zum Trotz einen gewissen hohlen, blechernen oder hölzernen Ton hätten, daß in dem Allem das charakteristisch matte Geräusch einer leer laufenden Mühle nicht zu verkennen wäre. Nichts Böses würde sichtbar, nichts greifbar Falsches hörbar. Nur daß ein grauer Nebel von aufgebauschter Mittelmäßigkeit, pathetischer Langeweile und wichtigtuender Unwichtigkeit sich über das Ganze verbreitete. Nur daß eben im Grunde nichts passierte, nichts auch nur innerlich, geschweige denn äußerlich in Bewegung käme: in der beteiligten Christenheit nicht und in ihrer Umgebung erst recht nicht. Die Kirche stünde mitten im Dorf, machte wohl auch von sich reden, würde wohl auch leidlich respektvoll behandelt – nur daß sich die leise, gelegentlich dann auch laute Frage: «Ich weiß nicht, was soll es bedeuten?» weder draußen noch drinnen unterdrücken ließe. Was könnte nämlich geschehen sein? Es könnte geschehen sein, daß das Wort von der Gnade in seiner Verkündigung, Vertretung und Darstellung durch die Christenheit und Kirche eine gerade im letzten Grund harmlose Sache geworden wäre: billig gemacht und zu haben, billig auszusprechen und anzuhören. Es könnte sein, daß ihm gerade von denen, denen seine Bezeugung anvertraut ist, in aller Stille eine Struktur, ein Charakter gegeben worden wäre, in welchem es sich dem Christenmenschen und dem Weltmenschen, an den es sich richtet, durch behutsames Abschleifen seiner Kanten und Ränder, durch Unterdrückung oder doch Milderung der Fremdartigkeit seiner Aussage zum vornherein angeglichen ist. Ein Charakter, in welchem es trivial, gewöhnlich geworden, in welchem nämlich das göttliche Ja zum Menschen jenem Ja, das der Mensch von sich aus zu sich selber zu sagen beständig im Begriff steht, unheimlich ähnlich geworden wäre! Ein Charakter, in welchem es sich selbst in eine Art Weltanschauung verwandelt hätte, in welchem es des Menschen Ausweichen und Flucht vor seiner Aussage selber und nun gewiß in unanfechtbarster, anständigster Form ermöglichen, unterstützen und fördern würde. Groß, hehr und heilig würde es noch immer erschallen – nur eben als jener schneidend in die Gegenwart hineingreifende Indikativ und Imperativ wäre es verstummt, nur eben jener Anstoß würde in ihm nicht mehr gegeben, jener Angriff würde in ihm nicht mehr geführt. Nur eben weh tun würde es niemandem mehr: eben darum auch niemandem wohl tun. Nur eben eine eigentliche Unruhe würde es nicht mehr um sich verbreiten: eben darum auch keine eigentliche Ruhe. – Das ist es, was das Widersetzliche im Menschen dem Wort der Gnade gegenüber als listigstes unter allen Stratagemen seiner Selbstverteidigung ins Werk setzen könnte: Es könnte es von innen heraus immunisieren, nostrifizieren, domestizieren wollen. Es könnte sich ganz artig auf die Kirchenbank setzen, ganz munter den Talar anziehen und auf die Kanzel steigen, ganz eifrig christliche Gesten und Bewegungen machen, ganz saubere Theologie hervorbringen – um gerade so, in bewußter Beteiligung am Bekenntnis des Namens Jesu Christi aufs gründlichste dafür zu sorgen, daß sein prophetisches Werk zum Stehen kommt, ihm selbst nichts mehr zuleide tun kann, geschweige denn es aus der Welt schaffen wird. Sollte diese listigste unter seinen Gegenunternehmungen nicht vielleicht doch die wirksamste sein? Ich habe in lauter Konjunktiven geredet. Es könnte, es dürfte ja doch gerade dieses listigste und wirksamste Gegenunternehmen des Widersetzlichen auf keinen Fall Erfolg haben. Aber steht es nicht immer und überall, wo das prophetische Werk Jesu Christi, das Werk der Gnade von uns Christen – uns christlichen Menschen! – verkündigt und gehört wird, auf des Messers Schneide, ob seine menschlichen Verkündiger und Hörer es wirklich mit ihm, mit diesem Wort zu tun haben oder nicht doch nur mit dem Mimikri, dessen kluger und mächtiger Autor das Widersetzliche im Menschen – das auch in den Christen wohnende und wirksame Widersetzliche ist? Besteht nicht gerade hier größter Anlaß zu schwerster Besorgnis? Wie groß ist doch die Überlegenheit des Wortes Gottes, das Paulus (Röm. 16, 20) – nach dem Zusammenhang, wie es scheint, gerade im Blick auf eine besondere Gestalt dieser Möglichkeit – erlaubt hat, den Christen in Rom zu schreiben: «Der Gott des Friedens aber wird den Satan unter euren Füßen zermalmen in Bälde» – nicht irgend einmal, sondern «in Bälde», ἐν τάχει!

Dem Widersacher der Prophetie Jesu Christi sollte mit dem nun Ausgeführten fürs Erste der Ehre genug erwiesen sein. Dem Wort der Gnade Gottes, das Jesus Christus damit ausspricht, daß er sich selbst als den offenbart, durch welchen und in welchem Gottes Name geheiligt, Gottes Reich gekommen, Gottes Wille geschehen – durch welchen und in welchem der Mensch vor Gott gerechtfertigt und für Gott geheiligt ist – diesem seinem Wort begegnet ein Widersetzliches im Menschen, das eben die Kunde von dem, was Gott in Jesus Christus zu seiner eigenen Ehre und zum Heil des Menschen getan hat, um keinen Preis wahrhaben will. Ihm gilt der Angriff, der sich im Werk der Prophetie Jesu Christi ereignet. Es ist es, das durch sie zur Gegenwehr genötigt und herausgefordert wird. Im Gegensatz zu ihm wird die Geschichte der Prophetie Jesu Christi zur Geschichte eines um den Menschen, für den Menschen, geführten Kampfes. Wir haben die Stratageme und Unternehmungen dieses Widersetzlichen im Menschen in ihrer eigentümlichen Klimax kennengelernt. Sein primitivstes Werk ist des Menschen Versuch, sich dem ihm gesagten Wort der Wahrheit gegenüber indifferent zu stellen, zu tun, als wäre nichts geschehen, dem Vogel Strauße gleich seinen Kopf in den Sand zu stecken. Sein schon raffinierteres Werk ist des Menschen Kunst, sich diesem Wort gegenüber durch den Entwurf seiner Weltanschauungen ein scheinbar wasserdichtes Alibi zu verschaffen. Sein höchstes und gefährlichstes Werk ist des Menschen Unternehmen, dieses Wort dadurch zu immunisieren, daß er sich, um sich ihm desto sicherer zu entziehen, als dessen christlich gläubiger Anhänger, Bekenner und Verkündiger ausgibt. Das Widersetzliche im Menschen weiß schon, was es will. Und es meint auch zu wissen, was zu tun, wozu nämlich der Mensch zu verführen ist, damit es erreiche, was es will.

Haben wir ihm mit diesen Feststellungen der Ehre genug erwiesen? Ist es in dieser Beschreibung deutlich genug geworden, daß die Kampfgeschichte der Prophetie Jesu Christi gewiß nicht die Geschichte eines Scheingefechtes ist, sondern die ihres Zusammentreffens mit einem ernsthaft bedrohlichen Gegner: so bedrohlich, daß ihr Sieg, Alles wohl überlegt, auf allen Stufen jener Klimax, jede Wahrscheinlichkeit gegen sich zu haben scheint – daß er gerade nur darum gewiß ist, weil sie eben diese, die Prophetie Jesu Christi ist? Mehr, als daß das deutlich wird, dürfte, so meint man, an dieser Stelle nicht zu verlangen sein. Aber wie kann man sich da täuschen! Was muß ich nämlich in dem 1957 erschienenen Buch von Gustaf Wingren, «Die Methodenfrage der Theologie» (S.38) lesen? «Irgendeine aktive Sündenmacht, eine tyrannische Macht des Verderbens, die den Menschen in Knechtschaft hält und die von Gott in seinem Heilswerk niedergeschlagen wird, irgendeinen Teufel also gibt es in Barths Theologie nicht. Dies ist ein durchgehender Zug von Anfang seiner theologischen Arbeit an.» Ich unterdrücke jeden Klage- oder Protestlaut angesichts solcher Tatarennachricht, neben der man in Wingrens neuem Buch wie in seinen früheren noch andere ähnlicher Art zur Kenntnis nehmen mag. Doch möchte ich, indem ich notiere, daß ihm der Teufel («irgendein Teufel») besonders am Herzen zu liegen scheint, bei diesem Anlaß Folgendes ausdrücklich bemerken:

Was in unserem Zusammenhang als «das Widersetzliche im Menschen» bezeichnet und beschrieben wurde, ist natürlich identisch mit dem, der in der heiligen Schrift zwar nicht systematisch und konsequent gelehrt, aber immerhin, besonders im Neuen Testament, nicht selten eben als «der Teufel» erwähnt wird: dem *principium* bzw. *princeps* der Finsternis, dem Satan (= Widersacher), dem διάβολος (= der Alles durcheinander wirft), dem Bösen oder Argen κατ' ἐξοχήν. Den gibt es allerdings. Der existiert und wirkt. Mit ihm hat man zu rechnen. Und gerade die Geschichte der Prophetie Jesu Christi kann man unmöglich erzählen, ohne auch seiner zu gedenken, denn eben in seiner Selbstverteidigung gegen sie hat er, der dem vollbrachten Werk der Versöhnung gegenüber sonst nichts, gar nichts mehr zu melden hat, sein eigentliches, sein letztes Wirkungsfeld. An des Menschen in Jesus Christus geschehener Rechtfertigung und Heiligung kann «der alt böse Feind» oder wie er auch heißen mag, nichts mehr ändern. Dazu aber hat er gerade noch Raum, dem Wort von der vollbrachten Versöhnung zu widerstehen, seinem Verstehen, Annehmen und Beherzigen von Seiten des Menschen Steine in den Weg zu legen. Eben von seinem Widerstand in diesem ihm noch gelassenen Raum war hier zu erzählen.

Man wird aber, gerade wenn man in diesem Zusammenhang an den Teufel denkt und vom Teufel redet, die Stelle Joh. 8, 43–44 – m.W. die einzige Bibelstelle, in der man über sein Wesen fast begrifflich genaue Auskunft bekommt – scharf im Auge behalten müssen. Es heißt dort von den «Juden», sie könnten das Wort Jesu darum nicht hören, weil der διάβολος, «der Alles durcheinander wirft», ihr Vater sei, dessen Bestrebungen (ἐπιθυμίαι) zu realisieren, folglich ihr Wille sei, sein müsse. Es habe dieser διάβολος von Anfang an, von seinem Ursprung her, von Haus aus (ἀπ' ἀρχῆς) als Menschenmörder (ἀνθρωποκτόνος) existiert, ohne Stand in der Wahrheit, ohne daß Wahrheit in ihm war. Nur gerade indem er die Lüge rede, rede er aus seinem Eigenen (ἐκ τῶν ἰδίων), offenbare er sein Wesen. Er sei gerade nur Lügner und Vater der Lüge. Dic Stelle zeigt zunächst, daß der Teufel und sein Werk in der Tat in unseren Zusammenhang gehört: Wessen «Vater» er, wer also sein «Kind», d.h. von ihm beherrscht, versucht, verführt, angeleitet ist, von ihm herkommt, der kann und wird das Wort Jesu als das Wort der Wahrheit nicht hören, der kann und wird ihm, wie es nach jenem Text der Fall der «Juden» ist, nur widerstehen können. Noch wichtiger ist aber das Sachliche: der den Menschen so anleitet, ist von Haus aus, ist in seinem Wesen nichts Anderes als eben der aller Wahrheit bare und als solcher menschenfeindliche, menschenmörderische Lügner. So und nur so existiert er: also ganz und gar nicht wie Gott und auch ganz und gar nicht wie der Mensch als Gottes Geschöpf oder wie auch nur das geringste unter Gottes Geschöpfen, nur eben im Gegensatz zur Wahrheit des Schöpfers und seiner Geschöpfe – in einer Existenzweise, die als solche nur die der Lüge und der Quelle aller Lügen sein kann. Er existiert gerade nur als der Inbegriff der aktiven Gewalt und Tücke des in und durch sich selbst Nichtigen, gerade nur als der Inbegriff dessen, im Verhältnis zu dem der Glaube an Gott ausschließlich die Gestalt resolutesten Unglaubens haben kann. Das will bedacht sein, wenn man an «den Teufel» denkt und von ihm redet. Bedenkt man das aber, dann wird man auf alle Fälle nur widerwillig und also nur selten und zurückhaltend an ihn denken und von ihm reden. Es kann und darf alles Denken und Reden vom Teufel nur darauf hinauslaufen, daß man ihm – es wäre denn, daß zufällig ein Tintenfaß als Wurfgeschoß in der Nähe wäre – den Rücken zukehrt, wobei wieder Luther sich gelegentlich einer noch ausdrucksvolleren Gebärde bedient haben soll. Allem Betrachten, Beschauen, Begreifen, allem konkreten Interesse ist der Teufel darum nicht zugänglich, weil er dessen schlechterdings nicht würdig ist. Ein ordentlicher Stammsitz, ein Locus, kann ihm in der Theologie – so gewiß sie ihn nicht leugnen kann, so gewiß sie mit ihm rechnen muß – in der Tat nicht zukommen. Ihn kann sie nur so erwähnen, ihn kann sie nur in der Weise ernst nehmen, daß sie ihn, den Mythus in Person, sofort «entmythologisiert» und der Lächerlichkeit preisgibt, nur so, daß sie ihm, indem sie an Gott und also nicht an ihn glaubt, umgehend das ὕπαγε! zuruft. So wird er doch in der Bibel behandelt. So ist faktisch auch Joh. Chr. Blumhardt in seinem «Kampf» mit ihm umgegangen. So hat es auch die Theologie mit ihm zu halten. Sie darf sich nicht dazu verführen lassen, ihn anders denn als die hypostasierte Lüge zu visieren, die sich zu Gott wie zum Menschen nur negativ verhalten, die deshalb nur eben negativ existieren kann. Eben darum ist ihr Zurückhaltung im Denken über ihn und im Reden von ihm geboten: eine Zurückhaltung, die sich nicht zuletzt darin äußern wird, daß neutrale Wendungen wie z.B. «das Widersetzliche im Menschen» zu seiner Bezeichnung den personalen (ohne diese auszuschließen) in der Regel vorzuziehen sein dürften. Was erforderlich ist, ist gerade nur dies, daß seine Gewalt und Tücke als die den Menschen beherrschende, versuchende, verführende, Gott aber schlechthin unterlegene Fremdmacht konkret erkannt und sichtbar gemacht wird: genau in den Grenzen, in welchen sie, indem das Licht scheint in der Finsternis, sichtbar – genau so wie sie in ihrer Begegnung mit Jesus, dem Sieger, erkennbar wird.

So habe ich es mit dem Teufel in der Tat von Anfang an halten wollen. So möchte ich es mit ihm auch in Zukunft halten – und muß es nun eben zu tragen versuchen, wenn G. Wingren wirklich der Meinung ist, ihn in meiner Theologie gänzlich vermissen zu müssen. Er meint noch viel Anderes von mir, wozu ich ebenfalls nur erstaunt den Kopf schütteln kann.

Zur Geschichte der Prophetie Jesu Christi ist nun noch ein – vorläufig – letztes Wort zu sagen. Das endgültig letzte Wort dazu wird er selbst sagen: in seiner abschließenden Wiederkunft in Herrlichkeit. Es gehört nicht mehr zu seinem Versöhnungs-, es gehört schon zu seinem Erlösungswerk. Von ihm wird also erst in der Eschatologie geredet werden können. Ein auf dieses endgültig letzte hinblickendes vorläufig letztes Wort zu der uns jetzt beschäftigenden Geschichte seiner Prophetie kann und muß schon hier gesagt werden.

Von ihrem Anheben haben wir geredet und so nun auch von ihrem Verlauf als Angriff samt dem ihm begegnenden Widerstand. Ihr Ausgang und Ende kann darum noch nicht erzählt werden, weil sie noch nicht abgeschlossen, weil der Kampf noch im Gange ist. Jesus ist Sieger: schon im Anheben der Geschichte seiner Prophetie, dann auch in deren Fortgang als Kampfgeschichte bis auf unseren Tag. Er erleidet da keine Niederlagen. Er befindet sich da auch niemals im Stillstand oder gar Rückzug. Er steht aber noch nicht am Ziel seines siegreichen – was ihn und sein Zun betrifft immer siegreichen – Kampfes. Als der auf dem Weg zu diesem Tiel voranschreitende Sieger ist er denen, die an ihn glauben, schon bekannt, weil schon offenbar. Er kann aber der Welt und ihnen noch nicht offenbar sein als der, der wie sein hohepriesterliches und königliches, so auch sein prophetisches Werk schon vollendet hat und damit am Ziele ist. Er ist eben noch nicht an diesem Ziele. Das Licht streitet noch mit der Finsternis, mit dem Widersetzlichen im Menschen, mit dem Fürsten der Finsternis. Ihm ist damit noch immer Raum – sein letzter Raum – vorläufig gelassen, daß das Wort der Wahrheit der Lüge gegenüber noch und noch ausgesprochen und vernommen werden muß. Und so ist das Licht noch immer das in der Finsternis scheinende Licht. So ist der Sieg Jesu, des Siegers, noch nicht vollendet. Daß er noch nicht vollendet ist, das ist die Grenze unseres Bereiches, unseres Gesichtskreises. Wir werden uns dem Problem dieses «Noch nicht» und «Noch immer» im vierten und letzten Abschnitt unseres Paragraphen zu stellen und nach seiner Beantwortung zu fragen haben.

Es bedarf jetzt aber eines vorläufig letzten Wortes hinsichtlich der Gewißheit, in der wir auf die bisher erzählte Geschichte des Kampfes des Lichtes gegen die Finsternis zurückblicken und in der wir nachher an das Problem ihrer Unabgeschlossenheit herantreten dürfen. Sah es zuletzt, als wir eben die Macht der Finsternis, das Werk des Widersetzlichen im Menschen zu beschreiben hatten, für die Sache des Wortes der Gnade und also der Prophetie Jesu Christi nicht doch recht bedrohlich aus? Sprach da nicht Alles gegen die Wahrscheinlichkeit ihres Sieges? Sahen wir nicht, wie viel «Macht und groß List» gegen sie am Werke sind? Hätten wir nicht Alles in noch viel krasseren Farben an die Wand malen können, als wir es getan haben? Und sehen wir etwa irgendeinen Weg, wie den Stratagemen und Unternehmungen des Widersachers zu begegnen sein möchte? Stehen wir der großen Indifferenz, dem sich immer wieder erneuernden Gaukelspiel der Weltanschauungen und schließlich und vor allem der schauerlichen Möglichkeit des Mimikri-Christentums, der Kirche des Antichrist nicht auch im stärksten Glauben an Jesus den Sieger im Grunde ratlos verlegen gegenüber? Wenn aber ratlos verlegen – wie dann in der Gewißheit, daß Jesus der Sieger nicht nur ist, sondern solch triumphierender Verteidigung gegenüber als siegreicher Angreifer sich bewähren wird? Und damit blicken wir ja nun schon auch auf das Problem der Unabgeschlossenheit der Geschichte seines Kampfes. Wir haben nicht nur mit Jesu triumphierendem Angriff, sondern auch mit jener in ihrer Art ebenso triumphierenden Verteidigung des Widersachers zu rechnen. Mit welcher Gewißheit rechnen wir aber damit, daß diese Verteidigung am Erliegen sei und endlich ganz und gar erliegen werde? – daß es auf dem Weg jenes Angreifers zu keinen Stillständen, Rückzügen oder gar Niederlagen kommen wird? Mit welcher Gewißheit schließlich mit seinem Endsieg? Es sieht doch im Blick auf das «Noch nicht» und «Immer noch», das unser Bereich und Gesichtskreis ist, alles so gar nicht nach Jesu fortschreitendem Siegen und schließlich nach seinem kommenden Endsieg aus. Was hülfe uns schon alles Positive, was im Blick auf dieses «Noch nicht» und «Immer noch» zu bedenken und zu sagen sein mag, wenn wir nicht zum vornherein

Gewißheit darüber hätten, daß die Bewährung Jesu als des Siegers unter keinen Umständen, weder endgültig noch auch nur vorübergehend, ausbleiben kann und wird? Der ganze Sinn des Kampfes zwischen Licht und Finsternis, aber auch der ganze Sinn unseres eigenen Seins im Bereich der Unabgeschlossenheit dieses Kampfes hängt doch daran, daß wir darüber Gewißheit, u. zw. zum vornherein – prinzipielle, unmittelbare, unbedingte – Gewißheit haben: Siegesgewißheit. Eben dazu soll jetzt noch ein Wort zu sagen versucht werden.

Die entscheidende und umfassende Antwort auf die Frage nach dieser Gewißheit kann nur in dem Verweis auf den lebendigen Jesus Christus selbst bestehen, der als der, der er ist, wenn nicht von Allen erkannt, so doch für Alle, die Christen und die Nicht-Christen offenbar und also erkennbar ist, auf den man also Alle ohne Ausnahme sofort verweisen darf: mit der Aufforderung und Einladung, ihn zu erkennen, Alle! In ihm ist zunächst das für Alle offenbar und also für Alle erkennbar: daß endlich und zuletzt Er und nicht das Widersetzliche im Menschen siegen wird. Als der Lebendige, der von den Toten Auferstandene, ist Er der, der Sieger nicht nur am Anfang ist, sondern auch am Ende sein wird. Wir sagten und müssen es nochmals sagen: Er ist noch nicht an diesem Ende, noch nicht an dem Ziel, an dem er sein prophetisches Werk vollendet haben wird. Es ist also sein prophetisches Werk die Versöhnung in ihrem Übergang zu ihrer Vollendung in der Erlösung. Als der, der schon an diesem Ziel ist, kann er denn auch noch niemandem offenbar und erkennbar sein, wohl aber jetzt schon Allen als der Endsieger, d. h. als der, der als Vollender seines prophetischen Werkes und also als Besieger des Widersetzlichen im Menschen an diesem Ziel sein, der sich also als der Sieger, der er ist, endlich und letztlich bewähren wird. Ihn als den Lebendigen, weil von den Toten Auferstandenen erkennen, heißt sofort, heißt wirklich zum vornherein – prinzipielle, unmittelbare, unbedingte – Gewißheit seines noch ausstehenden, aber unaufhaltsam kommenden Endsieges empfangen und haben. Er müßte als der, der er ist, noch nicht erkannt sein, wo diese Gewißheit nicht sofort Platz griffe und ihren Platz behielte. Greift sie aber als Gewißheit seines Endsieges Platz und behält sie ihn, dann schließt sie in derselben Unmittelbarkeit und Unbedingtheit auch die kleinere Gewißheit in sich: daß es auch auf dem Wege zu diesem Ziel zu Stillständen, Rückzügen oder gar Niederlagen nicht kommen kann – oder positiv: daß die *vexilla Regis prodeunt*. Jeder seiner Schritte auf diesem seinem Weg bedeutet ja dann – weil Er ihn tut, der endlich und zuletzt als der Sieger, der er ist, gesiegt haben wird, weil der Weg, auf dem er diesen Schritt tut, sein Weg zu diesem seinem Ziele ist: daß er diesem Ziel und also seinem Endsieg – Moment für Moment im Vollzug jenes Übergangs begriffen – näher kommt, bedeutet ja dann auch mit diesem Schritt wachsende Lichtung in der Finsternis. Ihn als den erkennen, der auf diesem seinem Weg seine Schritte tut, heißt dann also notwendig: Ihn in jedem Momente seines Schreitens als den erkennen, der in der Richtung jenes Zieles seines Weges ohne Umkehr oder auch nur Stillstand vorwärts geht. Wieder müßte er als der, der er ist, noch nicht erkannt sein, wenn nicht auch diese Gewißheit sich sofort einstellte und Platz verschaffte: daß er, der Sieger, der auch der Endsieger sein wird, in jedem und so auch in diesem jetzigen Moment seiner Existenz und Gegenwart in der Richtung auf jenes Ziel hin vorwärts geht.

Diese entscheidende und umfassende Antwort auf die Gewißheitsfrage muß recht verstanden werden, soll sie die Kraft haben, durchzuschlagen, echte Antwort auf diese Frage wirklich zu sein. Wir werden sie nachher noch zu entfalten versuchen. Sie kann aber in jeder möglichen Entfaltung nur dann recht verstanden werden, wenn sie ganz und zunächst ausschließlich als Verweis auf den lebendigen Jesus Christus selbst verstanden und ernstgenommen wird. Er darf mit keinem anderen, hier allenfalls denkbaren und in seinen Grenzen allenfalls auch erlaubten Verweis verwechselt und unter der Hand durch ihn ersetzt werden.

Der Verweis auf ein irgendwie vorstellbares Menschheitsziel und auf einen irgendwie wahrnehmbaren, diesem Ziel entgegenführenden Menschheitsfortschritt würde hier natürlich nicht genügen. Das 18. und das 19. Jahrhundert waren sehr freudig zu solchen Vorstellungen und vermeintlichen Wahrnehmungen. Das unsrige hat – darin dem Mittelalter ähnlicher als unserer unmittelbaren Vorzeit – seine Gründe, in dieser Hinsicht etwas weniger freudig, ja unfreudig zu sein. Das mag sich in einer kommenden Zeit auch wieder ändern. Aber gerade dieser Wechsel zeigt, daß es sich bei solchen Vorstellungen und Wahrnehmungen bestenfalls um starke, je nachdem steigende oder fallende Vermutungen, nicht aber um Gewißheiten handelt. Aus dem Bild der Menschheit und ihrer Geschichte läßt sich eben die ihr Ziel und ihren Weg verdunkelnde Finsternis, das Widersetzliche im Menschen (oder sagen wir also für einmal: der Teufel) nicht wegdenken als die dem, was man da für Licht halten mag, mindestens gewachsene, wenn nicht weit überlegene Macht. Wie sollte es angesichts dieses Bildes zu einer dieses Begriffs würdigen Siegesgewißheit kommen? Nicht als ob es solche Gewißheit nicht auch hinsichtlich des Zieles und Weges der Menschheit gäbe! Sie kann aber, soll sie echte, haltbare Gewißheit sein, gerade nur in der Erkenntnis des für die Menschheit einstehenden, handelnden Jesus Christus begründete Gewißheit seines künftigen und in seiner Künftigkeit doch auch schon gegenwärtig wirksamen Sieges bestehen. Eine Umkehrung kann hier nicht stattfinden: Aus irgendwelchen Menschheitssiegen wird sich der Sieg Jesu Christi und also der ernstlich so zu nennende Sieg des Lichtes über die Finsternis nie – jedenfalls nie mit echter haltbarer Gewißheit – ablesen lassen.

3. Jesus ist Sieger!

In dieser Sache würde aber auch der Verweis auf Ziel und Weg der Kirche, der Christenheit, ihrer Sendung und ihres Werkes in der Welt oder wenigstens ihrer inneren Entwicklung nicht weiterhelfen. Ermutigende einzelne oder auch kontinuierliche Lichter sind da wohl festzustellen, aber mit welcher Gewißheit ein Bild von dem, was sie als das Volk und der Leib Jesu Christi endlich und zuletzt sein wird, und mit welcher Gewißheit ein Bild ihres Weges diesem Ziel entgegen, das Bild eines schlechterdings gewissen Dann ihrer Zukunft und eines schlechterdings gewissen Vorwärts auch in den besten Augenblicken ihrer Geschichte – um von den anderen nicht zu reden? Wir sind auch in dieser Hinsicht vorsichtiger geworden, als man es in manchen christlichen Kreisen – besonders im Blick auf die Erfolge der Mission – noch vor 50 Jahren gewesen ist. Der Ausblick mag auch in dieser Hinsicht wieder heller werden, als er es jetzt ist. Aber eben: auf sicherem Boden befinden wir uns auch hier nicht. Wäre es nicht ruchloser ekklesiastischer Optimismus, der das Werk des Widersetzlichen im Menschen gerade mitten im Heiligtum, das ihr Ziel und ihren Weg dauernd verdunkelnde Antichristliche gerade im Christlichen, gerade in den Entwicklungen der Kirchengeschichte übersehen wollte? Gewiß gibt es eine unbedingte Siegesgewißheit auch für die Kirche, ihr Ziel und ihren Weg. Sie kann aber, soll sie echt sein, wiederum gerade nur die in der Erkenntnis Jesu Christi, ihres Hauptes, zu empfangende Gewißheit seines Sieges sein, an dem er sie endlich und zuletzt teilnehmen lassen wird und schon jetzt, auf dem Weg ihm entgegen, teilnehmen läßt. Eine Umkehrung gibt es auch da nicht und also keine vom Blick auf Jesus Christus selbst auch nur vorübergehend und teilweise abstrahierte, keine aus irgendeiner Vergangenheit oder Gegenwart abzulesende Gewißheit hinsichtlich der christlichen, der kirchlichen Sache.

Hier genügt aber auch nicht der Verweis auf die innere Gewißheit des Glaubens an Jesus Christus. Er ist als solcher, für sich gesehen, ein menschliches, menschlich bedingtes und begrenztes Werk wie irgendein anderes, in welchem der Mensch seiner Sache nur eben so – und das besagt nicht eben viel – gewiß sein kann, wie er seiner selbst auch in seinen anderen Werken gewiß sein mag. Das Widersetzliche im Menschen agiert und reagiert nun einmal auch in dem an Jesus Christus glaubenden Menschen. Und das bringt es mit sich, daß auch sein Glaube samt seiner inneren Gewißheit – wie Jeder, der wirklich glaubt, wohl weiß – eine schwankende, allzu leicht bis in seine tiefsten Grundlagen hinein zu erschütternde Sache ist, auf die man, wenn es um die Frage des Sieges des Lichtes über die Finsternis geht, gerade nicht mit unmittelbarer und unbedingter Gewißheit rekurrieren kann. Jawohl, es gibt gerade für den Glauben, für sein Ziel und seinen Weg, eine solche unmittelbare und unbedingte Siegesgewißheit. Sie ist aber mit nichten des Glaubens innere und also eine dem Menschen eigene, durch seine Selbstgewißheit zu bestätigende, sondern die seinem Ursprung und Gegenstand und also wieder Jesus Christus eigene Gewißheit: nur eben von Ihm und nur als die Gewißheit **seines Sieges** zu empfangen, und wenn sie echt ist, immer neu bei Ihm zu suchen und zu finden. Auch hier also keine Umkehrung: Glaubensgewißheit als solche ist keine in der Anfechtung sich bewährende Siegesgewißheit. Unser Glaube überwindet die Welt gerade nur, weil und indem Jesus Christus das tut: der, an den er glaubt, der sein Grund, Gegenstand und Inhalt ist.

Abgrenzung gegenüber allen diesen Verweisen tut not: nicht zu unserer Entmutigung, wohl aber zur Ermutigung, sich an den Verweis zu halten, der in der Gewißheitsfrage **allein**, dafür aber **wirklich** hilfreich ist. Wir sahen: keiner von diesen Verweisen zielt einfach ins Leere. Es kann und darf aber keiner von ihnen mit dem Verweis auf den lebendigen Jesus Christus selbst, mit welchem die Gewißheitsfrage allein, aber wirklich beantwortet ist, verwechselt und vertauscht werden. Auf den Punkt, wo es mit unserer ratlosen Verlegenheit gegenüber den Machinationen des Widersachers ein Ende hat, zeigt nun einmal keiner von diesen Verweisen. Es gibt wohl eine echte Siegesgewißheit im Blick auf das Ziel und den Weg auch der Menschheit, auch der Kirche, auch des Glaubens: die nämlich, die darin diamanthart begründet ist, daß Jesus Christus der Herr der Menschheit, das Haupt der Kirche, der Grund, Gegenstand und Inhalt des Glaubens ist. Es ist aber weder die Menschheit, noch die Kirche, noch der Glaube, sondern **allein** der lebendige Jesus Christus selbst, der diese Gewißheit ausstrahlt, möglich macht, erweckt und erhält. So gewiß eben er und nur er der Sieger ist, der zuletzt siegen wird und darum schon jetzt unaufhaltsam, unwidersprechlich im Übergang von der Versöhnung zur Vollendung und also im Siegen begriffen ist. Er ist es für die Menschheit. Er ist es für seine Kirche. Er ist es für den Glauben der an ihn Glaubenden, aber Er und nur Er. Ihn selbst erkennen, heißt den kommenden endgültigen und damit auch den jetzt schon fortschreitenden, von keinem Widersetzlichen im Menschen, von keinem Teufel aufzuhaltenden, den unzweideutige**n** Sieg des Lichtes über die Finsternis erkennen u. zw. in unmittelbarer und unbedingter Gewißheit erkennen, ohne jede Beunruhigung im Blick auf die Unabgeschlossenheit seines Kampfes als Prophet des Wortes der Gnade und ohne allen Zweifel im Blick auf unser Sein im Bereich und Gesichtskreis des «Noch nicht» und des «Immer noch». Beunruhigung und Zweifel könnten hier immer nur damit Platz greifen, daß man sich an andere Gewißheiten als an die **seines Sieges** halten wollte.

Es kann sich in dem, was dieser entscheidenden und umfassenden Antwort nun noch hinzuzufügen ist, nur um einige **Entfaltungen** und insofern: **Bestätigungen** eben dieser Antwort handeln. Man könnte sie gewiß auch für sich stehen und ihren Inhalt, den Verweis auf den lebendigen Jesus Christus, als die Quelle echter Gewißheit seines Sieges über den Widersacher – vielmehr: eben den lebendigen Jesus Christus selbst für sich sprechen lassen. Der Punkt, an dem wir stehen, ist aber zu wichtig, als daß auch nur der Anschein entstehen dürfte, als käme da – so hat das Bekenntnis Lavaters zu Jesus Christus auf Goethe gewirkt! – irgendeine Magie ins Spiel, als hätten wir es in diesem Verweis um eine bloße, innerer Begründung und Erklärung nicht fähige – im üblen Sinn des Wortes: dogmatische – Behauptung zu tun. Daß unsere Antwort nur dann durchschlagend und zwingend ist, wenn der lebendige Jesus Christus, auf den sie verweist, in der Tat für sich selber spricht, das sei nun vorausgesetzt. Es ist aber nicht nur möglich, sondern auch geboten, sich darüber konkret Rechenschaft zu geben, was wir, indem Er, Siegesgewißheit begründend, für sich selber spricht, eben von Ihm zu hören bekommen. Die von ihm zu empfangende Gewißheit unterscheidet sich auch dadurch von anderen Gewißheiten, daß sie keine blinde, unwissende und amorphe, sondern eine sehende, wissende und also gestaltete Gewißheit ist: eine solche, die sich selbst bestätigt und über die der, der sie haben darf, sich auch erklären kann.

Sie ist, allgemein gesagt, darin unbedingte Siegesgewißheit, daß sie sich klar auf Jesu Christi unbedingte Überlegenheit seinem Widersacher, dem Widersetzlichen im Menschen, gegenüber begründet. Ihn erkennen heißt in unserem Zusammenhang konkret: die Überlegenheit seines prophetischen Werkes gegenüber dem Sein und den Machinationen des von ihm angegriffenen Verteidigers erkennen: die Überlegenheit seines Lichtes gegenüber der ihm widerstreitenden Finsternis, die Überlegenheit seiner Wahrheit gegenüber der Lüge, dem Lügner und allen von ihm beherrschten und verführten Lügnern. In dieser Überlegenheit existiert er, ist er der Herr der Menschheit, das Haupt der Kirche, der Grund, Gegenstand und Inhalt des Glaubens, redet er als der Prophet der in ihm vollbrachten Versöhnung, des in ihm erfüllten Bundes, des in seiner Person nahe herbeigekommenen Gottesreiches. Wird er erkannt, dann in der Überlegenheit, die ihm als dem, der er ist, eigentümlich ist: in seiner unbedingten Überlegenheit. Und eben auf sie bezieht und begründet sich die im Blick auf die Geschichte seines Kampfes von ihm zu empfangende unbedingte Siegesgewißheit. Weil solche unbedingte Überlegenheit weder der Menschheit noch der Kirche noch auch dem Glauben eigentümlich ist, darum können sie unbedingte Siegesgewißheit nicht ausstrahlen, nicht vermitteln. Dem lebendigen Jesus Christus ist sie eigentümlich: darum ist solche Gewißheit von ihm – nur von ihm, von ihm aber wirklich – zu empfangen. Das ist das Allgemeine, was nun noch auf drei besonderen Linien zu erhellen ist.

Die die Gewißheit des Sieges seines prophetischen Werkes ausstrahlende

Überlegenheit des lebendigen Jesus Christus besteht (1) zunächst und vor allem schlicht darin, daß er das Wort Gottes ist: nicht nur redet, bezeugt, verkündigt (das tut auch der Glaube, tut auch die Kirche, tut im weiteren, noch indirekteren Sinn auch die Geschichte der Menschheit, ja die Existenz der ganzen Schöpfung Gottes), sondern ist. Als dieses Wort Gottes steht Jesus Christus in seiner Prophetie im Kampf, greift er das Widersetzliche im Menschen an, und ihm als dem Worte Gottes widersetzt sich dieses Widersetzliche. Das ist die Lage. Und das ist seine Überlegenheit in ihr. Ihn erkennen heißt unmittelbar: Gott – den Schöpfer und Herrn des Himmels und der Erde, den unvergleichlich Freien und Liebenden – und eben ihn als den zu uns Menschen sprechenden, mit uns in Verkehr tretenden, zwischen sich und uns Gemeinschaft begründenden und erhaltenden Gott erkennen – Gottes Wesen, Gottes Existenz, Gottes Macht und Barmherzigkeit, Gottes Willen, der da geschieht, Gottes Herrschaft, die da mitten unter uns aufgerichtet ist – und das Alles in Gottes Handeln eben in seinem an uns gerichteten, uns angehenden, uns nicht uns selbst überlassenden, sondern unser Gehör und unseren Gehorsam und so uns selbst in Anspruch nehmenden Wort. Unmittelbar Gott selbst tritt in dem lebendigen Jesus Christus, in seinem prophetischen Werk auf den Kampfplan. Nicht irgendein, sondern sein ewiges Licht streitet da gegen die Finsternis. Nicht irgendeine, sondern seine Wahrheit steht da dem Lügner und seinen Lügen gegenüber.

Das ist es, was Jesus Christus vor der ganzen Menschheit als solcher, auch vor der Kirche in allen ihren Gliedern und Werken, auch vor dem tiefsten und ernsthaftesten christlichen Glauben schlechterdings voraus hat. Die haben, indem sie alle je in ihrer Weise Gottes Geschöpfe und Werke sind, mit Gott, und es hat vor allem Gott mit ihnen sehr viel zu tun. Aber die Menschheit ist nicht Gottes Wort, die Kirche ist es auch nicht, der christliche Glaube auch nicht. Jesus Christus ist es. Das macht seine Überlegenheit schon nach dieser Seite aus. Eben darum kann und darf der Verweis auf ihn mit dem Verweis auf die Menschheit, die Kirche, den Glauben nicht verwechselt, nicht vertauscht werden.

In welcher Überlegenheit steht er aber eben als Gottes Wort erst recht der ihm begegnenden Feindschaft und also dem Widersetzlichen im Menschen gegenüber, das mit Gott und mit dem Gott nun gerade gar nichts zu tun hat, das ja in keiner Weise Gottes Geschöpf und Werk, sondern nur eben der wüste Zwischenfall zwischen ihm und der Welt, das nur eben als das Nichtige anzusprechen ist!

Wir veranschaulichen uns die Lage im Blick auf jene letzte und schlimmste seiner Machinationen: sein Werk in der Konstruktion, im Unterhalt und Betrieb einer Mimikri-Kirche, in der in Wahrheit seine Geschäfte mit dem Menschen besorgt werden, in der es als das Widersetzliche, als Feind der Gnade Gottes gerade in der christlichen Menschheit tätig ist. Man kann in der Schilderung der Gefährlichkeit gerade dieser Drohung wohl kaum übertreiben. Aber sei sie so groß, wie sie wolle, gemessen an Gottes in Jesus Christus gesprochenem Wort fehlt dieser Veranstaltung offenbar jede Größe, jede ultimativ oder auch nur vorläufig wirklich beachtliche Macht und Bedeutung. Haben nicht alle Lügen und so auch die schlimmste, nämlich die christliche, kurze Beine, und muß sich das nicht früher oder später, aber im Grunde sofort, zeigen, wenn sie mit der Wahrheit Gottes, die sie ja als solche nicht nachahmen, nicht immunisieren kann, konfrontiert wird? Und eben mit ihr ist ja die Synagoge des Antichrist in allen ihren Formen konfrontiert, indem sie von dem lebendigen Jesus Christus angegriffen wird, indem sie sich ihm gegenüber breit macht, im Streit gegen ihn ihr Bestes zu tun versucht. Wie soll sie in diesem Gegensatz das Feld behalten können? Und muß man nicht fragen, ob das Spiel, das der Widersacher gerade hier – und hier mit besonders großer Macht und besonders viel List – spielt, ihm selbst im Grunde nicht sehr viel gefährlicher sein möchte als dem, gegen den er sich damit zu wehren versucht? Kann und wird es ihm etwa auf die Dauer gut bekommen, sich gerade des Christlichen als seiner Maske und seines Instrumentes bedienen zu wollen? Wie, wenn sich gerade diese seine mächtigste Machination früher oder später gegen ihn selbst richten sollte? Das Christliche, hinter dem er sich verbergen, und mit dessen Hilfe er gegen Jesus Christus vorgehen möchte, könnte ja auch, indem es von ihm mißbraucht wird, seine Eigenart in irgendeiner Verborgenheit bewahren, und eines Tages zu einem Eigenleben erwachen, in welchem es sich seinem Mißbrauch plötzlich widersetzt, indem es sich der babylonischen Gefangenschaft, in die es sich versetzt findet, entziehen, indem es der Macht und List des Tyrannen seine Freiheit entgegenstellen würde. Der lebendige Christus könnte ja auf einmal nicht nur gegenüber, sondern mitten in der antichristlichen Kirche, aus der von ihr an die Wand gedrückten und verfälschten Bibel, aus ihrer üblen Tradition, Liturgie und Praxis, aus allen ihren heimlichen und offenen Verkehrungen (z. B. aus dem Textwort auch der fatalsten Predigt!) heraus eben in der Überlegenheit des Wortes Gottes auf den Plan treten und gerade da die größte Ehre einlegen, wo ihm die größte Schande angetan wurde. Sind die Dinge in der Kirchengeschichte nun nicht doch mehr als einmal so gelaufen, daß es der klugen Absicht des Widersachers entgegen – gerade indem er seine Sache in christlichem Gewand allzu klug zu machen meinte – zu unerwartetem Lautwerden der Stimme Jesu Christi und also des Wortes Gottes, eben damit aber zu höchst befremdlichen Auferstehungen und Wiedergeburten der wahren Kirche mitten in der falschen gekommen ist? Muß man, wenn man die Überlegenheit Jesu Christi als des Wortes Gottes recht bedenkt, nicht damit rechnen, daß diese Möglichkeit eigentlich auch im schlimmsten Fall solcher antichristlicher Anfechtung im Großen wie im Kleinen jeden Augenblick Wirklichkeit werden könnte?

Das ist sicher, daß das Verhältnis zwischen jenem Angreifer, der das wahre Wort Gottes selbst ist und diesem Verteidiger, der doch nur der Lügner ist, ein so ungleiches ist, daß dem, der jenen erkennen darf, etwas Geringeres als die vollkommenste Siegesgewißheit auch im Blick auf den noch unabgeschlossenen Kampf des Lichtes gegen die Finsternis eigentlich nicht übrig bleibt. Wenn er etwas gewiß weiß, so ist es dies, daß ein Wörtlein dieses Wortes ihn, den Anderen, der ihm widerstehen will, fällen kann und auch fällen wird, daß die Axt diesem Baum schon an die Wurzel gelegt ist.

Die Siegesgewißheit ausstrahlende und vermittelnde Überlegenheit des lebendigen Jesus Christus besteht (2) darin, daß er das Wort der Tat Gottes ist. Nicht die Äußerung, der Glanz, nicht die noch so eindrucksvolle Erscheinung einer Idee der Gottheit, sondern das sprechende Werk, in welchem der hohe Gott, um sich der Welt und des Menschen anzunehmen, um mit seiner Schöpfung gemeinsame Sache zu machen, selbst weltlich, menschlich, geschöpflich, ein geschichtlicher Faktor geworden ist und so gnädig an und mit uns gehandelt hat und weiter handelt. Die geschehene Versöhnung, der erfüllte Bund, des Menschen Rechtfertigung und Heiligung spricht ja, indem Jesus Christus spricht. Eben im Ausspruch dieses seines Werkes als des Werkes Gottes besteht ja sein prophetisches Handeln. Ihn erkennen heißt: ihn als den Ausspruch dieser in ihm geschehenen Tat Gottes erkennen. Und eben als dieser Ausspruch der in ihm selbst geschehenen Tat Gottes steht er im Kampf mit dem Widersetzlichen im Menschen – diesem Ausspruch sucht dieses sich seinerseits zu widersetzen und zu entziehen: dem Licht dieses Lebens, der Wahrheit dieser Wirklichkeit. Das ist die Lage. Sie zeigt die Überlegenheit Jesu Christi von einer neuen Seite.

Es ist zunächst deutlich, was er, auch von hier aus gesehen, vor der Menschheit, auch vor der Kirche, auch vor dem lebendigsten Glauben an ihn voraus hat. Sicher können auch sie an der Aussprache der Tat, der Versöhnungstat Gottes Anteil bekommen und haben. Sicher mag es nämlich auch ihnen gegeben sein, sie zu bezeugen, aber sicher nur darauf hin, daß ihr Ausspruch zuvor authentisch, original in Jesus Christus selbst stattgefunden hat und noch stattfindet. Sie sind es ja nicht, die das tun, was da wohl auch durch ihren Dienst zur Aussprache kommt. Sie haben also auch keine unmittelbare, eigene und also zuverlässige Kunde davon. Ihr Zeugnis davon kann also, sofern ihnen ein solches anvertraut und aufgetragen ist, auch im besten Fall nur ein nachträgliches, mittelbares und wahrscheinlich höchst gebrochenes sein. Es bleibt auf das authentische Selbstzeugnis dessen angewiesen, der das getan hat, wovon sie zeugen. Es an sich und als solches kann also keine Siegesgewißheit vermitteln. Jesus Christus kann und tut das, indem er ja eben die in ihm selbst geschehene göttliche Versöhnungstat ausspricht.

Erst recht deutlich ist aber, auch von hier aus gesehen, seine Überlegenheit im Verhältnis zu dem ihm begegnenden Widerspruch und Widerstand. Was steht denn schon hinter dem Widersetzlichen im Menschen, kraft dessen dieses ihn als das Wort der Tat Gottes ernstlich zu konkurrenzieren vermöchte? Gewiß existiert auch es in einer Art von Aussprache. Eine ernstlich so zu nennende Tat ist es aber nicht, was es zur Aussprache bringt: nicht einmal eine geschöpfliche Tat, die dem, was es ausspricht, wenigstens die Macht geschöpflichen Lebens, geschöpflicher Wirklichkeit geben würde. Außer dem großen Vakuum der Lüge hat es doch nichts auszusagen! So ist es ein hohles, ein leeres Wort. Und nun will es sich ja nicht nur an dem Wort einer Kreatur, sondern an dem Wort der Tat Gottes messen, ihm seine eigene Prophetie entgegenstellen! Und weiter: Nun ist ja die in Jesus Christus geschehene und ausgesprochene Tat Gottes die Rechtfertigung und Heiligung des Menschen: die Tat also, in der der Mensch, ob er das schon weiß oder nicht, diesem Widersetzlichen in ihm objektiv schon entfremdet, entnommen, entrissen, weil schon in die Freiheit der Kinder Gottes versetzt ist – die Tat, in der diesem Widersetzlichen sein Haus- und Wohn- und Herrschaftsrecht im Menschen schon ein für allemal gekündigt, in der ihm also der Boden unter den Füßen objektiv schon entzogen ist. Dem Wort von dieser Tat Gottes widerspricht und widersteht es. Was kann und wird in diesem Gegensatz und Zusammenstoß aus ihm werden? Was sollte Jesus Christus als das Wort von dieser Tat Gottes von diesem Widersacher zu befürchten haben?

Wir veranschaulichen uns die Lage von dieser Seite her im Blick auf seine weltanschauliche Unternehmung, d.h. auf seinen Versuch, es dem Menschen durch das Angebot von Bildern, Panoramen, allgemeinen Wahrheiten, Lehren, menschlichen Selbstverständnissen aller Art leicht und lustig zu machen, dem Wort der Gnade gegenüber Abstand zu nehmen, sich der ihm durch dieses Wort zugemuteten Entscheidung zu entziehen, es in seiner Besonderheit zu relativieren, seinen praktischen Anspruch durch harmlose Theorie zu verdecken, sich selbst mit sich selbst zu verständigen und zu versöhnen. Eine großartige und wirksame Unternehmung – die doch im Verhältnis zu dem, was damit erreicht werden soll, in ihrem Verhältnis zu dem, der mit ihr abgewehrt und aufgehalten werden soll, in ihrem ganzen Prunk zum vornherein zum Scheitern verurteilt ist. Weltanschauungen sind nun einmal im Unterschied zu dem Wort der Gnade Gottes nur eben Ideen und Ideologien: darauf angewiesen, sich selbst als solche eindrücklich zu machen – Analysen, Beleuchtungen, Deutungen, Interpretationen der Wirklichkeit des Menschen, der Welt und auch wohl Gottes, von bestimmten Standorten her vielleicht sehr scharfsinnig und tiefsinnig gewagt und durchgeführt – aber doch nicht Aussprachen, doch nicht authentische Selbstkundgebungen dieser Wirklichkeit, doch nicht Worte, die unmittelbar die Wahrheitsmacht dieser Wirklichkeit selbst hätten, doch besten Falles nur relativ und partiell angemessene Gedanken und Worte über sie. Und sie sind erst recht nicht Worte, Aussprachen der Wirklichkeit göttlichen Tuns, Selbstdokumentationen des von Gott geschaffenen und erhaltenen Lebens – und nun schon gar nicht Worte, Aussprüche der göttlichen Liebes-, Gnaden- und Versöhnungstat, schon gar nicht Selbstoffenbarungen des von Gott geschaffenen Friedens zwischen ihm und der Welt, seiner Ehre und des Heils der Menschen in dem zwischen beiden aufgerichteten und erfüllten Bunde. Wird der Betrug, den der Widersacher gerade mit dieser Unternehmung versucht, nicht sofort durchsichtig, wenn man sich klar macht, daß er ihn in diesem Gegensatz versucht: in Abwehr dieses Gegners? Was hat er dem lebendigen Jesus Christus schon entgegenzustellen? Was wird er – und würden die Seifenblasen, die er, um den Menschen zur Täuschung über sich selbst anzuleiten, aufsteigen läßt, noch so herrlich schimmern – gegen ihn ausrichten können? Wie sollte man sein Treiben – hält man sich nur vor Augen, gegen wen es sich richtet – auch nur im Blick auf den gegenwärtigen Stand der Auseinandersetzung, geschweige denn im Blick auf ihr Ziel und Ende, mit ernstlicher Besorgnis verfolgen können?

Das ist sicher: wo sich hier das Wort der Tat – das Wort der Tat Gottes u. zw. dieser, seiner Versöhnungstat (und dieses Wort ist der lebendige Jesus Christus in seiner Prophetie) – dort aber das hohle, das leere Wort der Lüge (und das ist die Waffe und die Macht des Widersetzlichen im Menschen) gegenüberstehen, da dürfte es wieder klar sein, daß das Verhältnis zwischen Angreifer und Verteidiger in diesem Kampf ein so ungleiches ist, daß im Blick auf ihn die vollkommenste Siegesgewißheit Platz greifen darf und eigentlich muß – daß es Narrheit wäre, ihr nicht Raum geben zu wollen. «Ein Wörtlein kann ihn fällen» – das wird auch unter diesem Aspekt in aller Ruhe und Bestimmtheit gesagt werden müssen.

Zur Würdigung der solche Gewißheit erweckenden Überlegenheit des lebendigen Jesus Christus müssen wir nun aber noch in eine ganz andere Richtung blicken. Seine Überlegenheit besteht (3) darin, daß seine Prophetie als das Gottes Tat offenbarende Wort Gottes **unmittelbar an den wirklichen Menschen** appelliert. **Unmittelbar:** unter Übersehen und Übergehung des Widersetzlichen im Menschen, am Teufel vorbei, gewissermaßen über dessen Kopf weg, weil ohne Rücksicht darauf, daß der Mensch von diesem versucht, verführt, beherrscht, besessen ist – ohne den Menschen dabei zu behaften, daß er sich in den Dienst von dessen Lügenwerk stellt. **An den wirklichen Menschen:** an den Menschen also, den unmittelbar und also ohne Rücksicht auf das Widersetzliche in ihm anzureden darum möglich und geboten ist, weil er auch als dessen Sklave, auch indem er ihm zu Willen ist, nicht aufgehört hat, gar nicht aufhören kann, eigentlich, wesentlich – im Verhältnis zu dem Schein und Trug, dem er verfallen ist: wirklich Mensch zu sein – der Mensch, den Gott geschaffen und dessen von Gott geschaffenes Wesen ihm in all der Entfremdung, in der er jetzt Mensch ist, nicht verloren gegangen ist – der Mensch, der in dieser seiner Wirklichkeit nach wie vor der nächste und direkteste Gegenstand der Liebe seines Schöpfers ist. Die Versöhnung, die im Wort Jesu Christi als in ihm selbst geschehen, offenbar wird, ist als des Menschen Rechtfertigung wie als des Menschen Heiligung nicht nur die Betätigung der Freiheit, die Aufrichtung des Rechtes und des Anspruches Gottes diesem **wirklichen Menschen** gegenüber, sondern eben damit auch das Geschenk der Freiheit, die Aufrichtung des Rechtes und des Anspruchs dieses **wirklichen Menschen** in seinem Verhältnis zu Gott. Die Versöhnung ist, negativ formuliert: Gottes feierliche Nicht-Anerkennung des ihn vom Menschen, den Menschen von ihm trennenden Zwischenfalls – positiv formuliert: Gottes feierliche Bewährung der Treue, in der er den Menschen als sein Geschöpf liebt und in der er sich auch zu der Bestimmung seines Geschöpfs, ihn wieder zu lieben, bekennt. Und es ist das in der Existenz Jesu Christi, in seinem Tod am Kreuz begründete und wieder von ihm als dem von den Toten Auferstandenen ausgesprochene Wort von der Versöhnung Gottes feierliche Proklamation dieser seiner Nicht-Anerkennung des Zwischenfalls, dieser seiner Verachtung des Teufels, dieser Bewährung seiner göttlichen Treue, in der er nicht aufhört, den wirklichen Menschen, seiner Selbstentfremdung ungeachtet, in den Bund des Friedens mit ihm einzubeziehen, ihn als Partner dieses Bundes ernst zu nehmen. Unmittelbar dieser **wirkliche Mensch** ist also der im Wort Jesu Christi als dem Wort von der Versöhnung Gemeinte, Angeredete, Ernstgenommene. Unmittelbar und also vorbei an dem Widersetzlichen in ihm, an den **wirklichen Menschen** appelliert dieses Wort. Fremd kann es nur jenem Fremden im Menschen, dem Menschen selbst nur in seiner Selbstentfremdung tönen und vorkommen. Den wirklichen Menschen erreicht und trifft es als – freilich unerwarteter, freilich nicht aus ihm selbst heraufsteigender, sondern von außen, und das aus größter Ferne und Höhe zu ihm kommender Ruf aus dem Vaterhaus, aus der Heimat, von Gott, dem er gehört und der auch ihm gehört, als Anruf von dorther, wo er hingehört, als Geschenk seiner Freiheit, als Zuspruch seines Rechtes, seines Anspruchs, eben dort und nicht anderswo, kein Fremder in der Fremde, sondern ein Einheimischer in der Heimat zu sein. Das ist die große Überlegenheit des prophetischen Wortes Jesu Christi, daß es dieser Ruf an den wirklichen Menschen ist. In dieser Überlegenheit greift er das Widersetzliche im Menschen an und muß er von diesem bekämpft werden. Das ist die Lage.

Wieder darin ist er zunächst dem, was auch die **Menschheit** in ihrer Geschichte, was die **Kirche**, was der **Glaube** dem Menschen sagen kann, deutlich voraus. Denn wenn auch sie Stimme haben und reden können – wie kann das, was sie dem Menschen zu sagen haben, unmittelbar an das, was er wirklich ist, appellieren – nicht nur an die vielen Verkleidungen und Masken, in denen er sich gibt, mit denen er identisch zu sein meint und behauptet, sondern an den wirklichen, den von Gott geschaffenen und geliebten, mit dem Schein, in welchem er existiert, gerade nicht identischen Menschen? In der Menschheitsgeschichte, auch in der Geschichte und Gegenwart der Kirche, auch im Glauben (auch dann und gerade dann, wenn es des Menschen eigener Glaube ist!) redet ja doch immer der **Mensch**, selber geplagt von dem Widersetzlichen in ihm, **zum Menschen**, der ihm anders als ein ebenfalls so Geplagter nicht einsichtig und erreichbar ist. Es hat des Menschen Wort als solches – es wäre denn, daß sie ihm gegeben wäre – die Kraft nun einmal nicht, den doppelten Panzer des Widersetzlichen in ihm selbst und im Mitmenschen zu durchbrechen, ihn dort, wo er eigentlich und wirklich, nämlich für Gott und vor Gott und so in Wahrheit Mensch ist, zu treffen. Und so pflegen wir Menschen, auch wir Christenmenschen, in der Regel, wenn nicht ein Wunder geschieht, aneinander vorbei zu reden – auch und nicht zuletzt ein Jeder in seinen Selbstgesprächen! So können wir einander und uns selbst aus keiner echten Überlegenheit heraus Gewißheit, Siegesgewißheit vermitteln. Jesus Christus in seinem Wort kann und tut das. Er ist der Nächste, der zu jedem Anderen wirklich als Nächster zum Nächsten reden kann und redet und so auch in diesem Sinn der Überlegene ist, der als solcher Gewißheit ausstrahlt. Denn dazu, Gewißheit auszustrahlen, braucht es die Kraft, an den wirklichen Menschen zu appellieren. Er hat diese Kraft, niemand und nichts sonst. Eben darum kann in der Gewißheitsfrage auch unter diesem Gesichtspunkt nur gewarnt werden: der Verweis auf ihn möchte doch mit keinem Verweis auf die Menschheit, auf die Kirche, auf den Glauben verwechselt und vertauscht werden.

Aber nun geht es ja um seine Überlegenheit gegenüber dem Widersetzlichen im Menschen. Sie ist auch unter diesem Gesichtspunkt handgreiflich. Wir stellten fest: dieses Widersetzliche ist ein den Menschen besitzendes und dominierendes, ein ihn zu allen jenen Machinationen gegen das Wort der Gnade gewaltig und listig anleitendes Etwas in ihm, aber nun doch nicht er selber, nicht der wirkliche Mensch. Ihn sich selbst entfremden, so daß er sich selbst in seiner Wirklichkeit gar nicht mehr kennt, sondern nur noch als den ihm nur zu gefügigen Neinsager gegen Gottes Wort – das kann es wohl, das bringt es fertig. Es bringt es aber nicht fertig, ihn auszulöschen, ihn gewissermaßen zu konsumieren und also zu verteufeln. Sich selbst das anzutun, das bringt auch der Mensch selbst nicht fertig: auch wenn er dem Widersetzlichen in ihm noch so devot und eifrig diente, auch wenn er sich dem Teufel mit seinem eigenen Blut verschriebe. Der wirkliche, der von Gott gut geschaffene und geliebte Mensch samt seiner Bestimmung, ihn wieder zu lieben, ist und bleibt dem Widersetzlichen in ihm fremd, widersetzt sich ihm auch in den schlimmsten Formen der Sklaverei, in der er ihm verfallen sein mag. Mag er noch so unterdrückt, sich selber noch so unbekannt sein, sich noch so besinnungslos oder auch wohl überlegt, an die Fremdmacht ausgeliefert haben – er bleibt, der er ist, und wartet irgendwo auf seine Stunde, zerrt irgendwo an seinen Ketten. Das Wort der Gnade ist für diesen Menschen. Und dieser Mensch ist für das Wort der Gnade. Zwischen diesen beiden besteht ursprüngliche und unzerstörbare Übereinstimmung. In dieser ihrer Übereinstimmung besteht, unter diesem dritten Gesichtspunkt gesehen, die Überlegenheit dessen, der dieses Wort spricht, gegenüber der ganzen Welt des ihm begegnenden Widerspruchs und Widerstandes. Das Widersetzliche im Menschen ist eine starke Macht und hat größte und verhängnisvollste Erfolge. Gerade der Übereinstimmung mit dem wirklichen Menschen und dieses Menschen mit ihm aber kann es sich nicht rühmen, in ihrer Macht kann es nicht wirken. Jesus Christus kann und tut das: nicht nur in der Macht des Wortes Gottes, das das Wort von seiner Versöhnungstat ist, sondern – eben indem es das ist! – in der Macht seiner Übereinstimmung mit dem wirklichen Menschen, als Appell an ihn. Von daher greift er das Widersetzliche in ihm an. Eben in dieser Macht übersieht, übergeht er es, straft und schlägt er es mit Verachtung. Nur gerade mit dem wirklichen Menschen will er es zu tun haben, hat er es aber tatsächlich in überlegener Macht zu tun. Er redet in der begründeten Voraussetzung, daß dieser wirkliche Mensch von Haus aus, ob er, der Unterdrückte und sich selbst Verkennende, es schon weiß oder nicht, auf

3. Jesus ist Sieger!

seiner Seite steht, daß er wie in Gott, so auch in ihm als Gottes Geschöpf seinen natürlichen Verbündeten hat. Was kann und wird aus dem Widersetzlichen werden, da das die Lage ist? Was sollte Jesus Christus, da das die Lage ist, bei seinem Zusammenstoß mit jenem zu befürchten haben?

Wir blicken auch von da aus der Veranschaulichung halber noch einmal zurück auf dessen – oder auf des von ihm beherrschten oder verführten Menschen – Abwehrmaßnahmen: an dieser Stelle auf deren primitivste, aber auch massivste, die darin besteht, daß es den Menschen veranlaßt, dem Ruf des Wortes Gottes gegenüber damit den Tatbeweis zu führen, daß er sich ihm gegenüber statt aller aktiven Gegenbewegungen einfach schlafend stellt bzw. als abwesend entschuldigen läßt. Wir sahen: Seine Abwehr des Wortes kann schlicht damit geschehen, daß er ihm seine Indifferenz, seine Uninteressiertheit, seine Gleichgültigkeit, seine Neutralität gegenüberstellt. Wird diese Abwehr gelingen? Nun, daß es eine mögliche und durchführbare, weil subjektiv oder objektiv mehr oder weniger begründete Indifferenz nicht nur der Religion im Allgemeinen, sondern auch dem Christentum im Ganzen oder in einzelnen seiner Erscheinungsformen, etwa seinem öffentlichen Gottesdienst oder seiner Theologie gegenüber gibt, das wird man nicht bestreiten können und soll dabei nur nicht meinen, daß sie eine Erscheinung erst der letzten Jahrhunderte und im Besonderen der Gegenwart sei. Es gibt übrigens und gab zu allen Zeiten auch eine ebenso weit verbreitete Indifferenz etwa der Politik oder der Kunst oder der Philosophie gegenüber. Indifferenz auch dem «Christentum» gegenüber ist wohl durchführbar, obwohl sie auch da ihre Grenzen hat und oft sehr überraschend (u. zw. im positiven wie im negativen Sinn) in ihr Gegenteil umschlagen kann, wie es z. B. in den letzten Jahrzehnten allen Vermutungen, die man im 18. Jahrhundert haben konnte, zuwider und entgegen allen Prophezeiungen, die man im 19. in dieser Hinsicht auf allen Gassen hören konnte, geschehen ist. Wir reden aber nicht von der Gleichgültigkeit dem sogen. Christentum, sondern von der dem in Jesus Christus gesprochenen Worte Gottes gegenüber. Und von ihr ist mit aller Bestimmtheit zu sagen, daß sie eine Abwehrmaßnahme ist, die allem Schein zum Trotz nicht durchführbar ist, keine Aussicht auf Erfolg hat. Darum nämlich nicht, weil der wirkliche Mensch dem Worte Gottes gegenüber nun einmal nicht uninteressiert, nicht gleichgültig, nicht indifferent, nicht neutral ist. An den wirklichen Menschen appelliert Jesus Christus in der selbstverständlichen und wohlbegründeten Voraussetzung, daß er mit dem Widersetzlichen in ihm keineswegs identisch sei, sich mit ihm auch nicht identifizieren könne, daß er sich vielmehr, möge seine Verstrickung in Widerspruch und Widerstand ihm gegenüber noch so stark sein, gerade mit dem, was er ihm zu sagen hat in tiefster Übereinstimmung befinde. Sich ihm gegenüber schlafend stellen und verleugnen lassen wie einem unerwünschten Besuch gegenüber, das kann der Mensch wohl. Dafür mag er sich durch das Widersetzliche in ihm gewinnen lassen, das tut er ihm denn auch – und wohlbemerkt: das tut ihm auch der christliche Mensch auf der ganzen Linie ein wenig dauernd zuliebe. Aber daß er sich ihm gegenüber schlafend stellt, heißt keineswegs, daß er ihm gestorben ist – wie, daß er sich ihm gegenüber verleugnen läßt, ja auch nicht heißt, daß er nicht faktisch dort, wo er ihn sucht, zu Hause und also in seiner Reichweite ist. Der Mensch müßte aufhören zu sein, der er in Wirklichkeit ist, wenn er sich aus der Reichweite des Wortes Gottes entfernen, wenn er sich zu einer faktischen – sagen wir für einmal: zu einer ontischen Indifferenz und Neutralität dem Worte Gottes gegenüber aufschwingen bzw. sich durch das Widersetzliche in ihm dazu zwingen lassen könnte. Er mag mit Vielem fertig werden und sein, aber nicht mit ihm. Er steht gerade als der, der er wirklich ist, faktisch auf seiner Seite. Er wird Gleichgültigkeit ihm gegenüber immer nur vorgeben, markieren, spielen, heucheln, lügen können. Sicher tut er das und sicher sehr beharrlich. Aber gerade die Beharrlichkeit, in der er das immer wieder tun muß, wird auch immer wieder dagegen sprechen, daß er der Unbeteiligte ist, der zu sein er vorgibt. Der Vorsprung, in welchem sich das in Jesus Christus gesprochene Wort Gottes auch dieser Unternehmung seines Widersachers gegenüber befindet, ist doch wohl nicht zu übersehen.

Wir fassen auch in Erwägung dieses dritten Aspektes zusammen: der Kampf, in welchem der lebendige Jesus Christus in seiner Prophetie noch und noch steht, ist, wie ernst er sich auch darstelle und wirklich sei, ein ungleicher, das Verhältnis zwischen Angreifer und Verteidiger ein solches, im Blick auf das man hinsichtlich seines Ausgangs keinen Zweifel haben kann. Indem das in Jesus Christus gesprochene Wort der Gnade nicht gegen, sondern für den Menschen ist, wird der Mensch seinerseits im Grunde, als der, der er wirklich ist, nicht gegen, sondern nur für dieses zu ihm gesprochene Wort sein können. Der Kampf geht weiter, aber unter diesem Aspekt. «Ein Wörtlein kann ihn fällen» gilt auch von da aus gesehen. Es gibt, auch von da aus gesehen, Gewißheit, vollkommene Siegesgewißheit über des Kampfes Ausgang und über seinen diesem Ausgang entgegenführenden Verlauf.

Das also wäre es, was zur Entfaltung und Bestätigung der entscheidenden und umfassenden Antwort auf die Gewißheitsfrage hinsichtlich des endgültigen und schon des fortgehenden Sieges Jesu Christi als des Propheten des Wortes der Gnade zu sagen ist. Es wird nicht unnötig sein, uns des Inhalts dieser entscheidenden und umfassenden Antwort ausdrücklich zu erinnern. Er besteht im Verweis auf den lebendigen Jesus Christus selbst, auf seine Überlegenheit in dem von ihm eröffneten und geführten Kampf und also in dem Verweis auf sein Gewißheit, Siegesgewißheit erweckendes, begründendes, schaffendes und erhaltendes Selbstzeugnis. Er selbst ist und gibt die Garantie dafür, daß er siegen wird und schon im Siegen begriffen ist. Auch was wir nun zur Entfaltung und zur Bestätigung jener einen Antwort vorzubringen versucht haben, darf also nicht etwa als Ersatz für die in und von Jesus Christus selbst gegebene Garantie, sondern nur als Versuch, diese zu erklären, sie konkret zu beschreiben, verstanden werden. Keine Erklärung jenes Grundtextes kann ihn ersetzen wollen. Keine von den drei Argumentationen, in denen wir die Überlegenheit Jesu Christi und die kraft dieser seiner Überlegenheit erweckte Gewißheit expliziert haben, kann sie also für sich darstellen und geben wollen. Wir haben uns Rechenschaft darüber ablegen müssen, inwiefern Jesus Christus selbst sich in seinem Kampf in Siegesgewißheit erweckender Überlegenheit darstellt und gibt: unter der ausdrücklichen Voraussetzung, daß diese Darstellung und Gabe sein eigenes Werk und also nicht das unserer entfaltenden und bestätigenden Argumentation ist. Die kann als solche gerade nur insofern durchschlagen, erhellen und hilfreich sein, als sie auf ihn selbst hinweist und als er selbst sich in der ihm und nur ihm eigenen Überlegenheit – er selbst sich entfaltend, bestätigend und erklärend und so selbst Gewißheit erweckend, begründend, schaffend und erhaltend – hinter sie stellt, selbst sagt, was alle theologische Kunst bestenfalls stammelnd nachsagen kann: was er als der Prophet, als das Wort seines Werkes ist und sein wird, als was er sich auch jetzt und hier schon bewähren wird: Jesus, der Sieger!

4. DIE VERHEISSUNG DES GEISTES

Es ging und es geht in dem nun abzuschließenden ersten Paragraphen des dritten Teiles der Versöhnungslehre um den christologischen Grund, Gehalt und Horizont des Ganzen, das hier zur Sprache zu bringen ist. Wir erinnern uns der Überschrift, unter die der Aufweis des Grundes, Gehaltes und Horizontes dieses Ganzen gestellt ist. Der Mittler ist Jesus Christus, der – als wahrer Gott zum Menschen erniedrigt, uns Menschen gleichgemacht, als wahrer Mensch in die Gemeinschaft mit Gott erhöht und ihm gleichgemacht – als Vollstrecker der Versöhnung, als Erfüller des Bundes in seiner Person und in seinem Werk zugleich der Vertreter Gottes dem Menschen und der Vertreter des Menschen Gott gegenüber und so (Eph. 2,14) der Friede zwischen beiden ist. Die Herrlichkeit dieses Mittlers besteht darin, daß er nicht nur ist, was er als solcher ist, und tut, was er als solcher tut, sondern als der, der er ist und indem er tut, was er tut, auch offenbar ist, d. h. sich selber offenbart. Noch einmal also ein Sein: er ist offenbar – das als solches sofort ein Tun ist: er offenbart sich.

Genau so, wie im ersten Teil der Versöhnungslehre zu unterscheiden und zu verbinden war: Er ist der wahre Sohn Gottes, der, indem er wurde, was wir sind, in die Fremde ging, und: Er leidet als der an unserer Stelle gerichtete Richter, als der sich selbst zum Opfer dahingebende Hohepriester – und im zweiten Teil: Er ist der in seine Heimat zu Gott zurückkehrende Menschensohn, und: er handelt als solcher, nämlich als der königliche Mensch, der der Gegenstand des reinen göttlichen Wohlgefallens ist. Genau so haben wir jetzt, in diesem christologischen Paragraphen des dritten Teiles, gehört: er ist offenbar, ist «das Licht des Lebens» (davon sind wir im zweiten Abschnitt, der ja eben diesen Titel trug, ausgegangen), und: er offenbart sich, er leuchtet als dieses Licht (davon ist nun in dem hinter uns liegenden dritten Abschnitt unter dem Titel «Jesus ist Sieger!» die Rede gewesen).

Wir haben in dieser doppelten Betrachtung auch hier die Intention der alten Dogmatik bei ihrer Unterscheidung zwischen der Lehre *De persona* und *De officio mediatoris* aufgenommen. Nur daß wir diese beiden Loci hier wie in den beiden ersten Teilen nicht in der Beziehungslosigkeit, in der sie in der alten Dogmatik aufeinander folgen, stehen ließen, sie also nicht nur unterschieden, sondern zugleich in gegenseitige Verbindung setzten – in der Weise, daß wir nicht nur das Tun und Werk Jesu Christi durch seine Person, sein Sein, sondern auch seine Person, sein Sein durch sein Tun und Werk erklärt haben. Eben darum hatten wir gerade im vorangehenden Abschnitt so viel Nachdruck auf die Geschichtlichkeit der Prophetie Jesu Christi legen und schließlich ihre Geschichte, soweit sie erzählt werden kann, geradezu erzählen müssen: wobei es doch unvermeidlich war, daß wir immer wieder auf das Sein des da handelnden Propheten, auf den lebendigen Jesus Christus selbst als das primäre Subjekt des zu erzählenden Geschehens zurückverweisen mußten. Indem er leuchtet, u.zw. siegreich leuchtet, ist er das Licht des Lebens. Er ist aber darum der siegreich Leuchtende, weil er das Licht des Lebens ist.

Von dem so noch einmal durchmessenen (im engeren Sinn so zu nennenden) christologischen Bereich aus werden wir nachher, in den noch folgenden Paragraphen weiter zu gehen haben, um unter dem besonderen Gesichtspunkt des dritten Teils der Versöhnungslehre in seiner Begegnung mit der Herrlichkeit des Mittlers Jesus Christus zuerst des Menschen Sünde (hier als seine Lüge) zu verstehen, dann als die unmittelbare positive Folge seines gottmenschlich-prophetischen Seins und Tuns des Menschen Berufung, dann als vorläufige, irdisch-geschichtliche Entsprechung seines Seins und Tuns die christliche Gemeinde in ihrer Sendung in der Welt und an die Welt, schließlich im Blick auf den einzelnen Christen die als letzte höchste Frucht der Versöhnung in ihrer Selbstoffenbarung zu verstehende christliche Hoffnung. Wir werden bei allen diesen Entfaltungen nur weiter gehen können von dem jetzt umschriebenen Anfang her, und es wird dabei kaum ein Schritt zu tun sein, bei dem wir nicht dringenden Anlaß haben werden, auf diesen Anfang zurück zu blicken, uns darüber im Klaren zu bleiben, daß und inwiefern wir von ihm herkommen, daß und inwiefern alles im Einzelnen Aufzuzeigende nur von ihm her zu verstehen ist.

Immerhin: es geht schon um ein Weitergehen. Um Christologie (im engeren Sinn des Begriffs) wird es sich also nachher nicht mehr handeln, sondern es wird der Bereich, der da zu betreten sein wird, der anthropologische sein: der Bereich unseres und des allgemeinen Menschenlebens. Man muß wohl genauer sagen: der übrige Bereich dieser unserer und der allgemeinen Geschichte. Nicht einfach in Gott, nicht irgendwo im Himmel, sondern an einem bestimmten Ort des großen Feldes menschlichen Seins und Geschehens befindet sich ja auch der christologische Bereich, ereignet sich ja auch die Versöhnung, und nun also im Besonderen die Versöhnung in ihrem Charakter als Offenbarung, die Prophetie Jesu Christi, das Leuchten des Lichtes in der Finsternis. Die Frage ist: mit welchen Auswirkungen an den übrigen, den den (im engeren Sinn so zu nennenden) christologischen Bereich umgebenden, ihm untergeordneten Orten dieses weiteren Feldes? Darauf wird negativ an Hand des Begriffs Sünde (als Lüge), positiv an Hand der Begriffe Berufung, Sendung, Hoffnung zu antworten sein.

Aber eben zum Übergang aus dem christologischen in diesen weiteren Bereich muß – und das soll nun im Abschluß unseres christologischen Paragraphen in diesem vierten Abschnitt geschehen – eine besondere überleitende Überlegung eingeschaltet werden. Wir hatten sie an dieser Stelle auch in den beiden ersten Teilen der Versöhnungslehre anzustellen.

Die entsprechenden Abschnitte hießen dort: «Das Urteil des Vaters» (IV,1 § 59,3) und «Die Weisung des Sohnes» (IV,2 § 64,4). Die überleitende Überlegung betrifft auch jetzt schlicht die Frage: inwiefern und in welcher Weise Auswirkungen, Folgen, Entsprechungen des Seins und Geschehens im christologischen Bereich auf dem diesen umgebenden Feld unserer und der allgemeinen Geschichte tatsächlich stattfinden können? inwiefern und mit welchem Recht wir also von dem her, was vom Sein und Tun Jesu Christi zu sagen ist, weitergehen können bzw. müssen zu Aussagen über ein von dort aus begründetes und bestimmtes Sein und Tun in unserem, im allgemeinen Menschheitsleben? Inwiefern gibt es einen realen und dann auch denkbaren Weg von dort nach hier, von ihm zu uns? Es versteht sich eben nicht von selbst, daß des Menschen in Jesus Christus, und also dort, geschehene Rechtfertigung und Heiligung hier, in unserem Leben, als unsere im Glauben zu ergreifende Rechtfertigung, als unsere in der Liebe zu betätigende Heiligung Ereignis wird. Es versteht sich nicht von selbst, daß Jesus Christus als das Haupt in der menschlichen Geschichte und Gesellschaft in Gestalt seiner Gemeinde einen Leib hat, sein Volk versammelt und auferbaut. Es versteht sich nicht einmal das von selbst, daß der Mensch in seiner Begegnung mit dem Gehorsam des Gottessohnes und der Herrschaft des Menschensohnes seines Hochmutes und seiner Trägheit und so seiner Sünde überführt wird. Und so versteht sich in unserem jetzigen Zusammenhang auch das nicht von selbst, daß das Leuchten des Lichtes des Lebens als das Sein und Tun Jesu Christi seine Tragweite und Kraft erweist in Geschehnissen in dem so ganz anderen Bereich, in dem wir existieren – auch in dem Umkreis, in welchem das leuchtende Licht des Lebens die Mitte ist: also in des Menschen Berufung, in der Sendung der Gemeinde, in der christlichen Hoffnung – oder wäre es auch nur im Gericht über des Menschen Lüge. Der Schritt von dort nach hier, von Jesus Christus zu uns ist zu unermeßlich groß, als daß da irgendetwas selbstverständlich wäre. Und so dürfte es auch nicht angebracht sein, von einem Bild und Begriff seines Seins und Tuns als Prophet her so ohne weiteres Linien und Schlüsse hinüber in unseren Bereich zu ziehen, seine gottmenschliche Erscheinung (oder was wir davon zu sehen oder zu verstehen meinen) ohne weiteres in verkleinertem Maßstab wie in einem Schattenriß nachzuzeichnen, hineinzuzeichnen in unser Konzept von unserem eigenen und dem allgemeinen menschlichen Sein und Tun, von Entsprechungen seiner Geschichte in unserer, in der übrigen Geschichte zu reden, als ob es das Natürlichste von der Welt wäre, daß sie solche hat, daß ein Weg von dort nach hier unserem Denken und Reden ohne weiteres offen steht. Zwischen Jesus Christus als dem Worte Gottes und dem, was aus diesem Worte wird, wenn wir es vernehmen, aufnehmen, uns assimilieren, es bezeugen und weiter geben zu können meinen, klafft doch zunächst ein Abgrund. Wer sind wir denn, wir Anderen, die übrige Menschheit, daß eine nicht nur eingebildete, sondern wirkliche, echte **Kontinuität** dieses Wortes und also eine **Realpräsenz** der Prophetie Jesu Christi, ein Leuchten seines Lichtes unter, in und durch uns, in unserem Vernehmen und Bezeugen seines Seins und Tuns überhaupt in Frage kommen kann? Hier ist doch Alles so ganz anders als dort. Wir selbst sind doch so ganz anders als Er. Die Gnade des dort, in Jesus Christus und durch ihn leuchtenden Lichtes des Lebens – nehmen wir an, wir seien seiner von ferne gewahr geworden! – ist doch offenbar Eines, ein Anderes aber dies, daß es wirklich auch uns, unter, in und durch uns leuchtet – so wie dort nun auch hier: siegreich in der Finsternis als in unserer Finsternis. Ist dem so, ist in der einen Gnade Jesu Christi wirklich auch dies inbegriffen, daß wir ihr Wort vernehmen und bezeugen dürfen, sind also von der Versöhnung auch unter dem uns jetzt beschäftigenden dritten Gesichtspunkt noch andere als (im engeren Sinn des Wortes) christologische Aussagen zu machen, dann besteht da auf alle Fälle Anlaß zu neuem Aufmerken, neuer Verwunderung, neuer Dankbarkeit, neuer Anbetung Gottes in diesem seinem umgreifenden Werk. Wer sich durch die hier aufstehende Frage nicht stellen ließe, wer ihre Beantwortung für selbstverständlich hielte, in dessen Denken und Reden würde sie schwerlich spezifisches Gewicht haben. Wer nicht bemerken wollte, daß ihm an dieser Stelle zunächst Halt geboten ist, der würde von da aus nicht legitim, sondern nur durch eine Erschleichung und also nicht wirklich, sondern nur scheinbar weiterkommen. Wir müssen wissen, was wir tun, wenn wir es wagen, an dieser Stelle weiter zu gehen. Die Besinnung darüber ist die Aufgabe dieses vierten und letzten Abschnitts dieses christologischen Paragraphen.

Man bemerke: **noch** gehen wir jetzt **nicht** in der angezeigten Richtung weiter. **Noch** bewegen wir uns in dem (im engeren Sinn des Wortes so zu nennenden) **christologischen Raum**. Noch ist jetzt erst zu zeigen, daß und inwiefern dieser Raum selbst und als solcher einen **Ausgang** in jener Richtung hat, daß und inwiefern es gerade im Blick auf das diesen Raum erfüllende Sein und Geschehen erlaubt und geboten, möglich und notwendig ist, in jener Richtung weiter zu gehen: darum nämlich, weil eben das diesen Raum erfüllende Sein und Geschehen selbst und als solches nach außen, hinein in unsere Räume drängt. Wir werden also, wie es auch an den entsprechenden Stellen der beiden ersten Teile der Versöhnungslehre geschehen ist, dabei einsetzen, daß die entscheidende Antwort auf unsere Frage im Sein und Tun Jesu Christi, im Vollzug seines Versöhnungswerkes schon gegeben, nur eben neu hervorzuheben, neu als Antwort gerade auf diese Frage zu verstehen ist. Wir haben also zur Auffindung dieser Antwort noch einmal vor seinem Sein und Tun als solchem Halt zu machen.

In der «Herrlichkeit des Mittlers» selbst und als solcher ist nämlich auch das inbegriffen, daß er sich unter uns, in und durch uns zu verherrlichen im Begriff steht, daß wir dazu bestimmt sind und befreit werden, an seiner Herrlichkeit empfangenden und tätigen Anteil zu nehmen. Jesus Christus ist in dieser Hinsicht – in der Herrlichkeit seines mittlerischen Werkes – wie in jeder anderen nicht ohne die Seinen. Er ist, der er ist, indem er in ihrer Mitte ist: die errettende und nun auch erleuchtende Mitte, in welcher sie den durch ihn erretteten und nun auch erhellten Umkreis bilden. Die «Seinen» sind virtuell, prospektiv, *de iure:* alle Menschen als solche – aktuell, effektiv und *de facto:* die an ihn glaubenden, ihn erkennenden, ihm dienenden und darin auch unter sich verbundenen Glieder seines Leibes, die Christen. Er ist und es geschieht sein Tun in dieser wie in jener anderen Hinsicht in Gemeinschaft mit ihnen, für sie, unter ihnen, in ihnen und auch durch sie: immer so, daß Er, und in seiner Person und seinem Werk Gott selbst, ihr Herr und Haupt ist und bleibt, immer in einem in Ihm begründeten, durch Ihn erhaltenen und regierten und also unumkehrbaren Verhältnis, aber immer in diesem Verhältnis, immer in Gemeinschaft mit ihnen. Wo er ist, da sind auch die Seinen. Wer ihn sieht, muß auch sie, die zu ihm Gehörigen, die ihn umgebenden Seinigen sehen. An ihn glauben kann man nur, indem man es zusammen mit den Seinigen tut. Ihn lieben kann man nicht, ohne als die von ihm Mitgeliebten auch sie zu lieben. Auf ihn hoffen heißt, auch für sie hoffen. Er ist kein Haupt ohne Leib, er ist das Haupt seines Leibes und mit seinem Leibe. Er war ja schon in dem ewigen Erwählungs-Ratschluß Gottes nicht allein, sondern der Eine, in welchem als ihrem Erstling und Vertreter Gott die Vielen als seine Brüder miterwählte, weil vor aller Welt Erschaffung und Begründung in ihm mitliebte. So wollte er nicht für sich, sondern für uns Menschen des ewigen Vaters ewiger Sohn sein. Und so wurde er nicht für sich Mensch, um etwa als dieser eine Mensch für sich göttlichen Wesens zu sein, sondern um seine Erwählung zu unserem ältesten Bruder und also auch die unsrige zur Gotteskindschaft zu bestätigen. Er war Gott und wurde Mensch, indem Gott in ihm die Welt mit sich selber versöhnte, seinen Bund mit allen Menschen erfüllte und besiegelte. So geschah seine Erniedrigung als Gottessohn *propter nos homines et propter nostram salutem,* im Vollzug unserer Rechtfertigung vor Gott. So geschah seine Erhöhung als Menschensohn, damit er uns alle (Joh. 12, 32) zu sich ziehe, im Vollzug unserer Heiligung für Gott. So ist er mit denen, die im weiteren und engeren Sinn, die virtuell oder aktuell, die Seinigen sind, Einer, ein Ganzes – in strenger, unumkehrbarer Über- und Unterordnung, in strenger, unaufhebbarer Unterscheidung der Stellung und Funktionen, die ihm und ihnen zukommen – die Mitte kann nicht Umkreis, der Umkreis kann nicht Mitte werden – aber in dieser Ordnung und Unterscheidung einer, ein Ganzes: so daß er von den

Seinigen ebensowenig zu trennen ist, wie sie von ihm. Man könnte das ganze Sein und Geschehen im christologischen Raum nur mißverstehen, wenn man es auch nur vorübergehend, nur teilweise exklusiv, statt inklusiv, nur als partikular und nicht in seiner Partikularität sofort als universal verstehen würde. Es kann also auch alles immer wieder gebotene und notwendige Hinwegsehen von der Welt, von allen Menschen, auch von der Kirche, auch von unserem Glauben, kurz: von uns selbst hin auf Ihn selbst nur in der Absicht und mit dem Ziel geschehen, eben im Blick auf Ihn erst recht die wirkliche Welt, den wirklichen Menschen, die wirkliche Kirche, den wirklichen Glauben, wirklich uns selbst neu in Blick zu bekommen: Alles in seiner ganzen Verschiedenheit und Andersheit, aber Alles in der von Ihm hergestellten Kommunion, in der von Ihm betätigten Kommunikation mit diesem so Verschiedenen und Anderen, und eben so alles in seiner ihm von Gott in Ihm zugesprochenen, geschenkten, erhaltenen und regierten Wirklichkeit.

Das ist die grundsätzliche, in aller echten Erkenntnis des besonderen Seins und Tuns Jesu Christi schon enthaltene, nur eben neu hervorzuhebende Antwort auf unsere Frage: Er selbst ist doch gar nicht nur dort, an seinem Ort, sondern indem er dort ist, von dort aus, auch hier, an unserem Ort. Er ist der, der von dort nach hier unterwegs ist. Und so ist er, indem er für sich ist, auch unter, auch für, auch in, auch durch uns. Er ist und handelt auf seinem Wege aus seinem besonderen Bereich heraus hinein in den unseren, den jenen umgebenden anthropologischen Bereich. Wir müßten sein ganzes Sein und Tun verkennen, wenn wir dessen unmittelbare Beziehung auf das unsrige und so des unsrigen zu dem seinigen, wenn wir also die in ihm selbst begründete, von ihm selbst durchgeführte Kontinuität zwischen seinem und unserem Bereich, dem Bereich des allgemeinen Menschenlebens, verkennen würden. Die in ihm, in seiner Person und seinem Werk geschehene Versöhnung selbst und als solche ist ein von seinem besonderen Bereich her übergreifendes, den unseren, den Bereich des allgemeinen Menschenlebens umgreifendes, virtuell, prospektiv, *de iure* nach jedem Menschen, aktuell, effektiv, *de facto* nach dem christlichen Menschen ausgreifendes, ihn rezeptiv und spontan beteiligendes Geschehen. Wir konnten sie, wir konnten Jesu Christi Person und Werk schon im Blick auf sein hohepriesterliches und königliches Amt (und also in den zwei ersten Teilen der Versöhnungslehre) nicht in Blick bekommen, verstehen und erklären, ohne uns eingehend mit dem Problem bzw. mit der Wirklichkeit dieses ihres übergreifenden, umgreifenden, nach dem Menschen überhaupt und nach dem Christen insbesondere ausgreifenden Charakters ihres Geschehens zu beschäftigen. Das ist die allgemeine christologische Beantwortung unserer Frage.

Es ist aber offenbar gerade die Herrlichkeit des Mittlers, gerade das

Sein und Tun Jesu Christi als Offenbarer des in ihm geheiligten Namens, des in ihm nahe herbeigekommenen Reiches, des in ihm auf Erden wie im Himmel geschehenen Willens Gottes, gerade das in ihm siegreich leuchtende Licht des Lebens, das in ihm gesprochene lebendige Wort Gottes und seiner Gnade – es ist m. e.W. gerade sein versöhnendes Sein und Tun in seinem prophetischen Amt der besondere Aspekt und sachlich: die besondere Bestimmung jenes Geschehens, in welchem dessen übergreifender, umgreifender, ausgreifender Charakter zwar nicht etwa begründet ist – denn begründet ist er in allen Bestimmungen jenes Geschehens – wohl aber im Besonderen gewissermaßen *ex officio* wirksam und erkennbar wird. *Ex officio:* weil es hier um die besondere Bestimmung des *officium mediatorium* als *officium propheticum*, als sein Sein und Tun im Ausspruch seiner selbst geht. In seiner Herrlichkeit strahlt er sein Sein und Tun für die Welt, in und mit ihr von sich selbst her aus und hinüber in sie hinein, um sie an ihr teilnehmen zu lassen. In seiner Offenbarung, indem er als Licht leuchtet, erschließt und eröffnet er sich, tut er sich kund, teilt er sich mit, geht er also aus sich heraus dorthin, wo er noch nicht, d. h. wo eben sein Sein und Tun für alle noch nicht bekannt und erkannt, wo man der in ihm geschehenen Veränderung der Situation zwischen Gott und Mensch nicht gewahr ist, wo die Konsequenzen aus dieser Veränderung noch nicht gezogen sind, wo die in ihm, in des Menschen in ihm vollzogener Rechtfertigung und Heiligung schon überwundene Sünde, des Menschen Hochmut und Trägheit infolgedessen noch immer – nun in doppeltem Sinn: *per nefas* – Raum und Macht haben. In seiner Offenbarung, als Wort geht er m.e.W. hinein in die Finsternis der Nicht-Erkenntnis, in welcher die Sünde notwendig Raum und Macht hat, in welcher das Leben derer, deren Errettung und Heil in ihm doch schon verwirklicht ist, die als seine Brüder schon Kinder Gottes sind, deren Existenz aber, indem sie noch nicht darum wissen, noch nicht die dieser Verwirklichung entsprechende Gestalt annehmen kann: damit sie darum wüßten, damit ihre Existenz also die entsprechende Gestalt annehme. Eben in seinem prophetischen Wort, eben als Ausspruch seiner selbst bleibt er denen, die in dieser Finsternis wohnen, nicht ferne, geht und kommt er zu ihnen, um ihnen als Licht des Lebens – ihres eigenen, in ihm schon verwirklichten! – Lebens zu leuchten, einzuleuchten, damit der Raum und die Macht der Sünde, von der sie doch in ihm schon befreit und geschieden sind, auch in ihnen selbst zerstört, damit die gültig auch für sie vollzogene Veränderung der Situation zwischen Gott und Mensch auch in ihnen selbst wirksam und sichtbar werde, damit sie selbst die ihnen in ihm schon voll und vorbehaltlos zugewendete Gnade Gottes ergreifen und also beginnen möchten, von ihr zu leben. Das ist das Übergreifen, das Umgreifen, das Ausgreifen der Versöhnung in ihrer prophetischen Bestimmung. Sie äußert sich. Sie teilt – und das ist ihr Besonderes in dieser

Bestimmung – der Welt mit, daß sie die mit Gott schon versöhnte Welt ist. Sie weckt sie durch diese Mitteilung auf, sie erlaubt und gebietet ihr, sich selbst als solche zu erkennen, zu erfahren, ernst zu nehmen, zu verhalten und also als versöhnte und nicht fernerhin als unversöhnte Welt zu existieren. Sie sagt es allen Menschen, die es noch nicht wissen, daß, was unter ihnen geschehen ist, ihre eigene Rechtfertigung und Heiligung ist, und sagt ihnen eben damit die Freiheit zu, im Glauben und in der Liebe zu leben, ruft sie eben damit auf, den Weg dieser Freiheit zu betreten. Sie erinnert die Christen daran, daß sie eben darin Christen und als solche von allen anderen Menschen unterschieden, vor ihnen ausgezeichnet sind, daß ihnen das schon zu wissen getan ist, daß sie diese Freiheit schon haben, daß sie sich doch im Begehen des Weges dieser Freiheit ja nicht irre machen, ja nicht ermüden lassen möchten. Dieses natürlich nicht nur verbale und intellektuale, sondern höchst reale und kräftige Äußern, Mitteilen, Sagen, Erinnern ist das Neue, das Besondere der Versöhnung in ihrer Gestalt als Offenbarung, das Neue und Besondere der Herrlichkeit des Mittlers, des Seins und Tuns Jesu Christi in seinem prophetischen Amt. Er ist als Träger und in Ausübung dieses Amtes das Wort, das in der ganzen Dynamik und Teleologie seiner gottmenschlichen Person und Tat – in welchem er der Umwelt nichts Anderes, aber auch nicht weniger als sich selbst auftut: sich selbst als den, der als ihr Herr und Erretter für sie, bei und mit ihr ist – das eben als dieses sein Selbstwort kein bloßes, kein leeres, sondern das diese Umwelt erleuchtende, erweckende, belebende, auf die Füße stellende, in Bewegung und Marsch setzende Wort ist. Als dieses Wort ist Jesus Christus selbst im Ausgang aus seinem in unseren Bereich, im Eingang von dort nach hier, ist er die leuchtende Mitte, von der her wir als sein Umkreis hell werden dürfen. Sein reales Sein und Tun für die Welt, für die Menschen, für uns wird, indem es auch sein Wort ist, sein eigener realer Durchbruch in die Welt, in die Menschheit, zu uns hin. – Das ist die besondere christologische Beantwortung unserer Frage, die wir nun in genauere Erwägung zu ziehen haben.

Es ist dazu zunächst und vor Allem dies zu sagen, daß es der Blick auf den lebendigen, weil von den Toten auferweckten Jesus Christus ist, der uns gerade diese besondere Antwort auf unsere Frage möglich und notwendig macht. Es ist also das besondere Ereignis seiner Auferstehung die Ur- und Grundgestalt seiner Herrlichkeit, des Aufgehens und Leuchtens seines Lichtes, die Ur- und Grundgestalt seiner Äußerung, seines Wortes als seines Ausspruchs seiner selbst, und so seines Ausgangs, Durchbruchs und Eingangs in seine Umwelt, zu uns hin, seines prophetischen Werkes. Auf dieses Ereignis bezieht und begründet sich schon das neutestamentliche Zeugnis gerade nach dieser Seite: hinsichtlich der Universalität der besonderen Existenz Jesu Christi, hinsichtlich der Inklusivität seines besonderen Seins und Tuns, hinsichtlich der Kontinuität, in der er wohl seinen besonderen Raum hat, eben von ihm her aber auch übergreift in den unseren, ihn umgreift, nach uns Menschen ausgreift, uns als die Seinigen, die wir kraft seines Seins und Tuns sind, angeht, anredet, in Anspruch nimmt, behandelt, erhellt und damit auch unter uns und in uns Gestalt gewinnt.

Das Zeugnis der neutestamentlichen Zeugen, ihre διακονία καὶ ἀποστολή (Act. 1, 25), in der sich die Jünger ihrerseits an die Juden und an die Heiden wenden werden, ist das Zeugnis von seiner **Auferstehung** (Act. 1, 22) als seiner Selbstbezeugung gerade hinsichtlich der Universalität, Inklusivität und Kontinuität seines partikularen Seins und Tuns, gerade hinsichtlich seines übergreifenden, umgreifenden, ausgreifenden Charakters. Es war nicht umsonst der **Auferstandene**, der nach dem Schluß des Matthäusevangeliums (28, 17f.) unter die ihn teils erkennenden, teils immer noch zweifelnden Jünger trat, mit ihnen redete und sprach: «Mir ist alle Gewalt gegeben im Himmel und auf Erden. Darum (weil ich der bin und zur Bekanntmachung dessen, daß ich der bin, dem alle Gewalt gegeben ist) gehet hin und macht alle Völker zu Jüngern... Und siehe, Ich bin bei euch alle Tage bis an das Ende der Welt.» Durch die Auferstehung Jesu Christi von den Toten hat Gott uns (1. Petr. 1, 3) nach seiner großen Barmherzigkeit «wiedergeboren zu einer lebendigen Hoffnung». Mit auferweckt mit Ihm (Kol. 2, 12), mit Ihm lebendig gemacht (Eph. 2, 5), sind die Christen, was sie sind: nicht anders! «Ist Christus nicht auferweckt worden, so ist unsere Predigt leer, leer auch euer Glaube, so werden wir als falsche Zeugen Gottes erfunden... so seid ihr noch in euren Sünden» (1. Kor. 15, 14, 17). Von **dorther** kennt ihn das Neue Testament als den lebendigen Jesus Christus und so als den Messias Israels, als den Herrn seiner Gemeinde, als den Erretter der Welt – von dorther nämlich als den sich selbst als Messias, Herr und Heiland **Offenbarenden**: den Mittler in seiner **Herrlichkeit**, den wahren Gottessohn und Menschensohn in seiner **Selbstbezeugung**, den Versöhner in seiner **Kundgebung** als solcher.

Wir werden uns darüber klar sein müssen, daß wir mit der Kirche aller Zeiten, indem wir eine positive Beantwortung unserer Frage wagen, nur von dorther denken, von jenem Ereignis herkommen können, jenes Ereignis in seinem Verhältnis zum Leben und Sterben Jesu Christi als solchem, aber auch in seiner Eigenart ihm gegenüber als **geschehen** voraussetzen müssen.

In seinem Leben und Sterben als solchem und also schon **vor** diesem Ereignis **war** Jesus Christus, der er war: der Erwählte Gottes, in welchem und mit welchem auch die Seinen erwählt sind, wahrer Gott und wahrer Mensch nicht für sich, sondern zur Versöhnung der Welt, Hohepriester und König, *pro nobis* und *pro me* – Messias, Herr, Heiland, Mittler der Seinigen, nicht ohne sie, sondern für sie und mit ihnen. Sein Werk, sein Sein und sein Tun erhielten im Ereignis seiner Auferstehung keinen Zuwachs. Welcher Zuwachs konnte da in Frage kommen? Es war vollbracht. Es wäre aber, daß es dieses vollbrachte Sein und Tun war, es wäre die in ihm geschehene Veränderung der Situation zwischen Gott und Mensch **ohne** dieses seinem Leben und Sterben folgende Ereignis schlechterdings in ihm **verschlossen**, weil seinen Jüngern wie der Welt und so auch uns schlechterdings **verborgen, unbekannt, praktisch bedeutungslos** geblieben. Ihm hätte ohne dieses Ereignis eben die Herrlichkeit, die Offenbarung seines Seins und Tuns, dessen prophetischer Charakter gefehlt. Sein Leben wäre, indem er das Leben der ganzen Welt war, nicht das in diese Welt hineinscheinende, sie erhellende Licht gewesen. Wie hätte es sie dann als ihr Leben erreicht? Was hätte es dann für sie bedeutet? Die in ihm allen Menschen zugewendete Gnade wäre für keinen Einzigen von ihnen Wort, Kunde, Kerygma geworden. Wie sollte sie da auch nur für einen Einzigen von ihnen kräftig werden, von ihm gelebt werden können? Ohne uns zu erreichen, in strengster Isolierung und Ferne von uns wäre er dann für uns gewesen, was er war und hätte er dann für uns getan, was er tat. Und ohne von ihm erreicht zu sein, in strengster Isolierung und Ferne von ihm, würden wir dann unsererseits sein, was wir sind, und tun, was wir tun. «Als wäre nichts geschehen» würde ihm dann die in ihm mit Gott versöhnte Welt faktisch-praktisch **unversöhnt** gegenüberstehen, indem sie ja gar nicht in der Lage wäre, ihn als ihren Versöhner und sich selbst als in ihm versöhnte Welt zu erkennen, mit dem für sie in ihm Geschehenen sich positiv oder auch nur negativ auseinander zu setzen, sich als solche neu zu konstituieren. Zu Geschehnissen wie des Menschen Rechtfertigung, Heiligung und Berufung, wie die Sammlung, Erbauung und Sendung der Gemeinde, wie der Glaube, die Liebe, die Hoffnung der Christen könnte es dann in unserem, im anthropologischen Bereich, unmöglich kommen. Zwischen Jesus Christus und seiner ganzen Umwelt läge dann eben der unüberbrückbare Abgrund, stünde dann die himmelhohe, undurchdringliche Mauer seines **Todes**, über die hinweg es kein Hinüber und Herüber gäbe. Er wäre dann, **ohne** jenes gerade seinen Tod tötende Ereignis jenseits seines Lebens und Sterbens, statt als der, der für uns lebte und starb, zu uns zu kommen, in seinem Sterben wie jeder andere Sterbende und Gestorbene unendlich weit von uns weggegangen. Er wäre dann ein vergangener, ein uns als solcher unbekannter und bedeutungsloser, ein toter Mittler, Hoherpriester, König, Herr und was immer er sonst noch gewesen sein möchte. Er wäre dann, ohne jenes Ereignis, **umsonst** gewesen, der er für uns war, hätte umsonst getan, was er für uns getan hat. Das wäre die Lage, wenn jenes besondere Ereignis nicht geschehen wäre.

Nun aber **ist** es ja geschehen. Nun **ist** ja Jesus Christus von den Toten auferstanden. Und **das** ist damit geschehen, daß er – als Lebendiger aus dem Heer der Toten, der Begrabenen, der Weggegangenen, der Vergangenen und Vergessenen, der uns unbekannt und bedeutungslos Gewordenen herausgerufen, den Abgrund zwischen ihm und uns schließend, jene himmelhohe Mauer stürzend – nicht nur war, was er für die Welt, *pro nobis* und *pro me* war, nicht nur tat, was er als Gottes- und als Menschensohn getan hat, sondern in diesem seinem Sein und Tun (nach dem bezeichnenden Ausdruck der Osterberichte:) **erschien**, hervortrat, sich

4. Die Verheißung des Geistes

erwies und erzeigte, als der jenseits der Schranke seines Todes Lebendige Licht der Welt, Wort an Alle wurde, ihre nicht verhüllte, sondern enthüllte Versöhnung, ihr nicht verborgenes, sondern offenbares Heil, die Wirklichkeit der in ihm geschehenen Veränderung nicht nur, sondern ihre für sich selbst sprechende Wahrheit. Im Geschehen seiner Auferstehung von den Toten trat sein Sein und Tun als wahrer Gott und wahrer Mensch gerade als sein inklusives, die Welt, die von ihm verschiedene Menschheit, uns Alle einschließendes Sein und Tun aus der Verborgenheit seiner partikularen Existenz hervor, sprach er sich da draußen, für uns, aus. In seiner Auferstehung gab er sich als die errettende, tragende, erhaltende Mitte seines Umkreises, als das Heil der ganzen Schöpfung und so als unser Heil zu sehen, zu verstehen, zu erkennen, begründete er also da draußen, für uns die Freiheit, sich ihm zuzuwenden, sich auf den von ihm gelegten Friedensgrund zu stellen, in seiner Luft zu atmen, an seinem Leben teilzunehmen. Ihn als den Unsrigen, als unseren Herrn und aktuell, effektiv, *de facto* uns Christen, aber mit uns virtuell, prospektiv, *de iure* alle Menschen als die Seinigen erkennen, heißt also: die Kraft seiner Auferstehung und also die Kraft jenes besonderen Ereignisses erkennen. In ihm fand, für alle Menschen aller Zeiten und Räume grundlegend, die Eröffnung, die Selbstbezeugung Jesu Christi statt, in der ihnen die Freiheit, ihn und in ihm sich selbst, sein Sein für, unter und in ihnen und also das ihrige mit und in ihm zu erkennen, geschenkt wurde. Diese Erkenntnis ist österliche Erkenntnis. Ihr Grund, Gegenstand und Inhalt ist das Leben und Sterben Jesu Christi, in welchem er sich der Welt, seiner Gemeinde und so auch uns als Versöhner, Erretter, Bruder und Herr geschenkt, sich mit uns und uns mit sich verbunden hat. Aber eben Grund, Gegenstand und Inhalt dieser Erkenntnis ist dieses sein Leben und Sterben für uns unter der Voraussetzung des besonderen Ereignisses seiner Offenbarung und Bekanntmachung, in seinem Charakter als Wort und Prophetie. In diesem Charakter ist Jesus Christus, ist sein Sein und Tun in seinem Leben und Sterben in dem besonderen Ereignis seiner Auferstehung zu uns hin durchgebrochen, in seiner eigenen Wirklichkeit Wahrheit und eben als Wahrheit Wirklichkeit auch für die Welt, für seine Gemeinde, *pro nobis* und *pro me* geworden.

Es hat darum seinen guten Grund, daß das zentrale, das Hauptfest der Christenheit von Anfang an nicht die Weihnacht und auch nicht der Karfreitag, sondern eben Ostern gewesen ist: nicht in Geringschätzung, sondern gerade in größter Hochschätzung dessen, was in der Geburt, im Leben, Leiden und Sterben Jesu Christi geschehen ist – schlicht darum, weil eben diese Erkenntnis des Seins und Tuns des in Bethlehem Geborenen und auf Golgatha Gestorbenen, eben die Erkenntnis, daß Dieser nicht tot ist, sondern für uns, unter uns, in uns lebt und daß wir mit und in ihm leben dürfen, ihren Ursprung in dem hat, was am Ostertag als sein Heraustreten aus der Verborgenheit in die Offenbarung seines Seins und Tuns für uns, unter und in uns geschehen ist. Die Freiheit, Weihnacht und Karfreitag zu feiern, ist begründet in der Freiheit, in der wir Ostern feiern, d. h. in der wir den für die Welt, für seine Gemeinde, für uns Geborenen und Gestorbenen als den für, unter und in uns Lebenden erkennen dürfen.

So also steht es mit unserer allgemeinen und mit unserer besonderen christologischen Beantwortung der Frage nach der Möglichkeit und Legitimität eines Übergangs aus dem Bereich Jesu Christi selbst in den unseren, in den des allgemeinen Menschenlebens.

Was haben wir getan? Wir haben, wie angekündigt, zunächst die Antwort auf diese Frage neu hervorgehoben, die im Sein und Tun Jesu Christi, im Vollzug seines Versöhnungswerkes selbst, sieht und versteht man es recht, schon gegeben ist. Wir haben uns zuerst allgemein daran erinnert, daß er nie und in keiner Hinsicht ohne die Seinen, die Menschen, die Christen, sondern immer und in jeder Hinsicht für sie, mit und in ihnen, auch durch sie ist, der er ist und tut, was er tut: er selbst ist und handelt inklusiv und also in jenem Übergang von sich zur Welt, zu uns hin. Und eben in Realisierung dieses Übergangs ist er im besonderen – das war unsere zweite Feststellung – auch Licht, Wort, Prophet, Offenbarer seines Seins und Tuns für die Umwelt, für, mit, in und durch uns also: Ausspruch der in ihm geschehenen Versöhnung, der in ihm vollzogenen Veränderung der Situation zwischen Gott und uns Menschen.

Eben diese beiden Feststellungen, mit denen wir unsere Frage zunächst als beantwortet betrachten dürfen, konnten wir aber nicht machen, ohne dessen zu gedenken, daß sie nur im Blick auf den lebendigen Jesus Christus, nur als Aussage über ihn, im Gehör auf seine Selbstaussage Kraft haben können. Sie sind Feststellungen österlicher Erkenntnis auf Grund seiner österlichen Offenbarung. Ihre Kraft kann nur die Kraft seiner Auferstehung sein. Denn in dieser hat sich uns sein Sein und Tun für, mit, in und durch uns erschlossen. In ihr ist der Ausspruch der in ihm geschehenen Versöhnung geschehen. In ihr ist seine Prophetie in ihrer Ur- und Grundgestalt ins Werk gesetzt worden. Ursprünglich in ihr geschah es, daß jener Ausgang, Übergang und Eingang Ereignis wurde. Im Blick auf einen toten, uns vielleicht nur in mehr oder weniger geklärter und dann wohl auch verklärter Erinnerung, oder durch mehr oder weniger mächtige kirchliche Überlieferung bekannten Jesus Christus hätten uns jene Feststellungen überhaupt nicht in den Sinn kommen, geschweige denn, daß wir sie in der Bestimmtheit, in der es geschehen ist, hätten machen können. Eben von seinem inklusiven, die Welt, die Kirche, uns selbst einschließenden Sein und Tun, eben von ihm als dessen Ausspruch wüßten wir ja dann (was wir auch sonst von ihm wissen oder zu wissen meinen sollten) nichts. Eben in seinem Übergreifen, Umgreifen und Ausgreifen wäre er uns dann verborgen. Eben hinsichtlich seines Ausgangs von dort nach hier, des Zusammenhangs zwischen ihm und uns könnten wir dann nur unbestimmte Vermutungen haben, willkürliche Behauptungen aufstellen. Eine präzise, mit gutem Gewissen zu vollziehende Bejahung unserer Frage nach seinem Ausgang in die Welt, nach seinem Zusammensein mit uns kann nur in der Kraft seines Selbstzeugnisses als der Lebendige, und also als der von den Toten Auferstandene, vollzogen werden. Sie kann also nur in jenem Ereignis ihren Ursprung haben. Sie wird sich ihres Ursprungs in diesem Ereignis bewußt bleiben müssen. Sie wird sich von diesem Ereignis nicht lösen lassen: weder darin, daß sie überhaupt gewagt wird, noch in der Art und Haltung, in der sie gewagt wird. Daß es wirklich so ist: daß Jesus Christus und die Seinen, wir und Er, zusammengehören, Einer, ein Ganzes, sind – und daß dem darum so ist, weil und indem er sich als der, der für sie, mit und in ihnen und durch sie ist, offenbart und kundtut – diese positive Beantwortung unserer Frage gilt und trägt, wenn sie, bestimmt durch den Blick auf den lebendigen Jesus Christus und also durch das Geschehen jenes Ereignisses, österlichen Charakter hat. In diesem Charakter gewagt, gilt sie, aber nur in diesem.

Das heißt nun aber (1), daß die beiden christologischen Feststellungen, von denen wir zunächst ausgegangen sind, die allgemeine und die besondere – so richtig sie an sich sein mögen – an sich und als solche zur positiven Beantwortung unserer Frage – zu deren Bewährung nämlich – nicht genügen. Nehmen wir an, wir hätten sie, soweit das überhaupt und in der Kürze möglich war, vollständig und korrekt vollzogen. Es kann sich aber keine noch so saubere und zutreffende Aussage über die Universalität, Inklusivität und Kontinuität des Seins und Tuns Jesu Christi – es kann sich auch keine noch so gute Aussage über die Prophetie Jesu Christi, in der er selbst sie ins Werk setzt, für erschöpfend halten, den Ausgang von ihm zu uns, sein Sein unter und in uns, nach welchem hier gefragt ist, aufzeigen zu können meinen. Es darf uns also keine theologische Klarheit und Freudigkeit – eine schöne Gottesgabe, wenn man ihrer teilhaftig ist! – dazu verführen, mit dem, was wir theologisch, hier nun speziell christologisch, aussagen können und auch sollen, den Raum zu schließen, in welchem allein der lebendige Jesus Christus in seiner Selbstbezeugung sein Ja zu dem spricht, was wir von ihm meinen sagen zu können und zu müssen. Das Osterereignis, in welchem er als der Lebendige aus den Toten hervorgegangen ist, um nicht nur zu sein, sondern als der, der er ist, offenbar und erkennbar zu sein – dieses Ereignis und Ihn, der sich darin als der Lebendige, in seinem Sein und Tun für uns, unter und in uns authentisch bezeugt, kann keine Christologie reproduzieren. Sie wird vielmehr in Predigt, Unterricht, Liturgie, Seelsorge und Dogmatik dann und nur dann österliche Christologie sein, wenn sie auf solche Reproduktion bewußt verzichtet, wenn ihre Aussagen seiner Selbstaussage nicht nur Raum lassen, sondern darauf hinauslaufen, ihr Raum zu geben: wie denn auch in den Osterberichten der Evangelien und in dem des Paulus nirgends jenes

Ereignis als solches erzählt, sondern nur eben von den Erscheinungen des Auferstandenen berichtet und Zeugnis gegeben wird. Österliches Denken und Reden von der Zusammengehörigkeit zwischen Jesus Christus und seiner Umwelt, von seinem Ausgang und Eingang in sie hinein und zu uns, ist ein solches Denken und Reden, das mit der souveränen Gegenwart und Aktion des Auferstandenen selbst und also mit seiner eigenen Kundgebung in geziemendem Respekt und in freudiger Erwartung rechnet, diese eben darum nicht zudecken und ersetzen will, sondern ihr Raum gibt, damit er selbst aus diesem Raum heraus und in den unsrigen trete und also jenen Übergang wirklich und damit wahr mache. Wenn unsere christologischen Aussagen von diesem Respekt und von dieser Erwartung getragen, bestimmt und erfüllt sind, dann und nur dann sind sie auch als theologische Aussagen zuverlässig, dann und nur dann brauchen wir uns auch im Blick auf die ihnen auch im besten Fall anhaftende Unvollständigkeit und Unkorrektheit keine tödlichen Sorgen zu machen, dann und nur dann mögen auch sie als positive Beantwortung unserer Frage nach jenem Ausgang, Übergang und Eingang Gültigkeit haben und hilfreich sein. Es verhält sich also in dieser Hinsicht genau so, wie wir es am Ende des vorigen Abschnittes im Blick auf unsere Argumentationen hinsichtlich der Frage nach der Gewißheit des Sieges der Prophetie Jesu Christi in ihrem Verhältnis zu deren eigener Wirklichkeit festgestellt haben.

Das zieht nun aber (2) nach sich, daß unsere positive Beantwortung jener Frage dann gilt und trägt, dann nämlich österlichen Charakter hat, wenn wir darüber, daß wir sie geben dürfen und sollen, aus dem Staunen nicht herauskommen. Also nicht nur einen Augenblick stutzen, bevor wir sie geben, um dann nach glücklich gefundener Lösung des Problems munter weiter zu denken und zu reden, Schlüsse zu ziehen, Anwendungen zu machen, in Illustrationen uns zu ergehen, kurz: mit der Sache so umzugehen, als ob sie in unsere Hand gegeben wäre. Nein, weil sie, gerade wenn wir sie sehen und verstehen, nie in unsere Hand gegeben ist: aus dem Staunen nie herauskommen! Diese Antwort: Siehe, Ich bin bei euch alle Tage! neu hervorheben aus dem, was wir von Jesus Christus schon wissen oder zu wissen meinen, das heißt doch jedes Mal, indem wir das tun, vor das Ereignis gestellt sein, des Ereignisses zu gedenken haben, in welchem alles Wissen von ihm seinen Ursprung hat. Es ist nicht die hier noch einmal in Erinnerung zu rufende Lessing-Frage nach der Überspringung des «garstigen Grabens» zwischen Geschichte und Glauben, es ist also nicht die große Schwierigkeit, die Möglichkeit jenes Übergangs zu erfassen, sondern es ist das Unbegreifliche der Wirklichkeit, in der er in jenem Ereignis vollzogen ist, die unserem Denken und Reden an dieser Stelle nicht nur einmal, nicht nur anfangs, sondern immer wieder, wenn wir daran denken und davon reden, daß er wirklich vollzogen, daß der Weg von dort nach hier offen ist, Halt! gebietet. Eben darum ist es ein Halt!, das man, soll es hier um echte Erkenntnis und dann auch um ein echtes Denken und Reden aus ihr gehen, nie einfach überfahren, das man sich vielmehr immer wieder gefallen lassen soll. Wie man auch das Osterereignis bzw. die neutestamentlichen Berichte von den ihm folgenden Erscheinungen interpretiere – es ist nicht notwendig, daß wir auf diese Frage hier noch einmal eintreten – das ist sicher: es war das Ereignis einer neuen besonderen Tat Gottes, in der es geschah und damit sichtbar wurde, daß der Lebendige nicht bei den Toten, nicht bei den Begrabenen und Vergangenen, eine Weile zu Betrauernden und dann zu Vergessenden zu suchen war. Er war darum nicht bei ihnen zu suchen, weil er nicht bei ihnen, sondern von den Toten auferstanden war, in der vollen Macht, sich selbst zu vergegenwärtigen und zu bezeugen, lebte, eben in dieser Macht «erschien», handelte und redete, seine Kommunion und Kommunikation mit den Seinen, sein Sein und Tun für sie, unter und mit ihnen damit offenbarte, daß er sie vollzog. Wir rechnen mit dieser besonderen Tat Gottes, mit diesem Leben, mit dieser Selbstvergegenwärtigung und Selbstbezeugung, mit der Aktion des in jenem besonderen Ereignis von den Toten Auferweckten, wenn wir die Frage nach jenem Übergang positiv beantworten. Wenn wir wissen, was wir damit tun, wenn wir es in echter Erkenntnis tun, dann in unserer in jener Tat Gottes begründeten Freiheit, dann von jenem Ereignis her: denn in ihm hat sie als echte Erkenntnis ihren Ursprung. Wie könnten wir sie dann aber je anders vollziehen als eben staunend: erschrocken vor der Art der Wirklichkeit, auf die wir uns damit beziehen und begründen, überrascht durch das Unerwartete, durch das wir uns da erleuchtet und in Bewegung gesetzt finden, dankbar für die Gnade, die uns frei macht, von da aus weiter zu gehen, anbetend, indem wir von dieser Freiheit Gebrauch machen? Ohne das Halt! zu hören, das uns da geboten ist, würde es da auch kein Vorwärts! geben. Und das eben, das allein macht eine positive Beantwortung unserer Frage gültig und tragfähig, weil österlich, daß sie im Hören auf jenes Halt! und dann erst und von da aus im Hören auf jenes Vorwärts! erfolgt.

Ob dieses Staunen in ihr enthalten oder nicht enthalten ist, aus ihr spricht oder nicht spricht – daran scheiden sich – auch wenn die Worte und Sätze hüben und drüben ganz dieselben sein sollten – die Wege eines ernsthaften, fruchtbaren, auferbauenden christlichen Denkens und Redens in Kirche und Theologie von denen eines nur scheinbar erbaulichen oder auch wissenschaftlichen, im Grunde aber (und doch auch in seiner Wirkung) banalen, trivialen, langweiligen christlichen Sinnierens und Geredes. Und es fragt sich, ob diese Scheidung nicht tiefer geht, praktisch nicht ernsthafter ist als alle konfessionellen und richtungsmäßigen Scheidungen christlicher Theologie und Kirchlichkeit – ob sie nicht in ihrer größeren Tiefe und Konsequenz quer durch diese alle hindurchgeht? Man muß jedenfalls, ob als Protestant oder Katholik, als Lutheraner oder Reformierter, als «rechts» oder «links» Orientierter die Engel am offenen, am leeren Grab irgendwie auch gesehen und gehört haben, wenn man dessen, worauf ja für Alle Alles ankommt, nämlich seiner Sache hinsichtlich seines Übergangs sicher sein, wenn man etwas Richtiges und Wichtiges davon zu sagen haben will.

Was aus dem Verhältnis einer positiven Beantwortung unserer Frage zur Auferstehung Jesu Christi (3) folgt, ist dann allerdings dies, daß man seiner Sache eben hinsichtlich jenes Übergangs nicht nur sicher sein kann und darf, sondern sicher sein soll. An die Gegenwart und Aktion des lebendigen Jesus Christus – daran, daß er bei uns ist alle Tage bis an der Welt Ende – kann man, wenn überhaupt, dann nicht halb, sondern nur ganz glauben. Davon wird man dann auch nur in bestimmten, nicht in vieldeutigen Worten und Sätzen reden können. Es geht natürlich nicht um das Pathos einer sogenannten Überzeugung, geschweige denn um das irgendwelcher geistlicher Rhetorik. Es geht um die – sei es denn tief verborgene, geräuschlose, weil als solche ja eigentlich gar nicht aussprechbare, sondern nur indirekt faktisch zu beweisende Sicherheit: daß eine andere als eben eine positive Beantwortung unserer Frage, von ihrem Ursprung in der Osteroffenbarung her, gar nicht möglich, daß sie als positive Beantwortung von dort her nun allerdings – selbstverständlich ist! Der Zweifel, die Dialektik des Ja und Nein, das «vielleicht-vielleicht auch nicht», das Abwägen und Zögern: ob dem nun so sein oder nicht sein möchte? an seinem Ort in Ehren. Sein Ort ist das Vorfeld, auf dem wir noch meinen können, es mit Möglichkeiten zu tun zu haben: mit der naheliegenden Möglichkeit, daß ein unbekannter Jesus Christus in irgendeiner Ferne von der wirklichen Welt existieren, uns aber als solcher nichts angehen möchte – und mit der anderen, allenfalls auch zu erwägenden Möglichkeit, daß er uns vielleicht doch gar sehr angehen, weil inmitten der wirklichen Welt gegenwärtig und in Aktion sein möchte. Wer sollte da nicht zögern und schwanken? Anders ist die Lage, wenn wir dessen gewahr sein sollten, daß in der Osteroffenbarung eine Entscheidung gefallen ist, durch die die ganze, nie aufgehende und darum immer zum Hin- und Herfragen nötigende Rechnung mit Möglichkeiten als solchen überholt ist, daß von ihr her gerade nur noch die Wirklichkeit des Weges in Betracht kommt, auf dem Jesus Christus als der, der er für die Welt und so auch *pro nobis* und *pro me* ist, in die Welt hinein, auf uns zuschreitet, schon nicht mehr nur bei sich, schon auch bei, unter und mit uns ist. Ist es nun klar, daß eine positive Beantwortung unserer Frage nur darin, nur in der Wirklichkeit des von dorther offenbaren und erkannten lebendigen Jesus Christus begründet sein kann, in ihr aber, als in Gottes eigener Tat begründet ist, dann kann und darf nicht nur, dann muß die positive Beantwortung unserer Frage, wie immer sie in unserem Denken und Reden zu vollziehen sei, das Metall des Axiomatischen, des Erstlichen und Letztlichen und so des Selbstverständlichen bekommen und haben. Man denkt und redet dann in dieser Sache auch in dem Sinn österlich, daß man nicht mehr auf jenen Ausgang, Übergang und Eingang hin, sondern von ihm her denkt und redet: gebunden und befreit durch eine Entscheidung, die nicht unser Werk war, die aber maßgeblich für unser Werk gefallen ist. Wir haben sie dann nur eben zu beachten, unsererseits nur eben nachzuvollziehen, wobei wir uns der Menge der denkerischen und sprachlichen Sünden, die uns dabei bestimmt unterlaufen werden, sicher peinlich genug bewußt sein müssen, wobei wir uns aber auch dessen trösten mögen, daß sie von jenem Ursprung unserer Erkenntnis her zwar immer wieder ins Licht gerückt, aber auch bedeckt werden möchten. Entscheidend ist dies, daß wir uns dann vor die Aufgabe gestellt und dazu verbunden und befreit finden, eben jene in Gottes eigener Tat gefallene Entscheidung nachzuvollziehen: alle unsere denkerischen und sprachlichen Entscheidungen in der Richtung, in der guten, gesunden Luft zu vollziehen, in die wir durch Gottes in der Auferweckung Jesu Christi von den Toten gefallene Entscheidung versetzt sind – in der Liebe, die die Furcht austreibt, in der wir den Raum, wo uns das Zweifeln erlaubt und sogar geboten sein mag, hinter uns haben.

Bemerken wir noch, daß diese dritte Bestimmung mit der zweiten – daß die österliche Sicherheit einer rechten positiven Beantwortung unserer Frage mit dem österlichen Staunen, in welchem sie allein recht vollzogen werden kann – nicht etwa in Widerspruch steht. Eines ruft hier vielmehr dem Anderen. Eben in jenem Staunen wird ja ihre Sicherheit verwurzelt sein und eben in ihrer Sicherheit wird sie ja immer wieder ein Staunen sein. Und so stehen wir hier wie dort gewiß vor demselben Scheideweg alles christlichen Denkens und Redens, aller christlichen Kirchlichkeit und Theologie. Sie ist in allen Konfessionen und Richtungen letztlich auch daran gemessen, ob sie in der ihr in der Osteroffenbarung gegebenen Freiheit und auferlegten Bindung, gerade indem sie ihres Ursprungs nur staunend gewiß sein kann, nicht unsichere, sondern in ihrer menschlichen Angefochtenheit und Gefährdung sichere Tritte tut, keine Zick-Zack-Wege, sondern den ihr von dorther eröffneten und gewiesenen geraden Weg geht: ob sie in dieser doppelten Bestimmung, konfrontiert mit dem lebendigen Herrn Jesus Christus, als österliche Kirchlichkeit und Theologie Sinn und Zukunft hat.

Es mag überraschend sein, es läßt sich aber nicht vermeiden, daß wir uns nun eingestehen müssen: die eigentliche Problematik unserer positiven Beantwortung unserer Frage liegt jetzt nicht hinter uns, sondern erst recht – gerade von dem zuletzt berührten Punkt unserer Erwägung her – vor uns.

Sie wird nämlich gerade dann in ihrer ganzen Schwere sichtbar, wenn wir die Auferstehung Jesu Christi als Begründung und Bewährung der nun gegebenen Antwort ganz ernst nehmen. «Ganz ernst nehmen» soll jetzt nicht nur heißen: mit dem Geschehensein dieses Ereignisses rechnen, ernstlich von ihm her zu denken versuchen, sondern: realisieren, uns veranschaulichen und auch begrifflich klar machen, was es mit diesem Ereignis auf sich hat, wenn wir es richtig verstanden haben: nämlich mit ihm als der in Gottes neuer, besonderer Tat geschehenen Selbstkundgebung des Seins und Tuns Jesu Christi in seinem vorangegangenen Leben und Sterben, mit ihm als dem Ausspruch der in seinem Leben und Sterben vollbrachten Versöhnung der Welt mit Gott, mit ihm als der Offenbarung des in ihm geheiligten Namens, des in ihm nahe herbeigekommenen Reiches, des in ihm auf Erden wie im Himmel geschehenen Willens Gottes – m.a.W. mit diesem Ereignis als der Prophetie Jesu Christi in ihrer Ur- und Grundgestalt und so in der ihr eigentümlichen Unmittelbarkeit und Vollkommenheit. In keiner ihrer indirekten und abgeleiteten Gestalten wird ihr Unmittelbarkeit und Vollkommenheit eigentümlich sein. Im Zeugnis der Schrift nicht und so auch nicht in dem an das Zeugnis der Schrift sich anschließenden Zeugnis der Kirche! Sie ist ihr aber eigentümlich im Selbstzeugnis des lebendigen Jesus Christus und also in dem Ereignis, in dessen Verlauf er den Seinigen als der aus den Toten Lebendige und so als der Ihrige, als der unter, mit und in ihnen, aber eben damit implizit auch unter, mit und in der Welt gegenwärtige und handelnde, zwischen Himmel und Erden Frieden stiftende Herr und Heiland erschienen ist. Wir würden dieses Ereignis und das, was sich in ihm ereignet hat: die Erscheinung des lebendigen Jesus Christus, seines Seins und Tuns in seiner Gestalt als geschehener Ausspruch, als gesprochenes Wort, als unmittelbare und vollkommene Offenbarung nicht ernst nehmen, wenn wir uns bei der Würdigung seiner Tragweite irgendwelche Abstriche und Restriktionen erlauben würden Was auch die Konsequenzen seien, d.h. welche nahe- und nächstliegenden Fragen sich nachher erheben mögen: wir müssen der Prophetie Jesu Christi, in der Unmittelbarkeit und Vollkommenheit, in der sie uns in diesem Ereignis, in der Selbstbezeugung des lebendigen Jesus Christus begegnet, zunächst standhalten.

Man würde der Kirche und auch der Theologie der meisten Zeiten und Gestaltungen ihrer Geschichte Unrecht tun, wenn man ihr vorhalten wollte, daß sie nicht bemerkt habe, daß es sich hier um eine sehr ernst zu nehmende Sache handelt. Schon die bereits erwähnte Auszeichnung des Osterfestes ist des Zeuge. Und dahin gehört ja auch der bewußt vollzogene Ersatz des jüdischen Sabbats als des letzten durch den Sonntag als den ersten Tag der Woche: die Feier dieser κυριακὴ ἡμέρα (Apok.1,10) als des auf den Sabbat folgenden Tages der Auferstehung des Herrn: eines sozusagen durch das ganze Jahr hindurchlaufenden Ostertages. Aber wie stand und steht es, auch wo die Erinnerung an diese Bedeutung des Sonntags wach bleiben oder von Zeit zu Zeit wieder erwachen mochte, mit dem ernsthaften Anschauen und Begreifen dessen, was da, wie am eigentlichen Ostertag so auch in dessen allwöchentlicher Wiederholung, zu feiern ist: dessen, was diesen Tag nicht nur für die Christenheit – zuerst und vor allem für sie, aber damit für die ganze Welt, für alle Menschen zum ersten, zum Herrentag macht? Wie stand und steht es mit dem Wissen um das, was die Osterliturgie etwa im römischen Meßbuch, und was das Osterfest doch auch im Bewußtsein der übrigen Christen von jeher ausgezeichnet hat? Als ein – u.zw. als ein in seiner Art sehr besonderes – Heilsereignis in der Reihe der anderen, die in ihrer Folge die sog. «Heilsgeschichte» konstituieren, ist die Auferstehung Jesu Christi in der christlichen Frömmigkeit, im christlichen Gottesdienst, auch in der christlichen Predigt, Unterweisung und Theologie wohl so oder so immer und

4. Die Verheißung des Geistes

überall gewürdigt worden: sei es als Christi solenner Erweis als Herr über Leben und Tod und also seiner Gottheit, sei es als die Krönung seines menschlichen Lebens in der in ihm stattfindenden Überholung, Transzendierung, Überwindung seines Sterbens. Reden wir nicht davon – obwohl man bei gutem Willen auch darin ein etwas schlecht beratenes Bemühen um die Sache sehen könnte – wie die liberale Theologie und Predigt des 19. Jahrhunderts sich angestrengt hat, die Auferstehung Christi dem modernen Menschen dadurch nahe zu bringen, daß sie sie als Vorbild oder auch als Abbild all der unbegreiflichen Erneuerungen im Bereich des geschöpflichen Natur- und Geisteslebens und insbesondere im Raum der individuellen menschlichen Existenz verherrlichte! Man wird nicht verkennen, daß der feurige Kern der Sache insbesondere in den besten Äußerungen der Reformationstheologie des 16. Jahrhunderts sehr wohl in Sicht gekommen ist. Man lese und meditiere Luthers Osterlieder oder den Heidelberger Katechismus wo auf die Frage 45: «Was nützet uns die Auferstehung Christi?» geantwortet wird: «Erstlich hat er durch seine Auferstehung den Tod überwunden, daß er uns der Gerechtigkeit, die er uns durch seinen Tod erworben hat, könnte teilhaftig machen. Zum Andern werden auch wir jetzt durch seine Kraft erweckt zu einem neuen Leben. Zum Dritten ist uns die Auferstehung Christi ein gewisses Pfand unserer seligen Auferstehung.» Ja, darum geht es: Aber hätte man nicht eben auf dieser Linie noch etwas weiter denken müssen, um dann über das hinaus, was sie uns «nützt», der besonderen Größenordnung und Tragweite ihres objektiven Geschehens als solchen gewahr zu werden? Würde man dann nicht vielleicht entdeckt haben, daß ihr Geschehen, eben indem es die Frage nach der Einheit Jesu Christi mit den Seinigen, ja mit der Welt zunächst positiv beantwortet, Konsequenzen in sich schließt, angesichts derer man gerade zu dieser positiven Antwort, will man sie recht verstehen, neue Überlegungen anstellen muß? Es könnte mit der Scheu vor diesen Konsequenzen zusammenhängen, wenn man das Osterereignis und die Osterbotschaft nun nicht doch gleich noch etwas ernster genommen hat, als es in der Regel geschehen ist.

Was sind das für Konsequenzen?

Versuchen wir, uns klar zu machen, was es bedeutet, wenn es an dem ist, daß in jenem Ereignis die Selbstkundgebung Jesu Christi, seines Seins und Tuns im Verhältnis zwischen Gott und Mensch, und also die Offenbarung der Versöhnung der Welt mit Gott geschehen, daß da durch Gottes besondere neue Tat die Prophetie des gott-menschlichen Hohepriesters und Königs unmittelbar und vollkommen Ereignis geworden ist! Nun also keine Zurückhaltung, nun keine Einschränkungen in der Sorge, was da geschehen ist, möchte allzu groß sein, um sich in das Maß unseres Seins und Verstehens zu fügen – nun keine Vorsicht in Voraussicht der Fragen, die sich da stellen werden! Sie werden an die Reihe kommen. Sie können aber erst dann ordentlich an die Reihe kommen, wenn uns deutlich ist, von woher und im Blick wohin sie sinnvoll gestellt und dann auch beantwortet werden können. Eben dazu müssen wir aber zunächst vorbehaltlos zur Kenntnis nehmen, was die Osterbotschaft sagt und ihrerseits vorbehaltlos sagt.

Wir wagen in allgemeinster Formulierung ihrer Aussage zunächst den Satz: das Osterereignis ist – als Offenbarung des Seins und Tuns Jesu Christi in seinem vorangegangenen Leben und Sterben – sein neues Kommen als der zuvor Gekommene. Es ist – das machen die

Osterberichte der Evangelien ganz klar – kein Anderer als der zuvor Gekommene, der da neu kommt, indem er den Jüngern «erscheint», «Jesus Christus gestern» (Hebr. 13,8): eben der, der gestern in seiner durch seine Geburt und seinen Tod zeitlich begrenzten Existenz gesprochen, gehandelt, gelitten hat, endlich am Kreuz gestorben ist – in der ganzen Kraft, Tragweite und Bedeutung dieses Geschehens für die ganze Welt, aber gestern noch verschlossen in jenen Grenzen seiner Existenz, gestern noch ein der in ihm mit Gott versöhnten Welt Verborgener und Unbekannter, gestern noch in Latenz und darum in Unwirksamkeit gerade der Kraft, Tragweite und Bedeutung seiner Gegenwart und des in ihm für jeden Menschen, für die ganze Geschöpfwelt Vollbrachten. Eben dieser zuvor Gekommene kommt im Osterereignis neu: «derselbe heute», in seinem ganzen gestrigen Sein und Tun und in dessen ganzer Kraft für die Welt darin neu, daß er heute aus jener Latenz seines gestrigen Seins und Tuns, aus jener Unwirksamkeit seiner Kraft, seinen Tod und sein leeres Grab hinter sich, heraustritt, seinen Jüngern – aber in deren Person potentiell allen Menschen, dem ganzen Kosmos – erscheint, sich selbst kundgibt, seine Gegenwart und das in ihm für jeden Menschen, für die ganze Geschöpfwelt Vollbrachte bekannt macht und in Wirksamkeit setzt. Das Faktum dort, das Faktum von gestern wird heute, wird hier – eben damit, daß es erscheint, sich selbst bekannt macht – zum Faktor. Und dieser Faktor zu sein und als solcher zu wirken, wird Jesus Christus von diesem Ereignis her – als der zuvor Gekommene in seiner Selbstoffenbarung neu gekommen – nicht mehr aufhören. Darum: «und in Ewigkeit» (Hebr. 13,8)! Als dieser Faktor, als der in die Welt hineingetretene Prophet, Zeuge, Verkündiger, als das von dorther leuchtende Licht seines Mittlertums, der in ihm geschehenen Versöhnung ist er der lebendige Jesus Christus, der den Tod hinter sich hat, das in der Welt leuchtende Licht, das nicht mehr auszulöschen sein wird. Und die Welt ihrerseits kann nun nur noch sein, was sie in der Gegenwart dieses Faktors, in der Begegnung mit ihm, im Scheinen seines Lichtes, in der ihr durch ihn gegebenen Bestimmung sein kann.

Das 1. Tim. 3,16 auftauchende Zitat eines offenbar schon zur Zeit der Abfassung dieses Briefes alten, wahrscheinlich liturgischen Textes soll hier wieder als Zitat für sich selber sprechen: «Er wurde offenbart im Fleische, / wurde gerechtfertigt im Geiste, / erschien den Engeln, / wurde den Heiden verkündigt, / wurde geglaubt in der Welt, / wurde emporgehoben in Herrlichkeit.» Der Text wird im Brief eingeführt als zusammenfassende Bezeichnung des «nach übereinstimmendem Bekenntnis» (ὁμολογουμένως) einen großen «Geheimnisses der (christlichen) Frömmigkeit» (μέγα τὸ τῆς εὐσεβείας μυστήριον). Als eine Aneinanderreihung von verschiedenen, sich folgenden heilsgeschichtlichen Ereignissen (wie sie etwa schon in den ältesten Fassungen des christlichen Credo stattfindet) lassen sich die sechs Klauseln dieses Textes kaum verstehen, wohl aber als sechs unter verschiedenen Gesichtspunkten gegebene Hinweise auf ein einziges, das dann doch wohl nur das Ereignis eben der Auferstehung bzw. der als Gottes Tat geschehenen Selbstkundgebung des lebendigen Jesus Christus sein kann. Auf sie paßt die ganze Fülle der

4. Die Verheißung des Geistes

da gegebenen Hinweise. Haben wir es in dem Text wirklich mit einem Hymnus zu tun, so dürfte es sich um das Ganze oder doch um den Teil eben eines Osterhymnus handeln.

Man kann nicht nur, man muß das im Osterereignis Geschehene, Jesu Christi neues Kommen als der zuvor Gekommene, zusammenfassen in den neutestamentlichen Begriff der Parusie Jesu Christi. Wie immer die neutestamentlichen Schriftsteller den Begriff auch sonst verwenden (oder ohne den Begriff zu verwenden von der damit bezeichneten Sache reden): die konkrete Anschauung, in der sie das zunächst tun, ist die Auferstehung Jesu Christi. Wie denn auch umgekehrt ihr Begriff von seiner Auferstehung sich, streng auf die Sache gesehen, mit dem vollen Umfang und Gehalt des Begriffs «Parusie» auch in dessen anderen Anwendungen deckt.

Das Wort παρουσία (vgl. zum Folgenden den Art. von Albr. Oepke bei Kittel) stammt aus dem hellenistischen Sprachschatz und heißt ursprünglich einfach: wirksame Gegenwart. «Parusie» ist z. B. eine militärische Invasion, oder: der Besuch eines Hochgestellten in einer Stadt oder Landschaft, der dort, wenn es sich etwa um einen Kaiser handelte, gelegentlich so ernst genommen wurde, daß man von seinem Datum her eine besondere lokale Kalenderrechnung eröffnete. Von «Parusie» wurde aber gelegentlich auch im Blick auf das hilfreiche Hereintreten von Göttergestalten wie Dionysos oder Asklepios Soter gesprochen. Nicht das Wort, aber die Sache ist schon dem alttestamentlichen Denken wohl bekannt und wichtig genug. Jahve kommt – von seinem Ort, vom Sinai oder von Zion oder vom Himmel her – im Sturm oder thronend auf der Bundeslade, in seinem Wort oder in seinem Geist oder in Träumen oder Visionen, vor Allem einfach in den Ereignissen der Geschichte Israels zu den Menschen seines Volkes. Er kommt schließlich als Weltkönig in Entfaltung seiner vollkommenen Macht und Herrlichkeit. Auch das Kommen des «einem Menschensohn Gleichen auf den Wolken des Himmels» (Dan. 7, 13), auch das (etwa Sach. 9, 9f. geschilderte) Kommen des gerechten, siegreichen, den Krieg unter den Völkern abschaffenden, den Frieden auf Erden stiftenden Messiaskönigs, vor Allem aber das durch das ganze alttestamentliche Zeugnis hindurchgehende Bild des kommenden, des erscheinenden, des von dort heraus- und hier hereintretenden Bundesgottes selbst ist die sachliche Vorform dessen, was dann im Neuen Testament im prägnanten, technischen Sinn des Wortes die παρουσία, die wirksame Gegenwart Jesu Christi heißt.

Was hier mit dem Wort formal gemeint ist, erhellt doch wohl am besten daraus, daß es im späteren Neuen Testament (insbesondere in den Pastoralbriefen, aber doch auch schon 2. Thess. 2, 8) in der Nachbarschaft des Wortes ἐπιφάνεια erscheint, bzw. durch dieses ersetzt wird. Ἐπιφάνεια bezeichnet in seinem ebenfalls hellenistischen Ursprung das Sichtbarwerden der verborgenen Gottheit. Eben 2. Thess. 2, 8 erscheinen beide Begriffe – ich würde denken: doch nicht nur in plerophorischer (so W. Bauer), sondern in lehrreicher Weise – verbunden: Einen jetzt noch verborgenen, aber künftig sich offenbarenden ἄνομος wird der Herr Jesus durch den Hauch seines Mundes töten und τῇ ἐπιφανείᾳ τῆς παρουσίας αὐτοῦ vernichten. Kann man diese genitivische Verbindung anders verstehen als dahin, daß die Epiphanie Jesu Christi das Sichtbarwerden seiner Parusie, seiner wirksamen Gegenwart ist, und umgekehrt: seine Parusie sich eben in seiner Epiphanie und also in seinem Sichtbarwerden ereignet?

Beide Begriffe werden, soweit ich sehe, nirgends (auch 2. Tim. 1, 10 nicht) abstrakt auf die innerhalb der Grenze von Geburt und Tod, von Bethlehem und Golgatha verlaufende Geschichte und Existenz Jesu Christi und also auf sein «erstes» Kommen als solches bezogen. Im Blick auf dieses wäre ja weder von ἐπιφάνεια (Sichtbarwerden), noch von παρουσία (wirksame Gegenwart) sinnvoll zu reden. Gerade «offenbart im Fleisch»

(1. Tim. 3,16) war er dort noch nicht, wie denn auch keiner von den andern Hinweisen jenes Textes auf seine vorösterliche Existenz als solche passen würde. Wohl war das Wort dort Fleisch geworden, wohl war dort sein ganzes Werk in allen seinen Dimensionen geschehen. Aber gerade in seiner Herrlichkeit schaubar und geschaut war das fleischgewordene Wort (Joh. 1,14) dort noch nicht. Das wurde es im Osterereignis. Und wohl geht es in diesen um das Kommen eben des in jenem Bereich schon zuvor Gekommenen – aber nun eben um sein Kommen in wirksamer Gegenwart, weil in sichtbarer Erscheinung in der Welt, um sein Kommen in Herrlichkeit als in ihr tätiger, sie überlegen bestimmender Faktor, und also um sein neues Kommen als der zuvor Gekommene. Es geht jetzt – ich sehe (gegen Oepke) nicht ein, wie der deutsche Ausdruck in dem nun vorläufig allgemein erklärten Sinn sich vermeiden läßt – um seine «Wiederkunft».

Wir müssen nun sofort fortfahren: das Neue Testament weiß, was den Umfang und Gehalt dieses Ereignisses betrifft, nur um eine Wiederkunft Jesu Christi, nur um ein neues Kommen des zuvor Gekommenen: entsprechend der Einheit dieses zuvor Gekommenen, nur um sein eines Sichtbarwerden zu wirksamer Gegenwart in der Welt. Daß aber dieses sein neues Kommen und also sein Sichtbarwerden in wirksamer Gegenwart in der Welt zu den von ihm selbst gewählten und bestimmten verschiedenen Zeiten, in den von ihm geordneten verschiedenen Verhältnissen in verschiedenen Formen geschieht, ist damit nicht ausgeschlossen. Es liegt freilich Alles daran, daß man es als das in allen seinen Formen kontinuierliche eine Geschehen sieht und versteht. Es findet aber in der auf die Osteroffenbarung folgenden Zeit der Gemeinde und ihrer Sendung auch in der Form der Mitteilung des Heiligen Geistes statt: und eben auf sein Geschehen in dieser Form haben wir es in diesem Abschnitt im Besonderen abgesehen. Und es wird wieder in anderer, in abschließender Form (davon wird in der Eschatologie zu reden sein) auch als das Herbeikommen Jesu Christi als des Zieles der Geschichte der Kirche, der Welt und jedes einzelnen Menschen, als sein Kommen als Urheber der allgemeinen Auferstehung der Toten und als Vollzieher des Weltgerichtes Ereignis werden. Es ist in allen diesen Formen ein einziges Ereignis. Es geschieht in keiner seiner Formen etwas Anderes – nicht hier mehr, dort weniger also, nicht hier Dieses, dort Jenes – es geschieht aber das Eine je anders: in je der Andersheit seiner Gestalt, in der es gemäß dem Willen und dem Vollzug des Handelns seines einen Subjektes, des lebendigen Jesus Christus jetzt in dieser, jetzt in jener Form geschehen soll und geschieht. Es geht immer, es geht aber in diesen drei verschiedenen Formen um das neue Kommen des zuvor Gekommenen, immer, aber eben immer wieder anders um Jesu Christi Wiederkunft.

Das Osterereignis ist nur die erste Form ihres Geschehens: auf die Sache, auf seinen Umfang und Gehalt gesehen, identisch mit seinem Geschehen in seinen darauf folgenden anderen Formen, auch in seiner besonderen Form nicht geringer, den Formen jener anderen gegenüber nicht abzuwerten. Im Gegenteil: eben im Osterereignis hat ja das Eine, Ganze auch in seinen folgenden Formen seine Ur- und Grundgestalt, so

4. Die Verheißung des Geistes

daß man wohl versucht sein könnte, es als einen einzigen Vollzug eben der Auferstehung Jesu Christi zu beschreiben. Genau so, wie es an Versuchen nicht gefehlt hat, sein Geschehen auf dessen zweite oder dritte Form zu reduzieren! Wir lassen alle solche Vereinerleiungen, denn mit ihnen allen würde man sich nicht nur von der Sprache und Begrifflichkeit, sondern auch von der sachlichen Sicht des Neuen Testamentes zu weit entfernen. Wenn es also keine Frage sein kann, daß das Eine Ganze der Wiederkunft tatsächlich in allen seinen Formen den Charakter, die Farben, die Akzente des Osterereignisses hat, so doch auch das nicht, daß wir es in ihm nur mit der ersten, wenn auch ursprünglichen Form dieses Einen Ganzen zu tun haben.

Läßt man das Neue Testament sagen, was es sagt, so wird man sich gerade in dieser Sache zu einem in der Einheit, ohne sie zu leugnen, unterscheidenden Denken anleiten lassen: formal entsprechend dem, wie es zum Verständnis der drei Seinsweisen Gottes im Verhältnis zu seinem einen Wesen in seiner Dreieinigkeit geboten ist: *una substantia in tribus personis, tres personae in una substantia.*

Wenn die Sache im Neuen Testament unter dem Begriff der «Parusie» oder «Epiphanie» Jesu Christi zur Sprache kommt, so ist in der Regel und in der Hauptsache von jener dritten und letzten Form, von der (im traditionell üblichen engeren Sinn des Wortes) «eschatologischen» Gestalt seiner Wiederkunft die Rede: von seiner Erscheinung und wirksamen Gegenwart jenseits der Geschichte, der Gemeinde, der Welt und jedes einzelnen Menschenlebens, als deren schlechthinige Zukunft. Eben der Blick auf diese Spitze seiner Wiederkunft beherrscht aber das neutestamentliche Denken und Reden auch da, wo es ohne Verwendung jener Begriffe sachlich in dieser Richtung beschäftigt ist. Man wird das schon im Blick auf die synoptischen Parusie-Reden, auf die Thessalonicherbriefe des Paulus, auf 1. Kor. 15, auf die Johannes-Apokalypse mit ihrem Ausklang in dem ἔρχου κύριε Ἰησοῦ (22,20) – ich nenne nur Einiges – unmöglich bestreiten oder wegdeuten können. Sogar das Johannesevangelium, das dazu, indem es sowohl Jesu Gabe des ewigen Lebens als sein Gericht so unmittelbar in die Gegenwart verlegt, besonders einzuladen scheint, widersteht dem, indem es – merkwürdigerweise im Neuen Testament allein gerade es! – vom «letzten Tage» (von der ἐσχάτη ἡμέρα) redet, an welchem Jesus die an ihn Glaubenden auferwecken (6,39.40.44.54), an welchem sein den Menschen gesagtes Wort sie richten wird (12,48) – und es dürfte ratsam sein, sich die damit gegebene Interpretationsschwierigkeit nicht durch kritische Amputationen zu erleichtern. Die Wiederkunft Jesu Christi im Osterereignis ist nach dem Neuen Testament noch nicht als solche seine Wiederkunft im Heiligen Geiste und erst recht noch nicht seine Wiederkunft am Ende aller Tage. Wiederum löst sich seine Wiederkunft im Osterereignis und die am Ende aller Tage nicht etwa auf in seine Wiederkunft im Heiligen Geiste. So geht umgekehrt auch das Osterereignis und geht die Ausgießung des Heiligen Geistes nicht einfach auf in Christi letztem Kommen. Obwohl und indem es sich doch in dem Allem um das eine neue Kommen des zuvor Gekommenen handelt! Man soll aber – wenn man auf der Linie des neutestamentlichen Denkens bleiben will – keine von diesen drei Formen seines neuen Kommens – auch nicht das Osterereignis also – als dessen einzige Form verstehen wollen. Man kann nur eben sagen, daß es – und das gibt dem Osterereignis seinen besonderen Glanz – in diesem angehoben hat, daß es eben in diesem in seiner Ganzheit als in seiner Ur- und Grundform anschaulich und begreiflich wurde.

Ebenso deutlich wie Auferstehung, Geistesausgießung, letzte Wiederkunft Jesu Christi zu unterscheiden sind, müssen sie nun aber auch als

Formen eines und desselben Geschehens verstanden und also zusammengesehen werden. Ebenso scharf ist also auch vor einem im Neuen Testament eben auch nicht begründeten abstrahierenden Trennen der drei Formen des neuen Kommens Jesu Christi zu warnen. Wie könnte man hier anders als innerhalb der Einheit des Ganzen und also unter Voraussetzung des in diesen drei Formen einen Geschehens auch nur unterscheiden wollen?

Oepke hat sicher recht, wenn er von den sog. Abschiedsreden des Johannesevangeliums sagt, daß in ihnen «das Kommen des Auferstandenen, das Kommen im Geist und das Kommen am Ende der Tage ineinanderfließen», und wenn er vorher schon von dem «synoptischen Jesus» sagt: inwieweit er auch nur zwischen seiner Auferstehung und seiner Parusie (gemeint ist: der letzten Form seiner Parusie) einen deutlichen Unterschied gemacht hat, sei nicht mehr sicher zu entscheiden. Dürfte nicht sogar mit Bestimmtheit dahin entschieden werden, daß er (bzw. die synoptische Überlieferung von ihm, darin in Übereinstimmung mit der johanneischen) einen absoluten, einen nicht nur die Form, sondern die Sache betreffenden Unterschied zwischen beiden tatsächlich nicht gemacht hat? Was sagen die bekannten Stellen (zu ihrer Einzelexegese vgl. KD III,2 S.600ff.), in denen Jesus unmißverständlich das Sichtbarwerden des Reiches Gottes ἐν δυνάμει (Mr.9,1f.), das Kommen des Menschensohnes (Matth.10,23; 26,64) oder doch dessen ihm unmittelbar vorangehende Anzeichen (Mr.13,30 Par.) schon in der Lebenszeit der ihn umgebenden Menschen vorhersagt? Was heißt das – wenn man nämlich die in ihrer Art größte Trivialität aller Zeiten zum vornherein ausschalten darf: die Annahme nämlich, auf die einst ein besonderes Haus neoliberaler Theologie begründet wurde, der man aber leider auch außerhalb des engeren Kreises dieser Schule nicht selten begegnet: «daß Jesus sich getäuscht habe»? Sieht man das Kommen des Auferstandenen, sein Kommen im Heiligen Geist und sein Kommen am Ende der Tage als die drei Formen seines einen neuen Kommens – ohne deshalb deren Unterschiede zu übersehen – zusammen, dann erklären sich jene Stellen doch ohne Künstelei als bezogen auf dessen erste und nächste Form, in der es als das Osterereignis ja tatsächlich noch zu Lebzeiten der damaligen Generation angehoben hat, in der sich aber doch auch schon seine noch ausstehende zweite und dritte Form deutlich abzeichnen und ankündigen. Man wird darum den von Oepke beanstandeten Satz von W. Michaelis: «Die Auferstehung... ist die Parusie», man wird auch den (allerdings speziell das Johannesevangelium visierenden) Satz von R. Bultmann: «Die Parusie ist schon gewesen» gutheißen müssen – unter dem Vorbehalt allerdings, daß beide Sätze nicht exklusiv zu verstehen sind, und also unter der Voraussetzung, daß sie zu ergänzen sind durch die Erinnerung: auch die Ausgießung des Heiligen Geistes ist die Parusie. In ihr ist sie nicht nur gewesen, sondern geschieht sie noch heute. Und indem sie in der Auferstehung geschehen ist und in der Ausgießung des Heiligen Geistes auch heute geschieht, ist und bleibt auch das wahr, daß sie im Abschluß der Selbstoffenbarung Jesu Christi am Ende der Tage auch geschehen wird!

So wäre es auch unmöglich, einen neutestamentlich sinnvollen Begriff des «Eschatologischen» etwa nur auf das letzte Stadium der Parusie anzuwenden. Eschatologisch heißt: «endzeitlich». Die Endzeit ist die Zeit der Welt, der Menschheitsgeschichte, der Geschichte aller Menschen, der im Tod Jesu ihr Ende schon gesetzt ist und die nun nur noch diesem ihr schon gesetzten Ende entgegen weiterlaufen kann. Im Osterereignis als dem Anheben des neuen Kommens Jesu Christi in der Offenbarung des in seinem Leben und Sterben Geschehenen wird auch das offenbar, daß

4. Die Verheißung des Geistes

die der Welt, allen Menschen, uns selbst gelassene Zeit nur noch Endzeit – ihrem ihr gesetzten Ende entgegenlaufende Zeit – sein kann. In diesem Sinn ist das Osterereignis das ursprüngliche, weil **erste** eschatologische Ereignis. Die Mitteilung des Heiligen Geistes ist das Kommen Jesu Christi in der noch dauernden Endzeit – wie wir noch sehen werden: die mit dem Heiligen Geist und durch ihn gegebene Verheißung, von der die Gemeinde, aber mit der Gemeinde die Welt, in der sie existiert und in der sie ihre Sendung hat, in der zu Ende gehenden Zeit leben darf. Eschatologischen Charakter hat also das neue Kommen Jesu Christi auch in dieser **zweiten** Form. Ist die Parusie dann auch in ihrem **dritten** und **letzten** Stadium ein eschatologisches Geschehen, so bedeutet das im besonderen: daß es sich in ihm um Jesu Christi Erscheinung und wirksame Anwesenheit in ihrer abschließenden Gestalt, um seine Offenbarung am **Ziel** der Endzeit handelt, mit dessen Herbeikommen – denn es wird auch das in einem Kommen des lebendigen Jesus Christus selbst bestehen – sie ihrerseits zu ihrem ihr in seinem Tode schon gesetzten und in seiner Auferstehung auch schon offenbarten **Ende** kommen wird. Gerade «eschatologisch» ist also das Parusiegeschehen in seinem **ganzen** Verlauf. Und es ist es – das ist auch in dieser Hinsicht die Auszeichnung des Osterereignisses eben von diesem seinem Anfang her: weil schon in ihm, gerade in ihm das der Zeit im Tode Jesu Christi gesetzte Ende offenbar, der noch übrigen Zeit der Charakter der **Endzeit** gegeben, ihr Stempel aufgedrückt wird.

Es dürfte, auch wenn es um die **Einheit** der drei Formen, Gestalten oder Stadien des einen Geschehens der Wiederkunft Jesu Christi geht, denkmäßig und wohl auch als exegetischer Leitfaden hilfreich sein, sich deren Verhältnis zueinander – wieder in Analogie zur Trinitätslehre – als eine Art **Perichorese** (vgl. KD I,1, S.390f.) vorstellig zu machen: so also, daß diese Formen nicht nur in dem einen Ganzen der Aktion zusammengehören, die sich in ihnen allen u.zw. in jeder von ihnen in ihrer Einheit und Ganzheit darstellt – sondern als die Formen dieser einen Aktion auch unter sich dadurch verbunden sind, daß eine **jede** von ihnen die beiden **anderen** – sei es antizipierend oder rekapitulierend – **mitenthält**, daß sie, ohne ihre Besonderheit zu verlieren und ohne die der beiden anderen zu zerstören, auch an ihnen Anteil hat, auch in ihnen wirksam und sichtbar. Als der von den Toten Auferweckte ist Jesus Christus virtuell schon auch in der Ausgießung des Heiligen Geistes, ja schon auch in der Auferweckung aller Toten und im Vollzug des Weltgerichts begriffen. Die Ausgießung des Heiligen Geistes geschieht offenbar in der Kraft seiner Auferstehung von den Toten, ist aber auch schon sein Anklopfen als der abschließend und endgültig Kommende und als solches wirksam und vernehmbar. Und so ist sein endgültiges Kommen zur Totenauferweckung und zum Gericht doch nur die Vollendung dessen, was er schon in seiner Auferstehung angefangen und in der Ausgießung des Heiligen Geistes fortgesetzt hat.

Sicher ist das eine Anschauung, die im Neuen Testament so nirgends systematisiert und lehrmäßig vorgetragen wird. Daß sie ihm fremd sei, daß es deshalb zur Verdunkelung der neutestamentlichen Aussagen von der Parusie führen müsse, wenn man mit ihr rechnet, ist damit nicht erwiesen. Sollte sie – in der nötigen Weisheit, aber auch Bestimmtheit zur Geltung gebracht – nicht vielmehr zu deren Erhellung dienen? Oder gibt es nicht genug neutestamentliche Stellen, die sich – und deren scheinbare Widersprüche untereinander sich anders als unter Voraussetzung dieser Anschauung nicht befriedigend erklären lassen? Alle Schlösser werden sich mit diesem Schlüssel gewiß nicht öffnen lassen. Es dürfte aber ratsam sein, neben anderen auch diesen nicht zu verschmähen.

Wir haben nun das Besondere des Osterereignisses zunächst in dem großen Zusammenhang zu verstehen versucht, in welchem es steht und aus dem es sich nicht lösen läßt. Darf man nicht sagen, daß es weithin schon damit nicht so radikal ernst genommen worden ist, wie es sich gehört, daß es kaum oder nur bruchstückweise in diesem Zusammenhang gesehen und verstanden worden ist? Aber kehren wir nun – nach diesem Versuch einer Klärung und Erweiterung unseres Horizontes – zu diesem Besonderen zurück. Was hat sich im Besonderen in der Auferstehung Jesu Christi als dem Anheben seines neuen Kommens als der zuvor Gekommene und also in der Offenbarung seines versöhnenden Seins und Tuns in deren Ur- und Grundgestalt als im Antritt seines prophetischen Amtes zugetragen?

Wir setzen (1) ein mit der Feststellung, daß seine Selbstkundgabe und in ihr sein Schritt hinein in die Welt, hin zu uns, zu allen Menschen in seiner Auferstehung ein für allemal, unwiderruflich geschehen ist: genau so einmalig und unwiderruflich wie das, was er in ihr kundgibt – die Versöhnung der Welt mit Gott, sein hohepriesterliches und sein königliches Werk und also des Menschen zuvor, in seinem Leben und Sterben geschehene Rechtfertigung und Heiligung – einmalig, unwiderruflich geschehen ist. Eben das geschah in seinem neuen Kommen, in seinem Heraustreten aus dem Heer der Toten: daß die in ihm schon vollzogene Veränderung der Situation zwischen Gott und Welt dadurch aktualisiert wurde, daß sie auch in noetischer Gestalt, auch als Jesu Christi Prophetie unmittelbar und vollkommen Ereignis wurde, ihrer Verborgenheit entnommen, der Welt offenbar und bekannt gemacht, daß sie an jeden Menschen herangebracht und so zu einem Faktor der Existenz der Welt und eines jeden Menschen gemacht wurde, mit dessen Gegenwart und Wirksamkeit von da ab unweigerlich zu rechnen ist. Das ist es, was, nachdem es einmal geschehen ist, als ein für allemal geschehen, nicht wieder rückgängig zu machen ist.

Indem Gott in Jesus Christus nicht nur als des Menschen Richter und Befreier, wiederherstellend und erneuernd, gehandelt, indem er sich ihm gegenüber – und das ist in Jesu Christi Auferstehung geschehen – zu diesem seinem Handeln bekannt hat, hat er vor Allem sich selbst ihm gegenüber gewissermaßen öffentlich verbunden und verpflichtet, hat er ihm so etwas wie eine mit eigener Hand geschriebene und mit seinem eigenen Siegel versehene Urkunde ausgestellt, laut derer es zuerst für ihn, Gott selber, hinsichtlich seiner in Jesus Christus gefallenen und vollzogenen Entscheidung für die Welt und den Menschen kein Zurück geben soll, kann und wird. Er selbst, Gott, kann, will und wird laut dessen, was er, indem er Jesus Christus von den Toten auferweckte, ausgesprochen hat, in seinem ganzen göttlichen Sein und Tun, Schalten und Walten, in der ganzen Ausübung seiner Souveränität und Herrschaft, gerade nur noch als des Menschen Verbündeter sich verhalten und bewähren: als der, der sich seiner im Leben und Sterben Jesu Christi angenommen, sich, um ihn zu retten, zu ihm erniedrigt und ihn, den Menschen, zu seiner Rechten erhoben hat. Die Auferstehung Jesu Christi ist der Ausspruch des großen göttlichen Ja und Amen, dem Gott so treu bleiben wird, wie er sich selber treu ist, nach welchem Alles, was von seiner Seite noch folgen kann und zu erwarten ist, nur noch in dessen Wiederholungen, Entfaltungen und Bestätigungen bestehen kann. Keine Furcht also vor dem Sein und Walten eines *Deus absconditus*, durch das das Sein und Tun Gottes in Jesus Christus begrenzt und in Frage gestellt sein könnte! Man bemerke doch: es geht um das Ja und Amen, das Gott nicht nur gesagt, sondern, indem er es sagte, getan, nicht nur bekannt gemacht, sondern damit bekannt gemacht hat, daß er es ins Werk setzte, als Faktor auf den Plan führte: ein göttlich Noetisches, das als solches die ganze Kraft des göttlich Ontischen hat. Er hat gesprochen, indem er gehandelt hat. Er hat eben damit eindeutig, ein für allemal, unwiderruflich gesprochen. Die Urkunde des Seins und Tuns Jesu Christi – des Seins und Tuns Gottes in ihm – liegt in ihrer ganzen Rechtsgültigkeit vor, so daß die Welt, ein jeder Mensch sich jederzeit rechtsgültig auf sie wird beziehen und berufen können. Das ist das Eine, das Eigentliche und Entscheidende, das in der Auferstehung Jesu Christi geschehen und im Blick auf sie als geschehen und also als unantastbar, als keinem Zweifel ausgesetzt, von keiner Problematik umgeben, zu bedenken ist. Sie ist als Gottes besondere Tat das besondere Wort der Treue Gottes, an das sich zu halten der Welt, dem Menschen nicht nur erlaubt und geboten, sondern noch bevor er es vernommen und wie er sich auch damit auseinandersetze, nahegelegt, auferlegt – als Element seiner eigenen Existenz in ihn hineingelegt ist.

Und damit sind wir nun schon bei dem Anderen, das in der Auferstehung Jesu Christi geschehen ist. Sie geschah ja nicht in irgendeinem himmlischen oder überhimmlischen Raum, nicht als Element einer innergöttlichen Bewegung oder eines göttlichen Selbstgespräches, sondern in der Zeit des Kaisers Tiberius vor den Toren Jerusalems und also in demselben Raum und in derselben Zeit, die auch die unsrigen sind, und also in unserem Bereich. Sie wurde, indem sie geschah, ein Ring in der Kette des kosmischen Geschehens. Hier, in der Welt, wurde in diesem Ereignis offenbar und bekannt, was im Leben und Sterben Jesu Christi für sie geschehen ist: die Veränderung der Situation zwischen Gott und Welt durch die in ihm geschehene Versöhnung der Welt mit Gott. Ihr, dieser Welt, uns Menschen ohne Unterschied unseres Ortes und unserer Zeit, ohne Rücksicht auf unsere Einstellung und Haltung ihm gegenüber, auf den dadurch bedingten Charakter unseres Daseins, hat Gott, indem er nicht nur tat, was er in Jesus Christus für uns getan hat, indem er sein Tun auch unter uns offenbar und bekannt machte, jenen öffentlichen Treuschwur geschworen. Wir reden nicht von irgendeiner geschöpflichen Selbstschließung, Offenbarung und Bekanntmachung, sondern von dem in diesem Ereignis in der Geschöpfwelt in sie hineingesprochenen Wort Gottes. Und das bedeutet: daß in ihm (hier dürfen wir uns den Blick durch keinen heimlichen Doketismus trüben lassen!) etwas in und damit an der Welt, an allen Menschen geschehen ist: in derselben Einmaligkeit und Unwiderruflichkeit, in der Gott in diesem Ereignis, in diesem Ausspruch seines Ja und Amen sich selbst festgelegt hat. Das göttlich Noetische, Gottes Selbstkundgebung als der, der er im Sein und Tun Jesu Christi ist, die Prophetie des gottmenschlichen Mittlers hat auch in dieser Hinsicht die volle Kraft des göttlich Ontischen. Das Wort Gottes kehrt nicht leer zu ihm zurück (Jes. 55, 11), sondern indem er spricht, geschieht es, indem er gebietet, steht es da (Ps. 33, 9). Das heißt aber: die Welt ist nach dem in diesem Ereignis geschehenen Ausspruch ihrer Versöhnung mit Gott nicht mehr dieselbe wie zuvor – oder sagen wir besser gleich umfassend: sie ist, weil dieser Ausspruch ja notwendig auch rückwirkende Kraft hat, indem er in ihrer Mitte geschah, nicht dieselbe, die sie, wäre er nicht geschehen, sein müßte. Indem Jesus Christus von den Toten auferstanden ist, ist kein Mensch, der je gelebt hat und noch leben wird, der, der er und das, was er wäre, wenn Jesus Christus nicht auferstanden wäre. Indem Jesus Christus auferstanden ist, ist darüber entschieden, daß die Welt nicht nur in irgendeiner Heimlichkeit, und also gewissermaßen in ihrer Abwesenheit versöhnt wurde. Nein, sie ist die Welt, der ihre Versöhnung in ihrer eigenen Öffentlichkeit – nicht nur verkündigt, sondern indem sie ihr verkündigt wurde, mitgeteilt ist: sie steht, ob sie dessen gewahr ist oder nicht, in ihrem Lichte. In ihrem Lichte, das nicht ein Licht wie andere, dessen Leuchten im Unterschied zu allem anderen ein kräftiges ist, das sich ihr einverleibt, das also der Welt doch nicht nur einen neuen Schein, sondern einen neuen Charakter, eine neue Gestalt gegeben hat. Und so mag sich der Mensch drehen und wenden wie er will: ihm ist das Wort Gottes und in und mit ihm das ihm laut dieses Wortes Gottes zukommende versöhnte Sein – wie vorhin gesagt – nahegelegt, auferlegt, als Element seiner eigenen Existenz in ihn hineingelegt: nicht von Natur, nicht kraft eines von ihm mitgebrachten oder zu erwerbenden Verdienstes, aber aus Gnade, kraft des in der Auferstehung Jesu Christi ergangenen und gerade ihn angehenden Ausspruchs. Es ist ihm durch Gottes Wort, das Gottes Tat an ihm ist – mache er damit, was er wolle – zugeeignet. Er könnte sich eher seiner selbst entledigen als dessen, daß er nicht nur Mensch, sondern als solcher, indem Jesus Christus auferstanden ist, darauf angeredet und so durch das **bestimmt** ist, was er auch für ihn getan und vollbracht hat. Er überhöre es, oder er höre es, ohne gehorsam zu werden – er würde besser tun, es zu hören und gehorsam zu werden! – er ist aber, noch bevor er es gehört und ihm gehorsam geworden ist, ein in Macht eben darauf angeredeter, ein durch diese Anrede veränderter Mensch. Und alle Veränderung seines Seins, Denkens, Redens und Tuns, die dieser Anrede, wenn er sie hört und ihr gehorsam wird, folgen muß und wird, wird sich doch nur darauf beziehen, daraus sich ergeben, das bewähren können, daß er der in der Auferstehung Jesu Christi Angeredete und damit **Veränderte** ist, es wird doch nur dem Augenaufschlag eines vom Tode Auferweckten zu vergleichen sein. In Gottes ihn angehendem Wort ist, rechtsgültig für die ganze Welt und so auch für ihn, schon wirklich, was er dann nachträglich, indem er zu glauben, zu lieben, zu hoffen beginnt, auch wahrmachen wird. Das ist das **Andere**, was in der Auferstehung Jesu Christi geschehen ist: diese Veränderung nicht nur der Situation zwischen Gott und Welt, Gott und Mensch – darum geht es in Jesu Christi hohepriesterlichem und königlichem Amt – sondern deren reale **Auswirkung** und **Manifestation** in seinem **prophetischen Amt**. Das ist das Andere, das **geschehen** ist: diese Veränderung der Welt selbst, des Menschen selbst – die dann freilich unaufhaltsam nach einer dritten Veränderung, nämlich einer Verwandlung der Welt und in erster Linie eben des menschlichen Seins, Denkens, Redens und Tuns rufen wird.

Halten wir einen Augenblick inne bei der Feststellung dieses doppelten **Geschehenseins**. Geschehen ist in Jesu Christi Auferstehung Gottes feierliche Bekundung seiner der Welt und dem Menschen zugewendeten Treue. Und geschehen ist in ihr eine der Welt und dem Menschen eben mit dieser göttlichen Bekundung widerfahrene neue, positive Bestimmung. Uns steht bei dieser Feststellung vor Augen, daß das Osterereignis ja nur die erste Gestalt des neuen Kommens des in seinem Leben und Sterben zuvor gekommenen Jesus Christus ist, daß wir es also in seinem Zusammenhang mit der Mitteilung des Heiligen Geistes und mit der letzten Erscheinung Jesu Christi zur Auferweckung aller Toten, zum Gericht, zur Schaffung eines neuen Himmels und einer neuen Erde zu bedenken und zu verstehen haben. Verstehen wir es in diesem Zusammenhang und also im Lichte dieses Fortgangs seiner Wiederkunft, dann haben wir von dem, was in diesem ihrem Anfang geschehen ist, wohl eher noch zu zurückhaltend geredet. Wir werden noch bestimmter davon zu reden haben. Das ist sicher, daß wir eben im Blick auf diesen ihren Fortgang nicht bestimmt genug wissen und sagen können, daß sie schon in ihrem Anfang und also im Osterereignis ein für allemal und unwiderruflich **geschehen** ist, daß **Gott** sich zu der in Jesus Christus geschehenen

Versöhnung der Welt mit ihm bekannt und daß die Welt, daß jeder Mensch eben damit eine neue, positive Bestimmung empfangen hat. Daß dem so ist, dafür bürgt in der Gegenwart die Mitteilung des Heiligen Geistes und bürgt das letzte vollendende Werk der Prophetie Jesu Christi, dem wir, erleuchtet durch den Heiligen Geist, entgegensehen dürfen. Wir dürfen und müssen zusammenfassen: Neue Schöpfung ist in Jesu Christi Auferstehung geschehen. Und eben daß sie dort geschehen ist, ist ernst zu nehmen: immer noch ein wenig ernster, als es in den Ostergedanken und Sonntagsgedanken, Osterfeiern und Sonntagsfeiern der Christenheit gemeinhin ernst genommen wird.

Aber indem wir versuchen, das Osterereignis in diesem Sinn ernst zu nehmen, erhebt sich schon in dieser Sicht – nicht von außen, sondern von innen, gerade aus dem rechten Verständnis der Sache heraus – in einer ersten Gestalt die Frage, der wir uns in unserem Zusammenhang zu stellen haben. Geschehen: ein für allemal, unwiderruflich geschehen! haben wir nun mehr als einmal betont. «Unwiderruflich» dürfte klar sein: wo Gottes Wort nicht nur Gottes Tat (die in Jesus Christus geschehene Versöhnungstat) ausspricht, sondern als deren Ausspruch (als Jesu Christi Offenbarungstat) selber Gottes neue, besondere Tat ist, da kommt ein Widerruf, eine Zurücknahme nicht in Frage, da haben wir sichersten, unerschütterlichen Boden unter den Füßen. Aber was heißt «ein für allemal»? Noch ist auch das «einmal» klar. Gemeint ist damit, daß es sich um jenes eine bestimmte, keiner Wiederholung fähige noch bedürftige Ereignis handelt, in welchem jener Ausspruch stattfand, auf Grund dessen Jesus Christus seinen Jüngern nach seinem Tode als der Lebendige erschienen ist. Wie könnten wir unzweideutig sagen, daß das geschehen ist, wenn wir nicht betonten: einmal, eben damals, eben dort, geschehen? Aber «ein für allemal»? Unterstreichen wir nicht mit dem unvermeidlichen «einmal» – was ja schon in dem notwendig in der Vergangenheitsform zu formulierenden Satz: daß das «geschehen ist», enthalten ist – die Distanz, die Ferne, in der sich jenes Ereignis eben als einmaliges von allen zu anderen Malen sich abspielenden anderen Ereignissen abhebt, ihnen gegenüber ein Ereignis für sich ist, gewesen ist? Sei es denn in seiner Einmaligkeit unwiderruflich, aber damals gewesen und also nicht noch und noch einmal Ereignis ist? Woher haben wir, gerade wenn wir das Geschehensein des Osterereignisses ernst nehmen, das «ein für allemal»? Tut sich hier nicht vielmehr, indem wir uns im Blick auf das Osterereignis des Ausgangs, Übergangs und Eingangs Jesu Christi aus seinem eigenen in den unseren, in den Weltbereich, vergewissern, trösten und erfreuen wollten, noch einmal und nun erst recht der Abstand auf (wer weiß: ob nicht identisch mit Lessings «garstigem Graben»!), der Jesus Christus in der Einmaligkeit seiner Existenz und seines Werkes – und nun offenbar auch seines prophetischen Werkes gerade in dessen Ur- und

Grundgestalt – von uns, von der Welt, und der die Welt und uns von ihm zu trennen scheint? Liegt nicht mit dem ganzen Heilsgeschehen als solchem auch die Offenbarung im Osterereignis in irgendeiner grauen Ferne hinter uns? Sind wir nicht, unerreicht und also unberührt von dem, was in ihr geschehen ist, ganz anderswo? Kurz: sind wir, indem wir betonen, daß jenes Bekenntnis Gottes zur Welt und ihre damit vollzogene neue positive Bestimmung **geschehen** und zwar **einmal**, in jenem Ereignis damals und dort, geschehen ist, nicht doch wieder auf den Anfang zurückgeworfen, auf die Frage, auf die wir gerade im Blick auf jenes Ereignis zunächst positive Antwort geben konnten und mußten? Oder kann, darf und muß es bei dieser positiven Antwort bleiben, weil es begründet, berechtigt und gefordert ist, von jenem Ereignis zu sagen, daß es in der Tat einmal, aber einmal für allemal geschehen ist? Wir werden uns derselben Frage noch unter anderen Gesichtspunkten und in anderer Formulierung zu stellen haben, werden also gut tun, uns auch das, was dazu zu sagen ist, vorläufig aufzuheben.

Unser nächster Schritt muß (2) in der genaueren Feststellung dessen bestehen, **was** sich im Osterereignis zwischen Gott und der Welt, Gott und uns, wirksam an der Welt und an uns zugetragen hat: auch das im Bemühen, es maximal ernst zu nehmen, uns also auch bei den richtigsten vorläufigen Umschreibungen nicht zu beruhigen, sondern der Sache in ihrer ganzen Weite und Breite ansichtig und gerecht zu werden. Es war ja die Wiederkunft des zuvor Gekommenen schon in ihrem Anheben, es war seine Selbstkundgebung schon im Osterereignis keine beschränkte wie die, die nach den Evangelien in Antezipation dieses Ereignisses schon in Jesu vorösterlicher Existenz (in seinen Wundertaten, in der Erkenntnis und im Bekenntnis des Petrus bei Cäsarea, vor allem in der Verklärung auf dem Berge) stattgefunden hatten. «Wir schauten seine **Herrlichkeit**» (Joh. 1,14). Es dürfte nicht erlaubt sein, dieses Zeugnis unter Vorbehalt irgendwelcher Einschränkungen zu verstehen. Was die Jünger in den Erscheinungen des Auferstandenen zu sehen bekamen, war nicht mehr und nicht weniger, sondern in seinem Anheben genau dasselbe, was einmal vor aller Augen offenbar werden wird. Sie sahen sein in seinem Leben und Sterben vollbrachtes Werk und seine Wirkung in seiner ganzen Ausdehnung. Schon in seiner **Totalität**, schon in seiner **Universalität**, schon in seiner **Endgültigkeit** ging es dort hinein in die Wirklichkeit des Weltgeschehens, der menschlichen Existenz im Einzelnen und im Ganzen, des kosmischen Seins und Lebens, das die Voraussetzung und der Raum der menschlichen Existenz ist, wurde es diesem Ganzen dort einverleibt. In der **Mitte** dieses Ganzen, und also – indem in dessen Mitte dieses geschah – in neuer positiver **Bestimmung** dieses Ganzen ereignete sich jenes Treuebekenntnis Gottes zu seinem von ihm abgefallenen, von ihm aber nicht vergessenen und verlassenen, ihm nicht verlorenen Geschöpf. Wir haben die Linien, die von hier aus sichtbar werden, zunächst rücksichtslos zu betreten und zu begehen.

Die Bestimmung, die der Welt und den Menschen in diesem Ereignis widerfahren ist, ist eine totale. Daß das Versöhnungswerk Jesu Christi nicht nur vollbracht, sondern als leuchtendes Licht in die in ihm versöhnte Welt eingegangen, gleich jenem Sauerteig (Matth. 13,33) unter die drei Scheffel Mehl gemengt worden ist – das bedeutet, daß die Durchsäuerung dieser Masse in ihrer Ganzheit die Bestimmung und Veränderung der Welt und Menschheit durch das Himmelreich in seiner ganzen Macht und Glorie nicht mehr bloß möglich, sondern wirklich geworden, in Gang gesetzt ist. Das Feuer, das Jesus (Luk. 12,49) auf Erden anzuzünden gekommen ist, ist eben nicht das Feuerlein irgendeiner religiösen, moralischen, politischen Aufregung und Bewegung, sondern das Feuer der Tat, die er an Stelle aller Menschen, die Gott selbst in ihm für alle Menschen getan hat, das Feuer der in ihm geschehenen Erniedrigung Gottes und der in ihm vollzogenen Erhöhung des Menschen, das Feuer des in ihm ergangenen Gerichtes und der in ihm triumphierenden Gnade. Eben dieses Feuer brennt jetzt, ist jetzt nicht mehr zu löschen. Die Liebe, in der Gott die Welt liebt, bleibt ihr nicht äußerlich. Sie ist jetzt die von ihm in seinem einzigen Sohn geliebte Welt. Der Mensch ist jetzt der in ihm gerechtfertigte und geheiligte – denn er ist jetzt der durch ihn berufene Mensch. Das heißt aber: die Sünde seines Hochmuts und die Sünde seiner Trägheit sind jetzt – in der Erledigung der Sünde seiner Lüge nämlich – vergebene, bedeckte, annulierte Sünde. Und der Tod, dem er als Sünder verfallen ist, ist jetzt der Tod, aus dem er errettet ist, den er hinter und unter sich haben darf: indem nämlich Jesus Christus, und indem als in ihm Erwählter auch er, der Mensch, vom Tode zu einem neuen Leben auferstanden ist. Er ist jetzt Gottes Kind: indem der ewige Sohn Gottes als sein wahrer Bruder an seine Seite getreten, als Sohn jenes Vaters und als sein Bruder in seiner unmittelbaren Nachbarschaft, gewissermaßen Hand in Hand mit ihm offenbart und bestätigt worden ist. Er ist jetzt Erbe des ewigen Lebens und als Erbe seiner schon teilhaftig: wieder weil Jesus Christus als der ewig Lebendige sich ihm nicht nur faktisch zugesellt, sondern ihn in seiner Auferstehung als seinesgleichen angesprochen hat. Und indem sich der um unseretwillen und an unserer Stelle Verworfene und Gequälte als der von Gott Geliebte erwies, in welchem er auch uns von Ewigkeit her geliebt hat und so als der Befreite, in welchem gerade unsere Befreiung vollzogen ist, sind (Apok. 21,4) alle Tränen schon abgewischt von unseren Augen, kann Leid, Geschrei und Schmerz in Wahrheit keinen Raum mehr unter uns haben. Und ist, konfrontiert mit dem Geschehen, dessen Zeuge am Ostertag die ganze Kreatur sein durfte – an diesem Tag nicht (Röm. 8,19f.) auch ihr Seufzen schon erhört, auch ihre

4. Die Verheißung des Geistes

Unruhe und Angst schon gestillt, auch ihre Befreiung schon vollzogen? War es so oder war es nicht so, daß da eben das, was Jesus als der zuvor Gekommene (Luk. 10,18) allein gesehen hatte, allen Augen (ob sie es schon sahen oder nicht) offenbar wurde: daß der Satan vom Himmel gefallen ist wie ein Blitz – oder positiv (Mr. 9,1): daß da das in Macht – nicht unter irgendwelchen Abstrichen und Einschränkungen, sondern total, in Macht! – gekommene Reich Gottes sichtbar wurde und also wirksam (dieser Ring in der Kette des Weltgeschehens!) auf den Plan trat?

> Phantasieren wir? In unseren Osterliedern jedenfalls singen wir es so: Von der Sünde: der Sohn Gottes habe sie in seiner Auferstehung «abgetan» – «der Sünden Nacht ist vergangen». «O herrlicher Tag, o fröhliche Zeit, / da wir von Sünden sind befreit. / Getilget ist nun unsre Schuld: / wir sind gerecht durch Gottes Huld.» Vom Tode: «den Stachel hat er verloren», «genommen ist dem Tod die Macht, / Unschuld und Leben wiederbracht / und unvergänglich Wesen.» Vom Satan: «Wie sträubte sich die alte Schlang' / da Christus mit ihr kämpfte; / mit List und Macht sie auf ihn drang, / und dennoch er sie dämpfte. / Ob sie ihn in die Ferse sticht, / so sieget sie doch darum nicht: / der Kopf ist ihr zertreten.» Vom Kosmos: «Für diesen Trost, o großer Held / Herr Jesu, dankt dir alle Welt.» «Die Sonn', die Erd', all Kreatur, / alls, was betrübet war zuvor / das freut sich heut an diesem Tag, / da der Welt Feind darniederlag.» Oder zusammenfassend: «Die alte Schlange, Sünd und Tod, / die Höll, all Jammer, Angst und Not / hat überwunden Jesus Christ, / der heut vom Tod erstanden ist.» «Des Herren Rechte, die behält / den Sieg und ist erhöht; / des Herren Rechte mächtig fällt, / was ihr entgegenstehet. / Tod, Teufel, Hölle, Welt und Sünd / durch Christi Sieg gedämpfet sind; / ihr Zorn ist kraftlos worden.» Positiv und auf den einzelnen Menschen angewendet: «Durch seiner Auferstehung Kraft, / komm ich zur Himmelsbürgerschaft; / durch ihn bin ich mit Gott versöhnt / und mit Gerechtigkeit gekrönt.» Kurz: «Gott sei gedankt, der uns den Sieg / so herrlich hat in diesem Krieg / durch Jesum Christ gegeben.» So unsere Osterlieder, die doch in ihrem Tenor und weithin auch in ihrem Wortlaut nur sagen, was im Neuen Testament längst ausdrücklich genug gesagt ist. Unsere Osterpredigt, in welcher Begrifflichkeit und Sprache sie sich auch ergehen möge, dürfte doch wohl daran gemessen sein, ob sie das Niveau der Aussagen dieser Lieder hält oder nicht hält. Aber eben: wohin wird es sie, wohin wird es die Christenheit in ihrem Glauben und in ihrer Haltung führen, wenn sie dieses Niveau hält? Wo stehen wir eigentlich, wenn das Alles ernst zu nehmen ist?

Wir fahren fort: die Bestimmung, die der Welt und dem Menschen in diesem Ereignis widerfahren ist, ist eine universale. Was am Ostertag geschah, das ging freilich an ihm und in den darauf folgenden (nach Act. 1,3: vierzig) Tagen zunächst die kleine Schar der Jünger, den engeren und weiteren Apostelkreis, die Menschen der durch dieses Geschehen ins Werden und Sein gerufenen Gemeinde an. Sie sahen das in Macht kommende Reich. Sie fanden sich in der Offenbarung des im Leben und Sterben Jesu vollbrachten Werkes als Gerechtfertigte und Geheiligte angeredet und in Anspruch genommen. Sie wurden in den Sieg des Lebens über den Tod hineingenommen. Ihre Tränen wurden getrocknet. Ihre Befreiung zum ewigen Leben und gerade damit zum Dienst in diesem Leben hat da stattgefunden. Aber das Alles keinen Augenblick mit dem

Endziel und Endzweck, nur gerade sie in den Besitz und Genuß dieses neuen Seins und in das entsprechende Tun zu versetzen. Jesu Auferstehung ist kein ihnen bereitetes Privatvergnügen! Die Osterberichte haben ja wirklich nicht unterdrückt, sondern fast geflissentlich hervorgehoben, daß es mit dem, was jenes Geschehen bei ihnen persönlich ausrichtete, nicht eben weit her war, daß ihr Erschrecken, Zögern, Zweifeln dem, was gerade ihnen widerfahren war, nicht eben große Ehre machte. Auf sie gesehen, könnte und müßte man die Frucht jenes Geschehens gerade nach den neutestamentlichen Texten eine etwas kümmerliche nennen. Aber eben: auf ihre persönliche Errettung und Veränderung zum Besseren war es in diesem Geschehen zwar auch, aber offenbar nur beiläufig und vorläufig abgesehen. Die Gestalt, in der es sie anging, war vielmehr der zunächst ohne Rücksicht auf das, was es bei ihnen persönlich ausrichten möchte, an sie ergehende Missionsbefehl: Gehet aus in alle Welt! Dazu ist ihnen der Auferstandene erschienen. Im Empfang und in der Ausführung dieses Befehls mochte und sollte es dann auch in ihrem persönlichen Sein und Tun zu Früchten seiner Erscheinung kommen, mochte und sollte es auch mit ihnen selbst anders und besser werden. Das aber war das Endziel und der Endzweck der Auferstehung Jesu und ihrer Zeugenschaft: sein Ausgang in die Welt, in alle Welt, wie ja auch die in diesem Ereignis sich offenbarende Versöhnung die Versöhnung der Welt und nicht bloß die Befriedung des Schärleins der an ihn Glaubenden gewesen war. Es fällt also das gewiß nicht genug zu schätzende Erstgeburtsrecht dieses Schärleins zusammen mit der ihm eben in und mit seiner Bevorzugung auferlegten Erstgeburtspflicht, die eben seine Missionspflicht ist. Was heißt aber: in diese Pflicht genommen zu sein? Man hüte sich vor unbescheidenen Verwechslungen! Die Sendung der Gemeinde, der Christen – von der später ausführlich zu reden sein wird – ist nicht etwa das Mittel, durch das das in Jesus Christus geschaffene und in seiner Auferstehung offenbarte Heil der Welt den übrigen Menschen, dem Kosmos gar, erst mitgeteilt werden müßte, sodaß es sich in ihrem Werk um eine Art Wiederholung, Repräsentation und Multiplikation der Osteroffenbarung handeln würde. Nein, die christliche Sendung hat ihren ontologischen Grund, hat auch ihre praktische Basis und ihren sicheren Ausgangspunkt im Universalismus der Osteroffenbarung selbst, in der jene Mitteilung des Heils an die ganze Welt durch den, der dazu allein die Autorität und die Kraft hat, schon geschehen ist. Himmel und Erde, Engel und Menschen und alle Kreaturen sind in der Auferstehung Jesu Christi schon in das durchdringende, verändernde Licht seiner Person und seines Werkes gerückt, sind schon von jenem Feuer erfaßt, sind durch ihn selbst, durch das Anheben seines prophetischen Werkes schon darüber unterrichtet, wie es mit ihnen auf Grund dessen, was in ihm und durch ihn geschah, bestellt ist. Sie sind schon durch seine lebendige

4. Die Verheißung des Geistes

Gegenwart und Aktion in ihrer Mitte angeklagt und gerichtet, aber auch getröstet und erfreut. Sie **nehmen** und **haben** schon Anteil an der geschehenen Versöhnung, an dem erfüllten Bund: den Anteil, den er ihnen, indem er in ihrer Mitte von den Toten auferstand, geben wollte und gegeben hat. Er erschien seinen Jüngern – aber ihnen doch nur als der Spitze und Vertretung Aller. Er erschien also in ihrer Person der ganzen Menschheit und Welt: gerade ihnen (das war ihr Erstgeburtsrecht) aber gerade ihnen an Stelle Aller für Alle, *antecipando* Alle einschließend (und eben das implizierte die ihnen mit jenem Recht sofort auferlegte Erstgeburtspflicht). Wie hätten sie es lassen können, Alle – all die Anderen, die es im Unterschied zu ihnen noch nicht wußten, nicht gehört oder überhört hatten, an das zu erinnern, was ja in Macht zu Allen gesagt war, sie also aufzurufen, das Licht des Lebens, das ihnen schon leuchtete, von dem sie schon umflutet waren, mit eigenen Augen zu sehen, sich selbst als die in der Osteroffenbarung ihres Herrn und Heilandes schon Unterrichteten, Angeklagten und Gerichteten, aber auch Getrösteten und Erfreuten zu erkennen und ihr Leben als solche, die in seinem Licht schon standen, aufzunehmen? Was konnten sie den andern Allen Anderes sagen, als – nicht in eigener Offenbarungskraft, aber in der Kraft der feierlich genug zu solchem Dienst ordinierten und beauftragten Zeugen Jesu Christi – eben das, was er (in ihrer Person) auch zu ihnen Allen selber schon gesagt hatte: das von ihm vernommene kräftige Wort Gottes für und an den ganzen Kosmos? Im Osterereignis beruht die **Notwendigkeit** der christlichen Sendung: eine Christenheit ohne Sendung an Alle wäre gar nicht Christenheit, weil sie selber offenbar gar nicht von diesem Ereignis herkäme, gar nicht durch den für Alle auferstandenen Jesus Christus gesammelt und erbaut wäre. Sie hat gar nicht die Wahl, gar keine andere Freiheit als die eine wunderbare: sich als seine Zeugen an alle die zu wenden, denen er selbst sich eben in seiner Auferstehung schon zugewendet hat. Im Osterereignis beruht aber auch die einzige **Möglichkeit** der christlichen Sendung: sie kann sein prophetisches Werk, die Unmittelbarkeit und Vollkommenheit, in der es in seiner Auferstehung schon angehoben hat, um von da aus weiter zu gehen, nicht ersetzen, sondern nur voraussetzen. Sie kann allen anderen Menschen, der ganzen Welt, gerade nur bekennen, daß das Werk Jesu Christi auch in seiner Dimension als Offenbarung auch für sie, auch an ihnen geschah und geschieht. Die Christenheit würde leugnen, was sie zu bekennen hat, wenn sie sich so etwas wie eine eigene Offenbarungskraft zuschreiben wollte. Und sie müßte und würde zusammenbrechen unter der Last, die sie sich damit mutwillig auferlegen würde, daß sie das Wort ihres Herrn durch ihr eigenes Wort ersetzen statt bezeugen wollte. Sie hat die Freiheit, ihrer Sendungspflicht zu genügen, in der Erkenntnis, daß ihr Herr ihr mit **seinem** Wort in seiner Auferstehung längst **vor**angegangen ist und von daher weiter und weiter vorangeht, daß sie ihm auch in dieser Hinsicht zu folgen hat, aber nur eben zu folgen braucht. Das ist es, was von dem **universalen** Charakter der der Welt in der Auferstehung Jesu Christi widerfahrenen Bestimmung zu sagen ist.

Hier ist nun doch auf eine Schwäche auch unserer besten Osterlieder hinzuweisen. Sie dürfte theologisch mit der merkwürdig späten Entdeckung der prophetischen Gestalt des Werkes Jesu Christi und folglich auch der christlichen Sendungspflicht zusammenhängen. Wir sahen, daß jene Lieder auch die Tragweite des Osterereignisses für die ganze Welt jedenfalls gelegentlich wohl sichtbar zu machen wußten. Sie tun es aber doch nur gelegentlich und sie decken jedenfalls nicht auf, was das für die, die um seine universale Tragweite wissen, in sich schließt und mit sich bringt: nicht den Imperativ von Matth. 28, 19f. Sie gravitieren vielmehr z. T. schon in ihren älteren Gestalten, im 17. und 18. Jahrhundert dann immer bemerklicher, in der Richtung auf eine den Christen durch die Auferstehung Christi ermöglichte und verschaffte persönliche Erweckung, Tröstung, Aufrichtung und Hoffnung, auf ein christliches Erstgeburtsrecht, das nicht als solches auch christliche Erstgeburtspflicht und also Sendungspflicht ist. In dieser Hinsicht werden sie also durch eine wohl unterrichtete Osterpredigt nicht nur nicht zu unterbieten, sondern entschlossen zu überbieten sein – auf die Gefahr hin, daß die Sache dann noch beunruhigender werden möchte: darum, weil dann nicht nur die Notwendigkeit, sondern auch die einzige Möglichkeit des christlichen Ausgangs in die Welt nur in der Unterordnung alles den Christen ihr gegenüber gebotenen Tuns unter das von Jesus Christus selbst schon zur Welt gesprochene Wort – für manche guten Christen wohl etwas überraschend – zur Sprache kommen müßte. Es wird aber nicht anders gehen, wenn das Osterereignis – welche Fragen sich gerade da auch erheben mögen! – wie es sich gehört, ernst genommen wird.

Und nun, von derselben Mitte her auszuziehen, weil vorgeschrieben, noch eine weitere Linie: Die Bestimmung, die der Welt und dem Menschen in Jesu Christi Auferstehung widerfahren ist, ist endgültig. Endgültig heißt: wie für den Anfang, so auch für das Ende und damit auch für den dazwischen sich ereignenden Fortgang gültig. Sie ist in diesem Sinn: ihre **definitive** Bestimmung. Wir haben wohl den Fortgang und den gewaltigen Abschluß **dieser** Bestimmung, wir haben aber keine andere zu erwarten. Was Ostern brachte, real in die Welt hineinbrachte, der Welt mitteilte und einverleibte, uns zu eigen machte, war das **Leben** auf Grund der geschehenen Versöhnung, des erfüllten Bundes, im Frieden und in der Freude des dem Geschöpf in der Gemeinschaft mit seinem Schöpfer eröffneten und geschenkten Lebens, des ewigen Lebens. Es ist das der Welt, das uns, in Jesu Christi hohepriesterlichem und königlichem Werk verschaffte und in seinem prophetischen Werk offenbarte und damit gegebene – das in der Kraft dieses seines ganzen Werkes mit ihm in der Gemeinschaft des Glaubens an Ihn, der Liebe zu Ihm, der Hoffnung auf Ihn zu lebende Leben. Die Gabe dieses Lebens (uns gegeben vermöge seines von ihm ausstrahlenden Lichtes) ist also (in der Gestalt ihres Anhebens) die Gabe des Ostertages. Sie hat einen Fortgang und sie geht einem Abschluß, einer Vollendung entgegen. Sie wird der Welt und uns in ihrem Fortgang und in ihrer Vollendung auch noch anders als dort, in ihrem Anheben, gegeben werden. Sie wird aber durch keine andere Gabe ersetzt werden, denn es gibt keine, die größer, höher, besser wäre als sie. Es hat wohl Sinn, nach anderen Gestalten dieser Gabe auszuschauen: sie selbst in ihrer ersten Gestalt, als Ostergabe, ladet dazu ein, fordert dazu auf. Es hätte aber keinen Sinn, nach Überbietungen dieser Gabe auszuschauen. Weiß ich – und das ist es ja, was ich von Ostern her wissen darf – daß «Jesus meine Zuversicht und mein Heiland ist im Leben», dann ist die Frage: «Sollt ich nicht darum mich zufrieden geben?» beantwortet, indem sie gestellt ist: darum, weil ich das weiß, soll ich nicht nur, sondern kann und darf ich mich damit, daß in und mit ihm auch ich «im Leben» bin, «zufrieden geben» – ohne darüber hinaus nach Besserem zu begehren. Es kann aber auch der Menschheit, dem Kosmos im Ganzen, keine vornehmere Bestimmung gegeben werden als die, die ihm durch die Einpflanzung des Lebenskeims der Auferstehung Jesu Christi widerfahren ist; denn was der Welt noch widerfahren wird, kann nur das Wachstum und die Frucht eben dieses Keimes sein. Mit diesem ersten Wort der Gnade Gottes ist implizit auch schon das letzte gesprochen. Blicken wir auf die Auferstehung als den Anfang der Wiederkunft des Herrn zurück, so blicken wir eben damit auch schon vorwärts auf deren Ende in seiner letzten, abschließenden Erscheinung. Es war die der Welt und uns damals widerfahrende Bestimmung im Kleinen, aber in nicht geringerer Ganzheit dieselbe, die ihr im Großen dann, einst, abschließend, widerfahren wird. Eben insofern widerfuhr ihr dort schon keine vorläufige, keine auf die Sache gesehen veränderliche, später zu überbietende, sondern ihre definitive Bestimmung. Das schließt natürlich auch in sich: daß diese durch keine dazwischenkommende Hemmung und Gegenwirkung zu stören, gar zu zerstören ist. Es kann die Welt, es kann der Mensch nicht hinter den ihm dort geschenkten Neuanfang zurückfallen oder zurückgeworfen, es kann die dort anhebende Bewegung nicht aufgehalten werden. Es kann mit der Welt von dorther durch alle Zwischenfälle hindurch nur vorwärts, und nicht in zufälliger oder beliebiger, sondern nur in der von dorther gewiesenen Richtung vorwärts gehen. Die positive Prägung, die Gott seiner Schöpfung damit gegeben, daß er, indem er sein erstes Wort sprach, auch sein letztes schon gesprochen hat, kann auch durch Sünde, Tod und Teufel nicht ausgelöscht, nicht durch eine negative Prägung ersetzt werden. Die, die Gott ihr gegeben hat, wird sich in der Geschichte seiner Schöpfung ihren sämtlichen Problematisierungen und Anfechtungen gegenüber erhalten und durchsetzen. Nimmt man das Osterereignis ernst – so ernst, wie es im Neuen Testament genommen wird – und versucht man es, wieder mit dem Neuen Testament, ehrlich von ihm her zu denken – wie kann man die Sache dann anders als so sehen?

Wir könnten aber leicht in ein beträchtliches Gedränge geraten, wenn wir sie so sehen: wenn wir also damit rechnen, daß es über die der Schöpfung am Ostertage gegebene Bestimmung hinaus keine andere gibt, keine höhere, weil sie selbst die höchste schon in sich schließt – keine entgegengesetzte, weil eine solche ihr gegenüber keine Kraft haben kann. Sollte sie wirklich wie ihre totale, wie ihre universale, so auch ihre definitive Bestimmung sein? Wo stehen wir, wenn dem so ist?

Wir halten wieder einen Augenblick inne. Man braucht sich ja die drei Begriffe, mit Hilfe derer wir uns über die Bestimmung der Weltwirklichkeit und der menschlichen Existenz durch die Auferstehung Jesu Christi zu verständigen versucht haben, nur – immer im Versuch, sie unter diesen Begriffen ganz ernst zu nehmen – vor Augen zu halten, um sofort vor der zweiten Gestalt der Frage zu stehen, die sich gerade dann erheben muß. Man bedenke: totale Bestimmung – womit gesagt ist, daß es (im Sinn unserer Osterlieder) keine Gewalt gibt, die durch die Kraft der Auferstehung nicht bereits siegreich angegriffen, im tiefsten erschüttert, ja schon aus ihren Angeln gehoben, zur Ohnmacht verurteilt wäre. Man bedenke: universale Bestimmung – womit gesagt ist, daß sie schon durchgegriffen, den ganzen Kosmos, jeden Menschen schon erreicht, berührt, ergriffen hat, so daß ihre christliche Bezeugung dem prophetischen Werk Jesu Christi notwendig nacheilen muß, nun aber doch nur nacheilen kann. Und man bedenke: definitive Bestimmung – womit gesagt ist, daß das erste in der Auferstehung Jesu Christi ausgesprochene Wort Gottes auch sein letztes in sich schließt, daß wir uns also schlechterdings bei ihm zu bescheiden und daß wir uns jeder Sorge über den Fortgang jenes Geschehens im Raum der Welt und unserer eigenen Existenz von vornherein zu entschlagen haben. Wie sollen wir dieser überwältigenden Erkenntnis gewachsen sein und standhalten? Ist uns in der Osteroffenbarung nicht mehr gezeigt, als wir zu sehen vermögen? Keiner dieser Begriffe ist willkürlich gebildet, keiner von ihnen dürfte entbehrlich – und daß sie zusammengehören, sich gegenseitig ergänzen, dürfte auch deutlich sein. Es steht aber doch jedem Einzelnen von ihnen und erst recht ihrem Zusammenhang kaum weniger als Alles entgegen, was uns zugleich als die Gestalt der Weltwirklichkeit und unserer eigenen Existenz sichtbar ist. Über die fast völlige Unsichtbarkeit dieser ihrer Bestimmung trägt uns ja offenbar auch kein Glaube, keine Liebe, keine Hoffnung so einfach hinweg. Ahnungen, deren wir uns in diesem oder jenem Sinn erfreuen, Postulate, die wir zur Durchführung dieser Begriffe für erlaubt und geboten halten mögen, einzelne uns vielleicht gegebene Durchblicke in der in ihnen angegebenen Richtung führen uns hier doch nicht echt und eigentlich weiter, nicht vorbei an der konkreten Frage: warum, da wir der Osteroffenbarung jene totale, universale, definitive Kraft doch zweifellos zutrauen und zuschreiben müssen, ihre Wirksamkeit in der

4. Die Verheißung des Geistes

Gestalt der Welt und unserer eigenen Existenz nicht ganz anders, nicht ohne Zuhilfenahme von Ahnungen, Postulaten und Visionen, nicht nach allen jenen Seiten unzweideutig, unwiderleglich, weil unmittelbar erkennbar ist? Wo bleibt aber unsere gerade in der Osteroffenbarung gesuchte und auch gefundene positive Antwort auf die Frage nach dem Ausgang, Übergang und Eingang Jesu Christi, des Wortes von der Versöhnung von dort nach hier und also nach der Wirksamkeit seines prophetischen Werkes, wenn wir uns gerade an diesem Punkt zu unserer Verlegenheit bekennen müssen: zu unserer Unfähigkeit, die uns in der Osteroffenbarung eröffnete Erkenntnis auch nur gedankenmäßig, geschweige denn lebensmäßig zu vollziehen? Werden wir jene positive Antwort aufrecht erhalten können, da wir sie doch auch in dieser Sicht als gerade von ihrem Grunde her begrenzt und neu in Frage gestellt finden müssen?

Wir tun (3) einen letzten Schritt mit der Feststellung der schlechthinigen N e u h e i t der Gestalt, in der Jesus Christus sich selbst, sein mittlerisches Werk, das Leben der mit Gott versöhnten Kreatur als die Frucht seines Werkes in der Osteroffenbarung der Welt und uns mitteilt. Wir sagten ja von Anfang an, müssen nun aber eben das unterstreichen: es ging gerade in diesem Anheben seiner Wiederkunft unverkennbar um das neue – wirklich ganz, radikal, schlechthin neue – Kommen des zuvor Gekommenen.

Er kam als derselbe, als der er zuvor gekommen war, als Knecht und als Herr, priesterlich und königlich, in den Grenzen seiner Zeit unter den Menschen gelebt hatte und gestorben war – genau in der Armut und Fülle, in der man ihn zuvor gekannt oder auch verkannt, oder auch gar nicht gekannt hatte – genau dem Bild entsprechend, in welchem er sich seiner näheren und ferneren Umgebung mehr oder weniger scharf oder blaß, erfreulich oder auch mißfällig, erhellend oder auch drohend eingeprägt hatte und nachher in ihrer Erinnerung weiterleben mochte. Er kam m. e. W. genau in der Gestalt des Seins und Tuns, das sein Sein und Tun in der Welt wie das jedes anderen Menschen zuvor gewesen war. Eben in diesem seinem vorigen Sein und Tun war er ja der leidende und tätige Mittler zwischen Gott und Mensch geworden und gewesen. Eben als d i e s e r kam er jetzt neu im Werk seiner Offenbarung.

Er kam aber, das machen die Osterberichte gerade in ihrer ganzen Dunkelheit und Unfaßlichkeit (läßt man sie nur sagen, was sie sagen) ganz klar und unzweideutig faßlich: nicht in Form einer Verlängerung seines zuvor verwirklichten, in sich abgeschlossenen Seins und Tuns von der Art, wie solche auch sonst vorkommt, wie sie auch irgendeinem anderen Menschen nachher, wenn sein Leben abgeschlossen hinter ihm liegt, mehr oder weniger konkret und erkennbar widerfahren mag. Die Vergleichung seines neuen Kommens etwa mit dem einem Sonnentag und

Sonnenuntergang folgenden Alpenglühen wäre so unangebracht wie
möglich. Er kam nämlich nicht etwa in Gestalt der Erhaltung, vielleicht
auch eines neuen Bedeutsamwerdens seines Erinnerungsbildes. Nicht ein
Eindruck, den er zuvor gemacht und irgendwie hinterlassen hatte, setzte
sich dort durch. Nicht der Gedanke an ihn kam dort nachträglich wieder,
nicht die zuvor unsichere, jetzt gefestigtere Überzeugung von der Richtigkeit und Wichtigkeit seiner Botschaft, nicht ein angesichts seines Todes
schwankend gewordener oder zusammengebrochener, jetzt aber in neuem
Impetus sich erhebender Glaube an seine Person, Sendung und Lebenstat,
und auch nicht ein einst durch ihn vermitteltes, später in neuen Konturen
und Farben sich darstellendes inneres Erlebnis. Ein neues Kommen, eine
ernstlich so zu nennende Parusie als echte Wiederkunft des einst Gekommenen und dann Dahingegangenen wäre das Alles nicht – wäre das Alles
nur in weit übertreibender Redensart zu bezeichnen, zu deren Bildung uns
weder die Osterberichte noch die übrigen, insgesamt auf Ostern zurückblickenden und sich beziehenden Texte der neutestamentlichen Zeugen
Anlaß geben. Wo gewahrten wir in ihnen auch nur eine Spur davon, daß
die neutestamentliche Gemeinde von einem nachträglich wieder auflebenden Eindruck von Jesus, von ihren eigenen, ihn plötzlich doch wieder
lebhafter und kräftiger und merkwürdigerweise von da an beharrlich und
dauernd umkreisenden Gedanken und Überzeugungen gelebt, daß sie
kurz nach Jesu Tod mirakulöserweise die Freiheit gewonnen hätte, an ihn
zu glauben: in einem so starken Glauben, daß sie fortan an diesen ihren
Glauben bzw. an dessen wunderbare Entstehung nicht nur selbst glauben
konnte, sondern auch Juden und Hellenen zu diesem Glauben an ihren
neuen Glauben aufrufen durfte und mußte? Wo reden sie so – oder wo
auch nur so, daß es möglich, erlaubt oder gar geboten erscheinen könnte,
ihre Aussagen so zu deuten und zu verstehen? Nicht ein Erinnerungsbild
von ihm tauchte wieder auf, sondern er selbst kam wieder: so sagen es
nicht nur die Osterberichte, sondern das ist explizit und implizit der
Grund, Gegenstand und Inhalt des ganzen neutestamentlichen Glaubens,
der ganzen neutestamentlichen Botschaft. Daß er selbst wiederkam und
jene Menschen zum Glauben – nicht zum Glauben an ihren Glauben,
sondern zum Glauben an i h n und zur Verkündigung – wieder nicht ihres
Glaubens, sondern s e i n e s Namens, s e i n e s Tuns, des in ihm herbeigekommenen R e i c h e s unter Juden und Hellenen aufrief und erweckte,
das war das Ereignis des Ostertages.

Daß er selbst – er der zuvor Gekommene – wiederkam, das war und ist
aber darin sein ganz, radikal, schlechthin n e u e s Kommen, daß es sein
Kommen als d e r v o m T o d e A u f e r s t a n d e n e, als der von dieser absoluten Grenze alles geschöpflichen Lebens her Lebendige war. Das heißt
aber: Er kam von dem Ort her wieder, von dem noch Keiner wiedergekommen ist: aus dem Grab, in das er gelegt worden war – «Erde zur

4. Die Verheißung des Geistes

Erde»! – von dorther also, wohin zu seiner Stunde jeder Mensch für aller anderen Menschen Auge für immer zu verschwinden pflegt. Und wir müssen nach dem Zusammenhang der Osterberichte (bei Matthäus und Lukas) hinzufügen: indem er von dorther kam, ging er an den Ort, wohin noch Keiner gegangen ist – in den Himmel, d. h. nach biblischem Sprachgebrauch: hinein in den dem Menschen verborgenen und unzugänglichen Wohnsitz Gottes im Raum seiner Schöpfung. Auf dem Weg von jenem an diesen Ort geschah das Anheben seiner Wiederkunft. In diesem Durchgang erschien er seinen Jüngern, offenbarte er ihnen sich selbst und das, was Gott in ihm, dem zuvor Gekommenen, getan und vollbracht hatte. In dieser Gestalt sprach er sich aus als der Vollender der Versöhnung und des Bundes, als Israels Messias und als der Heiland der Welt und in dieser Gestalt als ihr ewig lebendiger Herr. In seinem Vorübergehen in dieser Gestalt gab er sich ihnen kund als der, der bei ihnen bleiben werde bis an der Welt Ende. In dieser Gestalt, indem er ihnen begegnete als der vom Tod Auferstandene – begründete, erweckte, schuf Er – nicht ein Erinnerungsbild von ihm, sondern er selbst! – ihren Glauben an ihn, wurde er zum Grund, Gegenstand und Inhalt ihrer Verkündigung seines Namens, seiner Person, seines Werkes. In dieser Gestalt – indem er ihren Weg in dieser Gestalt auf eine kurze Strecke begleitete, indem er seinen Weg vor ihren Augen und Ohren in dieser Gestalt ging, in diesem einzigartigen Durchgang von der Erde in den Himmel – **sahen** sie ihn nicht nur, wie sie ihn, denselben, zuvor gesehen hatten, sondern **schauten** sie seine **Herrlichkeit**, leuchtete ihnen das **Licht** seines und in seiner Person ihres eigenen Lebens.

Selbstverständlich, daß von seinen Erscheinungen in dieser Gestalt und so vom Anheben seiner Wiederkunft nur so berichtet werden konnte, wie sie es getan haben. Selbstverständlich, daß sie historisch-wissenschaftliche, aber auch psychologische, aber auch existentiale Kategorien zur Erfassung und Beschreibung dieses Geschehens, selbst wenn sie solche gekannt hätten und zu ihrer angemessenen Verwendung fähig und willig gewesen wären, dazu nicht brauchen konnten. Selbstverständlich, daß jeder Versuch, ihre Berichte wenigstens nachträglich historisch-kritisch oder psychologisch oder auch existentialistisch zu verifizieren, sich gezwungen sieht, das von ihnen Berichtete **sachlich** doch wieder als die mirakulöse Entstehung ihres Glaubens an Jesus Christus, als den neuen, besseren Anfang der Bewegung ihrer den *post festum* realisierten Eindruck seines Lebens umkreisenden Gedanken und Überzeugungen zu deuten, **formell** aber – um von gewissen bizarr-pragmatischen Erklärungen diesmal zu schweigen – als durch das mythologische Denken eines magischen Zeitalters gestaltete Sage oder Legende zu devaluieren. Was die Osterberichte in der bekannten unübersichtlichen, widersprüchlichen und darum verwirrenden Weise berichtet haben, aber nun einmal berichten **wollten**, weil sie an dieser Stelle nun eben, es gehe, wie es gehe, als Voraussetzung des ganzen neutestamentlichen Glaubens und der ganzen neutestamentlichen Botschaft **das** zu berichten hatten, ist auf allen jenen Wegen überhaupt nicht in Blick zu bekommen. Und was auf diesen Wegen erblickbar ist, wird nie das sein, was das Neue Testament an dieser Stelle als im Raum und in der Zeit stattgefundenes und wahrgenommenes Ereignis zu bezeugen hatte und tatsächlich bezeugt: die den Jüngern widerfahrene Erscheinung Jesu Christi in **dieser** Gestalt, das Anheben seiner Wiederkunft in jenem unbegreiflich hohen Übergang. Gerade eine historisch-kritische Auslegung seiner Aussage würde gut tun, sich an der möglichst präzisen Feststellung dieses ihres – mit historisch-kritischen Mitteln nicht verifizierbaren – Inhalts genügen zu lassen.

Das dürfte einsichtig sein: ging es im Osterereignis um das, was das Neue Testament, wenn es davon redet und sich darauf bezieht, offenkundig vor Augen hat – ging es da um das Kommen des vom Tod auferstandenen Jesus Christus, dann können wir bei dem Versuch, das besondere Wesen, das Neue dieses seines Kommens zu bezeichnen und zu umschreiben, gar nicht hoch genug greifen, d. h. seine Besonderheit gegenüber allen sonstigen Begreiflichkeiten gar nicht deutlich genug hervorheben.

Der Tod ist nun einmal eine zu prinzipiell ernsthafte und scharfe Begrenzung alles menschlichen Seins und Tuns, alles geschöpflichen Daseins überhaupt, als daß man das Auferstehen und Wiederkommen eines Menschen von Tode, seine Erscheinung als Lebender nach seinem Tod als eine menschliche, überhaupt als eine geschöpfliche, dem materiellen oder dem geistigen Kosmos in irgendeiner physischen oder metaphysischen Tiefe innewohnende Möglichkeit verstehen wollen dürfte. Wer «Tod» sagt, der sagt: kein Nachher dessen, der oder dessen, was vorher war – der bezeichnet die Grenze des menschlichen, alles geschöpflichen Daseins, jenseits derer es als solches nur eben gewesen sein kann, jenseits derer niemand und nichts mehr als eben Gott sein Schöpfer da ist, jenseits derer das Geschöpf, aller ihm eigenen Zeit und damit aller ihm eigenen Kraft, Fähigkeit und Möglichkeit entkleidet, wenn überhaupt, dann nur noch von Gott her und für Gott da sein kann.

Leben eines Geschöpfs nach seinem Tod kann also, da als sein Nachher nur Gott in Frage kommt, unter keinen Umständen und in keinem Sinn ein anderes als sein Leben von Gott her und mit Gott sein: sein ihm keineswegs eigenes, sondern von Gott nur eben geschenktes Leben. Er allein ist über und nach dem Tod. Er allein hat (1. Tim. 6, 16) Unsterblichkeit. Unsterbliches, d.h. dem Tode trotzendes, den Tod überwindendes, hinter sich lassendes, von ihm nicht mehr bedrohtes Leben eines Geschöpfs kann, wenn überhaupt, dann unter keinen Umständen als dessen eigenmächtiges Weiterleben, sondern nur als dessen neues Leben von Gott her und mit Gott verstanden werden: nur eben als das ihm von Gott geschenkte Leben in der Art von dessen eigenem Leben, als ewiges Leben. Sein Verwesliches und Sterbliches hat dann (1. Kor. 15, 53) als solches, als das, was es zwischen seiner Geburt und seinem Tode war, diejenige Unverweslichkeit, diejenige Unsterblichkeit angezogen, die Gott allein eigentümlich ist. Sein Diesseits ist dann – nicht etwa (das wäre ja nur eben sein Tod, sein Nachher ohne Gott!) ausgelöscht, abgetan, vernichtet, sondern aufgenommen in sein Jenseits, das ihm aber in seiner Geschöpflichkeit keineswegs eigentümlich, das nur eben das ihm zugewendete Jenseits Gottes seines Schöpfers ist. Es ist dann seinem mit seinem Tod eingetretenen und in seinem Tod manifesten Vergangensein dadurch entrissen, daß Gott, der auch in der Vergänglichkeit seines Daseins vor seinem Tod, auch in seinem Vergehen im Tode, seine alleinige, aber wirkliche Zukunft war, ihm auch nach seinem Tode gegenwärtig ist. Es darf dann – ganz als das, was es vor seinem Tode war – auch nach seinem Tode in der Kraft seiner Gegenwart (nicht aus sich selbst, aber in der Kraft der Gegenwart Gottes!) selbst gegenwärtig sein und bleiben und also ewig leben.

Ist dem aber so (wir müssen die Analyse des Osterereignisses gerade an diesem Punkt, koste es was es wolle, fort- und zu Ende führen) – was ist dann das Wiederkommen des Menschen Jesus nach seinem Tode von seinem Tode her? Um das ging es doch in jener großen, in den Osterberichten nur eben angedeuteten Voraussetzung des neutestamentlichen Glaubens und der neutestamentlichen Botschaft: um die konkrete, sichtbare, hörbare, ja betastbare neue Gegenwart des gekreuzigten, gestorbenen, begrabenen Menschen Jesus. Man bedenke: um die wenn auch vorübergehende und also zeitlich beschränkte, innerhalb der Schranke jener kurzen Zeit aber wie die eines noch nicht gestorbenen Menschen wahrnehmbare und auch aktiv wirksame Gegenwart und Erscheinung eines solchen, der doch jene Grenze, hinter der es außer Gott selbst kein Nachher gibt, notorisch überschritten hatte, der also außer seinem Leben von Gott her, mit Gott und in der Art des Lebens Gottes, außer seinem ewigen Leben kein Leben mehr vor sich haben konnte? Man bedenke (billiger als so ist das Verständnis des in den Ostertagen Geschehenen nicht zu haben): in einer zweiten Überschreitung jener Grenze, aber nun in umgekehrter Richtung, kam der zuvor gekommene, dann gekreuzigte, gestorbene und begrabene und also wie alles Fleisch dahingegangene Mensch Jesus wieder, trat er noch einmal hinein in die Mitte seiner Jünger, nahm er noch einmal teil am Dasein der ihrerseits ihrem Tod noch entgegengehenden Menschen, der ganzen vergänglichen und vergehenden Kreatur, am Weltgeschehen in seiner räumlich-zeitlichen Bedingtheit und Beschränktheit. Was war es mit diesem seinem neuen Kommen, wenn ein Weiterleben des Menschen aus seinen eigenen Kräften, Fähigkeiten und Möglichkeiten nach seinem Tode nicht in Frage kommen, wenn gerade nur die Gegenwart des allein unsterblichen, allein jenseitigen Gottes die Zukunft seines diesseitigen, durch seinen Tod abgeschlossenen Daseins sein kann? Was war es mit dem neuen Kommen dieses wie alle Menschen sterblichen und notorisch verstorbenen Menschen, wenn sein Leben nach seinem Tode gerade nur dies sein konnte: sein diesseitiges und also durch seinen Tod wirklich abgeschlossenes, nun aber durch seine Teilnahme an dem souveränen Leben Gottes dem Vergangensein und allem künftigen Vergehen entrissenes, sein durch die Allmacht der Gnade Gottes verewigtes, der Unsterblichkeit und Jenseitigkeit Gottes teilhaftiges Leben?

Das war dann das Neue – das radikal Neue – im Wiederkommen des notorisch am Kreuz verstorbenen Menschen Jesus: nicht eine Verlängerung seines wie das jedes Menschen durch seinen Tod abgeschlossenen Daseins, wohl aber die Erscheinung eben dieses seines abgeschlossenen Daseins in seiner Teilnahme am souveränen Leben Gottes, in seiner Verewigung also, in der ihm in seiner ganzen Diesseitigkeit vermöge dieser Teilnahme geschenkten und übereigneten Jenseitigkeit, Unverweslichkeit, Unsterblichkeit. Er kam wieder in der Erscheinung, im Sichtbarwerden, in der Offenbarung seines als menschliches Leben dem Tode verfallenen, aber kraft seiner Teilnahme am Leben Gottes dem Tode entrissenen, mit der Herrlichkeit Gottes bekleideten und in ihr leuchtenden zuvor gelebten Menschenlebens.

Wir müssen aber, um das radikal Neue dieses seines Wiederkommens, seiner Erscheinung in der Herrlichkeit Gottes zu erfassen, sofort hinzufügen: sie war nicht etwa eine bloß mentale Erscheinung im Erlebnis, in dem durch eine Vision oder dergleichen erleuchteten Intellekt der Jünger, sondern seine neue Erscheinung in der ihnen von seinem ersten Kommen her wohlbekannten seelisch-leiblichen Ganzheit seiner zeitlichen Existenz – seine neue Erscheinung, in der er selbst ihnen auf ihrem eigenen Weg im Raum und in der ihnen nach seinem Tode gelassenen Zeit noch einmal gewiß auch geistig, aber, als derselbe Mensch, der er zuvor gewesen war, auch körperlich begegnete wie zuvor, ihnen voranging, wie er ihnen zuvor vorangegangen war, mit ihnen redete, mit ihnen aß und trank als mit seinesgleichen, wie er es zuvor getan hatte. In seiner Teilnahme an der Herrlichkeit Gottes, in der er ihnen zuvor verborgen gewesen war, erschien er ihnen jetzt auf jener kurzen Strecke ihres Lebens nach seinem Tod auch in der konkreten Teilnahme an ihrem konkreten, zeitlichen Dasein, am konkreten, zeitlichen Dasein der ganzen Kreatur: anders nur in seiner Offenbarung als der in der Welt existierende wahre Gottessohn und Menschensohn, aber nicht anders darin, daß er in der Offenbarung jener Tage wie zuvor in seiner Verborgenheit als dieser wahre Gottes- und Menschensohn unter ihnen und also wie sie selbst konkret zeitlich-räumlich in der Welt existierte – nicht anders darin, daß er auch in dieser seiner Offenbarung (und nun eben gerade in ihr!) unter ihnen und also in der Welt redete und handelte: kein scheinbar, sondern der nun eben so real Wiedergekommene.

Man muß, wenn man in der Auslegung der Ostergeschichte nicht doketisieren, wenn man das Neue dieses seines Kommens erfassen und würdigen will, beides miteinander sehen und gelten lassen: die Herrlichkeit Gottes im persönlichen, realen, sichtbaren, hörbaren, ja betastbaren Wiederkommen dieses Menschen. Als wahrer Gott und als wahrer Mensch war Jesus Christus mitten im Weltgeschehen noch einmal, nun eben so, gegenwärtig. Es ging nicht nur um Gottes Ausbruch aus seinem

4. Die Verheißung des Geistes

Jenseits, es ging eben damit und zugleich um Gottes Einbruch hinein in das Diesseits seiner Schöpfung. Hier, als sein zeitliches und auch als sein räumliches Leben, leuchtete in Jesu Christi Auferstehung, in seiner Erscheinung als der von den Toten Auferstandene, das Licht seines, des ewigen Lebens. Es leuchtete eben sein zeitliches und räumliches als sein ewiges Leben. Das war das Leuchten, in welchem er nach seinem Tode wiederkam: eben der Jesus Christus von gestern heute!

Das also war das Neue der Wiederkunft Jesu Christi in ihrem Anheben, in ihrer ersten Gestalt. Das visiert, meint, intendiert das Neue Testament, wenn es sich auf seine Auferstehung bezieht, wenn es ihn von diesem Ereignis her – wenn es ihn, wie es in allen vier Evangelien geschieht, gerade im Rückblick auf sein vorangegangenes Leben und Sterben nur noch von diesem Ereignis her – kennt, wenn es ihn von ihm her als den lebendigen Herrn glaubt und bekennt, von ihm her als Israels Messias und als den Heiland der Welt proklamiert und verkündigt. Man täusche sich nicht: von daher kommt der ganze neutestamentliche Glaube, die ganze neutestamentliche Botschaft, die ganze auf diesem Grund versammelte und erbaute christliche Gemeinde. Sie ist, indem sie von daher, von diesem neuen Kommen ihres Herrn her ist. Über die Unvorstellbarkeit und Unbegreiflichkeit dieses Ereignisses sind jetzt nicht mehr viele Worte zu verlieren. Es stellt uns vor das Geheimnis gerade der Offenbarung Gottes: vor das Geheimnis, in das das prophetische Werk Jesu Christi gerade in dieser seiner Ur- und Grundgestalt gehüllt ist und bleibt, von anderen Offenbarungen und Prophetieen sich deutlich abhebt.

Man analysiere das Osterereignis – wie wir es jetzt wenigstens versucht haben, ohne Umdeutungen und Vorbehalte – man erleichtere sich die Aufgabe also nicht dadurch, daß man die Auferstehung Jesu Christi als Realisierung einer allgemeinen physischen oder metaphysischen Möglichkeit des Geschöpfs oder als ein bloß mentales Ereignis erklärt, man halte dem neutestamentlichen Zeugnis, so wie es lautet, stand – so sieht man sofort, daß dieses Ereignis sich in kein bekanntes oder denkbares Weltbild einfügt, daß jeder Versuch, es einem solchen einzuordnen – ähnlich wie die Existenz Gottes (und eben um diese geht es ja auch in ihr!) – nur auf dessen Leugnung hinauslaufen könnte. Es fügt sich aber darum in kein Weltbild, weil es zwar wie die Versöhnung als deren Offenbarung in der Welt und für sie geschehen ist und insofern am allgemeinen Weltgeschehen teilnimmt, zu einem Ring in dessen Kette wurde, von dem aus die Welt im Ganzen und im Einzelnen seither höchst entscheidend bestimmt ist – weil es aber nicht aus dem Leben der Welt heraus, weder vom Himmel herab noch von der Erde hinauf, weder als eine natürliche, noch als eine geistige Hervorbringung der Schöpfung, sondern nur eben in der Tat Gottes des Schöpfers Ereignis wurde, der der Herr des Himmels und der Erde, des natürlichen und des geistigen Kosmos, der Herr über Leben und Tod ist. Es geschah nur eben in Gottes Ausbruch aus seinem Jenseits, in seinem Einbruch hinein in unser Diesseits. Als diese Tat Gottes an der Welt und für die Welt kann es in keinem Weltbild vorgesehen sein, in kein solches einbezogen werden: in ein wissenschaftliches nicht, in ein ethisches oder ästhetisches auch nicht und auch nicht in ein mythologisches. Götter, ihre Attribute und Funktionen, ihre Taten oder auch Leiden, auch Gottesbegriffe und Gottesideen mögen in dem einen oder anderen Weltbild unter irgendwelchen Namen wohl

Raum haben, nicht aber die Tat, die wirksame Gnade, die Herrlichkeit des jenseitigen Gottes in der diesseitigen Wirklichkeit, um die es in diesem Ereignis geht. Das macht dieses Ereignis so unvorstellbar und unbegreiflich wie das, was in ihm offenbar wird: wie die Versöhnung, den Bund, den Frieden zwischen Gott und der Welt, die Existenz Gottes selbst und als solche: des Gottes, der in der Versöhnung und so auch in deren Offenbarung und also in der Auferweckung Jesu Christi von den Toten am Werk ist. Er offenbart sich in diesem Ereignis. Er konnte aber sein Geheimnis, das Geheimnis seines Handelns mit der Welt überhaupt und das Geheimnis seiner Gnadentat ihrer Errettung nicht gewaltiger wahren und als solches ans Licht stellen, als indem er sich und sein Werk so, in diesem Ereignis offenbaren wollte und offenbart hat.

Wir sind jetzt aber nicht an dieser Seite der Sache interessiert. Auf den Geheimnischarakter des Ostergeschehens hinzuweisen, kann ja nur den Sinn haben, es vor täppischen Verkennungen und Mißdeutungen zu schützen, oder positiv: eben die schlechthinige Neuheit seiner Struktur deutlich zu machen. Die müssen wir aber darum deutlich im Auge haben, um uns über die Tragweite und Konsequenz dieses Geschehens Rechenschaft abzulegen. Das also war – um unsere vorangehenden Feststellungen aufzunehmen – das ein für allemal, unwiderruflich geschehene Ereignis, in welchem die vollbrachte Versöhnung der Welt mit Gott proklamiert, bestätigt, in Gültigkeit gesetzt, in welchem der Welt und einem jeden Menschen die der vollbrachten Versöhnung entsprechende neue totale, universale, definitive Bestimmung gegeben, eingeprägt wurde. Was heißt das Alles, wenn dieses Ereignis in jenem schlechthin neuen Kommen Jesu Christi bestand – und also darin, daß er in jenen Tagen als Mensch unter den Menschen zeitliches Leben als ewiges, diesseitiges als jenseitiges, sterbliches als unsterbliches, menschliches als göttliches Leben nicht nur gelebt (das tat er ja schon als der zuvor Gekommene), sondern offenbar gemacht, wenn er also in dieser Gestalt sichtbar, hörbar, betastbar im Raum und in der Zeit gelebt hat? Was widerfuhr der Welt damit, daß in ihrer Mitte das sich zutrug, daß der Kette der Weltereignisse der Ring dieses Ereignisses eingefügt – besser: daß dem Leben des Kosmos dieser im Verhältnis zu seiner uns bekannten Gestalt offenbar ganz andere, ganz neue Lebenskeim mit Macht eingepflanzt wurde: die Existenz nicht nur, sondern inmitten der Erscheinungen des kosmischen Lebens diese: die Erscheinung der Existenz des Menschen Jesus in der Herrlichkeit Gottes? Was bedeutet es für die Situation, den Stand und Zustand der übrigen Kreatur, was bedeutet es für uns, in die unmittelbare Nachbarschaft mit dieser Erscheinung versetzt, in das von ihr ausgehende Licht gerückt zu sein? Was bedeutet es für das ganze geschöpfliche Dasein, Wirken und Leiden, Leben und Sterben, daß unter all den anderen alltäglichen oder katastrophalen, wichtigen oder unwichtigen, erfreulichen oder peinlichen Nachrichten von seinem Verlauf und Ablauf nun eben auch diese laut ist und nach Notiznahme verlangt: daß Christus auferstanden, wahrhaftig auferstanden ist? Man versteht sie ja in ihrer Tragweite am besten, wenn man sie schlicht wie eine von allen jenen anderen Nachrichten hört oder liest: als ob das in irgendeiner Zeitung stünde: Christus ist auferstanden! Aber eben: was ist von allen anderen Nachrichten zu halten, wenn neben ihnen auch von dieser Nachricht Notiz zu nehmen ist? Wie ist es mit allem sonstigen Geschehen, wenn – nicht in der sicheren Ferne einer Ideenwelt, sondern in seiner unmittelbaren Nähe, in gleich konkreter Realität wie es selber – auch dies geschehen ist?

Realisiert man die schlechthinige Neuheit der Struktur des Osterereignisses, dann gibt es hier nur eine Antwort: In ihm als der Erscheinung des Menschen Jesus in der Herrlichkeit Gottes ist der Welt dies widerfahren, daß ihr ihre Zukunft, ihr Ziel und Ende als die in ihm mit Gott versöhnte Welt, ihre Heilszukunft also, unmittelbar, d. h. als ein neues, aber wie alle andern konkret reales Element ihres eigenen Daseins gegenwärtig wurde.

Was soll, was kann aus ihr werden, da Gott sie mit sich selber versöhnt hat? Daß sie, da Gott sich ihrer in Jesus Christus erbarmt und angenommen, die Situation zwischen sich und ihr, ihr und sich selbst in Ordnung gebracht hat, keine verlorene Welt mehr ist, ist im Lichte der Offenbarung dieses göttlichen Tuns und der in ihm vollzogenen Veränderung klar. Aber das kann doch nicht Alles sein – das ist auch nicht Alles. Als mit Gott versöhnte Welt kann es mit ihr – das wird im Lichte dieser Offenbarung ebenso klar – nicht so weitergehen wie bisher: nicht in der Gegensätzlichkeit eines zeitlichen und ewigen, diesseitigen und jenseitigen, vergänglichen und unvergänglichen, menschlichen und göttlichen Lebens, nicht in dem in dieser Gegensätzlichkeit sich auswirkenden Gefälle zum Tode hin, das für ihre Gestalt als unversöhnte Welt, die eben ihre Todesgestalt ist, bezeichnend ist, das aber ihre Gestalt als versöhnte Welt nicht mehr bestimmen und beherrschen kann, das durch die von Gott vollzogene Veränderung der Situation unmöglich geworden ist. Ihre Versöhnung schließt ein Vorwärts! in sich. Indem Gott sie mit sich selber versöhnt hat, hat er ihr eine dem entsprechende Zukunft geschenkt: Erlösung von jenem Gefälle zum Tode hin, Erlösung aus jener bitteren Gegensätzlichkeit – oder positiv: Erlösung als Verewigung ihres zeitlichen, als Verjenseitigung ihres diesseitigen Lebens, als Überkleidung ihres vergänglichen Wesens mit Unvergänglichkeit, ihrer Menschlichkeit mit seiner, der göttlichen Herrlichkeit, Vollendung seiner Schöpfung durch die neue Schöpfung ihrer Gestalt im Frieden mit ihm, die auch die Gestalt ihres Friedens in und mit sich selber sein wird.

Woher wissen wir das? Gewiß nicht aus irgendeiner eigenmächtigen Vermutung und Spekulation, wohl aber aus der Offenbarung, in der nicht nur die vollbrachte Versöhnung als solche, sondern auch Gottes Wille, Absicht und Plan in diesem seinem Tun nicht verborgen blieb, sondern

offenbar, sichtbar, hörbar, betastbar wurde: eben in der Auferstehung
Jesu Christi von den Toten. Denn das geschah doch in diesem Ereignis,
daß in der Erscheinung des einen Menschen Jesus in der Herrlichkeit
Gottes eben das der Welt in und mit ihrer Versöhnung mit Gott geschenkte Ziel, eben ihre Heilszukunft als ihre Erlösung aus dem Todesschatten und der ihm folgenden Gegensätzlichkeit, ihre Heilszukunft als
ihre Vollendung durch die Erschaffung ihrer neuen Friedensgestalt, ihr
Sein in der Herrlichkeit Gottes Gegenwart – als neues, aber konkret reales
Element des Weltdaseins unmittelbar Gegenwart wurde. Da erschien
doch mitten im Weltgeschehen – in Jesus Christus, der als der eine Gottessohn alles göttlichen Erwählens und Schaffens Grund und Ziel, und als
der eine Menschensohn der Erstling der Schöpfung und das Haupt aller
anderen Menschen war – das schon verewigte, in seiner Diesseitigkeit
schon ins Jenseits aufgenommene, in seiner Vergänglichkeit schon mit
Unvergänglichkeit bekleidete, in seiner Menschlichkeit schon aus Gott,
mit Gott, für Gott gelebte Leben der ganzen Kreatur, aller Menschen.
Da wurde doch eben diese der Welt in und mit ihrer Versöhnung bestimmte Zukunft konkret reale Gegenwart. Nicht eine neue Zeit und
Bewegung innerhalb der bisherigen Gestalt des Weltgeschehens hob
dort an, sondern es war die letzte Stunde seiner bisherigen und zugleich
die erste Stunde seiner der vollbrachten Versöhnung notwendig folgenden
und entsprechenden neuen Gestalt, die dort schlug und anbrach: jene
abgeschlossen und diese eröffnet durch Gottes eigene Initiative, Bewegung
und Tat. Es war, was am Ostertage geschah, schon das Ende des Weltseins, des Seins des Menschen in seiner bisherigen, seiner Todesgestalt
und schon der Anfang seines Seins in der ihm von Gott geschenkten
neuen, ewigen Lebensgestalt. Mit all seiner Sünde und all seinem Elend
hatte der Mensch (und mit dem Menschen die Welt) seinen Tod, dem er
verfallen war und entgegeneilte, dort, in der Auferstehung Jesu Christi
schon hinter sich – und vor sich gerade nur noch sein Dasein aus Gott,
mit ihm und für ihn. Das war es, was der Welt, dem Menschen in der Auferstehung, in der Erscheinung des Menschen Jesus in der Herrlichkeit
Gottes widerfahren ist: diese Gegenwart ihrer als Frucht ihrer Versöhnung mit Gott bestimmten Heilszukunft. Die Nachricht von dieser
Gegenwart der Zukunft, von diesem Heute der letzten und ersten
Stunde, vom Anbruch der Erlösung und Vollendung ist die Osternach-
richt. Und die Gegenwart der Zukunft in jenem Ereignis ist der dem Weltgeschehen am Ostertage eingepflanzte neue Lebenskeim. Sie ist das von
Gott eigenhändig geschriebene und besiegelte, ein für allemal gültige
Dokument seiner Treue, das er mit seinem ganzen, totalen, universalen,
definitiven Inhalt in unsere Hand gelegt hat. Wir sind nun die, die dieses
Dokument besitzen, die sich darauf berufen, die von dem, was es besagt,
leben dürfen. Die ganze Kreatur ist nun die, die durch die Ausstellung

4. Die Verheißung des Geistes

und das Vorhandensein dieses Dokumentes in das Licht der Gegenwart ihrer Zukunft, ihrer Heilszukunft gerückt ist.

So also steht es mit der Wiederkunft Jesu Christi in ihrem Anheben, in ihrer ersten Form: jetzt (in dieser unserer dritten Feststellung) gesehen unter dem Aspekt der völligen Neuheit der Gestalt, in der Jesus Christus sich selbst, sein versöhnendes Werk und das Leben der mit Gott versöhnten Kreatur als deren Frucht in seiner Offenbarung der Welt und uns mitgeteilt hat. Wir mußten, um deutlich zu machen, was hier festzustellen ist, etwas ausführlicher werden. Es ist nun aber an der Zeit, daß wir auch hier Halt machen, um uns die Frage zu stellen, die sich (indem sie die in sich schließt, auf die wir vorher gestoßen sind) gerade hier mit besonderer Dringlichkeit erhebt.

Wir können sie im Anschluß an unsere letzte Darlegung über die im Osterereignis schon Gegenwart gewordene Zukunft der mit Gott versöhnten Welt zunächst so formulieren: Wie war es möglich, daß ihre dort, in jenem Ereignis Gegenwart gewordene Zukunft nicht von dort aus sofort wie eine Sturzwelle über die ganze Welt ging, alle Menschen aller Zeiten und Räume – eben ihre Zukunft war doch dort, in der Erscheinung des auferstandenen Jesus Christus Gegenwart geworden! – mit ihrer Gegenwart erfüllte? Wie war es möglich, daß das dort aufleuchtende Licht des Lebens, des erfüllten Bundes, der vollbrachten Versöhnung die versöhnte Welt nicht alsbald bis in ihre verborgensten Winkel hinein durchleuchtete, daß der dem Weltgeschehen, der Existenz aller Menschen dort eingepflanzte Lebenskeim nicht ohne Verzug aufging und in allen Dimensionen die Frucht ihrer vollzogenen Erlösung und Vollendung brachte? Wie war es möglich, daß dieses Ziel des Willens, der Absicht und des Planes Gottes mit seinem Geschöpf zwar dort, in der Erscheinung des einen Menschen Jesus und in ihm (wie die in ihm geschehene Versöhnung) gültig für alle, für die ganze Welt – aber nun eben doch nur dort, nur in ihm, faktisch erreicht war, während es für die ganze übrige Menschheit, angefangen mit seinen Jüngern, den Zeugen seiner Auferstehung, das zwar offenbare, gezeigte und gewisse, aber doch ferne – kraft der zwischen ihm und ihnen noch bestehenden Todesgrenze sogar unerreichbar ferne – Ziel ihrer Wege blieb? Wie konnte es sein, daß zwar er, nicht aber sie, niemand außer ihm, in seiner Vergänglichkeit mit Unvergänglichkeit überkleidet, seinen Tod hinter sich, der Todesgestalt seines Daseins entnommen, in die Lebensgemeinschaft mit dem lebendigen, dem allein unsterblichen Gott versetzt war? Wie konnte es sein, daß jenes mit unvergleichlicher Wirkungskraft geradezu geladene Ereignis nun doch von ferne nicht die ihm entsprechende totale, universale, definitive Wirkung hatte – daß also die Zeit und das Weltgeschehen in der Zeit weiterzugehen schien und bis auf diesen Tag weiterzugehen scheint, als wäre nichts geschehen, als ob jene erste und letzte Stunde nicht geschlagen hätte, als ob also Christus nicht auferstanden wäre? Wie konnte es sein, daß die der vollbrachten Versöhnung entsprechende und notwendig folgende Erlösung und Vollendung trotz ihrer Offenbarung – vielmehr: wohl in ihrer Offenbarung, nicht aber in der Welt, in der und an die diese erging, nicht einmal in dem engen Kreis der Menschen, die ihrer teilhaftig wurden, Ereignis zu werden schien? Wie konnte das Alles sein? Das ist die Frage, vor die wir gestellt sind gerade wenn wir das Osterereignis – und im besonderen: gerade wenn wir es in seiner radikalen Neuheit, in seinem im strengsten Sinn «eschatologischen» Gehalt und Charakter ganz ernst zu nehmen versuchen.

Und nun trage man Sorge, sich dieser Frage nicht etwa durch gewisse Antworten entledigen zu wollen, die die doppelte Eigenschaft haben, zwar je in ihrer Art und an ihrem Ort sehr richtig und auch gewichtig zu sein, um dann gerade in ihrer ganzen Richtigkeit und Wichtigkeit doch wieder auf die Frage zurückzuführen, die man mit ihnen beantworten möchte und tatsächlich auch je ein Stück weit beantworten kann.

Man kann hier (1) wohl und mit Recht antworten: was die Welt und uns trotz des Osterereignisses – vielmehr: gerade im Blick auf das recht gewürdigte Osterereignis bedrückt, ist nicht ein Mangel, ein Versagen, wohl gar ein Ausbleiben seiner Wirkung, sondern nur das, daß diese uns nicht augenscheinlich ist – nur ihre scheinbare Abwesenheit also. Jene letzte und erste Stunde hat in der Auferstehung Jesu Christi geschlagen, ist dort angebrochen; die Heilszukunft ist dort Gegenwart geworden; nicht nur die Versöhnung, sondern auch die ihr folgende Erlösung und Vollendung ist dort in ihrem ganzen Umfang und in ihrer ganzen Tiefe für die Welt und für uns alle Ereignis geworden. Vermöchten wir mit den Augen Gottes zu sehen, so würden wir dessen gewahr sein, daß, dem Schein zuwider, in Wirklichkeit Alles schon anders, schon neu geworden, schon zurecht und in Ordnung gebracht ist. Nur daß wir sie so nun eben nicht zu sehen vermögen! Nur daß uns die faktisch schon geschehene Veränderung unserer Existenz und aller Dinge, des ganzen Weltseins in dem Sinn verborgen ist, daß sie uns außerhalb jenes Ereignisses, anderswo als in dem lebendigen Jesus Christus selbst nicht bemerkbar, nicht erfahrbar, nicht erlebbar – nur daß uns die in ihm geschehene Veränderung unserer Situation und der der ganzen Welt wie durch eine unseren Augen undurchdringliche Decke verhüllt ist. Lesen wir nicht 2. Kor. 5, 7, daß wir «im Glauben wandeln, nicht im Schauen» und Kol. 3, 3, daß «euer Leben mit Christus verborgen ist in Gott»? Seine Verborgenheit und daß wir es in dieser seiner Verborgenheit nicht «schauen» können, ändert nichts daran, daß es in dieser Verborgenheit (seiner Verborgenheit «mit Christus in Gott»!), in der wir es nur im Glauben erkennen können, wirklich unser

4. Die Verheißung des Geistes

(unser auf Grund der in ihm vollbrachten Versöhnung und ihr entsprechend schon völlig, radikal erneuertes!) Leben ist.

Wie sollte das nicht wahr sein und an seinem Ort als Wahrheit zur Geltung kommen müssen? Aber läßt sich die Frage beiseite schieben: warum es nun doch nur unser mit Christus in Gott verborgenes Leben, warum es nicht eben als unser Leben augenscheinlich, bemerkbar, erfahrbar ist? warum wir auf seine Wirklichkeit nicht auch außerhalb des Osterereignisses, auch anderswo als in Jesus Christus selbst, die Hand legen können? warum unser Dasein, das Dasein der ganzen Welt sich nicht unmittelbar erkennbar im Licht des ewigen Lebens Jesu Christi und also als unser Leben in der Gegenwart gewordenen Heilszukunft und also in der Erlösung und Vollendung abspielt? Warum unter jener Decke, da es sich doch im Osterereignis gerade um die Entfernung der die in Jesus Christus vollbrachte Versöhnung und ihre Frucht verhüllenden Decke handelte? Warum nicht offen und eindeutig, sichtbar und betastbar als unser, als der Welt Leben von dieser Frucht und also als unser Leben unter dem neuen Himmel und auf der neuen Erde: als Menschen in der dem zwischen Gott und der Welt geschlossenen Friedensbund entsprechenden Herrlichkeit, wie sie in dem vom Tod auferstandenen Menschen Jesus nicht nur als seine, sondern als unsere, als der ganzen Welt Zukunft gegenwärtig u. zw. sichtbar, hörbar, betastbar gegenwärtig wurde? Warum sind wir nun doch wieder in die Distanz von ihm zurückgeworfen, auf den Glauben an das angewiesen, was dort schaubar war und tatsächlich geschaut wurde – im Unterschied zu jenem Thomas (Joh. 20, 29): selig als solche, die nicht sehen und doch glauben? Darf man etwa nicht so fragen? Ich denke: im festen Blick auf die ernst genommene Auferstehung Jesu Christi muß man so fragen.

Wieder mit gutem Sinn und Recht kann die Antwort in Variation jener ersten (2) auch so gegeben werden: was uns hier verwirrt, aber nicht verwirren sollte, ist dies, daß wir es im Osterereignis erst mit einem Anfang des Offenbarwerdens der Versöhnung und ihrer Frucht in der ihr folgenden Erlösung und Vollendung, noch nicht mit diesem Offenbarwerden in seiner vollen Entfaltung zu tun haben: mit der Wiederkunft Jesu Christi in ihrer ersten und noch nicht mit ihr in ihrer letzten und abschließenden Form. Noch hat eben die Zukunft – der Welt und unser aller Heilszukunft – damit, daß sie in Jesu Christi Auferstehung schon Gegenwart wurde, indem sie uns dort in ihrer ganzen Fülle gegenwärtig ist, nicht aufgehört, uns anderswo, außerhalb jenes Ereignisses, d. h. aber im Bereich unseres und des ganzen übrigen Weltdaseins, auch erst Zukunft zu sein. Noch haben wir ihrer also, indem sie dort schon Gegenwart ist, indem wir uns ihrer im Blick auf jenes Ereignis schon trösten und freuen dürfen, auch in Hoffnung und Geduld zu warten. Noch können wir nicht auf jenes Ereignis zurückblicken, ohne eben von da aus auszublicken auf das

Ereignis, in welchem jenes sich, nun in Vollkommenheit in anderer Gestalt wiederholen, erneuern wird: darin nämlich, daß Jesus Christus in der Klarheit seiner Herrschaft über die Kreatur aller Zeiten und Räume wiederkommen wird: in Klarheit jetzt zum Gericht über alle Toten und alle Lebendigen, und um sie eben durch sein Gericht zurecht zu bringen. Noch blicken wir von jenem ersten Ereignis her diesem andern erst entgegen, in welchem er als Licht des in ihm erschienenen Lebens auch den letzten Winkel des Kosmos durchdringen und erfüllen wird, in welchem alles Sterbliche Unsterblichkeit, alles Verwesliche Unverweslichkeit anziehen und haben, in welchem Gott Alles in Allem werden und sein wird. Noch können wir dieses Ereignisses, der Heilszukunft in dieser ihrer abschließenden und vollkommenen Gestalt tatsächlich erst warten. Noch schauen wir sie eben erst wie durch eine schmale Ritze in einer ersten Gestalt. Noch bleibt uns nur übrig, sie in jener anderen, erst kommenden, letzten und vollkommenen Gestalt zu glauben. Was wir sein werden, ist insofern (1. Joh. 3, 2), indem wir Kinder Gottes schon sind, noch nicht offenbar geworden. Diese Spannung besteht und ist auszuhalten. Sie kann und darf aber auch ausgehalten werden: so gewiß wir ja dem, was wir noch nicht sind, sondern erst einst, in jener noch ausstehenden Gegenwart der Heilszukunft sein werden, von dem her entgegensehen und entgegengehen dürfen, was wir im Licht des Ostertages schon sind. Wir haben von dorther die Freiheit – und wie sollten wir von dorther nicht auch die Freudigkeit haben? – mit allen Menschen, mit der ganzen Kreatur nach dorthin unterwegs zu sein.

Es dürfte deutlich sein, daß die Antwort auch in dieser Form – und in dieser gewiß noch in erhöhtem Maß als in jener ersten – richtig und kräftig ist und in dem ihr angemessenen Kontext zu Ehren kommen muß. Die Frage aber, von der wir ausgingen, ist auch mit ihr nicht aus dem Wege geräumt, steht vielmehr, gerade indem wir uns auch diese Antwort geben und gefallen lassen, in neuer Form wieder auf: wie konnte denn das Offenbarwerden der Versöhnung und der ihr folgenden Erlösung und Vollendung, wie es im Osterzeugnis stattfand, nur der Anfang – mußte es nicht sofort auch das Ziel, das Ganze dieses Geschehens sein: seine volle Entfaltung nach allen Seiten des Raumes und der Zeit, hinüber und hinaus in alle Tiefen und Höhen der Schöpfung? Wie konnte die Wiederkunft Jesu Christi in jener ersten Form einer sie erst abschließenden letzten bedürftig, wie konnte sie einer solchen Erneuerung und Wiederholung auch nur fähig sein? Wie konnte die Heilszukunft der Welt zwar dort, aber nur dort Gegenwart werden, um anderwärts immer noch Zukunft zu bleiben? Wie kommt es, daß es nach jenem Ereignis noch immer Zeit – eine Zeit von soviel offenkundig unerlöstem und unvollendetem menschlichem und kreatürlichem Sein und Geschehen geben kann – daß wir nach diesem Ereignis noch immer, zur Hoffnung und Geduld aufgefordert, auf ein anderes und also auf die noch ausstehende Wiederholung jenes ersten in vollkommener Gestalt zu warten haben? Warum ist jenes Ereignis nicht als solches auch das andere gewesen, dem wir jetzt als seiner Wiederholung in Vollkommenheit erst entgegenblicken? Warum sind wir, von dem Schauen durch die schmale Ritze jenes Ereignisses abgesehen, noch und noch auf den Glauben angewiesen? Woher und wozu all dieses «erst» und «noch» und «noch nicht»? Woher kommt es und wozu dient es, daß wir in jener Spannung zwischen damals, jetzt und einst verharren müssen – daß unsere Freiheit und auch unsere Freudigkeit nur eben darin bestehen kann, sie tatsächlich auszuhalten und also weiter und weiter unterwegs zu sein? Was ist der Grund und Sinn der Tatsache, daß Jesus Christus nicht jenes eine Mal so wiederkam, daß alles weitere Wiederkommen sich erübrigte – und also der Grund und Sinn der Tatsache, daß wir mit allen Kreaturen nicht längst zuhause sind, wo wir hingehören, uns nicht längst im ewigen Leben, auf der neuen Erde, unter dem neuen Himmel befinden, daß unser vergängliches Wesen nicht längst mit Unvergänglichkeit überkleidet ist, daß wir eben darauf noch und noch zu warten haben? – Das sind keine ungebührlichen, das sind auch keine unbiblischen Fragen. Nicht nur Paulus hat in seiner Weise oft genug so gefragt. Nicht nur die Apokalypse ist deutlich genug von diesen Fragen bewegt. Es sind die Fragen, die explizit und implizit durch das ganze neutestamentliche Zeugnis zittern, die gerade für den Charakter der Gewißheit, in der das Neue Testament von seinem Gegenstand Zeugnis gibt, bezeichnend sind. Man kann sie nicht unterdrücken, wenn man – eben das Osterereignis ganz ernst nimmt, sich daran nicht irre machen läßt, daß die letzte und erste Stunde dort schlug und anbrach. Es versteht sich wahrhaftig nicht von selbst, daß zwischen dem Aufleuchten des Osterlichtes, zwischen dem dort gesprochenen Gotteswort und seiner Erfüllung, zwischen dem, was dort in dem Menschen Jesus, aber in seiner Person als dem Erstling der Schöpfung und Haupt der Seinigen an unserer Stelle, für die ganze Menschheit und Welt wirklich wurde – und der Wirklichkeit unseres Daseins, des ganzen sonstigen Weltdaseins, jene Distanz und Differenz entstehen und bestehen, daß sie auch nur möglich werden konnte. Mag die Frage der Unruhe und Ungeduld, die sich hier erhebt, kein letztes Wort sein, so ist sie doch keine unbegründete, sondern eine gerade von der Auferstehung Jesu Christi her sehr begründete Frage. Und so wird die Unruhe und Ungeduld, in der sie sich meldet, so gewiß sie der Dämpfung, der Wandlung in Ruhe und Geduld bedürftig und auch fähig ist, nicht etwa als überflüssig oder gar als unheilig zu verwerfen sein. Wollte Gott, es gäbe in der Christenheit mit einem größeren Ernstnehmen der Osterbotschaft auch viel mehr von der Unruhe und Ungeduld, die sich dann wohl – alles Weitere vorbehalten – auch immer wieder in solchen Fragen äußern muß!

Aber der Versuch, hier zu antworten, kann ja wohl (3) auch in ganz anderer Richtung unternommen – es kann nämlich – wiederum mit gutem Recht und Sinn – die Gegenfrage gestellt werden: ob in jener an der Osterbotschaft sich entzündenden Unruhe und Ungeduld nicht möglicherweise vor lauter Bäumen der Wald übersehen sein möchte: das nämlich, was der Auferstehung Jesu Christi als deren Auswirkung im Weltgeschehen und im Leben unzähliger Menschen immerhin jetzt schon, und doch auch sichtbar, gefolgt ist, was als ihre lebendige Entsprechung und Darstellung auch diesseits seiner Wiederkunft in deren abschließender Gestalt noch und noch und immer aufs neue Ereignis und Wirklichkeit wurde und ist? Darf man hier nicht an die Gegenwart der Heilszukunft denken, die in der durch das Osterereignis erweckten und autorisierten Verkündigung des lebendigen Herrn und Heilands in der Weltgeschichte geschah und in mächtigem Eingriff in deren Verlauf Geschichte machte: in so viel direkter und auch in so viel indirekter Bestimmung und Prägung menschlichen Daseins, in der sich diese Verkündigung als österliche, in ihrem eschatologischen Charakter und Inhalt faktisch bestätigt fand? Ging und geht die Wiederkunft Jesu Christi nicht weiter in dem doppelten Ereignis des christlichen Kerygmas und des durch dieses geschaffenen christlichen Glaubens, vor allem aber in der Sammlung und im Aufbau der christlichen Gemeinde? Ist sie, die Kirche, indem sie von dem Anheben der Selbstoffenbarung des Herrn, der Versöhnung, des Bundes, des Reiches herkommt, und ihrer vollkommenen Gestalt entgegengeht, nicht in ihrer Existenz, in ihrer inneren und äußeren Gestalt und Tätigkeit, eine einzige Antezipation eben jener künftigen, der noch ausstehenden Fülle der Erlösung und Vollendung – die Erfüllung der Zusage des Auferstandenen: Siehe, Ich bin bei euch alle Tage! – das Jenseits im Diesseits, das Unvergängliche mitten in der Vergänglichkeit, ewiges Leben mitten im Zeitlichen, göttliches mitten im menschlichen? Ist sie, die Kirche, nicht das eschatologische Faktum *par excellence*? Will sagen: ist es nicht so, daß eben in ihr, was im Osterereignis als jener Ausbruch und Einbruch Gottes in die Welt einmal und einmalig stattfand, nun doch wieder und wieder bemerkt, erlebt, erfahren, in existentieller Betroffenheit und Inanspruchnahme unzähliger Menschen innerhalb und auch außerhalb ihres Bereichs wieder und wieder Ereignis wurde und wird? Waren und sind da der Großen und der Kleinen nicht genug, die mit Ps. 34,9 bezeugen konnten, durften und mußten: «Schmecket und sehet, wie gütig der Herr ist!» Ist nicht jede Tauf- und Abendmahlsfeier, jeder Ausspruch und besonders jede tätige und leidende Bewährung des christlichen Bekenntnisses, jedes gemeinsame und persönliche Gebet im Namen des Herrn, jede im Raum der Kirche in seinem Namen in Kraft oder Schwachheit, gut oder schlecht (und in der Regel in der Mitte zwischen beiden) unternommene und durchgeführte Aktion und Arbeit, jedes kleine und kleinste in seinem Namen getragene Leiden und gewagte Überwinden eine Anzeige, daß er nicht umsonst, sondern wirkungsmächtig auferstanden ist, dem menschlichen, dem geschöpflichen Dasein insgemein ein Ziel gesteckt hat, dem es nun unaufhaltsam entgegenlaufen muß: jetzt schon ausgerichtet auf das, was einst sein wird, hier schon darstellend und anzeigend, was einst kommen wird: Alles darauf hin, daß es ja damals, dort, in Jesu Auferstehung schon Gegenwart war – Alles bewegt von dem Anstoß und Antrieb, den das menschliche, das weltliche Wesen insgemein damals empfangen, der ihm damals gegeben, mitgeteilt worden ist?

Wer wollte bezweifeln, daß auch das in seiner Art richtig gesehen, gedacht und gesagt ist, daß an ihrem Ort auch diese Antwort zu hören ist? Sie kann ja wirklich auch anders als in dem fatalen, dem irreführenden Klang gegeben werden, den sie – um so mehr, je mehr Gewicht in ihr auf die kirchliche Institution und auf die frommen Menschen als solche fallen sollte – weithin (und nicht nur im römischen Katholizismus) bekommen hat. Sie kann ja auf das Werk des Heiligen Geistes hinweisen und damit auf das Entscheidende, was zu der ganzen Frage zu sagen ist. Aber die Frage muß und wird auch dann, wenn diese Antwort in der besten Meinung gegeben und fruchtbar gemacht wird, offen und als Frage stehen bleiben. Wo gäbe es denn diesseits der Auferstehung Jesu Christi Verwirklichungen – gerade christliche Verwirklichungen! – in denen die Gegenwart der Heilszukunft, die in der Auferstehung Jesu Christi Ereignis war, in auch nur annähernd gleich bestimmter Weise, in denen sie nicht schillernd, nicht problematisch, in denen sie eindeutig sichtbar, erkennbar, erlebbar wäre wie dort? Wo begegnete uns im christlichen Kerygma, im christlichen Glauben, in der christlichen Gemeinde, im Leben und Tun der Kirche (auch der reinsten Kirche!) und ihrer Glieder (auch ihrer edelsten und besten Glieder!) nun wirklich der auferstandene Jesus Christus selbst und also Jenseits im Diesseits, das Vergängliche in Unvergänglichkeit, das ewige, das göttliche im zeitlichen, im menschlichen Leben also Erlösungs- und Vollendungswirklichkeit? Muß man, um dafür zu halten, daß wir es in der Christenheit, in der Kirche mit dem eschatologischen Faktum zu tun hätten, das, was uns da begegnet, das Sein und Tun der Kirche und der Christen nicht mit Hilfe überlauter Behauptungen und gewagtester Deutungen allzu willkürlich und künstlich aufblasen, als daß die Sache echte Glaubwürdigkeit haben könnte? Wird man der Welt je vormachen können, das, was sie da, in der Kirche, in den Christen, zu sehen bekommt, sei die Antezipation des Zieles, der Heilszukunft, der auch sie entgegensehen und entgegengehen dürfe: dies, unser christliches und kirchliches Wesen auch in seinen eindrucksvollsten Gestalten und Hervorbringungen!? Wird etwa irgend Jemand, ob Christ oder Nichtchrist, sich im Leben und Sterben daran halten, davon leben und sich nähren können, was ihm da vor Augen steht, was er da zu erleben und zu erfahren bekommt? Ob unser christlich-theologisches Denken und Reden irgendwo der Entmythologisierung so sehr bedarf wie da, wo es sich um den in der Tat eschatologischen Charakter der Existenz der Kirche und der Christen bewegt – und da vielleicht am Meisten, wo es sich dabei zur Abwechslung in existentialistischen Kategorien bewegen zu müssen meint? Wird die in der Tat von der Auferstehung Jesu Christi herkommende, in ihr begründete Christenheit und Kirche als solche jemals etwas Besseres sein können als der Ort, wo die Menschen aus allen den ihnen da gebotenen Vergegenwärtigungen Jesu Christi, des Reiches, des Bundes, der Versöhnung und ihrer Frucht heraus, über sie alle hinaus erst recht nur rufen und schreien können: Herr, erbarme dich unser! Amen, ja komm, Herr Jesu!? Ist vielleicht nicht gerade das das sicherste Kriterium echter Christlichkeit und Kirchlichkeit: ob die in ihr vereinigten Menschen ganz und gar in dieser Erwartung und also gar nicht in einem vermeintlich vorhandenen Besitz der glorreichen Gegenwart ihres Herrn existieren? Wird nicht gerade seine, ihr wahrhaftig verheißene und ja nicht zu leugnende Gegenwart in ihrer Mitte sich bei ihnen darin erweisen müssen, daß sie als ehrlich und gründlich Entbehrende, als auf seine abschließende Erscheinung und Offenbarung und so auf ihre eigene und auf der ganzen Welt Erlösung und Vollendung Hoffende existieren, ihm entgegensehen und entgegengehen: von Weihnacht, Karfreitag und gerade von Ostern her erst recht im Advent? Kann, darf und wird die Zeit der Kirche jemals eine andere als eben Adventszeit sein?

Ein Rückblick auf den in diesem Abschnitt bisher zurückgelegten Weg dürfte, bevor wir ihn zu Ende gehen und zu der in diesem Zusammenhang entscheidenden Aussage kommen, geboten sein. Uns beschäftigt – immer noch im Zusammenhang unserer (im engeren Sinn) christologischen Erwägung und Darstellung der «Herrlichkeit des Mittlers», d.h. seines prophetischen Amtes und Werkes, bzw. seines Versöhnungswerkes in seinem prophetischen Charakter – das grundsätzliche Problem der Relevanz, der Tragweite seiner Prophetie für die in ihm mit Gott versöhnte Welt, für das Dasein und Sosein des in ihm vor Gott gerechtfertigten und für Gott geheiligten Menschen. Was bedeutet es für diese Welt und diesen Menschen, daß die Existenz des Gottessohnes und Menschensohnes Jesus Christus als Gottes für sie geschehene Tat auch Gottes an sie gerichtetes Wort ist? Was richtet er als dieses ihnen gesagte, ihre in ihm schon geschehene Versöhnung offenbarende lebendige Wort bei ihnen aus? Daß er in seinem prophetischen Sein und Werk als dieses Wort das Licht der Welt ist und als solches in ihr leuchtet, das haben wir in den beiden vorangehenden Abschnitten zu verstehen versucht. Es ging uns aber jetzt darum, zu sehen und zu verstehen, daß und inwiefern er das sie erleuchtende, mit seinem Leuchten erhellende, erfüllende, bestimmende, neu gestaltende Licht ist. Um auch allen Schein von Unsicherheit in dieser Sache zu vermeiden, war dazu zunächst allgemein gewissermaßen analytisch zu sagen: Der wäre ja gar nicht der Mittler Jesus Christus in seiner Herrlichkeit, der, was er tut, irgendwo und irgendwie für sich, der es nicht zum vornherein an den Seinen, an den Menschen, in und an der Welt täte. Der wirkliche Mittler Jesus Christus ist nicht nur Licht, leuchtet nicht nur als solches, sondern ist auch zum vornherein das auch die Welt erleuchtende, sie wirksam bestimmende Licht, dessen Wort in der in ihm mit Gott versöhnten Welt in der ganzen Macht Gottes laut wird. Wer es anders sagt, weiß nicht, von wem er redet. Bei dieser allgemeinen Feststellung konnten wir aber nicht stehen bleiben: im Blick auf den lebendigen und als solchen sich offenbarenden Jesus Christus war und ist ja das zu sagen – und so im Blick auf den vom Tode Auferstandenen. Eben seine Auferstehung hatten wir also als das Ereignis zu würdigen, in welchem seine Herrlichkeit nach außen übergreifend, die Welt und uns Menschen umgreifend, nach ihr und uns ausgreifend, Geschichte wurde und Geschichte machte, in welchem er nämlich als der zuvor Gekommene, aber zuvor Verborgene, sich selbst und sein Werk in der Welt Kundgebende, wiederkam. Eben in diesem Ereignis seines Wiederkommens in Herrlichkeit haben wir, indem wir seine Eigenart nach allen Seiten so ernst wie möglich zu nehmen versuchten – jetzt nicht mehr analytisch, sondern synthetisch denkend und redend – die konkrete Antwort auf unsere Frage gefunden: damals, dort, in jenem Ereignis geschah es, daß Jesus Christus als das Wort Gottes in der mit Gott versöhnten Welt in der ganzen Macht Gottes und darum ein für allemal, darum total, universal und definitiv, darum in radikaler Neuheit laut und so wirksam wurde. Aber nun mußten wir ja die merkwürdige, die aufregende Entdeckung machen: Eben in der Auferstehung Jesu Christi, in der wir es zweifellos mit dieser Antwort auf unsere Frage zu tun haben, erhebt sich die durch sie beantwortete Frage noch einmal und erst recht: gerade angesichts dieser Ur- und Grundgestalt der Selbstoffenbarung Jesu Christi als der ewig lebendige Mittler, Heiland und König, gerade angesichts der unheimlich erleuchtenden Kraft, die diesem Ereignis eigentümlich ist, noch einmal und erst recht die Frage nach der Wirkung dieser Kraft und darum nach der von diesem Ereignis tatsächlich ausgehenden Erhellung des geschaffenen, unseres Daseins! Man bemerke: Die Frage stammt nicht aus des Menschen trüber und skeptischer Selbstbeurteilung und Weltbeurteilung, sondern gerade von dorther, von woher er sich aufgerufen findet, im Blick auf die Welt und auf sich selbst mutig und getrost zu sein. Sie stammt nicht aus dem Unglauben, sondern gerade aus dem Glauben an Jesus Christus als das mit seinem Leuchten die Welt nicht nur beleuchtende, sondern erleuchtende, durchleuchtende Licht des Lebens. Sie stammt nicht aus der Nicht-Erkenntnis, sondern gerade aus der Erkenntnis der Übermacht, in der Gott selbst damals, dort, in jenem Ereignis der Welt ihre in Jesus Christus vollbrachte Versöhnung offenbart und damit das sie erlösende und vollendende Wort gesprochen hat. Sie stammt nicht aus der Sorge, Jesu nahe Wiederkunft möchte, obwohl und indem er sie in Aussicht gestellt, «ausgeblieben» sein, sondern aus der Freude angesichts der Fülle, in der sie in seiner Auferstehung stattgefunden hat. Und so stammt sie auch nicht aus der Meinung, als ob seine Auferstehung doch zu wenig erleuchtende Kraft haben möchte, die ja wirklich nur die Meinung eines solchen sein könnte, der sie noch nicht ganz ernst nehmen konnte oder wollte, sondern vielmehr gerade aus der erschütternden Einsicht in das Übermaß der in ihr wirksamen und von ihr ausgehenden Erleuchtungskraft. An der fehlt es ja wahrhaftig nicht. Und die ist ja nicht zu klein, wohl aber zu groß: zu groß nämlich, um sich auf jenes eine, damals, dort geschehene Ereignis, beschränken zu lassen. Sie ist in voller, unüberbietbarer Fülle die Kraft dieses Ereignisses. Sie ist aber zu hoch, zu tief, zu umfassend, um die Kraft nur dieses einen Ereignisses zu sein. Sie weist als die Kraft dieses einen Ereignisses über dieses hinaus. Sie sprengt dessen Isolierung, seine zeitlichen und räumlichen Grenzen. Sie will sich in einem anderen, alle Zeiten und Räume erfüllenden und beherrschenden Ereignis auswirken. Sie antezipiert als die Kraft dieses einen jenes andere, umfassende, abschließende Ereignis. Sie macht und charakterisiert den Ostertag zum Tag der Ankündigung, ja des Anhebens des Tages aller Tage, des «jüngsten Tages», des Tages der letzten Wiederkunft Jesu Christi. Wer sie im Ereignis jenes einen Tages wahrnimmt, den reißt sie, ob er es will oder nicht, hin zum erwartenden Ausblick nach diesem letzten, alle Geschichte rekapitulierenden, richtenden, aber auch erfüllenden Tag. Von daher stammt die Frage und stammten die Fragen, die sich uns eine nach der anderen aufdrängten: Warum hat die Selbstoffenbarung Jesu Christi in der Welt und in unser Leben hinein nur eben dort stattgefunden, warum ist sie im übrigen unsichtbar geblieben, so daß ihre Erkenntnis außerhalb jenes Ereignisses nur eben Sache des Glaubens und nicht des Schauens sein kann? Anders gefragt: Wie konnte sie dort nur anheben, ohne sofort überall und vollkommen zu ihrem Ziel zu kommen? Noch anders gefragt: Was ist der Grund und Sinn der Tatsache, daß wir es in dem, was als ihr relativ sichtbarer Reflex in der Welt und in unserem Leben namhaft zu machen ist: im christlichen Kerygma, im christlichen Glauben, in der christlichen Gemeinde doch nur mit ihren mehr oder weniger deutlichen Zeichen, nicht aber mit ihr selbst in der Fülle der Gestalt, die ihr im Ostereignis eigentümlich war, zu tun haben? Sicher wird die auf dieses Ereignis begründete Erkenntnis der übergreifenden, der umgreifenden, nach der ganzen Welt und nach jedem Menschen ausgreifenden Macht der Selbstoffenbarung Jesu Christi durch diese

4. Die Verheißung des Geistes 375

Frage nicht umgestürzt oder auch nur erschüttert. Aber ebenso sicher gibt es jener Frage gegenüber gerade deshalb kein Ausweichen und Vertuschen, weil sie ja nicht von außen, etwa historistisch, an die Sache herangetragen, sondern wie jene Erkenntnis und mit ihr zusammen, eben auf das Osterereignis selbst begründet ist. Zusammengefaßt: Nicht nur unsere positive Antwort auf die Frage nach der Wirksamkeit des in Jesus Christus gesprochenen Wortes Gottes, sondern auch die Frage, die sich, indem wir uns diese Antwort in Erkenntnis des Osterereignisses geben lassen, noch einmal und erst recht erhebt, hat letzte Notwendigkeit, Gediegenheit und Würde, hat höchstes Gewicht: eben darum, weil sie mit jener Erkenntnis aus der gleichen Quelle stammt.

Wo stehen wir aber, wenn sich die Dinge so verhalten? Und wie sollen wir, wenn die Feststellung eines merkwürdigen Widerspruchs nicht unser letztes Wort sein kann, von hier aus weiter denken?

Am sichersten doch wohl in dem Vertrauen, daß der Widerspruch, vor dem wir da tatsächlich stehen, als solcher nicht zufällig, sondern Ausdruck eines in sich sinnvollen und rechten Sachverhaltes, einer dem Widerspruch überlegenen, ihn aber auch begründenden Ordnung sein möchte – daß er im Blick darauf nicht etwa bloß resigniert zu akzeptieren, sondern ernstlich zu respektieren, mehr noch: freudig gutzuheißen sein dürfte.

Nehmen wir einmal an, es sei uns hier tatsächlich erlaubt und geboten, in diesem Vertrauen weiter zu denken, so würde die erste Folge die sein: wir wüßten dann grundsätzlich, daß und warum wir über diesen Widerspruch nicht hinauskommen, daß und warum wir auf alle Versuche, ihn zu überwinden und aufzulösen, zu verzichten, daß und warum wir ohne Kopfschütteln und Betrübnis mit ihm zu rechnen, die Welt und uns selbst im Lichte dieses Widerspruchs zu sehen und zu verstehen haben. Wir wüßten ja dann, daß er selbst und als solcher tatsächlich Licht und nicht Finsternis ist. Wir hätten uns dann grundsätzlich dabei zu bescheiden, daß das Osterereignis die Antwort auf unsere Frage tatsächlich ist, an die wir uns ohne Zweifel, Reserve und Einschränkung halten dürfen und sollen, daß es sich also mit der im Offenbarwerden der vollbrachten Versöhnung schon verwirklichten Erlösung und Vollendung genau so verhält, wie wir es etwa in den Osterliedern singen dürfen. Wir hätten uns dann aber ebenso grundsätzlich auch dabei zu bescheiden, der Frage, den Fragen standhalten zu müssen, die sich eben von daher ergeben, daß die Fülle des Ostergeschehens zu groß ist, um sich in dem einen Ostergeschehen erschöpfen zu können. Es wäre uns dann grundsätzlich verboten, uns der durch diese Frage verursachten Beunruhigung, der Notwendigkeit des Ausblicks von dem einen Ostertag nach dem ganz andern, dem Gottestag des letzten Gerichtes und der letzten Erfüllung – und wäre es durch das Wahrste und Beste, was dazu zu sagen ist – entziehen zu wollen. Alles darum **grundsätzlich**, weil die Erkenntnis des Sachverhaltes, der Ordnung, die sich in diesem Widerspruch spiegelt, daran hinge, daß der Spiegel dieses Widerspruchs als solcher nicht durch Abschwächung oder gar Verleugnung der uns gegebenen Antwort auf der einen, der sich eben von dieser Antwort her neu erhebenden Frage auf der anderen Seite verhüllt oder gar zerstört wird. Nur in rückhaltloser Anerkennung und Würdigung der Antwort **und** der neuen Frage und also des Widerspruchs als solchen wäre ja diese Erkenntnis vollziehbar. Diese grundsätzliche Bescheidung nach beiden Seiten wäre die erste Folge, wenn es uns erlaubt und geboten wäre, hier in jenem Vertrauen weiter zu denken.

Wir haben aber tatsächlich **Grund und Anlaß**, hier in jenem Vertrauen weiter zu denken – zunächst also dazu, uns bei dem bewußten Widerspruch als solchem zu bescheiden: eben darum nämlich, weil er in seinen beiden Seiten einen und denselben Ursprung hat, weil wir es sowohl in der Quelle der uns gegebenen **Antwort**, wie in der Quelle der sich ihr gegenüber neu erhebenden **Frage** mit der Selbstoffenbarung des einen lebendigen **Jesus Christus** zu tun haben. Er ist der Held des Ostertages und er ist als solcher zu groß, um der Held nur jenes einen Tages zu sein. Er gibt uns **Antwort**, indem er die Welt und uns selbst von dort, von damals her erleuchtet, indem er das in jenem Ereignis mächtig gesprochene Wort der Versöhnung und damit auch der Erlösung und Vollendung ist. Er stellt uns aber auch die neue **Frage**: ob und wie es denn dabei sein Bewenden haben könne, daß er die Welt und uns selbst nur eben von dort, von damals her erleuchtet, daß er nur eben das in jenem Ereignis gesprochene Gotteswort ist? Er ladet uns ein zu dem Vertrauen darauf, daß dieser Widerspruch nicht zufällig, sondern notwendig, daß er nämlich der Ausdruck eines sinnvollen und rechten Sachverhaltes, nicht das Phänomen einer dazwischen gekommenen Unordnung, sondern das Phänomen echter, von Gott und, weil von Gott, darum auch von ihm selbst gewählten, gewollten und gefügten Ordnung und eben darum als Widerspruch zu respektieren und gutzuheißen sein möchte. Er fordert uns auf, hier weiter zu denken: eben dem in diesem Widerspruch sich spiegelnden **Sachverhalt**, der in ihr erkennbaren **Ordnung** nachzudenken. Aber was heißt hier «Sachverhalt» und «Ordnung»? Wie kämen wir dazu, etwas Derartiges in jenem Widerspruch wahrzunehmen oder auch nur zu vermuten und daraufhin zum Gegenstand unseres Nachdenkens zu machen? Konkret er selbst, der lebendige Jesus Christus, ist der «Sachverhalt» und ist die «Ordnung», die hier in Rede stehen! Er äußert, Er spiegelt, Er tut sich kund, Er offenbart sich in jenem Widerspruch: eben Er ist ja der zugleich Antwortende und Fragende. Eben Er gibt sich da als Beides zu erkennen. Eben für sich selbst nimmt er da nach beiden Seiten Vertrauen in Anspruch. Und eben indem er Vertrauen erweckt und verdient, müssen

4. Die Verheißung des Geistes

wir es für erlaubt und geboten halten, an dieser Stelle in jenem Vertrauen weiter zu denken.

Begegnet uns Jesus Christus in seiner Offenbarung als der vom Tod Auferstandene wirklich antwortend (so wie in der Macht Gottes nur er antworten kann und hier tatsächlich antwortet!), aber wirklich auch neu fragend (so, wie in derselben Macht Gottes nur er nach der von ihm gegebenen Antwort noch einmal, neu fragen kann und tatsächlich fragt!), haben wir es gerade in diesem Spruch und in diesem Widerspruch mit seinem Wort, mit seiner Selbstkundgebung zu tun, dann muß das doch heißen: Er selbst begegnet uns hier auch in dem konkreten Sinn als Lebendiger, daß er, da er in göttlicher Freiheit, Überlegenheit und Notwendigkeit zugleich so radikal antworten und wieder so radikal aufs neue fragen kann, will und muß – sich offenbar gerade hier in Bewegung, auf seinem Weg als gottmenschlicher Mittler, im Ausschreiten von seinem Anfang her zu dem in ihm schon beschlossenen und angezeigten Ziel befindet. Von seinem Anfang, d. h. von der in ihm vollbrachten Versöhnung her, zu deren Vollbrachtsein auch ihre Offenbarung in seiner Auferstehung vom Tode gehört! Indem er von diesem Anfang herkommt, kann, will, muß er radikale Antwort geben und gibt er sie tatsächlich. Aber eben dort, von woher er sie gibt, steht oder sitzt er nicht, sondern eben von dort, von diesem Anfang her geht er offenbar weiter, vorwärts. In seiner Gestalt als Offenbarung hat er sein Werk, obwohl und indem es in seiner Auferstehung auch als seine Offenbarung geschehen ist, nicht beendigt, nicht abgeschlossen. Als Offenbarer seines Werkes ist er selbst noch nicht an seinem Ziel, geht er ihm vielmehr selbst erst entgegen: von dessen Anfang in der Offenbarung seines Lebens her entgegen dem Ziel seiner noch nicht geschehenen Offenbarung des in seinem Leben beschlossenen Lebens aller Menschen, der ganzen Kreatur, ihres Lebens als neue Schöpfung auf einer neuen Erde unter einem neuen Himmel. In seinem prophetischen Amt und Werk geht er von dem einen Ostertag dem Tag aller Tage, dem «jüngsten Tag», dem Tag seiner letzten, abschließenden Wiederkunft entgegen. Er hat schon im Anfang seines Werkes dieses Ziel. Auf dieses Ziel hin ist ja die Versöhnung der Welt mit Gott in ihm vollbracht. Und antezipierend ist es in seiner Auferstehung, in Ihm als dem Subjekt des Ostereignisses auch schon erreichtes Ziel, ist das ewige Licht schon in die Welt hineingegangen, die künftige, die neue, die erlöste und vollendete Welt also schon Gegenwart geworden. Es ist dieses Ziel aber in seinem Anfang noch nicht das auch außer Ihm, auch in der Situation der Welt und des Menschen erreichte Ziel: noch nicht in Gestalt einer durch seine Offenbarung erleuchteten, von ihr durchleuchteten Welt, noch nicht in Gestalt eines erlösten und vollendeten Menschen. Sondern eben jenem auch außer ihm selbst zu erreichenden Ziel, der Offenbarung seiner eigenen Herrlichkeit als der Herrlichkeit der in ihm versöhnten Welt, des in ihm gerechtfertigten und geheiligten Menschen, geht er in jenem Anfang und von ihm her entgegen. In diesem Abschluß seiner Wiederkunft ist er sich selbst noch Zukunft. Jene Offenbarung wird er von diesem seinem Anfang her, in welchem sie ja schon antezipiert ist, vollziehen. Sie hat er aber noch nicht vollzogen. Zwischen jenem Anfang und diesem Ziel ist er auf dem Wege, in Bewegung, im Ausschreiten. So, in diesem Stadium seines Seins und Tuns begegnet er uns in seiner Auferstehung. Und eben als der, der von jenem Anfang her diesem Ziel entgegen unterwegs ist, kann, will und muß er uns nicht nur radikale Antwort sein und geben, sondern uns auch – und das in gleicher Radikalität – vor die neue Frage stellen. Die Antwort ist darin begründet, daß die Gegenwart der Heilszukunft in ihm schon verwirklicht ist. Die neue Frage ist darin begründet, daß er sie als Gegenwart für und in uns, als die Gegenwart der Heilszukunft der ganzen Kreatur zwar verwirklichen wird, aber noch nicht verwirklicht hat, daß sein in sich vollkommenes Werk seiner Vollendung in dieser Hinsicht erst entgegengeht.

Eben darum haben wir die Geschichte der Prophetie Jesu Christi als des in der Finsternis siegreich leuchtenden Lichtes im vorangehenden Abschnitt wohl in ihrem überlegenen Anheben und in deren Fortgang als Geschichte seines siegreichen Kampfes beschreiben, als solche aber nicht zu Ende erzählen können. Sie ist eben noch nicht zu Ende! Wir wissen nun, nachdem wir uns so eingehend mit der Auferstehung Jesu Christi als dem Anfang, der Ur- und Grundform seiner Prophetie beschäftigt haben, besser, wie die neutestamentlichen Zeugen dazu kamen, ihn schon im Anheben und im Fortgang seines Kampfes, ihn zum vornherein als Sieger zu erkennen und zu proklamieren – und in welchem Sinn wir aufgerufen sind, uns dieser ihrer Erkenntnis und Proklamation anzuschließen. Eben von seiner Auferstehung her wissen wir aber nun auch besser um den Grund der Unabgeschlossenheit seines Kampfes. Eben von daher wissen wir nämlich, daß er selbst eben als das in der Finsternis leuchtende, gegen die Finsternis kämpfende Licht noch nicht an seinem Ziel, sondern, von jenem Anfang her, ihm entgegen, auf dem Wege ist. Kein Wort von dem ist zurückzunehmen, was dort über die Siegesgewißheit, in der wir seinen Kampf begleiten sollen und dürfen, gesagt wurde: es hätte, nach dem, was wir nun über dessen Anfang gehört haben, besser noch stärker als schwächer gesagt werden müssen. Ebenso klar ist nun aber auch dies geworden, daß, da er selbst nach dem in seinem Anfang schon beschlossenen Ziel erst unterwegs ist, unsere Sache nur sein kann, ihn in solcher Siegesgewißheit auf dem ihn dorthin führenden Weg, in seinem Ausschreiten nach dorthin und also in seinem noch unabgeschlossenen Kampf zu begleiten.

Es ist ja Tatsache, daß die in ihm mit Gott versöhnte Welt noch ferne davon ist, eine erlöste und vollendete Welt zu sein, daß das Böse, das Übel, der Tod sich in ihr, in jedem Menschen noch immer breit machen dürfen, daß es da noch einen ganzen Ozean von «verschuldetem» und «unverschuldetem» Leid geben darf und gibt, daß wir da immer noch unter so viel Irrtümern und in so großer Schwachheit kämpfen müssen und nur eben kämpfen können. Wer könnte diese Tatsache übersehen? wer dürfte sie leugnen? Sie ist aber doch nur der Reflex und das Epiphänomen dessen, daß unsere, daß der Welt Versöhnung mit Gott in Jesus Christus zwar vollbracht und in seiner Auferstehung auch vollkommen offenbar, aber eben in ihrem Charakter als Offenbarung noch nicht am Ziel, sondern noch im Gange, daß zuerst Jesus Christus selbst sich noch auf dem Weg, in seinem prophetischen Werk als Licht des Lebens noch im Kampf mit der den in ihm gestifteten Frieden anfechtenden Finsternis befindet. Man bemerke: Nicht zuerst die Welt, nicht zuerst wir, sondern zuerst Er als das in die Welt hineingesprochene, uns gesagte lebendige Gotteswort stößt auf jene Tatsache. Zuerst Er ist befremdet und entsetzt darüber, daß sie noch nicht beseitigt ist. Zuerst Er – und er, in welchem die Versöhnung doch schon vollbracht ist, in ganz anderem Unwillen und in ganz anderer Klarheit als wir – sieht, wie die ganze Kreatur noch immer gefangen und gequält ist. Zuerst Er erbarmt sich, – nicht in einem müßigen, sondern in einem tätigen, zornigen, streitbaren, kämpferischen und gerade so echten Erbarmen – über ihre Verirrung und Verwirrung, über ihre Gebrechlichkeit und ihr Elend. Zuerst Er trägt die Last des noch und noch sich erhebenden Bösen, des ihm noch und noch folgenden Übels, des Alles und Alle noch und noch verfinsternden Todes: jetzt als der vom Tod Auferstandene, wie er das Alles einst in Gethsemane auf sich genommen und auf Golgatha getragen hat: in eben der ganzen Bedrängnis und Pein, die ihn dort getroffen und der er sich dort nicht verweigert hat. Es ist sinnvoll, daß Joh. 20, 20 f. von den Wundmalen die Rede ist, die der Auferstandene getragen und an denen sich den Jüngern seine Identität mit dem Gekreuzigten erwiesen habe. Eben als der zuvor Gekommene ist er ja wiedergekommen, auferstanden, im Leben. Eben als der, der Gottes Gericht damit vollzog, daß er selber sich ihm unterwarf, dessen Königskrone die Dornenkrone war, hat er ja die Welt mit Gott versöhnt und wurde er im Osterereignis offenbar. Eben als Dieser erleuchtete, durchleuchtete er in diesem Ereignis die Welt. Eben als Dieser ist er zum vornherein Sieger, bewährt er sich aber auch als solcher im Gegensatz zu der infolge der mächtigen Todeszuckungen des schon geschlagenen Feindes noch und noch aufsteigenden und sich zusammenballenden Finsternis. Zuerst Er, der diesem Feind auch in dem Endstadium seines Widerstandes allein überlegen und gewachsen ist, seufzt, weint, fleht und betet – eben als der, der das schon zuvor getan hat – in dem noch offenen, noch nicht überwundenen, noch erst bis zum Endsieg hin durchzuführenden Gegensatz.

Kurzum: nicht zuerst die Welt und auch nicht zuerst die Kirche, nicht zuerst irgendein unter diesem Gegensatz leidender, gegen ihn sich auflehnender oder ihn so oder so ertragender Mensch, sondern zuerst Er, der Auferstandene, ist noch auf dem Wege, steht noch im Kampfe, ist noch nicht an seinem Ziel, sondern geht ihm erst entgegen. Das ist es, was wir angesichts jener Tatsache vor allem zu bedenken haben. Zuerst Er, der Versöhner, Erlöser und Vollender – er, der von Hause aus als der wahre Gottes- und Menschensohn und in seinem ganzen Sein und Tun als solcher schon Sieger ist – Er, in dessen Erscheinung am Ostertag der erlösende und vollendende letzte Tag Gottes sich schon ankündigte, ja schon anbrach, ist auch noch Streiter und als solcher auch noch Pilger auf dem Weg nach jenem Ziel. Er ist es zuerst, er als das Haupt seines Volkes und aller Menschen, er als der Erstling der ganzen Schöpfung. Es steht also nicht etwa so, daß mit dem noch wandernden Gottesvolk, mit der ihrer Erlösung und Vollendung erst entgegengehenden Menschheit und Welt, mit uns, den nach der Befreiung der Kinder Gottes sich Sehnenden und Seufzenden auch er noch unterwegs wäre und im Kampf stünde. Sondern es steht umgekehrt so, daß mit Ihm die ganze, der Gegenwart ihrer Heilszukunft noch entbehrende, ihrer erst gewärtige Menschheit und Welt, mit Ihm das noch durch die Wüste wandernde Gottesvolk, mit Ihm auch wir uns auf diesem Weg und so im Gegensatz und Streit befinden. Daß er noch nicht am Ziel ist, einen dahin führenden Weg also noch vor sich hat, das hat seinen Grund nicht etwa darin, daß die Welt – die Gemeinde – wir noch nicht dort sind, noch nicht in der Gegenwart unserer Heilszukunft leben: eine Situation, an der er dann teilnehmen, der er sich dann, indem er sich gewissermaßen mit uns solidarisierte, anpassen würde. Gerade umgekehrt: das «noch nicht», in welchem die Welt, die Gemeinde, wir alle existieren, hat seinen Grund darin, daß es Jesu Christi guter Wille ist, seinerseits noch nicht am Ziel, noch auf dem Wege zu sein und daß der ganzen in ihm versöhnten Kreatur nichts Anderes übrig bleibt, als an seiner Situation teilzunehmen, ihr entsprechend und angepaßt zu existieren. Nicht weil die Finsternis noch da ist, der geschlagene Feind zu seinen bedrohlichen Todeszuckungen noch das Vermögen und den Raum hat, ist Jesus Christus veranlaßt und genötigt, ihn als Beschützer des von ihm gestifteten Friedens zu bekämpfen, muß die Geschichte seiner Prophetie also weitergehen, bis es ihm zuletzt gefallen wird, jenem Kampf und damit dieser Geschichte durch seine letzte und abschließende Wiederkunft und Offenbarung Ziel und Ende zu setzen. Gerade umgekehrt: weil Jesus Christus, wie wir früher gehört, jener siegreiche Angreifer, weil es sein guter Wille ist, sich als Sieger in der Bekämpfung der Finsternis, als das die Welt erleuchtende und durchleuchtende Licht zu betätigen und zu bewähren, darum ist dem Angegriffenen das Vermögen und der Raum zu seinem fatalen Widerstand noch gelassen, darum darf es noch Finsternis geben, darum ist der Streit des Lichtes gegen sie noch nicht abgeschlossen, sein Ziel und Ende und damit das der Geschichte der Prophetie Jesu Christi noch Zukunft, noch nicht Gegenwart. Nicht mit Rücksicht auf die große irgendwie in sich, jedenfalls anderweitig begründete Vorläufigkeit der Situation der Welt, der Kirche und der Gemeinde und damit auch der unsrigen konnte der Ostertag nicht sofort und als solcher auch der jüngste Tag, die Offenbarung der Versöhnung der Welt und der Menschen nicht alsbald auch der Vollzug ihrer Erlösung und Vollendung, Jesu Christi erste Wiederkunft nicht unmittelbar auch seine letzte sein. Gerade u m g e k e h r t : die Vorläufigkeit unserer Situation ist dadurch begründet, dadurch bedingt, daß es Jesu Christi guter Wille ist, vom Anfang seiner Offenbarung her nach deren Vollendung hin auszuschreiten, Anfang und Vollendung seines Werkes also nicht einfach zusammenfallen zu lassen, und insofern s e l b e r – zuerst er selber! – v o r l ä u f i g zu sein, der er ist, v o r l ä u f i g zu tun, was er tut, sich selber für seinen Kampf Raum und Zeit zu lassen. So kann es für die Welt, für die Gemeinde, für uns alle nur darum gehen, an der Vollstreckung dieses guten Willens Jesu Christi teilzunehmen, den Gang, den er auf seinem Wege noch gehen will, mitzugehen, den Kampf, den er noch kämpfen will, mitzukämpfen, kurz: ihm nachzufolgen. Da er uns vorangeht, da es sein guter Wille ist, es so zu halten, wie er es tut, wird es auch für die Welt, die Gemeinde, uns alle nicht nur das allein Mögliche, sondern auch das Rechte sein, ihm nachzufolgen, ihn auf dem Weg zu seinem Ziel, in seinem Ausschreiten von hier nach dort, von der ersten zur letzten Form seiner Wiederkunft, in seinem noch unabgeschlossenen Kampf (über dessen Ausgang kein Zweifel besteht, den er aber noch führen will) zu begleiten.

Wir sprachen von dem sinnvollen Sachverhalt und von der rechtmäßigen Ordnung, die sich in dem Widerspruch zwischen der uns in der Auferstehung Jesu Christi gegebenen Antwort und der uns wieder in ihr gestellten Frage ausdrückt, spiegelt, kundgibt. Wir erklärten dann diese Begriffe: der lebendige Jesus Christus selbst ist der Sachverhalt und die Ordnung, die sich in jenem Widerspruch kundgibt. Wir können sie jetzt noch genauer erklären: D e r g u t e W i l l e d e s l e b e n d i g e n J e s u s C h r i s t u s, uns auf seinem Weg von seinem Anfang her zu seinem Ziel, im fortgehenden Kampf des Lichtes gegen die Finsternis voranzugehen und uns zur Nachfolge auf diesem Weg und in diesem Kampf zu bestimmen, i s t d e r S a c h v e r h a l t u n d d i e O r d n u n g, d i e s i c h i n j e n e m W i d e r s p r u c h – ihm überlegen, ihn aber auch begründend – k u n d g i b t. Dieser sein guter Wille verlangt, erweckt und begründet das Vertrauen, das uns gebietet und erlaubt, angesichts jenes Widerspruchs weiter zu denken. Einen wichtigen Schritt dieses Weiterdenkens haben wir nun getan. Er kann aber der letzte nicht sein.

Dürfen, müssen wir uns nämlich nicht Rechenschaft darüber ablegen, **inwiefern** wir es in diesem Sachverhalt, dieser Ordnung, wirklich mit einem **guten** Willen Jesu Christi zu tun haben? Oder sollten wir uns damit zufrieden zu geben haben, er möchte als **sein** Wille auch in dieser Sache auf alle Fälle ein **guter** Wille und als solcher zu lieben und zu verehren sein? Warum sollten wir uns damit nicht zufrieden geben? Als **letzter** Grund, ihn gut zu nennen und uns in ihm zu finden, dürfte auch in dieser Sache bestimmt das gelten müssen, daß er als **sein** Wille auch ein **guter** Wille ist. Immerhin: gerade wenn das als letzter Grund in der Tat gelten muß, darf die Frage: **Inwiefern** gut? damit nicht abgewiesen sein, sind wir es gerade der Würde dieses letzten Grundes vielmehr schuldig, wenigstens den Versuch nicht zu unterlassen, zu verstehen, was mit «gut» hier gemeint sein dürfte. Der Einwurf heimlicher oder offener Auflehnung gegen diesen letzten Grund liegt ja nahe genug und könnte sich schnell und stark genug als Schatten über alles bisher Bedachte und Gesagte legen wollen: Ob nicht ein anderer Wille Jesu Christi als der, den er faktisch ins Werk setzte und in dessen Ausführung er noch am Werke ist, als ein **besserer** mindestens denkbar wäre? – und dann vielleicht sogar noch weiter: ob der, den er jetzt faktisch ins Werk setzt, im Verhältnis zu diesem mindestens denkbaren besseren auch nur wirklich und ernstlich als **guter** Wille zu verstehen und zu bezeichnen sei? Warum wollte er denn zwischen seinem eigenen Anfang und seinem eigenen Ziel jenen Weg, jenen Kampf, jene Zeit mit all ihrem «noch» und «noch nicht» einschalten? Warum wollte er die Geschichte seiner Prophetie durchaus, statt sie triumphal abzuschließen, weitergehen lassen? Warum wollte er zuerst sich selbst, eben damit aber auch die Welt, die Gemeinde, uns alle noch einmal (nachdem doch die Ordnung, der Friede zwischen Gott und Mensch in seinem Leben und Tod hergestellt und in seiner Auferstehung mächtig genug proklamiert war) in den Gegensatz gegen eine sich irgendwie noch und noch haltende Finsternis, gegen Sünde, Übel und Tod als irgendwie noch und noch unerledigte Mächte verwickeln? Warum wollte er denn seinen Anfang nicht sofort auch sein Ziel, seine Selbstoffenbarung in der Welt nicht auch alsbald ihre Erlösung und Vollendung, den Ostertag nicht unmittelbar auch den Jüngsten Tag, den Gottestag seiner abschließenden Wiederkunft und Offenbarung, des letzten Gerichtes und der letzten Erfüllung werden und sein lassen? Warum wollte er zuerst für sich selbst und damit für die ganze in ihm versöhnte Kreatur jene erst zu überwindende Distanz zwischen jenem und diesem Tag setzen? Warum wollte er selbst noch einmal Pilger und Streiter sein mit der Folge, daß auch die Welt, die Kirche, wir alle noch nicht im Frieden, sondern noch in der Unruhe, noch nicht daheim, sondern noch in der Fremde sind – noch angewiesen auf jenes «Erwarten und Erstreben der Gegenwart des Tages Gottes» (2. Petr. 3, 12), des Tages seines Endsieges? Wäre ein anderer Wille als der, den er ins

Werk gesetzt hat und in welchem er noch und noch am Werk ist, nicht doch als der bessere zu bezeichnen? Mehr noch: Kann man diesen seinen faktisch bekräftigten und betätigten Willen im Blick auf all das Dunkle, Schmerzliche, Schreckliche, was seine Vollstreckung mit sich bringt, wirklich und ernstlich als guten Willen verstehen? – Was sollen wir dazu sagen? Inwiefern ist in der Tat gerade dies sein guter Wille, neben dem ein besserer gar nicht in Frage kommt?

Die Antwort dürfte schlicht die sein: er ist darum sein guter Wille, weil er darauf gerichtet ist, der in ihm mit Gott versöhnten Kreatur Raum und Zeit neben sich zu gönnen und zu verschaffen: Raum und Zeit dazu nämlich, an der der Saat ihrer Versöhnung folgenden Ernte nicht nur als Zuschauer, sondern aktiv teilzunehmen. Jesus Christus bestätigt, gerade indem er das (und nicht jenes Andere, vermeintlich Bessere!) will, sich selbst, sein ganzes Sein und Tun. Er ist schon von Ewigkeit her kein Einsamer, sondern der Erwählte Gottes, in welchem und mit welchem auch die Kreatur erwählt ist: nicht um in ihm zu verschwinden und aufzugehen, nicht um nur der Gegenstand seines Wirkens, sondern um in ihm und durch ihn Gottes freie Kreatur zu sein. Er tritt doch auch als Versöhner der Welt mit Gott nicht in der Weise für sie ein, an des Menschen Stelle, daß diesem der Sinn und das Recht seines eigenen Daseins genommen würde, sondern im Gegenteil so, daß ihm beide in seinem durch Jesu Christi Eintreten für ihn wiederhergestellten Verhältnis zu Gott wieder gegeben werden, daß er als in ihm vor Gott Gerechtfertigter und für ihn Geheiligter vom Boden aufgehoben und auf seine Füße gestellt wird. Und nun will er – und das ist sein guter Wille in der uns jetzt beschäftigenden Sache – die Welt, sein Volk, uns alle auch da nicht nur als Objekte seines Tuns, sondern als selbständig tätige, freie Subjekte dabei haben, wenn es um jene Ernte, um das erlösende und vollendende Kundwerden seines Lebens als des ihnen geschenkten, um die Erleuchtung und Durchleuchtung der Welt von der in ihm vollbrachten und offenbarten Versöhnung her geht. Er selbst, er allein wird freilich als Haupt und Herr auch in dieser Hinsicht das letzte, das entscheidende Wort sprechen. Aber nicht ohne vorher auch der in ihm versöhnten Kreatur das Wort zu geben! Er hat sein, das letzte, das entscheidende Wort darum noch nicht gesprochen, weil er auch in dieser Hinsicht nicht einsam, nicht ohne uns, nicht gewissermaßen über unseren Kopf weg vorgehen und handeln, weil er uns vielmehr auch in dieser Hinsicht in unserer Eigenständigkeit als Gottes zur Freiheit berufene Kreaturen und als die in ihm Gerechtfertigten und Geheiligten an seinem Werk teilnehmen lassen will. Und so will er uns eben zu dieser Teilnahme an seinem Werk Raum und Zeit lassen und geben. Er will die Welt in ihrer gegenwärtigen, ihrer vorläufigen Gestalt noch erhalten und bestehen lassen als Stätte, an der er als Gottes lebendiges Wort von der Kreatur vernommen und aufgenommen, erkannt und bekannt werden kann. Er will in seiner Gemeinde in der Welt als der Versammlung, in der diese Erkenntnis und dieses Bekenntnis Ereignis wird, angerufen und verkündigt sein. Er will eines jeden einzelnen Menschen Existenz in ihren Schranken, aber auch in dem ihr innerhalb dieser Schranken gewährten Bestand, damit er seiner, der in ihm vollbrachten Versöhnung, der in ihm schon gegenwärtigen Heilszukunft Zeuge sei. Eben das Alles wäre überhaupt nicht in Frage gekommen, wenn er jenes vermeintlich Bessere gewählt hätte: keinen Weg und also keine Distanz zwischen Anfang und Vollendung, keinen Fortgang der Geschichte seiner Prophetie, sofortiger, unmittelbarer, in und mit seiner Auferstehung vom Tode erfolgender Anbruch des letzten Tages seiner Herrlichkeit. Wie wunderbar es gewesen wäre, wenn er es so gewollt hätte: das ist sicher, daß er dann keine an seinem Werk beteiligte Welt, keine ihn erkennende und bekennende Gemeinde, daß er dann uns selbst als seine Zeugen nicht gewollt oder eben nur als Objekte und Zuschauer seines Tuns gewollt hätte, über die Freiheit der Kreatur zu eigenem Tun aber großartig hinweggegangen wäre, ihr die Gelegenheit, sie zu bewähren, uninteressiert an ihrer Bewährung, souverän genommen hätte. Wunderbar? großartig? souverän? Mag sein, aber in dem Allem jedenfalls nicht gnädig, d. h. der in ihm geschehenen Erwählung, der in ihm geschehenen Versöhnung, dem in ihm erfüllten Bund nun eigentlich doch nicht entsprechend, sondern widersprechend, eine der Welt und dem Menschen gewissermaßen übergestülpte Wohltat etwa wie die, die die Europäer in einer nun vergangenen Zeit den Völkern ihrer Kolonien, ohne sie lange zu fragen, erweisen wollten – und darum nun eben doch nicht gut! Nein, gut im Sinn der in ihm erschienenen Gnade, Güte und Menschenfreundlichkeit Gottes ist offenbar gerade der Wille, den Jesus Christus im Werk seiner Prophetie faktisch betätigt hat und noch betätigt. Weil er uns, seine Gemeinde, die ganze Welt (auch nicht zu ihrem höchsten Heil, das gewiß allein in Ihm ist und allein von Ihm her kommen kann) nicht übergehen, nicht überfahren, sondern in ihrem eigenen freien Werk an seiner Seite, in seiner Nachfolge haben, weil er die Freude, den Dank und das Lob der Kreatur nicht verachten, sondern erwarten, ja in seiner ganzen Niedrigkeit begehren und also nicht ausschließen, nicht unterdrücken wollte – darum wollte zuerst er selber noch nicht am Ziele sein, darum wollte er aber auch seine Kreatur noch nicht dort haben, wollte er vielmehr mit ihr – er als Erster, sie mit ihm! – auf dem Wege sein. Der Weg zwischen dem Anfang und der Vollendung seiner Gegenwart, die Distanz zwischen dem Ostertag und dem Tag des Abschlusses seiner Wiederkunft, die er durchmißt und die mit ihm auch sie zu durchmessen hat, ist die große der Kreatur von ihm gegebene Gelegenheit, in Freiheit in seinen Dienst zu treten. Es ist sinnlos, sich dagegen aufzulehnen, daß er ihr diese Gelegenheit geben wollte: nicht nur darum, weil es überhaupt sinnlos ist, sich gegen seinen Willen aufzulehnen, sondern darum, weil eben sein Wille, das zu tun, greifbar sein guter, nämlich eben sein gnädiger, barmherziger, geduldiger Wille ist: sein Wille, in welchem nochmals Gottes Kondeszendenz zu seinem Geschöpf, Gottes Treue gegen den Partner seines Bundes, Gottes Kraft im Vollzug von dessen Versöhnung mit ihm erkennbar wird – darin erkennbar, daß der von Gott gesandte Mittler das Geschöpf, den Menschen so ernst nimmt, daß er ihm von seiner Versöhnung und von deren Offenbarung her erlaubt und gebietet, ihm zu dienen und ihm zu diesem freien Tun Raum, Zeit und Gelegenheit gewährt.

Wir nähern uns jetzt dem Skopus dieses Abschnitts und damit des ganzen christologischen Paragraphen dieses dritten Teils der Versöhnungslehre.

Nach dem Ausgang, Übergang und Eingang des Lichtes des Lebens, der Prophetie Jesu Christi in unseren, den anthropologischen Bereich haben wir eingangs gefragt. Wir sind nun durch alles das inzwischen Bedachte jedenfalls über die äußere Gestalt des Verhältnisses zwischen der Prophetie Jesu Christi und diesem unserem Bereich unterrichtet. Seine Wiederkunft als Offenbarer der in ihm vollbrachten Versöhnung schließt diesen unseren Bereich, unsere Zeit in sich. Indem seine Wiederkunft ihren Anfang und ihr Ziel hat, setzt sie auch ihr Anfang und Ziel. Sie geschah in ihrer ersten Form, im Osterereignis, vor ihr - sie wird in ihrer letzten Form, in Jesu Christi abschließender Erscheinung, nach ihr geschehen. Sie ist in dieser ihrer ersten und letzten Gestalt zugleich der *terminus a quo* und der *terminus ad quem*, das Vorher und das Nachher dieser unserer Zeit. Sie bestimmt das, was in ihm geschieht, in dem doppelten Sinn, daß es von ihrem Geschehen im Osterereignis herkommt und wieder ihrem Geschehen, in welchem die Heilszukunft der versöhnten Welt nur noch Gegenwart sein wird, entgegengeht. Die überlegene Dynamik ihres Geschehens von dorther dorthin bestimmt die Richtung dessen, was in unserem Bereich geschieht. Und indem ihr Anfang noch nicht ihr Ziel, indem ihr Geschehen in ihrer ersten und ihr Geschehen in jener letzten Form distanziert sind, indem Jesu Christi prophetisches Werk, seine Selbstoffenbarung – zwar nicht etwa innehält oder gar eine Unterbrechung erleidet, wohl aber, weil noch nicht abgeschlossen, im Gange ist, von ihrem Anfang her ihrem Ziel entgegeneilt, gewährt, nein schafft ihr Geschehen den Raum, die Zeit und die Gelegenheit für das Weltgeschehen, das menschliche Sein und Tun in unserem Bereich. Sie eröffnet, indem sie zwar schon angehoben hat, aber noch im Gange, nach ihrem Ziel hin erst in Bewegung ist, in der Mitte zwischen dem Damals des Osterereignisses und dem Dereinst der letzten Erscheinung Jesu Christi, indem sie «noch» im Gange, «noch nicht» vollendet ist, das Feld, auf dem die Kreatur, schon mit Gott versöhnt, aber noch nicht erlöst und vollendet, ihre Freiheit bewähren und betätigen darf und soll. Es geht um ihre Freiheit als mit Gott versöhnte, als mit Jesus Christus selbst vom Offenbarwerden ihrer Versöhnung herkommende und ihr entgegengehende Kreatur. Es geht aber gerade so um ihre echteste Freiheit. Zu ihrer Bewährung und Bestätigung ist ihr durch jene Distanz zwischen dem Geschehen der Wiederkunft Jesu Christi in ihrer ersten und in ihrer letzten Form Raum, Zeit und Gelegenheit gegeben. Und eben die Eröffnung dieses ihres Feldes, dessen sie, wenn die Prophetie Jesu Christi in ihrem Anfang gleich auch an ihrem Ziel gewesen wäre, zum vornherein hätte entbehren müssen, ist der Sinn – der gute, gnädige, menschenfreundliche Sinn – dieser Distanzierung.

Der Prophetie, der Offenbarung Jesu Christi, und der in ihm vollbrachten Versöhnung, diesem lebendigen Wort Gottes einfach fern und fremd kann unser Bereich schon im Blick auf diese äußere Gestalt seines Verhältnisses zu jener nicht genannt werden. Befindet er sich doch, geschieht doch, was in ihm geschieht, in der Mitte, umschlossen von der im Gang begriffenen Wiederkunft Jesu Christi und also seiner Selbstoffenbarung und also der Kundgebung der Liebe Gottes und des Heils seiner Kreatur. Ist es doch diese Kundgebung, durch die seine Struktur, seine Grenzen nach rückwärts und vorwärts, seine Ausrichtung von dort nach hier bestimmt werden. Und vor allem: existiert doch dieser Bereich, geschieht doch, was in ihm geschieht, gar nicht ohne sie – hat er doch seinen Bestand, hat doch alles Geschehen in ihm seine Möglichkeit gerade nur von daher, daß sie in jener Distanzierung zwischen Anfang und Ziel geschieht, ja nur dadurch, daß sie, in ihrem Anfang schon geschehen, nach ihrem Ziel hin erst in Bewegung ist. Er verdankt seine Existenz und seinen Bestand und es verdankt alles Geschehen in ihm seine Möglichkeit dem, daß zum Vollzug der Wiederkunft Jesu Christi und also seiner Selbstoffenbarung auch die Schaffung jenes Feldes gehört, auf dem die mit Gott versöhnte Kreatur ihre Freiheit als solche bewähren und betätigen darf und soll. Die Welt – sie ist ja dieser unser Bereich – ist also keine im Verhältnis zur Prophetie Jesu Christi unqualifizierte, sondern eine im Verhältnis zu ihr höchst qualifizierte Welt. Und der in ihr lebende, sie als seine Welt charakterisierende Mensch ist es erst recht! Nicht nur darum, weil es sich ja um die mit Gott versöhnte Welt, um den vor Gott gerechtfertigten und für ihn geheiligten Menschen handelt, sondern eben auch darum, weil die Welt und der Mensch gerade durch das in Gang befindliche Offenbarwerden ihrer Versöhnung so entscheidend und umfassend bestimmt sind, von ihr her ihren Ort, ihre Existenz, ihre Struktur, ihren Bestand haben.

Man könnte sich wohl fragen, ob ein engeres Verhältnis zwischen beiden überhaupt möglich und denkbar sei. Immerhin: das Licht des Lebens, die Prophetie, die Wiederkunft, die Selbstoffenbarung Jesu Christi und dieser unser Bereich, die Welt und der Mensch sind nicht Eines – wie sollte

Jesus Christus, das lebendige Wort Gottes auf der einen, die Welt, wir selbst auf der anderen Seite Eines sein? – sondern zweierlei. Sie koexistieren in ihrer Begegnung. Und so ist auch die Frage nach dem Ausgang, Übergang und Eingang Jesu Christi zu uns, des Lichtes des Lebens hinein in den Weltbereich und Menschenbereich bei aller Erkenntnis der Nähe und Enge ihres Verhältnisses noch offen, noch unbeantwortet.

Wir vergegenwärtigen uns, um nachher unsere letzte Antwort auf diese Frage sinnvoll und gewichtig geben zu können, zunächst die äußeren Bedingungen, unter denen es in unserem Bereich zur Bewährung und Betätigung menschlicher Freiheit kommen kann.

Es gibt offenbar solche, die da vorgegeben sind, wo der Mensch in fruchtbarer Begegnung mit der von ihrem Anfang im Osterereignis her ergehenden Offenbarung Jesu Christi und also in Erkenntnis seiner Person und des in ihm vollstreckten Versöhnungswerkes in Bejahung und im Ergreifen seiner Rechtfertigung und Heiligung und insofern im Glauben und in der Liebe existieren darf. Und es gibt andere, die den Menschen vorgegeben sind, an die die Offenbarung Jesu Christi zwar von jenem ihrem Anfang her auch, und objektiv in gleicher Macht und Gültigkeit, ergeht, für die aber – ihre Begegnung mit ihr ist noch unfruchtbar – ihr Licht insofern umsonst scheint, ihre Posaune umsonst ertönt, als es bei ihnen zu der ihr entsprechenden Erkenntnis ihrer Versöhnung, zu einem Bejahen und Ernstnehmen ihrer Existenz als versöhnte Kreatur und also zu so etwas wie Glaube und Liebe noch nicht gekommen ist. Gott allein unterscheidet letztlich – der Wahrheit, die seine Wahrheit ist, gemäß – zwischen beiden, zwischen jener fruchtbaren und dieser unfruchtbaren Begegnung – sagen wir also der Kürze halber: zwischen der «christlichen» und der «nicht-christlichen» Menschheit. Sicher gilt und besteht aber dieser Unterschied. Und sicher sind die äußeren, die objektiven Bedingungen, unter denen die Bewährung und Betätigung der menschlichen Freiheit hier und dort stattfindet, nicht die gleichen.

Es gibt aber auch solche – und sie seien nun zuerst genannt – die allgemein, die dem Menschen hier wie dort gemeinsam vorgegeben sind.

Beginnen wir mit den positiven Bedingungen, unter denen der christliche und der nicht-christliche Mensch auf jenem Felde darum existieren, weil sie ja laut der an alle ergehenden und für alle gültigen Offenbarung beide mit Gott in Jesus Christus versöhnte Kreaturen sind. Sie dürfen in dem ihnen von ihrem Schöpfer zubereiteten Raum in der ihnen von ihm gegebenen guten Natur da sein, ihre Möglichkeiten realisieren, ihre Kräfte gebrauchen, ihre Grenzen nach allen Seiten abschreiten, die ihrem Vermögen entsprechenden großen und kleinen Werke tun – daraufhin, daß das Gotteswerk ihrer Versöhnung gerade in seinem mächtigen Offenbarwerden das erste Gotteswerk ihrer Erschaffung nicht rückgängig gemacht, nicht zerstört, auch in seiner Güte nicht gemindert, vielmehr auf der ganzen Linie bestätigt und ins Licht gerückt hat. Die Sonne Gottes scheint über Gerechte und Ungerechte. Und Gerechten und Ungerechten ist auch das gegeben und gelassen, daß sie Menschen sein und sich als solche (wie die übrigen Geschöpfe je in ihrer Art) unter Gottes Sonne bewegen und entfalten dürfen. Denn ihnen ist ja, nicht minder wunderbar, auch Zeit gelassen und gegeben. Eben damit, daß das Offenbarwerden ihrer Versöhnung seinem Ziel erst entgegengeht, Zeit also noch nicht Ewigkeit geworden, sondern in ihrer Ausdehnung von der Vergangenheit in die Gegenwart in die Zukunft weitergehen darf, ist sie ja auch uns bis dahin gelassen, ist es uns gegeben – zusammen mit dem Gang des Gottes- und Menschensohnes von seinem Anfang zu seinem Ziel – unserer Wege zu gehen, und, indem wir sie gehen, unser Dasein in den von uns selbst Schritt für Schritt zu wählenden Realisierungen unserer Möglichkeiten zu erfüllen. Und wenn es so ist, daß wir Alle, ob als Glaubende oder als Nicht-Glaubende, inmitten jenes großen Zusammenhangs der von ihrem Anfang ihrem Ziel entgegengehenden Offenbarung der Liebe und der Liebestat Gottes unseren Raum und unsere Zeit und so unsere frei zu ergreifende Gelegenheit haben – dann gibt es doch rein faktisch und objektiv eine Teleologie unseres, alles kreatürlichen Daseins als solchen. Es kann dann doch auch in sich nicht einfach sinn-, ziel- und zwecklos sein. Es ist dann das eigentümliche Sehnen, Wollen, Streben, Planen, in welchem jede Kreatur als solche von ihrer Freiheit Gebrauch macht, wie sie das auch tue, indem sie es in Analogie zu der Teleologie des Offenbarwerdens der vollbrachten Versöhnung tut, nicht ohne letzten Grund, nicht ohne höchste Notwendigkeit und Rechtfertigung. Es folgt damit einer Tendenz, die von dorther nicht verworfen, sondern bestätigt ist.

Aber da gibt es nun freilich auch für die ganze Kreatur gültige und höchst einschneidende kritische Bedingungen: Indem die Versöhnung der Welt mit Gott und in ihr des Menschen Rechtfertigung und Heiligung zwar geschehen und in der Auferstehung Jesu Christi auch öffentlich kundgegeben, indem aber eben diese ihre Kundgebung noch nicht an ihrem Ziele ist, indem ihr Offenbarwerden als Versöhntsein der Kreatur und so als deren Erlösung und Vollendung noch aussteht, ist vor allem dies vorgegeben, daß sie der Macht des Bösen, die in der geschehenen Versöhnung freilich gebrochen ist, der Anfechtung, den Versuchungen und Überwältigungen durch das Böse noch immer ausgesetzt ist, daß dieser geschlagene Feind in seinen für uns noch immer lebensgefährlichen Todeszuckungen solcher Anfechtung immer noch fähig ist, daß wir unsererseits für sie immer noch anfällig sind. Noch haben wir – Christen und Nicht-Christen – die Sünde in ihrer Gestalt als Hochmut und in ihrer Gestalt als Trägheit – zwar nicht mehr als Herrscher vor uns, wohl aber, intensiv genug wirksam, als unsere noch in unsere Gegenwart hineinreichende

Vergangenheit unter ihrer Herrschaft hinter uns, uns gewissermaßen auf den Fersen. Noch steht uns die ihr ihrem Wesen nach zukommende Auslöschung und damit unsere Existenz in wahrer Gerechtigkeit und Heiligkeit erst bevor. Eben das belastet nun aber auch unser Sein in der Zeit als solches. Eben von daher haben wir – Christen wie Nicht-Christen – unsere Zeit nur als eine ständig fliehende, als Gelegenheit zu wahrhaft versöhntem Sein und zwar vom Morgen bis zum Abend, von der Jugend bis ins Alter immer noch und immer wieder gegebene, aber auch ständig uns entgehende und so als (im Verhältnis zu dem, was ihre Erfüllung sein müßte und nie wird) so lang sie sein mag, entsetzlich kurze, notorisch viel zu kurze Zeit. Und wieder von daher kommt es, daß das Sein aller Kreatur in ihrer, in der ihr gewährten Zeit, auch in dem Sinn nicht nur ein vergängliches, sondern ein faktisch vergehendes ist, als sein Ziel sein Ende, als es ein Sein zum Tode, von seinem Anheben als Leben her auch ein Sterben ist, dessen letzte Besiegelung mit all den Vorankündigungen, mit all den großen und kleinen Leiden dieser ihrer Zeit keiner Kreatur erspart bleibt: der unchristlichen nicht, aber der christlichen auch nicht. Wie wir auch unsere Freiheit bewähren und betätigen, wir können es nur innerhalb dieser Grenze tun, diesseits der scharf gezogenen, von Anfang an sichtbaren, endlich und zuletzt allein sichtbaren Todeslinie.

Soviel zu den Allen, der ganzen Kreatur, vorgegebenen positiven und kritischen Bedingungen unserer Existenz in unserem Bereiche.

Wie steht es im Einzelnen zunächst da, wo die Kreatur ihre Freiheit ohne Erkenntnis Jesu Christi, ohne Erhellung durch das Osterereignis und also ohne dessen gewahr zu sein, daß ihre Versöhnung mit Gott vollbracht ist, bewähren und betätigen will und dann auch muß? Jesus Christus ist auch für sie gestorben und auferstanden. Er ist auch ihr Herr, Haupt und Heiland. In ihm ist auch sie mit Gott versöhnt. Sein Wort ergeht auch an sie. Und auch sie existiert unter der Bestimmung, die unserem ganzen Bereich durch seine Wiederkunft und Offenbarung gegeben ist. Und was von der Bedingtheit der Freiheit aller Kreatur in der Mitte dieses seines prophetischen Werkes zu sagen ist, gilt in vollem Umfang auch von ihr. Also: Durch Gottes Schöpfergüte darf auch sie in der ihr von ihm gegebenen Natur sein und tun, was sie dieser ihrer Natur gemäß sein und tun kann. Auch ihr ist Zeit und auch ihrem Sehnen und Streben ist Sinn und Zukunft gegeben: dazu nämlich, ihre Freiheit als mit Gott versöhntes Geschöpf zu betätigen. Auch sie unterliegt aber auch der mächtigen Anfechtung durch das überwundene, aber noch nicht vertilgte und aus der Welt geschaffte Böse. Auch sie hat nur eben ihre kurze und flüchtige Zeit. Und das Gesetz des Todes kommt auch an ihr zur Vollstreckung. Auch das Alles, damit sie auch nach dieser Seite ihre Freiheit als mit Gott versöhnte Kreatur bewähre! Wie aber, da sie das auch ihr leuchtende Licht des Lebens, das Licht der Auferstehung Jesu Christi, von der alles Sein und Geschehen in unserem Bereich herkommt, um von dorther seiner ewigen Erleuchtung und Durchleuchtung entgegenzugehen, nicht sieht? Wie käme sie da dazu, sich selbst als mit Gott versöhnte Kreatur zu sehen? Und wie dazu, ihre Freiheit als diese Kreatur zu bejahen? Und wie dazu, sie als ihre Freiheit zu bewähren, zu betätigen? Bewährt sie sie aber nicht – und indem sie Jesus Christus nicht erkennt, wird sie sie bestimmt nicht bewähren – dann bedeutet das, daß die ihr wie aller Kreatur vorgegebenen Bedingungen, indem sie für sie ihren Sinn verlieren, für sie andere werden. Ihr ist ja, indem sie den in seiner Offenbarung von deren Anfang zu deren Ziel ausschreitenden Jesus Christus nicht erkennt, verborgen, daß unser Bereich der Bereich in der Mitte zwischen beiden, begrenzt durch beide, der Ort, die Zeit ist, in der wir – aber dazu müßten wir uns selbst als in Jesus Christus versöhnte Menschen begreifen und ergreifen, das könnte nur in Bewährung der uns als solchen gegebenen Freiheit geschehen – mit ihm, ihm nachfolgend, von seinem Anfang seinem Ziel entgegen unterwegs sein dürfen. Sind wir das nicht, weil wir das ohne Erkenntnis Jesu Christi gar nicht sein können, dann hat die Zeit, in der wir existieren, für uns kein Vorher und kein Nachher, sie ist uns dann erste und letzte, die einzige, die absolute Zeit. Wir sind dann – indem sie für uns des Vorher und des Nachher, des Anfangs und des Zieles entbehrt – richtungslos, direktionslos nur eben in ihr, nur eben in diesem unserem Bereich: nirgendswoher und nirgendswohin, darauf angewiesen, uns nur in der traurigen Freiheit von Gefangenen so oder so zu bewegen, dies und das zu denken, zu sagen und zu tun. Alles, was wir auch wählen mögen unter den Bedingungen, die uns als Bedingungen der Bewährung unserer Freiheit, der Freiheit der mit Gott Versöhnten, vorgegeben sind, nun aber, da wir in Nicht-Erkenntnis Jesu Christi diese Freiheit nicht betätigen können, ganz anders: nun ohne alles Woher und Wohin, Warum und Wozu nur eben als die nackte Struktur unseres Bereiches, der uns erste und letzte, einzige, absolute Wirklichkeit ist, nun nur eben als die Gestalten des uns und unser ganzes Wollen und Wählen innerhalb unseres Bereiches souverän dominierenden Schicksals! Ihre Gültigkeit und Wirksamkeit bestätigt dann nur immer aufs Neue und von allen Seiten, daß unser Dasein keinen Eingang und keinen Ausgang hat. Es ist dann nur eben so – das bedeutet dann ihre Geltung und Wirksamkeit – daß wir in der und der Beschaffenheit da sind, so und soviel Zeit haben, uns so oder so mit dem Bösen in und um uns abfinden müssen, daß uns die Zeit nicht nur unter den Händen zerrinnt, sondern uns selbst mit sich fortschwemmt, daß der Sterbensprozeß unseres und alles Lebens unaufhaltsam im Gange ist. Sie sind dann Bedingungen, die ihrerseits keiner Bedingung unterliegen. Sie sind dann grenzenlos beständige Verhältnisse, Ordnungen und Mächte und als solche Voraussetzungen, denen wir unter allen Umständen und gänzlich unterworfen sind. Sie sind dann die unzerbrechlichen

Mauern unseres Gefängnisses. Unser vermeintlich freies Tun spielt sich dann nur eben innerhalb dieser Mauern ab, deren Sinn sich darin erschöpft, daß sie als diese Mauern da sind, so daß auch der Sinn unseres Daseins sich darin erschöpfen muß, Dasein innerhalb dieser Mauern zu sein. Von ihnen umschlossen sind wir nicht nur noch nicht erlöst, sondern nur eben schlechthin unerlöst. «Die Gottlosen haben keinen Frieden.» Der Satz beschreibt nicht nur ihre noetische, sondern auch ihre ontische, nicht nur ihre innere, sondern auch ihre äußere, nicht nur ihre subjektive, sondern auch ihre objektive Situation. Er besagt, daß die aller Kreatur vorgegebenen Bedingungen ihr Gericht sind. Ihnen bleibt – das bleibt ihnen allerdings – daß das Werk Jesu Christi dem ganzen Sein und Geschehen in unserem Bereich – und so auch ihrem erkenntnislosen und darum unfreien Dasein – vorangeht und nachfolgt, daß er durch die in ihm gültigen und wirksamen Bedingungen, die ihr Gericht sind, nicht bedingt, sondern ihr Herr ist. Ihre nur eben in Unfreiheit betätigte Freiheit kann ihnen keine Hoffnung sein. Er aber ist auch ihre Hoffnung. So gewiß er von seinem Anfang her zu seinem Ziele auf dem Wege ist, so gewiß sein Werk durch keine in unserem Bereich entstehende und bestehende, subjektiv und objektiv noch so verkehrte Situation konkurrenziert, zunichte gemacht oder auch nur aufgehalten werden kann, so gewiß eben dies sein Werk ist, sich selbst denen zu erkennen zu geben, die ihn nicht erkennen, den Blinden die Augen, den Tauben die Ohren zu öffnen, dem Volk, das im Finstern wandelt (in einer der Zellen jenes Gefängnisses hin und her wandelt) Licht zu bringen, sie aus der Gefangenschaft in die Freiheit zu rufen – und vor allem und entscheidend: so gewiß er, obwohl von ihnen nicht erkannt, auch ihre Versöhnung mit Gott vollbracht hat – so gewiß ist er (er allein, aber er unbezwinglich!) die Hoffnung auch der Gottlosen, auch der Kreatur, die, der Erhellung durch das Osterereignis ermangelnd, ihre Freiheit nur in Unfreiheit betätigen kann.

Wie aber steht es da, wo der Mensch in der Erhellung durch dieses Ereignis existieren darf – wie also mit dem christlichen Menschen? Wir werden hier etwas weiter ausholen müssen.

Es wäre schön, wenn wir im Blick auf ihn alles das, was eben über den nicht-christlichen Menschen gesagt wurde, einfach umkehren, ihn also eindeutig als den Menschen beschreiben dürften, für den, indem er Jesus Christus und also sich selbst als in ihm Versöhnten erkennen, seine Freiheit als solcher begreifen und betätigen darf, die positiven wie die kritischen Bedingungen geschöpflichen Daseins in jener Mitte des Offenbarungsgeschehens keine Gefängnismauern sind, sondern von hinten und nach vorne offene Abgrenzungen der Strecke, auf der er in Übereinstimmung mit dem prophetischen Handeln Jesu Christi unterwegs sein darf: von rechts wie von links her sinnvolle Bestimmungen seines sinnvollen, weil teleologisch ausgerichteten und bewegten Daseins.

Geht es an, diese Umkehrung im Blick auf den christlichen Menschen so ohne weiteres zu vollziehen? Ist seine Situation im Rahmen der Allen vorgegebenen Bedingungen wirklich eine so ganz andere als die des Nicht-Christen? Nun, es wäre nicht nur nicht ratsam, sondern falsch, gefährlich und verboten, bestreiten zu wollen, daß sie es grundsätzlich und in der Sache tatsächlich ist, ja daß der Unterschied zwischen Erkenntnis und Nicht-Erkenntnis Jesu Christi für die Situation des Menschen in seinem Bereich ein solcher ist, den man nur mit dem von Himmel und Erde vergleichen kann. Da wird und ist eben bei aller Gemeinsamkeit Alles – wieder nicht nur subjektiv, in den Gedanken, Anschauungen und Verhaltensweisen des Menschen, sondern objektiv, in der Gestalt der ihn bestimmenden Ordnungen und Verhältnisse – anders, ganz anders: da wo die Augen der Blinden, die Ohren der Tauben aufgetan, wo der Mensch im Lichte der Auferstehung Jesu Christi selbst hell werden, seine Rechtfertigung vor Gott und seine Heiligung für ihn als in ihm geschehen, bejahen und in ihrer Bejahung leben darf. Derselbe kreatürliche Bereich in seiner ganzen Vorläufigkeit und mit allen seinen Voraussetzungen, die auch seine Schranken sind, dieselbe Welt, in der mit dem Nicht-Christen auch er existiert, wird für ihn – nicht nur in seiner Auffassung und Meinung, sondern real – eine andere. Ihm muß in derselben Welt Alles, indem es (vom Anfang der Offenbarung Jesu Christi her ihrem Ziel entgegen) durch die Dynamik seines Ganges bedingt und regiert ist, zur Befreiung und zur Betätigung seiner Freiheit dienen, so daß er innerhalb dieses Bereiches dankbar zurück und in einer alle Furcht überwindenden Hoffnung vorwärts blicken, seiner Gegenwart als Wanderer zwischen den Zeiten in aller Demut froh sein darf. Keine Frage – damit müssen wir hier einsetzen, und das werden wir bei allem, was hinzuzufügen sein wird, nicht wieder aus den Augen verlieren dürfen – wie der Jesus Christus erkennende Mensch als solcher ein ganz anderer Mensch ist als der, der ihn nicht erkennt, so ist auch seine Situation in dem ihm mit allen Anderen gemeinsamen Weltbereich eine ganz andere. Und es kommt gerade hier, wenn man hier recht sehen und verstehen will, Alles darauf an, daß man diese Andersheit nicht etwa auf die Besonderheit seiner Ansichten, Gefühle und Verhaltensweisen reduziert, sondern anerkennt und festhält: der Christ existiert schon jetzt und hier, schon im Bereich des großen «noch nicht» und «immer noch» als Gottes gute und mit ihm versöhnte, als freilich noch nicht erlöste, noch nicht vollendete und darum noch bedrohte Kreatur, indem er auf dem Wege zwischen dem Ostertag und dem der allgemeinen Offenbarung und Auferstehung ist, unter dem Gesetz einer anderen, der in ihrer vollbrachten Versöhnung begründeten neuen Welt, schon in der Kraft des nahe herbeigekommenen Gottesreiches, noch auf der alten, schon auf der neuen Erde, noch unter dem alten, schon unter dem neuen Himmel. Wo das prophetische Werk Jesu Christi nicht umsonst

4. Die Verheißung des Geistes

geschieht, sondern fruchtbar wird, da ist dies – das muß man zunächst vorbehaltlos als wahr und wirklich sehen und verstehen – seine subjektiv und objektiv reale Wirkung.

Nachdem dies gesagt ist, müssen wir aber, ohne etwas zurückzunehmen, in etwas gedämpfterem Ton fortfahren: Hat es nicht doch seinen Grund, wenn wir vorhin anfingen: es wäre schön – man zögere aber, die Situation des Christen so ohne weiteres als die Umkehrung der des Nicht-Christen zu interpretieren? Sicher: grundsätzlich, in der Sache ist sie das, muß das Alles so oder ähnlich gesagt werden, wie wir es eben zu sagen versuchten. Eben so sicher ist aber dies, daß, was von der Existenz und Situation des Christen grundsätzlich, sachlich zu sagen ist, nur im Blick auf den wirklichen Vollzug seiner Existenz in seiner Situation, d. h. nur im Blick auf die Geschichte des christlichen Menschen, dann aber nur in bestimmten sehr ernsten Modifikationen in Wahrheit gesagt werden kann.

Eine solche ergibt sich zunächst schlicht daraus, daß der christliche Mensch – nehmen wir zunächst an, er sei das ganz und gar! – sich (auf die Gefahr, sein eigenes Christsein in Frage zu stellen!) der Solidarität mit dem Nicht-Christen nicht entschlagen kann. Nicht nur darum, weil Keiner Christ ist, ohne irgendwo und irgendwie auch dezidierter Nicht-Christ zu sein, sondern entscheidend darum, weil der Andere, der Blinde und Taube, der Mensch im Gefängnis, für den die Bedingungen, unter denen beide existieren, nur eben Bedingungen seiner Unfreiheit sind, sein Mitmensch, mehr noch: als wie er selbst in Jesus Christus mit Gott versöhnter Mensch sein Bruder ist. Kann er selbst seines Weges ziehen, seiner Gegenwart als Wanderer zwischen den Zeiten froh sein und diesen Anderen vergessen, der nicht unterwegs, sondern nur eben, in seiner besonderen Weise eingesperrt, an seinem Ort ist? Mehr noch: ist er von dessen Elend etwa nicht direkt mitbetroffen? ist das nicht auch sein eigenes Elend, daß dieser Andere, dieser Lazarus vor seiner, des Reichen Türe, der doch seinesgleichen und für den Jesus Christus nicht weniger als für ihn selbst gestorben und auferstanden ist, unmittelbar neben ihm so existiert? Befindet er sich in seiner eigenen Freiheit nicht im Schatten der Unfreiheit dieses Anderen? Kann er in diesem Schatten weiter gehen, ohne bei ihm zu verweilen, atmen, ohne mit ihm – vielleicht, weil Jener sein Elend nicht einmal empfindet, nur eben für ihn – zu seufzen? Kann er in Erkenntnis Jesu Christi für seine Person getrost sein, ohne aufs tiefste beunruhigt zu sein durch die Tatsache, daß dieser sein Bruder, dem diese Erkenntnis abgeht, so trostlos dran ist? Und wenn nun anderseits Jesus Christus die Hoffnung auch des Gottlosen ist, wie sollte es dann für den Christen eine andere Möglichkeit geben als die, sich in seiner Solidarität mit dem Gottlosen klar zu machen, daß Jesus Christus auch seine einzige Hoffnung ist? Wie sollte dann der Christ sein Zusammensein mit dem Nicht-Christen auflösen oder auch nur verleugnen können?

Dazu kommt dann aber als weitere Modifikation die höchst bedrohliche **Unvollkommenheit** dessen, was den Christen zum Christen macht und als solchen vom Nicht-Christen unterscheidet: seiner Erkenntnis Jesu Christi, seiner Selbsterkenntnis als in ihm mit Gott versöhntes Geschöpf, der Freiheit, in der er sich als in ihm vor Gott gerechtfertigter und für ihn geheiligter Mensch tatsächlich bewegt, bewährt und betätigt, der Sicherheit seiner Schritte auf dem von rechts wie von links durch die in unserem, dem Bereich jener Mitte, gültigen und wirksamen Bedingungen bestimmten Weg. Welcher Christ, und wäre er der beste, könnte sich denn einer ganz einfältigen Sicht des Osterereignisses und eines ganz klaren Denkens von ihm her, einer auch nur von ferne umfassenden und von allen Trübungen und Verkehrungen reinen Erkenntnis Jesu Christi rühmen? und welcher dann einer solchen Selbsterkenntnis, in der ihm seine vollbrachte Versöhnung mit Gott in ihrer ganzen Tragweite vor Augen stünde und von ihm in der ihr gebührenden Folgerichtigkeit als das seine Existenz erneuernde und beherrschende Grundfaktum ernst genommen wäre? Welcher Christ lebte denn anders als höchst schüchtern und partiell in und aus der Bejahung der Freiheit, die ihm als einem in Jesus Christus Gerechtfertigten und Geheiligten gegeben ist? Welcher also Schritt für Schritt, immer behutsam, aber auch immer tapfer, auf jenem von seinem Anfang her zu seinem Ziel hin offenen Weg der Nachfolge Jesu Christi, auf dem ihm die sämtlichen positiven und kritischen Bedingungen seines geschöpflichen Daseins lauter Bedingungen seiner Freiheit sein dürften und müßten? Und nun bedenke man: Jede Einschränkung, zu der sich hier auch der beste Christ, ist er aufrichtig – und wie wäre er ein Christ, wenn er nicht aufrichtig wäre? – zu bekennen hat, bedeutet nicht etwa bloß einen bedauerlichen aber behebbaren Mangel und Schönheitsfehler des Standes, in welchem er als Christ so besonders, ganz anders dran ist als der Nicht-Christ. Jedes große oder kleine, qualitative oder quantitative Minus seiner Erkenntnis Jesu Christi, seiner ihr folgenden Selbsterkenntnis, der Bewährung der ihm gegebenen Freiheit seines konsequenten Gehens auf dem ihm gewiesenen Weg bedeutet vielmehr ein Verbleiben in der Existenzweise und Situation des Nicht-Christen, bzw. einen Rückfall in diese. In jedem solchen Minus wird sich der christliche Mensch nicht etwa nur als schwachen oder schlechten Christen, sondern aufrichtigerweise als dezidierten Nicht-Christen erkennen müssen. Er ist in solchem Minus selber auch ein Blinder und Tauber, selber auch ein Gefangener, selber auch unter der Herrschaft von Bedingungen, die für ihn nur eben Schicksale, Bedingungen seiner Unfreiheit sein können. Mit der Unvollkommenheit, in der wir Christen sind, ist also nicht zu scherzen. Es ist schon kein übertreibender Purismus, wenn im Neuen Testament so beharrlich auf christliche Vollkommenheit gedrängt wird. Die Dürftigkeit und Dunkelheit, in der wir Jesus Christus und in der wir uns selbst als die Seinigen erkennen, die Halbheit, in der wir in der uns gegebenen Freiheit leben, die Unsicherheit, in der wir unseren Weg gehen, kurz: die Unvollkommenheit, in der wir Christen sind, bedeutet, daß wir nur mit einem Fuß, vielleicht auch nur mit der Zehenspitze auf festem Grund stehen, im Übrigen aber – ein lebensgefährliches Jonglieren! – über dem Abgrund schweben. So geht es nicht. Eben so treiben wir es aber. Man kann nicht Christ und Nicht-Christ sein. Eben das sind wir aber. Es gilt also das, was grundsätzlich und sachlich über unser Sein als Christen gewiß auch unter diesen Umständen zu sagen ist, nur im Blick auf diesen in unserer geschichtlichen Existenz und Situation als Christen nie und nirgends gelösten, höchst bedrohlichen Widerspruch. Und wie, wenn wir faktisch in viel virulenterer und intensiverer Weise Nicht-Christen als Christen sein sollten? Aber wie dem auch sei: gerade sofern wir ja unserer Nicht-Christlichkeit zum Trotz auch Christen sein dürfen, wird unser realer Unterschied gegenüber den Nicht-Christen sich darin auswirken, daß wir wissen: Jesus Christus selbst, er allein, ist wie ihre Hoffnung so auch die unsrige: er, der für die ganzen und für die halben Nicht-Christen gestorben und auferstanden ist, er, dessen Werk dem ganzen Sein und Geschehen in unserem Bereich als Herrscher vorangeht und folgt – er, der allein der vollkommene Christ, der das aber auch wirklich und auch an unserer Stelle ist.

Der Stand des Christen will aber auch noch in einer ganz anderen Modifikation gesehen und verstanden sein. Eben das, was seine Existenz und Situation von der des Nicht-Christen unterscheidet und vor ihr auszeichnet, macht sie ihm auch in verschiedenster Hinsicht zu einem Problem, das den Nicht-Christen nicht beschweren, um das er nicht einmal wissen kann.

Ein Erstes: Die Christen verdanken ihre größere oder geringere, klarere oder weniger klare Erkenntnis Jesu Christi und Alles, was daraus für sie folgt, auf alle Fälle dem Ostereereignis, seiner Selbstkundgebung als der von den Toten Auferstandene, und nur ihr. Von dort und nur von dort her fällt das ewige Licht hinein in den Bereich, in welchem mit allen Anderen auch die Christen existieren: die Prophetie Jesu Christi, die Offenbarung der in ihm geschehenen Versöhnung – von den Anderen ungesehen, von ihnen gesehen, aber auch von ihnen nur dort gesehen. Was wissen die Anderen, die dieses Anhebens der Offenbarung, der Parusie, des prophetischen Werkes Jesu Christi nicht gewahr sind, von der den Christen auferlegten seltsamen Notwendigkeit, von dem ihnen unvermeidlichen Wagnis, über alles sonstige Geschehen hinweg zurück auf jenes eine Geschehen zu blicken, durch das Geräusch der vielen auch ihre Ohren erfüllenden Töne und Worte immer wieder auf den dort angeschlagenen Ton, auf das dort gesprochene Wort zu lauschen, sich im Widerstand gegen alle Zerstreuungen immer wieder an die dort gegebene Belehrung und Weisung zu halten, sich, innerhalb des ihnen mit allen

Anderen gemeinsamen Bereiches, in welchem es so viele Wege gibt, immer wieder auf dem dort angezeigten Weg als dem allein möglichen zu bewegen? Die Christen können nicht anders. Das macht sie zu Christen, daß sie, ob in Kraft oder in Schwachheit, ob halb oder ganz, nicht anders können: daß für sie Alles, daß ihre eigene Existenz und Situation darin begründet ist und anfängt, daß Jesus Christus auferstanden ist. Werden sie es aushalten und durchführen, in dieser Konzentration – in der Auseinandersetzung mit jenen auch ihnen vorgegebenen Bedingungen in dieser schlechthin einseitigen Orientierung zu existieren?

Dazu kommt ein Zweites: In jenem Anfang erkennen die Christen auch schon das Ziel, die Gegenwart der Heilszukunft ihres und alles Daseins. Sie können also nicht dorthin zurückblicken, ohne von dort aus (wieder durch alles sonstige Geschehen hindurch, über alle sonstigen Ereignisse und Gestalten hinweg) vorwärts zu blicken: auf desselben Jesus Christus dort angekündigte letzte Offenbarung und Parusie, auf die Vollendung seiner Prophetie in der Erleuchtung und Durchleuchtung alles dessen, was war, ist und sein wird und so auf die noch ausstehende Erlösung der in ihm versöhnten Welt. So müssen die Christen – sie wären nicht Christen, wenn sie es nicht müßten – unter den für sie wie für alle Anderen maßgebenden Bedingungen wie schlechthin von dorther, so schlechthin dorthin leben. So existieren sie in der großen, alle kleinen Spannungen zwar nicht ausschließenden, aber relativierenden, kritisch reduzierenden und reinigenden Spannung auf dieses Ziel, auf das noch ausstehende abschließende Kommen Jesu Christi hin: wirklich wie aufgelegte Pfeile auf einem aufs Äußerste angespannten Bogen unmittelbar vor dessen Abschuß. Was wissen die Anderen von dieser Existenz in der Spannung, von der Begrenzung aller sonstigen, dem Geschöpf in seinem Bereich erlaubten und wohl auch gebotenen Erwartungen durch eine einzige, sie alle transzendierende? Die Nicht-Christen, die Gefangenen, haben den Christen gegenüber den Vorteil, daß ihnen diese Existenzweise erspart ist. Werden die Christen in ihr durchhalten? Wie soll sie eigentlich tragbar sein? Aber sie haben keine andere Wahl, als die, in dieser Erwartung tatsächlich zu verharren.

Dazu ein Drittes: Sie sind von jenem Anfang her jenem Ziel entgegen auf einem Weg, und in der ihnen in der Erkenntnis Jesu Christi und der ihr folgenden Selbsterkenntnis gezeigten Freiheit können sie auf diesem Weg nicht Halt machen, nicht absitzen, sich nicht hinlegen, nicht ruhen; sie können ihn, unter den ihn von rechts und links her begrenzenden Bedingungen gerade nur gehen. Sie sind Christen, indem sie – oder sie sind es, insofern sie – als Pilger wirklich unterwegs sind. Die Dynamik der Teleologie, in der Jesus Christus im Tun seines prophetischen Werkes seinen Weg geht, erlaubt ihnen nichts Anderes, als stets aufs Neue aufzubrechen, um ihn zu begleiten, ihm zu folgen. Es gibt für sie wohl wie

4. Die Verheißung des Geistes

für alle Anderen Pausen dieses und jenes Tuns, Arbeitspausen, Denkpausen und – besonders wichtig! – auch Redepausen, «Pausen des sittlichen Kampfes» sogar, aber in dem Allem keine Pausen der christlichen Inpflichtnahme und Verantwortung, keine «Moratorien des Christentums», des Evangeliums und seines Gebotes. Ihre Konzentration auf den Anfang und ihre Spannung auf das Ziel des von ihnen erkannten Jesus Christus potenziert sich in der Anstrengung, sich mit ihm von dorther dorthin zu bewegen und in Bewegung zu bleiben: eine Plage, die dem Nicht-Christen – der Christ möchte ihn wohl beinahe beneiden – so nicht zugemutet, so nicht einmal bekannt ist. Er, der Christ, kann ihr, sofern er Christ ist, nicht entfliehen. Und wahrscheinlich nicht zuletzt, um gerade dieser Plage dennoch zu entfliehen, erlaubt er sich viel zu oft das lebensgefährliche Spiel, nebenbei auch noch Nicht-Christ sein zu wollen. Die Frage stellt sich jedenfalls auch so mit großer Macht: Ist denn ein Leben unter dem nie aufhörenden Druck des großen «Vorwärts»!, dem der Christ ausgesetzt ist, ein lebbares Leben?

Und wie, wenn in diesem Zusammenhang noch ein Viertes zu bedenken wäre? Es ist tatsächlich zu bedenken: schon darum, weil wir damit auf einen für den ganzen weiteren Verlauf dieses dritten Teils der Versöhnungslehre entscheidend wichtigen Begriff stoßen: Menschen, die in Erkenntnis Jesu Christi, in der ihr folgenden Selbsterkenntnis und in Betätigung der ihnen damit gezeigten Freiheit Christen werden und sein dürfen, sind im Unterschied zu allen Anderen als solche berufene, nämlich zur Bezeugung Jesu Christi in der Welt, unter ihren christlichen und nicht-christlichen Mitmenschen berufene und bestellte Leute. Die Existenz des Christen in der Welt, auf seinem Weg vom Osterereignis der letzten Erscheinung Jesu Christi entgegen, ist nicht Selbstzweck, und die Existenz der christlichen Gemeinde als des wandernden Gottesvolkes ist es erst recht nicht. Die Lage wäre einfacher und heiterer, wenn der Christ seine ohnehin schwere Existenz wenigstens als seine Privatangelegenheit verstehen und in den Grenzen des ihm Möglichen leidlich in Ordnung bringen dürfte. Sie ist aber eine öffentliche Angelegenheit, und so ist der Christ – da hilft keine Bescheidenheit und kein Seufzen über solche Zumutung! – eine öffentliche Person. Er ist gerade nur insofern Christ, als er jener Berufung zum Zeugen gehorsam, als er ein Bote Jesu Christi ist. Es ist ja dessen prophetisches Werk, von dessen Anfang er herkommt und dessen Ziel er – als Christ mit offenen Augen und Ohren – entgegengeht. Indem er Jesus Christus auf dem großen Gang seines neuen Kommens begleitet, kann es doch gar nicht anders sein, als daß er in den Dienst dieses seines Werkes, des Geschehens seiner Selbstoffenbarung gestellt wird: daß ihm aufgetragen ist, in tiefster Unter- und Nachordnung, aber auch in höchster Entschlossenheit als Zeuge zweiten, dritten oder vierten Grades an ihr teilzunehmen. Diese Teilnahme an der Prophetie Jesu

Christi ist der Sinn der Verpflichtung und Verantwortung, in der er – auch darin im Rahmen der für alle Menschen gültigen und wirksamen Vorbedingungen – unterwegs ist. Die Propheten des Alten Testamentes haben diese Teilnahme eine «Last» genannt. Sie ist es tatsächlich. Sie impliziert für den Christen einerseits das Verbot, sich selbst – und wäre es in der hellsten ihm beschiedenen Osterfreude und in der brennendsten Sehnsucht nach seiner Erlösung und Vollendung – als den Sinn seiner Existenz und seiner Situation zu betrachten, auf seiner Wanderschaft auch in der reinsten Meinung, sich selber – sein persönliches Leben, vielleicht sich selber in seiner «Eigentlichkeit» – suchen und finden zu wollen. Und sie impliziert für ihn anderseits, daß er schlechterdings dafür da ist, dazu Leben und Atem hat, dazu in Erkenntnis Jesu Christi existieren darf, der versöhnten, aber noch in der Finsternis sich bewegenden Welt das ihr ganz neue, in Jesus Christus gesprochene Ja Gottes, aber auch sein in demselben Jesus Christus gesprochenes, ihr ebenso unerwartetes, sie bestimmt peinlich berührendes Nein, das Kommen ihrer neuen, das Vergehen ihrer alten Gestalt anzuzeigen. Es versteht sich wirklich nicht von selbst, daß ein Mensch es annimmt, gar nicht anders Christ sein zu können, als indem er sich dieser Aufgabe unterzieht. Ob er das tut oder nicht tut, daran entscheidet es sich, ob sein Glaube an Jesus Christus echt genug ist, um es ihm zu erlauben und zu gebieten, die Welt ohne Zaudern als die in ihm versöhnte Welt zu sehen und anzureden und sich dabei weder durch ein allzu nahe liegendes Genügen an seiner persönlichen Geborgenheit, noch durch seine Inanspruchnahme durch seine inneren Probleme, noch durch das Bewußtsein seines Unvermögens zur Erfüllung jener Aufgabe, noch durch die hohe Unwahrscheinlichkeit eines seinen Anstrengungen entsprechenden Erfolges seines Tuns irremachen zu lassen. Kann und wird sein Glaube eben in dieser Hinsicht echt genug sein? Wieder möchte man sagen: Wohl dem Nicht-Christen, dem eine innerlich so anspruchsvolle und äußerlich so undankbare Aufgabe nicht gestellt ist! Der Christ aber hat ihr gegenüber wieder keine Wahl. Und nicht einmal das ist ihm erlaubt, sie etwa nur seufzend in Angriff zu nehmen, oder, indem er sie in Angriff nimmt und ihr gerecht zu werden versucht, müde und verdrießlich zu werden. Sie wird entweder in gelassener Freudigkeit, bzw. in freudiger Gelassenheit, oder eben gar nicht erfüllt. Wenn das nicht wirklich eine Last ist!

Ob der Christ es wohl aushalten wird, es so schwer – in so vieler Hinsicht so viel schwerer zu haben als die glücklichen Heiden, Weltkinder, Nicht-Christen, Gottlosen aller Art, die, solange und sofern sie das sein und bleiben wollen und können, in allen diesen Hinsichten so gründlich beurlaubt sind? Wird er es aushalten, dabei erstlich und letztlich ganz allein dadurch gehalten zu sein, daß Jesus Christus auch seine, gerade seine Hoffnung ist?

4. Die Verheißung des Geistes

Wir fassen zusammen: So also steht es mit der Bewährung und Betätigung der menschlichen Freiheit in dem uns gelassenen Bereich in der Mitte zwischen dem Anheben und der Vollendung der Parusie und Offenbarung Jesu Christi unter den dem Menschen in diesem Bereich vorgegebenen Bedingungen: so mit der Existenz und Situation des nichtchristlichen und des christlichen Menschen. Daß Jesus Christus ihre Hoffnung ist, das ist das Letzte, was von beiden gilt und von beiden zu sagen ist. Darin in verschiedenem Sinn, als er ja den Einen bekannt, den Anderen unbekannt ist, den Einen der vertraute, letzte Grund, auf den sie in der ganzen Bedrohtheit und Gebrechlichkeit der Betätigung auch ihrer Freiheit, in der ganzen besonderen Schwere gerade ihres Weges immer aufs neue zuversichtlich zurückkommen und sich verlassen dürfen – den Anderen nur eben verborgen, ihnen unsichtbar und unzugänglich, in ihnen selbst ohne Entsprechung, ohne ein ihn als ihre Hoffnung ergreifendes, sich seiner tröstendes, an ihn sich haltendes Hoffen dieser Menschen, aber immerhin: faktisch und objektiv (und in aller Verborgenheit gewiß auch nicht einfach unwirksam) auch ihre Hoffnung. Wie verschieden auch die Verfassung und Lage beider in dem ihnen gemeinsamen Bereich ist, darin ist sie für beide dieselbe, daß dieser ihr Bereich als solcher das Feld in jener Mitte ist, daß sie also, ob in Erkenntnis oder in Nicht-Erkenntnis Jesu Christi, faktisch beide vom Anfang seines Weges herkommen und faktisch seinem Ziel entgegengehen – beide, wenn auch in verschiedener Weise, seiner ganz und gar bedürftig, aber, weil er ja faktisch ihrer beider Versöhner ist, beide auch jetzt und hier schon nicht einfach ohne ihn sind. Darum und insofern ist er, ob ihnen bekannt oder unbekannt, ihrer beider Hoffnung. Will sagen: Er wird endlich und zuletzt, in seiner abschließenden Erscheinung und Offenbarung mit Allem, was war, ist und noch sein wird, auch ihre, der Christen und der Nicht-Christen, der ihn Erkennenden und der ihn nicht Erkennenden, der Freien und der Unfreien Existenz und Situation ans Licht bringen, in sein Licht stellen, eben damit auch richten, aber als der Richter gerecht richten, in welchem die Versöhnung der ganzen Welt mit Gott Ereignis geworden ist. Daß er die Hoffnung Aller ist, bedeutet, daß Alle, ob sie es wissen oder nicht, seiner Erscheinung und seinem Gericht entgegengehen: daß, ob jetzt schon erkannt oder jetzt noch unerkannt, Er die Zukunft Aller ist.

Eben in dieser Feststellung ist nun aber indirekt schon die letzte Aussage enthalten, die in unseren Zusammenhang zu machen ist.

Damit hätten wir ja unsere Frage nach dem Ausgang, Übergang und Eingang Jesu Christi aus seinem in unseren Bereich noch nicht positiv beantwortet, daß wir uns nun über den Ort, den Sinn, die innere Struktur dieses unseres Bereiches, über die menschliche Existenz und Situation in ihrem Verhältnis zu den in diesem Bereich gültigen und wirksamen Bedingungen verständigt haben. Das Alles könnte vielmehr im letzten Augenblick auf eine im Grunde nun doch negative Beantwortung unserer Frage hinauslaufen. So nämlich: Wir in unserem Bereich befänden uns zwar als in der Mitte zwischen dem Anfang und dem Ziel seines Werkes in der großen Nähe und Nachbarschaft Jesu Christi: so jedoch, daß das große Geschehen seiner Wiederkunft, Parusie und Offenbarung unserer Existenz in unserer Situation zwar in seiner ersten Gestalt voranginge und in seiner letzten Gestalt folgte, eben dort aber, wo wir sind, dort nämlich, wo uns Raum, Zeit und Gelegenheit zur Betätigung unserer kreatürlichen Freiheit gegeben ist, gewissermaßen aussetzte, intermittierte. So also, daß dieser unser Bereich von jenem Geschehen und so von Jesu Christi Gegenwart und Aktion zwar umgeben und berührt, aber nun doch ausgespart, umgangen, übergangen, übersprungen wäre, daß er in der Mitte jenes Geschehens so etwas wie ein Vakuum bildete. In diesem Vakuum, *remoto Christo*, würde sich also alle, die christliche und die nicht-christliche Betätigung der uns gegebenen kreatürlichen Freiheit abspielen: doch nur von außen, im Abstand beleuchtet durch das irgendwo vor uns aufgegangene und scheinende Licht der Ostern und wieder nur von außen, im Abstand, durch dasselbe Licht in seinem letzten ewigen irgendwo nach uns stattfindenden Aufgang und Glänzen. Bei und unter und in uns aber würde es nicht, sondern nur in solcher Fernwirkung zu uns hinüber leuchten. Zu einem Ausgang und Eingang des lebendigen Christus in unseren Bereich würde es also gerade nicht kommen. Von seiner unmittelbaren Gegenwart und Aktion könnte auf dem Feld, auf dem wir recht und schlecht (ihn erkennend oder nicht erkennend, die uns gegebene Freiheit als Christen bewährend oder als Nicht-Christen nicht bewährend) existieren, keine Rede sein. Er stünde und bewegte sich vielmehr, uns bekannt oder unbekannt, nur eben am Rande, u. zw. außerhalb des Randes unserer christlichen oder nicht-christlichen Existenz und Situation. Wir wären – von dem uns gestatteten und gebotenen Rückblick und Ausblick auf seine Gegenwart und Aktion vorher und nachher abgesehen – mit ihm nur in dieser mittelbaren Beziehung – zunächst, eigentlich, unmittelbar doch uns selbst, unserem christlichen oder unchristlichen Sein, Wesen und Treiben überlassen. Das heißt aber, daß der Träger der Autorität, der Herrschaft, der wir in unserem Bereich unterstehen, die Quelle, von der wir zu leben, aus der wir zu unserer Orientierung und Ausrichtung in diesem unserem Bereich zu schöpfen hätten, die entscheidende Instanz, mit der wir da zu rechnen, die wir da zu respektieren hätten, zunächst, eigentlich und unmittelbar nicht er wäre – er ja eben nur mittelbar, nur aus der Ferne jenes Vorher und Nachher! Zunächst, eigentlich und unmittelbar dominierte hier der Komplex jener dem Menschen vorgegebenen positiven und kritischen Bedingungen, erstlich

4. Die Verheißung des Geistes

und letztlich aber das unter diesen Bedingungen existierende Subjekt: eben der M e n s c h – ohne Wissen auch nur um seine mittelbare Beziehung zu Jesus Christus der nicht-christliche, im Wissen um sie der christliche Mensch – aber so oder so der Mensch in seiner Bemühung, sich (in rechter oder schlechter Betätigung seiner kreatürlichen Freiheit) mit jenen Bedingungen abzufinden und auseinanderzusetzen: der Mensch in seinem christlichen oder nicht-christlichen Selbstverständnis, in seiner in Erkenntnis oder Nicht-Erkenntnis Jesu Christi gewagten und vollzogenen Selbstbehauptung. Und es wäre naturgemäß insbesondere der c h r i s t l i c h e Mensch der Repräsentant, der Platz- und Statthalter, der Vikar des in jenem Vakuum nicht anwesenden, nicht selbst und direkt redenden und handelnden lebendigen Jesus Christus. Es könnte dieser in diesem Vakuum praktisch nur die Bedeutung haben und die Rolle spielen die ihm von den Christen, von der Christenheit, von der Kirche zugebilligt und gelassen wäre. Er könnte seine Autorität und Macht in diesem Vakuum praktisch nur in Form der Autorität und Macht dieser seiner Repräsentation ausüben, sein prophetisches Wort faktisch nur in Gestalt ihres vikarierenden Wortes sprechen. Keine ihm zugewendete christliche Hochschätzung und Lobpreisung als der gekommene und wieder kommende Mittler, Herr und Heiland könnte in unserem, von seinem Wiederkommen ja gerade ausgenommenen Bereich etwas daran ändern, daß sein Leben und Tun als solcher hier, unter uns, r u h t e, daß er selbst hier n i c h t persönlich auf dem Plan und am Werk wäre, sich selbst nicht direkt als der, der er ist, erwiese, bezeugte, betätigte, sondern auf die Ausübung seiner Funktion bis auf Weiteres zugunsten eben – des c h r i s t l i c h e n M e n s c h e n verzichtet hätte. Und wie das für diesen praktisch bedeuten müßte, daß er auf sich selbst, auf seine Erkenntnis und Selbsterkenntnis, auf seine ihm in ihr angezeigte Freiheit angewiesen wäre – so für den nicht-christlichen, daß er, um aus einem Blinden zu einem Sehenden, aus einem Tauben zu einem Hörenden, aus einem Nicht-Christen ein Christ zu werden – keine sehr ermutigende Aussicht! – auf das Zeugnis der Christenheit, auf seinen Eindruck von der Klarheit, Überzeugungskraft und Glaubwürdigkeit der kirchlichen Institutionen und Tätigkeiten oder dieser und jener christlicher Persönlichkeiten, Gruppen und Bewegungen angewiesen wäre. – Dies die Entfaltung und Konsequenz einer n e g a t i v e n Beantwortung unserer Frage.

Es soll hier nur eben – ohne Erläuterung im Einzelnen – darauf hingewiesen sein: Wieviele Konzeptionen von der Situation in der Zeit zwischen der Auferstehung Jesu Christi und dem Abschluß seines neuen Kommens (u. zw. von ferne nicht nur die römisch-katholische) beruhen offen oder heimlich auf dieser negativen Beantwortung unserer Frage: auf den Vorstellungen von einem S t i l l s t a n d der Prophetie Jesu Christi, von dem dadurch entstandenen und, solange es bei diesem Stillstand bleibt, bestehenden V a k u u m, in welchem wir jetzt und hier existierten, von einem Jesus Christus, der nur eben von den Rändern unseres Bereiches her mit uns redete, innerhalb dieses Bereiches aber abwesend wäre, von dem Ersatz seiner eigenen lebendigen Gegenwart und Aktion, durch die der Christenheit, von der (ach, so zweifelhaften) Dignität und Vollmacht ihres repräsentativen Redens und Tuns! Wieviel christliche Selbsttäuschung und Überheblichkeit und wieviel christliche und nicht-christliche Misere hat ihre Wurzel in diesen Vorstellungen und ist unüberwindlich, wenn es nicht gelingt, sie in dieser ihrer Wurzel auszurotten! Die bekannte traurige Formel hätte recht, wenn unsere Frage im Sinn dieser Konzeption und also erstlich und letztlich doch negativ zu beantworten wäre – und im Rahmen dieser Konzeption dürfte sie unwidersprechlich sein: «Was Jesus brachte, war das Reich Gottes. Und was dann kam, war – die Kirche.»

Wir sind aber durch alles, was wir in diesem Abschnitt erwogen und gehört haben, nicht auf diese negative Beantwortung unserer Frage vorbereitet und so auch nicht auf die Anerkennung der Richtigkeit der eben angedeuteten Vorstellungen: durch unser Verständnis des prophetischen Werkes Jesu Christi, seiner Selbstoffenbarung als solcher nicht, durch unser Verständnis seiner Auferstehung als des Anhebens ihres Vollzuges auch nicht, und durch unser Verständnis der menschlichen Existenz und Situation in dem uns in der Mitte des Geschehens der Prophetie Jesu Christi gelassenen Bereich wahrlich auch nicht. Wo könnte da so etwas wie ein Stillstand des eigenen Lebens und Tuns Jesu Christi und so etwas wie die Entstehung und der Bestand jenes Vakuums mit all dem, was daraus folgen müßte, vorgesehen sein? Und nun haben wir ja dieser ganzen Anschauung vorhin bereits – wenigstens vorläufig und implizit – auch schon direkt widersprochen mit dem Satz, mit dem wir unsere Erwägung der Situation der in jenem Bereich existierenden christlichen und nicht-christlichen Menschen abgeschlossen haben: daß Jesus Christus ihrer Aller Hoffnung ist. Darum ihre Hoffnung, sagten wir, weil er, so gewiß sie Alle, ob wissend oder unwissend, von seiner Auferstehung herkommen, auch ihrer Aller Zukunft ist, weil sie Alle im Dunkel und Halbdunkel in der ganzen Problematik ihrer Existenz seiner, des Mittlers und Versöhners, letzten Erscheinung, ihrer und der ganzen Welt Durchleuchtung durch seine Offenbarung und so ihrem Gericht entgegengehen. Wir müssen nun aber – und damit wird uns die Nichtigkeit jener Anschauung und zugleich die positive Antwort auf unsere Frage konkret sichtbar werden – betonen: Er ist ihrer Aller Hoffnung. Er war es nicht nur im Osterereignis und wird es nicht erst in seiner letzten Erscheinung sein. Er ist nicht nur die von jenem Anfang und Ziel her zu ihnen, in ihren Bereich hinüberscheinende, aus der einen Ferne treibende und aus der andern lockende, sondern die da, wo sie existieren, jetzt und hier bei, unter und in ihnen leuchtende Hoffnung. Als ihre Hoffnung redet und wirkt er, wie er es im Osterereignis getan hatte und in seiner letzten Erscheinung wieder tun wird, auch in ihrer Gegenwart, auch an ihrem Ort und in ihrer Zeit. Indem er als ihre Hoffnung vom Osterereignis her seiner letzten Erscheinung entgegengeht, macht er vor dem Feld, das ihnen zur Betätigung ihrer kreatürlichen Freiheit gelassen ist, gerade nicht halt, um sie dann erst jenseits dieses Feldes wieder aufzunehmen und fortzusetzen, übergeht und überspringt er dieses ihr Feld also gerade nicht, läßt er daselbst gerade kein Vakuum entstehen, in welchem er sie, auf sich selbst angewiesen, sich selbst überließe und in welchem er für sie, ob bekannt oder unbekannt, nur jene Randfigur sein könnte. Er ist jetzt und hier ihrer Aller Hoffnung, indem er auf eben dem Feld, auf dem sie existieren, so gegenwärtig und so tätig ist wie damals, als sein prophetisches Werk im Osterereignis anhob, und wie dereinst, wenn es in seiner letzten Erscheinung zu seinem Ziel kommen wird. Er ist ihrer Aller Hoffnung, indem der Weg seiner Prophetie mitten durch ihr Feld hindurchführt und indem er selbst, der lebendige Jesus Christus, diesen Weg mitten durch ihr Feld hindurch geht. Was auch hinsichtlich der Bedingungen, unter denen wir hier existieren und im Blick auf das Dunkel, in dem hier die Nicht-Christen und auf das Halbdunkel, in dem hier die Christen ihre Freiheit betätigen, im Blick auf die akute und die latente, die absolute und die relative Problematik aller menschlichen Existenz in diesem Bereich zu bedenken und zu sagen sein mag: Jesus Christus selbst ist in ihm für uns Alle auch auf dem Plan und am Werk, und so, nicht von irgendwelchen fernen Horizonten her, nicht nur als von ferne zu betrachtender und zu respektierender Gegenstand unserer Erinnerung und unserer Erwartung, sondern eben an dem Ort, wo wir sind, eben an dem Tag, der heute unser Tag ist, ist er als in seinem Wort handelndes Subjekt unser Aller Hoffnung. Das bedeutet nun aber: Er ist es, indem sein neues Kommen als der zuvor Gekommene, indem also seine Wiederkunft, seine Parusie, seine Offenbarung ununterbrochen weiter geht, auch in unserem Bereich Ereignis wird und ist, so daß es für uns, für alle Menschen, ganz real, unmittelbar und direkt wirklich darum geht, ihr Geschehen zu begleiten, Jesus Christus selbst von seinem Anfang her seinem Ziel entgegen zu folgen. Seine Wiederkunft geschieht – wir hatten es schon in einem früheren Zusammenhang so auszudrücken – nicht nur in jener ersten und dann wieder in jener letzten, sie geschieht (und das nun eben mitten in unserem Bereich) auch in dieser zweiten, mittleren Gestalt. Eben in ihr geht er als der, der er war und sein wird, hinein zu uns, hinein in unseren Ort, in unseren Tag: nicht um daselbst zu verweilen – er durcheilt ihn ja nur als den Weg zu seinem Ziel – aber nun auch nicht, um uns daselbst zurückzulassen, sondern um uns auf diesem seinem Weg zu seinem Ziel mitzunehmen, um dort erst recht der Unsrige zu sein, damit wir dort erst recht die Seinigen seien – zunächst aber: um uns jetzt und hier schon zu seinen Weggefährten zu machen.

Es ist von da aus ohne weiteres klar, daß es mit all den vorhin erwähnten Hypothesen, mit der ganzen in jenen Hypothesen sich entfaltenden Konzeption nichts ist. Intermittiert die Wiederkunft, die Parusie und Offenbarung Jesu Christi nicht, so kann es in der Mitte ihres Geschehens kein Vakuum geben. Es kann dann nicht an dem sein, daß sich die

Betätigung unserer kreatürlichen Freiheit in einem Raum abspielte, wo nur eben eine Fernwirkung des Lichtes des Lebens in Frage kommen, wo unsere Beziehung zu Jesus Christus nur eine mittelbare sein, sich auf ein bloßes Zurückblicken und Ausblicken auf seine damalige und dereinstige Gegenwart und Aktion reduzieren würde, wo wir zunächst, eigentlich und unmittelbar uns selbst, unserem christlichen oder nicht-christlichen Wollen und Vollbringen überlassen wären, wo der Mensch praktisch sich selbst Autorität, Herrschaft, Lebens- und Erkenntnisquelle, wo praktisch er selbst sich wie erste, so auch letzte Instanz sein müßte. Es kommt dann insbesondere das nicht in Frage, daß Jesus Christus auch nur vorübergehend darauf angewiesen wäre, sich als derzeit Abwesenden durch die werte Christenheit und durch die heilige Kirche repräsentieren und vertreten zu lassen, und daß die nicht-christliche Menschheit darauf warten müßte, durch die Klarheit, Kraft und Glaubwürdigkeit des christlichen Zeugnisses beeindruckt zu werden. Zu einem praktischen Aufgehen und Verschwinden Jesu Christi im christlichen Kerygma, im christlichen Glauben, in der christlichen Gemeinde, kurz zu einem Ersatz Jesu Christi durch das Christentum kann es dann nicht kommen. Er bleibt dann souverän auch ihm gegenüber. Er braucht ja, wenn es in der Ausübung seiner prophetischen Funktion keine Pause, kein Vakuum gibt, wenn er selbst in voller Tätigkeit auf dem Plan und am Werk ist, wirklich keine Platz- und Statthalter, keine gesalbten oder ungesalbten, großen oder kleinen, sakramental oder existential ausgerüsteten Vikare. Und es sind eben damit auch all die mit solchen Vorstellungen verbundenen christlichen Selbsttäuschungen und Überheblichkeiten samt den daraus folgenden christlichen und nicht-christlichen Miseren wirklich in der Wurzel angegriffen und ausgehoben. Der Mensch, Christ wie Nicht-Christ, ist dann eben in der Betätigung seiner kreatürlichen Freiheit nicht sich selbst überlassen, sondern konfrontiert mit dem in seiner überlegenen Freiheit sich ihm gegenüber und an ihm betätigenden, auch jetzt, auch hier wiederkommenden Mittler und Versöhner, mit seinem nicht nur anderswo, nicht nur damals und dereinst, sondern direkt und unmittelbar jetzt und hier gesprochenen Worte und eben in dieser Konfrontation in seiner ganzen Problematik auch gehalten, gedeckt, getröstet, genährt und geführt. Indem er uns in seinem Heute des Ostertages und in seinem Heute des Jüngsten Tages, mitten in unserem Heute begegnet, mit uns ist alle Tage, ist er unser Aller Hoffnung.

Aber es ist nun an der Zeit, daß wir dem neuen Kommen des zuvor Gekommenen in dieser seiner mittleren Gestalt, in der es sein neues Kommen auch zu uns, in unseren Bereich der Mitte ist, seinen eigentlichen Namen geben und es zum Abschluß unserer ganzen Nachforschung und Darstellung eben in dieser seiner mittleren Gestalt zu sehen und zu verstehen versuchen.

4. Die Verheißung des Geistes

Der Titel unseres Abschnittes muß nun zu Ehren kommen: «Die Verheißung des Geistes.» Das ist die Wiederkunft Jesu Christi in ihrer mittleren Gestalt, in ihrem jetzt und hier stattfindenden Geschehen: Er kommt in der Verheißung des Geistes. Sie ist seine direkte, unmittelbare Gegenwart und Aktion unter, bei und in uns. In ihr ist er unser Aller Hoffnung. Diese Wirklichkeit: die Verheißung des Geistes, ist die entscheidende Antwort auf die Frage unseres Abschnittes.

Ich sage mit Absicht nicht: der Verweis auf diese Wirklichkeit, bei dem wir nun in unserem Gedankengang angelangt sind, sondern: diese Wirklichkeit. Man kann und muß auf sie verweisen und eben das soll nun auch geschehen. Es ist aber kein Hinweis auf sie die nun immer wieder neu gesuchte Antwort auf unsere Frage! Nur sie selbst ist es. Es verhält sich mit ihr wie mit der Gewißheit des Sieges Jesu Christi, von der ja am Ende unseres vorigen Abschnittes auch zu sagen war, daß sie durch keine Argumentation, sondern nur durch seine Selbstkundgebung als der Sieger, der er ist, begründet werden kann. In gleicher Weise kann es nur die Verheißung des Geistes selbst sein, die sich als Antwort auf unsere Frage erweist. Wir können nichts dazu noch davon tun, sondern nur eben feststellen: eben das tut sie denn auch.

In ihr geschieht der Übergang und Eingang der Prophetie Jesu Christi zu uns, in unseren Bereich, in ihr werden wir alle, die in diesem Bereich existierenden Christen und Nicht-Christen, in die Heilsgeschichte einbezogen, an ihr beteiligt. Auf Grund ihrer Wirklichkeit werden wir in der Fortsetzung berechtigt sein, mit Heilsgeschichte – im Besonderen nun: mit Heilsoffenbarungsgeschichte auch in unserem, im Menschen- und Weltbereich zu rechnen.

Die Wortzusammenstellung «Die Verheißung des Geistes» (Gal. 3, 14, Act. 2, 33 vgl. Eph. 1, 13) ist doppeldeutig, und gerade deshalb soll sie hier gewählt sein. Die eine Wirklichkeit des neuen offenbarenden Kommens Jesu Christi in der uns jetzt beschäftigenden mittleren Gestalt, die wir mit diesem Begriff bezeichnen, hat, der besonderen Situation, in der sie hier geschieht, angemessen, einen doppelten Sinn, den man in dem Begriff «Die Verheißung des Geistes» zusammenfassen, aber auch unterscheiden kann und muß. Um den Geist, den Heiligen Geist, und um Verheißung geht es auf alle Fälle: um den Geist, sofern der Geist der besondere Modus der Wiederkunft und also der Gegenwart und Aktion Jesu Christi an dem Ort und in der Zeit der Mitte zwischen seiner Auferstehung und seiner letzten Erscheinung ist – um Verheißung, sofern das Besondere seines Seins in diesem unserem Bereich sachlich darin besteht, daß Jesus Christus uns daselbst als unser aller Hoffnung gegenwärtig ist: als Verheißender und als der Verheißene. Wir fanden nun aber die Struktur dieses unseres Bereiches dadurch bestimmt, daß da unter den Allen gemeinsam vorgegebenen Bedingungen zweierlei Menschen existieren: die Jesus Christus Erkennenden, die Christen, und die ihn Nicht-Erkennenden, die Nicht-Christen. Jesus Christus in seiner Wiederkunft in dieser mittleren Gestalt seiner Prophetie ist ihrer

Aller Hoffnung, wie er ja vom Osterereignis her für sie Alle Anfang war und in seiner letzten Erscheinung als Richter und Erlöser ihnen Allen Ziel sein wird. Eben als ihrer Aller Hoffnung ist und bedeutet er aber, indem er in den Bereich dieser zweierlei Menschen hinein und durch ihn hindurchgeht, Diesen und Jenen nicht einfach dasselbe: «Verheißung des Geistes» ist und bedeutet er Beiden, Allen – aber gerade dieses Eine in einer Verschiedenheit, die wir uns nun an Hand der Doppeldeutigkeit dieses Begriffes klar machen mögen.

«Verheißung des Geistes» kann ja (1) bedeuten: der Geist verheißt. Wir umschreiben: Jesus Christus in der Kraft seines Lebens als der vom Tode Auferstandene, in der Herrlichkeit seiner Wiederkunft in dieser ersten Gestalt, gibt bestimmten Menschen die gewisse Zusage seiner letzten Erscheinung, des Abschlusses seiner Offenbarung und damit der Erlösung und Vollendung der in ihm versöhnten Welt, ihrer eigenen Teilnahme am Leben dieser neuen Weltgestalt und so ihres eigenen ewigen Lebens – eben damit aber auch die gewisse Zusage seiner Gegenwart und seines Beistandes in ihrem auf diese letzte Zukunft ausgerichteten zeitlichen Dasein. Vorausgesetzt ist bei dieser Fassung des Begriffs: der Geist, dieser Heilige Geist, d. h. der in der Kraft seiner Auferstehung handelnde und redende Jesus Christus ist unter, bei und in bestimmten Menschen gegenwärtig und wirksam. Und eben das ist sein gegenwärtiges Wirken an diesen Menschen, daß er ihnen diese doppelte Zusage gibt: die Verheißung, die Anzeige und Verbürgung seines Kommens als Erlöser und Vollender, der durch ihn heraufzuführenden neuen Weltgestalt als letzte Zukunft der Welt und als ihre eigene letzte Zukunft – und die Verheißung, Anzeige und Verbürgung seiner Gegenwart und seines Beistandes in ihrer zeitlichen Zukunft, in der noch nicht zu jenem ihrem Ziel gekommenen, ihm erst entgegengehenden Welt, auf ihrem eigenen Weg inmitten des dorthin ablaufenden Weltgeschehens. Uns interessiert jetzt – eben mit diesem Zwischenzustand der Welt und mit dem in diesem ihrem Zwischenzustand existierenden Menschen sind wir ja beschäftigt – das Zweite: die Verheißung des Geistes als die bestimmten Menschen für ihre zeitliche Zukunft, für ihre Existenz inmitten des noch dauernden Weltgeschehens und also diesseits seiner und ihrer letzten Zukunft gegebene Zusage des lebendigen Jesus Christus. Sie ist ihnen nicht getrennt von jener ersten umfassenden und entscheidenden, weil auf das Letzte zielenden Zusage – sie ist ihnen nur in und mit dieser, in diese gewissermaßen eingeschlossen, gegeben. Aber eingeschlossen in sie – so also, daß diese auch von ihr, das Letzte auch vom Vorletzten nicht getrennt ist – ist ihnen auch sie gegeben. Empfänger, Träger und Besitzer der Verheißung des ewigen Reiches, des ewigen Lebens werden und sind diese bestimmten Menschen ja nicht erst mit deren Erfüllung, sondern sind sie schon jetzt und hier. So existieren sie als solche schon jetzt und hier in hervorgehobener Weise:

als Menschen, die durch diese Verheißung bestimmt und charakterisiert, die damit, daß sie ihnen gegeben ist, dazu in Bewegung gesetzt, befähigt und ausgerüstet sind, ihrer Erfüllung jetzt und hier, von jeder zeitlichen Gegenwart her in die ihnen noch gegebene zeitliche Zukunft hinein entgegenzugehen. Die Verheißung des Geistes stellt sie auf den Weg, der dorthin führt, und sie begleitet sie auf diesem Weg: als die gewisse Zusage, daß er i h r Weg ist und daß sie ihn g e h e n dürfen und sollen, als die Zusage ihrer Freiheit, als das für sie gültige Gebot, als die ihnen erteilte Erlaubnis, als die ihnen fort und fort geschenkte Kraft, ihn zu gehen. Sie existieren – das ist das Gnadengeheimnis, aber auch die nüchterne Realität ihrer Existenz – als Empfänger, Träger und Besitzer der großen, der umfassenden und entscheidenden, der letztlichen Verheißung des Geistes, in der Gemeinschaft ihres Gebers, des Geistes selbst, berührt, ja erfüllt von seiner Kraft und also von der Kraft des Lebens des auferstandenen Jesus Christus, und also – wie sollte es schon jetzt und hier vergeblich sein, daß sie als solche existieren dürfen – unter der bestimmenden, leitenden, tröstenden, mahnenden, kräftigenden Macht der in jener ersten eingeschlossenen z w e i t e n, ihre z e i t l i c h e Zukunft angehenden Zusage.

Die Empfänger, Träger und Besitzer der vom Heiligen Geist gegebenen Verheißung sind die C h r i s t e n – die Menschen, für die Jesus Christus nicht nur ist, der er ist: der Gottes- und Menschensohn, der Mittler, der Versöhner der Welt und ihr eigener Versöhner, für die er nicht nur objektiv real gegenwärtig und am Werk ist, sondern die ihn als den, der er ist, die seine Gegenwart und sein Werk in subjektiver Entsprechung zu seiner objektiven Realität erkennen, an ihn, indem sie ihn erkennen, glauben, ihn lieben, die das Bekenntnis Joh. 20, 28 nach- und mitsprechen dürfen: «M e i n Herr und m e i n Gott!», um in ihrer Erkenntnis Jesu Christi sich selbst, nämlich als in ihm versöhnte, gerechtfertigte und geheiligte Menschen erkennen und von der ihnen damit angezeigten Freiheit Gebrauch machen zu dürfen. Indem ihnen der Heilige Geist, d. h. Jesus Christus selbst in der Kraft seiner Auferstehung seine Verheißung – die Verheißung des ewigen Reiches und ihres ewigen Lebens – zuwendete und schenkte, erwachten sie jetzt und hier mitten in der noch nicht erlösten und vollendeten Welt – selber noch unerlöste und unvollendete Menschen – aus dem Schlaf, aus ihren Träumen, zu der Erkenntnis, zu dem Bekenntnis, zu der Freiheit, in der sie als Menschen Christen sein, als solche existieren dürfen. Und indem der Heilige Geist, d. h. Jesus Christus selbst in der Kraft seiner Auferstehung sie auf ihren zeitlichen Weg in der noch unerlösten und unvollendeten Welt setzte und nun auf diesem Weg mit seiner Verheißung, der Verheißung des ewigen Reiches und ihres ewigen Lebens begleitet, ist er ihr Beistand in ihrer Tag für Tag und in einer Situation nach der anderen neu zu vollziehenden christlichen Erkenntnis, ihres christlichen Bekenntnisses, ihrer christlichen Freiheit und in deren Betätigung. Und immer als dieser Beistand erlaubt und gebietet er ihnen, verhilft er ihnen dazu, auf dem ihnen gewiesenen Weg zu dem ihnen gezeigten Ziel Schritt für Schritt Christen zu werden um es zu sein, verleiht er ihnen – immer in der doppelten Gestalt und Gewalt seiner Verheißung – die Gaben, die Lichter, die Kräfte, derer sie dazu bedürfen. Er macht sie zu Christen und er rüstet sie dazu aus, als Christen zu existieren. In diesem Sinn, in dieser Veränderung, Bestimmung und Charakterisierung, Begabung und Ausrüstung ihrer menschlichen Existenz sind die Christen – noch unvollendete und unerlöste Menschen wie alle anderen, noch wie sie unterwegs, aber eben so unterwegs – schon Empfänger, Träger und Besitzer der Verheißung: der gewissen, aber nicht nur gewissen, sondern in der Kraft ihres Gebers mächtigen Verheißung des Geistes und so in aller Schwachheit auch ihres Fleisches geistliche Menschen. In diesem Sinn ist Jesus Christus jetzt und hier die Hoffnung dieser, der christlichen Menschen.

«Verheißung des Geistes» kann aber (2) auch bedeuten: der Geist ist verheißen. Wir versuchen auch hier zunächst zu umschreiben. Also: die den Menschen von Jesus Christus in der Kraft seines Lebens als der Auferstandene, in der Herrlichkeit seiner Wiederkunft in dieser ersten Gestalt zu gebende Zusage hinsichtlich seiner letzten Erscheinung, hinsichtlich der Erlösung und Vollendung der in ihm versöhnten Welt, hinsichtlich ihres eigenen ewigen Lebens unter einem neuen Himmel und auf einer neuen Erde, und damit auch die Zusage seines Beistandes in ihrem dieser Zukunft entgegengehenden zeitlichen Dasein ist bestimmten Menschen gegenüber noch nicht erfolgt. Daß sie auch ihnen gegeben werde, steht ihnen noch, steht ihnen erst bevor. Sie haben sie noch nicht, sie werden sie erst empfangen. Vorausgesetzt ist bei dieser Fassung des Begriffs: der Heilige Geist, d.h. der in der Kraft seiner Auferstehung handelnde und redende Christus ist unter, bei und in bestimmten Menschen noch nicht, nämlich noch nicht in der seiner objektiven Realität entsprechenden subjektiven Realisierung gegenwärtig und wirksam. Der Heilige Geist selbst und als solcher ist hier also ausstehende, erst zu erwartende Wirklichkeit: der Inhalt gegebener aber noch nicht erfüllter Verheißung. Was diesen, den «ungeistlichen» Menschen fehlt, ist aber, indem ihnen der Geist fehlt, natürlich auch dessen ewige und zeitliche, letzte und vorletzte Zusage und damit ihre Qualifizierung zu deren Empfängern, Trägern und Besitzern, die mit diesem Empfang vollzogene Bestimmung und Charakterisierung, Begabung und Ausrüstung ihres Daseins. Indem sie hinsichtlich der letzten Zukunft, des ewigen Reiches und Lebens keine Zusage haben, haben sie, weil diese in jener eingeschlossen ist, auch keine hinsichtlich ihrer Existenz in der Zeit als ihrer nächsten Zukunft. Indem ihnen der äußerste Horizont des Seins der Welt und ihres eigenen Seins verschlossen ist, sind ihnen auch die nächsten Horizonte ihres Weges verborgen, fehlt

4. Die Verheißung des Geistes

ihnen bei dem auch ihnen gebotenen und erlaubten Gehen die Orientierung, bei der Betätigung der auch ihnen gegebenen und gelassenen kreatürlichen Freiheit die Fähigkeit, Weg und Abweg zu unterscheiden, das Gebot, die Erlaubnis und die Kraft, den rechten Weg zu suchen und zu finden, ihn unbeirrt und unverdrossen zu begehen. Sie sind in dem Allem sich selbst überlassen, auf die Willkür, den Zufall oder das Schicksal ihrer eigenen Inventionen oder auch ihres dunklen Dranges angewiesen. Wie sollte der Heilige Geist mit seiner Zusage da führen, trösten, mahnen, stärken, wo er nicht ist: unter, bei und in den Menschen, denen er nicht gegeben ist, die ihn also nicht haben?

Wir reden von den Nicht-Christen: von den Menschen, für die Jesus Christus zwar genau so der ist, der er ist, wie für die Christen, für die er auch gegenwärtig und wirksam ist, die ihn aber nicht als solchen erkennen, die darum da sind, als ob er nicht da wäre, die die Beziehung, in die er sich auch zu ihnen gesetzt hat, weil sie dessen noch gar nicht gewahr sind, daß er das längst getan hat, ihrerseits nicht aufnehmen, die darum auch sich selbst und das, was durch seine Beziehung zu ihnen auch sie sind, nicht erkennen, nicht bejahen, nicht begreifen können, denen darum auch die ihnen durch seine Beziehung zu ihnen geschenkte Freiheit entgeht, die darum auch keinen Gebrauch von ihr zu machen wissen. Nicht als ob Jesus Christus nicht auch für sie gestorben und auferstanden wäre, als ob in ihm nicht auch sie mit Gott versöhnt, vor ihm gerechtfertigt und für ihn geheiligt wären! Nur daß ihnen alles damit auch ihnen in Fülle und ohne Vorbehalt zugewendete Gute, indem sie ihm abgewendet sind, nicht zugute kommen kann, für sie als ihnen unbekannte Größe in der Luft schwebt, unter, bei und in ihnen unaktuell bleibt, an sie gewissermaßen verschwendet ist. Nur daß eben der Heilige Geist bei ihnen auf verschlossene Fenster und Türen stößt, sie selbst nicht erreicht, in ihnen nicht wohnen und wirken, ihnen, die Jesus Christus nicht erkennen, seine doppelte Zusage nicht geben, sie also auch nicht als deren Empfänger, Träger und Besitzer qualifizieren, ihr Dasein nicht von innen heraus als Beherrscher ihres eigenen Geistes, Willens, Herzens und Gemüts bestimmen und qualifizieren kann. Sie selbst können und wollen ja, indem sie Jesus Christus nicht erkennen, nicht suchen, bitten, anklopfen. Wie könnten sie da finden? Wie könnte ihnen da gegeben, aufgetan werden? Gerade ihren eigenen Geist und Willen, gerade ihr Herz und Gemüt können und wollen sie ja nicht hergeben. Wie könnte da der Heilige Geist mit ihnen Gemeinschaft halten, um ihnen das Alles erneut wieder zu geben? Eines aber fehlt auch ihnen nicht – und dieses Eine ist wichtiger als Alles, was ihnen fehlt: eben der Heilige Geist ist, indem Jesus Christus auferstanden ist, auch ihnen verheißen – er und mit ihm seine doppelte, seine ewige und seine zeitliche Zusage. Eben zu der «Geistlosigkeit», in der sie als Nicht-Christen existieren, sind auch sie nicht – oder eben nur durch sich selbst: sie selbst aber sind hier keine letzte Instanz! – verurteilt. Kein einziger unter ihnen, und wenn er sich als der erbittertste und verstockteste Gottlose gäbe und gebärdete, und wenn er sich unter der Übermacht der auch ihn beherrschenden menschlich-allzumenschlichen Überheblichkeit und Trägheit, im Mißbrauch seiner kreatürlichen Freiheit noch so übel benähme! Eben ein Verhängnis, laut dessen er immer nur eben Nicht-Christ und also «geistlos» sein und leben könnte, gibt es in dem Bereich, in dessen Anfang Jesus Christus auferstanden ist, nicht: kein äußeres, etwa in den Bedingungen und der Struktur dieses Bereiches begründetes, noch auch ein inneres, in ihm selbst begründetes, geschweige denn ein solches, das ihm durch Gott auferlegt wäre. Daran kann ja keine Abwendung, keine Revolte und Resistenz und Ungebühr des Nicht-Christen etwas ändern, daß auch er in der von Gott gut, nämlich als äußerer Grund des Bundes und so auch zu seinem Heil geschaffenen – mehr noch: in der in Erfüllung dieses Bundes, in Vollstreckung der Erwählung, in der auch er erwählt ist, in Jesus Christus versöhnten Welt, daß auch er als ein mit Gott Versöhnter existiert. Jesus Christus ist auch für ihn gestorben. Und eben: er ist auch für ihn auferstanden, er ist in der Kraft seiner Auferstehung auch sein Herr und Heiland. Das heißt aber: der Geist und seine letzte und vorletzte Zusage mit all der ihr innewohnenden Macht ist auch ihm verheißen. Er ist nicht einfach **nicht** sein Empfänger, Träger und Besitzer: er ist es **noch nicht**, indem er Jesus Christus **noch nicht** erkennt. Und so soll man auch von all dem, was ihm fehlt, nicht einfach und absolut denken und sagen: es **fehlt** ihm, sondern: **noch fehlt es ihm**. So ist es allerdings: **noch** ist er **nicht** drinnen, im lebendigen Strom des Lebens, bewegt durch die Zusage des Geistes, lebend von den ihm mit seiner Zusage verliehenen Lichtern, Kräften und Gaben, sondern **noch** ist er draußen: auf den Steinen an dem unbeweglichen Ufer dieses Stromes. Oder umgekehrt gesehen: **noch** ist er drinnen, auf einem Fleck dürren Landes, **noch nicht** draußen auf der diesen umgebenden grünen Weide. Aber der Strom fließt **schon** auch für ihn und die grüne Weide ist **schon** auch für ihn da. Die Verheißung des Geistes gilt **schon** auch ihm, ergeht **schon** auch an ihn. Es ist, indem Jesus Christus auch für ihn auferstanden ist, seine Kraft und also der Heilige Geist **schon** unterwegs, **schon** im Begriff auch ihn zu erreichen, auch in ihm zu wohnen, auch ihm seine Zusage zu geben, auch ihn an deren Lichtern, Kräften und Gaben teilnehmen zu lassen, auch seine Existenz von innen heraus neu und immer wieder neu zu gestalten. Es gibt unter all dem, was der Geist unter, bei und in den Christen tut, wirkt und ausrichtet, nichts, was nicht wie eine gestaute Flut bereit wäre, auch unter, bei und in den Nicht-Christen Wirklichkeit zu werden. Und es gibt keine nicht-christliche Abwendung, Rebellion und Resistenz, die, wenn die Stunde des in Jesus Christus durch den Heiligen Geist handelnden Gottes gekommen ist, stark genug sein wird, die Erfüllung der auch über die Nicht-Christen ausgesprochenen, auch ihnen, gerade ihnen geltenden, gerade sie visierenden und angehenden Verheißung des Geistes aufzuhalten, den Untergang ihrer Nichterkenntnis in ihrer Erkenntnis Jesu Christi und damit ihrer Selbstverkennung in ihrer Selbsterkenntnis als in ihm versöhnte Geschöpfe und damit die Entdeckung ihrer Freiheit als solche und damit das Anheben von deren Betätigung und also die christliche Veränderung und Erneuerung auch ihrer Existenz zu verhindern. Noch steht ihre Blindheit und Taubheit wie ein Damm gegen die andrängende und steigende Flut. Aber schon ist die Flut viel zu stark und ist der Damm viel zu schwach, als daß es weise wäre, mit etwas Anderem als mit dem bevorstehenden Einsturz des Dammes und mit dem kommenden Einbruch der Flut zu rechnen. In diesem Sinn ist Jesus Christus die Hoffnung auch dieser, der nicht-christlichen Menschen.

Das also ist an unserem geschichtlichen Ort das neue Kommen des einst, zu seiner Zeit, als wahrer Gott und wahrer Mensch gekommenen Jesus Christus: sein neues Kommen in der Herrlichkeit, in der Offenbarung seiner mittlerischen Tat, als Licht und Wort des Lebens, in seinem prophetischen Werk. Es ist – dem entsprechend, daß es die Gestalt seines Kommens zwischen dessen Anfang und Ziel ist, entsprechend unserem geschichtlichen Ort in dessen Mitte – sein Kommen als aller Menschen Hoffnung. Eben das sagen wir, wenn wir sagen: es ist sein alle Menschen angehendes Kommen im Heiligen Geist u. zw. in der Verheißung des Heiligen Geistes. Indem er jetzt und hier in dieser Gestalt zu uns, zu allen Menschen kommt, geht seine Wiederkunft, sein prophetisches Werk auch jetzt und hier weiter: ohne Unterbruch und Stillstand also, ohne Entstehung eines Vakuums, in welchem es nicht geschähe, in welchem wir, in welchem irgendein Mensch ohne ihn, nicht im Bereich seines Lichtes, seines Wortes, bloß auf die Erinnerung an ihn und bloß auf seine Erwartung angewiesen, sich selbst überlassen wäre. Wir haben freilich gehört: das Osterereignis, mit dem seine Wiederkunft in Herrlichkeit, seine Selbstkundgebung als der zuvor Gekommene anhob, war begrenzt durch seine Himmelfahrt, was in der biblischen Sprache besagt: durch seinen, seinem Ausgang aus der aller Kreatur gesetzten Schranke des Todes entsprechenden, Eingang in das Geheimnis des lebendigen Gottes. In diesem Durchgang ist er damals, dort, seinen Jüngern erschienen, hat er damals, dort, das Ziel seiner Selbstkundgebung als Mittler zwischen Gott und der Welt und damit die letzte Zukunft des Verhältnisses und Verkehrs zwischen Gott und der Welt, ihre Erlösung und Vollendung angezeigt, indem er es in seiner Person vorweggenommen hat. In dieser Gestalt, so wie dort und damals seinen Jüngern ist er der Welt, ist er uns, den zwischen jenem Ereignis und der in ihm angezeigten letzten Zukunft Existierenden nicht gegenwärtig, nicht offenbar. Die Gestalt, in der er jetzt und hier, in der er der Welt in der Zeit zwischen jenen zwei Zeiten gegenwärtig und offenbar ist, die Gestalt, in der er jetzt und hier zu uns kommt, ist die Kraft seines Kommens in jener ersten Gestalt, des Lichtes, das von dorther in diese unsere Welt hineinfällt. Sie ist eben die Gestalt seines Kommens, in der er aller Menschen Hoffnung ist: die Verheißung seines Heiligen Geistes.

Nun aber hinweg mit allen alten und neuen, immer kurzsichtigen und kümmerlichen, weil den Sachverhalt abschwächenden Vorurteilen und Vorbehalten hinsichtlich des Sinnes und Charakters dieses seines jetzt und hier, in unserem Bereich sich ereignenden neuen Kommens!
Es ist in dieser Gestalt (1) nicht weniger wirklich sein eigenes, unmittelbares, persönliches Kommen, nicht weniger wirklich seine Parusie, Gegenwart und Selbstoffenbarung als damals und dort, im Osterereignis, sein Kommen zu seinen Jüngern – und auch nicht weniger wirklich als dereinst, in seinem Kommen in dessen letzter abschließender Gestalt, als Richter der Lebendigen und der Toten. Daß er in den Himmel, in das Geheimnis des lebendigen Gottes eingegangen, daß er jetzt also weder wie einst als der zuvor Gekommene und noch im Osterereignis an einem bestimmten, begrenzten Ort des geschöpflichen Raumes, noch auch (wie es die ursprüngliche lutherische Ubiquitätslehre behauptete) über alle Orte dieses Raumes ausgebreitet, sondern eben dort, im Himmel «zur Rechten Gottes des allmächtigen Vaters» und also (Kol. 3, 1) dort, droben, zu suchen ist, das heißt nun nicht, daß er dort (man denke: im Geheimnis des lebendigen Gottes!) eingeschlossen und also verhindert wäre, auch hier zu sein, zu wirken, sich zu offenbaren. Wie sollte gerade wer dort ist, nicht auch hier sein wollen und können, sein Werk nicht wirklich auch hier tun? Gerade, daß er dort, «zur Rechten Gottes» ist, heißt doch: er ist im vollen Besitz und in voller Ausübung der Handlungsfreiheit, der Regierungsgewalt, des Gnadenregiments Gottes. Es heißt allerdings: er übt sie jetzt und hier in dem uns gelassenen Bereich unserer Existenz, diesseits der Vollendung seines prophetischen Werkes, in dessen Fortgang zu seinem Ziel hin, so aus: in Gestalt der Kraft seiner Auferstehung, in der Gestalt der Verheißung des Geistes. Eben so übt er sie aber wirklich, nicht uneigentlich, sondern eigentlich aus. Eben in dieser Gestalt haben wir es mit seinem eigenen, unmittelbaren, persönlichen Kommen – obwohl dessen letzte Gestalt noch aussteht, im Vollsinn der Worte: mit seiner Parusie, Gegenwart und Selbstoffenbarung zu tun.
Er ist (2) auch in dieser Gestalt seines Kommens kein Anderer: der Gottes- und Menschensohn, der Mittler zwischen Gott und Welt in der Ganzheit, nicht nur in einem Teil seines Wesens und seiner Existenz. Daß er jetzt und hier in der Verheißung des Geistes zu uns kommt, heißt also nicht etwa: nun doch nur (wie es Frage 47 des Heidelberger Katechismus

4. Die Verheißung des Geistes

allzu unumsichtig behauptet worden ist) in der Kraft seiner bloßen Gottheit und also unter Zurücklassung seines Menschseins im Himmel. Von einer Wiederherstellung der in seiner Inkarnation aufgehobenen Trennung göttlichen und menschlichen Seins kann doch in seiner Gegenwart und Wirksamkeit in der Verheißung des Geistes (ist sie wirklich s e i n e Verheißung s e i n e s Geistes, die Kraft seiner Auferstehung!) keine Rede sein. Nicht in solcher Trennung, sondern in der E i n h e i t seines göttlichen und menschlichen Seins ist er doch gen Himmel gefahren, in das Geheimnis des lebendigen Gottes eingegangen, lebt er doch dort zur Rechten Gottes des allmächtigen Vaters. Und genau so, wie er im Osterereignis neu kam, seinen Jüngern nach Überschreitung der aller Kreatur gesetzten Todesgrenze nicht als ein Anderer, nicht als ein reines Gottwesen, sondern als eben der erschien, der zuvor gekommen, unter ihnen gelebt hatte und auf Golgatha gestorben war – genau so wie sein Kommen in seiner letzten Gestalt sein Kommen als Dieser sein wird, ist auch sein Kommen in der Verheißung des Geistes in der Mitte jener beiden Zeiten sein neues Kommen als dieser z u v o r Gekommene. Genau so ist er auch in dieser Gestalt seiner Parusie, Gegenwart und Selbstoffenbarung – nur nun eben in diesem Modus – dieser z u v o r Gekommene, wahrer Gott u n d wahrer Mensch: eben der, dessen Leben und Sterben in seiner Einmaligkeit im Neuen Testament auf Grund des Osterereignisses als die in ihm vollbrachte Versöhnung der Welt mit Gott bezeugt ist. Als Dieser in seiner Ganzheit ist er jetzt und hier aller Menschen Hoffnung. Wie wäre er das, wie könnte er das sein, wenn seine Gegenwart und Aktion in der Verheißung des Geistes nun doch das eines Anderen, eines Gotteswortes ohne und außerhalb unseres von ihm angenommenen Fleisches wäre? Er ist aber – und so ist er aller Menschen Hoffnung – auch in der Verheißung des Geistes Dieser, das fleischgewordene und das Fleisch – unser aller Fleisch – nicht wieder preisgebende, nicht irgendwo (und wäre es im Himmel, im Geheimnis Gottes) hinter sich zurücklassende, das im Fleisch handelnde, redende, seine Herrlichkeit offenbarende Wort Gottes.

Und so ist denn sein Wirken (3) auch in dieser Gestalt seines Kommens qualitativ k e i n g e r i n g e r e s, als es in seiner ersten Gestalt war und in seiner letzten sein wird. Die Verheißung des Geistes ist nicht mehr, aber auch nicht weniger als die in die Zeit der Mitte zwischen den Zeiten hineinwirkende Kraft der Auferstehung Jesu Christi. Diese aber ist schlechterdings seine Kraft als Gottes- und Menschensohn, die Kraft der in ihm vollbrachten Versöhnung, die in ihrem Offenbarwerden u. zw. in jeder Gestalt ihres Offenbarwerdens nicht geringer, sondern in demselben vollen Sinn kräftig ist wie die Versöhnung selber: so gewiß das prophetische Werk Jesu Christi kein bloßer Auftakt und auch kein bloßer Nachklang seines hohepriesterlichen und seines königlichen, sondern wie diese integrierendes Moment ihres Geschehens ist. Ist nun die Verheißung des

Geistes eine von den Gestalten des prophetischen Werkes Jesu Christi, dann geht es – ganz abgesehen von dem, was man von einer gesunden Trinitätslehre her über die Dignität des Heiligen Geistes zu bedenken hat – schon von hier aus nicht an, von seinem Wirken geringer zu denken als von dem Jesu Christi selber. Er ist sein Geist und so der Geist des Vaters und so ohne Vorbehalt und Abstrich Gottes Geist – seine Verheißung (im doppelten Sinn ihres Begriffs) Gottes Werk. Indem er (2. Kor. 3, 17) der «Geist des Herrn» ist, ist er selber «der Herr». Jede Einschränkung seiner Dignität und also jede Geringerschätzung seines Werkes würde also eine Infragestellung Gottes selbst bedeuten. Und es würde seine Verwerfung gerade in unserer, der Zeit der Mitte, unmittelbar die Verwerfung Gottes – des in dieser Zeit «im Sohne durch den Heiligen Geist» handelnden und redenden Gottes sein. Daher wohl das bekannte harte Logion Matth. 12, 31 von der unvergebbaren (weil die Gegenwart Gottes als die Quelle eines Lebens aus der Vergebung leugnenden) Sünde der Lästerung des Heiligen Geistes. Es gibt der Parusie, Gegenwart und Offenbarung Jesu Christi in der Verheißung des Geistes gegenüber keine andere, die dadurch von ihr unterschieden wäre, daß sie noch göttlicher, noch herrlicher, noch heilsamer und darum noch ernster zu nehmen, noch höher zu schätzen wäre. Ist sie nicht die einzige, sondern eben nur diese zweite, mittlere Gestalt der Prophetie Jesu Christi, so ist diese doch auch in ihr die ganze Verkündigung der ganzen Liebe Gottes und des ganzen Heils des Menschen. Es liegt nie an ihr, sondern immer nur an den Menschen, die die Empfänger des Geistes und seiner Verheißung sein oder werden dürfen, wenn es zu dem Eindruck und zu der Vorstellung kommt, daß das, was uns Menschen durch den Geist in der Zeit der Mitte von Gott zugewendet und gegeben wird, ein Geringeres, ein weniger Hilfreiches oder gar Ungenügendes sein möchte. Die «Leiden dieser Zeit» (Röm. 8, 18) – daß wir in dieser Zeit mit aller Kreatur der Erlösung und Vollendung und also dem Kommen Jesu Christi in seiner letzten Gestalt mit jenem «Seufzen» von Röm. 8, 19f. entgegensehen, auch jener Schrei: «Ich elender Mensch!» angesichts des Widerspruches, in dem sich auch der Christ (der Apostel!) noch immer gefangen findet (Röm. 7, 24), kann nicht bedeuten, daß die Christen sich über eine Mangelhaftigkeit des ihnen als «Unterpfand» oder «Erstlingsgabe» jener letzten Zukunft gegebenen Geistes, seiner ewigen und zeitlichen Zusage, der ihnen mit dieser verliehenen Lichter, Kräfte und Gaben zu beklagen Anlaß hätten. An der Verheißung des Geistes gibt es nichts zu beseufzen. Im Gegenteil: so gewiß sie ja schlicht die Kraft der Auferstehung Jesu Christi ist, so gewiß wiederholt sich in ihr die Vorwegnahme seiner abschließenden Offenbarung, so gewiß ist uns, ist der Welt auch in ihr schon Alles gegeben. Auf den Heiligen Geist und seine Verheißung, auf seine Gegenwart und Aktion, auf ihn den Geber und auf seine Gabe gesehen, kann denen, denen er zugewendet und geschenkt ist, schon jetzt und hier gar nichts fehlen – es wäre denn der Fortgang der Prophetie Jesu Christi von ihrer gegenwärtigen zu ihrer künftigen Fülle, «von Herrlichkeit zu Herrlichkeit». Die ist aber nach 2. Kor. 3,18 selber das Werk des Herrn, der Geist ist, kann also auf seine und seines Werkes Vollkommenheit keinen Schatten werfen. Diese Feststellung ist zum rechten Verständnis der menschlichen Situation in dieser unserer Zeit unerläßlich. Die Vorstellung von ihr als einem Vakuum muß bis zum letzten Rest verschwinden: auch in der Form, daß sie mindestens als eine «Zeit geringer Dinge» zu beurteilen und demgemäß hinzunehmen und auszuhalten wäre. Sofern sie das – und sogar Schlimmeres als das – tatsächlich ist, sofern sich uns unser Dasein in ihr nicht ohne Grund als ein Stehen und Gehen im Jammertal darstellen mag, liegt es nicht daran, daß sie nicht mehr die Osterzeit und noch nicht die definitive Endzeit, sondern «nur» die Zeit des Heiligen Geistes ist! Was heißt hier «nur»? Ist sie die Zeit des den Christen mit seiner gewissen und kräftigen Zusage gegebenen, den Nicht-Christen wieder mit seiner gewissen und kräftigen Zusage verheißenen Heiligen Geistes, dann ist darüber entschieden, daß auch in ihr, auch unter Voraussetzung der in ihr gültigen uns Menschen gesetzten Bedingungen in dem Übergang, in der Beschränktheit, Fragwürdigkeit und Hinfälligkeit, in der wir alle jetzt und hier existieren, auch inmitten des seinem Ziel und Ende entgegenlaufenden Weltgeschehens von Gott her Alles bereit und also in Ordnung ist: in der besonderen, dieser Zeit des Übergangs angemessenen und gesetzten Ordnung, aber von Gott her gerade so in Ordnung. Dürfen und sollen wir uns über sie hinaus nach der neuen Ordnung der künftigen Welt sehnen – der Geist selbst in seiner großen, seiner aufs Letzte zielenden Zusage macht uns das unvermeidlich – so dürfen und sollen wir uns doch schon der gegenwärtigen, eben durch die Gegenwart und Aktion Jesu Christi in der Verheißung des Geistes begründeten Ordnung dankbar u. zw. in unbedingter Dankbarkeit freuen. Gott war nicht nur in alter Zeit herrlich und wird es nicht erst in der letzten Erfüllung seiner Verheißung werden: er ist es schon jetzt und hier in der Verheißung seines Geistes – indem er selber in ihr gegenwärtig und am Werk ist, auch gestern, heute und morgen. Im Blick auf ihn besteht aller Anlaß, gerade unsere Gegenwart nicht zu bedauern, nicht zu beklagen, sondern zu loben, zu ihr nicht Nein, sondern von Herzen Ja zu sagen. Wie sollte sie durch das freudige Vorwärts! das wir in ihr vernehmen, an das wir uns in ihr halten dürfen, zu einem traurigen Jetzt gestempelt sein? Wäre sie uns das, so könnte die Gefahr sehr dringlich sein, daß wir auch das große Vorwärts nicht hören, daß wir uns auch in der Sehnsucht nach der kommenden neuen Welt und ihrer Ordnung und in ihrer Erwartung nicht richtig getröstet und ermuntert, oder gar enttäuscht finden möchten. Wer die kleine, vorletzte Zusage nicht als in vollem Ernst von dem uns gegenwärtigen lebendigen Christus *hic et nunc* gegebene ehrte, der dürfte nämlich der großen, der letzten Zusage für das ewige *illic et tunc* auch nicht wert sein, mit ihr auch nicht viel anzufangen wissen. Wer weiß, ob er den Geist und seine doppelte Zusage – die zeitliche nicht ohne die ewige, aber die ewige auch nicht ohne die zeitliche – überhaupt empfangen hat? Hat er sie empfangen, warum weigert er sich dann, ihrer eben jetzt, heute, froh zu sein? Es bildet nun einmal keinen Widerspruch, daß uns – in der einen Hoffnung auf Jesus Christus – unsere Zeit nur für die Ewigkeit, aber eben die Ewigkeit nur für unsere Zeit gegeben ist.

Die Frage – wir haben sie schon einmal gestellt und beantwortet – darf nun nicht doch noch einmal auftauchen: Warum, mit welchem Sinn, auf Grund welcher höheren Notwendigkeit eine Geschichte der Prophetie Jesu Christi in jenen drei Gestalten denn überhaupt in Gang kommen mußte und noch – für uns also in dieser mittleren Gestalt – in Gang sein muß? Warum überhaupt zwischen der Osterzeit und der definitiven Endzeit diese Zwischenzeit, diese Zeit der Verheißung des Heiligen Geistes, diese Zeit Jesu Christi als unserer Hoffnung? Warum der Anfang nicht gleich das Ziel, das Ziel nicht schon der Anfang, die Erscheinung des lebendigen Jesus Christus vor seinen Jüngern nicht sofort auch seine Parusie, Gegenwart und Offenbarung vor den Augen und Ohren aller Kreatur und so deren Erlösung und Vollendung war? Wir halten uns jetzt nicht mehr auf bei der früher gegebenen Antwort: daß es die Güte Gottes war und ist, in der er über die Kreatur auch zu seiner Ehre und auch zu ihrem eigenen Heil nicht hinweggehen, ihr im Zusammenhang seines Werkes Raum, Zeit und Gelegenheit zur Betätigung ihrer Freiheit lassen und geben wollte und will. So ist es allerdings. Wir können jetzt aber die bessere und tiefere Antwort geben: daß die Wiederkunft Jesu Christi gerade in dieser ihrer mittleren Gestalt, daß seine Prophetie gerade in ihrer Ausdehnung als noch fortgehende Geschichte, daß die Versöhnung der Welt mit Gott, gerade indem sie als Offenbarung noch nicht abgeschlossen, sondern ihrem Ziel entgegen in vollem Geschehen ist, ihre besondere Herrlichkeit hat. Wir vergessen das aufregende, ja grauenhafte Rätsel der Tatsache nicht, wir minimalisieren es auch nicht, es steht ja im Großen wie im Kleinen täglich, stündlich vor uns: daß Jesus Christus in der Gestalt der Verheißung seines Geistes es jetzt und hier, ob es nun um die Christen oder die Nicht-Christen geht, mit dem noch unerlösten und unvollendeten Menschen in einer Welt zu tun hat, die, indem und obwohl sie doch in ihm mit Gott versöhnt ist, in sich selber immer noch in so dichte Finsternis gehüllt ist. Aber wie nun, wenn gerade dieses Rätsel, ohne damit als solches gelöst und beseitigt zu sein, eine helle, vielleicht strahlend helle Kehrseite hätte, von der her es uns nun doch gerade nicht nur grauenhaft, sondern – und das in ungebrochener Freudigkeit – tragbar erscheinen müßte? Wie nun, wenn das große Regime des

4. Die Verheißung des Geistes

Übergangs, das so viel menschliches Fragen, Sehnen und Seufzen verursachende «immer noch» und «noch nicht», das unsere Zeit und Situation und unsere Existenz in ihr kennzeichnet, als sein Regime durchaus kein Negativum, durchaus keine möglichst rasch zu überwindende Peinlichkeit, sondern eine besondere Gestalt der Größe der erbarmenden Liebe Gottes, ein besonderer Erweis – nicht der Unvollkommenheit, sondern der Vollkommenheit der in Jesus Christus vollbrachten Versöhnung der Welt wäre? Ist denn das ein Negativum, schließt denn das einen Mangel in sich, daß Jesus Christus uns jetzt und hier als unser aller Hoffnung oder also: in der Verheißung des Geistes gegenwärtig ist? Wir haben gesehen: er ist auch so nicht weniger wirklich, nicht als ein Anderer, nicht in geringerer Weise der Eine, der er war, ist und sein wird. Wie kann es da peinlich, eine Ursache von Verlegenheit und Unruhe sein, daß er es nun eben so ist? Warum sollte es sich nicht gerade so um eine besondere und in dieser Besonderheit notwendige, unentbehrliche, rechte, unseres Lobes und Dankes würdige Entfaltung seiner Herrlichkeit handeln, zu der wir, da sie bestimmt auch eine besondere Entfaltung der Herrlichkeit seiner uns zugewendeten Gnade ist, statt zu zweifeln und zu murren, von Herzen Ja sagen dürfen? Zählt denn als Erweis der Göttlichkeit, aber auch der Menschlichkeit Gottes nur die große, die letzte Zusage, deren Empfänger, Träger, Besitzer wir Menschen jetzt und hier sein oder werden dürfen – und nicht in gleicher, aber nun eben in ihrer besonderen Wahrheit und Kraft auch die in ihr eingeschlossene kleine, die vorletzte, laut derer er mit uns auf dem Wege ist, wir mit ihm auf dem Wege sein dürfen? Wird die Treue Gottes erst dann anfangen, seine ganze und als solche wirksame Treue zu sein, wenn es zur Erfüllung jener großen, letzten Zusage kommen wird? Oder begegnet sie uns nicht in ihrer Ganzheit und Kraft schon in den Erfüllungen der kleinen, vorletzten Zusage, in denen Jesus Christus jetzt und hier, auf unserem Weg durch die Zeit unser Begleiter – als der Mittler, Heiland und Herr, der er ist, unser Führer, in der Macht seines Führens alle Tage bei uns ist? Was bleibt dann aber eigentlich übrig zur Begründung des phantastischen Wunsches und Postulates, die Parusie, Gegenwart und Offenbarung Jesu Christi in ihrer ersten Gestalt möchte, sollte, gleich auch die in ihrer letzten gewesen sein? Das würde ja eben das Unmögliche, das Lästerliche bedeuten: es möchte zu der besonderen Entfaltung der Gnade, der Göttlichkeit und Menschlichkeit Gottes, in Jesus Christus als aller Menschen Hoffnung und also: in der Verheißung des Geistes gar nicht gekommen sein, Gott möchte und sollte sich selbst und uns seine Gegenwart und Aktion in Gestalt seiner vorletzten zeitlichen Zusage, den Erweis seiner Kraft gerade in unserem Jetzt und unter dessen Bedingungen, in dessen Schranken und Problemen, in der Gebrechlichkeit unserer Existenz in dieser unvollkommenen Welt vorenthalten haben, er möchte es unterlassen haben, nun eben auch so unser

Gott zu sein, uns nun eben auch so zu seinem Volk haben zu wollen. Man realisiere, wie groß Gott eben darin ist, daß er das nicht unterlassen, daß er der Geschichte seines Verkehrs, seiner Gemeinschaft mit der Welt und uns Menschen, der Heilsgeschichte auch diese Gestalt geben wollte und gegeben hat und in ihrem Fortgang noch gibt – um die Nichtigkeit jenes Postulates zu durchschauen, um dann auf jene ohnehin müßige Frage auch spielerisch nicht mehr zurückkommen zu können! Das ist doch die strahlend helle Seite des Rätsels unserer Existenz im Übergang, im Zeichen des «immer noch» und «noch nicht»: daß Jesus Christus selbst auch in diesem Übergang ist, lebt, handelt und redet, sein Werk gerade in ihm und also gerade auch unter jenem Zeichen treibt: nicht, auch nicht teilweise, zu seiner Unehre, sondern zu seiner besonderen Ehre, und darum nicht zu unserem Unheil, sondern zu unserem vollen Heil auch so – auch in der Gestalt der Verheißung des Geistes. Ihm gebührt wirklich Lob und Dank u. zw. *e profundis* in und unter allem Seufzen nach dem Fortgang und Abschluß seines Werkes, vorbehaltlos freudiges Lob und vorbehaltlos aufrichtiger Dank dafür, daß uns, indem er es so halten wollte und hält, Raum, Zeit und Gelegenheit nicht nur zur Betätigung unserer kreatürlichen Freiheit, sondern zum Leben in der Hoffnung auf ihn als aller Menschen Hoffnung, zum Leben unter der Verheißung des Geistes und in der Kraft dieser Verheißung gegeben ist.

Versuchen wir es jetzt noch, in den allgemeinsten Umrissen zu sehen, was es mit dem uns Menschen jetzt und hier eröffneten Leben unter der Verheißung und in der Kraft der Verheißung des Geistes auf sich hat.

Es steht – das dürfte, sobald man sich von den nun noch einmal abgewiesenen Vorurteilen und Vorbehalten frei gemacht hat, klar sein – unter einem, unter dem positiven Vorzeichen sondergleichen. Was da auch im Blick auf die uns Menschen noch vorgegebenen Bedingungen, im Blick darauf, daß unser Tag nicht mehr der Ostertag, noch nicht der Tag der Erlösung und Vollendung ist, im Blick auf den Widerspruch von Frage, Antwort und neuer Frage zu sagen und zu klagen sein mag: das ist sicher, daß auch er, auch unser heutiger Tag ein Tag des lebendigen Jesus Christus ist. Mag es denn sein – und es ist ja so: auch ein Tag, an dem wir Alle, Christen und Nichtchristen, «in bösen Gedanken, Worten und Werken» sündigen, als ob wir nicht die in seinem Leben und Tod Gerechtfertigten und Geheiligten wären, auch ein Tag, an welchem die Erde (wie einst von der großen Flut) bedeckt ist von so viel schuldigem und unschuldigem Leid – auch ein Tag, an welchem kein Augenblick vergeht, in dem der Tod nicht mit irgendeinem Menschenleben, so weit wir sehen und wissen können, unwiderruflich Schluß macht – auch ein Tag des Teufels und der Dämonen, der zurückweichenden, aber doch auch immer wieder vordringenden Finsternis. Er ist auch ein solcher Tag. Entscheidend aber ist nichts von dem Allem, sondern dies, daß auch er ein Tag Jesu Christi ist: ein Tag seiner Gegenwart, seines Lebens, seines Handelns und Redens. Und nun konkret (das ist es, was wir jetzt gelernt haben sollten): im Vollsinn des Wortes ein Tag seiner Wiederkunft, seines neuen Kommens in Herrlichkeit, jetzt und hier in der Mitte der Zeiten, die unser Ort ist, ein Tag in der Geschichte seiner Prophetie, des fortgehenden Werkes seiner Selbstkundgebung, der Offenbarung dessen, was, als er zuvor kam, in seinem Leben, Reden und Wirken, Leiden und Sterben zu seiner Zeit, für die Welt, für alle Menschen als Gottes Tat geschehen und vollbracht ist: Wir sind nicht in erster Linie Zeitgenossen der großen und kleinen Personen der Welt- und Kultur- oder auch der Kirchengeschichte, von deren Leben, Taten und Meinungen, von deren Unternehmungen und Vollbringungen wir durch die Zeitung und durch das Radio mehr oder weniger authentisch unterrichtet werden. Wir sind in erster Linie Zeitgenossen Jesu Christi, mit verschlossenen oder offenen oder blinzelnden Augen, ob passiv oder aktiv, unmittelbare Zeugen seines Tuns. Näher und eigentlicher als jeder andere Mensch – er allein sogar ganz nahe und eigentlich – ist Er eines jeden Menschen Nächster, der barmherzige Samariter unser Aller, der so oder so notorisch unter die Räuber Gefallenen. Und unverhältnismäßig viel wichtiger, einschneidender, folgenschwerer als Alles, was die Menschheit im Osten und im Westen und was jedem Einzelnen von uns an Heil und Unheil mit oder ohne unser Zutun widerfahren mag, ist das, was der Welt und einem Jeden von uns damit widerfährt, daß Er als das Licht des Lebens, als das Wort vom Gnadenbund, aber auch als der künftige Richter der Lebendigen und der Toten eben in dieser Stunde tätig durch unsere Mitte geht: er als unser aller Hoffnung, er in der allen Menschen zugewendeten Verheißung des Geistes. Und das ist unser, der ganzen Menschheit und eines jeden Einzelnen Anteil an diesem positiven Vorzeichen dieser mittleren Zeit und Situation seiner Parusie, Gegenwart und Offenbarung: wir sind – ob wir es wissen oder nicht wissen, wollen oder nicht wollen – dabei, neben ihm, mit ihm. Sein Heute ist ja wirklich das unsrige, unser Heute das seinige. Und das heißt ja nun nicht, daß, was Er heute tut neben dem, was wir heute tun, gewissermaßen auf zwei besonderen, getrennten Wegen vor sich ginge. Er geht vielmehr auf unserem Weg und wir auf dem seinigen. Und so tut er, was er tut, nicht ohne uns – tun wir, was wir tun, nicht ohne ihn. So wird und ist unser Tun, indem es ganz und gar das unsrige ist, bestimmt durch das seinige. So ist nichts daran zu ändern, daß die Ereignisse, Gestalten und Verhältnisse des ganzen, unsere Zeit zwischen den Zeiten scheinbar (aber nur scheinbar!) erfüllenden öffentlichen und privaten Geschehens, daß unsere großen und kleinen Aufstiege und Niedergänge, Fortschritte und Rückfälle, Erhellungen und Verdunkelungen, Freuden und Leiden – selten und von Wenigen auch nur erahnt, geschweige denn eingesehen, aber sehr real – in fernerer oder näherer, entgegengesetzter oder übereinstimmender oder auch (scheinbar!) farbloser und unbestimmter Beziehung zu der Bewegung stehen, in der Er durch unsere Mitte geht, von seinem Anfang her durch unsere Zeit hindurch seinem Ziel entgegenschreitet. Keiner ißt und keiner trinkt, Keiner wacht und Keiner schläft, Keiner lacht und Keiner weint, Keiner segnet und Keiner flucht, Keiner baut und Keiner zerstört, Keiner lebt und Keiner stirbt außerhalb dieser Beziehung. Ob wir sein prophetisches Werk bejahen oder verneinen oder ignorieren, aufhalten oder fördern, ihm dienlich oder hinderlich sind, wir sind an ihm als an dem unsere Zeit eigentlich und wirklich erfüllenden Geschehen beteiligt. Er und er allein weiß unfehlbar: wie – und die Art, in der wir es waren, sind und sein werden, ist aufgeschrieben im Buche des Lebens, das erst im Jüngsten Gericht aufgeschlagen werden wird, um dann vielleicht sehr überraschende Tatsachen offenbar zu machen. Wir sind aber – und das ist das Positive, was von unserem Leben in unserer Zeit, jetzt und hier, auf alle Fälle zu sagen ist – an Jesu Christi Parusie, Gegenwart und Offenbarung als unser aller Hoffnung, an der uns Allen zugewendeten Verheißung des Geistes auf alle Fälle beteiligt u. zw. nicht beiläufig, sondern zentral, nicht nur äußerlich, sondern auch innerlich, aber gewiß nicht nur innerlich, sondern auch äußerlich beteiligt, als in dieser Zeit existierende Menschen umstrahlt von der Herrlichkeit des Mittlers. Fügen wir hinzu, daß wir in dieser Beziehung zu ihm, welcher Art sie auch sein möge, auch untereinander unzerreißbar verbunden sind. Und fügen wir weiter hinzu: in ihr verbunden auch mit all denen, mit denen er früher, vor unserer Zeit, indem sein Weg auch der ihrige, auch der ihrige der seinige war – aber auch mit denen, mit denen er später, nach unserer Zeit, auf dem Wege sein wird. Es ist also in der Beziehung zu ihm die Geschichte der Gegenwart und die der Vergangenheit und die noch künftige Geschichte ein einziges Ganzes, in welchem ihm nichts entging noch entgehen wird, in welchem ihm keiner entfliehen und verloren sein konnte, noch entfliehen und verloren gehen, d. h. aus der Beziehung zu ihm herausfallen wird. Indem er in unserer Zeit in Beziehung zu uns lebt, wir in unserer Zeit in Beziehung zu ihm, leben wir auch zusammen mit allen Menschen der heutigen Zeit und aller Zeiten: sie nicht von uns, wir auch von ihnen nicht getrennt. Der Tag seiner Offenbarung in ihrer letzten Gestalt wird auch das konkret offenbar machen. Es ist aber, indem auch unser Tag ein Tag seiner Offenbarung als aller Menschen Hoffnung, ein Tag der Verheißung des Geistes ist, auch dies schon an diesem heutigen Tage wahr und wirklich und also in allem Ernst und in aller Freudigkeit in Rechnung zu stellen.

War es nicht notwendig, daß wir den Satz, daß Jesus Christus jetzt und hier unsere Hoffnung ist, ausdrücklich auf alle Menschen, also auch auf die Nicht-Christen, die Heiden, die theoretisch und praktisch Gottlosen, bezogen haben? Wie kämen wir etwa dazu, das positive Vorzeichen des Lebens in der Mitte der Zeiten auf uns Christen zu beschränken? Gerade um die Nicht-Christen geht es doch in dem unsere Zeit wahrhaft erfüllenden Fortgang der Geschichte der Prophetie Jesu Christi. Gerade ihre Existenz ist doch die Erinnerung an die ihr noch entgegenstehende Finsternis. Gerade um ihretwillen muß sie doch fortgehen, ist Jesus Christus als das lebendige Wort Gottes nach wie vor und gerade heute auf dem Wege. Gerade auf ihre Umkehr aus der Nicht-Erkenntnis zur Erkenntnis, vom Unglauben zum Glauben, aus der Unfreiheit in die Freiheit, aus der Nacht an den Tag zielt doch – sofern es in der Zeit auch ein zeitliches Ziel hat – sein prophetisches Werk. Er will doch gerade die suchen und retten, die verloren sind: die ohne ihn, ohne das Licht des Lebens, ohne das Wort vom Gnadenbunde verloren gehen und bleiben müßten. Er ist gerade für sie dieses Licht, dieses Wort. Er geht gerade ihnen nach. So ist Er gerade i h r e Hoffnung. So gilt die Verheißung des Geistes gerade i h n e n. Wieso etwa gerade ihnen n i c h t? Es ist wohl wahr: sie sind für ihn n i c h t das dem Entsprechende, was er für sie ist. Sie sehen ihn ja n i c h t als das gerade ihnen leuchtende Licht. Sie hören ja n i c h t, was er gerade zu ihnen sagt von dem, was er auch für sie getan hat. Sie kennen ihn n i c h t, wie er gerade sie kennt. Sie nehmen die Beziehung n i c h t auf, die durch seine Parusie, Gegenwart und Offenbarung zwischen ihm und gerade i h n e n und gerade zwischen i h n e n und ihm begründet ist und besteht. Vielmehr: sie geben ihrer Beziehung zu ihm den Charakter der Gleichgültigkeit, der Abneigung, der Obstruktion. Aber daran kann das Alles nichts ändern, daß E r f ü r s i e ist. Seine Beziehung zu i h n e n und so auch ihre Beziehung zu i h m als solche besteht, ist unveränderlich und unaufhebbar. Daran ist darum nichts zu ändern, weil diese seine Beziehung zu ihnen dadurch geschaffen und erhalten ist, weil er als der, der er ist, lebt und mitten in unserer Zeit auf geradestem Weg gerade zu ihnen geht. So ist er nicht nur auch, sondern g e r a d e auch i h r e Hoffnung. Die Christen müssen sich das aus vielen Gründen merken. Waren sie selbst nicht auch einmal Nicht-Christen, oder eben schlafende, ja tote Christen, faktisch und im Grunde doch Nicht-Christen: nicht für ihn, wie er für sie war? Haben sie nicht allen Anlaß, dankbar zu sein dafür, daß er da trotzdem, nun eben so, nun eben ohne ihre Gegenliebe, ja da sie (Röm. 5, 10) noch Feinde waren, für sie, ihre H o f f n u n g, daß der Heilige Geist ihnen offenbar auch so verheißen war? Eben so ist er offenbar in seiner ganzen Fülle denen verheißen, die ihnen jetzt noch als Nicht-Christen gegenüberstehen. Eben so ist Jesus Christus auch ihre Hoffnung. Und wie nun, wenn ihm an denen, die jetzt noch nicht Christen sind, vielleicht viel mehr gelegen sein, wenn sie ihm in seinem Wollen und Tun viel interessanter sein sollten als die, die es schon sind? Wie, wenn das größere Gewicht seines Wollens und Tuns dorthin fallen, wenn sein Licht dort heller, sein Wort dort lebendiger sein und wirken sollte? Wie also, wenn ihm die Unbekehrten gelegentlich lieber sein sollten als die Bekehrten? Wie ferner, wenn die die Christen von den Nicht-Christen unterscheidende Erkenntnis Jesu Christi, sollte sie in Erfüllung der auch den Heiden allen Ernstes gegebenen Verheißung auch diesen zuteil werden, bei ihnen viel reichere, vielfältigere, nützlichere Frucht zeitigen sollte als bei denen, die ihn jetzt schon erkennen, so daß aus Letzten Erste, aus Ersten Letzte werden könnten? Wie übrigens, wenn der Christ sich in der Beurteilung eines Mitmenschen als eines Nicht-Christen überhaupt täuschen sollte, indem eben die Erkenntnis Jesu Christi nur eben in einer dem Christen – vielleicht auch diesem Anderen selbst – unerkennbaren Gestalt in diesem bereits Platz gegriffen haben sollte? Und wie endlich, wenn der Christ sich über seine eigene Christlichkeit täuschen, faktisch viel mehr Nicht-Christ als Christ, im Grunde vielleicht ganz und gar Nicht-Christ sein sollte? Der Christ dürfte angesichts aller dieser wirklich nicht unaktuellen Fragen froh sein, unter der Herrschaft des Jesus Christus zu leben, der die Hoffnung auch derer ist, die nicht für ihn sind, wie er für sie ist: unter der Verheißung und unter der Kraft der Verheißung, die auch den Nicht-Christen aller Art gegeben ist.

Diese Erinnerung soll aber nicht der Verminderung und Einschränkung, sondern der Vermehrung und Ausdehnung der Dankbarkeit, der Freudigkeit, der Verantwortlichkeit dienen, in der der Christ jetzt und hier unter jenem positiven Vorzeichen, als Begleiter des fortgehenden prophetischen Werkes Jesu Christi eben **Christ** sein, d.h. in Erkenntnis Jesu Christi, als Empfänger, Träger und Besitzer des Geistes und der ihm durch den Geist verheißenen Lichter, Kräfte und Gaben existieren darf. Es ist klar, daß ihm das positive Vorzeichen, unter dem unsere Zeit und unser Leben in ihr steht, sehr viel mehr, etwas ganz Anderes bedeutet als dem Nicht-Christen. Ihm ist dieses Vorzeichen eben nicht nur gesetzt: er **kennt** es und in und aus dieser Erkenntnis darf er **leben**. Wir sahen: einfacher, leichter ist den Christen das Leben wahrhaftig nicht gemacht. Im Gegenteil: ihnen sind gerade damit, daß sie als Wissende leben dürfen, Lasten auferlegt, die die Anderen so nicht zu tragen haben: Erkenntnis ihrer unentrinnbaren Verbundenheit mit allen Menschen, ja mit der ganzen Kreatur in ihrem ganzen Jammer, Erkenntnis ihres eigenen nicht abnehmenden, sondern zunehmenden Rückstandes, ihrer Schuld Gott und den Menschen gegenüber, Erkenntnis der Schwere, der Undankbarkeit, der Unwahrscheinlichkeit des Erfolges der ihnen gestellten Aufgabe. Jesus Christus erkennen, heißt: Ja sagen zu dem in Ihm, in seinem prophetischen Werk gesprochenen Wort von der Versöhnung, d.h. aber Ja sagen zu einem der in ihm versöhnten Welt, zu einem auch ihnen selber immer noch und immer wieder sehr neuen, sehr fremden Wort. Jesus Christus erkennen heißt: sich dieses Wort im Gegensatz zu dem, was alle

Welt immer noch und immer wieder denkt, meint, sagt und vor allem praktisch lebt, im Gegensatz vor allem zu sich selber, zu eigen machen. Und so heißt Jesus Christus erkennen, vom ersten Augenblick an und auch in der schwächsten, schüchternsten Form solcher Erkenntnis: an Jesu Christi Seite treten, in seiner Sache aus einem bloßen Objekt auch verantwortliches Subjekt werden, sein Wort nicht nur hören, sondern, und wäre es noch so leise und ungeschickt, nachsprechen, mitsprechen. Das ist es, was den Christen ganz groß, aber auch ganz klein macht. Es macht ihn ganz groß, weil es bedeutet: er gehört Jesus Christus nicht bloß, wie zweifellos alle Menschen ihm gehören, sondern er gehört zu ihm, d. h. aber: das Werk, das Jesus Christus in der Welt tut, wird der Sinn auch seines Wirkens, der Kampf, den Jesus Christus in der Finsternis gegen die Finsternis kämpft, wird die Sache, in der mitzukämpfen auch er sich hergeben darf. Eben das macht ihn aber auch ganz klein: ganz erschrocken über den noch immer herrschenden Stand der großen und kleinen menschlichen Dinge – ganz erschrocken vor allem über sein altes, gottloses und bruderloses Ich, das ihm, indem er sich das Wort Jesu Christi zu eigen macht und also an seine Seite und also in seinen Kampf eintritt, als erster und gefährlichster Gegner sichtbar wird – ganz erschrocken über das Ungeheuerliche, das gerade von ihm verlangt ist, ein Zeuge Jesu Christi, selber ein wenig echtes Salz selber ein kleines Licht in der Finsternis zu werden. Wen berührt, wen trifft eben die noch herrschende Finsternis um ihn und in ihm selber, die Unerlöstheit und Unvollendetheit der Welt in ihrer jetzigen Gestalt, die ja auch und zuerst seine eigene ist, der Widerspruch zwischen dem, was schon wahr und noch, noch immer nicht wirklich ist, die ganze noch und noch sich manifestierende Herrschaft der Sünde und des Todes, der ganze noch und noch sich erneuernde Widerstand des Bösen, in dessen Dienst er auch sich selbst immer wieder finden muß – wen trifft, wen schlägt das Alles so schmerzlich wie eben den Christen? Wer hat so tiefen und notwendigen Grund zum Seufzen wie gerade er, der die Verheißung des Geistes empfangen hat, an dem sie doch schon in Erfüllung geht, der doch weiß, was die Anderen nicht, noch nicht wissen: daß Jesus Christus allein der ganzen Welt und so auch seine Hoffnung ist, dem also das positive Vorzeichen, unter dem wir jetzt und hier existieren dürfen, nicht nur gesetzt, sondern bekannt – dem es also erlaubt, aber auch auferlegt ist, in dieser Erkenntnis zu leben? «Was sollen wir nun dazu sagen?» Es ist wohl nicht mehr und nichts Besseres dazu zu sagen, als was Paulus Röm. 8,31 dazu gesagt hat: «Ist Gott für uns, wer mag wider uns sein?» Eben das aber ist dazu zu sagen. Und eben das ist mehr und besser als Alles, was von dem, was den Christen groß und klein macht, zu sagen ist. Eben das schließt ja beides in sich: daß es gewiß eine harte, bedrängende, demütigende Sache ist, ein Christ und also mit Jesus Christus, sein Wort im Herzen, gegen die ganze Welt und zuerst gegen sich selbst sein zu müssen – daß es aber auch eine unvergleichlich herrliche, tröstliche, stolze Sache ist, ein Christ und also eben auf Jesu Christi Seite, in seinem Werk nicht nur Objekt, sondern in dessen Dienst auch Subjekt, als Hörer seines Wortes sein kleiner oder großer, geschickter oder ungeschickter Zeuge sein zu dürfen. Wie sollte die Härte des christlichen Weges vermeidbar sein, da der ihm auf diesem Weg vorangehende Jesus Christus kein Anderer ist als der, der zuvor sein Kreuz nach Golgatha getragen hat? Wie sollte er aber nicht ein herrlicher Weg sein, da es die Kraft der Auferstehung Jesu Christi vom Tode ist, durch die der Christ auf ihn gestellt ist? Daß Gott – der Gott, der die Welt und auch ihn mit sich selbst versöhnte und nicht aufhört, sich als der, der das tat, offenbar zu machen – daß dieser Gott so und so, auf seinem harten und herrlichen Weg für ihn ist, das macht das Leben des Christen in dieser Zeit möglich, notwendig, sinnvoll, macht ihn unter allen Umständen zu einem positiven Menschen. Sein Leben ist darin ein positives Leben, daß es von seinem Grunde her eine einzige Anrufung dieses Gottes ist: Er vollzieht sie stellvertretend auch für die, die sie jetzt noch nicht vollziehen oder noch nicht zu vollziehen scheinen. Er schließt sie nicht aus, sondern ein, wenn er diesen Gott anruft: Unser Vater! Dein Name werde geheiligt! Dein Reich komme! Dein Wille geschehe auf Erden wie im Himmel! Er, dieser Gott «wird nicht müde noch matt» und mehr noch: er erhört die, die ihn so anrufen. «Er gibt dem Müden Kraft und dem Ohnmächtigen mehrt er die Stärke. Jünglinge werden müde und matt, Krieger straucheln und fallen; aber die auf den Herrn harren, empfangen immer neue Kraft, daß ihnen Schwingen wachsen wie Adlern, daß sie laufen und nicht ermatten, daß sie wandeln und nicht müde werden» (Jes. 40, 28 f.).

§ 70

DES MENSCHEN LÜGE UND VERDAMMNIS

Indem dem Menschen Gottes in der Kraft der Auferstehung Jesu Christi wirksame Verheißung begegnet, erweist er sich als der Fälscher, in dessen Denken, Reden und Verhalten seine Befreiung durch und für den freien Gott sich wandelt in den Versuch einer Inanspruchnahme Gottes durch und für ihn, den in seiner Selbstbehauptung unfreien Menschen – eine Verkehrung, in deren Vollzug er sich selbst nur zerstören und schließlich verloren gehen könnte.

1. DER WAHRHAFTIGE ZEUGE

Die christologische Begründung nun auch des dritten Teils der Versöhnungslehre liegt hinter uns. Sie kam als solche zu ihrem Ziel in der Darstellung der Verheißung des Geistes. Sie ist die besondere Form der Versöhnung, in der diese als schon vollbrachte auch noch fort und weiter geschieht, auch heute und hier sich ereignende göttliche Befreiungstat ist: ihre spontane Selbstkundgebung in der der Welt und uns noch gegebenen Zeit, der Anfang und das Leuchten des Lichtes des Lebens, das lebendige Wort Gottes, das siegreiche Kommen Jesu Christi in der Geschichte seines prophetischen Werkes. Die Verheißung des Geistes ist der noch und weiter im Werk begriffene Knecht und Herr Jesus Christus in seinem Übergang und Eingang in unsere, die durch sein Leben und Sterben grundlegend veränderte und durch seine Auferstehung von den Toten erleuchtete allgemein menschliche Situation und Geschichte. Was bedeutet es für uns, für die durch ihn schon veränderte und erleuchtete Welt, für den in ihm schon versöhnten und auch seiner Offenbarung schon teilhaftigen Menschen, daß er uns in der Verheißung des Geistes nicht fern, sondern nahe, in unserer Mitte, unter uns ist, auf unseren Wegen uns begegnet: er, der wahrhaftige Zeuge unserer in ihm vollbrachten Versöhnung, des erfüllten Gnadenbundes, er in der Herrlichkeit seines mittlerischen Werkes? Was als weiterer Inhalt des dritten Teils der Versöhnungslehre jetzt noch vor uns liegt, wird der Versuch einer Antwort auf diese Frage sein. Von des Menschen Berufung, von der Sendung der christlichen Gemeinde und schließlich von der Hoffnung als der Gabe und dem Stand des durch das Wort des lebendigen Jesus Christus berufenen einzelnen Christen werden wir in der Folge zu reden haben.

Das erste Phänomen, auf das wir auf diesem Felde stoßen, und also das erste Thema, dem wir uns hier zuzuwenden haben, ist aber der Mensch der Sünde. Eben dieser ist ja der in Jesus Christus mit Gott versöhnte Mensch. Eben diesem begegnet er ja, indem die Versöhnung in der Gestalt seines prophetischen Werkes fort- und weitergeht: in der Verheißung des Geistes. Was bedeutet das Geschehen des prophetischen Werkes Jesu Christi für diesen Menschen als solchen? Auch die Lehre von der Sünde muß uns nun also ein drittes Mal beschäftigen. Des Menschen Sünde erschien uns im ersten Teil der Versöhnungslehre («Der Herr als Knecht») im Spiegel des hohepriesterlichen Werkes Jesu Christi – das bizarre Gegenbild zu der Demut, in der der Sohn Gottes, dem Vater gehorsam, sich selbst erniedrigte – als der Hochmut, in welchem der Mensch, sich selbst erhöhend, wie Gott, sein eigener Herr, Richter und Helfer sein möchte. Und sie erschien uns im zweiten Teil der Versöhnungslehre («Der Knecht als Herr») im Licht von Jesu Christi königlichem Werk – in ebenso bizarrem Widerspruch gegen die Erhöhung und Hoheit des Menschensohnes – als die Trägheit, in der der Mensch sich sinken und fallen läßt in den Sumpf seiner ihm widernatürlich-natürlichen Dummheit, Unmenschlichkeit, Verlotterung und Sorge. In der Begegnung mit Jesu Christi prophetischem Werk, als negativer Reflex der Selbstoffenbarung, der Herrlichkeit des Mittlers, als die dem Licht des Lebens widerstrebende Finsternis, als Widerspruch gegen die den Menschen treffende Wahrheit erscheint seine Sünde in ihrer Gestalt als Lüge. Von ihr in dieser Gestalt soll in diesem Paragraphen die Rede sein. Und wie wir im ersten Teil von dem dem Hochmut folgenden, ja in ihm sich schon ereignenden Fall des Menschen zu reden hatten und im zweiten von seinem in seiner Trägheit implizierten Elend, so wird hier auch das zu zeigen sein, wie er sich in und mit seiner Lüge notwendig auf der Linie, auf dem Weg zu seiner Verdammnis befindet.

Wir gehen, was die Erkenntnis der Sünde betrifft, von einigen in der «Kirchlichen Dogmatik» in früheren Zusammenhängen geklärten Voraussetzungen aus: Der christliche Begriff der Sünde als der menschlichen Abweichung und Übertretung ist nicht zu gewinnen an Hand irgendeines abstrakten, mit dem Titel des Gesetzes Gottes geschmückten Normbegriffs des Guten, des Gerechten, des Heiligen, des Eigentlichen: gleichviel, ob man ihn aus allgemein anthropologischen Axiomen und deren Folgesätzen oder ob man ihn durch Systematisierung und Standardisierung bestimmter biblischer Aussagen konstruieren zu können meint. Die Lehre von der Sünde kann nicht unabhängig von der Lehre von der Versöhnung, nicht ihr vorgängig begründet, aufgestellt und entwickelt werden. Sie ist vielmehr selber ein integrierendes Element der Versöhnungslehre. Sie ergibt sich nachträglich, rückblickend aus der Erkenntnis der Existenz und des Werkes Jesu Christi als des Mittlers des Gnadenbundes. Indem sie in ihm widerlegt, überwunden, abgetan ist, wird die Sünde in ihrem Wesen, in ihrer Wirklichkeit, in ihren Implikationen und Konsequenzen erkennbar, kann christlich sachgemäß von ihr geredet werden: nur so und nicht anders. Der christliche Begriff der Sünde ist also nicht irgendwo im leeren Raum, *remoto Christo*, zu gewinnen, sondern nur aus dem Evangelium, sofern dieses als solches, als die gute Botschaft von des Menschen Befreiung durch und für den freien Gott, auch den Charakter und die Gestalt des wahren Gesetzes, des Gesetzes Gottes, hat – sofern es als Zuspruch der Gnade Gottes (wie die Lade des alttestamentlichen Bundes die Tafeln der Gebote!) auch Gottes nicht minder gnädigen Anspruch in sich schließt. Des Menschen Sünde ist in allen ihren Formen sein verkehrtes Umgehen mit Gottes ihm in Jesus Christus zugewendeter strenger Güte und gerechter Barmherzigkeit: ihre Verleugnung und Verwerfung, ihr Mißverständnis und ihr Mißbrauch, des Menschen direkte und indirekte Feindschaft gegen Gottes Verheißung, die als solche auch Gottes Forderung ist. Als das erweist sie sich, wird sie entlarvt, aufgedeckt und gerichtet, indem dem Menschen das Evangelium, indem ihm in ihm der lebendige Jesus Christus begegnet. – Diese prinzipiellen und methodischen Sätze sind an der entsprechenden Stelle des ersten Teils der Versöhnungslehre (KD IV,1 § 60,1) biblisch, dogmengeschichtlich und systematisch ausführlich begründet und entfaltet, im zweiten Teil (IV,2 § 65,1) zusammenhängend rekapituliert worden. Wir verzichten jetzt auch darauf.

Diese Sätze und insbesondere die sie tragende und zusammenhaltende Auffassung vom Evangelium und vom Gesetz (vgl. dazu die Schrift «Evangelium und Gesetz» 1935 und KD II,2 § 36–39) gehören zum eisernen Bestand der hier vorgetragenen Dogmatik. Das beweist gewiß nicht, daß sie richtig sind. Doch muß ich hier beiläufig erklären, daß ich durch das, was von seiten der durch sie besonders betroffenen Theologen lutherischer Herkunft und Formation (u.a. von W. Elert, P. Althaus, E. Sommerlath, H. Thielicke, W. Joest und in dem Buch «Antwort» [1956] von G. Wingren und – besonders umsichtig – von Edmund Schlink) dagegen eingewendet worden ist, auch nicht davon überzeugt worden bin, daß sie nicht richtig sind. Zu Vieles ist mir in der von diesen Autoren (in verschiedener Schärfe und Konsequenz) vorgetragenen Gegenthese von der verschiedenen, ja entgegengesetzten Bedeutung und Funktion des «Gesetzes» und des «Evangeliums» nach wie vor völlig dunkel.

Ich verstehe (1) nicht, mit welchem biblischen und inneren Recht, von welchem Begriff von Gott, seinem Tun und seiner Offenbarung, vor allem von welcher Christologie her man dazu kommt, statt von einem in sich wahren und klaren Wort Gottes von deren zwei zu reden, in welchem er, man weiß nicht nach welcher Regel alternierend, je in ganz verschiedener Weise zum Menschen reden würde.

Ich verstehe (2) weder den Sinn eines angeblichen «Evangeliums», dessen Inhalt sich in der Proklamation der Vergebung der Sünden erschöpfen würde und das vom Menschen in einem bloß innerlichen, rein rezeptiven Glauben aufzunehmen wäre – noch den eines angeblichen «Gesetzes», das als abstrakte Forderung einerseits nur äußere Lebensordnung sein, anderseits nur eben dazu bestimmt sein soll, den Menschen anzuklagen und damit auf das «Evangelium» hinzuweisen und vorzubereiten.

Ich verstehe (3) nicht, wie man dazu kommt, dem Apostel Paulus eine Auffassung von Gottes Gesetz zuzuschreiben, in der er sich zu dem, was im Selbstverständnis des Alten Testamentes so heißt, zugestandenermaßen nicht in Übereinstimmung, deutlicher gesagt: in Widerspruch befinden würde – eine Auffassung, die man von diesem, insbesondere von dem her, was wir heute (M. Noth, G. v. Rad, H. J. Kraus) vom alttestamentlichen Gesetzesbegriff in seiner positiven Beziehung vom Jahvebund wissen, nur als tief irrtümlich bezeichnen könnte. Ich wundere mich, wie man sich mit dieser doch recht beunruhigenden exegetischen Voraussetzung so leichthin abfinden kann.

Ich verstehe (4) nicht, wie man den Begriff jenes angeblichen «Gesetzes» anders als (wie es schon im 16. Jahrhundert, mit den verhängnisvollsten Folgen im 17., 18. und 19. geschehen ist) unter Rückgriff auf die Vorstellung eines «Naturrechts» und damit auf eine allgemeine natürliche Gottesoffenbarung oder aber mit Hilfe eines primitiv biblizistischen Verfahrens gewinnen und füllen will – und wundere mich, daß man sich durch dieses Dilemma nicht warnen läßt.

Und ich verstehe schließlich (5) gerade das nicht, worauf es in unserem Zusammenhang ankäme: inwiefern sich aus der Konfrontierung des Menschen mit diesem angeblichen «Gesetz» eine ernstliche, präzise, unausweichliche Erkenntnis der menschlichen Übertretung und also seiner Sünde ergeben: inwiefern nämlich dieses Gesetz die Autorität und Macht Gottes haben soll, den Menschen unter sein Gericht zu bringen und zu beugen. Und so verstehe ich denn auch das nicht: daß und inwiefern sich der Mensch, indem er sich an diesem Gesetze mißt, auf dem Wege zur Erkenntnis des Evangeliums befinden soll.

Verstehe ich Martin Luther nicht, wenn ich das Alles nicht verstehe? Den Luther des Streites gegen die Antinomer (der mir freilich auch in nicht weniger früheren und späteren seiner Äußerungen erschreckend genug begegnet) verstehe ich sicher nicht – und das, was sich seither in dieser Sache als klassisch «lutherische» Lehre entfaltet hat, erst recht nicht. Wie aber, wenn es – der Reichtum der in dem Corpus WA beschlossenen Geheimnisse ist ja so vielfältig – auch in dieser Hinsicht mehr als einen Luther geben sollte, darunter einen, auf den sich die klassisch «lutherische» Lehre und deren mir in ihrem Namen widersprechende moderne Ausleger und Vertreter nun gerade nicht berufen könnten? Ich durfte ja umgekehrt dem in der «Antwort» unmittelbar neben den kritischen Beiträgen von Wingren und Schlink abgedruckten Aufsatz von H. Gollwitzer und neuerdings dem Buch von Gerhard Heintze, «Luthers Predigt von Gesetz und Evangelium» (1958) entnehmen, daß Luther, insbesondere auf der nicht schmalen Linie seiner Auslegung und Anwendung des Dekalogs, vor Allem des ersten Gebotes, in seinen Predigten über die Bergpredigt und über die Leidensgeschichte auch einem Programm *(Nihil nisi Christus praedicandus)* folgen konnte, im Blick auf das es sich wohl fragen ließe, ob ich mit dem, was ich in dieser Sache vertrete, nicht endlich und zuletzt auch ein gar nicht so übler – Lutheraner sein möchte. Aber das zu behaupten, oder wenigstens zu meinen Gunsten an einen «authentischen» Luther zu appellieren, könnte mir nur anstehen, wenn ich mich in jenen Abgründen der WA ebenso gut auskennte, wie die, die nun – durch Natur und Gnade dazu begabt und verpflichtet – «ihren» Luther gegen mich ins Feld führen. So bleibt mir nur übrig (mit Luther oder gegen ihn) zu der Einsicht zu stehen, die sich mir bisher erschlossen und bewährt hat.

Von der jetzt nur angedeuteten Voraussetzung her setzen wir nun einfach ein mit der Feststellung: Die Wahrheit entlarvt, entdeckt, verklagt, verurteilt den Menschen der Sünde als solchen. Die Wahrheit, die das tut, u. zw. unter allen Umständen (ob die Menschen das bemerken oder nicht) und unwiderstehlich (sie mögen sich dagegen wehren, wie sie wollen) tut, ist aber Jesus Christus als der wahrhaftige Zeuge seiner wahren Gottheit und Menschheit, als authentischer Zeuge der in ihm erschienenen heilsamen, den Menschen rechtfertigenden und heiligenden Gnade Gottes: Jesus Christus in und mit der Verheißung des Heiligen Geistes, der ebenso mit uns Menschen auf unserem Weg durch die Zeiten von seiner Auferstehung her mit uns geht, wie er uns in Ankündigung und Vorwegnahme seines letzten Kommens auf diesem unserem Weg (wieder in der Verheißung seines Heiligen Geistes) entgegenkommt. Er ist das Gesetz Gottes, ist die Norm, mit der konfrontiert, an der gemessen, der Mensch sich als Übertreter – und nun also im Besonderen: als Unwahrhaftiger, als Fälscher, als Lügner erweist. Der Mensch von sich aus könnte und würde sich gewiß nicht für einen solchen halten. Im Zusammentreffen mit Jesus Christus – und es gibt von seiner Auferstehung her keinen Menschen, der sich nicht faktisch im Zusammentreffen mit ihm befindet – bekommt die Wirklichkeit der Lüge, in der er existiert, erkennbares Wesen und faßbare Gestalt, muß sie sich als solche darstellen. Im Gegensatz zu ihm erwacht, lebt und wirkt sie. Und das bezeichnet sie als Sünde, das macht sie über alle Maßen schrecklich und verwerflich, zu dem in seiner ganzen Realität nur eben unbegreiflichen Ereignis: daß sie die Verleugnung, die Verkehrung, die Verfälschung dessen ist, was dem Menschen als Wort Gottes in Ihm, dem Gottes- und Menschensohn, und durch Ihn gesagt ist. Gewiß: darin wird sofort auch ihre Schranke sichtbar. Jesus Christus wird sie nicht gewachsen sein. Sie kann im Verhältnis zu ihm gerade nur Schatten sein, kein eigenes Licht werden. Sie wird ihn als Gottes Wort gerade nur leugnen, damit aber nicht zum Verstummen bringen können. Als Zweites im Gegensatz zu ihm, dem Ersten, wird sie sich auch nicht als Letztes halten, wird sie sich nicht verabsolutieren können. Das macht sie aber nicht besser. Daß sie nur innerhalb dieser Schranke – der Wahrheit in Jesus Christus gegenüber nur relativ, nur vorübergehend – Macht und Bedeutung hat, ändert ja nichts an ihrem Charakter als Sünde und nichts an der Verdammnis, der der Mensch der Sünde und nun also der Mensch als Lügner verfallen ist. Eben in dem Wesen und der Gestalt, eben in der Wirklichkeit, die sie innerhalb dieser Schranke: in der Tat, der Untat des Menschen hat, will sie gesehen, gewürdigt, gefürchtet sein.

Sünde – die Sünde gegen Gottes Gnade – ist also auch Lüge: wie sie auch Hochmut, auch Trägheit ist. Sie spielt sich aber in ihrer Gestalt als Lüge auf einer etwas anderen Ebene ab als in den Gestalten des Hochmuts und der Trägheit: ihnen gegenüber gewissermaßen in einer dritten Dimension. Auch als Lüge ist die Sünde des Menschen willkürliches, in nichts begründetes und durch nichts zu rechtfertigendes, nur eben frevelhaftes Herausbrechen und Heraustreten aus der Wirklichkeit des Bundes, den Gott auf Grund seiner ewigen Gnadenwahl schon in und mit der Erschaffung aller Dinge gestiftet, in der Erniedrigung und der Erhöhung, in der wahren Gottheit und Menschheit Jesu Christi zu seiner Ehre und zum Heil des Menschen erfüllt und damit als alle Menschen angehende Verheißung, aber auch als Norm und Kriterium alles menschlichen Verhaltens und Tuns aufgerichtet und unerschütterlich befestigt hat. Die Sünde als Lüge ist aber im Besonderen: des Menschen unbegründetes, unentschuldbares Herausbrechen und Heraustreten aus dieser Wirklichkeit, sofern diese auch Wahrheit ist – die mutwillige Obstruktion, mit der er dem prophetischen Werk des Mittlers zwischen Gott und ihm begegnet – die Finsternis, die er dem Licht der Erwählung, der Schöpfung, der Versöhnung entgegenstellt, in der er sich – nach dem von Zwingli gebrauchten Bild: wie der Tintenfisch in der von ihm ausgestoßenen dunklen Flüssigkeit – vor Gott, vor dem Mitmenschen und nicht zuletzt vor sich selbst verbergen möchte. Gewiß lügt er auch in dem Hochmut, in welchem er, der Demut des Sohnes Gottes zuwider, seinerseits die Stellung Gottes einnehmen, eine göttliche Rolle spielen möchte – und so auch in der Trägheit, in der er der Hoheit des königlichen Menschen Jesus zuwider, sich seinerseits der Würde der ihm von Gott gegebenen Natur entschlagen möchte. Nicht umsonst haben wir in jenen beiden ersten Teilen der Lehre von der Sünde immer wieder feststellen müssen, daß zu ihrer Wirklichkeit auch das gehört, daß sie sich als solche dauernd und in den verschiedensten Formen zu «verdecken», sich als notwendig, gerecht und heilig auszugeben pflegt. Wo und wann stünde denn der Mensch dazu, daß er als Sünder nur eben ein Übertreter ist, sich Gott, dem Mitmenschen und sich selbst gegenüber nur eben im Unrecht befindet und darum im Absturz ins Bodenlose begriffen ist? Er, der Hochmütige, er, der Träge, muß schon als solcher auch Lügner sein. Eben mit jenem «Verdecken» dessen, was er ist und tut, muß er offenbar verraten, daß er auch in seinem Hochmut und in seiner Trägheit in Beziehung, aber natürlich in der Beziehung des Streites zu der ihm durchaus nicht fremden, auch ihn angehenden Wahrheit steht, sie nicht gelten lassen und doch auch nicht fahren lassen, mit ihr zu tun haben und doch nur negativ zu tun haben, sie anerkennen und zugleich sich ihr entziehen will. Dieses Spiel ist das der Sünde auch in jenen beiden ersten Gestalten wesentlich eigentümliche Werk der Lüge. Man kann also ihr Besonderes jenen gegenüber schon darin sehen, daß sie der ihnen gemeinsame Exponent ist, in welchem sie beide sich als Sünde verraten und darstellen müssen.

Aber darin erschöpft sich ihr Besonderes von ferne nicht. Sie hat auch unabhängig von ihrer Mitwirkung in jenen anderen Gestalten der Sünde ihren eigenen Sinn und Charakter. Er ergibt sich eben daraus, daß es nicht bloß der sachliche, der prinzipielle, an sich zeitlose, bzw. ständige Gegensatz des Menschen zu Gottes Gnade, sondern des Menschen geschichtlicher Zusammenstoß mit dem ihm begegnenden Wort der Gnade Gottes ist, in welchem seine Sünde in dieser dritten Gestalt, als Lüge, reif, virulent und offenbar wird. In diesem Zusammenstoß formt sich die Sünde ihrerseits als Wort. Sind Hochmut und Trägheit das Werk, so ist Lüge das Wort des Menschen der Sünde. Darin vollendet sich offenbar ihr Grundcharakter als Widerspiel, als Karikatur des dreifachen Amtes und Werkes Jesu Christi – damit übrigens auch der Erweis ihrer Unselbständigkeit, Abhängigkeit und Unoriginalität dem Willen und

Tun Gottes gegenüber, die sie in ihrer ganzen Tendenz zum Nichtigen hin nicht loswerden kann: der Erweis, daß der Teufel Gott nichts Eigenes, sondern nur verfälschende Nachäffungen entgegenzustellen hat – ein Sachverhalt, der uns in diesem Paragraphen noch sehr deutlich vor Augen treten wird. Aber innerhalb der Ökonomie der Sünde haben wir es in der Lüge offenbar mit einer neuen Gestalt zu tun.

Wie kommt sie zustande? Gott als der Herr des in Jesus Christus erfüllten Gnadenbundes setzt sein Handeln als solcher, setzt das Werk der Versöhnung damit fort, daß er mit dem Menschen **redet**: ihn auf das **anredet**, was er in seiner Gnade für ihn ist, und was er, der Mensch, seiner Gnade dankbar, für ihn, Gott, sein darf. Er hat das schon als der Herr des seiner Erfüllung erst **entgegengehenden** Bundes, in der die Geschichte Jesu Christi erst anzeigenden Prophetie der Geschichte Israels, in der von den Zeugen des Alten Testamentes menschlich artikulierten Sprache seiner Taten in und an diesem seinem erwählten Volk getan. Und in der Prophetie Jesu Christi als dem Wort seines **erfüllten** Wollens und Tuns kommt auch die Stimme des seiner Erfüllung erst **entgegengehenden** Herrschens und Waltens Gottes zum Klingen: das Wort des alten als die **Verheißung** des neuen, das Wort des neuen als **Bestätigung** und so als die **Kraft** des alten Bundes. Das Ganze der konkret ein für allemal geschehen, in sich vollendeten und abgeschlossenen Heilsgeschichte hat aber ihre Speerspitze, in der sie noch und noch geschieht, indem sie auch lebendiges **Wort** ist, indem sie über ihre besondere Zeit hinaus selber von und für sich selber **redet**. In dieser Speerspitze geht sie mitten hinein in die ihrem Ziel und Ende entgegenlaufende Welt *post Christum*, d.h. in **diesen** – in **unseren** Zeit- und Geschichtsbereich zwischen der ersten und der letzten Offenbarung Jesu Christi, ergeht sie an den in diesem Raum existierenden **Menschen**. Die Offenbarung Jesu Christi, sein Werk als der wahrhaftige Zeuge Gottes in dieser unserer Zwischenzeit ist die Verheißung des Geistes. Durch dieses Wort Gottes ist der Mensch – der Mensch dieser Zwischenzeit zusammen mit dem Menschen der Zeit des alttestamentlichen Zeugnisses – zur Rede gestellt. Und nun ist die Antwort dieses Menschen seine Sünde in der Gestalt der Lüge. Sie müßte nicht seine Antwort sein. Gottes Wort eröffnet ihm ja seine in Jesus Christus geschehene Rechtfertigung und Heiligung und also dies: daß er als Mensch der Sünde erledigt und überwunden, im Leben und Sterben Jesu Christi getötet und gestorben, eben damit wie für die Wirklichkeit, so auch für die Wahrheit seiner Versöhnung, für deren Erkenntnis frei gemacht ist. Wie er nicht in seinem Hochmut und in seiner Trägheit beharren müßte, so müßte er auch nicht lügen. Er brauchte dem ihm als Verheißung des Geistes begegnenden Wort Gottes bloß Raum zu geben – den Raum, der ihm in seinem Herzen und Gewissen und damit in seiner ganzen Existenz von rechtswegen gehört –

so würde er sich mit ihm ohne Weiteres in Übereinstimmung befinden, so könnte also seine Antwort darauf nur sein eigenes, spontanes, freies, ganz unzweideutiges Ja sein: seine Entsprechung zu dem, was ihm von Gott gesagt ist. In dieser Antwort des Menschen müßte, könnte, dürfte die ihm gelassene Zeit – sagen wir einmal: die christliche Ära – was ihn, den Menschen betrifft, ihren Sinn bekommen und haben. Eben dazu ist ihm ja diese Zeit als seine Gnadenzeit gelassen. Auf Gottes Wort so antwortend müßte, könnte, dürfte der in Jesus Christus mit Gott versöhnte und wieder durch ihn mit seiner Versöhnung bekannt gemachte Mensch dem Ziel und Ende dieser Zeit in seiner letzten abschließenden Offenbarung entgegengehen. Und eben um Gott diese Antwort zu geben, ist ihm in diesem Raum auch die Freiheit zugesprochen. Diese Antwort gibt er ihm aber nicht. Seine Antwort ist – im Blick auf die besondere ihm gegebene Gnadenzeit und Freiheit in doppelter Sinnlosigkeit und im Blick auf das, was ihm gesagt ist, in doppelter Unbegreiflichkeit: seine Lüge, d. h. sein Versuch, das, was zwischen Gott und ihm wahr ist, nicht wahr sein zu lassen – der Wahrheit, die ihm von Gott gesagt ist, ausweichend, eine, seine eigene Wahrheit hervorzubringen, die als solche, im Gegensatz zu jener und als Surrogat für das Ja, das er Gott schuldig und das auszusprechen er von Gott her frei ist, nur eben seine Unwahrheit sein kann. Indizien genug dafür, daß er – ebenso unsinnig und unbegreiflich – auch in seinem Hochmut und in seiner Trägheit zu verharren gedenkt und ernstlich zu verharren versucht! Das ist, so entsteht der eigene Charakter der Sünde in dieser ihrer dritten Gestalt. Sie erscheint hier als menschliche Gegenoffenbarung zu Gottes Gnadenoffenbarung und so als potenzierte Sünde. Es braucht die Situation der christlichen, durch die Prophetie Jesu Christi beherrschten und bestimmten Ära, zu der auch die Zeit der Prophetie der Geschichte Israels gehört, um die Sünde in dieser Gestalt in Erscheinung treten zu lassen. Die Lüge ist, etwas zugespitzt gesagt und *cum grano salis* zu verstehen: die spezifisch christliche Gestalt der Sünde.

Wir haben uns, bevor wir auf des Menschen Lüge als solche, ihr Wesen und Unwesen, zu sprechen kommen, genau darüber klar zu werden, was es mit dem Zeugnis des wahrhaftigen Zeugen auf sich hat, im Verhältnis und im Gegensatz zu dem sich die Sünde als Lüge, als falsches Zeugnis entzündet, durch das es als falsches Zeugnis angeklagt, verurteilt gerichtet wird.

Im Licht und vermöge der Kraft dieses Zeugnisses wird sie ja reif, virulent, wirksam und greifbar, geht ihr irgendwo zutiefst im Menschen – nicht in des Menschen Natur, aber in seiner unnatürlichen Widerspenstigkeit – verborgener Same und Keim auf, wird sie als des Menschen Antwort seine Tat. Der Mensch kommt auch als Mensch der Sünde nicht los von Gott. Er kann auch in seiner Unwahrheit nur von Gottes Wahrheit leben. Er kann nur an ihr sündigen: nur unter der Voraussetzung, daß sie die Wahrheit ist und als solche zu ihm redet. Seine eigene Wahrheit und also die Unwahrheit, mit der er sie beantwortet, kann doch nach Inhalt und Form nur in einer Travestie der Wahrheit bestehen. Und nur sie entlarvt ihn dann auch sofort und ohne Diskussion als Lügner. Sie tut das in der denkbar einfachsten Weise. Wer hier an einen komplizierten Prozeß mit viel Für und Wider dächte, wer die Begegnung der Wahrheit mit dem Menschen und das, was sich in ihr ereignet, in begrifflich-dialektischer, oder gar in psychologischer Analyse erfassen und darstellen wollte, der hätte gewiß noch nicht gesehen und verstanden, um was es da geht. Wie die Wahrheit nur eben als solche da ist, wie sie aber nicht müßig da ist, sondern redet, sich dem Menschen als an ihn gerichtetes Wort bezeugt – wie sie dem Menschen sinnloser und unbegreiflicherweise unwillkommen ist – wie er ihr gegenüber, um sich vor ihr zu schützen, seine Unwahrheit als Wahrheit ins Feld führt – wie er ihr gegenüber damit nicht durchkommt, ihr gegenüber nur eben als überführter Lügner auf dem Plan bleiben kann – das Alles ist ja kein Sachzusammenhang, dessen einzelne Glieder und Momente sich aus sich selbst und aus ihren Beziehungen untereinander erklären ließen, der also pragmatisch zu durchleuchten und zu beschreiben wäre. Das Alles ist vielmehr eine Geschichte, die sich nur eben faktisch so und nicht anders da zuträgt und abspielt, wo die Wahrheit die Wahrheit, der Mensch der Mensch ist, und wo diese zwei sich begegnen, aufeinanderstoßen. Da ereignet es sich eben einfach, daß die Wahrheit sich dem Menschen als solche verrät, daß er, ihr gegenüber unlustig und unwillig, seine Unwahrheit vorbringt, daß diese durch jene als das, was sie ist, gekennzeichnet, daß der Mensch also als Lügner enthüllt wird, seiner Larve beraubt auf dem Platze bleibt. Das ist eine Geschichte, die man (im größeren Zusammenhang der Geschichte des prophetischen Werkes Jesu Christi und im noch größeren Zusammenhang der Geschichte der Versöhnung) nur erzählen kann, deren Systematik in allen ihren Dimensionen nur in ihr selbst als Geschichte begründet ist, die nur eben in klarer Sicht ihrer beiden entscheidenden Elemente: der den Menschen angehenden und treffenden, ihm überlegenen Wahrheit und des von ihr angegangenen und betroffenen, ihr nicht gewachsenen, in seiner Unwahrheit durchschauten und über ihr ertappten Menschen durchsichtig werden kann. Wäre sie nicht die Wahrheit und träfe sie den Menschen nicht, so würde sie das nicht ausrichten. Sie ist aber die Wahrheit und sie trifft den Menschen. Wäre er nicht der Mensch und würde er von der Wahrheit nicht betroffen, so würde ihm das nicht widerfahren. Er ist aber der Mensch und er ist von ihr betroffen. So geschieht es unweigerlich, daß sie ihn entlarvt und daß er von ihr entlarvt, seiner Lüge überführt wird. – Von der den Menschen entlarvenden Wahrheit reden wir in diesem ersten, von dem durch sie entlarvten Menschen, von seiner Lüge als solcher im zweiten Abschnitt dieses Paragraphen.

«Was ist Wahrheit?» Sicher (1) keine Idee, kein Prinzip, kein System (ob es nun als Zusammenstellung von Beobachtungen und Anschauungen oder durch Kombination von Begriffen gebildet, und ob es nun mehr traditionell oder mehr originell geformt sei), kein Gefüge von Richtigkeiten, keine Lehre: auch keine noch so richtige Lehre vom Sein Gottes und von dem des Menschen, von ihrer normalen Beziehung zueinander, von deren Begründung, Wiederherstellung und Ordnung. Gewiß kann, mag und darf sich die Wahrheit auch je und je in solcher Lehre spiegeln, sekundär auch in Gestalt solcher Lehre bezeugt werden. Gewiß fordert sie es sogar, auch gelehrt, d.h. in tunlichster Konsistenz aufgefaßt, bedacht, verstanden und in leidlich «richtigen», klaren und folgerichtigen Gedanken, Worten und Sätzen zur Sprache gebracht zu werden. Aber eben: auch in der richtigsten, aufs Gewissenhafteste gewonnenen und geformten Lehre sind wir schon oder noch beim Menschen und noch nicht oder nicht mehr bei der dem Menschen begegnenden Wahrheit Gottes. Lehre als menschliches Werk ist und bleibt auch im besten Fall ein problematisches, ein zweideutiges Phänomen. Lehre als menschliches Werk wird im Mund ihrer menschlichen Lehrer und im Ohr ihrer menschlichen Hörer immer bedroht sein von irgendwelcher Mißdeutung, Täuschung, Fälschung, Verkehrung. Lehre kann auch als ein Gefüge von lauter Richtigkeiten Lüge sein oder werden. Gerade die Lüge kleidet sich sogar mit Vorliebe in das Gewand der Lehre, der Idee, des Prinzips, des Systems. Und je göttlicher sich eine Idee darstellt, je prinzipieller sich ein Prinzip durchsetzen und behaupten will, je bestimmter sich ein System als die Wahrheit ausgibt, je strotzender von Richtigkeiten sich eine Lehre empfiehlt, desto dringender erhebt sich der Verdacht, es möchte eine Idee, ein Prinzip, ein System, eine Lehre der Lüge sein, die uns da in Anspruch nehmen und in Gefangenschaft führen will. Das ist sicher, daß keine Lehre als solche die Macht hat, den sündigen Menschen zu entlarven: die Macht jenes Geschehens, in welchem er sich unweigerlich als Lügner entdeckt und hingestellt findet. Keine Lehre hat ja auch die Macht, von der wir im folgenden Paragraphen zu reden haben werden: die Macht, den Menschen aus seiner Lüge heraus zur Erkenntnis und zum Bekenntnis der Wahrheit, zur Buße, in den Gehorsam und zum Dienst zu rufen. Allein die Wahrheit selbst hat die Macht zu beidem. Die dazu mächtige Wahrheit ist aber das Sprechen, Tun und Wirken der dem Menschen in jener Geschichte begegnenden Person des wahrhaftigen, weil primären Zeugen. Jesus Christus in der Verheißung des Geistes als seiner Offenbarung in unserem Zeit- und Geschichtsbereich ist die Wahrheit. Alle Lehre nimmt insofern, in dem Maß an der Wahrheit teil oder nicht teil, als sie direkt oder indirekt

1. Der wahrhaftige Zeuge

ihn lehrt oder als sie eben das nicht tut. Er ist aber in keine Lehre, auch in keine Lehre von ihm, er ist auch in die richtigste Christologie nicht einzufangen und einzuschließen. Er ist gerade als der Ursprung und Gegenstand aller Lehre von ihm auch deren Herr: durch sie nicht bedingt, an sie nicht gebunden, wie sie allerdings durch ihn bedingt und gebunden ist. Er ist auch ihr gegenüber souverän und gerade so das Maß und Kriterium aller Lehre von ihm und aller sonstigen Lehre. Indem er dem Menschen begegnet, zum Menschen redet, kommt es zu dessen Entlarvung als Mensch der Sünde. Nicht im Licht irgendeiner Lehre, wohl aber in seinem Licht wird und ist der Mensch seiner Lüge überführt.

«Was ist Wahrheit?» Das ist (2) sicher, daß man nicht erwarten darf, daß sie dem Menschen als ein ihm direkt, ohne weiteres einleuchtendes, weil wohlgefälliges, angenehmes, willkommenes Phänomen begegnen werde. Er wäre nicht, der er ist, wenn die Verheißung des Geistes ihm leicht und glatt eingehen würde. Die Pforte, durch die sie – wenn überhaupt – zu ihm kommt, ist nicht weit, sondern eng, ihr Weg zu ihm nicht breit, sondern schmal. Wohl ist sie im letzten Grund in Übereinstimmung mit ihm, spricht sie im tiefsten Sinn ihn selbst an: auf das nämlich, was in der in Jesus Christus geschehenen Versöhnung der Welt mit Gott als seine Rechtfertigung und Heiligung und so als seine neue Geburt für ihn geschehen ist, auf die Freiheit und den Frieden dieses seines eigentlichen Seins als in Jesus Christus neuer Mensch. Eben indem sie ihn darauf anspricht, ist sie ihm aber – gemessen an dem, was er an und für sich, abgesehen von diesem seinem Sein in Jesus Christus ist, gemessen an dem, was er von daher für angenehm oder doch annehmbar, und so für wahr halten möchte – neue, fremde, unheimliche Kunde, entbehrt sie des Glanzes, der Heiterkeit, in der sie ihm als annehmlich einleuchten, als Wahrheit einsichtig werden könnte. Mehr noch: der neue Mensch in Jesus Christus, von dem sie uns Kunde gibt, wird dem alten gegenüber, den wir so viel besser kennen, der uns so selbstverständlich vertraut ist, immer in Dunkel gehüllt erscheinen. Es bedarf einer Zerreißung dieses Dunkels, einer Durchbrechung des fremden, ja drohenden, peinlichen Aspektes, unter dem sich die Wahrheit dem Menschen nähert, damit sie ihm als solche einsichtig werde. Er selbst müßte dazu – und das versteht sich von ferne nicht von selbst – ein Anderer werden. Zunächst und fürs Erste spricht sie ihn eben nicht an, sondern widerspricht sie ihm und fordert sie eben damit auch seinen Widerspruch heraus. Zunächst empfiehlt sie sich ihm gar nicht, ist sie ihm nicht willkommen, sondern unwillkommen. Sie wäre gewiß nicht die Wahrheit, wenn sie nicht die Tendenz und die Macht hätte, jenes Dunkel zu zerreißen, jene Durchbrechung ihres ersten Aspektes zu vollziehen, den Menschen zu verändern und damit für sich selbst zu erschließen. Sie wäre nicht die Wahrheit, wenn die Neuheit und Fremdheit, in der sie ihm zunächst begegnet, mehr wäre als die harte Schale eines süßen, für ihn höchst köstlichen Kerns, wenn sie nicht darauf zielte und drängte, ihm die Freiheit, die Freude und den Frieden seines eigentlichen Seins als neuer Mensch in Jesus Christus einsichtig und zugänglich zu machen. Sie wäre aber auch nicht die Wahrheit, wenn sie ihn anders als auf dem Weg eines gewaltigen Dennoch! und Trotzdem! für sich gewinnen, wenn sie ihm also nicht in jener harten Schale begegnen, wenn sie ihm jene Einsicht gewissermaßen auf dem Präsentierteller servieren, wenn sie sich ihm billig, anders als in einem notvollen Entscheidungskampf erschließen würde. Was ihm anders als so, was ihm ohne Weiteres eingínge, das könnte zwar immer noch etwas im Rahmen seines geschöpflichen Lebens an sich Freundliches und Gutes und wohl auch Wahres sein, die Wahrheit Gottes wäre es bestimmt nicht. Und eben damit würde es sich von dieser unterscheiden, daß es zu einer Entlarvung des Menschen, zu seiner Bloßstellung als Lügner dabei ganz gewiß nicht kommen würde: zu ihr ebenso wenig wie zu seiner Berufung zur Erkenntnis der Gnade Gottes, zum Glauben und zum Gehorsam. Daß es sich mit der Wahrheit Gottes so verhält, das ist darin begründet, daß sie identisch ist mit dem wahrhaftigen Zeugen Jesus Christus als der Offenbarung des in ihm geschehenen Willens und Werkes Gottes am Menschen. Die Herrlichkeit dieses Mittlers ist aber eine in ihrem Gegenteil verborgene, eine in Unscheinbarkeit, ja in abstoßende Schmach verhüllte Herrlichkeit. Dieser Zeuge begegnet nämlich dem Menschen nicht in einer ihn leichthin gewinnenden, ihm natürlich imponierenden Prachtgestalt, sondern, durch Gottes Macht von den Toten auferweckt, in der verächtlichen und abschreckenden Gestalt des Gekreuzigten und Getöteten von Golgatha. Als der, dessen Weg dorthin führt und dort endigt, ist er ja der Versöhner der Welt mit Gott, des Menschen Rechtfertigung und Heiligung. Mit ihm als Diesem ist unser Leben in Gott verborgen und geborgen. Und eben als Dieser kommt er wieder, offenbart er sich in der ihrem Ziel und Ende entgegenlaufenden Welt und also in unserem Zeit- und Geschichtsbereich. «Wort vom Kreuz» ist also das Licht des Lebens, die heilsame Offenbarung Gottes, die Verheißung des Geistes, in welcher er den Menschen heimsucht, begleitet, ihm begegnet. Eben als «Wort vom Kreuz» hat und übt es Macht – zunächst also, was uns jetzt beschäftigt: die Macht, den Menschen der Sünde als Lügner zu entlarven. Wem könnte es gerade in dieser Macht willkommen sein, angenehm oder auch nur annehmbar erscheinen? Eben indem es dieses Wort ist, von dem man sich zunächst sowohl im Blick auf seine Gestalt wie im Blick auf das, was uns von ihm her droht, nur kopfschüttelnd abwenden zu können meint, liegt es so nahe, vor ihm die Flucht in die Lüge zu ergreifen, sich an irgendeine billiger zu habende und zu bejahende Wahrheit, d.h. aber an die Unwahrheit zu halten – mit dem Vorteil, daß man dann von jener Entlarvung verschont zu bleiben meinen kann. Nur meinen kann: denn gerade diesem Wort gegenüber gibt es für den Menschen – was er auch von sich meinen möge – kein Entfliehen und kein Verstecken.

Wir müssen nun aber der Sache von diesen beiden abgrenzenden Vorbemerkungen her noch sehr viel nähertreten.

Merken wir uns nochmals unseren Ausgangspunkt: Der wahrhaftige Zeuge und also der Ausspruch, die Offenbarung, das Phänomen der Wahrheit, die Wahrheit selbst, die den Menschen, indem sie ihm begegnet, als Lügner entlarvt, ist der, der in ihm mit Gott versöhnten Welt in der Verheißung des Geistes gegenwärtige, in Ausübung seines prophetischen Amtes in und an ihr handelnde lebendige Jesus Christus. Wir reden, ob wir seinen Namen nennen oder nicht, von Ihm, wenn wir nun hinsichtlich des wahrhaftigen Zeugen als des Subjektes jener Entlarvung die folgenden Feststellungen machen.

Dieser wahrhaftige Zeuge ist die geschichtliche Person eines konkreten Menschen. Er, dieser Mensch, lebt. Er, dieser Mensch, ist der Welt, in der auch wir leben, als der in ihm mit Gott versöhnten Welt gegenwärtig. Er, dieser Mensch, ist in ihr am Werk u. zw. in der Aussprache der Wahrheit am Werk. Er, dieser Mensch, begegnet in ihr uns anderen Menschen. Er tut es in der unserem Zeit- und Geschichtsbereich angemessenen Gestalt: in der Verheißung des Geistes. Er tut es aber auch in dieser zweiten Gestalt seiner Wiederkunft als Offenbarer ebenso wie in ihrer ersten (in seiner Auferstehung) und in ihrer dritten (am Ziel und Ende aller Tage) als dieser Mensch. Kein von ihm zu unterscheidendes Fluidum seiner Bedeutung, seiner Kraft, seines Einflusses, seiner Nachwirkung kann da also an seine Stelle treten. Keine in ihm nur eben erschienene und als Wahrheit ihm gegenüber selbständig gelten wollende, mit ihm nur als mit ihrem ersten, klassischen Exponenten verbundene Idee – keine (wir erinnern uns an unsere erste Vorbemerkung) noch so richtige menschliche Lehre von ihm. Er, der Herr, er in seinem Wort ist der verheißene und selber verheißende Geist. Und so ist weder die Wahrheit selbst noch ihr Ausspruch von ihm zu trennen oder auch nur zu unterscheiden. So bedarf er, um der wahrhaftige Zeuge zu sein, keiner Bestätigung und Legitimierung von einer anderen Stelle aus. So bedarf er dessen nicht, zur Bekräftigung seines Ausspruchs, im Licht einer allgemein geltenden und bekannten Wahrheit oder auch im Licht einer aus seiner Erscheinung abgeleiteten besonderen (etwa kirchlichen) Wahrheit gedeutet zu werden. Indem er selbst, dieser Mensch, in der Gestalt der Verheißung des Geistes da ist, lebt und wirkt, ist er der wahrhaftige Zeuge: selber die Wahrheit und ihr Ausspruch. Und in seinem Dasein und Leben als dieser Mensch vollzieht er die Entlarvung jedes anderen Menschen.

Was ist es mit dieses Menschen Dasein und Leben, das ihn als solchen zum wahrhaftigen Zeugen und also zu dem Licht macht, in welchem die Finsternis der Lüge als solche sichtbar und kenntlich wird? Das Grundlegende, was da zu sagen ist, ist dies: das Geheimnis der richtenden Wahrheitskraft dieses Menschen besteht darin, daß Gott in einem Verhältnis zu ihm und er in einem Verhältnis zu Gott existiert, das nicht seinesgleichen hat: weder von Gottes noch von seiner Seite – in welchem er vor allen anderen Menschen ausgezeichnet und unterschieden da ist und lebt, in welchem er ihnen also, als Mensch mit ihnen auf dem gleichen Fuße, menschlich echt und wirklich gegenüberzutreten in der Lage ist, nun aber, indem Gott in jenem Verhältnis zu ihm, er in jenem Verhältnis zu Gott existiert, notwendig uns Allen fragend, anklagend, verurteilend gegenübertritt. Das ist zunächst das unvergleichliche Verhältnis Gottes zu diesem Menschen: daß Gott vorbehaltlos und gänzlich für ihn einsteht und gutsteht, seine eigene Sache zur Sache dieses Menschen macht, seine Ehre für die Ehre dieses Menschen verpfändet, aufs Spiel setzt, sich selbst in seiner ganzen Gnade und Heiligkeit, Ewigkeit und Herrlichkeit diesem Menschen – als wäre er nicht Mensch, sondern seinesgleichen – bedingungslos anvertraut. Er will nicht in der Höhe sein, ohne zugleich ganz und gar in der Tiefe dieses Menschen zu sein. Er will nicht ohne diesen Menschen, sondern nur mit ihm Gott sein. Welches Risiko er auch damit laufe, was auch bei solchem Einsatz aus ihm selbst, aus seiner Gottheit werden möge! Er fürchtet keine denkbare Gefahr dieses Abenteuers. Er hat keinen Argwohn gegen diesen Menschen. Er sagt schlicht Ja zu ihm: kein bloß thetisches, sondern sein praktisches, kein besorgtes, sondern ein zuversichtliches, kein bloß äußerliches, sondern das innerlichste, kein vorläufiges, sondern sein definitives Ja. Er sagt es und so gilt es ohne Einschränkung. «Du bist mein lieber Sohn, an dir habe ich Wohlgefallen gefunden» (Mr. 1, 11). Es macht Gott nichts aus, mit dem Dasein dieses Menschen zu stehen und zu fallen. Er wird aber nicht fallen, sondern – so gewiß er Gott ist! – stehen mit diesem Menschen. Daraus folgt und dem entspricht nun aber das Verhältnis dieses Menschen zu Gott. Es ist, indem es in ihm begründet ist und aus ihm folgt, das genaue Spiegelbild des Verhältnisses Gottes zu ihm. Wie Gott in seiner Majestät für ihn einsteht, so steht er in seiner Niedrigkeit für Gott ein. Er macht die Sache Gottes zu seiner eigenen Sache, er sucht seine Ehre nur in der Ehre Gottes. Er wagt es mit Gott in derselben menschlichen Kühnheit, in der Jener es in seiner göttlichen Kühnheit mit ihm wagt. Er vertraut, daß für ihn als Menschen gerade nur dieses sein Wagnis mit Gott möglich, recht und heilsam sein kann. «Meine Speise ist, daß ich den Willen dessen tue, der mich gesandt hat» (Joh. 4, 34). Dieser Mensch will seinerseits nicht ohne Gott, sondern nur mit ihm Mensch sein. Auch er tut das angesichts aller möglichen Konsequenzen und Gefahren, aber ohne Rücksicht auf sie und auch er mit einem Ja, in welchem kein verborgenes Nein sein Wesen treibt, auch er ohne Furcht vor solchem Abenteuer. Auch er ist bereit, mit Gott zu stehen und zu fallen, er kann und wird aber mit ihm nicht fallen! Sondern so gewiß er dieser Mensch ist: er wird mit Gott stehen, wie Gott seinerseits mit ihm nicht fallen, sondern stehen wird.

Indem das Gottes Verhältnis zu ihm, das sein Verhältnis zu Gott ist, ist dieser Mensch der wahrhaftige Zeuge. Denn Gott in diesem Verhältnis zum Menschen ist der wahre Gott, will sagen: Gott in der authentischen Offenbarung seines göttlichen Wesens, Gott wie er ist. Und der Mensch in diesem Verhältnis zu Gott ist der wahre Mensch, will sagen: der Mensch im getreuen Bekenntnis seiner Menschlichkeit, der Mensch wie er ist. Das Zusammentreffen dieser Offenbarung Gottes und dieses Bekenntnisses des Menschen ist die Wahrheit im Vollsinn dieses Begriffs. Denn Beide miteinander: Gott wie er ist und der Mensch wie er ist – das ist die eine, die ganze Wahrheit. Indem dieser Mensch in diesem Zusammentreffen, in der Einheit Gottes und des Menschen existiert, ist er die Wahrheit, spricht er sie in seiner Existenz aus, tut er sein prophetisches Werk in der Welt. Und eben indem er es in Aussprache der Wahrheit tut, tritt er den anderen Menschen gegenüber, erweist sich in der Gegenüberstellung mit ihnen der Ausspruch ihrer eigenen Existenz als Lüge. Auch ihre Existenz redet ja von einem Verhältnis von Gott und Mensch, aber zweifellos nicht von dem zwischen dem wahren Gott und dem wahren Menschen. Was für ein Gott und was für ein Mensch und was für ein Verhältnis zwischen Gott und Mensch, das in ihrer Existenz zur Sprache kommt! Der unwahre Ausspruch ihrer Existenz wird als solcher aufgedeckt, wenn und indem sie sich mit jenem Menschen, dem wahrhaftigen Zeugen, mit dem wahren Ausspruch seiner Existenz konfrontiert finden. – Aber bevor uns das noch einsichtiger werden kann, müssen wir von jener grundlegenden Feststellung her noch mehr als einen Schritt weitergehen.

Jenes Verhältnis zwischen dem wahren Gott und dem wahren Menschen, dem wahren Menschen und dem wahren Gott, reflektiert sich in einer doppelten Bestimmung der Existenz dessen, der der wahrhaftige Zeuge ist. Sein Leben als Mensch – als der Mensch, der in der Verheißung des Geistes durch unseren Zeit- und Geschichtsbereich geht, daselbst uns begleitet, daselbst uns begegnet – ist ein von ihm Gott dargebrachtes, gehorsam in seinen Dienst gestelltes – und es ist als solches ein von Gott gutgeheißenes, angenommenes und entsprechend ausgezeichnetes Leben.

Ein ihm dargebrachtes Leben: Der Zuwendung dieses Menschen zu Gott, seinem Wagnis mit ihm – wir beginnen hier mit dieser Seite der Sache – entspricht äußerlich, sichtbar, in der Haltung und Tat seines Lebens dies: daß es im Rahmen der Anordnung Gottes, nach der Weisung seines Gebotes gelebt wird. Wie könnte es in jener großen Zuversicht auf Gott bloß innerlich, unsichtbar, tatlos – oder eben nach außen hin zufällig oder willkürlich gelebt werden? Indem seine Zuwendung zu Gott ernstlich und ganz ist, gehört dieser Mensch nicht sich selbst. Er hat seine Möglichkeiten nicht in der Hand und zu seiner Verfügung. Es kann darum sein Denken und Reden, Wollen und Handeln im Ganzen wie im Einzelnen weder Sache des Ungefährs noch Sache seines Gutfindens sein. Seine Praxis im laufenden Umgang mit Gott, mit dem Mitmenschen und mit sich selbst gestaltet sich vielmehr zu einer Analogie des Vertrauens, das er auf Gott setzt, nachdem Gott sich ihm seinerseits so völlig anvertraut hat. Sie kann also nur in einer Reihe von Darbringungen, von Gehorsamsakten, von Dienstleistungen bestehen. Was die Existenz dieses Menschen kennzeichnet: daß er Gott und ihn allein zu seinem Gut erwählt hat, das reflektiert sich darin, daß die Praxis seines Lebens eine Analogie dieses Erwählens ist und also tatsächlich in einer Reihe von diesen seinem Erwählen Gottes untadelig entsprechenden Erwählungen und Entscheidungen verläuft. Er gibt Gott damit konkret recht, daß er seinerseits konkret tut, was vor Gott recht ist. Indem er das tut, bewährt er sich als der wahrhaftige Zeuge.

Und nun das Andere: Sein Leben ist ein von Gott ausgezeichnetes Leben. Die Zuwendung Gottes zu ihm, das Abenteuer, das Gott mit diesem Menschen wagt, bleibt auch nicht bloß innerlich und unsichtbar, wird vielmehr sogar betastbar und schmeckbar in Gottes Lenkung und Gestaltung seines Weges. Auch da entsteht und besteht Analogie. Gottes Ja zu diesem Menschen ist wie dieses Menschen Ja zu ihm kein abstraktes, sondern ein ganz konkretes. Er behütet ihn. Er sorgt für ihn wie für die Sperlinge, wie für die Lilien des Feldes und besser als für sie. Er gibt ihm sein tägliches Brot und mehr als das. Er erhält ihn nicht nur: er eröffnet ihm die ganze Schatzkammer seiner Schöpfung. Er erquickt ihn reichlich und überreichlich. Er gibt ihm Anlaß, sich seines Lebens zu freuen. Er läßt es ihm gelingen, läßt, was er tut, geraten u. zw. wohl geraten. Er läßt ihn das Seine ausrichten, und läßt ihn Erfolge sehen. «Du deckst mir den Tisch im Angesicht meiner Feinde; du salbst mein Haupt mit Öl und schenkst mir den Becher voll ein. Glück und Gnade werden mir folgen alle meine Tage» (Ps. 23,5 f., aber wieviele andere Psalmstellen müßte man da zitieren, und man hüte sich wohl, sie allzu schnell «nur geistlich» zu verstehen!) In dem allem bewährt und betätigt Gott, daß ihm an diesem Menschen gelegen ist, daß es ihm ernst ist damit, ihm Anteil an sich selber zu geben, daß er sein ihm dargebrachtes, in seinen Dienst gestelltes Leben gutheißt und annimmt, daß er es brauchen kann und will. Zu dieses Menschen Existenz als der wahrhaftige Zeuge gehört als integrierendes Moment auch dies, daß Gott an ihm handelt als der Gott, der es gut mit ihm meint: der ihn krönt mit Gnade und Barmherzigkeit (Ps. 103, 4).

Aber nun kommen wir erst zum Entscheidenden, was im Blick auf diesen Menschen als den wahrhaftigen Zeugen zu sehen und zu sagen ist. Zwischen den beiden eben angegebenen Bedingungen seiner Existenz, die ihrerseits der Reflex des seine Existenz konstituierenden Zusammentreffens von Gott und Mensch sind, besteht natürlich ein innerer Zusammenhang: das Gott von ihm dargebrachte ist nicht ohne Grund auch sein von Gott ausgezeichnetes Leben. Es wäre aber das furchtbarste, das frivolste Mißverständnis – es wäre geradezu die dem wahrhaftigen Zeugen entgegenstehende Lüge – wenn man den Zusammenhang dieser beiden Bestimmungen rechnerisch, nämlich als den eines *Do* und eines *Des*, eines *Credit* und eines *Debet*, eines Guthabens und einer Schuldigkeit verstehen und erklären wollte. Er besteht vielmehr darin, daß auf beiden Seiten Freiheit die Form und der Charakter des Verkehrs zwischen dem wahren Gott und dem wahren Menschen ist: des Verkehrs, der die Existenz dieses Menschen bestimmt und in dessen Vollzug er die Wahrheit ausspricht und also der wahrhaftige Zeuge ist. So und nur so, in beiderseitiger Freiheit, entspricht dieser Verkehr dem Verhältnis zwischen Gott und Mensch, Mensch und Gott, durch das die Existenz dieses Menschen konstituiert wird.

Die der Zuwendung dieses Menschen zu Gott entsprechende Darbringung, sein Gehorsamsakt, seine Dienstleistung ist seine freie Tat. Sie ist nicht veranlaßt, nicht motiviert, nicht bedingt durch die Absicht auf einen von Gott zu empfangenden Lohn. Er tut sie nicht um der von Gott verheißenen und zu erwartenden Auszeichnung willen, nicht im Blick auf deren Nützlichkeit und Annehmlichkeit, nicht als Mittel zu deren Erwerb, nicht als Bezahlung des Preises, um den sie zu gewinnen sein möchte – und selbstverständlich auch nicht aus Furcht vor irgendwelchen Übeln, die der Unterlassung dieses Werkes, der Nicht-Bezahlung dieses Preises folgen möchte, nicht zur Vermeidung einer Strafe, die ihn, wenn er da versagen sollte, treffen könnte. Seine Darbringung ist darin seine freie Tat, daß er sie nur eben in Erkenntnis Gottes selbst, nur eben in Furcht vor ihm, nur eben aus Freude an ihm, nur um Gottes selbst willen, nur weil und indem er von ihm nicht lassen kann, tut. Sie ist ihm nur dadurch notwendig gemacht, hat nur darin ihren bewegenden Grund, daß Gott für ihn Gott, daß er faktisch sein Herr ist. Sie ist darin seine freie Tat, daß er sie, abgesehen von diesem einen Grund, grundlos, anspruchslos, uninteressiert, umsonst, gratis, tut.

Und genau so ist auch die der Zuwendung Gottes zu diesem Menschen entsprechende Auszeichnung, mit der er diesen Menschen krönt, Gottes freie Tat. Er verleiht sie ihm ungeschuldet. Sie ist nicht seine Gegenleistung zu dessen von ihm geforderter und von jenem erfüllter Leistung. Sie ist wohl Gottes großer Lohn, sie ist aber keine Bezahlung, keine Abgeltung, zu der er auf Grund irgendeines höheren Gesetzes moralisch oder rechtlich verpflichtet wäre. Sie ist keine Ware, die Gott diesem Menschen für den von ihm vorausbezahlten Preis seiner Darbringung, seines Gehorsams, seines Dienstes zu liefern hätte. Gott ist diesem Menschen zu nichts verpflichtet. Er muß ihn nicht auszeichnen, er tut es in eigenster Initiative, in seiner ihm gegenüber überströmenden Güte. Er muß ja auch sein ihm dargebrachtes Leben nicht gutheißen, nicht annehmen. Er muß dieses Menschen Dienst nicht brauchen. Es ist seine eigene höchste, aber freie Weisheit und Gerechtigkeit, wenn er ihn gutheißt, annimmt, braucht. Er krönt ihn, der ihm sich selbst darbringt, aber nicht deshalb, weil dieser solches tut, nicht im Blick auf einen Wert, den das für ihn hätte, auf einen Nutzen und Vorteil, den ihm das einbrächte, sondern einzig und allein in dem souveränen Wohlgefallen, das er an ihm hat, um seiner Erwählung dieses Menschen – also erstlich und letztlich einzig und allein um dieses Menschen willen. Auch die Auszeichnung dieses Menschen ist darin Gottes freie Tat, daß er sie diesem Menschen abgesehen von diesem einzigen Grund grundlos, unverpflichtet, uninteressiert, umsonst, gratis zuteil werden läßt.

In diesem Sinn ist die Freiheit die Form und der Charakter des Verkehrs zwischen dem wahren Gott und dem wahren Menschen, der sich in dieses einen Menschen Existenz ereignet und die ihm zum Zeugen der Wahrheit, zum wahrhaftigen Zeugen macht.

Wir können nun aber diesen Verkehr des wahren Gottes mit dem wahren Menschen, der in dem, der der wahrhaftige Zeuge ist, stattfindet – wir können die in ihm sichtbare doppelte Bestimmung seiner Existenz doch nur als den Reflex des Zusammentreffens, der Einheit verstehen, durch welche seine Existenz konstituiert wird, in welcher dieser Mensch ist, der er ist, um als solcher die Wahrheit auszusprechen. Mit Zufall oder Willkür hat also die Freiheit, die die Form und der Charakter dieses Verkehrs ist, nichts zu tun. Sie ist keine nur äußerliche, keine leere, keine inhaltslose Freiheit. Wir kehren nun zu der ursprünglichen Reihenfolge der beiden in diesem Verkehr handelnden Subjekte zurück und stellen fest:

So frei krönt Gott diesen Menschen, weil er in seinem Verhältnis zu ihm so frei ist: ohne alles ihn bindende Müssen ihm gegenüber, so nur durch sich selbst disponiert zu seiner Bejahung, zu jenem gänzlichen, bedenkenlosen, unbedingten Einsatz für ihn. Er krönt ihn so frei, weil er in diesem seinem nur eben positiven Verhältnis zu ihm der wahre Gott ist. Wie sollte dieser wahre Gott diesen Menschen nicht auszeichnen? Wie sollte er das aber anders als in jener Freiheit tun? Das ist die in der Existenz jenes einen Menschen, des wahrhaftigen Zeugen bezeugte Wahrheit Gottes.

Und so frei gehorcht dieser Mensch Gott, weil er in seinem Verhältnis zu ihm so frei ist: er seinerseits entbunden von allem Müssen ihm gegenüber, so nur eben von sich aus disponiert zu seiner Bejahung, zu jenem Einsatz für ihn, in welchem es keine Sorge und keinen Vorbehalt geben kann. Er bringt sich Gott darum so frei dar, weil auch er in diesem seinem nur eben positiven Verhältnis zu Gott ganz er selber, der wahre Mensch, ist. Wie sollte dieser wahre Mensch Gott nicht gehorchen, sich ihm nicht darbringen? Wie sollte er ihm aber anders als in jener Freiheit gehorchen? Das ist die in der Existenz jenes einen Menschen, des wahrhaftigen Zeugen, bezeugte Wahrheit des Menschen.

Wir fassen zusammen: Gott muß nicht, er kann und will aber der Gott dieses Menschen sein. Und so ist er es: so krönt er ihn auch. Und der Mensch muß nicht, sondern er kann und darf der Mensch Gottes sein. Und so ist er es: so gehorcht er ihm auch. Gerade in seiner aller Berechnung spottenden Freiheit für den Menschen ist Gott der wahre Gott. Und gerade in seiner rückhaltlosen Freiheit für Gott ist der Mensch der wahre Mensch. Und das Zusammentreffen, die Einheit des wahren, nämlich des für den Menschen freien Gottes, mit dem wahren, nämlich für Gott freien Menschen, konstituiert die Existenz dieses Einen, der der wahrhaftige Zeuge ist. Indem der freie Gott und der freie Mensch in ihm zusammentreffen, Einer sind, ist er die Wahrheit und spricht er die Wahrheit aus, der gegenüber sich jeder andere Mensch als Lügner erweist.

Es war die Grundstruktur des einen Menschen Jesus Christus, die reine Gestalt, in der er die Wahrheit ist und ausspricht, was uns bis jetzt beschäftigt hat. Das Doppelverhältnis zwischen Gott und ihm als Menschen und zwischen ihm als Menschen und Gott, das seine Existenz konstituiert – der Doppelakt der Darbringung von seiner und der Krönung von der Seite Gottes, der seine Existenz bestimmt – die beiderseitige Freiheit dieses Aktes, in der sich wiederum die Freiheit reflektiert, darstellt und zu erkennen gibt, in der Gott als der Gott dieses Menschen der wahre Gott und der Mensch als der Mensch dieses Gottes der wahre Mensch ist: das war unser bisheriger Gedankengang. Er sollte aufzeigen, was diesen Menschen, in seiner reinen Gestalt begriffen, zum wahrhaftigen Zeugen, den Menschen Jesus Christus zum Propheten der Wahrheit macht.

Es wäre nicht schwer, diesen Gedankengang in seinen einzelnen Momenten und als Ganzes aus dem Neuen Testament zu belegen, an dessen Zeugnis von diesem Zeugen wir uns in dieser Umschreibung selbstverständlich primär unterrichtet haben. Aber das würde hier weit führen, könnte auch nur in Wiederholungen von exegetischen Nachweisen geschehen, die in dieser Dogmatik in anderen Zusammenhängen längst geführt sind. Und ich will offen gestehen, daß ich in diesem Gedankengang sekundär, vordergründlich eine überaus denkwürdige Figur des alttestamentlichen Zeugnisses vor Augen hatte, die uns hier nun auch auf unserem weiteren Weg begleiten soll: Hiob. «Ein Zeuge Jesu Christi» hat Wilhelm Vischer ihn im Untertitel der kleinen Schrift genannt, die er ihm (1933, 6. Aufl. 1947) zugewendet hat. Es dürfte in der Tat schwer sein, das Buch Hiob aufgeschlossen zu lesen, ohne der – freilich fernen, blassen, fragmentarischen, auch fremdartigen, aber deutlichen Umrisse gewahr zu werden, in denen sich die Gestalt Jesu Christi – und sie eben in ihrem Charakter als des des Menschen Lüge entlarvenden wahrhaftigen Zeugen – in ihm abzeichnet. Und es war so, daß ich zur Vorbereitung auf das Thema dieses Paragraphen diesmal zunächst nur Hiob und einige seiner vielen Erklärer gelesen und dann erst, im Blick auf diesen Text, über unser Thema und seine Entfaltung nachgedacht habe. Es soll also weniger der Illustration dienen, mehr so etwas

§ 70. *Des Menschen Lüge und Verdammnis*

wie eine Quellenangabe darstellen, wenn ich im Zusammenhang dieses Paragraphen an den geeigneten Stellen an die Aussagen dieses Textes erinnern werde.

Die literarischen Hauptprobleme des Buches und die mehr oder weniger allgemein anerkannten Hypothesen zu ihrer Beantwortung seien dabei als bekannt vorausgesetzt: Kap. 1–2 und 42 die Volkssage vom reichen, schwer geplagten, aber Gott getreuen und von ihm endlich gerechtfertigten und neu gesegneten Hiob als «Rahmenerzählung» – Kap. 3–31 in Verdichtung die Reden Hiobs und seiner drei Freunde als das große Haupt- und Mittelstück des Buches (in welchem sich besonders Kap. 25–26 allerhand Umstellungen aufdrängen) – als spätere Einlagen, ebenfalls in Gedichtform, Kap. 32–37 die Reden des Elihu, vielleicht Kap. 40–41 das Jahve in den Mund gelegte Gedicht über Behemoth und Leviathan, auch Teile des Kap. 38–39 vorangehenden über andere Erstaunlichkeiten des Kosmos bes. der Tierwelt – endlich das Kap. 28 in der letzten Rede Hiobs enthaltene Lied von der Weisheit. Irgendeinmal, von irgend Jemandem und dann bei der Entstehung des alttestamentlichen Kanons ist das Alles als ein Ganzes gesehen und verstanden worden. Wir behalten jene Probleme und Hypothesen vor Augen, wenn wir nun doch unsererseits auf dieses Ganze blicken.

(Am Rande bemerkt: das berühmteste unter den neueren Hiob-Büchern: «Antwort auf Hiob» von C. G. Jung [1953] ist ein menschlich sehr ergreifendes Dokument – nebenbei höchst aufschlußreich zur Psychologie der berufsmäßigen Psychologen! – leidet aber als Beitrag zur Erklärung des biblischen Hiob und der Bibel überhaupt nun doch hoffnungslos darunter, daß der Verf. bei seiner Abfassung nach seiner eigenen Erklärung [S. 15] «ungescheut und rücksichtslos» seinem sehr merkwürdigen «Affekt» das Wort gelassen hat, in welchem er unmöglich ruhig lesen und bedenken konnte, was dasteht, so daß sein Werk in dieser Hinsicht völlig unergiebig geworden ist.)

Wir treten hier ein erstes Mal auf Hiob ein: in besonderer Aufmerksamkeit auf die besonders am Anfang und am Schluß des Buches sichtbare Linie, auf der uns das begegnet, was im Vorangehenden die Grundstruktur, die reine Gestalt des wahrhaftigen Zeugen genannt wurde.

Wer ist Hiob? Nach 1,3 ein «Sohn des Ostlandes», d.h. beheimatet und wohnhaft in einer Gegend im Osten oder Südosten des Toten Meeres. Dorthin, und also über die Grenzen Israels hinaus, u. zw. in den Bereich Edoms, weist auch der Name Uz (1,1), der den Wohnort des Hiob genauer bezeichnet. Er rückt damit samt seinem Zeugnis in die Reihe der in der alttestamentlichen Überlieferung nicht seltenen Gestalten, die, obwohl außerhalb des Jahvebundes auftauchend, nun dennoch als echte Zeugen und Propheten Jahves auftreten und tätig sind. Hier also ausgerechnet ein Edomiter – um so auffallender und bedeutsamer, wenn wir es in dem Mann nicht mit einer historischen Person, sondern, wie anzunehmen ist, mit einer sagenhaft fingierten Gestalt zu tun haben sollten. Warum führte man nicht lieber einen Angehörigen eines der heiligen Stämme auf die Szene? Wie eine Art Findling erscheint er, indem er nun doch von Jahve, dem Gott Israels, in dessen Unterhaltung mit dem Satan zweimal (1,8; 2,3 und in ausdrücklicher Bestätigung 42,7.8) «mein Knecht Hiob» genannt wird und wenn ihm da wieder zweimal bezeugt wird: es sei – nicht nur in jenem Lande, sondern «auf Erden» – an Frömmigkeit, Redlichkeit, Gottesfurcht, Feindschaft gegen das Böse Keiner seinesgleichen. Ein in seiner Weise Einziger also, im Blick auf den Gott seiner Sache ganz sicher ist: so sicher, daß er es im entscheidenden Augenblick seiner Unterhaltung mit dem Hiobs Treue bezweifelnden Satan darauf ankommen läßt, diesem ihm gegenüber freie Hand zu geben, ihn der schwersten, der äußersten Anfechtung durch diesen auszusetzen. Es handelt sich (1,12; 2,6) um so etwas wie eine Wette, in welcher Gott – Jahve, der Gott Israels! – seine Ehre dem Satan gegenüber gewissermaßen verpfändet, den Händen dieses Menschen, dieses Edomiters, anvertraut. Er zögert keinen Augenblick, dieses Risiko auf sich zu nehmen, sich zu dem zu machen, an den Hiob später als an seinen Zeugen und Mitwisser im Himmel (16,19), seinen Bürgen (17,3), seinen Anwalt und Vertreter (19,25) appellie-

1. Der wahrhaftige Zeuge 445

ren wird, sich so gänzlich mit ihm zu solidarisieren, zu kompromittieren. Hiob ist ein fehlbarer Mensch wie alle anderen. Aber Gott macht keine Fehler. Und in dem, worauf hier Alles ankommt, wofür Gott selbst sich hier einsetzt und verbürgt, kann und wird auch Hiob keinen Fehler machen. Was ist schon in dieser Ausgangssituation Anderes zu erwarten als die Tat der auf den Felsen dieses Vertrauens Gottes auf Hiob gegründeten Treue Hiobs zu diesem seinem Gott? Er wird Jahve nicht «fluchen», d.h. er wird nichts von ihm sagen, das seine Trennung von ihm in sich schlösse. Er wird auf alle Fälle «recht» von ihm reden. So einer ist Hiob.

Wie Gott zu Hiob steht, zeigt sich am Anfang und am Ende des Buches in dem Segen, der äußerlich sichtbar und greifbar strahlend genug auf seinem Leben liegt. Er ist nach 1,2f. Vater von sieben Söhnen und drei Töchtern und Besitzer von siebentausend Schafen, dreitausend Kamelen, fünfhundert Joch Rindern, fünfhundert Eselinnen, Herr eines großen Gesindes, «und so wurde der Mann größer als alle Söhne des Ostlandes»: auch in dieser Hinsicht ein Einziger. Man kann hier hinzunehmen, was Hiob in seiner Schlußrede im Rückblick auf jene erste Segenszeit von den Großen und Gewaltigen in seiner Umgebung sagt: «Mir hörten sie zu und harrten und lauschten still auf meinen Rat. Wenn ich geredet, sprachen sie nicht mehr, und meine Rede träufelte auf sie. Und sie harrten auf mich wie auf den Regen, wie nach Frühlingsregen sperrten sie den Mund auf. Ich lächelte ihnen zu, wenn sie verzagten, mein heiteres Angesicht trübten sie nicht. Ich bestimmte ihr Tun und saß da als Haupt und thronte wie ein König in der Kriegerschar, wie einer, der die Traurigen tröstet» (29,21–25). Und als seine Anfechtung und Plage vorüber, seine Bewährung vollzogen war, «segnete Jahve Hiob mehr als zuvor» (42,12f.). Seine verlorenen Kinder werden ihm in derselben Zahl ersetzt, «man fand im ganzen Land keine Frauen, so schön wie Hiobs Töchter» (mit den entzückenden Namen: Täubchen, Wohlgeruch und Schminkbüchschen 42,14f.!), und seine Viehhabe verdoppelt sich geradezu. In der Geschichte zwischen diesem Anfang und Ende reduziert sich der Segen Gottes nun allerdings auf ein erschreckend dürftiges Minimum. Ihn selbst darf nämlich der Satan in dem ersten, ihm gestatteten Experiment (1,12), in welchem es um den Verlust seines Reichtums und dann auch seiner Kinder geht – und sein Leben darf er in dem zweiten (2,6), in welchem er ihn mit grauenhafter Krankheit schlagen und also nun doch gar sehr ihn selbst treffen darf, nicht antasten. Das ist – oder scheint? – nicht nichts, aber peinlich wenig. Immerhin: ohne Gottes Erlaubnis durfte ihm der Satan auch das nicht antun – und ihn auszulöschen wird ihm überhaupt nicht erlaubt. Indem Hiob doch auch in dem Schweren, was ihm tatsächlich widerfährt, in Gottes regierender und schützender Hand ist und erhalten wird, erweist es sich, daß er nicht aufhört, der von Gott jedenfalls zuvor Gesegnete und jedenfalls nachher wieder zu Segnende, und vor allem: daß Gott nicht aufhört, ihm derselbe zu sein, als der er in jenem strahlenden Eingang und Ausgang seiner Geschichte sichtbar wird.

Dem entspricht, was wir davon, wie Hiob zu Gott steht: von seiner praktischen Bindung an ihn, von seinem Gehorsam auch über jenes ihm von Gott selbst allgemein erteilte Lob hinaus, zu hören bekommen. Es ist der Absicht des Buches gemäß, wenn man auch hier aus der Hiob zugeschriebenen Schlußrede die Kapitel 29 und 31 heranzieht, in denen er – es hat das mit Selbstgerechtigkeit und Selbstruhm nichts zu tun – den positiven Charakter seines Lebens vor und mit Gott in einer Zuversicht sondergleichen darstellt und geltend macht. «Ein Gemälde von so hoher und reiner Sittlichkeit, daß im Alten Testament kaum seinesgleichen zu finden ist», hat ein Ausleger (S. Oettli, Das Buch Hiob, 1908, S.92) – und den «großen, geradezu klassischen Beichtspiegel der Bibel», der an Eindringlichkeit nur noch in der Bergpredigt Jesu seine Entsprechung habe, hat ein anderer (H. Lamparter, Das Buch der Anfechtung, 1951, S.184) besonders den Zusammenhang 31,1–34.38–40 genannt. Hiob hat sich, so erklärt er so feierlich wie möglich, der Lüsternheit enthalten, er ließ sein Herz auch darin nicht «seinen Augen nachlaufen», daß er um seines Vorteils willen zum Betrüger wurde. Er ist in keine fremde Ehe eingebrochen, hat das Recht seiner Sklaven und Sklavinnen respektiert, hat Witwen und

Waisen nicht schmachten lassen, ist keines Gerechten Verfolger geworden, hat sein Geld und Gut nicht zu seiner Zuversicht gemacht, hat sich keines, auch nicht des beiläufigsten Gestirndienstes schuldig gemacht, hat sich nicht gefreut am Unglück seiner Feinde, geschweige denn, daß er sie verwünscht hätte, hat seine Gastfreundschaft Keinem verweigert, hat sich keinen Acker unrechtmäßig angeeignet. So bekennt er vor Gott: jedesmal mit einer besonderen, scharfen Selbstverwünschung für den Fall, daß er sich seinen Worten zuwider doch in der oder jener Richtung verfehlt haben sollte. Nein, er hat das nicht getan! Die schon in dieser Stelle auffallende soziale, ja politische Richtung der hier vorgetragenen Ethik wird 29,12–17 noch stärker sichtbar: «Denn ich rettete den Armen, der um Hilfe schrie, die Waise, die sonst keine Hilfe hatte. Der Segen des Verlorenen kam über mich, und das Herz der Witwe machte ich jauchzen. Gerechtigkeit zog ich – sie zog mich an, und mein Talar und Turban war mein Recht (so S. Oettli). Auge wurde ich dem Blinden und Fuß war ich dem Lahmen. Ein Vater war ich für die Armen und der Unbekannten Sache untersuchte ich. Die Kinnladen des Frevlers zerschmetterte ich und schlug ihm den Raub aus den Zähnen.» In den letzten Sätzen seiner Schlußrede (31, 35–37) schlägt Hiob einen Ton an, den man nur entweder als Ausdruck freventlicher Vermessenheit oder eben – der diamantharten Gewißheit seiner praktischen Bindung an Gott verstehen kann. Hier ruft er nämlich – seinerseits mit seiner von Hand unterschriebenen Erklärung seiner Unschuld, seiner Gerechtigkeit vor Gott bewaffnet – nach der entsprechenden gegen ihn aufzustellenden Klageschrift. Wo bleibt sie? Er will sie sehen, lesen. Er will sie (wie eine Trophäe) auf seine Schulter heben, er will sie sich als Kranz oder Turban ums Haupt winden: sie wird sich bestimmt in jedem Punkt als unhaltbar erweisen und so noch stärker für ihn sprechen als Alles, was er selbst für sie vorbringen kann. So mit diesem Skriptum geschmückt, will er Gott «wie ein Fürst» entgegengehen. Wie er zu Gott steht – nicht nur für seine Person, sondern in seiner Person stellvertretend, man darf wohl sagen: priesterlich, auch für seine Umgebung – wird in zwei sehr bezeichnenden Zügen der Rahmenerzählung sichtbar. Im einführenden Bericht über ihn (1,4–5) folgendermaßen: Seine erwachsenen Kinder haben die Übung, sich regelmäßig unter sich zu einem gemeinsamen Festmahl in einem ihrer Häuser zu treffen. Wenn das jeweils wieder einmal geschehen war, sandte Hiob Botschaft zu ihnen: sie möchten sich weihen!, und er selbst stand am anderen Morgen früh auf und brachte Brandopfer für jedes von ihnen dar. «Denn Hiob dachte: Vielleicht haben meine Söhne sich versündigt und Gott geflucht in ihrem Herzen. So tat Hiob alle Zeit.» Und darin bestand dann die letzte im Buch erzählte Tat Hiobs: daß er für seine drei Freunde, die zuvor im Unterschied zu ihm von Jahve «nicht recht geredet», die sich vielmehr als Advokaten der schlimmsten, der frommen Lüge betätigt und erwiesen haben, Fürbitte einlegt. «Und Jahve nahm die Fürbitte Hiobs an» (42,9). Indem Hiob diese Fürbitte einlegte, indem Jahve sie annahm, wendete dieser auch Hiobs Geschick, gab er ihm doppelt so viel als er gehabt hatte (42,10)! Wir werden bei Allem, was über die Lüge und die Lügner später zu sagen sein wird, nicht vergessen dürfen, daß Hiob, daß der wahrhaftige Zeuge sie nicht nur entlarvt, sondern – und das nicht umsonst! – Fürbitte für sie einlegt, um eben, indem er das tut, neuen, sichtbaren göttlichen Segens teilhaftig zu werden. Man kann wohl sagen, daß das die Krone und der innerste Sinn seines Gehorsams, seiner im Buch so unmißverständlich betonten Gerechtigkeit vor Gott, seines ganzen Weges ist.

Wir kommen zu dem in diesem Zusammenhang Entscheidenden: das Verhältnis und der Verkehr zwischen Jahve und Hiob hat den Charakter der Freiheit. Freiheit heißt nicht Willkür. Ihr Verhältnis könnte nicht ebensowohl ein anderes sein. Und ihr Verkehr könnte sich nicht ebensogut anders gestalten. Von einer Notwendigkeit ihres Verhältnisses und von einer Zwangsläufigkeit ihres Verkehrs kann aber darum keine Rede sein, weil ihre Beziehung durch freie Erwählung und Verfügung von Seiten Gottes und durch ebenso freien Gehorsam von seiten Hiobs begründet ist und gestaltet wird.

Wie kommt Jahve dazu, der Partner des Mannes von Uz im Drama dieser Geschichte zu sein? Er ist es offenbar in größtem Ernst und in größter Intensität. Es könnte offenbar nicht anders sein, als daß er es ist. Aber warum und wozu eigentlich? Es scheint dem Dichter der Sage und dem oder denen der sie kommentierenden Redestücke des Buches und der Redaktion des Ganzen selbstverständlich gewesen zu sein, diese Frage gar nicht anzurühren. Es ist nur eben so, es hat nur eben in Jahves Wohlgefallen seinen Grund, daß er der Gott dieses edomitischen Mannes ist, gerade in ihm seinen Knecht sieht, anerkennt und wirklich hat. Ein materiell begründetes Interesse, das er an ihm haben könnte, ist nicht im Spiel. Dem entspricht nun auch sein Verhalten zu ihm. Es ist wohl ein einziger Erweis des grenzenlosen Zutrauens, das er ihm zuwendet, der Treue, die er ihm offenbar geschworen hat. Es ist aber nicht – wie es die falsche, die lügnerische Theologie der drei Freunde voraussetzt und behauptet – ein durch ein ihm heimlich übergeordnetes moralisches oder juristisches Gesetz, sondern, auf der unabänderlichen Linie seiner Treue, ein allein durch ihn selbst bestimmtes und eben insofern königlich freies Verhalten. Der Satan hat ganz recht: «Hast nicht du selbst sein Haus umhegt und Alles, was er hat, ringsum? Das Tun seiner Hände hast du gesegnet und seine Herden haben sich ausgebreitet im Lande» (1, 10). Und gerade so wird ihn Jahve im Ausgang der Geschichte wieder und noch reichlicher segnen. Er muß ihn aber weder am Anfang noch am Ende gerade so segnen. Er kann den ihm zugewandten Segen, ohne sich selbst oder Hiob untreu zu werden, äußerlich auch auf jenes Minimum seiner nackten Erhaltung reduzieren, auf das Hiob nach 3,20f. am liebsten auch noch verzichten würde. Er kann eben dem Satan Hiob gegenüber jene zwar beschränkt, aber immerhin unheimlich weitgehend freie Hand geben: so weitgehend, daß er selbst, Gott, dem Hiob im Charakter eines Feindes und Verfolgers erscheinen kann und tatsächlich erscheint. Er ist ihm jenes Glück nicht schuldig gewesen und wird es ihm auch nicht schuldig werden. Er kann auch Unglück über ihn kommen lassen. Wiederum kann er aber den Experimenten des Satans auch ein Ende machen, Hiobs Geschick wieder wenden. Er kann ihn dem Gespräch mit seinen problematischen Freunden überlassen, kann seine endlosen Klagen und Anklagen und ihre noch endloseren Predigten, kann seinen berechtigten und doch auch nicht makellosen Protest gegen diese schweigend anhören. Er kann ihm aber auch in der von ihm bestimmten Stunde als der, der er ist, in der ganzen Freiheit, in der er ihm treu ist und in der ganzen Treue, in der er auch ihm gegenüber frei ist, vor Augen treten (42,5), ihm – man beachte: in jener erstaunlichen Reihe von Fragen (38,1ff.) – die Antwort geben, in der er (er gibt Hiobs Protest nachträglich Kraft, macht ihn zum Zeugnis der Wahrheit!) seine Freunde Lügen straft, in der er aber auch ihn an seinen Platz stellt und in seine Schranken weist. Er kann – und er tut das Alles: als der freie Gott, der als solcher Hiobs Befreier ist.

Und wie kommt Hiob dazu, Gottes Knecht zu sein? Er kommt offenbar nicht dazu – auch er ist es nur eben! Und auch die Freiheit, in der er Gottes Knecht ist, bewährt sich in seinem Verhalten: darin nämlich, daß er – das ist es, woran der Satan zweifelt und worauf Jahve jene Wette eingeht – umsonst, uninteressiert, weder durch jenes Maximum göttlichen Segens bedingt, noch durch jenes Minimum verhindert, weder als Lohnverdiener noch als Lohnempfänger, sondern gratis gottesfürchtig ist: ohne einen weiteren Grund außer dem, daß Jahve Gott, sein Gott ist. Der Nachdruck, mit dem W.Vischer auf dieses «umsonst» *(chinnam)* im ersten Votum des Satans (1,9) hingewiesen hat, war, soweit ich sehe, ein Novum in der Geschichte der Hioberklärung, hinter das sie wohl besser nicht wieder zurückgehen würde. Nichts Anderes als dieses «umsonst» ist doch das zur Diskussion gestellte Gerechte in Hiobs Gerechtigkeit: das nämlich, worin sie in allen ihren Inhalten auf den freien Gott gerichtet ist, diesem freien Gott sein Recht gibt und also gerecht wird. Es ist der Nerv seines Protestes gegen die Predigten seiner Freunde, die in Allem, nur gerade darin nicht – und damit überhaupt nicht recht haben, sondern lügen: sie wollen nicht gelten lassen, daß es zwischen Gott und Hiob nur um dieses «umsonst» gehen kann. Und wieder ist es der springende Punkt, im Blick auf den ihm zuletzt von Gott selbst bezeugt wird, daß er recht von ihm geredet habe, in dessen Erkenntnis als dem Anfang aller Weisheit sich aber offenbar auch Hiob selbst in seiner Geschichte, nicht ohne beschämt zu werden, zu bewähren hatte. Es ist aber als das Geheimnis seines Verhaltens Gott gegenüber schon an deren Anfang klar bezeichnet in den beiden oft zitierten Worten seiner Stellungnahme zu dem über ihn hereingebrochenen Unglück und Leid. Er zerreißt ja trauernd sein Gewand und schert sein Haupt, dann fällt er aber auf die Erde, betet an und spricht: «Nackt bin ich aus meiner Mutter Schoß gekommen und nackt werde ich wieder dahin gehen, Jahve hat es gegeben, Jahve hat es genommen; der Name Jahves sei gelobt!» (1,20f.). Gott wäre nicht Gott, wenn er nicht zu geben **und** zu nehmen frei wäre. Und Hiob setzt sich zwar nachher, von jener Krankheit befallen und jene Scherbe in der Hand, in die Asche, er nennt aber seine Frau, die ihm nahelegen will, seine Frömmigkeit fahren zu lassen, Gott zu fluchen und zu sterben, «eine von den Törinnen», denn: «Das Gute nehmen wir an von Gott, und das Böse sollten wir nicht annehmen?» (2,8f.). Hiob wäre nicht Hiob, wenn er nicht frei wäre, von Gott Böses **und** Gutes anzunehmen. Was heißt das Anderes, als daß er den freien Gott als solchen fürchtet und liebt, daß er sich in seinem Verhalten zu ihm an sein **freies** Walten hält und daß es eben so seinerseits ein **freies** Verhalten ist: sein freier, «umsonst», gratis, geleisteter Gottesdienst, begründet in einer Gottesfurcht und Gottesliebe, die entscheidend nur an Gott selbst und nicht an seinen Gaben interessiert ist. Dieser freie Gottesdienst ist das von Anfang an feststehende, von keiner Skepsis des Satans betroffene Programm des Tuns dieses Mannes. Frei ist es freilich auch in dem Sinn, daß die **Ausführung** des programmatisch Feststehenden in der Anfechtung – nicht in der Sache, aber in ihrem Vollzug – nicht hinter sondern vor ihm liegt, ein Neues, ein Schritt **vorwärts** sein wird. Hiob wird ihn als fehlbarer Mensch nicht tun, ohne, indem er Recht hat und behält, auch Unrecht zu tun und zu haben. Das ist aber der Sinn seiner durch sein Gespräch mit den Freunden kommentierten Geschichte, in der er durch die Anfechtung hindurch jenem Ziel und Ende in neuer Darbringung seiner selbst und unter Gottes neuem Segen entgegengeht: er wird diesen Schritt vorwärts tun und also recht haben und behalten, auch indem er Unrecht tut und hat. **Schon** Gottes freier Knecht, schreitet er durch die Hölle der Anfechtung hindurch seiner Befreiung durch und für den freien Gott **entgegen**. Als dieser freie Knecht des freien Gottes ist er aber, auf seine reine Gestalt gesehen, von Anfang an ein Typus des wahrhaftigen Zeugen.

Ein **Typus** – mehr ist natürlich nicht zu sagen. Hiob ist nicht Jesus Christus, auch in dieser seiner hier vorläufig ins Auge gefaßten reinen Gestalt nicht. Er gehört als merkwürdiger edomitischer Außenseiter in den Zusammenhang des Zeugnisses der der Geschichte Jesu Christi erst entgegengehenden Geschichte Israels. An die Einheit von Gott und Mensch in der Existenz Jesu Christi reicht ja die Korrespondenz des Verhältnisses zwischen Jahve und ihm, ihm und Jahve nicht heran – so auch der Gehorsam seiner Darbringung nicht an den natürlichen Sohnesgehorsam Jesu Christi – so auch Gottes Segen, unter dem er steht und mit dem er dann wieder geschmückt wird, nicht an die diesem gegebene Machtfülle – und erst recht die Problematik, in der er in seiner menschlichen Fehlbarkeit als der freie Mensch des freien Gottes durch die Hölle der Anfechtung hindurchgehen wird, nicht an die Unfehlbarkeit, in der jener schon Sieger ist, indem er in die Niederlage von Golgatha hineingeht. Und er ist Jesus Christus natürlich auch darin ungleich, daß eine über seine persönliche Existenz hinausreichende Tragweite des Lebens Gottes mit ihm, seines Lebens mit Gott sich zwar in jenem so betont sozialen Charakter seiner Gerechtigkeit und konkret in jenen Berichten über sein Opfern für seine Kinder, vor allem aber über seine Fürbitte für die drei Freunde deutlich abzeichnet, daß aber von einem in dem Drama seiner Geschichte sich ereignenden Heilswerk und also von einer Heilsbedeutung und Heilsnotwendigkeit seiner Existenz nicht die Rede sein kann. Immerhin steht dem Ungleichen in allen diesen Punkten so viel Gleiches gegenüber, daß man gerade im Blick auf diesen ersten und für das Ganze entscheidenden Aspekt seiner Existenz im Verhältnis zu der Jesu Christi wohl von einer Analogie und also von Hiob, bei aller gebotenen Zurückhaltung, als von einem Typus Jesu Christi, einem Zeugen des wahrhaftigen Zeugen reden darf.

1. Der wahrhaftige Zeuge

Wir mußten uns den Menschen Jesus Christus, der als der wahrhaftige Zeuge in der Verheißung des Geistes zu uns kommt, zunächst in seiner reinen Gestalt vor Augen führen, und werden die Erinnerung an sie im Folgenden festhalten müssen. Es wäre aber eine Art Doketismus, wenn wir hier Halt machen, uns an dem bis jetzt Gesagten genügen lassen würden. Jene reine Gestalt ist freilich der Sinn und die Kraft der Existenz dieses Menschen und seines Wahrheitszeugnisses. Indem er in dieser reinen Gestalt existiert, ist er der Mittler zwischen Gott und uns Menschen in seinem prophetischen Werk. Sie ist aber auch das Geheimnis seiner Existenz. In ihr existiert er für Gott und vor Gott als sein ewiges Wort, das Fleisch wurde, als sein ewiger Sohn, der auch der Menschensohn ist. In ihr existiert er zwar selbstverständlich auch in seiner Gegenwart und Offenbarung auf Erden: auch in der Verheißung des Geistes als der Form seiner Offenbarung in dieser unserer Zeit. Das heißt aber nicht, daß er uns Menschen in dieser reinen Gestalt an sich und als solcher offenbar, anschaulich und begreiflich wäre. Wir erkennen sie, indem er sich in ihr in seiner Offenbarung betätigt, indem sein prophetisches Werk in der Welt ihre Bewährung ist. Sein prophetisches Werk und also die Bewährung seiner reinen Gestalt geschieht aber in Bezeugung dessen, was er in seiner Geschichte auf Erden konkret gewesen ist und getan hat. Und sie geschieht in unserer Zeit, inmitten der in ihm versöhnten aber noch nicht erlösten Welt. Sie geschieht endlich unter und an uns, den in ihm schon gerechtfertigten und geheiligten Sündern, mit denen er doch als solchen noch auf dem Wege ist. Er spricht sein Wort in einer seinem Inhalt, seiner Stätte, uns Menschen als seinen Adressaten angemessenen sehr anderen Existenzform. Wohl ist uns seine reine Gestalt, in der Gott allein ihn sieht und kennt, auch in dieser anderen unmittelbar nahe: so gewiß er in jener wie in dieser, dort und hier, vor Gott und für uns Einer und Derselbe ist, so gewiß eben jene es ist, die sich in dieser bewährt. Er ist auch in dieser das ewige Wort, der ewige Sohn Gottes. Eben in jener göttlichen und also reinen Gestalt ist er uns aber nur im Geheimnis, jedem menschlichen Auge verborgen, nahe. So wie er jetzt und hier unter uns ist und uns begegnet, trägt er eine Gestalt, in der jene für uns verschlossen, dunkel, nur im Rätsel gegenwärtig und wirksam ist. Erkenntnis Jesu Christi, des wahrhaftigen Zeugen, in seiner reinen Gestalt, ist für uns, für unser Sehen und Verstehen, indirekte Erkenntnis: Erkenntnis in der anderen Gestalt, die zwar ihr Geheimnis und ihre Wirkungskraft in jener, seiner reinen Gestalt, hat, die aber als solche mit jener nicht identisch, ihr vielmehr fremd, ja gänzlich ungleich ist. Sie ist Erkenntnis *in contrario, sub specie aliena.* «Da ich ein Kind war, redete ich wie ein Kind, dachte ich wie ein Kind, überlegte ich wie ein Kind... Wir sehen jetzt im Spiegel, rätselhaft... jetzt erkenne ich im Stückwerk» (1. Kor. 13, 11 f.). Indirekte Erkenntnis ist eine solche, die allein dadurch zustande kommt, daß der oder das zu Erkennende sich selber zu erkennen gibt, die also nur in der Nachfolge von dessen Selbstkundgabe vollziehbar ist. Eben der als der wahrhaftige Zeuge zu erkennende Jesus Christus geht aber in seiner Selbstkundgabe – wir erinnern uns jetzt an unsere zweite Vorbemerkung zu der Frage: «Was ist Wahrheit?» – den schmalen Weg durch die enge Pforte seiner anderen, dem Inhalt, der Stätte und uns als den Adressaten seines prophetischen Wortes angemessenen Rätselgestalt. In ihr geht er jetzt in der Verheißung des Geistes durch unsere Mitte. In ihr tritt er der Lüge entgegen und entlarvt er sie. Er tut es als der leidende Jesus Christus.

Passion war ja die Aktion, in der in seiner Existenz der Name Gottes geheiligt wurde, Gottes Reich kam, Gottes Wille auf Erden wie im Himmel geschah – die Aktion, in der Gott die Welt in der Erniedrigung seines Sohnes und in der Erhöhung des Menschensohnes mit sich selber versöhnte – die Aktion, in der des Menschen (eines jeden Menschen!) Rechtfertigung vor Gott und seine Heiligung für ihn vollzogen wurde. Es ist nicht anders zu erwarten, es kann nicht anders sein, als daß die Offenbarung dieser Aktion ihr als ihrem Inhalt entspricht, daß also das prophetische Werk Jesu Christi in seiner Gestalt praktisch Passion ist. Es ist das Werk Jesu des Siegers, d. h. dessen, der die den Menschen von Gott scheidende Sünde in seiner Person endgültig für alle Menschen erledigt, dem Teufel sein Recht auf sie und dem Tod seine Macht über sie genommen, den neuen, freien Menschen auf den Plan geführt hat. Eben als dieser Sieger ist er wiedergekommen, seinen Jüngern im Ereignis des Ostertages offenbar geworden. Und eben als dieser Sieger wird er am Ende aller Tage in seiner letzten, universalen, definitiven Offenbarung wiederkommen. Eben als dieser Sieger lebt, handelt und redet er inzwischen auch in seiner Wiederkunft in der Verheißung des Geistes. Er ist aber der Sieger von Gethsemane und Golgatha. Und so ist seine Wiederkunft in allen ihren Momenten seine Offenbarung als dieser Sieger: als der seltsame, der unwahrscheinliche, der unansehnliche Imperator und Triumphator, der so, der in dieser Gestalt auftritt, herrscht und triumphiert: von Gott erwählt als der von Gott Verworfene, der ganzen Welt Richter als der von der ganzen Welt Gerichtete, allen Menschen überlegen als der von ihnen Allen Verachtete, frei als der Gefangene, mächtig als der völlig Ohnmächtige, ewig lebend als der Getötete und Begrabene – und also der vollkommene Sieger in seinem vollkommenen Unterliegen. Er war nicht nur damals, er ist auch in seinem fortgehenden prophetischen Werk, und also auch heute und hier, der leidende Knecht Gottes, der mit Dornen gekrönte König. Er ist es gerade als der wahrhaftige Zeuge in dieser Fremdgestalt. Wie wäre er sonst – worauf doch alles ankommt! – derselbe heute wie gestern? Wie würde er sonst heute und hier von der in ihm geschehenen Versöhnung, von sich selbst als Vollender, Bringer und Bürgen des Heils und so von Gottes Namen, Reich und Willen zeugen? Wie würde er sonst heute und hier die Wahrheit sagen? Er, der in Gethsemane zitterte und zagte, der von Judas Verratene, von Petrus Verleugnete, von allen seinen Jüngern Verlassene – Er, der von der Gemeinde der Heiligen als Gotteslästerer Verdammte und von der irdischen Obrigkeit als Aufrührer Verurteilte – Er, der gegeißelt und verhöhnt vor Pilatus und Herodes stand – Er in der Dahingabe seines Leibes, im Vergießen seines Blutes – Er, der sich in seinem Sterben auch, gerade von seinem Gott verlassen finden mußte – Er in seiner Passion ist wie die Wirklichkeit der Versöhnung, so auch deren wahre Offenbarung: so damals, so heute. Indem er diese Wahrheit, sich selber in dieser Gestalt bezeugt, entlarvt er uns als Lügner. In dieser seiner Leidensgestalt – als der ganz und gar Verworfene, Gerichtete, Verachtete, Gefangene, Ohnmächtige, Getötete – als der Gekreuzigte und so als der Sieger geht er in der Verheißung des Geistes lebendig durch die Zeiten, mit uns, uns entgegen. In dieser Gestalt steht er im Brennpunkt nicht nur der kerygmatischen Theologie des Paulus, sondern auch in dem der kerygmatischen Geschichtserzählung der Evangelien. Eben in dieser Gestalt hat er offenbar – «den Juden ein Ärgernis, den Griechen eine Torheit» (1. Kor. 1, 23) – von seiner Auferstehung her und also von Anfang an zu den Seinen, zu seiner Gemeinde und durch sie zur Welt geredet. Er hat sich der Kirche und der Welt immer wieder in dieser Gestalt vernehmbar gemacht. Er begegnet uns in dieser Gestalt oder gar nicht. An ihr vorbeisehen hieße: ihn überhaupt nicht sehen. Am Wort von seinem Kreuz vorbeihören hieße: ihn überhaupt nicht hören. Was nicht in seinem Kreuzeswort eingeschlossen laut würde, was als freischwebende christliche Wahrheit neben und außer jenem sich geltend machen wollte, das wäre – und wenn es die Rede von der Liebe und Gnade des himmlischen Vaters, die Rede vom kommenden Gottesreich oder die vom Dienst am Nächsten wäre – nicht sein Wort, ohne den Sinn und die Kraft, die alle diese Reden allein als sein Wort haben können. Sein Wort steht in allen seinen Dimensionen und Inhalten auf dem einen Nenner, es wird und ist in allen seinen Aussagen darin wahr, daß es das Wort des leidenden Zeugen der Wahrheit ist. Als der Angefochtene, allein Gelassene, zum Tod Betrübte, stand und steht er für uns vor Gott und für Gott vor uns ein. Als solcher ist er unser Friede, als solcher auch der Bote unseres Friedens. Als solcher unterscheidet er sich von allen (auch von den unter seinem Namen umgehenden) falschen Propheten, Messiassen, Heilsverkündigern, Friedensaposteln. Es wird aber gerade darin klar, daß er dem Bild nicht entspricht, sondern widerspricht u. zw. völlig widerspricht, das sich der Mensch von einem Bringer guter Nachricht und nun gar von einem solchen, der so abschließend gute Nachricht bringt und der sich selbst als den Inhalt, als den in göttlicher Vollmacht gegenwärtigen Befreier ankündigt, machen möchte. Die Verhöhnung des leidenden, des angefochtenen Jesus Christus als Zeuge der Wahrheit lag schon damals allzu nahe – und ist er heute wirklich derselbe wie gestern, wie damals, so liegt sie auch heute und zu aller Zeit unheimlich nahe: «Rette dich selbst, wenn du der Sohn Gottes bist und steige herab vom Kreuz!» (Matth. 27, 38 f.). Und wie ferner, wenn er nun heute auch derselbe wäre, der gestern, damals mit dem Schrei: «Mein Gott, mein Gott, warum hast du mich verlassen» (Mr. 15, 34), gestorben ist? Wie, wenn er anders als so, als dieser von Gott Verworfene und Verlassene, sein Erwählter und also der wahrhaftige Zeuge des in seiner Person gekommenen Reiches Gottes gar nicht wäre? Wenn er es nun aber gerade so tatsächlich wäre: der Mann, der uns heute und hier – antwortlos gegenüber jener ihn so natürlich treffenden Verhöhnung und mit dieser von ihm selbst an seinen und unseren Gott gerichteten Frage auf den Lippen – begegnet? Wie wunderbar hoch muß dann die Wahrheit sein, die er bezeugt, und wie erschreckend tief muß dann des Menschen Lüge sitzen, die durch ihn entlarvt wird!

Die Bestimmtheit des Wortes Gottes durch seine Versöhnungstat als deren Inhalt ist das Eine, was es notwendig macht, daß uns der wahrhaftige Zeuge Jesus Christus in der Fremdgestalt seiner Passion begegnet. Man kann und muß diese Notwendigkeit aber noch unter einem anderen Gesichtspunkt einsehen. Die Stätte seines Wirkens, der Raum, in welchem er uns begegnet, ist der Zeit- und Geschichtsbereich in der Mitte zwischen der schon geschehenen Versöhnung der Welt mit Gott samt deren Verkündigung in Jesu Christi Auferstehung als dem Anheben seiner Wiederkunft – und deren Offenbarung in ihrem Abschluß als Gottes vollendendem Werk zur Erlösung seiner Schöpfung. Indem alles Geschehen in diesem Raum, indem jeder in ihm existierende Mensch von jenem Anheben herkommt, geht Alles und geht ein Jeder diesem Abschluß entgegen. Der positive Charakter und Aspekt dieses unseres Raumes besteht darin, daß er der besondere Raum der Prophetie Jesu Christi, seiner Gegenwart, seines Handelns und Redens in der Verheißung des Geistes ist: der Raum des der ganzen Welt zu verkündigenden Evangeliums. Er hat aber auch einen sehr ernsthaft und bedrohlich negativen Charakter. Er ist nicht nur der Raum des in Jesus Christus leuchtenden Lichtes des Lebens. Er ist auch der Raum der ihm noch widerstehenden Finsternis: der noch nicht erleuchteten, sondern erst zu erleuchtenden und so noch nicht zum Leben mit Jesus Christus erlösten Menschheit. Er ist der Raum des «Noch nicht», durch das auch das Leben jedes einzelnen in ihm existierenden Menschen mitbestimmt ist. Er ist der Raum, in welchem die den Menschen von Gott scheidende Sünde wohl in Jesus Christus gültig für Alle entrechtet und entmachtet, als Drohung und Versuchung aber in ihrer ganzen Recht- und Machtlosigkeit praktisch mit allen ihren zerstörenden Folgen immer noch wirksam ist. Er ist der Raum eines «Immer noch», das ebenfalls mitbestimmend ist für das Leben jedes einzelnen in ihm existierenden Menschen. Und wenn das Licht des Lebens in diesem Raum zweifellos zunimmt, immer klarer und heller leuchtet, so kann man merkwürdiger – oder auch nicht merkwürdiger! – Weise nicht sagen, daß die Drohung und Versuchung der entrechteten und entmachteten, der in Jesus Christus überwundenen, erledigten, abgetanen Sünde in ihm allmählich geringer würde, muß man vielmehr sehen und sagen, daß sie sich gerade in dieser der Vollendung der Ehre Gottes und des Heils des Menschen entgegengehenden Zeit nur um so obstinater und intensiver geltend macht, sich mit allen ihren Folgen in erhöhter Anstrengung und Merkbarkeit in Szene setzt. Unser Zeit- und Geschichtsbereich ist also nicht, wie man wohl träumen möchte, der Schauplatz einer Abnahme, sondern der einer Verdichtung und Zunahme der Finsternis. Das Neue Testament gibt uns nicht den geringsten Anlaß, die Ära *post Christum* als die Ära eines Geringerwerdens, wohl aber viel Anlaß, sie als die Ära eines zusammen mit dem Größerwerden des Wortes Gottes sich abzeichnenden Größerwerdens auch des menschlichen Widerspruchs, der die Welt bestimmenden und bezeichnenden Macht des Hochmuts und der Trägheit und zuhöchst der Lüge zu verstehen. Und in eine andere Richtung scheint uns doch auch das, was wir in ihm zu sehen bekommen, nicht zu weisen. Gerade weil und indem der lebendige Jesus Christus in unserem Raum auf dem Plane ist, ist er auch der Schauplatz einer letzten und höchsten Entfaltung der in ihm schon überwundenen Störung und Zerstörung, das Feld erhöhter Widerspenstigkeit des durch seine ihm schon widerfahrene Aufhebung erst recht herausgeforderten und alarmierten Menschen der Sünde. Es hat also das Geschehen in diesem unserem Zeit- und Geschichtsbereich in der ganzen Unaufhaltsamkeit seines Gefälles von seinem Anfang her zu seinem Ziele hin den Charakter eines echten Kampfgeschehens. Und es ist Gottes Absicht und Ordnung, daß dem so ist: als Gottes Wille daran erkennbar, daß ja Jesus Christus und in ihm er selbst in dieser Geschichte mit all ihren «Noch nicht» und «Immer noch» als Erster auf dem Weg und am Werk ist – als Gottes guter Wille daran erkennbar, daß diese Geschichte gerade in ihrer Problematik und Unabgeschlossenheit des Menschen Gelegenheit ist, unter der Verheißung des Geistes als aktives Subjekt, nämlich als Empfänger und Träger des Wortes von der Versöhnung an dieser Anteil zu nehmen. In diesem guten Willen Gottes ist nun aber unvermeidlich auch das eingeschlossen, daß die in Jesus Christus schon entrechtete und entmachtete menschliche Sünde mit allen ihren destruktiven Folgen in diesem unserem Bereich noch einmal jenen Spielraum hat, daß ihm jene letzte Anstrengung und Entfaltung, ein Überhandnehmen gerade in der Gegenwart ihres Besiegers noch einmal gestattet ist. So gewiß sie sich als das Böse gegen Gott richtet, so gewiß geschieht es nicht ohne Gott, daß sie sich innerhalb der ihr schon solid und definitiv gesetzten Schranke noch rühren kann und gewaltig genug rührt und um sich schlägt. Nicht ohne Gott und also mit ihm? Weil von Gott zugelassen, darum auch von ihm gewollt? Man wird das nur verstehen können in der Richtung des nach Ex. 9, 15 f. (vgl. Röm. 9, 17) zum Pharao gesagten Wortes: «Schon jetzt hätte ich meine Hand ausstrecken und dich samt deinem Volk mit der Pest schlagen können und du wärest von der Erde vertilgt gewesen. Aber deswegen habe ich dich bestehen lassen, daß du meine Macht erfahrest und daß mein Name in aller Welt verkündigt werde.» Das Böse bekommt dazu noch einmal solchen gefährlichen Auslauf, damit die Ehre, die Gott mit dem, was er in Jesus Christus getan, eingelegt hat, in der von daher ihrem Ziel und Ende entgegeneilenden Zeit und Geschichte in dem von demselben Sieger von Gethsemane und Golgatha persönlich geführten Streit noch größer, gerade so ganz groß werde. Und nicht nur die Ehre Gottes, sondern, mit ihr unzertrennlich verbunden, auch das Heil des Menschen: damit nämlich die Menschheit – jedenfalls in einer Vielheit ihrer Angehörigen – jene Gelegenheit habe, unter der Führung dieses Siegers als Hörer und Täter seines Wortes ihrerseits an diesem Streit, an seinem prophetischen Werk und also nachträglich an der Gottestat der Versöhnung eigenen tätigen Anteil zu nehmen. Auch diese nicht ohne, sondern nach Gottes gutem Willen negative Bestimmtheit unseres Zeit- und Geschichtsraumes bringt es nun aber mit sich, daß die Gestalt, in der Jesus Christus, der Sieger, in ihr unterwegs ist, mit uns geht, uns begegnet, keine andere sein kann als eben: die des Siegers von Gethsemane und Golgatha und also die Gestalt des leidenden Gottesknechtes, des angefochtenen Propheten. Noch und wieder und nun erst recht widerfährt es – nicht zuerst uns, sondern zuerst Ihm, daß er den Widerspruch und Widerstreit der geschlagenen, aber noch nicht aus dem Feld geschlagenen, der intensiver als je sich daselbst behauptenden Feindmacht, des noch und nun erst recht – rechtlos und machtlos, aber um so obstinater – sich wehrenden Menschen der Sünde ertragen und also sein Kreuz auf sich nehmen und tragen muß. Dieser Jesus lebt und ist mitten unter uns in dieser unserer Zeit: der wie einst Bedrängte und Verlassene, Angeklagte und Verurteilte, Verachtete und Geschlagene. Als solcher hat er damals gestritten und gesiegt, als solcher tut er es als der wahrhaftige Zeuge auch heute, entlarvt er die Lüge auch unserer Zeit, auch unser Aller Lüge. Sie wäre nicht unsere Zeit, nicht diese seltsame Ära *post Christum*, wenn er ihr und also uns anders denn als der Mann der Schmerzen gegenwärtig sein könnte: als «Gottes Held, der die Welt reißt aus allem Jammer», aber als Gottes Held in dieser Gestalt, als der ganz und gar in seiner Schwachheit mächtige Streiter. Und noch und noch und nun erst recht widerfährt ihm heute, was damals sein Bitterstes war: daß er es nicht nur mit dem Widerspruch und Widerstand des Bösen, des Menschen der Sünde, mit dessen Hochmut, Trägheit und Lüge und – sei es denn! – mit dem Teufel zu tun, sondern daß er sich mit dem guten Willen Gottes auseinanderzusetzen – das als seinen Willen, seinen guten Willen zu anerkennen und zu ehren hat: daß der Mensch der Sünde noch nicht ausgelöscht, daß ihm solche erschreckende Bewegungsfreiheit noch und noch gelassen ist, daß der Teufel (nach 1. Petr. 5, 8) als unser, zuerst aber als sein Widersacher noch und noch umgehen darf (mit eingezogenem Schwanz, aber umgehen darf!) wie ein brüllender, laut genug brüllender Löwe. Noch ist also Jesus Christus, der gegenwärtigen Welt als der Stätte seines prophetischen Werkes entsprechend, der Leidende nicht nur, sondern wie in Gethsemane, wie auf Golgatha der von Gott Betrübte und Angefochtene und so, nur so, der wahrhaftige Zeuge.

Es gibt noch einen dritten Gesichtspunkt, von dem her wir wieder zu demselben Ergebnis geführt werden. Wir müssen, dürfen und sollen doch, wenn wir von unserem Zeit- und Geschichtsbereich reden, konkret an uns, an alle die in ihm lebenden Menschen denken, unter denen Jeder von uns ein Einzelner ist, als solcher aber auch ihre Gesamtheit verkörpert und darstellt. Wir in unseren schicksalsmäßigen oder auch freien Verbindungen untereinander und wir Alle ganz persönlich erfahren doch die Ära *post Christum* in ihrer ganzen Art und Unart, in ihrer unauflöslich ineinander verknüpften Hoffnung von Jesus Christus her und Not von uns her. Wir gestalten sie aber auch. Jede unserer kollektiven und individuellen Zeiten ist in ihrer Weise selbst diese merkwürdige Ära. Zu uns, die wir zugleich Bürger, Schöpfer und Opfer dieser zu Ende gehenden Zeit sind, kommt der wahrhaftige Zeuge. Und so ist er gegenüber dem, was da jeder Einzelne immer noch ist, Zeuge dessen, was er in Ihm schon nicht mehr ist. So ist er gegenüber dem, was Jeder von uns noch gar nicht ist, Zeuge dessen, was in Ihm doch auch er schon ist. So ist er gegenüber meinem, deinem, unserem Übermut und Stumpfsinn Zeuge meiner, deiner, unserer Rechtfertigung vor Gott und Heiligung für ihn. So ist er inmitten unseres unfruchtbaren Ohneeinanders und unseres schrecklichen Gegeneinanders, mit dem wir uns das Leben noch und noch gegenseitig zur Qual, Gottes wunderbare Schöpfung zu einer Art Vorhölle machen – und inmitten all unserer unaufrichtigen und darum ohnmächtigen Versuche, wenigstens ein erträgliches Miteinander an dessen Stelle zu setzen, erhellender und befreiender Zeuge unserer soliden und definitiven Gemeinschaft: weil mit Gott, darum auch untereinander. So ist er in den im engen und weiteren Sinn so zu nennenden Elendsquartieren, Gefängnissen, Spitälern und Irrenhäusern unserer kollektiven Existenz, auf all den Gräberfeldern unserer begründeten und unbegründeten Hoffnungen, in all den besonderen inneren und äußeren Nöten, Bedrängnissen und Peinlichkeiten, die offen oder im Verborgenen die individuellen Probleme sind, in denen ein Jeder an den Rätseln und Härten der gegenwärtigen Weltgestalt mitleidet (aber auch mitschuldig wird und ist an deren Entstehen und Bestehen!) der Zeuge ihrer Grenze und ihres nahenden Endes und so unserer Befreiung, Erlösung und Vollendung. Jesus lebt: als dieser Zeuge des Namens, des Reiches, des Willens Gottes mit uns. Wie soll er aber in der Misere eines so verlorenen Haufens, wie es die von ihm im Wort von der Versöhnung angeredete Menschheit ist – wie soll er unter uns als den Menschen, die so dran sind, anders leben, denn als in der Gestalt des Leidenden und Angefochtenen von Gethsemane und Golgatha? Doch nicht etwa als Einer, der das bloß damals und dort gewesen, nun aber längst nicht mehr wäre, der jene Gestalt einmal getragen, dann aber abgestreift und hinter sich gelassen hätte wie ein Schmetterling seine Puppe, um nun nur noch in der verklärten Gestalt des von Gott gekrönten Überwinders zu existieren! Man bemerke, daß eine lebendige Christenheit seine Gegenwart in ihrer Mitte und in der Welt jedenfalls praktisch: in ihren Liedern und Gebeten und vor allem in ihrer Feier der Taufe und des Abendmahls immer als die Gegenwart des Gekreuzigten erfahren, gesehen, verstanden, ausgelegt und verkündigt hat.

Man wird es der römischen Messe gerade in einem ihrer bedenklichsten Punkte, nämlich in ihrem Charakter als Repräsentation des Opfers von Golgatha zugute halten müssen, daß es dabei offenbar darauf abgesehen ist. Und die evangelische Predigt wird sie gerade in dieser Hinsicht auf keinen Fall unterbieten dürfen.

Sicher existiert Jesus Christus auch in jener reinen, göttlichen Gestalt. Sicher ist sie der Sinn und die Kraft auch seiner Leidensgestalt. Aber in ihr als solcher ist er allein Gott einsichtig und bekannt, uns aber Geheimnis. In seinem prophetischen Werk auf Erden, in der Zeit, unter uns und für uns existiert er, indem uns jene seine reine Gestalt verborgen ist, in seiner Leidensgestalt, indem jene in dieser wirksam ist. Wie könnte und würde er in jener reinen Gestalt als solcher wirklich unter uns, für uns existieren, an unserem Ort, in unserer Situation, in unseren ausweglosen Konflikten, in unseren unüberwindlichen Stillständen, in unseren irreparablen Niederlagen? Wie wäre er in ihr der Mann, der mit uns redet als zu denen, die sind, was und wie wir sind? Er wäre in jener Gestalt als solcher – er wäre, wenn sie nicht in seiner Leidensgestalt verborgen wäre, nicht der Bruder, von dem wir uns verstanden finden und den dann auch wir verstehen können. Allein, abstrakt als das ewige Wort, der ewige Sohn Gottes, in der Gestalt, in der der Vater, er allein, ihn sieht und kennt, müßte und würde er uns fern und fremd sein, würde er uns in seiner ganzen Herrlichkeit weder Trost noch Weisung geben können. Wir könnten, was er uns von der uns abgenommenen, weil von ihm getragenen Last unserer Sünde, Schuld und Strafe und von unserer in der Bitterkeit seines Leidens und Sterbens erworbenen Gerechtigkeit und Heiligkeit und so von unserer Hoffnung zu sagen hat, nicht annehmen, wenn er es uns nicht damit sagte, daß er jene Last in voller Wirklichkeit noch und wieder trägt und so täglich dabei, mit uns ist, wenn wir unsere Lasten zu tragen, unsere

Bitterkeiten zu erfahren haben. Aber eben das tut er ja. Er hatte nicht nur «Mitleid mit unseren Schwachheiten», sondern er hat es. Er ist nicht nur auf gleiche Weise wie wir versucht worden, sondern er ist, in gleicher Weise versucht wie wir, an unserer Seite, uns gegenüber (Hebr. 4, 15). Und daß er «in den Tagen seines Fleisches Gebet und flehentliche Bitten mit starkem Geschrei vor Gott gebracht hat, der ihn vom Tode erretten konnte» (Hebr. 5, 7), das ist kein Erinnerungsbild, das ist er selbst heute, hier, mitten unter uns, das ist seine Gegenwart in allen unseren Verirrungen, Verwirrungen und Verlorenheiten, vor allen unseren von außen verschlossenen Gefängnistüren, an allen unseren Krankenbetten und Gräbern, aber wohlverstanden: fragend, warnend, zurückhaltend, begrenzend auch in allen unseren echten und weniger echten Triumphen. Er ist noch und wieder der Zöllner und Sünder Geselle, von dem auch die Seinen denken, er möchte von Sinnen sein, der zugleich wegen Gotteslästerung und wegen Aufruhrs Angeklagte, noch und wieder der zu den Übeltätern Gerechnete und mit ihnen Gekreuzigte, noch und wieder der gerade von seinem und unserem Gott Verlassene. Er hat das Alles nicht nur hinter sich, sondern, indem er es hinter sich hat, uns zugute auch immer wieder vor sich. So ist er bei uns, so mit uns: «Wenn wir uns legen, so ist er zugegen; wenn wir aufstehen, so läßt er aufgehen über uns seiner Barmherzigkeit Schein.» Barmherzig ist einer, der sich eines anderen Not zu Herzen gehen läßt, zu eigen macht. Jesus Christus hat sich unsere Not – und das war seine Passion damals und dort – ein für allemal zu Herzen gehen lassen. Ein für allemal, aber nicht nur damals! Er ist von den Toten auferstanden, er lebt und läßt sie sich – und das ist seine Passion heute und hier – in ungeminderter Schwere fort und fort zu Herzen gehen. So ist er der wahrhaftige Zeuge.

Eine unterstreichende und verschärfende Schlußbemerkung zu diesem ganzen Gedankengang ist unvermeidlich. Sind wir dessen sicher, daß Jesus Christus wirklich gerade so, in seiner Leidensgestalt, der wahrhaftige Zeuge ist? Ist er das wirklich als Zeuge dessen, was nicht etwa nur im Zug einer göttlichen Ökonomie für uns Menschen, aber dann wohl auch für uns nur vorläufig und also relativ wahr wäre, irgendeinmal aber zugunsten einer höheren andersartigen Wahrheit zurückzutreten und zu verschwinden hätte? Ist er es in seiner Leidensgestalt wirklich als Zeuge erster und letzter, eigentlicher Wahrheit, hinter und über der es keine weitere gibt, als Zeuge der Wahrheit selbst, die das nicht nur jetzt und hier und für uns ist, sondern in sich selbst von jeher war und immer sein wird: als Zeuge ewiger Wahrheit? Ist er es in seiner Leidensgestalt in so strengem Sinn, daß es weder möglich noch nötig, weder geboten noch erlaubt sein kann, an dem Mann von Gethsemane und Golgatha vorbei nach einem anderen, durch ihn vielleicht nur vorläufig repräsentierten Verkündiger der Wahrheit Ausschau zu halten? Ist er es so, daß wir ihm gerade als Diesem standzuhalten haben, ihm nicht entweichen können, uns gerade vor ihm als Lügner bekennen müssen? Die Frage könnte sich von daher nahelegen, daß wir ja die reine Gestalt Jesu Christi, in der Gott ihn sieht und kennt, von der Leidensgestalt, in der er uns als der wahrhaftige Zeuge begegnet, unterscheiden mußten. Sollte er also vor Gott und für Gott und so in eigentlicher Wahrheit, in letzter Instanz, doch ein Anderer als Dieser, nicht der Mann von Gethsemane, nicht der Leidende und Angefochtene von Golgatha sein: dieser nur in vorübergehender Erscheinung und Vertretung jenes Anderen, so daß wir uns unsererseits auch nur vorläufig und relativ an Diesen, eigentlich und ernsthaft aber an jenen Anderen zu halten, nach der eigentlichen Wahrheit dieses Anderen, des Wortes und Sohnes Gottes an sich und als solchen zu fragen hätten? Ja nicht! ist jetzt abschließend zu sagen. Unterscheidung darf auch in dieser Hinsicht nicht Trennung bedeuten! Existiert doch Jesus Christus als jener Andere gerade als Dieser: in seiner reinen Gestalt als Gottes ewiges Wort und ewiger Sohn gerade als das Geheimnis, die Kraft und der Sinn seiner Leidensgestalt. So, in dieser Einheit, und nur so! Und in dieser Einheit nicht etwa nur für uns, gerade nicht nur im Sinn einer zu unseren Gunsten veranstalteten Schau, hinter der eine ganz andere Wirklichkeit stünde, deren Anblick uns also veranlassen könnte und dann wohl auch müßte, nach einer ganz anderen Wahrheit zu fragen. Zu den Spekulationen, die man da versuchen, oder zu der positivistischen Skepsis, der man sich da hingeben könnte, besteht gleich wenig Anlaß. Gerade in der Einheit seiner reinen Gestalt, in der er uns verborgen, und der Leidensgestalt, in der er uns offenbar ist, existiert er nämlich zuerst auch vor den Augen und in der Erkenntnis Gottes und also eigentlich, also von Ewigkeit her und in Ewigkeit. Daß nur Gott ihn in jener reinen Gestalt sieht und kennt, heißt ja nicht, daß Gott ihn nur so kennt, daß er also vor und für Gott und so in eigentlicher Wahrheit ein anonymer $\lambda\acute{o}\gamma o\varsigma\ \ddot{a}\sigma\alpha\varrho\varkappa o\varsigma$, ein Anderer wäre als der, der uns in der Fremdgestalt, in der Rätselgestalt seiner Passion begegnet. Das müßte und würde ja das Furchtbare bedeuten, daß die Barmherzigkeit, in der Jesus Christus heute und hier, in der Welt unserer Sünde und unseres Elendes als unser Bruder zu uns kommt, mit einer Barmherzigkeit Gottes selbst nichts zu tun hätte, daß Gott an dem Geschehen zwischen Jesus Christus und uns, an seinem prophetischen Werk nicht oder nur von seiner göttlichen Höhe und Ferne her als Zuschauer beteiligt wäre. Nicht so! Eben für Gott und vor ihm und also in ewiger Wahrheit existiert sein ewiges Wort, sein ewiger Sohn, in seiner reinen Gestalt als solcher nur ihm bekannt, als der uns bekannte Mann von Gethsemane und Golgatha: genau als der also, der uns in dieser Gestalt gegenwärtig ist. Eben der Gekreuzigte ist ja von den Toten auferstanden und aufgefahren gen Himmel, sitzt zur Rechten Gottes des Vaters, des Allmächtigen. Eben als Dieser, eben als der Leidende und

Angefochtene «bleibt er in Ewigkeit, hat er das Priestertum als ein ewiges inne, kann er die, welche durch ihn zu Gott kommen, völlig erretten, weil er immerdar lebt, um für sie einzutreten» (Hebr. 7,24f.). Eben «das geschlachtete Lamm» stand nicht nur, sondern steht nach Apok. 5,6 zwischen dem Throne Gottes und dem himmlischen und irdischen Kosmos, und war nicht nur, sondern ist nach den Hymnen jenes Kapitels würdig, das Buch und seine Siegel zu öffnen, Macht, Reichtum, Weisheit, Stärke, Ehre, Ruhm und Lob zu empfangen. Dieses geschlachtete Lamm, dieser «Priester in Ewigkeit nach der Ordnung Melchisedeks» (Hebr. 7,17) ist offenbar nicht nur Medium und Transparent, nicht Zeuge einer von ihm verschiedenen, ihm überlegenen, durch ihn nur eben zu erfahrenden, sondern vielmehr seiner eigenen und gerade so der Wahrheit, neben und über der es nicht nur auf Erden, sondern auch im Himmel, nicht nur für uns, sondern auch für und vor Gott keine andere gibt. Als in diesem Sinn nicht nur relativ und vorläufig, sondern unübertrefflich und endgültig wahrhaftiger Zeuge treibt gerade der leidende und in seinem Leiden siegende Jesus Christus sein prophetisches Werk. Er kommt als Dieser zu uns. Er geht als Dieser mit uns. Er begegnet uns als Dieser. In seiner Barmherzigkeit ist Gottes eigene Barmherzigkeit auf dem Plan und am Werk. Gott selbst leidet mit uns, indem Dieser mit uns leidet. Und als von daher nicht zu bezweifelnder Zeuge der Wahrheit ist Jesus Christus gerade in dieser Gestalt auch der Mann, der kompetent und mächtig ist, uns als Lügner zu entlarven.

Wir können auch im Blick auf Hiob nicht bei dem stehen bleiben, was wir als die reine Gestalt dieses typischen Wahrheitszeugen kennengelernt haben. Nur eben am Anfang und am Ende des Buches wird er in dieser Gestalt deutlich sichtbar. In dessen großer Mitte, die doch wohl schon bei seiner Redaktion und dann wieder bei seiner Aufnahme in den alttestamentlichen Kanon als sein entscheidender Bestandteil angesehen wurde, verändert sich Hiobs Gestalt. Nicht, daß er nicht derselbe bliebe. Als in Gottes Verhältnis zu ihm und in dem seinigen zu Gott derselbe wird er ja nachher in seiner inzwischen verdeckten reinen Gestalt wieder auftauchen, scheint er sich also in jener Verdeckung irgendwie gehalten und bewährt zu haben. Aber die Verdeckung in der Mitte seiner Geschichte ist gründlich: Auf seine neue Erscheinung in jener ersten wird man als Leser seiner Reden in seiner Auseinandersetzung mit den Gegenreden der drei Freunde, die die Mitte des Buches bilden, im Ganzen nicht vorbereitet. Wirklich auch nicht durch Kap. 32–37: die Reden des als vermeintlicher Schiedsrichter, nach beiden Seiten gleich zornig, zwischen ihn und seine Freunde hineintretenden Elihu. Sein Votum haben manche Ausleger als die dem Worte Jahves selbst vorangehende, dessen Verständnis vorbereitende Stimme eines echten «Anwaltes Gottes» verstanden (mit Johannes dem Täufer hat man ihn geradezu vergleichen wollen!!), wo er doch – ob nach der Absicht der Redaktion oder gegen sie – den Eindruck nur verstärkt, daß man sich am Ende aller jener vielen menschlichen Worte (von einigen wenigen da und dort in den Worten Hiobs aufblitzenden Lichtern, allenfalls von dem Gedicht über die Weisheit abgesehen) in einer Sackgasse befindet, aus der es nur durch Einspruch und Eingriff höherer, der höchsten Gewalt einen Ausgang geben kann. Bevor dieser Einspruch und Eingriff erfolgt, ist man in keiner Weise gefaßt darauf, zu vernehmen, daß Hiob nicht nur Unrecht hat, sondern Recht bekommt und also in der reinen Gestalt, in der er seinen Weg angetreten, aufs neue sichtbar werden darf. Ebenso überraschend ist aber schon der Einsatz dieses Mittelstücks. Wohl bekommt man am Schluß des zweiten Kapitels zum ersten Mal einen ernstlich beunruhigenden Eindruck von dem Ausmaß des Elends, das den Hiob infolge jener dem Satan erlaubten Experimente getroffen hat. Seine drei Freunde, die von seinem Unglück gehört haben, betreten da nämlich (2,11) ein Jeder von seinem Wohnort her, die Szene – laut der ihnen zugeschriebenen Herkunft übrigens alle drei ebenfalls Ostländer und also Nicht-Israeliten. Sie haben sich verabredet, «hinzugehen, um ihn zu beklagen und zu trösten». Wie sie, diese Anderen, Hiob fanden und sahen, wird 2,12f. so beschrieben: «Als sie nun ihre Augen von ferne erhoben, erkannten sie ihn nicht wieder, und sie hoben laut zu weinen an und zerrissen ein Jeder sein Gewand und streuten Staub gen Himmel auf ihre Häupter. Und sie setzten sich zu ihm auf die Erde, sieben Tage und sieben Nächte lang, ohne daß einer ein Wort zu ihm redete; denn sie sahen, daß sein Schmerz sehr groß war.» Und Hiob selbst? Das Letzte, was man von seiner Haltung vorher gehört hat, war doch das Wort 2,10 von der Gott gegenüber gebotenen Annahme des Guten und des Bösen und die Erinnerung an das entsprechende Wort 1,21 samt der schon 1,22 gemachten, 2,10 wiederholten Feststellung: «In alledem versündigte sich Hiob nicht mit seinen Lippen.» So ist man doch betroffen, wenn man die (offenbar redaktionelle) Überleitung zum Folgenden (3,1) liest: «Danach öffnete Hiob seinen Mund und verfluchte den Tag seiner Geburt» – und dann seine so zusammengefaßte, noch durch kein Wort seiner bis dahin nur eben schweigend mit ihm trauernden Freunde provozierte, sondern spontan aus ihm hervorbrechende erste Klagerede (3,3–26). Der Eindruck der reifen Abgeschlossenheit seiner Position, den man in Kap. 1–2 haben konnte, war offenbar, wenn man ihn hatte, täuschend. Er hat einen weiten Weg vor sich, bevor er dort zu sehen sein wird, wo man ihn Kap. 42 wieder finden wird. Mit jenen schönen Worten 1,21 und 2,10 hat er diesen Weg (so meint es offenbar die Redaktion des Ganzen, wahrscheinlich doch auch die im Buch, wie es scheint, nicht vollständig wiedergegebene Volkssage) erst abgesteckt. Er muß nun begangen werden. Was das bedeutet, wenn Jahve nimmt, was er selbst gegeben hat, wenn man von Gott nicht nur das Gute, sondern wie das Gute auch das Böse anzunehmen hat, das will nun bis auf den letzten Tropfen gekostet und durchgemacht, der jenen guten Worten entsprechende Schritt will nun getan sein. Das ist die Veränderung der Situation und Haltung Hiobs, vor die wir nun in überraschender Dramatik gestellt werden. Man sieht erst jetzt, wie schwer er durch das, was ihm widerfuhr, angeschlagen ist. Man fragt sich besorgt: ob er sich wohl bewähren wird? Man ahnt jedenfalls, wie entsetzlich hart es ihm fallen wird, sich als Knecht Jahves zu bewähren, und doch auch schon das, daß er dabei gerade als solcher noch etwas zu lernen haben wird.

Der Einsatz der Klage Hiobs im Übergang vom zweiten zum dritten Kapitel wirkt nicht nur in seiner Plötzlichkeit, sondern auch in der Radikalität und Intensität erschütternd. Die in ihrer Art auch schon ergreifende Teilnahme, die ihm seine Freunde bezeugen, und der Eindruck, den man schon dort von der Schwere seines Geschicks bekommt, bleibt doch weit zurück, erscheint höchst inkongruent im Verhältnis zu der tiefsten Betroffenheit, in der Hiob selbst seine Not – nicht wie die Freunde objektiv betrachten und betrauern kann, sondern einfach erfahren und erleiden muß. Sie hat ihn – so hat der Dichter, der jetzt das Wort ergreift, die Katastrophe verstanden, die nach der Volkssage über ihn gekommen ist – nicht nur von außen, sondern in seinem Innersten erreicht, sie hat ihn selbst, sein ganzes Leben, radikal in Frage gestellt. Er hat keinen Abstand von ihr, in welchem er das, was ihm zugestoßen ist, auch nur überblicken, geschweige denn lebensmäßig und gedanklich verarbeiten und meistern könnte. Er ist ganz und gar von ihr verarbeitet und gemeistert. «Seufzen ist mein täglich Brot, es strömen gleich dem Wasser meine Klagen» (3,24). Er ist nur da, indem er leidet. Und so kann er (3,3f.) nur eben dagegen aufschreien – Jeremia (20,14–18) hat dasselbe in fast noch härteren Worten getan – daß er da sein muß: gegen den Tag, da er geboren wurde und weiter zurück: gegen die Nacht, in der er gezeugt und empfangen wurde. Möchte dieser Tag

1. Der wahrhaftige Zeuge

und diese Nacht (er redet von ihnen, wie wenn sie feindliche Personen wären) im Kalender durchgestrichen, ausgelöscht, nie gewesen sein! «Warum gibt er dem Elenden Licht und Leben den Seelenbetrübten?» (3,20 vgl. 10,18f.). «Nur solange sein Fleisch an ihm ist, fühlt es Schmerz, solange seine Seele in ihm ist, trauert sie» (14,22). Warum muß er leben? Als nie Erzeugter oder als bei seiner Geburt Gestorbener hätte er jetzt die vornehme Ruhe der in den von ihnen erbauten Pyramiden bestatteten Könige (3,13f.) oder doch die irgendeiner verscharrten Fehlgeburt (3,16). Dem entsprechend später (6,9f.): «Daß es doch Gott gefiele, mich zu zermalmen, daß er seine Hand ausstreckte und schnitte mich ab! So wäre doch das noch mein Trost, und frohlocken wollte ich in schonungslosem Schmerz.»

Die Frage, was denn Hiob in seinen folgenden Reden und in so extremem Ausdruck gleich in dieser ersten zu beklagen hat, ist nicht so einfach zu beantworten, wie man zunächst denken möchte. Das Allgemeine und Umfassende ist klar: «Ist nicht ein Kriegsdienst des Menschen Los auf Erden? Sind nicht wie Söldners Tage seine Tage? Wie dem Sklaven, der nach dem Schatten lechzt, wie dem Tagelöhner, der auf den Lohn hofft, so wurden auch mir beschieden Monde der Pein, und Nächte der Mühsal hat man mir zugezählt» (7,1f.). Aber um was handelt es sich konkret? Um den Verlust seiner **Habe** und seiner **Kinder**? So müßte man es nach 1,13f. erwarten. Im Eingang von Hiobs großer Schlußrede ist denn auch tatsächlich wenigstens indirekt davon die Rede: «O daß ich noch wäre wie in früheren Monden, wie in den Tagen, da Gott mich bewahrte, da seine Leuchte strahlte über meinem Haupte, in seinem Licht ich wandelte durchs Dunkel! Wie ich in meines Herbstes Tagen war, da Gott mein Zelt noch schirmend deckte, da der Allmächtige noch mit mir war, rings meine Kinder mich umgaben, da meine Schritte badeten in Milch und Bäche Öls der Felsen neben mir ergoß» (29,2–6). Der eigentliche Gegenstand, dem der schmerzliche Rückblick dieses Kapitels gilt, ist aber doch weder sein einstiger, jetzt verlorener Reichtum, noch seine einst blühende, jetzt ausgelöschte Nachkommenschaft, sondern (29,7–25) die Ehre, deren er damals bei Alten und Jungen teilhaftig war und jetzt nicht mehr ist. Und in seinen übrigen Reden sucht man vergeblich auch nur nach Anspielungen, die konkret gerade in jene Richtung weisen würden. Geht es um seine **Krankheit**? Daß der Satan ihn «mit bösem Geschwür von der Fußsohle bis zum Scheitel» geschlagen hat, liest man 2,7. Und es gibt Stellen in Hiobs Reden (wie 7,4f. und 19,17f.), in denen manche Ausleger (z. B. G. Hölscher, Das Buch Hiob, 1934, S. 22 und 45) eine so deutliche Kennzeichnung seiner Krankheit finden wollten, daß sie sie geradezu medizinisch (als Elephantiasis = *lepra tuberculosa*) zu diagnostizieren wagten. Mir will es nicht einleuchten, daß die Anlage, der Geist und Stil dieser Gedichte es erlauben soll, sie so pragmatisch zu lesen, ihnen solche Konkretionen zu entnehmen, was man ja auch bei der Auslegung der entsprechenden Stellen in den Psalmen besser unterlassen wird. Sicher ist, daß auch Hiobs Krankheit zwar da und dort erwähnt wird, im Ganzen seiner Klage aber die Rolle auch **nicht** spielt, auf die man von 2,7 her gefaßt sein könnte. Dafür gibt es da Beschwerden, deren Gegenstand verglichen mit Kap. 1 und 2 neu erscheint. Er findet sich von seinen Verwandten und Bekannten, auch von seinem Gesinde **verlassen**, ja **verhöhnt** (19,13–19). Er sieht sich von **Feinden** bedroht, ja mißhandelt: «Mein Feind wetzt seine Augen wider mich. Sie reißen wider mich das Maul auf, mit Schmähung schlagen sie mich auf die Backen; insgesamt scharen sie sich wider mich: Gott überliefert mich den Buben, in die Hände der Gottlosen stürzt er mich (16,10–11). Und 30,1–15 liest man, auch darauf von Kap. 1–2 her nicht vorbereitet, von einem seltsamen Wüstenproletariat, einem drastisch beschriebenen wilden Raubgesindel, unter dessen Beleidigungen – es handelt sich um Leute, «deren Väter ich nicht wert gehalten, sie meinen Herdenhunden zu gesellen» (30,1) – und scheinbar doch auch Tätlichkeiten Hiob Zusätzliches zu leiden hatte.

Deutlich ist dies, daß er sich, von allen jenen Adversitäten betroffen, dem reißenden Strom seines **Vergehens** überliefert sieht, der ihn seinem Vergangensein, dem Tode, der Unterwelt unaufhaltsam entgegenführt. Es ist zunächst – auch das wird freilich nur ein vorletztes Wort sein – eben dieses Sein im Vergehen, das das Bittere in allen seinen Bitterkeiten auszumachen, den tieferen Gegenstand seiner Klage zu bilden scheint. «Der Mensch, vom Weibe geboren, ist kurzen Lebens und voll Unruhe. Wie eine Blume geht er auf und welkt, schwindet dahin wie ein Schatten und hat nicht Bestand» (14,1 f.). «Meine Tage sind schneller als Läufer, sie fliehen, ehe sie Glück geschaut, sie gleiten vorüber wie Schiffe von Rohr, wie ein Adler, der auf den Fraß stößt» (9,25f.). Sie «fliegen schneller als ein Weberschifflein, sie schwinden dahin ohne Hoffnung» (7,6). Warum ohne Hoffnung? Darum, weil Hiob weiß: «Dem Tode willst du mich zuführen, dem Hause, wo alles Lebende sich einstellt» (30,23). Dahin geht die Fahrt: «ins Land der Finsternis und des Dunkels, ins Land so düster wie die schwarze Nacht, ins Dunkel, wo kein Mittag ist» und aus dem es keine Wiederkehr gibt (10,21f., vgl.16,22). Denn: «der Mann aber stirbt und ist dahin» (14,10). Ein umgehauener Baum «kann wieder treiben und seine Schosse hören nicht auf» (14,7). «Der Mensch aber entschläft und ersteht nicht wieder» (14,12). «Die Wolke entschwindet und geht dahin; so kommt nicht herauf, wer ins Totenreich stieg. Er kehrt nicht wieder in sein Haus und seine Stätte erkennt ihn nicht mehr» (7,9f.). In dieser Klage scheinen zunächst alle Klagen Hiobs zusammenzutreffen. Aber man verstehe recht: Es ist nicht Todesfurcht, was ihn bedrängt. Was er beklagt, ist nicht sein künftiges Sein in der Unterwelt, aus der es keine Rückkehr gibt. Eben daß Gott ihn zermalme, seinen Lebensfaden abschneide, ihn also statt in diesem Leben im Tode sein lasse, hat er sich ja 6,9f. (vgl.7,15) ausdrücklich gewünscht. Und eben im Blick auf sein Sein im Tode, in der Unterwelt wagt er (14,13f.) sogar den verwegenen Gedanken (wir werden auf ihn zurückkommen müssen): dort möchte Gott ihn bergen und verstecken vor seinem ihn in diesem Leben treffenden Zorn, möchte ihn dort wie eine Schildwache hinstellen und auf seine Ablösung warten lassen, um seiner dann eines Tages ganz neu zu gedenken. Er beklagt sich nicht über sein künftiges Vergangensein als das Ziel seiner Wege, wohl aber über seine Gegenwart, die nur diese Zukunft hat, über sein Sein auf diesem Wege, der nur eben ein Gleiten auf dieser schiefen Ebene ist. Hätte er diesen Weg doch nie antreten müssen oder hätte er ihn doch schon hinter sich! Nicht dort zu sein, wird furchtbar sein, im Gegenteil, wohl aber ist es furchtbar, hier zu sein mit der einzigen Aussicht nach dort: hinunter in jene Tiefe, hinein in jenes Haus, aus dem es keine Wiederkehr gibt. Hiob beklagt ein Leben, das nur eben zum Tode hin, nur eben Fahrt in jene Finsternis, nur eben ein Vergehen und sonst nichts ist. «Ich mag nicht, will nicht ewiglich leben! Laß ab von mir! Ein Hauch nur sind ja meine Tage!» (7,16). Zu einem solchen Leben ist das seinige, betroffen von allen jenen Adversitäten, geworden.

Die entscheidende Antwort auf die Frage nach dem Grund und Gegenstand von Hiobs Klage, nach seinem eigentlichen Leid, ist doch auch mit dem eben Gesagten noch nicht gegeben. Um unter der Vergänglichkeit des menschlichen Lebens im Blick auf den Verlust von Besitz, Familie, Gesundheit, Sicherheit, Ehre zu leiden, braucht man nicht Hiob zu sein! Solches haben auch Andere erlitten und bedacht – und – so möchte man meinen – maßvoller, ruhiger und würdiger als er zu verwerken gewußt. Aber hinter dem Allem steht nun eben in seinem Fall nach der Darstellung des großen Mittelstückes des Hiob-Buches, nach der eigentlichen Hiob-Dichtung, ein ganz anderes Leid, das Millionen anderer Dulder (die braven Stoiker und ihresgleichen inbegriffen) nicht einmal empfunden, geschweige denn erlitten haben, das sich in jenem ganzen bis jetzt beschriebenen *descensus ad inferos* zwar spiegelt, verglichen mit dem aber dieser und seine einzelnen Momente nur eben instrumentale, subsidiäre, relative Bedeutung haben. Von ihm und nur von ihm her, indem sie jenes ganz andere Leid ankündigen, haben auch sie ihr spezifisches Gewicht, ihre unerträgliche Schärfe. Eben als den mit diesem ganz anderen Leid Geschlagenen hat der Dichter den mitten in der Asche sitzenden Mann von Uz gesehen und verstanden, den Armen, dem nur eben jene Scherbe geblieben ist, mit der er seine Geschwüre kratzt. Eben im Blick auf dieses sein ganz anderes Leid hat es ihm offenbar auch bei der Entfaltung seiner Klage keine Sorge

1. Der wahrhaftige Zeuge

gemacht, die in der von ihm zugrunde gelegten Sage besonders hervorgehobenen Gründe seines Jammers (den Verlust seiner Habe und seiner Kinder, seine Krankheit) nicht dementsprechend hervorzuheben und ihm umgekehrt Beschwerden (über Nächste, die ihn verlassen und verhöhnt hätten, über feindliche Angriffe, über seine Belästigung durch jenes Gesindel) in den Mund zu legen, von deren Grund man in der Erzählung der Sage nichts vernommen hat. Es geht ja wohl um ein ganzes Meer von Pein – aber in dem Allem immer noch um viel mehr als das! Ist es sicher, daß die Hiobsdichtung sich auf die Hiobssage bezieht, durch sie angeregt ist und an sie anknüpft, so ist es ebenso sicher, daß es aussichtslos wäre, ihr Bild von Hiob mit dem der Sage harmonisieren, m.a.W.: die dem Hiob von ihr in den Mund gelegten Klagen wörtlich, pragmatisch-historisch deuten zu wollen. Die Dichtung sprengt eben in ihrer Mitte den Rahmen der Sage, um ihn erst am Schluß wieder herzustellen. Indem ihr Hiobs großes Leid als sein eigentliches spezifisches Problem vor Augen steht, hat sich Hiobs Klage in ihrer Wiedergabe über den ihr vorgegebenen Stoff hinaus – man möchte fast sagen: ins Mythische – geweitet und vertieft. Sie hat zwar den Mann von Uz nicht aus den Augen verloren: der bleibt ja in seinem geschichtlichen Umriß auf dem Aschenhaufen inmitten seiner trauernden Freunde dauernd in Sicht, und am Schluß wird die Dichtung auch auf das Hiobsbild der Sage in aller Form zurückkommen. Sie hat ihn aber inzwischen, in seinen Reden, gewissermaßen über sich selbst hinauswachsen lassen. Sie hat ihn nämlich unverkennbar mit den Zügen der Gestalt des für das ganze alttestamentliche Zeugnis formell so bezeichnenden und sachlich so konstitutiv wichtigen leidenden Gerechten ausgestattet, die uns anderwärts vor allem in der Gestalt des Propheten Jeremia und des Gottesknechtes von Jes. 53, kollektiv in den «Klageliedern» und individuell und kollektiv in so vielen Psalmen entgegentritt. Die besondere Pointe, die diese Gestalt im Hiob-Buch auszeichnet, ist aber eben die ganz andere, die große Not, Pein und Plage, von der wir Hiob, alles Andere in sich begreifend und in den Schatten stellend, heimgesucht sehen. So zentral und zugespitzt hat gerade dieses große Leid im ganzen Alten Testament (wenn auch gewiß nicht ohne einzelne Parallelen) und doch wohl auch in der ganzen übrigen Weltliteratur nur ihn, diesen Hiob, getroffen!

Es besteht nach seinen Reden im Mittelstück des Buches sein eigentliches Leid in allen seinen Leiden und also der primäre Gegenstand aller seiner Klagen in dem Zusammentreffen seines tiefen Wissens darum, daß er es in dem, was ihm widerfahren ist und aufliegt, mit Gott zu tun hat – mit seinem ebenso tiefen Nicht-Wissen darum, inwiefern er es darin mit Gott zu tun hat. Im Streit seines Nicht-Wissens gegen sein Wissen tut und hat er Unrecht: in ihm begeht er den Fehler, dessen er sich in der Äußerung seines Schmerzes schuldig macht, im Blick auf den es ihm nicht erspart bleiben wird (42,6), zu widerrufen und im Staub und in der Asche zu bereuen. Dieser Fehler wird ihn, um das gleich vorwegzunehmen, als Wahrheitszeugen nicht disqualifizieren: nicht etwa darum, weil er durch das, worin er Recht hat und behält, durch sein konstantes Wissen darum, daß es mit Gott zu tun hat, aufgewogen wäre, wohl aber darum, weil Gott selbst sein Gewicht in die Waagschale werfen und dafür sorgen wird, daß Hiobs Fehler verschwinden, daß er jenen Streit aufgeben, endlich und zuletzt auch das erfahren, einsehen und wissen wird, inwiefern er es mit ihm zu tun hat. Aber davon später! Wir blicken jetzt auf jenes sein Wissen und Nicht-Wissen um Gott in ihrem furchtbaren Zusammenstoß, in ihrer entsetzlichen Reibung. In ihr besteht die Tiefe, das Wesen des Leidens des leidenden Hiob.

Er weiß, daß er es mit Gott zu tun hat. Darin ist und bleibt er im Recht. Er sieht und versteht seine Verluste, seine Krankheit, seine sonstigen Adversitäten, das hoffnungslose Vergehen seines Lebens – was das auch für ihn bedeute, was er auch daraus mache – als Gottes Willen und Werk. Weiß er nichts davon, daß Satan dabei seine Hand im Spiele hat? Merkwürdig genug: diese Kap. 1 u. 2 als sehr aktiv sichtbar gemachte Zwischenfigur ist im dichterischen Mittelstück des Buches verschwunden, als wäre nichts gewesen. Ein kurzer, scharfer Blick auf sie scheint doch auch dem Hiobdichter genügt zu haben! Sie wird auch in den Gottesreden und in der Erzählung am Schluß des Buches nicht wieder auftauchen: nicht einmal zu dem naheliegenden Zweck einer triumphierenden Feststellung, daß Jahve seine Wette auf Hiobs Treue gewonnen hat! Satan ist dem klagenden Hiob kein Problem. Gottes Verhältnis und Verkehr mit ihm, seine Existenz in jener Versammlung der Gottessöhne (1,6) und so auch jene Wette geht ihn nichts an, und so auch nichts Satans Rolle in seiner, Hiobs Sache. Er hat seine Treue, auf die Gott gewettet hat, ohne alle Seitenblicke nur eben zu bewähren. Eben das tut er denn auch, indem er faktisch nicht tut, worauf Satan (1,11; 2,5) gewettet hat, daß er es tun werde: er flucht Gott nicht, d. h. er trennt sich in keinem Wort, in keinem Gedanken von ihm, um sich vielleicht mit der Wunderlichkeit und Härte des Weltlaufes und seines besonderen Schicksals, mit den Geheimnissen und Schrecknissen seiner metaphysischen Tiefe oder mit der Bosheit und Dummheit der ihm widerwärtigen Menschen als solcher zu beschäftigen. Er steht darin zu seinen guten Worten 1,21 und 2,10, daß er sich (wie immer das nun auch geschehe) an Jahve hält als an den, der ihm nun nimmt, was er ihm zuvor gegeben, daß er wie zuvor das Gute, so nun auch das Böse seinerseits von Ihm annimmt: in sehr wunderlicher, sehr wilder Bewegung – aber von Ihm annimmt! Er tut das, indem er, was er zu klagen hat, in allen seinen Reden, sei es (in der dritten Person) als Aussage über Gottes Walten und Handeln, sei es (in der zweiten Person) als Anrede an den in seinem Leben waltenden und handelnden Gott zur Sprache bringt. Zu von Gott abstrahierenden Erwägungen und Redensarten hat er offenbar weder Lust noch Luft. Er hat es mit Ihm zu tun und das nicht nur im Allgemeinen, sondern mit seinem ganz speziell und persönlich gerade ihn meinenden, gerade auf ihn gezielten Handeln. Darin bewährt sich jenes seine Existenz konstituierende Verhältnis zwischen Gott und ihm, ihm und Gott. Darin hat der Satan auch in den gewagtesten Formen und Elementen von Hiobs Aussagen über und Anreden an Gott zum vornherein das Nachsehen. Hiobs konkretes Wissen um Gott und die damit gegebene Grundbedingung seines Charakters als Wahrheitszeuge ist unerschütterlich.

Sein konkretes Wissen darum nämlich, daß Gott in seinem Leben waltet und handelt. Eben mit ihm stößt und reibt sich nun aber – und darin wird Hiobs Anfechtung Ereignis – sein ebenso konkretes, für ihn (und nach der Meinung des Dichters offenbar nicht nur für ihn!) ohne Gottes eigenes Eingreifen unüberwindliches Nicht-Wissen darum, inwiefern es wirklich Gott ist, der in seinem Leben am Werk ist. Daß er von ihm lassen könnte, kommt schon darum nicht in Frage, weil Gott von ihm nicht läßt, weil er sich so unentrinnbar im Griff seiner Hand befindet. Aber eben: in welchem Sinn er den ihn unentrinnbar haltenden Griff als das Werk seiner Hand erfährt, ihn als seinen Willen zu verstehen, ihn als sein Werk sich gefallen zu lassen hat, ist Hiob dunkel, verborgen, uneinsichtig. Er sieht unerschütterlich seinen Gott und keinen Anderen in dem, was ihm widerfährt. Er versteht ihn aber nicht in diesem Widerfahrnis. Er erkennt ihn, seinen Gott, darin nicht wieder. Er sieht darin wohl Gott – aber gewissermaßen einen Gott ohne Gott, d. h. einen Gott, der nicht die Züge des Angesichtes seines, des wahren Gottes trägt, der in freier Treue sein Partner und dessen Partner er selbst in ebenso freier Treue geworden ist: des Gottes, der ihn gesegnet und dem er seinerseits gehorsam gewesen, gerecht geworden ist. Er zweifelt keinen Augenblick daran, daß er es mit diesem seinem Gott zu tun hat: es bringt ihn aber fast oder ganz von Sinnen, daß eben er ihm in einer Gestalt begegnet, in der er ihm schlechterdings fremd ist. Er leidet unter der Treue, in der Gott auch so nicht von ihm läßt und in der er, Hiob, auch von Gott nicht lassen kann. Er schreit dagegen auf, er schlägt dagegen aus, er möchte dem entrinnen, daß er ihm, indem er ihm in dieser fremden Gestalt entgegentritt, standhalten soll. Er fragt und fragt: warum sein Gott in dieser Gestalt? Er bezweifelt sein Recht, sich als sein Gott ihm, Hiob, in dieser Gestalt zu zeigen. Er setzt dieser Gestalt Gottes das Recht des Verhältnisses entgegen, in welchem Gott zu ihm, er zu Gott, doch steht. Er beschwört ihn, sich zu diesem Recht zu bekennen. Und dann muß er erfahren, daß sein ganzes Schreien, Ausschlagen, Entrinnenwollen, sein ganzes Fragen, Zweifeln, Protestieren ohnmächtig ist gegenüber dem ehernen Faktum, daß Gott ihm in dieser Gestalt begegnet. – Wir hören ihn selber: «Du wandelst dich mir zum grausamen Feinde; mit gewaltiger Hand befehdest du mich» (30,21). Und so ist Hiob der Mann, «dem sein Pfad verborgen ist und dem Gott jeden Ausweg versperrt» (3,23, vgl.19,8). «Ja, Gott hat mir das Herz verzagt gemacht und der Allmächtige hat mich erschreckt» (23,16). «Sein Zorn ist wider mich entbrannt und er achtete mich für seinen Feind. Allzumal rückten heran seine Scharen, bahnten ihren Weg wider mich und lagerten sich rings um mein Zelt» (19,11 f.). «Die Pfeile des Allmächtigen stecken in mir, und mein Geist saugt ein ihr glühendes Gift; die Schrecken Gottes verstören mich» (6,4). «Im Sturmwind hascht er nach mir, schlägt mir ohne Grund viele Wunden, läßt mich nicht Atem schöpfen, sondern sättigt mich mit bitterem Leid» (9,17 f.). «Bresche auf Bresche bricht er in mich, rennt wider mich an wie ein Held» (16,14). «Ich lebte ruhig, da zerbrach er mich, packte mich beim Nacken und zerschmetterte mich» (16,12). «Deine Hände haben mich kunstvoll gemacht und gebildet; danach hast du dich abgewandt und mich vernichtet» (10,8).

Dem Allem gegenüber bricht Hiobs Frage auf: «Ist denn meine Kraft die Kraft von Steinen? oder ist mein Fleisch von Erz?» (6,12). «Warum verbirgst du dein Angesicht und hältst mich für deinen Feind? Willst du ein verwehtes Blatt erschrecken und einen dürren Halm verfolgen?» (13,24 f.). «Bin ich denn das Urmeer oder der Meeresdrache, daß du eine Wache wider mich aufstellst?» (7,12). «Warum hast du mich dir zur Zielscheibe gemacht?» (7,20 vgl. 16,12 f.). «Was ist doch der Mensch, daß du seiner groß achtest und daß du dich um ihn bekümmerst? daß du ihn heimsuchst jeden Morgen und jeden Augenblick ihn prüfst? Wann endlich blickst du weg von mir und lässest mir Ruhe, einen Augenblick nur?» (7,17 f.). «Ist dir's denn Gewinn, daß du unterdrückst, daß du verwirfst das Werk deiner Hände?» (10,3). «Gedenke doch, daß du wie Ton mich gebildet! Und zu Staub willst du mich wieder machen?» (10,9). Mit solchen Fragen gelegentlich, verhältnismäßig selten, auch die Bitte: «Sind nicht der Tage meines Lebens nur wenige noch? Laß doch ab von mir, daß ich mich ein wenig erheitere, ehe ich dahinfahre ohne Wiederkehr!» (10,20 f.). «Blicke weg von ihm und laß ihn ruhen, daß er doch seiner Tage froh werde wie ein Tagelöhner!» (14,6). Mit der Frage und Bitte aber vor allem der trotzige Protest: Er, Hiob, hat doch seinen Bund mit Gott gehalten. Oder hat er es nicht getan? Gott gebe ihm Auskunft über den Vorwurf, den er ihm offenbar zu machen hat! «Er nehme weg von mir seine Rute, daß mich der Schrecken vor ihm nicht verstöre! So will ich reden und ihn nicht fürchten; denn solcher Dinge bin ich mir nicht bewußt» (9,34 f.). «Ich will meiner Klage wider ihn freien Lauf lassen, will reden in der Bitternis meiner Seele, will sprechen zu Gott: Verdamme mich nicht, laß mich wissen, warum du wider mich haderst!» (10,1 f.). «Siehe doch, ich habe meine Sache gerüstet und weiß, daß ich im Recht bin. Wer ist, der mit mir rechten könnte?» (13,18 f.). «In seinen Spuren blieb fest mein Fuß; ich hielt ein seinen Weg und wich nicht ab, von dem Gebot seiner Lippen wich ich nicht» (23,11 f.). «Lade mich vor und ich stehe Rede! Oder laß mich reden und gib mit Antwort! Wieviel sind meiner Vergehen und Sünden? Meine Schuld und Sünde laß mich wissen!» (13,22 f.). «Siehe, er tötet mich, ich halte es nicht aus; nur will ich meine Wege ihm ins Angesicht dartun» (13,15). Das ist die Herausforderung, die dann – und in der Dichtung das sogar als Hiobs letztes Wort – gipfelt in jener spezifizierenden Rechenschaftsablage über sein bisheriges Tun und Verhalten und zuletzt (31,35 f.) in jenem fast frechen Ruf nach einer ihn widerlegenden Anklageschrift, die er sich, ihrer Nichtigkeit zum vornherein bewußt, um den Kopf winden, mit der geschmückt er Gott «wie ein Fürst» entgegengehen will.

Aber Hiobs sachlich letztes Wort hat man doch wohl weder in jener Frage und Bitte, noch auch in diesem Protest zu finden, sondern in seinem wieder und wieder ausbrechenden zugleich schmerzlichen und zornigen, um nicht zu sagen: höhnischen Seufzer über die ihm nur zu wohl bekannte Inkongruenz und Ohnmacht aller dieser Formen seiner Klage und insbesondere seines Rechtsprotestes. Darin besteht letztlich das Fremde, das Furchtbare der Gestalt, in der Gott ihm begegnet: er fragt ja gar nicht, mit wem er es zu tun hat, nach des Menschen Schuld oder Unschuld. Er schaltet und waltet mit ihm gerade nur nach dem unbegrenzten Recht seiner unbegrenzten Macht: einem Recht, angesichts dessen der Mensch nur entsetzt verstummen oder eben empört aufschreien kann, über das nicht mit Gott zu reden ist, wie auch er darüber nicht mit sich reden läßt. «O daß ich wüßte, wo ich ihn fände, daß ich gelangte vor seinen Thron! Vortragen wollte ich ihm die Sache und meinen Mund mit Beweisen füllen, wollte wissen, wie er mir Rede steht, und vernehmen, was er mir sagen könnte. Würde er in Allmacht mit mir rechten? Ach, wollte er nur auf mich achten!» (23,3f.). Aber das tut er eben nicht: «Siehe, ich gehe nach Osten – da ist er nicht, nach Westen – ich gewahre ihn nicht; nach Norden suche ich ihn – ich schaue ihn nicht, biege um nach Süden – ich sehe ihn nicht» (23,8f.). «Geht er an mir vorüber, ich sehe ihn nicht, fährt er daher, ich gewahre ihn nicht. Rafft er dahin, wer will ihm wehren? Wer will zu ihm sagen: Was tust du da?» (9,11f.). «Gilt es die Kraft eines Starken: siehe, da ist er; gilt es das Recht: wer will ihn vorladen?» (9,19). «Schuldlose und Schuldige vernichtet er; wenn seine Geißel plötzlich tötet, so lacht er der Verzweiflung des Unschuldigen» (9,22f.). «Wenn ich mich schon wüsche mit Schnee und mit Lauge reinigte meine Hände, dann würdest du mich in Unrat tauchen, daß meine Kleider vor mir einen Abscheu hätten; denn er ist nicht ein Mensch wie ich, daß ich ihm erwiderte, daß wir zusammen vor Gericht gingen; es ist kein Schiedsrichter zwischen uns, der seine Hand auf uns beide legte» (9,30f.). «Er wollte es – wer mag es ihm wehren? Sein Herz begehrte es – und er vollbringt's. Denn er vollendet, was mir bestimmt ist, und so hält er's allewege. Darum erschrecke ich vor seinem Angesichte, betrachte ich's, so erzittere ich vor ihm» (23,13f.). Erhöbe ich mein Haupt, «wie ein Löwe wolltest du nach mir jagen und abermals dich wunderbar an mir erweisen, aufs neue stets deine Zeugen wider mich aufstellen und deinen Unmut mehren gegen mich, mir immer wieder Frondienst auferlegen» (10,16f.). Kurz: «Ich schreie ,Gewalt'! und bekomme nicht Antwort; ich rufe um Hilfe und finde kein Recht» (19,7).

Das also, dieses sein eigentümliches Zusammensein mit Gott ist Hiobs eigentliches Leid, der primäre Gegenstand seiner Klage. Von seiner «Auseinandersetzung» mit Gott zu reden, würde die Sache nicht treffen. Das ist es ja, daß er sich mit Gott nicht «auseinandersetzen» kann, daß er mit ihm nur zusammen sein und bleiben kann, nun aber so, nun mit Gott auch in der fremden, schrecklichen Gestalt eines ihn aufs höchste bedrängenden Widersachers, ihm gegenüber ein schaleloses Ei, zusammen sein und bleiben muß. Hiobs eigentliches Leid ist also gewiß nur eine Transformation des so positiven Geheimnisses seiner Existenz, jenes ein für allemal begründeten, nicht aufhebbaren Bundes zwischen Gott und ihm, ihm und Gott – eine besondere Modifikation seines Daseins als Knecht Jahves. Aber was für eine Transformation, in der er eben seinen Gott, der gar nicht daran denkt, ihn auch nur einen Augenblick loszulassen, nur als seinen gefährlichsten und bittersten Feind – und in der er – seinerseits außerstande, sich von seinem Gott zu lösen, sich selbst nur als dessen Feind, von ihm ohne einsichtigen Grund, ohne ihm einleuchtendes Recht verfolgt, bedroht, mißhandelt, erfahren und verstehen kann! Was sind doch die sämtlichen alten und neuen Skeptiker, Pessimisten, Religionsspötter und Atheisten für arglose, gemütliche Gesellen neben diesem Hiob! Die wußten und wissen ja gar nicht, gegen wen sie mit ihrem Achselzucken, Zweifeln, Lächeln und Leugnen angingen und angehen. Hiob wußte es. Er redet im Unterschied zu ihnen *en connaissance de cause*. Die konnten und können sich mit einem «Gott», den sie als ihren Gott gar nicht kannten, wohl ohne erhebliche Kosten «auseinandersetzen». Hiob konnte gerade das überhaupt nicht tun. Den Tag seiner Geburt konnte er wohl verfluchen, Gott aber konnte er nicht fluchen, von ihm keine Distanz gewinnen. Er wünschte wohl, es tun zu können: daher sein Begehren nach dem Tode, daher jene kühne Erwägung, ob Gott ihn nicht in der Unterwelt vor sich selbst in Sicherheit bringen könnte. Aber eben: er weiß nur zu gut – und schon darum wäre auch Selbstmord für ihn keine Möglichkeit! – daß er es auch im Tode, auch in der Unterwelt auf Gnade und Ungnade mit Gott zu tun haben wird. Und gerade in seiner für ihn so belastenden Distanzlosigkeit Gott gegenüber ist er im Guten wie im Bösen ein Gottesstreiter, ein wahrer «Israel» (Gen.32,28), wie es keiner von jenen Amateurgegnern des lieben Gottes in ihrer ganzen kalten und heißen Kriegführung gegen diesen auch nur von ferne gewesen ist, findet er Worte der Auflehnung, mit denen verglichen die ihrigen fromme Sprüche sind. Merkwürdig, daß es keinem von ihnen eingefallen ist, zunächst einmal bei Hiob in die Schule zu gehen, um dann wenigstens zu wissen, was sie taten und um dann vielleicht auch in die Lage zu kommen, ihre Sache wenigstens etwas wuchtiger zur Sprache zu bringen!

Was aber hat sich in diesem eigentümlichen Zusammensein Gottes mit Hiob, Hiobs mit Gott, das Hiobs eigentliches Leid und den zentralen Gegenstand seiner Klage bildet, nun eigentlich zugetragen? Eine Auflösung und Aufhebung ihres in der vorangehenden göttlich-freien und in der ihr folgenden menschlich-freien Wahl begründeten Bundesverhältnisses auf keinen Fall! Wohl aber eine einschneidende Veränderung innerhalb dieses Verhältnisses. Ohne Hiob untreu zu werden, macht Gott von seiner Freiheit ihm gegenüber damit Gebrauch, daß er ihm den Segen, den er ihm zuvor, ohne ihn ihm schuldig zu sein, zugewendet hat, bis auf jenes trostlose Minimum seiner Lebenserhaltung entzieht, ihm also in einer Gestalt begegnet, in der er ihm – ohne aufzuhören, sein Gott zu sein, aber indem er es nun eben so ist – als solcher unkenntlich wird. Und soll er seinem Gott seinerseits nicht untreu werden, hat Hiob nun dieser Entscheidung damit zu folgen, daß er auch dem ihm unkenntlich Gewordenen, dem in jene Fremdgestalt Verhüllten, freien, nun eben leidenden Gehorsam leistet. Was ist der Sinn und Grund dieser Veränderung? An der Beantwortung dieser Frage hängt offenbar die der Frage nach Sinn und Grund des Leidens Hiobs, das ja die Folge jener Veränderung ist, und die nach dem Recht und Unrecht von Hiobs Klage, die sich ja eben gegen diese Veränderung, u.zw. in ihrer Spitze entscheidend gegen den ihr zugrunde liegenden Gestaltwandel Gottes richtet.

Das ist sicher, daß diese Veränderung, auf das freie Tun Gottes, wie auf das Problem des ihm entsprechenden freien Tuns Hiobs gesehen, eine Teilaktion ihrer gemeinsamen Geschichte ist. Das Bundesverhältnis zwischen Gott und Hiob ist bei aller ihm eignenden unerschütterlichen Festigkeit nicht einfach vorhanden. Seine Ontik ist Dynamik. Will sagen: es besteht, indem es geschieht, daß es Bestand gewinnt und behält. Es läuft seiner Natur nicht zuwider, sondern es entspricht ihr aufs höchste – es entspricht nämlich der Freiheit der göttlichen und der menschlichen Wahl, in der es begründet ist, daß es so und nur so besteht, und also solch innerer Veränderung fähig und bedürftig ist. Teilaktion der Geschichte, in der das Verhältnis zwischen Gott und Hiob geschieht, ist die Veränderung, in der Gott in freier Entscheidung jenen Gestaltwandel vollzieht und in der es Hiobs Sache wird, dieser göttlichen Entscheidung in ebenso freier menschlicher Entscheidung zu folgen: Gott nun eben leidenden Gehorsam zu leisten. Gott bleibt nicht stehen. Gott tut einen Schritt vorwärts: es wird Hiobs Sache, seinerseits den entsprechenden Schritt vorwärts zu tun. Was Gott tut, ist eine Bewährung der freien Treue, in der er Hiob zugewendet ist – mit Kierkegaards Schrift von 1843 zu reden: eine «Wiederholung» der in gleich freier Treue geschehenen Begründung seines Bundes mit Hiob. Und so ist auch, was Hiob zu tun obliegt, eine Bewährung der freien Treue, in der er Gott zugewendet ist, eine Wiederholung seines in gleich freier Treue betätigten Seins in dem von Gott begründeten Bunde. Es geht um eine Teilaktion ihrer gemeinsamen Geschichte. Diese Veränderung innerhalb ihres Verhältnisses wird nicht die letzte sein. Jetzt aber ist sie unerbittlich diese, in der Gott sich dem Hiob, ohne ihn fallen zu lassen, verbirgt, indem er sich ihm eben als sein Gott unkenntlich macht und in der Hiobs Teil nur eben seine Freiheit und also sein Gehorsam im Leiden sein kann. Er wird ihn nur in jenem Konflikt, in jener entsetzlichen Reibung seines Wissens und seines Nicht-Wissens leisten können: seines Wissens darum, daß er es auch in dieser Fremdgestalt – seines Nicht-Wissens darum, inwiefern er es auch in ihr mit seinem Gott zu tun hat. Hier setzt Hiobs Klage ein: von der Klage über den ihm widerfahrenden Entzug des Segens Gottes, seine Verluste, seine Krankheit, die Hinfälligkeit seines Daseins (in dieser Klage nur eben anhebend!) empor zu der eigentlichen Klage, die er von dem ihm bekannten Gott her gegen den von ihm nicht verstandenen erhebt, in der er sich im Namen Gottes gegen Gott, nämlich gegen die Fremdgestalt, in der ihm Gott begegnet, auflehnt, mit ihm hadert, mit ihm rechtet, sich ihm als sein zu Unrecht verstoßener und mißhandelter Knecht aufdrängt: von Anfang an dessen wohl bewußt, daß er zu diesem ganzen Ansturm weder die Kompetenz noch die Macht hat und nun doch gerade in diesem Ansturm verharrend bis ans Ende. Das ist die in ihrem Recht wie in ihrem Unrecht so denkwürdige, ja ehrwürdige Klage Hiobs: ehrwürdig darum, weil gerade sie die dieser Teilaktion seiner Geschichte mit Gott angemessene Form seines Gehorsams war. Er wäre nicht gehorsam gewesen, wenn er diese Klage nicht angestimmt und wenn er in ihr nicht rücksichtslos allen Einsprüchen gegenüber bis ans Ende durchgehalten hätte. Eben in ihr hat er – das muß allem Anderen vorangehend gesehen und gesagt werden – die ihm gebotene Wiederholung vollzogen.

Daß er sich in deren Vollzug zugleich ins Recht und ins Unrecht setzte, ist die klar ausgesprochene Meinung des Hiob-Buches. «Wer ist, der da verdunkelt den Ratschluß mit Reden ohne Einsicht?» wird Hiob (38,2) von Jahve selbst entgegengehalten. Und Hiob nimmt dieses Wort (42,3) auf und bekennt: «Ich habe geredet in Unverstand, Dinge, die zu wunderbar für mich, die ich nicht begriff». Und darum widerruft er und bereut in Staub und Asche (42,6). Jahves Zorn aber, so liest man 42,7 f., ist doch nicht gegen ihn, sondern gegen seine drei Freunde entbrannt, denen zweimal in aller Form erklärt wird: «Ihr habt nicht recht von mir geredet wie mein Knecht Hiob». So hat also Hiob in seiner Klage Recht und Unrecht, Unrecht und Recht gehabt? In der Tat! Man kann ihn im Vollzug seiner «Wiederholung» unmöglich so eben Recht haben lassen, wie Kierkegaard, der ihm als dem überaus tröstlichen Genossen seiner eigenen Schwermut wahre Dithyramben gesungen hat, es tun wollte. Es wird freilich auch nicht angehen, in Hiobs Worten so zu unterscheiden, wie manche Ausleger es tun zu müssen glaubten, indem sie sie einer milden Zensur unterwarfen, ihnen hier Beifall gaben, um dort kopfschüttelnd zu konstatieren: da möchte er zu weit gegangen sein, sich verirrt und gesündigt haben. Man findet in den Texten keine Anhaltspunkte für ein solches Verfahren. Wohl gibt es da einige wenige (später zu berührende) Stellen, in denen man Hiobs Recht allerdings mit Händen zu greifen meint. Aber sie gehören eigentlich schon nicht mehr zu seiner Klage, greifen als seine Worte schon voraus und hinüber auf das Recht, das er nicht hat, sondern das ihm endlich und zuletzt von Gott zugesprochen und gegeben werden wird: sie sind fremd in der sie umgebenden in Dämmerung gehüllten Landschaft – ähnlich der Existenz Hiobs als Knecht Jahves mitten im Ostland! – wie Findlinge, wie Meteore, die aus einer ganz anderen Welt dahin gefallen sind. Sie sind Ausnahmen von der Regel, die diese als solche bestätigen. In Hiobs Klage als solcher ist zwischen Recht und Unrecht nirgends so zu unterscheiden, daß man auf die eine oder andere seiner Äußerungen in diesem oder jenem Sinn die Hand legen könnte. Sie zeigen in ihrer Weise alle ebenso nach rechts wie nach links, nach oben wie nach unten. Es kann nicht anders sein, als daß Hiob – *simul iustus et peccator!* – als Knecht Jahves in jedem Wort, und als fehlbarer Mensch auch in keinem seiner Worte Recht hat. Da sieht man ihn doch auf der ganzen Linie unter dem Gesetz, nach dem er angetreten, auf dem Weg der ihm von Gott verordneten Bewährung und Wiederholung, aber auch auf der ganzen Linie als einen Blinden, Tauben und Lahmen, eben auf diesem Weg stolpern, fallen, wieder aufstehen, und wieder stolpern und fallen. Da ist unentwirrbar beieinander die herrliche Aufrichtigkeit, in der er sich strikte weigert, Weiß oder auch nur Grau zu sehen, wo er Schwarz sieht, Gott in seiner ihm unverständlichen Gestalt umzudeuten nach einem Bild, in welchem er ihm auch so verständlich sein könnte – mit der Unverschämtheit, in der er kaum bittet, vielmehr höchst rechthaberisch fordert, daß Gott diese Fremdgestalt – als ob er nicht auch in ihr er selbst, sein Gott wäre! – ihm zuliebe wieder ablegen, sich ihm verständlich machen müsse. Da erhebt er sich mit vollem Recht für seine von ihm nie preisgegebene, immer und konsequent vertretene Sache als Gottes Partner, für seine Gerechtigkeit vor ihm – und setzt sich eben damit, daß er sie, sich selbst offenbar überhebend, als Anspruch auf eine Gerechtigkeit Gottes vor ihm, in seinen menschlichen Augen nach seinen Gedanken und Maßstäben geltend macht, auch eklatant ins Unrecht. Da ahnt man sehr wohl die Freiheit des Kindes Gottes, das sich als solches an das ihm zugesagte und zukommende Erbe halten, ja klammern darf und soll – da sieht man aber auch seinen erstaunlichen Kindskopf, der es nicht wahrhaben will, daß er dieses Erbe noch nicht besitzt, daß es, ihm bestimmt, noch in der Hand des Vaters ist, daß die Stunde seiner Übergabe zu bestimmen, nicht seine Sache sein kann – sieht man seine ganze störrische Ungeduld, in der er, ein wahrer Stürmer des Himmelreichs (Matth.11,12), nicht darauf warten will, es aus seiner Hand zu empfangen, in der er über die Zeit und Art seines Empfangs verfügen will, in der er also seine Freiheit, indem er von ihr Gebrauch macht, in ihrer Wurzel bedroht. Da geht Alles in Ordnung, indem da Einer in entschlossenem, verzweifeltem, alle Schranken durchbrechendem Einsatz nach Gott ausgreift – und da geht Alles in Unordnung, indem er sich eben damit offenkundig übergreift, sich Gott gegenüber durchsetzen will, sich ihm eben damit faktisch widersetzt. Da respektiert Einer die Freiheit Gottes, zu geben und zu nehmen – und da tut er doch gerade das in einer Resignation, in der er faktisch trotzig darauf besteht, daß Gott seine göttliche Freiheit eigentlich anders, nämlich in gebührender Respektierung seiner menschlichen Freiheit – als hätte er nicht gerade diese nur ihm zu verdanken! – gebrauchen müßte. Wie müßte man nicht in dem Allem Beides sehen und wohl unterscheiden? Da ist eben Recht und Unrecht. Und wie verwebt und verworren das Eine in das Andere! Wäre er nicht auf dem Wege, so würde er ja nicht stolpern und fallen: wer gar nicht aufgescheucht ist, sich gar nicht aufmachen muß, hat es leicht, in würdiger Fassung sitzen zu bleiben. Unverschämt ist er gerade in seiner herrlichen Aufrichtigkeit, und aufrichtig kann er nicht gut sein, ohne ziemlich unverschämt zu werden. Wie sollte er seine reale Gerechtigkeit vor Gott nicht geltend machen? aber wie kann er sie anders geltend machen als in seinem unguten Schrei nach einer Gerechtigkeit Gottes vor ihm? Verrät sich seine Freiheit als Kind Gottes nicht doch gerade in der störrischen Ungeduld, durch die er sie freilich aufs Bedrohlichste in Frage stellt? Wer anders als die echten Kinder Gottes sind denn die, die besten Falles in höchster Ungeduld geduldig sein können? Wie soll er sich, nach Gott ausgreifend, anders ganz einsetzen, als indem er sich ihm gegenüber nicht zufrieden geben, sondern durchsetzen, sich selbst also – eine ganz üble Sache! – übergreifen will? Darf und muß man nicht doch auch in Hiobs böser Resignation Gott gegenüber seinen Respekt vor dessen Freiheit wiedererkennen? Aber wie fatal, daß er ihm diesen Respekt offenbar nur in Gestalt jener Resignation erweisen kann! Was soll man zu dem Allem sagen? Sollte Hiob unter dem wahrhaftig nicht zu übersehenden positiven Aspekt seiner Klage, als mit Gott Streitender entschuldigt, gar gerechtfertigt sein im Blick auf deren anderen, ihren negativen Aspekt, sein Streiten gegen und also dort wohl ohne Gott? Durfte, mußte er etwa (Röm.3,8) als eine Art Übermensch Böses tun, damit Gutes daraus werde? So etwas müßte man in Rechnung stellen, wenn Kierkegaard richtig gesehen hätte, der Hiob deshalb bejubelte, weil er in seiner Klage sein früheres Bekenntnis (1,21): «Der Herr hat's gegeben, der Herr hat's genommen. Der Name des Herrn sei gelobt!» als den «mageren Trost» weltlicher Weisheit hinter sich gelassen, nicht wiederholt habe, und so «des

Leidenden Mund, des Zerknirschten Seufzer, des Geängstigten Schrei» geworden sei, «eine Linderung für Alle, die in ihrer Qual verstummen, ein treuer Zeuge von all der Not, die in einem zerrissenen Herzen wohnen kann». Das Alles ist Hiob wohl, er ist es aber nicht auf Kosten, sondern im Exerzitium jenes Bekenntnisses. Und wenn er sich in diesem Exerzitium bewährt hat, so ist damit nicht zugedeckt und gut gemacht, daß er sich in ihm doch nur als Versager bewährt, daß er mit Gott ohne ihn über und zu Gott geredet hat. «Das Geheimnis Hiobs, die Lebenskraft, der Nerv, die Idee in ihm ist: daß er trotz alledem recht hat. Durch diese Behauptung verlangt er, daß man mit ihm eine Ausnahme von der Regel mache; und seine Ausdauer und Kraft beweist seine Vollmacht dazu» (Kierkegaard). Das geht zu weit. Damit wird sogar Alles schief. Gottlosigkeit hört auch als Gottlosigkeit im Guten nicht auf, Gottlosigkeit zu sein – als solche erst recht nicht! Gottlosigkeit im Guten ist ja dann in anderer Weise die in ihrer Konfrontation mit Hiob aufgedeckte, demaskierte Frömmigkeit und Theologie seiner Freunde. Man darf nicht leugnen, daß sich ihrer in seiner Weise auch Hiob selbst schuldig gemacht hat. Keine Frage: der Ratschluß Gottes ist von ihm, indem er ihn ausführte, indem er Gott dem Satan gegenüber tatsächlich rechtfertigte, auch tüchtig verdunkelt worden! Aber wer würde ihn deshalb umgekehrt verdammen dürfen? Der dazu allein Zuständige hat das ja gerade nicht getan. Hat er ihm nicht, indem er ihn an seinen Ort stellte, ausdrücklich zugebilligt, daß er recht – in, mit und unter allem seinem Unrecht recht von ihm geredet habe? Die Warnung, die Frage, muß also zweischneidig sein: Wer wollte, dürfte, könnte seine schmutzigen menschlichen Fingerlein, sei es *in peiorem*, sei es *in meliorem partem* auf Hiobs Worte legen, als wäre er der Schiedsrichter zwischen Gott und ihm, nach welchem dieser einmal (9,33) in großer Torheit gerufen, aber in großer Weisheit doch nur in vollem Bewußtsein der Nichtigkeit solchen Appells gerufen hat? Es gibt keinen solchen Schiedsrichter zwischen Gott und dem Menschen. Hiob selbst konnte das nicht sein wollen. Wir können es in aufmerksamer Begleitung seiner Geschichte, seiner Bewährung, der Wiederholung seines guten Bekenntnisses am Anfang seines Weges erst recht nicht sein wollen. Der Ausgang seines wunderlichen Händels mit Gott war nicht durch ihn selbst herbei zu führen und so ist er auch für uns nicht im Blick auf Hiobs Reden, sondern nur rückblickend von Gottes eigener Entscheidung her auszumachen. Gott selbst wird im Fortgang der Geschichte Hiobs zwischen ihn und sich selbst in die Mitte treten. Er wird ihn nicht rechtfertigen, ohne ihn zu demütigen. Er wird ihn aber auch nicht demütigen – ihn, der ja in seinem ganzen Jammer und Elend gerade noch nicht gedemütigt war – ohne ihn eben damit zu rechtfertigen.

Uns bleibt nur übrig, das Drama seiner Geschichte – zunächst in dieser Teilaktion, in der es nur eben das Drama seines Leidens und seiner Klage ist – in «Furcht und Mitleid», oder sagen wir besser: in Ehrfurcht und Liebe zu uns reden zu lassen. Es ist das Drama des Gottesstreiters, des Israel, der nicht Jesus Christus, der (2. Kor. 5,21) ohne Sünde für uns zur Sünde Gemachte, sondern nur eben Hiob war, der aber in seinem Leid und in seiner Klage, über deren Differenz zu dem Leid und der Klage von Gethsemane und Golgatha kein Wort zu verlieren ist, ein Zeuge Jesu Christi: ein Zeuge dessen, der als leidender, gekreuzigter, gestorbener und begrabener Gottes- und Menschensohn der allein wahrhaftige Zeuge ist, dem gegenüber sich des Menschen Lüge als Rauch erweist und als solcher in alle Lüfte verliert.

Wir kehren, nun abschließend, zu diesem allein wahrhaftigen Zeugen selbst zurück: zu Jesus Christus in seinem prophetischen Werk, in der Verheißung des Geistes, in der er uns in unserem Zeit- und Geschichtsbereich gegenwärtig ist. Er ist es – so haben wir gesehen – in seiner Leidensgestalt: indem seine reine Gestalt, in der Gott allein ihn sieht und kennt, in dieser wirksam, aber auch verborgen ist. Er ist gerade in dieser Gestalt darum der wahrhaftige, der authentische Ausspruch der Wahrheit, weil er gerade in ihr selber die Wahrheit ist, neben der es nicht nur auf Erden, sondern auch im Himmel, nicht nur auf Zeit, sondern von Ewigkeit her und in Ewigkeit, nicht nur für uns, sondern auch für Gott keine andere, keine höhere gibt.

Inwiefern nun aber – so ist jetzt abschließend zu fragen – gerade in dieser Gestalt die sich vernehmbar aussprechende Wahrheit? Ein Prophet spricht. Ein Zeuge redet. Und so kann er gehört werden und wird er gehört. «Er wird viele Völker in Erstaunen setzen und Könige werden vor ihm ihren Mund verschließen», heißt es Jes. 52, 15 von dem leidenden Gerechten des Alten Bundes. Damit das geschehe, muß er aber seinen eigenen Mund öffnen und etwas sagen. Wie tut er das? Wie kann er das tun? Wie kann Jesus Christus in jener Gestalt sprechen, reden? Ist er in seiner Passion, wenn sie die Gestalt seiner Aktion auch heute und hier ist, nicht definitionsmäßig ein schweigender, ein stummer Zeuge? «Er wurde mißhandelt, beugte sich und tat seinen Mund nicht auf, wie ein Lamm, das zur Schlachtbank geführt wird» (Jes. 53, 7). «Er wird nicht schreien noch rufen, noch seine Stimme hören lassen auf den Gassen» (Jes. 42, 2). Was soll dann aber werden, wenn er das nicht tut? Man vergegenwärtige sich den ungeheuren Kontrast: hier die ganze Wort- und Klangfülle, in der sich die Menschheit und in ihrer Mitte doch auch die Kirche Jesu Christi in ihren verschiedenen mehr oder weniger legitimen und dringlichen Angelegenheiten scheinbar ebenso mühelos wie unerschöpflich wie laut zu äußern, mitzuteilen weiß – dort Jesus Christus als der Verkündiger der in ihm geschehenen Versöhnung und also als der Gekreuzigte! Welche Macht zum Wort dort, welche Ohnmacht zum Wort hier! Denn wie anders als mit seinem durch die Jahrhunderte gehenden Todesseufzer kann, will und wird dieser – wo alle Anderen, wo auch wir so wunderbar kräftig, artikuliert und umständlich zu reden die Lust und die Luft haben – seine Sache vorbringen! Was für ein Prophet! Was für ein Zeuge! Was für ein Wort, das da offenbar so ganz anders als alle Menschenworte, die weltlichen und die geistlichen, die unfrommen und die frommen, so gar nicht als eine von den vielen vernehmbaren Stimmen ihres Konzertes – gesprochen wird! Was heißt *theologia crucis*, Wort des Kreuzes, vorausgesetzt, daß es so etwas gibt und vorausgesetzt, daß mit diesem Begriff die Wirklichkeit des prophetischen Werkes Jesu Christi bezeichnet sein möchte? Wie kann gerade *theologia crucis* als solche – darum geht es uns ja hier: des Menschen Lüge als solche aufdecken, den Menschen der Sünde, der in dem großmächtigen Welt- und Menschheitsgerede der Gasse doch wohl tapfer und stolz das Wort führt, den Mund verstopfen?

Mit der Beantwortung dieser Frage ist es eine merkwürdige Sache. – Gewiß redet Jesus Christus. Gewiß tut er das in der Verheißung des Geistes gerade als der Gekreuzigte. Gewiß tut er es gerade als solcher nicht bloß murmelnd oder flüsternd, sondern durch die Jahrhunderte hindurch und so auch heute und hier in unserer Mitte mit einer Stimme «wie das Rauschen vieler Wasser» (Apok. 1,15). Gewiß tut er es so klar und mächtig, daß das ganze Weltgerede, das christliche und das unchristliche, indem sein Wort ergeht, zu einem nur noch eben absterbenden Geräuschlein wird. Gewiß kann, wer ihn auch nur von ferne hört, alle Anderen nur erstaunt fragen: Ist es denn möglich, daß ihr ihn nicht auch hört? – und aufrufen: Höret, höret, seine Stimme! Gewiß ist sein Wort der Laut, der Himmel und Erde auch dann erfüllte, wenn da kein einziges Ohr wäre, um ihn zu hören: schon bevor dieser und jener Mensch es vernommen hat, und immer noch, auch wenn dieser und jener es nicht mehr vernehmen sollte. Paulus hat ja an das Evangelium von ihm, das für ihn identisch war mit dem Wort von seinem Kreuz, gedacht, wenn er Röm. 10, 18 die Stelle Psalm 19,4f. von der «ohne Sprache, ohne Worte, mit unhörbarer Stimme» durch alle Lande klingenden, bis ans Ende tönenden Herrlichkeit Gottes angeführt hat. So steht es mit der Stimme, dem Wort des Gekreuzigten: dieses nicht Schreienden noch Rufenden, auf den Gassen nicht Gehörten, durch jede Kindertrompete sofort zu Übertönenden! Er redet faktisch, wo die Anderen, wo wir Alle es nur vermeintlich tun, in Wirklichkeit lispeln und lallen. Er hat etwas zu sagen und sagt es, wo die Anderen, wir Alle, nur eben etwas sagen wollen – etwas ernstlich Sagenswertes übrigens, gemessen an dem, was er sagt, nicht zu sagen haben. Er bringt zur Sprache, was, wo es auf dem Plan ist, zur Sprache kommen muß und darum auch unaufhaltsam zur Sprache kommt. In ihm ist eben die Wahrheit – er selbst ist eben als die Wahrheit auf dem Plan, die, indem er redet, in ihrer unvergleichlichen Mächtigkeit, Klarheit und Bestimmtheit durch sich selber, von sich selber, für sich selber spricht.

So steht es mit der Frage: ob und wie denn der Mann von Gethsemane und Golgatha, Jesus Christus in der Gestalt seiner Passion, überhaupt eine Stimme, ein Wort habe und also in der Welt mitreden, als der wahrhaftige Zeuge vernommen werden könne? Welche Antwort könnte und dürfte da gegeben werden als die eben angedeutete, die jene Frage sofort überholt und als Frage weit hinter sich läßt: er tut es! Er, dieser Mann, Jesus Christus gerade in dieser Gestalt redet, macht sich vernehmbar: nicht nur auch er, er nicht nur unter und neben vielen Anderen, in mehr oder weniger siegreicher Konkurrenz mit ihnen, sondern erstlich und letztlich, im strengen Sinn verstanden, er ganz allein. Wo sie, wo wir mit unseren Stimmen und Worten ihm gegenüber bleiben, das ist die Frage, nicht: wo er wohl den unsrigen gegenüber bleiben möchte? Aber mit dieser allein möglichen Antwort bezeichnen wir weder eine Idee, zu der wir einen deduktiven – noch ein Natur- oder Geschichtsereignis, zu dem wir einen induktiven Zugang hätten, reden wir nicht von einer Sache, deren Existenz, Auswirkung und Bedeutung wir auf Grund selbstgewonnener

Kunde beweisen könnten, die dann aber auf Grund anderweitiger selbstgewonnener Kunde auch ebenso gut wegzubeweisen wäre. Niemand kann also, was mit dieser Antwort bezeichnet ist, behaupten, anderen gegenteiligen Behauptungen gegenüber als seinen Fund in Angriff und Verteidigung vertreten wollen: weder als Inhalt seiner persönlich begründeten und geprüften religiösen Überzeugung, noch auch in der Vollmacht einer Tradition, in der er zu stehen meint, einer kirchlichen Autorität, der er sich anvertraut und unterworfen hat. Sowie diese Antwort so gemeint wäre und gegeben würde, würde sie in ihrer ganzen Richtigkeit falsch werden: Lüge wie eine andere, schlimmer als alle anderen. Ihre ganze Freiheit und Kraft liegt darin und hängt daran, daß sie auf das schlechthin Wunderbare Gottes selbst, auf den «Arm des Herrn» (Jes. 53, 1), der da offenbar wird, hinweist, der keine Diskussion zu fürchten hat, mit dem man aber auch keine Diskussion nähren und gewinnen kann, weil er wohl die für sich selbst sprechende Wahrheit, aber als solche kein Argument ist, mit dem also, wer ihn als die Wahrheit kennt, ehrt und liebt, zu argumentieren, Geschäfte zu machen – und wären es die löblichsten Geschäfte! – sich wohl hüten wird. Gerade nur in anspruchslosestem Gehorsam und darum gerade nur kerygmatisch, in der heiligen Unverantwortlichkeit und heiligen Wehrlosigkeit des Menschen, der weiß, daß er in dieser Sache, im Blick auf das Wunderbare Gottes selbst, gar nichts weiß und also auch gar nichts zu sagen hat (nicht einmal in der Autorität seines Glaubens!) kann die angedeutete Antwort legitim gegeben werden. Nur indem der Mensch faktisch glaubt – er soll das aber nicht sagen, er soll es tun! – und was er glaubt und weiß, auch sagen darf und muß, nur ohne jede Autorisierung und Sicherung außer der, die Gott ihm nicht schuldig ist, aber faktisch gibt – und auch das, ohne sich damit in seine Hände zu geben, sich der Gefangenschaft seines Denkens und seiner Sprache auszuliefern – nur so kann diese Antwort Sinn und Kraft haben: nur in der Weise, daß sie sie durch das Wunderbare Gottes selbst, auf das sie hinweist, bekommt. Sie kann also – im Unterschied zum Inhalt jeder Theorie und zum Inhalt jedes Tatsachenberichtes – gerade nur bezeugt, bekannt, verkündigt werden. Die Wahrheit selbst und also Gott selbst allein kann sie wahr machen. Sie kann eigentlich, ob direkt oder indirekt, nur im Gebet, in der Anrufung Gottes, daß er sie wahr machen möge, gegeben werden. In Anrufung Gottes selbst dann freilich ohne Zögern, Schwanken, Zweifeln, ohne die leiseste Unsicherheit diese Antwort: Der gekreuzigte Jesus Christus redet: so gewiß, indem er redet, Gott redet. Versuchen wir es, diese hier allein mögliche Antwort in ihrer ganzen Anfechtbarkeit und – Unanfechtbarkeit etwas zu entfalten!

Das Wort des gekreuzigten Jesus Christus kennzeichnet sich, indem es das Wort dieses Menschen ist, im Unterschied zu den Worten aller anderen dadurch als Gottes Wort, daß es aus dem großen, dem endgültigen, dem schlechthinigen Schweigen heraus gesprochen ist, in welchem alle Worte aller anderen Menschen zu ihrem Ende und an ihre Grenze kommen: aus dem Schweigen des Todes dieses Menschen. In Durchbrechung dieses Schweigens und so aus ihm heraus, von diesem Ende, von dieser Grenze aller menschlichen Worte her kann als der alleinige Herr über Leben und Tod nur Gott reden. Denn jenseits dieses Endes, dieser Grenze ist er allein. Gibt es ein menschliches Reden von dorther und also in Durchbrechung jenes Schweigens und also aus des Menschen Jenseits heraus, dann kann dieses menschliche Reden als solches nur Gottes Reden sein. Und nun redet der gekreuzigte, der gestorbene, der begrabene Mensch Jesus Christus. Wer ihn hört, der hört also Gott. Wer es wagt – wagen darf, weil er es wagen muß – zu bekennen, daß er ihn, diesen Menschen – nicht etwas über ihn, nicht irgendwelche Nachricht oder Lehre von ihm, sondern ihn – hört, der wagt es zu bekennen, daß er Gott hört. Würde er nicht Gott hören, so würde er auch ihn nicht hören – oder eben nur irgendetwas über ihn und von ihm. Die christliche Gemeinde wagt es, zu bekennen, daß sie ihn, den gekreuzigten, gestorbenen, begrabenen Menschen Jesus Christus hört. Sie bekennt damit, daß sie Gott hört, seine Stimme, sein Wort. Aber wir erinnern uns, das Reden dieses Menschen aus dem Schweigen seines Todes und also das Reden Gottes jetzt und hier ist nicht gebunden an irgend Jemandes Hören und Bekennen; auch nicht an das der christlichen Gemeinde. Dieser Mensch und also Gott würde reden, auch wenn er kein menschliches Gehör fände, auch wenn sein Reden durch kein menschliches Bekennen bestätigt würde. Sein Reden begründet das menschliche Hören und Bekennen, nicht umgekehrt! Und ob es von Menschen gehört oder nicht gehört, durch menschliches Bekennen bestätigt oder nicht bestätigt wird: es unterscheidet sich von allen anderen menschlichen Reden dadurch, daß es in Durchbrechung des Schweigens des Todes laut wird, als das menschliche Wort, das als solches in der überlegenen Macht, die allein Gott hat, gesprochen wird: so als Ausspruch der Wahrheit, so als das Reden des wahrhaftigen Zeugen.

Aber – worauf es uns jetzt ankommt – als Wort Gottes haben wir es damit doch erst formal bezeichnet und verstanden: in seiner unendlichen, aber noch nicht in seiner qualitativen Eigenart und Besonderheit gegenüber allen anderen Menschenworten. Gott ist auch der Herr über Leben und Tod, und daß Jesu Christi Wort Gottes Wort ist, verrät sich auch darin, daß es in Durchbrechung des Schweigens seines Todes – er redet ja als der Gekreuzigte, Gestorbene, Begrabene – und so in Überschreitung der allem Reden aller anderen Menschen ein Ende setzenden Todesgrenze gesprochen wird: von dorther, von woher nur Gott zu sprechen die Macht hat. Aber das genügt nicht: das kann uns an das Eigentliche, was hier zu sehen und zu bedenken ist, doch erst heranführen. Es geht ja nicht um Irgendeinen, der da als Getöteter noch, wieder und nun erst recht redet, sondern um diesen Einen. Es geht auch nicht nur um irgendein wunderbares Reden, sondern um eine ganz bestimmte Aussage dieses Getöteten. Und so geht es auch um Gott nicht nur als um den, der ihm die nur ihm eigene Macht verleiht, aus dem Schweigen seines Todes heraus überhaupt zu reden, irgendetwas zu sagen. Er redet – wir blicken nun auf den Inhalt seiner Aussage – von Gottes Werk, das eben in seinem Tod geschehen ist – man kann und muß auch sagen: das er eben in seinem Tod, als am Kreuz Leidender und Sterbender getan hat. Er redet von der in seinem Leiden und Sterben geschehenen Versöhnung der Welt mit Gott. Will sagen: Er redet von dem Gericht über den Menschen der Sünde, von seiner Beseitigung als solcher, die Gott in seiner Person vollbracht, der er, dieser Mensch, sich im Gehorsam zu unterziehen hatte und zu deren Vollzug er als der eine gehorsame Mensch sich an der Stelle aller anderen hergegeben hat. So redet er von der Gottestat der in ihm, eben in seinem Tode vollbrachten Rechtfertigung des sündigen Menschen vor Gott. Und er redet von der Aufrichtung des so befreiten Menschen, die Gott wieder in seiner Person als Anfang eines neuen menschlichen Lebens in der Gemeinschaft mit ihm, vollzogen, und die er, dieser Mensch, als Erstling und an der Stelle aller anderen in reiner Dankbarkeit realisieren durfte und realisiert hat. So redet er von der Gottestat der wieder in ihm, eben in seinem Tod, vollbrachten Heiligung des Menschen für Gott. Er redet m.e.W. von dem herüber und hinüber vollzogenen Friedensschluß, in welchem Gott den Bund zwischen sich und dem Menschen herüber und hinüber erfüllt, den Menschen und im Menschen die ganze Schöpfung ihrer Gefährdung durch den Ansturm des Nichtigen entrissen, sie für die Teilnahme an seinem ewigen Leben errettet hat. Kein Mensch, keine Kreatur, könnte der Täter dieser Tat, der Wirkende dieses Werkes, der Herr dieser Geschichte sein, wie zuvor auch keiner und keines ihre eigenen Schöpfer sein konnten. Gott allein: in der unbegreiflichen Liebe, in der er frei ist, und in der unbegreiflichen Freiheit, in der er liebt – er ganz allein konnte das tun und wirken, hat das getan und gewirkt, hat als Herr dieser Geschichte gehandelt. Er allein kann dieses Werk offenbar machen. Der gekreuzigte Mensch Jesus Christus tut das. So redet er Gottes Wort. Und nun ist gleich noch mehr zu sagen: Eben in jenem Handeln hat Gott sich selbst: sein Innerstes, sein Herz, seine göttliche Person, sein göttliches Wesen, sich als der, der er ist, betätigt. Als der, der das tut, hat er sich unterschieden von dem «Gott» und den Göttern all der allgemeinen, von Menschen ersonnenen und entworfenen Gottesbilder und Gottesbegriffe. Als Täter dieser Tat ist er der eine wahre Gott. Er ist es also im Tod des Menschen Jesus Christus! Und eben im Tod dieses Menschen, eben in ihm, dem Gekreuzigten, offenbart er wie das in ihm geschehene Werk, so in und mit seinem Werk sich selbst, seine göttliche Person, sein göttliches Wesen, in dessen Verschiedenheit von der Art jeder allgemeinen Gottheit oder der Göttergestalten, in denen diese angeschaut und verehrt wird. Es bedarf Gottes selbst, um dieses sein Werk, und, mehr noch: sich selbst, seine göttliche Person und sein göttliches Wesen zu offenbaren. Wer anders als Gott selbst könnte, wollte und würde denn Gott selbst offenbaren? Und nun ist der Inhalt der Aussage jenes getöteten Menschen eben wie das Werk, so auch die Person und das Wesen Gottes. So ist also das Wort dieses Menschen – jetzt nicht nur auf seine wunderbare Form, sondern auf seinen noch wunderbareren Inhalt gesehen – Gottes Wort. Als solches unterscheidet es sich von allen anderen Worten. Als solches hat es die Macht jenes Reiters auf dem weißen Pferd (Apok. 19, 11 f.), dessen Auge Feuerflamme ist, der viele Kronen auf dem Haupt trägt, der aber mit einem Kleid angetan ist, das in Blut getaucht ist, der eben so in Gerechtigkeit richtet und Krieg führt, der «Treu und Wahrhaftig» heißt, offenbar gleichbedeutend mit seinem Namen, der eben – man bemerke: niemandem als ihm selbst bekannt, nur eben durch ihn selbst zu erfahren – lautet: «Das Wort Gottes» (ὁ λόγος τοῦ θεοῦ). So, als das Wort von Gottes Werk, Person und Wesen, das als solches nur Gottes eigenes Wort sein kann, ist es der Ausspruch der Wahrheit, ist Jesus Christus der wahrhaftige Zeuge, der als solcher für sich selber spricht, neben dem es keinen anderen gibt.

Wir müssen aber – immer mit der Frage nach dem Geheimnis der Identität des Wortes des Gekreuzigten mit dem Worte Gottes selber – einen sehr merkwürdigen weiteren Schritt tun. Eben indem er von Gottes Versöhnungswerk und so von Gottes Person und Wesen redet, redet er (denn davon kann nur Gott selbst reden) Gottes Wort. Es gehört aber entscheidend zu diesem Werk Gottes und so betrifft es auch aufs ernstlichste Gottes Person und Wesen, daß sein Handeln in jenem Friedensschluß, in jener Versöhnungs- und Rettungstat, in des Menschen Rechtfertigung und Heiligung sich hart, schmerzlich, schrecklich gegen den einen Menschen richten muß, den er dazu bestimmt und der sich dazu hergegeben hat, sie zu vollziehen. Sein Leiden und Sterben ist kein übler Zufall, kein ihn von irgendwoher überwältigendes Schicksal. Es geschieht, was da Menschen in höchster Verkehrtheit und Verwerflichkeit über ihn verhängen und an ihm verüben, nach dem heiligen und gnädigen Ratschluß Gottes, unter seiner Zulassung nicht nur, sondern unter seiner Führung. Gottes Wille ist es ja, im Tod dieses einen Menschen das Gericht über alle anderen, aber auch ihrer aller Aufrichtung und Zurechtrichtung, die Beseitigung des alten und die Heraufführung des neuen Menschen an ihrer Aller Stelle, zu seiner Ehre und zu ihrer Aller Heil ein für allemal Ereignis werden zu lassen. Das schließt aber in sich, daß es Gottes Wille ist, diesen einen Menschen die Kosten dieses Geschehens bezahlen zu lassen. Es schließt aber wiederum die Vollstreckung dieses guten Willens Gottes in sich, daß er sich in diesem Geschehen – entsprechend dem, was allen

Anderen gebührte – gerade von Diesem ab, ja gerade gegen Diesen wenden muß. Gerade gegen ihn, den Einen, von ihm selbst zu seinem Knecht erwählten Gerechten und Heiligen, gerade gegen ihn, der von keiner Sünde weiß, der ihm gegenüber nur Gehorsam und Dankbarkeit ist. Es hat seine bittere Folge, daß er ihn an unsere Stelle gesetzt, ihn zu seinem Lamm gemacht hat, das (Joh. 1, 29) der Welt Sünde trägt: zum Repräsentanten der ganzen menschlichen Übertretung und Verkehrtheit in allen ihren Gestalten, zum Verantwortlichen für die große Störung des Verhältnisses zwischen ihm und uns, für die Störung aller unserer Verhältnisse untereinander, für all die Störungen, deren Schauplatz verborgen oder öffentlich unser aller Leben ist. Die Folge ist, daß eben dieser von Gott Erwählte als solcher der gerade von ihm Verworfene sein muß, von ihm in die Hände der Ungerechten und Unheiligen ausgeliefert wird, nach seiner Verordnung als Verbrecher leiden und sterben muß: Alles nicht ohne, sondern mit, nach seinem guten, barmherzigen, gütigen ihn, diesen, aber tödlich treffenden Willen. Die Folge ist dessen wahrhaftig nicht unbegründeter und darum durch keine exegetischen Künste zu mildernder Schmerzens-Schrei: «Mein Gott, mein Gott, warum hast du mich verlassen?» (Mr. 15, 34). Es ist zugleich der Todesschrei des in ihm sterbenden und der Geburtsschrei des in ihm ins Leben tretenden Menschen. Man bemerke den Gegensatz: Im Blick auf die Menschen, die Juden und die Römer, denen er ausgeliefert ist und die ihm antun, was ihm widerfährt: «Vater, vergib ihnen, denn sie wissen nicht, was sie tun!» (Luk. 23, 34). Im Aufblick zu Gott aber: «Mein Gott, mein Gott, warum hast du mich verlassen?» Nein, er irrt sich nicht, die furchtbare Frage ist sinnvoll, entspricht genau der Situation. Die Antwort auf die Frage: «Wer hat dich so geschlagen, mein Heil, und dich mit Plagen so übel zugericht?» erschöpft sich also nicht in dem freilich nur allzu wahren Bekenntnis: «Ich, ich und meine Sünden...», sie muß unvermeidlich auch von dem Willen und Tun Gottes reden, der da am Werk ist. So hat Gott keinen Menschen verlassen, so verläßt er keinen, so wird er keinen verlassen, wie er diesen verlassen hat. Und «verlassen» heißt schon: daß er sich da gegen ihn wendete wie vorher und nachher gegen keinen mehr: gegen den, der wie Keiner für ihn war – wie denn auch Gott seinerseits für Keinen so war, ist und sein wird wie für diesen Einen. Aber eben, daß er so für ihn war – für ihn als unseren Versöhner, Erretter, Mittler nämlich – schloß in sich, daß er dort so ganz gegen ihn, den an unserer Stelle, an Stelle der Übeltäter Versetzten und Getretenen, sein mußte. Wir müssen aber auch hier noch mehr sagen: Es geht nicht nur um dieses wunderbare Werk Gottes, sondern auch hier um ihn selbst, den in diesem Werk Tätigen, um seine eigene Person, sein eigenes göttliches Wesen. Er ist ja in der Person dieses einen Menschen Jesus von Nazareth sein eigener, ewiger Sohn, «Licht vom Licht, wahrer Gott vom wahren Gott, gezeugt, nicht geschaffen, gleichen Wesens mit dem Vater», der da zum Repräsentanten der Welt, zu unser aller Vertreter eingesetzt ist, sich hergegeben hat und also Gottes Zorn und Fluch zu tragen und also nach seinem Willen zu leiden und zu sterben hat. Das heißt aber, daß Gott selbst diesem Geschehen, dem Furchtbaren, das es für diesen Menschen in sich schließt und zur Folge hat, nicht als unbeteiligter Zuschauer oder von fern her disponierender Dirigent gegenübersteht und fremd bleibt. Mit seinem ewigen Sohn hat auch sein ewiger Vater, indem er jenen dahingibt in die Identität mit dem Menschen Jesus von Nazareth, das zu tragen, was diesen trifft, damit er es auf sich nehme, von uns wegnehme, wegschaffe, damit es uns nicht mehr treffe. In Jesus Christus hat Gott selbst (ein solcher Gott ist der eine wahre Gott!) – mit dem Sohn in der Einheit des Geistes auch der Vater – mitgelitten, was dieser Mensch bis zum bitteren Ende zu leiden bekam. Zuerst und zuhöchst in ihm selbst wurde der Konflikt zwischen ihm und diesem Menschen und die über diesen verhängte Not erfahren und ausgetragen. Was sind alle Leiden in der Welt, was sind auch die Leiden Hiobs neben diesem Mitleiden Gottes selbst, das der Sinn des Geschehens von Gethsemane und Golgatha ist? Von diesem auf Erden, aber auch im Himmel zu Gottes größter Ehre und zu des Menschen höchstem Heil ausgetragenen Konflikt und also letztlich von diesem Mitleiden Gottes selbst – von dem Gott, der sich solchem Mitleiden mit der Welt, solchem Leiden für sie nicht entzogen hat, nicht etwa vor lauter Gottheit entziehen mußte! – d a v o n redet der gekreuzigte Mensch Jesus Christus. Er redet das wunderbare Wort des wunderbaren Gottes, der unsere Schuld und das ihr folgende Elend auf sich genommen, damit sie die unsrigen nicht mehr sein müßten: von dem Friedensschluß, für dessen Kosten er in der Person dieses Menschen und also in der Person seines eigenen Sohnes und also in seinem väterlichen Herzen selbst aufkommen wollte und aufgekommen ist. Wer anders als Gott könnte, wollte, dürfte davon reden, das aussagen: daß er das getan hat, daß er ein solcher, dieser Gott und als solcher der eine wahre Gott ist? Die Aussage des Gekreuzigten ist aber diese Aussage. So ist sie das Wort Gottes selbst, so der Ausspruch der Wahrheit, so das Zeugnis des einen wahrhaftigen Zeugen.

Und nun – immer auf derselben Linie – eine Überlegung, in der wir vom Inhalt der Aussage des gekreuzigten Menschen Jesus Christus noch einmal auf das Problem der besonderen G e s t a l t des wahrhaftigen Zeugen zurückblicken. Wir haben uns von Anfang an nicht verhehlt, daß wir es in dem uns in seiner Leidensgestalt begegnenden Jesus Christus mit einer dem – sagen wir für einmal: natürlichen – Empfinden, Begehren, Denken, Meinen und Träumen des Menschen f r e m d a r t i g e n, ja erschreckenden, weil schroff entgegengesetzten Erscheinung zu tun haben. Wer suchte denn – herkommend von dem, was wir für göttlich halten möchten – die Wahrheit Gottes in dieser Gestalt? Wer könnte und würde sich von sich aus damit abfinden, sie in dieser und nur in dieser Gestalt finden zu müssen? Sie ist es doch wohl, die Jesus Christus zu jeder Zeit und an jedem Ort immer aufs neue zu einem Einsamen macht, dem man lieber aus dem Weg geht, mit dem man nichts anfangen kann und lieber nichts zu tun haben möchte. Sie sorgt dafür, daß der Glaube an ihn nie und nirgends Jedermanns Ding werden kann. «Das widerfahre dir nur nicht!» (Matth. 16,22). Dir nicht – und vor allem uns nicht, es mit einem solchen Christus zu tun zu haben! Mit einer Gestalt, die sich als eine Verkörperung der Fruchtbarkeit, des elementaren Reichtums, der Schönheit, des Geistes, des Kosmos und des Menschen darstellte, oder auch umgekehrt: mit einer solchen, die (wie der Anblick des Hochgebirges, des Ozeans, auch der ursprünglichen Wildheit der irdischen Flora und Fauna, auf die es gewisse künstlerische Darstellungen der Religionen Asiens abgesehen haben mochten) die dämonisch erhabene Schrecklichkeit der Schöpfung sichtbar machte, hat sich der Mensch von jeher und überall befreunden können. Wie aber mit Jesus Christus, dem Gekreuzigten, in welchem er es nur eben mit dem peinlichen Punkt zu tun bekommt, wo aller grobe und feine Spaß (auch der an der Erhabenheit des Schrecklichen) ein Ende hat: mit diesem leidenden und sterbenden Menschen in seiner ganzen Nacktheit, Verlassenheit und Verlorenheit, mit seiner hoffnungslosen Klage und zugleich mit der stummen Anklage: so geht der Mensch mit Gott und darum auch mit dem Menschen um, so wird Gott und darum auch der Mensch vom Menschen verraten, verlassen, verstoßen, mißhandelt, vom Leben zum Tode gebracht? Wer sähe da gerne hin? Wie mit Diesem, der uns nun eben den Spiegel unserer eigenen, der aller Illusion entkleideten menschlichen Wirklichkeit vorzuhalten scheint?

> Es ist keine gute Sache, daß man uns dies, daß wir da von uns aus bestimmt nicht gerne hinsehen, durch so viel diesem Gegenstand zugewendete christliche Kunst und vor allem durch den läppischen Unfug, der mit dem Symbol des Kreuzes bis auf diesen Tag getrieben wird, weithin verdunkelt hat!

Und nun sahen wir, was ja auch Petrus sehen mußte: es gibt da kein Ausweichen, keine Flucht zu einem Christus in einer anderen, einleuchtenderen Gestalt, weil er eben in dieser und nur in ihr die uns begegnende zeitliche und ewige Wahrheit ist. Er begegnet uns in ihr, oder er begegnet uns gar nicht. Ist es aber so, dann haben wir es in ihm mit der ganzen Andersheit, ja Fremdheit, in seiner Einsamkeit mit der Einsamkeit Gottes selbst zu tun, dann redet er unerbittlich von dem Gott, dessen Gedanken (Jes.55,8) nicht unsere Gedanken, wie denn auch unsere Wege nicht seine Wege sind, der sich nicht nach uns richtet, nach dem wir uns zu richten haben, den wir nur als unsern Herrn und Richter, und vor dem wir unser ganzes Denken, Meinen und Träumen über das, was wir für Gott und göttlich halten möchten, nur als Staub erkennen können. In der Tat: von diesem Gott redet der Gekreuzigte – und so wie nur dieser Gott selbst von sich selbst reden kann. So redet der Gekreuzigte die Wahrheit. Aber stellen wir uns nun einen Augenblick vor, wir wollten ihm gerade indem er uns in dieser Gestalt begegnet, nicht ausweichen, wollten uns also von ihm und so von Gott selbst über Gott Bescheid sagen lassen: nun eben diesen Bescheid! Das hieße dann freilich: wir müßten uns von ihm sagen lassen, daß wir Gott nicht dort zu finden erwarten dürfen, wo wir ihn – in irgendwelchen vermeintlichen Höhen nämlich – meinen suchen zu sollen. Das hieße dann aber auch, daß wir uns von ihm sagen lassen dürften, er sei von uns genau dort zu finden, wo wir ihn nicht suchen möchten, wo aber dafür wir selber sind, unmittelbar gegenüber, ja mitten in unserer eigenen Wirklichkeit, die sich doch – ob es uns gefällt oder nicht gefällt, aber unaufhaltsam – indem Alles wankt und fällt, was an vorläufigen (echten oder illusionären) Möglichkeiten und Realisierungen unseres Daseins in Frage kommt, auf jenen peinlichen Punkt reduziert, wo Jeder von uns nackt und bloß, ein leidender und vergehender, vergeblich klagender und anklagender Mensch – wo Jeder von uns selber nur ein Einsamer ist. Der einsame Mann von Gethsemane und Golgatha, der einsame Gott und er selbst – der in seiner letzten tiefsten Lebensnot einsame Mensch – der würde dann auf einmal zusammenrücken. Ein Jeder von uns dürfte sich dann von ihm sagen lassen, er sei eben dort: als Verlassener kein Verlassener, als Einsamer gar kein Einsamer, indem er, der gekreuzigte Mensch Jesus Christus und in ihm als Gottessohn Gott selbst, auch dorthin gegangen, auch dort hinuntergestiegen, auch dort auch ein Verlassener sei. Eben dort, bei den Zerschlagenen und Gedemütigten, unter denen wir lieber nicht sein möchten, habe Gott (Jes. 57,15) seinen Thron aufgeschlagen: den Thron der Herrlichkeit seiner Gnade nämlich, in der er – und das auf seine eigenen Kosten – zwischen uns Menschen und sich Frieden gestiftet, den von ihm abgefallenen und damit verelendeten Menschen als seinen Bundesgenossen gerechtfertigt und geheiligt, für das ewige Leben mit ihm errettet hat. Gott sage dort nicht Nein zum Menschen, ohne die ganze Bitterkeit dieses Nein selbst zu tragen und zu erfahren: in der Absicht, mit dem Willen und mit der Kraft, eben in, mit und unter diesem Nein sein ewiges göttliches Ja zu ihm zu sagen. Er sei ihm nur in der vermeintlichen, der Zerstörung aufs höchste bedürftigen und schon ausgelieferten Höhe seines eigenen verkehrten Begehrens und Wünschens ein Ferner, ein Fremder, ein Feind, dort aber: in der Tiefe seiner alles Scheins entblößten Wirklichkeit sein Nächster, der Bruder, der mit ihm und so für ihn leidet, der Samariter, der Barmherzigkeit an ihm tut. Das ist es, was der gekreuzigte Mensch Jesus Christus – es braucht Gott selbst dazu, und also als Gotteswort! – uns zu sagen hat und sagt. Das ist es, was wir uns von ihm – wollten wir uns nur nicht die Augen verschließen vor dem peinlichen Punkt, an dem wir uns letztlich alle befinden – sagen lassen dürften: diese Weihnachtsbotschaft mitten in der dunklen Nacht, dieses «Kommet her zu mir Alle, die ihr mühselig und beladen seid, ich will euch erquicken!» Aber ob wir uns dazu herbeilassen oder nicht herbeilassen, unsere Augen für unsere eigene Wirklichkeit und für Gottes Gegenwart, Hilfe und Beistand gerade in ihr zu öffnen – das ist die Wahrheit, die der gekreuzigte Mensch Jesus Christus redet als Gottes Wort. Als ihr Zeuge ist er der wahrhaftige Zeuge, der alle ihm entgegengesetzten Zeugen als Lügner zu Schanden macht.

Wir halten inne. Nach der **Möglichkeit** des Redens des gekreuzigten Menschen Jesus Christus als des wahrhaftigen Zeugen haben wir gefragt. Auf diese Frage durfte es zunächst nur die Antwort geben, durch die sie als Frage sofort überholt und aufgehoben wird. Ihr gegenüber war nämlich schlicht auf das Faktum zu verweisen: dieser Zeuge **redet**, mächtig, klar und bestimmt sogar wie keiner sonst: nicht obwohl er, sondern weil und indem er dieser Leidende, Gekreuzigte, Gestorbene, Begrabene ist. Es durfte aber nicht anders sein, als daß wir uns klar zu machen hatten, daß diese einlinig und eindeutig positive Antwort eben als Verweis auf dieses Tatsächliche nur der Verweis auf das Wunderbare und also auf das allem menschlichen Denken und Reden Unverfügbare **Gottes** sein, daß sie also nur im Blick auf ihre Bewahrheitung durch die Wahrheit, die Gott selbst ist, gegeben werden kann: nur kerygmatisch, in der Gewißheit des Glaubens, aber auch **nur** in ihr, auch nicht etwa in der **Autorität** unseres Glaubens, sondern allein in der Zuversicht auf die Autorität seines Gegenstandes, allein in der Anrufung Gottes als der Bitte um ihre Bestätigung, die wir ihr nicht geben können. Im Blick und als **Verweis** auf das Wunderbare Gottes durften und mußten wir jene positive Antwort geben, durften wir sie verstehen: als **unanfechtbar**, sofern wir ja mit ihr auf **Gott** verweisen, müßten wir sie aber auch als höchst **anfechtbar** verstehen: sofern immerhin nur **wir** es sind, die mit ihr auf Gott verweisen. Das **Wunderbare** Gottes, mit dem wir es da zu tun haben, besteht aber schlicht darin, daß, indem jener gekreuzigte Mensch Jesus Christus spricht, Gott selber, daß er **Gottes Wort** spricht. Diese schlichte Substanz unserer Antwort haben wir dann unter einigen Gesichtspunkten deutlich zu machen versucht: wir **hörten**: dieser Mensch spricht von dorther, von woher nur Gott sprechen kann – nicht nur, wie wohl auch andere Menschen in ihrer Nachwirkung, Manche sogar erst recht in ihrer Nachwirkung und also nach ihrem Tode, reden mögen, sondern lebendig durch und wie Gott selbst: in seinem Tod, aus seinem Tod, durch seinen Tod, aus dem Schweigen seines Todes heraus. Wir **hörten**: er spricht das aus, was als Gottes alleiniges Werk Gott allein aussprechen kann, die vollzogene Versöhnung der Welt mit ihm, den Frieden zwischen ihm und uns, unsere Rechtfertigung und Heiligung – und mehr noch: ihn, Gott selbst, als Täter dieses Werkes, Gottes Person und Wesen, wer und was er ist, der solches will und wirkt. Wir **hörten**: er spricht – und welcher außer Gott könnte davon sprechen? – von dem Geheimnis dieser Tat, nämlich von seiner, des unschuldigen, des gehorsamen, des nur eben dankbaren Menschen von Gott gewollter und vollstreckter Dahingabe, Preisgabe, Opferung, von seiner Beugung unter das Nein, das Gott sprach, um das kräftige Ja jenes Friedensschlusses zu sprechen, von seinem Leiden an der Stelle derer, zu denen Gott Ja sagen wollte und darum auch Nein zu sagen hatte – und mehr noch: von dem Geheimnis in diesem Geheimnis des göttlichen Tuns, von dem Leid, das Gott mit dem, was er über ihn, seinen ewig geliebten Sohn beschlossen und verhängt, auf sich selber nahm, von seinem eigenen Betroffensein durch das, was nach seinem Willen zu seiner Ehre und zu unserem Heil Diesen treffen mußte. Und so hörten wir zuletzt: er spricht, wovon wieder Gott allein sprechen, was nur Aussage seines Wortes sein kann, von der unbegreiflich realen Einheit der größten höchsten Fremdheit und der größten intimsten Nähe, in der uns Gott gerade in seiner Gestalt als der Mann von Gethsemane und Golgatha begegnet, von der unmittelbaren Beziehung zwischen des Menschen völliger Verlorenheit und seiner völligen Errettung, die ihn gerade im Spiegel seiner Gestalt als dieser Mann vor Augen gehalten, ans Herz gelegt wird. Das ist das Wunderbare Gottes in dieser Sache: dieses Sprechen seines Wortes – des Wortes, das nur er sprechen kann, das er aber wirklich spricht, wenn und indem der gekreuzigte Mensch Jesus Christus spricht. Im Blick und Verweis darauf haben wir sofort jene Antwort geben müssen: wohl bewußt ihrer Anfechtbarkeit als menschliche Aussage, der Unentbehrlichkeit ihrer Bewahrheitung durch Gott, durch sein freies Sprechen und also der Unmöglichkeit, sie anders als in der Anrufung seines Namens zu geben, aber auch im Vertrauen auf die Unanfechtbarkeit ihres Grundes – die Antwort, von der wir ausgingen: Ja, der Gekreuzigte spricht – ja, so mächtig, klar und bestimmt wie kein Anderer – ja, als der wahrhaftige Zeuge ohnegleichen – darin und in der Weise, daß sein Wort als das seinige auch das Wort Gottes ist.

Wir haben aber in der Entfaltung dieser Antwort noch einen letzten Schritt zu tun. Er spricht, er redet, er sagt uns ein, sein bestimmtes Wort, das als solches das Wort Gottes ist – so haben wir nun immer wieder formuliert. Wir haben das unter einer bisher nur eben gestreiften, aber noch nicht geklärten Voraussetzung getan: er wird gehört – er kann also gehört werden. Und gestreift haben wir diese Voraussetzung nur mit der abgrenzenden Feststellung, daß sein Sprechen, indem er das Wort Gottes spricht, nicht etwa dadurch bedingt ist, daß es von diesem und jenem gehört wird. Das ist es, was hier sicher vor allem zu bedenken ist: Gott ist in dieser wie in anderer Hinsicht ein großer Herr, der es sich leistet, unzählige wunderliche Kostgänger zu haben, an die seine Gabe nur eben nutzlos verschleudert scheint. Er redet tatsächlich auch für verschlossene, taube Ohren. Daß er nach aller Gehör ruft, heißt nicht, daß er der Gefangene einer notwendigen Reziprozität seines göttlichen Redens und unseres menschlichen Hörens wäre. Wie der Anfang seines Redens nicht zusammenfällt mit dem Anfang unseres Hörens, sondern ihm vorangeht (würde er auf den Anfang unseres Hörens warten, wie sollte er dann anfangen können zu reden?) so ist seinem Reden auch dann kein Ende gesetzt, wenn er bei uns kein Gehör mehr finden sollte. Er redet, ob gehört oder nicht gehört, in eigener Freiheit und Macht. Immerhin: Gott redet – es redet der gekreuzigte Mensch Jesus Christus (was hieße sonst reden? wie kämen wir sonst dazu, so oder so darum zu wissen, daß er das tut?) – in der Intention nicht nur, sondern mit der Macht, sich von uns hören zu lassen. Er redet nicht, ohne faktisch gehört zu werden. Er redet also hörbar. Es gibt also schon eine Reziprozität – keine notwendige, keine sein Reden einschränkende und bedingende, aber eine in der Kraft seiner freien Tat faktisch geschaffene und stattfindende Reziprozität – zwischen seinem göttlichen Reden und unserem menschlichen Hören. Ohne diese Voraussetzung hätten wir jene positive Antwort auf unsere Frage nicht geben können, und Alles, was wir zu ihrer Entfaltung gesagt haben, konnte erst recht nur unter dieser Voraussetzung gesagt werden. «Wir hörten» – so haben wir vorhin dauernd angegeben. Das war die Voraussetzung: wir haben damit gerechnet, daß wir gehört haben, was dann gesagt wurde. Diese Voraussetzung müssen wir jetzt noch für sich ins Auge fassen.

Wie kommt es dazu, daß der wahrhaftige Zeuge Jesus Christus von uns gehört, sein Wort und also das Wort Gottes von uns vernommen, verstanden und beherzigt wird? Wie kann das geschehen? Sehr klar muß uns dabei dies sein, daß seine Hörbarkeit nicht etwa in der Hörbarkeit, Vernehmbarkeit, Verständlichkeit einer menschlichen Explikation, Artikulierung und Applikation seines Wortes bestehen kann, einer Lehre wie etwa der, die wir im Vorangehenden unter einigen Gesichtspunkten versucht haben. Wie sachgemäß und wohlbegründet eine solche Lehre sein möchte – sie könnte als solche gehört und mit mehr oder weniger Einsicht und Zustimmung apperzipiert werden, ohne daß es dabei auch nur von ferne zum Hören des wahrhaftigen Zeugen, des von ihm gesprochenen Wortes Gottes käme. Wiederum könnte es zum Hören des wahrhaftigen Zeugen und also des Wortes Gottes auch ohne die Apperzeption einer solchen Lehre kommen. Es könnte übrigens eine solche Lehre von ihm in ihrer Menschlichkeit und also Anfechtbarkeit auch ein ernstliches Hindernis des Hörens seines Wortes werden. Es kann eben eine solche Lehre das Wort vom Kreuz und also das Wort Gottes wohl in menschlicher Sprache mehr oder weniger zutreffend, glücklich und hilfreich explizieren, artikulieren und applizieren; sie kann es damit bezeugen, in bestimmten Konkretionen einschärfen und in das Licht relativer Verständlichkeit rücken: sie kann es aber nicht ersetzen, sie kann nicht selbst dieses Wort sein wollen. Sie ist eben, auch wenn sie reinste Lehre ist, nicht dieses Wort. Wer den Gekreuzigten und so Gott selbst hört, der hört Ihn: mit oder ohne solche Lehre von seinem Wort, möglicherweise ihr zum Trotz. Vielleicht daß solche Lehre ihm dazu hilft, dient, Ihn zu hören. Durch sie kann ihm aber auf alle Fälle nur dazu geholfen und gedient werden, ihn zu hören. Lehre von ihm ist als solche gut oder schlecht in dem Maß, als sie als echte *doctrina* über sich selbst hinausweist und dazu aufruft, nicht sie, sondern Ihn zu hören. So daß, wer wirklich Ihn hört, jenseits von aller Lehre das hört, was sie als solche nur eben meinen, visieren, anzeigen – worauf sie nur eben (wir sagten ja von Anfang an: es geht um das Wunderbare Gottes selbst!) «verweisen» kann. Alles solches Verweisen hat darin sein Ziel, aber auch seine Grenze, daß – mit seinem Dienst, aber vielleicht auch ohne oder gar gegen ihn – Er selbst gehört wird. Er selbst ersetzt es dann auf alle Fälle. Nehmen wir an, wir hätten Ihn vorhin – als wir dauernd mit den Worten «Wir hörten» anfingen! – wirklich reden gehört: reden aus dem Schweigen seines Todes, reden von der Gottestat der in ihm geschehenen Versöhnung, reden von dem Geheimnis seiner Dahingabe und Opferung durch Gott selbst und von Gottes Mitleiden als dem Geheimnis dieses Geheimnisses, reden von Gottes Ferne und Nähe, Höhe und Tiefe gerade in seiner Leidensgestalt – also reden da, wo nur Gott, und reden von dem, wovon nur Gott reden kann! Nehmen wir an, wir hätten gehört! Dann wäre aber, was wir hörten, überschwänglich viel mehr gewesen als alle diese Andeutungen, mit Hilfe derer wir uns darüber zu verständigen und Rechenschaft abzulegen versuchten, daß und was wir hörten. Es wäre dann eben der Gekreuzigte und also Gott selber gewesen, der jenseits aller solcher und ähnlicher Andeutungen – durch sie wirklich nur eben angedeutet! – zu uns gesprochen hätte. Und es wäre dann die Kraft, in der wir gehört hätten, und also, uns selber erstaunlich, zu hören vermochten, nicht die Kraft solcher Andeutungen, Erklärungen und Umschreibungen, sondern die seine, die Kraft des Gekreuzigten und also Gottes selbst gewesen: die Kraft seines eigenen, in kein menschliches Wort einzufangenden, in seiner Wirklichkeit alle Worte menschlicher Andeutung überbietenden, hinter sich lassenden, sie alle richtenden, aber auch heilenden und zurecht bringenden Wortes. Nicht wir hätten uns dann mit unserem bißchen Reden seiner, sondern er hätte sich dann im überströmenden Reichtum seines Redens unserer bemächtigt. Er hätte dann seine Wahrheit unendlich viel besser, als wir auch beim besten Willen und in angespanntester Aufmerksamkeit von ihr sprechen können, zu uns, mehr noch: in uns hinein gesprochen. Wir hätten dann die Wahl gar nicht mehr, die wir uns allem unserem eigenen Reden und dem Anderer als einem Reden über seine Wahrheit gegenüber immer noch offen lassen können und müssen. Wir hätten sie dann apperzipiert als die von ihr Apperzipierten. Die Kraft unseres Hörens wäre dann schlicht die Kraft dieses seines

1. Der wahrhaftige Zeuge

Sprechens gewesen, indem die Kraft seines Sprechens die Kraft unseres Hörens geworden wäre. Es wäre dann als Werk des Heiligen Geistes geschehen, daß wir ihn gehört hätten und also hören konnten.

Wir haben in diesem letzten Satz den Punkt erreicht, von dem aus wir unseren ganzen nun abgeschlossenen dritten Gedankengang zur Beschreibung Jesu Christi als des wahrhaftigen Zeugen und insbesondere seines Sprechens als solcher überblicken und zusammenfassen können. Im Werk des Heiligen Geistes ist er unserem Zeit- und Geschichtsbereich als dieser sprechende Zeuge gegenwärtig, durchschreitet er ihn als solcher, handelt und wirkt er in ihm, begegnet er uns, den Menschen dieses Bereichs, mit seinem Zuspruch und mit seinem Anspruch. Das Werk des von ihm verheißenen und seinerseits verheißenden – immer neu verheißenden! – Geistes ist nach der ersten Form seiner Wiederkunft in seiner Auferstehung von den Toten und vor deren letzter in seiner Offenbarung am Ziel und Ende aller Geschichte die Form, in der er heute und hier zu uns kommt und bei uns ist. Wir haben im Vorangehenden mehr als einmal auf eine Voraussetzung hinweisen müssen, deren Gegebensein wir in keine Rechnung einstellen, in keiner Weise theoretisieren durften und konnten, weil sie keine von uns Menschen, auch nicht von uns als Christen vollziehbare Voraussetzung ist, weil es sich in ihr schlechterdings und ausschließlich um den freien, uns nicht verfügbar gegenwärtigen, nur eben in seinem Widerfahrnis selbst erkennbaren und erfahrbaren Gnaden- und Offenbarungsakt Gottes selbst handeln kann. Diese Voraussetzung ist das Geschehen des Werkes des Heiligen Geistes. In ihm kommt Jesus Christus heute, hier, zu uns: eben als der nämlich, der einst gekommen und dann zuerst in seiner Auferstehung von den Toten wiedergekommen ist: als der Mann von Gethsemane und Golgatha, als der Gekreuzigte. Eben in dieser Gestalt ist er die Wahrheit, spricht er sie aus, wird sie als solche vernommen, redet er das Wort Gottes und wird, was er sagt, als Gottes Wort gehört, ist er uns als der Prophet, der wahrhaftige Zeuge gegenwärtig, ist er unter und in uns wirksam: entweder in dieser Gestalt oder gar nicht. Eben im Werk des Heiligen Geistes geschieht es, daß er in dieser Gestalt sprechende Wahrheit ist, das Wort Gottes hörbar redet, als der Prophet, der wahrhaftige Zeuge wirksam ist. Dadurch unterscheidet sich das Werk des Heiligen Geistes von den in ihrer Weise gewiß auch realen Werken anderer, gewiß auch wirksamer Geister: daß in seinem Geschehen Jesus Christus und er als der Gekreuzigte und so das Wort Gottes, so die Wahrheit laut wird, redet und wirksam ist. Der Heilige Geist ist ja schlicht, aber sehr distinkt, die erneuernde Macht des Hauches seines Mundes, der als solcher der Hauch des souveränen Gottes, der siegreichen Wahrheit ist. Will sagen: er ist die Macht, in der sein, in der Gottes Wort, das Wort der Wahrheit, nicht nur in Ihm ist, sondern wo und wann er es will, auch von ihm aus- in uns Menschen hineingeht, um also nicht leer, sondern gewissermaßen mit der Beute, dem Gewinn unseres Glaubens, unserer Erkenntnis, unseres Gehorsams, zu ihm zurückzukehren: nicht um dann bei ihm zu bleiben, sondern um zu neuer Einbringung solcher Beute wieder und wieder zu uns hin auszugehen, um also zwischen ihm und uns Kommunikation zu begründen, eine Geschichte wechselseitigen Gebens und Nehmens zu eröffnen. Indem Er – wir reden von Jesus Christus dem Gekreuzigten – sein Wort als das Wort Gottes, als Wort der Wahrheit in der Macht dieses Ausgangs und Eingangs, in der Kraft solcher Wirkung spricht, kommt er zu uns, handelt er als der Prophet, spricht er als der wahrhaftige Zeuge. Es ist klar, daß wir damit in einer letzten Wendung noch einmal auf das verwiesen haben, was wir im Vorangehenden das allem menschlichen Anschauen und Begreifen und so allem menschlichen Denken und Reden unzugängliche, in keine Theorie einzufangende Wunderbare Gottes nannten: auf die hohe Eigenmacht und Freiheit seiner Gnade, die das Geheimnis der Existenz und des Werkes des wahrhaftigen Zeugen ist. Konfrontiert mit Jesus Christus als dem in diesem Geheimnis existierenden und tätigen Zeugen muß und wird sich die Lüge des sündigen Menschen als Lüge demaskieren und disqualifizieren.

Wir wenden uns ein drittes Mal zum Buche Hiob, dessen eigentümlichem Gang wir uns (heimlich und indirekt) auf diesem unserem ganzen Weg anschließen. Wir werden es ein viertes Mal tun, wenn es (im zweiten Abschnitt) darum gehen wird, die durch den wahrhaftigen Zeugen Jesus Christus aufgedeckte Lüge als solche festzustellen und zu beschreiben: die Lüge, wie sie in den Reden der drei Freunde Hiobs in ihrer klassischen, weil sublimsten Form, als fromme Lüge, erkennbar wird! Zunächst beschäftigt uns nun noch einmal Hiob selbst: der Ausgang seiner Passion, die Entscheidung über das Recht und Unrecht seiner so gewaltig erhobenen und im Gespräch mit seinen Freunden so zäh durchgehaltenen Klage. Sie wird am Ende des Buches im Dazwischentreten, in den Reden Jahves und bestätigend in der Wiederaufnahme der Erzählung der Volkssage mit ihrem Bericht von Hiobs Rehabilitierung und neuen Segnung sichtbar: immerhin nicht ohne sich schon in gewissen, hier bis jetzt noch nicht gewürdigten Elementen seiner vorangegangenen Klagereden deutlich anzukündigen.

Wir erinnern uns: der Gegenstand von Hiobs Klage war der in den ihn treffenden Schicksalsschlägen sich manifestierende und konkret darstellende Gestaltwandel, welchen Gott, indem er ihm jene Schläge versetzte, ihm gegenüber vollzogen hatte. An Stelle von Gottes Segen ist für ihn offenkundig Gottes Zorn und Fluch getreten. Gott selbst, der ihm zuvor als seinem erwählten und ihn seinerseits erwählenden Knecht Freund und Helfer gewesen ist, ist ihm zum Feind und Verfolger geworden. Nicht daß, aber inwiefern er es auch in dieser finsteren Teilaktion der Geschichte seines Zusammenseins mit Gott, in dieser schmerzlichen Veränderung von Gottes Verhalten ihm gegenüber mit ihm, mit demselben Herrn, der ihn und den er erwählt, zu tun hat, ist ihm unkenntlich geworden. Gegen Gott in dieser Unkenntlichkeit erhebt sich wie eine sich unablässig erneuernde Brandung gegen die ihr widerstehende Küste Hiobs Klage: sein Fragen, Bitten, Protestieren und nicht zuletzt der Schrei seiner grimmigen Resignation. Mit Recht? Mit Unrecht? Wir sahen, daß für das Eine schon darum nicht weniger, aber auch nicht mehr zu sagen ist als für das Andere, weil die gleichen Äußerungen Hiobs, in ihren Zusammenhängen gelesen und verstanden, für Beides zu sprechen scheinen. Wie konnte und durfte er sich, indem er an Gott als dem nun so an ihm Handelnden festhalten wollte und tatsächlich festhielt, mit der Unkenntlichkeit abfinden

1. Der wahrhaftige Zeuge

und zufrieden geben, in der er ihm entgegentrat: mit einer Existenz Gottes als *Deus absconditus?* Wie konnte und durfte er sich aber gegen diese seine Unkenntlichkeit auflehnen, ohne sich eben in seinem Festhalten an dem *Deus revelatus* der Besserwisserei und Rechthaberei ihm gegenüber, eines um Gottes willen gegen Gott sich richtenden Trotzes schuldig zu machen? Dem Leser der Hiobreden müssen sich beide Fragen gleich stark aufdrängen. Material zur Entscheidung wird ihm durch das, was der Dichter den Hiob sagen läßt, nicht geboten, soll ihm offenbar nach seiner Absicht nicht geboten werden. Er sieht Hiob vielmehr in dem Engpaß eines Dilemmas, aus dem es keinen Ausweg gibt, keinen Weg zurück wie den ihm durch seine Freunde empfohlenen, aber auch keinen Weg vorwärts, den er wohl gehen möchte, aber offenbar nicht einmal sehen kann. Obwohl hier doch alles nach Entscheidung ruft! Denn daran, daß Hiob allem seinem Unrecht zuwider Recht hat, hängt es doch, ob er sich im Fortgang seiner Geschichte, dem Gesetz, nach dem er angetreten, getreu, mit Gott vorwärts schreitend, als dessen Zeuge dem Satan gegenüber bewähren oder nicht bewähren wird. Bei der Gleichgewichtslage, in der sich die Situation Kap. 31 am Ende der letzten Hiobrede befindet und die man durch die dort noch folgenden Elihu-Reden wirklich nicht aufgehoben sehen kann, darf und kann es offenbar nicht bleiben. Bliebe es dabei, dann würde ja auch die Frage nach Hiobs Recht oder Unrecht seinen drei Opponenten gegenüber offen bleiben. Ob es einmal einen selbständigen, vielleicht nur Kap. 3–31 umfassenden Text gegeben hat, dessen Absicht es in der Tat gewesen wäre, das Ganze – Hiob im Verhältnis zu Gott und zu seinen Freunden – nur eben in dieser Balance darzustellen: nur eben die unauflösliche existentielle Problematik des Menschen in seinem Frieden und Streit mit Gott? Eben bei ihr konnte und sollte es jedenfalls im Gesamtentwurf des Hiob-Buches sein Bewenden nicht haben. Die überlegene Absicht in seinem Gesamtentwurf war vielmehr der Aufweis ihrer Unerträglichkeit und ihrer faktischen Beseitigung, die, was immer die besondere Meinung bei der Einschaltung der Elihu-Reden gewesen sein mag, durch diese nicht herbeigeführt, auch nicht vorbereitet, sondern nur – soll man sagen: dramatisch störend, oder dramatisch wirksam? – hinausgezögert wird. Die Entscheidung fällt: Hiob hat sich (sein neuer Schritt vorwärts mit Gott ist auf einmal getan!) als Jahves Zeuge bewährt. Er hat in seinen Klagereden zwar vor allem aufs schwerste Unrecht, er hat aber all seinem Unrecht zuwider im Resultat Recht – und er hat seinen menschlichen Opponenten gegenüber ganz und gar Recht gehabt. Er hat sich im Verhältnis zu ihnen als Zeuge der Wahrheit – sie haben sich im Verhältnis zu ihm als Lügner erwiesen. Diese Entscheidung fällt aber nicht in einer neuen Wendung im Denken und Reden Hiobs (obwohl und indem es zu einer solchen nun auch zu kommen scheint; sie wird aber nur eben angedeutet). Sie fällt noch weniger in einem endlich und zuletzt erhellenden Votum eines vierten oder fünften menschlichen Mitredners. Sie fällt, indem Jahve selbst in die Mitte tritt, indem, von ihm selbst gesprochen, sein Wort laut und vernommen wird. Sie fällt in Gottes weder den drei Freunden, erst recht nicht dem Elihu, aber auch nicht dem Hiob, sondern an ihrer aller, tatsächlich auch an Hiobs eigenem Denken und Reden vorbeigehenden, aber nun eben ihm, seinem Knecht gegebenen Antwort «aus dem Wetter»: verlaufend in zwei ursprünglich sicher selbständigen, aber beide in ihrer Eigenart zum selben Ziel führenden Reden 38,2 f. und 40,2 f. Und daß sie im angegebenen Sinn gefallen ist, wird dann durch die Erzählung von Hiobs Rehabilitierung und Retablierung 42,7 f. in eben so populärem wie ernsthaftem Realismus eindrucksvoll bestätigt. Man merke: Hiob hatte den Engpaß jenes Dilemmas nicht durchschritten. Er konnte in seiner Klage nur eben der Besserwisser und Rechthaber um jeden Preis, der unverbesserliche Trotzkopf gewesen sein und als solcher ganz und gar Unrecht gehabt haben. Eben dazu muß er sich jetzt sogar in aller Form bekennen: nicht indem er den Engpaß endlich und zuletzt doch noch durchschreitet, sich selbst also doch noch irgendwie zu rechtfertigen vermag, kommt er zu seinem Recht. Das geschieht vielmehr, indem der Engpaß von der anderen Seite, von Jahve durchschritten wird, indem ihm eben in diesem Engpaß Jahve selbst begegnet, sein Fragen, Bitten, Protestieren, Resignieren beantwortet, ihn eben damit ins Unrecht setzt, sich aber eben damit seiner Erwählung getreu und entsprechend zu ihm bekennt, um ihn, indem er das tut – und wie die abschließende Erzählung zeigt, auch sichtbar und greifbar tut – auch zu rechtfertigen. Als der Empfänger von Jahves Selbstzeugnis, als der seiner Antwort Gewürdigte, durch sie Gedemütigte aber auch Gerechtfertigte bewährt sich Hiob als der, auf den Jahve gegen den Satan gewettet: als sein wahrhaftiger Zeuge.

Bevor wir auf diesen Abschluß der Hiobsgeschichte durch die von Jahve selbst ausgesprochene und vollzogene Entscheidung eintreten, müssen wir aber rückblickend jener wenigen, aber wichtigen Stellen gedenken, die noch mitten in Hiobs Klagereden, aus deren Tenor herausfallend, aber ohne ihren stetigen Fluß aufzuhalten, wie plötzlich aufstrahlende und dann sofort wieder verschwindende Lichter auf diese letztinstanzliche Entscheidung hinweisen. Lassen wir sie zuerst für sich selbst sprechen! 16,19–21: «Schon jetzt, siehe, lebt im Himmel mir ein Zeuge, einer, der für mich einsteht in der Höhe. Mein Schreien, dränge es hin zu Gott! Zu ihm blickt tränend auf mein Auge, daß er entscheide zwischen dem Mann und Gott, zwischen ihm und seinem Partner.» Dazu 17,3: «Sei selbst mein Bürge, du, bei dir! Wer sonst wird in meine Hand einschlagen?» Weiter die berühmte Stelle 19,25–27: «Ich weiß, daß mein *goel* (Anwalt? Rächer? Erlöser?) lebt und zuletzt erhebt er sich über dem Staube. Wenn meine Haut zerschlagen, mein Fleisch geschwunden ist, werde ich Gott schauen: ich – ihn – mir schauen, ihn mit meinen eigenen Augen sehen, nicht mit denen eines Fremden!» Hierher gehören auch die schon erwähnten Worte 14,13–17, in denen Hiob die Erwägung und die Bitte ausspricht, Gott selbst möchte ihn in der Unterwelt vor seinem Zorn verstecken, in Sicherheit bringen, bis er seiner eines Tages wieder ganz anders gedenken sollte. «All meine Dienstzeit wollte ich ausharren, bis daß meine Ablösung käme. Dann würdest du rufen und ich dir antworten, nach dem Werk deiner Hände sehntest du dich. Ja, dann zähltest du meine Schritte, würdest nicht Acht haben auf meine Sünde. Versiegelt in einem Beutel wären meine Vergehen und du übertünchtest meine Schuld.»

Zur Einführung in das Verständnis dieser Stellen empfiehlt es sich, die Wendung zu beachten, in der Hiob 27,2 ein Redestück einleitet, das offenbar (der Text scheint in Unordnung zu sein) seine letzte Antwort an Bildad, den Jüngsten seiner drei Opponenten, eröffnet: «So wahr Gott lebt, der mir mein Recht genommen und der Allmächtige, der meine Seele betrübt hat...» Diese Beschwörung besagt dort: eben daß dieser ihm unbegreiflich, fremd, erschreckend, feindlich begegnende Gott lebt (nach jenen anderen Stellen eben als dieser lebt, sich über dem Staube erhebt [19,25] und also [16,19] im Himmel lebt und dort als dieser, als sein Zeuge für ihn einsteht, sein bei sich selbst für ihn einstehender Bürge [17,3], sein Anwalt, Rächer, Erlöser [19,25] ist) – eben dies macht es [27,3f.] dem Hiob, solange er noch atmen kann, unmöglich, dem Rat seiner Freunde nachzugeben, von seiner Klage, von seinem lauten Fragen, Bitten, Protestieren, Resignieren abzugehen, an Stelle dessen um jenen peinlichen Punkt herum «Trug» zu reden. Hiob kann also nicht gewissermaßen hinter den so an ihm handelnden Gott oder über ihn hinweg auf einen anderen sehen, der ihm zu seiner Klage keinen Anlaß gäbe. Er sieht darum unverwandten Blickes gerade auf diesen und eben darum beharrt er denn auch in seiner Klage. «Wer sonst wird in meine Hand einschlagen?» Was er von Gott begehrt, ist nicht, daß er ihm irgendwo außer und neben, sondern daß er ihm in seiner Unkenntlichkeit kenntlich, daß er ihm gerade in seiner Feindschaft als der ihm vertraute Freund offenbar werde. Daß er, sein Gegner als solcher, mit seinem Anwalt und Bürgen identisch, und also indem er wider ihn ist, für ihn sei, ist die erstaunliche Voraussetzung dieser Äußerungen. Man wird es also bei ihrer Erklärung besser unterlassen (mit H. Lamparter, S. 108) in Erinnerung an Luther von «einem Hinfliehen von dem ‚fremden' zu dem ‚eigentlichen' Gott» zu reden oder gar (mit S. Oettli, S. 59) von einer Scheidung in Hiobs Gottesgedanken, von einer ihm zuteil gewordenen Inspiration, laut derer «der grausame Feind, unter dessen Streichen er zusammengebrochen, doch nicht der wahre Gott der Gerechtigkeit sein kann», von seiner Flucht «von einem Schreckgott, der hinter ihm versinkt, zu dem Gott, der sich am Ende doch zu seinem Knecht bekennen muß und wird». Man wird besser nicht (wieder mit S. Oettli, S.66) sagen, daß sich hier der ihn verfolgende Zorngott mit der Satansmaske vor ihm als leeres Wahngebilde in Nichts aufgelöst habe. Und so dürfte auch die Rede von G. Hölscher (S.39) von Hiobs in diesen Stellen sichtbarem «Durchbrechen» hinter die Anschauung Gottes als eines zornig-dämonischen Wesens oder als eines bloß Gewaltigen, Strengen, Gerechten zu einem «tieferen, persönlicheren Grund in Gott», zu einem «Gott der Liebe und Treue», der Sache nicht gerecht werden. Das Bemerkenswerte dieser Stellen – das, was sie als Ankündigung der entscheidenden Rede Jahves selbst von ihrer Umgebung abhebt, ist doch gerade das, daß Hiob da eben auf den ihm dunkel, schrecklich, zornig begegnenden Gott selber und als solchen (nicht auf eine Satansmaske und dgl.) blickt, eben an ihm leidet, aber auch eben an ihn appelliert, eben seiner sich trösten will. Die Erinnerung an Goethe (im «Tasso») dürfte in diesem Fall angebrachter und hilfreicher sein als die an Luther: «So klammert sich der Schiffer noch zuletzt am Felsen fest, an dem er scheitern sollte.» Gerade die Stellen 14,13–15 und 19,25–27 (auf deren eschatologische Tragweite hier nicht einzutreten ist) zeigen ja Eines ganz deutlich: daß Hiob genau dahin blickt, wo ihm die Finsternis des göttlichen Waltens am undurchdringlichsten begegnet – hinein in das nahende Dunkel seines Seins im Tode, in der Unterwelt, Kap. 14 in der Hoffnung, Kap. 19 in der Gewißheit, es gerade dort mit dem seine Hand über ihn haltenden Gott zu tun zu bekommen, ihn gerade dort als seinen *goel* nicht durch die Brille irgendwelcher Anderer, sondern mit eigenen Augen zu Gesicht zu bekommen. Eben daß ihm dies durch das entscheidende Wort Jahves widerfahren sei, wird er ja am Schluß des Buches (42,5) ausdrücklich bekennen. So hat nach Gen. 32,24f. Jakob-Israel, dem ihm am Jabbok begegnenden, bis zur Morgenröte mit ihm ringenden Mann standgehalten, seinerseits ringend Widerstand geleistet: «Ich lasse dich nicht, du segnest mich denn!» – du mein Gegner – um von ihm gerade als von seinem Gegner gesegnet zu werden, um dann im Ausgang ebenfalls bekennen zu dürfen: «Ich habe Gott von Angesicht zu Angesicht gesehen und bin am Leben geblieben.» «Flucht von Gott zu Gott?» Sei es denn! Das wird dann aber heißen müssen: Flucht vor dem in seiner Unkenntlichkeit nur eben unkenntlichen zu dem gerade in seiner Unkenntlichkeit (hoffentlich! gewiß!) kenntlichen Gott – ohne Scheidung in Hiobs Gottesgedanken also, sondern vielmehr gerade in dessen Vollzug und Einigung. Unter den neueren Darstellern dürfte, so weit ich sehe, R. de Pury (Hiob – der Mensch im Aufruhr 1957 S.23f.) hier am schärfsten gesehen haben: «Das Wunder dieses Buches beruht gerade auf der Tatsache, daß Hiob keinen Schritt tut, um sich zu irgendeinem besseren Gott zu flüchten, sondern daß er mitten im Schußfeld, im Feuer des göttlichen Zornes ausharrt. Ohne sich zu bewegen, legt Hiob, den Gott als Feind behandelt, mitten in seiner Nacht und mitten im tiefsten Abgrund Berufung ein, nicht bei irgend einer höheren Instanz, auch nicht bei dem Gott seiner Freunde, sondern bei diesem Gott selbst, der ihn zu Boden drückt. Hiob flüchtet sich zu Gott, den er anklagt. Hiob setzt sein Vertrauen auf Gott, der ihn enttäuscht und ihn in die Verzweiflung gestürzt hat... ohne daß er von der anstößigen Behauptung seiner Unschuld und der Feindschaft Gottes abläßt, bekennt er seine Hoffnung und nimmt den zum Verteidiger, der ihn verurteilt, hält den für seinen Befreier, der ihn ins Gefängnis bringt, und seinen Todfeind für seinen Freund.»

Das ist eine harte Rede. Ihre Härte darf aber nicht gemildert werden, wenn man sehen und verstehen will, daß an dieser Stelle mit der letzten Notwendigkeit der Klage Hiobs auch deren ferne, aber bestimmte Grenze sichtbar wird. Hiobs Klage kann als seine Anklage gegen den ihm widerwärtig begegnenden Gott nicht aufhören, sich selbst keine Grenze zu setzen, «sich nimmer erschöpfen und leeren» und also nur endlos sein. Eben das ist sie denn auch: nach wie vor ihrem Durchgang durch jene Stellen. Sie kann aber – und das besagen jene Stellen – in ihrer immanenten Endlosigkeit weder anheben noch fortgehen, ohne sich an eben dem zu halten, an den und gegen den sie sich richtet: in der nur eben auf ihn selbst und sonst auf nichts begründeten Gewißheit seiner **gegen** und eben damit **für** den seiner gewissen und auf ihn hoffenden Menschen fallenden Entscheidung. **Seiner** Entscheidung! Hiobs Wort ist auch in diesen Stellen nicht Gottes Wort und also nicht der Vollzug **seiner** Entscheidung. Er kann gerade nur lauschen, ob Gott selbst dieses Wort sprechen – darauf warten, daß Gott diese Entscheidung vollziehen möchte. Von diesem Lauschen und Warten Hiobs reden in, mit und unter seiner Klage diese Stellen. Er darf aber, um da recht zu lauschen und zu warten, die Stufen nicht überspringen. Er muß der Veränderung in Gottes Verhalten zu ihm in völliger Aufgeschlossenheit folgen und also genau dorthin blicken, wo Gott sich ihm gegenüber auf Grund dieser Veränderung jetzt und hier befindet. Er muß also mit offenen Augen eben in die Widerwärtigkeit hinein (nicht an ihr vorbei!) blicken, in der Gott ihm begegnet. Von dort und nur von dorther, wo Gott sich ihm gegenüber befindet, wo sein Leid seinen Ursprung, seine Klage ihren Grund hat – eben und nur von dorther kann beiden, seinem Leid und seiner Klage, ihre Grenze gesetzt werden. Hiobs Wort und Werk setzt sie **nicht**. So wird sie denn auch in diesen merkwürdigen Unterbrechungen seiner Klage, in denen sich diese doch nur bestätigen kann, **nicht** gesetzt. Er hofft, er weiß aber, daß sie durch Gottes – eben des ihm jetzt so widerwärtigen Gottes Wort und Werk, wo und wann und wie es diesem gefallen wird, gesetzt werden wird: so gewiß, noch gewisser, wie daß sein Leid in seinem Willen seinen Ursprung, seine Klage in ihm ihren Grund und ihre Notwendigkeit hat und darum nicht abbrechen darf. Er blickt auf den einen und einzigen Gott, der «schon jetzt» (16,19) – schon in der Widerwärtigkeit seines Verhaltens zu ihm – derselbe ist, der er sein wird, der jene Grenzsetzung zu seiner Stunde und in seiner Weise vollziehen wird, und also: jetzt schon sein Zeuge, sein Anwalt, sein Bürge – jetzt schon, indem er **gegen** ihn ist, **für** ihn ist. So und nur so ist er ein rechter Israel, ein Zeuge der Wahrheit – und als solcher nun doch auch: ein Zeuge Jesu Christi!

Sollte nun nicht doch auch das Gedicht 28,1–27 von der **Weisheit** – freilich unter einem anderen Gesichtspunkt als die eben genannten Stellen – als eine **Voranzeige** eben der von Jahve selbst zu erwartenden Entscheidung verstanden werden können? Es lohnt sich doch schon im Blick auf seine Originalität, seine dichterische Kraft, die imponierende Geschlossenheit seiner Aussage mindestens darüber nachzudenken. Sicher gehört es nicht zum ursprünglichen Bestand des poetischen Mittelstücks des Hiob-Buches, sondern ist ein Einschub aus einer anderweitigen Quelle. Man muß sich auch fragen, ob es wirklich in der Absicht der Gesamtredaktion des Buches lag, es gerade an dieser Stelle, scheinbar als einen Bestandteil einer der letzten Reden Hiobs einzuschalten: es hat hier in dem freilich literarisch ohnehin reichlich verworrenen Kontext weder nach rückwärts noch nach vorwärts einleuchtende Anschlüsse. Aber wie dem auch sei: der Grund der Einführung dieses Stückes dürfte nicht unerkennbar sein (sehr viel erkennbarer jedenfalls als der der Einführung der Elihu-Reden!): man hat in ihm offenbar insofern eine Vorbereitung der Entscheidung zu sehen, der den Gang des Buches entgegenstrebt, als seine Aussage klar und einfach in dem Satz besteht: Weisheit ist **allein Gott zugänglich** (mit dem unausgesprochenen Folgesatz: Weisheit kann allein von Gott ausgehen) – wobei man unter «Weisheit» in diesem Fall konkret verstand und im Zusammenhang des Hiob-Buches, in den man diesen Text aufnahm, verstanden wissen wollte: das Vermögen, auf Hiobs Klage die angemessene, die rechte, die sie ungleich begründende und begrenzende Antwort zu geben. Also: Gott allein kennt diese Antwort und vermag sie zu geben. Wohin der Mensch forschend und arbeitend mit reichem Ertrag vorzudringen vermag: auf Wegen, auf denen ihm weder das Auge noch der Fuß eines noch so hoch begabten Tieres zu folgen vermag, wird v 1–11 in einer sehr bewegten Beschreibung des dem Verfasser offenbar in einiger Anschaulichkeit bekannten antiken Bergbaus angedeutet. «Doch die Weisheit – wo ist sie zu finden? Wo ist die Stätte der Erkenntnis? Der Mensch kennt nicht den Weg zu ihr; sie ist nicht zu finden

1. Der wahrhaftige Zeuge

im Lande der Lebendigen» (v 12–13). Weisheit kann man aber auch um den Preis aller Kostbarkeiten der Erde nicht erkaufen, heißt es dann v 15–19 weiter. Und dann refrainartig noch einmal: «Die Weisheit also – woher kommt sie? Wo ist die Stätte der Erkenntnis?» (v 20). Die Tiefe spricht: «In mir ist sie nicht! und das Meer spricht: Sie ist nicht bei mir!» hieß es schon v 14, und nun: «Verhüllt ist sie vor den Augen aller Lebendigen, auch den Vögeln des Himmels ist sie verborgen. Abgrund und Tod, sie sprechen: Nur im Gerücht haben wir von ihr gehört!» (v 21–22). Mit einem Wort: sie ist dem Menschen, dem Geschöpf überhaupt, unzugänglich. Positiv ist ausschließlich dies von ihr zu melden: «Gott, der weiß den Weg zu ihr und, er kennt ihre Stätte» (v 23). Er hat sich ihrer ja in seinem Schöpfungswerk bedient, mit ihr gearbeitet (v 24–26): «da hat er sie gesehen und erforscht, sie hingestellt und auch erprobt» (v 27). Das ist die Aussage des Gedichtes: es redet also im Unterschied von anderen Hervorbringungen der Weisheitsliteratur weder vom Wesen, noch von der theoretischen, noch auch von der praktischen Bedeutung der Weisheit; es lobt sie nicht, und es empfiehlt sie nicht; ihm fehlte wohl in seiner ursprünglichen Form auch der (aus Spr. 1, 7; 9, 10; Ps. 111, 10) bekannte Spruch, laut dessen die Furcht des Herrn der Weisheit Anfang ist, der in seiner ganzen Vortrefflichkeit hier doch konventionell und abschwächend wirkt, vermutlich als Glosse eines besorgten Abschreibers als v 28 hinzugefügt worden ist. Das Gedicht sagt nur eben: daß die Weisheit, ihr Ort und der Weg zu ihr Gott allein bekannt, daß sie nur ihm zugänglich und verfügbar ist. Eben diese Aussage konnte hier – in der Tiefe des Dilemmas, in das der bisherige Gang der Geschichte Hiobs hineingeführt, und hier als Warnung vor weiteren Spekulationen im Spiel der von den drei Freunden Hiobs versuchten Antworten: doch wohl sinnvoll eingeführt werden – vielleicht ebenfalls sinnvoll (als Parallele und Ergänzung zu den vorher besprochenen Stellen verstanden) gerade Hiob selbst in den Mund gelegt werden. Sie stellt jedenfalls in dem Kontext, in den sie hier versetzt ist, fest: es kann und wird aus jenem Dilemma nur einen Ausweg geben und der kann und wird nicht von unten nach oben, sondern nur von oben nach unten eröffnet werden: er wird nicht eines Menschen, sondern ganz allein Gottes Weg sein.

Wir kommen, so vorbereitet, zur Hauptsache: zu Jahves Tat, in der es Kap. 39–42 zur Entscheidung kommt. Sie besteht nicht darin, daß Gott jetzt gewissermaßen das Visier lüftete, die Veränderung seines Verhaltens Hiob gegenüber rückgängig machte, die unkenntliche Gestalt, in der er ihm als Fremder, als Feind begegnete, vertauschte gegen die, in der er ihm zuvor kenntlich war. Gott hat in dem Schritt vorwärts, den er in der Geschichte seines Zusammenseins mit diesem Menschen getan hat, keinen Fehler begangen. So braucht er sich nicht zurückzunehmen. «Nach Meeres Brausen und Windes Sausen leuchtet der Sonnen erwünschtes Gesicht?» Oder banaler: «Und Alles, Alles ward wieder gut?» Warum nicht? Etwas Derartiges, einem *happy end* scheinbar zum Verwechseln ähnlich, wird ja nach 42, 7 f. dem Hiob auch nicht vorenthalten, sondern freundlich hinzugespendet werden. Aber darauf hat es das Hiob-Buch natürlich nicht abgesehen, zu erzählen, wie Gott den Hiob zuerst arm, verlassen und krank und dann doch wieder vermöglich, kinderreich und – das wird dort übrigens nicht einmal besonders erwähnt – gesund werden ließ. Daß seinem Leid in der Tat neue, größere Freude folgt, das ist gerade nur die (in ihrer Weise gewiß notwendige) anschaulich konkrete Bestätigung dessen, daß Hiobs Klage – sie stellt das Problem des Buches – von Gott effektiv beantwortet, daß sie damit auf ihre Grenze gestoßen, daß sein Unrecht, aber auch sein Recht in seinem Unrecht von Gott ans Licht gebracht ist. Jahves Tat, in der das geschieht, besteht aber darin, daß er – und das ohne sein Visier zu lüften, und bevor es zu jener Wendung in Hiobs Geschick kommt! – zu ihm spricht. Eine Theophanie findet nämlich im Schluß des Hiob-Buches nicht statt, obwohl es doch 42, 5 (vgl. 19, 22) heißen wird: «Nun aber hat mein Auge dich gesehen.» Er hat Gott gesehen, indem Gott zu ihm gesprochen, indem er sein Wort gehört hat! Auch Gottes von ihm gehörtes Wort besteht aber im Unterschied zu den Worten seiner drei Freunde nicht etwa in einer Umdeutung, einer doktrinären Weg-Interpretierung, einer aufklärenden Durchleuchtung der fremden, der schrecklichen Gestalt, in der er ihm begegnet ist. «Da antwortete der Herr dem Hiob aus dem Wetter», heißt es vielmehr (38,1; 40,1). Man hat dieses «aus dem Wetter» als einen durch die Schilderung eines aufziehenden Gewitters in der vorangehenden letzten Elihu-Rede (37,14f.) veranlaßten redaktionellen Zusatz erklärt. Er würde aber doch auch dann faktisch unterstreichen, daß die Antwort Gottes jedenfalls nicht in der Weise erfolgt, daß er sich dem Hiob nun plötzlich als «der Gott der Liebe und Treue» oder dgl. darstellte. Eine Selbstinterpretation Gottes in diesem Sinn findet denn auch im Inhalt der beiden mit jenen Worten eingeleiteten Rede nicht statt. Nicht in Aufhebung seiner Verborgenheit, sondern aus ihr heraus, nicht in Beseitigung seiner Unkenntlichkeit, sondern (unserem ganzen bisherigen Befund entsprechend) in ihr, in deren Bestätigung sogar, offenbart sich Gott dem Hiob, macht er sich ihm kenntlich. Zu ihm spricht eben der so fremd und feindlich an ihm handelnde und von ihm wegen dieser seiner Fremdheit und Feindseligkeit so heftig angeklagte Gott. Daß er, dieser von Hiob in all seinem Fragen, Bitten, Protestieren, Resignieren vergeblich gesuchte Gott umgekehrt ihn, seinen Ankläger, findet – von ihm vergeblich zur Rede gestellt, von sich aus zu ihm redet, das ist Jahves Tat: die Tat, durch die Hiob als Kläger und Ankläger ins Unrecht gesetzt wird. Man beachte aber wohl: Ihn selbst überführend, überzeugend, überwindend, ihm Gott gerade in seiner Unkenntlichkeit kenntlich machend wird er ins Unrecht gesetzt – eben damit aber auch eingesetzt in sein Recht vor ihm und vor den Menschen! Indem ihm Gott das von sich selbst sagt, was er ihm in diesen Reden sagt, und indem Hiob sich eben das sagen läßt, sagen lassen darf und muß, wird er nämlich von ihm an seinen Platz, d.h. aber, weil er das tut, an einen guten Platz gestellt, wird jene Balance zwischen seinem Recht und seinem Unrecht aufgehoben, bekommt er freilich Unrecht, aber noch mehr, im Resultat entscheidend Recht, u.zw. nachträglich, rückwirkend Recht auch als der, der beharrlich darauf gelauscht und gewartet hat, das zu hören, auch im Blick auf seine höchst unrechte Klage und Anklage, wird sein Charakter als Gottes Knecht, der er von Anfang an war und zu sein nicht aufhörte, anerkannt. Und es wird eben damit die Perennität des Erwählungs- und Bundesverhältnisses zwischen Gott und ihm, ihm und Gott, von dem, der in diesem Verhältnis Herr und Richter ist, offenbar und publik gemacht. Das ist Jahves Tat in seinem Wort im Ausgang des Hiob-Buches.

Funktioniert da wie in so mancher munteren dramatischen Fabel ein *Deus ex machina:* ein Gott, der zeitweilig anders beschäftigt oder auch einfach vergeßlich, endlich und zuletzt doch zu seinem göttlichen Tun zurückkehrt – oder auch ein Gott, der (etwa wie der Meeresgott Neptun in Mozarts «Idomeneo») angesichts der Verwirrungen, die er in seinem Zorn angerichtet, endlich und zuletzt anderen, milderen Sinnes wird und das Entsprechende veranlaßt? Jahve bedarf dessen nicht, von irgend einer *machina* bewegt, von anderswoher erst auf die Szene gebracht zu werden, weil er von Anfang an, u.zw. als die sie beherrschende Figur auf der Szene war. Er braucht sich Hiobs nicht erst zu erinnern, er war nie anders als gerade mit seinem Knecht Hiob beschäftigt; er braucht ihm gegenüber auch nicht anderen Sinnes zu werden. Er braucht sich ihm gegenüber nicht zurückzunehmen, nicht zu verbessern. Er braucht nur eben zu ihm zu sprechen. Er braucht sich ihm nur als der, der er auch in jener Fremdgestalt und nun gerade in ihr war und ist, der die Szene auch in ihr nie verlassen, sie gerade in ihr beherrscht hat, zu erkennen zu geben. Daß es bei Hiob dessen bedurfte, das macht dessen Unrecht aus: als ob er von der ihm durch Gott geschenkten Erkenntnis Gottes als dessen Erwählter nicht schon hergekommen wäre, als ob es ihm als dem Erwählten Gottes möglich und erlaubt gewesen wäre, in Wiederholung und Betätigung seiner Erkenntnis Gottes Ankläger zu werden! Daß er aber auch und gerade als dieser Ankläger darauf hoffte, dessen gewiß war, verzweifelt danach schrie, darauf lauschte und wartete, daß Gott sich ihm aufs neue zu erkennen geben – daß Gott also eben das

1. Der wahrhaftige Zeuge

tun möchte, was er jetzt tat – das machte, nachträglich, rückwirkend als solches anerkannt, Hiobs Recht aus. Gott braucht bloß zu Hiob zu sprechen, ihm bloß zu antworten, u. zw. damit zu antworten, daß er sich ihm als der, der er immer war, ist und sein wird, zu erkennen gibt, um eben damit zwischen seinem Unrecht und seinem Recht zu scheiden, sein Recht eben damit eindeutig über sein Unrecht triumphieren zu lassen. Und Gott sprach zu Hiob. Gott antwortete ihm. Gott gab sich ihm zu erkennen. Das ist Jahves Tat im Abschluß des Hiob-Buches.

Es dürfte nicht abwegig sein, zu betonen: Jahves Tat. Es springt nämlich in die Augen, und es kann kein Zufall sein, daß Jahve Gottes alttestamentlicher Eigenname, der Name von Israels Bundesgott, in den exponierenden Kap. 1 und 2 herrscht (nur in einigen allgemeineren Wendungen nicht gebraucht wird) dann im ganzen Mittelstück des Buches – sowohl in den Reden der Freunde und des Elihu, aber auch in den Klagereden Hiobs selber – völlig verschwindet zugunsten der Gattungsnamen Elohim und Schaddai, um dann 38,1 und 40,1 in der Einführung zu den beiden Gottesreden plötzlich wieder aufzutauchen und sich in Kap. 42 ganz durchzusetzen. Also: Jahve, der Herr Israels und seiner Geschichte, der Gott Abrahams, Isaaks und Jakobs ist der Herr, dessen Knecht der Edomiter Hiob ist. Jahve führt jene Verhandlung mit dem Satan, die die erste, und spricht nun das Entscheidungswort, das die zweite Wendung von Hiobs Geschichte herbeiführt. Jahve ist es endlich, der Hiobs Recht proklamiert und sein großes Leid in noch größere Freude verwandelt. Jahve ist das die Geschichte Hiobs regierende Subjekt. Er ist es aber unweigerlich in dem in den Namen Elohim und Schaddai bezeichneten Prädikat. Jahve, gerade er, der Urheber der besonderen Erwählung Israels und auch Hiobs ist Gott und also der «Hohe», der «Allmächtige» ohnegleichen und ohne Grenzen. Nicht an diesem Subjekt Jahve entsteht Hiobs Problem. Er wäre nicht Hiob, der von Jahve Erwählte und ihn wieder Erwählende, wenn hier ein Problem entstehen könnte. Als dieses Subjekt ist und bleibt ihm Gott kenntlich: im Blick auf dieses Subjekt weiß er und hält er daran fest, daß er es in dem, was ihm widerfährt, mit Gott zu tun hat. Eben von diesem Wissen aus hadert er ja mit Gott. Sein Hadern, sein Problem entsteht aber an Jahves Sein als Elohim und Schaddai, an dem ihm von Jahve widerfahrenden Hoheits- und Allmachtswirken. In diesem Jahve zweifellos zukommenden und eigentümlichen Prädikat und Werk wird er ihm unkenntlich; im Blick auf dieses sein Prädikat und Werk weiß er nicht, inwiefern er es in dem, was ihm widerfährt, mit Gott zu tun hat. Hiobs Recht: sein unermüdliches Drängen nach Jahves Selbstkundgebung auch in diesem seinem Sein und Tun als der Hohe und Allmächtige! Hiobs Unrecht: seine Auflehnung gegen den Hohen und Allmächtigen, die sich, indem eben Jahve der Hohe und Allmächtige, der als solcher Wirkende ist, von Hiob unbemerkt, notwendig gegen Jahve selbst, den ihm in diesem Prädikat und Werk Verborgenen, richten muß! Und nun wird der Sinn der dem Hiob zu gebenden Antwort Jahves der sein müssen und tatsächlich sein, daß Jahve ihm sich selbst, nämlich sich selbst gerade als Elohim-Schaddai zu erkennen gibt: in der ganzen Rätselhaftigkeit seines Hoheits- und Allmachtswaltens als der Gott der besonderen Erwählung Israels und nun auch seiner Erwählung und also als sein Herr, mit dem er (39,31 f.) nicht hadern, den er nicht zurechtweisen wollen, dem gegenüber er nur die Hand auf den Mund legen kann. «Ich bin der allmächtige Gott» (Gen. 17,1) – Ich und kein Anderer! Weit entfernt davon, daß das nun an ihn ergehende Wort Jahves einer Scheidung in Hiobs Gottesgedanken rufen oder auch nur Vorschub leisten könnte, wird gerade es dessen schwer bedrohte Einheit wieder herstellen und neu begründen. Das göttliche Subjekt bekennt sich in seinem Wort zu dem ihm zukommenden und eigentümlichen Prädikat und Werk und gibt eben damit Hiob die Freiheit, seine Anklage gegen dieses, in der er, ohne es zu bemerken, das göttliche Subjekt selbst tangiert hatte, als unangemessen, als ihm selbst, dem Erwählten Jahves unmöglich fallen zu lassen. Darum ist die Gottesrede am Schluß des Hiob-Buches mit Betonung die Tat Jahves zu nennen.

Es handelt sich, wie nicht nur aus dem Neuansatz 40,1, sondern auch aus der leisen Variation des Themas ersichtlich ist, um zwei Dichtungen, die hier, offenbar aus verschiedenen Quellen geschöpft (man fragt sich: ob es einmal so etwas wie eine ganze kleine, in unserem Buch in Auswahl vereinigte Hiob-Literatur gegeben haben möchte?) hintereinander gestellt sind. Die Tatsache, daß Gott redet, u.zw. über die Köpfe der drei Freunde hinweg mit Hiob redet, ist natürlich schon an sich wichtig. In einer existentialistischen Dichtung unserer Zeit würde er sich ihm vermutlich – wenn überhaupt – nur eben durch ein eisern erhabenes Schweigen imponiert haben. Aber so kann es zwischen Jahve und seinem Erwählten nicht zugehen. Sondern wie Hiob mit Jahve zudringlich genug geredet hatte, so redet Jahve nun aufs Eindringlichste auch mit Hiob. Es hat Ausleger (z.B. S. Oettli, S.115, H. Lamparter, S.230) gegeben, die mehr oder weniger dazu neigten, die Tatsache, daß Gott mit ihm redet, für wichtiger zu halten als das, was ihn diese Dichtungen sagen lassen. Aber wie kann man die Wichtigkeit eines Wortes würdigen, ohne sich nun doch an seine Aussage zu halten? Das Bedürfnis, das Wort, um das es hier geht, wenigstens durch eine gewisse Devaluierung seines Inhaltes gegenüber seiner Faktizität auszuweichen, ist freilich verständlich genug. Welcher aufmerksame Hiobleser hätte nicht nach so viel vorangegangenen Befremdlichkeiten bei der Lektüre von Kap. 39–41 noch einmal und nun erst recht stutzen und staunen müssen? Man muß doch R. de Pury (S.32f.) zunächst einfach zustimmen: «Diese «Antwort» wirft mehr Fragen auf, als sie beantwortet... Können wir uns damit am Bett eines Sterbenden vorstellen oder im Heim einer Frau, die ihren Mann und ihre Kinder verloren hat?... Wir sind enttäuscht... Macht sich Gott über Hiob und über uns lustig? Oder macht sich etwa der Verfasser des Hiob-Buches über Gott lustig?» Was wir da zu lesen bekommen, ist auf den ersten Blick tatsächlich weltenfern von dem, was wir uns unter der jetzt erwarteten, die Klage und Anklage Hiobs aus dem Weg räumenden Selbstinterpretation Jahves in seiner Identität mit Elohim-Schaddai vorstellen möchten. Lauter Gegenfragen werden da nämlich dem Frager Hiob gestellt. Theologische Gegenfragen wenigstens? Nein, sondern durchgehend durch ausführliche Schilderungen gefüllte und unterstrichene Fragen aus – der Naturkunde: in der einen Rede (Kap. 38–39) zuerst aus dem Bereich der allgemeinen Erd- und Himmelskunde (von der Meerestiefe bis zum Siebengestirn und Orion), dann aus verschiedenen, wunderlich ausgewählten Bereichen der normalen Zoologie – in der anderen aber (Kap. 40–41) diesseits und jenseits der Grenze zwischen Zoologie und Mythologie aus der Kunde von den Ungeheuern Behemoth und Leviathan, in deren Schilderung man, der üblichen Deutung folgend, bei gutem Willen das Nilpferd und das Krokodil als die dem Dichter vor Augen stehenden Originale erraten kann. Was soll und bedeutet das Alles?

Man wird dazu zunächst nur sagen können und, an die Texte sich haltend, doch wohl sagen müssen, daß Hiob offenbar sehr wohl realisiert hat, was das soll und was das gerade für ihn höchst praktisch bedeutet. Kein Zweifel, daß er diese seltsame Lektion durchaus als Antwort auf seine Klage versteht und annimmt, u.zw. als eine so radikal kräftige Antwort, daß er seine Klage durch sie restlos erledigt findet und sofort fallen läßt. Kein Zweifel, daß ihm Gott im Sinn der Dichtung durch diese Antwort gerade in seiner Unkenntlichkeit kenntlich, Jahve in seiner Identität mit Elohim-Schaddai, sein bitterster Feind als der Freund, nach dem er so lange vergeblich gefragt, restlos offenbar wird. Das ist nämlich Hiobs Gegenantwort auf die ihm von Gott in jener fragenden Lektion gegebene Antwort: «Siehe, ich bin zu gering, was soll ich dir antworten? Ich lege die Hand auf meinen Mund. Einmal habe ich geredet und wiederhole es nicht zweimal und tue es nicht wieder» (39,34–35). Und nach Anhörung der Behemoth-Leviathan-Rede: «Ich habe erkannt, daß du Alles vermagst; nichts, was du sinnst, ist dir verwehrt... Darum habe ich geredet im Unverstand: Dinge, die zu wunderbar für mich, die ich nicht begriffen... Vom Hörensagen habe ich von dir gehört; nun aber hat dich mein Auge gesehen. Darum widerrufe ich und bereue im Staub und in

Asche» (42,1–6). Unbedingte Kapitulation also: desselben Hiob, der den hochtheologischen Argumentationen seiner Freunde gegenüber keinen Zoll breit weichen wollte, konnte, durfte! Welcher Grund zwingt ihn zu solcher Umkehr? Wo hat sein Auge auf einmal den Herrn gesehen? Man denke: in der ihm von Gott fragend und immer wieder fragend vorgetragenen Kosmologie und Zoologie, in dem vor ihm entfalteten Tierbuch mit all seinen Bildern vom Löwen und vom Raben in der ersten, bis zum Nilpferd und Krokodil in der zweiten Gottesrede! Und Hiobs Kapitulation vor dieser Gottesoffenbarung ist es, die von Gott in Gnaden angenommen, als Bewährung seiner Treue anerkannt wird, und das mit der rückwirkenden Kraft, daß ihm nachträglich, seinem eingestandenen Unrecht zuwider, auch im Blick auf seine Klage Recht gegeben wird. Er, Jahves Knecht, hat – im Unterschied zu seinen Freunden – recht von Gott geredet! (42,8). Nachdem ihn Gott so, indem er ihm diese Lektion erteilte, belehrt und bekehrt hat!!

Uns ist als den Lesern des Buches offenbar zugemutet, das Verständnis, mit dem Hiob diese Lektion unverkennbar angehört hat, koste es, was es wolle, nachzuvollziehen. Hätten wir das Buch hier, wo es zum Treffen kommt, nicht verstanden, so müßten wir doch wohl zugeben, es überhaupt nicht zu verstehen. Aber was gibt es hier zu verstehen?

Ein nicht unbedeutsames Indizium für den Inhalt des hier gesprochenen Gotteswortes dürfte doch schon in dessen so überraschender Form zu erkennen sein. Theologischer Unterricht im prägnantesten Sinn des Begriffs soll doch da erteilt werden: von Gott selbst und also von dem, der dazu die höchste, die eigentliche, letztlich die alleinige Kompetenz hat, und das über das höchste und tiefste theologische Thema, nämlich über ihn, Gott selbst. Eben dieser theologische Doktor sondergleichen weigert sich aber, dieses theologische Thema sondergleichen so zur Sprache zu bringen, wie man es der Gravität seiner Person und dieser Sache entsprechend erwarten sollte. Er könnte wohl auch auf der Ebene, nämlich kirchlich oder akademisch-theologisch von sich selbst reden, wie Hiob und seine Freunde über ihn geredet haben. Er könnte wohl auch predigen und dozieren – und wie! Aber gerade er muß es offenbar nicht. Er hat die hohe Freiheit, auch ganz anders zu reden und hat den Humor, von dieser Freiheit kräftigsten Gebrauch zu machen. Er betritt jene Ebene gar nicht erst. Er taucht plötzlich ganz anderswo und anderswie auf, als jeder ernst Denkende es von ihm erwartet. Er erlaubt sich, an Allem, was da über ihn geredet wurde, gänzlich vorbei zu reden. Er bringt es dafür offenbar (und das zeigt den tiefen Ernst seines Humors) fertig, gerade so – für Hiob jedenfalls – unmittelbar verständlich und überzeugend zu reden. Welche Souveränität, die sich schon darin ausspricht, daß dieser Lehrer es sich leisten kann und tatsächlich – und das mit durchschlagendem Erfolg – leistet, so zu sprechen!

Diese Souveränität spricht sich – wir blicken noch immer auf die Form ihrer Aussprache – auch darin aus, daß er es wählt, – und offenbar zu wählen das Vermögen hat! – von sich selbst zu reden, indem er gerade nicht von sich selbst redet – sein Geheimnis zu enthüllen, ohne es auch nur als sein Geheimnis zu bezeichnen. Er redet in kühnster Diversion von etwas ganz Anderem: von Himmel, Erde und Meer und dann insbesondere von einigen gewöhnlichen und außergewöhnlichen Spezimina der Tierwelt. Er gibt diesem Anderen das Wort und läßt es – nicht etwa eine natürliche Theologie vortragen, sondern schlicht, aber ausgiebig von sich selbst reden. Er rechnet offenbar damit, daß dieses Andere ihm so gänzlich angehöre und untertan und zur Verfügung sei, daß es gerade indem es nur eben von sich selbst redet, faktisch von ihm, von seinem Geheimnis reden müsse und werde. Er ist dieses Anderen, da es sein eigenes Geschöpf ist, so sicher – so sicher wie seiner selbst! – daß er das große Buch der Schöpfung nur eben aufzuschlagen, dem Hiob nur eben ein paar Seiten daraus zu zeigen braucht, um auch des Dienstes ohne weiteres sicher zu sein, den das Geschöpf ihm einfach in seiner Selbstdarstellung leisten wird. Es braucht bloß sein eigenes Dasein und Sosein zu bekunden, um eben damit höchst indirekt, aber höchst wirksam, von ihm, von Gott als seinem Schöpfer zu reden, sein Geheimnis nicht nur zu bezeichnen, sondern zu enthüllen, nicht von sich aus, aber indem Gott ihm zu seiner Selbstbekundung das Wort gibt: in der ersten Rede dem festen Land und dem Ozean, dem Tagesanbruch und der Nacht des Todes, dem Schnee, dem Hagel, dem Regen, dem Tau, den Wolken, den Blitz und dann eben: dem Löwen, dem Raben, der Steinziege, dem Wildesel und dem Wildochsen, dem Vogel Strauß, dem Roß, dem Falken – in der zweiten Rede aber jenen zwei formidablen Ungeheuern. Diese alle bekommen nun das Wort. Gott gibt und läßt es ihnen. Ein gewagtes Spiel! Aber er spielt es und es gelingt. Solch ein souveräner theologischer Doktor ist Gott, daß er gerade, um von sich selbst zu reden, von sich selbst schweigen und auch alle seine Geschöpfe nicht von ihm, sondern nur eben von sich selbst reden lassen kann: mit dem Erfolg, daß er gerade so mit unwiderstehlicher Klarheit und Gewalt von sich selbst redet und – jedenfalls von Hiob – gerade so alsbald und pünktlich verstanden wird: verstanden in dem, was er ihm gerade so von sich selbst gesagt hat.

Welchen Inhalt schon die Form dieses Gotteswortes anzeigt, sieht man endlich auch darin, daß seine Aussprache in lauter ausdrücklich oder stillschweigend an Hiob gerichteten Fragen verläuft. Er wird von Gott als ein freier Mann angesprochen und ernst genommen. Er wird von ihm also nicht überfahren, nicht zugedeckt, nicht – wie man es in mehr als einer Erklärung dargestellt findet – «in seines Nichts durchbohrendem Gefühle» zu Boden geschmettert. Er soll weder durch den Anblick des Himmels oder des Ozeans, er soll auch durch den Behemoth und den Leviathan nicht einfach verblüfft werden. Ihm wird, was ihm gesagt wird, nicht autoritär, diktatorisch gar, aufgedrängt. Er soll es selber sagen: zunächst, wie er sich der ganzen vor ihm ausgebreiteten Natur- und Tierwelt gegenüber dran findet – dann, im Reflex seines Dranseins ihr gegenüber, welches sein Platz im Verhältnis zu Gott – und schließlich das Entscheidende, auf das es jetzt ankommt: wer und was Gott im Verhältnis zu ihm ist. Gott beantwortet also Hiobs Frage an ihn, indem er ihn seinerseits zur Antwort auf die ihm in jener seltsamen Indirektheit gestellte Frage einladet und auffordert, seinen Appell an ihn, indem er umgekehrt an ihn appelliert. Das ihm gesagte Wort soll also nicht nur an ihn, oder wie eine ungeheure Walze über ihn hinweg, es soll in ihn hineingehen, mehr noch: als sein eigenes Wort, als das Bekenntnis seines Herzens und seiner Lippen, von ihm selbst ausgehen. Gott läßt es auf dieses sein Erkennen und Bekennen ankommen. Welch ein Risiko! Hiob könnte ja das ganze vor ihm ausgebreitete Naturbuch nur eben begaffen, einige seiner Gestalten vielleicht ästhetisch genießen, vor anderen sich erschrocken oder auch bloß angeekelt die Augen zuhalten. Er könnte nichts von allem kapieren oder alles in die falsche Kehle bekommen. Er könnte also die an ihn gerichtete Frage nicht oder nur eben dumm beantworten. Gott hätte dann verlorene Mühe mit ihm gehabt, einen Schlag ins Wasser getan. Die Lektion wäre dann mißlungen. Keine Entscheidung wäre dann gefallen. Denn damit sie falle, mußte Hiob antworten, u. zw. richtig antworten. Er hätte, wenn es dazu nicht gekommen wäre, seine alte Klage und Anklage wieder aufnehmen und *in infinitum* fortsetzen können und müssen. Am Ende des Hiob-Buches würde dann Gott als der eigentliche große Verlierer dastehen! So groß ist die Souveränität des hier unterrichtenden Lehrers, daß er auch dieses Risiko nicht fürchtet. So frei ist Gott, daß er es mit dem seinerseits freien Mann Hiob einfach wagt – man möchte fast sagen: noch einmal auf ihn wettet, um es, wie die Antwort Hiobs zeigt, noch einmal mit ihm zu gewinnen.

Dieser Form entspricht nun tatsächlich der Inhalt von Kap. 38–41. In dem, was sie aussagen, bekräftigt Jahve Hiob gegenüber seine Freiheit. Es ist eben Jahve auch Elohim-Schaddai, der Hohe und Allmächtige, als Hiobs Freund, Verbündeter und Verschworener auch der Souverän, auf dessen Erwählung und Treue er sich unbedingt verlassen darf und soll, auf die er gar nicht genug pochen kann, der sich ihm aber hinsichtlich des Modus seines Waltens über und mit ihm Alles vorbehalten hat, von dem er also nicht erwarten darf, daß er ihm seinen Gedanken und Vorstellungen, Maßstäben und Wünschen, seinen eigenen Voraussetzungen entsprechend begegnen müsse.

1. Der wahrhaftige Zeuge

Er kann ihm als sein Erwählter (1,10) nur «umsonst» dienen: ohne Anspruch darauf, daß sein Walten irgend einem Bilde, das er sich von ihm machen möchte, konform zu sein habe. Er müßte seiner Erwählung untreu werden, wenn er sich angesichts der Nicht-Konformität seines Waltens mit dem Bild, das er von seiner Weisheit, Gerechtigkeit und Liebe hat, gegen das, was sie nach Gottes Wesen, Willen und Ratschluß sind, auflehnen würde. Jahve hat die Freiheit, ihm so zu begegnen, wie er es laut Hiobs Klage getan hat: in jener Fremdgestalt, in jener Feindgestalt. Er hört in ihr nicht auf, er ist in ihr nicht weniger, er ist nun eben gerade in ihr sein Freund, sein Verbündeter, sein Verschworener. Das ist es, was die Kap. 38–41 aussagen: indirekt, in Form von lauter Selbstdarstellungen des von Jahve, der auch Elohim-Schaddai ist, geschaffenen und von ihm zu seinem Zeugen angerufenen Kosmos aussagen.

Es redet nämlich der Kosmos, von Jahve zur Sprache gebracht, als Echo der Stimme seines Wortes von einer in ihm in vielen Gestalten wirksamen Eigenmacht, in der er sich der Macht des Menschen, indem dieser sie erfährt, entzieht – von einem ihm innewohnenden Eigensinn, dem der Mensch mit seinen Sinngebungen, indem er sie versucht, nicht beikommen, nicht folgen kann – von seinem Dasein und Sosein in einer konkretesten Eigenwilligkeit, deren Respektierung geradezu die Voraussetzung aller Betätigung menschlicher Freiheit in seinem Raume ist. Und das indem er dem Menschen gerade in dieser seiner Eigenheit – hier mehr, dort weniger, aber im Grunde durchgängig – unheimlich, fremd, bedenklich, erschreckend genug gegenübersteht, entgegentritt, entgegenwirkt. Er fragt ihn nicht nach seinem Verständnis, seiner Zustimmung, seinem Beifall. Im Gegenteil, er fragt ihn nur eben: ob er nicht zugeben müsse, nicht zu wissen, warum und wozu er da ist, so und nicht anders da ist? – zugeben müsse, daß er ihn nicht so geplant und disponiert habe? – zugeben müsse, daß er mit seinem Lauf und seiner Direktion nichts zu tun habe? Nichts z.B. mit der Begründung des Himmels und der Erde oder mit dem Wechsel von Tag und Nacht, Licht und Finsternis, Sonnenschein und Regen, nichts mit der Speisung der jungen Löwen und Raben, nichts mit dem Sinn und den Möglichkeiten von so wild schweifendem, aller Domestizierung und Nutzbarmachung so abgewendetem Getier wie die Gemse, der Wildesel, der Wildochs, der Strauß, der Falke, zu dem für das alte Israel aber auch das schnaubende, im Galopp «die Strecke schlürfende» und über alle Hindernisse setzende, durch die feindliche Posaune nur noch mehr angefeuerte Pferd gehörte. Und endlich und zuletzt ob er irgendetwas zu melden haben sollte, wenn Behemoth, von Gott geschaffen wie er (40,10), oder gar Leviathan seinen Weg kreuzen sollte: «Wird er dich lange bitten oder freundlich mit dir reden? Wird er einen Vertrag mit dir schließen, daß du ihn für immer zum Sklaven bekommst? Spielst du mit ihm wie mit einem Vogel und bindest du ihn an für deine Mädchen? Feilschen um ihn die Zunftgenossen? Verteilen sie ihn unter die Händler?... Lege nur deine Hand an ihn – du tust es nicht wieder. Sieh, deine Hoffnung wäre betrogen: schon bei seinem Anblick wird einer hingestreckt» (40,22 f.). Davon redet der Kosmos. Man bemerke: es ist nicht seine blinde Übermacht über den Menschen, die in dieser Jahve-Rede zur Darstellung kommt, sondern das fragt er den Menschen: ob er der Meinung sein könne, er sei sein, ein ihm gehöriger und höriger Kosmos? er richte sich nach seinen Ideen, Wünschen, Absichten und Plänen? er müsse das *theatrum* seiner *gloria* sein, eine Garantie seiner *felicitas* oder auch nur *securitas*? Er stellt ihm – nicht von sich aus, aber indem Gott ihm als seinem Geschöpf das Wort gibt – diese Frage, die er, der Mensch, nur verneinen kann. Ergebnis: Er steht schon innerhalb der geschaffenen Welt unzähligen großen und kleinen Faktoren gegenüber, vor deren Unabhängigkeit ihm gegenüber er sich wohl oder übel beugen muß, um in Ehrfurcht vor dem Geheimnis schon der Schöpfung als wahrhaft freier Mann in ihr als in dem ihm von Gott gebauten und zugewiesenen Hause leben zu dürfen.

Und nun also (in Kap. 38–41 gerade nur zwischen den Zeilen ausgesprochen und hörbar) – nicht als Aussage und Frage des Kosmos, aber in dieser als seinem Echo laut und vernehmbar (und von Hiob sofort und pünktlich vernommen und verstanden) das Wort Jahves. Nun jenseits all der der Schöpfung ja nur verliehenen Hoheit und Macht, aber in ihr sich spiegelnd und von Hiob unmittelbar in ihr mit Augen gesehen: Er, Jahve selber, Er in der Eigenmacht, dem Eigensinn, der Eigenwilligkeit des Schöpfers und Herrn all der eigenmächtigen, eigensinnigen, eigenwilligen Kreatur, Er der Freie, der Souverän, Er der Elohim-Schaddai, dessen Wohlgefallen die Quelle, der Sinn, der Maßstab, die Grenze aller Weisheit, Gerechtigkeit und Liebe ist: Er, der den Hiob gerade als dieser Freie – und den Hiob seinerseits gerade als diesen Freien erwählt hat. Ihn hört Hiob im Echo der Stimme, Ihn sieht er im Spiegel der Gestalten des Kosmos: Ihn, dessen Güte gerade souveräne Güte ist: hinsichtlich ihres Modus, ihrer Ausübung nicht durch Hiob veranlaßt und bedingt, nicht durch ihn zu beurteilen ist, weil sie allein aus sich selbst quellende und allein sich selbst gestaltende und so eben echte, wirkliche, ewige Güte ist: die Güte des unbeweglich treuen Bundesgottes. Er fragt jetzt den Hiob: Hat er ihn denn je anders denn als diesen Freien gekannt: etwa damals, als ihm seine Wege mit ihm mehr einleuchteten, besser zusagten und gefielen als jetzt? Hat er ihn als diesen Freien vergessen? hat er nicht nach ihm als diesem Freien gefragt? Wie hätte er, wäre es anders, als sein Erwählter nach ihm als seinem ihn erwählenden Gott gefragt? Hat er nicht vor ihm und zu ihm geklagt? Wie konnte er ihn dann aber anklagen: er, der schon vor der Frage des Wildesels, um von der des Leviathan nicht zu reden, nur verstummen kann? Welches bessere Wissen um eine bessere Weisheit, Gerechtigkeit und Liebe als die, die ihm von Jahve widerfuhr, hätte er ihm denn entgegenzuhalten? Konnte sein Mund, den er angesichts des Geheimnisses der Schöpfung nur schließen konnte, angesichts des Geheimnisses Jahves, ihres Schöpfers und Herrn, anders aufgehen als zu dessen Lobpreis?

Das also ist Jahves dem Hiob aus dem Wetter gegebene Antwort: sie ist Jahves Appell an Hiobs Freiheit, seine, Jahves Freiheit ihm gegenüber zu erkennen, ihn in dieser seiner Freiheit, ihn als den Elohim-Schaddai zu lieben und zu loben. Hat sich Hiob seine Freiheit dazu, also seine Freiheit für die Freiheit Gottes, als Gottes Hand schwer auf ihm lag, als er ihm nur noch in Klage und Anklage zu begegnen wußte, erhalten? Hat er sie also bewährt? Ja oder Nein? Eben in dieser Explikation steht Jahves Frage freilich nicht in den seine Reden wiedergebenden Texten. In dieser Explikation müssen wir sie freilich, können wir sie aber nur dem entnehmen, was von Hiobs und von Gottes Verhalten nachher berichtet wird. In jenen Texten stehen ja nur die von Gott an Hiob gerichteten Fragen hinsichtlich seiner Zuständigkeit dem Geheimnis, nämlich der Eigenmacht, dem Eigensinn, dem Eigenwillen des Kosmos gegenüber. In ihnen steht aber nicht einmal eine ausdrückliche Erklärung Hiobs hinsichtlich seiner Unzuständigkeit diesem Geheimnis des Geschöpfs gegenüber. Schon daß er diese einsieht und eingesteht, wird vielmehr nur stillschweigend vorausgesetzt. Hiob hat aber in jenen Texten vor allem auch keine ausdrückliche theologische Belehrung erhalten. Der Schluß von der großen Eigenheit des Kosmos auf die Freiheit seines Schöpfers und Herrn liegt nahe, liegt in der Luft, wird aber in keiner der beiden Gottesreden auch nur andeutend gezogen. Sie lassen ihn offen. Es soll offenbar Hiobs Sache sein, ihn zu ziehen: sich wie die Eigenheit des Kosmos, so noch vielmehr der Freiheit Jahves, seinem Walten als Elohim-Schaddai gegenüber als inkompetent und gerade so als Jahves treuer und freier Erwählter und Bundesgenosse zu bekennen. Aber auch von einer entsprechenden Reflexion und Konfession Hiobs erfährt man – nach der Fülle der im Buch vorangegangenen Reden doch eigentlich erstaunlich! – außer den kurzen Andeutungen 39,34f. und 42,1f. kaum etwas Greifbares. Der Leser wird nur eben vor die Tatsache gestellt, daß in und mit der merkwürdigen, kosmologisch-zoologisch-mythologisch konzipierten und formulierten, in lauter Fragen verlaufenden Antwort Jahves die längst fällige göttliche Entscheidung im Falle Hiob gefallen ist. Er steht vor der Tatsache, daß Hiob gewissermaßen in einem einzigen Sprung ein theologisch aufs gründlichste Belehrter und Bekehrter geworden ist, sich also nicht nur in alle die Eigenheiten des Kosmos gefügt, nicht nur ihnen gegenüber seine Inkompetenz zugestanden, sondern sich der Freiheit seines Gottes gegenüber beschieden hat. Und er steht vor allem vor der Tatsache, daß Hiob von Gott über sein ganzes begangenes und zugestandenes Unrecht hinweg als sein ihm treu gebliebener und gerade in seinem Eingeständnis aufs neue als treu erwiesener Knecht anerkannt wird, vor ihm und vor den Menschen ins Recht gesetzt wird – und so vor der Tatsache, daß er seine Freiheit, Jahves Freiheit auch ihm gegenüber zu erkennen, tatsächlich nicht verloren, sondern bewahrt und im Eingeständnis des Unrechts seiner Anklage bewährt hat. Womit denn auch Jahve selber in seinem auf ihn gesetzten Vertrauen gerechtfertigt wird, vielmehr: sich selbst rechtfertigt. Er hat sich ja nicht geirrt, indem er darauf zählte, daß Hiob auch in der schmerzlichsten Erfahrung seiner Hoheit und Macht, auch in seiner bittersten Klage und unangemessensten Anklage an ihm festhalten, ihn als seinen Zeugen, Bürgen und Anwalt anzurufen nicht aufhören werde. Er hat sich auch darin nicht geirrt, daß er sich getraute, als der freie Gott mit ihm als mit einem freien Mann umzugehen, ihm also zuzumuten, sein Wort in jener fremdartigen, ja bizarren Gestalt, in jener Verhülltheit in die Selbstaussagen seiner Kreatur, zu hören, zu verstehen, zu beherzigen – und schließlich auch darin nicht, daß er es wagte, es ihm (wieder in hoher Respektierung seiner menschlichen Freiheit) in Form einer von ihm selbst zu beantwortenden Frage zu sagen. Jahve hat in dem allem, in diesem ganzen Erweis und Gebrauch seiner königlichen Freiheit seinerseits Recht behalten, sein Recht durchgesetzt, gegen Hiob, noch mehr für ihn, aber auch durch ihn, auch in Hiobs durch sein Wort plötzlich und prompt herbeigeführte Erkenntnis und Entscheidung, ihm als dem freien Gott die Ehre zu geben, sich in das Walten seiner Freiheit zu fügen und eben in dieser Fügsamkeit sein treuer, sein seinerseits freier Mensch, sein Erwählter und echter Bundesgenosse zu sein und zu bleiben. Man bemerke: zu bleiben! Er war es – wie wäre er sonst dieser Erkenntnis und Entscheidung fähig gewesen? – auch zuvor, auch inmitten der großen Anfechtung, auch indem er Unrecht tat, gewesen und geblieben. Er war wohl gestrauchelt, aber nicht gefallen. Wiederholung war diese Erkenntnis und Entscheidung: Bestätigung des Standes, in den er von Jahve in das Verhältnis zu ihm eingesetzt war und das er nie verlassen hatte. So hatte Jahve auf ihn gesetzt und ihn nicht verloren, sondern gewonnen. So konnte auch die Bestätigung seines Rechtes von Jahves Seite nicht ausbleiben: auch sie nur als Bestätigung der Wahl, der er auch in der fremden Gestalt, in der er Hiob begegnete, unerschütterlich treu geblieben war. Die Texte am Ende des Hiob-Buches stellen uns nur eben vor diesen Tatsachenkomplex. Sie analysieren ihn nicht. Sie zeigen nicht, wie hier Alles zusammenhängt und aufeinanderfolgt. Sie stellen nur fest, daß der Schritt vorwärts in der Geschichte des Zusammenseins Gottes mit Hiob, Hiobs mit Gott, um den es in allem Vorangehenden ging, getan und zuletzt darin offenbar wurde, daß Gott mit Hiob redete, Hiob auf Gott hörte. Sie erzählen nur dieses Ereignis. So schließt sich der Kreis, wie er angehoben hat: in des Menschen Befreiung durch und für den freien Gott. Durch den freien Gott: indem dieser als solcher Hiobs Zeuge ist, gegen, aber noch mehr für ihn redet. Für den freien Gott: indem sich Hiob, durch ihn ins Unrecht, aber noch mehr ins Recht gesetzt, als wahrhaftiger Zeuge dieses Gottes erweist.

2. DES MENSCHEN LÜGE

Sie interessiert uns hier weniger als moralisches, sondern zentral als geistliches, vielmehr höchst ungeistliches, widergeistliches Phänomen und Problem: als die Larve, die Maske, die sich der Mensch der Sünde, indem ihm Jesus Christus, der wahrhaftige Zeuge, begegnet, sofort umbindet und die ihm in dieser Begegnung umgehend wieder abgerissen wird. Des Menschen Lüge ist der eine große Feind, der sich der im prophetischen Werk Jesu Christi ergehenden göttlichen Verheißung widersetzt, um durch die dieser innewohnenden Kraft – die Kraft der Auferstehung Jesu Christi – alsbald getroffen und aus dem Feld geschlagen zu werden. Wir würden ihr zuviel Ehre antun, wenn wir zögerten, sie von Anfang an als die dem Menschen der Sünde, indem Jesus Christus es mit ihm zu tun bekommt, sofort vom Gesicht gerissene Larve, als den der Kraft der göttlichen Verheißung alsbald erliegenden Feind zu bezeichnen. So viel Ehre müssen wir ihr aber allerdings erweisen: sie als dieses, sei es denn ohnmächtige Widerspiel der in Jesus Christus im Geschehen begriffenen göttlichen Offenbarungstat scharf und genau ins Auge zu fassen: nur schon als Warnung vor der praktisch immerhin nicht fern-, sondern immer wieder naheliegenden Verwechslung dieser Gottestat mit jener Tat des Menschen der Sünde, die eben – böser und gefährlicher als alle moralisch so zu nennende Lüge – diese, die Lüge in jener Begegnung ist. Alle in dieser unserer Zeit zwischen der ersten und der letzten Gestalt des Wiederkommens Jesu Christi, alle in diesem Zeitalter des Heiligen Geistes noch und immer wieder wirksame Bosheit und Torheit des Menschen und alle Not, die er sich damit noch und immer aufs neue bereitet, drängen sich wie in ihrer Spitze zusammen in diesem Phänomen und Problem: in des Menschen Lüge in ihrer spezifischen Gestalt als der der Wahrheit der Versöhnung, des Bundes, der rechtfertigenden und heiligenden Gnade Gottes ohnmächtig, aber sehr real entgegenwirkenden Unwahrheit. Des Menschen Lüge, von der jetzt zu reden ist, ist des Menschen Unwahrheit in seinem Verhältnis zu der ihm begegnenden Wahrheit Jesu Christi.

Stellen wir vorläufig fest: sie besteht in einer Ausweichbewegung. Sie setzt also des Menschen ferne oder nahe Begegnung mit Jesus Christus, mit seiner Wahrheit voraus. Sie kann nicht im leeren Raum, nicht immer und überall, sondern nur im Verhältnis zu ihm Ereignis werden, Gestalt gewinnen. Eben im Verhältnis zu ihm tut sie das aber. Genau so wie im Verhältnis zu ihm und nur in diesem Verhältnis die Erkenntnis des Glaubens, der Liebe, der Hoffnung möglich und auch wirklich wird – genau so entsteht (auf demselben Acker als Unkraut unter dem Weizen!) des Menschen Lüge. Wir nannten sie darum an früherer Stelle: die spezifisch christliche Gestalt der Sünde. Gemeint war: die Gestalt, in der sie in der christlichen, d. h. in der von der Auferstehung Jesu Christi her durch die Aktion des Heiligen Geistes und teleologisch durch ihren Ausgang in der letzten Erscheinung Jesu Christi bestimmten Zeit Ereignis wird: die in ihr und streng genommen nur in ihr mögliche und mächtige Gestalt der Sünde. Sie wird aber darin Ereignis, daß der Mensch Jesus Christus, dem ihm begegnenden wahrhaftigen Zeugen, ausweichen möchte, auszuweichen versucht. Er möchte die Begegnung mit ihm lieber vermieden haben. Er erschrickt vor dem, der ihm da begegnet und vor dem, was die Begegnung mit ihm für ihn bedeuten möchte. Er scheut zurück vor dem, was das heißen dürfte: nicht sein, sondern dieses Heilands und Herrn Eigentum und so ein mit Gott versöhnter Mensch zu sein, im Bunde mit ihm zu leben, nur eben durch Gottes Gnade, durch sie aber wirklich gerechtfertigt und geheiligt zu sein. Er fürchtet, was daraus werden könnte. Und so meint er, sich dem, der ihm das Alles bezeugt, und seinem Zeugnis entziehen zu sollen und zu können. So entsteht seine Lüge. Man bemerke (1): sie entsteht in dem Doppelakt der ihn schon anrührenden, angreifenden Wahrheit als Versuch, sich ihrer zu erwehren – und seiner schon mächtig anhebenden Erkenntnis als der Versuch, diese aufzuhalten und zu unterdrücken. Man bemerke (2): sie entsteht in offenbar irgendwie schon vorhandener Einsicht in die Tragweite dieses Doppelaktes. Und man bemerke (3): sie entsteht unter der Voraussetzung, daß die Aussicht, diesem Doppelakt Einhalt zu gebieten, die Wahrheit frontal auszuschlagen und ihre Erkenntnis direkt zu unterdrücken – die Aussicht, hier auch nur widerstehen zu können, hoffnungslos ist, daß dem wahrhaftigen Zeugen gegenüber gerade nur Ausweichen in Frage kommt: der Versuch, sich dem Anprall und Überhandnehmen der Wahrheit und dem, was daraus folgen möchte, durch Flucht zu entziehen. So kurze Beine hat die Lüge schon in ihrem Ansatz. So sehr muß sie sich zum vornherein nach der Wahrheit richten: nicht umgekehrt.

Immerhin: die Ausweichbewegung, die der Mensch da vollzieht, ist merkwürdig, kunstvoll und zugleich praktikabel genug. Genau genommen möchte er sie ja nur vollziehen, versucht er es ja nur, auszuweichen. Ausweichen hieße ja genau genommen: daß er sich an einen anderen Ort verfügte, wo ihn die Wahrheit nicht mehr anrühren und angreifen könnte, wo er vor einem Überhandnehmen ihrer Erkenntnis und vor deren Konsequenzen in Sicherheit wäre. Er weiß aber offenbar – und das ist ein weiteres Zeugnis, das er ihr auch als der Lügner, der er ist, auch als Täter der Unwahrheit unfreiwillig geben muß: daß er ihr so nicht ausweichen kann, weil es einen solchen anderen Ort gar nicht gibt. Er muß sich offenbar darauf einrichten, daß ihm der wahrhaftige Zeuge auch darin überlegen ist, daß er ihm, nachdem er ihm einmal begegnet ist, auch an jeden anderen Ort folgen, ihm dort dieselbe Verlegenheit bereiten würde. Das wäre noch eine in ihrer Ahnungslosigkeit, in ihrem Dilettantismus beinahe unschuldige, jedenfalls noch nicht die eigentliche, reife, die ernstlichen Erfolg versprechende Lüge, in der der Mensch es unternehmen wollte, sich der Begegnung mit jenem Zeugen und seinem Zeugnis dadurch zu entziehen, daß er sich, als wäre nichts geschehen, anderen Interessen und Beschäftigungen zuwendete. Der ernsthafte, der tüchtige Ausweicher, der in uns allen steckt, weiß wohl, daß er der Wahrheit standhalten muß, daß er die Unwahrheit nur Angesicht in Angesicht mit der Wahrheit ins Werk setzen kann. Wie aber soll er es anstellen, hier standzuhalten und doch auszuweichen? Die Entdeckung und der Versuch eines Ausweichens im Standhalten ist das eigentliche Kunst- und Meisterwerk der Lüge. So fragt sich der einigermaßen sachlich und überlegt denkende Mensch der Sünde: Wie wäre es mit dem Unternehmen, die Wahrheit selbst und ihre Erkenntnis für das Ausweichen vor ihrem Angriff und Überhandnehmen nutzbar zu machen? Kann man sie nicht besiegen, ihr nicht einmal wirkungsvoll trotzen, ihrer Erkenntnis nicht einfach Halt gebieten, ihr aber auch nicht entfliehen an einen Ort, an dem man es nicht mehr mit ihr zu tun hätte, so könnte doch das das Ei des Kolumbus sein, ihren Kraftstrom gewissermaßen zu kanalisieren und zu transformieren. Er wird sich also vor ihr keineswegs die Ohren verschließen: das kann er übrigens gar nicht, denn er hat sie schon in den Ohren! Er wird sie aber nur eben so hören, wie er sie hören will. Er wird sie ja nicht verneinen, vielmehr emphatisch bejahen, aber in dem und nur in dem Sinn bejahen, in welchem er sie für tragbar und förderlich halten kann. Er wird sie verstehen, gutheißen, ergreifen, auf den Schild erheben – nur eben in Gestalt eines Gebildes, in dessen Umrissen und Farben sie der Gefährlichkeit, die ihr zuvor eigentümlich war und um deren willen er vor ihr zurückschreckte, entkleidet ist – mehr noch: in einem Charakter, in welchem sie in seine Verfügung gebracht erscheint, seine willige und mächtige Dienerin, Trösterin, Helferin zu werden verspricht. So macht es die Lüge. So macht es der Mensch der Sünde. Er stellt die Wahrheit nicht in Abrede. Er stellt ihr keine Antithese gegenüber. Er verfolgt sie nicht. Er ignoriert sie auch nicht. Das Alles sind harmlose und uninteressante Vorstufen, vielleicht auch Begleiterscheinungen seines eigentlichen Unternehmens, sind u. U. auch aufgeregte nachträgliche Reaktionen auf dessen Mißlingen. Sein Eigentliches unternimmt er, indem er seinen Meister wie Judas im Garten Gethsemane auf den Mund küßt. Er unternimmt es also nicht gegen die Wahrheit, sondern mit ihr und für sie, in herzlicher, ja tiefsinniger und begeisterter Berufung auf sie, als ihr emsiger Schüler und strenger Lehrer, zu ihrer Verteidigung, Ausbreitung und Verherrlichung. Er errichtet ein theoretisches und praktisches Wahrheitssystem. Er begründet Wahrheitsparteien. Er befestigt Wahrheitsfronten. Er eröffnet Wahrheitsschulen, Wahrheitsakademien. Er feiert Wahrheitstage und ganze Wahrheitswochen. Er organisiert förmliche Wahrheitsfeldzüge. Er macht es in Sachen der Wahrheit so gut, daß Jesus Christus, der wahrhaftige Zeuge, mit ihm verglichen, als ein wahrer Waisenknabe und Stümper erscheint, der froh sein muß, einen Gönner und Advokaten gefunden zu haben, der ihm so geschickt und mächtig unter die Arme greift. Welche Ausweichbewegung, in der es der Mensch fertig bringt (oder fertig zu bringen meint) der Wahrheit in der Weise zu entkommen, daß er ihr (anders geht es ja nicht) standhält, sie aber gleichzeitig ihrerseits zum Ausweichen bringt: zum Übergang nämlich, zur Verwandlung in eine von ihm erstellte Übersetzung und verbesserte Neuausgabe, in der sie sich selbst aufs Täuschendste ähnlich sieht und nun doch – nach kaum bemerkbarer Veränderung ihres Vorzeichens, ihres Akzentes, ihres Ursprungs und Ziels, nicht mehr sie selber, sondern aus der den Menschen meisternden die von ihm gemeisterte Wahrheit geworden ist, die als solche, durch einen hübschen, aber soliden Maulkorb verhindert, wohl noch gedämpft bellen, aber bestimmt nicht mehr beißen kann. Wahrlich, der Lügner leugnet sie nicht – das tut er nur, solange er noch Anfänger oder, altersschwach geworden, wieder zu seinen Anfängen zurückgekehrt ist. Der in seiner Vollkraft lügende Lügner bekennt die Wahrheit und das in größter Lautstärke und Feierlichkeit: die Gotteswahrheit, die Menschenwahrheit, die christliche Wahrheit – nur daß sie darin zur Unwahrheit geworden ist, daß sie in seinem Mund nur noch die von ihm in Griff genommene und bekommene, von ihm inspirierte und dirigierte christliche Wahrheit sein, nur noch als solche laut, gehört, verstanden, expliziert und appliziert werden soll. Nur daß ihr Stoß jetzt aufgefangen, ihr Anstoß unschädlich gemacht, in eine seiner ursprünglichen Richtung genau entgegengesetzte umgelenkt sein sollte. So macht es die Lüge, so macht, so versucht es jedenfalls der Mensch der Sünde in der christlichen Ära, im Zeitalter des Heiligen Geistes.

Daß er auch seine Ausweichbewegung, macht er sie gut, gerade nur so, nur mit der Wahrheit und für sie, nur eben als Un-Wahrheit ins Werk setzen kann, daß gerade das und nur das die Höchstleistung ist, deren er auf diesem Felde fähig ist, das kann man wohl wieder als Symptom dafür buchen, wie schwach, wie überholt, wie unoriginell er der Prophetie Jesu Christi gegenübersteht, in welchem nicht einzuholenden Vorsprung sich diese ihm gegenüber befindet. Sie ist es doch offenkundig, die ihm das Gesetz seines Handelns vorschreibt und aufdrängt. Nur eben von ihr kann er leben; gerade indem er sich ihr widersetzen und gerade, wenn er das tüchtig, sachgemäß, erfolgversprechend tun will. Nur eben in der Gestalt des «Großinquisitors», nur eben als «Anti-Christus» kann er gedeihen, der freilich ein Wider-Christus sein möchte, aber eben als solcher doch nur als Ersatz-Christus agieren kann. Zu mehr als zu diesem Gaukelspiel wird es der Mensch der Sünde gerade auf der Höhe seiner Kunstfertigkeit und Kraftentfaltung nimmermehr bringen. Und man sieht schon: «Ein Wörtlein – ein Wörtlein dessen, den er ersetzen möchte – kann ihn fällen.» Aber immerhin: dahin bringt er es. Und wer wollte leugnen, daß diese seine Höchstleistung in ihrer Art und in der ihr zum vornherein gesetzten Grenze beachtlich, imponierend, versuchlich, verführerisch, gefährlich, verderblich genug ist? Wie wäre die beherrschende Position zu übersehen' die er *post Christum natum* gerade in der Hervorbringung dieser Höchstleistung sofort bezogen und in immer neuen Gestalten fort und fort aufund ausgebaut hat – wie die dicken Nebelschwaden, in die er sich gerade in diesen Jahren des Herrn und des Heils immer wieder eingequalmt hat und die er da zur Unehre Gottes und zum Unheil des Menschen immer wieder über das ganze Feld verbreitet? Ist sie im Blick auf Jesus Christus gewiß nicht ernst zu nehmen, so ist sie im Blick auf uns, die Menschen, und doch wohl vor allem im Blick auf uns, die Christen dieser Zeit, sehr ernst zu nehmen: des Menschen Lüge, in der er es fertig bringt (oder fertig zu bringen meint und versucht), die Wahrheit durch die Wahrheit, den wahrhaftigen Zeugen dadurch zum Schweigen zu bringen, daß er ihn patronisierend, interpretierend, domestizierend, akklimatisierend, akkomodierend und leise, aber bestimmt und folgenreich korrigierend in seine Mitte nimmt, ausgerechnet seine Fahne entfaltet, ausgerechnet ihn zu seinem eigenen Helden, Vorbild und Symbol erhebt.

Rebus sic stantibus wird man also darauf gefaßt sein müssen, des Menschen Lüge in höchst ernsthafter, höchst respektabler, höchst weihevoller, weil höchst christlicher Gestalt in Erscheinung treten zu sehen – und umgekehrt: es da, wo Ernsthaftigkeit, Respektabilität und Weihe, wo das Christliche etwa besonders dicht und eindrucksvoll in Erscheinung treten sollte, mit dem Menschen der Lüge zu tun zu haben. Man bedenke, daß sie als Un-Wahrheit die Wahrheit an sich genommen, geschluckt, nach Vermögen verdaut und in sich hat – sicher als verkehrte und ihrer Verkehrung notwendig widerstehende Wahrheit zu ihrem Gericht und endlichen Verderben, aber eben doch in sich hat und von daher nicht ohne die Kraft eines gewissen fahlen Glanzes sein kann. Die richtige, saftige Lüge duftet immer nach Wahrheit. Es gibt Erscheinungen der Lüge, in denen sie von Wahrheit (in Gestalt von lauter Richtigkeiten) geradezu strotzt, denen gegenüber man sich, meint man sie als Lüge zu erkennen und ansprechen zu sollen, wohl als ein wahrer Herostrat vorkommen, sich wohl besorgt fragen muß, ob man nicht selber der Lügner, ein Lästerer des Heiligen und der Heiligen sein möchte? Ihr Gesicht ist eben keineswegs eine Fratze, durch die man sofort und leicht vor ihrer Gefährlichkeit, ja Schrecklichkeit, vor der hinter ihr drohenden ewigen Verdammnis gewarnt wäre. Wo sie sich durch eine solche Fratze verrät, da ist sie noch oder schon wieder eine primitive, eine kümmerliche Angelegenheit. Die richtige saftige Lüge trägt ein von Gerechtigkeit und Heiligkeit, von Weisheit, Überlegenheit und Umsicht, auch von Eifer, Strenge und Energie, übrigens auch von Geduld, Gottes- und Menschenliebe geradezu strahlendes Gesicht. Der zünftige «Großinquisitor», der «Anti-Christus», der seine böse Sache gut macht, und so der Mensch der Sünde in der Vollkraft seines Werkes ist eine sympathische, eine ernstlich einleuchtende und überzeugende Figur, die (mit so tief unsympathischen Gesellen wie Hitler,

Mussolini oder Stalin gewiß nicht zu verwechseln!) wohl damit rechnen darf, bei allen Gutgesinnten Beifall und Nachfolge zu finden. Und es ist eben sein (freilich perverses) Verhältnis zur Wahrheit, sein Aufmarsch in einer Rüstung, die der «Waffenrüstung Gottes» von Eph. 6,11 f. zum Verwechseln ähnlich sieht, was ihn so sympathisch, so einleuchtend, so überzeugend macht. Es hat also seinen guten Grund, daß sein Gaukelspiel so großen Erfolg hat, scheinbar sehr viel größeren Erfolg als die Prophetie Jesu Christi selbst, die er nachahmt, um sich ihrer um so sicherer zu entledigen. Die kurzen Beine der Lüge tragen sie, weil sie zweifellos kräftige Beine sind, weit, sehr weit! Wie soll man sie – wer wird sie von der Wahrheit unterscheiden können?

Sie selbst unterscheidet sich natürlich nicht von ihr: sie wird sich wohl hüten, sich selbst als Lüge zu kennzeichnen; ihr ganzes Bemühen geht doch dahin, sich als solche zu verhüllen, das, worauf sie hinaus will, unkenntlich zu machen. Und wer sie etwa von uns, die wir doch Alle auch im besten Fall auch noch Menschen der Sünde sind, von sich aus von der Wahrheit unterscheiden zu können meint, der sehe zu, daß er sich nicht irre: ihr gegenüber vielleicht doch nur eine weitere Gestalt der Lüge als Wahrheit ausgebe, proklamiere und vertrete! Weil und indem vor diesem Irrtum kein Mensch, auch kein Christ – gerade kein Christ! – sofern er sie von sich aus, auf eigene Faust von der Wahrheit unterscheiden möchte, gefeit ist, darum ist des Menschen Lüge – wir sind zunächst Alle ihre Opfer und ihre Täter – ernst, sehr ernst zu nehmen. Die Wahrheit selbst aber, Jesus Christus als der wahrhaftige Zeuge, unterscheidet die Lüge unfehlbar von der Wahrheit. Genau an dem Punkt, wo sie entsteht, wo jenes Gaukelspiel seinen Anfang nimmt, und also genau in der dem Menschen der Sünde widerfahrenden Begegnung mit Jesus Christus, wird und ist sie als Lüge, als Verkehrung der Wahrheit durchschaut, ist die Schrecklichkeit, ja Entsetzlichkeit dessen, was der Mensch der Sünde da als seine Höchstleistung zustandebringen möchte, ist aber auch die Ohnmacht dieses seines Unternehmens aufgedeckt und bloßgestellt. Jesus Christus ist und wird ja nimmermehr identisch mit der Figur, die der Mensch der Sünde unter diesem Namen unter seiner Gönnerschaft und Advokatur auftreten und agieren läßt. Er läßt sich durch das Ja, mit dem er ihn, um ihn um so sicherer zu verneinen, begrüßt, nicht fangen. Er entzieht sich seinem Zugriff, indem er geschieht, und überläßt es ihm, mit seinem Schatten, vielmehr: mit der Karikatur seines Schattens, auszurichten, was damit auszurichten ist. Was er auch bei uns ausrichte: Jesus Christus selbst läßt sich dadurch nicht meistern, nicht über sich verfügen. Er wird durch des Menschen Lüge nicht der, für den sie ihn halten und ausgeben, als den sie ihn bejubeln, brauchen und benützen möchte: nicht der vom Menschen, dem Lügner, Akzeptierte und interpretierend Zurechtgemachte, nicht der Großinquisitor, nicht der Anti-Christus, nicht der Inhaber des für diesen aufgestellten und ausgeschmückten Gnadenthrones. Er hört diesem ganzen Unternehmen gegenüber nicht auf, er selbst zu sein, sein Werk zu tun, sein Wort zu sprechen. Es hört seine Wahrheit des Menschen Lüge gegenüber nicht auf, von ihr unterschieden, ihr gegenüber selbständig, die Wahrheit zu sein. Daran kann auch die Höchstleistung des Menschen der Sünde nichts ändern. Eben daran, an Jesus Christus selbst, wird sie vielmehr, wenn sie ihre Zeit gehabt und in ihrer Weise benützt haben wird, endlich und zuletzt gänzlich scheitern und zunichte werden müssen. Und daß sie daran sogar schon jetzt im Grunde nur scheitern kann und tatsächlich scheitert, das ist es, was in Jesu Christi letzter Wiederkunft und Offenbarung mit viel Anderem an den Tag kommen wird. Unter und an uns mag die Lüge vorläufig viel ausrichten. Gegenüber Jesus Christus als dem Herrn unserer Zeit kommt sie auf ihren kurzen Beinen nun doch nicht einmal vorläufig auf. Und eben weil und indem er und also die Wahrheit ihr gegenüber selbständig und also die Wahrheit bleibt, behält und übt sie die Kraft, sich selbst von der Lüge, aber auch die Lüge von sich selbst zu unterscheiden, sie also ihres angenommenen und so einnehmenden Gesichtes zu entkleiden, sie als das, was sie ist, als richtige, saftige Lüge, zu kennzeichnen, sie als solche zu verurteilen, aber auch die Grenze ihrer Geltung und Macht und so auch die Grenze ihrer Verderblichkeit sichtbar zu machen. Nicht wir tun das, aber er tut es. Und indem er das tut, indem er ja nicht aufhört, selbst für sich selbst zu sprechen und eben damit die Lüge als das, was sie ist, zu bezeichnen und zu kennzeichnen, braucht es ja für uns bloß dessen, daß wir seine Stimme, sein Wort, hören, uns also durch ihn an den Punkt versetzen lassen, wo die Lüge entsteht und als solche gerichtet wird (wo aber auch der Glaube, die Liebe und die Hoffnung ihren Ursprung haben), um ihres Wesens und ihres Charakters unsererseits gewahr zu werden, um sie von dorther unsererseits in ihrer Verschiedenheit von der Wahrheit, in ihrer Schandbarkeit und Gefährlichkeit, aber auch in ihrer Ohnmacht zu durchschauen und also von der Notwendigkeit, ihre Opfer und Täter werden und sein zu müssen, befreit zu werden. Wir brauchen sie dann, die von ihm nicht ernst genommene, unsererseits auch nicht mehr ernst zu nehmen: weder in Furcht noch in Liebe – oder eben nur in der Weise ernst zu nehmen, daß wir ihr alle Furcht und alle Liebe versagen. Das waren und sind die großen, kritischen Augenblicke in der Geschichte der Zeit zwischen dem Anheben und dem Ziel und Ende der Wiederkunft Jesu Christi, in der Geschichte der christlichen Ära, des Zeitalters des Heiligen Geistes, aber auch in der Geschichte des Lebens der Menschen dieser Zeit, in denen es im Ganzen oder im Einzelnen – nicht durch menschlichen Scharfsinn und Tiefsinn, aber in der Kraft des von Menschen da und dort wieder einmal vernommenen Wortes des wahrhaftigen Zeugen und also in der Kraft des Heiligen Geistes zu gewissen vorläufigen, nämlich der letzten Offenbarung Jesu Christi voranlaufenden und auf sie hinweisenden Entdeckungen des in seiner Einfachheit so herrlichen, so tief beunruhigenden, aber auch so tief tröstlichen Sachverhaltes kommen durfte: daß die Lüge auch in ihrer Höchstform nur eben Lüge, daß ihr ganzer heuchlerischer Wahrheitsglanz fern davon ist, die Wahrheit zu reden. Die Gemeinde Jesu Christi ist beständig, es ist aber auch jeder einzelne Christ beständig gefragt: ob ein solcher kritischer Augenblick nicht eben jetzt vor der Türe stehen oder schon Gegenwart sein möchte?

Wir können uns im Blick auf das, was wir von dem wahrhaftigen Zeugen gehört haben, darüber, worin die Lüge gerade im Verhältnis zu ihm besteht, wenigstens in den Grundzügen sehr wohl Rechenschaft ablegen. Was fürchtet der Mensch, indem ihm Jesus Christus begegnet? Was ist das Bedrängende, das Peinliche der Wahrheit, vor dem er ausweichen möchte, und, da er ihm standhalten muß, nur eben durch Uminterpretation und Umdichtung der Wahrheit in Unwahrheit ausweichen kann? Was soll also in seiner Lüge verschwiegen, verdrängt, eliminiert, in Form einer Bejahung, in der es behandelt und verwandelt wird, verneint werden? Was ist die vom Menschen der Sünde gehaßte, aber nicht aus der Welt zu schaffende Wahrheit, die er in der Lüge als seiner Höchstleistung absorbieren und in Unwahrheit transformieren möchte?

Man setzt hier wohl am besten mit der Feststellung ein: Es handelt sich gleich – in gewissem Sinn sogar ganz und gar – darum, daß ihm die Wahrheit in jener in ihrer Einfachheit und Selbstverständlichkeit so aufregenden Identität mit ihrem Zeugen, Verkündiger, Offenbarer (und umgekehrt: ihr Zeuge in unmittelbarer Identität mit der von ihm bezeugten Wahrheit) begegnet. Die Wahrheit, die er bezeugt, ist die Versöhnung der Welt mit Gott – aber die in ihm selbst geschehene Versöhnung, der Bund zwischen Gott und Mensch – aber der in ihm selbst erfüllte Bund, Gottes rechtfertigende und heiligende Gnade – aber diese als die in ihm selbst wohnende und wirksame, in seiner Gemeinschaft mit dem Menschen und in der Gemeinschaft des Menschen mit ihm lebendige Gnade. Er bezeugt diese Wahrheit, indem er sich selbst bezeugt. Er bezeugt aber diese Wahrheit, indem er sich selbst bezeugt. Man begegnet ihm nicht, ohne sofort dieser Wahrheit zu begegnen. Man begegnet aber auch dieser Wahrheit nicht, ohne sofort Ihm zu begegnen. An dieser Wahrheit an sich und als solcher, sagen wir: an der Idee eines gnädigen Verkehrs Gottes mit dem Menschen, eines dankbaren Verkehrs des Menschen mit Gott wäre nun gewiß nichts Anstößiges. Im Gegenteil: Warum sollte sie nicht als solche annehmbar, glaubwürdig, ja willkommen erscheinen? Und an der Existenz eines außergewöhnlich authentischen Verkündigers dieser Wahrheit wäre auch nichts auszusetzen. Im Gegenteil: wem sollte es nicht recht sein, einem solchen zu begegnen? Es ist aber über alle Maßen peinlich, in der Person dieses Zeugen unmittelbar und also unter Ausschluß jeder Distanzierung und jedes Vorbehaltes mit dieser Wahrheit – und in dieser Wahrheit unmittelbar und also unter Ausschluß jeder Unterscheidung zwischen ihr und seiner Person mit diesem Zeugen konfrontiert zu werden. Dieser Mensch in seiner Identität mit dieser Wahrheit, diese Wahrheit in ihrer Identität mit diesem Menschen – das ist das Ärgerliche, das den Menschen Erschreckende, dem er ausweichen möchte. Darum, weil diese Wahrheit, identisch mit diesem Menschen, einen Griff nach ihm tut, den sie ihm als bloße Idee jenes Verkehrs zwischen Gott und Mensch ersparen würde, und weil dieser Mensch, identisch mit dieser Wahrheit, eine Gewalt über ihn beansprucht, ja schon hat und sofort ausübt, die ihm, wäre er bloß so etwas wie ihre höchste Erscheinung, ihr vortrefflichstes Symbol, nicht eigentümlich wäre – darum möchte er hier ausweichen. Indem dieser Mensch mit der Wahrheit, indem diese Wahrheit mit diesem Menschen identisch ist, wird diese Begegnung mit der Wahrheit und also mit diesem Menschen – wir reden von der Begegnung mit dem Menschen Jesus Christus – zu einer schlechthin ernsthaften, verbindlichen, entscheidenden, ja revolutionären Angelegenheit. Eben darum möchte sich der Mensch der Sünde ihr entziehen. Eben diese Identität möchte er nicht gelten lassen und da er an ihrer Gegebenheit nichts ändern kann, sie uminterpretieren, umdichten in Nicht-Identität. Gelten soll hier die Wahrheit für sich, dort wieder für sich der sie nur eben bezeugende Mensch, die ihm beide in ihrer Trennung nicht zu nahe treten, nicht wehtun, nichts Unangenehmes, keine Entscheidung zumuten können und werden. Gern sagt er hier, und gern sagt er auch dort Ja. Nur eben in ihrer Identität sollen sie nicht gelten. In ihrer Identität verneint er beide. Ihre Identität möchte er verschwiegen, verdrängt, eliminiert haben. Das ist das Werk der Lüge. So, in solcher Aufspaltung ihrer Einheit, behandelt er die Wahrheit und den wahrhaftigen Zeugen. So verwandelt er die Wahrheit in Unwahrheit und den wahrhaftigen Zeugen in einen unwahrhaftigen. So möchte er ihn und sie jedenfalls verwandeln. Denn es braucht kaum gesagt zu werden: die von ihrem wahrhaftigen Zeugen geschiedene Wahrheit, die Idee jenes Verkehrs zwischen Gott und Mensch als solche ist, und wäre sie noch so vollkommen durchgedacht und dargestellt, nicht die Wahrheit. Und es wäre ihr Zeuge, der nur eben ihr Zeuge, ihre Erscheinung, ihr Symbol wäre, und wäre er als solcher noch so laut zu preisen, nicht der wahrhaftige Zeuge. Wo ihre Einheit verworfen wird, da wird mit der Wahrheit auch ihr wahrhaftiger Zeuge und mit diesem auch die Wahrheit verworfen. Das ist es, was der Mensch der Sünde – nicht ohne es in seiner Weise sehr ernst zu meinen, und also nicht ohne frommen Augenaufschlag – zu tun im Begriffe steht.

Der Anstoß, den der Mensch in der Begegnung mit Jesus Christus empfängt und nimmt und mit dessen Beseitigung er in seiner Lüge beschäftigt ist, besteht, unter einem etwas anderen Gesichtswinkel gesehen, darin, daß jener, der wahrhaftige Zeuge, gerade der Mann von Gethsemane und Golgatha und also die Wahrheit gerade die Wahrheit seines Leidens und Sterbens ist. Das charakterisiert ja diesen Zeugen, das unterscheidet ihn von anderen Zeugen und zugleich die von ihm bezeugte Wahrheit von anderen Wahrheiten: er ist auferstanden, lebt, regiert und redet als der, dessen ganzes Werk ihn immer tiefer in den Schatten des Kreuzes hinein führte, dem er entgegenging und das er in Vollendung seines Werkes tatsächlich zu tragen und zu erleiden bekam. Sein königlicher Wille ist seine Bereitschaft, sein Leben, sich selbst nicht zu erhalten sondern hinzugeben. Seine königliche Macht ist die Schwachheit, in der er sich selbst in die harte Hand Gottes und zugleich in die Hände der Menschen fallen ließ. Sein königlicher Schmuck ist die ihm unter Spott und Hohn aufgesetzte Dornenkrone. Sein königliches Wort ist sein Wort vom Kreuz: der Seufzer, mit dem er gestorben ist. So ist er der wahrhaftige Zeuge. Und darin besteht seine, die von ihm bezeugte Wahrheit: daß die Versöhnung der Welt mit Gott geschah, indem er (2. Kor. 5, 21), damit wir in ihm Gerechtigkeit würden, von Gott «zur Sünde gemacht», als die vor ihm unmögliche, ihm unerträgliche Sünde der Welt behandelt, daß er als deren Träger und Vertreter von Gott verworfen und abgetan wurde. Die Wahrheit ist, daß die Heiligung des Namens Gottes, das Kommen seines Reiches, das Geschehen seines Willens, die Erfüllung des Bundes zwischen Gott und Mensch im Vergießen seines Blutes Ereignis wurde. Die Wahrheit ist, daß Gottes uns Menschen rechtfertigende und heiligende Gnade darin ihr Wesen und ihre Erscheinung hatte, daß er (Phil. 2, 8) «sich selbst erniedrigte und gehorsam wurde»: gehorsam zum Erleiden des Verbrechertodes! So, daß, wer ihn heute hört, das Seufzen dieses an unserer Stelle Gerichteten zu hören – wer ihn heute sieht, diesen an unserer Stelle Verurteilten, Ausgestoßenen, Verworfenen zu sehen bekommt! So, daß, wer heute an ihn glaubt, zu realisieren hat, daß er selbst an jene Stelle gehörte! So, daß, wer ihn heute liebt und heute auf ihn hofft, wenigstens sein eigenes sehr viel kleineres Kreuz – als Erinnerung an das, was ihm gebührte und als Zeichen seiner Gemeinschaft mit ihm – zu tragen und zu erleiden aufgefordert ist, zu tragen und zu erleiden nicht umhin können wird! So, daß der schmale Weg des Christen und also in der Zugehörigkeit zu ihm, der durch die enge Pforte seiner Nachfolge führt, für den Menschen nicht mehr und nicht weniger als dies bedeutet, daß er, um sein Leben zu gewinnen, sein Leben verloren geben und wirklich verlieren muß. So ist Jesus Christus der wahrhaftige Zeuge und selber die Wahrheit. In dieser Ärgerlichkeit und in dieser Torheit begegnet er uns: wenn überhaupt, dann so und nicht anders. Das ist es, was in der Begegnung mit ihm niemand übersehen, aber von sich aus auch niemand annehmen kann. Das ist es, was hier – des Menschen Lüge greift ein! – zu verkraften, zu verarbeiten, zu übersetzen, umzuinterpretieren, umzudichten, aus Gottes letztem Wort in ein weniger beschwerliches vorletztes zu verwandeln ist. Sollte sich nicht auch das Kreuz Jesu Christi und das Wort von seinem Kreuz – vielleicht gerade es! – trefflich domestizieren, nostrifizieren lassen? Vielleicht so, daß es aus dem Wort von Seinem Kreuz umgedeutet wird in ein Wort von der Dramatik einer im Menschen selbst sich ereignenden und durch ihn selbst zu vollziehenden Mortifikation, von des Menschen im Erleiden, aber auch in der Überwindung der inneren Spannung seiner Existenz von ihm selbst zu bewerkstelligenden Versöhnung mit Gott, mit dem Mitmenschen und mit sich selber. Vielleicht umgekehrt so, daß ihm als Wort vom Kreuz Christi eine objektive Bedeutung und Wirksamkeit von so magischer Kraft zugeschrieben wird, daß eine sicherere Abschirmung der Wirklichkeit des eigenen Daseins gegen jeden von jenem ausgehenden Anspruch und Angriff gar nicht denkbar wäre. Vielleicht in der Weise, daß ein eigentliches Evangelium Jesu Christi – seine Botschaft von Gott und der Seele, der Seele und ihrem Gott, von Gottes Vatergüte und von der dem Menschen gebotenen Bruderliebe (als eine gute Sache) von seinem Tod unterschieden, dieser aber (auch er in seiner Weise eine gute, große Sache!) als der unerschrockene, das Gewicht und den Glanz jener Botschaft unterstreichende Märtyrertod ihres Überbringers verstanden wird. Vielleicht auch in der Weise, daß sein Leiden und Sterben als eine seine Sendung vorübergehend verdunkelnde, dann aber siegreich verscheuchte Wolke göttlicher Prüfung in Idealkonkurrenz mit dem Werk menschlicher Torheit und Bosheit gedeutet wird. Vielleicht tiefsinniger: als das eine, sicherer Aufhebung entgegengehende, antithetische Element einer Dialektik des Weltgeschehens, auch aller menschlichen Schicksale und Wege oder gar des göttlichen Wesens und Willens selber, an deren Bewegung auch der Mensch Jesus Christus teilzunehmen hatte und in deren exemplarischer Darstellung dann seine eigentliche Bedeutung bestehen dürfte. Vielleicht aber auch einseitiger: als unvergeßliche Markierung des Leidens, des Vergehens, des Todes als solchen als der eigentlichen Substanz der dem Menschen sich eröffnenden und von ihm zu erkennenden Wahrheit. Läßt sich das Alles nicht hören u. zw. wirklich besser hören als das Wort des wahrhaftigen Zeugen und seiner Wahrheit in der echten, in ihrer Urgestalt? Ist es nicht zum Greifen deutlich, wie der Mensch sich in allen derartigen Wendungen des Anstößigen bemächtigen will, um es in ein Unanstößiges zu transponieren – um sich an dem wahrhaftigen Zeugen vorbei einen solchen zu verschaffen, mit dem man sich nicht nur abfinden, sondern einen gewissen Staat machen könnte – um eine Wahrheit hinter seiner Wahrheit zu entdecken, die man sich gefallen lassen, mit der man ohne Erschrecken, ohne Nötigung zu Umkehr und Neuanfang, ohne sich ganz und gar Gott anzubefehlen, leben, weiterleben kann? Vernimmt man da nicht schon – neben allerlei abgründiger und weniger abgründiger, aber annehmbarer, weil leicht eingehender, unverfänglicher Spekulation und Lehre – viel ergriffen, aber letztlich gemächlich, weil in ihrer besonderen Weise schön anzuhörende Passionsmusik? Und sieht man da nicht schon alle die allenfalls in Erschütterung, aber in sicherem Abstand von ihrem Gegenstand zu bewundernden Kreuzigungsbilder, alle die zu betrachtenden, aber nur eben in Andacht zu betrachtenden Altar-, Grab- und Wegkreuze, um nicht zu reden von den von kirchlichen Würdenträgern und christlichen Damen zierlich zu tragenden Kreuzlein – kurz, all die großen und kleinen Verharmlosungen, in deren hemmungsloser Produktion der Mensch es fertig zu bringen meint, gerade den schmalen Weg breit, gerade die enge Pforte weit, gerade das Neue Gottes zu einer menschlichen Übung, gerade sein großes Geheimnis klein zu machen, um es dann eben in dieser Kleinheit für groß auszugeben?

Das Erschreckende in der Begegnung mit Jesus Christus besteht aber, wieder in etwas anderer Sicht, für den Menschen der Sünde, für uns Alle, in großer Konkretion darin, daß es Gottes in der Kraft seines Heiligen Geistes gesprochenes, uns in dieser seiner Kraft nahes, allzu nahe tretendes, uns als seine Hörer, uns als die ihm zum Gehorsam Verbundenen in Anspruch nehmendes Wort ist, mit dem wir es in ihr zu tun bekommen. Das steht ja auch hinter den beiden vorhin angedeuteten Aspekten dieses Erschreckenden. Die in sich geschlossene, nicht aufgespaltene Einheit Gottes ist der Grund und das Geheimnis der uns so aufregenden Identität der Wahrheit, die da gesagt wird, und des Zeugen, der sie uns sagt. Und die revolutionäre, die tötende und lebendig machende Liebe Gottes, die da auf dem Plan und am Werk ist, ist der Grund und das Geheimnis der uns so verdrießlichen Leidens- und Todesgestalt des Zeugen und des Zeugnisses, mit dem wir da konfrontiert werden. Daß Gott da auf den Menschen stößt, der Vater auf sein ihm entfremdetes Kind, der Herr auf seinen entlaufenen Knecht, der ewig Heilige auf den Übertreter, der ewig Barmherzige auf den Elenden, der ewig Lebendige auf ihn, der leben möchte und aus sich, ohne ihn, nicht leben kann – und in dem Allem der allmächtige Schöpfer auf sein von ihm aus dem Nichts ins Sein gerufenes Geschöpf – das bestimmt die Ordnung, den Charakter und Verlauf dieser Begegnung. In ihr wird dem Menschen das gesagt, was Gott, nur er, ihm zu sagen hat – und wird es ihm so gesagt, wie Gott es ihm sagen will und wie nur er es ihm sagen kann. Und es darf und muß der Mensch in ihr hören, wie Gott (so nur er) zu hören ist, ihm antworten, wie er Gott (so nur ihm) zu antworten hat. Es geht da um das Eine, Einzige, was von Gottes Seite dem Menschen gegenüber in Frage kommen kann, nämlich um seine Gnade und ihr Gebot, und wiederum um das Eine, Einzige, was von des Menschen Seite Gott gegenüber in Frage kommen kann, nämlich um seinen Dank und darum um seinen Gehorsam. Es geht um das Werk und Ereignis der Gemeinschaft, die von Gottes Seite gerade nur in der Gabe seines Heiligen Geistes und von des Menschen Seite gerade nur im Empfang dieser Gabe und also in der entschlossenen und tätigen Umkehr des verlorenen Sohnes stattfinden kann. Davor erschrecken wir. Wir möchten weder so schlicht und selbstverständlich der verlorene Sohn sein, noch so einfach und ohne weiteres umzukehren haben. Wir möchten es nicht mit dem Heiligen Geist zu tun bekommen: mit seiner Gabe nicht und mit seinem Empfang erst recht nicht. Beides erscheint uns nämlich als absurd: als ein nicht zu erwartendes Wunder auf der einen und als eine nicht anzunehmende Zumutung auf der andern Seite. Eben weil wir das dahinter wittern, ist uns ja schon die Identität des Zeugen und seines Zeugnisses so befremdlich, das Wort vom Kreuz so ärgerlich. Eben das möchten wir also anders haben. Daß es sich darum handelt, daran können wir freilich auch nichts ändern. Und da muß nun wieder die Lüge eingreifen und helfen. Eben diese Ordnung, dieser Charakter, dieser Verlauf unserer Begegnung mit Jesus Christus muß, koste es, was es wolle, umgedeutet und so weggedeutet werden. Was dazu geschehen muß, ist vor allem dies, daß der Sinn dieser Begegnung als ein Zusammentreffen zweier – u. zw. zweier von Haus aus und unaufhebbar ungleicher Partner, nämlich Gottes und des Menschen, zwar nicht einfach zu leugnen, aber tunlichst zu verdunkeln, durch die weniger beunruhigende Vorstellung eines kontinuierlichen Zusammenseins beider zu ersetzen ist. Sie soll, statt als eine Geschichte mit einem ihr eigentümlichen Anfang, Fortgang und Ziel als der (freilich wenigstens vorläufig differenzierte) objektiv-subjektive Sachverhalt eines (freilich wenigstens vorläufig ziemlich bewegten, aber stetigen und in seiner Stetigkeit überschaubaren) Korrelations-Verhältnisses zwischen Gott und Mensch verstanden werden. Dabei wird es aber, damit es zu der gewünschten Beruhigung komme, nicht bleiben können. Der Unterschied zwischen den beiden Partnern muß, ohne ihn gerade in Abrede zu stellen, möglichst ins Fließen gebracht werden: Gott muß dem Menschen, der Mensch muß Gott möglichst angenähert und ähnlich gemacht werden. Schon dazu wird zunächst der Unterschied zwischen dem wahrhaftigen Zeugen Jesus Christus und den andern Menschen, in welchem der zwischen Gott und Mensch sich gar zu deutlich aufdrängt, zu relativieren, wird «Christus» als eine Art Idealtyp des Menschen überhaupt, der Mensch überhaupt als ein potentieller «Christus» zu verstehen sein. Damit bekommt dann aber auch die von ihm bezeugte Wahrheit den Charakter eines im Grunde jedem Menschen schon Bekannten, von ihm schon Gewußten, ihm nur in Erinnerung zu Bringenden, kann von ihr als von einem dem Menschen im Charakter von Offenbarung zu sagenden Wort, das er noch nicht gehört, dessen er sich auch nicht zu erinnern vermag, nur noch uneigentlich, d. h. aber eigentlich nicht mehr gesprochen werden. Wie sollte der in sich vielleicht lebhaft bewegte Zustand, in den sich, was zuvor Begegnung war, jetzt umgesetzt hat, nicht objektiv als ein Akt des Lebens Gottes beschrieben werden können? Aber warum nicht ebenso gut subjektiv als der innerste, der geistige, der religiöse, der ethische, der existentielle Akt des Menschenlebens? «Gott» und «Mensch» werden ambivalent. Vater und Kind? Herr und Knecht? Der Heilige und unsere Sünde? Der Barmherzige und unser Elend? Der Schöpfer und wir als sein Geschöpf? Gnade und Dankbarkeit? Gebot und Gehorsam? Ja – aber sind das nicht Vorstellungsweisen, vergleichbar den zwei Brennpunkten einer Ellipse, die sich als solche in unaufhaltsamer Annäherung an den Mittelpunkt eines Kreises befinden, in welchem ihre Verschiedenheit und mit ihr auch je ihre Eigentümlichkeit endlich und zuletzt zum Verschwinden kommen müssen, in welchem dann auch die innere Bewegung in jenem Zustand zum Erlöschen kommen, der Akt Gottes oder des Menschen gar kein Akt mehr sein wird? Warum sollte unter der Gemeinschaft zwischen dem redenden Gott und dem hörenden Menschen in der Gabe und im Empfang des Heiligen Geistes nicht eben diese relative, fließende, von beiden Seiten gesehen vorläufige Verschiedenheit, aber auch Zusammengehörigkeit der beiden Brennpunkte – und unter dem Heiligen Geist im besonderen nicht die treibende Kraft des Prozesses zu verstehen sein, in welchem diese Brennpunkte ihrer gemeinsamen Mitte und also über ihre Zusammengehörigkeit hinaus ihrem Zusammenschmelzen und also der Aufhebung ihrer Verschiedenheiten und Eigentümlichkeiten entgegeneilen? Eben diese Aufhebung der Unterschiede, oder positiv gesagt: eben die selige Vereinigung von Oben und Unten, Dort und Hier, Gott und Mensch – eben der Punkt, wo Gott aus keiner Distanz her mehr redet, der Mensch in keiner Distanz mehr zu hören hat, in der Gott nichts mehr zu geben und der Mensch nichts mehr zu empfangen hat, wo mit ihrem Gespräch auch ihre gemeinsame Geschichte aus ist, wo Versöhnung, Bund, Gnade und der in ihr handelnde und sie bezeugende Jesus Christus auch als Chiffren Vorstellungen und Bilder entbehrlich werden, wo das Gebet schließlich auch als Selbstgespräch überflüssig wird – eben dieser Punkt ist die Vision und das Telos, im Blick auf das der Mensch – man sieht hier besonders deutlich: nicht in frontalem Streit gegen die Wahrheit, sondern indem er sie sich wunderbar zu eigen macht – lügt und mit seiner Lüge der Gefahr, in der er sich in der Begegnung mit Jesus Christus befindet, zu entrinnen hofft und versucht. Der praktischen Verhaltungsweisen, in denen, und der gedanklichen Manipulationen, mit denen er diesen Versuch unternimmt, sind viele. Wir haben sie jetzt etwas schematisierend zusammengefaßt. Der Plan und die Energie, mit der da gearbeitet wird, und das, was dabei vorläufig herauszukommen scheint: die Befriedung des in jener Begegnung aufgestörten Menschen, sind immer und überall dieselben. Und in irgendeinem früheren oder späteren Stadium sind wir alle – aktiv und passiv – an dieser Nostrifizierung der Wahrheit und ihres Zeugen und so am Triumph der Lüge beteiligt.

Es kann und muß aber schließlich alles, was über das den Menschen der Sünde in seiner Begegnung mit Jesus Christus, dem wahrhaftigen Zeugen, Erschreckende und also von ihm Wegzulügende zu sagen ist, auf einen Nenner gebracht werden: es geht um die Freiheit. Als der Freie sondergleichen tritt Gott ihm da gegenüber, und seine eigene Befreiung durch den freien Gott und für ihn, in der er in seiner Art ebenfalls ein Freier sondergleichen werden soll, ist das, was ihm da widerfahren will und das sich gefallen zu lassen ihm da zugemutet wird. Als sein, des Menschen Gott – als sein ihn liebender, die Fülle alles Guten ihm erschließender Vater und Herr, Freund und Helfer – gibt Gott sich ihm da zu erkennen, aber gerade als solcher in völliger Unabhängigkeit von allen von ihm selbst verschiedenen Voraussetzungen, physischen und moralischen Prinzipien, Gesetzen, Kriterien und Maßstäben, oder positiv: völlig er selbst als die Voraussetzung aller Voraussetzungen, er selbst als das Gute und so als die Quelle und das Maß alles Guten: er in seiner Selbstbestimmung und also in seiner Freiheit. In der Freiheit seiner Liebe, aber in seiner Freiheit! Daher jene Identität des Zeugen und der von ihm bezeugten Wahrheit, durch die es dem Menschen *a limine* verwehrt wird, einen Ort zu beziehen, von dem aus sinnvolle Einwände oder auch nur Vorbehalte dem Zeugen und seinem Zeugnis gegenüber möglich werden könnten. Darum das Wort vom Kreuz als die Gestalt des Zeugen und seines Zeugnisses, hinter die und über die hinaus der Mensch auf keine anderen rekurrieren kann, durch die er unmittelbar auf die allein rettende Gnade Gottes als des Herrn über Leben und Tod hingewiesen und gestoßen ist. Daher die unaufhebbar differenzierte Beziehung zwischen Gottes Reden und des Menschen Hören und Verantwortung, zwischen der Gabe und dem Empfang des Heiligen Geistes als die Gemeinschaft, in die Gott mit dem Menschen tritt, in die der Mensch von Gott aufgenommen wird. In der Begegnung mit Jesus Christus geschieht unter allen diesen Gesichtspunkten ein schlechthin souveräner Griff Gottes nach dem Menschen. Er ist souverän darin, daß dem Menschen dabei kein Raum gelassen wird, Gott von irgendeiner Position aus zu begegnen, die nicht identisch wäre mit der Position, die Gott selbst eben jetzt durch sein Wort und seinen Geist in ihm setzt und befestigt. Er ist darin souverän, daß er dem Menschen keine normative Vorstellung vom Guten, von Wahrheit, Recht, Liebe, Heil, Wohlsein, Frieden läßt, mit der ausgerüstet er ihm gegenübertreten, mit Hilfe derer er ihn überblicken, ihn (zustimmend oder ablehnend) beurteilen, sich mit ihm «auseinandersetzen», seinerseits nach ihm greifen oder sich ihm entziehen, für oder gegen ihn Partei ergreifen und argumentieren könnte. Er hat es mit dem gänzlich sich selbst bestimmenden, so auch über den konkreten Inhalt aller jener Vorstellungen verfügenden und so allein normativen Gott zu tun: mit seiner Liebe, aber mit seiner Liebe. Er hat sich in seinem Denken über ihn und in seinem daraus folgenden Verhalten zu ihm nach seinem sich ihm in seiner Offenbarung eröffnenden Walten, Bestimmen und Verfügen zu richten. Er hat in seinem eigenen Entscheiden den Entscheidungen zu folgen, in denen ihm Gott über sich selbst und damit auch über ihn Bescheid sagt und Weisung gibt. Er hat sich frei an diesen seinen freien Gott zu halten. F r e i ! Der souveräne Griff Gottes nach dem Menschen ist keine Gewalttat zur Herbeiführung eines *sacrificium intellectus et voluntatis*. Er erweckt und begründet vielmehr den *intellectus* und die *voluntas fidei*. Es geht um des Menschen Entscheidung und also F r e i h e i t in der Nachfolge des freien Gottes im Gehorsam gegen dessen Entscheidungen. Das in der Begegnung mit Jesus Christus wirksame und sichtbare Interesse Gottes ist sein Interesse an einem seinerseits zu befreienden Menschen, nicht das an einer Puppe oder Schachfigur! Zu einem Freien kann sich der Mensch nicht selber bestimmen und machen. Eben dazu wird er aber von Gott bestimmt und gemacht. Eben als der Freie, der er ohne Gott nicht ist noch sein kann, soll er durch Gottes Wort und Geist neu geboren werden: zur Freiheit und also Selbstbestimmung – zu derjenigen nämlich, die ihm als dem verantwortlichen Genossen des Bundes mit dem freien, sich selbst bestimmenden Gott, als seinem Geschöpf, als dem von ihm Geliebten zukommt. Es ist die Freiheit des dem freien Gott Gehörigen und durch ihn Befreiten, die ihm da geschenkt, eben damit aber auch zugemutet wird. Lösung von allen sowohl Gott wie ihn selbst bedingenden und begrenzenden Voraussetzungen, Lösung von allem willkürlichen eigenen Voraussetzen und eben damit von sich selbst bedeutet des Menschen Freiheit, und positiv: Lockerung und Beweglichkeit gegenüber dem Bescheid und der Weisung, die er von dem bekommt, der ihm seine Freiheit gibt und zumutet – Mut und Freudigkeit, von ihr den allein möglichen und sinnvollen, weil ihrem Wesen allein entsprechenden Gebrauch zu machen – den Gebrauch, der, indem sie ihm von dem freien Gott gegeben und zugemutet ist, allein in Frage kommen kann. Es handelt sich um die Freiheit seines Bundesgenossen, seines Geschöpfs, seines Kindes, seines Knechtes, des von ihm Erwählten: um die Freiheit, ihn als sein Erwählter wieder zu erwählen, um die Freiheit in der Verantwortlichkeit ihm gegenüber.

Vor diesem freien Gott und vor seiner eigenen Befreiung durch und für ihn e r s c h r i c k t der Mensch der Sünde. Was für ein Sturmwind will da alle Sicherungen, Stützen und Geländer, an die er sich im Blick auf Gott wie im Blick auf sich selbst klammern möchte, und damit alle Vorbehalte und Einwendungen, alle seine Versuche sich von Gott zu distanzieren, sich selbst ihm gegenüber zu behaupten und Raum zu schaffen, hinwegfegen! In was für eine Höhe eines Seins vor und mit Gott soll er da versetzt werden und in was für einer dünnen Luft soll er da droben atmen lernen, wo es nur darum gehen kann, befreit durch den freien Gott ein freier Mensch zu sein! Die Umschreibung, Übersetzung und Umdeutung, die da helfen könnte, legt sich nahe.

Es muß doch zunächst allgemein möglich sein, das Ereignis der in der Begegnung mit Jesus Christus stattfindenden Konfrontierung des zu befreienden Menschen mit dem freien Gott als solches zu systematisieren, d. h. seinen Sinn über diese Konfrontierung als solche hinweg in einer Zusammenordnung, einem System zweier Wesenheiten, einer göttlichen, unendlichen, absoluten und einer menschlichen, endlichen, relativen zu suchen: in einer Zusammenordnung, die durch die Verwandtschaft oder gar Gleichheit des Seins der einen mit der andern durch ein beiden überlegenes, beide zusammenfassendes Prinzip begründet und erhalten wäre. Die Freiheit Gottes und des Menschen reduzierte sich dann auf die natürlich nicht zu bestreitende Kontingenz ihres faktischen Zusammenseins in dieser Ordnung. Das Aufeinandertreffen des freien Gottes und des zu befreienden Menschen wäre dann zum vornherein neutralisiert, abgemildert und gedämpft durch die Ordnung, in der sie ja schon zum vornherein beieinander sind, durch das diese Ordnung begründende und beherrschende Prinzip, laut dessen das Unendliche nicht weniger auf das Endliche, das Absolute nicht weniger auf das Relative und also Gott nicht weniger auf den Menschen angewiesen ist wie umgekehrt. Ein eigentlich so zu nennendes Geben und Empfangen, Zumuten und Gehorchen könnte es in ihr nicht geben. Entscheidende Bedeutung, den Charakter einer Befreiung des Menschen durch und für den freien Gott könnte des Menschen Konfrontierung mit ihm in dieser Ordnung unter der Herrschaft jenes Prinzips nicht haben. Es könnte in ihr letztlich nichts geschehen: kein Altes versinken, kein Neues heraufkommen. Diese Eliminierung der Freiheit Gottes und des Menschen, diese Entkräftung und Entspannung der Konfrontierung des Menschen mit Gott durch die Vorstellung einer sie beide überhöhenden und übergreifenden Ordnung ist, allgemein gesagt, die Erleichterung, auf die es die Lüge des Menschen der Sünde abgesehen hat.

Im Einzelnen wird dann zunächst die Freiheit Gottes zu transponieren sein in eine – ja nicht zu leugnende, sondern angelegentlich und laut zu beteuernde – Vorgegebenheit und Maßgeblichkeit eines höchsten und insofern göttlichen Wesens. Es ist ein solches Wesen, das sich *via eminentiae* als der Inbegriff aller menschlichen Entwürfe des Guten, Wahren und Schönen, der Liebe, Gerechtigkeit und Weisheit, ausgestattet mit räumlicher und zeitlicher Unendlichkeit und mit der Macht über alles räumlich-zeitliche und also endliche Sein und Geschehen denken und verstehen läßt. Und es ist ein solches Wesen, das *via negationis* als der Inbegriff der Grenze und Überbietung alles endlichen Seins und Geschehens zu erkennen ist: als Inbegriff eines dem Sein aller andern Wesen gegenüber unabhängigen Seins: als Inbegriff eines unserem am

Endlichen orientierten und also selber endlichen Erkennen nur eben in seiner Unerkennbarkeit Erkennbaren. Man betone die Vorgegebenheit und Maßgeblichkeit und also die Hoheit dieses höchsten Wesens noch so stark: mit der Freiheit Gottes hat sie offenbar darum nichts zu tun, weil sie als die Hoheit dieses Wesens durch die positiven und negativen Voraussetzungen begrenzt und eingeschränkt ist, mit Hilfe derer der Mensch es zu bestimmen versucht. Von Gott als einem sich in seinem Wesen und in allen seinen Eigenschaften selbst bestimmenden Subjekt kann im Gehege dieser Begrifflichkeit keine Rede sein. Ob man es in diesem *via eminentiae* und *via negationis* entdeckten und bestimmten Wesen überhaupt mit Gott zu tun hat und nicht vielmehr mit dem Idealbild des Seins, der Ordnung, des Geheimnisses der vom Menschen gesehenen und verstandenen Welt und letztlich mit dem Idealbild, in welchem er sein eigenes Sein und dessen Ordnung und Geheimnis zu sehen und zu verstehen versucht? Wer anders als er selbst hätte diesem Bild dann auch seine Vorgegebenheit und Maßgeblichkeit und also seine Hoheit verliehen? Das ist sicher – und eben darauf hat es der Mensch der Sünde abgesehen – daß die Hoheit, die an die Stelle der Freiheit Gottes geschoben, vielleicht auch unter ihrem Namen proklamiert und gepriesen wird, sehr wohl behauptet, auch gedacht, kontempliert und meditiert, wohl auch aufrichtig verehrt werden kann, ohne daß sich damit auch nur das Geringste von der Art jenes souveränen Griffes Gottes nach dem Menschen ereignet. Zu große Ähnlichkeit hat jenes höchste Wesen mit dem höchsten Gehalt menschlichen Welt- und Selbstverständnisses, als daß dem Menschen nicht Raum genug gelassen wäre, mit ihm umzugehen, wie man mit dem freien Gott nicht umgehen kann: sich regelrecht mit ihm «auseinanderzusetzen», ihm bestimmte Züge zuzuschreiben oder auch abzusprechen, es auch in seiner Ganzheit nach Gutfinden zu bejahen oder zu verneinen, seine Existenz zu bekennen oder zu leugnen, vielleicht auch in interessanter Neutralität ihm gegenüber zu verweilen. Eben den Raum dazu – zu dem, was er dann in großer Verkennung Gottes und seiner selbst für seine eigene Freiheit hält – möchte sich der Mensch der Sünde sichern. Und eben zu diesem Zweck, eben in Abwehr des freien Gottes ersinnt er diese feierliche, diese ihn beruhigende, ja einschläfernde Lüge von Gott als jenem höchsten Wesen.

In derselben Absicht kann es aber auch bei der dem Menschen durch den freien Gott zu schenkenden und zuzumutenden Freiheit für ihn nicht sein Bewenden haben. Woher sollte sie auch kommen, wenn Gott kein freier Gott sein darf, jenes souveränen Griffs nach dem Menschen gar nicht fähig ist? An ihre Stelle tritt dann des Menschen Narrenfreiheit, nach unergründlich eigenem Gutfinden dies und das zu tun oder zu lassen, deren vornehmstes und gewaltigstes Werk eben in der Ablehnung des freien Gottes und in der Fabrikation des Ersatzgottes in der Gestalt jenes höchsten Wesens bestehen und die sich eben in diesem Werk als tiefste

Unfreiheit darstellen und charakterisieren wird. Was ist der Mensch? Er ist – er hält sich für das Wesen, das neben viel Anderem und in dessen Vollendung und Krönung in Ausübung seines eigenen Gutfindens, das er für seine Freiheit hält, jener Ablehnung und zu deren Durchführung jener Erfindung fähig ist. Er hält besonders dafür, er befinde sich in der glorreichen Lage, sich unter dem oder jenem Namen, oder auch unter gar keinem, einen Gott auszudenken und zu machen. Kann er das, was wird er dann sonst noch Alles können? Und da er auch sonst so viel kann, wie sollte er nicht auch das können? Kann er sich aber einen Gott ausdenken und machen: wie nahe, wie ähnlich, vielleicht wie gleich muß er dann selber der Gottheit sein! Man bemerke, daß die prometheische Haltung, in der er mit dieser seiner eigenen Gottheit oder doch Gottähnlichkeit geradezu prahlen und also den Göttern geradezu Trotz bieten wollte, eine relativ unbedeutende, weil naive Gestalt seiner Lüge ist. Als Atheist (etwa im Stil des heute im Osten kultivierten Atheismus) hat der Mensch der Sünde noch lange nicht entdeckt, wie er seine böse Sache gut machen müßte. Reif und gefährlich wird die Lüge dann, wenn sie ihr Unternehmen, einen Ersatzgott auf den Plan zu führen, im Bewußtsein und in Behauptung der H o h e i t jenes höchsten Wesens und also in Beteuerung – und damit die Beteuerung Kraft habe, im aufrichtigen Gefühl – der A b h ä n g i g k e i t des Menschen von jenem Wesen und also in tiefer, ernster Ehrfurcht und Demut ihm gegenüber und also gleichzeitig mit dem Bekenntnis der menschlichen Geringfügigkeit vor ihm ins Werk setzt. Dann erst wird ja dieses Unternehmen und sein eingebildetes Ergebnis, der Ersatzgott eigener Erfindung, eindrucksvoll, glaubwürdig und brauchbar zur Abwehr der Drohung einer dem Menschen erst zu schenkenden, dann aber als ihm geschenkte ernstlich zuzumutenden Freiheit. Übt der Mensch das, was er für seine Freiheit halten möchte, gerade in diesem ihrem vornehmsten Werk in der diesem angemessenen «religiösen» Bescheidung und Zurückhaltung, in der Haltung eines um sein Nichtwissen Wissenden, eines im Staub Anbetenden gar – dann darf er das gute Gewissen haben, sich in diesem Werk auf dem besten, weil sachgemäßen Weg zu befinden, dann kann und darf er sich mit Recht verbitten, seine Zirkel durch das Dazwischentreten eines Anderen, des freien, nicht von ihm selbst erfundenen und ausgestatteten und sorglich eingehegten, sondern sich selbst bestimmenden und souverän nach ihm ausgreifenden Gottes verwirren zu lassen, sich einer Befreiung durch ihn und für ihn aussetzen zu müssen. Er hat ja dann schon Alles erfüllt, er hat sich dann ja schon selbst befreit zu dem, was einem ordentlichen Verhältnis zu einem Gott angemessen ist und zugleich zu einem entsprechend ordentlichen Verhalten auch in jeder anderen Hinsicht. Er darf sich dann getrost seinem eigenen Gutfinden anvertrauen. Er darf sich dann auf der ganzen Linie einreden und dabei beruhigen, durchaus nicht gegen, sondern für und mit Gott und so –

warum nicht auch in spezifisch christlicher Aufmachung? – echt und eigentlich Mensch zu sein: nur eben ohne den freien Gott und ohne Befreiung durch ihn und für ihn, nur eben indem er sich selbst, d.h. aber seine Unfreiheit diesem Gott gegenüber behaupten und durchsetzen zu können meint. Wenn es dem Menschen der Sünde gelänge, sein Unternehmen gerade in diesem Punkt, als Abwehr seiner Befreiung durch und für den freien Gott, zum Ziel zu führen (wenn der Kreml und der Vatikan, statt sich zu bestreiten ...!), dann würde er wohl dem wahrhaftigen Zeugen Jesus Christus und seinem Zeugnis gegenüber fast gewonnenes Spiel haben.

Unsere Analyse mag hier abbrechen. Stellen wir zum Schluß fest: Des Menschen Lüge, die wir hier visiert haben, ist nicht einfach identisch mit der Unwahrheit, die in allem menschlichen Unglauben, Aberglauben und Irrglauben am Werk ist. Objektiv geht es gewiß auch in diesen allgemeinen Phänomenen um die künstliche, sich selbst als solche verhüllende und so vermeintlich triumphierende Negation der Wahrheit und insofern um Manifestationen der Lüge des Menschen der Sünde. Aber daß sie das sind, ist eine Feststellung und ein Urteil, das nur in ihrem Vergleich mit der Prophetie Jesu Christi und also von dieser her möglich und berechtigt ist. Sie entstehen und bestehen ja in demselben Raum, in welchem auch er als der wahrhaftige Zeuge auf dem Plan ist. Sie stehen in seinem Licht, und in seinem Lichte wird und ist ihrer aller Wesen als Lüge aufgedeckt und durchschaubar. Man wird aber den menschlichen Unglauben, Aberglauben und Irrglauben da doch nur als sekundäres Phänomen, man wird ihn da doch erst als potentielle, latente Lüge ansprechen dürfen, wo er zwar im selben Raum mit dem Werk Jesu Christi entsteht und Bestand hat und also zweifellos an ihm gemessen ist, wo er aber immerhin nicht in der direkten Begegnung mit ihm, nicht als ein Element der unmittelbaren Geschichte des Menschen mit Jesus Christus Ereignis wird. Noch ist Jesus Christus ja nicht allen Menschen begegnet, noch existiert nicht jeder Mensch in direkter, in unmittelbarer Geschichte mit ihm. Hier erst entdeckt und betätigt sich aber der Mensch der Sünde in seiner Eigentlichkeit. Hier erst wird seine Lüge reif. Hier erst lügt er nicht nur objektiv, sondern auch subjektiv, nicht nur potentiell, sondern aktuell, nicht nur faktisch, sondern bewußt, planmäßig, absichtlich. Hier erst bekommt er ja auch ernstlichen Grund und Anlaß, vor der Wahrheit zu erschrecken, ihr ausweichen zu wollen und, da er das nicht kann, nach jenen Künsten der Lüge zu greifen. Hier erst ist er als Lügner nicht nur schuldig – das ist er auch sonst und zuvor – sondern macht er sich selbst schuldig, ist er auf die Lüge als auf seine verantwortliche Tat, ist er als Einer, der weiß, was er damit tut, anzureden. Hier erst, im christlichen Lügenwerk – und darum war es dieses, das wir hier visiert haben – bekommen und haben wir es mit dem Urphänomen der Lüge zu tun. Hier bekommt freilich Alles, was als Lüge im Menschen der Sünde nicht nur im Verborgenen schlummert, sondern in den Werken seines Unglaubens, Aberglaubens und Irrglaubens objektiv und faktisch deutlich genug an den Tag tritt, zum Ausbruch, zu konzentrierter Wirkung und Offenbarung. Und eben in der Erkenntnis dieses ihres Urphänomens ist dann auch die Einsicht in das lügnerische Wesen alles menschlichen Unglaubens, Aberglaubens und Irrglaubens und dessen angemessene Beurteilung eingeschlossen. Indem diese unvermeidlich wird, wird es auch die Evangelisations- und Missionsaufgabe und -pflicht der christlichen Gemeinde. Diese Beurteilung kann aber auch als Voraussetzung aller christlichen Evangelisation und Mission einzig und allein im Denken und im Munde derer genau, gerecht und kräftig sein, die sich vorbehaltlos darüber klar sind und sich auch dazu bekennen, daß sie selbst die zuerst von ihr Betroffenen sind, daß eben in ihnen, den Christen, des Menschen Unglaube, Aberglaube und Irrglaube und in ihm des Menschen Lüge ihre eigentliche, ihre Urgestalt hat. Sie werden deshalb bei der Feststellung dieser ihrer sekundären Phänomene, wie sie sie bei allen Menschen wahrnehmen, vor allem Hochmut bewahrt, auf alle Fälle keine Steine nach diesen werfen, sondern mit ihnen und so für sie, so legitimiert dazu, ihnen die Wahrheit zu sagen, nach der Rechtfertigung und Heiligung ausschauen, die sie wie jene und sogar als die ersten in ihrer Reihe nötig haben und die sie sich selbst so wenig wie jene selber zusprechen können.

Und nun als zweite Schlußbemerkung doch noch ein Wort zum Phänomen und Problem der gemeinen, der moralischen Lüge. Man versteht sie nicht, man kann ihr auch nicht wirksam widerstehen, wenn man nicht sieht, daß auch sie rund um die hier visierte fromme Lüge herum, als deren Epiphänomen, ihren Ursprung, ihr Unwesen und ihren zeitweiligen Bestand hat. Des Menschen schlimme Werktagslüge wurzelt in seiner schlimmeren Sonntagslüge, seine profane in seiner christlichen Lüge. Indem er in der Begegnung mit Jesus Christus zum Lügner wird, wird er es auf der ganzen Linie. Mit der großen, primären, zentralen Wahrheit und wie sie muß und wird er nach dem Gesetz der kommunizierenden Röhren auch die kleinen, sekundären, peripherischen Wahrheiten fürchten und, da er auch ihnen nicht entfliehen kann, sie, um mit ihnen leben zu können, in Unwahrheiten zu übersetzen und umzudeuten versuchen. Wie er Gott und sich selbst, wie er insbesondere die göttliche und die menschliche Freiheit unter der Hand transformiert in ein Bild, in welchem er, statt einen Meister zu haben, selber der Meister, und statt ein Freier ein Unfreier ist, so auch das, was ihm die geschichtliche Wirklichkeit der Welt und seiner eigenen Stellung und Aufgabe in deren engerem und weiterem Zusammenhang, als nachträgliche und vorläufige Wahrheit zu sagen hat. Die Verschiebung dort zieht die Verschiebung des ganzen Panoramas unaufhaltsam nach sich: was nicht ist, das soll nun auch hier sein, und was ist, soll nun auch hier nicht sein. Ist es nicht so und ist es ein Zufall, daß wohl in keinem geschichtlichen Bereich in so großem Stil und Maßstab auch gemein gelogen worden ist wie in unserer, der christlichen Ära? Warum? Offenkundig darum, weil der Mensch in ihr einer unverhältnismäßig viel stärkeren Beunruhigung und Bedrängnis durch die ihm peinliche Wahrheit Gottes ausgesetzt ist als in allen anderen Bereichen. Unrecht und Elend hat es zu allen Zeiten gegeben und so natürlich auch eine Fülle von kleinem Lug und Betrug im Leben der einzelnen Menschen. Aber wann und wo ist die kritische und hilfreiche Wahrheit, von der, da Gott im Regimente sitzt, in ihrer Weise doch auch die profane menschliche Wirklichkeit menschlich vernehmbar reden kann, in der Öffentlichkeit, in den Lebensäußerungen der großen menschlichen Gemeinschaften so massiv und planvoll durch die Unwahrheit ersetzt worden wie hier, wo eben auch die profane Wirklichkeit nicht nur reden kann, sondern durch die faktische Gegenwart und Aktion Jesu Christi die gedämpfte aber unüberhörbare Stimme eines Echos bekommen hat? Wann und wo haben sich, offenbar in heftigster Abwehr dieser Stimme begriffen, die Gesellschaft, die Wirtschaft, die Staaten, ihre Regierungen und Parteien, die Klassen und Rassen (schon diese beiden Begriffe verdächtigsten Ursprungs!) in der Hervorbringung von immer neuen, immer raffinierteren, immer brillanteren Fiktionen so kräftig in Szene gesetzt wie in der Weltgeschichte *post Christum?* Wann und wo hat es ein solches riesiges Lügenmaul gegeben wie das der sog. «Presse», die heute mit ihrer immer schön oder schwarz färbenden Nachrichtenvermittlung, mit ihren immer im Dienst irgendeines einseitigen Interesses stehenden Deutungen, Insinuationen, Lobpreisungen und Schmähungen, immer zugleich Sklave und Tyrann irgendeiner öffentlichen Meinung, das Wort ist, das uns allen Tag für Tag in den Ohren dröhnt und offenbar in unsere Köpfe, Herzen und Gewissen «gepreßt» werden soll. Alles von getauften und wohl auch mehr oder weniger gläubigen Christen, Alles jedenfalls nicht in einer heidnischen Welt, sondern in naher oder ferner Konfrontierung mit dem Evangelium von Jesus Christus so gewollt und veranstaltet! Und Alles, indem auch die christlichen Kirchen selbst so oder so mitspielen: mindestens in der Weise, daß sie, eine jede von ihrem Ort aus, die von allen jenen Instanzen verbreiteten Fiktionen für bare Münze nehmen und als solche mit ihrem Segen und in erbaulichem Gewand an ihre Glieder und an die übrige Welt weitergeben helfen! Aber eben das mag uns in Erinnerung rufen: ein letzter und eigentlicher christlicher Unwille kann sich darum nicht gegen jene Instanzen und ihre Fiktionen richten, weil das Alles ja im Umkreis der großen, der primären, der zentralen – der frommen Lüge nämlich – geschieht und sogar nur im Umkreis der christlichen Lüge, letztlich durch sie angeregt und in Bewegung gesetzt, als Epiphänomen jenes Urphänomens so geschehen kann. Wer die Lüge dort, in der Mitte, nicht erkennt, der wird sie auch hier, im Umkreis, nicht erkennen. Und wer ihr dort nicht widersteht, wird es hier bestimmt auch nicht tun. Der Zusammenhang ist unzerreißbar. Wieder hat die Christenheit Anlaß, zuerst an ihre eigene Brust zu schlagen, um dann erst fähig zu sein, auch die Lüge der Welt, die gemeine Lüge Lüge zu nennen, auch der profanen Wahrheiten sich ehrlich anzunehmen. In ihr müßte es Licht werden, wenn es in der Welt wenigstens heller werden sollte. Eben in ihr, in dieser Mitte, muß und wird es aber auch noch einmal zur Zerstörung eben der frommen Lüge kommen und also Licht werden: so gewiß der Mensch der Sünde da direkt und unmittelbar mit Jesus Christus konfrontiert ist, dem Zeugen der Wahrheit, dessen Macht er auch in Anwendung seiner größten Künste nicht gewachsen ist. Um das Hellwerden in der Welt, um die Zerstörung der gemeinen Lüge, braucht es uns schließlich doch gerade im Blick auf die in jener Mitte lebendig sprechende Verheißung nicht bange zu sein. Und an dem nötigen Mut im Dienst dieses Hellwerdens und also im Streit auch gegen die gemeine Lüge sollte es dem, der dorthin blickt, schon heute auch nicht fehlen dürfen.

Und nun ein viertes und letztes Mal zum Buche Hiob: jetzt zu Hiobs drei Freunden und Gesprächspartnern: Eliphas von Theman, Bildad von Suah und Zophar von Naama – zu den Reden, mit denen sie Hiob nach jenem siebentägigen teilnehmenden und entsetzten Schweigen (2,13) auf seine Klagen und Anklagen antworten, Belehrung, Trost und Mahnung spenden wollen, offenkundig nicht können, und um deren willen sie (42,7f.) von Jahve hören müssen, daß sein Zorn – nicht gegen den widerspenstigen Kläger und Ankläger Hiob, sondern wider sie entbrannt sei, weil sie im Unterschied zu diesem seinem Knecht nicht recht von ihm, Gott, geredet hätten. Es ist in der neueren Auslegung mit Recht bemerkt worden, daß ihre Intervention Hiob gegenüber so etwas wie eine Fortsetzung, ja Überbietung, ja daß sie erst die Vollgestalt der dem Hiob unter göttlicher Zulassung und Verfügung widerfahrenen satanischen Anfechtung darstellt. Was es in der Bibel mit des Menschen Lüge in ihrer Urform als fromme Lüge auf sich hat, das dokumentieren klassisch diese Freundesreden. Man wird sich bei deren aufmerksamer Lektüre vor allem darüber Rechenschaft geben müssen, wie schwer es doch ist – Jahve selbst und ihm allein kommt das nach dem Schluß des Buches offenbar zu – den wahrhaftigen von den unwahrhaftigen Zeugen und also die Wahrheit von der Lüge zu unterscheiden. Zweifellos gute, ernste, fromme Leute reden da nämlich – sehr im Gegensatz zu den so ungebärdigen, so nahe an Gotteslästerung und Gottesleugnung streifenden Äußerungen Hiobs – zweifellos gute, ernste, fromme, an gewissen Stellen geradezu goldene Worte: zur Verwendung in Unterricht, Seelsorge, Liturgie und Predigt unverhältnismäßig viel geeigneter als die dessen, der schließlich von Gott als sein Knecht bestätigt und als Zeuge seiner Wahrheit anerkannt und sichtbar herausgestellt wird. Man wird ihnen aber auch, wenn man von der klaren Aussage ausgeht, daß sie nicht recht und also unter dem Zorne Gottes von Gott geredet haben, sie also wirklich als Repräsentanten der Lüge zu würdigen versucht, nicht mit einer Härte zu nahe treten dürfen, die mit der heiligen Strenge Gottes, der sie allerdings verfallen scheinen, nun doch nichts zu tun hätte. Zu einem «Gott ich danke dir, daß ich nicht bin wie – diese Pharisäer!» ist da wirklich kein Anlaß. Man übersehe schon das nicht, daß sie als Hiobs, des Gotteszeugen Freunde – als seine sehr problematischen, aber immerhin aufrichtigen, sein Bestes wollenden Freunde eingeführt werden, die, davon daß sie «Agenten des Satans» sind, Hiobs schlimmste Versucher, offenbar keine

Ahnung haben, sondern in guten Treuen – nur leider (das kommt vor!) in guten Treuen das Grundverkehrte und Grundgefährliche! – reden. Man übersehe aber vor allem nicht, daß das abschließende Verhalten Gottes ihnen gegenüber nicht sein Zorn, und sein abschließendes Wort, was sie angeht, nicht jenes Urteil über sie ist, sondern die an sie gerichtete Aufforderung, zu Hiob zu gehen und zur Vermeidung des ihnen drohenden Gerichtes («auf daß ich euch nicht etwas Schlimmes antue» 42,8) ein Brandopfer von sieben Stieren und sieben Widdern zu ihrer Entschuldung darzubringen, und daß Hiobs Fürbitte für sie und die Feststellung, daß Gott diese angenommen habe, das Letzte ist, was (42,9) von ihnen berichtet wird. An dem Urteil über sie und also an der Notwendigkeit, ihre so gut gemeinten und an sich so bestechend vortrefflichen Reden kritisch zu lesen, wird dadurch nichts geändert. Man wird vielmehr sagen müssen, daß das sachliche Urteil über sie gerade dadurch seine höchste Verschärfung bekommt, daß nur eben Opfer und Fürbitte sie vor dem, was ihm eigentlich folgen müßte, was solche Freunde, Denker und Redner eigentlich verdient hätten, bewahren kann. Beides miteinander macht die Freunde Hiobs zu theologisch so interessanten Figuren: daß es so vorzügliche und dem wahrhaftigen Zeugen so freundschaftlich verbundene Leute sind, die sich hier als solche zweifellos der eigentlichen Lüge des Menschen der Sünde schuldig machen – und daß sich nun doch auch unter ihnen nicht etwa wie unter der Rotte Korah die Erde öffnet, um sie zu verschlingen, sondern daß Gottes Geduld und Güte (und das nicht ohne Dazwischentreten des Knechtes, der wahrhaftigen Zeugen Gottes) sich auch ihnen gegenüber bewährt, daß im Ergebnis doch auch sie – ist das nicht ein letzter Erweis des dem Hiob-Buch so eigentümlichen Lobes der göttlichen und der menschlichen Freiheit? – von Gottes tätiger Bereitschaft zur Vergebung der Sünden umschlossen sind. Wir werden im Schlußabschnitt dieses Paragraphen, wenn von des Menschen Verdammnis zu reden sein wird, daran zu denken haben.

Man wird zunächst gelten lassen müssen, daß sich das, was die Freunde Hiobs, um ihn zu belehren und zu bekehren, vortragen, an sich sehr wohl hören läßt. Gerade um des Menschen Lüge würde es sich ja nicht handeln, wenn sie sich in den Reden dieser Männer ohne weiteres greifbar als solche verraten würde. Man kann an ihnen studieren, daß der Mensch der Sünde seine böse Sache tatsächlich sehr viel besser macht, als man es ihm zutrauen möchte. Haben sie Unrecht – und sie haben Unrecht – dann in ihrer eigentümlichen Art, Recht zu haben – genau so, wie ja Hiob umgekehrt Recht hat in seiner eigentümlichen Art, Unrecht zu haben. Man wird also fürs Erste sehen und anerkennen müssen, daß sie – wir können hier ihre Position nur in ihren Umrissen andeuten – Recht haben: in den von ihnen vertretenen theologischen Sätzen und in deren Anwendung zur Beantwortung der Reden Hiobs. Der von allen Dreien besonders nachdrücklich vertretene Satz, daß Gott in seinem Allmachtswalten auf alle Fälle, ob der Mensch es in seiner Konkretion verstehe und gutheiße oder nicht, heilig, gerecht und weise und also unter allen Umständen als Gott zu ehren ist, ist doch wohl ein richtiger und wichtiger Satz. So auch der Satz, daß sein Walten teils verborgen, teils offenkundig – ein Stück weit doch auch offenkundig! – den Charakter eines richterlichen, einem Jeden nach seinen Werken vergeltenden Tuns hat, auf dessen Billigkeit der Fromme hoffen darf, während es den Gottlosen früher oder später zu seinem verdienten Verderben erreichen wird. So auch der fast oder ganz reformatorisch klingende Satz, daß es vor Gott keinen gerechten, keinen reinen Menschen gibt und also keinen, dem es zustände, sich über die Härte dessen, was ihm von Gott widerfahren mag, zu verwundern, zu beklagen oder gar zu entrüsten. So auch die Einschärfung, daß der von solcher Härte Gottes betroffene Mensch am Besten tue, sich erst recht an ihn zu halten, sich von ihm zurecht weisen, seine Zucht sich gefallen zu lassen. So auch die von Eliphas (5,8f., 17f.) sehr eindrucksvoll formulierte Verheißung, daß der Gott, der weh tut, auch verbindet, daß seine Hand, die Wunden schlägt, auch heilt, daß von ihm letztlich Errettung aus aller Not, Erlösung vom Tode, ein herrlicher Ausgang aus aller Trübsal bestimmt zu erwarten ist. So auch die in Ergänzung des Vorigen gegebenen

Hinweise auf die Vergänglichkeit der den leidenden Gerechten so anstößigen Erfolge und Triumphe der Gottlosen. Richtig, sehr richtig sind aber auch die z.T. in ziemlich lebhaftem Ton an Hiob gerichteten Mahnungen: die Höhe der Weisheit Gottes und also die Grenzen seiner menschlichen Einsicht zu bedenken, seinen Klagen und Beschwerden nicht so hemmungslos Lauf zu geben, sich Gott und doch auch ihnen, seinen menschlichen Freunden gegenüber nicht so überheblich, so besserwisserisch, so trotzig auf sich selbst zu stellen, als ob sein Los das Problem aller Probleme und seine wilde Stellungnahme dazu der Schlüssel zu ihrer Lösung wäre, sein vielleicht faktisch doch sehr fragliches Recht nicht so sicher in die Waagschale zu werfen, sich vielmehr – er dürfte das nötig haben! – zu bekehren, um dann als von Gott Gedemütigter Gottes Güte gewiß aufs neue erfahren zu dürfen. Was soll sich eigentlich gegen das Alles einwenden lassen? Es ist ja da kaum ein Satz, der nicht in seiner Weise sinnvoll wäre und der sich nicht durch mehr als eine Parallele aus dem übrigen Alten, aber auch aus dem Neuen Testament stützen ließe – darunter auch mehr als einer, der nicht nur an Besonnenheit und Abgeklärtheit, sondern auch an beachtlichem Tiefgang nichts zu wünschen übrig läßt. Und wird Hiob durch das an ihn ergehende Schlußwort Jahves nicht faktisch ziemlich genau auf den Punkt geführt werden, den Eliphas, Bildad und Zophar offenbar im Auge hatten, auf den sie ihn so eifrig und so erfolglos hinweisen wollten? Wird er sich nicht, indem er sich Jahve gegenüber schuldig bekennt, tatsächlich selbst ziemlich genau an diesen Punkt stellen, nachträglich also auch ihnen Recht geben? Des Menschen Lüge? Haben wir es in diesen drei braven Männern nicht vielmehr mit in ihrer Weise echten Zeugen und in ihren Reden nicht wenigstens mit deutlichen Einzelkundgebungen der Wahrheit zu tun?

Nun weist aber schon die Art, in der Hiob, der Mann, der nach Gottes Urteil recht von ihm geredet hat, auf ihre Reden reagiert, in ganz andere Richtung. Nicht nur, daß er ihnen in der Sache keinen Zoll breit nachgibt, sondern auf der Linie seiner Klage und Anklage bis zu Jahves eigenem Eingreifen ohne zu wanken durchhält. Nicht nur, daß, was er selbst wieder und wieder vorbringt, mit Ausnahme einiger weniger flüchtiger Bezugnahmen überhaupt kein Eingehen auf ihre Darbietungen darstellt, an dem, was sie zu ihm sagen, vielmehr souverän vorbeiredet. Seine Reden sind doch auch durchzogen von Sätzen ausdrücklicher, scharfer und bitterer Ablehnung ihres Zuspruchs. «Fern sei es von mir, daß ich euch recht gebe!» ruft er ihnen 27,5 zu: seine Zunge müßte Trug reden, wollte er das tun. Er vergleicht (6,15 f.) ihre Bemühungen mit einem im Winter vereisten, im Sommer vertrockneten Bach und sich selbst mit einer von fernher anziehenden durstigen Karawane, die da vergeblich Wasser zu finden erwartet hat. Welch ein Hohn: «Wahrhaftig, ja, ihr seid die Rechten, und mit euch wird die Weisheit sterben!» (12,2) und 26,2 f.: «Wie hast du doch aufgeholfen dem Kraftlosen und hast gestärkt den Ohnmächtigen! Wie hast du doch beraten den Unweisen und Tiefsinn in Fülle kundgetan! Wer half dir, solche Worte vorzutragen und wessen Geist hat dich dabei bewegt?» Und was für kategorische Eröffnungen 13,4: «Ihr kleistert mit Lügen, und Pfuschärzte seid ihr Alle!» und 16,2: «Leidige Tröster seid ihr Alle!» und 13,12: «Eure Denksprüche sind Sprüche in Asche, Schilde von Lehm sind eure Schanzen!» Aber das ist nicht Alles! Er findet sich durch ihre Reden nur eben zehnfach geschmäht, beschimpft, mißhandelt, gequält, zerfleischt, zermalmt (19,2 f., 22). Statt sich seiner, des von der Hand Gottes Getroffenen zu erbarmen, reden sie Verkehrtes – für Gott, verteidigen sie Gott – mit Trug, ergreifen sie seine Partei, wollen sie seine Sache gegen ihn führen, verfolgen sie ihn ihrerseits, wie Gott ihn ohnehin verfolgt (13,7 f., 19,21 f.). Und eben von da aus geht er geradezu zur Anklage und Drohung gegen sie über: «Stünde es wohl um euch, wenn er euch erforschte? Oder wollt ihr ihn täuschen, wie man Menschen täuscht? Strenge strafen wird er euch, da hinterhältig seine Partei ergreift. Wird euch, wenn er sich erhebt, nicht Angst erfassen, sein Schrecken jählings auf euch fallen?» (13,9 f.). «Fürchtet für euch selbst das Schwert! denn Zorn kommt über die Schuldigen, auf daß ihr wißt: es gibt noch ein Gericht» (19,29). – Sollten nicht gerade

2. Des Menschen Lüge

die zuletzt angeführten Stellen ein Wink sein zur Beantwortung der Frage nach dem, was es Hiob unmöglich macht, sich auf den sachlichen Inhalt der Reden dieser würdigen Männer auch nur einzulassen, geschweige denn sich durch sie beschwichtigen zu lassen, sie vielmehr so entschlossen, ja erbittert, zurückzuweisen – und damit doch wohl auch zur Beantwortung der Frage nach dem Unrecht, dessen sie zuletzt von Jahve selbst bezichtigt werden?

Schon Hiobs Nichteintreten auf eine sachliche Diskussion als solches weist deutlich daraufhin: er wendet sich nicht gegen den Inhalt ihrer Sätze und Gedankengänge und nicht einmal dagegen, daß diese auch für seinen besonderen Fall relevant sein könnten. Er weiß wohl, daß, was sie ihm vortragen (Bildad hat ihn 8,8 daran erinnert), die Weisheit der Väter ist, und er denkt nach 12,12 nicht daran, sich dieser zu entziehen. Er sagt ihnen denn auch ausdrücklich: ihre Lehre als solche ist es durchaus nicht, was trennend zwischen ihnen und ihm steht. Sie arbeiten mit der auch ihm bekannten, auch von ihm anerkannten Wahrheit: «Auch ich habe Verstand, so gut wie ihr, und bin nicht minder als ihr, und bei wem fände man dergleichen nicht?» (12,3). «Siehe, das Alles hat mein Auge gesehen, mein Ohr gehört und darauf gemerkt. Soviel ihr wisset, weiß ich auch» (13,1f.). «Solches habe ich oft gehört... Auch ich könnte wohl reden wie ihr, wäret ihr nur an meiner Stelle, wollte ich wider euch Worte finden und wollte den Kopf über euch schütteln. Ich wollte euch mit dem Munde trösten und nicht zurückhalten den Trost der Lippen» (16,2f.). Versetzt euch umgekehrt an meine Stelle: «Wendet euch zu mir und entsetzt euch und legt die Hand auf euren Mund!» (21,5). Und darum (offenbar nur darum), weil sie das nicht tun können: «O, daß ihr stille schwieget. Als Weisheit würde es euch angerechnet» (13,5). Also (bekommen wir hier nicht einen weiteren Wink, in welcher Richtung wir zu suchen haben?): die Differenz zwischen ihnen und ihm besteht darin (und offenbar nur darin), daß sie und er sich an ganz verschiedenen Orten befinden. Wäre er, wo sie sind, so könnte er ihnen, angenommen, sie wären dann, wo er ist – den richtigen und wichtigen Zuspruch, den sie ihm jetzt zuwenden, wohl auch erteilen. Er kennt ihn auswendig und hat nichts dagegen, alles dafür. Befänden sie sich aber umgekehrt an seinem Ort oder könnten und würden sie sich an diesen begeben, dann könnte und würde ihnen das, was sie ihm vortragen, so richtig und wichtig es ist, nicht über die Lippen gehen: sie würden dann selbst einsehen, daß es mit dem, wofür er mit seiner Klage und Anklage einsteht, nichts zu tun hat: weder mit deren Recht noch mit deren Unrecht, nichts mit dem Zeugnis, das an seinem Ort abzulegen er nicht unterlassen darf. Nun ist er aber nicht an ihrem, und nun sind sie nicht an seinem Ort. Nun reden sie dort die Wahrheit und nun kann er sie hier als von ihnen ausgesprochene Wahrheit nur als Lüge behandeln und also zurückweisen.

Gehen wir davon aus, daß der Ort, an dem seine Freunde sich befinden – dort sieht sie Hiob und dessen klagt er sie an – gewiß nicht faktisch, aber in ihrer Einbildung der Standpunkt Gottes ist: ein Ort also, der es ihnen nicht nur möglich macht und erlaubt, sondern geradezu gebietet, gegen Hiob – und das nicht nur in einer menschlichen Sache, sondern für Gott, und nicht nur mit menschlicher Autorität, sondern mit göttlicher, weil zusammen mit Gott Partei zu ergreifen. Ihre Darlegungen – an sich unanfechtbar, machten sie sie nur nicht von da aus! – beruhen ja auf der Voraussetzung, daß sie auf Grund der Tradition, in der sie stehen, und auf die sie auch Hiob anreden, aber auch auf Grund ihrer eigenen Erfahrung und Besinnung über Gott Bescheid wissen und nur darauf zurückzugreifen brauchen, um auch in der ihm angemessenen Weise über ihn reden zu können und zu sollen: über sein Wesen – daß er unter allen Umständen weise und gerecht ist – und darüber, daß und inwiefern er diesem seinem Wesen in seinem Tun und Walten treu und also als Gott zu fürchten und zu lieben ist. Gerade in seiner Hoheit und Allmacht, gerade als Elohim-Schaddai und also gerade darin, worin er Hiob so dunkel ist, ist er ihnen ein offenes Buch, aus dem sie ihrem Freund, der offenbar augenblicklich nicht in der Lage ist, selber darin zu lesen, nur vorzulesen brauchen, um mit Recht erwarten zu dürfen, daß er damit die Wahrheit zu hören bekomme, die alle seine Fragen beantworten, die ihn zur Besinnung bringen müsse. Und da er sich ihr verweigert, da er nicht aufhört, eben nach dem zu fragen, worüber sie so bestimmt Bescheid wissen und geben können, halten sie sich für berechtigt und verpflichtet, den ihnen so wohlbekannten Gott gegen seine Klage und Anklage in Schutz zu nehmen, ja unter Berufung auf ihn zum Gegenangriff überzugehen: sich also nicht nur für diesen Gott, sondern mit ihm, und das im wohlverstandenen Interesse Hiobs selbst, in der Strenge und schließlich auch Ungeduld suchender Liebe gegen Hiob einzusetzen. Gegen ihn, weil sie seine Unerschütterlichkeit, seinen offenen Protest ihnen gegenüber mit Recht nur als seine Hartnäckigkeit gegen die von ihnen so klar durchschaute, als Weisheit und Gerechtigkeit verstandene Hoheit und Allmacht Gottes verstehen können: eine Haltung, die sie, ihrerseits für Gott und mit Gott denkend und redend, nur in der Hoffnung sie zu brechen, ablehnen und angreifen können. Und so plagen sie ihn zusätzlich zu dem, was er unter Gottes Hand zu leiden hat, in der schlimmsten Weise, in der ein Mensch den anderen plagen kann: indem sie ihm von Gott her, um Gottes Willen und im Namen Gottes zureden. Man täusche sich nicht – Hiob selbst hat es ja deutlich genug gesagt: irgendwo hinter ihren mit mühsam sich beherrschender Sanftmut vorgetragenen Belehrungen ist das *in maiorem Dei gloriam* zu zelebrierende Autodafé schon vorbereitet! – Schon das ist es, was ihre Reden, mögen sie an sich noch so gehaltvoll sein, zum vornherein disqualifiziert, entmachtet, unglaubwürdig, für Hiob unerträglich macht. Er, der wahrhaftige Zeuge, steht eben nicht neben Gott, sieht ihm eben nicht über die Schulter, meint nicht über ihn Bescheid zu wissen und geben zu können – noch weniger: ihn als Parteigänger und Advokat vertreten und verteidigen zu müssen – zu allerletzt: sich mit dem, was er von ihm weiß, anderen Menschen entgegenwerfen oder damit auch nur sich selbst aufrichten, trösten, helfen zu sollen. Er steht nur eben vor und unter Gott. Er hält darin an ihm fest, ist ihm darin treu, daß er auf die Gefahr hin, sich zu verfehlen, nicht müde wird, ihn zu suchen, nach ihm zu fragen: danach nämlich, inwiefern, in welcher Hoheit und Macht er jetzt, eben jetzt, sein Gott sein möchte. Er schreit nach Gottes Wort, nach seiner neuen Offenbarung, nach seiner seine Geschichte mit ihm weiterführenden Entscheidung. Er kennt Gott als den, der ihn durchschaut, nicht als einen von ihm Durchschauten, als seinen Fürsprecher und Verteidiger, nicht als einen seiner Parteinahme für ihn Bedürftigen. Wer es anders haben will (und Hiobs Freunde wollen es durchaus anders haben), wer vom Standpunkt Gottes her denken und reden zu können meint, der hat, indem er Recht hat, (und Hiobs Freunde haben schon Recht) schwerstes Unrecht, der denkt und redet auch im Gewand der Wahrheit und gerade in ihm die Unwahrheit. Er repräsentiert – nur ein radikaler Orts- und Stellungswechsel könnte daran etwas ändern – was auch zu seinen Gunsten und vielleicht, wie im Falle Hiobs, zu Ungunsten des wahrhaftigen Zeugen zu sagen sein mag, des Menschen Lüge.

Mit diesem ersten Merkmal hängt ein zweites zusammen: die merkwürdige Ungeschichtlichkeit, in der die Freunde über Gott und zu Hiob reden. Sie predigen zeitlose Wahrheiten: Wahrheiten, die irgendeinmal im Kontext der Geschichte Israels als konkrete Worte Gottes und so als echte Wahrheiten aufgeleuchtet waren, im Kontext eines bestimmten Geschehens zwischen Gott und Mensch wohl auch noch wieder und wieder leuchten mochten, abstrahiert davon aber nur in der Weise abgeschnittener Blumen weiterleben und blühen konnten. Sie wollen Hiob, auch wo sie ihn direkt anreden, Deduktionen aus solchen zeitlosen Wahrheiten einreden. Man vergleiche ihre Ausführungen mit den Reden Hiobs selber (man erinnere sich übrigens an die Zusammenhänge, in welchen die von ihnen vorgetragenen Wahrheiten in so vielen Psalmen zu Ehren kommen!): befindet man sich hier mitten im Gedränge der fortgehenden Geschichte des Handelns Jahves mit ihm, ist Alles, was Hiob sagt, ob er Recht oder Unrecht habe, eingetaucht in das Feuer seiner schmerzlichen Begegnung mit ihm, ist da fast jedes Wort bezogen auf die Situation, in die er sich jetzt eben versetzt findet, Schil-

2. Des Menschen Lüge

derung des unbegreiflichen Verhaltens Jahves gegen ihn, Bericht über das, was jetzt eben sein Leiden, sein Jammer, seine Klage, seine Frage, sein Protest jenem gegenüber ist – so befindet man sich dort, in den Reden der Freunde bei aller auch ihnen nicht fehlenden Lebhaftigkeit in der Atmosphäre eines Lehrsaales, in welchem wohl abgewogene und abgeklärte Darlegungen zur Sache – nicht aus der Sache, den dahin nun eben nicht passenden stürmischen Äußerungen Hiobs in etwas verlegener und indignierter Überlegenheit gegenübergestellt werden. Die Freunde reden gewiß in nicht bloß intellektueller, sondern auch emotionaler und moralischer Teilnahme über Gott – und zu Hiob gewiß in aufrichtig betroffener Teilnahme an seinem Geschick und auch an der Aufregung, in der er sich offenbar befindet. Sie reden aber als Leute, die von dem verzweifelten Kampf um die Erkenntnis Gottes, in den Hiob sich durch das, was ihm widerfahren ist, verwickelt findet, gänzlich unberührt sind: gänzlich unberührt von der ihn so bewegenden Spannung zwischen seinem Wissen darum, daß er es – und seinem Nicht-Wissen darum, inwiefern er es in seiner Situation mit Jahve, seinem Gott, zu tun hat. Sie sehen und verstehen offenbar nicht, sie haben kein Sensorium und keine Kategorien für das, was zwischen Gott und diesem Menschen im Tun ist. Sie haben ihm – und das macht Hiob so ungeduldig und widerborstig – gerade nur zu sagen, was man in solchen Fällen (Hiob ist für sie ein Fall, der unter eine ihnen bekannte Regel fällt) in der Gewißheit, damit das Rechte zu treffen, immer und überall sagen kann: daß Gott unbedingt gerecht und weise ist, daß die Frommen ihren Lohn, die Bösen ihre Strafe eines Tages sicher ernten werden, daß übrigens alle Menschen Sünder sind und also auf Sonderbehandlung keinen Anspruch haben usw.! Sie haben ihm offenbar darum nichts Erleuchtenderes und Hilfreicheres zu sagen, sie und Hiob sind offenbar darum an so verschiedenen Orten, daß sie nur aneinander vorbeireden können, weil ihnen die Wirklichkeit und mit ihr die Möglichkeit eines Geschehens zwischen Gott und Mensch wie das, mit dem sie es da zu tun haben, weil ihnen die Geschichtlichkeit der Existenz Gottes und des Menschen schlechterdings fremd ist. Und sie ist ihnen deshalb schlechterdings fremd, weil sie sie nicht wahrhaben wollen, weil sie offenbar ihr eigenes Verhältnis zu Gott auf ihr Wissen und Akzeptieren solcher immer und überall gültiger Sätze über ihn und auf ihr Bemühen beschränken wollen, diese auf ihr eigenes Leben anzuwenden. Eben dazu wollen sie Hiob bekehren, daß er das auch tue. Und eben dagegen sträubt sich Hiob. Was hat ihre Wahrheit mit der Wahrheit Gottes und des Menschen zu tun? Die gilt gerade nicht immer und überall – zu nahe ist sie solch strahlendem «immer und überall» einem finsteren «nie und nirgends»! Die gilt, indem sich Gott und Mensch Auge in Auge, von Mund zu Ohr begegnen. Die gilt als die Wahrheit des Ereignisses ihrer gemeinsamen Geschichte. Die gilt *hic et nunc:* indem es zwischen Gott und Mensch zum Treffen kommt. In den Reden der Freunde und offenbar in ihrer ganzen Theologie ist dieses Treffen nicht vorgesehen, wird vielmehr gerade ihm aus dem Weg gegangen. Sie reden, so ernst sie gemeint sind und klingen, von Wahrheiten, die nichts kosten und darum auch nichts wert sind, die niemand weh und niemand wohl tun (und auch darum so richtig quälende Reden sind), die man nicht zu bekennen, die man nur eben mit den nötigen erbaulichen Schwänzchen und mit der Aufforderung zu schleuniger Bekehrung aufzusagen braucht. Und darum reden sie von Wahrheiten, die zum vornherein von der Unwahrheit umschlungen, wenn nicht verschlungen sind. Darum dokumentieren sie in ihrer ganzen theologischen Vorzüglichkeit des Menschen Lüge, wie sie in seiner Konfrontierung mit dem wahrhaftigen Zeugen zum Vorschein kommt.

Eben als solche verraten sie sich nun auch und besonders in der Umklammerung durch ein stabiles Ordnungsgefüge, in welchem sich die Beziehung zwischen Gott und Mensch bei ihnen darstellt. Welche sonstige Alternative sollte, da ihre Geschichtlichkeit eskamotiert ist, in Frage kommen? Da gibt es als Voraussetzung und Rahmen alles Weiteren eine Allmacht Gottes, mit deren Walten sich der Mensch, sein Geschöpf, unfähig, ihr zu widerstehen und inkompetent zur Beurteilung seines Sinnes, wohl oder übel abfinden muß. Da gibt es aber auch eine Weisheit Gottes, die der Mensch zu bewundern und zu verehren hat, auch wenn seine Einsicht ihren Wegen – wie sollte sie schon? – nicht immer zu folgen vermag. Da gibt es eine Heiligkeit Gottes, so rein und erhaben, daß jeder Mensch, erkennt er sich als an ihr gemessen, zerknirscht seine Fehlbarkeit und seine faktischen Rückstände einsehen und bekennen muß. Da gibt es vor allem einen nicht immer offenkundigen, aber sicher von Gott disponierten und durchgeführten, vom Menschen bestimmt in Rechnung zu setzenden und wohl zu bedenkenden gerechten Zusammenhang und Ausgleich zwischen dessen Frömmigkeit und sonstigem Wohlverhalten und einer ihm von Gott her zustehenden und zukommenden Belohnung einerseits und des Menschen Übertretung, Frevel und Untat und dem ihn als Gottes Strafgericht treffenden Schrecken und Verderben andererseits. Da gibt es also so etwas wie eine von Gott aufgerichtete und überwachte sittliche Weltordnung, eine Weltgeschichte, die als solche auch das Weltgericht ist, in welcher die Schafe zur Rechten, die Böcke zur Linken zu stehen kommen, in deren Verlauf also ein Jeder eben das zu erwarten hat, was er sich in seinem Sein und Tun zuzieht und verdient, in welchem ein Jeder – und eben darin geschieht Gottes guter und gerechter Wille – seines eigenen Glücks und Unglücks Schmied ist. Da darf und soll also Keiner sich für unschuldig halten, Keiner sich dagegen auflehnen, seinen Teil an der gewiß auch ihn nicht ohne Grund treffenden Unbill des Weltgeschehens in Empfang zu nehmen. Da kann und darf aber auch Keiner, der wenigstens als strebend Bemühter ein gutes Gewissen hat, verzagen im Blick auf einen endlich und zuletzt zu erwartenden hellen Ausgang auch seiner Sache. Er prüfe sich aufrichtig hinsichtlich alles dessen, was bestimmt auch er im Verhältnis zu Gott und zu seinen Mitmenschen verkehrt gemacht hat und noch macht! Er kehre um von seinen Wegen, sofern sie böse Wege waren! Er schaffe Ordnung, wo er in Unordnung ist, um von einem neuen Anfang seines Weges her seine Sache besser und in der großen Schule, deren Härte, aber auch Wohltat er wie jeder andere Schüler teilhaftig ist, weitere Fortschritte zu machen, eine Klasse höher zu steigen. So etwa das Gefüge, das in den Reden der Eliphas, Bildad und Zophar erkennbar ist und zu dessen Erkenntnis und praktischer Anerkennung sie Hiob zu gewinnen versuchen. Wer müßte ihnen nicht Beifall geben? Das ist nicht nur Judentum. Das könnte *mutatis mutandis* auch Griechentum, allenfalls auch asiatische oder afrikanische Lebensweisheit sein. Das ist das Gedankengut der Prinzipienlehre, von der weithin auch die christliche Kirche dankbar genug gelebt hat und noch lebt. Die Diskrepanz zwischen Hiob und seinen Freunden aber könnte nicht größer, nicht schärfer sein. Wo bei ihnen ein gewiß sinnvolles System von Gut und Böse, Heil und Unheil, Verfehlung und Wiedergutmachung zum vornherein feststeht, Gott nur als dessen Erfinder, Garant und Exekutor tätig, der Mensch gewissermaßen nur in der Ausfüllung der verschiedenen Kolonnen eines ihm wie Unzähligen seinesgleichen vorgelegten Fragebogens beschäftigt ist, da steht ja bei Hiob ein lebendig handelnder und redender Gott einmalig einem seinerseits einmalig existierenden und ihm verantwortlichen lebendigen Menschen gegenüber. Wo dort alles schon ineinandergefügt ist und jedes Ereignis nur in der konkreten Bestätigung jenes unentrinnbar vorausgesetzten Gefüges bestehen kann, ist hier Alles offen, im Tun, in Bewegung, will Alles – von Gottes konkretem Sein, Handeln und Reden als der Allmächtige, Weise und Gerechte bis hin zu des Menschen ebenso konkreter (guter oder schlechter) Stellungnahme und Verantwortung ihm gegenüber – eben im Ereignis, in den Ereignissen ihrer Begegnung wahr sein, indem es wahr wird, als wahr sich erweist und beweist. Wo es in den Reden der Freunde um Wiederholungen längst bekannter Formeln, um heilige Clichés geht, meldet sich in denen Hiobs das Original zu Wort, ist in ihnen neue Erkenntnis, die Wahrheit selbst in ihrer ganzen Jugendfrische im Durchbruch begriffen. Kein Wunder, daß zwischen ihm und seinen Freunden keine Verständigung, ja nicht einmal ein Gespräch möglich ist. Wirklich nicht zwei Theorien, zwei Meinungen stoßen da aufeinander, zwischen denen es dann wohl zu Bereinigungen und Kompromissen kommen könnte. Auf zwei ganz verschiedenen Ebenen, die sich

2. Des Menschen Lüge

gegenseitig ausschließen, wird hier gedacht und geredet, sodaß auch für die bekannte wunderschöne Ermahnung, daß man «aufeinander hören müsse», hier nun einmal kein Raum ist. Nur das Entweder-Oder bleibt übrig: haben die Freunde Recht, so hat Hiob, indem er sich ihrem Zureden verschließt, ganz und gar Unrecht. Hat aber Hiob Recht, dann sind es die Freunde, die ganz und gar Unrecht haben. Jahve entscheidet dahin, daß er Recht hat, sie aber Unrecht haben: so schwer und total, daß sie gerade nur durch Opfer und Fürbitte vor dem ihnen drohenden Verderben gerettet werden können. Das ist aber das Erschütternde ihres Unrechts, daß es so eindrucksvoll in das Gewand des Rechtes gehüllt ist. Haben sie doch jenes Ordnungsgefüge, das sie als die Wahrheit ausgeben, nicht frei erfunden, sondern aus lauter Fetzen und Trümmern der aus Überlieferung und Erfahrung auch ihnen bekannten Offenbarung und ihrer auch ihnen sich aufdrängenden Erkenntnis zusammengeflickt. Ist es doch als Ganzes wie in allen Einzelheiten ein der Wahrheit überaus ähnliches Gegenbild. Aber etwas Besseres als (mit jenem Ausdruck Hiobs zu reden) Schilde und Schanzen aus Lehm können sie mit den von ihnen geborgten Elementen und Materialien nicht herstellen. Die große Kunst ihres Werkes ist unverkennbar. Wer wäre bis auf diesen Tag nicht immer wieder geneigt, in den Kategorien jenes so gewaltig nach Wahrheit schmeckenden Ordnungsgefüges zu denken und zu reden? Man hat es dann aber mit dem nach jenem Wort Hiobs im Winter gefrorenen, im Sommer vertrockneten Bach zu tun. Die Karawane muß dann durstig, wie sie kam, weiterziehen. Die Aussage des Hiob-Buches ist unzweideutig: wir haben es gerade in diesem Gefüge mit des Menschen Lüge zu tun.

Zwei Faktoren haben nämlich, indem diese Männer vom Standpunkte Gottes her und also geschichtslos und also im Rahmen jenes Ordnungsgefüges denken und reden wollen, in ihren Kundgebungen keinen Raum: der freie Gott nicht und der durch ihn und für ihn befreite Mensch auch nicht. Als der freie Gott des freien Mannes Hiob geht Jahve und als der freie Mann dieses freien Gottes geht Hiob – in dieser göttlichen und menschlichen Freiheit gehen beide in jene Krise hinein, in welcher sein Gott dem Hiob, ohne ihn loszulassen, so unbegreiflich, Hiob seinem Gott, auch er ohne ihn loszulassen, so gram wird. Im Raum und in Betätigung dieser ihrer Freiheit geschieht, was dann geschieht: Gottes hartes Handeln an Hiob und dessen Verelendung, Gottes Schweigen gegen ihn und Hiobs Schreien nach ihm und schließlich Jahves Selbstoffenbarung als die Hiobs Fall abschließende göttliche Entscheidung und Hiobs Erkenntnis. Und das ist es, was die Freunde, die ihm in dieser Krise beistehen wollen, nicht sehen und verstehen können. Sie können ihm darum nicht beistehen, weil ihnen der Sinn und Geschmack sowohl für die göttliche wie für die menschliche Freiheit fehlt, eben damit aber das Entscheidende, das zu einem wahrhaftigen Denken und Reden von Gott und vom Menschen erforderlich wäre. Wie sollten sie da mit Hiob auch nur diskutieren können?

Der Gott, von dem sie reden, tut nichts frei: nichts in unabhängiger, allein durch sein Wählen und Lieben geleiteter und charakterisierter Selbstbestimmung. Er wählt, er liebt überhaupt nicht. Er tut nichts «umsonst», gratis, nach seinem Wohlgefallen. Er hat dem Menschen gegenüber keine Initiative. Er ist ihm zum vornherein so verantwortlich und verpflichtet, wie dieser ihm. Er kann ihm im Guten wie im Bösen nur auf ihn reagieren. Er kann ihm nur – sei es mit Heil oder Unheil, mit Segen oder Fluch – vergelten. Er ist ihm das Eine wie das Andere schuldig. Er untersteht ihm gegenüber einem von ihm selbst verschiedenen Gesetz: eben dem Gesetz der Vergeltung, der Reziprozität des Ausgleichs, des Lohnes und der Strafe. Er ist aber im Grunde auch sein eigener Gefangener. Er existiert nicht als die göttliche Person in deren durch ihr souveränes Sein, Wollen und Tun zu bestimmenden Eigenschaften, sondern als Personifikation und so als Inbegriff bestimmter göttlicher Eigenschaften, in denen er dem Menschen in all seiner Erhabenheit grundsätzlich einsichtig, seiner Nachprüfung zugänglich und bedürftig ist, die er in seinem Sein, Wollen und Tun zu bestätigen und zu bewähren hat und in den Augen, nach der Erfahrung und Einsicht von so frommen und klugen

Männern wie die drei Freunde tatsächlich bestätigt und bewährt. Er ist nicht Jahve und als solcher Elohim-Schaddai, als solcher in je bestimmter und begrenzter Gestalt gerecht, weise und mächtig, als solcher in diesen seinen Eigenschaften wirksam und offenbar. Sondern er ist Elohim-Schaddai, gerecht, weise und mächtig im Allgemeinen, entsprechend dem, was sich der Mensch unter dem Namen der Gottheit, positiv oder kritisch denkend, vorstellen mag, und dann und als solcher (ein Spezialfall seines göttlichen Seins!) auch Jahve, der Herr des Bundes. Nicht souverän, sondern in dieser doppelten (äußeren und inneren) Gebundenheit ist er (angeblich) über dem Menschen, steht er ihm (angeblich) gegenüber. Nur angeblich darum, weil ein solcher unfreier Gott weder wirklich über dem Menschen sein, noch ihm gegenüberstehen kann. Er kann nur in der Unfreiheit eines Mensch-Gottes Gott sein. Für diesen unfreien Gott kann man wohl Partei ergreifen, wie Hiobs Freunde es tun. Von dieses Gottes Geschichtlichkeit kann man, wie sie es wieder tun, wohl abstrahieren, um ihn in seinem eigentlichen, ungeschichtlichen Wesen ehren und lieben zu wollen. Diesen unfreien Gott kann man, wie sie es wieder tun, sehr wohl als Ursprung und Exponenten jenes Ordnungsgefüges, jener Institution gewordenen Wahrheit ausgeben und behandeln: könnte er rufen, dieser unfreie Gott riefe förmlich danach! Eben dieser unfreie Gott ist aber nicht der Gott Hiobs. Wie könnte er auch nur verstehen, was sie sagen, wenn sie von «Gott» reden, geschweige denn, daß er annehmen könnte, was sie ihm im Namen «Gottes» einreden wollen!

Dementsprechend kann er sich aber auch in dem, was sie zu ihm und also über den Gott konfrontierten Menschen sagen, schlechterdings nicht wiedererkennen. Ein von Gott durch Gott befreiter Mensch ist ihnen ein so fremdes oder noch fremderes Wesen als der freie Gott selber. Sie kennen nur den Menschen, der «so frei ist», sich auf den Standpunkt Gottes stellen und also vom Himmel herunter zu Seinesgleichen reden zu wollen. Sie kennen nur den Menschen, der darin frei ist, daß er durch keine zwischen Gott und ihm sich ereignende Geschichte konkret in Anspruch genommen ist. Sie kennen nur den Menschen, der die Freiheit hat, im Rahmen jenes Ordnungsgefüges zu beanspruchen, daß ihm zukomme, was ihm zusteht. Sie kennen nur den für sich selbst freien, d. h. nur den auf sein Heil und auf die Vermeidung seines Unheils, auf Gott nur um dieses seines Zweckes willen und also nicht «umsonst», nicht gratis, nicht um seiner selbst willen bedachten, von ihm im Grunde freien, d.h. an ihm im Grunde nicht interessierten Menschen. Sie kennen ihn nur in der schmählichen Abhängigkeit, der totalen Unfreiheit dieses *Do ut Des*-Verhältnisses. Sie kennen ihn nicht als den, der durch Gott, durch seine Wahl und Liebe eben aus dieser Abhängigkeit befreit ist: dazu befreit, ihn, Gott, nur eben um deswillen wieder zu wählen und zu lieben, weil er Gott, der ihn zuerst erwählende und liebende Gott ist. Weil und indem sie von diesem freien Menschen nichts wissen, nichts wissen wollen, weil er ihnen so ungeheuerlich, oder noch ungeheuerlicher ist als der freie Gott, darum müssen die drei Freunde sich insbesondere über Hiobs beharrliche Beteuerung seiner Unschuld so sehr entsetzen, die ja nichts Anderes ist als eben seine ihm von Gott geschenkte und Gott gegenüber betätigte Freiheit. Und weil es in dieser – in ihr nicht weniger als in der Freiheit Gottes (beide sind ja nicht voneinander zu trennen) – für Hiob ums Ganze geht, darum muß er in ihrer Beteuerung so bis zur Grenze des Ärgerlichen, oder über diese hinaus, beharrlich sein. Die Freiheit Gottes und des Menschen ist die Wahrheit, als deren Zeuge er ihnen gegenübersteht. An ihr nehmen sie Anstoß. An ihr kommen sie zu Fall. Man könnte gewiß nicht sagen, daß sie in ihrem Reden einfach abwesend sei. Sie ist, wie es, wenn es um den Kampf gegen die Wahrheit geht, immer geschieht, verdrängt und ersetzt worden. An ihrer Stelle erscheint jetzt eine Freiheit Gottes, die nur eben auf die allgemeine Vorstellung von seiner unbedingten Macht und Hoheit – und dort eine Freiheit des Menschen, die nur eben darauf hinausläuft, daß ihm jene muntere Fähigkeit zugeschrieben wird, vom Himmel herunter, geschichtslos, im Rahmen jenes Ordnungsgefüges zu denken und zu reden, dazu die Fähigkeit, sich in der Frage seines Heils und Unheils hoffentlich für sein Heil und nicht für sein Unheil und in diesem Kontext (aber nur in ihm!) dann wohl auch für und nicht gegen Gott zu entscheiden. Das eben heißt die Wahrheit in Unwahrheit verwandeln. Und indem das in den Reden der Freunde Hiobs geschieht, ist in ihnen der Lüge – der Lüge des Menschen der Sünde – ein Denkmal sondergleichen errichtet.

Dieses Denkmal ist gewiß nur ein Nebenprodukt der Hiob-Dichtung. Daß sie ihm nur eine beiläufige Aufmerksamkeit zuwendet, geht schon aus dem auffallenden Mangel an Differenzierung und Individualisierung in ihrer Darstellung der drei Männer und ihrer Darlegungen hervor, die sich auch in der Haltung Hiobs ihnen gegenüber spiegelt: einem Mangel, dem man in der Auslegung gelegentlich überklug abhelfen wollte und doch nur künstlich und wenig überzeugend abhelfen konnte. Sie sind, mit der scharf gezeichneten Figur Hiobs zusammengehalten, Nebenfiguren ohne eigentümliche Gesichter und so erscheint auch die Offenbarung der Lüge in ihren nur eben typischen Reden, zusammengehalten mit der höchst einmaligen Offenbarung der Wahrheit in der Führung, Haltung und Äußerung Hiobs, als ein Parergon der Darstellung, auf die es die Dichtung eigentlich abgesehen hat. Immerhin: ein sehr auffallend sichtbar gemachtes Parergon, das als solches nach einer besonderen Beachtung ruft, die ihm in der Auslegung nicht immer zugewendet worden ist: Gerade wo der wahrhaftige Zeuge auf den Plan tritt, da melden sich auch seine problematischen Freunde. Gerade wo die Wahrheit Gottes und des Menschen offenbar wird, da muß auch des Menschen Lüge offenbar werden.

3. DES MENSCHEN VERDAMMNIS

Von des Menschen Fall und Elend ist an den entsprechenden Stellen im ersten und zweiten Teil der Versöhnungslehre die Rede gewesen: von seinem Fall, d.h. davon, daß und wie er in seinem Hochmut die von ihm nicht zu bezahlende, gerade nur im Tode Jesu Christi erledigte Schuld seines Daseins eingeht – von seinem Elend, d.h. davon, daß und wie er sich in seiner Trägheit der von ihm nicht abzuschüttelnden, wieder gerade nur im Tode Jesu Christi überwundenen Sklaverei seines Daseins überliefert. Was des Menschen Lüge als Drohung für ihn mit sich bringt, ja schon in sich schließt, das muß mit einem ungleich schärferen Wort bezeichnet werden: was er mit seiner Lüge wählt und auf sich zieht, ist seine Verdammnis. Verdammnis heißt Verurteiltsein: von Gott verurteilt sein. Der Mensch der Sünde in seiner vollendeten Gestalt als Lügner ist der seiner Verurteilung entgegenlaufende Mensch: Sie ist seine Verurteilung darum, weil er die Wahrheit seiner Errettung aus Schuld und Sklaverei nicht nur nicht gelten lassen, sondern in ihr Gegenteil verkehren will, weil er durchaus von und in der Unwahrheit leben möchte, in die er die Wahrheit zu verwandeln versucht. Sie ist seine Verurteilung dazu, nun wirklich nur noch der in seinem Hochmut hoffnungslos Schuldige und in seiner Trägheit hoffnungslos Versklavte zu sein. Das ist die Drohung, unter die er, indem er lügt, zu stehen kommt, sich selbst stellt: er möchte bei seiner Lüge behaftet, als Lügner ernst genommen, ihm möchte ein Leben von und in der Unwahrheit als das von ihm selbst gewählte Teil beschert und endgültig zugewiesen werden:

ein Leben, das als solches nur eben ein verlorenes Leben sein und heißen könnte. Ein Leben in dieser Verdammnis ist das Schlimme, das den Freunden Hiobs von Jahve allen Ernstes zugedacht ist, das sie mit ihrer Lüge zu ihrer Zukunft erwählt haben. Versuchen wir es, uns darüber klar zu werden, wie der Mensch unter diese Drohung zu stehen kommt und was es mit seiner Situation unter dieser Drohung auf sich hat.

Indem Jesus Christus vollbrachte, was zu vollbringen der Mensch nicht die Freiheit, nicht das Recht und nicht die Macht hat: die Versöhnung der Welt mit Gott und also des Menschen Errettung aus der Schuld und Sklaverei seiner Sünde, seine Rechtfertigung und Heiligung, seine Aufnahme in den Frieden mit Gott als in die Gemeinschaft des Vaters mit seinem Kinde, hat er als der wahre Gottes- und Menschensohn gelebt und ist er als solcher gestorben. Niemand und Nichts kann diese freie Tat der freien Gnade des freien Gottes, in der sich die Geburt eines neuen freien Menschen ereignet hat, ungeschehen oder rückgängig machen. Und im Wort desselben von den Toten auferstandenen, des lebendigen Jesus Christus, in der Macht der Verheißung des Heiligen Geistes geschieht, was in seinem Leben und Tod einmal geschah, weiter, hinein in unsere Zeit: sehr schlicht als die Wahrheit jener Wirklichkeit, als das Licht jenes Lebens, als die Eröffnung, daß es in jener freien Tat Gottes und also in jener Geburt eines freien Menschen damals um uns heute ging, daß sie in unserer Zeit uns angeht, daß wir von unserer in Jesus Christus geschehenen Errettung, mehr noch: von unserer in ihm begründeten Aufnahme in die Gemeinschaft der Kinder Gottes herkommen, daß wir heute und hier in und mit ihm, als durch ihn Gerettete in ihm und durch ihn zu Kindern Gottes Erhobene leben dürfen. Das, diese gute Botschaft, ist die Wahrheit. Eben vor dieser Wahrheit erschrecken wir, indem sie uns begegnet. Warum eigentlich? Wir haben einige Gründe dafür angeführt: uns erschreckt die Identität des Zeugen, der sie ausspricht, seiner Wahrheit mit der uns von ihm eröffneten Wirklichkeit. Uns erschreckt seine Passionsgestalt und also die Schmalheit des Weges, die Enge der Pforte, durch die er uns, damit wir mit ihm seien, gehen heißt. Uns erschreckt das Wunder Gottes und des Heiligen Geistes, dem uns zu anvertrauen wir in dieser Eröffnung eingeladen werden. Uns erschreckt die Freiheit, in der Gott laut dieser Eröffnung für und an uns handelt und zugleich die Freiheit, die er selbst uns in ihr schenkt, aber auch zumutet. Könnten, müßten wir uns nicht aus allen diesen Gründen freuen, statt zu erschrecken? Genug: wir erschrecken, der Mensch der Sünde erschrickt statt sich zu freuen, indem ihm diese Eröffnung gemacht wird. Wie könnte man den Menschen der Sünde erklären, den Grund angeben, dem er seine Existenz verdankt, die Möglichkeit seiner Fortexistenz nach dem, was ihm in Jesus Christus widerfahren ist? Wer von uns wäre in der Lage, sich selbst als den Menschen der Sünde, der auch er ist, als der auch er sich bekennen muß, zu verstehen? Die Sünde ist nun einmal das wesenhaft Unerklärliche und Unverständliche, sie ist *ante* und *post Christum* des Menschen unmögliche und darum keiner Begründung zugängliche Möglichkeit. Es ist nur eben brutal faktisch so: der Mensch der Sünde ex i s t i e r t – so wie er existieren kann – und er als solcher erschrickt vor dem Wort der Wahrheit. Und weil er vor ihm erschrickt, möchte er ihm ausweichen, möchte er es sich aus den Ohren und aus dem Sinn schlagen, möchte er es nicht wahrhaben. Das kann er aber nicht. Die Verheißung des Heiligen Geistes läßt sich durch ihn nicht nur überhaupt, sondern auch für ihn nicht aus der Welt schaffen. Die Begegnung mit ihr ist, ist sie ihm einmal widerfahren, unentrinnbar. Und weil er ihr nicht ausweichen kann, greift er zur Lüge, versucht er, die ihn bedrängende Wahrheit, wie wir sahen – und im Spiegel der Reden der Freunde Hiobs noch einmal sahen – in Unwahrheit zu verwandeln. So kommt er unter die Drohung seiner Verdammnis zu stehen.

Denn indem er das Wort der Wahrheit nicht wahrhaben will, will er seinen Freispruch nicht wahrhaben. Und was ist sein Versuch, die Wahrheit in Unwahrheit zu verwandeln, Anderes, als das wahnsinnige Experiment der Verkehrung seines Freispruchs in dessen Gegenteil, in Verurteilung, in Verdammung? Man muß sich den Vorgang unerbittlich klar machen: So lautet die Verheißung des Geistes, das dem Menschen gesagte Wort des auferstandenen, des lebendigen Jesus Christus, des Propheten der Wahrheit Gottes: Du bist doch gar nicht der Mensch der Sünde, in dessen Figur und Rolle du immer noch auftrittst. Dieser Mensch ist erledigt und überwunden, tot. Dieser Mensch kannst du nicht mehr sein, nicht weil du ihn getötet hättest, aber weil ich das in meinem Leiden und Tod getan habe. Für dich habe ich ja gelebt und bin ich ja gestorben. In mir wurdest und bist du ein anderer, ein vor Gott gerechtfertigter und für ihn geheiligter Mensch: du in mir, dem an deiner Stelle, als dein Heiland, Haupt und Herr existierenden Gottes- und Menschensohn, du als mein Bruder ein Kind Gottes meines Vaters, der durch mich auch als der deinige gehandelt, entschieden und gesprochen hat. Und eben Freiheit ist dir durch mich verschafft, verkündigt und geschenkt: vollkommene Entlassung aus der Schuld, die du in deinem Hochmut auf dich genommen hast, und aus der Sklaverei, in die du dich in deiner Trägheit verkauft hast, und positiv: vorbehaltlose Erlaubnis, schlechterdings zureichende Befähigung zu einem wirklichen, bejahten und bejahenden und also freudigen, zu einem unverlierbaren, weil mit Gott, weil ewig zu lebenden Leben. So lautet das dem Menschen gesagte Wort in seiner Identität mit dem, der es ihm sagt, das Wort von seinem Kreuz, das Wort Gottes, die Verheißung des Geistes. Ob es ihm gefalle oder nicht gefalle, ob es ihn ermuntere oder erschrecke: so wird der Mensch angesprochen, das wird ihm zugesprochen, dafür wird er in Anspruch genommen. Ganz und gar und nach allen Seiten um seinen Freispruch geht es, in dem ihm durch den wahrhaftigen Zeugen die Wahrheit gesagt wird. Ihn, seinen Freispruch, in seiner ganzen Fülle, und nur ihn bekommt er von ihm zu hören. Und eben auf ihn reagiert er, indem er lügt und also versucht, die Wahrheit in Unwahrheit zu verwandeln. Was kann das Anderes heißen und sein als eben: das wahnsinnige Experiment, seinen Freispruch in sein Gegenteil, seine göttliche Gültigkeit in eine göttliche Gültigkeit der Verurteilung zu verkehren, die ihn, den hochmütigen und faulen Tropf, der er ist, ihn, den zahlungsunfähigen Schuldner, den Sklaven seiner Sünde, wäre Jesus Christus nicht sein Heiland, Haupt und Herr, treffen müßte? Lügen heißt: des Menschen von Gott vollzogene Erwählung vertauschen wollen mit seiner Verwerfung, die nicht Gottes Wille mit ihm, die durch Gottes Tat laut Gottes Wort von ihm abgewendet ist. Lüge heißt ja in ihrer entscheidenden Absicht: Ersatz des freien durch einen äußerlich und innerlich gebundenen Gott und Ersatz des durch Gott und für Gott befreiten durch einen in seiner Selbstbehauptung im peinlichsten Sinn des Wortes: «selbstlosen» d. h. zu echter Selbstbestimmung unfähigen und also unfreien Menschen. Lüge heißt: Leugnung der freien Gnade als der wahrhaft göttlichen Wirklichkeit und Möglichkeit und Verweigerung der dem Menschen ihr gegenüber allein möglichen freien Dankbarkeit. Lüge ist der tolle Versuch einer künstlichen Herstellung einer Situation zwischen Gott und Mensch, in der Jesus Christus als der Mittler zwischen beiden nicht-existent wäre. Lüge ist die Provokation Gottes, in der der Mensch sich mutwillig dorthin stellen will, wo nur eben der nackte Zorn Gottes ihn treffen und verderben könnte. Was der Mensch, indem er lügt, faktisch ausspricht, ist, auch wenn er es nicht immer wörtlich so sagt, wie man es leider so oft hört, nichts Anderes als die greuliche Selbstverfluchung: «Gott verdamme mich!» Das bedeutet aber, daß in und mit der Lüge der wieder ins Blickfeld und ins Spiel tritt, der in Jesus Christus und also in Gottes ewiger Erwählung und geschichtlicher Tat erledigt, überwunden, getötet ist: der Mensch der Sünde, der, indem er Gott, den Mitmenschen und schließlich sich selbst verneint und verwirft, auch von Gott nur verneint und verworfen, verdammt und verurteilt sein und darum nur in konsequenter Selbstzerstörung da sein, endlich und zuletzt nur verderben und verloren gehen kann. Indem der Mensch lügt, beschwört er den Schatten dieses Toten herauf, stellt er sich also unter diese Drohung. Und nun lügt er ja tatsächlich. Nun ist also die durch die Wiederkunft Jesu Christi in der Verheißung des Heiligen Geistes bestimmte, unsere Zeit, nicht nur von daher, sondern auch durch des Menschen gerade in diesem Raum, gerade in der Begegnung mit dem prophetischen Wort in ihrer gefährlichsten Gestalt sich erhebende und breit machende Lüge gekennzeichnet. Nun steht also unsere Zeit und stehen in ihr wir Alle nicht nur im Licht des Lebens, sondern auch in diesem Todesschatten, unter der Drohung, die als solche kraft der Lüge Macht bekommt, nicht zu leugnende, weil höchst wirksame Wirklichkeit ist. Der lügnerische Mensch könnte und müßte als solcher, in die Situation versetzt, die seiner Einbildung und seinem Vorgeben entspräche, der von Gott nur eben verurteilte und verdammte Mensch, er könnte und müßte nur eben verloren sein.

Er steht unter der Drohung, er steht in Gefahr, verdammt zu werden. Seine Verdammnis hängt als Schwert über ihm. Weniger als das darf im Blick auf seine Lüge nicht gesagt werden. Er hat sich mit ihr in diese Gefahr begeben: von dort, wo er gänzlich und endgültig freigesprochen und also ungefährdet ist, weg, dahin, wo er keinen Freispruch, sondern nur eben seine Verurteilung zu erwarten hat, und also an dem Ort, über dem dieses Schwert hängt. Seine Verurteilung ist noch nicht ausgesprochen. Noch ist sie erst Drohung und Gefahr. Aber das ist sie. Seine Situation ist von seiner Lüge her bestimmt durch das Bevorstehen, durch die Erwartung seiner Verdammung. Von seiner Lüge her ist sie und nur sie des Menschen Zukunft. In dem Moment, in welchem Gott ihn bei seinem fatalen Ortswechsel, bei seiner Lüge, bei seiner Selbstverfluchung behaften würde, müßte das Schwert fallen, seine Verdammnis Gegenwart werden, könnte er nur noch verloren sein. Noch hat Gott das nicht getan. Es weist aber von des Menschen Lüge her Alles darauf hin, daß er es tun wird, und ebenso gut heute wie morgen tun, daß also der Mensch nur eben ein Verdammter sein, nur eben verloren gehen könnte. Das muß als Erstes gesagt sein. Mehr als das darf freilich nicht gesagt werden. Die Drohung ist noch nicht ausgeführt, das Schwert noch nicht gefallen. Die Gefahr ist, wie furchtbar sie ist, doch erst Gefahr. Und so ist der Mensch, obwohl und indem er lügt, noch nicht verdammt, noch nicht verloren. Er könnte, er müßte es, auf seine Lüge gesehen, jeden Augenblick sein. Er ist es aber noch nicht. Gott wollte ihn offenbar noch nicht auf das, was er, indem er lügt, versucht, festlegen – ihn noch nicht bei dem Ortswechsel behaften, auf Grund dessen es mit ihm eigentlich zu Ende sein müßte. Bis dahin hat der Mensch noch Zeit. Das muß als Zweites mit gleichem Ernst gesagt werden. Man hätte im Lauf der Geschichte der christlichen Ära im Blick auf die in ihr so unbegreiflich aufsteigende und überhandnehmende Lüge, im Blick auf so viel versuchte Transsubstantiation der Wahrheit in Unwahrheit oft und oft annehmen müssen, nun sei es genug, nun könne nur eben Alles unter Gottes Zorn aus sein. Man könnte gelegentlich dasselbe wohl auch (und dann wohl noch erschrockener) im Blick auf die eigene persönliche Beteiligung an der christlichen Lüge denken. Und dann war und ist es dort und hier immer wieder noch nicht aus. Des Menschen scheinbar unmittelbar bevorstehende und zu erwartende Verdammung fand noch nicht statt. Noch ist er nicht verloren, wie er es seiner Sünde entsprechend sein müßte. Noch ist das Schlimme, das den Freunden Hiobs von Jahve mit Recht zuzufügen wäre, nicht über sie hereingebrochen. Aber nun muß sofort ein Drittes hinzugefügt werden: Daß das Drohende noch nicht Ereignis ist, heißt nicht, daß es vorderhand keine Bedeutung und Aktualität habe. Man kann nicht lügen und dann, weil das Ende mit Schrecken noch nicht da, weil man ja noch nicht verdammt und verloren ist, weitergehen «als wäre nichts geschehen». Man sagt nicht umsonst: «Gott verdamme mich!» auch wenn es Gottes Sache ist, ob und wann er diesen wahnsinnigen Wunsch ernst nehmen und realisieren will. Was in und mit der Lüge sofort Ereignis wird, ist dies – und das ist genug – daß der Mensch in den Schatten jener Drohung, auf die schiefe Ebene gerät, an deren unterem Ende er ein Verdammter sein wird. Es bedeutet eine tiefgreifende Veränderung – wenn auch nicht zum Schlimmsten, so doch zum unverkennbar Schlimmen, auf dieser Ebene abwärts zu gleiten, die noch gewährte Zeit in dieser fatalen Bewegung zubringen zu müssen. Und eben das bleibt dem Menschen, der lügt, nicht erspart. Es ist also nichts damit, daß man es sich vorläufig ohne unmittelbaren Schaden leisten könnte, mit der Wahrheit umzugehen, wie es einem paßt. Es ist insbesondere nichts mit der Ruhe und dem Wohlbefinden, das der Mensch sich damit verschaffen möchte, daß er sich, um sich vor ihrem Zugriff in Sicherheit zu bringen, ihr gegenüber wie weiland die Voreltern im Paradies in die Büsche schlägt. Es ist ja der Mensch der Sünde, dessen Figur und Rolle er mit diesem Experiment wieder aufnimmt, sein Fall und sein Elend, dem er damit neue Aktualität verleiht. Mag das immer nur ein Experiment, mag der in ihm neu auflebende Mensch der Sünde – er ist ja in Jesus Christus erledigt, überwunden, getötet – nur ein mutwillig heraufbeschworenes Gespenst sein, mag des Menschen Lüge als solche nur ein Versuch sein, der sich letztlich als undurchführbar erweisen muß: es hat auch dieser Versuch als solcher seine Folge, in der sich die Zukunft, die der Mensch, der lügt, wählt, auch wenn sie noch nicht Gegenwart ist, unmittelbar genug abzeichnet und ankündigt. Sie bestimmt und charakterisiert, sie belastet und verdunkelt schon seine Gegenwart, in der er noch nicht verdammt, noch nicht verloren ist, sondern seiner Verdammnis, seinem Verlorengehen erst entgegengeht. Er lügt, er fälscht, und indem er das tut, nimmt er es auf sich, des Weiteren gewärtig, jetzt schon in einer verlogenen, einer falschen Situation existieren zu müssen.

Es handelt sich um dieselbe Situation, in der sich auch die Menschen befinden, denen Jesus Christus insofern noch gar nicht begegnet ist, als sie von der Verkündigung des göttlichen Freispruchs aus irgendeinem Grunde noch gar nicht erreicht wurden. Auch sie leben ja, als ob Jesus Christus nicht existierte, als ob der in ihm ergangene und ergehende Freispruch keine Gültigkeit hätte. Auch sie leben also auf der schiefen Ebene, auf der nur des Menschen Verdammnis ihre Zukunft sein kann, an deren unterem Ende sie als die Schuldigen und Sklaven ihrer Sünde nur verlorengehen könnten. Auch sie existieren unter den der fatalen Bewegung in jener Richtung eigentümlichen peinlichen Bedingungen. Die Lüge als die spezifisch christliche Gestalt der Sünde bringt es also zunächst allgemein mit sich, daß der Christ, indem er die ihm offenbare und verkündigte Wahrheit in Unwahrheit verwandelt, in dieselbe Lage gerät, bzw. zurückfällt, sich selbst zurückfallen läßt, aus der er doch, indem ihm Jesus Christus begegnete, indem er den göttlichen Freispruch vernehmen und annehmen durfte, erlöst sein müßte. Sie versetzt ihn in eine ganz ähnliche, wenn nicht die gleiche Lage, in der sich alle die Blinden und Tauben befinden, die noch gar keine Gelegenheit hatten, sich diesen Freispruch sagen zu lassen und zu eigen zu machen, von seiner Wahrheit genährt, ein neues Leben in der durch die in Jesus Christus geschehene Versöhnung der Welt mit Gott geschaffenen echten menschlichen Situation zu leben. Indem er lügt, nimmt der Christ das alte Leben eben dieser anderen blinden und tauben Menschen, deren einer er auch einst gewesen, wieder auf, versetzt er sich aus der ihm eröffneten echten in ihre unechte, in die «heidnische» Situation zurück. Nur daß die Peinlichkeit der Bedingungen, unter denen der Mensch da zu existieren hat, für ihn dadurch zweifellos aufs höchste verschärft ist, daß es seine Lüge ist, durch die er sich ihr ausgesetzt hat. Das ist es, was man von den Anderen nicht sagen kann. Sie hatten ja – und das mag ihnen relativ zugute kommen – gar keine Gelegenheit, die Wahrheit in Unwahrheit zu verwandeln. Ihnen war sie ja überhaupt noch nicht begegnet. Ihm aber, dem Christen, war sie begegnet; er verwandelte sie in Unwahrheit und so ist er in die Situation der Anderen geraten, in der nun auch er – dem Namen und seiner Einbildung nach ein Christ – existieren muß, als ob Jesus Christus nicht existieren würde. Es ist klar, daß ihm das unverhältnismäßig viel schwerer fallen muß als jenen. Sie ist für ihn nicht nur eine unechte, sondern eben: eine verlogene, eine falsche Situation. Und das bedeutet: Ihn wird die Erinnerung an die noch unverfälschte Wahrheit, wie sie ihm begegnete und nach ihm griff, der er dann freilich ausweichen wollte und die er dann fälschte – ihn wird das freilich unterdrückte Wissen darum, daß laut dieser Wahrheit Alles ganz anders sein könnte und müßte, auch in jene Situation hinein begleiten, ihn auch dort nicht loslassen. Ihm, der sich ja nur künstlich dahin versetzt hat, wird es nie natürlich, nie selbstverständlich werden, sich da zu befinden. Er wird sich da nie in der relativen Harmlosigkeit und Sicherheit bewegen, deren sich die Anderen, die von der Möglichkeit der echten Situation keine Ahnung haben, die die unechte für die normale halten können, erfreuen dürfen. Er, dem sich die echte menschliche Situation einmal eröffnet hat, hat mehr als eine Ahnung davon, kann sich in der unechten niemals mehr in seinem Element befinden. Beladen mit der christlichen Lüge hat er es wirklich schwerer, die Freiheit von der Schuld und Sklaverei der Sünde zu entbehren als die Anderen, die Nichtchristen, die von dieser Freiheit nie gehört haben, denen mit der Begegnung mit der Wahrheit und mit dem Erschrecken vor dieser, auch die Versuchung sie zu fälschen bis jetzt erspart geblieben ist. Daher die oft zu beobachtende Tatsache, daß die «Kinder dieser Welt» (Luk. 16, 8) in ihrem Stand und Bereich klüger sind als die «Kinder des Lichts», d.h. daß die Nichtchristen sich in der fatalen menschlichen Situation, in der Jesus Christus abwesend zu sein scheint, so peinlich und hart sie auch für sie ist, moralisch und technisch relativ viel besser zurechtzufinden und zu helfen, viel ruhiger, ja heiterer zu benehmen wissen als die von der Begegnung mit der Wahrheit und dann eben von deren Verleugnung und Verfälschung herkommenden Christen.

Und vergessen wir nicht, was für die Christen in dieser Situation zusätzlich ins Gewicht fällt: daß sie gegenüber den Anderen, mit denen sie sich nun im gleichen Boot befinden, das schlechte Gewissen haben müssen – und wenn sie es nicht haben, faktisch durch die Tatsache beschwert sind: daß eben die Verfälschung der Wahrheit, die ihr Werk und nicht das der Anderen ist, ein, wenn nicht der Hauptgrund ist, weshalb das Licht des Evangeliums in der Welt nicht heller leuchtet, weshalb es um sie herum so unzählig viele andere Menschen geben kann, denen der göttliche Freispruch entweder noch gar nicht oder in keiner ihnen glaubwürdigen, sie überführenden Weise bezeugt worden ist. «Ihr seid nicht herübergekommen und habt uns nicht geholfen!» (vgl. Act. 16, 9!) Ihr konntet uns gar nicht helfen! Woher sollten denn die Freunde Hiobs auch nur die Lust, geschweige denn die Kraft zur Evangelisation, zur Mission, haben? Und wenn sie schon die Lust dazu hätten: wen würden sie für die Sache Gottes und des Menschen auch nur interessieren, geschweige denn gewinnen können? Wie würde eine Christenheit, in der geistlich und doch auch gemein so vielfach und gewaltig gelogen wird, der Wahrheit und also der Freiheitsbotschaft eine Gasse in alle die Bereiche hinein, in denen sie noch nicht laut und gehört worden ist, zu brechen vermögen? Sie ist – und daran haben alle ihre Glieder auch einzeln mitzutragen – bedrückt von dieser schweren Verantwortlichkeit. Will sagen: die Christen haben nicht nur selbst zu leiden, was in jener unechten Situation, in der Jesus Christus abwesend zu sein scheint, Alle zu leiden haben: sie existieren – ob sie das bedenken oder nicht: sie sollten es aber bedenken! – zugleich unter der Anklage des Leidens all der Anderen, denen der göttliche Freispruch durch ihr mutwilliges Versagen, durch das unsinnige Experiment ihrer Lüge noch nicht zu Gehör gekommen ist.

Man möchte an den vor Jahve und seinem Auftrag flüchtenden Propheten Jona (1, 3 f.) denken, der sich im untersten Raum des von Joppe nach Tharsis fahrenden Schiffes jenen Tiefschlaf gönnte, während eben um seinetwillen der große Sturm jenes Schiff und seine Mannschaft verschlingen wollte. Daß er der Mann war, kam aber durch das auf ihn fallende Los aus. Und die Sache endete bekanntlich damit, daß man ihn, um Schiff und Mannschaft zu retten, zögernd – sogar von Opfern und Gelübden, die die Leute nachher getan hätten, ist die Rede – aber entschlossen ins Meer warf: mit dem Ergebnis, daß der Sturm tatsächlich aufhörte. Nur daß ihm solches auf sein eigenes, diesen Heiden gegenüber offen abgelegtes Geständnis seiner Schuld und sogar auf seinen eigenen Rat hin geschah. Während man noch wenig davon gehört hat, daß die Christenheit, wenn die übrige Menschheit da und dort Miene machte, sie über Bord zu werfen, bereit gewesen wäre, einzusehen, daß die allgemeine Misere, die die Leute dazu veranlaßte, etwas mit ihrer eigenen Schuld zu tun haben könnte. Und daß sie den Fehler der Situation gewöhnlich bei der bösen Welt zu suchen und – weit entfernt davon, sich selbst zu denunzieren oder gar freiwillig für ihre Schuld bezahlen zu wollen – in der Regel in heftigen Protestationen gegen ihre bekannten Bedrohungen mit solchem Hinauswurf sich zu ergehen pflegt!

Dies ist aber die Misere, das Peinliche der unechten – und für die Christen nicht nur unechten, sondern verlogenen, falschen – Situation unter der Drohung der dem Menschen zukommenden Verdammnis: daß sein ganzes Dasein in ihr unter einen seine Wirklichkeit entstellenden, verzerrenden, verkehrenden Aspekt geraten ist. In ihrer Wirklichkeit ist seine Welt die von Gott gut geschaffene und in Jesus Christus mit ihm versöhnte Welt und in seiner Wirklichkeit ist er selbst der von Gott gut geschaffene und in Jesus Christus vor ihm gerechtfertigte und für ihn geheiligte Mensch. Das ist wahr. Und dieser Wahrheit müßte und würde in der echten menschlichen Situation der Aspekt entsprechen, unter dem sich seine Wirklichkeit dem Menschen darstellt. Er dürfte, müßte und würde von und in dieser Wahrheit leben. Wie kann er aber von und in dieser Wahrheit leben, indem er es versucht, sie in Unwahrheit zu verwandeln? Indem er diesen Versuch unternimmt, gerät er in die unechte, die verlogene, die falsche Situation, in der sich ihm seine Wirklichkeit unter einem ihrer Wahrheit nicht entsprechenden, sondern widersprechenden Aspekt darstellt. Nicht daß sie sich verändert hätte oder gar durch eine andere ersetzt wäre. Seine Wirklichkeit – die Wirklichkeit Gottes und des Menschen in Jesus Christus – zu verändern oder gar zu beseitigen hat des Menschen Lüge keine Macht. Sie hat gerade nur die Macht – und auch diese nur sofern sie ihr von Gott in seinem Zorn gegeben und gelassen ist – in der Weise als des Menschen Sünde auch seine Strafe zu sein, daß der Aspekt, unter dem sich diese Wirklichkeit im Menschen darstellt, ihrer Wahrheit (der Mensch unternimmt es ja, sie in Unwahrheit zu verwandeln) nicht entspricht, sondern widerspricht. Sie zeigt sich ihm in einem sie entstellenden, verzerrenden, verkehrenden Bilde. Nicht daß sie selbst und ihre Wahrheit sich in diesem Bilde verändert hätte oder gar aus ihm verschwunden wäre: so gewiß ja die Wahrheit, die der Mensch in Unwahrheit verwandeln will, die Wahrheit ist und bleibt. Aber eben als die unüberwundene und unüberwindliche Wahrheit, die sie auch in diesem Bilde ist und bleibt, straft sie den Menschen, der sie dieser Prozedur unterwerfen will, damit, daß sie sich und also die Wirklichkeit seines Daseins so darstellt, wie es der Unwahrheit entspricht, in die er sie verwandeln will. Ihm begegnet sie unvermeidlich in jenem verkehrten Bilde. Man kann sich nun einmal nicht auf den Kopf stellen wollen, ohne bei diesem Versuch, sofern man ihn unternehmen und soweit man ihn durchführen kann, Alles und Jedes anders als es ist, im Verhältnis zu seiner Wirklichkeit gerade verkehrt zu sehen: Oben als Unten und umgekehrt, Rechts als Links und umgekehrt. Eben mit diesem durch seine Lüge provozierten, ihr entsprechenden verkehrten Bild muß der Mensch nun aber leben. Wie er die Dinge sieht, so sind sie: gewiß nicht an sich, wohl aber für ihn, so muß er sie haben und erfahren, so wirken sie auf ihn. Das verkehrte Bild hat als solches Realität und Gewalt über den, der es durch seine Lüge provoziert. Es beherrscht, es bestimmt, es begrenzt, es charakterisiert sein Dasein. Er muß die Welt und sich selbst nun in der Entstellung, Verzerrung, Verkehrung haben und erfahren, in der sie und er selbst sich ihm in jenem Bilde darstellen. Er existiert nun in einer seiner objektiven Wirklichkeit fremden, ihr widersprechenden subjektiven Wirklichkeit: immer noch der von Gott gut geschaffene und mit Gott versöhnte Mensch, von Gott auch so nicht fallen gelassen, seiner Macht und Barmherzigkeit auch so nicht entrückt, aber offenbar als von Gott gestrafter Mensch: als Mensch, der sich, seiner Lüge entsprechend, in einer verlogenen, seiner Fälschung entsprechend, in einer falschen Situation befindet: ein verzauberter Mensch in einer verzauberten Welt. Wir reden nicht vom Schlimmsten, dem er in dieser Situation, in dieser Verzauberung ja erst entgegengeht. Von Gott verurteilt, verdammt und also verloren zu sein – das wäre das Schlimmste. Es ist aber schlimm genug, diesem Schlimmsten entgegenzugehen: schlimm genug, unter der Herrschaft jenes alles verkehrenden Bildes, unter dem vorläufigen Gericht der in des Menschen Lüge in Unwahrheit verwandelten Wahrheit stehen zu müssen.

Die Pathologie des Menschen der Sünde gehört nicht zu den eigentlichen Aufgaben der Dogmatik. Wir sind nicht dazu da, um in die Abgründe auch nur des vorläufigen Gerichtes zu starren, dem er verfallen ist. Um uns des Ernstes der Sache bewußt zu werden, genügt es, kurz und ohne sie ermessen zu wollen, auf diese Abgründe hinzuweisen, uns die uns Allen sattsam bekannte Peinlichkeit der Lage in ein paar Strichen in Erinnerung zu rufen, in der sich der Mensch, indem er existiert, als ob Jesus Christus nicht existierte, befindet, in die sich insbesondere der Christ vermöge seiner Lüge mutwillig hineinmanövriert.

Das falsche Bild, in welchem sich ihm seine Wirklichkeit darstellt und unter dessen Herrschaft er zu leben hat, hat keine Mitte. Daß es von der Wirklichkeit lebt und also nicht ohne Wahrheit ist, zeigt sich daran, daß der Mensch es nicht lassen kann, nach einer Mitte, nach einem sinnvollen Woher seines Daseins zu fragen und zu suchen, seiner Welt und sich selbst eine solche Mitte geben zu wollen. Es zeigt sich aber die Verkehrung der Wahrheit in Unwahrheit, in der sich ihm die Wirklichkeit in jenem Bilde darstellt, darin, daß sein Fragen und Suchen ein rastloses Probieren ist, in welchem es ihm geboten und erlaubt scheint, heute dies, morgen jenes in diese Mitte zu rücken, als den notwendigen Ursprung seines Daseins auszugeben – heute von hier, morgen von dort aus sehen, verstehen, denken, handeln, sich verhalten, kurz: leben zu wollen, jedesmal in einer gewissen Euphorie und auch in einer gewissen Sicherheit und doch jedesmal auch schon auf Enttäuschung gefaßt, jedesmal schon irgendwie bereit, den soeben eifrig bezogenen Standpunkt zu ändern, morgen zu verbrennen, was er heute anbetet. Es ist ein Probieren, in dessen verschiedenen Phasen er sich im Ergebnis immer wieder auf irgendeinen Punkt der Peripherie zurückgeworfen findet. Eine Mitte, die er nicht erst zu setzen hätte, die ihm gesetzt und unverlierbar gegeben wäre und die er ein für allemal zu respektieren hätte, fehlt eben in dem ihn beherrschenden Bilde.

Es zeigt ihm aber – wie sollte es anders sein, da es keine Mitte hat – auch **keine Peripherie**: wie kein bestimmtes, weil vorgegebenes Woher, so auch kein bestimmtes, weil vorhergegebenes Wohin des menschlichen Daseins, keine Grenze, kein Gesetz. Das Bild, in welchem sich ihm die Wirklichkeit darstellt, ist darin nicht ohne Wahrheit, daß es ihn auf seine Möglichkeiten anredet, zu deren Realisierung ermuntert und aufruft. Er tut das aber – und darin verrät es seinen Ursprung in der in Unwahrheit verwandelten Wahrheit – nur im Allgemeinen, ohne jede Präzisierung auf irgendwelche, gerade nicht auf seine besonderen bestimmten, seine echten Möglichkeiten. Und nun eilt er, unter der Herrschaft dieses Bildes ohne Führung und Weisung sich selbst überlassen, planlos, ziellos, grenzenlos dahin, dorthin, nirgends ankommend, weil nirgendwohin dirigiert, nach allen Seiten offen, für Alles bereit und gerade darin tief unfrei, der Gefangene seines leeren Ausdehnungsdranges und so seiner inneren Willkür und zugleich des äußeren Zufalles.

Da gibt es für ihn weiter **kein Miteinander**. Wohl scheint ihm das Bild, in dem sich ihm seine Wirklichkeit darstellt, sofern es nicht ohne Wahrheit ist, ein solches anzuzeigen und zu eröffnen, aber doch nur (es ist ja die in Unwahrheit verwandelte Wahrheit, die sich in ihm spiegelt), um es alsbald in ein bloßes Nebeneinander und schließlich in ein Gegeneinander aufzulösen. Ihm fehlt die verbindende Kraft, und so oszilliert vor allem das Verhältnis des Menschen zu seinem Mitmenschen zwischen einer Verbundenheit durch irgendwelche Interessen, die ihm diesen als Instrument zu bestimmten Zwecken als unentbehrlich erscheinen läßt – über die praktische Indifferenz, in der ihm sein nachbarliches Dasein nur eben ein weißer Fleck ist – bis hin zum offenen oder heimlichen Feindverhältnis, in dem er ihm zur lästigen, zur störenden, zur gefährlichen Figur wird, gegen deren Existenz und Lebensäußerung er sich nur in Verteidigung und wohl auch im Angriff auf die Hut und zur Wehr setzen kann. Es oszilliert dann aber von da aus auch sein Verhältnis zur übrigen Mitkreatur, zu den großen und kleinen kosmischen Gegebenheiten, die in ihrer Gesamtheit den Raum bilden sollten, in welchem seine Geschichte sich abspielen, in welchem er Mensch sein dürfte. Alles scheint und Alles wird da gleich möglich: von einem rüstigen Zugreifen und Genießen, als ob dieser Raum ihm gehörte und nur auf seine Kunst, sich ihn nutzbar zu machen, gewartet hätte – über die undankbare Fremdheit, in der er unberührt von seinen Licht- und Schattenseiten, uninteressiert an seinen Gelegenheiten in ihm lebt, als lebte er nicht in ihm – bis hin zu der entrüsteten Entdeckung, daß dieses Haus auch Schranken und Mauern hat, dem Versuch, diese zu durchbrechen, dem Kummer oder Ärger beim Nichtgelingen solchen Unternehmens, der leidvollen Resignation, in der das Ganze nur noch als kosmisches Übel, nur als solches tragbar oder eben untragbar erfahren wird. Warum das Eine? Warum das Andere? Warum nacheinander, vielleicht auch im Kreislauf das Eine und das Andere und das Dritte? Keine Antwort! Das Bild, in welchem sich die Wirklichkeit des Menschen in seiner unechten Situation darstellt, gibt ihm keine Antwort, schickt ihn nur immer aufs neue auf die Irrfahrt. Es redet im Blick auf den Mitmenschen wie auf den Kosmos nur von einem solchen Miteinander, das sich beständig in ein leeres Nebeneinander und schließlich in ein böses Gegeneinander verwandeln will.

Das ist überhaupt die große Peinlichkeit, das tief Unechte der menschlichen Situation unter der Herrschaft des seiner Lüge entsprechenden falschen Bildes, in dem ihm seine Wirklichkeit erscheint. Es gibt da keine Stetigkeit und darum keine Gewißheit und darum keine gewissen Tritte. Immer scheint es ja da um die Wahrheit zu gehen und darum, daß der Mensch vor ihr und in ihr leben dürfte. Und immer entgeht sie ihm, entgeht ihm damit sein Leben wie ein Schmetterling dem ihm nachjagenden Kinde. Leben heißt da endlose Dialektik, Getrieben- und Geschaukeltwerden von einer fremden, unaufhaltsamen Wellenbewegung, in ständigem Wechsel und Umschlag, in lauter Zwei- und Mehrdeutigkeiten, in einer Relativität und Vertauschbarkeit aller Gegensätze, die alles Bleibenwollen hier und dort, alles Wollen überhaupt und damit alles kontinuierliche Tun gegenstandslos macht. Leben wir in irgendeiner wundervollen, aber wegen ihrer Rätselhaftigkeit auch tief unheimlichen Harmonie mit der Fülle der Erscheinungen oder in irgendeiner herrlichen, aber letztlich auch tödlichen Einsamkeit ihnen gegenüber? Lohnt es sich, von irgendeiner lockeren Willkür zu irgendeiner mehr oder weniger starren Moral hinüber zu wechseln? Aber lohnt sich vielleicht der ja auch gangbare entgegengesetzte Weg von den Pharisäern zu den Zigeunern? Ist Eilen wirklich besser als Warten? Aber warum sollte es nicht umgekehrt besser sein, zu warten als zu eilen? Gibt es eine Selbstbehauptung, die nicht zuletzt auf eine schnöde Selbstpreisgabe hinausläuft? oder eine Selbstpreisgabe, die nicht in extremster Form schnöde Selbstbehauptung sein könnte? Gibt es ein Begehren, das nicht als solches Angst ist, sicher in solcher endigt? Und gibt es eine Angst – und wäre es die tiefste Lebensangst – in der das Begehren, die Begier, nicht weiter glimmte und jeden

Augenblick zu verzehrendem Feuer werden könnte? Gibt es einen Humor, der anders als unter Tränen lächeln dürfte? Und gibt es einen Ernst, den ohne Lächeln geltend zu machen der Mensch sich erlauben dürfte? Soll man es mit der Religion versuchen? Warum nicht? aber warum nicht ebensogut mit irgendeiner nüchternen oder enthusiastischen Weltlichkeit? Kann man ernstlich konservativ, ernstlich fortschrittlich sein wollen? Die Reaktion hat noch immer der Revolution und die Revolution hat noch immer der Reaktion gerufen! Gibt es in diesem Gegensatz und in jenen anderen Vermittlungen ein weises Maßhalten, ein neutralisierendes Zurücktreten vor dem Entweder-Oder? Ja, aber um den Preis des Übergangs vom Tun zum Nicht-Tun, wo vielleicht Alles nach klarer, tätiger Entscheidung ruft – vielleicht um den Preis, daß man sich in wichtigsten Fragen der Verantwortlichkeit entschlägt und damit noch unnützer wird, als die unnützesten Schreier und Eiferer zur Rechten und zur Linken. Ist nicht aller Kampf für das Recht und die Freiheit des Einzelnen dadurch belastet, daß man mit ihm der Gemeinschaft – und aller Kampf für die Gemeinschaft dadurch, daß man mit ihm dem Recht und der Freiheit des Einzelnen Abbruch tut? Gibt es eine Treue nach der einen Seite ohne die Kehrseite offener oder heimlicher Untreue nach der andern? Eine Festigkeit ohne Härte? Eine Begeisterung ohne Schwärmerei? Eine Nüchternheit ohne Trockenheit? Eine Liebe ohne Tyrannei? Ein Aufbauen, in dem nicht auch ein Zerstören stattfände? Ein Ja ohne bitteres, irgendwo sicher ungerechtes und irgend Jemandem bestimmt wehtuendes Nein? Eine Vorsicht, die nicht in irgendeiner Tiefe oder Untiefe auch Feigheit wäre? Eine Teilnahme, in der man dem Anderen nicht, je lebhafter sie ist, je mehr man nur sein Bestes will, auf die Füße träte? Soll man sich trösten, daß eben Alles mit Inbegriff der sicheren Gefahren, die man ständig läuft, seine Zeit habe, in der es dann frisch gewagt werden dürfe und müsse? Aber das ist es ja: wann ist es für Dieses, wann für Jenes Zeit und Unzeit? Wer erlaubt, wer gebietet mir jetzt Dies, jetzt Jenes auch nur als zeitgemäß (von seinem höheren, dauernden Recht und Unrecht ganz abgesehen) zu wählen oder zu verwerfen? Wer hält und handhabt da eigentlich das Steuer? Mit welcher Befugnis diese oder jene alte oder neue Leitidee? Mit welcher Befugnis irgendeine Drittperson, deren Güte und Autorität ich mich anvertraue? Mit welcher Befugnis schließlich ich selber? Wobei es doch bei jedem Wählen oder Verwerfen und bei jeder ihm folgenden Bewegung um einen Akt meines eigenen, meines einzigen Lebens und vielleicht um einen für mich selbst und für Andere, für menschliches Wohl und Wehe in weitestem Umfang entscheidenden und unheimlich folgenschweren Akt gehen kann.

Was soll man weiter sagen? Tiefe, tiefste Unstimmigkeit einer Situation, in der es auf alle diese Fragen nur vorläufige, nur relativ richtige und wichtige, nur irgendeiner Auflösung entgegeneilende Antworten zu geben, in der jeder dürftige Pilatus mit seinem «Was ist Wahrheit?» das letzte Wort zu sagen scheint! Offenbar unechte – und wenn sie die des Christen ist, offenbar verfälschte, verlogene – Situation unter der Herrschaft eines Bildes, in der die nach Gottes Willen und durch Gottes Tat so ganz andere menschliche Wirklichkeit so verhüllt, so entstellt, verzerrt, verkehrt auf dem Plane ist: darum, weil der Mensch sich vor ihr und vor der Offenbarung ihrer Wahrheit, statt ihr erfreut und dankbar ins Gesicht zu sehen und also standzuhalten und also von und in ihr leben zu wollen, seinerseits zu verhüllen sucht. Nun sieht, nun hat und erfährt er Alles – die Welt und sich selbst in der Welt: nicht, wie es ist, sondern wie es nicht ist.

Die Peinlichkeit seiner Situation drängt sich zusammen und hat ihren bezeichnendsten Koeffizienten und Exponenten in der Problematik der menschlichen Sprache. Reden und Hören an sich und als solches ist die wunderbare Möglichkeit, in deren Realisierung die menschliche Situation wirklich menschlich werden könnte, möchte und würde. Äußerung, Kundgebung, Offenbarung der menschlichen Wirklichkeit in der Absicht auf ihre Anzeige, Mitteilung, Kommunikation an Andere mit dem Endziel der Kommunion, der Gemeinschaft des Einen mit den Anderen eben in ihr, das ist es doch, was, wo geredet und gehört wird, in der menschlichen Sprache geschehen dürfte. Nun kann aber gerade die menschliche Wirklichkeit, wo der Mensch sich ihrer Wahrheit nicht nur verschließt, sie vielmehr in Unwahrheit verwandelt, wo er in der Unwahrheit leben will, in seiner Sprache nicht zur Sprache kommen, sich nicht äußern, nicht kundgeben, nicht offenbaren und so auch nicht mitteilen und kommunizieren. Nun kann seine Sprache diese ihre Bestimmung nur verfehlen. Daran krankt alles menschliche Reden und Hören: und nicht zuletzt, sondern zuerst gerade das christliche. Die Sprache «das Haus des Seins»? Der Bewohner scheint ohne Angabe einer bestimmten Adresse ausgezogen zu sein! Eben von daher ist es eine so große, in immer neuem Anlauf aufzunehmende, in immer neuem Versagen zu tragende Mühsal, zu sagen (auch nur denkend sich selbst, geschweige denn Anderen!) zu sagen, was man sagen und nicht sagen will und wie man es meint – aber auch zu hören, was der Andere nicht nur sagt, sondern mit dem, was er sagt, sagen will: den Traum, mit dem er, indem er zu mir redet, offenbar beschäftigt ist, auch nur als solchen zu erraten, geschweige denn zu deuten. Eben von daher wird und ist ausgerechnet die menschliche Sprache der Tummelplatz von so viel endlos sich erneuernden Mißgriffen und Irrtümern und auch von so viel mehr oder weniger absichtlichen großen und kleinen Verhüllungen und Entstellungen – und auf der anderen Seite von so viel komischen und tragischen Mißverständnissen, an deren Entstehung die Redenden und die Hörenden in der Regel zu gleichen Teilen schuld sein dürften. Eben von daher bleibt die Wahrheit, auf unser menschliches

3. Des Menschen Verdammnis

Hören und Reden angewiesen, unaussprechlich – und es ist dann immer eine billige Weisheit und ein matter Trost, sich mit dieser Tatsache so auseinanderzusetzen, daß man das Schweigen für der Sprache bestes Teil hält und erklärt, d. h. aber ausgerechnet die Realisierung dieser menschlichsten aller menschlichen Möglichkeiten, wenn nicht geradezu unterlassen, so doch nur zögernd und zum vornherein resigniert ins Werk setzen will. Eben von daher ist Gemeinschaft in der menschlichen Wirklichkeit, die das Endziel der Sprache sein müßte und dürfte, dem Menschen von sich aus nie und nimmer erreichbar, dient vielmehr gerade seine Sprache der Entfremdung und Uneinigkeit zwischen Mensch und Mensch und also der Unmenschlichkeit.

Und nun ist dieses ganze, peinlich verkehrte Sein, Sehen und Erfahren, das in der durch die Lüge geschaffenen Situation des Menschen Teil wird, ja erst sein Sein unter der Drohung der seiner Lüge folgenden Verdammnis. Nun würde Verdammnis heißen, daß Gott es bei dieser trostlosen Desintegration der menschlichen Existenz und Lage sein Bewenden haben, daß er den Menschen nur eben auf jener schiefen Ebene tiefer und immer tiefer gleiten und schließlich verloren gehen ließe. Verdammtsein hieße, daß dies des Menschen Ewigkeit wäre: ein von Gott Verworfener und also Verlorener zu sein und zu bleiben, eben das endgültig sein zu müssen, zu dem er sich machen wollte, indem er die Wahrheit in Unwahrheit zu verwandeln, in und aus der Unwahrheit zu leben versuchte. Dieses Schwert ist noch nicht gefallen. Dieses Schlimmste ist noch nicht Ereignis. Aber es ist wahrhaftig schlimm genug, schon unter der Drohung der Verdammnis existieren zu müssen. Das menschliche Leben steht da unter dem Vorzeichen, dessen Peinlichkeit wir jetzt kurz angedeutet haben.

Diese Feststellung mußte gemacht werden. Sie betrifft das nicht zu übersehende und nicht wegzudeutende, in seiner fatalen Weise höchst reale und wirksame Geheimnis der Bosheit in der Ära *post Christum*, in unserer Zeit. Es ist tief beunruhigend, diese Feststellung machen und zur Kenntnis nehmen zu müssen. Und sie geht uns Alle an. Wir können sie aber nicht recht machen und zur Kenntnis nehmen, ohne zum Schluß auch der Klammer zu gedenken, innerhalb derer sie gilt und uns angeht. Sie ist der wichtige negative Nebensatz eines noch wichtigeren, ihn beherrschenden Hauptsatzes. Sie kann, so unumgänglich sie ist, doch nur bedingt und begrenzt durch diesen gelten und uns angehen. Es gibt ein großes Vorzeichen, das noch vor, aber auch nach der Anerkennung jenes kleinen zu sehen und zu bedenken ist. Nicht umsonst hatten wir uns in diesem Paragraphen so sehr viel gründlicher und ausführlicher mit dem wahrhaftigen Zeugen der Wahrheit als mit des Menschen Lüge und Verdammnis als solcher zu beschäftigen. Wirklich nicht umsonst! Daß Er existiert, lebt und wirkt, das ist der Hauptsatz, der die Voraussetzung, die

Klammer bildet, ohne die die Feststellung, von der wir herkommen, als Nebensatz keinen Grund hätte und nicht zu verstehen wäre.

Wie ist es denn? Wir haben des Menschen Lüge, die seine Verdammnis, und zunächst seine Existenz unter Androhung seiner Verdammnis, nach sich zieht, vorsorglich durchwegs nur als ein Experiment, nur als seinen Versuch bezeichnet, die Wahrheit in Unwahrheit zu verwandeln. Daß der Mensch das möchte, will und versucht, daß dieser Versuch den Gipfel seiner Sünde, deren spezifisch christliche Gestalt darstellt, und daß er als solcher jene Veränderung zum Schlimmen in Erwartung des Schlimmsten nach sich zieht und schon in sich schließt, das liegt am Tage. Es liegt aber, wenn man bedenkt, um was es geht, auch und noch heller am Tage, daß dieser Versuch zwar gewollt, geplant, unternommen und ins Werk gesetzt werden, daß er aber nicht zum Ziel kommen, daß er nicht gelingen kann. Des Menschen Lüge ist schließlich doch nur seine Lüge. Sie kann allerhand, aber immerhin nicht mehr als sie als solche kann. Der Mensch vermag es, sich, vor der ihm in ihrem wahrhaftigen Zeugen begegnenden Wahrheit erschrocken, eine Wahrheit nach seines Herzens Gelüste und also eine Pseudowahrheit vorzustellen. Er kann sie sich unter Anwendung von großer Macht und viel List vorspiegeln, vormachen, vorgeben, vortäuschen. Eben das tut er und tut es gewiß nicht, ohne damit etwas auszurichten. Unwahrheit als solche wird damit von ihm als in ihrer Art und in ihren Grenzen realer und wirksamer Faktor auf den Plan geführt. Und er selbst wird damit der für ihre Realität und Wirksamkeit verantwortliche Mensch, belastet sich mit dem, was aus der von ihm heraufgeführten Unwahrheit für seine Situation unweigerlich folgen muß, wird und ist nun, was er im Widerspruch seiner subjektiven zu seiner objektiven Wirklichkeit sein muß. Eines aber – und gerade das, was er will und möchte – kann er damit auf keinen Fall ausrichten: er kann die Wahrheit nicht in Unwahrheit verwandeln, sie nicht in diese auflösen, sie nicht in ihr verschwinden lassen. Es bleibt bei der doch nur in ihrer Art realen und wirksamen Vortäuschung, als ob er das könnte und ausrichtete. Die Vortäuschung rührt aber nicht an die Wahrheit, geschweige denn, daß sie etwas an ihr änderte, geschweige denn, daß sie sie entmachtete, geschweige denn, daß sie sie aus der Welt schaffte. Sie berührt und verändert nur den Menschen selbst und seine Situation. Sie kann aber nicht einmal ihn selbst aus der Welt und damit aus dem Bereich der Wahrheit schaffen. Wie gewaltig und kunstreich er sie ins Werk setze: es bleibt dabei, daß die Wahrheit auch für ihn gilt, auch ihn angeht. Sie ist der Fixsternhimmel, der über dem ganzen von ihm produzierten Gewölk unverändert leuchtet, zu keiner Abweichung veranlaßt, seinen eigenen Gang geht. Sie hat der Unwahrheit gegenüber den von dieser nicht einzuholenden Vorsprung, daß sie die von Gott gewollte, geschaffene, geordnete und bestimmte Wirklichkeit des Menschen in der Person ihres wahrhaftigen Zeugen Jesus Christus hinter sich und für sich hat: die Liebe, in der Gott die Welt und den Menschen in diesem Einen tätig geliebt hat, liebt und lieben wird, die Gemeinschaft des freien Gottes mit dem durch ihn und für ihn befreiten Menschen. Sie hat der Lüge gegenüber dies entscheidend voraus, daß sie das Licht, das Wort, die Offenbarung, die Herrlichkeit dieses Gottes und dieses Menschen ist. Indem dies in der Waagschale der Wahrheit liegt, ist gesorgt dafür, daß diese durch keine Offenbarung, die des Menschen Lüge in die andere Waagschale werfen mag, auch nur in die leiseste Bewegung zu versetzen, geschweige denn aufzuheben ist. Er kann wohl sich selbst, aber nicht die Wahrheit auf den Kopf stellen. Es bleibt bei seinem Versuch, sie in Unwahrheit zu verwandeln.

Aber das ist nicht Alles. Die Wahrheit ist ja eben identisch mit dem lebendigen Jesus Christus, ihrem wahrhaftigen Zeugen: mit dem von ihm in eigener Person getriebenen Werk seiner Selbstverkündigung als der Selbsterschließung und Selbstübermittlung der in ihm geschehenen Versöhnung. Sie ist identisch mit seiner Prophetie, mit der Verheißung des Geistes und so mit der gegenwärtigen Wirklichkeit Gottes und des Menschen in dieser unserer Zeit. So steht sie doch nicht nur wie der Fixsternhimmel hoch erhaben über dem Menschen und seinem Versuch, sie in Unwahrheit zu verwandeln. So geht die Geschichte zwischen ihr und dem Menschen, der das versucht, weiter. So wirkt sie diesem Versuch – und das in ihrer ganzen Überlegenheit über die Unwahrheit – aktiv, offensiv entgegen. So ist und bleibt der die Unwahrheit produzierende Mensch dauernd durch sie verwirrt, beunruhigt, angegriffen. Sie fällt ihm bei seinem Unternehmen dauernd ins Wort und in den Arm. Es ist also nicht an dem – wie sollte es so sein können? – daß die Ära *post Christum* ein von des Menschen Lüge effektiv beherrschter oder auch nur blockierter Raum wäre. Sie ist auch und noch viel mehr der Raum, in welchem die Manöver des lügnerischen Menschen fortwährend wie durch eine unsichtbare Hand gestört und durchkreuzt werden. Er kann sich da nicht ungehemmt ausleben und also sich vorspiegeln, vormachen, vortäuschen, was er will. Seinen verschiedenen Versuchen in dieser Richtung werden da – von ihm jeweils durchaus nicht erwartet und ihm natürlich höchst unwillkommen – immer wieder Grenzen und Schlußpunkte gesetzt, über die hinaus er, was er jeweils beginnt, nur noch unter allen Symptomen der Ermüdung und schließlich für einmal überhaupt nicht mehr fortsetzen kann. Große und kleine, unscheinbare, aber gelegentlich auch spektakuläre Manifestationen der Wahrheit treten ihm überraschend in den Weg, zerreißen für einmal wie Blitze das von ihm produzierte Gewölk, setzen ihn für einmal, mag er sein Spiel nachher immer in anderer Form neu aufnehmen, außer Gefecht: vorläufige Anzeichen dafür, daß sie und nicht er das letzte Wort sprechen, daß sein Spiel seine Zeit einmal endgültig gehabt haben und dann abgelaufen sein wird, daß seine Erfolge jetzt schon zweifelhaft, gebrechlich, vorübergehend sind. Man wird in ganz nüchterner Sicht unserer Zeit auch das sehen müssen, daß erstaunlicher Weise auch für das Erwachen der schlafenden Menschen und Christen, für die Unterbrechung ihrer bösen Träume, für den Durchbruch der Erkenntnis, daß sie Träume waren, sind und sein werden, für das Aufleuchten seiner Wirklichkeit immer wieder gesorgt wird: höchst erstaunlich, wenn man auf die Menschheit und gerade auf die Christenheit als solche blickt, der solches je und je widerfährt – gar nicht erstaunlich, sondern eigentlich selbstverständlich, wenn man bedenkt, wer da bei uns und auf dem Plan ist «mit seinem Geist und Gaben»!

Daß die Wahrheit sich der Lüge gegenüber nicht nur in nicht aufzuholendem Vorsprung, sondern in der Offensive befindet, das hat nun aber seine nicht zu übersehende Bedeutung und Wirkung auch auf des Menschen unechte, ja falsche, verlogene Situation unter der Bedrohung durch seine kommende Verdammnis. Was sie so peinlich macht, ist, wie wir sahen, das entstellende, verzerrende, verkehrende Bild, in welchem sich die Wirklichkeit ihm, der die Wahrheit in Unwahrheit verwandeln möchte, darstellen muß, unter dessen Herrschaft er sie nur in der angedeuteten schlimmen Gestalt erfahren und haben kann. Aber wie die Wahrheit durch des Menschen Lüge nicht anzufechten, nicht zu verändern, nicht aus der Welt zu schaffen ist, so auch und erst recht nicht die Wirklichkeit des freien Gottes und des durch ihn und für ihn befreiten Menschen durch das Bild, in welchem sie sich dem lügnerischen Menschen als Grund von so viel Peinlichkeit darstellt. Und wie die Wahrheit im Aufbruch und Streit gegen des Menschen Lüge begriffen ist, so auch und erst recht jene Wirklichkeit gegen die Herrschaft des sie verkehrenden Bildes und damit gegen das seiner Herrschaft unvermeidliche Schlimme der menschlichen Situation und deren ganze Peinlichkeit. Indem die Versöhnung der Welt mit Gott, des Menschen Rechtfertigung und Heiligung die Wirklichkeit – u. zw. in Jesus Christus, dem wahrhaftigen Zeugen ihrer Wahrheit lebendige, gegenwärtige Wirklichkeit – ist, ist mit des Menschen Lüge auch des Menschen Zerfall und Zerstörung, ist der Desintegration seiner Existenz unter der Herrschaft der Pseudowirklichkeit jenes Bildes eine Grenze gesetzt, wird mit des Menschen Lüge auch ihr der Kampf angesagt und Einhalt geboten. Wir können nichts zurücknehmen und abstreichen von dem, was von jenem Desintegrationsprozeß zu sagen war. Wir können aber seine Beschreibung auch nicht stehen lassen ohne die Erinnerung, daß sein Verlauf mitbestimmt und mitbedingt ist durch die von ihm nicht berührte, durch die ihm widerstehende Wirklichkeit Gottes und des Menschen in Jesus Christus. Es wäre undankbar und kurzsichtig, wenn man verkennen wollte, daß ihm von dieser her beständig auch erhaltende, verbindende, positive Faktoren und Kräfte entgegenwirken. Er kann sich, so mächtig er ist und so tiefgehend seine Wirkungen sind, faktisch doch nur unter diesem Gegendruck auswirken. Den Manifestationen der Wahrheit folgen – so gewiß «die Wahrheit euch frei machen wird» – die Manifestationen der Freiheit Gottes und des Menschen. Ist die menschliche Situation schlimm genug, so wird sich doch nicht leugnen lassen, daß sie immerhin noch schlimmer sein könnte und eben darum nicht noch schlimmer ist, weil sie je und je durch diese Manifestationen der Wahrheit und damit auch der Freiheit durchbrochen wird, weil sie faktisch nicht nur durch ihre große Peinlichkeit, sondern offen oder im Verborgenen auch durch so viel nicht von unten heraufsteigendes, aber von oben hereinfallendes Gutes und Schönes bestimmt ist, daß es da (und das nicht nur *intra*, sondern auch *extra muros ecclesiae*) auch Lichter im Dunkeln, Klarheiten in der Verworrenheit, Stetigkeiten in all der auf- und abwogenden Dialektik unserer Existenz, Ordnungen in all der Unordnung, Gewißheiten in dem großen Meer des Zweifels, sogar echtes Reden und Hören im Labyrinth der menschlichen Sprache immer wieder geben darf. Alles sehr wunderbar, Alles wirklich nie vorauszusehen und in Rechnung zu stellen, Alles, wenn es eintritt, ganz und gar Neuigkeit! Aber eben an all dem kann es uns Menschen und auch uns Christen in unserer Zeit eben darum nie ganz fehlen, auf all das darf und soll man als Christ darum auch beständig hoffen, darum darf und soll man denn auch deshalb beständig beten, weil die Wirklichkeit Gottes und des Menschen in Jesus Christus der Pseudo-Wirklichkeit, der wir von des Menschen Lüge her ausgeliefert sind, überlegen und ihr gegenüber nicht müßig, sondern in überlegenem Angriff begriffen ist. Wie sollte es anders sein: die Erfahrung der Grenzen unserer schlimmen Situation und des Guten und Schönen, das uns auch in ihr nicht vorenthalten, vielmehr, genau besehen, überreichlich zuteil wird, wird tatsächlich immer Neuigkeit, immer das Unerwartete der Gnade und ihrer Offenbarung sein. Gott ist uns solche Gabe und Erfahrung nicht schuldig. Um das Werk der freien Gnade und also um Befreiungen durch und für den freien Gott wird es sich da im Großen wie im Kleinen allein handeln können. Aber das ist ja das Geheimnis des so bedrohten Fortbestandes der Christenheit und mit ihr der Menschheit insgemein: daß sie eben das Unerwartete der Gnade und ihrer Offenbarung je und je erfahren und aller scheinbar unvermeidlichen Konsequenz ihrer Lüge, aller angemaßten Alleinherrschaft jenes verkehrten Bildes zum Trotz, eben von diesem Unerwarteten je und je gespeist und getränkt, immer noch und immer wieder leben darf.

Ein letztes Wort über die Drohung darf nicht fehlen, unter der die verkehrte menschliche Situation ja auch in ihrer Begrenzung durch die ihr überlegene und ihr gegenüber kräftige Wirklichkeit Gottes und des Menschen so gewiß steht, als diese von unten her fortwährend auch noch durch des Menschen Lüge unheimlich greifbar mitbestimmt ist. Ist damit zu rechnen oder nicht zu rechnen, daß jene Drohung endlich und zuletzt doch nicht zur Ausführung kommen, jenes Schwert doch nicht fallen, des Menschen Verdammung doch nicht ausgesprochen, der kranke Mensch, auch der kranke Christ doch nicht sterben, nicht verloren gehen, vielmehr: aus dem Tode erweckt und gerettet werden und leben möchte? Die Frage gehört in die Eschatologie und soll hier nur noch mit zwei abgrenzenden Bemerkungen berührt werden.

Zum Ersten: es könnte sich, wenn dem so sein sollte, wahrhaftig erst recht nur um das Unerwartete der Gnade und ihrer Offenbarung handeln, mit dem man gewiß nicht rechnen, auf das man nur eben als auf ein nicht-verdientes, unbegreifliches Überströmen der Bedeutung, Auswirkung und Tragweite der Wirklichkeit Gottes und des Menschen in Jesus Christus hoffen kann. Gott ist dem Menschen, der die Wahrheit dieser Wirklichkeit dauernd in Unwahrheit verwandeln will, wie keine jener vorläufigen Manifestationen, so erst recht keine ewige Geduld und also Errettung schuldig. Man müßte jenen üblen Versuch und seine eigene Beteiligung daran in Abrede stellen oder verharmlosen, wenn man es sich erlauben wollte, im Blick auf sich selbst wie auf andere oder gar auf alle Menschen die Notwendigkeit einer Kassierung jener Drohung zu postulieren und in diesem Sinn eine «Apokatastasis» oder «Allversöhnung» als das Ziel und Ende aller Dinge in Aussicht zu nehmen und zu behaupten. Es gibt in dieser Sache nichts; auch unter Berufung auf das Kreuz und die Auferstehung Jesu Christi gar nichts zu postulieren! Man soll auch in Gedanken und Sätzen theologisch einleuchtendster Konsequenz nicht an sich reißen wollen, was nur als freie Gabe geschenkt und empfangen werden kann.

Zum Anderen: Es gibt kein Recht, es sich zu verbieten oder verboten sein zu lassen, sich dafür offen zu halten, daß in der Wirklichkeit Gottes und des Menschen in Jesus Christus immer noch mehr, als wir erwarten dürfen und also auch das höchst Unerwartete der Beseitigung jener letzten Drohung, daß in der Wahrheit dieser Wirklichkeit auch die überschwängliche Verheißung der endlichen Errettung aller Menschen enthalten sein möchte. Noch deutlicher gesagt: es gibt kein Recht und keinen Grund, sich dafür nicht offen zu halten. Weist die überlegene, die verkehrte menschliche Situation jetzt schon so kräftig begrenzende Wirklichkeit, lassen wir ihre Wahrheit auch nur einen Augenblick unverfälscht gelten, nicht eindeutig in die Richtung des Werkes einer in der Tat ewigen göttlichen Geduld und Errettung und also einer «Apokatastasis» oder «Allversöhnung»? Verbietet sie uns bestimmt, damit zu rechnen, als ob wir einen Anspruch darauf hätten, als ob das nicht in seiner letzten höchsten Gestalt das Werk Gottes wäre, auf das der Mensch keinen Anspruch hat noch erheben kann, so gebietet sie uns doch wohl noch bestimmter, eben darauf – wie wir es ja schon diesseits dieser letzten Möglichkeit mit Grund tun dürfen – zu hoffen, darum zu beten: in aller Zurückhaltung, aber auch in aller Bestimmtheit darauf zu hoffen und darum zu beten, daß Allem, was für das Gegenteil sprechen und definitiv sprechen könnte, zum Trotz «die Guttaten des Herrn noch nicht aus sein möchten», daß er, entsprechend dem, daß «sein Erbarmen jeden Morgen neu ist», «nicht auf ewig verstoßen» werde (Klagel. 3, 22 f., 31).